Alois Krist

Spannung statt Spaltung

Tübinger Perspektiven zur Pastoraltheologie und Religionspädagogik

herausgegeben von

Ottmar Fuchs, Albert Biesinger, Reinhold Boschki

Band 37

LIT

Alois Krist

Spannung statt Spaltung

Dimensionen eines förderlichen Umgangs
mit Aggression in der Kirche

LIT

Bibliografische Information der Deutschen Nationalbibliothek
Die Deutsche Nationalbibliothek verzeichnet diese Publikation in der
Deutschen Nationalbibliografie; detaillierte bibliografische Daten sind
im Internet über http://dnb.d-nb.de abrufbar.

ISBN 978-3-643-10754-1
Zugl.: Tübingen, Univ., Diss., 2010

©LIT VERLAG Dr. W. Hopf Berlin 2010
Verlagskontakt:
Fresnostr. 2   D-48159 Münster
Tel. +49 (0) 2 51-620 320   Fax +49 (0) 2 51-922 60 99
e-Mail: lit@lit-verlag.de   http://www.lit-verlag.de

Auslieferung:
Deutschland: LIT Verlag Fresnostr. 2, D-48159 Münster
Tel. +49 (0) 2 51-620 32 22, Fax +49 (0) 2 51-922 60 99, e-Mail: vertrieb@lit-verlag.de
Österreich: Medienlogistik Pichler-ÖBZ, e-Mail: mlo@medien-logistik.at
Schweiz: B + M Buch- und Medienvertrieb, e-Mail: order@buch-medien.ch

Inhalt

Vorwort 1

Einleitung

1. Aggression als Thema der Praktischen Theologie 5
   1.1. Verortung in der Aggressions-Praxis des Volkes Gottes im Kontext der Zeichen der Zeit 5
   1.2. Gottes Aggressions-Pastoral als Ausgang 12
   1.3. Ekklesiale Ortsbestimmung im Wechselspiel zwischen Binnen- und Außenaggression 14
2. Erkenntnis leitendes Interesse, Ziele und Abgrenzungen 18
3. Methodische Vergewisserung 22
   3.1. Interdisziplinäre methodische Ausrichtung. Das Gespräch mit der Psychologie 22
   3.2. Intradisziplinärer Dialog mit den exegetischen und dogmatischen Überbringungen 26
4. Aufbau der Studie 31
5. Begriffsklärungen 33

1. Hauptteil
Phänomenologie der Aggressionsproblematik im Christentum

1. Gültigkeitsbereich der Untersuchung 41
2. Aggressionsvermeidung im pietistisch – protestantischen Bereich 44
3. Ungekonnter Aggressionsumgang und Mobbing in der Kirche . . 45
4. Emotionale Inkompetenz 47
5. Phänomenologie des Umgangs mit der Aggression bei Theologinnen und Theologen 49
6. Aggressionsinkompetenz und ekklesiale Kollusion 55

7. Christlicher Aggressionsumgang im Spiegel psychologischer Literatur ... 57
8. Aggressionsumgang im kirchen-systemischen Zusammenhang .. 65
9. Aggression und Gottesrede ... 68
   9.1. Die aggressionsgeladene Gottesrede vor Gericht ... 68
   9.2. Die binnenchristliche Infragestellung aggressionshaltiger Gottesrede ... 69
   9.3. Die Verharmlosung der Gottesrede durch Aggressionsabstinenz ... 70
10. Zusammenfassung des aggressionsphänomenologischen Befunds ... 73

2. Hauptteil
Humanwissenschaftliche Sichtweise von Aggression: Psychologie der Aggression

A) Die Wahrnehmungsproblematik: Abwehrmechanismen ... 81
1. Identifikation mit dem Angreifer ... 84
2. Passive Aggression ... 84
3. Projektion der Aggression nach außen ... 86
4. Die projektive Unterwerfung ... 87
5. Verkehrung des aggressiven Impulses ins Gegenteil ... 88
6. Sublimation der aggressiven Antriebsenergie ... 88
7. Unterdrückung der Aggression ... 89
8. Rationalisierung versus emotionale Kompetenz ... 89
9. Verdrängung unerträglich erscheinender aggressiver Inhalte ... 89
10. Vermeidung aggressiver Impulse ... 90
11. Die verschobene Aggression ... 90
12. Wendung der Aggression gegen das Selbst ... 91
13. Zusammenfassung ... 91

B) Psychologische Aggressionstheorien ... 93
1. Vorbemerkung und Hinführung ... 93
2. Psychoanalytische Zugänge ... 96
   2.1. Die Rolle der Aggression bei der Überich–Bildung ... 100

	2.2. Die Frustrations–Aggressions–Hypothese	101
	2.3. Primat der positiven Interpretation bei Alexander Mitscherlich	102
	2.4. Erich Fromms differenzierte Sicht von Aggression	104
	2.5. Aggression und exploratorisch-assertives Motivationssystem	104
	2.6. Andere Entwicklungen in der Psychoanalyse im Blick auf die Aggressionsproblematik	109
3.	Psychobiologische Sichtweise von Aggression	113
4.	Bedeutung von Aggression und Ärger in der Emotionspsychologie	117
	4.1. Emotionale Kompetenz als Basiskompetenz	117
	a. Der Zusammenhang von Emotionalität und Körperlichkeit	120
	b. Die Ambivalenz der Emotionalität – emotionaler Missbrauch	122
	4.2. Ärgermotivierte Aggression – Die Ärger-Aggressionstheorie von Verena Kast	124
	a. Emotionspsychologischer Zugang	125
	b. Entwicklungspsychologischer Zugang	137
	c. Tiefenpsychologischer Zugang	143
	d. Aggression und Hingabe	161
5.	Aggression im Dienste sozialer Beziehungen	164
6.	Aggression als Mittel der Kommunikation	166
7.	Die Lernpsychologische Theorie	174
8.	Die Sozial-Konstruktionistische Theorie von Ärger und Aggression	176
9.	Aggression und systemorientierte Psychotherapie	178
	9.1. Familiäre Rollenanalyse bei Horst Eberhard Richter	181
	9.2. Transaktionale Interaktionsmodi: Helm Stierlin	183
	a. Dialektik von Liebe und Aggression	183
	b. Bezogene Individuation: Individuation mit – Individuation gegen	184
10.	Ertrag des psychologischen Durchgangs	188

3. Hauptteil
Annäherungen an eine Theologie der Aggression

1. Kapitel: Alttestamentlicher Zugang 203

1. Gottesbegegnung im Kampf – Jakobs Kampf am Jabbok 204
   1.1. Zu Kontext und Eigenart 204

    1.2. Der Gottes-Kampf am Jabbok 207
    1.3. Kampf um Segen und neue Identität: Gotteskämpfer 210
    1.4. Bleibende Spuren der Versehrung im Kampf mit Gott 213
    1.5. Eine Gotteserfahrung in der Spannung 215

2. Der Zorn Gottes 219
    2.1. Zorn Gottes als Handeln des geschichtsmächtigen, gerechten Gottes . . . 219
    2.2. Klagelied 2: YHWH handelt im Zorn an seinem Volk 221
    2.3. Psalm 88 – YHWHs Zorn gegen einen einzelnen seiner Verehrer 224

3. Das Gewaltpotential des Monotheismus? 229
    3.1. Historisch-politische Situierung von Gewaltsprache 230
    3.2. Monotheismus in der Diskussion 232
    3.3. Der einzige Gott – verantwortlich für die Totalität der Wirklichkeit 234

4. Aggressive Gottesanklage als praktizierter Monotheismus 237
    4.1. Zu Kontext und Eigenart 237
    4.2. Die Krise des Tun-Ergehen-Zusammenhangs 239
    4.3. Gottes-Anklage als praktizierter Monotheismus 242
    4.4. Ijobs aggressive Gottes-Anklage 243
    4.5. Gottesvermeidung durch Anklagevermeidung: Ijobs drei Freunde . . . 246
    4.6. Im Spannungsfeld von aggressiver Anklage und transzendierender
        Gottes-Erfahrung 251
        a. Ijobs Gewissheit, den „Löser" zu schauen: Ijob 19,23-27 251
        b. Ijobs das Anklagefundament transzendierende Gottesschau: Ijob 42,
           1-5 257

5. Zusammenfassung des alttestamentlichen Zugangs 264

2. Kapitel: Konzeptionell-theologischer Zugang 269

A) Schöpfungstheologische Perspektive: Die Ur-Rechtfertigung . 269

1. Vollendung der schöpfungstheologischen Güte 271

2. Die an der Schöpfungsgüte partizipierende Aggression nach
    Thomas von Aquin 274

3. Zusammenfassung 277

B) Theologie der Aggression angesichts des Kreuzes Jesu Christi . 279

1. Die vom Kreuz ausgehenden, verschiedenen semantischen
    Linien von Aggression 279

2. Das streitbare Leben Jesu Christi nach Markus – ein Weg zum Kreuz... 281
   2.1. Verortung von Mk 2,1-3,6 im passionstheologischen Spannungsbogen des Evangeliums........................ 281
   2.2. Der im inhaltlichen Erweis der Exousia gründende Grundkonflikt Jesu.. 284
   2.3. Jesus als Störenfried (Mk 11, 15-19)......................... 287
        a. Die Tempelaktion in Kontinuität zur Basileia-Botschaft......... 287
        b. Die Tempelaktion als prophetisch-kritische Zeichenhandlung.... 289
        c. Die Störaktion im Dienste der Konstituierung des eschatologischen Gottesvolkes............................. 292
        d. Die prophetische Zeichenhandlung als Auslöser für den Tötungsbeschluss.................................... 293

3. In Kontakt treten mit der Sünde und deren Verwandlung in schöpferische Versöhnung.............................. 295
   3.1. Die Macht der Sünde als universaler Unheilszusammenhang......... 295
   3.2. Jesu Selbstaggression leibhaftigen der Sünde Entgegentretens..... 298
   3.3. Stellvertretung als identitäre Repräsentation................. 301
   3.4. Sühne als von Gott ermöglichte Aufhebung des Sünde-Unheil-Zusammenhangs................................ 302
   3.5. Theologische Unverzichtbarkeit der Opfersprache............... 305
   3.6. Rechtfertigung des Sünders als verwandelndes Handeln Gottes..... 308
   3.7. Anachronistische Wiederzulassung der Sündenherrschaft.......... 314

4. In-Kontakt-Treten mit dem unbegreiflichen Gott in der Gottverlassenheit.. 317
   4.1. Der Gebetskampf Jesu in Gethsemani......................... 319
   4.2. Jesu Abstieg in die Gottverlassenheit als Grund für den aggressiven Schrei... 321
   4.3. Der Schrei im Kontext einer trinitarischen Christologie......... 325
   4.4. Die Klage des Gekreuzigten im Spannungsfeld von „schon" und „noch nicht"... 331

5. Der Aufstand des Auferstandenen für das Leben.................. 333
   5.1. Auferstanden zum Vater – auferstanden in die Geschichte......... 333
   5.2. Die Auferstehung Jesu Christi als geschichtlicher Aufstand...... 335
   5.3. Österliche Radikalisierung der Wahrnehmung: Hinsehen statt Wegsehen. 337
   5.4. Österliche Radikalisierung der Parteilichkeit Gottes: Kampf für das Leben 339
   5.5. Österliches Empowerment der Opfer........................... 342
   5.6. Kämpferisches Eintreten für das Leben....................... 344
   5.7. Österlicher Mitvollzug des Kampfes des Auferstandenen für das Leben.. 345

5.8. Pathisches Bezeugen im Martyrium als letzte Konsequenz des Aufstands für das Leben 347

6. Zusammenfassung. 353

4. Hauptteil
Spannung statt Spaltung: Basisdimensionen eines förderlichen Umgangs mit Aggression in der Kirche und praktische Implikationen für eine Aggressionspastoral

1. Aggression im Binnenraum der gelebten Gottesbeziehung. . . . 360
   1.1. Klagekompetenz als Aggressionskompetenz 360
       a. Die praktisch-theologische Würdigung der schwierigen Lebenserfahrung als pastoralem Ort. 360
       b. Das der schwierigen Erfahrung korrespondierende schwierige Gottesbild vom Zorn Gottes 361
       c. Das Gebet der Klage. 368
       d. Dialektik zwischen aggressiver (An)Klage und Doxologie 372
       e. Gegenwärtige Pastoral-Orte einer Klagespiritualität 373
       f. Jesu Schrei am Kreuz als christologischer Ort einer Klagespiritualität . 376
   1.2. Spiritualität des Kampfes 378
   1.3. Der Andere als Ort der geheimnisvollen Gegenwart des ganz Anderen . . 380

2. Aggression im Kontext einer praktischen Schöpfungstheologie . . 385
   2.1. Fundamentale Bejahung der schöpfungsgemäßen Begabung mit Aggression. 385
   2.2. Aggressionsgenerierte Selbst-Habe als Voraussetzung für produktive Beziehungen. 387
   2.3. Selbst-Mächtigkeit als Lebensmächtigkeit 391
   2.4. Förderlicher Umgang mit Aggression als Lernprojekt 393
   2.5. Der durch Wirkung des Aggressionsvermögens vermittelte Selbstand vor Gott 395
   2.6. Emotionale Kompetenz contra verdrängungsaszetische Paralysierung . . 401
   2.7. Kirche – ein Ort für Männer? Aggression und Männerpastoral. 402

3. Aggression als Ferment des ekklesialen Selbstvollzugs 407
   3.1. Nachfolge des zornigen Christus als Norm pastoralen Handelns 410
   3.2. Sakramentale ekklesiale Verleiblichung der Option Jesu Christi 413
   3.3. Dem Bösen widerstehen als aggressive Basiskompetenz. 418

3.4. Die leibliche Bewegungshandlung des ad-gredi als Zugehen auf die
       unheile Welt 421
  3.5. Die martyriale Konsequenz konsequenter Nach-Folge 425
4. Verantwortlicher Umgang mit destruktiver Aggression 428
  4.1. Heilige Kirche – sündige Kirche 428
  4.2. Ambivalenztoleranz im redemptiven Milieu ekklesialer Einheit 431
  4.3. Die die affektiven Untiefen erreichende, wandlungsmächtige
       Rechtfertigungsgnade 435
  4.4. Umrisse einer mit destruktiver Aggression förderlich umgehenden
       Streitkultur 438
  4.5. Aggression im Dienste des eschatologischen Vorbehalts als
       Verhinderung letzter Destruktivität 446
5. Ausblick 448
Abkürzungsverzeichnis 449
Literaturverzeichnis 451

Vorwort

Die vorliegende Arbeit wurde im Februar 2010 von der Katholisch-Theologischen Fakultät der Eberhard-Karls-Universität Tübingen als Dissertation angenommen.

Mein erster Dank gilt Prof. Dr. Ottmar Fuchs, der die Entstehung dieser Studie mit großem Engagement und mit großer fachlicher und menschlicher Unterstützung begleitet hat und das Erstgutachten erstellte. Ich danke ihm für die mir zugestandene große Freiheit bei der Entwicklung der Gedankengänge und die heterotopische Qualität seines eigenen theologischen Denkens, die mir wichtige Impulse zur Bearbeitung des verpönten und sperrigen Themas „Aggression" beisteuerte.

Danken möchte ich weiterhin Prof. Dr. Walter Groß für die Erstellung des Zweitgutachtens und den fachlichen Dialog bezüglich des alttestamentlichen Teils der Arbeit. Mein Dank gilt Prof. Dr. Michael Theobald für die Begutachtung des neutestamentlichen Teils und Prof. Dr. Bernd Jochen Hilberath für die Teilnahme an einem Doktorandenkolloquium zwecks Vorstellung konzeptionell-theologischer Gedanken.

Bischof Dr. Gebhard Fürst sage ich herzlich Dank für die Erlaubnis, die vorliegende Studie berufsbegleitend zu meinem Dienst als Pfarrer zu erstellen. Mein Dank gilt der Diözese Rottenburg-Stuttgart für einen großzügigen Druckkostenzuschuss.

Dem Doktoranden- und Habilitandenkolloquium von Prof. Dr. Ottmar Fuchs verdanke ich wertvolle Anregungen, insbesondere Dr. Ruth Fehling und Christian Bauer. Die Treffen erweckten bei mir immer neu den Eindruck, am Puls der Zeit zu sein und die gegenwärtigen Lebens- und Glaubensfragen der Menschen zu thematisieren und zu diskutieren.

Mein herzlicher Dank gilt Herrn Schuldekan Dr. Horst Gorbauch für das aufwändige Korrekturlesen. Herrn Otto Kübek sei für die Unterstützung am Computer herzlich gedankt.

Danken möchte ich auch allen, die sich mit mir zusammen der Aggressionsthematik zuwandten und bei diesbezüglichen Gesprächen oder Veranstaltungen wertvolle Rückmeldungen gaben.

Ich widme dieses Buch Pfarrer Paul Hennegriff (1956-1994).

Tübingen, im März 2010
Alois Krist

Einleitung

1. Aggression als Thema der Praktischen Theologie

1.1. Verortung in der Aggressions-Praxis des Volkes Gottes im Kontext der Zeichen der Zeit

Die vorliegende Arbeit entstand parallel zu meiner Tätigkeit als Pfarrer und Kreisdekan und bezieht ihre persönliche Motivation und ihr Erkenntnisinteresse aus einer Reihe *persönlicher Erfahrungen*, die sich wie folgt auf den Punkt bringen lassen: Christen tun sich mit Aggression ungemein schwer, so dass in der Kirche einerseits zu viel Angst vor Aggression herrscht und der Begriff „pastoral" einseitig mit Attributen wie „sanftmütig, gutwillig und salbungsvoll" konnotiert und verharmlost wird. Andererseits besteht ein Übermaß an destruktiver Aggression und Feindseligkeit, die sich als solche oft nur subtil und versteckt zeigen, so dass die Vermutung angestellt werden kann: Je weniger die Aggression bewusst gelebt und kommuniziert wird, desto höher ist die Wahrscheinlichkeit, dass die durch Verdrängung vermeintlich bewältigte Aggression im Verborgenen ein umso destruktiveres Wirkvermögen entfaltet. Für mich stellt sich die fundamentale Frage, warum es die Aggression in der Kirche so schwer hat, ans Tageslicht des bewussten Umgangs miteinander zu treten bzw. welche Rahmenbedingungen zu schaffen sind, damit sie auf dieser Ebene förderlich gestaltet und geformt werden kann? Diese Inkompetenz stellt ein allgemein menschliches Problem dar und ist nicht zuletzt auf dualistische Tendenzen in der Geistesgeschichte zurückzuführen. Vielfach wurde die Leib-Seele-Einheit dem Leib-Seele-Dualismus geopfert. „An die Stelle der Einordnung in die geschöpflichen Bedingungen trat die erstrebte Loslösung von allem, was den Menschen durch seine leibliche Konstitution mit der Schöpfung verbindet".[1]

Das Aggressionsvermögen wird in der pastoralen Praxis als *ambivalent* erlebt, ihm eignet ein destruktiver *und(!)* ein konstruktiver Anteil. Für das Christentum stellt sich die Frage, welchen Beitrag es zur Verringerung und Vermeidung von Destruktivität zu leisten vermag. Die leitende Frage lautet: *Auf welche Aggression müssen wir verzichten, um als Menschheit überleben zu können?* Verschiedene Erfahrungen im pastoralen Alltag lassen das Aggressionsphänomen noch in einem anderen Licht erscheinen: Destruktive Aggression entsteht, weil ein gekonnter Aggressionsumgang nicht möglich ist bzw. weil zu wenig Aggression auf offene, transparente Weise am Werk ist. Während schnell darüber Einigkeit erzielt wird, dass es auf einer unter Gewalt stöhnenden Welt gilt, destruktive Aggression zu minimieren, fällt es angesichts des Übermaßes an Destruktivität umso schwerer, die folgende Frage zu stellen: *Auf welche Aggression dürfen wir nicht verzichten, um gott- und menschengemäß zu leben und zu überleben?* Welche/wie viel Aggression ist zum gelingenden Leben nötig?

In der seelsorglichen Begleitung von Trauernden erlebe ich immer wieder, dass Betroffene ihren Zorn und ihre Wut nicht in ihre Gottesbeziehung zu integrieren vermögen, weil nur ein „liebliches", jetzt nicht mehr tragendes Gottesbild zur Verfügung steht. Nicht

---

[1] Außerleitner, W., In Ihm leben wir. Eine beziehungstheologische und beziehungsdynamische Sicht religiöser Entwicklung, Bern 1994, 137.

selten führt die dadurch generierte Gottesentfremdung zu einem radikalen Beziehungsabbruch, so dass nur ein Aggressionsausdruck in der persönlichen Gottesbeziehung die stagnierte Situation voranbringen würde. Viele Menschen wenden die Aggression in depressiver Manier gegen sich selbst und werden aufgrund eines mangelnden vitalen Aggressionsausdrucks von ihrem Umfeld zu Opfern degradiert, mit denen ein demütigend entwertender Umgang gepflegt wird. Auch hier stellt sich die Frage, auf welche Aggression nicht verzichtet werden darf, soll die Selbst- und Fremdachtung wieder gewonnen werden. Im Vergleich zu anderen Berufsgruppen erlebe ich bei Theologen und anderen kirchlichen Mitarbeitern oftmals ein aggressionsgehemmtes Verhalten. Dieses auf den Einsatz von Aggression weitgehend verzichtende „lieb sein" führt insbesondere bei Leitungsfunktionen zu mangelnder Klarheit und Durchsetzungsfähigkeit sowie zu Rollendiffusionen in den entsprechenden Institutionen. Eine die bewusst artikulierte Aggression ausblendende, harmoniesüchtige ekklesiale Konfliktkultur führt zu dem vielfach vorfindlichen „Reden übereinander", zu gegenseitigen Entwertungen und Beziehungsabbrüchen.

Umgekehrt konnte ich in den vergangenen Jahren auf Gemeindeebene die positive Erfahrung machen, dass durch das Einbringen der Aggression in ein Streitgespräch die Beziehung zum Streitpartner sich vertieft hat und authentischer sowie lebendiger wurde. Als bei einer Kirchengemeinderatssitzung darüber debattiert wurde, ob das Mitwirken beim ökumenischen Projekt der sog. „Vesperkirchen" pastoral sinnvoll sei, kam die Forderung auf, eine Linderung der persönlichen Not müsse dringend mit einem sozialpolitischen kirchlichen Engagement für die Marginalisierten verbunden sein. Diese politische Anwaltschaft für die Armen müsse bei der Forderung nach einer die Armut an der Wurzel bekämpfenden, gerechteren Sozialpolitik auch den prophetischen Ärger und die der eigenen Betroffenheit Ausdruck verleihende Aggression nach außen kanalisieren.

Diese und ähnliche Erfahrungen aus der täglichen pastoralen Praxis motivieren und berechtigen die vorliegende *pastorale* Fragestellung und den *aus der Praxis für die Praxis* anstehenden praktisch-theologischen Diskurs bezüglich eines förderlichen Umgangs mit Aggression in der Kirche. Die diesbezügliche Literaturübersicht fällt sehr spärlich aus: In seinem Opus „Ärger und Aggression in der Kirche"[2] berücksichtigt Michael Klessmann stark den US-amerikanischen Kontext von Seelsorge; sein besonderer Fokus gilt den spezifischen Aggressionsvermeidungen in der Kirche. Karl Frielingsdorf zeigt in „Aggression stiftet Beziehung"[3] auf, welche Folgen negative Elternbotschaften über Aggressionen für das Selbstbild, die Selbstwahrnehmung, das Selbstwertgefühl und die Beziehungsfähigkeit zum Mitmenschen und zu Gott zeitigen können. Das Buch zeigt Möglichkeiten und Wege auf, destruktiv-aggressive Verhaltensweisen zu erkennen, zu benennen und bei praktischen Übungen in neue, positiv-aggressive Lebenskräfte hinein zu transformieren.

Wenn gemäß GS 1-4 die gesamte menschliche Wirklichkeit und Handlung als Ort des Handelns Gottes in der Welt wahrzunehmen ist und einen theologiegenerativen Ort bildet, einen Ort, der theologischer Reflexion würdig ist, wo Gott entdeckt wird, ist die gelebte und erlittene Aggression als ein theologiegenerativer Ort zu würdigen, dem eine theologische Autorität zukommt, zumal an diesem Lebensort die Frage nach Gott entsteht.[4]

---

[2] Vgl. Klessmann, M., Ärger und Aggression in der Kirche, Göttingen 1992.
[3] Vgl. Frielingsdorf, K., Aggression stiftet Beziehung, Mainz 1999.
[4] Vgl. Klein, S., Der Alltag als Entstehungsort praktisch-theologischer Fragen, in: dies., Subjekte und Orte der Praktischen Theologie, in: Haslinger, H. (Hg.), Praktische Theologie. Grundlegungen, Mainz 1999, 60-74, 62.

1.1. Verortung in der Aggressions-Praxis des Volkes Gottes im Kontext der Zeichen der Zeit 7

Der praktizierten Aggression kommt eine „Generativität des Empirischen"[5] zu, sie bildet ein Medium, „durch das sich die Theologie an das Geheimnis Gottes und der Menschen herantastet und zugleich den Weg der Gläubigen und Gemeinden begleitet".[6] Die in der Praxis gemachten Erfahrungen mit Aggression sind als lebensweltliche theoriegeladene religiös-kulturelle Handlungen in praktischem Interesse zu beschreiben und „aus der theoriegeladenen Praxis entstehende Fragen an die zentralen Texte und Monumente des christlichen Glaubens" zu richten.[7]

Die vorliegende Praktische Theologie will aus dem Lebensvollzug des Volkes Gottes hinsichtlich des Aggressionsumgangs nicht nur Materialien ihrer Reflexion und Untersuchung beziehen und nach einem wissenschaftlichen Diskurs die diesbezüglichen Ergebnisse wieder dorthin zurückgeben. Vielmehr ist sie in jener in GS 1 als Pastoral gekennzeichneten, vortheologischen Wurzel der Aggressions-Praxis des Volkes Gottes sich selbst voraus. Die Pastoral-Orte, an denen bezüglich Aggression Fragen aufbrechen und die Orte, an denen umfassend über sie nachgedacht werden kann, sollen durch die Verortung des Autors in der Aggressions-Praxis des Volkes Gottes zusammen gehalten werden. Indem der Autor dieser Studie bezüglich des Umgangs mit Aggression immer wieder auch mit Betroffenen redet[8] und sie am Aggressionsdiskurs teilhaben lassen will, werden sie als Subjekte eigener Bewusstseinsbildung und Reflexion ernst genommen. Der vorliegende praktisch-theologische Aggressionsdiskurs nimmt von der Wahrnehmung der konkreten Erfahrungen der Menschen mit Aggression seinen Ausgang und formuliert seine Fragen von den Lebensrealitäten und -kontexten der betroffenen Menschen als „living human documents"[9] her. Alle Menschen praktizieren und erleiden Aggression bzw. tun sich schwer, mit Aggression förderlich umzugehen, d. h. es besteht eine praktisch-theologisch relevante, fundamentale Kompatibilität zwischen dem, was Menschen bezüglich Aggression wirklich beschäftigt, zwischen der real existierenden Freude und Hoffnung, Trauer und Angst der Menschen von heute bezüglich Aggression und der diesbezüglichen Freude und Hoffnung, Trauer und Angst der Jünger Christi, welche sich damit identifizieren (vgl. GS 1). Diese fundamentale Kompatibilität besteht, weil es „nichts wahrhaft Menschliches (gibt), das nicht in ihren Herzen seinen Widerhall fände" (GS 1), zumal die Jünger Christi alles wahrhaft Menschliche mit allen anderen Menschen teilen und „der ganze Mensch in der vollen Wahrheit seiner Existenz, was er als Person ist, und seines gesellschaftlichen

---

[5] Hunze, G., Feeser, U., Von der Normativität zur Generativität des „Faktischen", in: Religionspädagogische Beiträge 45, 59-68, 64.
[6] Bitter, G., Was soll werden? Marginale Wünsche an die Praktische Theologie, in: Nauer, D., Bucher, R., Weber, F. (Hg.), Praktische Theologie. Bestandsaufnahme und Zukunftsperspektiven. Ottmar Fuchs zum 60. Geburtstag, Stuttgart 2005, 35-44, 37.
[7] Browning, D., Auf dem Weg zu einer Fundamentalen und Strategischen Praktischen Theologie, in: Nipkow, K. E., Rössler, D., Schweitzer, F. (Hg.), Praktische Theologie und Kultur der Gegenwart. Ein internationaler Dialog, Gütersloh 1991, 21-42.
[8] Am 3.12. 2008 gestaltete ich mit dem Männerkreis „Heldentreff" der Jakobusgemeinde Tübingen einen Abend zum Thema „Männliche Spiritualität und Aggression". In den Jahren zuvor gab es meinerseits Referate zu Themen wie „Mit Gott kämpfen – Gotteslästerung?" oder „Trennungsaggression als Ferment des eigenen Glaubensweges" im Rahmen der Firmvorbereitung. Die anschließenden Diskussionen zeigten, wie stark Aggression tabuisiert ist und wie groß der pastorale Handlungsbedarf bzw. wie groß das Aufatmen ausfällt, wenn Aggression auch zugelassen werden darf. Die jeweiligen Rückmeldungen haben meinen Forschungsweg mitbestimmt.
[9] Der Begriff „living human documents" stammt von Anton T. Boisen; vgl. Pompey, H., Zur Geschichte der Pastoralpsychologie, in: Baumgartner, I., Handbuch der Pastoralpsychologie, 23-40, 37.

und sozialen Lebens... gleichsam der erste Weg (ist), den die Kirche bei der Erfüllung ihrer Aufgabe beschreiten muss".[10]

Als Autor des vorliegenden Diskurses bin ich selbst ein „living human document" und bringe meine eigenen Erfahrungen im Umgang mit Aggression ein. Die vorgelegte Praxisanalyse und Praktische Theologie ist nicht voraussetzungslos, sondern aus meiner biographischen Verwurzelung und beruflichen Situierung heraus situations-, kontext- und subjektbezogen. Indem meine eigenen Interessen die Erkenntnisse mitbestimmen,[11] besteht aufgrund der „mehr oder weniger indirekten Introspektion"[12] eine hohe Identifikation mit dem Thema, kommt es jedoch auch zu unumgänglichen Verkürzungen oder gar Verzerrungen. Der Standort meiner Wahrnehmung ist der eines in der Gemeinde tätigen Pfarrers, der vom biblischen Gotteszeugnis und Glauben existentiell berührt und in der römisch-katholischen Kirche beheimatet ist, welche er um einer Meliorisierung ihrer Selbstvollzüge willen meint auch kritisch beleuchten zu dürfen. Auch mein eigener biografischer Kontext als Wissenschaft treibendes Subjekt hat Auswirkungen auf mein wissenschaftliches Tun: Einerseits haben mir meine Eltern sehr viel mit auf den Weg gegeben, andererseits gelang es ihnen nur selten, die „unter den Teppich gekehrte", peinliche Aggression hervorzuholen und für eine bewusste und förderliche Streitkultur einzusetzen. Darin verkörpern sie die Not und das Unvermögen ganzer Epochen, welche durch einen inkompetenten Umgang mit Aggression in der Kirche mit verursacht sind. In der Ausübung meines Dienstes als Pfarrer stellt sich mir die bisweilen leidvolle Frage, wie es in den Gemeinden möglich ist, aus der Projektionsebene des idealisierten „lieben Herrn Pfarrers" auszusteigen und authentisch menschlich auch das eigene Aggressionsvermögen bei der Ausübung des Berufes mitzubringen und konstruktiv leben zu lassen. In meinem Erkenntnis leitenden Interesse spiegelt sich auch der tragische Unfalltod eines geschätzten Amtsvorgängers wider: In der Trauerbegleitung der damaligen Pfarramtssekretärin wurde er mir als eine Persönlichkeit geschildert, welche keinerlei Aggression nach außen richtete – diese „Friedfertigkeit" führte schlussendlich zu einem autoaggressiven Zirkel der Depression. Mein wissenschaftlich verantworteter Erkenntnisprozess ist deshalb von dem Wunsch geleitet, einen kleinen Teil dazu beitragen zu dürfen, dass sich Derartiges nicht wiederholt und Menschen mit ihrer Aggression förderlich umzugehen vermögen.

Weil es „nicht die Praxis *des* Menschen, sondern nur die Praxis verschiedener Menschen in verschiedenen Herkunfts- und Lebenszusammenhängen"[13] gibt, soll um der Konkretions-qualität der getroffenen Aussagen willen der vorliegende *Kontextbezug* noch näher umrissen werden: Aufgrund des eigenen Standorts in Kirchengemeinde und Dekanat hat die vorliegende Studie vornehmlich den kirchlichen Mikro- und Mesokosmos von Kirchengemeinde, Seelsorgeeinheit und Dekanat im Blick, weniger den Makrokosmos der Weltkirche. Die erhobenen Wahrnehmungen, Deutungen und Handlungsoptionen beziehen sich auf den Kontext der Bundesrepublik Deutschland, eines reichen Landes innerhalb der einen Weltgemeinschaft, durch welches sich zunehmend ein Riss zwischen

---

[10] Johannes Paul II, Redemptor hominis, Cita del Vaticano 1979, Nr. 14.
[11] Vgl. Habermas, J., Erkenntnis und Interesse, Frankfurt a. M. 1973.
[12] Devereux, G., Angst und Methode in den Verhaltenswissenschaften, Frankfurt a. M. 1984, 178: „Jede Forschung ist auf der Ebene des Unbewussten Selbst-bezogen... und stellt eine mehr oder weniger indirekte Introspektion dar".
[13] Fuchs, O., Praktische Theologie als kontextuelle Wissenschaft, in: Kraus, G. (Hg.), Theologie in Universität. Wissenschaft – Kirche – Gesellschaft, Frankfurt a. M. 1998, 151-181, 152.

Reichen und Armen zieht. Im deutschen Kontext genießt die Kirche Religionsfreiheit sowie die Privilegien der Kirchensteuer und einer Körperschaft öffentlichen Rechts; das staatlich gewährte Subsidiaritätsprinzip ermöglicht eine enge Zusammenarbeit zwischen Staat und Kirche, auch wenn der öffentliche Einfluss der Kirche u. a. auf politische Entscheidungen zunehmend zu schwinden scheint.

Im Folgenden soll der zweite zentrale Bezugspunkt der Pastoralkonstitution für die Praktische Theologie, die Rede von den „Zeichen der Zeit", mit der vorliegenden Fragestellung verknüpft werden.[14] In „Gaudium et Spes" spannt sich von GS 1 über GS 4 hin zu GS 11 ein Bogen pastoraler Selbstbestimmung. Gemäß GS 4 „obliegt der Kirche allzeit die Pflicht, nach den *Zeichen der Zeit* zu forschen und sie im Licht des Evangeliums zu deuten". Die Kirche wird nur Kirche ihrer Gegenwart und darin das Volk Gottes heute, wenn sie sich auf die Handlungsfragen der jeweiligen Zeit einlässt, sie wahrnimmt und im Licht des Evangeliums deutet. „Es gilt, die Welt, in der wir leben, ihre Erwartungen, Bestrebungen und ihren oft dramatischen Charakter zu erfassen und zu verstehen" (GS 4). In GS 11 kommt es zu einer „pneumatologisch-kairologischen"[15] Fortführung und Zuspitzung von GS 1 und 4: „Im Glauben daran, dass es vom Heiligen Geist geführt wird, der den Erdkreis erfüllt, bemüht sich das Volk Gottes, in den Ereignissen, Bedürfnissen und Wünschen, die es zusammen mit den übrigen Menschen unserer Zeit teilt, zu unterscheiden, was darin wahre Zeichen der Gegenwart oder der Absicht Gottes sind".

Gemäß GS 11 ist auch die Gegenwart vom Geist Gottes erfüllt und spricht Gott durch die Zeichen der Zeit. Gemäß der pneumatologischen Kairologie von GS 11 muss von der heutigen Welt und ihren Menschen etwas verstehen, wer auf die menschlichen Fragen in einer jeweils einer Generation angemessenen Weise eingehen und der heutigen Welt die biblische Botschaft *in seiner gegenwärtigen Bedeutung* erschließen will. Pastoral ist immer Aggiornamento im Sinne der pneumatologischen Verheutigung des biblischen Zeugnisses und der je neuen Inkulturation der Offenbarung in den gegenwärtigen Kontext.[16] Weil alle Menschen dieses synchrone „Heute" miteinander teilen, vermag die Unterscheidung der „wahren Zeichen der Gegenwart oder der Absicht Gottes" nur *in* „den Ereignissen, Bedürfnissen und Wünschen", die das Volk Gottes „zusammen mit den übrigen Menschen" je seiner Zeit *teilt,* durchgeführt zu werden. Nur in den Ereignissen, Bedürfnissen und Wünschen, die es mit den anderen Menschen teilt, kann das Volk Gottes auch die Zeichen Gottes *in dieser und für diese Zeit* unterscheiden. Die Unterscheidung geschieht in der Teilnahme mit allen Menschen dieser Welt als deren Schicksalsgefährten. Dabei gilt es, Sinn und Bedeutung des Glaubens auch aus der Fremdperspektive der anderen zu entdecken und mittels dieses Perspektivenwechsels den Kontrast zwischen den vielen Welten kreativ werden zu lassen. Die gegenwärtigen kontextuellen Gegebenheiten und Dynamiken sind auch als potentielle Herkunft des Geistes Gottes zu verstehen, der „weht, wo er will", so dass sich vom Traditionsgut der Kirche her korrespondierende ana-

---

[14] Vgl. Sander, H.-J., Die Zeichen der Zeit. Die Entdeckung des Evangeliums in den Konflikten der Gegenwart, in: Fuchs, G., Lienkamp, A.(Hg.), Visionen des Konzils. 30 Jahre Pastoralkonstitution „Die Kirche in der Welt von heute", ICS 36, Münster 1997, 85-102, 100. Vgl. ders., Die Zeichen der Zeit erkennen und Gott benennen. Der semiotische Charakter von Theologie, in: THQ 182 (2002), 27-40, 34. Vgl. Füssel, K., Die „Zeichen der Zeit" als locus theologicus. Ein Beitrag zur theologischen Erkenntnislehre, In: FZPhTh30 (1983), 259-275.

[15] Ratzinger, J., Kommentar zum I. Kapitel, in: LThK 2. Aufl., Ergänzungsband III, 313-354, 314.

[16] Vgl. Alberigo, G., Aggiornamento, in: LThK III, 1. Aufl., 231.

loge oder alternative Leitbilder und Praxisversuche für die Gestaltung der gegenwärtigen Aggression mit neuer Brisanz ergeben können.

Die vorliegende Praktische Theologie maßt sich nicht an, diesen Dienst der Unterscheidung exklusiv für andere zu übernehmen. Sie setzt vielmehr eine Pastoraltheologie des gesamten Volkes Gottes (vgl. GS 44) als Vollzug der Unterscheidung voraus, wo das gesamte Volk Gottes bezüglich real existierender Aggressionspraxen mit seinem Einsichtsvermögen und seiner Erkenntniskraft zu unterscheiden vermag, wo Gott im gelungenen Umgang mit Aggression schon gegenwärtig ist und wo unter umgekehrtem Vorzeichen im depravierten Aggressionsumgang eine versteckte Absicht Gottes ausfindig zu machen ist. Diese voraus liegende Aggressionspastoral als Vollzug der Unterscheidung ist als Voranfang im wissenschaftlichen Diskurs schon enthalten, stellt diesen in Frage und befruchtet ihn. Im Folgenden sollen im Anschluss an die kulturelle Signatur der Gegenwart bezüglich der Frage nach einem gedeihlichen Aggressionsdiskurs einige zeitdiagnostisch brisante Gegenwartsfragen als Zeichen der Zeit angeführt werden:

Aufgrund einer starken gesellschaftlichen Durchdringung mit psychologischem Wissen besteht eine hohe öffentliche Sensibilität für ideologisches Verhalten, d. h. auch im pastoralen Dienst werden Personen mit ideologischen Zügen immer eher als solche entlarvt und in Ermangelung der pastoralen Grundkompetenz des personalen Angebots als inkompetent zurück gewiesen. Wenn die Lehre von den Zeichen der Zeit die Grundlage der interdisziplinären Orientierung der Praktischen Theologie bildet,[17] hat die Praktische Theologie das Lebenswissen und den Aggressionsdiskurs der Psychologie zu befragen und einzubeziehen, um darin der Absicht des Schöpfergottes nachzuspüren, dem es um eine gedeihliche Entfaltung des Menschseins zu tun ist. Die Terroranschläge auf das World – Trade – Center in New York am 11.9. 2001 lösten eine Reihe von Entwicklungen aus, welche die Aggressionsproblematik in die Mitte rückten. Damals wurde der Weltöffentlichkeit vor Augen geführt, welch aggressives Destruktionspotential im Menschen steckt. Ein neues Gespür für das abgrundtief Böse im Menschen löste den Fortschrittsoptimismus der 1960er Jahre nun vollends ab. Da die Terroranschläge durch islamistische Fundamentalisten verübt wurden, kam es in der Folgezeit v. a. in Europa zu einer grundsätzlichen Infragestellung des Monotheismus, dem per se unterstellt wurde, aufgrund der Reduktion auf eine Gottheit den Nährboden für eine gewalttätige Intoleranz zu bilden. Diesem Zeichen der Zeit versucht die vorliegende Auseinandersetzung mit dem biblischen Monotheismus und dessen inhärentem Aggressionspotential zu entsprechen.

Während einerseits Religion ob ihres tatsächlichen oder vermeintlichen Aggressionspotentials unter Generalverdacht gestellt wird, hat sich in den vergangen Jahren im deutschen Kontext unter der Rubrik „Spiritualität" ein Sammelsurium an religiösen Versatzstücken angesammelt, dem es darum zu tun ist, zugunsten einer ichfixierten, Gott um sein Geheimnis bringenden Wellness-Religion auf sämtliche Aggression im Gottesbild und in der Gottesbeziehung zu verzichten.[18] Dieses Zeichen der Zeit wird bei der Ausarbeitung einer biblischen, aggressiven Klagespiritualität in besonderer Weise aufgegriffen und als Herausforderung ernst genommen.

---

[17] Vgl. Gertler, T., Mysterium hominis in luce Christi. Genese und Intention der Pastoralkonstitution, in: Fuchs, G., Lienkamp, A. (Hg.), Visionen des Konzils, 51-71, 64.

[18] Vgl. die Kritik an einem unbestimmten, inflationären Gebrauch des Begriffs „Spiritualität": Grom, B., Spiritualität ohne Grenzen, in: SdZ, Heft 3, März 2009, 145-146.

Bei der Endredaktion der vorliegenden Studie im Jahre 2009 machte die weltweite Finanzkrise die Spitze eines Eisberges sichtbar, der sich in einer von ökonomischen Imperativen gesteuerte Globalisierung mit ihren deutlichen Nebeneffekten der Vertiefung des Grabens zwischen Reichen und Armen sowie der Exklusion von Teilkontinenten und ganzen Völkern aus den internationalen Wirtschaftsprozessen jahrelang durch die praktizierte Habgier und Ungerechtigkeit aufbaute. Dieser Umstand reiht sich nahtlos in die Situation in Deutschland ein, wo der Riss zwischen Reichen und Armen immer größer wird. Diese Zeichen der Zeit halten die Pastoral an, darin die destruktive Aggression der Sündenmacht wahrzunehmen und in einer prophetischen Kritik des Unrechts und im Engagement für die Marginalisierten das Aggressionsvermögen konstruktiv einzusetzen. Angesichts des schrecklichen Amoklaufs von Winnenden, bei dem am 11. März 2009 der 17-jährige Tim Kretschmer 15 Unschuldige und sich selbst ermordete, wurde auf schreckliche Weise deutlich, dass das Grauen eines Abgrundes an destruktiver Aggression vor der eigenen Haustüre lauert. Diese Erfahrung destruktivster Aggression reiht sich ein in ein gesamtgesellschaftliches Klima, welches von einer Zunahme von Gewalt bestimmt ist.[19] Diese Zeichen der Zeit fordern die Praktische Theologie auf, kulturdiakonisch eine Vorstellung zu entwickeln, wie mit dem Phänomen der destruktiven Aggression förderlich umgegangen werden kann. Diese Außenperspektive ist um einen diesbezüglichen ekklesialen Binnendiskurs zu ergänzen, zumal sich für die Kirche in einer medial gut vernetzten, stets Öffentlichkeit herstellenden Gesellschaft die Glaubwürdigkeitsfrage radikalisiert stellt, inwiefern sie es vermag, mit den eigenen Fehlern und der eigenen Destruktivität transparent und authentisch umzugehen.

Diese gegenwärtige Lebenswirklichkeit bedarf der Deutung „im Licht des Evangeliums (GS 4), um durch eine theologische Durchdringung und eine neue Sicht auf Aggression auch Möglichkeiten einer neuen Praxis freizusetzen. Eine Aggressionspastoral konstituiert sich durch die Wahrnehmung der Zeichen der Zeit aus der inhaltlichen Perspektive des Evangeliums und drängt zum entsprechenden Handeln. Die vorliegende pastorale Arbeit will ihren Beitrag zum Gesamtvorgang der Verbindung des Evangeliums mit der real existierenden, ambivalenten Aggression in der gegenwärtigen Zeit im deutschen Kontext liefern.[20] Weil gemäß EN 29-31 kein Existenzbereich von der Anschlußfähigkeit an das kritische Potential des Evangeliums ausgenommen ist und laut GS 1-3 die Pastoral das Verhältnis des Evangeliums zur „Gesamtheit der Wirklichkeiten" aufbaut, geht es um eine theologische Deutung der gesamten vorfindlichen Aggression. Für den vorliegenden Diskurs ist die biblische Grundkategorie des Handelns Gottes in der Geschichte, auch in Dialektik zum unverständlichen und vermissten geschichtlichen Handeln Gottes, die fundamentale Grundlage und Ermöglichung des menschlichen Handelns. Das menschliche Tun ist in der ermöglichenden Macht und Pastoral Gottes in der Geschichte verwurzelt.[21]

---

[19] Vgl. Titelseite „Schul-Drama Mobbing. Wie Kinder zu Opfern werden", in: Focus Nr. 20, 11. Mai 2009. Schon Grundschulkinder üben Mobbing an ihren Mitschülern.
[20] Vgl. Fuchs, O., Kirche, in: Haslinger, H. (Hg.), Praktische Theologie. Grundlegungen, 363-375, 364.
[21] Vgl. Fuchs, O., Einige Richtungsanzeigen für die Pastoral der Zukunft, in: ThPQ 153 (2005) Heft 3, 227-240, 227.

1.2. Gottes Aggressions-Pastoral als Ausgang

Alle pastoralen Vollzüge haben zunächst zu bezeugen, was Gott an den Menschen bereits getan hat, ihnen verletzend und heilend zugewandt. Dieses Handeln wird in der *einen* Heilsgeschichte des Volkes Gottes in den Schriften des Alten und Neuen Testaments bezeugt. Bei der Profilierung des vorliegenden Pastoralbegriffs geht es deshalb bei der Begegnung zwischen Evangelium und Kultur nicht nur um die neutestamentlichen Schriften als Bezugsgröße, sondern um den gesamten biblischen Horizont bzw. Erzählzusammenhang. Die biblisch bezeugte Aggressionspastoral Gottes schließt neben dem neutestamentlichen auch das alttestamentliche Traditionsgut mit ein. Für die Bestimmung von praktisch-theologischen Basisdimensionen bezüglich eines förderlichen Umgangs mit Aggression liefert im Folgenden der alttestamentliche Zugang einen essentiellen Beitrag, so dass es vorab gilt, dieses Unterfangen theologisch zu begründen.

Die folgenden Überlegungen verstehen sich als Beitrag eines christlichen Theologen für die christlich-kirchliche Selbstvergewisserung in Bezug auf das Judentum. Weder steht eine philosemitistische Einebnung der christologischen Differenz, welche die christliche Parusieerwartung auf die Zukunft des *gekommenen* gekreuzigt Auferstandenen richtet,[22] zur Debatte, noch kann es angehen, das Judentum in seiner irreduziblen Alterität „bruchlos zu einem integralen Moment des eigenen Selbstvollzugs herabzustufen".[23] Für O. Fuchs offenbart sich erst eschatologisch, dass Gott allein die coincidentia oppositorum sein kann. Der gemeinsame Gott ermöglicht die Anerkennung des Unterschiedlichen und Widersprüchlichen, sein Geheimnis lässt beide Geheimnisse nebeneinander stehen. „Die Differenz zwischen Israel und Kirche ist ein Tatbestand des Geheimnisses Gottes selbst. Und die Ehrfurcht vor diesem Geheimnis (in Geschichte und im Eschaton) ist kommunikativ als Ehrfurcht vor dem Anderen seines Geheimnisses in der Geschichte einzuholen".[24]

Da die Kirche ohne Israel weder entwicklungsgeschichtlich noch theologisch zu begreifen ist und für immer von Israel, dem auserwählten Volk Gottes, abhängig bleibt,[25] richtet die vorliegende Praktische Theologie ihren Maß nehmenden Fokus gleichwohl auf die eine Wurzel, aus der Israel und die Kirche wachsen. Im Römerbrief benennt Paulus die theologische Dignität Israels als „Wurzelboden" der Kirche: „Rühmst du dich aber, so sollst du wissen, dass nicht du die Wurzel trägst, sondern die Wurzel trägt dich (Röm 11,18b)"! Nostra Aetate 4 betont deshalb: Die Kirche wird „genährt (Präsens!) von der Wurzel des guten Ölbaums, in den die Heiden als wilde Schösslinge eingepfropft sind". Zudem hebt die Konzilskonstitution das Theologumenon von der bleibenden Erwählung Israels hervor. Gott kündigt den Bund mit seinem Volk nicht auf (vgl. Röm 11,29), auch wenn es sich in der Gegenwart (d.h. zur Zeit des Apostels) dem Evangelium gegenüber verschlossen hat.[26] Es besteht eine bleibende Bindung der Kirche an das Volk des von Gott nie gekündigten Bundes. Diese eigene Glaubenswurzel lässt auch das eigene Christsein

---

[22] Vgl. Söding, T., Das Jüdische im Christentum – Verlust oder Gewinn christlicher Identität, in: TThZ 109 (2000) 54-76.

[23] Freyer, T., Das jüdische Gegenüber – eine Herausforderung für die christliche Theologie?, in: Groß, W. (Hg.), Das Judentum. Eine bleibende Herausforderung christlicher Identität, Mainz 2001, 102-122, 113.

[24] Fuchs, O., Die Kirchen: In eigener Identität bleibend angewiesen auf das Judentum, in: Groß, W. (Hg.), Das Judentum, 234-254, 234.

[25] Vgl. Merklein, H., Studien zu Jesus und Paulus (WUNT 43), Tübingen 1987, 207-220.

[26] Vgl. Theobald, M., Römerbrief, Bd. 1 (SKK.NT 6/1), Stuttgart 1992, 43.

umso tiefer verstehen. Die Kirche begegnet dem Mysterium Israels bei der Besinnung auf ihr eigenes Geheimnis. Judentum und Christentum sind „im Geheimnis einander nahe".[27]

Laut Papst Johannes Paul II gehört die jüdische Religion in gewisser Weise „zum ‚Inneren' unserer Religion". Die Juden sind „unsere älteren Brüder".[28] T. Freyer plädiert denn auch für eine christlich-theologische Anerkennung der Bedeutung Israels als „locus theologicus".[29] Für Fuchs liegt der springende Punkt darin: „die Art und Weise, wie Israel in seiner Glaubensgeschichte in der eigenen Leidensgeschichte reagiert, wie sich darin die eigene jüdische Offenbarung zeigt und bricht, eben dieses Junktim ist die Basis jener Unaustauschbarkeit, mit der wir auf das Judentum angewiesen sind". Fuchs denkt an die spezifische Verbindung von Leidens- und Gotteserfahrung (wie fremd Gott mit Israel umgeht und wie fremd Israel mit Gott umgeht), die Israel für Christen unerlässlich macht, „insofern sie in dieser Begegnung mit dem Fremden ihrer selbst den diesbezüglichen Kern des Eigenen entdeckt".[30] Diese spezifische Verbindung von Glaubens- und Leidensgeschichte wird in Israel gelebt; ihre Ausdrucksformen benennen den jeweiligen „Sitz in der Gottesbeziehung" (Erfahrung der Gottesferne; Nicht-mehr-glauben-können; Gottesklage; Trotzdem an ihm festhalten etc.).[31]

Die Praktische Theologie hat als Handlungswissenschaft das Leben und Glauben der Christen nach Auschwitz als selbstverständliches praktisch-theologisches Arbeitsfeld zu bestellen, indem die Umkehr von einer zweitausendjährigen Trennungsgeschichte praktiziert wird.[32] Kirche und Synagoge sind reziprok aufeinander verwiesen, der gegenübertretende alttestamentliche Zu- und Anspruch des Wortes Gottes als Offenbarung des Willens YHWHs und Ur-Kunde des Glaubens ist auch von Christen anzunehmen. Sowohl dia- als auch synchron ist die christliche/kirchliche Existenz auf das Judentum unbedingt verwiesen. Die Analogie zwischen dem Alten und Neuen Testament hinsichtlich Glauben und Leben gründet hermeneutisch und spirituell in dem einen, Juden und Christen verbindenden Gott, so dass Christen in der Bibel Israels qualitativ anderes sehen als eine religionswissenschaftlich aufschlussreiche Quelle für das Verständnis des Neuen Testaments. YHWH ist der Vater Jesu Christi innerhalb der einen Schöpfungs- und Heilsökonomie. Es gibt die Christusoffenbarung als solche in der menschlichen Geschichte nicht ohne die (eigene) Vorgeschichte, welche die Bibel Israels enthält.[33] Jesus gehört „hinsichtlich seiner Grundüberzeugungen in dessen (sc. des Judentums) Zentrum".[34] Durch Jesus Christus ist die Kirche unlösbar mit Israel verbunden: Im April 1933 richtete Edith Stein ihre mahnende Stimme an Papst Pius XI und forderte ein, dass die Kirche ihre Stimme gegen die Staatsgewalt erhebe: „Ist nicht der Vernichtungskampf gegen das jüdische Blut eine Schmähung der allerheiligsten Menschheit unseres Erlösers, der allerseligsten Jungfrau und der Apostel?"[35] Der vorliegende Durchgang wird erweisen, dass die

---

[27] Wohlmuth, J., Im Geheimnis einander nahe. Theologische Aufsätze zum Verhältnis von Judentum und Christentum, Paderborn/München/Wien/Zürich 1996.
[28] Ansprache Papst Johannes Pauls' II. beim Besuch der Großen Synagoge Roms vom 13.4. 1986.
[29] Freyer, T., Das jüdische Gegenüber – eine Herausforderung für die christliche Theologie?, 115.
[30] Fuchs, O., Die Kirchen: In eigener Identität bleibend angewiesen auf das Judentum, 246.
[31] Vgl. Schöttler, H.-G., Christliche Predigt und Altes Testament, Ostfildern 2001, 314.
[32] Vgl. Fuchs, O., Praktische Hermeneutik der Heiligen Schrift, Stuttgart 2004, 21.
[33] Vgl. Herms, E., Was haben wir an der Bibel? Versuch einer Theologie des christlichen Kanons: JBTh 12 (1998) 99-152, 105.
[34] Theißen, G., Jesus im Judentum. Drei Versuche einer Ortsbestimmung: KuI 14 (1999) 93-109, 106f.
[35] Stein, E., Selbstbildnis in Briefen I (1916-1933) ESG 2, Freiburg i. Br. 2000, 273f.

nachösterliche Deutung von Tod und Auferstehung Jesu Christi ohne die alttestamentliche (Klage)Psalmentheologie überhaupt nicht hätte realisiert werden können. Nach Mk 15,34 stirbt der Gekreuzigte mit Ps 22 auf den Lippen. Wenn die Kirche im Stundengebet Jesu Christi an den Vater gerichtetes Psalmenbeten mitvollzieht, wird sie dabei auch in Jesu Christi bleibend jüdisch-betenden Selbstvollzug mit hinein genommen und bildet eine synchrone Gebetsgemeinschaft mit dem heutigen Judentum. Weil die Bibel Israels mit der jüdischen Ausformung im Tenak, im Verbund mit Mischna und Talmud und der christlichen Ausformung in dem mit dem Neuen Testament verbundenen Alten Testament einen doppelten Ausgang hat, ist das (heutige) jüdische Zeugnis für den einen Gott und dessen Rezeption auch für den christlichen Glauben unverzichtbar.

Kirche und Synagoge vernehmen die direkte Anrede ihres Gottes im Alten Testament und beide entwickeln jeweils unterschiedliche zentrale Akzente der Bibel Israels rezipierend weiter. Wenn beide „das in der Bibel Israels Angelegte jeweils nicht voll ausschöpfen, dann ist als dritte Größe auch für unser Verständnis der Bibel von theologischem Interesse, welche Lebensweisungen das heutige Judentum seinem Tenak entnimmt".[36] Die christliche Existenz kann sich „nur in dieser notwendigen Beziehung zum je zeitgenössischen Judentum existentiell selber explizieren".[37] Dieser zeitgenössische Bezug soll exemplarisch an jeweils geeigneter Stelle durch das Einbeziehen der Schicksale der vom Holocaust gezeichneten jüdischen Schriftstellerinnen Hilde Domin und Nelly Sachs und ihrer Sprachsuche in gebrochenen Gedichten hergestellt werden.

Das Verhältnis des biblisch bezogenen Handelns Gottes und der korrespondierenden Sicht der Wirklichkeit zur gegenwärtigen Aggressionsphänomenologie wird in besonderer Weise durch den *Dienst der Kirche* aufgebaut.

1.3. Ekklesiale Ortsbestimmung im Wechselspiel zwischen Binnen- und Außenaggression

Wenn im vorliegenden Entwurf Dimensionen eines förderlichen Umgangs mit Aggression *in der Kirche* umrissen werden sollen, so ist diese Positionierung zunächst dem pastoralen Standort des Autors in der praktisch gelebten Kirche geschuldet. Zudem ist gegen eine ekklesiologische Unterbestimmung der Pastoraltheologie geltend zu machen, dass diese sich „mit dem tatsächlichen und sein sollenden, je hier und jetzt sich ereignenden *Selbstvollzug der Kirche* beschäftigt mittels der theologischen Erhellung der jeweils gegebenen Situation, in der die Kirche sich selbst in allen ihren Dimensionen vollziehen muss".[38] Dabei geht es jedoch nicht um einen Ekklesiozentrismus, sondern um ein fruchtbares Wechselspiel zwischen förderlich gelebter Binnen- und Außenaggression in die Welt, zwischen Kirche ad intra und Kirche ad extra. Der 1. Hauptteil dieser Studie weist auf, dass sich in der Kirche die Aggressionsproblematik noch verschärft, zumal sie als kontraproduktive Dynamik in der theologischen Diskussion vermeintlich *ausgeblendet* werden muss, soll das Liebesgebot erfüllbar sein. Der biblisch bezeugte Glaube scheint einen offenen und

---
[36] Groß, W., Der doppelte Ausgang der Bibel Israels und die doppelte Leseweise des christlichen Alten Testaments, in: Ders. (Hg.), Das Judentum, 9-25, 25.
[37] Fuchs, O., Die Kirchen: In eigener Identität bleibend angewiesen auf das Judentum, 252.
[38] Rahner, K., Die praktische Theologie im Ganzen der theologischen Disziplinen, in: ders., Schriften zur Theologie Bd. 8, Einsiedeln 1967, 133-149, 134.

1.3. Ekklesiale Ortsbestimmung im Wechselspiel zwischen Binnen- und Außenaggression   15

ehrlichen Umgang mit Aggression auszuschließen; die Aggressionsproblematik bildet sozusagen die negative Folie der gebotenen Gottes-, Nächsten- und Feindesliebe.

Der vorliegende praktisch-theologische Aggressionsdiskurs geht davon aus, dass Aggression in die ekklesialen Selbstvollzüge gerade *eingeblendet* werden muss, um dem wirklichen Gott und den wirklichen Menschen zu begegnen. Deshalb muss sich zunächst einmal die Kirche ad intra vom kritischen Potential der biblisch bezeugten Aggressionspastoral Gottes betreffen lassen, um mit der neuen Sicht auf Aggression Zeichen und Werkzeug (vgl. LG 1) derselben für die ganze Welt sein zu können. Beim ekklesialen Umgang mit Aggression ist das spannungsvolle Zuordnungs- und Ergänzungsverhältnis zwischen den Konzilskonstitutionen Lumen Gentium und Gaudium et Spes des II. Vatikanums leitend: Gemäß der Kirchenkonstitution gibt es ohne die im Sakrament der Taufe Berufenen keine Kirche als Grundsakrament. Laut Pastoralkonstitution überschreitet der Volk-Gottes-Begriff indessen das kirchliche Volk Gottes und bezieht sich auf alle Menschen und Völker. Das Zweite Vatikanum definiert „die Aufgabe der Kirche in der Welt von heute" (GS 40) von der „Integralen Berufung des Menschen" (GS 40-45) und dem „Gemeinschaftscharakter der menschlichen Berufung" (GS 24).[39] Gott will das Heil der Menschen und realisiert es als Vereinigung mit sich und als Einheit der Menschheit. Alle Menschen sind Adressaten Gottes, sie stehen im Beziehungswillen der gnädigen Zuwendung Gottes und sind dazu berufen, diese zu erleben und auszudrücken. Im Ganzen dieser göttlichen Heilsökonomie kommt der Kirche laut LG 1 eine sakramentale Zeichenhaftigkeit und Werkzeuglichkeit für die gesamte Menschheit und ihre Geschichte zu. Die Kirche als Volk Gottes (LG 9-17) weiß sich der Menschheitsfamilie eingefügt (GS 3) und mit der Menschheit und ihrer Geschichte wirklich engstens verbunden. Sie steht im Dienste einer oikonomia, d.h. im zeitlichen Ablauf eines Planes Gottes, der dadurch den Menschen Anteil an seinem Gottsein geben will.[40] Die die Aggressionspastoral Gottes zur Geltung bringende Kirche erfüllt als universales Heilssakrament eine Sendung in der und für die Welt, das Geheimnis der Liebe Gottes zu den Menschen zugleich zu offenbaren und zu verwirklichen (vgl. GS 45).

Die Kirche konstituiert sich mit der ganzen Erfahrungs- und Handlungsseite aller Getauften, inmitten ihrer verschiedenen Lebensfelder in Familie, Beruf und Kirche, inmitten der gegenwärtigen persönlichen, kirchlichen und gesellschaftlichen Situation, mittels der Grundvollzüge von Liturgie, Martyria und Diakonie, Gebet, Doxologie und Dialog,[41] je neu in dem pastoralen Grundvollzug, als Zeichen und Werkzeug diese Verbindung zwischen Gott und Welt zu offenbaren und zu verwirklichen,[42] sie baut sich von dieser Pastoral her auf.[43] Wenn es in der Kirche gelingt, die innigste Vereinigung mit Gott so zu leben, dass auch die Aggression in die Gottesbeziehung Beziehung stiftend integriert werden kann, vermag sie für die ganze Welt Zeichen und Werkzeug für eine innigste Vereinigung

---

[39] Vgl. Zerfaß, R., Art. Pastoraltheologie I. Begriff; III. Gegenwärtige Tendenzen, in: LThK III, 1. Aufl., 1446, 1447-1449, 1447f.
[40] Vgl. Chenu, M. D., Ein prophetisches Konzil, in: Klinger, E., Wittstadt, K.(Hg.), Glaube im Prozess. Christsein nach dem II. Vatikanum, Freiburg 1984, 17f.
[41] Zum Pastoralbegriff des Zweiten Vatikanums vgl. Fuchs, O., Einige Richtungsanzeigen für die Pastoral der Zukunft, 227.
[42] Vgl. Bucher, R., Die pastorale Konstitution der Kirche, in: ders.(Hg.), Die Provokation der Krise. Zwölf Fragen und Antworten zur Lage der Kirche, Würzburg 2004, 38.
[43] Vgl. Sander, H.-J., Die Zeichen der Zeit, 95.

zwischen Menschheit und Gott zu sein, welche es z. B. in der Klage erlaubt und ermöglicht, das ansonsten selbst- oder fremdzerstörerisch wirkende Aggressionspotential einem letzten Adressaten hinzuhalten. Für viele Menschen könnte mittels dieses Sprechakts die Gottesentfremdung aufgehoben bzw. aufgebrochen werden. Wenn in der Kirche die Integration der Aggression in die Gottesbeziehung dazu führt, dass unter den Menschen eine korrespondierende, die Aggression hereinnehmende Einheit möglich ist, weil nicht mehr dualistisch in Schwarz-Weiß-Schemata gespalten werden muss, vermag sie als Zeichen und Werkzeug zugleich der gesamten Menschheit glaubwürdig zu vermitteln, dass der gelebte Glaube zu einer die Differenzen spannungsvoll aus- und zusammen haltenden Einheit unter allen Menschen zu führen vermag. Die kirchliche Identität erschließt sich aus der doppelten Transzendenzbewegung auf Gott und auf die Welt hin, so dass der Kirche aufgetragen ist, im Dienste des Reiches Gottes für alle Menschen zu stehen und dieses mit allen Menschen guten Willens schon spurenhaft aufzubauen, in der Kirche und außerhalb. „Der Kirche ist aufgetragen, jeweils für das ganze Volk im Sinne des Reiches Gottes zu sorgen und sich einzusetzen".[44] Die Kirche ist Sakrament des Reiches Gottes, in dessen Dienst sie sich erkennt (vgl. LG 3.5.9; GS 45,72) und welches die Zielgröße der Praktischen Theologie bildet.[45] Weil das Kirche-Welt-Verhältnis für die Kirche konstitutiv ist, hat eine Aggressionspastoral das der Pastoral Gottes gemäße Handlungs-Verhältnis der Kirche zur gegenwärtigen Welt aufzubauen. Die „intima coniunctio" (GS 1) und „compenetratio" (GS 40,3) von Kirche und Welt lässt sich sowohl schöpfungstheologisch als auch christologisch (laut Kol 1,16 ist die Schöpfung durch die zweite göttliche Person geschaffen, so dass Christus auch ein Datum der Schöpfungstheologie selbst ist) begründen.

Wenn Kirche und Welt sich aufs Innerlichste durchdringen, dann kommt nicht nur der Kirche, sondern auch der Welt und der Menschheit eine Sakramentalität zu.[46] Bei dieser wechselseitigen Zeichenhaftigkeit von Kirche und Welt bezeugt die Kirche der Welt ihre letzte Bestimmung und gibt die Welt, insofern in ihr die Dynamik des lebendigen Gottes präsent ist, Impulse und kritische stimuli für die kirchliche Bestimmung als universales Heilssakrament. Im vorliegenden Diskurs soll im gegenseitigen Dialog (mutui dialogi GS 40) zwischen Theologie und Psychologie Letzterer eine Sakramentalität bezüglich ihres anthropologischen Lebenswissens über das geschaffene Menschsein zugesprochen werden. Diese Hilfe darf beansprucht werden, „gleichgültig, ob es sich um Gläubige oder Ungläubige handelt" (GS 44). Umgekehrt will diese Praktische Aggressions-Theologie im Kontext ihrer kirchlichen Verankerung auch selbstbewusst überprüfen, was sie in einer kulturellen Diakonie der gegenwärtigen Welt an theologisch radikalisierten Lösungsmustern und Alternativen anbieten kann (vgl. GS 4).

Eine die Aggressionspastoral Gottes darstellende und mit vollziehende Kirche hat zu einer unter depraviertem Umgang mit Aggression leidenden Welt ein Handlungs-

---

[44] Fuchs, O., Kirche, 364.

[45] Die Praktische Theologie des 19. Jahrhunderts hat die Leitgröße „Reich Gottes" aus ihren verschiedenen Spiritualisierungen und Politisierungen heraus in das Zentrum praktisch-theologischer Reflexion gerückt; vgl. Fürst, W., Wahrheit im Interesse der Freiheit. Eine Untersuchung zur Theologie von J.B. Hirscher (1788-1865), Mainz 1979, 369-378.

[46] Vgl. Eichinger, M., Zur Sakramentalität von Welt und Menschheit nach dem Zweiten Vatikanum. Anmerkungen zu einer postkonziliar vergessenen Thematik, in: Geerlings, W., Seckler, M. (Hg.), Kirche sein. FS H.J. Pottmeyer, Freiburg i. Br. 1994, 181-198, 186f.

1.3. Ekklesiale Ortsbestimmung im Wechselspiel zwischen Binnen- und Außenaggression

Verhältnis aufzubauen. Die Kirche wird Volk Gottes in der gelebten Solidarität mit den Existenzproblemen der heutigen Menschen; eine kirchenkonstitutive Pastoral entsteht, wenn die Kirche sich den Herausforderungen und drängenden Problemen der Gegenwart und der Existenz in ihr stellt und wie Christus allen Menschen gegenüber bereit ist, „zu retten, nicht zu richten, zu dienen, nicht sich bedienen zu lassen" (GS 3). Bei diesem Handeln geht es um den einen ganzen Menschen in allen seinen Bezügen, „um die Rettung der menschlichen Person" und „um den rechten Aufbau der menschlichen Gesellschaft" (GS 3). GS 1 identifiziert insbesondere die Freude und Hoffnung, Trauer und Angst „der Armen und Bedrängten aller Art" als pastorale Lebensorte, derer sich eine ekklesiale Nachfolgeidentität in einem spezifischen „ad-gredi" in besonderer Weise annehmen muss und welche eine kirchliche Exzentrizität auf die Marginalisierten hin und eine diakonische Daseinsweise einfordern.

Die Verortung der Aggressionsproblematik in der Praktischen Theologie soll im folgenden Kapitel auf ihr Erkenntnis leitendes Interesse und ihre Zielsetzung hin zugespitzt werden.

2. Erkenntnis leitendes Interesse, Ziele und Abgrenzungen

Die vorliegende Arbeit geht davon aus, dass Aggression *in ihrer Ambivalenz* von konstruktivem und destruktivem Antriebsvermögen essentiell und unausweichlich zum Menschsein gehört und dass es folglich nur darum gehen kann, einen förderlichen Umgang mit ihr zu pflegen und einzuüben. „Ausgesperrte", in den verfemten Teil[1] abgedrängte Aggression ist damit nicht bewältigt, sondern kommt als destruktives Potential durch die Hintertüre wieder herein und vereitelt einen authentischen menschlichen bzw. ekklesialen Selbstvollzug. *Der vorliegende Diskurs ist deshalb vom Erkenntnis leitenden Interesse bestimmt, die verfemte Aggression in ihrer unentrinnbaren Ambivalenz als destruktives und konstruktives Vermögen in den Binnenbereich der Gottesbeziehung und der zwischenmenschlichen ekklesialen Beziehungen hereinzuholen, Binnenaggression zu ermöglichen, sich durch die aufgebauten Spannungen in produktiver Weise irritieren zu lassen und einen förderlicher Umgang mit der Aggression einzuüben, damit unheilvolle Spaltungen vermieden werden.*

Diese Untersuchung setzt sich zum Ziel, praktisch-theologische Basisdimensionen eines förderlichen Umgangs mit Aggression in der Kirche zu erarbeiten, welche kulturdiakonisch auch in die Gesellschaft hinein wirken sollen. Die Studie stellt sich der Frage, welche Aggressionskompetenz in Kirche und Gesellschaft erforderlich ist, damit ein konstruktives Zusammenleben möglich wird. Die pastoralpraktisch vorfindliche Aggression(sinkompetenz) soll an der Maßgabe einer im kritischen Dialog zwischen Psychologie und Theologie gewonnenen, praktisch-theologischen Theorie ekklesial förderlichen Aggressionsumgangs kritisch ausgerichtet werden, um mittels dieser sowohl psychologischen als auch theologischen Kriterien genügenden Basisdimensionen Impulse für eine Aggressionspastoral einzubringen.

Damit ein gedeihlicher pastoraler Umgang mit Aggression überhaupt möglich wird, ist es dieser Studie darum zu tun, psychologische und theologische Möglichkeitsbedingungen zu eruieren und zu benennen, wie die verpönte Aggression aus dem Schattenbereich in die Bewusstseinsebene geholt werden kann. Die Aggression soll aus dem Gefängnis moralisierender Verdrängungsaszetik befreit werden; der Erkenntnis- und Befreiungsprozess, der in Bezug auf das Phänomen „Aggression" notwendig ist, soll das Volk Gottes erreichen, so dass der Glaube seine Befreiungskraft zu entfalten vermag, zumal mit

---

[1] Vgl. „La part maudite", Georges Batailles' dritte Schrift zum Thema der Verausgabung, als Versuch, „das Prinzip einer allgemeinen Ökonomie zu erklären, in der die Verausgabung (oder die Verzehrung) der Reichtümer Vorrang hat vor der Produktion", vgl. Bataille, G., Der verfemte Teil, in: ders., Die Aufhebung der Ökonomie, dt. von T. König, H. Abosch, G. Bergfleth, München 1985, 33-234, 35. Bataille geht es laut Ochs, R., Verschwendung. Die Theologie im Gespräch mit Georges Bataille (BTS 2), Frankfurt a. M. 1995, 19 um das Sichtbarmachen all dessen, „was der etablierte Wissenschaftsbetrieb aufgrund eines eng gefassten instrumentellen Begriffs von Vernunft aus seinem Erkenntnisprozess ausgesondert und abgespalten hat: den Wahnsinn und Rausch, das Irrationale und Mystische, die Verschwendung und die Gewalt, die Übertretung und die Erotik". Bataille ist es um die Vergegenwärtigung des Heterogenen in seiner Vielfalt, Unterschiedlichkeit und Subversivität zu tun.

der Aggressionsparalyse eine entleerende und neurotisierende Glaubensparalyse verbunden ist. Dieser praktisch-theologische Aggressionsdiskurs will zu einer fundamentalen Aggressionstoleranz beitragen, Aggression bei sich selber wahr- und anzunehmen und davon ausgehend um einen adäquaten Aggressionsausdruck zu ringen. Durch eine geweitete praktisch-theologische Sicht der Aggression soll insbesondere die Kirche dazu befreit werden, statt Vorreiter im Verdrängen von Aggression Zeichen und Werkzeug der Aggressionspastoral Gottes für die Menschen im gegenwärtigen Lebenskontext zu sein. Im Anschluss an Michel Foucault [2] spricht H.-J. Sander von Heterotopien. [3] Es sind dies keine Utopien, Nicht-Orte, wo ein idealer Zustand angestrebt würde, sondern reale Anders-Orte, Orte kreativer Irritation des Eigenen durch das Andere, die in ein produktives Verhältnis zu den Topoi gesetzt werden wollen. Die realen Anders-Orte, an denen Aggression auf eine befremdliche Weise im Spiel ist, werden in der Bibel benannt, so dass die Autorität der Heiligen Schrift auf ihrer Seite steht. Heterotopoi führen die Praktische Theologie immer in Spannungen und Polaritäten, die sie nicht zugunsten einer Seite einfach auflösen kann. Auch bezüglich des Umgangs mit Aggression muss die Praktische Theologie immer ihre Heterotopoi bedenken, so dass sich die Frage stellt: Was passiert, wenn der unschöne, peinliche Aggressionsschatten hereingeholt wird? Durch diese Integration des vermeintlich Unannehmbaren stellt sich der vorliegende Diskurs existentiellen Grenzerfahrungen und kommt dadurch zu radikalisierten Aussagen, getragen von der Überzeugung, dass sich in den extremen Situationen die Belastbarkeit und Tragfähigkeit der gesamten biblischen Botschaft erweist. Die vorliegende Praktische Theologie verschreibt sich der Aufgabe, die verpönte Aggression als realen Anders-Ort in die Pastoral zu integrieren, die peinliche Aggression aus dem Schattenbereich zu holen, das Heterogene in seiner Subversivität zu vergegenwärtigen, um Heterotopoi praktizierter und erlittener Aggression in die Gottesbeziehung und in die ekklesialen Beziehungen zu integrieren, praktisch theolo-

---

[2] Vgl. Foucault, M., Andere Räume, in: ders., Botschaften der Macht. Der Foucault-Reader Diskurs und Medien, Berlin 1999, 145-157. Laut Foucault erfolgte mit Beginn der Moderne mittels gezielter Platzierungen im Raum eine Ordnung der Gesellschaft als Differenz pluraler Orte. Die zwischen diesen Anlagen vorfindliche Fläche bildet die Homotopie eines gleichförmigen Ordnungsraums, in dessen Binnenraum so etwas wie „Räume des Außen" (148) eingelagert sind. In einer heterotopen Grundstruktur bilden sich diese Heterotopien spezifischer Gegen-Anlagen zu den „Anlagen" der Moderne ab: Laut Foucault sind die Anstalten moderner Normalisierung wie Gefängnisse, Krankenhäuser und Psychiatrien antiutopische Gegen-Anlagen zur Moderne. Sowohl die Utopien als auch die Heterotopien stehen mit allen anderen Räumen in Verbindung und widersprechen dennoch allen anderen Platzierungen. „Die Utopien sind Platzierungen ohne wirklichen Ort(...). Es gibt gleichfalls (...) wirkliche Orte (...), die in die Einrichtung der Gesellschaft hineingezeichnet sind, sozusagen Gegenplatzierungen oder Widerlager, tatsächlich realisierte Utopien, in denen die wirklichen Plätze innerhalb der Kultur gleichzeitig repräsentiert, bestritten und gewendet sind, gewissermaßen Orte außerhalb aller Orte, wiewohl sie tatsächlich geortet werden können. Weil diese Orte ganz andere sind als alle Plätze, die sie reflektieren (...), nenne ich sie im Gegensatz zu den Utopien die *Heterotopien*" (149). Krisenheterotopien sind privilegierte, geheiligte oder verbotene Orte, welche den sich in einem Krisenzustand befindenden Individuen vorbehalten sind, Abweichungsheterotopien bezeichnen Anlagen für Individuen mit von der Norm abweichendem Verhalten wie Psychiatrie oder Gefängnisse.

[3] Vgl. Sander, H.-J., Heterotopien – Orte der Macht und Orte für Theologie. Michel Foucault, in: Hardt, P., Stosch, K. v. (Hg.), Für eine schwache Vernunft? Beiträge zu einer Theologie nach der Postmoderne, Ostfildern 2007, 91-115. Vgl. Bauer, C., Kritik der Pastoraltheologie. Nicht-Orte und Anders-Räume nach Michel Foucault und Michel de Certeau, in: ders., Hölzl, M.(Hg.), Gottes und des Menschen Tod? Die Theologie vor der Herausforderung Michel Foucaults, Mainz 2003, 181-219, 210f. Vgl. Keul, H., Befragbar sein – sprachfähig werden. Das Anderswort der Offenbarung in postsäkularer Kultur, in: Franz, T., Sauer, H.(Hg.), Glaube in der Welt von heute. Theologie und Kirche nach dem Zweiten Vatikanum. Bd. II: Diskursfelder, Würzburg 2006, 403-423.

gische Topoi davon kreativ irritieren zu lassen und die korrespondierenden Spannungen als Zuwachs an Authentizität und Lebendigkeit auszuhalten und in Kauf zu nehmen.

Durch die Hereinnahme des Heterotopos der Aggression in die Gottesbeziehung soll ersichtlich werden, wie sich darüber Gottesbild und Gottesbeziehung verändern bzw. welche heutigen pastoralen Orte eben dieser Integration der Aggression bedürfen, sollen sich Betroffene mit ihrer persönlichen Situation noch in der Bibel wieder finden. Der alttestamentliche Zugang soll davor schützen, Gott für einen konstruktiven Umgang mit Aggression zu funktionalisieren und zu verzwecken, zumal die Aggression das Gottesgeheimnis selbst betrifft und schützt. Die vorliegende Untersuchung hat zudem zum Ziel, den Heterotopos eines zornigen, herausfordernd-kraftvollen Jesus Christus in die Praktische Theologie zu integrieren und danach zu fragen, wie sich darüber das Selbstverständnis der Kirche mit ihrem doppelten Transzendenzbezug auf Gott und die heutige Welt hin pastoralpraktisch verändert. Im christologischen Kontext sollen auch Grundlinien einer die Klageaggression integrierenden, christologischen Klagespiritualität aufgezeigt werden.

Die Aggression soll derart in die kirchliche Bewusstseinsebene integriert werden, dass sie nicht einseitig und ausschließlich als Nicht-sein-Sollende mit Destruktivität und Sünde identifiziert wird, sondern ihre fundamentale Ambivalenz differenziert, sowohl psychologisch als auch theologisch reflektiert bzw. radikalisiert, herausgearbeitet und ein förderlicher Umgang mit *beiden* Anteilen gefunden wird. Im vorliegenden Entwurf will die Aggression auch in ihrer psychologisch-anthropologischen Sinnhaftigkeit, lebensnotwendigen Funktionalität und in ihrer destruktiven Abgründigkeit verstanden werden, soll der anthropologische Rahmen für Verhaltensänderungen und neues Handeln umrissen werden. Durch Vermittlung von kognitiv-konzeptionellem Wissen aus dem Bereich der Psychologie soll das Aggressionsphänomen in seiner Ambivalenz erhoben, verstanden und auf seine Auswirkungen auf Einstellung und Verhalten hin überprüft werden. Die fundamentale Ambivalenz des Aggressionsvermögens soll in diesem Diskurs auch im theologischen Sprachspiel durch die Zuordnung zur Schöpfungstheologie und zur Rechtfertigungstheologie durchbuchstabiert und radikalisiert werden. Durch die Hereinnahme des Heterotopos der Aggression in eine praktische Schöpfungstheologie soll verdeutlicht werden, dass es auch konstruktive Aspekte der Aggression gibt, welche an der Bonität der Schöpfung partizipieren und für eine authentisch-schöpfungsgemäße, unideologische Entwicklung des Menschen unentbehrlich sind, so dass von Seiten der Kirche die korrespondierenden Spannungen ausgehalten werden müssen. Die positiv konstruktiven Anteile der Aggression sollen als schöpferisches Vitalvermögen in persönlicher wie in sozio-institutioneller Hinsicht zur Geltung kommen.

Mittels der intendierten Integration des Heterotopos von destruktiver Aggression in den kirchlichen Binnenraum stellt sich sowohl die Frage nach einer gnadentheologischen Radikalisierung des Gottesbildes als auch nach dem ekklesialen Selbstverständnis als „heiliger Kirche" angesichts eigener Destruktivität und nach authentischen diesbezüglichen Umgangsformen. Dem vorliegenden Diskurs ist es darum zu tun, den Erweis zu bringen, dass nicht die Aggression per se, sondern der Unheilszusammenhang der Sündenmacht das Gegenteil von Liebe bildet. Es stellt sich die pastoralpraktische Frage, wie ein konstruktiver Aggressionsumgang derart kultiviert werden kann, dass im kirchlichen wie darüber hinausgehend im gesellschaftlichen Kontext Destruktivität minimiert bzw. ein konstruktiver, verantwortlicher Umgang mit unvermeidlicher Destruktivität gefunden wird. Statt nur hochnormative Ideale einer Aggressionskultur zu formulieren, steht im Mittelpunkt dieses Durchgangs die Entwicklung der *Können-Seite*, zumal die ganze kirchliche Pastoral darin besteht, die (theologischen) Ermächtigungs- und Ermöglichungsbedingungen für christliches Handeln herzustellen. Es sollen psychologische, schöpfungstheologische, klagetheologische und gnadentheologische Möglichkeitsbedingungen eruiert werden, unter denen Aggression eine akzeptable und zu kultivierende konstruktive Verhaltensweise darstellt.

Die Konzentration auf Prioritäten zieht Posterioritäten und Abgrenzungen nach sich: Die theologische Vergewisserung strebt keine Theodizee, keine Rechtfertigung Gottes angesichts des Leids in der Welt, an; vielmehr sollen Menschen in ihren schwierigen Lebenserfahrungen abgeholt werden und mit den in der Heiligen Schrift bezeugten schwierigen Lebenserfahrungen und dem korrespondierenden schwierigen Gottesbild konfrontiert werden, um ihren heutigen Weg mit dem schwierigen Gott gehen zu können. Auch wenn mit der Psychologie ein anthropologischer Dialog um gelingendes Menschsein geführt wird und somit die psychologischen Schulen in ihren Grundannahmen und ihrem jeweiligen Menschenbild ernst genommen werden sollen, kann am Schluss nur deren jeweiliges kritisches Potential in zugespitzter Weise den theologischen Aussagen gegenübergestellt werden. Es ist nicht möglich, jede psychologische Schulrichtung für sich auf ihr Verhältnis zu Theologie und Glaube hin zu überprüfen. Dazu liegen schon namhafte Veröffentlichungen vor.[4] Zudem kann hier nicht die wissenschaftstheoretische Diskussion um die Generierung einer eignen praktisch-theologischen Disziplin „Pastoralpsychologie" geführt werden. Angesichts der Schwerpunktsetzung auf das praktisch-theologische Aggressions*verständnis* ist es um einer Begrenzung willen nicht möglich, die Können-Seite konzeptionell zu entwerfen: Es bleibt am Schluss bei praktischen Implikationen für eine Aggressionspastoral. Obwohl das Aggressionsvermögen in seiner Ambivalenz auch als Destruktionspotential aufgewiesen wird, versteht sich der vorliegende Diskurs nicht primär als Beitrag zur Prävention und Bekämpfung von Gewalt. Dies müsste in einer eigenen Studie thematisiert werden.

Das folgende Kapitel erläutert die für den Durchgang verwandte praktisch-theologische Methode:

---

[4] Zum Verhältnis Theologie-Psychoanalyse: Vgl. Scharfenberg, J., Sigmund Freud und seine Religionskritik als Herausforderung für den christlichen Glauben, Göttingen 1971. Vgl. Klessmann, M., Pastoralpsychologie. Ein Lehrbuch, Neukirchen-Vluyn 2004, 218ff; Tillich, P., Der Einfluss der Psychotherapie auf die Theologie. Ges. Werke VIII, Stuttgart 1970. Zum Verhältnis Theologie-Analytische Tiefenpsychologie: Vgl. Frick, E., Lautenschlager, B., Auf Unendliches bezogen. Spirituelle Entdeckungen bei C.G. Jung, München 2008 .Zum Verhältnis Theologie-Systemische Therapie: Vgl. Morgenthaler, C., Systemische Seelsorge. Impulse der Familien- und Systemtherapie für die kirchliche Praxis 4. Aufl., Stuttgart 2005.

3. Methodische Vergewisserung

Dieser Aggressionsdiskurs orientiert sich am Weg praktisch-theologischer Reflexion entlang des Dreischritts von „Sehen – Urteilen – Handeln".[1] Im Hinblick auf eine zu konzipierende Praxis wird die Phänomenologie real erlittener und praktizierter Aggression mit dem Interesse an der Aufdeckung und Veränderung von Fehlentwicklungen kritisch wahrgenommen. In einem zweiten Schritt erfolgt die Bestimmung der Kriteriologie, so dass von dieser Orientierung aus eine neue, den situativen Erfordernissen und Möglichkeiten sowie der Kriteriologie entsprechende Praxis in Angriff genommen werden kann. Die drei Schritte sind weder additiv noch konsekutiv, sondern als drei Dimensionen eines Erkenntnisprozesses zu verstehen. Die theologische Reflexion kommt nicht in einem zweiten Schritt zur Analyse der Aggressionswirklichkeit hinzu, sondern bestimmt die Wahrnehmung Letzterer, das Verstehen und Deuten und die Handlungsperspektive gleichermaßen. Das Moment des „Urteilens" thematisiert das Verstehen und Deuten der Lebenswirklichkeit.[2] Die argumentative Zugrundelegung der Kriterien und die Bestimmung der Maßgaben und Maßstäbe erfordert eine praktisch-theologische Methode, welche des interdisziplinären wie auch des intradisziplinären Dialogs bedarf.

3.1. Interdisziplinäre methodische Ausrichtung. Das Gespräch mit der Psychologie

Die Praktische Theologie muss den anthropologischen Beitrag der Humanwissenschaften rezipieren, will sie nicht zu krassen Fehlaussagen über den Menschen kommen. Wenn die Praktische Theologie auf die Wirklichkeitserfahrung zugeht und vom Leben der Menschen als lebenden Dokumenten ausgeht, bedarf es auch der psychologischen Sehhilfe, um den Menschen in seinen Strukturgesetzlichkeiten kennen zu lernen und menschengerechter handeln zu können. Im Blick auf die Lebensrealitäten von Menschen gilt es, in einen kritischen Dialog mit der Psychologie einzutreten[3] und der anderen Dialogseite zuzugestehen, dass sie auch als Korrektur und Bereicherung des Eigenen Wichtiges und Wahres zu sagen hat. Das Zweite Vatikanum ermutigt in GS 62 zu einer Mutualität im Sinne eines Kontakts und einer gegenseitigen Verwiesenheit der Dialogpartner Psychologie und Theologie, indem diese als Systeme angewandter Anthropologie bei ihrem gemeinsamen Interesse für eine gedeihliche menschliche Entfaltung ihre Unterschiede wahrnehmen und wechselseitig anerkennen dürfen.[4] Das kritische Potential der Aggressionspsychologie mit ihren Sprachspielen und ihren Sichtweisen zu Genese, Funktion und Bedeutung von Aggression muss deshalb auch in eine interdisziplinär konzipierte,

---

[1] Vgl. Mette, N., Sehen – Urteilen – Handeln. Zur Methodik pastoraler Praxis, in: Diakonia 20 (1989) 23-29. Vgl. Knobloch, S., Was ist Praktische Theologie? Fribourg 1995, 211-221.
[2] Vgl. Klein, S., Erkenntnis und Methode in der Praktischen Theologie, Stuttgart 2005, 123.
[3] Vgl. Fürst, G. (Hg.), Dialog als Selbstvollzug der Kirche? (QD 166), Freiburg i. Br. 1997.
[4] Vgl. Wahl, H., Pastoralpsychologie – Teilgebiet und Grunddimension Praktischer Theologie, in: Baumgartner, I. (Hg.), Handbuch der Pastoralpsychologie, Regensburg 1990, 41-61, 56f.

3.1. Interdisziplinäre methodische Ausrichtung. Das Gespräch mit der Psychologie

praktisch-theologische Theorie förderlichen ekklesialen Umgangs mit Aggression einfließen. Zuerst müssen die Bedingungsgesetzlichkeiten der menschlichen Aggression und die Antriebsstrukturen rekonstruiert werden, so dass der Spielraum und psychologisch – kriteriologische Rahmen vorliegt, innerhalb dessen Handlung verstanden und optimiert werden kann. Um der Humangenese willen gilt es, die psychologische Einsicht ernst zu nehmen, zu würdigen und sie so in den kritischen Dialog mit der Theologie eintreten zu lassen.

Bezüglich des Umgangs mit Erkenntnissen der psychologischen Anthropologie greift die vorliegende Studie auf das Modell der konvergierenden Optionen zurück.[5] Ausgangspunkt dieses Modells ist der interdisziplinäre Dialog zweier von einander unabhängiger Disziplinen über ein gemeinsames Forschungsprojekt. Dabei geht es nicht um die Übernahme von Erkenntnissen und Theorieelementen der jeweils anderen Disziplin, sondern beide am Dialog beteiligten Disziplinen schauen von ihren je eigenen Blickwinkeln auf ein gemeinsames Objekt.[6] Die Erforschung des Gegenstands ist options- und interessegeleitet, so dass beide Disziplinen um des interdisziplinären Gespräches willen sich auf Optionen verständigen und solche benennen, die auch von der jeweils anderen Disziplin weitestgehend geteilt werden können.[7] Da es um den einen Menschen und sein Leben geht, haben beide Begriffssysteme miteinander zu tun. Die Optionen konvergieren jedoch lediglich, sie münden in keinen Konsens. Indem beide Begriffswelten anderen Kontexten entstammen, eine letzte Stelle im Gespräch offen bleibt und nicht mehr vermittelt werden kann, wird die Eigenständigkeit und Gleichberechtigung der beteiligten Disziplinen gesichert. Durch die Unvereinbarkeit der Sprachspiele wird der Wahrheitsanspruch des biblischen Glaubens ebenso geschützt wie der originäre Zugang der Psychologie. Die offene Stelle dieser Unvereinbarkeit vermag aufgrund eines konstruktiv geführten Dialogs zur Generierung eines Neuen als Tertium zu führen. Eine Frucht des Dialogs wäre, wenn die Differenz das Neue schaffte und beide Disziplinen verändert daraus hervorgingen. Laut Ricoeur kann der Glaube des Gläubigen „aus dieser Gegenüberstellung nicht unversehrt hervorgehen, ebenso wenig aber die Freudsche Auffassung der Realität".[8] Das Tertium wird aus der Unvereinbarkeit von Theologie und Psychologie hervor getrieben und errichtet zwischen den jeweiligen Einzelerkenntnissen einen Spannungsbogen, um einer Spaltung in religiöse und weltlich-wissenschaftliche Erkenntnisse einen Riegel vorzuschieben und in diesem Spannungsfeld eine Aggressionskompetenz zu entfalten, die der Entfaltung des Menschen in individueller sowie soziokultureller Hinsicht entspricht.[9] So stellt sich die Frage, wie sich die theologische Sicht der Aggression im Wirkkreis der Psychologie

---

[5] Vgl. Mette, N., Steinkamp, H., Sozialwissenschaften und Praktische Theologie (Leitfaden Theologie 11), Düsseldorf 1993, 170-172; Wahl, H., Glaube und symbolische Erfahrung. Eine praktisch-theologische Symboltheorie, Freiburg i. Br. 1994, 72; Wittrahm, A., Seelsorge, Pastoralpsychologie und Postmoderne. Eine pastoralpsychologische Grundlegung Leben fördernder Begegnungen angesichts radikaler postmoderner Pluralität (Praktische Theologie heute 53), Stuttgart 2001, 129-134.

[6] Vgl. Mette, N., Art. Interdisziplinarität, in: LThK V, 3. Aufl., Sp. 557-558; vgl. Fuchs, O., Wie verändert sich universitäre Praktische Theologie, wenn sie kontextuell wird, in: PThI 18. 1998, 115-150, 133-138.

[7] Bezüglich der gemeinsamen Option gegen einen Machbarkeitswahn und eine Ausblendung menschlichen Leidens vgl. Auchter, T., Schlagheck, M. (Hg.), Theologie und Psychologie im Dialog über den Wahn der Machbarkeit und die Kraft der Leidensfähigkeit, Paderborn 2007.

[8] Ricoeur, P., Die Interpretation. Ein Versuch über Freud, Frankfurt a. M. 1993, 563.

[9] Wenn diese Spannung nicht ausgehalten wird, kommt es zu fragwürdigen „Psychologien" im Bereich der Theologie bzw. Seelsorge und ebenso problematischen „Theologien" im Raum der Psychologie.

verändert und wie umgekehrt die Psychologie angesichts des Dialogpartners Theologie ihr kohäsives Wirklichkeitsverständnis zu öffnen vermag. Inmitten dieses Spannungsbogens des kritischen Dialogs sind die psychologischen Methoden als Fremdprophetie für die Theologie sehr nützlich.[10]

Das Andere der Psychologie enthält auch fremdprophetische Aspekte: Es sind dies Positionen, die der eigenen theologischen Tradition entstammen, die aber im Laufe der Geschichte von der Theologie aufgegeben wurden, oder jene, die seither nicht im Blick der Theologie waren, sich aber aus theologischen Optionen notwendig ergeben.[11] Auf diese Weise wird die Praktische Theologie angeregt, „ihre schuldhafte Verblendung allem Neuen gegenüber aufgrund ihrer unkritischen Identifikation mit dem Alten aufzubrechen und sich dorthin zu bekehren, wohin ihre eigene Sache inzwischen ausgewandert und zum Teil gegen sie aufgestanden ist".[12] Die theologische Seite muss in dem kritischen Dialog die Bereitschaft mitbringen, sich von den psychologischen Theorien, Konzepten und analytischen, empirischen Methoden prophetisch anfragen zu lassen und die psychologischen Erkenntnisse als lebensfernes Scheuklappendenken aufsprengende Sehhilfen zu rezipieren, will sie durch die Begegnung mit dem Anderen auch mehr zu sich selbst finden. Im Dialog lässt sich die Theologie durch die Psychologie „kritisch an ihre verschütteten Möglichkeiten, an ihre eigenen Potenzen erinnern, die ihr bisweilen nur noch in der Gestalt der Fremdprohetie begegnen".[13] Für die vorliegende Fragestellung wird die Psychologie zum Irritationsort für den Aufbau von praktisch-theologischer Aggressionskompetenz. Die Theologie lässt ihre hergebrachten Voraussetzungen im Gespräch mit anderen Wissenschaften befragen und überdenken und bringt in diesen Dialog die „um des Wohls und Heils der Menschen willen aufbewahrten, unabgegoltenen, kritisch und frei machenden Erinnerungen in den wissenschaftlichen Diskurs ein".[14]

Im Austausch mit der Psychologie bleibt die Praktische Theologie eine *theologische* Disziplin, der theologische Anspruch mit den Zumutungen Gottes darf nicht nivelliert und um seine Ecken und Kanten gebracht werden. Die vorliegende Praktische Theologie erhebt den Anspruch, in ihrem Bezug auf das Leben heute aus der Mitte der Theologie zu erwachsen. Der vorliegende praktisch-theologische Zugang versteht Praktische Theologie essentiell als theologische Disziplin.[15] Deshalb sind Ärger und Aggression mit einer theologischen Inhaltlichkeit und theologischen Grundoptionen verbunden. Unter dem Druck von positivistischer Wissenschaftsgläubigkeit besteht die Gefahr, sich theologischer Optionen und Vorentscheidungen zu enthalten, um sich umso mehr auf vermeintlich wertneutrale empirische Forschung zu reduzieren. Theologische Inhalte dürfen nicht in feuerbachscher Manier in anthropologische Gehalte transformiert und aufgelöst werden. Die theologischen Disziplinen verstehen ihr eigenes Wesen nur dann richtig, wenn

---

[10] Vgl. Fuchs, O, „Komparative Empirie" in theologischer Absicht, in: ThQ 182 (2002) 167-188. Ders., Wie funktioniert die Theologie in empirischen Untersuchungen?, in: ThQ 182 (2002) 167-210.
[11] Vgl. Mette, N., Art. Fremdprophetie, in: LThK IV, 3. Aufl., Sp. 127-128.
[12] Ebd., Sp. 128.
[13] Wahl, H., Pastoralpsychologie-Teilgebiet und Grunddimension Praktischer Theologie, in: Baumgartner, I. (Hg.), Handbuch der Pastoralpsychologie, 41-61, 55; vgl. Ladenhauf, K. H., Integrative Therapie und Seelsorge-Lernen, in: Baumgartner, I. (Hg.), Handbuch der Pastoralpsychologie, 181-194, 182.
[14] Mette, N., Art. Interdisziplinarität, 557.
[15] Vgl. Haslinger, H. et al., Praktische Theologie – eine Begriffsbestimmung in Thesen, in: ders. (Hg.), Praktische Theologie. Grundlegungen, 386-397, 386.

3.1. Interdisziplinäre methodische Ausrichtung. Das Gespräch mit der Psychologie

sie der wirklich lebendigen Verkündigung des sich im biblischen Erzählzusammenhang offenbarenden Gottes samt dessen Anspruch dienen.[16]

Es besteht die Gefahr einer Wissenschaftsgläubigkeit, die vorherrschende Methodiken unbesehen übernimmt, ohne die impliziten Vorentscheidungen zu bedenken.[17] Die praktisch-theologische Theoriebildung muss Theologie treiben, verantwortete Rede von Gott, zumal „die Frage nach dem Ganzen eine notwendig zu stellende Frage ist".[18] Wenn die Praktische Theologie sich nicht mehr von der theologisch-normativen Frage behaften lässt, „was gelten soll, entäußert sie sich ihrer theologischen Bestimmung und transformiert sich in eine Kulturwissenschaft oder, bestenfalls, in die Ethik".[19] Wenn die Theologie kein im Gottesgedanken verankertes, eigenständiges wissenschaftliches Konzept mehr vorlegt, dann „verkommt die Theologie auf Dauer zur ancilla scientiae humanae".[20] Karl Rahner sieht in der religiösen Wirklichkeit „nicht eine Wirklichkeit neben den menschlichen Wirklichkeiten, mit denen sich die Humanwissenschaften beschäftigen, sondern deren Radikalität selbst".[21] Das Theologische ist eine bestimmte Perspektive auf eine Dimension, die der gesamten Wirklichkeit als Schöpfung Gottes innewohnt und deshalb zu erschließen ist.

Ottmar Fuchs plädiert für eine komparative Empirie mit hierarchisierenden Vergleichen, welche ihre theologische Wertigkeit aus den inhaltlichen Essentials der jüdisch-christlichen Gottes- und Menschenbeziehung, wie sie in der Gesamtgeschichte Israels und der Kirche zum Vorschein kommt, in ihren Ambivalenzen ebenso wie in ihren radikalisierten Darstellungen, beziehen. Die priorisierende Vergleichung mit dem semper maior des immer größeren Gottes bildet eine generative Kraft der überkommenen Theologie gegenüber der jetzigen Praxis. In der Praxis dieser an normativen Maßgaben und Orientierungswissen Maß nehmenden Vergleichung gegenwärtiger Glaubens- und Kirchenexistenz mit gegenwärtigen wie vergangenen je authentischeren Personen und Gemeinschaften realisiert die Praktische Theologie den wissenschaftlich verantworteten Vollzug von Buße und Umkehr. Will die Praktische Theologie nicht inhaltlich-prophetisch abdanken, muss sie die eigene Existenz im Horizont der eigenen Zeichen der Zeit mit der Existenz gläubiger Menschen in der Vergangenheit und ihrem Zeugnis im Zusammenhang ihrer Zeichen der Zeit vergleichen und diesen Vergleich als komparative Herausforderung für die Verbesserung des eigenen Lebens sehen. „Wer auf diesen Vergleich verzichtet, verzichtet auf die Dynamik der Umkehr im Aggregatzustand der eigenen Wissenschaftlichkeit".[22]

Dieses semper maior beinhaltet in der Dialektik zur Erkennbarkeit von Vergleichsgrößen auch das im vorliegenden Diskurs vorgestellte Nicht-mehr-Vergleichen-Können, die umso intensivere Erfahrung der Negativität Gottes, seiner Ferne und Verborgenheit im Leid. Das IV. Laterankonzil kritisiert ein positivistisches Verständnis kirchlicher und

---

[16] Vgl. Rahner, K., Die Herausforderungen der Theologie durch das Zweite Vatikanische Konzil, in: Ders., Schriften zur Theologie, Bd. 8, Einsiedeln u.a. 1967, 13-42, 20.
[17] Vgl. Striet, M., „Hierarchisierung"- oder: Unzeitgemäße Betrachtungen gegen positivistische Selbstaufhebungstendenzen der Theologie, in: Nauer, D., Bucher, R., Weber, F. (Hg.), Praktische Theologie, 418-425, 419.
[18] Hoping, H. (Hg.), Universität ohne Gott? Theologie im Haus der Wissenschaften, Freiburg i. Br. 2007.
[19] Striet, M., „Hierarchisierung", 424.
[20] Fuchs, O., Wie funktioniert die Theologie in empirischen Untersuchungen?, 207.
[21] Rahner, K., Die theologische Dimension der Frage nach dem Menschen, in: ders., Schriften zur Theologie Bd. 12, Zürich-Einsiedeln-Köln 1975, 387-406, 395.
[22] Fuchs, O., „Komparative Empirie" in theologischer Absicht, 176.

gesellschaftlich-religiöser Erfahrung und betont, dass jegliche Gotteserfahrung und – aussage Gott immer unähnlicher als ähnlich ist.[23]

Die Praktische Theologie ist eine theologische Disziplin und eine Grunddimension aller Theologie; durch den Praxisbezug der gesamten Theologie gibt es ein „pastoraltheologisches Moment aller theologischen Disziplinen",[24] so dass „die Praktische Theologie im Ganzen der theologischen Disziplinen" verankert ist.[25] Während die Praktische Theologie sich um des notwendigen Lebens- und Realitätsbezugs aller theologischen Disziplinen willen zur Anwältin des notwendigen Praxisbezugs der Theologie insgesamt macht, lässt sie sich umgekehrt von den anderen theologischen Disziplinen hinsichtlich der theologischen Relevanz und Schlüssigkeit ihrer Reflexionen befragen, um die Praxis einer transformierenden Kritik unterziehen zu können. Um diesem theologischen Anspruch gerecht zu werden, ist für die vorliegende Praktische Theologie ein doppelter, intradisziplinärer Dialog konstitutiv: Mit den *exegetischen (1)* und den *dogmatischen (2)* Überbringungen:[26]

3.2. Intradisziplinärer Dialog mit den exegetischen und dogmatischen Überbringungen

Die vorliegende Praktische Theologie will sich von der Heiligen Schrift (1) als der norma normans non normata im Zentrum ihres theologischen Denkens betreffen lassen und an ihr Maß nehmen, zumal sich hier die ursprüngliche Entgegennahme der Selbstoffenbarung Gottes durch das gläubige Volk Gottes auch verbindlich (kanonisch) im menschlichen Wort als Wort Gottes in Gestalt der glaubenden Antwort des Volkes Gottes niederschlägt. Gemäß DV 21 ist die Heilige Schrift „suprema regula" für die kirchliche Glaubensgemeinschaft, welche sich als „Hörerin des Wortes" definiert. Die historisch-kritische Methode steht im Dienste des im vorliegenden Durchgang hervorgehobenen, zentralen biblischen Theologumenons vom *geschichtlichen Handeln* Gottes; deshalb rekonstruiert sie als kritische Kontrollinstanz den ursprünglichen, historischen Sinn eines Textes und unterstellt sich mittels des literarischen Arbeitens an den Texten objektivierbaren, nachprüfbaren Kriterien, um Eintragungen von Wunschvorstellungen in die Texte vorzubeugen.[27] Der einzelne Bibeltext ist geschichtlich situiert und vor diesem Hintergrund Offenbarung Gottes in eine bestimmte Zeit hinein. Die geschichtliche Konkretionsqualität gebietet es, die Würde des nicht Subsumierbaren, Genuinen, geschichtlich je Einmaligen und Besonderen zu achten und die Texte in ihrem Anspruch in sich und für sich zu würdigen. Die göttliche Offenbarung ereignet sich historisch-konkret, Widersprüche und inhaltliche Spannungen zwischen den Texten dürfen nicht geglättet werden. Aufgabe der Exegese ist es, diese Vielschichtigkeit und irreduzible Vielfalt der in ihnen aufscheinenden Gottes- und Menschenbilder zu entfalten, Unterschiede nicht zu entschärfen oder unsichtbar zu machen und sie nicht in eine vermeintlich höhere Synthese aufzu-

---

[23] Vgl. Denzinger, H., Hünermann, P., Kompendium der Glaubensbekenntnisse und kirchlichen Lehrentscheidungen, Freiburg i. Br. 1991, 361-362.
[24] Rahner, K., Schriften zur Theologie Bd. 9, 134.
[25] Rahner, K., Die praktische Theologie im Ganzen der theologischen Disziplinen, 141.
[26] Vgl. Fuchs, O., Praktische Hermeneutik der Heiligen Schrift, 43.
[27] Theobald, M., Offen-dialogisch-(selbst-)kritisch. Die grundlegende Bedeutung historisch-kritischen Arbeitens für die theologische Auslegung des Neuen Testaments, in: BuK 63 (2008) 4, 240-245, 245.

3.2. Intradisziplinärer Dialog mit den exegetischen und dogmatischen Überbringungen

heben. Die Pluralität und auch Widersprüchlichkeit der biblischen Texte zueinander zeugt davon, dass der lebendige Gott je originär-konkret in einen historischen Kontext hinein geschichtlich handelt, so dass die korrespondierenden unterschiedlichen und gegensätzlichen Menschenerfahrungen und Gottesbilder nebeneinander gewaltlos bestehen und in einer gegenseitigen Entgrenzungs- und Ergänzungspotentialität den biblischen Reichtum vieler Teilantworten darstellen.[28]

Die historisch-kritische Methode tritt advokatorisch dafür ein, Texte in ihrer Radikalität ernst zu nehmen und sie aussprechen zu lassen. Die distanzierende Deskription, die den Text sachlich als Forschungsobjekt wahrzunehmen versucht, ist die Bedingung für eine Kommunikation, in der der Text inhaltlich nicht zum Objekt der eigenen unmittelbaren Bedeutungswünsche verdinglicht wird.[29] Es geht nicht an, dass biblische Exegese benutzt wird, „zu vorgegebenen Fragen und im Vorhinein festgezurrten Antworten steinbruchartig biblische Hilfsargumente zu liefern",[30] es gilt, sie in ihrer Eigenart als gattungsmäßig vorgeprägte Sprechakte ganz eigener Aussageinteressen und ästhetischer Wirkungsabsichten wahrzunehmen. Die Ambivalenz, Fremdheit und Widerständigkeit des biblischen Textes, seine Andersheit und Unterschiedlichkeit zu heutigen Fragestellungen ist in aller Schärfe aufmerksam wahrzunehmen und theologisch zu interpretieren, so dass von da her die eigenen Erkenntnisinteressen definiert werden, soll kein kraft- und wirkungsloser, manipulativ erscheinender Gebrauch der Heiligen Schrift entstehen, welcher nur eigenes Denken zu bestätigen sucht, nicht jedoch Anregung zum Nachdenken böte.[31] Insbesondere bei der Thematisierung der aggressionshaltigen Texte ergeht die Zumutung, die Fremdheit und Widerständigkeit, Ambivalenz und Widersprüchlichkeit der Texte stehen zu lassen und von da her die eigenen Erkenntnisinteressen zu definieren. Die Fremdheit der Texte provoziert, verblüfft, reizt zum Widerspruch und deckt häufig unerwartete Seiten am Erzählvorgang auf, die man ohne diese Hinweise nicht entdecken würde.[32]

Wenn die Bibel „wesensnotwendige Mitte der Pastoral"[33] ist, kommt der Kirche als Erinnerungsgemeinschaft essentiell die Aufgabe zu, Gottes Heilsgeschichten für die gegenwärtige und künftige Geschichte bekannt und fruchtbar zu machen und in einer „actuosa participatio" (vgl. SC Art.11 und 14) alle an der Erinnerungsarbeit zu beteiligen. Die vorliegende praktisch-theologische Fragestellung verbindet den *biblischen Text und die heutige Hörersituation* als die beiden Pole einer Ellipse, deren Spannungsverhältnis fruchtbar zu machen ist und die miteinander in Beziehung zu setzen sind. Die je eigene geschichtliche Situation gehört zu diesem Erschließungsprozess dazu. So wird pastoraltheologisch ernst genommen, dass Gott durch das Wort der Überlieferung und durch die gemäß GS 11 mit der Gegenwart des Heiligen Geistes erfüllten Zeichen der Zeit zum Hörer des Wortes spricht. Die biblische Botschaft will in den Hörern einen Dialog und Streit über die Interpretation und Gestaltung der real existierenden Aggressions-Wirklichkeit führen und ihre Lebenssituation verändern. „Ein Text will, dass ihm jemand dazu verhilft

---

[28] Vgl. Fuchs, O., Praktische Hermeneutik der Heiligen Schrift, 184f.
[29] Ebd., 388.
[30] Groß, W., Erwartungen an eine moderne Praktische Theologie? Ein Gespräch mit Ottmar Fuchs, in: Nauer, D., Bucher, R., Weber, F. (Hg.), Praktische Theologie, 375-382, 375.
[31] Ebd., 381.
[32] Vgl. Iser, W., Die Appellstruktur der Texte. Unbestimmtheit als Wirkungsbedingung literarischer Prosa, in: Warning, R., Rezeptionsästhetik. Theorie und Praxis, München 1979, 228-252, 235f.
[33] Fuchs, O., Praktische Hermeneutik der Heiligen Schrift, 61.

zu funktionieren".[34] Eine in kritischer Zeitgenossenschaft die Zeichen der Zeit ernst nehmende, gegenwartsbezogene Rezeption geht auf den Zeitindex ein, demzufolge ein Text unter anderen Zeitumständen jeweils mit neuem Leben gefüllt werden kann und muss. "Es gibt kein überzeitliches Verstehen der Bibel, sondern was ein Text für jeden und jede bedeutet, hängt von den Hörenden und Lesenden selbst mit ab".[35]

Die geschichtlichen Situationen von damals und heute sind in ihren Analogien und Unterschiedenheiten miteinander ins Gespräch zu bringen, es ist zu prüfen und zu unterscheiden, was durch die historisch-kritische Exegese und was durch eigene Lebens- und Glaubenserfahrungen im vorliegenden Text ‚erkannt' wird. Diese doppelte Anwaltschaft bildet ein sich gegenseitig erschließendes Interpretationsgeschehen. Die beteiligten erzählten und gegenwärtigen Orte und Personen versuchen sich in ihren Praxis- und Diskurszusammenhängen zu begegnen, sich gegenseitig in Frage zu stellen, in die Krise zu bringen oder zu bekräftigen und zu erschließen.[36] In diesem Wechselspiel schärft die biblische Botschaft das menschliche Wahrnehmungsvermögen und lehrt, die Lebenswirklichkeit als Ort der Erprobung des Glaubens zu sehen. Andererseits lassen die lebensweltlichen Erfahrungen des Menschen heute die biblische Botschaft je neu sehen und verstehen. Die Beobachtungen im Glaubens- und Verkündigungsbereich können die Exegese neue Details in den Texten wahrnehmen lassen. In der heutigen Begegnung mit dem Text richtet sich der Fokus auf die Erfahrungen, die der Text schafft und provoziert und identifiziert seine Wirkungsgeschichte bis in die Gegenwart hinein als eine Geschichte von Verwirklichungsmodellen, die seine Bedeutung entfalten.[37] Im vorliegenden Diskurs wird sich zeigen, dass z. B. hinsichtlich der Klagetheologie inhaltliche Fremdheit und rezeptive Konvergenz sich nicht widersprechen müssen. Konvergenzunfähig und fremd erscheinende Texte vermögen für heutige, an Gottes Fremdheit leidende Betroffene, gerade in ihrer Fremdheit eine existenzielle Relevanz und Applikation und damit eine inhaltliche Konvergenz zu gewinnen.

Es bedarf von den Texten her einer Überbrückungskapazität zur Gegenwart hin. Der biblische Text muss für die heutigen Be-Deutungen offen sein und die Bedingungen für unterschiedliche Aneignungen enthalten. Uneindeutige Aussagen öffnen den Text für dieses Rezeptionsgeschehen: Leerstellen regen zum Suchen an, aus eigener Erfahrung das Fehlende einzutragen; sie laden den Hörer ein, sich selber ins Spiel zu bringen. „Wo die Syntax, Semantik und Pragmatik des Textes aussetzen, springt die textexterne Pragmatik, also der Kontext, ein".[38] Die Offenheit des Textes ist als theologisches Faktum zu würdigen. Sie fordert Menschen in ihrer eigenen Kreativität zu Interpretation und Verständnis dessen heraus, was Gottes Wort für sie ist. Die Leerstellen im Text beziehen den Leser in die Erzählung mit ein und gewähren ihm einen Anteil am Mitvollzug und der Sinnkonstitution des Geschehens. Der Rezeptionsvorgang ist somit ein aktives Geschehen: „Quidquid recipitur, secundum modum recipientis recipitur".[39] Die Uneindeutigkeiten ge-

---

[34] Eco, U., Lector in fabula. Die Mitarbeit der Interpretation in erzählenden Texten, München 1979, 64.
[35] Fuchs, O., Praktische Hermeneutik der Heiligen Schrift, 242.
[36] Vgl. ebd., 17.
[37] Vgl. ebd., 40.
[38] Fuchs, O., Die pragmatische Relevanz semantischer Beweglichkeit von Bibelübersetzungen, in: Groß, W. (Hg.), Bibelübersetzung heute. Geschichtliche Entwicklungen und aktuelle Herausforderungen. Stuttgarter Symposion 2000, Stuttgart 2000, 235-264, 240.
[39] Thomas von Aquin, De veritate 12,6 (ad 4).

währen dem Leser einen Auslegungsspielraum und sind Anknüpfungspunkt für die je neu sich in seinem Leben präsentisch ereignende Wirkmächtigkeit des Wortes Gottes als Wort des lebendigen Gottes.

Gemeinsame *menschliche Grundsituationen coram Deo* lassen über den Bruch der zeitlichen und kulturellen Distanz hinweg ebenso eine Brücke schlagen und ermöglichen eine Vergegenwärtigung der biblischen Botschaft ins Heute. Bezüglich dieser analogen Grund-situationen und –erfahrungen in ihrer Tiefendimension treffen sich die heutigen Menschen mit den biblischen. Laut Walter Groß besteht die Wirkkraft der Klagepsalmen v. a. darin, dass sie vor Gott menschliche Grundkonstellationen (Leid, Vertrauen, Aufbegehren, Bitte, Zorn, Anklage) zum Ausdruck bringen, so dass Menschen aller Zeiten und Kontexte sich in ihnen wieder finden und durch sie zu Gott führen lassen können. „Letztlich müssen alle biblischen Texte durch das wirken, was sie sachlich von Gott und vom Menschen aussagen, und durch die sprachliche Gestaltung, in der sie diese Sachaussage vermitteln, so sehr die dadurch eventuell initiierte Gottesbeziehung zur Konkretisierung in einer Religionsgemeinschaft drängt".[40]

Um dem theologischen Anspruch gerecht zu werden, ist für die Praktische Theologie ebenso der intradisziplinäre Dialog mit der *dogmatischen Theologie* (2) konstitutiv. Die Praktische Theologie der „Zeichen der Zeit" (GS 4) betont die auf gegenseitig gleichstufigem Niveau sich bildende gegenseitige Erschließungskraft von Dogma und Erfahrung, Dogmatik und Praktik.[41] Laut Klinger haben alle Dogmen einen pastoralen Sinn und alle Pastoral hat eine dogmatische Bedeutung, beide verkörpern beides.[42] Die Kirche des Konzils ist polar wegen ihres dogmatischen und pastoralen Pols, „aber sie ist auch gesamtheitlich, weil sich diese Pole durchdringen, so dass ihr dogmatischer Pol pastoral und ihr pastoraler Pol dogmatisch zu verstehen ist".[43] Die Perichorese von Dogmatik und Pastoral zeitigt auch Folgen für die Lehre vom Glauben. „Die Lehre des Konzils vom Glauben ist daher die Lehre, dass er ein Inbegriff der Existenz des Menschen ist. Diese umfasst das Leben in der Kirche, der er angehört, und das Leben in der Welt, die er gestaltet".[44] Der Glaube an Gott und die Existenz des Menschen durchdringen sich, so dass in der kirchlichen Lehre selbst die Polarität von Gott und Mensch einzig in einer perichoretischen Verbindung sinnvoll und handlungsrelevant gedacht werden kann.[45] Die Lehre ist somit in ihrem Existenzbezug zu verdeutlichen, umgekehrt ist die Existenz für die Formulierung der Lehre relevant. In der Perichorese von Lehre des Glaubens und Existenz ist das Dogma „Lehre vom Leben"[46] bzw. „eine abgekürzte Erzählung von einem Leben, an das man glaubt".[47] In der Lehre gewinnt die Pastoral dogmatisches Gewicht, in der Pastoral erhält die Lehre Sinn und Bedeutung. Das Lehrhafte und das konkret Handlungsbezoge-

---

[40] Groß, W., Der doppelte Ausgang der Bibel Israels und die doppelte Leseweise des christlichen Alten Testaments, 25.
[41] Vgl. Sander, H.-J., Die Zeichen der Zeit erkennen und Gott benennen, 27-40.
[42] Klinger, E., Armut. Eine Herausforderung Gottes. Der Glaube des Konzils und die Befreiung des Menschen, Zürich 1990, 86.
[43] Klinger, E., Armut, 98.
[44] Klinger, E., Der Glaube des Konzils. Ein dogmatischer Fortschritt, in: ders., Wittstadt, K. (Hg.), Glaube im Prozess FS für Karl Rahner, Freiburg i. Br. 1984, 615-626, 620.
[45] Vgl. Klinger, E., Der Glaube an den Menschen – eine dogmatische Aufgabe. Karl Rahner als ein Wegbegleiter des Zweiten Vatikanischen Konzils, in: ThGl 78/1985, 229-238, 229.
[46] Klinger, E., Armut, 81.
[47] Klinger, E., Der Glaube des Konzils, 626.

ne, das Unwandelbare und das Wandelbare dürfen nicht getrennt werden. Der Glaube der Kirche hat einen dogmatischen Pol, insofern er sich begrifflich zum Ausdruck bringt in der Form der Lehre, und ihm eignet ein pastoraler Pol, insofern er sich in der Form kirchlichen Handelns auf die Gegenwärtigkeit der Welt in der Konkretheit des Hier und Heute bezieht. Diese beiden Pole begründen einander; in dieser Perichorese von Dogmatik und Pastoral werden Glaube und Erfahrung in einen elementaren Zusammenhang gebracht: Die Kirche ist Pastoralgemeinschaft.[48] Für M.-D. Chenu ist diese Perichorese im Christusgeheimnis grundgelegt, welches in der Kirche Gestalt angenommen hat: „Wohl geht es um die Lehre, denn die Wahrheit ist, wie einer der Väter sagte, eine lebendige Person, Christus, der in sich selbst und in seinem Leib, der Kirche, existiert, die von seinem Geist belebt wird. Heute ist durch diese Konstitution die Ärgernis erregende und sinnlose Unterscheidung von Lehre und Seelsorge beseitigt".[49]

Der Aufbau dieser Studie gliedert sich nach dem vorgestellten, praktisch-theologischen Modell „Sehen – Urteilen – Handeln".

---

[48] Vgl. Sander, H.-J., Nicht ausweichen. Die prekäre Lage der Kirche, Würzburg 2002, 11-27.
[49] Chénu, M.-D., Volk Gottes in der Welt, Paderborn 1968, 18f.

4. Aufbau der Studie

Im 1. Hauptteil wird ein Ausschnitt aus der Phänomenologie depravierten und inkompetenten Umgangs mit Aggression im kirchlichen Kontext vorgestellt. Wenn die verpönte Aggression abgespalten wird, kommt es umso mehr zu ungekonnter Aggression und zwischenmenschlichen Störungen. Der 2. Hauptteil widmet sich dem psychologischen Zugang. Zunächst werden psychische Abwehrmechanismen dargestellt, welche die peinliche Aggression ausblenden und loswerden wollen. Die Präsentation ausgewählter psychologischer Aggressionstheorien versucht, die ambivalente Aggression in ihrer psychischen Sinnhaftigkeit und Funktionalität zu verstehen. Die gegenwärtige Psychoanalyse richtet ihren Fokus insbesondere auf destruktive Aggression. Gemäß der psychobiologischen Sichtweise von Aggression befriedigt Letztere vitale Basalbedürfnisse, welche für das Über- und Zusammenleben funktional-sinnvoll sind. Die Ärger-Aggressionstheorie von Verana Kast sieht die aversiven Emotionen „Ärger, Wut und Zorn" als Motivatoren für Aggressionshandlungen, welche zum Mitmenschen einen Kontakt herstellen und dadurch die Beziehung wandeln wollen.

Nach dem Dafürhalten der Kommunikationspsychologie vertieft die Integration des Heterotopos „Aggression" die zwischenmenschliche Kommunikation. Während die Lernpsychologische Theorie das Erlernen und Verlernen von Aggression konstatiert, beziehen die Sozial-Konstruktionistische Theorie von Ärger und Aggression und die systemorientierte Psychotherapie bei der Frage nach Genese von und Umgang mit Aggression den sozialen Kontext und das System mit ein. Der Umgang mit Aggression stellt ein individuelles Problem der daran Beteiligten und ein strukturelles Problem im Sinne strukturell-institutioneller Verursachungskomponenten dar, denen sich der Einzelne nur bedingt entziehen kann. Der 3. Hauptteil eröffnet das Gespräch mit der Psychologie aus der Tiefe der Theologie, welche mit der religiösen Unterkellerung vitalster Strebungen ihre eigenen Antworten in einen Aggressionsdiskurs einbringt. Der alttestamentliche Zugang benennt mit den Bibelstellen Gen 32,23-33, Klgl 2, Psalm 88 und dem Buch Ijob reale Andersorte, wo die sperrige und peinlich anmutende Aggression im Gottesbild und in der Beziehung von Menschen zum „schwierigen" Gott ansichtig und in existentiellspirituelle Grundvollzüge integriert wird. Der systematisch-theologische Teil bildet ein methodisches Dreigestirn, ein reißverschlussartiges Ineinandergreifen von NT-Exegese, systematischem Bezug und gegenwärtigen Fragestellungen, wobei alle 3 Disziplinen sich gegenseitig erschließen und ergänzen.

Die schöpfungstheologische Perspektive erweist das ambivalente Aggressionsvermögen in seiner konstruktiven Ausrichtung auch als Teil der guten Schöpfungsordnung. Entlang des Kreuzes als Heterotopos äußerster Aggression sollen sodann verschiedene semantische Linien von Aggression erhoben werden. Gemäß der markinischen Streitgespräche Mk 2,1-3,6 bilden die Konflikte des zornigen Jesus den Vorlauf, der schlussendlich zum Kreuz führt. Durch die provozierende Tempelaktion Mk 11, 15-18 spitzt sich dieser Konflikt noch zu. Als Jesu Christi Außenaggression scheitert, geht er mit einer Selbstaggression auf die Unheilsmacht der Sünde zu und verwandelt die destruktive

Aggression in Versöhnung bzw. konstruktive Aggression. In der Rechtfertigungsgnade der Taufe wird dieses Transformationsgeschehen persönlich angeeignet. Indem Jesus das Werk der Erlösung vollbringt, gerät er in den Zustand radikalster Gottverlassenheit und vermag gemäß Mk 15,34 nur noch mittels eines aggressiven Schreis den Kontakt zum unbegreiflichen Gott herzustellen. Dem Heterotopos des Kreuzes eignet auch eine österliche Nachgeschichte: Der Auferstandene setzt seine Inkarnation in die Welt hinein fort und wagt um der Armen und Marginalisierten willen einen aggressionsgeleiteten Aufstand für das Leben.

Im 4. Hauptteil sollen als Ertrag der Studie Basisdimensionen eines gekonnten Umgangs mit Aggression in der Kirche sowie praktische Implikationen für eine Aggressionspastoral formuliert werden. Es ist dies das Résumée der von der Wahrnehmung der vorfindlichen Aggressionspraxis ausgehenden Konvergenzargumentation zwischen dem psychologischen und dem theologischen Zugang und zugleich skizzenhaft eine praktisch-theologische Theorie förderlichen Aggressionsumgangs als Grundlage für praxisrelevante Operationalisierungen. Die Basisdimensionen umfassen die Aggression in der Gottesbeziehung, die Aggression im Kontext einer Praktischen Schöpfungstheologie, die Aggression als Ferment einer praktisch-theologischen Hermeneutik des Sakramentes der Firmung und den Umgang mit destruktiver Aggression im Binnenraum der Kirche.

Gerade beim Thema „Aggression" ist es von elementarer Bedeutung, Begriffe klar und genau zu umreißen und zu differenzieren, zumal die häufig betriebene Identifizierung und Vermengung so verschiedener Begriffe wie Ärger, Zorn, Wut, Aggression, Selbstbehauptung, Hass, Feindseligkeit, Groll und Gewalt in populärer wie wissenschaftlicher Verwendung letztlich zu einer negativen Bewertung aller in Frage stehenden Phänomene führt.

5. Begriffsklärungen

Die im Konnex des Wortfeldes „Aggression" aufgeführten Dynamiken werden im Sprachgebrauch und in ihrem Wirkvermögen vielfach ausschließlich mit Destruktivität, Krieg, Gewalt und Zerstörung konnotiert und assoziiert. Die Unklarheit der Begrifflichkeit führt zu einem Reduktionismus, dem wissenschaftlichen Diskurs verbliebe lediglich die Aufgabe, Konzepte zu Reduktion und Eliminierung von Aggression zu entwickeln. In dieser reduktionistischen Sichtweise wird eine ambivalente Bewertung des Phänomens „Aggression", kombiniert mit potentiell konstruktiven Anteilen, von vornherein ausgeschlossen.

Im Folgenden sollen klare begriffliche Differenzierungen herausgearbeitet werden, um durch eine Wahrnehmung der Unterschiede auch Auswirkungen auf das Verhalten zu erreichen. Die vorgelegten Definitionen sind kurz und thetisch, die dahinter stehenden Konzepte werden im weiteren Verlauf der Arbeit erklärt und entfaltet.

Ärger

Nach J. R. Averill setzt sich Ärger aus physiologischen, psychologischen und soziokulturellen Elementen zusammen.[1] In physiologischer Hinsicht entsteht eine Erregung, welche sich in körperlichen Indikatoren wie Beschleunigung der Pulsfrequenz, Erröten usw. artikuliert. Daran lässt sich der unkontrollierbare Charakter des Ärgers festmachen. Um als spezifisches Gefühl und nicht nur als diffuse Erregung wahrgenommen zu werden, bedarf die körperliche Erregung einer bestimmten psychologischen und kognitiven Einschätzung. Ärger regt dazu an, erfahrene Verletzungen auszugleichen, einen Ausweg aus einer festgefahrenen Situation zu finden[2] und neuen Kontakt zu einer anderen Person herzustellen. „Ärger entsteht am häufigsten unter Bedingungen von Bedürftigkeit, Liebe und Engagement... . weil es ein aktivierendes Gefühl ist, stellt es die Basis für Kommunikation dar".[3]

Beide zusammen, die körperliche Erregung und die Einschätzung der Lage, konstituieren die jeweilige Emotion. Ärger setzt sich aus spontaner Leidenschaft und einem aktiven, kontrollierbaren Ausdruck zusammen. Der kognitiven Einschätzung ist es zu verdanken, dass dem Menschen die Möglichkeit der verzögerten Reaktion offen steht. Die Einschätzung der physiologischen Erregung sowie der auslösenden Situation ist bestimmten vorgegebenen, gesellschaftlichen Regeln und Normen unterworfen; dadurch werden dem Individuum Wahrnehmungs- und Ausdrucksmöglichkeiten angeboten sowie soziale Standards aufrechterhalten. Klessmann resümiert: „Ärger ist ein Gefühl, in dem eine durch eine bestimmte Situation ausgelöste physiologische Erregung in spezifischer Weise individuell und sozial vorgegeben interpretiert und zugeordnet wird oder in dem eine bestimmte Deutung einer Situation die korrespondierende Erregung auslöst".[4]

---

[1] Vgl. Averill, J.R., Anger and Aggression, New York 1982.
[2] Vgl. Capps, D., The Religious Personality, Belmont 1987 weist auf den etymologischen Zusammenhang zwischen dem lateinischen „angustus" = eng und dem englischen Substantiv „anger" = Ärger hin. Anger ist dann die Reaktion gegen beengende oder einschränkende Umstände.
[3] Rothenberg, A., On Anger. American Journal of Psychiatry 128 (1971), 86-92.
[4] Klessmann, M., Ärger und Aggression in der Kirche, 25.

Assertiveness

Dieser Begriff wird vor allem in der US-amerikanischen Literatur häufig verwendet, er lässt sich nur schwer ins Deutsche übersetzen: Behauptung, Selbstbehauptung: „Selbstbehauptung meint ein ausgewogenes Interesse an den Rechten, Wünschen, Gedanken und Gefühlen sowohl von einem selbst als auch von anderen. Das Ziel der Selbstbehauptung ist Kommunikation, Kooperation und die Lösung von Problemsituationen zur gegenseitigen Zufriedenheit".[5] Ärger wird in einer unbedrohlichen Art ausgedrückt, verbunden mit der Intention, dem Gegenüber ein Feedback zu geben, welches seinem Verhalten eine neue Ausrichtung zu geben vermag. Mit Einsatz der je eigenen Kraft sollen unter Verzicht auf Herrschaftsattitüden alle Beteiligten im Kommunikationsprozess bestätigt werden; Macht und Liebe sind auszubalancieren. Die rationale Kontrolle spielt bei der assertiveness eine große Rolle, zumal letztere nicht zwangsläufig den spontanen menschlichen Reaktionen entstammt und deshalb durch das Einüben verschiedener Kommunikationstechniken erlernt werden muss. „Der Unterschied zwischen Selbstbehauptung und Aggression muss eingeübt werden".[6] Im Bereich der US-amerikanischen Kirchen entstand der paradoxe Effekt, dass assertiveness mit allen erdenklichen positiven Konnotationen versehen wurde, während der Begriff „Aggression" negativ assoziiert wurde, mit der Folge einer indirekten Abwertung – einem Christen steht der assertive Ausdruck zu, keinesfalls jedoch der aggressive.

Destruktivität

Unter dem Vorzeichen der Destruktivität steht Aggression im Dienste des Schädigens, Verletzens, Quälens und Vernichtens. „Die spezifisch menschliche Leidenschaft zu zerstören und absolute Kontrolle über ein Lebewesen zu haben... . bezeichne ich als Destruktivität".[7] Die eigene Kraft wird rücksichtslos eingesetzt, vielleicht aus tief empfundener Ohnmacht heraus. Persönliche Macht- und Geltungsansprüche wollen durchgesetzt werden. Destruktivität gilt es zu vermeiden oder wenigstens zu reduzieren. In weiten Teilen der wissenschaftlichen Literatur wird der Begriff der Aggression im Sinne von Destruktivität gebraucht. W. Neidhardt zum Beispiel postuliert, „alles Verhalten, das in der Absicht geschieht, einen anderen zu verletzen, aggressiv zu nennen: Mord und Inhaftierung, psychischer Terror wie psychische Gewalt, sowohl die Grausamkeit der Kinder als auch die Härte derer, die ihr mit Erziehungsgewalt begegnen".[8] Im weiteren Verlauf unseres Durchgangs wird es eminent wichtig sein, einerseits den Aspekt der Destruktivität ernst zu nehmen und nicht aus dem Blick zu verlieren, andererseits nicht der Versuchung zu erliegen, den ambivalenten Charakter der Aggression nach einer Seite hin aufzulösen und zu reduzieren.

Entwerten

Bei der Entwertung findet keine offene, aggressive Auseinandersetzung statt, die korrespondierenden Emotionen werden nicht geäußert; vielmehr wird das Gegenüber in seiner

---

[5] Augsburger, D. W., Anger and Assertiveness in Pastoral Care, Philadelphia 1979, 55.
[6] Hull, D. B., Schroeder, H. E., Some Interpersonal Effects of Assertion, Nonassertion and Aggression. Behavior Therapy 10, 1979, 20-28.
[7] Fromm, E., Anatomie der menschl. Destruktivität, Greenwich 1975, 14.
[8] Neidhardt, W., Aggressivität und Gewalt in unserer Gesellschaft, München 1974, 11f. Vgl. Bandura, A., Aggression. A social learning analysis, Englewood Cliffs 1973, 5. Bandura setzt Aggression fast ausschließlich mit Angriff oder Feindseligkeit gleich.

Wertigkeit herabgesetzt. Man hält es keiner Auseinandersetzung für würdig und wendet sich von ihm ab. Das Entwerten zählt zu den so genannten passiven Aggressionen, die uns im Kapitel über die Abwehrmechanismen noch näher beschäftigen werden.

Gewalt
Am Ende der Skala möglichen aggressiven Verhaltens findet sich die Gewalt; unter ihrem Einfluss verschafft sich der destruktive, auf Schädigung ausgerichtete Aspekt von Aggression in physischer Zerstörungsmacht Ausdruck. Durch lang aufgestauten Hass, durch eine massive, anhaltende Bedrohung oder durch ein unerträgliches Ausmaß an Angst und Ohnmacht kann physische Gewalt ausgelöst werden. Ihr haftet etwas Archaisches an, bei ihrem Ausbruch sind Menschen zu Taten bereit, zu denen sie ansonsten nicht fähig wären; Unbeteiligte werden in Mitleidenschaft gezogen. Sowohl der Kontakt zum eigenen Denken und Fühlen als auch der Bezug zum Adressaten der Gewalt gehen verloren.[9]

Hass, Groll, Feindseligkeit
Diesen 3 Emotionen ist gemeinsam, dass sie nicht spontan geäußert werden, sondern als länger andauernde Gefühlszustände auftreten. Groll entsteht, wenn Ärger nicht ausgedrückt werden darf, sondern resignativ ohnmächtig unterdrückt werden muss. Groll bildet sich, wenn Ärger das Ziel der Verbesserung von Kommunikation verfehlt oder Ärgerausdruck mit Sanktionen belegt wird. Groll kann alle anderen Emotionen überlagern und vergiften. Wenn dieser Zustand der eigenen bewussten Kontrolle entgleitet und nur noch die Schädigung und Destruktion des anderen im Blick ist, kann von Hass die Rede sein. „Hass hat sich von einer konkreten, auslösenden Situation abgelöst und ist in hohem Maße generalisiert im Blick auf alles, was das Objekt des Hasses, sei es ein einzelner, sei es eine ganze Gruppe von Menschen, darstellt und tut".[10] Feindseligkeit konstituiert sich aus habituell gewordenem Ärger.

Konflikt
Etymologisch hergeleitet von lateinisch „confligere" = zusammenstoßen, aneinander geraten, kämpfen, beinhaltet der Begriff „Konflikt" das Zusammentreffen und Aufeinanderstoßen konträrer Positionen, Bedürfnisse, Emotionen, Interessen, Ansprüche, Ziele, Überzeugungen, Ideen, Werte, Normen, Rollenerwartungen, Systeme oder Aktivitäten innerhalb einer Person (innerer Widerstreit) oder zwischen mehreren Personen bzw. zwischen Gruppen, Gemeinschaften oder Staaten. Im Alltag drückt sich ein Konflikt oft als Auseinandersetzung oder Streit aus. Konflikte entstehen durch die Verschiedenheit der sozialen Subjekte, die Pluralität der Lebensstile und -formen, den Zwang zu gemeinschaftlich abgestimmtem Handeln, die Begrenztheit räumlich-materieller Ressourcen sowie psychische Dispositionen. „Ihren komplexen geschichtlichen und situativen Entstehungsbedingungen sowie vielfältigen Ursachen zufolge stellen Konflikte mehrdimensionale und multilaterale Spannungsverhältnisse dar".[11]

Konflikte lassen sich differenzieren nach Häufigkeit, Dauer, Intensität, Beteiligten und Ursachen (z. B. emotionale, zwischenmenschliche, strukturbedingte usw.). Wissenschaftliche Disziplinen wie Konfliktpsychologie oder Konfliktsoziologie betreiben je aus dem

---
[9] Vgl. Klessmann, M., Ärger und Aggression in der Kirche, 30.
[10] Ebd.
[11] Spiegel, E., Art. „Konflikt" in: LThK VI, 3. Aufl., 242.

Blickwinkel ihrer anthropologischen Positionen heraus Konfliktforschung. Wenn auch bislang keine allgemein anerkannte, interdisziplinäre Konflikttheorie ausgebildet wurde, so besteht weitgehende Einigkeit darin, dass Konflikte grundsätzlich universell auftauchen und bezüglich ihrer sozialen Funktion ein ambivalentes Geschehen darstellen, was sie mit dem Phänomen „Aggression" verbindet. Die destruktive Variante wird in allen Größenordnungen kriegerischer Auseinandersetzungen ansichtig; „in seiner konstruktiven, funktionalen und stabilisierenden Variante ist der Konflikt ein unverzichtbares kreatives und integratives Element des Zusammenlebens, ein Stagnation überwindender, überlebensnotwendiger, produktiver dynamischer Prozess".[12]

Wut

Wut enthält mehr affektive Intensität in sich als Ärger. Verena Kast positioniert sie auf der Erregungsskala als äußersten Pol des Ärgers. Ihr eignet ein hohes Maß an Spann- und Explosionskraft, in Verbindung mit Leidenschaft drückt sie viel Energie aus.[13] Wut entsteht aufgrund von tiefgehenden Verletzungen, der Erfahrung von Ohnmacht und Hilflosigkeit, ausweglosen Situationen oder dem Wunsch, aus dem zerstörerischen Zirkel einer sich stets aufs neue aktualisierenden, destruktiven Beziehung ausbrechen zu können; die Wut dient dann als Movens, sich aus besagten leidvollen Situationen von Ohnmacht zu befreien. Im alltäglichen Sprachgebrauch werden Wut und Ohnmacht einander zugeordnet, wenn von „ohnmächtiger Wut" die Rede ist. Wenn narzisstisch strukturierte Menschen aufgrund von Kränkungen spüren, dass ihr Inneres hohl und leer ist und keineswegs den eigenen überhöhten Ansprüchen genügt, ist von narzisstischer Wut die Rede, welche maßlos ist.

Zorn

Wut und Zorn zählen zu den warmen Emotionen, im Gegensatz zum gefühlskalten Entwerten. Die Emotion „Zorn" ist dem Ärger wesensverwandt, wenngleich noch heftiger und archaischer. Klessmann führt Zorn etymologisch auf „Zerrissenheit, Spaltung" zurück und verweist darauf, dass dieses Gefühl mit Zurückweisung, Einengung oder erlittener Verletzung zu tun habe.[14] Kast sieht das Wesen des Zornes stärker in der Bezogenheit des Erregten auf übergreifende Zusammenhänge; der Zorn zeigt an, dass gesellschaftlich akzeptierte Regeln, dass Gesolltes, verletzt wird. Zorn bezieht sich also nicht primär auf das eigene Ich, er ist distanzierter als Wut. Der vom heiligen Zorn Erfasste spürt eine explosive Energie, welche ihn drängt und befähigt, aktiv zu werden und Dinge zu verändern.[15]

Der Begriff „Aggression", der im Zentrum unseres Diskurses steht, soll bewusst erst am Schluss der begrifflichen Klärungen erläutert werden, um seine Position im Konnex des ihn umgebenden Wortfeldes möglichst präzise anzugeben.

Aggression

P. Seidmann hat den Begriff und das Phänomen der Aggression von seiner sprachgeschichtlichen Entwicklung her untersucht. Er konstatiert, dass „Aggression" einen Bedeu-

---

[12] Ebd., 243.
[13] Vgl. Kast, V., Vom Sinn des Ärgers. Anreiz zu Selbstbehauptung und Selbstentfaltung, Stuttgart 1998, 22.
[14] Vgl. Klessmann, M., Ärger und Aggression in der Kirche, 26.
[15] Vgl. Kast, V., Vom Sinn des Ärgers, 24.

tungswandel erfahren hat:[16] Ursprünglich liegt das lateinische Verb „aggredi" zugrunde, im Sinne von „auf jemanden oder etwas zugehen, herangehen". Dieses Zugehen kann mit oder ohne emotionale Begleitung geschehen. Schon bei den Römern waren zwei semantische Stränge zu differenzieren: Der friedliche Bedeutungsstrang gebrauchte „aggredi" im Sinne von „an etwas oder zu jemandem gehen, sich an einen Ort begeben, den Versuch machen, etwas initiieren und unternehmen"; der aversive Bedeutungsstrang zielt auf „in feindlicher Absicht auf jemanden oder etwas losgehen, ihn angreifen, überfallen". Auch im Französischen und Englischen kommt es zu einem Bedeutungswechsel: Das französische Verb „aggresser" hatte bis ins 14. Jahrhundert noch beide Bedeutungsstränge vereint – im Zeitalter der Religionskriege, dem 16. Jahrhundert, wurde es indessen nur noch im Sinne von „attaquer" oder „assaillir" verwendet.

Laut Seidmann taucht der Begriff „Aggression" im deutschen Sprachgebrauch erst 1813 auf, im Sinne von „widerrechtlicher Angriff" nach Art eines imperialistischen Eroberungskrieges. Seiner Auffassung nach wird diese Wortbedeutung bis in die Gegenwart hinein vom jeweiligen Gegner in der politischen Propaganda gebraucht, so dass kein Volk von sich selbst behaupten würde, aggressiv zu sein. Seidmann resümiert: „Was die Wissenschaft heute verwendet, ist ein gleichsam zerstörter und mit einseitigem Bedeutungsgehalt überlasteter Wortbereich, dessen Sinneinheit im ungelehrten, politisch-militärischen Streitgespräch seit drei oder vier Jahrhunderten zertrümmert und... . in dieser einseitigen Betonung der zerstörerischen Bedeutungsseite gebraucht wird".[17] Wer sich mutig und mit kritischen Argumenten zur Wehr setze, werde als aggressiv in diesem zerstörerischen Sinne bezeichnet. Seidmann sucht deshalb ein neues, unbelastetes Wort, um der Aggression ihren ausschließlich diffamierenden Beigeschmack von Destruktivität zu nehmen, ein Wort, bei dem die lebensfundamentale Notwendigkeit der richtungs- und zielhaften, intentionalen Bewegung zur Geltung käme, aber auch die sinnliche Bedeutungskomponente des Berührens, Greifens, Ergreifens und Handelns als Ausdruck der Bewegungsnotwendigkeit des Lebens selbst. Die *Ambivalenz* des Begriffes „Aggression" bringt W. Schmidbauer wie folgt auf den Punkt: „Hier wird jene Verwirrung der Begriffe spürbar, welche die Diskussion um Aggression erschwert. Friedlich unter dem Dach dieses Begriffes wohnen erfreuliche und unerfreuliche Dinge, das In-Angriff-Nehmen einer Aufgabe gilt ebenso als Aggression wie aktives Erobern der Umwelt oder aber auch heimtückischer Mord... ".[18]

Die Differenzierung der Begrifflichkeit soll dazu beitragen, sowohl Destruktivität als auch konstruktive Anteile der Aggression im Blick zu haben und für die Praxis fruchtbar zu machen. Mit dem Phänomen der Aggression liegt ein komplexes Problem menschlichen Verhaltens vor, mit dem es gut umzugehen und zurechtzukommen gilt. Eine generelle Abwertung bzw. Dämonisierung ist nicht hilfreich. Der weitere Verlauf der Arbeit wird aufzeigen, wie die Ambivalenz des Aggressionsphänomens mit der menschlichen Ur-Ambivalenz zusammenhängt: Letztere wird zum Beispiel daran ersichtlich, dass in den Konzentrationslagern der NS-Diktatur neben den äußerst destruktiv-aggressiven Massenmördern zugleich äußerst mutige Menschen zu finden waren, die sich trotz Todes-

---

[16] Vgl. Seidmann, P., Begriff und Phänomen der Aggression, in: Studia Philosophica, Jahrbuch der Schweizerischen Philosophischen Gesellschaft, Bd. 26, 1966, 238-266.
[17] Ebd., 245.
[18] Schmidbauer, W., Die so genannte Aggression, Hamburg 1972, 14f.

androhung für andere „aggressiv" einsetzten. Clara Thompson umreißt diese Ambivalenz wie folgt: „Aggression ist keineswegs notwendig destruktiv. Sie kommt aus einer angeborenen Tendenz zu wachsen und das Leben zu meistern. Nur wenn diese Lebenskraft in ihrer Entwicklung behindert wird, verbinden sich Elemente von Ärger, Wut oder Hass mit ihr und werden schließlich zu erbarmungsloser Aggression".[19] Die weiteren Ausführungen werden diese Ambivalenz aufzeigen und Wege eines förderlichen Umgangs mit beiden Aspekten suchen.

Die vorliegende Untersuchung hat sich der Aufgabe verschrieben, Aggressionskompetenz im kirchlichen Bereich zu fördern und Schritte des Einübens derselben zu ermöglichen. Dies setzt die Benennung der Phänomenologie eines inkompetenten Aggressionsumgangs im kirchlichen Milieu voraus.

---

[19] Thompson, C. M., Interpersonal Psychoanalysis. The selected papers, ed. by M.R. Green, New York/London 1964, 179.

1. Hauptteil

Phänomenologie der Aggressionsproblematik im Christentum

1. Gültigkeitsbereich der Untersuchung

Wenn im Folgenden pathologische Züge des christlichen Umgangs mit Aggression beschrieben werden, so gilt es möglichst differenzierend vorzugehen. Angesichts eines zunehmend säkularisierten und institutionell – religiös indifferenten gesellschaftlichen Umfeldes mögen Einzelaussagen wenn nicht überholt, so doch wenigstens relativiert erscheinen. Mit dem Rückgang an gesellschaftlichem Einfluss der Kirche minimiert sich auch ihr kollektiv – neurotisierendes Potential. Zudem gilt es herauszustellen, dass die Beschreibungen sich nicht an der christlichen Lehre und Lebenswirklichkeit per se orientieren und auch den Ertrag moderner Exegese nicht berücksichtigen. Nicht das Christentum per se wirkt neurotisierend,[1] sondern gewisse Erscheinungsformen, die Albert Görres unter dem Begriff „Vulgärkatholizismus" subsumiert, „der eigentümlichen Vereinfachung, Auswahl und Ausprägung der christlichen Botschaft, die sich ergibt, wenn sie mit durchschnittlicher Intelligenz und durchschnittlichem Eifer ergriffen, gelebt und gelehrt wird".[2] Zur Diskussion steht das Gesamt der oft bis zur Karikatur entstellten Erscheinungsformen konfessioneller Zugehörigkeit. Karl Rahner spricht von subkutanen Häresien, die, nicht reflektiert, umso mehr in Lebensvollzug und Erziehung sowie zwischenmenschlichem Umgang ihr Wirkvermögen entfalten. Durch quasi göttlich sanktionierte Verhaltensmuster werden neurotische Strukturen verfestigt und erhalten damit oft eine therapeutische Unangreifbarkeit.[3] Des Weiteren ist zu betonen, dass die beschriebenen Fehlhaltungen bzw. Vereinseitigungen kein neurotisches Monopol von Christen oder speziell Katholiken darstellen.

Eberhard Schätzing prägte den Begriff der „ekklesiogenen Neurosen" und bezeichnete damit vor allem sexualpathologische Phänomene, die durch enge, pseudochristliche Erziehung entstehen. Tabuisierende Lehren, kombiniert mit Verschweigen, Verbieten und Androhung von Strafen, führen demnach zu einer leibesfeindlichen Haltung mit mannigfaltigen Hemmungen.[4] Analog zur Leibfeindlichkeit soll im vorliegenden Diskurs der misslungene Umgang mit Aggression im christlichen Kontext rekonstruiert werden, um konstruktive Wege aus der Aggressionsinkompetenz heraus aufzuzeigen. Adolf Exeler beschreibt das Phänomen neurotisierender Religion unter besonderer Berücksichtigung inkompetenten Aggressionsumgangs wie folgt: „Es gibt nun leider einmal eine Religiosität, früher wohl noch stärker als heute, die mit vielen Ängsten und Zwängen, mit Depressionen und systematischer Drosselung der Vitalität verbunden ist. Wiederholt haben

---

[1] Vgl. Dörr, A., Religiosität und Depression. Eine empirisch-psychologische Untersuchung, Weinheim 1987, gelangt zu der Überzeugung, dass Religiosität per se weder als psychisch gesund noch ungesund zu klassifizieren sei, es bedürfe vielmehr einer weiteren Differenzierung.
[2] Görres, A., Pathologie des katholischen Christentums, in: Handbuch der Pastoraltheologie, hg. v. F. X. Kaufmann, Bd. II/1, Freiburg i. Br. 1971, 277-343.
[3] Vgl. Moser, T., Gottesvergiftung, Frankfurt a. M. 1976, 11: „ Ich weiß, dass du (sc. Gott, A. K.) in den Narben ... bis zu meinem Tod hausen wirst. Sie werden mich beißen, und du wirst mich noch mit Phantomschmerzen quälen, wenn du längst wegamputiert bist". Die religiösen Neuroseanteile sind nicht selten therapieresistent.
[4] Vgl. Schätzing, E., Die ekklesiogenen Neurosen, in: WzM 7 (1955), 97-108.

verschiedene Zeitgenossen darauf aufmerksam gemacht, dass intensive religiöse Erziehung oft auffallend leidenschaftslose Menschen hervorbringt... Menschen, die sich sehr intensiv auf die Kirche eingelassen haben, werden oft als besonders brav und zugleich als besonders uninteressant und langweilig empfunden. Es gibt tatsächlich eine Art von Gläubigkeit und eine entsprechende religiöse Erziehung, durch die die Fülle menschlicher Existenz reduziert wird".[5]

Bei der Darstellung der Phänomenologie christlichen Aggressionsumgangs richtet sich der Fokus insbesondere auf die hauptamtlichen kirchlichen Dienste. Durch die Einbindung der Praktischen Theologie in den strukturellen Rahmen der Kirche rückt insbesondere das Handeln „all jener in den Blick, die in der alltäglichen Umgangssprache als Praktikerinnen und Praktiker firmieren, seien es die InhaberInnen konventioneller Berufe oder Ämter aus dem Spektrum kirchlicher Vollzüge, seien es die TrägerInnen neuer, den je aktuellen Erfordernissen entsprechender Rollen und Funktionen".[6] Wenn Praktische Theologie den Inhabern der jeweiligen Rollen und Funktionen Kompetenz für ihr Handeln vermitteln soll, muss zuerst das inkompetente Handeln wahrgenommen und bearbeitet werden. Dabei soll keinem reduktionistisch – ekklesiologischen Selbstverständnis im Sinne einer innerkirchlichen Expertokratie das Wort geredet werden: Subjekt der Pastoral im Sinne von Erfahrung, Verkündigung und Handlung ist das gesamte Volk Gottes. Klessmann hält es jedoch für zulässig, „die Art des Umgangs mit Ärger und Aggression bei Theologen von der Tendenz her auf andere Christen, die in der Kirche arbeiten, und auf solche, die nicht beruflich, aber vom inneren Engagement eng mit der Kirche verbunden sind, zu übertragen".[7] Seiner Auffassung nach sind die Konfliktlösungsmuster bei Nichttheologen ähnlich wie bei Theologen, was er darauf zurückführt, dass Letztere die innerkirchlich verhaltensbestimmende Theologie vertreten. Nach Dittes verkörpern Theologen in ausgeprägter Weise, was für Christen generell charakteristisch ist.[8]

Einige empirische Untersuchungen zur psychischen Gesundheit und Persönlichkeitsstruktur von Theologen sind über 30 Jahre alt. Insbesondere in den 1960er Jahren war man an diesbezüglicher empirischer Forschung interessiert. Sie sollen nicht unerwähnt bleiben, zumal die Untersuchungen aus den 1980er und 1990er Jahren trotz gesamtgesellschaftlicher Veränderungen im Wesentlichen die Ergebnisse früherer Befragungen bestätigen. Trotz unterschiedlicher Kontexte stimmen deutsche Forschungsergebnisse hinsichtlich des Umgangs mit Ärger und Aggression der Tendenz nach mit US-amerikanischen Befragungen überein. Ohne auf die Gründe näher eingehen zu können, liegt die Vermutung nahe, dass die jahrhundertelang prägenden Verhaltenskodices in ihrem Einfluss immer noch wirkmächtig sind, so dass sie kulturelle und gesellschaftliche Unterschiede zu überlagern vermögen.

Die vorgestellten Untersuchungsergebnisse weisen auf, dass kirchliche Hauptamtliche sich schwer tun, mit ihrer Aggression kompetent umzugehen. Den untersuchten Faktoren eignet jeweils auch eine Kehrseite, zumal Menschen mit Problemen bezüglich kompetenten Aggressionsumgangs oft pastoral hilfreiche Fähigkeiten zukommen: Der mit einer depressionsaffinen Grundstruktur Versehene kann sich gut in andere ein-

---

[5] Zit. nach Ringel, E., Kirchmayr, A., Religionsverlust durch religiöse Erziehung, Wien-Freiburg-Basel 1975, 21.
[6] Haslinger, H. (Hg.), Handbuch Praktische Theologie. Grundlegungen, 396.
[7] Klessmann, M., Ärger und Aggression in der Kirche, 101.
[8] Vgl. Dittes, J., Bias and the Pious, Minneapolis 1973.

zufühlen. Freundlichkeit und Höflichkeit bilden prosoziale Haltungen und Einstellungen, die ein menschliches Miteinander fördern. Zudem diagnostizierte die Priesterstudie „Sie gehen und werden nicht matt – Priester in heutiger Zeit" eine hohe Berufszufriedenheit bei den Priestern.[9] Ausgehend von der Fragestellung nach kompetentem Aggressionsumgang in der Kirche geht es bei der Wahrnehmung der Inkompetenz nicht um diffamierende Bloßstellung von Fehlverhalten, sondern um den gezielten Aufbau von Aggressionskompetenz.

Die folgenden Ausführungen weisen auf, dass problematischer Aggressionsumgang sich nicht auf die katholische Kirche beschränkt.

---

[9] Vgl. Hennersperger, A., Zulehner, P. M., Sie gehen und werden nicht matt – Priester in heutiger Kultur. Ergebnisse der Studie Priester 2000, Ostfildern 2001.

2. Aggressionsvermeidung im pietistisch – protestantischen Bereich

Pruyser konstatiert für den pietistisch – protestantischen Bereich: „In Gegenden, in denen es starke pietistische Bewegungen gegeben hat, ist die Unterdrückung und Verdrängung von Ärger immer noch ein herausragendes Merkmal von Gruppen und Einzelnen. Es ist am deutlichsten zu sehen auf der untersten Ebene der kirchlichen Organisation, in den alltäglichen Begegnungen der Menschen innerhalb der Gemeinde. Da darf kein Wort gesagt, keine Geste gemacht werden, die einen anderen verletzen könnte. Es ist tabu, Unzufriedenheit oder eine andere Meinung auszudrücken, Tadel wird in sanfte Ermahnungen gekleidet, es wird lange drum herum geredet, damit ja niemand verletzt wird. Bei sozialen Anlässen in den Kirchen herrscht eine zwanghafte Freundlichkeit und bemühte Liebenswürdigkeit vor, die sich besonders in gefrorenem Lächeln über die Tische im Gemeindehaus hinweg ausdrückt. Die Toleranz für langweilige Zusammenkünfte ist enorm; friedliches Nichtstun wird einer lebendigen Diskussion oder kontroversen Aktionen bei weitem vorgezogen – aus Angst, dass das Äußern von Ideen und der Austausch von Meinungen unweigerlich zu Ärger und Streit führt".[1] Diesen Ausführungen zufolge führt eine Aggressionsparalyse zu Heuchelei und einer Lähmung des Gemeindelebens. Bei Aggressionsvermeidung werden Konflikte oftmals durch Beziehungsabbruch gelöst, harte Sach– und Personalentscheidungen theologisch verbrämt statt offen ausgetragen.[2] Klare Absprachen mit der Formulierung eigener Wünsche und Abgrenzungsbedürfnisse werden ersetzt durch heimliches Taktieren. Pruyser vermisst bei den Gemeindemitgliedern ein Mindestmaß an Konfliktfähigkeit.

Die vermiedene aggressive Auseinandersetzung verhindert das Entstehen von echter menschlicher Wärme und Liebe, die gerade durch Reibung und Kontaktgefühl geweckt werden. Im Pietismus werden die starken Gefühle zugunsten einer temperierten Innerlichkeit zurückgefahren, im Prozess der Heiligung sollen die aggressiven Impulse weitgehend überwunden werden. Schon 1689 heißt es in den „Regeln zur Bewahrung des Gewissens und guter Ordnung in der Konversation oder Gesellschaft" von August Herrmann Francke: „Wenn jemand auch der Wahrheit widerspricht, so hüte dich vor aller ungestümen Gemütsbewegung. Denn das ist nur ein fleischlicher Eifer. Hast du die Wahrheit vernehmlich und mit guten Gründen vorgestellt, so sei zufrieden, mit weiterem Zanken wirst du wenig gewinnen".[3] Emotionsäußerung entspringt menschlicher Konkupiszenz und wird als Gefahr erachtet. Die folgenden Ausführungen versuchen darzulegen, dass auch mangelnde Aggressionskompetenz einen Nährboden für Mobbingverhalten zu bieten vermag.

---

[1] Pruyser, P. W., A Dynamic Psychology of Religion, New York 1968, 152.
[2] Vgl. Nietzsche, F., Menschliches, Allzumenschliches. Werke I, 1973, 914: „... während der Christ, der jenem Ratschlag folgt und seine Sinnlichkeit ertötet zu haben glaubt, sich täuscht: sie lebt auf eine unheimliche, vampyrische Art fort und quält ihn in widerlichen Vermummungen".
[3] Schmidt, M., Jannasch, W., Das Zeitalter des Pietismus. Klassiker des Protestantismus, hg. v. C. M. Schröder, Wuppertal 1988, 86.

3. Ungekonnter Aggressionsumgang und Mobbing in der Kirche

In der Schrift „Mobbing und Missbrauch in der Kirche" arbeiten Anton Bittler und Norbert Copray prinzipielle Eigenarten kirchlichen Mobbings heraus und stellen sich der Frage, welcher Nährboden Mobbing begünstigt.[1] Wir beschränken uns dabei auf Faktoren, die Ausdruck eines ungekonnten Umgangs mit Aggression im binnenkirchlichen Raum sind. Bittler/Copray lassen einen Mobbingexperten der Evang.-Lutherischen Landeskirche Braunschweig zu Wort kommen: „Wir sind doch alle Schwestern und Brüder – wir stehen doch alle in der Dienstgemeinschaft... die Leute gehen sehr nett miteinander um. Man ist sehr verständnis- und rücksichtsvoll und sehr belastbar".[2] Ein durch einen hohen moralischen Anspruch aufgeladenes kirchliches Selbstverständnis identifiziert die hohe Idealität mit einer tadelsfreien, reinen, makellosen und äußerst humanen Institution, die sich infolgedessen schwer tut, mit eigenen Defiziten und Schattenseiten einen konstruktiven Umgang zu finden. Dadurch wächst die Gefahr, menschliche Defizite religiös zu überhöhen und durch eine voreilige Spiritualisierung geistlich zu rechtfertigen bzw. zu verbrämen: Meinungsverschiedenheiten werden zu früh „dem Herrn im Gebet übergeben", so dass eine vorherige Klärung und Austragung von Konflikten auf zwischenmenschlicher Ebene unterbleibt. Diese Spiritualisierung verkennt die Notwendigkeit, Führungskunst und Konfliktmanagement mit den damit verbundenen Techniken und handwerklichen Fertigkeiten zu erlernen, u. U. institutionalisierte Schlichter einzusetzen und somit Aggressionskompetenz und Spiritualität miteinander zu verbinden.

Die hohe Idealität führt zu einem bestimmten Verständnis von Nächstenliebe, welches innerbetriebliche Hierarchien verschleiert und die Machtfrage ausklammert. Dass vielfach ein und dieselbe Person die Rollen des Dienstvorgesetzten und des Seelsorgers in sich vereint, trägt zu dieser Diffusion bei. Die daraus resultierende Unklarheit fördert Mobbingverhalten, vieles bleibt unausgesprochen und entfaltet gerade dadurch sein destruktives Wirkvermögen. Der eindrucksvolle hohe Selbstanspruch kirchlicher Mitarbeiter und das damit einhergehende Überengagement üben mitunter Druck auf die weniger engagierten Mitarbeiter aus und verhindern eine saubere, für Klarheit sorgende Abgrenzung. Je stärker hohe ethische Grundsätze institutionell vorgegeben werden und „liebevolles" Verhalten untereinander verpflichtend ist, umso mehr wirken Aggression und Argwohn unterschwellig. Wo Aggression offiziell verpönt ist, können diese Probleme nicht offen thematisiert, auf den Punkt gebracht und bearbeitet werden. Statt offen miteinander über Unbequemes und Sperriges zu reden und zu verhandeln, wird die Kommunikation abgebrochen. Diese wird vielfach durch subtile und sehr wirkmächtige, mobbingbegünstigende Aktivitäten substituiert, welche zu Ausgrenzung und Diskreditierung der missliebigen Person führen.

---

[1] Vgl. Bittler, A., Copray, N. (Hg.), Mobbing und Missbrauch in der Kirche. Zur Schadenserkennung und Schadensbegrenzung, Oberursel 1999.

[2] Dancs, E., Schlaglicht auf die Führung, in: Bittler, A., Copray, N. (Hg.), Mobbing und Missbrauch in der Kirche, 17.

Die hohe Idealität wird auch durch die in sich widersprüchliche Erwartungshaltung der Gesellschaft bzw. Massenmedien bzgl. innerkirchlicher Humanstandards unterstützt: Einerseits wird kirchliche Authentizität verlangt, andererseits wird diese mit innerkirchlicher Harmonie im Sinne eines fehlerfreien Funktionierens identifiziert. So wird ein Druck aufgebaut, unter keinen Umständen öffentliches Aufsehen zu erregen und ins Gerede zu kommen. Das so entstandene Vakuum kann als Nährboden für Mobbingverhalten dienen. Bittler und Copray wünschen sich offenere Kommunikationsformen für die institutionellneurotischen Dimensionen, um präventiv entgegensteuern zu können: „Der Umgang mit der eigenen Unzulänglichkeit, der Umgang mit der eigenen Gefährlichkeit ist die Nagelprobe auf die wirkliche Heilsamkeit der kirchlichen Organisationen. Nur wer sie besteht, kann sich mit Fug und Recht als „Werkzeug des Heils" bezeichnen".[3] Im Kern geht es um die Frage, in welchem Verhältnis die Heiligkeit der Kirche zu ihrer sündigen Seite steht, ob der hohe Selbstanspruch evangeliumsgemäß ist und mit dem konkreten Menschsein und seinen (aggressiven) Antriebsstrukturen vermittelt wird.[4] Es steht zur Disposition, worin Glaubwürdigkeit der Kirche nach innen und außen besteht und welchen Beitrag das Aggressionsvermögen zur Steigerung derselben zu leisten vermag. Der aufgewiesene Nährboden für Mobbing in kirchlichen Einrichtungen hängt auch mit mangelnder Aggressionskompetenz zusammen. Aggressive Basiskompetenzen, welche Klarheit fördern und Kommunikation durch Authentizität vertiefen, sind ungenügend ausgebildet. Aggressionsinkompetenz ist im größeren Kontext von emotionaler Inkompetenz zu sehen. Die Untersuchungen von Karl Frielingsdorf stellen diesen Zusammenhang her.

---

[3] Bittler, A., Copray, N., Mobbing und Missbrauch in der Kirche, 10.
[4] Der Umgang mit der eigenen kirchlichen Unzulänglichkeit, wie ihn Papst Johannes Paul II durch die Benennung der historischen Schuldgeschichte der Kirche pflegt, verdient Respekt. Vgl. Johannes Paul II, Wir fürchten die Wahrheit nicht. Der Papst über die Schuld der Kirche und der Menschen, Graz 1997. Das transparente, um Aufklärung bemühte Verfahren der Diözese Rottenburg-Stuttgart bei Verdacht auf Mobbing bzw. Missbrauch im kirchlichen Umfeld verdient in diesem Zusammenhang ebenso eine positive Würdigung. Vgl. Dekaneordner. Zusammengestellt in der HA IVb-Pastorales Personal- der Diözese Rottenburg-Stuttgart, Stand April 2003, Kap. 3.11.

4. Emotionale Inkompetenz

Karl Frielingsdorf geht von frühkindlichen Interaktionserfahrungen zwischen Kindern und Eltern aus. Anhand der Leitidee einer „Schlüsselposition" soll „die unbewusste, emotionale Grundeinstellung zum Leben, (die) durch die positiven und negativen Botschaften von Mutter und Vater entsteht",[1] erhoben werden. Die Schlüsselposition ist gleichzusetzen mit emotionalem Grundthema oder Lebensmelodie. In der pränatalen Phase wird dieses Grundgefühl schon ausgeprägt, es bildet sich ein emotionales Engramm, welches die Überlebensstrategie des Kindes konditioniert. Die frühkindliche Interaktionserfahrung zwischen Kind und Eltern wird auf die Beziehung zu Gott übertragen, woraus u. U. dämonische Gottesbilder resultieren. Für unseren Diskurs ist eine Untersuchung interessant, die Frielingsdorf an 702 Frauen und Männern evangelischer und katholischer Konfessionszugehörigkeit durchführte. Er hat analysiert, welche Elternbotschaften sie hinsichtlich des Umgangs mit (aversiven) Emotionen vermittelt bekamen.[2]

Bei den Antworten wird eine grundsätzlich negative Einstellung zu Emotionen deutlich. Auf die Frage: Welche Einstellung hatten ihre Eltern zu Gefühlen? gaben 92 % der Befragten eher negative Antworten. Die Gefühlswelt wird als „Gefühlsduselei" abgetan, als „emotionales Getue" und „Gefühle sind etwas für weiche Schwächlinge". Die eigenen Eltern werden von vielen Probanden als Menschen beschrieben, die „ihre Pflicht erfüllen und für Gefühle keine Zeit haben". Aufgrund der moralischen Verurteilung von Wut leiden religiös Sozialisierte bei Aggressionserleben oftmals unter schweren Schuldgefühlen. Aggression wird vielfach ausschließlich mit Destruktivität identifiziert. Das vierte Gebot gilt als Verbot, sich mit den Eltern auseinanderzusetzen und die eigene Ablehnung und Wut ihnen gegenüber zu äußern. Trotz und Eigenwille wurden herausgeprügelt. Viele Befragte erwidern, dass sie autoaggressiv gegen sich selber wüten, wenn sie z. B. hochgeschraubten Erwartungen nicht genügen. Auffallend hoch ist auch der Anteil der sog. unbewusst Gegenabhängigen: Die erwachsenen Kinder führen aus, was ihre Eltern massiv trifft und verletzt. Obwohl eine vermeintlich reife Entscheidung vorliegt, sind die Kinder nun mit umgekehrtem Vorzeichen von ihren Eltern abhängig.

In den Lebensskripts tauchen drei die Entfaltung gekonnter Aggressivität blockierende Basissätze immer wieder auf: „Du darfst leben, wenn du dich anpasst und fügst". Die Selbsterprobung der eigenen Kräfte wurde schon frühkindlich unterbunden, Eigenwille und Eigeninitiative im Keim erstickt. Als Überlebensstrategie wurde die Rolle des „lieben Kindes" eingenommen, welches hinter einer freundlichen Fassade den Ärger versteckte, abspaltete und unterdrückte. Dies führte zu einer Identifizierung von Fremdbestimmung mit Gehorsam, von mangelnder Initiative und Eigenverantwortung mit Demut. Der zweite Basissatz lautet: „Du darfst nur leben, wenn du Gefühle unterdrückst". Wenn Ärger unterdrückt wird, verbleibt der Lebensenergie die Aufgabe, Gefühle einzufrieren und unter

---

[1] Frielingsdorf, K., Dämonische Gottesbilder. Ihre Entstehung, Entlarvung und Überwindung, Düsseldorf 1992, 76.
[2] Vgl. Frielingsdorf, K., Vom Überleben zum Leben, Mainz 1996, 109 ff.

Kontrolle zu halten. Somit kann die eigene Lebenskraft nicht beziehungsstiftend eingesetzt werden.

Die im Folgenden vorgestellten Untersuchungen weisen auf, dass in engerem berufsbedingtem Kontakt zu Kirche und Christentum stehende Personen sich mit Aggression in besonderer Weise schwer tun.

5. Phänomenologie des Umgangs mit der Aggression bei Theologinnen und Theologen

Kirchmayr ermittelte mit Hilfe von Persönlichkeitstests bei Theologiestudenten eine im Vergleich zur Normalbevölkerung erhöhte Depressionsneigung. Nach seinem Dafürhalten steht die erhöhte Anfälligkeit im Zusammenhang mit verminderter äußerer Aggressivität: „Depressivität steht immer im Zusammenhang mit unterdrückten, verdrängten bzw. indirekt geäußerten Aggressionen". [1] Kirchmayr konstatiert niedrige Skalenwerte bzgl. direkter Aggressionsäußerung in Wort, Tat und Phantasie, spontane Aggressivität kann nicht bzw. nicht ehrlich artikuliert werden. Die Befragten waren sehr nachgiebig und tolerant, sie setzten auffällig selten ihre eigenen Interessen durch und lehnten Dominanzstreben sowie einen aggressiv–forschen Umgangsstil ab. Die Theologiestudenten zeichneten sich aus durch übermäßige Geduld, Anpassungs– und Unterwerfungswilligkeit, geringes Durchsetzungsvermögen, mangelnde Ichstärke und starke Introversion. [2] Kirchmayr zieht folgendes Fazit: „Ein hohes Maß an Aggressionshemmung, das das ad-gredi, das In-Angriff-Nehmen der Aufgaben des Lebens, die lustvolle Durchdringung der Welt, hemmt und erschwert, ist wohl das grundlegende Problem der Befragten". [3]

Isidor Baumgartner untersuchte in einer empirischen Studie 82 Priesteramtskandidaten, 27 Priester, 68 Laientheologiestudenten sowie 39 Pastoralassistenten mit verschiedenen psychodiagnostischen Verfahren: [4] Mit Hilfe des Unsicherheitsfragebogens von Ullrich/Ullrich vermochte er vor allem soziale Ängste zu messen. [5] Dieser Testbogen ist in die Dimensionen Kontaktangst, Fehlschlag– und Kritikangst, Nicht-Fordern–Können sowie Anständigkeit und Schuldgefühle skaliert. Zudem machte Baumgartner vom Freiburger–Persönlichkeits–Inventar (FPJ) Gebrauch, welcher sich an 12 bipolaren Skalen orientiert: Nervosität, Aggressivität, Depressivität, Erregbarkeit, Geselligkeit, Gelassenheit, Dominanzstreben, Gehemmtheit, Offenheit, Extraversion, emotionale Labilität sowie Maskulinität. [6] Schließlich greift Baumgartner noch auf den Picture–Frustration–Test (PFT) zurück: [7] Bei diesem projektiven Persönlichkeitstest werden dem Probanden eine Reihe von Konfliktsituationen in Art von Comicbildern vorgelegt, wobei er gehalten ist, in Identifikation mit der frustrierten Person die leeren Sprechblasen auszufüllen. Damit sollen die unbewussten Verhaltenstendenzen in alltäglichen Konfliktsituationen ins Bewusstsein gehoben werden. Die Untersuchung mit Hilfe des Unsicherheitsfragebogens erbrachte eine Reihe signifikanter Ergebnisse: Die untersuchten Theologiestudenten und Seelsorger

---

[1] Kirchmayr, A., Zur psychischen Situation von Theologiestudenten, in: Diakonia 13 (1982), 344.
[2] Zu ähnlichen Resultaten führen die folgenden aktuellen Studien auf dem Boden der anglikanischen Kirche: Vgl. Fletcher, B. C., Clergy under Stress. A study of homosexual and heterosexual clergy, London 1990 sowie: Fletcher, B. C., Mac Pherson, D.A.J., Stressors and strains in Church of England prochial clergy. Presented to the British Psychological Society, London 1989.
[3] Kirchmayr, A., Zur psychischen Situation von Theologiestudenten, 345.
[4] Vgl. Baumgartner, I., Seelsorgliche Kompetenz als pastoralpsychologisches Bildungsziel. Ein theoretischer und empirischer Beitrag zur pastoralpsychologischen Ausbildung von Seelsorgern, Passau 1982.
[5] Vgl. Ullrich, R., Ullrich, R., Der Unsicherheitsfragebogen, München 1977.
[6] Vgl. Fahrenberg, J., Selg, H., Hampel, R., Das Freiburger Persönlichkeitsinventar, Göttingen 1973.
[7] Vgl. Hörmann, H., Moog, W., Der Rosenzweig P – F – Test, Form für Erwachsene, Göttingen 1957.

tun sich schwer, Nein zu sagen, sie zeichnen sich durch eine übergroße Nachgiebigkeit gegenüber Anforderungen anderer aus. Um des lieben Friedens willen werden Auseinandersetzungen vermieden; Ärger wird eher geschluckt denn offen geäußert. Es besteht ein signifikanter Zusammenhang zwischen Überanpassung, Vermeidung emotionaler Nähe und Bindungsangst.[8]

Nach Durchführung des FPI zeichnete sich folgendes Ergebnisprofil ab: Es besteht eine Unfähigkeit, unerwünschte Triebimpulse bei sich wahrzunehmen. Insbesondere spontane aggressive Impulse der eigenen Person sind von dieser Verdrängungstendenz betroffen. Die Probanden sind insgesamt eher introvertiert ausgerichtet, ein erheblicher Teil neigt zu Gehemmtheit und geringem Kontaktbedürfnis. Parallel zu den Ergebnissen des Unsicherheitsfragebogens bevorzugen fast 90% der untersuchten Probanden eine nachgiebige und nachsichtige Haltung und lehnen einen aggressiv–forschen Umgangsstil ab. Aus den Ergebnissen des PFT-Tests lassen sich zwei markante Rückschlüsse bezüglich der untersuchten Personen ziehen: Bei Enttäuschungssituationen neigt die Mehrzahl der Probanden dazu, die eigene Person möglichst aus dem Spiel zu lassen und so zur Angelegenheit auf Distanz zu gehen. Der Frustrationscharakter der Situation wird verleugnet, Affekte bleiben blockiert. Vielfach wird die unangenehme Situation widerstandslos hingenommen, direkte verbale Angriffe und Auseinandersetzungen werden vermieden, die Enttäuschung verdrängt.

Bei den untersuchten Personen lässt sich die weitere Verarbeitung der Alltagsfrustrationen wie folgt beschreiben: Sie wenden ihre Dynamik in Form von depressionsaffinen Schuldgefühlen und Selbstkritik gegen die eigene Person (intropunitiv). Aggressive Durchsetzung und Selbstbehauptung passen nicht zum auf soziale Anpassung ausgerichteten Handlungsstil. Der weitgehende Verzicht auf nach außen kanalisierte Aggressivität ist gemäß der Testlogik mit einem starken Über- Ich zu erklären. In einer Synopse der Ergebnisse der drei Testverfahren versucht Baumgartner die Umrisse der wahrscheinlichen Seelsorgerpersönlichkeit zu skizzieren. Er erhebt auf der Basis von Mittelwertsvergleichen einen wahrscheinlichen Persönlichkeitstypus, der im Einzelfall so nicht vorkommt; der Einzelne weist lediglich eine Tendenz zu diesem Typus auf. Zudem verhält sich eine erhebliche Anzahl der untersuchten Seelsorger untypisch im Vergleich zum geschilderten wahrscheinlichen Seelsorger. So sind in der zitierten empirischen Studie ca. ein Drittel der Befragten als extravertiert zu charakterisieren. Grundsätzlich, so ein Fazit der Untersuchung, sind Seelsorger nicht seelisch gestörter oder gefährdeter als andere Menschen. Dennoch sind folgende markante Züge manifest:

Seelsorger neigen dazu, aggressive Impulse gegenüber Außenstehenden aus dem Bewusstsein zu verdrängen und ihre Aggression in starker unbewusster Wendung gegen die eigene Person zu bewältigen. Ihnen eignet eine ausgeprägte intropunitive Aggressionsverarbeitung, kombiniert mit Angst vor feindseligen Impulsen. Sie tendieren verstärkt zu depressionsinduzierenden Selbstvorwürfen. Es besteht eine Wechselwirkung zwischen Verdrängung der Außenaggresion und Intropunitivität bzw. Depressionsanfälligkeit. Seelsorger scheinen verstärkt personneutrale und personferne Reaktionsmuster aufweisen und nahen mitmenschlichen Kontakten eher aus dem Wege zu gehen. Sie neigen verstärkt zu distanzierenden Interventionen wie Belehren oder Sprechen per „man", um dem Ge-

---

[8] Vgl. Ullrich, R., Ullrich, R., Der Unsicherheitsfragebogen, 13.

sprächpartner nicht zu nahe zu treten.⁹ Das geringe Kontaktbedürfnis führt zu permanentem Vermeideverhalten, Konfliktsituationen werden eher gemieden. Die Kontaktangst mindert die Konfliktfähigkeit, zumal bei der Austragung eines Konfliktes die Parteien einander näher kommen (müssen). W. V. Lindner kommt aufgrund seiner Erfahrungen mit Seelsorgern in Supervisionsgruppen zu dem Schluss, dass diese Berufsgruppe in besonderer Weise Schwierigkeiten mit Aggression aufweist.

Nach seinem Dafürhalten ist eine bestimmte theologische Auffassung von Aggression ausschlaggebend.¹⁰ Tauchen in der Supervisionsgruppe aggressive Stimmungen auf, werden sie durch Schuldgefühle reaktiv abgewehrt, indem z. B. dem Auslöser der Aggression zu Hilfe geeilt wird. Den das Helfen hoch bewertenden Gruppen eignet die Tendenz, durch Hilfsangebote den eigenen Konflikt (nämlich eigene aggressive Impulse nicht annehmen und tolerieren zu können) an einem anderen zu bewältigen und dadurch Entlastung zu erfahren. Heigl – Evers benennt dieses Phänomen als ein psychosoziales Schutz- und Abwehrmanöver „der mit einem Hilfsangebot verbundenen Konfliktdelegierung an einen Einzelnen".¹¹ Diese Delegation verhindert die Ausbildung von Empathie und Mitgefühl. „Denn ein solch scheinbar empfindliches Gewissen, das sofort schlägt, um die Beunruhigung aus der Welt zu schaffen, um das verpönte Thema vom Tisch zu bekommen, ist in Wirklichkeit unzugänglich-strafend und lässt nicht zu, das eigene Erleben und Verhalten zu verstehen und zu steuern und durch solche Selbsterkenntnis Verständnis für das Erleben und Verhalten anderer zu erwerben".¹²

Durch die Verdrängung aus Angst findet keine produktive Auseinandersetzung mit aggressiven Impulsen statt. Verdrängte Aggression ist nicht wirklich ge- und erlöst, sondern wird sich auf andere weithin unerkannte Weise ins Spiel bringen: Als kaschierte, nicht als solche wahrgenommene Aggression, die sich u. U. in leiblichen und seelischen Deformationen artikuliert. Nach Lindner taucht dieses „schlechte Gewissen" bezüglich Aggression bei vielen kirchlichen Mitarbeitern auf und führt dazu, aggressives Erleben und Verhalten zu verdrängen. „Diese Art Gewissen meldete sich oft und gerade dann, wenn wir in hochbewertetem Verhalten wie Fürsorge, Zuwendung, Nächstenliebe oder Liebe Bemächtigungs-, Besitz-, oder Unterdrückungstendenzen zu sehen begannen. Es rührte sich, wenn aggressives Erleben und Verhalten, wie der Wunsch, Ich zu sein, seine eigene kritische Meinung zu haben und zu äußern, sich mit anderen konkurrierend zu messen und zu rivalisieren, zur Sprache kam. Es rumorte besonders, wenn wir bei uns selbst destruktive Aggressionen etwa in Form sublimer Verachtung für Überzeugungen anderer entdeckten".¹³ Bedingt durch das „schlechte Gewissen" wurde die Wahrnehmungsfähigkeit eingeschränkt, die Betroffenen suchten Ausweichmöglichkeiten, um der eigenen Aggressivität zu entkommen.

In der Gruppensituation kristallisierte sich die Frage nach der theologischen Legitimation aggressiven Erlebens heraus. Für Lindner war es auffallend, „mit welchen Untertönen diese Wünsche geäußert wurden. Sie drückten meistens Unsicherheit, Ängstlichkeit,

---

⁹ Vgl. Baumgartner, I., Seelsorgerliche Kompetenz als pastoralpsychologisches Bildungsziel, 283-285.
¹⁰ Vgl. Lindner, W. V., Seelsorger und Aggression, in: Wissenschaft und Praxis in Kirche und Gesellschaft 65 (1/1976), 34–47.
¹¹ Heigl-Evers, A., Die Gruppe als Medium im Unterricht und in der Psychotherapie, in: Gruppenpsychotherapie und Gruppendynamik, Bd. 8, H. 3, Göttingen 1974, 286.
¹² Lindner, W. V., Seelsorger und Aggression, 42.
¹³ Ebd., 43.

Hilflosigkeit und eben oftmals ein schlechtes theologisches Gewissen aus, so, als sei es theologisch nicht legitim, unser und das Erleben und Verhalten anderer daraufhin abzufragen, wie es denn wirklich sei, um so mehr Einfühlungsgabe, Mitgefühl, Mitleid und Verstehen zu entwickeln".[14]

Christof Jacobs präsentiert in seinem Beitrag zur „Salutogenese" drei empirische Studien, die mittels eines repräsentativen Querschnitts nach der seelischen Gesundheit und dem Umgang mit berufsbedingten Belastungen von Priestern und Ordensleuten fragen.[15] Er verweist darauf, dass bei einem gemittelten Persönlichkeitstypus der einzelne Priester wiederum ganz untypisch anders sein kann. Der von ihm verwandte Trierer Persönlichkeitsfragebogen sucht seelische Gesundheit mit Hilfe von sieben Indikatoren zu erfassen, die sich wiederum in drei Bereiche rekapitulieren lassen: 1. Seelisch-körperliches Wohlbefinden (Sinnerfülltheit, Selbstvergessenheit, Be-schwerdefreiheit); 2. Selbstaktualisierung (Expansivität, Autonomie); 3. Selbst– und fremdbezogene Wertschätzung (Selbstwertgefühl, Liebesfähigkeit).[16] Die sieben Indikatorenbereiche werden ergänzt durch die Verhaltenskontrolle und die in der Meisterung externer und interner Anforderungen sich artikulierende seelische Gesundheit. Die Untersuchung führte zu folgendem Ergebnis: Die Indikatoren für seelische Gesundheit schwanken im Durchschnittsbereich der deutschen Normalbevölkerung. Priesteramtskandidaten reagieren in ihren emotionalen Stressreaktionen auf die Wahrnehmung einer Belastung mit erhöhter Sanftheit und Friedfertigkeit. Dieser Umstand geht einher mit einer geringeren emotionalen Kraft zur Durchsetzung eigener Interessen. Zudem bekräftigen sie sich weniger aus der Kraft der eigenen Person.[17]

Weniger als in der Durchschnittsbevölkerung besteht das Bemühen zur Wahrung der Selbstachtung. Insgesamt ist die Tendenz, im Umgang mit Belastungserfahrungen das eigene Handeln als Quelle und Steuerungsinstanz aufzufassen, schwach ausgeprägt. In Belastungssituationen übernehmen die Probanden weniger Selbstverantwortung. Der Glaube, durch aktive Einflussnahme Belastungssituationen eigenständig verändern zu können, ist schwach ausgebildet. Konfliktsituationen werden eher gemieden, indem man sich ihnen durch Nicht-Handeln entzieht. Jacobs diagnostiziert eine geringe Selbstaktualisierung, verbunden mit einer geringen Autonomiekompetenz im Sinne von Entscheidungsfähigkeit und Selbstverantwortungsübernahme. Die geringe Expansivität tritt in Gestalt einer geringen Durchsetzungsfähigkeit und Widerstandskraft zutage.

Hinsichtlich der untersuchten Priestergruppe rekonstruiert Jacobs eine gering ausgeprägte Fähigkeit zur Bewältigung externer und interner Anforderungen. Ihr eignet die Tendenz zu eher passiver, einschüchterbarer Lebenseinstellung. Es sind deutliche Abweichungen nach unten im Bereich der Selbstaktualisierung zu verzeichnen: Bei allen Tests zeigt die untersuchte Priestergruppe eine signifikante bis hochsignifikante Verringerung der Expansivität, i. e.: Geringe Durchsetzungsfähigkeit und Selbstbehauptung, Selbstunsicherheit, Entscheidungsschwäche, geringes Dominanzstreben, Gehemmtheit sowie soziale Introversion. In allen Tests zeigt sich eine hochsignifikante Verringerung der Werte auf der Skala der Autonomie: „Lehnt sich bei wichtigen Entscheidungen gerne an andere

---

[14] Ebd., 44.
[15] Vgl. Jacobs, C., Salutogenese. Eine pastoralpsychologische Studie zu seelischer Gesundheit, Ressourcen und Umgang mit Belastungen bei Seelsorgern, Würzburg 2000, 619.
[16] Vgl. Becker, P., Der Trierer Persönlichkeitsfragebogen TPF, Göttingen-Toronto-Zürich 1989.
[17] Vgl. Jacobs, C., Salutogenese, 437.

an, sucht bei Problemen die Hilfe anderer, weicht vor der Verantwortung für das eigene Leben aus, hat den Eindruck, dass andere Personen oder äußere Umstände das Leben stark beeinflussen, folgt gerne anderen Menschen, ist risikoscheu". [18] Ebenso auffällig ist die Abweichung auf der Skala der seelischen Gesundheit hinsichtlich der Kompetenz zur Meisterung von Lebensanforderungen. Die gesamte Priestergruppe weicht bei der Beantwortung folgender Aussagen von der Normalbevölkerung nach unten ab: „Ich kann meine Interessen vertreten; wenn ich in eine schwierige Situation gerate, vertraue ich auf meine Fähigkeiten, sie zu meistern; bei wichtigen Entscheidungen weiß ich genau, was ich will... .etc". [19]

Die untersuchten Priester sind in geringem Maß von der Selbstzuversicht getragen, eigene Ressourcen zur Gestaltung der anstehenden Aufgaben zu besitzen (Dimension der Gestaltbarkeit). Die Kompetenz, das Leben eher als Herausforderung denn als Last zu empfinden, ist in geringerem Maße ausgebildet als in der Normalbevölkerung. Nach Durchführung einer gesundheitsfördernden Intervention, z. B. im Recollectiohaus in Münsterschwarzach,[20] nehmen die meisten Indikatoren eine eindeutig positive Entwicklung, wenn auch nur geringste Veränderungen hinsichtlich der Autonomiekompetenz zu verzeichnen sind. „Dies lässt sich ohne weiteres in Beziehung setzen zur Nicht-Veränderung der Dimension Aggressivität im FPI. Ein spontan reaktives Verhalten, ein Sich-Durchsetzen in Konfliktsituationen, eine Risikobereitschaft und ein Leben, das eigene Wege geht, scheinen von Priestern und Ordensleuten nur schwer in die Persönlichkeit integriert werden zu können. Man wird überlegen müssen, ob es grundsätzlich etwas gibt, was Autonomie und Durchsetzungsfähigkeit als Komponenten der seelischen Gesundheit mit der Persönlichkeit von Priestern und Ordensleuten, mit Kontextbedingungen in Kirche und Gemeinschaft, mit dem kulturell-kirchlichen Umfeld unvereinbar sein lässt". [21]

Jacobs konzediert, dass die erhobenen starken Abweichungen im Bereich der Indikatoren der Selbstaktualisierung ambivalent zu interpretieren sind, zumal im gegebenen kirchlichen Kontext ein Sozialbezug erwünscht ist. Reale Defizite in Durchsetzungsfähigkeit und Autonomie vermischen sich mit sozialen Kompetenzen im Sinne einer Orientierung des eigenen Erlebens und Verhaltens am Mitmenschen und am kirchlichen Kontext. Dennoch führt die Verringerung von Autonomie zu einer Reduzierung wesentlicher Dimensionen der eigenen Persönlichkeit, die zu gelingendem Menschsein beitragen (wie etwa Entscheidungskompetenz und Selbstverantwortlichkeit). Die interferenzstatistischen Analysen zeigen, dass ein Kausalzusammenhang besteht zwischen niedriger Durchsetzungsfähigkeit und niedriger Autonomiekompetenz einerseits sowie einer verringerten seelischen Gesundheit und einem verringerten Kohärenzgefühl andererseits. Priester, die ihre Lebensaufgaben gestalterisch-aggressiv in Angriff nehmen, erleben sich in allen Indikatoren der seelischen Gesundheit als stabiler denn die zögerlichen Kollegen.[22] Je höher die seelische Gesundheit eingestuft werden kann, desto höher fallen auch die Tatkraft und menschliche Zuwendungsfähigkeit aus.

---

[18] Ebd., 317.
[19] Ebd., 336.
[20] Das Recollectiohaus ist eine vom Verband der deutschen Diözesen getragene Einrichtung, die kirchlichen Mitarbeitern in einer Krise Raum zu Rückzug und menschlicher Begleitung gewährleistet.
[21] Jacobs, C., Salutogenese, 403.
[22] Vgl. ebd., 333.

Die bewusste Förderung und Entfaltung der genannten Indikatoren widerspricht laut Jacobs nicht den altruistischen Grundaussagen des Evangeliums, zumal statt einer egoistischen Selbstzentrierung die Fähigkeit zu einer sich der Welt gestalterisch zuwendenden Selbstvergessenheit eingeübt wird. Die soziale Orientierung zum Mitmenschen hin wird auf diese Weise stabilisiert und mit dem Fundament der eigenen Wirklichkeit untermauert. Die Fähigkeit zur Selbstentfaltung erhöht laut Jacobs nicht nur die eigene seelische Gesundheit, sondern ermöglicht zudem eine authentisch-wirkmächtige Hingabe, so dass der Dienst auf produktive und fruchtbare Weise ausgeübt werden kann.

Wenn die vorgestellte hauptamtliche Aggressionsinkompetenz auf die Fremderwartungen von Gemeindemitgliedern stößt, kann es zu einem problematischen Zusammenspiel, einer Art circulus vitiosus der negativen Korrespondierung und Ergänzung, kommen:

6. Aggressionsinkompetenz und ekklesiale Kollusion

Brekke befragte in den USA 3000 Lutheraner zu ihren Erwartungen an das Pfarramt.[1] Christliche Gemeindemitglieder erwarten von Pfarrern ein eher sanftmütiges und friedfertiges Verhalten. In den Beschreibungen des idealen Pfarrers stehen an erster Stelle: Freundlichkeit, Sanftmut und Selbstkontrolle. Offensichtlich bringt das sozial verträgliche Persönlichkeitsprofil im Pfarramt mehr Bestätigung und Anerkennung als kritisches Hinterfragen und konstruktive Konfrontation.

Im Jahre 1998 wurde in der Evangelischen Kirche des Rheinlands eine Erhebung über Pfarrbild, Pfarrberuf und Pfarrhaus durchgeführt.[2] U. a. wurden die Erwartungen seitens der ehrenamtlichen Mitarbeiter an eine berufsspezifische Lebensführung der Pfarrer erhoben und mit dem Selbstverständnis derselben verglichen: „Sie sollen die gute, die heile Welt symbolisch repräsentieren",[3] so lautet eine Kernaussage der Erhebung. Die Mehrheit der Befragten fühlt sich durch diese Rollenzuweisung überfordert und eingeengt – sie besteht darauf, nicht mit dem Anspruch eines besseren Menschseins aufzutreten, sondern immer zugleich gerechtfertigt und sündhaft zu sein und zu bleiben. Während die Gemeindemitglieder eine Repräsentation heiler Welt erwarten, ist es den Pfarrern selbst um ein unprätentiöses Menschsein zu tun, verbunden mit dem professionellen Anspruch, in Glaubensfragen und Theologie kompetent zu sein. Der Zwang zur „heilen Welt" führt zu Verdrängung von Ärger, Aggression und Konflikten.

Wenn das Selbstbild des Theologen und die Fremderwartungen der Gemeindemitglieder ineinandergreifen, wird es möglich, mit einem fragwürdigen Persönlichkeitsprofil Anerkennung und Bestätigung zu ernten und problematische Anteile zu verfestigen statt aufzuarbeiten. Bei Jürg Willi erfuhr der Begriff „Kollusion" in der Diagnose von partnerschaftlichen Beziehungsmustern Aufmerksamkeit.[4] Heribert Wahl gebrauchte diese Terminologie in der Verbindung von Seelsorgerpersönlichkeit mit Seelsorgerbild.[5] Etymologisch hergeleitet von con–ludere geht es um ein geheimes Zusammenspiel auf unbewusster Ebene. In der Zweierbeziehung einer Partnerschaft spielen unerledigte und verdrängte Kindheitsreste der jeweiligen Partner zusammen, ergänzen sich und halten einen ausweglosen Kreislauf am Leben. Dieses Zusammenspiel kann sich auch zwischen unerledigten Kindheitsresten einer Seelsorgerpersönlichkeit einerseits und bestimmten, vom Seelsorger wahrgenommenen kirchlichen Ausstattungen des Berufes andererseits ereignen. Z. B. vermögen im Priesterbild, wie es über Jahrhunderte hinweg in der Frömmigkeitsgeschichte und im Bewusstsein der Gläubigen, unterstützt von magischen, archetypischen, christentümlichen, leute- und bürgerreligiösen Priesterbildern transportiert wurde,

---

[1] Vgl. Brekke, M. L., Strommen, M. P., Williams, D. L., Ten Faces of Ministry, Minneapolis 1979.
[2] Vgl. „Ausführungen zum Berufsbild der Gemeindepfarrerinnen und Gemeindepfarrer und Umsetzung der Dienstrechtsreform in das Dienst- und Besoldungsrecht der Pfarrerinnen und Pfarrer, Ergebnisse der Beratungen der Landessynode der Evangelischen Kirche im Rheinland", Düsseldorf 1999.
[3] Ebd., 22.
[4] Vgl. Willi, J., Die Zweierbeziehung, Reinbek 1975.
[5] Vgl. Wahl, H., Empathie als diakonische Praxis. Ein selbstpsychologischer Beitrag zur praktischen Ekklesiologie und Theorie der Seelsorge, in: Schulz, E., Brosseder, H., Wahl, H.(Hg.), Den Menschen nachgehen. Offene Seelsorge als Diakonie in der Gesellschaft, St. Ottilien 1987, 79-100.

die verdrängten biographischen Verletzungen, falls unbearbeitet, ziemlich nahtlos untergebracht zu werden.

Diese Priesterbilder können der Theologie des Neuen Testaments und der Communioekklesiologie von Vaticanum II nicht standhalten, sind aber dennoch sehr wirkmächtig.[6] Der verwundete Seelsorger geht eine problematische Allianz mit Erwartungen bezüglich seiner Amtsführung ein. Dabei spielt der Umgang mit Aggression eine große Rolle. Die Vorstellung von „Priesterleben als Opferleben" führt den bereits depressionsanfälligen Priester noch mehr in eine heillose Dynamik hinein. Die depressive Opferung des Selbst im Sinne einer Preisgabe (statt Hin-Gabe) der Persönlichkeit wird kollusiv durch ein Ideal gestützt, welches sich durch unerlöste Arbeitswut und geistlichen Aktivismus auszeichnet. Wenn die Mutter-Kind-Dyade nicht durch die Einbeziehung des störenden, aber für die gesunde Selbstentwicklung des Kindes unverzichtbaren Dritten (Vater) zur Triangulierung geweitet wurde, erhöht sich die Wahrscheinlichkeit, die Primärkonstellation im seelsorgerlichen Alltag durch Aussperrung des störenden Dritten, des Fremden, des Andersdenkenden und Distanzierten, kollusiv zu wiederholen. Die Fixierung auf das dyadische Lebensmodell klammert alle emanzipatorisch–kritische Bewegung, alle kritischen Einsprüche von außen und alle Pluralität aus und verteufelt sie mitunter.[7] Der Betroffene wird zum Anwalt einer Insiderkirche, die sich vom Außenseiter nicht mehr prophetisch beunruhigen lässt. Eine dyadisch gebundene Persönlichkeit wird sich in einer den störenden Dritten aussperrenden Kirche verdächtig wohlfühlen.

Auch die psychologische Anthropologie weist auf binnenchristlich inkompetenten Aggressionsumgang und seine bedenklichen Konsequenzen hin. Im folgenden Abschnitt sollen noch nicht die psychologischen Aggressionstheorien als solche thematisiert werden, vielmehr geht es um die Phänomenologie christlichen Aggressionsumgangs, wie sie von ausgewählten Psychologen identifiziert wird.

---

[6] Vgl. Brosseder, J., Das Priesterbild in der Predigt, München 1978, der Primizpredigten daraufhin untersucht, inwiefern sie unterschwellig anhaltende, bedenkliche Priesterbilder trotz anderslautender theologischer Akzentsetzungen sehr wirkmächtig transportieren.

[7] Vgl. Wahl, H., Priesterbild und Priesterkirche in psychologischer Sicht. Psychoanalytische und pastoralpsychologische Anmerkungen zu einem aktuellen Problem, in: Hoffmann, P. (Hg.), Priesterkirche, Düsseldorf 1987, 174.

7. Christlicher Aggressionsumgang im Spiegel psychologischer Literatur

Laut Fritz Riemann scheint es besonders zwischen den Ideologisierungen sog. depressiv Strukturierter und christlichen Idealen eine Affinität zu geben.[1] Riemann vermutet hinter den Idealen von Demut und Friedfertigkeit keine gelungene Sublimierung, zumal sie seines Erachtens vielfach auf dem Fundament eines inkompetenten Umgangs mit Aggression stehen. Riemann sieht „Menschsein in Welt" als Ausgespanntsein zwischen zwei großen Antinomien, die in ihrer unauflösbaren Gegensätzlichkeit und Widersprüchlichkeit gelebt werden wollen, soll menschliches Leben gelingen: Die erste Antinomie spannt sich aus zwischen Selbstwerdung und Selbsthingabe, die zweite bildet einen Spannungsbogen zwischen Dauerhaftigkeit und je neuem Wandel. Für unsere Fragestellung nach Umgang mit Aggression ist insbesondere die erste Antinomie interessant: „Wir sind mit dieser ersten Antinomie auf die eine paradoxe Zumutung gestoßen, die das Leben uns auferlegt: Wir sollen sowohl die Selbstbewahrung und Selbstverwirklichung leben, als auch die Selbsthingabe und Selbstvergessenheit, sollen zugleich die Angst vor der Ich – Aufgabe, wie die Angst vor der Ich – Werdung überwinden".[2] Riemann unterscheidet vier verschiedene Strukturen: Der schizoid Strukturierte hat Angst vor der Selbsthingabe, der depressiv Strukturierte ängstigt sich vor Individuation; der Zwanghafte fürchtet den Wandel, der Hysterische die Beständigkeit. Die jeweilige Struktur sagt noch nichts aus über das Vorhandensein pathologischer Formen; vielmehr kennzeichnet sie eine Eigentümlichkeit in der Beziehung dieses Ich zu seinen Mitmenschen.[3] Bei der depressiven Struktur spielt Aggression eine große Rolle. Ihr liegt die Anforderung des Lebens zugrunde, ein einmaliges Individuum zu werden, das Eigensein zu bejahen, gegen andere abzugrenzen und eine unverwechselbare Persönlichkeit zu werden. Durch die Entwicklung der eigenen Einmaligkeit fällt das Individuum zunehmend aus der Geborgenheit des Dazugehörens heraus und gerät in Angst. „Denn je mehr wir uns von anderen unterscheiden, um so einsamer werden wir; riskieren wir aber andererseits nicht, uns zu eigenständigen Individuen zu entwickeln, … .bleiben wir unserer menschlichen Würde etwas Entscheidendes schuldig".[4] Damit diese Individuation sich herausbilden und das Kind sich entwickeln kann, bedarf es des Einsatzes aggressiver Basiskompetenzen, soll sich keine depressive Struktur ausbilden. Durch Hemmung dieser Aggressionskompetenz und durch Verwöhnung werden die Vitalimpulse des Kindes erstickt, so dass es abhängig und hilflos gehalten wird. Es vermag keine eigenen Lösungen für sein Unbehagen zu finden.

Der gesunde und unvermeidliche Ausdruck von Affekten wie Ärger oder Zorn wird verhindert, weil die Mutter diese Emotionen beim Kind und bei sich selber nicht annehmen kann und darauf gekränkt reagiert. Die sogenannte Gluckenmutter fördert die depressive Struktur, indem sie ihr Kind mit ihrem Liebesanspruch an sich bindet, es nicht für

---
[1] Riemann, F., Grundformen der Angst. Eine tiefenpsychologische Studie, München 1985.
[2] Ebd., 14.
[3] Vgl. ebd., 110.
[4] Ebd., 13.

seine eigene Entwicklung freigibt und jegliche gesunde Selbstentfaltung im Keim erstickt. Dadurch wird das Kind entmachtet, es müßte der Entwicklungslogik folgend seinen aggressiven Trennungsimpulsen trauen – dies weckt jedoch immense Schuldgefühle. Wenn es diese nicht ertragen kann, verzichtet es eher auf seine Eigenentwicklung als dass es die Mutter derart kränkte.

Eine zweite charakteristische Fehlhaltung liegt in der Versagung begründet: Mütter, die in ihrer Kindheit zu wenig emotionale Zuwendung erfuhren, geben diesen Mangel weiter. Durch diese Ich – Schwäche wird das für depressiv Strukturierte typische Lebensgefühl der Hoffnungslosigkeit konstituiert; zudem treten Hemmungen auf, die dem aggressiven Selbstausdruck zuzuordnen sind: Kompetenzen wie Fordern, Zugreifen, Sich–Nehmen, In–Besitz–Nehmen und Raum–Nehmen sind nicht ausgebildet. Depressiv Strukturierte können aufgrund mangelnder aggressiver und expansiver Kräfte nichts für sich beanspruchen, die oral-kaptativen Impulse sind gehemmt. Dadurch entsteht Neid auf jene, die unbefangen zugreifen können. Die dabei aufkommenden Schuldgefühle werden bewältigt, indem der Neid tugendhaft hochstilisiert wird (schließlich ist man nicht so gierig wie die anderen): Man fühlt sich moralisch überlegen. Durch einen betonten Altruismus können ursprüngliche Wünsche nach Aneignung und Festhalten bis zur Unkenntlichkeit verhüllt werden. Der Altruismus dient als Rechtfertigung für das eigene Unvermögen zum Zugreifen. Aufgrund der frühen Versagungserlebnisse spricht sich der Betroffene keine Existenzberechtigung zu. Weil der depressiv Strukturierte erfahren musste, dass Ich–Sagen, Ich–Sein sowie alles Wünschen und Wollen gefährlich ist, vermag er eigene Impulse nur mit Angst- und Schuldgefühlen zu erleben. Vielfach passt er sich aus besagter Angst an und gibt sein Eigensein zugunsten der vermeintlichen Sicherheit auf. Indem er nur geringe Vorstellungen von einer eigenen Identität hat, lebt er hauptsächlich reaktiv, geleitet von den Vorstellungen anderer über seinen Lebensentwurf. Diese Fremdbestimmung steigert sich proportional zur eigenen Unsicherheit bis hin zur völligen Ich-Aufgabe. Jede Verlustangst wird mit noch mehr Selbstaufgabe beantwortet, so dass ein angstgenerierter circulus vitiosus entsteht.

Die Abhängigkeit von anderen führt dazu, dass depressiv Strukturierte nur schwer „Nein" zu sagen vermögen. Direkte Aggressionsäußerungen wie Wut oder Zorn werden unterdrückt.[5] Weil Betroffene nie mit angestauten Wutgefühlen adäquat umzugehen lernten, verstärkt die Ungeübtheit noch die Angst vor möglichen Folgen offen geäußerter Aggresion. Der in der Tiefe angestaute emotionale „Sprengstoff" kann wegen des Nicht–Äußerns das ganze Lebensgefühl vergiften. Riemann versteht Selbstmordneigungen bei schwer depressiven Menschen psychodynamisch als verschobene Mordtendenzen gegenüber der ablehnenden Mutter – die Selbstmordneigung beinhaltet zugleich die Selbstbestrafung für diesen Hass. Riemann kritisiert am Christentum in seiner konkreten Verfasstheit, dass es ideologische, misslungene Formen des Umgangs mit Aggression stützt und religiös verbrämt statt sie kritisch zu hinterfragen, so z. B. die Ideologie von Friedfertigkeit und Demut.[6] Weil die Aggression aus einem Unvermögen heraus nicht direkt geäußert werden kann, entsteht aus der Not eine moralisch überhöhende Tugend. Bei diesem Mechanismus können die bei sich selbst verhinderten Impulse identifikatorisch durch das fordernde und verletzende Gegenüber ausgelebt werden. Der andere wird schuldig,

---

[5] Vgl. ebd., 71–73.
[6] Vgl. ebd., 99.

7. Christlicher Aggressionsumgang im Spiegel psychologischer Literatur

man lässt ihn (über ihn triumphierend) in duldender Demut „böse und schuldig" werden. Mit dieser Ideologie werden die Aggressionen anderer provoziert und es findet keine authentische und gelungene Bewältigung von Aggression statt. In Wirklichkeit erhebt der Depressive sein Verhalten zur Ideologie, um den Neid anderer gegenüber zu verarbeiten, die viel unbefangener fordern können. Mit Blick auf die Kirchengeschichte vermutet Riemann diese Ideologisierung im christlichen Kontext, wenn er folgende Anfrage formuliert: „Es wäre eine Sonderstudie wert, zu untersuchen, wieso das Christentum, das sich die Religion der Liebe nennt, in seiner Geschichte soviel Hass, Grausamkeit und Kriege aufzuweisen hat. Ob das mit der christlichen Ideologie der Demut zusammenhängt"?[7]

Der Konflikt zwischen Aggression gegen geliebte Personen und Angst vor Liebesverlust kann derart bestimmend sein, dass die ursprünglich gegen andere gerichteten Vorwürfe und Hassgefühle gegen sich selbst gerichtet werden, wobei diese Selbstzerstörung im Extrem zu Suizid führt. Riemann ist der Auffassung, dass Aggression und Wut sowie Hassgefühle im Leben eines Kindes unvermeidbar sind; durch ihre Hemmung stauen sie sich nach innen und führen zu den für Depressive typischen Phänomenen wie Niedergeschlagenheit, Passivität und Antriebslosigkeit. Er plädiert für eine reife Form gekonnter Aggressionsverarbeitung, die nur gelingt, wenn das Kind mit seinen aggressiven Impulsen Erfahrungen macht. Ohne dieses Lernen durch Erfahrung wird weder ein gesundes Selbstwertgefühl noch ein Gefühl für die Würde der eigenen Persönlichkeit aufgebaut, zumal das oben beschriebene geringe Selbstwertgefühl depressiver Menschen essentiell in nicht gewagter Aggressivität begründet ist.

Keil zieht die Möglichkeit in Betracht, vom Über-Ich nicht geahndete Aggressionsäußerungen auf etwas oder jemanden außerhalb der eigenen sozialen Gruppe zu projizieren. „Christen haben ihre Aggressionen im Innenbereich zwar weitgehend unterdrückt, gleichzeitig jedoch diese verdrängten Aggressionen in ungezählten Kriegen und aggressiven Handlungen in den Kreuzzügen und gewaltsamen Missionsmethoden diesseits und jenseits des Atlantiks... ausgelebt".[8] Die zugrundeliegende Abwehrstrategie der Ra-

---

[7] Ebd., 101.
[8] Keil, S., Aggression und Mitmenschlichkeit, Stuttgart 1970, 13. Vgl. Eicher, P., Gottesfurcht und Menschenverachtung, in: Angst und Gewalt. Ihre Präsenz und ihre Bewältigung in den Religionen, hrsg. von H. v. Stietencron, Düsseldorf 1979, 111-136. In diesem Aufsatz entfaltet Eicher entlang der Biographie des hl. Bernhard von Clairvaux die Verbindung von Demut als nach innen gewandter psychischer Aggressivität und Gewalt in ihrer äußeren politischen Erscheinung. Für Eicher wird ersichtlich, wie „die restlos spiritualisierte Demut als totale Verkürzung des Ich..., die Selbstvernichtung vor dem geliebten und leidenden Gott, die bis in die Physiologie verwirklichte Selbstverachtung, diese äußerste Demutsmystik, welche die maßlose Gewalt gegen sich selbst als reflektierte Gottesherrschaft praktiziert" (125), wie all dies umschlägt in den spiritualisierten Terror eines theokratisch durchzusetzenden Reiches Gottes. Laut Eicher zeigt sich hier, wie Autoaggression in Form selbstverachtender Praxis sich im Gesicht asketischer Verdemütigung zeigt und einmündet in eine doppelte Dynamik von Autoaggression und äußerer Gewalttätigkeit (bei Bernhards auffordernder Predigttätigkeit zum zweiten Kreuzzug). Vgl. Hinkelammert, F. J., Der Glaube Abrahams und der Ödipus des Westens. Opfermythen im christlichen Abendland, Münster 1989, 164ff., der die Verfallsformen christlicher Frömmigkeit beschreibt: Demut wurde bei dieser verinnerlichten, voluntativen, rein spirituell gewordenen „Imitatio Christi" fast ausschließlich als subtile Gewalt gegen die Natur, gegen das Selbst und den Eigenwillen begriffen. Unheilige Allianzen zwischen Devotion und Gewalt sind von hierher möglich und in dieser Mischung geschichtswirksam geworden. In seinen psychologischen Einwänden gegen das Christentum kommt Williams zu dem Ergebnis, dass bei der Zerrform von „Demut" Aggressivität gegen die eigene Person verkehrt wird: „So läuft der Motor der Aggressivität weiter auf vollen Touren. Nur mit dem Unterschied, dass sie sich nicht mehr unverhüllt äußert, sondern als übertriebene Demut und Milde auftritt. Da sie (sc.die wirkliche Aggression, A.K.) im Verborgenen bleibt, schlägt sie nur desto unfairer

tionalisierung erlaubt es, sich vor den Sanktionen des aggressive Impulse unbarmherzig strafenden Über–Ichs zu schützen und im Kampf mit einem äußeren Gegner die innere Auseinandersetzung zu vermeiden. Dieser psychologische Trick ermöglicht es, eigene Impulse aggressiv–destruktiven Charakters gerade nicht in sich selbst wahrzunehmen, sondern im jeweiligen Feind. Der Psychiater Albert Görres hat über viele Jahre katholische Patienten therapiert und dabei durchgängig die Erfahrung gemacht, dass diese Personengruppe massive Probleme hat, mit auftretenden Aggressionen kompetent umzugehen. Görres kennzeichnet den unneurotischen Menschen als den natürlichen Menschen ohne Selbstentfremdung, der zu seinen Gefühlen und Antrieben sowie Bedürfnissen zu stehen vermag und damit in kräftiger Selbstbehauptung und Selbstentfaltung zu sich selbst. Nach seinem Dafürhalten kann es keine seelische Gesundheit ohne Selbstbejahung und ohne Erhaltung der naturhaften Spontaneität geben. Es stellt sich die Frage, ob Görres' Eindruck stimmig ist, dass im Christentum die Leidenden und Entbehrenden gut aufgehoben sind; „viel schwerer tun sich die Gesunden, die Erfolgreichen und Jungen. Ihr Lebensdrang, das sinnliche Glücksstreben, das Blühen und Prangen von Lebenskraft, der Eigensinn und Gefühlsstrom der Weltfreude findet sich dem Christlichen gegenüber in verlegener Fremdheit. Die Lebenslust kommt sich überflüssig und unerwünscht vor... ".[9]

Eine solche Aussage kann nur auf dem Hintergrund der emotionalen Blockaden der 1960er und 1970er Jahre verstanden werden. Mit der Unterdrückung der Aggression ist eine Hemmung der vital–ursprünglichen Regungen verbunden.[10] Vor allem im Bereich der Wahrnehmung wird eine verminderte Spontaneität evident, überall dort, wo ein unmittelbares, unbefangenes Intuieren vorausgesetzt wird und wo es gilt, andere Menschen differenziert und detailliert wahrzunehmen. Durch die Hemmung der Spontaneität im Wahrnehmen kommt es schließlich zu Passivität, Lähmung der vita activa und Mangel an Mut zu Initiative und Risiko. Die Verdrängung vitaler Impulse, insbesondere von Aggression, führt zu mangelnder Selbstkenntnis, der Kontakt zu den eigenen Impulsen und Bedürfnissen geht aus Gründen der Angst verloren. Ein großer Teil der psychischen Energie wird im Kampf rigider Abwehrstrukturen verbraucht, so dass die Welt und die eigene Persönlichkeit nur verzerrt und ausschnittsweise wahrgenommen werden können.

Auch die Bereitschaft zu Forschen und Fragen ist durch die Hemmung spontaner Äußerungen blockiert: „Allzu konsequente Erziehung zur Bravheit kann... die intellektuelle Entwicklung hemmen. Der Erkenntnistrieb hat eine innere Beziehung zur Aggressivität".[11] Gerade im Fragealter zwischen dem 4. und 5. Lebensjahr, in dem das Kind viele (Sinn-) Fragen stellt, entfaltet sich diese Entwicklungshemmung. Aus eigener psychotherapeutischer Praxis berichtet Görres, wie Menschen aus dem katholizistischen Milieu gerade dann ängstlich reagieren, wenn sie aufgefordert werden, eine unbefangene Selbstwahrnehmung, etwa von Aggression und Feindseligkeit, vorzunehmen. „Bei Theo-

---

zu und trifft die Mitmenschen vernichtender als jede offene Aggression". Vgl. Williams, H.A., Psychologische Einwände, in: Einwände gegen das Christentum. Vier Cambridge Diskussionsvorträge, hg. v. A. R. Vidler, München 1964. Der Aufweis von problematischen Aspekten innerhalb der Persönlichkeitsstruktur des Bernhard v. Clairvaux ist um die schöpferischen zu ergänzen, vgl: Schwillus, H. (Hg.), Liebesmystik als Chance und Herausforderung. Wirkungen von Person und Spiritualität Bernhards von Clairvaux, Berlin 2007.

[9] Görres, A., Rahner, K., Das Böse, Freiburg-Basel-Wien 1982, 156.
[10] Görres, A., Pathologie des kath. Christentums, in: Handbuch der Pastoraltheologie, hg. v. F. X. Kaufmann, Band II/1, Freiburg i. Br. 1971, 311.
[11] Ebd., 312.

logen und Ordensleuten erreicht diese Unfähigkeit und Unwilligkeit zu unvoreingenommener Selbstwahrnehmung oft erstaunliche Grade. Sie wollen und dürfen nicht wissen, was wirklich in ihnen vorgeht. Nun ist die offene, lockere Selbstwahrnehmung, nicht als bewusste Reflexion und Selbsterkenntnis, sondern zunächst als Bereitschaft, die innere Welt zu Wort kommen zu lassen, eine Grundlage auch des Gefühlskontaktes mit den Mitmenschen und des Verständnisses für sie. Jede Selbstentfremdung, jede Kontaktabwehr nach innen, stört auch den mitmenschlichen Kontakt... ".[12] Weil eine selektive Wahrnehmung der eigenen aggressiven Antriebe diese durch Verdrängung ins Destruktive wendet, empfiehlt Görres christlichen Kreisen dringend, eine Erweiterung des eigenen Wahrnehmungshorizontes anzugehen. Eine katholizistische Verdrängungsaszetik sei die Quelle vieler Neurosen, psychosomatischer Erkrankungen und Charakterfehlentwicklungen. Die Rangordnung der Werte werde nicht mehr vom Primat der Wahrheit und Liebe bestimmt, sondern von der Größe des erforderlichen Verdrängungsaufwands und vom Ausmaß der Triebangst.[13] Liebe, echte Wärme und Herzlichkeit bedürfen nach Görres um ihrer Authentizität willen notwendigerweise der Integration der Aggression. Durch bloßes Abschneiden der vitalen Antriebe wird der intendierte „neue Mensch" sogleich mitparalysiert. Görres erkennt in diesem depressiven Masochismus, der sich selbst keine Freude gönnt und dabei in skrupulöser Selbstbefangenheit ständig um das eigene Ich kreist, auch einen Ableitungsversuch aggressiver Tendenzen vom Mitmenschen auf die eigene Person. Doch mittels dieser missglückten Form der Antriebsbewältigung wird eine selbstvergessene Liebe nur schwerlich generiert. Es bleibt nicht beim Umschlag der Aggressivität in die Selbstdestruktion: „Nach dem Satz ‚wie ich mir, so ich dir' führt aber die selbstzerstörerische Wendung der Aggressivität nach innen in aller Regel schnell zu aggressivem Verhalten nach außen... Die unter Berufung auf den Willen Gottes gefeierten destruktiven Orgien des Christentums in Hexen–und Ketzerverfolgungen bis zu vielen alltäglichen Gehässigkeiten und Lieblosigkeiten professionell Frommer sprechen hier eine beredte Sprache".[14]

Der Tübinger Kinder- und Jugendpsychiater Günther Klosinski behandelte im Zeitraum 1982-1986 an der Psychiatrischen Universitätsklinik für Kinder und Jugendliche in Bern 42 Pubertierende mit schweren seelischen Störungen (Zwangsneurosen, Psychosen).[15] 21,4 % dieser Patienten kamen aus sektenähnlich organisierten, kleinen christlichen Gemeinschaften, wobei letztere im Kanton Bern nur 1,4% der Gesamtbevölkerung ausmachten. Intensive Fallstudien ergaben, dass Jugendliche aus kleinen christlichen Gemeinschaften mit einem streng moralischen und rigiden Erziehungsstil in überproportionaler Häufigkeit just dann seelisch schwer erkrankten, wenn sie sich der Entwicklungsstufe gemäß von den Eltern und ihren religiösen Überzeugungen distanzieren und loslösen wollten, um die eigene Lebenskonzeption zu entwickeln. Altersgemäß wäre bei den Pubertierenden die „Rebellion" gegen die elterliche Autorität und deren religiösen Hintergrund angestanden. In den religiösen Gemeinschaften herrschte indessen ein hohes Maß an solidarischer Verbundenheit mit einem geschlossen-kohäsiven Kollektivverständnis. Das religiöse Gemeinschaftsideal verlangte eine Totalidentifikation, so dass jegliche ge-

---

[12] Ebd., 303f.
[13] Vgl. ebd., 330.
[14] Görres, A, Rahner, K., Das Böse, 154.
[15] Vgl. Klosinski, G., Ecclesiogenic Neuroses and Psychoses in Adolescence, in Acta Paedopsychiatrica (1990) 53: 71-77.

sunde aggressive Abgrenzung schuldgefühlgenerierend als Sünde deklariert wurde. Die aggressive Distanzierung hätte bei den Schweizer Jugendlichen zu Kommunikationsabbruch und Ausstoßung geführt. In diesem Konflikt zwischen eigener Trennungsaggression und rigider, aggressionsabstinenter Normativität flüchteten nicht wenige Jugendliche in die psychotische Dekompensation. Klosinski zieht daraus das Fazit, dass in den großen Volkskirchen aufgrund der erhöhten Anonymität ein höheres Maß an Toleranz herrscht, während in den religiösen Gemeinschaften aufgrund der aktiveren Partizipation der Eltern mehr Druck ausgeübt wird, wenn die eigenen Kinder in der Pubertät den gemeinsamen religiösen Konsens aufkündigen und in die Unabhängigkeit entlassen werden wollen.

Schon in seiner Habilitationsschrift weist Klosinski darauf hin, dass in der Pubertät die religiösen und ethisch-kollektiven Überzeugungen instabil und fraglich/fragwürdig werden.[16] Es entsteht ein innerer Konflikt zwischen religiöser Bindung und der aufkommenden Kompetenz zu Selbstmanagement ohne Gott. In erfahrungsintensiven Glaubensgruppen verstärkt der Ablösungskonflikt mit den Eltern und den spiritualisierten Eltern-Imagos den eigenen religiös-intrapsychischen Konflikt. Die kleinen religiösen Gemeinschaften entwickeln ein „Diasporafeeling" und speisen ihr Selbstbewusstsein aus der den Großkirchen gegenüber höheren Entschiedenheit. Normale Ablösungsschritte werden dann umso mehr als Verweigerung und Attacke auf die Gruppenidentität gewertet. Klosinski plädiert dafür, die Trennungsaggression der Jugendlichen als Normalfall anzunehmen und ihnen den Freiraum zuzugestehen, in dem sie sich durch Zweifel und Anfrage hindurch zu einem persönlich angeeigneten Glauben durchringen können. Für die Therapie empfiehlt er, einen (amtlichen) Religionsvertreter hinzuzuziehen, damit der Patient eine „Absolution" von Seiten der religiösen Gruppe erfährt und ein weniger rigides religiöses Selbstverständnis zu rekonstruieren vermag.

Das Schicksal von Tilman Moser erweist sich als strukturanalog und ergänzt das oben Dargelegte um die Gottesbeziehung: es zeigt, wie sehr Gottesrede und zwischenmenschlicher Umgang miteinander zusammen hängen: Aggressionsabstinenz im zwischenmenschlichen Bereich taucht spiegelbildlich in der Gottesbeziehung wieder auf. Die durch Diffamierung der Aggression auf zwischenmenschlicher Ebene erzeugte Entfremdung spiegelt sich wider in der durch die betont aggressionsfrei gehaltene Gottesrede generierten Gottesentfremdung. Weil keine agressive Auseinandersetzung mit Bezugspersonen und mit Gott stattfinden darf, verbirgt sich hinter der verharmlosenden Gottesrede vom „lieben Gott" ein höchst wirkmächtiges, dämonisches Gottesbild, welches quasi mit der nichtgelebten Aggression aufgeladen wird und auf das seelische Erleben Mosers äußerst gewalttätig und misanthrop wirkte. Laut Ringel & Kirchmayr litt Moser unter einer sehr schweren Depression: „Er war von tiefem Selbsthass erfüllt, der nicht nur sein Selbstwertgefühl, sondern auch alle zwischenmenschlichen Beziehungen vergiftete... er war voll selbstschädigender Aggressionen... er war weithin unselbständig und in seiner

---

[16] Vgl. Klosinski, G., Psychologische und psychodynamische Aspekte religiöser Konversion zu neureligiösen Bewegungen am Beispiel der Neo-Sannyas-Bewegung, Habil.-Schrift Med. Fak. (klinische Medizin) Universität Tübingen (1983); vgl. Buehler, Ch., Das Seelenleben des Jugendlichen, Stuttgart 1967, die anhand von Tagebuchaufzeichnungen Jugendlicher erhebt, dass 75% der 16-17 jährigen Jugendlichen religiöse Konflikte haben: „The religious and ethical collective consciousness gets lost in puberty. A dissipation occurs...".

Initiative gebrochen".[17] Moser konnte aufgrund seiner Angst vor Gott sein Streben nach Autonomie mittels aggressiver Distanzierungsbemühungen nicht durchsetzen.

Seine aus pietistischen Pastorenfamilien stammenden Eltern erzogen ihre Kinder konfessionalistisch verengt. Über ihre Konflikte sprachen sie nur mit Gott. Folglich war ihr Gottesbild auch Ausdruck ihres gestörten Verhältnisses zu sich selbst und zu anderen. In der gegebenen Entfremdungssituation negativer Selbstbezogenheit und emotional belasteter Zwischenmenschlichkeit bot sich ihr Gott als Opiat unerfüllt gebliebener, elementar menschlicher Bedürfnisse an. „Du (sc.Gott, A. K.) bestehst aus Verweisung, Entschädigung, Ersatz, bist ein Destillat aller frühen, unerfüllten Ahnungen und Ängste".[18] In der Phase der Pubertät vermochte sich Moser von der neurotisierenden Welt seiner Eltern nicht zu distanzieren, ihm gelang es nicht, wesentliche aggressive Kompetenzen wie die Findung von Autonomie und Identität zu realisieren. Dabei spielte seine Gottesbeziehung eine entscheidende Rolle: „Was wird der liebe Gott dazu sagen"? – mit diesem Leitsatz wurden seine auf mehr Selbständigkeit ausgerichteten, aggressiven Impulse schuldgefühlgenerierend im Keime erstickt. Dadurch verstärkte sich bei ihm das Gefühl von Selbstaufgabe, Minderwertigkeit und Inkompetenz. Seine elterlich vermittelte Gottesbeziehung tolerierte weder Auflehnung noch Trotz. „Du hast aus mir eine Gottesratte gemacht, ein angstgejagtes Tier in einem Experiment ohne Ausweg. Ich wäre dem Labyrinth schneller entkommen, wenn es Menschen gegeben hätte, mächtig und klug und verstehend genug, um mit mir über dich zu reden und meine Zweifel oder meine Auflehnung zu ertragen.... Wollte ich überhaupt Gefühle von Geborgenheit, Sicherheit und Übereinstimmung erleben, so musste ich singen und glauben; wollte ich die Selbstachtung wahren, so musste ich trotzig schweigen".[19]

Sowohl im zwischenmenschlichen Bereich als auch in der Gottesbeziehung sind demgemäß alle starken, sperrigen, in die Distanz führenden aggressiven Emotionen abzulehnen. An T. Moser wird deutlich, dass eine wesentliche Bereiche menschlichen Emotionserlebens unterdrückende und Aggression in ihren verschiedenen Facetten als verpönt zurückweisende Religiosität im zwischenmenschlichen Bereich die Destruktivität und in spiritueller Hinsicht den Unglauben fördert. Durch die vorenthaltenen aggressiven Emotionen der Auflehnung und des Trotzes Gott gegenüber vertiefte sich das Misstrauen, die Gottes–Entfremdung wuchs. Erst als Moser imstande war, seinen aggressiven Impulsen Raum zu geben und im zornigen, anklagenden und sehr leidenschaftlichen Ton „seinen" Gott anzugehen und zu konfrontieren wagte, vermochte die Erkenntnis zu wachsen: „Aber deine Geschichte ist ja nichts anderes als die Geschichte deines Missbrauchs. Du bist ein Geschöpf des Missbrauchs menschlicher Gefühle".[20] Tilman Mosers Leidensgeschichte weist auf, dass verdrängte Primäraggression (konstruktive Beziehungsaggression) um so wirkmächtiger als Destruktivität durch die Hintertür wieder hereintritt.

---
[17] Ringel, E., Kirchmayr,A., Religionsverlust durch religiöse Erziehung, 122.
[18] Moser, T., Gottesvergiftung, 12.
[19] Ebd., 29.
[20] Ebd., 46. Dieses Buch ist sprachlich-formal als zornige Anklage in persönlicher Du-Anrede verfasst, darin findet die aggressive Gottes-Auseinandersetzung ihren Ausdruck. Die praktizierte Anklage hat, strukturanalog zu den Klagepsalmen, bei Moser zu einem „Stimmungsumschwung" geführt: vgl. Moser, T., Von der Gottesvergiftung zu einem erträglichen Gott. Psychoanalytische Überlegungen zur Religion, Stuttgart 2003. 25 Jahre nach Publikation von „Gottesvergiftung" berichtet Moser aus seiner therapeutischen Praxis von der religiösen Prägung der meisten seiner Klienten. Tief in der Seele gebe es eine Selbstverständlichkeit von Religion und die Fähigkeit, sich von einem lebensbejahenden Gott berühren zu lassen.

7. Christlicher Aggressionsumgang im Spiegel psychologischer Literatur

Die folgenden Wahrnehmungen eines systemisch orientierten Psychologen richten den Fokus auf den kirchlichen Binnenraum als System und benennen den vorgefundenen inkompetenten Aggressionsumgang.

8. Aggressionsumgang im kirchen-systemischen Zusammenhang

Der Münchener Psychologe Thomas Mohr stellt die Ergebnisse einer wissenschaftlichen Untersuchung zur kirchlichen Organisationskultur am Beispiel eines Diözesanforums vor.[1] Anhand von Diözesansynoden und Diözesanforen wird für ihn ansichtig, wie die Kirche als Organisation mit Wünschen nach Veränderung umgeht und welche für die Kirche charakteristischen Wahrnehmungs- und Verhaltensmuster bzw. Beziehungsstrukturen dabei zur Geltung kommen. Im Folgenden sollen die Untersuchungsergebnisse auf die Frage fokussiert werden, ob und wie Aggression dabei wahrgenommen wird, welcher Umgang mit ihr gepflegt bzw. welches (neue?) Verhalten dadurch evoziert wird. Mohr versteht Diözesansynoden und Diözesanforen als Schritte auf dem Weg der Erneuerung von Kirche im gemeinsamen Dialog. Sein wissenschaftlicher Blickwinkel ist die psychoanalytische Beziehungsanalyse, welche zwischen einer „Ich–und–Du–Beziehung", in der sowohl Verbundenheit als auch Autonomie gelebt werden können, und einer „Ich–oder–Du–Beziehung", in der bestimmte Wünsche und Ängste abgespalten und nach außen projiziert werden müssen, unterscheidet. Ausgehend von der Grundüberzeugung der Beziehungsanalyse, dass sich in einem System eine Veränderung ergeben kann, wenn die bisherige Beziehungsform thematisiert wird, soll die vorgelegte Analyse des Ist-Zustands der kirchlichen Organisationskultur einen Beitrag zur innerkirchlichen Diskussion über Dialog und Erneuerung in der Kirche leisten.

Mohr diagnostiziert einen vorsichtigen Umgang mit Aggression als eine für die kirchliche Organisationskultur charakteristische Kommunikationsnorm. Der menschliche Umgang untereinander auf dem zu untersuchenden Diözesanforum wird als sehr vorsichtig be-schrieben. In mehreren Redebeiträgen wird durch Formulierungen wie „ein bisschen" oder „ich sag das einmal so etwas verhalten" das Bemühen deutlich vernehmbar, aufkommende aggressive Gefühle zu verkleinern. Dies wird von einem kirchlichen Mitarbeiter aus einem anderen Zusammenhang bestätigt: „Wenn ich an unsere Konferenzen in der kirchlichen Arbeitsstelle denke, dann kommt mir in den Sinn: Soft in die Konferenz rein, soft aus ihr wieder heraus. Und innen drin ein bohrender Groll".[2] Mohr beobachtet eine Spaltung zwischen offizieller Ebene und „Keller", eine Spaltung zwischen dem öffentlich-offiziellen Raum und einer anderen, dazu in ironisierender Distanz stehenden Ebene, von der aus die offizielle beobachtet wird, eben der Keller. Auf erstgenannter Ebene findet die Plenumsdebatte statt, hier ist viel Freundlichkeit am Werk, der Umgang untereinander geprägt von Vorsicht. Hier sind die kirchlichen Ideale und Normen bestimmend. Im Gegensatz dazu erlebt Mohr in der Kellerbar des Tagungshauses, wie sich aggressive Äußerungen, Unmut, Wut und Enttäuschung Luft verschaffen und so doch noch zum Ausdruck kommen. Weil die Aggression auf der offiziellen Ebene nur schwer zu Wort kommt, bleibt

---

[1] Vgl. Mohr, T., Spannungen tolerieren. Beobachtungen zur Organisationskultur der kath. Kirche, in: HerKorr 53 (1999) 362-368.
[2] Ebd., 364.

sie buchstäblich „im Keller". Offizielle Ebene und Keller stehen für unterschiedliche Beziehungsräume innerhalb der kirchlichen Organisationskultur – beide Ebenen finden sich entsprechend auch quer durch die einzelnen Kirchenmitglieder, welche sich in diesen gespaltenen und dennoch aufeinander bezogenen Räumen bewegen und am jeweiligen Ort die jeweils adäquate Verhaltensweise an den Tag legen.

Mohr zitiert einen Jugendvertreter, der seinen als „verhalten" und „taktisch" charakterisierten Umgang im Plenum damit erklärt, dass die Jugendlichen bei Diskussionsbeiträgen abwägen müssten, ob sie der weiteren Zusammenarbeit von Jugendverbänden und Ordinariat nutzten oder nicht.[3] Wenn die arbeitsrechtliche Abhängigkeit von höheren Ebenen der Dienstgeberseite sich paart mit einem bestimmten Verständnis christlicher „Friedfertigkeit", wird der innerkirchliche Dialog nach Mohrs Auffassung von Außenstehenden als „vorsichtiger Eiertanz" wahrgenommen. Die Kelleratmosphäre bot den Beteiligten die Chance, im geschützten Raum eigene Emotionen authentisch zuzulassen, persönlichem Leiden Ausdruck zu verleihen, aktuelle Themen weiter zu klären und neue Impulse in die festgefahrene Plenumsdiskussion einzubringen. Räume, in denen das authentische Sosein gelebt werden durfte, wurden als sehr bedeutsam für die Erneuerung der Kirche erfahren. Mohr votiert für die Einbeziehung solcher „Kellergespräche" in die offizielle Ebene, damit Bewegung und Veränderung möglich werden. Zur Generierung neuer Impulse müssen die Ebenen in einen emotional-ehrlichen Dialog miteinander treten.

Die Polarisierung der Räumlichkeiten begegnet Mohr auch im Verhältnis zwischen Kirche und Welt: Auf der einen Seite werden im binnenkirchlichen Raum Themen nicht wahrgenommen bzw. ausgeklammert, so dass innerhalb der Kirche die Beschäftigung mit konfliktiven Themen vermieden wird; auf der anderen Seite beschäftigt man sich außerhalb der Kirche nur mit sog. „heißen Eisen". Der Ausklammerung auf der einen Seite entspricht eine Überbetonung auf der anderen Seite, so dass sich eine polarisierte Szene entwickelt, in der das Leiden einzelner an der kirchlichen Realität nur als Angriff gegen die Kirche geäußert und gehört werden kann. Auch diese Wahrnehmungsschranke bildet nach Mohr ein Hindernis im kirchlichen Erneuerungsprozess. Bei den Plenumsdebatten war laut Mohr eine eigene Meinungsbekundung nur erschwert möglich, es kam für nicht wenige Teilnehmer das Gefühl auf, „zwischen den Stühlen zu sitzen". In einem Geflecht von Abhängigkeiten und Rücksichtnahmen war es sehr schwer, einen eigenen persönlichen Standpunkt einzunehmen, welcher für das eigene Verhalten in diesem Beziehungsfeld Orientierung geben könnte. „Du sitzt auch sehr, sehr schnell zwischen sehr, sehr vielen Stühlen: Da ist der Verband, den du vertrittst und dem du wieder Rechenschaft gibst auf einer Konferenz... da sind die fünf Pfarrer, mit denen du anderweitig zu tun hattest, die dann plötzlich stinksauer auf dich sind, da ist deine Arbeitsgruppe, die du vertrittst, da ist deine persönliche Meinung, die du auch noch vertrittst, irgendwo – also, das ist natürlich ein Geflecht von Zusammenhängen, das sehr schnell Konflikte mit sich bringt".[4]

Die persönliche Meinung, bezeichnenderweise am Schluss genannt, stellt lediglich einen weiteren Gesichtspunkt dar, auf den bei einem eigenen Beitrag zum Gesprächsprozess „auch noch Rücksicht genommen werden muss", sie tritt deutlich in den Hintergrund. Die Spaltungen in der kirchlichen Organisationskultur zwischen offizieller Ordnung und

---

[3] Vgl. ebd.
[4] Ebd., 366.

8. Aggressionsumgang im kirchen-systemischen Zusammenhang

Nischenexistenz, zwischen kirchlichem Geborgenheitstraum und postmoderner Welt, erschweren das eigenständige Positionieren. Innerhalb eines gespaltenen Beziehungsnetzes bedarf es eines hohen Maßes an Beziehungs– und Konfliktfähigkeit, um die dritte, eigene Position, nicht zwischen den Stühlen, sondern an der „dritten Ecke des Dreiecks",[5] einzunehmen.

In den folgenden Ausführungen wird ansichtig, dass die Aggressionsproblematik die Gottesrede und Gotteswahrheit selber tangiert. Verschiedene Autoren werten die Existenz von Aggression im Gottesbild und in der Gottesrede als Indiz für die Unglaubwürdigkeit der gesamten jüdisch-christlichen Tradition.

---

[5] Bauriedl, T., Wege aus der Gewalt. Analyse von Beziehungen, Freiburg 1993.

9. Aggression und Gottesrede

9.1. Die aggressionsgeladene Gottesrede vor Gericht

Die Existenz von Aggression in der Gottesbeziehung und im biblischen Zeugnis wird sowohl außerkirchlich wie auch im kirchlichen Binnenraum als Defizit und Widerspruch zu authentischem Gläubigsein empfunden. Die beiden jetzt zu besprechenden Autoren werfen der jüdisch-christlichen Tradition vor, durch die Existenz aggressiver Gottesvorstellungen in aggressionsgefüllten biblischen Texten heutigen allgemeingültigen, ethisch-humanen Maßstäben nicht zu genügen: Der Freiburger Psychologe und Kliniker Franz Buggle erhebt im Namen einer humanen Ethik massiven Widerspruch gegen die gesamte Bibel. Diese sei in ihren wesentlichen Teilen ein zutiefst gewalttätig-inhumanes Buch und somit als Fundament einer zeitgemäßen Ethik abzulehnen. Gegen die Psalmen führt er an: „Wie die Psalmen wirklich sind: ein in weiten Teilen und in einem selten sonst so zu findenden Ausmaß von primitiv-unkontrollierten Hassgefühlen, Rachebedürfnissen und Selbstgerechtigkeit bestimmter Text".[1] Der Leser könne über die hier theologisch legitimierte Feindseligkeit und Verherrlichung von Destruktivität nur zutiefst schockiert sein. Die wirklich gewichtigen Einwände gegen die Bibel sind seines Erachtens nicht anthropologischer Natur: „... dass das ethisch moralische Niveau des biblischen Gottes, der ja die Verkörperung des höchsten Gottes sein sollte, in vielen seiner Aussagen sich als so archaisch inhuman erweist, dass es jedem heute lebenden Menschen nicht schwer fallen dürfte, eine Menge ihm bekannter Menschen zu benennen, deren, bei allen klargewordenen Schwächen und Mängeln, ethisch-moralisches Niveau das des biblischen Gottes bei weitem übersteigen dürfte".[2] Dieses destruktive und ethisch perverse Gottesbild werde durch die Bibelrezeption weitergegeben und führe zu einer ethischen Deformierung.

Im Feuilleton der Wochenzeitung „Die Zeit" hat der Berliner Philosoph Herbert Schnädelbach die christliche Weltreligion einer Generalkritik unterzogen. Laut Schnädelbach leidet das Christentum an sieben Geburtsfehlern, zu denen er u. a. Grausamkeit und Intoleranz zählen. Daraus zieht er die Konsequenz, „dass das verfasste Christentum in der modernen Welt sein tatsächliches Ende längst hinter sich hat, aber ohne dies bemerkt zu haben".[3] Die dem Christentum entsprechenden positiven Kräfte seien übergegangen in die Energien eines profanen Humanismus. Texte der Bibel lassen das Christentum als eine aggressive, Gewalt verherrlichende Religion erscheinen, die in einer modernen, am Ideal der Humanität orientierten Gesellschaft nur auf Ablehnung stoßen kann. Mit den biblischen Texten, welche Aggression und Gewalt in positiver Weise Gott zuschreiben, steht die gesamte Glaubwürdigkeit des Christentums auf dem Prüfstand. Beide Kritiker setzen

---

[1] Buggle, F., Denn sie wissen nicht, was sie glauben. Oder warum man redlicherweise nicht mehr Christ sein kann. Eine Streitschrift, Reinbek 1992, 79f. Zur kritischen Auseinandersetzung mit Buggle vgl. Kuschel, K. J., Ist das Christentum inhuman? Kritische Anmerkungen zu einer Streitschrift, in: HerKorr 46 (1992) 222-226; Schwager, R., Erlösung durch das Blut-Inhumanität eines gewalttätigen Gottes? Zu einem Buch von Franz Buggle, in: SdZ 211 (1993) 168-176.

[2] Buggle, F., Denn sie wissen nicht, was sie glauben, 86f.

[3] Schnädelbach, H., Der Fluch des Christentums, in: Die Zeit, 11. Mai 2000, 41f.

Aggression mit Destruktion gleich und beziehen sich auf das moderne Ideal einer Humanität, deren ethischer Standard den des biblischen Gotteszeugnisses vermeintlich wesentlich übersteigt. Im Namen dieser Humanität darf keine Beziehung zum Gott der Aggression aufgebaut werden. Durch die mörderischen Attentate vom 11. September 2001 in New York und Washington wird zunehmend die kritische Frage gestellt, ob mit dem Wahrheitsanspruch des Monotheismus ein immer wieder ausbrechendes Gewaltpotential verbunden sei. Der portugiesische Nobelpreisträger Jose Saramago stellt im Anschluss an die Terrorakte des 11. 9. 2001 gar die Behauptung auf: „Es ist bekannt, dass ausnahmslos alle Religionen nie dazu dienten, die Menschen einander näher zu bringen und den Frieden zu mehren. Religionen waren und sind der Grund für unendliches Leid, für Massenmorde und ungeheuerliche physische und psychische Gewalt, die zu den dunkelsten Kapiteln der elenden Geschichte der Menschheit gehören".[4] Der Oxforder Wissenschaftler Richard Dawkins vergleicht die angebliche Unduldsamkeit der abrahamitischen, monotheistischen Religionen mit Menschen, die auf allen Straßen geladene Gewehre verteilen und lädt zum Atheismus als einziger Alternative ein.[5]

Auch im binnenchristlichen Raum stößt die aggressionsgeladene Gottesrede auf große Vorbehalte und wird als im Widerspruch zum neutestamentlichen Liebesgebot stehend argwöhnisch bzw. ablehnend betrachtet.

9.2. Die binnenchristliche Infragestellung aggressionshaltiger Gottesrede

Beim Zweiten Vatikanischen Konzil standen die Fluch- und Rachepsalmen ob ihres aggressiven Charakters ebenso in der Kritik. Der Präsident der vorbereitenden liturgischen Kommision, Kardinal Arcadio M. Larraona, forderte, „… dass einige Psalmen, die dem Geist der Liebe des Evangeliums weniger gut zu entsprechen scheinen, wegfallen oder seltener gebetet werden".[6] Kardinal Ernesto Ruffini schlug vor, die Psalmen 55 58 83 109 129 137 und 140 zu streichen.[7] Psalmen, welche die innere Harmonie nicht fördern, sollten dem liturgischen Gebrauch entzogen werden. Die aggressionsgeladenen Fluchpsalmen seien Niederschlag einer noch unvollkommenen Phase der Offenbarungsgeschichte, die in Jesus Christus ihr Telos finde und darin aufgehoben und vollendet sei. Dennoch wollte die Mehrheit der Konzilsväter am ganzen Psalter festhalten. Die „Allgemeine Einführung in das Stundengebet" von 1971 betont in Art. 131: „Die drei Psalmen 58 83 und 109, in denen der Fluchcharakter überwiegt, sind in das Psalterium des Stundengebetes nicht aufgenommen. Ebenso sind einzelne derartige Verse anderer Psalmen ausgelassen, was am Beginn jeweils vermerkt ist. Diese Textauslassungen erfolgten wegen gewisser psychologischer Schwierigkeiten, obwohl Fluchpsalmen sogar in der Frömmigkeitswelt des Neuen Testaments vorkommen (z.B. Offb. 6, 10) und in keiner Weise zum Verfluchen verleiten wollen".[8] Durch diese Streichungen soll ein möglichst

---

[4] Saramago, J., Im Namen Gottes ist das Schrecklichste erlaubt, in: Frankfurter Allgemeine Zeitung, Nr. 220, 21.9.2001, 52.
[5] Vgl. Dawkins, R., Der Gotteswahn, Berlin 2007.
[6] Huonder, V., Die Psalmen in der Liturgia Horarum, Fribourg 1991, 6, Anm. 26.
[7] Vgl. ebd., Anm. 30.
[8] Ebd., 19f.97-99.

aggressions-/gewaltfreies, die Emotionalität nicht aufrührendes, besänftigendes Psalmengebet geschaffen werden. Bei der Auswahl der Antwortpsalmen im Messbuch kommen nur „schöne" und leicht „zustimmungsfähige" Psalmen/Psalmteile zur Geltung. Klagepsalmen mit ihren Feind- und Gewaltmotiven und ihrem Gotteszweifel finden zugunsten von affirmativen Psalmen des Gottvertrauens und Gotteslobes kaum eine Berücksichtigung. Viele Psalmen werden nur ausschnittsweise rezitiert, als provozierend und störend empfundene Elemente werden weggeschnitten. Für charismatische Kirchenkreise wird die heilende Dimension des Glaubens in einer Befreiung *von* jeglicher Aggression evident. Der auch in Deutschland wirkende Begründer der sog. Hagiotherapie, der Zagreber Fundamentaltheologe Tomislav Ivancic, zielt auf die Heilung des menschlichen Geistes ab, zumal dieser nach seinem Dafürhalten eine Schlüsselfunktion für die Heilung des ganzen Menschen zukommt. Geistliche Gesundheit manifestiert sich im Fehlen der von Ivancic überwiegend negativ konnotierten Aggressivität.[9] In der sog. Eirene-Therapie geht es um des Zieles der Versöhnung willen um die Befreiung von sämtlichen Aggressionen. Ivancic's spiritualisierender Geistbegriff blendet durch die Bezeichnung Jesu Christi als „geistlichen Erlöser"[10] die psychische Komponente aus und wirft somit die Frage auf, welchen Stellenwert die Inkarnation des Sohnes Gottes, der die Welt nicht nur „geistlich" erlöst hat, in seiner Konzeption einnimmt. In eschatologischer Hinsicht erwächst der Eindruck, es könne schon auf Erden ein Zustand der Vollendung erreicht werden. Christsein als Weg mit Einzelschritten und Zwischenstufen, zu denen auch eine aggressive Phase zählen kann, um wirklich versöhnungsfähig zu werden, gerät gänzlich aus dem Blick.

Eugen Biser übt gegenwärtig massive Kritik an einer ambivalenten, aggressionshaltigen Gottesrede: Er hat sich der Aufgabe verschrieben, das Christentum in seiner therapeutischen Funktion als Weg der Angstüberwindung darzustellen. Laut Biser hat Jesus das traditionelle Gottesbild korrigiert, das er durch seine Absage an den Gott der Rache von seiner Ambivalenz befreit und in eine beglückende und hilfreiche Eindeutigkeit führt.[11] Der Befreiung von der ambivalenten Gotteserfahrung entspricht eine Befreiung von der zwischenmenschlichen Ambivalenz: „Nicht weniger einschneidend war seine Korrektur der Mitmenschlichkeit, die er gleichfalls aus ihrer seit Urzeiten eingespielten Ambivalenz herausführte".[12] Die von Jesus geforderte Nächstenliebe dulde nicht den geringsten Zweifel, zumal sie erlöschen würde, wenn sie befürchte, dass sich im anderen ein heimlicher Feind verberge bzw. sich in diesen verwandeln könnte.

Die folgenden Beiträge kritisieren eine betont aggressionsfrei gehaltene Gottesrede als deren Verharmlosung und Banalisierung, insbesondere wenn menschlichmaßgeschneidertes Wunschdenken in Gott hinein projiziert und mit der Gotteswahrheit gleichgesetzt wird.

9.3. Die Verharmlosung der Gottesrede durch Aggressionsabstinenz

5 Jahre nach seiner Fundamentalkritik am Christentum relativiert der Berliner Philosoph Herbert Schnädelbach seine damalige Position dahin gehend, dass Menschen sich empi-

---

[9] Vgl. Ivancic, T., Aggressivität und Vertrauen, Zagreb 2001.
[10] Ivancic, T., Hagiotherapie, Zagreb 1995, 103.
[11] Vgl. Biser, E., Der obdachlose Gott. Für eine Neubegegnung mit dem Unglauben, Freiburg i. Br. 2005, 40.
[12] Ebd., 41.

9.3. Die Verharmlosung der Gottesrede durch Aggressionsabstinenz

risch erwiesener Maßen weiterhin durch religiöse Ereignisse anziehen lassen. Schnädelbach wendet sich indessen gegen den Versuch, das Christentum weichzuspülen, sei es als Wellnessangebot, sei es als sozialen Dienstleister. Am Ende seines Aufsatzes scheint er zu bedauern, dass das Christentum „ohne Zähne und Klauen, ohne Widerständigkeit gegen unsere moderne Welt" geworden sei. „Vom verborgenen, unerforschlichen, zornigen, richtenden und strafenden Gott, der sogar seinen eigenen Sohn nicht verschone und unsere gesamte Lebenswirklichkeit in Frage stellen könnte, ist da nur noch in homöopathischen Dosen die Rede; das strenge Thema der Rechtfertigung, das Luther umtrieb, verschwindet hinter dem Wunsch nach Geborgenheit in einer kuscheligen und theologisch entlasteten Religiosität. Wenn Religion nur in der Form wiederkehrt, dass alle wissen, wozu sie gut wäre, um sie dann in maßgeschneiderter Gestalt einzusetzen, bestätigt dies nur, wofür alles spricht – dass wir im Westen in Wahrheit bereits in einem postreligiösen Zeitalter leben".[13] Während derselbe Autor wenige Jahre zuvor in einem aufsehenerregenden Artikel der „Zeit" gerade die „blutige" Dimension eines christlichen Opfer- und Sühneverständnisses angriff, klagt er hier die Härte und Zumutung des Christseins ein: sein jetziger Zorn richtet sich darauf, dass ihm der Gegenstand seines Streits abhanden kam, weil sein „Gegner" sich weggeduckt hat. Anlässlich der Salzburger Hochschulwochen 2006 beobachtet der Grazer Rechtsphilosoph Peter Strasser einen Allerweltsgott, der jedem gut will und niemandem wehtut. Eine unverbindliche Wellness-Religion richte sich nicht auf die letzten Dinge, sondern „darauf, wie man hierorts einigermaßen entspannen könne". Dieser Gott ist jedoch auch ein schwacher Gott, zumal er nicht mehr wirklich eingreifen, Recht schaffen und somit die Benachteiligten auch nicht mehr wirklich trösten könne.[14]

Im Gegenzug zur reformatorischen Verabschiedung des Eucharistieverständnisses als Opfer stellt der evangelische Praktische Theologe Manfred Josuttis die Frage, „ob sich in der reformatorischen Kritik an der Messopfer-Theologie auch jene neuzeitliche Aggressionszensur artikuliert, die von der Verhöflichung der Sprache über die Kultivierung der Tischsitten bis zur Zentralisierung des Gewaltmonopols reicht".[15] Für das Verständnis der Eucharistie empfiehlt er: „Wer das Abendmahl verstehen will, muss dessen Opferimplikationen angemessen bestimmen. Und von jeder ernsthaften Religionstheorie ist gefordert, dass sie die Logik dieser unheimlichen Handlungssequenz mit einleuchtenden Gründen auf jeden Fall freizulegen, eventuell sogar zu kritisieren hat".[16] In diesem elementaren Sinne sei die Bestimmung der Eucharistie als Opfer unerlässlich. Walter Kasper stellt in seiner bischöflichen Rede zum Neujahrsempfang 1999 angesichts eines Vakuums bezüglich der Eschatologie die Anfrage an die Verkündigung, ob nicht eine Scheu, die dunkle Seite Gottes ernst zu nehmen, seinen aggressiven Aspekt, seinen Zorn und sein Gericht, dieses Vakuum begünstige.[17] Gottfried Bitter widmet sich im Jahre 1986 auf

---

[13] Zit. nach: Die Unschärfe-Religion, in: CiG Nr. 48/05, 398.
[14] Vgl. CiG Nr. 33/06, 266.
[15] Josuttis, M., Der Weg in das Leben. Eine Einführung in den Gottesdienst auf verhaltenswissenschaftlicher Grundlage, München 1991, 258. Gegen das Missverständnis, das Messopfer sei zu verstehen als reale Wiederholung oder gar als Ergänzung des einen und einmaligen Kreuzesopfers Jesu Christi und in Verkennung des biblischen memoria-Verständnisses als In-der-Gegenwart-wirksam-Werden des Vergangenen, attackiert der Heidelberger Katechismus die Messe der katholischen Kirche als „vermaledeite Abgötterei"; vgl. Heidelberger Katechismus. Mit Sprüchen und Psalmen, Erlangen 1928, Frage 80,44.
[16] Josuttis, M., Der Weg in das Leben, 260.
[17] Vgl. Kasper, W., Die Sache Gottes und die Sache des Menschen, Bischöfliches Ordinariat, Rottenburg 1999, 6f.

der Konferenz der Dekane des Erzbistums Freiburg der Frage nach den Ursachen für ein verschwindendes Glaubensbewusstsein für Gottes Geschichtsmächtigkeit: „... vielleicht aber ist es... eine Folge unseres verharmlosten–verzeihen sie die Grobheit–unseres zahnlosen Gottesbildes und unseres geistlosen Kirchenbildes. Der Gott der üblichen Verkündigung ist farblos, er ist weder zum Fürchten noch zum Verlieben". [18] In dem Aufsatz „Gott ist kein Hampelmann" wendet sich Ottmar Fuchs gegen eine Banalisierung und Trivialisierung des unendlichen Geheimnisses Gottes, „gegen seine Verkleinerung, gegen seine fugenlose Verkleisterung in die menschlichen Bedürfnisse und Sehnsüchte hinein". [19] Vielmehr sei Gott menschlichem Zugriff und menschlicher Verfügbarkeit entzogen. Fuchs sieht das Problem im Fehlen der Ehrfurcht vor einem Gott, der die Lizenz erhält, menschliche Religiosität zu transzendieren und darin nicht aufzugehen. Der neue Religionspositivismus führe zu einer Verflüchtigung jener Dimension, welche die Gotteserfahrung auch in ihrer Negation noch als Transzendenzerfahrung identifiziere. Auch die Verborgenheit Gottes gehöre in die Geschichte Gottes mit den Menschen hinein.

Die angeführten Autoren eint die Überzeugung, dass Gott auch der Unnahbare, der ganz Andere, der Furchtbare, buchstäblich der Unbegreifbare ist, das Geheimnis schlechthin. Das biblische Zeugnis untersage eine Verniedlichung und Herabsetzung des göttlichen Geheimnisses auf den „lieben Gott". Die Ausblendung von aggressiven, sperrigen und fremden Seiten im Gottesbild („zahnloses" Gottesbild) führe nicht nur zu einer Verkürzung des unableitbaren, transzendenten Gottesgeheimnisses, sondern raube auch der gelebten Nachfolge ihren Ernst und ihre Dynamik. Die Aggression trägt zu einer Konturierung und Profilierung des Gottesbildes und der Gottesbeziehung bei, ihr Fehlen wird als Mangel und Verkürzung erlebt. Im Folgenden soll der aggressionsphänomenologische Befund rekapituliert werden.

---

[18] Bitter, G., Evangelisation und Inkulturation, in: Erzbistum Freiburg. Informationen-Berichte-Kommentare Anregungen, Januar-März 1987, Nr. 1-3, hg. v. d. Presse-und Informationsstelle des Erzbistums Freiburg i. Br., 5-31, 17.
[19] Fuchs, O., Gott ist kein Hampelmann, in: ThPQ 4, 2000, 379-386, 379.

10. Zusammenfassung des aggressionsphänomenologischen Befunds

Mit der Feststellung der Abweichung von statistischen Normen sind noch keine werthaltigen Aussagen im Sinne von „besser" oder „schlechter" ausgesprochen. Bei der Vorstellung der vorangegangenen Befragungen geht es weniger um definitive Aussagen denn um eine verantwortete Spurensuche. Zudem lässt der Vergleich mit anderen Disziplinen vermuten, dass jeder Berufsgruppe ein markantes Persönlichkeitsprofil eignet.[1] W. Schmidbauer findet die in den Erhebungen rekonstruierte Persönlichkeitsstruktur, mit einigen spezifischen Abweichungen, auch bei anderen Helferberufen, die institutionsbezogenen Kollusionen auch in anderen Helferinstitutionen: „Mir scheint, dass schätzenswerte menschliche Eigenschaften nicht an Wert verlieren, wenn ihr Zustandekommen genauer untersucht wird... Es geht gerade nicht darum, durch den Hinweis auf die vielfältigen Schwierigkeiten und Konflikte der Angehörigen helfender Berufe das Idealbild des perfekten Helfers zu entwickeln. Einfühlendes Verständnis für Schwächen und Mängel – eigene und fremde – ist gerade die Voraussetzung wirksamer Hilfe".[2] Unter diesem menschlichen, auf eine Ideologie des Perfektionismus verzichtenden Vorzeichen sollen die Ergebnisse der vorangegangenen Untersuchungen wie folgt zusammengefasst werden:[3]

1. Die psychologische Aggressionsphänomenologie bringt den Erweis, dass die Aggressionsproblematik grundsätzlich alle Menschen betrifft. Wenn die zu jedem Menschen unausweichlich zugehörigen aggressiven Anlagen sich nicht konstruktiv zu entfalten vermögen, kommt es zu massiven Störungen und zu Destruktivität. Der Blick auf alle Menschen bewahrt vor einem falschen Ekklesiozentrismus; im Rahmen einer kulturellen Diakonie sollen innerkirchliche Veränderungsschritte dann auch meliorisierend in die Gesellschaft hineinwirken.
2. Die Phänomenologie depravierten Aggressionsumgangs findet sich unter Christen aller Denominationen und Konfessionen. Auch in nichtkatholischen christlichen Gemeinschaften führt eine Aggressionsparalyse mit korrespondierender Konfliktunfähigkeit zu Heuchelei, Unklarheit, heimlichem Taktieren, theologischer Verbrämung von Beziehungsproblemen und Lähmung des Gemeindelebens. Inkompetent bewältigte Aggression ist damit nicht schon aus der Welt geschafft, sondern kommt notgedrungen als Destruktivität umso wirkmächtiger zur Hintertüre wieder herein. Die Aggressions-

---

[1] Vgl. Janssen, J. P., Gabler, H., Sind Psychologiestudenten unter Studienanfängern eine Negativauslese? in: PR 25 (1974), 275–293.
[2] Vgl. Schmidbauer, W., Die hilflosen Helfer. Über die seelische Problematik der helfenden Berufe, Hamburg 1977, 55.
[3] Die Kritik der wissenschaftlichen Psychologie an Drewermann, E., Kleriker. Psychogramm eines Ideals, Olten 1989 weist darauf hin, dass differenzierte Einzelfall-Analysen und retrospektive Beobachtungen bei Priestern und Ordensleuten zwar hermeneutisch unverzichtbar sind, in keinem Fall jedoch eine Verallgemeinerung in Bezug auf die Gesamtgruppe bzw. die Vorhersagbarkeit ihres Verhaltens gestatten. Vgl. Bortz, J., Döring, N., Forschungs- und Evaluationsmethoden für Sozialwissenschaftler, Berlin 1995; Westmeyer, H., Wissenschaftstheoretische Grundbegriffe für Klassifikation, Ätiologie und Diagnostik, in: Baumann, U., Perrez, M., (Hg.), Klinische Psychologie. Bd. 1: Grundlagen, Diagnostik, Ätiologie, Bern 1990.

problematik ist im größeren Zusammenhang von emotionaler Inkompetenz zu sehen: Menschen ganzer Epochen wurden dahin gehend erzogen, Emotionen negativ zu bewerten, aus dem Gesamtzusammenhang ihrer Persönlichkeit auszublenden und damit einen wesentlichen Teil derselben abzuschneiden. Sie konnten nicht lernen, mit ihnen lebensförderlich umzugehen und so ihr vitalisierendes Moment zu erleben, zumal Ärger und Aggression mit Destruktion gleichgesetzt wurden. Der Aufbau von Aggressionskompetenz ist im Rahmen der Förderung von emotionaler Kompetenz zu sehen.
3. In den verschiedenen Untersuchungen wird ein besonderes Augenmerk auf die theologisch hauptamtlichen Funktionsträger im kirchlichen Binnenraum gerichtet. Ein erheblicher Teil von ihnen scheint von der Aggressionsproblematik besonders betroffen zu sein. Aggressive Basiskompetenzen, die für eine menschliche Entfaltung unerlässlich sind und die Voraussetzung für Konfliktfähigkeit bilden, sind nicht oder nur schwach ausgebildet: Die Betroffenen schildern sich als äußerst nachgiebig und tolerant, bringen übermäßig Geduld auf; ein hohes Maß an Sanftheit und Friedfertigkeit zeichnet sie aus; sie tun sich schwer, spontane Aggression zu äußern und neigen deshalb zu erhöhter Depressionsanfälligkeit und Intropunitivität; die hohe Aggressionshemmung erschwert das In–Angriff–Nehmen von Aufgaben und die lustvolle Durchdringung der Welt. Viele Probanden tun sich schwer, „Nein" zu sagen und vermeiden Auseinandersetzungen „um des lieben Friedens willen". Das Vermeideverhalten erstreckt sich generell auf Konflikte; damit verbunden ist ein geringes Kontaktbedürfnis (die Kontaktangst mindert die Konfliktfähigkeit). Unangenehme Situationen werden widerstandslos hingenommen, der Unmut in der Situation verleugnet. Vielfach kommt es zu distanzierenden Interventionen, welche die eigene Person heraushalten und emotionale Nähe meiden.
Sehr gering ist der Bereich „Expansivität" ausgebildet: Aggressive Selbstbehauptung und Dominanzstreben sind minimiert, auf einen aggressiv–forschen Stil wird verzichtet, das Durchsetzungsvermögen ist nur in geringem Maße vorhanden. Hochsignifikant gering fällt die Autonomiekompetenz aus, eine Aggressionskompetenz, wie zu zeigen sein wird: Sehr schwach ausgebildet ist der Glaube, durch aktive Einflußnahme Belastungssituationen eigenständig verändern zu können, auf eigene Fähigkeiten vertrauen zu können und das eigene Handeln als Quelle zur Gestaltung des Lebens einsetzen zu können sowie am Geschehen mitbeteiligt zu sein (Ichkompetenz), eigene Interessen zu vertreten und für sie zu kämpfen. Durch die Verringerung der Autonomie sind Selbstverantwortungskompetenz und Entscheidungsfähigkeit stark eingeschränkt, der Betroffene lehnt sich bei Entscheidungen an, weicht vor Selbstverantwortung aus, lässt sich stark von anderen beeinflussen und sucht ihre Hilfe. Er scheut das Risiko und tut sich schwer, herauszufinden, was er will. Diese Inkompetenz bzgl. aggressiven Selbstausdrucks führt nicht nur zu einer Reduzierung von gelingendem Menschsein, sondern auch zu verringerter seelischer Gesundheit, welche wiederum die Grundlage für Tatkraft, menschliche Zuwendungskraft und die Gestaltung der Welt in Selbstvergessenheit bildet. Das gestalterisch–aggressive In–Angriff–Nehmen stabilisiert die gesamte persönliche Konstitution und führt zu kraftvoller Veränderung der Welt. Aggressive Basiskompetenzen fördern in diesem Zusammenhang nicht eo ipso die egoistische Selbstzentrierung, sondern das menschliche Miteinander.
4. Bezüglich des von Gemeindemitgliedern an hauptamtliche Theologen gerichteten Er-

wartungsprofils treten einseitig affirmative Charaktereigenschaften wie Friedfertigkeit, Freundlichkeit und Sanftmütigkeit hervor. Theologen gelten als Repräsentanten einer Idealität (heile Welt), die sie mit ihrem konkreten Menschsein weder einzuholen vermögen noch wollen. Aggressionshemmung bringt mehr Bestätigung als kritisches Hinterfragen oder konstruktives Konfrontieren. Somit werden die oben dargestellten Aggressionsprobleme bei hauptamtlichen kirchlichen Mitarbeitern vom systemischen Kontext des Arbeits- und Lebensraumes nicht hinterfragt und bearbeitet, sondern kollusiv bestätigt und perpetuiert. Solche ekklesialen Kollusionen verhindern Konfliktfähigkeit sowie damit verbundenes Wachstum und Entwicklung.

Die hohe Idealität in der Kirche bildet einen Nährboden, der Mobbingverhalten begünstigen kann. Durch die hohen, institutionell vorgegebenen Grundsätze wird „liebevolles" Verhalten zur Pflicht, werden menschliche Defizite u. U. religiös überhöht und durch Spiritualisierung vermeintlich bewältigt. In Ermangelung aggressiver Basiskompetenzen besteht umso mehr die Gefahr, Machtfragen (z. B. bezüglich des Dienstrechts) zu verschleiern, Meinungsverschiedenheiten nicht auszuhalten und Konflikte nicht offen auszutragen. Durch Unklarheit und mangelnde Abgrenzungskompetenz können Probleme nicht auf den Punkt gebracht und bearbeitet werden. Der unterschwellige Argwohn fördert ersatzweise subtile, wirkmächtige Aktivitäten, die zu Diskreditierung und Ausgrenzung der missliebigen Person führen. Statt zu offener Auseinandersetzung kommt es vielfach zu Kommunikationsabbruch.

5. In kirchen-systemischer Hinsicht ist vielfach eine Polarisierung der Räumlichkeit zu beobachten, die sich in typisierender Abstraktion wie folgt konstelliert: Im ersten Raum herrschen die kirchenoffiziellen Ideale vor, ein vorsichtiger Umgang mit Aggression blendet konfliktive Themen eher aus; im zweiten Bereich wird das authentische Sosein zugelassen, alle aufkommenden Emotionen erhalten Existenzberechtigung und Ausdrucksmöglichkeit, so auch Aggression. Durch einen authentischen, vitalisierenden Emotionsfluss werden anstehende Themen im „Neben-Raum" weiter geklärt, so dass für die Erneuerung der Kirche wichtige Impulse nicht in die stagnierende Debatte einfließen können. Obwohl diese unterschiedlichen Beziehungsräume in der Organisationskultur Kirche aufeinander bezogen sind, wird nicht selten die hier typisiert dargestellte Polarisierung der Räume aufrechterhalten, mit der Folge, dass die durch Einbeziehung und Dialog mögliche Bewegung und Veränderung im System ausbleiben.

6. Es zeigt sich eine fundamentale Wahrnehmungsproblematik: Durch Verdrängung von Aggression wird die Selbstkenntnis eingeschränkt, der Kontakt zu den eigenen Impulsen geht verloren, Unerwünschtes kann nicht wahrgenommen werden. Durch Aufrechterhaltung rigider Abwehrstrukturen kommt es neben einem unfruchtbaren Verbrauch von Lebensenergie zu einer nur selektiv-verzerrten Wahrnehmung von Welt und eigener Person. Die Wahrnehmungseinschränkung betrifft das grundsätzliche Suchen, Fragen, Forschen und Erkennenwollen ebenso wie die unvoreingenommene Selbstwahrnehmung. Durch die Abwehr des Gefühlskontaktes nach innen wird auch der zwischenmenschliche Kontakt abgebrochen. Der psychologische Teil dieser Studie weist auf, dass die Fähigkeit zu unvoreingenommenem Sehen und Wahrnehmen in innerer Entsprechung zum Aggressionsvermögen steht: Aggressionskompetenz ermöglicht Wahrnehmungskompetenz.

7. Durch eine bestimmte theologische Auffassung von Aggression im Sinne einer Gegendynamik und eines Widerspruchs zum Gott der Liebe und dem korrespondierenden Liebesgebot sind Theologen nicht fähig, eigene aggressive Impulse anzunehmen und zu akzeptieren. Indem der Aggression keine theologische Rechtfertigung widerfährt, löst sie beim Betroffenen Angst aus, so dass er ihr und einer produktiven Auseinandersetzung mit ihr eskapistisch zu entkommen sucht. Die theologische Auffassung von Aggression zeichnet für diese Flucht vor der eigenen Realität verantwortlich. Im kriteriologischen Teil des Diskurses stellt sich essentiell die Frage nach der theologischen Bedeutung von Aggression und, davon abgeleitet, nach der Legitimation aggressiven Erlebens und von Aggressionstoleranz in konfliktiven Situationen.

8. Die psychologische Kritik an christlichem Umgang mit Aggression bemängelt den aufgrund bestimmter Leitlinien und Grundannahmen bedingten inkompetenten Umgang mit Aggression im Binnenraum von Kirche und die Tendenz, nicht bewältigte Aggression nach außen auf Feindbilder abzuleiten. Ein Blick in die Kirchengeschichte zeigt, dass eine Fülle von religiös verbrämten Aggressionsdepravationen gegenüber „äußeren Feinden" vorliegt. Es ist evident, dass die Kirche unter Ausschaltung der Binnenaggression nach außen hin ein destruktives Wirkvermögen entfaltet und nach innen die Kompetenz zu Auseinandersetzung, Konflikt und authentischer Nähe (!) einbüßt. Die psychologische Kritik wirft dem Christentum vor, durch göttlich sanktionierte Verhaltensmuster neurotische Strukturen zu verfestigen und therapeutisch unangreifbar zu machen. Misslungene Formen des Umgangs mit Aggression werden ideologisch gestützt und religiös verbrämt. Folglich wird z. B. die Ideologie von Friedfertigkeit und Bescheidenheit nicht als tatsächliches Unvermögen und Ausdruck inkompetenten Aggressionsumgangs deklariert, sondern als anzustrebende Grundhaltung. Durch eine Verdrängungsaszetik aggressiver Impulse werden lebenswichtige vitale Antriebe abgeschnitten, was dazu führt, dass die Fülle menschlicher Selbstentfaltung reduziert bzw. gänzlich paralysiert wird: Die vorhandene, nicht in den zwischenmenschlichen Beziehungsraum eingebrachte Aggression wendet sich als Autoaggression vielfach gegen die eigene Person und zerstört sie. Die Verdrängungsaszetik fördert das egozentrische Kreisen um sich selbst, sie bringt leidenschaftslose, antriebsarme und apathische Menschen hervor. Das Selbstzerwürfnis in der Autoaggression vermag sich mit derselben Destruktionspotenz auch gegen Außenstehende zu richten.[4] Die psychologische Kritik weist die Christen darauf hin, dass ohne die aggressive Antriebsenergie auch die selbstvergessene Liebe zum Mitmenschen eingebüßt wird.

9. Aggression tangiert essentiell auch das Gottesverhältnis und die Gotteswahrheit selbst. Unter dem Eindruck von religiös-fundamentalistischem Terror steht der biblische Monotheismus zunehmend unter dem Verdacht, als Quelle von Gewaltakten zu fungieren. Das Vorhandensein von Aggression im biblischen Zeugnis und im Gottesbild wird als Widerspruch zu modernen, ethisch-humanen Standards angesehen. Binnenchristlich wird vor allem die aggressive Gebetssprache mitunter als theologisches Ärgernis und vermeintlicher Widerspruch zum neutestamentlichen Liebesethos evaluiert. Das Gottesbild soll von allen dunklen, unheimlichen, ambivalenten Aspekten freigehalten werden, damit die Gottesbeziehung sich angstfrei zu gestalten vermag. Andere

---

[4] Vgl. Kochanek, H. (Hg.), Die verdrängte Freiheit. Fundamentalismus in den Kirchen, Freiburg i. Br. 1991, 156-198.

zeitgenössische Vertreter bedauern das Fehlen der Möglichkeit einer direkten aggressiven Auseinandersetzung mit Gott. Das Unvermögen der aggressiven direkten Rede zu Gott spiegelt nicht selten die zwischenmenschliche Aggressionsinkompetenz wider und umgekehrt: In beiden Relationsebenen wendet sich die ausgesparte Aggression ins ausschließlich Destruktive und führt zu gegenseitiger Entfremdung. Die innertheologische Kritik weist zudem darauf hin, dass ein Ausblenden der aggressiven Aspekte im Gottesbild und in der Gottesbeziehung zu einer Verkürzung und Trivialisierung des unableitbaren, unendlichen und transzendenten Gottesgeheimnisses führt.

Die Praktische Theologie ist auf die Erkenntnisse der Humanwissenschaften angewiesen, um den Menschen in seinen Strukturgesetzlichkeiten kennenzulernen und Ansatzpunkte für eine Optimierung seines Handelns zu eruieren. Die Psychologie bietet sich als Dialogpartnerin an, zumal sie sich mit der Aggressionsproblematik permanent auseinanderzusetzen hat. Die folgenden Ausführungen versuchen keine Pathologie im Sinne einer Fixierung auf Depravationsformen zu rekonstruieren: Vielmehr sollen Genese, Funktion und Bedeutung von Aggression in ihrer Ambivalenz erhoben werden, um das kritische Potential der Aggressionspsychologie in die Praktische Theologie einfließen zu lassen. Die Phänomenologie einiger typischer Artikulationsweisen kirchlichen Aggressionsumgangs brachte den Erweis, dass massive Probleme bezüglich der unverstellten Wahrnehmung von Aggression bei sich selbst bzw. im Binnenbereich von Sozietäten bestehen. Deshalb gilt die Aufmerksamkeit zunächst den psychologischen Abwehrmechanismen.

2. Hauptteil

Humanwissenschaftliche Sichtweise von Aggression: Psychologie der Aggression

A) Die Wahrnehmungsproblematik: Abwehrmechanismen

Im phänomenologischen Teil wurde ein Wahrnehmungsproblem bezüglich aggressiven Impulsen deutlich: Durch bestimmte Vorgaben gesellschaftlichen oder innerkirchlichen Ursprungs kann Aggression nicht toleriert werden. Nach dem Motto: „Was nicht sein darf, existiert nicht" wird aufkommende Aggression verdrängt und damit nicht als solche wahrgenommen. Dies führt zu einer Einschränkung der Realitätswahrnehmung generell. Während Sigmund Freud die sog. Abwehrmechanismen im triebökonomischen Zusammenhang mit auftauchenden Impulsen aus dem Unbewussten sah, durch die im Ich Angst erzeugt wird, welche das Ich wiederum zu Widerstand nötigt,[5] ist es Anna Freuds Verdienst, mit ihrer Schrift „Das Ich und die Abwehrmechanismen"[6] die Abwehrmechanismen an konkreten Beispielen zu systematisieren und S. Freuds Ansatz weiterzuentwickeln. Sie zeigt auf, dass sich die Abwehr nicht nur gegen Triebansprüche richtet, sich vielmehr verschiedenster, kulturell bedeutsamer Aktivitäten bedienen kann, wie z. B. der Phantasie oder intellektueller Aktivität, und sich generell gegen alles wenden kann, was Angst hervorruft: Überich–Forderungen, Situationen, Emotionen etc. Abwehrmechanismen werden in der Folge von allen psychologischen Schulen ziemlich einheitlich definiert als reflexhaft und automatisch ablaufende, meist unbewusst verbleibende Vorgänge, als Ich–Funktionen mit Schutz und Bewältigungsaufgaben.

Durch sie wird das Ich vor Verwirrung, schlechtem Selbstgefühl und unlustvollen Emotionen geschützt. Konflikte, Schmerz und Schuldgefühle sollen durch diese Mechanismen vom Bewusstsein ferngehalten werden, damit ein sicheres Gefühl der eigenen Identität und ein hinreichend gutes Selbstwertgefühl nicht gefährdet werden. Vorübergehend bewirkt ein Abwehrmechanismus eine Entlastung, Konflikte werden vertagt – sie können zu einem späteren Zeitpunkt aus mehr Distanz heraus erlebt und bearbeitet werden. Klessmann weist auf die popularisierte Form des Begriffs „Abwehrmechanismus" hin, wonach das Ich Wache steht, um die aus dem dunklen Keller des Unbewussten ans Tageslicht drängenden aggressiven Impulse möglichst unten zu halten.[7] Diese Begriffsverengung übersehe den notwendigen und potenziell produktiven Aspekt der Abwehr. Im Blick auf diese kreativen Anteile spricht er von Anpassungs– oder Verarbeitungsmechanismen. Dem Ich kommt die Aufgabe zu, verschiedene Dimensionen der Realität zu vermitteln, zu regulieren und miteinander auszubalancieren: Antriebsimpulse, individuelle Erfordernisse und die Anforderungen der äußeren Realität, verbunden mit gesellschaftlichen Normen und Erwartungen, wollen realistisch wahrgenommen, einander zugeordnet und angepasst sowie zueinander vermittelt werden. Wenn zum Beispiel ein ins Bewusstsein strömender aggressiver Impuls das Ich motiviert, diesen Anstoß derart umzuformen, dass auftretende Angst möglichst minimiert wird, stellt die komplette Unterdrückung desselben nur *einen* möglichen Weg dar, den das Ich für geeignet halten

---

[5] Vgl. Freud, S., Studien über Hysterien, in: Gesammelte Werke Band 1, Frankfurt a. M. 1941-1987, 181.
[6] Vgl. Freud, A., Das Ich und die Abwehrmechanismen, New York 1936; Frankfurt a. M. 1984.
[7] Vgl. Klessmann, M., Ärger und Aggression in der Kirche, 115.

kann. Auch andere Optionen stehen offen, die verdeutlichen, dass die Anpassung auch eine kreative Lösung bilden kann. Da menschliches Leben sich aus der Interaktion von psychologisch-biologischen Möglichkeiten und gesellschaftlichen Anforderungen entwickelt, ist die Entwicklung des Individuums einem permanenten Regulations– und Anpassungsvorgang gleichzusetzen.

Entscheidend ist, ob die individuellen Potenzen mit den gesellschaftlichen Erwartungen optimal ausbalanciert werden und damit weitere Entwicklung ermöglichen oder ob die individuelle Seite zugunsten strikter gesellschaftlicher Vorgaben aufgegeben wird. Laut Klessmann wäre mit dem individuellen Stillstand dann auch ein kollektiver verbunden.[8] Die gesellschaftlichen Vorgaben geben den Rahmen vor, innerhalb dessen aggressive Impulse gesehen und gewertet werden; dementsprechend hoch fällt beim Individuum die Angst vor einem solchen Impuls aus. Die Art und Form des Abwehr– bzw. Anpassungsvorgangs wiederum hängt von der Angstintensität ab. Je massiver die gesellschaftliche und kirchliche Verurteilung von Ärger und Aggression ausfällt, desto mehr müssen diese Impulse beim Einzelnen zensiert, verändert und unterdrückt werden. Neben der kreativen Funktion von Abwehrmechanismen bleibt die potentiell lebens– und entwicklungshemmende, pathologische Form bestehen. Die meisten Mechanismen erschweren die Kommunikation, weil das Gegenüber den ursprünglichen, ärgerlichen Impuls zwar noch wahrzunehmen, aber in Ermangelung des sprachlichen Ausdrucks nicht einzuordnen vermag. Folglich kommt es zu Kommunikationsstörungen bzw. Beziehungsabbruch. Zwar ermöglichen Abwehrmechanismen eine sinnvolle Vertagung und Verschnaufpause in einem Konflikt, ihnen eignet jedoch auch ein dysfunktionaler Charakter, wenn die eigentliche Lösung des Konflikts beeinträchtigt oder ganz verhindert wird. Pathologische Abwehrstrategien führen zu Verweigerung der Konfrontation mit der Realität, ziehen Wahrnehmungs- und Verhaltenseinschränkungen nach sich und gehen einher mit erheblicher Einschränkung des Ichs und seiner freien Selbstentfaltung. Sie können auch idealisiert und ideologisiert werden, wenn z. B. die Kontrolle von Emotionen als gesellschaftlich akzeptierter Wert erachtet und das daraus resultierende Verhalten als höherwertig eingestuft wird. Tatsächlich soll Angst abgewehrt werden; dieser Sachverhalt wird jedoch verschwiegen, das eigene Verhalten idealisiert. Nach der Idealisierung wird die entsprechende Ideologie nicht mehr in Bezug auf die vorliegende Angstproblematik hinterfragt.

Die Phänomenologie christlichen Aggressionsumgangs hat gezeigt, dass emotionale Inkompetenz bzgl. Aggression zu den Fehlformen Kommunikationsstörungen, Konfliktunfähigkeit, Realitätsverweigerung und Ideologisierung von defizitären Formen führt. Die folgende Auswahl der allen Menschen eigenen Abwehrstrategien ist von der konstruktiven Fragestellung geleitet, wie der Umgang mit ihnen so modifiziert und gestaltet werden kann, dass im kirchlichen Kontext Aggressionskompetenz gefördert wird. Die Abwehrmechanismen unterscheiden sich deutlich voneinander, sie sind dynamisch und veränderbar. Anna Freud betont, dass im Laufe einer normalen menschlichen Entwicklung alle Abwehrmechanismen irgendwann vorkommen; die Frage nach möglichen pathologischen Auswirkungen macht sie vom Ausmaß ihres Gebrauchs abhängig.[9] Je nach Reifegrad der Person wird der entsprechende Anpassungsmechanismus gewählt, um Entlastung zu er-

---

[8] Vgl. ebd., 116.
[9] Vgl. Freud, A., Sandler, J., The Analysis of Defense. The Ego and the Mechanisms of Defense Revisited, New York 1985, 162 ff.

fahren. Klessmann misst die produktiven Abwehrmechanismen daran, „wie erfolgreich sie sind, wieviel Gewinn an Freiheit und Bewegungsmöglichkeit sie jemandem geben bzw. wie stark die Einschränkungen sind, die diese Kompromissbildungen mit sich bringen".[10] Die Psychologie unterscheidet zwischen intrapsychischen und interpersonellen Abwehrmechanismen.[11] Die intrapsychischen Abwehrmechanismen beeinflussen die interpersonale Ebene ebenso wie umgekehrt oftmals interpersonale Probleme einen intrapsychischen Konflikt verursachen und am Leben halten. Im Folgenden wird eine Auswahl markanter Abwehr– und Anpassungsmechanismen bezüglich des Umgangs mit Aggression vorgestellt.

---

[10] Klessmann, M., Ärger und Aggression in der Kirche, 118.
[11] Vgl. Mentzos, S., Neurotische Konfliktbearbeitung, Frankfurt a. M. 1982, 256 ff.

1. Identifikation mit dem Angreifer

Bei der Identifikation mit dem Aggressor macht sich jemand die Aggression einer als mächtiger erlebten Person zueigen und erlebt sie als die eigene. Der Betroffene verlässt sich, lässt sich im Glauben eigener Inkompetenz mit seinem Sosein im Stich und schlüpft in die Rolle des Angreifers, in Erwartung von dessen umso größerer Lebensmächtigkeit. Dieser Opfertyp ist davon überzeugt, an der Verachtung durch den Aggressor selbst schuld zu sein, die Verachtung des Verächters wird in das eigene Selbstbild übernommen. Die eigene Aggression wird abgespalten, aus Furcht, sie brächte noch größere persönliche Probleme mit sich. Bei der Identifikation mit dem Angreifer „schlüpft man aus der eigenen Haut, man fährt nicht aus der Haut". [1] Mit diesem Abwehrmechanismus soll noch ein Rest von Selbstwert behauptet werden, um nach einer Stabilisierung der eigenen Kräfte den Konflikt angehen zu können.

2. Passive Aggression

Bei der sog. passiven (verdeckten) Aggression wird Aggression aus Angst vor der Reaktion des Umfeldes nicht offen und aktiv eingesetzt. Zu den passiven Aggressionen zählen pausenloses Gähnen, nicht zuhören, Vergesslichkeit, ständiges Vertrösten, Missverständnisse produzieren etc. Beim aggressiv wirkenden Gähnen wird zum Beispiel Aggression unbewusst an den Körper delegiert („es ist zum Gähnen langweilig"). Der Urheber sieht sich weniger als Aggressor denn als Opfer seines körperlichen Ausdrucks. Deshalb ist diese Form des Umgangs mit Aggression nur schwer angehbar. Das Verhalten wirkt sich indessen beim Empfänger wie offen geäußerte Aggression aus, er wird verunsichert, verärgert und reagiert wiederum mit Aggression. Die gesamte Aktion ist feindselig, kann aber als solche nicht direkt wahrgenommen und nur schwer enttarnt werden, zumal die Aggressionsbereitschaft nicht direkt als solche ausgedrückt wird. So kann nicht klar zum Ausdruck kommen, dass in der Beziehung eine nach Veränderung drängende Störung vorliegt. Die in der Terminologie indizierte Widersprüchlichkeit bringt die Widersprüchlichkeit aggressiven Verhaltens zum Ausdruck.

Der passiv Aggressive lebt mit dem Selbstbild, nicht aggressiv zu sein, das aggressive Verhalten soll deshalb weder für sich noch für andere ansichtig werden. Die Ursache der Aggression wird nicht offen und direkt angesprochen, es entsteht kein offener Konflikt. [1] Jede Form der Kommunikation mündet in größte Langeweile, eine hilfreiche, produktive Auseinandersetzung wird umgangen. Die passive Aggression ist perfider als die aktive, zumal sie als versteckte und unsichtbare nicht als Grundlage für eine Auseinandersetzung herangezogen werden kann. Sie ist die am schwierigsten angehbare Aggression, gibt sie sich doch harmlos, wirkt indessen de facto durch die Entwertung des Gegenübers

---

[1] Kast, V., Vom Sinn des Ärgers, 71.
[1] Vgl. ebd., 93.

3. Projektion der Aggression nach außen

Bei der Projektion werden die der eigenen Person unerträglichen Tendenzen und Aspekte anderen Menschen und der Umwelt zugeschrieben, um einem inneren Konflikt zu entkommen.[1] Wer projiziert, steht unter dem Druck, die eigene Persönlichkeit durch Ausblendung aller unakzeptablen Anteile akzeptabel machen zu müssen. Man übernimmt keine Verantwortung für die eigenen Impulse und Emotionen und schreibt sie stattdessen anderen zu. Nichtsdestotrotz bleibt der Konflikt bestehen und mit ihm die Herausforderung zur Auseinandersetzung mit den ungeliebten Seiten. Durch ein bestimmtes Selbstbild wird die Selbstachtung immer dann gestört, wenn unerträgliche Tendenzen bewusst werden, es entsteht ein intrapsychischer Konflikt. Statt sich konfliktkompetent dem inneren Konflikt zu stellen und die eigene Angst, den Ärger und die feindseligen Phantasien zu konfrontieren, wird durch die Projektion der intrapsychische Konflikt aufgespalten, ein Teil davon externalisiert. Der nach außen verlagerte Aspekt des Eigenen wird sodann als äußere Bedrohung erfahren. „Nicht ich greife an, ich werde angegriffen und muss mich natürlich verteidigen".[2] Der Projizierende zieht sich auf den Opferpart zurück. Durch die Aufspaltung des inneren Konflikts ist seine Selbstwahrnehmung und Selbsterkenntnis zunehmend beeinträchtigt, was zu paranoiden Tendenzen führt. Wer nach außen projiziert, weiß immer weniger um das eigene Empfinden und die eigene Identität. Die Angst vor der vermeintlichen äußeren Bedrohung scheint leichter zu ertragen als die Angst vor bestimmten Aspekten der eigenen Persönlichkeit. Verena Kast empfiehlt: „In Situationen, in denen wir uns so sehr angegriffen fühlen, sollten wir uns fragen, ob wir nicht auch eigene Feindseligkeit projizieren".[3] Durch Projektion auf einen äußeren Feind wird die eigene Unsicherheit kompensiert. „Eine Gruppe, deren innerer Zusammenhang schwach und zerbrechlich ist, wird durch einen gemeinsamen äußeren Feind zusammengeschweißt und gestärkt".[4] Daraus folgt eine exzessive Beschäftigung mit diesem „gefährlichen" Projektionsträger. Man erinnert ständig an seine gefährlichen Absichten, um von der eigenen Schwäche abzulenken.

---

[1] Vgl. Lindinger, H. C., Die Theologie und die Abwehrmechanismen, in: WzM 18 (1966), 161–178, 165.
[2] Kast, V., Vom Sinn des Ärgers, 65.
[3] Ebd.
[4] Klessmann, M., Ärger und Aggression in der Kirche, 130.

umso destruktiver.[2] Durch Missachtung der eigenen Emotionen und damit der eigenen Person bringt der passiv Aggressive sich und sein Gegenüber um die Chance der Weiterentwicklung des Zusammenlebens. Das Schweigen vermag eine besonders destruktive Form passiver Aggression darzustellen, wenn aus Verärgerung gnadenlos jegliche Kommunikation abgebrochen und jede produktive Auseinandersetzung verweigert wird. Das der Resignation, die Kommunikation bewirke ja doch nichts, entstammende Stummsein verleiht eine ungeheure Macht, die Mitbeteiligten werden dadurch kleiner und gedrückter. Das Schweigen stellt in diesem Fall einen massiven Angriff auf das Selbstkonzept der Beteiligten dar, der Schweigende selbst hält sich allenfalls für souverän, nicht jedoch für destruktiv. Verena Kast sieht die passiven Formen der Aggression im Kontext einer sadomasochistischen Kollusion:[3]

Der die Unterlegenheit fürchtende Partner delegiert dieselbe in seinem aktiven Aggressionsausdruck, der passiv aggressive Partner fürchtet bei diesem Zusammenspiel die Überlegenheit und delegiert sie ebenfalls. Durch das Zusammenspiel beider Rollen bilden sie eine Ganzheit, so dass bei beiden die Selbstwahrnehmung entfällt, jeweils einen Teil der eigenen Persönlichkeit auszusparen. Beide scheinen sich auf den ersten Blick hin hervorragend zu ergänzen. Passiv Aggressive versuchen das Risiko eines echten Konflikts zu umgehen, zumal sie den Mitmenschen bei Äußerung der Aggression zu verlieren fürchten. Weil sie sich schwach und unterlegen fühlen, gehen sie einem Konflikt aus dem Weg und bringen sich um die Chance, Konfliktfähigkeit einzuüben. Ihr Selbstkonzept identifiziert sperrige Emotionen als Risikofaktoren für gelebte Beziehungen. Die Aggression ist damit nicht bewältigt, sondern manifestiert sich auf eine uneindeutige, subtile und verzerrte Art und Weise, um derart die Kommunikation erst recht zu vergiften. Das Spiel mit falschen Karten verletzt den Selbstwert des Gesprächspartners viel mehr als ein offener Vorwurf, auf den man ebenso offen eingehen kann. Unter einem passiven Aggressionszirkel imponieren Beziehungen als praktisch konfliktfrei, sie werden jedoch als unvital, kalt und lieblos erlebt. Bezüglich der Machtverhältnisse innerhalb dieser Beziehungen trügt vielfach der Schein, zumal passiv Aggressive ihr verstecktes Dominanzstreben nicht offen legen und im Verborgenen ohne jegliche Diskussion die Machtverhältnisse umso mehr bestimmen, dies aber dem Gegenüber unterstellen. Laut Kast wird der aktiv Aggressive indessen sehr leicht zum Opfer, weil der passive Rollenpart ihm durch sein Verhalten attestiert, ein Angreifer zu sein.[4]

---

[2] Vgl. Kast, V., Abschied von der Opferrolle. Das eigene Leben leben, Freiburg i. Br. 1998, 71.
[3] Jürg Willi übernimmt diesen Begriff von Laing, R. D., Das geteilte Selbst, Köln 1972.
[4] Vgl. Kast, V., Vom Sinn des Ärgers, 105.

4. Die projektive Unterwerfung

Der Abwehrmechanismus der projektiven Unterwerfung wurde zum ersten Mal von Ermann formuliert:[1] Der Betroffene projiziert ein erwünschtes oder befürchtetes Verhalten in einen anderen Menschen hinein und unterwirft sich dem vermeintlichen Erwartungshorizont, ohne abgeklärt zu haben, ob es vom Projektionsträger überhaupt gewünscht wird. Das anstehende (Beziehungs-) Thema wird nie angesprochen. Der Projizierende imaginiert zum Beispiel, was der Projektionsträger unbedingt von ihm will und was er erfüllen muss, um die Beziehung nicht zu gefährden. Er meint die Absicht des anderen zu kennen und ist enttäuscht, wenn der Projektionsträger sein Tun nicht honoriert. Mit der projektiven Unterwerfung soll die konflikträchtige Eigenständigkeit verleugnet und Verselbständigungsängste abgewehrt werden. Um den mit der Verselbständigung verbundenen Ärger zu vermeiden und nicht mit ihm konfrontiert zu werden, wird das Selbstsein de facto in der Phantasie delegiert. Das Ich–Ideal und damit auch eigene Bedürfnisse und Wünsche werden auf den Partner projiziert, um sie sich dort in der Partnerschaft zu erfüllen. Bewusstseinsmäßig vermeint der Betreffende sich den Bedürfnissen des anderen anzupassen, in Wirklichkeit wird Angst vor dem Selbstsein abgewehrt. Man geht allem Ärger aus dem Weg und damit allen Situationen, in denen das Selbst- und Alleinsein ausgehalten werden müsste.

Mit Hilfe dieser Vermeidestrategie werden mit dem Ärger auch die kleinen Trennungsschritte umgangen, die für die Selbstwerdung unumgänglich sind. Wenn alles Trennende zu verdrängen ist und alle Ängste vor Verselbständigung abzuwehren sind, entstehen hochambivalente Beziehungen: Unter dem Einfluss der projektiven Unterwerfung wird einerseits ein steuernder und haltgebender Partner gesucht, andererseits weckt diese steuernde Person aggressive Trennungswünsche. Wer sich um der größeren Geborgenheit willen projektiv unterwirft, fühlt sich dem Partner gegenüber ausgeliefert und sieht ihn deshalb in großer Ambivalenz. Die Wut darf indessen nicht ausgedrückt werden, würde sie doch die dringend benötigte Beziehung gefährden. Sie wird durch den Abwehrmechanismus der Reaktionsbildung bewältigt: Statt aggressiven Ausdrucks wird der Geängstigte in der Beziehung noch anklammernder.

---

[1] Vgl. Ermann, M., Die Persönlichkeit bei psychovegetativen Störungen. Klinische und empirische Ergebnisse, Berlin-Heidelberg-New York 1987, 11.

5. Verkehrung des aggressiven Impulses ins Gegenteil

Bei der Reaktionsbildung wird ein unangenehmer, weil angsterregenden Impuls abgewehrt, indem exakt das Gegenteil des ursprünglichen Impulses in die Praxis umgesetzt wird, um Letzteren nicht ins Bewusstsein dringen zu lassen. Unter dem Einfluss von feindseligen Impulsen verhält sich die betreffende Person situationsunangemessen extrem fürsorglich und liebevoll. Statt mehr oder weniger berechtigten Ärgers widerfährt den Ärgerauslösern eine besondere Zuwendung. Die Aggression artikuliert sich indirekt in feindseligen, schädigenden Phantasien à la: „Ich befürchte, du könntest überfahren werden, und das erfüllt mich mit Sorge".[1] Eine derart destruktive Phantasie passt nicht zum positiven Selbstbild, man will nicht destruktiv sein. Aggression soll irgendwie geschehen, ohne sich selbst die Finger schmutzig zu machen. Somit wird die Wut als Sorge um den anderen in ihr Gegenteil verkehrt. Der Proband übernimmt keine Verantwortung für den Ärger, so dass man an ihm weiterarbeiten und ihn aufarbeiten könnte. Weil die Wut nicht eingestanden wird, entsteht kein echter Konflikt, mit dem man auch umgehen könnte.

Verkehrt man die Wut in ihr Gegenteil, verschwindet mit ihr zwar alle Infragestellung des positiven Selbstbildes, ihr produktiver Anteil zur Konfliktlösung entfällt jedoch gleichermaßen. In der Folge wird die Beziehung emotional immer unechter und apathischer. Der Adressat dieser „Sorge" spürt die emotionale Unauthentizität und reagiert deshalb abwehrend aggressiv. Hier zeigt sich der enge Konnex von Wahrheit und emotionaler Wahrheit. Der Abwehrmechanismus der Reaktionsbildung vermag Betroffene so lange innerlich zu entlasten, bis Konfliktfähigkeit vorhanden ist. Wenn er sich als permanente Bewältigungsstrategie festsetzt, erweist er sich als destruktiv und beziehungsgefährdend. Weil die Stärke des zugrunde liegenden Affekts erhalten bleibt, ist die „Fürsorge" übertrieben.

6. Sublimation der aggressiven Antriebsenergie

Die Sublimation stellt eine kreative Möglichkeit der Abwehr dar, aggressive Impulse nicht direkt auszuagieren, sondern zugunsten einer gesellschaftlich akzeptierten Form konstruktiv auszuleben. Die Antriebsenergie erfährt eine Ausrichtung auf höhere, geistig und sozial erwünschte Ziele, so dass ihr in ihrer Äußerung keine Hinderung widerfährt. Emotion und Idee finden in transformierter Weise einen gemeinsamen Ausdruck, welcher dem Einzelnen zu persönlicher Entfaltung und Bereicherung gereicht. So kann der Impuls zu jagen im Beruf des Jägers auf akzeptable Art und Weise ausgedrückt werden.[1]

---

[1] Kast, V., Vom Sinn des Ärgers, 67.
[1] Vgl. Klessmann, M., Ärger und Aggression in der Kirche, 136.

7. Unterdrückung der Aggression

Der Mechanismus der Unterdrückung gewährleistet das zeitweilige Zurückstellen eines bestimmten Impulses aus der bewussten Überzeugung heraus, im gegenwärtigen Moment kein klärendes Gespräch führen zu können. Die zeitweilige Unterdrückung ist auf möglichst frühe Konfliktbewältigung hin angelegt.

8. Rationalisierung versus emotionale Kompetenz

Unter dem Einfluss der Rationalisierung kommt es zu einer Trennung von Emotion und Idee dahin gehend, dass die Emotion unterdrückt wird, die Idee hingegen erhalten bleibt. Betroffene können endlos über bestimmte Ideen grübeln, ohne dabei die geringste Emotionalität zu spüren. Die unterdrückte Gefühlswelt lebt aber weiter, so dass die Diskussion zu keinem klärenden Ende findet. Wissenschaftliche Reflexion steht in der Gefahr, Ideen emotionslos zur Kenntnis zu nehmen. Die im Eingangskapitel vorgestellte wissenschaftstheoretische Positionierung identifizierte das subjektive Erkenntnis- und Wahrnehmungsvermögen und das persönliche erkenntnisleitende Interesse als essentielle Bestandteile des Forschungsgeschehens.[1] Dieser Subjektivität des Beobachters eignet auch ein emotionales Betroffensein, so dass ein enger Konnex zwischen intellektueller und emotionaler Kompetenz besteht. Wenn der Kontrolle von Emotionen als gesellschaftlichem Wert eine Überwertigkeit zukommt, vermag der Abwehrmechanismus der Rationalisierung zugunsten einer Ideologie der reinen Sachlichkeit nicht mehr kritisch als Modus zur Abwehr von Angst hinterfragt zu werden.

9. Verdrängung unerträglich erscheinender aggressiver Inhalte

Beim Mechanismus der Verdrängung fällt in direktem Gegensatz zur Rationalisierung die bedrohliche Idee der Amnesie anheim, während die dazugehörigen Emotionen in Form von unspezifischen Ängsten oder Ärgergefühlen wirkmächtig erhalten bleiben. Durch die Verdrängung werden die dem Ich unerträglich erscheinenden Inhalte aus dem Bewusstsein ins Unbewusste abgeschoben. Der Verdrängungsmechanismus wird ontogenetisch in der Kindheit grundgelegt, wenn nur die positiven Erfahrungen einen Zugang zum Bewusstsein erhielten und alles Konflikthafte unzugänglich blieb. Im psychoanalytischen

---
[1] Vgl. Habermas, J., Erkenntnis und Interesse.

Sprachspiel gilt die Verdrängung als wirksamster und gefährlichster Abwehrmechanismus, zumal sie viel Energie verbraucht, um die verdrängten Energien durch eine mindestens ebenso große Gegenenergie (Gegenbesetzung) im Unbewussten in Schach zu halten.[1]

10. Vermeidung aggressiver Impulse

Durch den Abwehrmechanismus der Vermeidung werden sowohl auslösende Situation als auch emotionale Reaktion gemeinsam geleugnet und abgespalten. Betroffene deuten einen persönlichen Angriff nicht als solchen und nehmen die damit verbundene ärgerliche Reaktion weder wahr noch ernst. Während bei Verdrängung und Rationalisierung nur jeweils ein Aspekt abgespalten wird, kommt es bei der Verleugnung zu einer Ausblendung des gesamten Komplexes. Die Vermeidung schafft die Angst vor unangenehmen Emotionen wie z. B. Ärger völlig aus der Welt, zumal kein bewusster Grund für die Angst mehr besteht. In der Geschichte der christlichen Askese spielt die Vermeidung von vital-aggressiven Impulsen eine große Rolle. Auf kirchenstruktureller Ebene kommt den Konfliktvermeidungsstrategien eine große Bedeutung zu: Statt Konflikte offen auszutragen, wird ihnen durch Vermeidung offenen Ärgers nicht nur die Schärfe und Eindeutigkeit genommen, sondern auch der „Treibstoff" ihrer konstruktiven Bewältigung. Eine konfliktfrei imponierende, emotionsfreie Friedfertigkeit entfaltet mitunter im Verborgenen ihr Destruktionspotential umso wirkmächtiger.

11. Die verschobene Aggression

Unter dem Einfluss der Verschiebung werden bestimmte Emotionen im ursprünglichen Zusammenhang als zu gefährlich und ängstigend erlebt und deshalb auf andere Personen verschoben. Die Aggression wird nicht am Entstehungsort, sondern gegenüber Schwächeren abreagiert. Auch wenn der aggressive Impuls eine Ausdrucksmöglichkeit findet, droht Verschiebung autoritäre Strukturen zu festigen. Durch Verschiebung des klaren Ärgers kommt es zu keiner Lösung des den Ärger auslösenden Problems bzw. zu keiner konkreten Veränderung der Situation. Aus dem diffusen Ärger sollte ein klarer Ärger werden, den man sich selbst eingesteht und am Ort seines Entstehens konstruktiv bearbeitet. Ansonsten wird das zugrunde liegende Problem weder erkannt noch bearbeitet. Für den kirchlichen Kontext stellt sich die Frage, inwiefern Ärger und Aggression authentisch auch gegenüber der Leitungsebene artikuliert werden dürfen, ohne Sanktionen befürchten zu müssen.

---

[1] Vgl. Stichwort „Gegenbesetzung" in: Psychoanalyse. Ein Handbuch in Schlüsselbegriffen, hg. v. W. Mertens, München-Baltimore-Wien 1983, 161f.

12. Wendung der Aggression gegen das Selbst

Bei diesem Mechanismus werden Ärger und Aggression gegen das eigene Selbst anstelle des Ärgerauslösers oder ein Ersatzobjekt gerichtet. Weil der Konflikt nicht nach außen gelöst wird, führt die abgewehrte Aggression zu körperlichen und seelischen Symptomen. „Bei Migräneanfällen ist bekannt, dass diese oft einsetzen, wenn der Betroffene von heftigsten aggressiven Vorstellungen und Gefühlen einer nahen Bezugsperson gegenüber ergriffen ist".[1] Die Wendung der Aggression gegen das eigene Selbst spielt bei der Genese und Dynamik des depressiven Zirkels eine große Rolle.

13. Zusammenfassung

In der Realität bestehen die Abwehrmechanismen nicht in Reinform, sondern überformen sich intrapsychisch, körperlich und psychosozial. Sie laufen unbewusst ab und sind als Versuch der Person zu verstehen, angesichts ängstigender Impulse oder Ideen einen akzeptablen, möglichst wenig einschränkenden Kompromiss zu bilden. Bezüglich Ärger und Aggression heißt das, dass es nicht im Belieben der Betroffenen steht, diesen Impulsen direkten Ausdruck zu verleihen. An diese Grenze stoßen alle Versuche, durch den technizistischen Gebrauch von Methoden den Ausdruck von Ärger und Aggression einzuüben. Diese Grenze bewahrt vor einem falschen Machbarkeitsdenken und verweist bescheiden auf das Realitätsprinzip, den Menschen nicht auf eine neue Idealität hin zu formieren, sondern ihn bedingungslos in seiner Vorfindlichkeit anzunehmen. Andererseits besteht die Möglichkeit, die Aufmerksamkeit und Wahrnehmung für diese Mechanismen zu schärfen, Toleranz für sie zu entwickeln und durch diesen bewussten Umgang an ihnen zu arbeiten, sie zu modifizieren, zu entschärfen und zu minimieren, so dass eine offenere und direktere Kommunikation möglich wird.

Im Wissen um die eigene spezifische Art des Umgangs mit ärgerlichen und aggressiven Impulsen kommt es auch zu kleinen Schritten der Veränderung. Die gesellschaftlichen und innerkirchlichen Leitbilder, Normen und Rahmenbedingungen üben einen großen Einfluss auf die Entstehung und die Wirkmächtigkeit von Abwehrmechanismen aus. Durch Veränderung der leitenden Vorstellungen kann auch der pathologisierende Einfluss dieser Mechanismen indirekt angegangen werden. Ein neues Verständnis ermöglicht einen neuen Umgang und eine Weitung der Wahrnehmung. Resümierend soll die wesentliche Grundlinie nachgezeichnet werden, die sich wie ein roter Faden durch die verschiedenen Abwehrmechanismen hindurchzieht:

1. Aggressive Impulse werden als Nicht–Sein–Sollende vom menschlichen Bewusstsein abgewiesen. Das eigene Selbstbild gestattet es nicht, für sie Verantwortung zu übernehmen und sie zu akzeptieren. Die Frage nach der Existenzberechtigung von Aggression berührt die tiefergehende Frage nach Legitimation und Rechtfertigung der Person

---

[1] Overbeck, G., Krankheit als Anpassung, Frankfurt a. M. 1984, 48.

sowie ihrer Wertigkeit, falls sie diese Impulse bewusst zulassen sollte. Aggressive Impulse werden nicht als solche zugelassen, sie sind nicht bewusstseinsfähig. Sie werden nicht offen und eindeutig ausgedrückt, nicht klar und direkt, so dass sie nicht angehbar sind. Subtil, mitunter perfide, unsichtbar und versteckt, spielen sie im Verborgenen ein falsches Spiel. In zwischenmenschlichen Beziehungen kommt es dadurch zu Kommunikationsstörungen und Entwertungen. Die versteckten Aggressionen entfalten eine destruktive Wirkung und fördern emotionale Heuchelei. Die Wahrnehmungseinschränkung reduziert auch die Selbstentfaltung.

2. Mit der Aggressionsvermeidung ist eine Ideologie der Konfliktvermeidung verbunden. Durch Vermeidung vermag Aggression nicht ihre Funktion zu erfüllen, als Motor zum Herangehen an Konflikte mit der Realität zu konfrontieren und offene Konflikte entstehen zu lassen, mit denen man konstruktiv umgehen könnte. Dadurch entfällt auch die Chance, durch eine produktive Auseinandersetzung die konfliktive Beziehung oder Situation voranzubringen, weiterzuentwickeln und einer Konfliktlösung entgegenzuführen. Die konfliktfrei gehaltene Beziehung ist Ausdruck einer leblosen „Fried-Höflichkeit" und entbehrt der Wärme, Nähe und Vitalität.

3. Der kreative Anteil von Abwehrmechanismen besteht darin, dass durch sie ein Konflikt bis zum adäquaten Zeitpunkt seiner Bearbeitung vertagt werden kann. Weil die Praktische Theologie für die Erfüllung ihrer Aufgabe einer realitätsgerechten Wahrnehmung der individuellen wie auch der sozial–strukturellen Lebenswirklichkeit bedarf, ist es für sie unumgänglich, die wahrnehmende Person hinsichtlich ihrer Erkenntnisbedingungen und Erkenntnisinteressen im Blick zu haben. Anhand der Abwehrmechanismen wurde deutlich, wie stark die Wahrnehmung der Wirklichkeit von der persönlichen bzw. sozial–strukturellen Bedingtheit und Begrenztheit gefärbt ist und wie wenig realitätsgerecht die Wahrnehmung ausfallen kann. Soll die Wirklichkeit je besser wahrgenommen werden, so gilt es, Wahrnehmungsvermögen zu fördern, Abwehrmechanismen in ihrem Wirkvermögen zu minimieren und zugleich mit der Existenz von Abwehrmechanismen im kirchlichen Kontext nüchtern zu rechnen.

Die folgenden Aggressionstheorien stellen sich der Frage nach Genese, Funktion und Bedeutung von Aggression aus der Perspektive der Psychologischen Anthropologie. Erst wenn die Bedingungsgesetzlichkeiten der menschlichen Aggression und die korrespondierenden Antriebsstrukturen rekonstruiert sind, liegt der Spielraum und psychologisch-kriteriologische Rahmen vor, innerhalb dessen Handlung verstanden und im Sinne einer größeren Aggressionskompetenz optimiert werden kann.

B) Psychologische Aggressionstheorien

1. Vorbemerkung und Hinführung

Aggression ist als Gegenstand psychologischer Forschung ein sehr umstrittenes Thema. Laut Handwörterbuch Psychologie gibt es noch keine zufrieden stellende Definition von Aggression und damit auch keine allgemeine Lösung für deren Lenkung.[1] Storr plädiert dafür, am Aggressionsbegriff trotz vieler begrifflicher Unklarheiten festzuhalten: „Wenn ein Wort so wenig klar abgegrenzt ist, dass es sich ebenso auf den sportlichen Ehrgeiz des Fußballspielers wie auf die blutige Gewalttat eines Mörders anwenden lässt, sollte man es wieder fallen lassen oder genauer definieren... Solange wir jedoch die mannigfaltigen Aspekte menschlichen Verhaltens, die er (sc. der Begriff „Aggression", A. K.) zusammenfasst, nicht deutlicher bestimmen und verstehen können, dürfen wir ihn nicht verabschieden".[2] Der Begriff enthält Konnotationen von „positiver Aktivität" bis „Destruktivität" und „Sadismus". Deshalb ist es erforderlich, die möglichen positiven und kreativen Funktionen von Aggression ebenso darzustellen und zu verstehen wie ihre destruktiven Wirkungen. Ein Blick auf die verschiedenen Theorien zur Genese aggressiven Verhaltens verdeutlicht, dass sie unterschiedliche Begriffe von Aggression implizieren und die in der Ambivalenz gründende Spannung zum Teil nach einer Seite aufzulösen suchen. Scholl setzt Aggression mit dem „Drang zum Zerstören" gleich, welcher „jene Verhaltensweisen, mit denen die direkte oder indirekte Schädigung eines Individuums, meist eines Artgenossen, intendiert wird",[3] umfasst. Dann ist Aggression a priori therapiebedürftig.

Die Aggressionsforscher Goldberg&Bach verstehen im Gegenzug Aggression als eine Energie, welche eine kritische Vitalität für den Lebensprozess schafft und die Tiefe und Wirklichkeit des Lebens intensiviert.[4] Die aggressiven Bestrebungen eines Jugendlichen nach Autonomie können nicht mit der Destruktivität eines Despoten verglichen und ineins gesetzt werden. Doch worin besteht der Unterschied zwischen den untragbaren Formen der Aggression und jenen, die wir zum Überleben brauchen?[5] Zudem stellt sich die Frage, in welchem Verhältnis Destruktivität und Gewalt zu Aggression stehen? Besteht ein inkludierendes Verhältnis, wobei „Aggression" als Überbegriff fungiert,[6] oder befinden

---

[1] Vgl. Wörterbuch der pädagogischen Psychologie, hg. v. Willmann-Institut, München-Wien-Freiburg 1974, 16, Stichwort „Aggression": „Es ist das nach wie vor ungelöste Problem, welcher Ort im menschlichen Selbstverständnis der Aggression zukommt... Wie Aggression jedoch gelenkt werden kann, bleibt solange eine offene Frage, bis die anthropologischen Vorentscheidungen der Aggressionsforschung selbst geklärt sind".

[2] Storr, A., Lob der Aggression. Erkenntnisse der Verhaltensforschung, Düsseldorf 1970, 10.

[3] Handbuch psychologischer Grundbegriffe, hg. v. T. Hermann et al., München 1977, 16.

[4] Vgl. Bach, G., Goldberg, H., Keine Angst vor Aggression, Düsseldorf 1974, 14.

[5] Vgl. Storr, A., Lob der Aggression, 10.

[6] Diese These vertritt: Forschner, M., Gewalt und politische Gesellschaft, in: Aggression und Gewalt. Anthropologische-sozialwissenschaftliche Beiträge, hg. v. A. Schöpf, Würzburg 1985, 21.

sich beide auf einem Kontinuum, auf welchem Aggression lediglich etwas weiter vorne rangiert? Es bedarf einer Einsicht in die Entstehungsbedingungen und die Dynamik von Aggression, um zu einer differenzierten Auseinandersetzung zu gelangen, bei der die Möglichkeitsbedingungen eruiert werden, unter denen Aggression eine akzeptable und zu kultivierende konstruktive Verhaltensweise darstellt bzw. wie ein konstruktiver, verantwortlicher Umgang mit (unvermeidlicher?) Destruktivität gefunden werden kann. Im Folgenden werden deshalb wichtige Aggressionstheorien, ihre Entstehungsbedingungen und ihre innere Struktur dargestellt. Um der Vielfalt und Komplexität der in Frage stehenden Verhaltensweisen und Ausdrucksformen zu entsprechen, ist ein einlinig–monokausales Aggressionsverständnis ungeeignet. Es kann nicht darum gehen, „*eine* alles erklärende Ursache zu finden, sondern dass die Vielzahl der subjektiven Erfahrungen eines Menschen auch nur multifaktoriell und mit Hilfe von sich ergänzenden Theorien begriffen werden kann".[7] Die verschiedenen Aggressionstheorien beleuchten verschiedene Aspekte eines komplexen Phänomens und machen es verstehbar, sie sind einander komplementär zugeordnet. Die weiteren Ausführungen werden zeigen, dass die Aggressionstheorien aufeinander aufbauen, schon bestehende Elemente einer früher konzipierten Theorie rezipieren, weiterführen und bisher vernachlässigte Aspekte neu ins Zentrum rücken.

Bei der Auswahl der psychologischen Schulrichtungen soll unter Wahrung der Andersartigkeit eine möglichst hohe Anschlussfähigkeit und Konvergenz hinsichtlich der vorliegenden Fragestellung erzielt werden. In theologisch-pastoralen Kreisen erfüllt zum Beispiel die Logotherapie von V.E. Frankl dieses Kriterium, zumal sie in Übereinstimmung mit der Theologie den Menschen in seiner Ausrichtung auf Sinnerfüllung ernstnimmt.[8] Sowohl Pastoral als auch Logotherapie versuchen dem unter existentieller Frustration leidenden Menschen ein Spektrum an Sinn zu eröffnen und konkrete Sinnperspektiven aufzuzeigen.[9] Albert Görres wirft Frankl indessen vor, das Geistige im Menschen, seine Freiheit und Verantwortlichkeit, zu idealisieren und das *triebhaft Unbewußte zu unterschätzen*.[10] Auch D. Wyss würdigt Frankls Beitrag des „unbewussten Geistes", der die positivistisch orientierten Schulen um eine zentrale Dimension erweitert. Er verweist jedoch auf Frankls Versäumnis, „die enge Verflechtung von Geist und Trieb, sowohl ihren grundsätzlichen Wesensunterschied als auch ihre gegensätzlichen Abhängigkeiten, aufzuzeigen... Mit der emphatisch betonten Annahme des unbewussten Geistes wird das Problem der Verbindung zwischen Geist und Trieb, mit dem nun einmal die Menschheit seit erdenklichen Zeiten ringt (Natur und Geist), allerdings nicht gelöst... .Aber die Tat Freuds, den triebhaft *mit*bedingten Charakter zahlreicher Äußerungen der Menschen zu erkennen, die allgemein als geistig oder auch ethisch hochstehend gelten..., kann nicht zurückgedreht werden".[11]

Emotionsorientierte Psychotherapeuten wie Hildegund Fischle-Carl betonen die fundamentale Bedeutung des starken und tiefen menschlichen Emotionserlebens: Sinnfindung gebe es nicht ohne Werterlebnisse. Diese sind jedoch nur für den möglich, der die

---

[7] Klessmann, M., Ärger und Aggression in der Kirche, 37.
[8] Vgl. Nidetzky, W., Mensch werden im Glauben. Dimensionen einer christlich geformten Selbstverwirklichung als kritische Perspektive seelsorglicher Begleitung, Würzburg 1986, 232-343.
[9] Vgl. Frankl, V. E., Ärztliche Seelsorge, München 1975; ders., Logotherapie und Existenzanalyse, München 1987; ders., Sinnfrage in der Psychotherapie, München 1978.
[10] Vgl. Görres, A., Grenzen der Psychoanalyse, München 1968, 62ff.
[11] Wyss, D., Tiefenpsychologische Schulen, Stuttgart 1977, 408.

Fähigkeit besitzt, von einem Wertgefühl ergriffen werden zu können. Werte müssen ebenso wie Sinnbezug erfüllt und erlebt werden.[12] Zwar ist es legitim und notwendig, noetisch Sinn zu suchen und zu erfassen, „doch gibt es Sinnerfahrung niemals über das reine Denken ohne das Sinnerlebnis. Dies bedeutet letztlich Sinn-Fühlen".[13] Diese Einwände gereichen Frankl nicht zum Vorwurf, zumal er selbst immer wieder betont, dass seine Therapieform als Ergänzung der Psychotherapie um die noetische Dimension zu verstehen ist. Für die vorliegende Fragestellung nach Aggressionskompetenz (in) der Kirche ist es indessen unumgänglich, auf psychologische Schulen zurückzugreifen, welche dieses menschliche Antriebsvermögen mit seinen emotionalen Implikationen im Blick haben und um einen adäquaten Umgang mit Aggression ringen. Der vorliegende Diskurs greift deshalb schwerpunktmäßig auf zwei Schulrichtungen zurück, denen es um eine Rekonstruktion des antriebsgesteuerten Unterbaus menschlicher Vollzüge zu tun ist: den „Klassiker" Psychoanalyse und seine modernen Entfaltungen sowie die tiefenpsychologisch orientierte Emotionspsychologie von Verena Kast.

Im Folgenden werden einige Theorien nur thesenartig und summarisch erwähnt, um den psychologischen Kosmos abzustecken, innerhalb dessen sich das Thema bewegt. Um Redundanzen zu vermeiden, werden alle Einzelschulen erst am Ende des psychologischen Diskurses zusammengefasst. Der psychologische Durchgang gliedert sich wie folgt: Die psychoanalytischen Einzelschulen werden im Zusammenhang dargestellt, wobei die verschiedenen Weiterentwicklungen des freudschen Aggressionsbegriffs in den Blick geraten. Gewisse Strukturanalogien sprechen dafür, anschließend den Beitrag der Psychobiologie zu erheben. Die sich anschließende Emotionspsychologie benennt in ihrem Sprachspiel die Bedeutung des aggressiven Antriebsvermögens. Die Kommunikationspsychologie weist der Aggression einen hohen Stellenwert als Medium authentischer Kommunikation zu. Nach Rekonstruktion der Relevanz des Aggressionsvermögens für Individuum und die zwischenmenschlich-dialogische Kommunikation gilt es die systemisch-strukturellen Implikationen zu identifizieren: Die lernpsychologische Theorie und die sozial-konstruktionistische Aggressionstheorie thematisieren den sozio-kulturellen Rahmen, innerhalb dessen Wirklichkeit so interpretiert wird, dass Ärger und Aggression entstehen. Schließlich lenkt die psychologische Systemtherapie den Blick vom einzelnen Symptomträger auf das soziale Bezugssystem.

Die Psychoanalyse Sigmund Freuds charakterisiert Aggression als Triebgeschehen.

---

[12] Vgl. Fischle-Carl, H., Fühlen was Leben ist, Stuttgart 1977, 147.
[13] Ebd., 149.

2. Psychoanalytische Zugänge

„Dass sie dem jugendlichen Menschen verheimlicht, welche Rolle die Sexualität in seinem Leben spielen wird, ist nicht der einzige Vorwurf, den man gegen die heutige Erziehung erheben muss. Sie sündigt außerdem darin, dass sie ihn nicht auf die Aggression vorbereitet, deren Objekt er zu werden bestimmt ist. Indem sie die Jugend mit so unrichtiger psychologischer Orientierung ins Leben entlässt, benimmt sich die Erziehung nicht anders, als wenn man Leute, die auf eine Polarexpedition gehen, mit Sommerkleidern und Karten der oberitalienischen Seen ausrüsten würde".[1] Sigmund Freud hat die Aggressionstrieb–Hypothese von Adler übernommen und erweitert. 1930 schrieb er in einem Artikel: „Das gern verleugnete Stück Wirklichkeit hinter alledem ist, dass der Mensch nicht ein sanftes, liebebedürftiges Wesen ist, das sich höchstens, wenn angegriffen, auch zu verteidigen vermag, sondern dass er zu seinen Triebbegabungen auch einen mächtigen Anteil von Aggressionsneigungen rechnen darf. Infolgedessen ist ihm der Nächste nicht nur möglicher Helfer und Sexualobjekt, sondern auch eine Versuchung, seine Aggression an ihm zu befriedigen, seine Arbeitskraft ohne Entschädigung auszunutzen, ihn ohne seine Einwilligung sexuell zu gebrauchen, sich in den Besitz seiner Habe zu setzen, ihn zu demütigen, ihm Schmerzen zu bereiten, zu martern und zu töten".[2]

Der amerikanische Psychoanalytiker Fred Pine unterscheidet vier Bereiche der Psychoanalyse: Trieb-Psychologie, Ich-Psychologie, Objektbeziehungstheorie und Selbstpsychologie.[3] Freuds Hauptinteresse galt der Ausarbeitung einer Psychologie der Triebe und ihrer Schicksale.[4] Für die Aggressionsproblematik ist die Trieb-Psychologie Grundlage auch für alle Weiterentwicklungen. Laut Freud ist jeder Mensch von triebhaften, ihm selbst zumeist unbewussten Impulsen, Bedürfnissen und Wünschen besetzt, die permanent mit den vorherrschenden kulturellen, moralischen und religiösen Wertmaßstäben und Normen in Widerspruch und Kollision geraten.[5] Freud interessiert sich für den Konflikt zwischen unbewusstem Seelenleben und dem bewussten Denken und Wollen, den Konflikt zwischen den Bereichen Es, Ich und Über-Ich und den Konflikt zwischen Aggression (Todestrieb) und Eros (Lebenstrieb). Durch die Untersuchung von Fehlleistungen und Träumen und durch die Analyse von neurotischen Symptomen ist Freud von der Existenz eines unbewussten Seelenlebens überzeugt.[6] Alle psychischen Prozesse, auch die unbewusst ablaufenden, sind grundsätzlich sinnhaft, jeglichem Verhalten, besonders Träumen, Versprechern, Vergessen und neurotischen Symptomen, kommt ein Sinn zu. Die Analyse verfolgt den Zweck, die determinierenden, früheren Lebenserfahrungen zu eruieren und den verborgenen Sinn zu entdecken. Laut Freud täuscht sich der Mensch zwangsläufig über sich selbst und verkennt sich selbst. Nicht die Vernunft und die guten

---

[1] Freud, S., Das Unbehagen in der Kultur (V), in: Studienausgabe IX, Frankfurt a.M. 1974, 260.
[2] Ebd., 240.
[3] Vgl. Pine, F., Drive, Ego, Object and Self, New York 1990, 3ff.
[4] Vgl. Freud, S., Triebe und Triebschicksale, Studienausgabe III, 75ff.
[5] Vgl. Gay, P., Freud. Eine Biografie für unsere Zeit, Frankfurt a. M. 1989.
[6] Vgl. Freud, S., Einige Bemerkungen über den Begriff des Unbewussten in der Psychoanalyse, Studienausgabe III, Frankfurt a. M. 1972, 25-36.

Absichten, sondern das Unbewusste mit seiner überwiegend sexuell und aggressiv getönten Triebhaftigkeit repräsentiert die eigentlich wirksamen Lebenskräfte. Falls es nicht gelingt, die unbewusste Triebhaftigkeit ins Bewusstsein zu heben, streben die Triebe in unersättlicher Art und Weise auf Befriedigung.[7] Somit kommt die Entdeckung des Unbewussten einer Kränkung des Menschen gleich: Auch seine tiefsten Überzeugungen sind durchzogen von unbewussten Impulsen und Strebungen. „Die dritte und empfindlichste Kränkung aber soll die menschliche Größensucht durch die heutige psychologische Forschung erfahren, welche dem Ich nachweisen will, dass es nicht einmal Herr im eigenen Haus, sondern auf kärgliche Nachrichten angewiesen bleibt von dem, was unbewusst in seinem Seelenleben vorgeht... ".[8]

Der Psychoanalyse ist es darum zu tun, psychische Phänomene wahrzunehmen, in ihrer Bedeutung zu verstehen und Täuschungen abzubauen. Unbewusste Motivationen sollen aufgespürt werden, um sie in ihrer unbewusstseinsmäßigen Wirkmacht zu entmachten, die korrespondierenden Selbsttäuschungen aufzudecken und neue Handlungsmöglichkeiten zu gewinnen. Mit dem Wahrnehmungs- und Verhaltensspielraum wächst die Freiheit des Menschen. Das im Folgenden dargestellte Es-Ich-Überich-Modell bringt die Grundannahme der Konflikthaftigkeit des Seelenlebens zum Ausdruck:

„Wir nähern uns dem Es mit Vergleichen, nennen es ein Chaos, einen Kessel voll brodelnder Erregungen. Wir stellen uns vor, es sei am Ende gegen das Somatische offen, nehme da die Triebbedürfnisse in sich auf... Von den Trieben her erfüllt es sich mit Energie, aber es hat keine Organisation, bringt keinen Gesamtwillen auf, nur das Bestreben, den Triebbedürfnissen unter Einhaltung des Lustprinzips Befriedigung zu schaffen. Für die Vorgänge im Es gelten die logischen Denkgesetze nicht, vor allem nicht der Satz des Widerspruchs. Gegensätzliche Regungen bestehen nebeneinander ohne einander aufzuheben... Selbstverständlich kennt das Es keine Wertungen, kein Gut und Böse, keine Moral".[9] Demzufolge ist Ambivalenz möglich: In Bezug auf ein und dieselbe Person können zwei einander widersprechende Impulse, Wünsche oder Gefühle nebeneinander und gleichzeitig bestehen (Liebe und Hass, Zuneigung und Abneigung). Freud entdeckt die Ambivalenz vornehmlich an der therapeutischen Übertragung: „Die feindseligen Gefühle kommen in der Regel später als die zärtlichen und hinter ihnen zum Vorschein; in ihrem gleichzeitigen Bestand ergeben sie eine gute Spiegelung der Gefühlsambivalenz, welche in den meisten unserer intimen Beziehungen zu anderen Menschen herrscht. Die feindlichen Gefühle bedeuten ebenso eine Gefühlsbindung wie die zärtlichen, ebenso wie der Trotz dieselbe Abhängigkeit bedeutet wie der Gehorsam, wenn auch mit entgegengesetztem Vorzeichen".[10]

Nach Freud gehört Ambivalenz unabdingbar zum Menschsein; sie bildet ein Grundmuster der Seele,[11] welches sich hauptsächlich in nahen Beziehungen einstellt. Bei stark ausgeprägter Ambivalenz werden frühkindlich-biografische Erlebnisse auf die gegenwärtige Beziehung übertragen. Zum reifen Erwachsensein gehört nach psychoanalytischem

---

[7] Vgl. Koch, T., Freuds Entdeckung und ihre Bedeutung für die gegenwärtige Theologie, in: Bodenheimer, A. R. (Hg.), Freuds Gegenwärtigkeit, Stuttgart 1989, 284-310.
[8] Freud, S., Vorlesungen zur Einführung in die Psychoanalyse, Studienausgabe I, Frankfurt a. M. 1971, 283f.
[9] Ebd., 511f.
[10] Ebd., 426.
[11] Vgl. Winkler, K., Ambivalenz als Grundmuster der Seele, in: Stollberg, D. u. a. (Hg.), Identität im Wandel in Kirche und Gesellschaft. FS f. Richard Riess, Göttingen 1998, 110f.

Verständnis Ambivalenztoleranz: Die Kompetenz, ein gewisses Maß an diesbezüglicher Spannung auszuhalten und sich davon anregen zu lassen. Die Ambivalenztoleranz impliziert einen situationsadäquaten Aufschub von Trieben, Interessen und Emotionen. Der regressiven Infantilität eignet die Tendenz, Ambivalenzen unbedingt auflösen und damit die Komplexität der Realität und der korrespondierenden Wahrnehmung entdifferenzieren zu müssen. Das Überich übernimmt die Normen und Werte der Eltern und damit der Gesellschaft. Im Unterschied zum instinktgeleiteten Tier bedarf der Mensch der gesellschaftlichen Außenlenkung. Durch Ge- und Verbote, Belohnung und Bestrafung werden die Zielvorstellungen an das Kind herangetragen, durch deren Introjektion weiß es um die Erwartungen und reagiert im Falle des Regelverstoßes mit Angst vor Liebesverlust und schlechtem Gewissen. Freud bezeichnet diese Verinnerlichung der elterlich-gesellschaftlichen Normen als Überich. Es enthält bewusste, vorbewusste und unbewusste Anteile und unterscheidet nicht zwischen Realität und Phantasie: Der aggressive Wunsch vermag dasselbe schlechte Gewissen auszulösen wie der in die Realität umgesetzte. Das Ich steht zwischen Es und Überich, ihm obliegt die Aufgabe der Realitätsprüfung: Durch Überprüfung des Bedürfnisses auf seine möglichen Konsequenzen hin schaltet es zwischen dem Drang eines Bedürfnisses und seiner praktischen Realisierung das Denken ein. „Wenn wir uns populären Redeweisen anpassen, dürfen wir sagen, dass das Ich im Seelenleben Vernunft und Besonnenheit vertritt, das Es aber die ungezähmten Leidenschaften".[12] Das Ich nimmt wahr, was ist, erinnert, was war und antizipiert, was sein könnte.

Laut Freud hat sich das ziemlich schwache Ich aus dem Es entwickelt und ist auf dessen Energien angewiesen. „Im Ganzen muss das Ich die Absichten des Es durchführen, es erfüllt seine Aufgabe, wenn es die Umstände ausfindig macht, unter denen diese Absichten am besten erreicht werden können. Man könnte das Verhältnis des Ichs zum Es mit dem des Reiters zu einem Pferd vergleichen. Das Pferd gibt die Energie für die Lokomotion her, der Reiter hat das Vorrecht, das Ziel zu bestimmen, die Bewegung des starken Tieres zu leiten. Aber zwischen Ich und Es ereignet sich allzu häufig der nicht ideale Fall, dass der Reiter das Ross dahin führen muss, wohin es selbst gehen will".[13] Demzufolge sind Konflikte zwischen den verschiedenen Instanzen vorprogrammiert: „So vom Es getrieben, vom Überich eingeengt, von der Realität zurückgestoßen, ringt das Ich um die Bewältigung seiner ökonomischen Aufgabe, die Harmonie unter den Kräften und Einflüssen herzustellen, die in ihm und auf es wirken... Wenn das Ich seine Schwäche einbekennen muss, bricht es in Angst aus, Realangst vor der Außenwelt, Gewissensangst vor dem Überich, neurotische Angst vor der Stärke der Leidenschaften im Es".[14] Freud vertritt eine trieb- und konflikttheoretische Neurosenlehre. Aggressive und sexuelle Impulse drängen aus dem Es nach Befriedigung und geraten mit den sich im Überich artikulierenden Normen und Werten von Bezugsgruppe und Gesellschaft permanent in Konflikt. Dieser erzeugt einen Leidensdruck (Angst, Scham, Schuldgefühle), den das Individuum zu vermeiden trachtet. Bei konstruktivem Umgang mit diesen Konflikten lernt das Ich, zwischen inneren und äußeren Ansprüchen zu vermitteln, zwischen Überich und triebhaftem Es Kompromisse auszuhandeln (z.B. Triebaufschub oder Frustrationstoleranz) oder sich

---

[12] Freud, S., Studienausgabe I, 513.
[13] Ebd., 514.
[14] Ebd.

nach außen neue Möglichkeiten der Bedürfnisbefriedigung zu verschaffen. Wenn das Ich dazu nicht in der Lage ist, kommt es zu neurotischen Konflikten und Konfliktbewältigung durch Abwehrmechanismen (siehe oben).

Die psychoanalytische Aggressionstheorie umschreibt als Triebtheorie den Trieb wie folgt: „Unter einem Trieb können wir zunächst nichts anderes verstehen als die psychische Repräsentanz einer kontinuierlich fließenden, innersomatischen Reizquelle, zum Unterschied vom Reiz, der durch vereinzelte und von außen kommende Erregungen hergestellt wird".[15] Demnach kommt es zu einer ständigen Aufladung im Energiehaushalt, indem eine kontinuierlich fließende, innersomatische Reizquelle permanent Energie produziert und bei Auftreten eines Anstoßes von außen einen Reiz auslöst. Die energetische Aufladung erfordert entsprechende Entladungen. Die dabei erzeugte innersomatische Spannung wird nicht direkt entladen, sondern durch die sogenannte psychische Repräsentanz, die Steuerungskompetenz des Ich, gefiltert und modifiziert. Auf diese Weise bleibt das gesamte Triebgeschehen formbar und vermag sich auf die vielfältigen Umformungen gemäß der individuellen Entwicklung und kulturellen Zugehörigkeit einzustellen. Der Aggressionstrieb gerät in Gegensatz zu den Anforderungen der Außenwelt; er erzeugt Angst-, Scham- und Schuldgefühle und muss deshalb ins Unbewusste abgedrängt werden – entsprechend groß ist der Widerstand bei seiner Bewusstwerdung.

Freuds Verständnis von Aggression machte im Laufe der Jahrzehnte eine Entwicklung durch: In den „Abhandlungen zur Sexualtheorie" (1905) versteht er Aggression noch als Antriebselement zur Erreichung des jeweiligen, für die Entwicklung notwendigen Triebziels. In der oralen Phase nutzt der Säugling die Aggression zur Aufnahme der Nahrung, in der analen Phase zum Ausstoßen oder Zurückhalten des Kots etc. In diesem Kontext ist Aggression noch als eine Komponente des Sexualtriebs zu verstehen. Ab 1915 sieht Freud Aggression als Reaktion auf Behinderung oder Einengung bestimmter Lust– und Selbsterhaltungsstrebungen: Das Ich hasst und verfolgt mit Zerstörungsabsichten alle Objekte, die ihm zur Quelle von Unlustempfindungen werden, gleichgültig ob sie ihm eine Versagung sexueller Befriedigung oder der Befriedigung von Erhaltungsbedürfnissen bedeuten.[16] Hier unterscheidet Freud zwischen Selbsterhaltungs– und Sexualtrieb. Um der Selbsterhaltung willen zielt der dazugehörige Aggressionstrieb auf die Zerstörung all dessen, was der Befriedigung im Wege stehen könnte. Freud lässt die Möglichkeit bestehen, diese gefährliche aggressive Triebregung mit erotischen Komponenten zu mischen und sie so durch soziale Formung in konstruktive Bahnen zu lenken bzw. durch Erziehung Triebverzicht zu lernen.[17]

Nach dem Ersten Weltkrieg, und geprägt durch die Erfahrung mit ihm, stellt Freud 1920 eine Theorie der grundsätzlichen Dichotomie von Lebens– und Todestrieb vor. Die Selbsterhaltungsdynamik wird unter dem Begriff „Eros" subsumiert und dem Todes– und Destruktionstrieb gegenübergestellt.

Jetzt versteht Freud unter einem Trieb den Drang nach Wiederherstellung einer bereits bestanden habenden, durch äußere Störung jedoch aufgehobenen Situation: „Das Zusammen– und Gegeneinanderwirken von Eros und Todestrieb ergibt für uns das Bild

---

[15] Freud, S., Abhandlungen zur Sexualtheorie, Studienausgabe V, Frankfurt a.M. 1972, 76.
[16] Vgl. Freud, S., Triebe und Triebschicksale, Studienausgabe III, 100.
[17] Vgl. Freud, S., Studienausgabe IX, 42.

des Lebens".[18] Der Todestrieb ist bestrebt, das permanente Auf und Ab des Lebens in die Ruhe des Todes zu überführen. Dem wirkt die Libido entgegen, welche die Kraft des Todestriebes als Sadismus nach außen abführt. Dieser Aggression eignet eine lebenserhaltende Funktion, welche für die Mitmenschen indessen gefährlich wird, trachtet der Sadist schließlich danach, andere zu quälen und zu vernichten. „Verhinderte Aggression scheint eine schwere Schädigung zu bedeuten; es sieht wirklich so aus, als müssten wir anderes und andere zerstören, um uns nicht selbst zu zerstören, um uns vor der Tendenz zur Selbstdestruktion zu bewahren".[19] Die folgenden Darlegungen rekonstruieren den Zusammenhang zwischen unterdrückter Aggression und Intensität des Überichs:

2.1. Die Rolle der Aggression bei der Überich–Bildung

Bei der Überich–Identifizierung wird die äußere aggressive Beziehung verinnerlicht, was zur Folge hat, dass sich die Aggressivität des Ichs gegen das äußere Objekt in Aggressivität des verinnerlichten Objektes, also des Überichs, gegen das Ich verwandelt. Die verinnerlichten Gebote und Verbote wirken noch stärker als von außen ausgeübter Zwang.[20] Das Überich bildet sich durch unterdrückte Aggression, die sich im weiteren Verlauf des Lebens durch neue Unterdrückungen verstärkt. Je nach Intensität des innerpsychischen Spannungsverhältnisses zwischen Triebäußerungen einerseits und introjizierten Normen andererseits reguliert diese Konfliktbeziehung zwischen Überich und Ich das psychische Wohlbefinden: „Das Überich kann nun hart, grausam, unerbittlich gegen das von ihm behütete Ich werden".[21] Das Ich als vermittelnde Instanz reagiert auf die Diskrepanz zwischen den von seinem Ideal gestellten Anforderungen einerseits und deren fragmentarischer Realisierung andererseits mit Angst vor Liebesverlust und Gefühlen des Selbstzweifels und der Wertlosigkeit. In der Schrift „Das Unbehagen in der Kultur" (1927) äußert sich Freud wie folgt: „Welcher Mittel bedient sich die Kultur, um die ihr entgegenstehende Aggression zu hemmen?... Die Aggression wird introjiziert, verinnerlicht, eigentlich aber dorthin zurückgeschickt, woher sie gekommen ist, also gegen das eigene Ich gewendet. Dort wird sie von einem Anteil des Ichs übernommen, das sich als Überich dem übrigen entgegenstellt und nun gegen das Ich dieselbe Aggressionsbereitschaft ausübt, die das Ich gerne an anderen, fremden Individuen befriedigt hätte... Die Kultur bewältigt also die gefährliche Aggressionslust des Individuums, indem sie es schwächt, entwaffnet und durch eine Instanz in seinem Inneren wie durch eine Besetzung in der eroberten Stadt überwachen lässt".[22]

Aggression, deren Befriedigung unterlassen wird, fließt dem Überich zu und steigert dessen Aggression gegen das Ich. Freud sieht in dem geschilderten Zusammenwirken von Aggression und Überich das wichtigste Problem der Kulturentwicklung und die höchste Einbuße für das individuelle Glück. Die folgende Aggressionstheorie stellt einen einseitigen Zusammenhang zwischen dem Erleiden von Frustrationen und Aggression her: Frustration evoziert immer Aggression.

---
[18] Freud, S., Selbstdarstellung, Gesammelte Werke Studienausgabe XIV, Frankfurt a. M. 1972, 84.
[19] Freud, S., Studienausgabe I, 538.
[20] Vgl. Freud, S., Gesammelte Werke Studienausgabe XIII, Frankfurt a. M. 1972, 263.
[21] Ebd., 284.
[22] Freud, S., Gesammelte Werke Studienausgabe XIV, 483.

2.2. Die Frustrations–Aggressions–Hypothese

Im Jahre 1939 publizierten Dollard, Doob, Miller, Mowrer und Sears von der sog. Yale-Schule in der Monographie „Frustration and Aggression" die Frustrations-Aggressions-Theorie.[23] Die ihr zugrunde liegende Idee geht auf Sigmund Freud zurück, der davon ausging, dass bei Hemmung von lustsuchendem bzw. schmerzvermeidendem Verhalten Frustration erzeugt wird, welche ihrerseits zu Aggression gegen die verursachenden Personen oder Gegenstände führt.[24] Die Theorie besagt: „Aggression ist immer (!) die Folge einer Frustration. Spezifischer: Das Auftreten von aggressivem Verhalten setzt immer die Existenz einer Frustration voraus, und umgekehrt führt die Existenz einer Frustration immer zu irgendeiner Form von Aggression".[25] Aggression und Frustration werden in einem engstmöglichen kausalen Zusammenhang gesehen. Die Autoren der Yale-Schule verstehen unter Frustration die Verhinderung bzw. Störung einer zielgerichteten Aktivität. Unter Aggression subsumieren sie jede Verhaltenssequenz, die die Verletzung einer Person oder eines Personersatzes intendiert. Aus diesem fundamentalen Postulat lässt sich u.a. das Prinzip der Entsprechung von Aggressionsstärke und Frustrationsgrad ableiten. Die Ausführung der Aggression hängt vom Grad der Hemmung (bedingt durch Strafsanktionen) ab und setzt die Bereitschaft zu weiteren aggressiven Äußerungen herab.

Gemäß der Frustrations-Aggressions-Hypothese ist Aggression nicht Ausdruck eines Triebgeschehens, sondern reaktiver Natur. Wenn das Individuum in seiner Zielstrebigkeit behindert wird, läuft quasi automatisch, mit einer gewissen Zwangsläufigkeit, die aufgrund des damit verbundenen frustrativen Gefühls in Gang gesetzte aggressive Reaktionsfolge ab. In der logischen Konsequenz lässt sich Aggression nur dann radikal vermeiden, wenn alle Quellen möglicher Frustration beseitigt werden. Erich Fromm weist auf das anthropologisch fundamentale und erziehungspsychologisch evidente Faktum hin, dass der Mensch ohne Frustrationen weder zu leben noch zu reifen vermag: „Wenn der Mensch nicht die Fähigkeit besessen hätte, sich mit Frustrationen abzufinden, hätte er sich vermutlich überhaupt nicht weiterentwickelt".[26] Unterschiede in der Charakterstruktur der Menschen erfordern eine differenzierte Sichtweise des Frustrations-Aggressions-Zusammenhangs: „Vom Charakter eines Menschen hängt in erster Linie ab, was ihn frustriert, und in zweiter Linie die Intensität seiner Reaktion auf die Frustration".[27] Nicht jede Frustration weckt Aggression, man kann auch kreativ mit Frust umgehen. Alexander Mitscherlich vertritt eine positive Interpretation von Aggression als vitalisierendem Humanvermögen und plädiert für einen gekonnten Aggressionsumgang.

---

[23] Vgl. Dollard, J. et al., Frustration und Aggression, Deutsch v. W. Dammschneider/E. Mader in: Pädagogisches Zentrum: Veröffentlichungen, hg. v. C.-L. Furck, Reihe C, Berichte, Bd. 18, Weinheim 1971.
[24] Vgl. Freud, S., Gesammelte Werke Studienausgabe X, 230. Die Autoren von Frustration and Aggression merken hierzu an: „Der am meisten systematisierte und weitgehendste Gebrauch der Frustrations-Aggressions-Hypothese findet sich ... im Werk Freuds. In seinen frühen Arbeiten sah Freud die Tendenz, Lust zu suchen und Schmerz zu vermeiden als das grundlegende Prinzip jedes Verhaltens an. Eine Frustration trat ein, wenn Verhalten im Dienste von Lustgewinn oder Schmerzvermeidung blockiert wurde. Aggression war die primordiale Reaktion ... "; vgl. John Dollard et al., Frustration und Aggression, 30.
[25] Ebd., 9.
[26] Fromm, E., Anatomie der menschlichen Destruktivität, 89.
[27] Ebd., 90.

2.3. Primat der positiven Interpretation bei Alexander Mitscherlich

Alexander Mitscherlich sieht in der Aggression kein unabänderliches Schicksal, sondern essentiell ein vitalisierendes Vermögen, welches zur Entfaltung des Menschen in seiner sozialen Umwelt beiträgt. Seiner Auffassung nach wirkt ein gewisses Aggressionspotential in Verbindung mit dem Lebenstrieb lebenserhaltend und -fördernd. Deshalb besteht ein zentrales Interpretament seines Aggressionsbegriffs und dessen Implikationen in der positiven Würdigung der Aggression als menschlichem Grundvermögen. Mitscherlich baut auf der Freudschen Trieblehre und der Frustrations-Aggressions-Hypothese auf und nimmt eine vermittelnde Position zwischen beiden ein. Seiner Auffassung nach bedarf es einer genauen Unterscheidung zwischen inneren und äußeren Stimulierungen, bei der „die von innen, letztlich aus körperlichen Reizen hervorgehenden Verhaltensabläufe... dann als die triebhaften, die von äußeren Reizen abhängigen als die affektiven zu verstehen wären... (woraus Mitscherlich folgert, A.K.), dass nicht nur Innenreize körperlicher Art, sondern auch Außenreize einen triebhaften Vorgang in Gang bringen können".[28] Aggression entsteht nicht nur reaktiv aufgrund vorhandener Frustrationen, vielmehr handelt es sich wesentlich um ein Triebgeschehen, das in seiner Unausweichlichkeit zum Wesen des Menschen gehört, wie die Organe, deren er sich bedient.[29]

Im erziehungspsychologischen Kontext wird dies daran deutlich, dass dort, wo Kinder keine Grenzen erfahren, „sich nicht etwa ein aggressionsfreies Kind (entwickelt, A.K.), sondern entweder ein ziemlich unerträglich rücksichtsloses, das viele Merkmale der archaischen Aggression bietet, oder aber ein Kind, das auch die natürliche Aggressivität, die zu seinem Alter gehört, überhaupt nicht äußern kann, weil das Gewissen bei so viel „Güte" der Eltern eigene Aggression mit einer zu hohen Schuldquote belastet".[30] Bei der Beantwortung der Frage, wie es zu einem ausgeglichenen Verhältnis zwischen den eigenen triebhaften und affektiven Bedürfnissen und den Ansprüchen der Umwelt kommen kann, übernimmt Mitscherlich die Vorstellung Freuds von der Triebmischung der beiden Grundtriebe Eros und Aggression. Laut Mitscherlich besteht eine überindividuelle Kulturaufgabe in der Entwicklung von Daseinspraktiken, welche eine Verbindung aggressiver Triebäußerung mit libidinöser Objektbesetzung fördern und folglich Aggression in den Dienst des Eros stellen können. Nur die aggressiv-aktive und zugleich libidinöse Umfassung des Triebobjektes bringt die optimale, Aktion und Einfühlung verschmelzende Spannung hervor, der eine Ich und Es befriedigende Entspannung folgen kann. Beimengungen von Aggression sollen deshalb im Verhalten ertragbar und ohne Angst erlebt werden können. Mitscherlich kritisiert die Funktion von Kulturmaßstäben, die vor allem Abwehr gegen Triebregungen fördern: „Solange dadurch die Wahrnehmung von Triebregungen in der bewussten Erfahrung ausgespart wird, bleibt der ganze Anpassungsvorgang zweischneidig. Er führt zu Formen der Partialsozialisierung, bei welcher der nicht-sozialisierte Hintergrund nicht etwa in einem natürlichen Urzustand reines Es bliebe, sondern vielmehr bestimmt ist durch die Verdrängung von deformierten, energiebesetzten Inhalten".[31] Bei

---

[28] Mitscherlich, A., Aggression-Spontaneität-Gehorsam, in: ders. (Hg.), Aggression und Anpassung, München 1969, 82.
[29] Vgl. ebd., 114.
[30] Mitscherlich, A. u. M., Aggression als individuelles und gesellschaftliches Schicksal, in: Aggression und Autorität, hg. v. F. Lorenz, Stuttgart 1974, 49.
[31] Mitscherlich, A., Aggression-Spontaneität-Gehorsam, 75.

2.3. Primat der positiven Interpretation bei Alexander Mitscherlich

Abdrängung aggressiver Äußerungen in den Bereich des Wertlosen und Überfrachtung dieser Impulse durch Sublimierungsforderungen führt dies nicht nur zu einer lebenszerstörenden, kollektiven Neurotisierung mit faktischer Doppelmoral, sondern auch zu einer ungezügelten Aggressivität. Nach Mitscherlich zeigen die vielfältigen, geschichtlich belegten Aggressionsdepravationen, dass es nicht gelingt, den Aggressionstrieb folgenlos auszuschalten. Wenn eine sinnvolle Bewältigung dieser konstitutiven Triebbedürfnisse behindert oder verunmöglicht wird, treten Frustrationen auf, die ihrerseits Aggressionen destruktiver Art fördern.

Bei verfehltem Umgang mit Aggression diagnostiziert Mitscherlich einen doppelten Mechanismus: Wenn einem Individuum die Abfuhr- und Ausdrucksmöglichkeiten seiner Aggression vereitelt werden, wird diese entweder zur Selbstbeschädigung verwendet oder nach außen auf eine Fremdgruppe projiziert.[32] Auch hier schließt er sich der Freudschen Auffassung zur Entstehung des Überichs an: Introjizierte Aggression wird zu einem Teil des Ich, das sich dann als Überich dem Ich mit der gleich strengen Aggressionsbereitschaft gegenüberstellt, die das Ich gerne an anderen Individuen befriedigt hätte. Was den Mechanismus der Projektion auf die Fremdgruppe anbelangt, so identifiziert Mitscherlich einen seelischen Selbstverteidigungsmechanismus, der anspringt, wenn das Triebverlangen als intolerabel erlebt wird. Das Ich kämpft um seinen Selbstwert und löst sein Problem, indem es den inneren Konflikt bezüglich des eigenen Triebempfindens auf andere projiziert. Bei dem Ablenkungsmanöver der Projektion nach außen auf fremde Menschen werden die unvermeidbaren feindseligen Gefühle vom Mitmenschen abgelenkt.[33]

Mitscherlich plädiert für eine Transformation von ungekonnter zu gekonnter Aggressivität im Sinne des Handelns aus einer gelungenen Verbindung von libido und aggressio. In einem Lernprozess soll mit Aggression bewusster und angstfreier umgegangen werden. Sie gehört nach Mitscherlichs anthropologischer Grundposition konstitutiv zu Individuum und Gesellschaft, sie anzunehmen und in den Dienst des Eros zu stellen ist sein primäres Anliegen. Als kulturelles Bildungsziel strebt Mitscherlich die sog. „Affektbildung" an: „Affektbildung kann... nur heißen, dass die Konflikte zwischen den unausweichlichen inneren Drangerlebnissen und den sozialen Erwartungen gemildert werden, dass wir eine innere Toleranz für den Umgang mit Konflikten entwickeln, die wir erleben... ".[34] Wird die angestrebte Ambivalenz der Aggression in der Liebe nicht toleriert, gelingt also besagte Affektbildung nicht, so entfaltet die dadurch unumgänglich ungekonnte Aggression ihr destruktives Wirkvermögen.

Der Psychoanalytiker Erich Fromm weist auf die unentrinnbare Ambivalenz des menschlichen Aggressionsvermögens hin: Bei aller positiven Funktionalität und Konnotation von Aggression gilt es, menschliche Destruktivität in ihrem verheerenden Wirkvermögen ernstzunehmen.

---
[32] Vgl. Mitscherlich, A. u. M., Aggression als individuelles und gesellschaftliches Schicksal, 42.
[33] Vgl. ebd., 46.
[34] Mitscherlich, A., Auf dem Weg zur vaterlosen Gesellschaft, München 1963, 41.

2.4. Erich Fromms differenzierte Sicht von Aggression

Der Psychoanalytiker Erich Fromm unterscheidet in seinem Opus „Anatomie der menschlichen Destruktivität"[35] zwei Arten der Aggressivität: Der defensiven Aggression kommt die Abwehr von Angriffen zu, sie steht im Dienste der Selbstbehauptung. Viele kampfähnliche Situationen fallen unter diese Kategorie. Im Gegensatz dazu äußert sich die bösartige Aggression in Phänomenen wie Sadismus und Nekrophilie. Laut Fromm entstehen beide Formen der Destruktivität als Charakterdeformationen aus einem entsprechenden kulturellen Umfeld, in dem eine korrespondierende Erziehung praktiziert wird. Ihr Ursprung liegt also weder im Trieb noch im Instinkt begründet. Sadistische Menschen kompensieren ihre Schwäche, indem sie die absolute Herrschaft über andere anstreben. Erst wenn ihr Gegenüber aller Freiheit beraubt, herabgewürdigt und entehrt ist, kommt das Gefühl pathologischer Gottähnlichkeit über sie und sie fühlen sich vorübergehend stark und autonom. Ausgehend von dieser Differenzierung können Aggression und Destruktivität nicht a priori gleichgesetzt werden.

Während S. Freud von einem Aggressionstrieb spricht, von einer kontinuierlich fließenden, innersomatischen Reizquelle, die den Energiehaushalt ständig auflädt, wendet sich bereits Erich Fromm gegen Freuds hydraulischen Aggressionsbegriff im Sinne von Schleusentoren, welche die Triebenergie zurückhalten und unter bestimmten Bedingungen von ihr überflutet werden.[36] Beim Konstitutivum Freudscher Triebkonzeption, den somatischen Quellen der Triebenergie, lässt sich kein empirischer Nachweis führen. Hartmann[37] und Fenichel[38] lehnen den freudschen Dualismus zwischen Lebens- und Todestrieb und damit die Auffassung einer Ableitung der menschlichen Aggression aus der Konzeption eines Todestriebes ab.[39] Anna Freud[40] und L. Stone[41] stellen die primäre Triebhaftigkeit der Aggression in Frage, zumal der Aggression ein spezifisches Organ fehle und sie die von S. Freud eingeführten Definitionsmerkmale eines Triebes nicht aufweise: Eine Triebquelle und eine spezifische Energie. Der Psychoanalytiker Thomä[42] verweist auf die Unersättlichkeit der destruktiven menschlichen Aggression, welche im Gegensatz zum Sexualtrieb mit dem Erreichen ihres Zieles nicht befriedigt ist. Auch die Psychoanalytiker Joseph D. Lichtenberg, Frank M. Lachmann und James L. Fosshage weisen die pessimistische Triebtheorie Freudscher Prävenienz zurück und verstehen Aggression nicht mehr als irreduziblen Trieb, sondern als Motivationssystem.

2.5. Aggression und exploratorisch-assertives Motivationssystem

Der Komplexität der menschlichen Persönlichkeit korrespondiert eine Komplexität an menschlichen Motivationssystemen. Der Freiburger Neurobiologe und Psychiater Joa-

---

[35] Vgl. Fromm, E., Anatomie der menschlichen Destruktivität, 163.
[36] Vgl. ebd., 34.
[37] Vgl. Hartmann, H., Ichpsychologie und das Anpassungsproblem. Psyche 14: 81-164, 1960.
[38] Vgl. Fenichel, O., The psychoanalytic theory of neurosis. Norton, New York, 1945.
[39] Vgl. Ermann, M., Aggression und Destruktion in der psychoanalytischen Behandlung, München 2003, 331.
[40] Vgl. Freud, A., Comments on aggression. Int J Psychoanal 53, 163-171, 1972.
[41] Vgl. Stone, L., Reflections on the psychoanalytic concept of aggression. Psychoanal Q 40: 195-244, 1971.
[42] Vgl. Thomä, H., Aggression und Destruktion jenseits der Triebmythologie. In: Buchheim, P., Seifert, Th., (Hg.), Zur Psychodynamik und Psychotherapie von Aggression und Destruktion, Berlin-Heidelberg 1990, 29-42.

2.5. Aggression und exploratorisch-assertives Motivationssystem

chim Bauer hat durch Überprüfung der biochemischen Hirnsubstanzen herausgefunden, dass bei Wertschätzung und Akzeptanz des Schülers die biochemische Grundlage für Motivation gebildet wird.[43] Wertschätzung ist somit ein wichtiges Motivationssystem. Lichtenberg et al. identifizieren Aggression als exploratorisch-assertives Motivationssystem: Sie entwickelten eine Alternative zur dualen freudschen Triebtheorie und zum Strukturmodell Es, Ich und Überich[44] und richten den Blick von Trieben auf Systeme und von einer rein intrapsychischen Perspektive auf eine intrapsychische, eine intersubjektive und eine Sichtweise der Bewertung kognitiv-affektiver Zustände. Die drei Psychoanalytiker legen auf die Erforschung der Affekte der Analysanden großes Gewicht. In der therapeutischen Praxis machen sie die Erfahrung, dass durch das empathische Anerkennen der Affekte und des Kontextes, in welchem sie während des analytischen Bemühens ausgelöst werden, die wesentliche Dynamik in jeder Behandlungsphase identifiziert werden kann. Im therapeutischen Prozess dienen die Affekte als primäre Indikatoren der Motivation. Nach Lersch sind Affekte spontane Gefühlsaufwallungen, die durch ein außergewöhnlich heftiges Mitschwingen des Leiblichen (Änderungen des Kreislaufs, Gesichtsverzerrungen etc.) gekennzeichnet sind.[45] Affekte äußern sich psychisch in der Hemmung des Gedankenablaufs, im Stocken der Sprache etc. Furcht, Misstrauen und Argwohn zählen zu den geistbedingten Affektformen. Affekten eignet die Neigung, ohne Zwischenschaltung vernünftiger Überlegungen sich in antriebsunmittelbare Handlungen umzusetzen, weil „Antrieb und Handlung, Anfang und Ende des seelischen Funktionskreises gleichsam kurzgeschlossen sind".[46]

Die Beweisführung von Lichtenberg et al. basiert auf der Übereinstimmung mit Ergebnissen der Säuglingsforschung, den klinischen Erfahrungen mit Patienten jeden Alters und den aktuellen neurophysiologischen Forschungsergebnissen. Sie sind weiterhin der Auffassung, dass die ersten Lebensjahre für die Psychogenese bedeutsam sind, doch steht ihnen mit ihrer eigenen Theorie ein größeres Reservoir an gelebter Erfahrung in jeder Altersstufe zur Verfügung, aus dem geschöpft werden kann. Ausgangspunkt ist die analytische Intervention in der psychotherapeutischen Praxis, die sich in einer Atmosphäre gemeinsamer Nachforschung und der Freude am Entdecken vollzieht. In der Therapie explorieren Analytiker und Analysand gemeinsam ihre Beziehung. Dabei stoßen sie auf fünf von Geburt an wirksame Motivationssysteme, welche für die Erfüllung und Regulierung von Grundbedürfnissen sorgen:[47]

1. Das Bedürfnis nach psychischer Regulierung physiologischer Erfordernisse.
2. Das Bedürfnis nach Bindung und Zugehörigkeit.
3. Das Bedürfnis nach Exploration und Selbstbehauptung.
4. Das Bedürfnis, aversiv zu reagieren, mit Antagonismus oder Rückzug.
5. Das Bedürfnis nach sinnlichem Genuss und sexueller Erregung.

Motivationen organisieren sich in diesen fünf Systemen. Die Motivationssysteme sind als fundamentale Notwendigkeit der menschlichen Existenz zu verstehen, sie organisieren

---

[43] Vgl. Bauer, J., Lob der Schule. Sieben Perspektiven für Schüler, Lehrer und Eltern, Hamburg 2007.
[44] Vgl. Lichtenberg, J. D., Lachmann, F. M., Fosshage, J. L., Das Selbst und die motivationalen Systeme. Frankfurt a. M. 2000.
[45] Vgl. Lersch, P., Aufbau der Person, München 1970, 205.
[46] Ebd., 206.
[47] Vgl. Lichtenberg et al., Das Selbst und die motivationalen Systeme, 17.

ein Leben lang menschliches Erleben und Verhalten.[48] Jedem System eignen spezifische motivationale und funktionale Aspekte, jedes System baut sich um ein Grundbedürfnis herum auf und beruht auf klar zu beobachtenden Verhaltensweisen, die in der Neugeborenenzeit beginnen. Lichtenberg et al. sehen Aggression als Motivationssystem bzw. Grundmotivation des Menschen und weisen damit die pessimistische Triebtheorie Freudscher Prävenienz zurück.[49] Zwei der oben angeführten fünf Motivationssysteme haben mit Ärger und Aggression zu tun: Das Bedürfnis nach Selbstbehauptung, Assertion und Exploration und das Motivationssystem, aversiv zu reagieren, wenn die eigenen Interessen durchkreuzt werden, durch Widerspruch, Angriff oder Rückzug. Obwohl in beiden Motivationssystemen Aggression auszumachen ist, werden im Folgenden die organisierenden Prinzipien lediglich anhand des exploratorisch-assertiven motivationalen Systems exemplarisch rekonstruiert.[50] Durch die Verbindung der exploratorisch-assertiven Motivation mit Neugierde, Interesse, Spiel und Lernen trägt sie wesentlich zur Motivation von Patient und Analytiker bei, eine Analyse zu beginnen und durchzuhalten. Unter dem assertiv-exploratorischen Motivationssystem entsteht eine Atmosphäre der Exploration, des Forschens und der Freude an der Entdeckung. Lichtenberg et al. berufen sich auf Sander, der in der Beobachtung von Säuglingen einen „offenen Raum" beschrieb, welcher sich auftat, wenn physiologische Anforderungen erfüllt waren.[51] Wenn die physiologischen Bedürfnisse gestillt waren und die Mütter ihre Kinder gerade nicht in Bindungsaktivitäten einbezogen, füllten die Kleinkinder diese offenen Räume mit spontan auftretenden exploratorischen Aktivitäten. Sie tasteten mit den Augen die Umgebung ab, gebrauchten den Mund als Explorationsorgan und griffen mit den Händen nach in Reichweite befindlichen Objekten.

Diese Erforschung der Umwelt geschah spontan und unter dem Einfluss eines angeborenen neurophysiologischen Systems. Mit Hilfe der die Umgebung absuchenden Blickbewegung wurde die exploratorische Motivation in Gang gesetzt. Das von innen ausgelöste exploratorische Muster sprang an, wenn sich ein offener Raum auftat; das von außen aktivierte Muster wurde durch Objekte in Gang gesetzt, welche Interesse weckten. Wenn die sensorischen Fähigkeiten des Säuglings zum Beispiel die Wahrnehmung eines Gesichts formten, tauchte perzeptuelle Klarheit auf. Das Kleinkind erkannte, dass die Wahrnehmung durch eigene Aktivität bewirkt wurde. Diese Erkenntnis wurde ihm durch Feedback-Infos vermittelt.[52] Durch Feedback wurde dem Baby gemeldet, dass es den Kopf bewegt, den Gegenstand in den Mund nimmt usw. Die Säuglinge folgten der Spur des kontingenten Effekts ihrer sensomotorischen Aktivität und erlernten dabei die notwendige Koordination von Armbewegung, Krümmen des Körpers und Vorwölben des Mundes, um zum Beispiel die Finger zum Mund zu führen. Das kontinuierliche Wahrneh-

---

[48] Vgl. Jacoby, M., Grundformen seelischer Austauschprozesse, Stuttgart 1991, 70.
[49] Vgl. Dornes, M., Die frühe Kindheit, Frankfurt a. M. 1997, 245-285, der mit Lichtenberg et al. die Auffassung teilt, dass destruktive Aggressivität nicht angeboren ist.
[50] Die für unsere Fragestellung relevante Funktion von Aggression wird in der Darstellung von Selbstorganisation und Selbststabilisierung des exploratorisch-assertiven Systems ersichtlich. Zu den Themen „dialektische Spannung" und „hierarchische Beziehungen zwischen Motivationssystemen" wird zur Vertiefung der Thematik empfohlen: Lichtenberg, Joseph D. et al., Das Selbst und die motivationalen Systeme, 67-92.
[51] Vgl. Sander, L., Infant and caretaking environment: Investigation and conceptualization of adaptive behavior in a system of increasing complexity. In: Explorations in Child Psychiatry, hg. v. E. J. Anthony, New York 1975, 129-166.
[52] Vgl. Lichtenberg et al., Das Selbst und die motivationalen Systeme, 62.

2.5. Aggression und exploratorisch-assertives Motivationssystem

men eines kontingenten Effekts stärkte bei Kleinkindern das Gefühl der eigenen Initiative, sie registrierten ihren Eigenanteil am Erforschen und Durchsetzen von angeborenen, vorgeformten Intentionen.

Durch diese rückgekoppelte, kontingente Wahrnehmung wurde das exploratorisch-assertive Motivationssystem auf einer elementaren Stufe selbstorganisiert. Es kam zu einer Verknüpfung zwischen der exploratorisch-assertiven Aktivität und dem geweckten Gemütszustand des Interesses, welcher als Affekt durch das erwähnte Muster von Exploration und Selbstbehauptung hervorgerufen wurde. „... einmal erlebt, wird Interesse zu einem angestrebten Gemütszustand, den man wiedererleben möchte, wobei jede Wiederholung dieser Erfahrung mit Hilfe des Gedächtnisses den Wunsch nach diesem zunehmend vertrauten Zustand festigt, in dem sich Wahrnehmung, Handlung und Affekt verbinden".[53] Die Selbstorganisation des exploratorisch-assertiven Motivationssystems entsteht aus dem Affektzustand des Interesses. Die Selbststabilisierung tritt mit der Entwicklung eines Musters auf, welches die angenehmen Affekte von Effektivität und Kompetenz auslöst. Sie kann anhand eines Experiments der Papouseks verdeutlicht werden:[54] Bei diesem Experiment werden Säuglinge Lichtblitzen ausgesetzt; wobei sie sich anfänglich mit hohem Interesse den Reizen zuwenden, bei Wiederholung der gleich bleibenden Reize diesen jedoch weniger Aufmerksamkeit zukommen lassen. Die Kleinkinder vermochten durch eigene Kopfbewegung die visuelle Stimulierung immer wieder von neuem zu reaktivieren. Während dieses Verhalten als Ausdruck klassischen Konditionierens gewertet werden kann, kam noch eine entscheidende Wahrnehmung hinzu: Obwohl die Lichtreize nur bei gerader Kopfhaltung zu sehen waren, ließen die Kleinkinder nach mehreren Erfolgserlebnissen den Kopf um 90 Grad gedreht. Sie schalteten erneut die Lichtquellen ein, ohne sie noch aufmerksam zu registrieren. Die Entdeckung der Kontingenz zweier äußerer Ereignisse und die Eigenwahrnehmung, selbst das Resultat bewirkt zu haben, bereitete ihnen sichtliches Vergnügen. Sie erlebten ein Gefühl von Effektivität bei dem Unterfangen, eine kontingente Beziehung zwischen dem eigenen, spontanen Verhalten und einem Ereignis in der äußeren Welt erkannt zu haben und die daraus folgende Fähigkeit zu entwickeln, das äußere Ereignis willentlich durch die Wiederholung der voraus gegangenen Handlung hervorzubringen. Die Kleinkinder wurden durch eine Kombination von Exploration (die Entdeckung des Zusammenhangs zwischen zwei äußeren Ereignissen) und Selbstbehauptung (durch zuerst zufällige, später absichtsvoll durchgeführte Bewegungen) motiviert. „Erst die gemeinsame Problemlösung durch Exploration und Selbstbehauptung lässt die aus dem Gefühl von Effektivität und Kompetenz erwachsende Lust entstehen".[55]

Wenn die physiologischen Bedürfnisse und die Bindungsbedürfnisse gestillt sind, liegt eine günstige Ausgangssituation vor, um die von der eigenen Initiative abhängigen Effekte zu differenzieren. „Die Erfahrung kontingenter Effekte hat tief greifende Auswirkungen auf die Mobilisierung und Fokussierung der Aufmerksamkeit des Säuglings".[56] Sander bringt die außerordentlich hohe persönliche Auswirkung dieser Entwicklung mit dem Reichtum an individueller Auswahlgenauigkeit oder Wahlmöglichkeit in Verbin-

---

[53] Ebd., 63.
[54] Vgl. Papousek H. u. M., Cognitive aspects of preverbal social interaction between human infant and adults. In: Parent-Infant -Interaction. New York, Associated Scientific Publishers, 1975.
[55] Lichtenberg et al., Das Selbst und die motivationalen Systeme, 64.
[56] Sander, L., To begin with – Reflections of ontogeny. In: Reflections of Self Psychologie, hg. v. Lichtenberg, J. D. et Kaplan, S., Hillsdale, NJ, The Analytic Press, 1983, 85-104, 98f.

dung. Mittels der Selbstorganisation des exploratorisch-assertiven Motivationssystems vermögen Kleinkinder neue Verhaltensorganisationen zu initiieren, welchen die Qualität von „wirklich" und „eigen" zugeschrieben werden kann.[57] Diese Erfahrung ist affektiv gekennzeichnet durch Kompetenz- und Effektivitätslust. „Ich kann es erkennen, ich kann es für mich passend machen, ich kann es anfangen oder aufhören lassen, ich habe es entdeckt und ich habe es verändert".[58] Das Gefühl von Kompetenz ergibt sich aus der Fähigkeit des Kleinkinds, die Erfahrung eines erwünschten Zustands wieder herzustellen. Durch angeborene und erlernte Reaktionsmuster auf favorisierte Reize werden die Affekte des Interesses und der Überraschung ausgelöst. Neuheitserleben und das Aufspüren kontingenter Effekte perpetuieren Zustände, in denen die Aufmerksamkeit wach bleibt. Bei Konsolidierung des Zustands der wachen Aufmerksamkeit erleben Kleinkinder eine Qualität von Lebendigkeit, welche von Interesse und Überraschung begleitet ist und sich erheblich unterscheidet von affektiven Erfahrungen in Phasen physiologischer Bedürftigkeit. Die exploratorisch-assertive Aktivität von Babies zielt in erster Linie darauf, das außergewöhnliche Empfinden von Lebendigkeit im Zustand achtsamer Exploration zu erleben. „Kompetenz wäre dann ein Maßstab für die Fähigkeit des Säuglings, seine Aktivität so zu organisieren und zu regulieren, dass er eine neue Version des gewünschten Zustands erzeugen kann".[59] Die untersuchten Kleinkinder konnten sowohl die Wahrnehmung des bevorzugten Reizes als auch das eigenständige Herstellen des ersehnten Zustands als Erfolg verbuchen. Dies setzt voraus, dass sie Vergleiche anzustellen vermochten, um zu erkennen, wie der äußere Reiz mit einem inneren Kriterium für einen bevorzugten Reiz zusammentraf.

Laut Sander vergleichen Säuglinge den momentanen Erfahrungszustand mit einem spezifischen Erfahrungszustand, den frühere Erfahrung als wünschenswert ausgewiesen hat. Indem das Kind seine Fähigkeit erkennt, diesen Vergleich erfolgreich anzustellen, wird ein Gefühl von Macht und Kompetenzlust vermittelt. Sander kennt drei Quellen der Motivation: „das Vergnügen, das sich von einem bevorzugten Reiz ableiten lässt, das Vergnügen, Urheber einer begehrten Aktivität zu sein, und das Vergnügen, Urheber der Wiedererschaffung eines früher erlebten, wünschenswerten affektiven Erfahrungszustands zu sein".[60] Das exploratorisch-assertive Motivationssystem hat sich selbststabilisiert, wenn sich folgendes Grundschema gefestigt hat: Das Bedürfnis bzw. die Gelegenheit zu Exploration und Selbstbehauptung – Interesse und Aktivitätsmuster der Wahrnehmung – Handeln – das durch Effektivität und Kompetenz hervorgerufene Lustgefühl. Wenn sich dieses Schema einmal stabilisiert hat, bildet es ein fundamentales motivationales Muster, welches durch das ganze Leben hindurch fortbesteht: Es liegt dem Spielen des Kleinkinds, dem Lernen des Kindes in der Latenz, dem Experimentieren des Jugendlichen mit Ideen ebenso zugrunde wie der Exploration und Selbstbehauptung Erwachsener bei Arbeit und Erholung.[61] Auch im deutschsprachigen Raum kam es zu fachlichen Weiterentwicklungen der Psychoanalyse:

---

[57] Vgl. ebd., 99.
[58] Lichtenberg et al., Das Selbst und die motivationalen Systeme, 65.
[59] Ebd.
[60] Sander, L., The inner experience of the infant: A framework for inference relevant to development of the sense of self. Vortrag beim Mahler-Symposion in Paris, 1986.
[61] Vgl. Lichtenberg et al., Das Selbst und die motivationalen Systeme, 66.

2.6. Andere Entwicklungen in der Psychoanalyse im Blick auf die Aggressionsproblematik

Im Anschluss an S. Freud entwickelte die sog. Berliner neoanalytische Schule [62] den Begriff der „aggressiven Gehemmtheit": Motiviert durch Schuld- und Schamgefühle, überfordernde Ich-Ideale und Überich-Ängste fällt aggressiver Selbstausdruck schwer bzw. entfällt, so dass es zu massiven Problemen im sozialen Umfeld kommt, zumal Selbstbehauptung und Selbstentfaltung nicht gelingen. Wenn Aggressionsgehemmte ihre Aggressionsimpulse als intolerabel erleben, wird der Selbstachtung wegen der innere Konflikt mit der Aggressionsäußerung auf Außenstehende projiziert. Unvermeidbare aversive Gefühle gegenüber den Mitmenschen werden auf diese Weise von den Betroffenen abgelenkt und auf die Gruppe der Fremden projiziert. Moderne Psychoanalyse widmet sich vor allem den Phänomenen der selbstverantwortlichen Selbstbehauptung und der Destruktivität in ihrer Abgründigkeit. Bei S. Freud ist der Einzelne nicht einfach seinem Triebgeschehen ausgeliefert; vielmehr formt und modifiziert die Instanz des Ich die Entladung. Die Frage nach dem handelnden Subjekt beschäftigt auch die weitere psychoanalytische Forschung. Laut Körner [63] wendet die Psychoanalyse in der Tradition S. Freuds die Denktraditionen des kausalen und des intentionalen Erklärens an. Beim kausalen Erklären werden Symptome und Verhaltensweisen als zwingend notwendige Folge von früheren Ereignissen gesehen, welche die aktuelle Situation kausal bedingen. Bei diesem Denken sieht sich der Mensch überwiegend als Opfer seiner Geschichte, der genetischen Anlagen oder der psychosozialen Umwelteinflüsse. Beim intentionalen Erklärungsmuster wird aus dem Opfer des Schicksals ein absichtsvoll Handelnder.

Der Klient erscheint zwischen den „Ursachen" und „Folgen" als intentionales Subjekt, das sich (vielleicht nicht bewusst) entschieden hat, so und nicht anders zu handeln. Der Klient hat sich z. B. dazu entschieden, keine Hilfe von außen beanspruchen zu wollen und traumatische Szenen nicht erinnernd zu vergegenwärtigen. Die Psychoanalytiker in der Tradition Kleins formulieren ihre Theorien so, als ob bereits dem Säugling Täterschaft in seinem Seelenleben zu attestieren wäre. [64] Nach Segal existiert von Geburt an eine innerseelische Instanz, die in der Lage ist, die eigene Wahrnehmungsfähigkeit anzugreifen, massiv zu verändern und permanent zu zerstören. [65] Sich selbst spaltend, vermag das Ich seine eigenen Wahrnehmungsfunktionen anzugreifen. Bei Traumatisierten wird mit der Zersplitterung des Ich der Versuch unternommen, den das gehasste Objekt wahrnehmenden sensorischen Apparat zu zerstören. Dieser eigentlich autoprotektiv gedachte Akt der Spaltung aufgrund der Wahrnehmungsqual ist zugleich höchst autoaggressiv. Für Segal kommt dem Patienten, viel früher als beim freudianischen Klienten, von Geburt an immer auch Täterschaft im Sinne eines handelnden Subjekts zu. Pahl plädiert analog für Eigenverantwortlichkeit: „Ich glaube, dass die Neurose vor allem eines meiden will, da sie sich vor den Folgen fürchtet. Hier setze ich ganz bewusst Begriffe aus der moralischen Sphäre ein. Die Neurose will niemals verantwortlich sein. Anders: Der Neurotiker beschreibt sich selber gerne im täterabgewandten Passiv des Leidenden, der wohl die Tätlichkeiten der anderen erfahren hat. Das ist ein wesentlicher Versuch zur Konstruktion seiner Wirk-

---

[62] Vgl. Schultz-Hencke, H., Der gehemmte Mensch, Stuttgart 1940.
[63] Vgl. Körner, M., Vom Erklären zum Verstehen in der Psychoanalyse, Stuttgart 1985, 141.
[64] Vgl. Klein, M., Das Seelenleben des Kleinkindes, Stuttgart 1983.
[65] Vgl. Segal, H., Melanie Klein. Eine Einführung in ihr Werk, München 1974, 80-82.

lichkeit. Die Neurose macht notfalls militant von ihrem Recht Gebrauch, den Beweis zu führen, dass sie bereit ist, sich in der Dauerexistenz des Opfers einzurichten. Regressive Position ist Opfer, progressive Position ist Täter. In ihrer Regressionsabsicht steckt eben diese Auflösung einer Polarisierung nach der moralisch angenehmen Seite hin".[66] Pahl sieht im kausalen Erklärungsmodus etwas Entlastendes und moralisch Entschuldigendes, dem die Gefahr des Stillstands in der Regression inhäriert.

Der Psychoanalytiker Ulrich Sachsse begegnet in seinem therapeutischen Arbeiten mit traumatisierten Patienten (also wirklichen Opfern) der grotesken Selbstsicht als Mittäter und Mitschuldige. Wirkliche Opfer introjizieren das Schuldgefühl des Täters und nehmen es ihm ab. Laut Sachsse kämpfen manche Menschen fast um ihre Schuld und Täterschaft: „Es scheint etwas zu geben, was noch Unerträglicher wäre als Mitschuld. Das ist im Allgemeinen das Eingeständnis völliger Ohnmacht und Hilflosigkeit".[67] Mit diesem Eingeständnis würde die katastrophische traumatische Erfahrung wachgerufen: Die Erfahrung völliger Hilflosigkeit, totalen Ausgeliefertseins mit der Zerstörung aller Schutzmechanismen des seelischen Apparates, die Erfahrung des Verlustes des eigenen Selbst als Subjekt. Die Phantasie einer Mittäterschaft ist auf diesem Hintergrund auch Abwehrmechanismus gegen eine retraumatisierende Dekompensation mit dem erneuten Durchleiden traumatischer Erfahrungen. In der Phantasie der Mittäterschaft steckt ein progressives Element: „Ich bin selbst in einer extremen Situation Subjekt geblieben, nicht völlig ausgeliefert und ohne Einfluss gewesen".[68] Sachsse rekonstruiert eine innerseelische Mittäterschaft bei der Veränderung der Eigenwahrnehmung. Bevor die autoprotektive Wahrnehmungsveränderung sich als Automatismus verselbständigt, eignen ihr bewusstseinsnahe Anteile. Es gab den Spielraum einer begrenzten Entscheidungsfreiheit, das Bewusstsein so oder so zu verändern. Wenn Sachsse in der Therapie die autoprotektiv–autoaggressiven Anteile empathisch angeht, bewahrt er den Klienten die Würde des Subjektstatus, indem er die Bearbeitung von Teilaspekten der inneren Täterschaft da ermöglicht, wo wirklich eine Beteiligung stattfand.[69] Diese Grenzaussagen angesichts extremer Grenzerfahrungen bewegen sich auf einem schmalen Grat, zumal es zynisch wäre, wehrlosen kleinen Kindern im Missbrauchsfall den protektiven Opferstatus abzusprechen. Die Ausführungen zeigen zugleich, wie tief die Sehnsucht nach Selbstbehauptung der Würde des Menschen entspricht.

Für die Anschlussfähigkeit psychologischer Aussagen an den theologischen Diskurs ist es von großer Bedeutung, dass die Psychoanalyse menschliche Destruktivität ernstnimmt. Der Psychoanalytiker Michael Ermann betont, dass in einer fruchtbaren therapeutischen Arbeitsbeziehung auch der Analytiker seine eigene destruktive Aggression wahrnehmen muss. Für ihn ist evident, „dass destruktive (aggressive) Phänomene in der Analyse durch tatsächliche Verletzungen ausgelöst werden, die der Analytiker mit seinem Verhalten, seinen Interventionen oder oft auch nur sublimal gespürte Befindlichkeiten wie Wut, Langeweile oder Erregung erzeugt. Es sind Geschehnisse, die Wut und

---

[66] Pahl, J., Regression, Progression und Psychische Gesundheit. Die Begriffe und ihre Phänomenologie innerhalb des psychotherapeutischen Prozesses. Imagination 16 (3), 1994, 5-22.
[67] Reddemann, L., Sachsse, U., Imaginative Psychotherapieverfahren zur Behandlung in der Kindheit traumatisierter PatientInnen. Psychotherapeut 41, 1996, 266.
[68] Ebd., 267.
[69] Vgl. Ehlert, M., Lorke, B., Zur Psychodynamik der traumatischen Reaktion, Psyche 42, 1989, 502-532; vgl. Hermann, J.L., Die Narben der Gewalt, München 1994.

Destruktion auslösen, weil sie tatsächlich verletzen, kränken, entwerten oder notwendige Grenzen überschreiten".[70] Es gilt, dass der Analytiker seine Beteiligung an der analytischen Begegnung als eine mitgestaltende, konkrete Realität anerkennt und die Verharmlosung und Verleugnung der eigenen Aggression gegenüber dem Analysanden entdecken und nachvollziehen kann.[71] Der Dialog entsteht erst durch Identifikation mit dem Erleben des Analysanden, den die Destruktivität des Therapeuten kränkt. Ermann sieht Aggression zunächst als eine unspezifische Aktivität des Ich im Dienste der Selbsterhaltung.[72] Darin wird Aggression adaptiv, d. h. sie steht in direktem Bezug zu einem instrumentellen Ziel und klingt ab, wenn dieses Ziel erreicht ist (z.B. Überwältigung des Aggressors). Diese Aggression ist auf ein die Selbstentfaltung gewährleistendes und den Lebenserhalt sicherndes Maß begrenzt. Sie wandelt sich in Destruktion, wenn sie dieses Ziel verliert: „Dann verselbständigt sich das instrumentelle Ziel der Aggression, und die Überwältigung, die Unterwerfung, die Einverleibung oder Zerstörung werden scheinbar zum Selbstzweck. Ausmaß und Dauer der Aggression bleiben dann nicht mehr auf das Ziel begrenzt, die konkrete Existenz zu sichern, sondern eskalieren in einen zwingenden Zerstörungswillen".[73] Ermann ist der Auffassung, dass übermäßige Destruktion auftritt, wenn die Umwandlung von Feindseligkeit in zielgerichtete adaptive Aggression in den entscheidenden Beziehungen nicht stattgefunden hat. Schwerwiegende destruktive Phänomene beruhen auf einer missglückten Frühentwicklung. Bei Borderline-Störungen übernehmen schwere Formen der destruktiven Aggression die Funktion, ein gefährdetes Ich-Selbst-System in seiner Funktionsfähigkeit zu stabilisieren.[74] Für Ermann besteht die therapeutische Aufgabe darin, „durch neue Beziehungserfahrungen die Umwandlung von Destruktion in adaptive Aggression zu ermöglichen und zu fördern".[75]

Der Psychoanalytiker Roman Lesmeister empfiehlt, es sich mit dem Bösen nicht zu einfach zu machen, wenn es immer weitergehend pathologisiert werde und auf diese Weise der Sicherheitsabstand zur sogenannten Normalität vergrößert werde. „Warum brauchen immer mehr Menschen zu einem immer früheren Zeitpunkt ihres Lebens Aggression und Gewalt, um sich, wenn auch nur vorübergehend, lebendig fühlen zu können? Welche psychischen und soziokulturellen Mechanismen sind dafür verantwortlich, dass das Gute banal, erbärmlich, kraftlos und das Böse faszinierend, vital und gesund erscheint"?[76] Lesmeister geht davon aus, dass auch die reifen psychischen Strukturen ihr kognitives und affektives Potential in den Dienst destruktiver Ziele stellen und dass, parallel dazu, spezifische Anpassungsprozesse in der Ichorganisation stattfinden, die dafür sorgen, dass

---

[70] Ermann, M., Aggression und Destruktion in der psychoanalytischen Behandlung, München 2003, 336.
[71] Vgl. Ermann, M., Übertragungsdeutungen als Beziehungsarbeit, in: Ders., Die hilfreiche Beziehung in der Psychoanalyse, Göttingen 1993.
[72] Vgl. Ermann, M., Aggression und Destruktion in der psychoanalytischen Behandlung, 333.
[73] Ebd. Nach Parens gibt es schon beim Neugeborenen feindselige Destruktivität; vgl. Parens, H., A view of the development of hostility in early life. J Am Psychoanal Assn (suppl.) 39: 1991, 75-108. Als ungerichtete Wut scheint sie eine Reaktion auf Unlusterlebnisse zu sein. Vgl. Parens, H., Neuformulierungen der psychoanalytischen Aggressionstheorie und Folgerungen für die klinische Situation. Forum Psychoanal 9, 1993, 107-121. Im weiteren Entwicklungsverlauf taucht dann objektgerichtete Destruktivität auf.
[74] Vgl. Kernberg, O., Zur Psychopathologie des Hasses. Forum Psychoanal 7: 1991, 251-270 zeigt am Beispiel des Hasses, wie die Intensität und Häufigkeit aggressiver Affekte bei Borderline-Störungen am größten ist und mit dem Reifegrad des Störungsniveaus abnimmt.
[75] Ermann, M., Aggression und Destruktion in der psychoanalytischen Behandlung, 335.
[76] Lesmeister, R., Destruktivität und die psychoanalytischen Konzepte moralischer Regulation, München 2003, 55.

dergleichen ohne den störenden Einfluss von Schuldgefühlen geschehen kann. „Um die schlimmsten Verbrechen zu begehen, müssen wir nicht erst sehr krank werden".[77] Die moderne Psychoanalyse nimmt ernst, dass Menschen unabhängig von ihrem zivilisatorischen und Bewusstseinsniveau unbegrenzt destruktiv sein können. „Was schützt uns vor uns selber, vor dem Durchbrechen unserer mörderischen Destruktionsneigung"?[78] Bei aller konstruktiven Formung der Aggression ist mit dieser Destruktivität zu rechnen.

Die sich nun anschließende psychobiologische Aggressionstheorie weist der Aggression eine biovitale, lebens- und überlebensnotwendige Funktion zu. Durch Aggression wird das Wechselspiel des Zusammenlebens gesteuert und optimiert.

---

[77] Ebd., 53. Vgl. Arendt, H., Eichmann in Jerusalem, Leipzig 1990, die darauf hinweist, dass die Innenwelt von Adolf Eichmann nicht gespalten, sondern auf grauenhafte Weise konsistent und integriert war. Diese Welt offenbart eine grauenhafte „Banalität" und „Normalität" des Bösen. Eichmann war nicht psychotisch. Angesichts des Rotenburger Kannibalen-Prozesses (Armin M. hatte Bernd B. am 10.3. 2001 auf dessen eigenen Wunsch hin bei lebendigem Leibe zerfleischt und verspeist) schreibt die Süddeutsche Zeitung Nr. 105, 8. Mai 2006, 3: „Armin M. nämlich ist... bescheiden, höflich, hilfsbereit". Vor dem Mord wurde gemeinsam Kaffee getrunken. „Siehst du", flüstert die Kollegin von der dpa, „das finde ich so grauenhaft, dieses Nebeneinander von Monströsem und Bürgerlichem".

[78] Lesmeister, R., Destruktivität und die psychoanalytischen Konzepte moralischer Regulation, 54; vgl. Giegerich, W., Tötungen. Gewalt aus der Seele, Frankfurt a. M. 1994; Canzler, P., „Wir sind der Hammer!" – Psychoanalytische Betrachtungen zum politischen Radikalismus, in: Seidler, G.H. (Hg.), Das Ich und das Fremde, Opladen 1994; Kertesz, I., Meine Rede über das Jahrhundert, Hamburg 1995.

3. Psychobiologische Sichtweise von Aggression

In Bezug auf Konrad Lorenz konzediert Abraham Maslow: „Bei den Menschen zeigt die überwiegende Evidenz, dass es biologische und vererbte Determinanten gibt, aber auch, dass sie in den meisten Individuen ganz schwach sind und leicht von angelernten kulturellen Kräften überwältigt werden können. Sie sind nicht nur schwach, sondern auch bruchstückhaft, Reste und Teile anstelle von ganzen, vollständigen Instinkten, wie wir sie bei niederen Tieren finden. Der Mensch hat keine Instinkte; aber er hat allem Anschein nach Instinkt-Reste, instinktoide Bedürfnisse, innere Fähigkeiten und Potenzen".[1] Diesen ambivalenten Instinktfragmenten eignet auch eine positive, lebens- und gemeinschaftserhaltende Funktion. Die psychobiologische Sichtweise von Aggression ist sowohl als Fortschreibung wie auch als Korrektur der Lorenzschen Theorie zu verstehen. Die Psychobiologie von Valzelli hat sich von einem Instinktkonzept gemäß Lorenz verabschiedet und geht davon aus, dass Emotionen und Verhalten einer physiologischen Basis in bestimmten Hirnstrukturen und ihren neurochemischen Prozessen korrespondieren. Die einzelnen Zusammenhänge können hier nicht dargestellt werden. Nach Valzelli sind für die Entstehung von Aggression vor allem die entwicklungsgeschichtlich alten limbischen Hirnstrukturen und eine Komplexität hormonaler Prozesse zuständig.[2] Er definiert Aggression wie folgt: „Aggression ist der Teil des normalen Verhaltens, der in unterschiedlicher Bindung an einen Stimulus und verschiedenen zielgerichteten Formen ausgelöst wird, um vitale Bedürfnisse zu befriedigen oder Bedrohungen der physischen und/oder der psychischen Integrität des Selbst oder der Spezies als eines lebendigen Organismus zu beseitigen bzw. zu überwinden; sie dient niemals dazu, außer bei Beute-Aktivität, den Gegner zu zerstören".[3] Im Tierreich lassen sich verschiedene, funktional sinnvolle Formen von Aggression unterscheiden: Beuteaggression; defensive Aggression; territoriale Aggression; irritative Aggression sowie mütterliche Aggression.[4] Die vom Menschen praktizierte destruktive Aggression gibt es laut Valzelli im Tierreich nicht. Menschliches Verhalten kann immer nur aus der Interaktion von Gehirnfunktionen und Umwelt verstanden werden. Für das Zustandekommen einer Aggressionshandlung macht die Psychobiologie verschiedene Komponenten aus: Das neuroanatomische Netzwerk, die genetische Prädetermination, neurochemische und hormonelle Funktionsabläufe und kulturelle Einflüsse. Sie huldigt somit keinem biologischen Determinismus, sondern öffnet sich anderen Theorien.

Der Psychobiologe und Zoologe Joachim Illies sieht hinsichtlich der Aggression als psychobiologischer Grundlage Mensch, Flora und Fauna bei aller Verschiedenheit in einem biovitalen Konnex. Illies identifiziert die Aggression in ihrer biologischen Funktion als Gegenspielerin der bindenden Kräfte, als abstoßenden Antrieb und als Bedürfnis nach Abstand und Lebensraum. Die Psychobiologie entschlüsselt das Aggressionsvermögen als Wunsch und Fähigkeit zu Selbstbewahrung, Selbstbehauptung und Abgrenzung vom

---

[1] Maslow, A., Motivation and Personality, New York 1970, 129.
[2] Vgl. Valzelli, L., Psychobiology of Aggression and Violence, New York 1981, 53ff.
[3] Ebd., 64.
[4] Vgl. ebd., 86.

Nachbarn. Jede Pflanze bedarf ihres Standorts und der Kraft, ihn zu erhalten. Die aggressive Lebenskraft stattet Flora und Fauna mit den vitalen Voraussetzungen aus, um den Lebenskampf bestehen zu können. Auch in der Natur, bei Pflanzen und Tieren, bedeutet Selbstbehauptung nicht immer gleich Kampf. „Es herrscht kein ständiger Kampf aller gegen alle, sondern es bildet sich gerade in einem System gegenseitiger und gleichmäßiger Abstoßung oft eine stabile – und friedliche – Struktur. Das Bild der zwei engstehenden Bäume, die eine gemeinsame Krone bilden, kann uns zeigen, dass auch im Naturreich der Kampf nur ein Spezialfall der Selbstbehauptung ist, dass aber... höhere, vielwertige Einheit das Ergebnis des biologischen Strebens nach Eigenständigkeit sein kann".[5] Wenn Lebewesen alle Beschwernisse des aggressiven Lebenskampfes abgenommen werden, kommt es gerade zu keiner artgemäßen Entfaltung, sondern zu Entartung. Die Abschirmung von der Dringlichkeit der Selbstbehauptung führt bei Haustieren zu einem Degenerationsprozess. Absolute Aggressionshemmung und Konfliktlosigkeit führen zu Erstarrung, Verfettung und Zurückbleiben in der Entwicklung, der Wille zur Selbstbehauptung verkümmert. An der artgemäßen Entfaltung gehinderte Tiere versinken oft in einen apathischen Zustand, aktive Selbstbehauptung hingegen bildet eine das Leben erhaltende und zu dessen Fortentwicklung antreibende Basiskompetenz. Illies sieht Aggression in psychobiologischer Hinsicht als Stimulans der Höherentwicklung.[6] Bei Jungtieren beginnt der notwendige Ablösungsprozess mit einer aggressiven Handlung: Die Tiermütter stoßen in der Entwöhnungsphase die Jungtiere in ihr Eigenleben hinein, Hörner, Geweihe, Zähne und Klauen der Tiere dienen der Inanspruchnahme und Durchsetzung des Rechts auf eigenständiges Leben mit eigenem Lebensraum. Illies betont, dass außer beim Beute Machen, diese Körperteile zunächst eine defensive Funktion erfüllen, dienen sie doch der kraftvollen Verteidigung des eigenen Lebensanspruchs. Aggression steht psychobiologisch im Dienste von „Besitz haben" und „Besitz halten": Am Besitz der eigenen Existenz festhalten, ihn verteidigen mit allem, was Leben ermöglicht. Tiere grenzen ihr Lebensterritorium energisch gegen Nachbarn ab,[7] indem sie Reviergrenzen, Futter- und Nistplätze durch Duftmarken, Ausscheidungen oder Stimmeinsatz kenntlich machen und danach umkämpfen und verteidigen. Lebensfähig ist nur, wer einen territorialen Besitz erringen und gegen Herausforderer halten kann. Es besteht eine innere Entsprechung von Besitz und Stärke, zumal der entrissene Besitz die eigene Macht und Selbstbehauptung im Zuge der Entmachtung des Gegners stärkt.[8]

Wenn das natürliche Besitzstreben des noch schwachen Kindes im Stadium seiner Entfaltung massiv zurückgedrängt wird, kommt es zu übersteigerten Sammeltendenzen. Illies weist darauf hin, dass gerade in Kommunen, die jeglichen Besitzanspruch der Kinder leugneten und in einer allzu früh einsetzenden, übertriebenen Dressur den Kindern eine Haltung des Teilens abverlangten, die erst vom mündigen Erwachsenen erwartet werden kann, übersteigerte Hortungstendenzen zu verzeichnen waren. Aufgrund nichtgesättigter Basalbedürfnisse konnte sich kein Zutrauen in die eigene Fähigkeit, das für die Selbstbehauptung Notwendige zur rechten Zeit erwerben und verteidigen zu können, ausbilden. Eine unausgeglichene Haltung gegenüber Besitz erzeugt Probleme der Revier-

---

[5] Illies, J., Mit der Aggression leben, in: Illies, J., Meves, C., Liebe und Aggression, Gräfelfing 1996, 99.
[6] Vgl. ebd., 102.
[7] Vgl. Eibl-Eibelsfeld, I., Liebe und Hass, München 1970.
[8] Fest einprogrammierte Beschwichtigungsrituale signalisieren dem anderen Tier, dass sein Besitz jetzt nicht streitig gemacht werden soll.

verteidigung, der Abgrenzung und des In-die-Schranken-Weisens anderer. Um das eigene Lebensrecht nicht zu gefährden, kann auf eine angemessene Besitzverteidigung nicht verzichtet werden. „Das Unvermögen zur eigenen Verteidigung stellt für die Nachbarn eine geradezu dranghafte Verlockung zur Invasion dar".[9] Im Tierreich nimmt der Stärkere das Territorium des schwächeren, kranken oder verteidigungsunfähigen Nachbarn ein. Zu diesem Gefühl der Stärke kommt oft noch der Druck eines nicht ausreichenden Lebensraumes hinzu. Während beim Menschen die totale Aggression der Vernichtung zum Zuge kommen kann, verläuft die innerartliche Aggression der Tiere nach erblich festgelegten Regeln: Ein strenges Ritual kanalisiert die potentiellen Formen der aggressiven Machtkämpfe, bei denen der Stärkere eindeutig ermittelt wird und der Schwächere dennoch am Leben bleibt. Bei allem Ernst der Auseinandersetzung gilt bei Tieren unter Artgenossen der „faire" Kampf. In Entbehrung dieser erblich festgelegten Regeln steht der Mensch vor der Notwendigkeit, klare Regelungen und Rituale festzulegen. Illies konstatiert für den Humanbereich, dass gerade in dem Schutzraum gegenseitiger Abgrenzung erst der Spielraum für das friedliche Aufblühen und Erhaltenbleiben der Liebe entstehe. Der Besitzdrang des Menschen habe eine lebensnotwendige Funktion und sei deshalb nicht mit der Liebesforderung aus der Welt zu schaffen.[10] Dem Ausgebeuteten wird die eigene Lebensmöglichkeit genommen, so dass die Existenz des liebenden Elements in der Natur zum Verschwinden gebracht wird. Nach Illies ist die Anerkennung des psychobiologischen Lebensrechts für alle Fundament von Humanität überhaupt. Kommune-Kinder, denen eine elementare Befriedigung durch Gewährung von ausreichendem Eigenbesitz und Lebensraum vorenthalten wurde, entwickeln sich gerade nicht zu freigiebigen und verständnisvollen Erwachsenen. Die gesunde Anspruchslosigkeit nimmt ihren Ausgang von der biovitalen Zufriedenheit und entfaltet von daher ihre Reifungsmöglichkeiten. „Sich selbst genug sein, ja, sich so reich zu fühlen, dass das Abgeben leicht fällt, bedarf der Vorbereitung im Kindesalter, die im Einklang steht mit den psychobiologischen Bedürfnissen des Kindes".[11]

Auch die Rang– oder Hackordnung steht unter dem wirkmächtigen Einfluss des psychobiologischen Aggressionsvermögens und maximiert durch Führung des Stärksten die Überlebenschance der ganzen Gruppe. Der Rangordnung eignet psychobiologisch eine gruppenerhaltende Funktion, die gut geführte Gruppe ist zur besseren Bewältigung ihrer Aufgaben gerüstet. Zwischen Alpha- und Omega-Tier gibt es eine Skala von Rangplätzen, die weder ererbt noch zufällig zugewiesen, sondern erworben sind. In der tierischen Hierarchie steht ein Leittier an der Spitze, die anderen sind ihm in abgestufter Rangfolge untergeordnet. Jeder Rang muss erkämpft und gegen Herausforderer verteidigt werden, so dass ein arbeitsteiliger Verband mit optimaler Wirksamkeit gegenüber der Umwelt entsteht. Die Möglichkeit der Ausdifferenzierung der Gruppe in unterscheidbare Mitglieder unterschiedlicher Funktion lässt erst den Einzelnen oberhalb der Ebene der Spezies entstehen. „Indem er sich aggressiv von den anderen absetzt und seinen Rang in der Hierarchie einnimmt, wird er zum eigenen Selbst".[12] Illies plädiert für ein Lernen aus der Tierverhaltensforschung dahingehend, dass Autorität in ihrer konstruktiven Schutzfunktion für

---

[9] Illies, J., Mit der Aggression leben, 130.
[10] Vgl. ebd., 134.
[11] Ebd., 136.
[12] Ebd., 140.

Schwache, Alte und Kranke innerhalb des Gruppenverbands gesehen wird. Autoritäten werden im Tierreich in dem Maße und so lange respektiert, wie sie anderen kräftemäßig überlegen sind. Autorität ist im Tierreich immer erworben und deshalb biologisch berechtigt, das stärkste Tier übt sie aus. Vermag es seine Stärke nicht mehr zu beweisen, wird es entthront und muss für die Nummer zwei in der Rangordnung Platz machen. Jede sich bietende Gelegenheit wird dazu verwendet, die Berechtigung des Respekts und damit den eigenen Rang innerhalb der Hierarchie zu überprüfen und situationsadäquat die eigene Position zu verbessern. Die vorliegende Intention und die entsprechenden Mittel dazu gehören zur artgemäßen Ausstattung. Ein erheblicher Teil der aggressiven Lebensenergie wird für die Erhaltung und Austarierung dieser Hackordnung verwendet.

Die Psychobiologie stuft Aggression als normales, natürliches Verhalten ein, welches funktional sinnvolle Formen annimmt. Sie distanziert sich von einem biologischen Determinismus und überwindet das Lorenzsche Schema von einer notwendigen periodischen Befriedigung des Aggressionstriebes. Die Psychobiologie findet im Tierreich keine Aggression im Sinne von Destruktivität vor, das Aggressionsvermögen dient vielmehr der Befriedigung vitaler Bedürfnisse, die nicht ausgeschaltet werden dürfen, soll ein Über- und Zusammenleben der Biosphäre möglich sein. Wenn auch nicht alle Beobachtungen aus dem Tierreich im Maßstab 1:1 auf den Humanbereich übertragen werden können, gilt es im Zuge einer schöpfungstheologischen Perspektive der gemeinsamen Entwicklung innerhalb einer evolutiven Schöpfungsordnung die biovitale Vernetzung und Verwandtschaft aller Lebewesen zu rekonstruieren und anzuerkennen. Schließlich geht es nicht um eine Kränkung des Menschen im Sinne eines psychobiologischen Reduktionismus, sondern um das umfassende Verstehen von (Aggressions-) Handlung in ihrer biologischen Sinnhaftigkeit und biovitalen Notwendigkeit.

Im Anschluss an die Psychobiologie soll die emotionsmotivierte Aggressionstheorie von Verena Kast vorgestellt werden. Nach ihrem Dafürhalten wird Aggression in erster Linie durch die Emotionen Ärger, Wut und Zorn motiviert. Deshalb sollen zuerst die emotionspsychologischen Grundlagen von Kasts Aggressionstheorie rekonstruiert werden.

4. Bedeutung von Aggression und Ärger in der Emotionspsychologie

4.1. Emotionale Kompetenz als Basiskompetenz

In der Geschichte der Philosophie und der Psychologie wurden Emotion und Kognition vielfach in Gegensatz gesetzt. Die abendländische Philosophie ließ sich von der Ansicht leiten, der Mensch sei primär ein animal rationale, ein Vernunftwesen. In unserer technisch-wissenschaftlichen Zivilisation erfährt zweckrationales Denken einen hohen Stellenwert, während Gefühle eher abgewertet werden. Emotionale Menschen gelten als unberechenbar, für vernünftige Argumente unzugänglich und als tendenziell uneinsichtig.[1] Im Folgenden soll weder einer Dichotomie von Denken und Fühlen noch einer damit verbundenen Überbewertung des Denkens gegenüber dem Fühlen das Wort geredet werden. Gleichzeitig sollen Gefühle auch nicht vergötzt und das Denken im Umkehrschluss nicht herabgesetzt werden. Jenseits einer pessimistischen Einschätzung der Emotionen sollen letztere in ihrer konstruktiven und adaptiven Rolle gewürdigt und die enge Verflochtenheit von Emotion und Kognition anerkannt werden.

Der Neurologe Antonio R. Damasio hat sich der Aufgabe verschrieben, die enge Beziehung zwischen der Tätigkeit des Geistes und den Gehirnaktivitäten aufzuweisen: Ratio und Emotio sind nach seinem Dafürhalten mit den Funktionen des gesamten Organismus aufs engste verknüpft. Damasio konstatiert aufgrund zahlreicher Experimente, dass Menschen, welche durch chirurgische Eingriffe oder Unfälle das Emotionszentrum im Gehirn verloren haben, neben den Gefühlsempfindungen auch die Kompetenz zur Lebensmeisterung einbüßen. Für ihn ist evident, dass Menschen mit durch Hirnverletzungen bedingten emotionalen Störungen auch keine rationalen Entscheidungen zu treffen vermögen. Der Zugang zu den Emotionen ist für die Organisation des Lebens unerläßlich. In seinen Forschungen setzt sich Damasio kritisch mit Descartes' berühmter Diktion: „Cogito, ergo sum" auseinander, der die Vorstellung eines abgrundtiefen Dualismus von Körper und Geist zugrundeliegt.[2] Laut Hebb und Thompson nimmt die Anzahl der Emotionen mit steigender Entwicklung in der Evolution zu,[3] so dass Emotionen keinesfalls Ausdruck einer niederen evolutionären Entwicklungsstufe sind oder den Rest eines animalischen Kerns im Menschen bilden. Emotionen üben neben einer aktivierenden und einer motivierenden auch eine erkennende Funktion aus. Mit ihrer Hilfe vermag der Mensch blitzartig überlebensnotwendige Sachverhalte im Bewusstsein zu erkennen und weiterzuverarbeiten. Für Hebb und Thompson ist der Mensch das rationalste und emotionalste Lebewesen zugleich. Das jeweilige Menschenbild ist stark von der inhärenten Bedeutung von Emotionen geprägt. Sie bilden den Kern menschlichen Erlebens, zumal jeder Bewusstseinsinhalt emotional eingefärbt ist. Jenseits der reinen Faktizität ist ein mit einer Tätigkeit

---

[1] Vgl. Ulich, D., Das Gefühl. Eine Einführung in die Emotionspsychologie, München 1982, 12.
[2] Vgl. Damasio, A. R., Descartes' Irrtum, Fühlen, Denken und das menschliche Gehirn, München 1997.
[3] Vgl. Hebb, D.O., Thompson, W.R., The social significance of animal studies, in: Lindzey, G., Aronson, E. (Eds.), The Handbook of social psychology Bd 1, Reading, Mass., Addison-Wesley, 729-774.

verbundener Bewusstseinsinhalt stets auch erfreulich oder unangenehm, interessant oder langweilig. Auch der Prozess der Evaluation kommt ohne emotionale Färbung nicht aus: Derselbe Sachverhalt erscheint im emotionalen Zustand der Freude anders als unter Ärger. Die emotionale Qualifizierung bewahrt das kognitive Wissen und die persönliche Einstellung vor psychischer Irrelevanz. Nach Ulich erfüllt ein Wissen ohne emotionale Qualifizierung nicht den Tatbestand der Erkenntnis.[4] Der Hirnforscher und Pädagoge Gerald Hüther weist darauf hin, dass Lernen ohne emotionale Berührung und innere Beteiligung nur erschwert möglich ist.[5] Es zeichnet die Ausnahmesituation der schweren Depression aus, dass Menschen in dieser Krisensituation vollkommen gefühllos der Welt gegenüber stehen und unter einem quälenden Gefühl der Gefühllosigkeit leiden.[6]

Ohne emotionale Qualifizierung bliebe eine kalte Welt der Computer und intelligenten Maschinen zurück. Ein erlebtes Gefühl ist immer einmalig und unverwechselbar, es fühlt sich auf eine je originäre, unableitbare, spezifische Weise an, in einem bestimmten emotionalen Zustand zu sein.[7] Die Mitteilung von Ärger beispielsweise definiert die persönlich erlebte Emotion als solche, es gibt keinen neutralen Standort außerhalb der betroffenen Person. Emotionen sind private, nur persönlich erlebbare Zustände, sie bezeichnen dieses subjektive Erleben. Ein Gefühl kann nur durch Angaben des Betroffenen erfasst bzw. mit Hilfe anderer äußerlich sichtbarer Indikatoren wie physiologischen Reaktionen und Ausdruckserscheinungen erschlossen werden. Ulich sieht in der Selbstbetroffenheit das entscheidende Bestimmungsmerkmal von Emotionen. Sie entstehen, wenn eigene Interessen, Ziele und Bedürfnisse betroffen sind, sie treten auf, wenn jemanden etwas ganz unmittelbar angeht und er sich angesprochen fühlt. Izard profiliert Emotionen als grundlegendste Bezogenheit des Menschen auf Wirklichkeit überhaupt[8] und rekonstruiert deren 10: Interesse/Erregung; Freude; Überraschung; Kummer/Schmerz; Ärger/Zorn; Ekel; Geringschätzung; Furcht; Scham; Schuldgefühl. Diese Emotionen sind angeboren und transkulturell vorfindlich, wenn auch kulturelle Unterschiede hinsichtlich der Art der Emotionsäußerung bestehen. Jeder dieser 10 Emotionen eignen 3 charakteristische Merkmale: Eine angeborene neuronale Grundlage in Form spezifischer Erregungsmuster im limbischen System, ein charakteristischer Gesichtsausdruck und eine spezifische Erlebnisqualität, welche einen Anreiz zu bestimmtem Verhalten beinhaltet. Ohne ein emotionelles Beteiligtsein an der Welt neutralisiert sich menschliche Betroffenheit in Bezug auf Mitmensch und Welt. Unter dem Wirkvermögen der Emotionen entsteht ein Verhältnis des Berührtseins, der Betroffenheit und des Kontaktes zum anderen Menschen. Wenn die wünschenswerte und berechtigte Aufforderung, Emotionen auch zu kontrollieren, auf Kosten dieser inneren Teilnahme und Betroffenheit praktiziert wird, geht auch der produktive Bezug zu Mitmensch und Welt verloren. Die emotionale Inkompetenz verhindert oder begrenzt auch Beziehungsfähigkeit, Zärtlichkeit und Liebe.[9]

---

[4] Vgl. Ulich, D., Das Gefühl, 35-36.
[5] Vgl. Hüther, G., Biologie der Angst, Göttingen 1997; ders., Bedienungsanleitung für ein menschliches Gehirn, Göttingen 2006.
[6] Vgl. Pöppel, E., Grenzen des Bewusstseins. Über Wirklichkeit und Welterfahrung, Stuttgart 1988, 126.
[7] Vgl. Bieri, P., Was macht das Bewusstsein zu einem Rätsel? Spektrum der Wissenschaft, Oktober 1992, 48-56.
[8] Vgl. Izard, C.E., Die Emotionen des Menschen, Weinheim 1981, 3-18.
[9] Vgl. Mantell, D. M., Familie und Aggression. Zur Einübung der Gewalt und Gewaltlosigkeit, Frankfurt a.M. 1983, der aufzeigt, dass manche Soldaten im Vietnamkrieg keinen Unterschied kannten zwischen dem Töten eines Rehs und dem Töten eines Menschen.

Emotionen stehen somit im Dienste der Gegendynamik zu Gleichgültigkeit, der etwas ausgesprochen Totes anhaftet. Unter dem Einfluss der Gleichgültigkeit drückt sich die Entwertung des Gegenübers darin aus, dass es nicht einmal mehr eine aversive Emotion wert ist. Bei der Nichtbeachtung ist wenigstens noch ein Engagement zu spüren, einem gewissen Menschen nicht begegnen zu wollen. Der Gleichgültige hingegen ist absolut unerreichbar, er baut einen Panzer um sich und wird dadurch unberührbar, unrührbar und unangreifbar, er lässt sich nicht mehr betreffen.[10] Emotionale Zustände werden mit zweifelsfreier Gewissheit erlebt, in ihnen erfährt sich der Mensch in seinen Gefühlsregungen als mit sich selbst identisch. Damasio weist nach, dass Emotionen die Grundvoraussetzung für die Entwicklung menschlichen Bewusstseins bilden.[11] Sie haben immer mit dem Selbsterleben und Selbstausdruck eines Menschen zu tun; in ihrer Gesamtheit bilden sie den affektiven Kern menschlichen Selbsterlebens, der es ermöglicht, Kontinuität im Identitätserleben zu erfahren.[12] Nach seinem Dafürhalten bilden die Emotionen das Zentrum menschlichen Identitätserlebens. Wer von sich behauptet, nicht bei sich zu sein, steht nicht im Kontakt mit den eigenen Emotionen und fühlt sich deshalb unlebendig. Nach Arno Gruen kennzeichnet wirkliche Autonomie einen Zustand, bei dem der Mensch sich in voller Übereinstimmung mit seinen eigenen Emotionen und Bedürfnissen befindet. Das Ringen um diese Art von Autonomie fördert durch den Zugang zu den wahren Gefühlen die Vitalität. Das eigene Selbst gründet dann auf dem Zugang zu den eigenen Emotionen, es kommt aus dem Ur-Eigenen heraus und speist daraus seine Lebensdynamik.[13] Damit weist Gruen eine Autonomie-Ideologie zurück, die als Kind der modernen Leistungsgesellschaft die eigene Stärke, Überlegenheit und Unabhängigkeit hervorhebt. Die durch den herrschenden Erfolgs- und Leistungsdruck eingeleitete Anpassung lässt Lebendigkeit, Kreativität und Liebesfähigkeit verkümmern, zumal der Zugang zu den eigentlichen persönlichen Emotionen abgeschnitten ist. Unter der Ideologie des Herrschens lehnt ein gespaltenes Selbst Leiden und Hilflosigkeit als Schwäche ab: „Was wir als autonom bezeichnen, dient oft einer auf Abstraktionen aufgebauten Idee des Selbst".[14]

Ähnlich argumentiert Alice Miller in der Fortschreibung ihres Opus „Das Drama des begabten Kindes": Erst wenn mit den wahren Emotionen das wahre Selbst zugelassen wird, vermag sich das Lebendige zu entwickeln. Wer sich allen Gefühlen der frühen Kindheit zuwendet und auch die damalige Hilflosigkeit nochmals durchlebt, entdeckt darin das Eigene und fühlt sich durch den Zuwachs an Lebendigkeit stärker und kohärenter. In der Totalität aller Emotionen artikuliert sich das Ursprünglichste, Authentischste und je Eigenste des Menschen. In diesem selbstverständlichen Zugang zu den eigenen Gefühlen begräbt der Betroffene seine grandiosen Illusionen und findet inneren Halt sowie Selbst-

---

[10] Vgl. Wiesel, E., Worte wie Licht in der Nacht, Freiburg i. Br. 1991, 12f... Wiesel, der als 14- jähriger im Viehwaggon nach Auschwitz transportiert wurde, erfuhr diese Gleichgültigkeit wie folgt: „Am Tag, als die Po- lizisten in die Häuser von Sighet kamen und die jüdischen Bürger des kleinen Städtchens auf dem Marktplatz zusammentrieben, sah ich aus dem gegenüberliegenden Fenster ein Gesicht. Ein nichtssagendes, alltägliches, gelangweiltes Gesicht, das nie eine Leidenschaft bewegt hatte. Ich habe es lange beobachtet. Es sah hinaus; kein Mitleid spiegelte sich in seinen Zügen, weder Freuden noch Schrecken, nicht einmal Zorn oder Neugierde; regungslos, kühl, unpersönlich".
[11] Vgl. Damasio, A. R., Ich fühle, also bin ich. Die Entschlüsselung des Bewußtseins, München 1999.
[12] Vgl. Emde, R. N., Die endliche und die unendliche Entwicklung. In: Psyche 45, 9, 1991, 763.
[13] Vgl. Gruen, A., Der Verrat am Selbst. Die Angst vor Autonomie bei Mann und Frau, München 1986.
[14] Ebd., 11.

achtung – er darf sich auf seine Gefühle verlassen und darin Identität erleben.[15] Grandiosität steht im Dienste der Abwehr des tiefen Schmerzes über die Tragik der Selbstentfremdung, die aus der Verleugnung der (emotionalen) Realität resultiert. Wo das Selbstwertgefühl in der Echtheit der eigenen Emotionen wurzelt und nicht im Besitz bestimmter Qualitäten, verschwinden Depression und Grandiosität. Laut Miller bleiben ohne freien Zugang zur real vorfindlichen Biographie mit all ihren Licht- und Schattenseiten auch die Wurzeln der Liebe abgeschnitten. Gerade auch die sperrigen, unbequemen Emotionen tragen wesentlich zur biovitalen Entfaltung bei. „Das Erlebnis der starken Emotionen ist befreiend, weil dieses Erlebnis uns die Augen für Realitäten öffnet, uns von Illusionen befreit, uns verdrängte Erinnerungen zurückgibt und oft unsere Symptome zum Verschwinden bringt. Daher ist dieses Erlebnis auch stärkend und entwicklungsfördernd".[16]

Weil Emotionen das menschliche Selbsterleben so zentral berühren, bestimmen sie menschliches Leben in hohem Maß und sind ständig präsent. Mit emotionslosen Menschen lässt sich nur schwer in Kontakt kommen; Beziehung, Kommunikation und Bindung beruhen vorwiegend auf emotionalem Austausch. Die Neugeborenenforschung deutet das Artikulieren von Emotionen im Sinne der Kommunikation des Säuglings mit einer Bezugsperson, welche auf wichtige Signale des Säuglings wiederum mit Signalen antwortet. Emotionen und ihre Artikulation stehen im Zusammenhang mit Entwicklung und Wachstum, mit der Entfaltung von Kommunikation und Beziehung.[17] Sie lassen sich im Gegensatz zu Gedanken nur in engen Grenzen beherrschen und bewusst steuern, ihnen eignet immer auch ein gewisses Maß an Eigenständigkeit und Widerspenstigkeit.[18] Emotionen sind auch Gegenstand der Ausdruckspsychologie, sie sind Ausdruck dessen, was im Einzelnen vorgeht. Sie stehen in engem Verhältnis zu den sog. emotionalen Reaktionen; darunter sind Veränderungen zu verstehen, welche im Zusammenhang mit Emotionen auftreten können: physiologische Reaktionen wie zum Beispiel Veränderungen der Atemfrequenz und des Blutdrucks sowie körperliche Expressionen. Die physiologischen Veränderungen verdeutlichen, wie sehr Körperlichkeit und Emotionalität aufeinander bezogen sind.[19]

a. Der Zusammenhang von Emotionalität und Körperlichkeit

Das Ausdrucksverhalten umfasst die emotionsbezogene, motorische Körpersprache wie z. B. Gesichtsausdruck, Körperhaltung, Gestik, Mimik sowie bestimmte Merkmale der Sprechstimme. Mittels dieser nichtsprachlichen, motorischen Körpersprache bzw. sichtbaren Aspekte physiologischer Aktivierung werden Emotionen bevorzugt kommuniziert. Sie befinden sich an der Nahtstelle zwischen somatischen und psychischen Funktionen, stehen in Beziehung zu Flucht- und Abwehrreaktionen und beeinflussen die Regulation des Muskeltonus. Die verschiedenen Emotionspsychologien stellen übereinstimmend einen engen Zusammenhang zwischen Emotionserleben und körperlichen Reaktionen

---

[15] Vgl. Miller, A., Das Drama des begabten Kindes. Eine Um- und Fortschreibung, Frankfurt a. M. 1996, 54.
[16] Ebd., 161.
[17] Vgl. Lichtenberg, J. D., Psychoanalyse und Säuglingsforschung, Berlin 1991, 19.
[18] Vgl. Kruse, O., Emotionsdynamik und Psychotherapie. Grundlagen zum Verständnis menschlicher Emotionen und ihrer psychotherapeutischen Beeinflussung, Weinheim 1985, 12.
[19] Vgl. Meyer, W.U., Schützwohl, A., Reisenzein, R., Einführung in die Emotionspsychologie, Bd. I, Bern-Göttingen 1993, 30.

4.1. Emotionale Kompetenz als Basiskompetenz

fest.[20] Die ein Gefühlserlebnis begleitende innere Erregung verleiht diesem erst seine subjektive Bedeutung; so dass ohne die in der Vitalsphäre grundgelegte Beteiligung der leib-seelischen Ganzheit Betroffenheit und Gleichgültigkeit nicht voneinander zu unterscheiden wären.[21] Verena Kast sieht diesen psychosomatischen Konnex derart eng, dass sie von einem Gefühl der Leiblichkeit reden kann: „Basis unserer Identität ist das Gefühl der Leiblichkeit und damit verbunden der Vitalität, das Gefühl des Lebendigseins. In diesem Gefühl wurzelt die Möglichkeit, sich als Ich aktiv einzubringen im Leben, sich letztlich selbst zu verwirklichen".[22]

Emotionen wirken über das autonome Nervensystem auf die Aktivierung bzw. Hemmung nahezu aller Innenorgane; sie sind also aufs engste mit der Regulation vegetativer Funktionen verbunden. Bei Ärger wird der Körper physiologisch auf Angriff vorbereitet: Das sympathische Nervensystem reagiert überaktiv, die Verdauung ist gehemmt, der Blutdruck erhöht. Das Nebennierenmark produziert Adrenalin und Noradrenalin, dadurch werden Glykogene mobilisiert. Die Hypophyse schüttet adrenocorticotropen (ACTH)-Hormone aus, woraufhin aus dem Körpereiweiß Glykogen bereitgestellt wird. Der Körper steht unter Stress, er lebt vom körpereigenen Eiweiß, das Immunsystem wird gehemmt. Das gesamte Körpersystem befindet sich in einem Alarmzustand und ist energetisch für einen Angriff gerüstet.[23] Laut Uexküll et al. gilt Ärger zwar nicht als einzige, so doch als eine wichtige Ursache für essentielle Hypertonie. Schmidt et al. weisen darauf hin, dass durch Zurückhalten von Ärger bei Menschen mit hoher Aggressionsbereitschaft das Risiko für koronare Herzkrankheiten wächst. Wenn diese Personengruppe Ärger zurückhält, bedeutet dies Stress für den Körper. Die Wahrscheinlichkeit, dass bei hoher Aggressionsbereitschaft durch habituelle Hemmung eine koronare Herzkrankheit entsteht, ist größer als bei Ärgerausdruck.[24] Die Forscher betonen jedoch, dass die Ätiologie jeder Krankheit multifaktoriell ist und somit kein Automatismus hergestellt werden kann.

Die beiden Aggressionsforscher Bach und Goldberg verweisen auf weitere potentielle (!) psychosomatische Folgen von unterdrückter Aggression und unterdrücktem Ärger: Wenn die aggressive Energie nicht den direkten Weg nach außen zur gerichteten,

---

[20] Vgl. Kruse, O., Emotionstheoretische Erklärungsansätze in der Psychotherapie. Verhaltenstherapie und psychosoziale Praxis, 4, 1986, 454-475; vgl. Goller, H., Das Rätsel von Körper und Geist, Darmstadt 2003.
[21] Vgl. Ulich, D., Das Gefühl, 34.
[22] Kast, V., Von der Schwierigkeit, eine neue Identität zu finden. In: dies., Loslassen und sich selber neu finden. Die Ablösung von den Kindern, Freiburg i. Br. 1991, 65; vgl. Neubeck, Klaus, Die Atemmembran. Der Körper als Bühne der Gefühle in: www.atemphilosophie.de/AufsatzMembran.htm. In diesem Aufsatz wird der Zusammenhang zwischen verspannten Körpergebieten und zurückgehaltenen Emotionen angesprochen. „Für das Verständnis der Emotionen bedeutet dies, dass sie als ein körperliches Geschehen aufzufassen sind, das untrennbar mit dem Atem verbunden ist. Emotionen sind offensichtlich dadurch möglich geworden, dass die körperlichen Schwingungen, die vom Atemrhythmus erzeugt werden, zur Darstellung der Emotionen ummoduliert werden. Da die Emotionen auf den Schwingungen des Atems aufbauen, können sie als Atemschwingungen begriffen werden. Damit wird verständlich, warum Emotionen bewusst nachgeahmt werden können, indem man deren körperliche Merkmale nachahmt, oder warum auf die eigenen Emotionen Einfluss genommen werden kann, indem man direkt den Atem beeinflusst. Wenn sie Schwingungen sind, wird auch verständlich, dass sie so leicht in Resonanz mit den Emotionen anderer Menschen treten".
[23] Vgl. Uexküll, T. v., Adler, A. et al. (Hg.), Psychosomatische Medizin, München 1986.
[24] Vgl. Schmidt, T. H. et al., Arterielle Verschlusskrankheiten: Koronare Herzkrankheit, Apoplexie und Claudicatio intermittens, in: Uexküll, T. v., Psychosomatische Medizin, 650-690. Bei Menschen mit Herzkrankheiten kann das Herz eine ungeheuer aggressive Kontrolle über die Familie ausüben, indem bei Konflikten stets auf das kranke Herz verwiesen wird, welches durch Aufregung den Tod fände. Die Herzkrankheit kann anstelle der Aggression stehen, jeder Konflikt wird abgeblockt; vgl. Kast, V., Vom Sinn des Ärgers, 88.

entschlossenen Gegenüberstellung erfährt, wendet sie sich gegen den eigenen Körper. Während der nach außen aggressive Mensch durch die Freisetzung eines enormen Energiestroms eine Mobilisierung der gesamten Muskulatur und des Nervensystems erfährt, befindet sich der aggressionsrepressive Mensch andauernd im Zustand unterschwelliger Aggressivität, welche sich mangels adäquater Entladung im Innenbereich physiologisch fixiert und dort eine mögliche Grundlage für psychosomatische Erkrankungen bildet.[25] Bach & Goldberg erkennen im Asthmatiker einen heimlichen Empörer, der seine Wutgefühle innerhalb einer engen Abhängigkeitsbeziehung unterdrückt. „Die Anfälle hören nämlich oft zu dem Zeitpunkt auf, da der Kranke genügend Selbstsicherheit und Kraft entwickelt hat, um seine Gefühle ohne Umschweife zu äußern und unabhängig zu handeln".[26] Auch Kopfschmerzen können darin begründet sein, dass aversive Gefühle gegen nächste Verwandte nicht eingestanden werden und keinen Ausdruck finden. Ebenso können Arthritis und Krebs durch nicht ausgedrückte Aggression (mit-) verursacht werden. Da die Krankheitsgenesen multifaktoriell sind, ist den beiden Aggressionsforschern der Aufweis des engen Zusammenhangs von Emotions-/Aggressionskompetenz und vitalisierter Körperlichkeit wichtiger als die abschließende Beantwortung der Frage nach der Entstehung von einzelnen Krankheiten. Analog zur Ambivalenz des Aggressionsvermögens ist das ambivalente Wirkvermögen der Emotionen zu rekonstruieren:

b. Die Ambivalenz der Emotionalität – emotionaler Missbrauch

Peter Sloterdijk bezeichnet die Emotion „Zorn" als stärksten und zerstörerischsten Motor der Geschichte.[27] Mit der Diktion „Zorngeschäfte" verweist Sloterdijk auf jene Institutionen, revolutionäre Bewegungen, Protestparteien, Gewerkschaften und Religionsgemeinschaften, die mit dem Zorn Geschäfte machen, indem sie dem Einzelnen seine Empörung abfordern, um sie zu verwalten und zu mehren: „bis es genug ist für den endgültigen Schlag, das blutige Weltgericht". Die „Weltgeistlichen des Hasses" lenken die aufrührerischen Zornesenergien der Einzelnen und initiieren so Aufruhr, wo er strategisch notwendig erscheint. Für Sloterdijk geht das blutige 20. Jahrhundert ganz „auf das Konto der modernen Radikalismen, die dem kollektiven Zorn, unter idealistischen wie materialistischen Vorwänden, nie betretene Wege zur Befriedigung weisen wollten – Wege, die, vorbei an moderierenden Instanzen wie den Parlamenten, den Gerichten, den öffentlichen Debatten und unter Verachtung für die kleinen Fluchten, auf gewaltige Freisetzungen von ungefilterten Racheenergien, Ressentiments und Ausrottungswünschen zuliefen".[28] Sloterdijk verweist auf das gegenwärtige Zornkollektiv des Islamismus, dessen massenmedial gesteuerter Aufruhr durch Bedienung des Gefühls der Zurücksetzung weltweit Massen mobilisiert.

Die US-amerikanische Psychologin Susan Forward weist auf die Ambivalenz des Emotionsvermögens hin und beschreibt die Kehrseite der emotionalen Kompetenz. Sie spricht von emotionalem Missbrauch bzw. emotionaler Erpressung, die vorliegt, wenn

---

[25] Vgl. Bach, G. R., Goldberg, H., Keine Angst vor Aggression, 121.
[26] Ebd., 123.
[27] Vgl. Sloterdijk, P., „Zorn und Zeit", Frankfurt a. M. 2007.
[28] Ebd., 57.

einer dem anderen mit Strafsanktionen droht, falls er das gewünschte Verhalten nicht aufweist. „Wenn du dich nicht so verhältst, wie ich es von dir will, wirst du leiden".[29] Ähnlich wie bei sexuellem Missbrauch werden bei der emotionalen Variante die Emotionen des anderen benutzt, um Macht über ihn zu bekommen und Eigeninteressen rücksichtslos durchzusetzen. Der andere wird gebraucht und missbraucht, um die eigenen Bedürfnisse zu befriedigen. Daraus entwickelt sich eine Emotionskonfusion, man kennt sich in der eigenen Gefühlswelt nicht mehr aus und ist hin- und hergerissen zwischen dem Gefühl, anderen aus moralischen oder religiösen Gründen verpflichtet zu sein (und den korrespondierenden Schuldgefühlen, wenn auf die Wünsche des anderen nicht eingegangen wird bzw. nicht eingegangen werden kann) und dem Empfinden für die eigene Stimmigkeit. Durch emotionalen Missbrauch wächst die Entfremdung in zwischenmenschlicher Hinsicht, zudem werden destruktive Aggressionen geweckt.

Laut Forward sind auch die Erpresser sich entfremdet und oft von Angst besetzt, die sie nicht konfrontieren und zu der sie keinen Kontakt herzustellen vermögen. Sie üben auf das Opfer Druck aus, um dieser eigenen Angst zu entfliehen. Die Opfer wiederum sind an ihrer wunden Stelle erpressbar, weil sie sich nicht mit ihrer verletzten Vergangenheit aussöhnen konnten. Für die einen Opfer ist Angst die offene Wunde, die Angst vor Alleingelassenwerden, für andere besteht die offene Stelle im Schuldgefühl, welches das Opfer fürchtet, der Täter hingegen umso gezielter anspricht. Emotionale Erpressung einmal zugelassen, versetzt das Opfer in den Status der Ohnmacht und vereitelt ein künftiges Entgegentreten. Es bildet sich ein circulus vitiosus von emotionalem Missbrauch, von Angst, Schuld und Wut, von Nachgeben, Kälte und Erstarrung. Susan Forward beschreibt sechs destruktive Symptome der Erpressung: 1. Der Erpresser fordert etwas von dem Opfer. 2. Das Opfer leistet Widerstand. 3. Der Erpresser erhöht den Druck. 4. Er droht dem Opfer, dass es mit Konsequenzen rechnen muss, wenn es nicht tut, was er will. 5. Das Opfer unterwirft sich, obwohl es sich schlecht dabei fühlt. 6. Beim nächsten Konflikt wird der Erpresser seine Strategie wiederholen. Das Opfer ist gefangen.[30]

Forward unterscheidet vier Typen von Erpressern: Der Bestrafer droht bei unerwünschtem Verhalten eine Bestrafung an, welche in keinem Verhältnis zu dem Verhalten steht, das der Erpresser zu verhindern sucht. Das Opfer sieht sich in der misslichen Lage, der Bestrafer könnte tatsächlich die Drohung realisieren; wenn es indessen dem Druck nachgibt, wird es von Wut überschwemmt: „Wut auf den Erpresser, der eine derart bedrückende und beengende Situation schafft, und auf sich selbst, weil man nicht den Mut aufbringt, eine Auseinandersetzung zu riskieren".[31] Der Typ des Selbstbestrafers macht das Opfer für die eigenen Schwierigkeiten verantwortlich. Im Extremfall wird Suizid angedroht. Der Selbstbestrafer spürt die Ängste und Schuldgefühle des Opfers, er spielt mit ihnen und setzt sie als Machtmittel ein, um seinen Willen durchzusetzen, den anderen gefügig zu machen und ihn an sich zu fesseln. Der sog. Leider wirft dem Opfer vor, nicht zu merken, wie schlecht es ihm geht. „Deprimiert, stumm und oft in Tränen aufgelöst, ziehen sich viele Leidende ohne Mitteilung der Gründe zurück, wenn sie nicht bekommen, was sie wollen. Die Mitteilung ihrer Bedürfnisse erfolgt nach ihren eigenen zeitlichen Vorstellungen oft erst, nachdem sich ihr Opfer stunden- oder sogar wochenlang in Angst

---

[29] Forward, S., Emotionaler Missbrauch. Wenn andere mit Gefühlen drohen, München 1998, 12.
[30] Vgl. ebd., 26ff.
[31] Ebd., 48.

und Sorge gewunden hat".[32] Die Leidensmiene ist ein permanenter Vorwurf an den anderen, dieses Leid zu verursachen. Der Leider ruft bei seinen Opfern den Retter- und Beschützerinstinkt hervor, so dass das Opfer gezwungen wird, sich fortwährend um ihn zu kümmern. Der Verführer schließlich missbraucht am subtilsten: „Manche Verführer handeln mit emotionalen Bestechungsgeldern, mit Luftschlössern voller Liebe, Anerkennung, familiärer Nähe und geheilten Verletzungen. Die Eintrittskarte zu dieser reichen, unbefleckten Phantasie erfordert nur eine einzige Konzession: dem nachzugeben, was der Verführer will".[33] Alle vier Typen von emotionalen Erpressern tauchen ihre Opfer in einen Nebel von Angst, Schuld und Pflichtgefühl, die Eigenorientierung und Ausrichtung an eigenen Gefühlen und eigener Stimmigkeit wird durchkreuzt und verunsichert nach dem Motto: „Ich darf doch nicht so egoistisch sein und nur an meinen Weg denken".

Um aus diesem Teufelskreis auszubrechen, muss das Opfer lernen, sich nicht mehr die Spielregeln vom Missbraucher aufdrängen zu lassen, sondern selbst das Heft in die Hand zu nehmen und die Selbstachtung wiederzufinden, indem es zu sich und zu seinen Emotionen steht. Der Missbraucher muss sich der eigenen Bedürftigkeit und (emotionalen) Wahrheit stellen, in die eigene Angst, Not und Verzweiflung hinabsteigen und sich mit der eigenen Menschlichkeit und Erbärmlichkeit aussöhnen. Für beide ist es wichtig, aus dem Muster des Machtkampfes auszubrechen, die alten Rollen abzulegen und gemeinsam nach Lösungen Ausschau zu halten, welche die Ängste und Bedürfnisse beider Partner berücksichtigen.

Gemäß der auch von Otto Kruse[34] vertretenen Ärger-Aggressionstheorie von Verena Kast motivieren Emotionen in ihrer Ambivalenz Aggressionshandlungen.

4.2. Ärgermotivierte Aggression – Die Ärger-Aggressionstheorie von Verena Kast

Kasts Aggressionstheorie baut auf C. G. Jungs Tiefenpsychologie auf, entwickelt sie weiter und verbindet sie mit den Erkenntnissen der modernen Säuglingsforschung und den Einsichten der Emotionspsychologie. Gerade diese Verknüpfung verschiedener psychologischer Richtungen profiliert ihren Zugang zum Aggressionsphänomen. Im Folgenden sollen diese drei Säulen dargestellt werden. Am Anfang der folgenden Ausführungen steht die Emotionspsychologie, zumal sich von daher der Aggressionsbegriff profiliert; sodann wird auf die elementare Bedeutung der Aggression in der Säuglingsentwicklung eingegangen, um schließlich die Funktion der Aggression in der Jung-Rezeption Kasts zu rekonstruieren.

---

[32] Ebd., 62.
[33] Ebd., 68.
[34] Vgl. Kruse, O., Emotionsentwicklung und Neurosenentstehung. Perspektiven einer klinischen Entwicklungspsychologie, Stuttgart 1991.

a. Emotionspsychologischer Zugang

Die Emotionen „Ärger, Wut, Zorn" als Motivationsbasis

Die Ärger- Aggressionstheorie geht davon aus, dass die Motivation zum Handeln aus der Emotion zu stammen vermag.[35] Der Fokus der vorliegenden Studie richtet sich auf die aversiven Emotionen Ärger, Wut und Zorn, die sich in Aggressionen ausdrücken können, jedoch nicht zwangsläufig müssen. Vorliegende Aggression muss auch nicht ärger-, wut- oder zornbedingt sein, lässt sich jedoch als deren natürlicher Ausdruck verstehen.[36] Während in früheren Jahren nicht zwischen der emotionalen Ärgerkomponente und der häufig daraus folgenden Handlung der Aggression differenziert wurde, verspricht diese Unterscheidung einen besseren Umgang mit diesen warmen Emotionen und Aggression sowie eine Erhöhung der Wahrscheinlichkeit, Destruktivität zu vermeiden. Izard zählt Ärger zu den fundamentalen Emotionen, die Bereitschaft zu Ärger gilt als angeboren,[37] während die Emotion „Wut" laut Säuglingsforschung erst mit ca. 3 Monaten auszumachen ist.[38] Jede Emotion impliziert eine bestimmte Erlebnisqualität und einen Anreiz zu bestimmtem Verhalten: Ärger gilt als unabdingbar dem Menschsein zugehörige, aversive Emotion von großer Wichtigkeit, der in erster Linie die Funktion der Gewährung emotionaler Orientierung zukommt. Er gilt als Indikator für eine Beziehungsstörung und somit als Appell, sich auf eine klärende Auseinandersetzung einzulassen.

Im Ärger liegt der Anreiz zur Reflexion bestehender Beziehungen, um Konflikte anzusprechen und auszutragen, sich selber und die zwischenmenschlichen Beziehungen neu zu definieren sowie Nähe und Distanz neu auszutarieren. Wer sich ärgert, reklamiert Empathie: das eigene Verständnis von Achtsamkeit wurde verletzt und soll wieder hergestellt werden; der Andere soll erkennen, dass sein Verhalten dem Ersten gegenüber nicht in Ordnung ist und der Korrektur bedarf. Ärger reguliert die Schwierigkeiten mit menschlichen Grenzen, er regt dazu an, über Grenzen grundsätzlich nachzudenken und sie zwischenmenschlich zu bereinigen, sie zu schützen, aufzulösen, neu zu setzen und dabei Grenzkonflikte einzugehen. „Was die Selbsterhaltung und die Selbstentfaltung körperlich, psychisch und sozial stört oder beeinträchtigt, löst unter anderem Ärger und Wut aus, besonders dann, wenn man die Störung als böswillig oder mutwillig erkennt und auch dann, wenn die Beziehung zu dem Menschen, der Ärger auslöst, uns besonders wichtig ist".[39] Ärger indiziert, dass in der Beziehung zu Anderen bzw. zur Welt Selbsterhaltung und Selbstentfaltung nicht mehr gewährleistet sind, so dass die Grenzen neu definiert werden müssen. Vielfache Ursachen evozieren Ärger und regen dazu an, sich mit dem verletzten Selbstwert auseinanderzusetzen und bei Kränkung das Selbstwertgefühl wieder zu regulieren: Die Beeinträchtigung von Ansprüchen des individuellen Selbstseins,[40] der Angriff auf das Selbstwertgefühl, der versagte Respekt vor persönlichen Grenzen, Missbrauch und Ausnützen der persönlichen Ressourcen, die nicht wahrgenommene persönliche Integrität. Um zu einem guten Selbstwertgefühl zu gelangen, will der Mensch

---
[35] Vgl. Emde, R. N., Die endliche und die unendliche Entwicklung, 771.
[36] Vgl. Kast, V., Vom Sinn des Ärgers, 233.
[37] Vgl. Izard, C. E., Die Emotionen des Menschen, 36.
[38] Vgl. Lichtenberg, J. D., Psychoanalyse und Säuglingsforschung, Berlin 1991, 22.
[39] Kast, V., Vom Sinn des Ärgers, 205.
[40] Vgl. Lersch, P., Aufbau der Person, 235f.

sich aktiv einbringen, etwas gestalten und dadurch etwas in der Welt bewirken. Ärger entsteht, wenn die aus der lustvollen Ich-Aktivität hervorgehende, schöpferische Lebenslust gebremst wird. Der Ärger indiziert, dass das eigene Potential sich nicht schöpferisch entfalten kann und keinen Ausdruck in kreativen Neugestaltungen findet. Laut Kast bildet Ärger eine große Energiequelle:[41] Durch die innere Spannung wird eine Handlung vorbereitet und motiviert, es steht mehr Kraft zur Verfügung, die Konzentration erhöht sich und das Selbstwertgefühl ist gesteigert. Dieses energetische Moment erhöht die Risikobereitschaft und den Wagemut, sich auf eine Auseinandersetzung einzulassen und Frustrationen abzubauen. Im Ärger steckt eine große Lebendigkeit, welche zum Angehen von Veränderungen motiviert und die diesbezüglich erforderliche Kraft zur Verfügung stellt, so dass die persönliche Integrität geschützt und die je eigene Identität erhalten und entfaltet werden kann.

Um des Gelingens konstruktiven menschlichen Miteinanders willen kann es laut Kast nicht angehen, diese fundamentale Emotion wegzutrainieren oder wegzutherapieren. Ärger gehört unabdingbar zum Menschsein, es gilt, einen menschlichen Umgang mit ihm zu entwickeln und Reibungen im zwischenmenschlichen Umgang als Normalfall anzusehen. Für eine konstruktive Konfliktkultur ist es erforderlich, Ärger als Indikator für eine Störung im Beziehungssystem wahr- und ernstzunehmen. Die durch ihn vermittelte emotionale Orientierung ermöglicht eine frühzeitige Wahrnehmung von Konflikten und einen situationsadäquaten Umgang damit. Wer zu seinem Gefühl des Ärgers eindeutig steht, fördert die Klarheit und umreißt in emotionaler Hinsicht einen eindeutigen Konflikt, der dann auch als solcher angegangen werden kann. Man weiß, „woran man ist", welche Emotion wirklich erlebt wird und welche Bedeutung ihr zukommt. „Wer Ärger zulässt, glaubt daran, dass man das Leben noch verändern kann".[42] Der Ärger behauptet indirekt den Glauben an die noch unentwickelten Potenzen im Gegenüber, so dass sich eine Beziehung zum Positiven zu verändern vermag. Der Umgang mit ihm ist dort am produktivsten, wo er effektiv ausgedrückt wird und so eine Verhaltensänderung ermöglicht. Bei Hemmung des vitalen Ärgerausdrucks bleibt der Nörgler zurück, der bei aller Verärgerung den Ärger nicht wirklich zulässt und damit jede Veränderung blockiert. Kast empfiehlt, sich „entweder mit einer Sache einverstanden zu erklären oder kundig unzufrieden zu sein, so dass wir den Ärger wirklich nützen können, um Situationen zu verändern".[43] Durch den Ausdruck von Ärger wird der Konflikt gewagt, die Kommunikation verbessert und bei fairer Auseinandersetzung seine Korrektivfunktion aktiviert, Grenzen entschlossen zu bereinigen und Selbsterhaltung und -entfaltung neu zu ermöglichen. Der effektive Ärgerausdruck vermag zu einer Beziehungsklärung beizutragen: Da er alle Beteiligten ermutigt, sich abzugrenzen und sich selbst besser gerecht zu werden, leistet er einen wichtigen Beitrag zum Prinzip der unversehrten Intersubjektivität: Für alle Beteiligten gelten dieselben Rechte, jeder ist gleichwertig.[44] Bei konstruktivem Umgang mit Ärger wird der Impuls freigesetzt, unter Beachtung des Prinzips der unversehrten Intersubjektivität mit

---

[41] Vgl. Kast, V., Vom Sinn des Ärgers, 23.
[42] Ebd., 31.
[43] Ebd., 207.
[44] Vgl. Habermas, J., Vergangenheit als Zukunft, Zürich 1990, 148ff. Nach Habermas werden Probleme besser gelöst, wenn symmetrische Verhältnisse zwischen Menschen herrschen und sie sich reziprok dieselben Rechte und dieselbe Wertigkeit zusprechen und zugestehen.

sich und anderen neu und verantwortlich umzugehen. In Kasts Konzeption motivieren die aversiven Emotionen Ärger, Wut und Zorn eine Aggressionshandlung.

Die ärgermotivierte Aggressionshandlung

Verena Kast leitet den Begriff der Aggression vom lateinischen Verb „aggredi" ab und versteht darunter den Drang, auf Menschen oder Dinge aktiv zuzugehen, mit der Intention, sich zu treffen und sich zu verändern.[45] Aggression hat zunächst einen friedlich intentionalen Aspekt der Annäherung im Blick: jemanden angehen, sich an jemanden wenden, an etwas herangehen, sich an einen Ort begeben, etwas in Angriff nehmen, initiieren, etwas unternehmen und vorantreiben, eine Aufgabe anpacken. Dabei spielt die körperliche Bewegung eine große Rolle, welche nach Kasts Dafürhalten aggressiv und welterobernd ist. Aggression lässt sich als natürlicher Ausdruck der Emotionen Ärger, Wut und Zorn verstehen, wobei Letztere Energie und Motivationsschub zur Verfügung stellen, um zielgerichtet auf jemanden oder etwas mit der Absicht zur Veränderung zuzugehen. Durch besagte Emotionen wird die Handlung des entschiedenen Angehens konfliktiver Situationen motiviert und eine Grenzklärung ausgelöst. Diesbezüglich motivierte Aggression dient der Offenlegung eigener Absichten und der persönlichen Befindlichkeit, mit dem Ziel, etwas in Bewegung zu bringen. Ihr kommt die Funktion zu, Absichten, Wünsche und Emotionen an einen anderen Menschen heranzutragen, mit der Absicht, *Kontakt herzustellen* und eine Veränderung anzustoßen. Das Aggressionsvermögen bildet in Kasts Verständnis hinsichtlich seiner Fähigkeit, den anderen zu berühren und aus dieser Verbindung heraus Veränderungen anzugehen, ein fundamentales Kontaktvermögen. Ein Übermaß an Aggressionshemmung verhindert indessen das Zustandekommen dieses Kontaktes.

Aggressionshemmung und Ärger-Aggressionskultur

Kast redet einer wünschbaren Aggressionshemmung das Wort: Um ihrer eigenen Realisierung willen hemmen prosoziale Emotionen wie Verantwortung, Liebe und Fürsorge die Aggression. Laut Kast strebt der Mensch neben Selbsterhaltung und Selbstentfaltung auch die Partizipation in einer Solidargemeinschaft an, so dass die gewollte Aggressionskontrolle im Dienste der Entwicklung der prosozialen Kompetenzen steht.[46] Auch wenn die Kontrolle der Aggression gesellschaftlich höher bewertet wird als ihr Ausdruck, wirkt sich ein Übermaß an Hemmung für das menschliche Miteinander destruktiv aus. Der Betroffene setzt Bewältigungsmechanismen ein, um sich des unangenehmen Gefühls des Ärgers zu entledigen. Dadurch ist die (konfliktive) Situation scheinbar bewältigt, der Friede vermeintlich hergestellt, der Konflikt bleibt jedoch trotz Abwehr der aversiven Emotionen bestehen. Nach Kast hat der gekonnte Umgang mit Ärger viel mit Konfliktfähigkeit zu tun. „Immer wenn Ärger verdrängt wird, verändert sich nichts".[47] Um Konflikte zwischen Menschen austragen zu können, ist es unumgänglich, Ärger und Wut zu erkennen und Verletzungen als solche zu würdigen und zu respektieren, um sie künftig zu vermeiden. Bei Ärgerausdruck besteht die Möglichkeit, sich in einem guten Sinne von den anderen

---

[45] Vgl. Kast, V., Wege aus Angst und Symbiose, in: Praxis der Psychotherapie und Psychosomatik 29, 1984, 296.
[46] Vgl. Kast, V., Vom Sinn des Ärgers, 76.
[47] Ebd., 73.

abzugrenzen, sie bei Grenzverletzungen in die Schranken zu weisen und Veränderungen zu reklamieren.

Verena Kast beklagt das Fehlen einer Ärger-Aggressionskultur: Die wenigsten Menschen vermögen ihren Ärger konstruktiv auszudrücken und eine klare Konfliktbearbeitung vorzunehmen. „Zwischen Dreinschlagen und Hineinfressen des Ärgers gibt es noch eine ganz offene Art, den Konflikt anzusprechen".[48] Eine problematische Hemmung der ärgermotivierten Aggression liegt vor, wenn die Kontrolle der Aggression den Konflikt nicht mehr sehen lässt, wie zum Beispiel unter dem Einfluss der die Selbstwahrnehmung unterbindenden, passiven Aggression, die durch die feindselige Entwertung des Gegenübers zutage tritt. Dabei findet keine Auseinandersetzung mit der Ursache des Ärgers statt, man lässt sich von der Situation nicht berühren, steht nicht zu den eigenen Emotionen und damit zu sich selbst. Die Aggressionshemmung bewirkt zwar vordergründig einen reibungsloseren Umgang mit den Mitmenschen, unterschwellig wirken die Aggressionen jedoch weiter. Wer dem Mitmenschen nie zu nahe tritt, berührt ihn auch nicht, ist für ihn nicht spürbar. Aggressionshemmung wird als künstliche Einengung erlebt: Wer sich mit dem Aggressionsgehemmten identifiziert, hat den Eindruck, keinen Raum beanspruchen und nicht atmen zu dürfen. Die eigenen Bedürfnisse nach Expansion und Aktivität sind gehemmt, man darf nicht ausgreifen, das Leben wird zunehmend eingeengt.[49] Mit der Befürchtung, die Ablehnung seines Gegenübers erleben zu müssen, verzichtet der Gehemmte auf diese für eine Beziehung elementar wichtigen flexiblen Abgrenzungen. Die vermiedenen Aggressionen sind dennoch vorhanden, wenn auch sehr schwer angehbar. Die Mitmenschen spüren und erfahren sie durch die geäußerten entwertenden Umdeutungen seitens des Aggressionsgehemmten: Lebendige, expansive Menschen werden als machtgierig, kreative Menschen als ehrgeizig umgedeutet. Im Entwerten kommt die Aggression als ausgesprochen destruktives Wirkvermögen zur Geltung.

Weil die Aggressionshemmung eine gesunde Selbstbehauptung verhindert, führt sie auch zu gedrückter Stimmung. Aggression korrespondiert und korreliert mit Lebenslust und biovitaler Entfaltung. Gehemmte Menschen stehen weder zu ihren Verletzungen noch zu ihren Bedürfnissen und Forderungen. Das unvitale „Ich will nichts" hinterlässt beim Gegenüber Ärger und beansprucht in seiner vermeintlichen Anspruchslosigkeit sehr viel Raum. „Offen ansprüchliche Menschen sind weniger ansprüchlich".[50] Bei ihrem Bemühen, unter Verzicht auf eigene Interessen und durch die Entwertung der eigenen Person sich an andere zu klammern und krampfhaft ihre Wünsche zu erfüllen, dämpfen sie die biovitale Entfaltung. Der Lebensfluss kommt ins Stocken, das Unauthentische an der ganzen Situation erstickt jegliche Vitalität. Ein weiteres Missverständnis Aggressionsgehemmter besteht in der Annahme, durch Vermeidung der Aggression das Wir-Gefühl zu stärken. Dieses wird jedoch durch Grenzbereinigungen erlebt, wo durch Reibung buchstäblich Wärme zu entstehen vermag. Wenn Aggression ausgetragen und Grenzen entsprechend den inneren Bedürfnissen immer wieder neu gesetzt werden, kann zur Errichtung dieser Abgrenzung der Konflikt mit anderen je neu gewagt werden. „Aggression muss fließen, damit Selbstbehauptung und Hingabe dem eigenen Wesen gemäß ausgewo-

---

[48] Ebd., 75.
[49] Vgl. ebd., 80.
[50] Ebd., 82.

gen sind, das individuelle Selbst und das Beziehungsselbst gepflegt werden".[51] Wo Aggression in der Funktion von Trennen und Verbinden gesehen werden kann, im Grenzensetzen und in der Verbindung zum Mitmenschen, gestalten sich Beziehungen authentisch und stimmig. Bei zu starker Aggressionshemmung werden Beziehungen unwirklich, es ist dann auch kein Wir-Gefühl möglich. Nach Kast liegt unter dem Einfluss der Emotion „Angst" eine massive Aggressions- und Lebenshemmung vor.

Angstgenerierte Aggressionsvermeidung als Lebensvermeidung

Unter der Einwirkung von Emotionen geschieht Selbstwahrnehmung in der „Farbe" der entsprechenden Emotion. Während Aggression mit Entfaltung und Expansion in Zusammenhang zu bringen ist, hat das menschliche Selbsterleben unter dem Einfluss von Angst die *Färbung der Minderung*.[52] Angst vermittelt das Gefühl, eingeengt zu sein, zu schrumpfen und keinen Platz in dieser Welt zu haben. Unter dem Einfluss der Angst ist der subjektiv wahrnehmbare Selbstwert gedrosselt, so dass sie zu Fremdbestimmung führt. Der Betroffene traut sich immer weniger zu und ist in einem Gefühl lähmender Ohnmacht gefangen. Weil er sich keinen persönlichen Entfaltungsraum und keinen Wunsch mehr einzugestehen wagt, gewinnt er den Eindruck, für andere Menschen nur dann akzeptabel zu sein, wenn er sich bedingungslos anpasst.[53] Als Dynamik der Lebensminderung steht Angst in direktem Gegensatz zu aggressiven Kompetenzen wie Autonomie und der Kompetenz, das eigene Leben gestalten und entfalten zu können. Der angsterfüllte Mensch leidet unter dem Gefühl, das Leben zu verfehlen, zumal er nicht mit dem ureigenen Potential zur Gestaltung des eigenen Lebens in Kontakt kommt.[54] Unter dem Wirkvermögen von Angst gerät der Mensch in eine *Vermeidespirale*: Statt die Angst aggressiv zu konfrontieren und mutig durchzustehen, wird die Flucht ergriffen und Vermeidung als Bewältigungsstil gewählt. Die Vermeidehaltung trennt den Betroffenen von sich selbst und den eigenen Wurzeln. Kast beschreibt die Wirkweise des Vermeidezirkels wie folgt: „Die Welt wird immer bedrohlicher, wir ängstigen uns immer mehr, wir müssen fliehen und uns einkapseln. Das kostet sehr viel Energie, steigert das Gefühl der Inkompetenz, es wird keine Vitalität, keine Energie mehr ausgestrahlt. Man verschwendet ungeheuer viel Energie, indem man etwas vor sich herschiebt. Vermeiden bringt das Lebensgefühl mit sich, inkompetent und eingeschränkt zu sein. Das beschämt uns. Unser Selbstwert-

---

[51] Kast, V., Sich einlassen und loslassen, 38.
[52] Vgl. Kast, V., Vom Sinn der Angst, Freiburg i. Br. 1996, 52.
[53] Vgl. Bauriedl, T., Wege aus der Gewalt. Analyse von Beziehungen, Freiburg 1993 betont, dass Angst nicht nur zu Anpassung, sondern auch zur Generierung von Feindbildern führt. Der bloße Appell zum Abbau von Feindbildern reicht nicht aus. Es gilt, den Mechanismus zu verstehen, „dass Feindbilder bei uns wie bei anderen Menschen notgedrungen immer wieder entstehen, sobald unsere *Angst in zwischenmenschlichen Konflikten zu groß wird,* dann brauchen wir andere Menschen weniger zu entwerten oder anzugreifen, wenn sie im Zustand der (vielleicht auch verdrängten) Angst mit Entwertung oder mit feindseligen Phantasien reagieren ... Dann brauchen wir nicht mehr Feindbilder gegen Feindbilder zu entwickeln ... " (19). Beim Abbau des Feindbildes ist weniger über einen Irrtum aufzuklären als vielmehr eine bestimmte Beziehungsform zwischen Feindbildträger und „Feind" zu thematisieren. „Wenn das Feindbild als Ausdruck einer bestimmten Beziehung verstanden wird, dann handelt es sich bei der Auflösung von Feindbildern auch nicht um die Aufklärung eines Irrtums, sondern um die Veränderung einer Beziehungsstruktur" (28).
[54] Vgl. Kast, V., Vom Sinn der Angst, 54.

gefühl wird beeinträchtigt, wir haben noch weniger Mut zur Angst, müssen noch mehr vermeiden... ".[55]

Vermeidestrategien führen zu großer Einengung des Lebensraumes und einer Reaktivierung angstauslösender Situationen zugunsten einer intrapsychischen Entwicklung in den Schoß der Ursprungsfamilie zurück. Mit der Regression geht ein Mangel an Autonomie einher, der Vermeider wird von seinem Mutterkomplex bestimmt. Die Vermeidung steht in direktem Gegensatz zum aggressiven In-Angriff–Nehmen und Herangehen. Der mutige Mensch bekennt sich laut Kast im Gegensatz zu dem die Angst durch vermeintliche Gesten der Stärke überspielenden Kontraphobiker zu seiner Angst und geht trotzdem in aggressiver Entschlossenheit das Ängstigende an. Je mehr die Sicherheit in einem stabilen Selbstwertgefühl gründet, desto eher kann Angst zugegeben und zugelassen werden. Das stabile Selbstwertgefühl zeichnet ebenso verantwortlich für die Verhinderung bzw. Minimierung von Destruktivität.

Aggression und Destruktivität

Kast arbeitet darauf hin, dass Menschen sich entwickeln und ihre menschlichen Möglichkeiten entfalten, insbesondere auch die aggressiven Kompetenzen des Zugreifens, Zupackens, des Grenzen Setzens und Veränderns. „Je mehr wir uns selbst entwickeln, je mehr wir uns entfalten, je besser wir herausfinden, wer wir wirklich sind, desto eher können wir zum Beispiel unsere Ängste zulassen und mit ihnen umgehen".[56] Die Arbeit an der Identität ist eine wichtige Voraussetzung, um sich bewusster wahrzunehmen und auch unangenehme Emotionen zuzulassen. Je sicherer das eigene Selbstwertgefühl, umso leichter fällt es, Abwehrkonzepte zu überprüfen und entsprechend Aggression weniger zu projizieren. Dies führt zur Rücknahme der Identifikation mit dem Angreifer und zur Versöhnung mit sich selbst. Der Selbstsichere empfindet sich mit dem eigenen Ärger energiereicher und sein Umfeld als weniger feindselig. Laut Kast gilt es, durch diesen wertsteigernden Zirkel einen kohärenten Ich-Komplex aufzubauen. Unter Kohärenz des Ich-Komplexes versteht sie folgenden Zusammenhang: „Trotz Angstspannung um die eigenen Kompetenzen zu wissen; angesichts einer Vielzahl von konflikthaften Situationen sich in der eigenen Identität nicht wesentlich beeinträchtigt fühlen; Frustrationstoleranz aufbringen, Belastungen aushalten; wissen, dass man sich abgrenzen kann und darf".[57] Auch die Form der Ärgerphantasie hängt von der Kohärenz des Ich-Komplexes und der Höhe des Selbstwertgefühls ab.

Kast vertritt die Auffassung, dass sich das menschliche Selbstwertgefühl essentiell aus der aggressiven Basiskompetenz speist, etwas schöpferisch gestalten und bewirken zu können. Wer weiß, dass er sich selbst behaupten und auseinandersetzen kann, über seine Grenzen selbst entscheiden und sich innerhalb dieses Lebensspielraumes schöpferisch entfalten kann, wird neben einem stabilen Selbstwertgefühl vom Gefühl der Sicherheit und Würde innerhalb der selbst gesetzten Grenzen begleitet. „Aggression verstehe ich als die Kraft, die die Ausfaltung des Lebens in Gang hält, die aber auch für die Entfaltung

---

[55] Ebd., 40.
[56] Ebd., 37.
[57] Kast, V., Vom Sinn des Ärgers, 47.

und die Ausfaltung gebraucht werden muss, wenn sie nicht destruktiv werden soll".[58] Es ist dies der schöpferische Impuls im Menschen und zugleich seine größte Kraftquelle.[59] Diese schöpferische Kraft steckt hinter dem Drang zur Selbstentfaltung, welcher sich in zweifacher Hinsicht artikuliert: Als Antrieb, immer größere Selbständigkeit und Selbstverantwortlichkeit zu erreichen, und zudem als Impuls, eine Entwicklung im Sinne des „Werde, der du bist" anzustreben, im Bewusstsein, dass jeder Mensch als Lebensträger seine ihm eigensten Lebensmöglichkeiten entfaltet und lebt, was in ihm angelegt ist. Dieser Drang zur Selbstentfaltung bewirkt eine Steigerung der Fähigkeit, das eigene So-Sein zu verteidigen, sich nicht im Stich zu lassen und zu sich selbst mit allen Kontrasten in der Persönlichkeit zu stehen.[60] Aggression ist Motor, etwas selbstverantwortlich ausführen zu können, zum eigenen Entschluss zu stehen und ihn durchzutragen; es ist dies ein lebendiges Selbstgefühl. Die Aggression verleiht Mut zur Eigenständigkeit und dient der Entwicklung eigener Kompetenzen im Umgang mit der Welt, sie stärkt das Bewußtsein, etwas verändern und durchtragen zu können. Aggression steht für Freude an Kompetenz und Weltgestaltung/Welteroberung, sie weckt die Neugier auf das noch Unerkannte und die Entschlossenheit zur Zukunft. Wenn das Gefühl dominiert, nirgends etwas bewirken zu können, entsteht Ärger. Destruktivität bildet sich laut Kast dann heraus, wenn eine große Angst entsteht, nichts bewirken zu können und innerhalb unverrückbarer Grenzen nur einen enorm eingeschränkten Wirkungskreis zur Verfügung zu haben: Mittels der Destruktivität werden die bedrohlichen Grenzen zerschlagen.[61]

Ein gutes Selbstwertgefühl wird durch die Aktivierung eigener Vorstellungen und der kreativen Kompetenzen gefördert und ist eng mit dem Gefühl von Identität verknüpft. Der Teufelskreis von Destruktivität und Gewalt wurzelt in verzweifelter Ohnmacht und Angst, welche durch ohnmächtige Wut abgewehrt wird. Je geringer das durch die Hilflosigkeit beeinträchtigte Selbstwertgefühl ausfällt, desto massiver bildet sich die Gewaltreaktion aus; durch destruktives Handeln soll ein sicheres Identitätsgefühl wieder hergestellt werden. Die Spirale der Gewalt wird zur Herstellung der Identität gebraucht, sie verhindert momentan die Angst, erzeugt jedoch immer mehr Angst, welche wiederum nach mehr Gewalt ruft – der Teufelskreis hat sich etabliert. „Wer destruktiv-feindselig handelt, steht unter Druck, einen guten Selbstwert wieder aufbauen zu müssen".[62] Je weniger kohärent der Ich-Komplex, je fragiler das Selbstwertgefühl ausgebildet ist, desto geringer ist die Bereitschaft zu unversehrter Intersubjektivität, die Destruktivität steigt umgekehrt proportional. Die große Unsicherheit bezüglich des Selbstwertes wird durch Machtstreben, Kontrolle und Züge von Omnipotenz und Grandiosität kompensiert. Um selber nicht un-

---

[58] Kast, V., Wege aus Angst und Symbiose, 297. Vgl. Seifert, T., Schöpfung, Erhaltung, Zerstörung – archetypische Aspekte der Aggression, in: Pflüger, P. M. (Hg.), Die Notwendigkeit des Bösen. Aggression und Depression in der Gesellschaft, Bern 1991, 76-106.
[59] Vgl. Assagioli, R., Per l'armonia della vita – la psicosintesi, Florenz 1966, 152. Laut Assagioli stellt das Aggressionsvermögen eine natürliche Energie dar: Eine Welle aggressiver Energie kommt in einem Menschen auf, wird mächtig und stößt kraftvoll nach vorne, um zum Ausdruck zu gelangen. Bei gehemmten Personen verursacht die unterdrückte Welle psychische Schäden. Es besteht die Möglichkeit, aggressive Energie zu verwandeln, das Angriffsziel auszutauschen und dennoch die Intensität der aggressiven Energie zu erhalten. Das heftige Energiepotential kommt in seiner entwickeltsten Form als kreative Lebensmacht zur Geltung. Vgl. Ferrucci, P., Werde was du bist – Selbstverwirklichung durch Psychosynthese, Reinbek 1986, 110f.
[60] Vgl. Kast, V., Sich einlassen und loslassen, 142.
[61] Vgl. Jacoby, M., Das Leiden an Gefühlen von Ohnmacht in der Psychotherapie, in: Egner, H. (Hg.), Macht, Ohnmacht, Vollmacht, Zürich und Düsseldorf, 1996.
[62] Ebd., 46.

terzugehen und im Vergleich mit dem Schwächeren einen Restwert zu erleben, kommt es zur Ausbildung von Dominanzstreben. Eine freie, reziproke Anerkennung des Anderen ist unmöglich, er allein soll die Angleichungsleistung aufbringen und damit Alterität und Selbststand aufgeben.

Nach Kast ist Aggression somit nicht primär feindselig; sie wurzelt nicht in einem destruktiven Trieb, sondern wird destruktiv, wo sie nicht in einer konstruktiv-schöpferischen Weise gelebt werden kann. Je gehemmter die natürliche Aggression ist, umso eher degeneriert sie ins Destruktive. Dabei spielt auch die biografische Prägung eine große Rolle: Aggression wird gestaut, weil in der eigenen Biografie aggressive Auseinandersetzungen immer wieder unmöglich waren, indem sich niemand dieser Aggression stellte oder im Konflikt mit Mächtigeren nur die Opferrolle eingenommen werden konnte. Die jeweilige Lebensgeschichte macht ungläubig für das Konstruktive an der Aggression und bereit zu ihrer destruktiven Variante. „Der Zerstörte zerstört".[63] Vielfach richtet sich die Destruktivität nicht gegen Andere, sondern gegen die eigene Person.

Aggression in der Wendung gegen sich selbst: Autoaggression

In der modernen Depressionsforschung kristallisiert sich immer mehr die Überzeugung heraus, dass bei Vorliegen einer manifesten Aggressionshemmung auch die Wahrscheinlichkeit zunimmt, in depressiver Manier sich zu beschuldigen und abzuwerten.[64] In der tiefenpsychologisch orientierten Emotionsforschung wird davon ausgegangen, dass sich zwischen Emotion und Aggressionshandlung eine Handlungsphantasie ausmachen lässt.[65] Es gilt, diese Phantasien wahrzunehmen und sich bewusstzumachen, um das Vorliegen und die Intensität von Verletzungen erheben und einen konstruktiven Umgang mit Ärger einüben zu können. Die sich um Themen wie Angreifen, Zurückweichen oder Rache bewegenden Ärgerphantasien malen in der Phantasie Wechselwirkungen mit der Reaktion des Adressaten aus. Es wird ein Prozess des Austarierens initiiert, indem gegeneinander abgewogen wird, was bei Umsetzung der Phantasie in die Realität zu befürchten bzw. an Befriedigung zu erwarten ist. Diese Wechselwirkung wird so lange phantasiert und variiert, bis eine Aggressionshandlung operabel erscheint oder auf eine Reaktion verzichtet wird. Wenn in den Ärgerphantasien die Wechselwirkungen mitbedacht sind, besteht immer noch Empathie mit dem Angreifer.[66] Man stellt sich vor, wie seine Reaktion auf die Aggression ausfällt, so dass die im Ärger enthaltene Energie für eine Auseinandersetzung genutzt werden kann. Wenn keine Wechselwirkungen mehr phantasiert werden, dienen die Ärgerphantasien auf unproduktive Weise lediglich der Befriedigung narzisstischer Bedürfnisse. Durch einen phantasierten destruktiv-aggressiven Akt soll der Selbstwert vorübergehend reguliert und die narzisstische Homöostase wieder hergestellt werden.

Autoaggressive Menschen haben massive Ärgerphantasien, zumal das Austarieren entfällt und die Ärgerphantasie aus Gründen der Angst, Scham oder Schuld sofort abgewehrt und gegen sich selbst gewendet wird. Die Autoaggression äußert sich in Selbst-

---

[63] Kast, V., Selbstbehauptung und Hingabe. Begegnung zwischen Selbstbehauptung und Hingabe, in: Schleswig-Holsteinisches Ärzteblatt H 6, 1982, 477.
[64] Vgl. Stiemerling, D., 10 Formen der Depression, Stuttgart 1995.
[65] Vgl. Kast, V., Vom Sinn des Ärgers, 43.
[66] Vgl. ebd., 45.

4.2. Ärgermotivierte Aggression – Die Ärger-Aggressionstheorie von Verena Kast

vorwürfen und Selbstanklagen, man bekämpft und bestraft sich selber. Der Vorgang der Selbstanklage wird von einem intrapsychischen Monolog begleitet, der folgende Psychodynamik aufweist: Die Stimme eines inneren Angreifers erhebt ständig Vorwürfe wie: „Immer machst du alles falsch". [67] Bei der Aggression gegen sich selbst findet eine Identifizierung mit dem Angreifer statt, das Du des Monologs (eigentlich das Ich) ist mit einem Aggressor identifiziert. Der Monolog müsste als Dialog gestaltet werden, indem sich das Opfer wehrt, Rückfragen stellt, Klarstellungen einfordert und sich einen respektlosen Umgang verbittet. Dieser Dialog unterbleibt, der Autoaggressive vermag sich selber nicht zu schützen und lässt sich im Stich. Die Konfliktsituation wäre erst dann angehbar, wenn eine Auseinandersetzung mit dem (inneren) Angreifer stattfände, die Identifikation mit ihm aufgekündigt und somit Distanz zu ihm als eigenständigem Gegenüber geschaffen wäre. [68]

Autoaggressive Menschen erfuhren in der Kindheit Ablehnung, Kritik und Beschämung und internalisierten diese Stimmen. In einer ähnlichen Situation, verbunden mit den erwähnten negativen Erfahrungen, werden die alten Stimmen wiederbelebt. Vom ursprünglichen Beziehungsgeschehen zwischen Aggressor und Opfer bleibt später nur der monologartige Vorwurf übrig. [69] Dabei müssen diese Sätze nicht wörtlich ausgesprochen worden sein, entscheidend ist die vom Kind subjektiv so empfundene, emotional ablehnende Haltung. Ähnliche Aussagen werden später in diese schwierigen, emotional betonten Beziehungserfahrungen integriert. Es lässt sich ein *Zirkel der Depression* ausmachen, der folgende unheilvolle Dynamik aufweist: Weil die Wendung der Aggression gegen sich selbst gegen das grundlegende menschliche Bedürfnis nach Selbsterhaltung und Selbstentfaltung verstößt, löst sie die im Dienste des Selbstschutzes stehende Emotion „Ärger" aus. Da das eigene Idealbild keine Ärgertoleranz gestattet, muss er mit noch mehr Aggression gegen innen gewandt werden, was wiederum neuen überlebenswichtigen Ärger weckt, den es mit noch größerer Vehemenz autoaggressiv abzuwehren gilt. Menschen mit einer derartigen Psychodynamik erleben oftmals eine große Wut, die auszudrücken sie beabsichtigen, jedoch nicht wagen. *Der Zirkel der Depression ist psychodynamisch somit*

---

[67] Ebd., 107.
[68] Vgl. Becker, D., Ohne Haß keine Versöhnung. Das Trauma der Verfolgten, Freiburg 1992, 186-233. B. wertet eigene Erfahrungen aus der psychologischen Extraumatisierungsarbeit mit Opfern der chilenischen Diktatur aus und identifiziert vier typische Reaktionen auf Folter und Misshandlung der Opfer: 1. Lange anhaltende Sprachlosigkeit; 2. Ohnmacht, die außerstande setzt, eigene Emotionen noch wahrzunehmen; 3. Identifikation mit dem Täter, durch die das Opfer die Logik des Täters übernimmt und so eine Erklärung für das Unrecht findet; 4. Unbewusste Selbstzerstörung, weil das Erlittene nicht bearbeitet und überwunden werden kann. Zur Heilung bedarf es nach Becker eines erneuten Durchleidens der Qualen. Bei diesem therapeutischen Prozess ist es wichtig, die Autoaggression durch eine *Aggression gegen den Täter* zu ersetzen. Das Opfer muss die verdrängten und unter der erschlagenden Ohnmachtserfahrung unterdrückten Gefühle des Hasses gegen den Aggressor zulassen, um aus dem Gefängnis der eigenen Verletztheit herauszukommen. Die Fähigkeit, auch Aggression in Form von Hass zuzulassen, ist Voraussetzung der Möglichkeit subjekthaft vollzogener Versöhnung, zumal nur die emotionale Redlichkeit (auch negative Emotionen zulassend) zum Zustand subjekthaften Menschseins führt, der Voraussetzung für Versöhnung ist. Vgl. Foitzig, K., Ohne Hass keine Versöhnung? Impuls für kirchliches Handeln aus therapeutischer Erkenntnis, in: Riess, R. (Hg.), Abschied von der Schuld? Zur Anthropologie und Theologie von Schuldbewusstsein, Opfer und Versöhnung. Stuttgart-Berlin-Köln 1996, 180-189, der in Reaktion auf Becker konzediert, negative Emotionen zuzulassen sei eine Bedingung echter Versöhnungserfahrung. Statt zu einem versöhnten führe die Tabuisierung von Hassgefühlen zu einem neurotisierten Leben perpetuierter Selbstvorwürfe oder vollkommener Selbstaufgabe.
[69] Vgl. Kast, V., Vom Sinn des Ärgers, 109.

in hohem Maße ein Aggressionszirkel. Kast rekurriert auf Riemann und betont, dass unter dem Einfluss der depressiven Struktur die Beziehung zwischen dem Ich und den Mitmenschen, dem Ich und der Innenwelt, einer bestimmten Art gemäß gestaltet wird – diese Struktureigentümlichkeit wird depressive Struktur genannt. Was die Genese der depressiven Struktur anbelangt, so übernimmt Kast die Ausführungen von Fritz Riemann.[70] Menschen mit einer vorwiegend depressiven Persönlichkeitsstruktur verlieren sich selbst leicht aus dem Blick, passen sich vor allem an die Mitmenschen und Mitwelt an und verhalten sich, wie diese Umwelt es vermeintlich von ihnen erwartet. Durch diese überwertige Anpassung ängstigen sie sich davor, Eigenwillen zu äußern, eigene Wünsche zu formulieren, für sich zu fordern, zu fragen, zu nehmen und die eigene Zukunft planerisch selbst in die Hand zu nehmen. Dabei entsteht ein Gefühl der Selbstlosigkeit im Sinne eines Verzichts auf ein eigenes Selbst. Derart selbstlose Menschen lassen sich leicht ausbeuten,[71] die Umwelt wird zum aggressiv-fordernden Angreifer, mit dem der Depressive sich identifiziert. Der depressiv Strukturierte will für Anpassung geliebt werden, so dass den Anderen eine Überwertigkeit zugesprochen wird. Man gibt sich selber auf, gibt die originär eigenen Wünsche auf, macht die Wünsche der anderen zu den eigenen, weil man sich davon Liebe verspricht. Die elementare Kindheitserfahrung, nur durch bedingungslose Anpassung als „lieb" betrachtet zu werden, entfaltet hier ihre unselige Wirkungsgeschichte. Zur großen Enttäuschung des Depressiven wird er für diese überwertige Anpassung zwar geschätzt, die erhoffte Liebe bleibt jedoch aus, zumal „um jemanden lieben zu können, er ein eigenes Selbst braucht".[72] Der depressiv Strukturierte erhebt hohe Ansprüche an sich selbst und wendet bei deren zwangsläufiger Nichterfüllung quasi als Selbstbestrafung die Aggression gegen sich selber. Weil das Gegenüber das eigene Selbst garantiert und mitteilt, wer man ist und was man zu fühlen und zu tun hat, darf es nicht angegriffen werden. Es erscheint weniger lebensbedrohlich, sich selbst zu zerstören, als die Beziehung zum anderen zu gefährden.

Aus dieser Psychodynamik ergeben sich zwei für die Depression typische Zirkel: Es kommt zu einem Teufelskreis der Hemmung und Selbstblockierung: Die Ich-Hemmung führt dazu, dass der Depressive sich in seiner überwertigen Anpassung nicht selber zu entfalten und aggressive Basiskompetenzen wie Raum-Nehmen und Zupacken nicht auszubilden vermag, so dass der Selbstwert sinkt. Die Ich-Hemmung wird durch ein hohes Ideal kompensiert. Je geringer die von sich selbst erwartete Leistung ausfällt, desto mehr steigt der eigene Erwartungsdruck, Grandioses zu bewirken. Zudem entsteht ein Zirkel der Autoaggression: Der mit der Selbstblockierung verbundene Verlust des Selbstwerts kränkt; es entwickeln sich massive Aggressionen, welche mit Selbstvorwürfen und Selbstdestruktivität autoaggressiv abgewehrt werden.[73] Depressiv Strukturierte sind unterschwellig aggressiv und wirken vielfach ausgesprochen aggressiv, vermögen ihre Aggression jedoch nicht zur Veränderung der beschwerlichen Situation einzusetzen. Dazu müssten sie sich aktiv entschließen, auf die vermeintlich von anderen erwartete Handlung zu verzichten und die Aggression nach außen zu richten, so dass etwas in Bewegung käme und die eingesetzte Aggression die Situation tatsächlich veränderte.

---

[70] Vgl. ebenso Stern, D. N., Die Lebenserfahrung des Säuglings, Stuttgart 1992.
[71] Vgl. Kast, V., Vom Sinn des Ärgers, 111.
[72] Ebd., 112.
[73] Vgl. ebd., 114.

4.2. Ärgermotivierte Aggression – Die Ärger-Aggressionstheorie von Verena Kast

Von der dargestellten Selbstzerfleischung ist die Selbstkritik zu unterscheiden, welche den Dialog beinhaltet, am grundsätzlichen eigenen Wert festhält und die Praxis zu optimieren intendiert. Das Ich ist dann mit keinem Angreifer identifiziert, sondern steht ihm gegenüber und verteidigt sich. Durch die Wendung der Aggression gegen sich selber wird das Selbstwertgefühl fundamental angegriffen, der Autoaggressive lässt sich im Stich, verliert den Kontakt sowie das Gefühl für den Wert des eigenen Selbst. In der Folge reagiert er mit noch mehr Angst und Aggression gegen sich selbst, damit einhergehend wächst das Gefühl der Unsicherheit. Für eine konstruktive Entwicklung ist es unabdingbar, den Mut zum eigenen Selbst aufzubringen, das Selbstwertgefühl immer wieder zu regulieren und auch bei Kränkungen sich des eigenen Selbstwertes sicher zu sein; es gilt, sich aus der Abhängigkeit zu befreien, als ob andere Menschen diese Aufgabe für den Betroffenen zu erfüllen hätten.[74] Nach Erwin Ringel besteht Suizidgefahr, wenn das Leben des Betroffenen immer eingeengter wird, sei es durch Einschränkung praktischer Optionen, sei es durch emotionale Einengung, so dass nur noch die Emotion Angst dominiert.[75] Wenn sich die Einengung immer mehr zuspitzt und Aggression gehemmt oder gegen die eigene Person gerichtet wird, erfolgen Selbstmordphantasien. Sie entstehen aus dem Gefühl, derart nicht mehr leben zu wollen. Der Suizidale müsste die gegen sich selbst gerichtete wutmotivierte Aggression gegen außen richten und so die Mauer aus Scham- und Schuldgefühlen durchbrechen. Analog zu Verena Kast korreliert auch bei Ringel konstruktive, nach außen gerichtete Aggression mit der biovitalen Erfahrung von Expansion und Weitung der Lebensperspektiven. Henseler entwickelte Ringels Ansatz weiter und brachte den Fokus der Verunsicherung im Selbstwertgefühl mit ein. Menschen, deren Selbstwertgefühl stark verunsichert ist, reagieren durch zunehmende Einengung, aber auch generell bei Kränkungen, Enttäuschungen oder Verlusterlebnissen, mit großer Angst; sie fühlen sich hilflos, ohnmächtig, verlassen und bedroht. In dieser Notsituation müssten sie etwas gestalten und bewirken können, um aus der Ohnmacht auszubrechen und eine stabile Selbstmächtigkeit wiederzuerlangen. Gerade dazu sind sie wegen der Aggressionshemmung nicht in der Lage, die notwendige Aggression ist nicht zuhanden.[76]

Zum Schutz des Selbstwertgefühls greift der Betreffende auf Abwehr- und Bewältigungsmechanismen zurück, z. B. Realitätsverleugnung oder unqualifizierte Idealisierung. Man beschönigt die Kränkung und gibt vor, souverän über der Sache zu stehen.

Wenn die Bewältigungsmechanismen nicht mehr aktiviert werden können oder keine Entlastung mehr bringen, tauchen laut Henseler Phantasien der Sehnsucht nach einem harmonischen Urzustand auf, welche in Suizid münden können. Der Suizidale hat Angst vor einem demütigenden seelischen Zusammenbruch, so dass der Suizid dieser narzisstischen Krise zuvorkommt.[77] Suizid steht für das Unterfangen, angesichts einer großen Aggressionshemmung doch noch Leben zu gestalten und einen Zustand von Harmonie zu

---

[74] Vgl. ebd., 116.
[75] Vgl. Ringel, E., Selbstmordverhütung, Bern 1969.
[76] Vgl. Henseler, H., Narzisstische Krisen-zur Psychodynamik des Selbstmords, Reinbek 1974.
[77] Vgl. Henseler, H., Probleme bei der Behandlung chronisch suizidaler Patienten, in: Henseler, H./Reimer, Ch. (Hg.), Selbstmordgefährdung, Stuttgart-Bad-Canstatt 1981. Henseler ist es zu verdanken, dass in den 1970er Jahren neu die sehr bedeutsame Perspektive des Narzissmus in die Suizidforschung eingebracht wurde. Demnach gilt es in Kriseninterventionen, die entscheidenden narzisstischen Kränkungen in der Biografie ausfindig zu machen und zu bearbeiten.

erreichen. Dass es bei Selbstmord essentiell auch um eine Aggressionsproblematik geht, ist daran zu erkennen, dass Suizidale in ihrem Umfeld Ärger, Wut und Schuldgefühle auslösen. Für Henseler ist es bedeutsam, dass Menschen mit Aggressionshemmung und einer Tendenz zu Autoaggression in ihrem Selbstwertgefühl zutiefst verunsichert sind und deshalb auf Kränkungen und Enttäuschungen viel mehr reagieren. Der zutiefst Verunsicherte bedarf in seiner Ohnmacht der aggressiven Basiskompetenzen des entschlossenen Anpackens und des schöpferischen Ausgestaltens einer Aufgabe, um den Selbstwert zu stabilisieren. Auch hier korreliert das Aggressionsvermögen mit Lebensentfaltung und damit letztlich mit Selbstmordprävention. Aggression im Trauerprozess trägt dazu bei, dass Betroffene aus dem depressiven Gehäuse wieder herausfinden und sich erneut dem Leben zuwenden.

Aggression im Trauerprozess

Verena Kast erachtet die aversiven Emotionen mit der damit einhergehenden aggressiven Auseinandersetzung in einem produktiven Trauerprozess für konstitutiv.[78] Entscheidend ist nicht die Frage, ob es vorhersagbare Phasen im Trauerprozess gibt, zumal jeder Mensch individuell je einmalig und verschieden trauert. Vielmehr gilt es, eine tatsächlich vorfindliche Periode von aufbrechenden, chaotischen Emotionen zuzulassen und als situationsadäquat einzuordnen. Dabei werden verschiedenartigste Emotionen durcheinander erlebt: Der Schmerz des Verlustes drängt sich vor, Angst und Schuldgefühle brechen auf, Zorn und Wut entstehen, weil man verlassen wurde. Kranke Menschen sind ob ihres Schicksals wütend und suchen nach einem Ventil für den authentischen Ausdruck ihres Protests und ihrer Wut. Verena Kast berichtet aus einer Kriseninterventionssitzung: „Die ganze Trauer, die ganze Verzweiflung, die ganze Angst wird von dieser Frau in Anschuldigungen gegen die Welt umgemünzt und gegen sie geschleudert, und die Welt war im Moment ich... .Das Entscheidende war, dass sie hatte schreien können, dass sie hatte ausdrücken können, wie ungerecht, wie empörend ungerecht sie das Schicksal fand".[79] Kast ermutigt dazu, die Emotionsstürme nicht nur zu Beginn der Trauerzeit zu akzeptieren, sondern auch hier jedem Trauernden seinen eigenen Weg zuzugestehen.

Diese Affektdurchbrüche bei oftmals sehr kontrollierten Menschen, die ihre Spannungen und Aggressionen bislang verdrängten, wertet Kast als positiv, zumal jetzt der Konflikt zugelassen wird. Durch die Zuspitzung kommt etwas in Bewegung, die auftretenden Emotionen werden zugleich und durcheinander erlebt. Die Gefühle der Wut über das Verlassenwerden können schlecht zugelassen werden, widersprechen sie doch der unausgesprochenen gesellschaftlichen Übereinkunft des Zurückhaltens von aversiven Emotionen. Wenn diese chaotische Phase möglichst emotional betont zugelassen und durchgestanden wird und nicht durch die Forderung nach Vernunft und Tapferkeit gestört wird (Kast ist bestrebt, die Betroffenen bei ihrer Emotion zu halten und ihnen dabei die Flucht nach vorn in eine verfrühte „Tapferkeit" abzuschneiden), besteht umso mehr die Chance, Altes loszulassen und auf Neues zuzugehen. Diesen Ablöseprozeß machen auch die Angehörigen bzw. Pflegekräfte durch, auch bei ihnen findet sich die aggressive Auseinandersetzung mit der unbegreiflichen und vielfach als unfair empfundenen Situation. Die emotionale

---

[78] Vgl. Kast, V., Der schöpferische Sprung. Vom therapeutischen Umgang mit Krisen, München 1989, 87; vgl. dies., Trauern. Phasen und Chancen des psychischen Prozesses, Stuttgart 1982.
[79] Kast, V., Der schöpferische Sprung, 119.

4.2. Ärgermotivierte Aggression – Die Ärger-Aggressionstheorie von Verena Kast

Beteiligung macht sie zu Betroffenen, der emotionelle Kontakt ist Voraussetzung für die Entstehung von Empathie und Solidarität. Die zugelassenen aggressiven Emotionen sind maßgeblich dafür verantwortlich, dass die Erstarrung aufbricht, der Lebensfluss wieder in Gang kommt und im Loslassen sich neue Lebensmöglichkeiten auftun. Kast deutet sie als erste Anzeichen für eine neue Hoffnung, die in diesem Trauerstadium mehr erahnt als erlebt wird. Die Trauerkrise wird zur Chance, wenn der gesteigerte Kontakt mit den eigenen Emotionen zu einem neuen Selbstverständnis mit neuen Beziehungsmöglichkeiten führt. Es gilt, die aggressiven Emotionen nicht zu vermeiden, sondern *durch sie hindurch* in der menschlichen Entwicklung buchstäblich voranzukommen. „Indem die Krise zugelassen wird, ergeben sich Veränderungen im Erleben und Verhalten; gerade angesichts der fundamentalen Krise kann neues Erleben, können bisher in Schach gehaltene Seiten in einem Ausmaß zugelassen werden, wie es sonst kaum erfahrbar ist".[80] Die Aggression setzt mit der Situation in Kontakt und steht im Dienste von authentischem Selbstausdruck und potentieller Lebensveränderung. Kast zieht aus der menschlichen Ontogenese weitreichende Schlüsse bezüglich der Bedeutung des Aggressionsvermögens. Die folgenden Überlegungen weisen auf, dass ohne Einsatz und Wirken der aggressiven Lebenskräfte die menschliche Entwicklung als solche schon im Säuglingsalter stagnierte. Aggression steht dabei für Separation und damit einhergehende Individuation.[81]

b. Entwicklungspsychologischer Zugang

Die Separations – Individuationsphase

In der Separations-Individuationsphase steht das Kleinkind vor der Aufgabe, die Loslösung von der Bezugsperson anzugehen und so das eigene Selbstwerden zu realisieren. Bei dem wichtigen Trennungsprozess ringt das Kind um ein ausgewogenes Verhältnis zwischen sich in Expansionsbestrebungen ausdrückender Lust an der Autonomie und damit verbundener Trennungsangst. Kast rekurriert auf Margret Mahlers Beobachtungen zu der Dynamik von Trennung und Bindung und integriert sie mit eigener Akzentsetzung in ihre Aggressionstheorie.[82] In der Differenzierungsphase zwischen dem 6. und dem 12. Monat vermag der Säugling erste aggressive Kompetenzen ansatzweise zu entwickeln. Die zunehmende motorische Bewegungsfähigkeit und -freude führt dazu, dass sich das Saugen auf die umgebende Welt ausdehnt und die Expansion über Mund und Hände angestrebt wird.[83] In dieser Phase der Differenzierung experimentiert das Kleinkind mit einem ganzen Spektrum neuer Beziehungsmöglichkeiten. Dahinter steht die Grunderfahrung, nicht

---

[80] Ebd., 141.
[81] Vgl. Spitz, R., The first Year of Life, New York 1965, 106 im Sprachspiel der Psychoanalyse: „Direkte Aktion im eigentlichen Sinn ist nicht nur eine Möglichkeit, um libidinöse und aggressive Energie zu entladen, sondern auch ein Mittel, um Beherrschung und Kontrolle durch die Psyche zu gewinnen-wodurch die Entwicklung gefördert wird. In der Literatur wird diese Funktion der gezielten Aktivität, der eigentlichen Handlungen im Blick auf die Förderung der Entwicklung während des ersten Lebensjahres, nicht genügend berücksichtigt. Wir sprechen oft genug vom aggressiven Trieb; aber es wird selten erwähnt, dass der aggressive Trieb nicht auf Feindseligkeit beschränkt ist. Im Gegenteil, der größte und wichtigste Teil des aggressiven Triebes dient als *Motor jeder Bewegung, jeder Aktivität,* sei sie klein oder groß, und letztlich des Lebens selbst".
[82] Vgl. Mahler, M., Pine, F., Bergman, A., Die psychische Geburt des Menschen. Symbiose und Individuation, Frankfurt a. M. 1978.
[83] Vgl. Kruse, O., Emotionsentwicklung, 20.

allein auf Zuwendung angewiesen zu sein, sondern sich auch selber etwas nehmen zu können. Zwischen dem 12. und 17. Monat befindet sich der Säugling in einer Übungsphase: Er genießt es, sich allein in die Welt hineinzubewegen, um dann wieder zur Bezugsperson als sicherer Ausgangsbasis zurückzukehren. Dem Bestreben nach mehr Selbständigkeit und Autonomie steht die Trennungsangst entgegen.

Zwischen dem 18. und 24. Monat beobachten Mahler et al. eine Phase der Wiederannäherung: das Kind will sich nochmals vergewissern, dass bei der Bezugsperson noch die ihm vertraute Bereitschaft zur Akzeptanz vorliegt. Nach dieser Wiederbelebung der Kernbezogenheit erfolgt wieder ein Trennungsschritt. Auch wenn die Psychogenese von verschiedenen Entwicklungspsychologen unterschiedlich wahrgenommen wird, zum Beispiel was die zeitliche Fixierung einzelner Entwicklungsphasen anbelangt, so kann bezüglich Funktion und Bedeutung der Aggression in der ersten Lebensphase Folgendes festgehalten werden: Der Einsatz des Aggressionsvermögens setzt eine stabile Bindung des Kleinkindes voraus, welches sich in einer stabilen Urbeziehung geborgen wissen will. Darauf aufbauend, entwickelt es aggressive Basiskompetenzen, die mit der Entwicklung der motorischen Bewegungsfähigkeit einhergehen. Aggression steht für den Drang, das Leben zu entdecken, den eigenen Lebensraum auf die Welt hin zu expandieren und dabei Basiskompetenzen wie „aus- und zugreifen" und „sich nehmen können" zu gebrauchen und durch Praxis einzuüben. Mit diesem aggressiven Auf-die-Welt-Zugehen verbunden ist die Entwicklung von Selbständigkeit: Das Kind macht die Erfahrung, durch eigenes Zutun sich selbst neu zu erleben und Selbständigkeit einzuüben.

Mit zunehmender Entwicklung erlebt das Kind einen Widerspruch zwischen dem Wunsch, um der Autonomie willen die Bezugsperson zu verlassen, und dem Bestreben, bei ihr zu bleiben. Es befindet sich zunehmend in einem Zwiespalt, einerseits die Bezugsperson auch als verärgerten, enttäuschten und damit „bösen" Menschen erleben zu müssen, andererseits auf einen verlässlichen, bedingungslos annehmenden Menschen angewiesen zu sein, der sich über die Rückkehr des Kindes freut. Das Kind befindet sich in dem Dilemma, vom Entwicklungs- und Individuationsdrang her die Bezugsperson auch als „böse" (nicht als moralische Kategorie zu verstehen, A.K.) anzusehen, um von ihr loszukommen und nicht von Schuldgefühlen ertränkt zu werden. Bei späteren Trennungsphasen (wie der Pubertät) taucht dieses Dilemma wieder auf. Der Sinn des Spaltens und der Verfügung über beide Teile besteht in der Erleichterung des kindlichen Autonomiestrebens. Es vermag Abhängigkeit und Geborgenheit zu erleben, ohne von der Angst vor Autonomieverlust beherrscht zu werden. Damit Leben gelingt, müssen Autonomie und Beziehung möglich sein. Das Kind steht vor der Entwicklungsnotwendigkeit, eine gutböse Bezugsperson zu internalisieren und so zu erfahren, dass alle Menschen wie das Kind selbst in der Ambivalenz von hell-dunkel stehen und als solche zu akzeptieren sind. Folglich steht es ihm frei, zu bleiben, wegzugehen und wieder zurückzukommen. Wenn gemäß dieser Psychologik Menschen helle und dunkle Seiten aufweisen, kann man sich auf sie verlassen, auch wenn man sie verlässt.[84] Falls die Beziehung zu einem Menschen nicht lebendig in der Psyche des Kindes repräsentiert ist, vermag Letzteres gute und bö-

---

[84] Vgl. Kast, V., Vom Sinn der Angst, 76; vgl. Stern, D. N., Die Lebenserfahrung des Säuglings, 346-352, der davon ausgeht, dass die Integration von Hell und Dunkel, Gut und Böse, schon immer im Kind besteht; erst unter emotionalem Druck kommt es zur Spaltung in Gut und Böse. Auch hier geht es nicht um moralische Kategorien.

se Bilder nicht zusammenzubringen. Folglich tritt Spaltung auf, die eigene Person, die anderen Menschen wie das Leben überhaupt sind dann gut oder böse. „Gelingt es, eine Gut-böse-Gestalt oder mehrere Gut-böse-Gestalten sozusagen als innere Begleiter zu gewinnen, dann heißt das im Grunde genommen, dass ein Kind davon überzeugt ist, nicht im Stich gelassen zu werden, sogar auch selber für sich sorgen zu können, nicht mehr ausschließlich angewiesen zu sein auf Bezugspersonen. Es weiß, wie es sich einigermaßen mit Gefährdungen auseinandersetzen kann.

Die Integration von gut und böse, das Wissen darum, dass dieselbe Person Befriedigung und Tröstung, aber auch Verwirrung und Verunsicherung bringen kann, führt dann zu der sog. Objektkonstanz".[85] Der Begriff „Objektkonstanz" wurde von Hartmann geprägt und besagt eine konstant zugängliche, abrufbare intrapsychische Repräsentanz der Bezugsperson. Auch bei Abwesenheit dieser Person soll es möglich sein, konstant die im Zusammenhang mit dieser Person erlebbaren hauptsächlichen Emotionen abrufen und reproduzieren zu können.[86] Mittels der Objektkonstanz können die hauptsächlichen Emotionen auch dann bereitgestellt werden, wenn gerade ein aversives Gefühl (z. B. Wut) vorherrscht. Dem Betroffenen ist bewusst, dass es neben dieser „schwierigen" Emotion auch noch andere gibt. Die Bezugsperson ist unabhängig vom Bedürfniszustand des Kindes in der Phantasie präsent, sie wird als eigenständige Person gesehen. Die Objektkonstanz wird in Zeiten gebildet, in denen die Mutter präsent ist und das Kind jeweils das Mutterbild internalisiert. Dieses internalisierte gute Bild einer Bezugsperson bewirkt, dass das Kind die Fähigkeit entwickelt, auch für sich selber kompetent zu sorgen. Es entwickelt die Fähigkeit, gute und schlechte Bilder der Bezugsperson in einem Zusammenhang zu sehen. In einer schwierigen Lebenssituation zeugt es von Objektkonstanz, wenn die Erinnerung an die positiven Erfahrungen nicht verloren und vergessen wird. Wenn Objektkonstanz vorliegt, hat dies auch Konsequenzen für den Umgang mit Menschen, auf welche die Trennungsaggression projiziert wird: Im Wissen um die hellen und dunklen Seiten bei jedem Menschen kommt es zu keinem Totalverlust der Beziehung, wenn der „gute" Mensch für eine gewisse Zeit verloren wird. „Haben wir keine Objektkonstanz, so löst ein Mensch, der mit uns nicht einverstanden ist oder ablehnend reagiert, das Gefühl aus, diesen Menschen ganz und gar verloren zu haben, für immer und ewig. Wir reagieren also mit dem Gefühl des Totalverlusts. Dies hat Folgen für die Akzeptanz von Schattenseiten bei sich selbst und bei anderen, denn ohne Objektkonstanz wird die Wirklichkeit jeweils entweder als ausschließlich gut oder böse beurteilt und erlebt. Auch für den Umgang mit Trauer ist es hilfreich, akzeptieren zu lernen, daß z. B. der Verstorbene gut und böse war, wie man selber auch".[87] Die Objektkonstanz gewährleistet, sich selbst und andere als gut-böse akzeptieren zu können. Zudem trägt sie wesentlich dazu bei, dass Menschen autonom werden und zugleich eine Verbindung zu einem Gut-Bösen-Selbst aufrechterhalten. Ohne Objektkonstanz bildet sich kein sicheres Gefühl der Identität heraus, mit dem das Individuum auch in den Individuationsprozess eintreten könnte. Die Realisierung des Selbstwerdens steht in dialektischer Spannung zu symbiotischen Bedürfnissen.

---

[85] Kast, V., Vom Sinn der Angst, 77.
[86] Vgl. Hartmann, H., Ich-Psychologie. Studien zur psychoanalytischen Theorie, Stuttgart 1972.
[87] Kast, V., Vom Sinn der Angst, 79.

Symbiose und Aggression

Der Begriff „Symbiose" entstammt ursprünglich der Biologie und bezeichnet eine enge funktionelle Beziehung zwischen zwei Organismen zu beiderseitigem Nutzen. Mahler setzt die Phase der Symbiose des Säuglings mit dem 2. Lebensmonat an, in welcher sich der Säugling so verhält, wie wenn er und die Mutter als Zweiheit innerhalb einer gemeinsamen Grenze ein allmächtiges System bildeten.[88] Sehnsucht nach Symbiose ist immer zugleich als Sehnsucht nach diesem naturhaften Ununterschiedensein zu verstehen. Verena Kast hält am Symbiosebegriff fest, auch wenn in den Ergebnissen der modernen Säuglingsforschung die von Mahler beschriebene Phase der Symbiose allenfalls erst zu einem späteren Zeitpunkt beobachtbar ist.[89] Laut Kast „bleibt das Thema von Symbiose und Individuation ein Thema, das Menschen in ihrer Entwicklung und in ihrem Zusammenleben immer wieder beschäftigt und das zu Auseinandersetzungen Anlass gibt".[90] Was in der Entwicklungspsychologie des Kleinkindes zum ersten Mal bewältigt werden muss, bleibt in menschlichen Beziehungen ein ganzes Leben lang Thema. Kast bezeichnet mit Symbiose eine mögliche Form des Zusammenlebens, der die charakteristischen Merkmale dieser Entwicklungsphase eignen. Die starke Betonung des Wertes der Individuation und der Autonomie bringe es mit sich, dass symbiotische Züge generell als zu überwindende, regressive Verhaltensweisen eingestuft werden. „Der Zwang zur Individuation geht hier an den Grundbedürfnissen des Menschen vorbei".[91] Nicht Individuation um jeden Preis steht an, sondern eine Einbindung von symbiotischen Bedürfnissen und Erfordernissen der Individuation in einen guten Lebensrhythmus. Kast vermutet, dass die Mystiker die Symbiose dort lebten, wo sie den Weg der Individuation nicht gefährdete. „In dieser Form der mystischen Symbiose scheint mir größte Geborgenheit mit größter Freiheit gleichzeitig erlebbar zu sein".[92] Weil Symbiose und Individuation ein Leben lang gelebt werden wollen, gilt es herauszufinden, wann eine optimale Symbiose im Sinne des Sammelns aller Kräfte und des Erlebens von Geborgenheit anzustreben ist und wann das Selbstsein wieder riskiert werden kann.

Diese positive Sicht der Symbiose steht in dialektischer Spannung zu ihrer fragwürdigen Ausgestaltung: Wenn eine Beziehung die charakteristischen Merkmale der Symbiose aufweist, führt dies zu außerordentlich großer Loyalität im Innern der Beziehung, begleitet von interner Kritiklosigkeit. Die Aggression und Aggressionserwartung richtet sich gegen das Außen, im Binnenbereich existiert kein „Feind", er wird dafür in der Außenwelt umso heftiger und deutlicher wahrgenommen. In symbiotischen Beziehungen werden die für Trennung stehenden Aggressionen gegen außen projiziert und übernehmen somit die Funktion, das symbiotische System von der Umwelt abzugrenzen. Im Binnenbereich der Beziehung gelten sie als tabu.[93] Obwohl jegliche äußere Trennung vermieden

---

[88] Vgl. Mahler, M. S., Symbiose und Individuation, Stuttgart 1972.
[89] Vgl. Dornes, M., Der kompetente Säugling. Die präverbale Entwicklung des Menschen, Frankfurt a. M. 1993, der aufzeigt, dass Säuglinge Interaktionen kompetent, d.h. aktiv und differenziert, gestalten. Vgl. auch Bucher, A., Kinder als Ko-Konstrukteure ihrer Wirklichkeit, in: Diakonia 29 (1998) 311-318, der darauf hinweist, dass Säuglinge wahrnehmungs-, empathie- und beziehungsfähig sind und ihre Affekte zu regulieren vermögen.
[90] Kast, V., Wege aus Angst und Symbiose, 291.
[91] Ebd., 293.
[92] Ebd., 294.
[93] Vgl. Moser, T., Stufen der Nähe, Frankfurt a. M. 1984, 25f., der eine symbiotische Beziehung beschreibt: „Wenn mich im Alleinsein die grässliche, im Untergrund immer lauernde Leere überkommt, spüre ich, dass

4.2. Ärgermotivierte Aggression – Die Ärger-Aggressionstheorie von Verena Kast

wird, kommt es zu innerlichen Trennungsprozessen, die auf ungute, destruktive Weise stattfinden: Sie artikulieren sich in Bestrafung durch Liebes- und Kommunikationsentzug, subtilen Sticheleien und Entwertungen und vergiften das Beziehungsklima. Gerade im Entwerten manifestiert sich eine Trennungsaggression, welche nicht zum Erwerb und zur Entwicklung neuen Lebens genutzt werden kann.[94] Kast macht im therapeutischen Kontext die Erfahrung, dass sich die ausgesparte Aggression in verletzender Form Bahn schafft, auch wenn die Atmosphäre über längere Zeit unaggressiv zu sein scheint und als solche imponiert.[95] Das Sich-Eins-Fühlen weicht oft einem umso größeren Hass, der zu sadistischen Praktiken gegeneinander zu führen vermag. Im symbiotischen Beziehungskonnex darf die für die Abgrenzung sorgende Aggression nicht zu Individuation bzw. Selberseindürfen führen und degeneriert deshalb ins Destruktive. Die symbiotische Beziehung verleiht zwar Geborgenheit, engt aber zunehmend ein. Wer darin zu lange verhaftet bleibt und notwendige Entwicklungsschritte nicht riskiert, leidet unter Identitätsproblemen, Depressionen, Suchttendenzen, Mangel an Kreativität und suizidalen Tendenzen.[96] Die Beziehungspartner lassen sich gegenseitig keinen Raum zur Entwicklung, die symbiotische Beziehung darf sich nicht wandeln. Nach einem absehbaren Zeitraum tragen auch die gemeinsamen Erinnerungen emotionell nicht mehr.

Nach Verena Kast wird die Symbiose immer gegen die Veränderung des Lebens gesucht. Der Betroffene ist in der Trennungsangst gefangen, sich außerhalb der Geborgenheit schenkenden Einheit existentiell zu verlieren. Aus Angst vor dem mit ständigen Trennungen verbundenen „Ins-Leben-hinein-Sterben" wird das Bleibende der Symbiose angestrebt. „Fliehen wir zu lange vor einer Angst zurück in einen scheinbar geborgenen Raum, dann wird unsere Hilflosigkeit immer größer, der Geborgenheit versprechende Raum oder die Geborgenheit versprechende Beziehung zu einem Kerker, weil wir nicht mehr aus ihr heraus können".[97] Für Kast ist es unabdingbar, dass die eigene Aggression immer wieder mit der aggressiven Selbstbehauptung anderer Menschen zusammenstößt. Wenn aus Trennungsangst die eigenen Absichten und Wünsche nicht mehr in die Beziehungskommunikation eingebracht werden, führt dieses Einander-in-Ruhe-Lassen zu Gleichgültigkeit und innerer Entfremdung. Gerade die kleinen „Neins", die kleinen Abgrenzungen, sind als Übungsfeld zu verstehen, sich auch in Beziehungen abgegrenzt von den anderen spüren zu können, das Alleinsein auszuhalten und gleichzeitig Gefühle der Autonomie als Bereicherung zu erleben. Das Nein-Sagen und Sich-Abgrenzen durch eigene Wünsche und Bedürfnisse bereichert die Beziehung. Aus Angst vor Trennung wird es oft unterlassen, das eigene Anliegen entschieden aggressiv zu verteidigen und zum eigenen

---

ich süchtig bin nach dir. Ich gebe viel Geld für Taxis aus, weil nur deine Nähe mich rettet... Briefe von zu Hause erschüttern für einige Stunden oder Tage unseren Frieden. Wir werden immer sensibler in der verdächtigen Aufhellung gegen uns gerichteter Machenschaften. Niemand scheint uns zu gönnen, dass wir uns ganz aus unserem Bedürfnis und aus unserer gemeinsamen Zukunft heraus verstehen". Die symbiotische Beziehung zeigt sich im Bedürfnis, miteinander zu verschmelzen und einander zu erlösen. Die Aggression richtet sich gegen die Herkunftsfamilie, nach außen grenzt sich die Beziehung ab, nach Innen wird sie durch gegenseitige Kontrolle ängstlich gesichert, um ihre Ausschließlichkeit zu erhalten. Aufschlussreich ist die Strukturanalogie zwischen Mosers „Gottesvergiftung" und „Stufen der Nähe": Weder in der Gottesbeziehung noch in der zwischenmenschlichen Beziehung ist die Aggression in den Binnenbereich integriert.

[94] Vgl. Kast, V., Wandlung mit Schmerzen. Die Angst vor der Trennung, in: Rudolf, W. (Hg.), Lebenskraft Angst. Wandlung und Befreiung, Freiburg i. Br. 1987, 54.
[95] Vgl. Kast, V., Wege aus Angst und Symbiose, 295.
[96] Vgl. ebd., 292.
[97] Kast, V., Wandlung mit Schmerzen, 56.

Selbstsein zu stehen. Aus Angst vor einer letzten, großen Trennung werden diese notwendigen, kleinen Abgrenzungen nicht wahrgenommen, welche auch eine Partnerschaft benötigt, um vital zu bleiben. Als Spätfolge dieser Vermeidungsstrategie steht sehr oft eine letzte große Trennung an. Wenn das menschliche Aggressionsvermögen nicht *in die Beziehung* integriert wird und dort dafür sorgt, dass man sich für die eigenen Belange und Überzeugungen einsetzt, nehmen Menschen laut Kast eine sehr destruktive Abgrenzung vor, die jede Bezogenheit vermissen lässt.[98]

Wer die Aggression in das Beziehungsgeschehen einbringt, glaubt noch an das Entwicklungspotential und Veränderungsvermögen des Gegenübers. Es zeugt von hoher Lebenskunst, aus dieser Grundhaltung heraus das Trennende anzusprechen, die Ambivalenz auszudrücken und um der Beziehung willen den Ärger zu formulieren, ohne die Beziehung dadurch zu gefährden.[99] Wenn die Symbiose so drückend wird, dass auch die Erinnerungen emotionell nicht mehr tragen, muss sich ein Weg aus ihr bahnen. Dieser ist verknüpft mit der Bewältigung von Trennungsangst und führt in ein Leben permanenter Auseinandersetzungen und Konflikte, die jedoch mit persönlicher Entfaltung einhergehen. Die Trennungsängste wahrzunehmen und einander mitzuteilen schafft Nähe, Verbundenheit und Verständnis. Dieser Ablöseprozess bildet zugleich einen sich auch im Sprachverhalten manifestierenden Selbstwerdeprozeß:[100] Während die symbiotische Situation vom wortlosen Verstehen gekennzeichnet ist, kommt es durch das Sprechen zu einer Abgrenzung vom Verstehen ohne Worte.[101] Wer nicht mehr davon ausgehen kann, wortlos verstanden zu werden, akzeptiert sich als Anderer, als Gegenüber mit eigenem sprachlichem Ausdrucksvermögen. Durch die Artikulation kommt es zu Unterscheidung, der Sprecher wird fassbar, angreifbar und fähig zur Auseinandersetzung. Die Trennungsaggression kommt dem menschlichen Trennungsbedürfnis entgegen, auch Ich-Selbst zu sein. „Leben verlangt von uns, dass wir immer wieder neu geboren werden, dass wir Neues wagen, uns immer wieder entscheiden, und dabei entdecken, was wir wirklich sind".[102] Kast ist es darum zu tun, im Dienste des Lebens Trennungsängste wahrzunehmen und Trennungsbedürfnisse zu akzeptieren, so dass es möglich ist, man selbst zu werden und trotzdem die Liebe der Beziehungsperson zu bewahren.

---

[98] Vgl. ebd., 57.
[99] Vgl. Schellenbaum, P., Das Nein in der Liebe. Abgrenzung und Hingabe in der erotischen Beziehung, München 1986, der für die Einübung des Nein in der Liebe plädiert, zumal jede Beziehung die nötige Abgrenzung braucht, um vital zu sein. „Das totale Ja führt leicht zum totalen Nein ... Aus Angst vor dem Nein können zwei Partner nicht mehr ja zueinander sagen. Weil sie sich nicht abgrenzen können, können sie sich nicht mehr begegnen. Weil sie sich nicht sagen können: Jeder von uns hat einen eigenen Bereich, den er mit dem anderen nicht teilt, eigene Anlagen, Interessen, Leidenschaften, können sie sich auch im gemeinsamen Mittelfeld nicht mehr treffen". (8) Laut Schellenbaum gilt es, in einer von der Liebe bewegte Auseinandersetzung mit dem geliebten Menschen zu treten, und so im Neinsagen und in der Unterschiedenheit das Gegenüber besser wahr- und annehmen zu können, also das Ja einzuüben. Für eine gelingende Beziehung müssen Bindung und Abgrenzung gleichermaßen angegangen werden, das Nein der Abgrenzung bildet die Voraussetzung zur Verwirklichung der Sehnsucht nach Einheit. Schellenbaum ist davon überzeugt, dass viele Liebesbeziehungen an dem Unvermögen scheitern, innerhalb der Beziehung rechtzeitig Nein zu sagen. Seinem Denken liegt die Vorstellung zugrunde, dass der Sinn der Liebe nicht nur in der Ergänzung der Partner besteht, sondern auch in der gemeinsamen Ermöglichung je eigener Ganzwerdung (getreu dem Motto: Ich will, daß Du immer mehr Du wirst) (15). Diese Ganzwerdung zweier Einzelner ist die Voraussetzung für den Spannungsbogen zwischen ihnen, welcher der Beziehung ihre Dynamik und Vitalität verleiht.
[100] Vgl. Kast, V., Wandlung mit Schmerzen, 54.
[101] Vgl. Kast, V., Paare. Beziehungsphantasien. Stuttgart 1984.
[102] Kast, V., Wege aus Angst und Symbiose, 292.

In einer lebendigen Beziehung bedarf es auch der Distanz und des gelegentlichen Rückzugs. Solange die Aggression verdrängt und mit Idealisierung überdeckt wird, passiert nichts „Böses", aber auch nichts Förderliches. Aufgrund der gesellschaftlichen Höherbewertung der Aggressionshemmung wird oft übersehen, dass es großer Stärke bedarf, um das mit Trennung verbundene Alleinsein auszuhalten und vom Eigenstand aus neu die Beziehung einzugehen. Kast plädiert dafür, die dialektische Spannung nicht nach einer Seite hin aufzulösen: Geborgenheit und Eigenständigkeit, Dableiben und Weggehen, Gehorsam und Eigeninitiative – wirkliches Leben oszilliert zwischen diesen Polen und erfährt gerade vom jeweiligen Spannungsbogen seine Dynamik und Spannkraft. Es bedarf jedoch der Kompetenz zu jeder Handlungsoption, um den Lebenskreislauf aufrechtzuerhalten: jede muss als innerpsychisches Potential zur Verfügung stehen, um verantwortlich eingesetzt zu werden.

Der tiefenpsychologische Zugang ist als dritte Säule von Kasts Aggressionspsychologie zu identifizieren. Kast baut auf der Tiefenpsychologie von C.G. Jung auf und entwickelt sie, angereichert um die oben angeführten Aspekte, weiter. Im Folgenden ist eine thesenartige Rekonstruktion von Basisannahmen der Analytischen Psychologie C.G. Jungs intendiert, um insbesondere Kasts Verständnis von aggressionsgeleiteter Individuation und Verbannung der Aggression in den sog. Schatten kontextuell einordnen zu können.

c. Tiefenpsychologischer Zugang

Basisannahmen der Analytischen Psychologie von C. G. Jung

Nach Jung ist die menschliche Psyche dynamischer Natur. Die sog. „psychische Energie" versteht er als Gesamtheit jener nichtdifferenzierten und autonomen Kraft, „die sämtliche Formen und Tätigkeiten dieses psychischen Systems durchpulst und miteinander verbindet".[103] Die Psyche stellt ein System mit Selbstregulierung dar. Für Jung verläuft alles Psychische nach dem Gesetz von der zwangsläufigen Gegensätzlichkeit: Diese Gegensatzstruktur durchzieht wie ein roter Faden die gesamte Psyche und wirkt in jedes ihrer Teilsysteme hinein, sowohl was die inhaltliche Seite als auch die energetische Intensität anbelangt.[104] Analog zur Physik bleibt in diesem psychischen System die Energiemenge weitgehend konstant, lediglich ihre Verteilung variiert. Dieses Vermögen der seelischen Energie, sich zu verlagern, führt zu einer grundsätzlichen Vielfalt unterschiedlicher Bewegungsformen der Lebensenergie: Sie kann regredieren, gestaut, kanalisiert, projiziert oder introjiziert werden, inflatorisch anschwellen, sie wird gelegentlich verdrängt, gespalten oder verwandelt, versinkt im kollektiven Unbewussten, sie kann gezähmt oder auch gespeichert werden.[105] Jung differenziert zwei sich ergänzende, in ihren Eigenschaften jedoch gegensätzliche Bereiche der menschlichen Psyche: das Bewusstsein und das Unbewusste. Der gesamte Individuationsprozess hat zum Ziel, diese beiden inkongruenten

---

[103] Jacobi, J., Die Psychologie von C.G. Jung. Eine Einführung in das Gesamtwerk, mit einem Geleitwort von C. G. Jung, Frankfurt a. M. 1977, 57. Jungs energetische Auffassung hebt sich von Freud ab, der Libido als ausschließlich sexuelle Energie versteht.
[104] Vgl. Schlegel, L., Die Psychodynamik der Polarität in der Psychologie von Jung, in: Psychologie des 20.Jh., Bd. III, 775-786.
[105] Vgl. Wyss, D., Die tiefenpsychologischen Schulen von den Anfängen bis zur Gegenwart. Entwicklung, Probleme, Krisen, Göttingen 1977, 232.

Hälften der Seele zu einer Ganzheit zu verbinden. Jung profiliert das Bewusstsein als „die Funktion oder Tätigkeit, welche die Beziehung psychischer Inhalte zum Ich unterhält".[106] Das Ich ist vom Bewusstsein umgeben und getragen, es ist das Subjekt des Bewusstseins. „Unter Ich ist jener komplexe Faktor, auf den sich alle Bewusstseinsinhalte beziehen, zu verstehen. Er bildet gewissermaßen das Zentrum des Bewusstseinsfeldes, und insofern letzteres die empirische Persönlichkeit umfasst, ist das Ich das Subjekt aller persönlichen Bewusstseinsakte. Die Beziehung eines psychischen Inhaltes zum Ich stellt das Kriterium des Bewusstseins desselben dar, denn kein Inhalt ist bewusst, der nicht dem Subjekt vorgestellt wäre".[107]

Das Ich ist das Subjekt aller Anpassungsleistungen, soweit letztere vom Willen vollzogen werden. Es ist dem Selbst untergeordnet und verhält sich zu ihm wie ein Teil zum Ganzen. Das Gesamtphänomen der Persönlichkeit fällt nicht mit dem Ich im Sinne der bewussten Persönlichkeit zusammen, sondern bildet eine Größe, die vom Ich unterschieden werden muss.[108] Während Freud die Inhalte des Unbewussten auf infantile Tendenzen beschränkt, die ihres inkompatiblen Charakters wegen verdrängt werden, ist nach Jung im Unbewussten auch jenes Material enthalten, „das den Schwellenwert des Bewusstseins noch nicht erreicht hat".[109] Das Unbewusste beinhaltet nicht nur Persönliches, sondern auch Unpersönliches und Kollektives in Form vererbter Kategorien oder Archetypen. Das persönlich Unbewusste umfasst Inhalte, welche aus der Biografie des Individuums stammen, i.e. Verdrängtes, Vergessenes, subliminal Wahrgenommenes etc. Diese Inhalte treten vor allem in den Komplexen entgegen, welche Jung definiert „als abgesprengte seelische Persönlichkeitsteile, Gruppen von psychischen Inhalten, die sich vom Bewusstsein abgetrennt haben, willkürlich und autonom funktionieren, also ein Sonderdasein in der dunklen Sphäre des Unbewussten führen, von wo aus sie jederzeit bewusste Leistungen hemmen oder fördern können".[110] Im Bereich des kollektiven Unbewussten befinden sich die universellen Archetypen, welche als Niederschlag aller Aktions- und Reaktionsweisen der Menschheit seit ihren Uranfängen aufzufassen sind, als unanschauliche Bereitschaften, die unter bestimmten Konstellationen für das Bewusstsein in archetypischen Bildern und Symbolen, in Prozessen und Abläufen wahrnehmbar sind.[111]

Individuation heißt für Jung: „zum Einzelwesen werden, und, insofern wir unter Individualität unsere innerste, letzte und unvergleichbare Einzigartigkeit verstehen, zum eigenen Selbst werden. Man könnte Individuation darum auch als Verselbstung oder als Selbstverwirklichung übersetzen".[112] Jung differenziert zwischen Individuation und Individualismus: „Individualismus ist ein absichtliches Hervorheben und Betonen der vermeintlichen Eigenart im Gegensatz zu kollektiven Rücksichten und Verpflichtungen. Individuation aber bedeutet geradezu eine bessere und völligere Erfüllung der kollektiven Bestimmungen des Menschen, indem eine genügende Berücksichtigung der Eigenart des Individuums eine bessere soziale Leistung erhoffen lässt, als wenn die Eigenart vernach-

---

[106] Jung, C. G., Psychologische Typen, GW VI, 451.
[107] Jung, C. G., Aion, GW IX/2, 65.
[108] Vgl. ebd., 68.
[109] Jung, C. G., Die Beziehungen zwischen dem Ich und dem Unbewussten, Olten-Freiburg 1978, 14.
[110] Jacobi, J., Die Psychologie von C.G. Jung, 45.
[111] Vgl. Jacobi, J., Der Weg zur Individuation, Olten 1971, 59.
[112] Jung, C. G., Die Beziehungen zwischen dem Ich und dem Unbewussten, 65.

4.2. Ärgermotivierte Aggression – Die Ärger-Aggressionstheorie von Verena Kast

lässigt oder gar unterdrückt wird".[113] Dieser psychologische Entwicklungsprozess macht den Menschen zu dem bestimmten Einzelwesen, das er wirklich ist. Dabei wird er nicht auf egoistisch-individualistische Art und Weise selbstisch, sondern erfüllt seine Eigenart. Je mehr er sich findet, desto mehr steigt er „aus der kleinen und persönlich so empfindlichen Ichwelt hinaus. Er entfernt sich vom egoistischen Knäuel persönlicher Befürchtungen, Wünsche und Hoffnungen".[114] Dieser bewusst gegangene Weg führt in Gegensatz zu konformistischem Man-Verhalten.[115] Der Individuationsprozess hat die Herausbildung und Verwirklichung der in der menschlichen Psyche angelegten Ganzheit zum Ziel. Diese ist erreicht, wenn Bewusstsein und Unbewusstes miteinander verknüpft sind und zueinander in lebendiger Beziehung stehen. Diese Abrundung der Seele ist realisiert, wenn möglichst viele verborgene menschliche Eigenschaften bewusst gemacht, die psychischen Möglichkeiten entfaltet und zu einer Einheit zusammengefasst sind.

Jung betont das Fragmentarische dieses Prozesses: Der Umfang des Unbewussten kann nie gänzlich ins Bewusstsein gehoben werden. Selbstentfaltung ist als bleibendes Unterwegssein, als unabgeschlossener Prozess und als lebenslange Aufgabe zu verstehen. Mit der Entwicklung der individuellen Persönlichkeit erkennt das Individuum, was man von Natur aus ist, im Gegensatz zu dem, was man sein möchte.[116] Dies führt zur unvermeidlichen Unterscheidung des Einzelnen von der Unbewusstheit der Masse; er lebt nicht mehr in Abhängigkeit von den Werturteilen der Mitmenschen, sondern gründet fest in der Beziehung zum Selbst. Das eigene Handeln ist geleitet von der Treue zum eigenen Gesetz, d.h. der Übereinstimmung mit der dem Menschen entgegen tretenden inneren Bestimmung. Zudem gilt es, sich mit der anderen, dunklen Seite mit ihren Widersprüchen und Gegensätzen auseinanderzusetzen, sie anzunehmen und auszuhalten und somit das Ziel des Individuationsweges nicht mit Fehlerlosigkeit oder moralisch-religiöser Vollkommenheit gleichzusetzen. Der Prozess der Individuation ist jedem Menschen aufgegeben. Insofern das Individuum sein ihm eingeborenes Lebensgesetz hat, ist prinzipiell die Möglichkeit vorhanden, dem eigenen Gesetz zu folgen und damit zur Persönlichkeit zu werden, d.h. eine relative Ganzheit zu erlangen, die sich in letzter Linie immer aus einem individuell gelebten Leben ergibt.[117] Jeder Mensch ist dazu aufgerufen und fähig. Das treibende Motiv für die Persönlichkeitsbildung im Individuationsprozess ist für Jung essentiell ein Antrieb zur Selbstentfaltung. Nach Jung gliedert sich der Individuationsprozess in zwei große Abschnitte, die gegensätzliche Vorzeichen tragen und sich gegenseitig bedingen und ergänzen: die erste und die zweite Lebenshälfte. Dem ersten Abschnitt der Individuation obliegt die Aufgabe der Initiation in die äußere Wirklichkeit, die mit der festen Ausformung des Ich abschließt und eine Anpassung und Einordnung des Menschen in seine Umwelt zum Ziele hat, wie z.B. berufliche Profilierung oder Sicherung der sozialen Stellung.

Erst nach Erreichung dieses Zieles sind die Voraussetzungen für den tiefgreifenden Entfaltungs- und Wandlungsprozess der zweiten Lebenshälfte gegeben. Bei der Initiation in die innere Wirklichkeit kommt es zu einer vertieften Selbsteinsicht und Menschenkenntnis, zu einer Rückbeugung zu den bis dahin unbewusst gebliebenen oder geworde-

---
[113] Ebd., 66.
[114] Jung, C. G., GW VII, 99.
[115] Vgl. zur Man-Orientierung: Heidegger, M., Sein und Zeit, 16. Aufl., Tübingen 1986, 126.
[116] Vgl. Jacobi, J., Die Psychologie von C. G. Jung, 132.
[117] Vgl. Jacobi, J., Der Weg zur Individuation, 103.

nen Wesenszügen, zu ihrer Bewusstmachung und dadurch zu einem bewussten inneren und äußeren Bezogensein des Menschen in das irdische und kosmische Weltgefüge.[118] Während die erste Lebenshälfte durch Expansion und Anpassung an die (äußere) Realität bestimmt ist, kommt der zweiten die Reduktion auf das Wesentliche und die Anpassung an die innere Realität zu. Jungs Forschungsinteresse gilt vor allem der zweiten Lebenshälfte. Wenn er vom Individuationsprozess als schrittweisem, bewusstem Wandlungsvorgang spricht, hat er zwar immer den ganzen Lebenslauf im Auge, versucht aber andererseits eine Aufgabe für die Jahre nach der sogenannten Lebenswende zu umschreiben.

Für den Prozess der Individuation ist es unerlässlich, dass sich die menschliche Persona positiv entwickelt und „dass sich einer davon zu unterscheiden weiß, als was er sich und anderen erscheint".[119] Jung nennt jene psychische Verhaltensweise, mit der sich der Mensch seiner Umwelt zuwendet und sich ihr anpasst, Persona. „Durch die Persona will man als dies oder das erscheinen, oder man versteckt sich gerne hinter einer Maske, ja man baut sich sogar eine bestimmte Persona als Schutzwall auf".[120] Die Persona ist der der Umwelt zugewandte Ausschnitt aus dem Ich, sie ist zu verstehen als Kompromiss zwischen Individuum und Sozietät über das, als was Einer erscheint, als Kompromiss zwischen den Forderungen der Umwelt und der strukturellen inneren Bedingtheit des Individuums. Die Persona vermittelt zwischen innerer und äußerer Welt und ist mehr als „Gesicht" denn als „Maske" zu definieren.[121] Sie vermittelt das Gleichbleibende durch alle Veränderungen hindurch und damit Identität. Menschen zeigen mit der Persona einen Aspekt der Identität, welche immer auch von der Umwelt bestätigt werden muss. Diese Bestätigung ist zur Regulierung des Selbstwertgefühls erforderlich. Der Grenzwert wird erst dann überschritten, wenn durch diese Haltung persönliche Authentizität eingebüßt und die wahre Persönlichkeit verraten wird. Die Persona schützt die Intimität des Einzelnen, umgekehrt schützt sie auch die anderen vor zu viel Intimität.[122]

Parallel zur Bildung des Ich in der Phase der Initiation in die äußere Wirklichkeit entsteht im Unbewussten als Gegenspieler des Ich der Schatten. Letzterer setzt sich zusammen „aus den teils verdrängten, teils wenig oder gar nicht gelebten psychischen Zügen des Menschen, die von Anfang an aus moralischen, sozialen, erzieherischen oder sonstigen Gründen weitgehend vom Mitleben ausgeschlossen wurden und darum der Verdrängung bzw. Abspaltung anheimfielen".[123] Die Jungsche Psychologie unterscheidet zwischen einem persönlichen und einem kollektiven Schatten, die beide in der menschlichen Psyche wirken: Im persönlichen Schatten sind die nicht zugelassenen, verworfenen oder verdrängten Eigenschaften und Möglichkeiten der persönlichen Biografie des Individuums enthalten. Kollektiver Schatten steht „für die allgemein-menschliche dunkle Seite in uns, für die jedem Menschen innewohnende strukturelle Bereitschaft zum Minderwertigen und Dunkeln".[124]

---

[118] Vgl. Jacobi, J., Die Psychologie von C. G. Jung, 110.
[119] Jung, C. G., Die Beziehungen zwischen dem Ich und dem Unbewussten, 88.
[120] Ebd., 66.
[121] Vgl. Blomeyer, R., Aspekte der Persona, in: ANAPC 4 5/1, 1974, 17.
[122] Vgl. Jacoby, M., Scham-Angst und Selbstwertgefühl, Olten 1991.
[123] Jacobi, J., Der Weg zur Individuation, 50.
[124] Jacobi, J., Die Psychologie von C. G. Jung, 113.

4.2. Ärgermotivierte Aggression – Die Ärger-Aggressionstheorie von Verena Kast

Durch den Abstieg ins Unbewusste begegnet der Mensch seinem alter ego, entweder in einer inneren, symbolischen Form, wie z.B. im Traum, bei dem die Schattenzüge personifiziert als zu sich selbst gehörige Eigenschaft auftreten, oder in einer äußeren, konkreten Form, bei der ein Objekt (vornehmlich ein Mensch aus dem Umfeld) zum Projektionsträger der dunklen Seite wird. Die erste Etappe des Individuationsweges hat zum Ziel, den Schatten bewusstzumachen, seine Eigenschaften zu erschließen und die Inhalte des Schattens in die Gesamtpersönlichkeit zu integrieren. Die andere Seite, der „dunkle Weggefährte", welcher unzertrennlich zur eigenen Ganzheit gehört, soll als Teil des eigenen Wesens wahr- und angenommen werden. Zudem gilt es, die auf die Umwelt gerichteten Projektionen des Schattens zurückzunehmen. Jung weiß um die Schwierigkeiten der Schattenkonfrontation und die daraus resultierenden Flucht- und Vermeidestrategien. „Handelt es sich bei dieser Realisierung doch darum, die dunklen Aspekte der Persönlichkeit als wirklich vorhanden anzuerkennen. Dieser Akt ist die unerlässliche Grundlage jeglicher Art von Selbsterkenntnis und begegnet darum in der Regel beträchtlichem Widerstand. Bildet die Selbsterkenntnis eine psychotherapeutische Maßnahme, so bedeutet sie oft eine mühsame Arbeit, die sich auf lange Zeit erstrecken kann".[125] Wenn der Schatten als ebenfalls zu sich gehörig akzeptiert ist, vermag die Auseinandersetzung mit den übrigen Gegensatzpaaren der Seele zu gelingen. „Damit beginnt nämlich erst jene objektive Einstellung zur eigenen Persönlichkeit, ohne die es auf dem Wege zur Ganzheit kein Weiterschreiten gibt".[126] Nach der Integration des Schattens stößt der Individuierende auf das Seelenbild „Animus-Anima", welches zwischen Ich und Innenwelt vermittelt. Die archetypische Figur des Seelenbildes (beim Mann Anima, bei der Frau äquivalent Animus) steht „ jeweils für den komplementärgeschlechtlichen Anteil der Psyche und zeigt teils, wie unser persönliches Verhältnis dazu geformt ist, teils den Niederschlag der gesamtmenschlichen Erfahrung am Gegengeschlechtlichen. Es stellt also das Bild vom anderen Geschlecht dar, das wir als einmaliges Einzelwesen, aber auch das, was wir als Artwesen in uns tragen".[127]

Wie beim Schatten, so gibt es eine innere und eine äußere Erscheinungsform: Erstere begegnet in Träumen als Personen oder Tiere mit speziell männlichem oder weiblichem Charakter. Die äußere Form tritt auf, wenn ein gegengeschlechtlicher Mensch zum Projektionsträger des eigenen unbewussten Persönlichkeitsteils wird, ohne dass dem Projizierenden bewusst würde, dass das eigene Innere derart von außen entgegentritt. Animus und Anima als je eigener, andersgeschlechtlicher Urgrund können nur durch die Beziehung zum Gegengeschlecht realisiert werden, zumal ihre Projektionen nur dort wirksam sind.[128] Die Bewusstmachung des Seelenbildes hat die Erkenntnis und Erschließung des Gegengeschlechtlichen in der menschlichen Psyche zum Ziel. Diese psychische coniunctio führt zu einer außerordentlichen Bereicherung der dem Bewusstsein zugehörigen Inhalte, einer Erweiterung der Persönlichkeit, und ist begleitet von einem Freisetzen neuer schöpferischer Kräfte und Impulse. Auf der letzten Wegstrecke des Individuationsprozesses begegnet das zentrale archetypische Bild des Selbst. Es ist dem bewussten Ich übergeordnet und umfasst nicht nur die bewusste, sondern auch die unbewusste Psyche, es ist

---

[125] Jung, C. G., Aion, GW IX/2; zit. nach: ders., Welt der Psyche, München 1973, 71.
[126] Jacobi, J., Die Psychologie von C. G. Jung, 115.
[127] Ebd., 116.
[128] Vgl. Jung, C. G., Aion, in: Welt der Psyche, 79.

sozusagen eine Persönlichkeit, die wir auch sind.[129] Das Selbst bildet den gemeinsamen Mittelpunkt der beiden psychischen Teilsysteme Bewusstsein und Unbewusstes, es bildet das Zentrum aller psychischen Phänomene. Aber es ist nicht nur „der Mittelpunkt, sondern auch der Umfang, der Bewusstsein und Unbewusstes einschließt; es ist das Zentrum der psychischen Totalität, wie das Ich das Bewusstseinszentrum ist".[130] Die Inhalte des Selbst sind nur fragmentarisch zu erkennen: Zwar ist jede Erkenntnis des Selbst dem Ich vorbehalten, das Selbst kann jedoch nicht völlig bewusst gemacht werden, zumal das Ich dem Selbst untergeordnet ist. Immer ist noch eine unbestimmbare Menge an Unbewusstem vorhanden, die zur Totalität des Selbst gehört. Das Selbst ist erlebbar als Hinweis auf den psychischen Urgrund: „Die Geburt des Selbst bedeutet für die bewusste Persönlichkeit nicht nur eine Verschiebung ihres bisherigen psychischen Zentrums, sondern als Folge davon eine vollständig veränderte Lebenseinstellung und Lebensauffassung, also eine Wandlung im wahrsten Sinn des Wortes".[131]

Nach Jung ist das Selbst einerseits Basis, auf der alles Psychische aufbaut, jenes zentrale Strukturelement, welches als Lenker und Anordner der seelischen Ereignisse von Anfang an wirkt und zugleich letzte Instanz und letzter Zielpunkt des Individuationsprozesses. Alle letzten Ziele laufen auf den Punkt des Selbst hin. Es stellt jene Einheit dar, in der alle psychischen Gegensätze aufgehoben sind. Für Jung könnte dieses hypothetische Konstrukt ebenso als Gott in uns bezeichnet werden. Er schreibt: „Ich kann nicht beweisen, dass Selbst und Gott identisch sind".[132] Laut Jung muss die Seele eine Beziehungsmöglichkeit, eine Entsprechung zum Wesen Gottes in sich haben, sonst könnte ein Zusammenhang nicht zustande kommen. Diese Entsprechung ist im psychologischen Sprachspiel der Archetypus des Gottesbildes.[133] Verena Kast übernimmt das Jungsche Konzept vom Schatten und von der Erhaltung der psychischen Gesamtenergie und entwickelt sie weiter. Nach ihrem Dafürhalten wird vor allem Aggression in den Schattenbereich abgedrängt.

Aggressionsschatten und Aggressionskompetenz

Nach Kast gäbe es weniger kriegerische Auseinandersetzungen bzw. Konflikte mit destruktivem Ausgang, wenn die Schattenthematik als zentrales anthropologisches Lebensthema Beachtung fände.[134] Konfliktfähigkeit setzt einen kompetenten Umgang mit dem Aggressionsschatten voraus, der vielfach auf Sündenböcke projiziert wird. Diese Schattenverschreibung verwandelt die Umwelt in das eigene, unbekannte und unheimliche Gesicht. Wenn die eigene Aggressivität im Schatten liegt und projiziert wird, fühlt sich der Projizierende von einer aggressiven Welt umgeben und bedroht; es kommt zu einer Wahrnehmungsverzerrung, aggressive Gestalten treten in Träumen als Verfolger auf. Dadurch bildet sich ein Zirkel von Angst und Aggression, die Opfer-Aggressor-Dynamik bestimmt das Feld. Bei Projektion kann nicht mehr auf die eigene Aggression zurückgegriffen werden, um sich abzugrenzen und sich zu wehren. Wer den Aggressionsschatten

---

[129] Vgl. Jung, C. G., Die Beziehungen zwischen dem Ich und dem Unbewussten, 69.
[130] Jung, C. G., Psychologie und Alchemie, GW XII, 59.
[131] Jacobi, J., Die Psychologie von C. G. Jung, 128.
[132] Jung, C. G., Briefe II, 503.
[133] Vgl. Jung, C. G., Psychologie und Alchemie, GW XII, 24f.
[134] Vgl. Kast, V., Der Schatten in uns. Die subversive Lebenskraft, Zürich-Düsseldorf 1999, 68.

4.2. Ärgermotivierte Aggression – Die Ärger-Aggressionstheorie von Verena Kast

projiziert, erfährt sich als Opfer des Schattenträgers und ist auf den Angstpart verwiesen. Er vermag das eigene Leben nicht mehr autonom zu gestalten und muss auch künftig mit schlimmen Übergriffen rechnen. Die seitherigen Überlegungen wiesen die jugendliche Aggression als eine Form der altersmäßigen Abgrenzung gegen die Eltern aus, um so Weiterentwicklung zu ermöglichen. Diese gesunde Trennungsaggression wird als mit dem Ich-Ideal unvereinbar erachtet, erzeugt deshalb Angst und wird projiziert. Zwar führt die Projektion durch vermeintliche Befreiung vom eigenen Aggressionspotential zu einer Entlastung, doch ist die Angst vor dem äußeren Aggressor schwieriger zu bewältigen als die primäre Angst vor der eigenen Trennungsaggression.

Bei Projektion kann die ursprüngliche Angst vor Trennungswünschen nicht erlebt und verarbeitet werden, so dass eine fruchtbare Auseinandersetzung unterbleibt. Der Projizierende siedelt die Probleme im Wesentlichen beim Projektionsträger an, so dass sie für eine konstruktive Auseinandersetzung unzugänglich sind. Die in der Auseinandersetzung liegende Chance zur Entwicklung kann so nicht wahrgenommen werden. Durch Delegation des Schattens werden andere Menschen dazu gebracht, diesen Schattenanteil auszuleben: In einer Familie ist zum Beispiel eine Person für Wutanfälle zuständig: in ihrer Gegenwart sind alle friedlich, doch wenn sie sich entfernt, hat die Familie ein Aggressionsproblem. Vielfach werden die Jugendlichen als „böse Jugend" stigmatisiert: Um die gewünschte Entlastung herbeizuführen, haben sie sich auch dem entsprechend zu verhalten. „Wir sehen am anderen Menschen oft gerade das, was unser Schatten ist, bekämpfen ihn am anderen, fühlen uns dem Schattenträger überlegen".[135] Der eigentliche innere Zwiespalt führt zu einer Spaltung nach außen: Ich bin „gut", die Außenwelt ist „schlecht". Dieser Abwehrmechanismus der Spaltung erzeugt ein Identitätsproblem: Wenn alles in die Kategorien von hell und dunkel eingeordnet wird, vermag der Mensch immer nur eine Seite von sich selbst anzunehmen, und je bedrohter er durch seine Schattenseiten ist, um so mehr wird er sich idealisieren und sich dabei immer mehr sich selber entfremden, immer unwirklicher und unrealistischer erscheinen. Zugleich wird der Schatten immer fremder, unheimlicher und beschämender, er wird zunehmend stärker entwertet.[136]

Was Teil eines inneren Konflikts ist, verfolgt den Betroffenen von außen, was an sich selber abgelehnt wird, kommt von außen auf denselben wieder zu, bedroht ihn oder steht in herausforderndem Kontakt mit ihm, er muss sich damit auseinandersetzen. Was ihn verfolgt, will in der Regel zu ihm zurück, weil es schon zu ihm gehörte. „Was wir projizieren, gehört eigentlich zu unserem psychischen System".[137] Durch Integration des Verdrängten wird ein Zugang zu Aspekten der eigenen Persönlichkeit geschaffen, die auch zu ihr gehören, mit der Integration des Aggressionsschattens kommt der Einzelne seiner Ganzheit näher. Diese Ganzheit vermag unter menschlichen Verhältnissen nie idealiter erreicht zu werden. Es genügt, wenn der Schatten an- und wahrgenommen und in die persönliche Verantwortung genommen wird. Es kommt nur dann zu Bewegung und Veränderung einer festgefahrenen Situation, wenn der Aggressionsschatten immer wieder an- und wahrgenommen sowie integriert wird.[138] Solange letzterer auf Außenseiter pro-

---
[135] Ebd., 143.
[136] Vgl. ebd., 124.
[137] Kast, V., Vom Sinn der Angst, 64.
[138] Vgl. Kristeva, J., Fremde sind wir uns selbst, Frankfurt a. M. 1990 betont, dass es in der menschlichen Psyche auch Fremdes gibt, das nicht aus Verdrängung stammt. Das Fremde fordert zu Auseinandersetzung auf, es fasziniert, wenn ein sicheres Identitätsgefühl vorliegt. Durch die Eingemeindung des Fremden vermag

jiziert wird, kommt es zu beiderseitiger Erstarrung; dem korrespondierenden Feindbild wird die Immobilität angelastet. Durch das adoleszente Leben und Benennen des Aggressionsschattens der Eltern wird die Verdrängungskultur der Eltern gestört, Fremdes und Ängstigendes bahnt sich den Weg. Dabei kommen nicht nur die Adoleszenten zum eigenen Leben, auch den Eltern wird durch Aufzeigen ihres eigenen Schattens die Möglichkeit zur Weiterentwicklung eröffnet.[139] Der hinreichend akzeptierte Aggressionsschatten wird zu einer Kraft, zumal die Opferposition aufgegeben wurde und die im Schatten steckende Lebendigkeit zur Verfügung steht.[140] Im Peinlichen und Unangepassten des Schattens verbirgt sich oft auch das Vitale und Interessante mit den leidenschaftlichen, energiereichen Seiten.

Bei der Integration des Aggressionsschattens wird er mit all den damit verbundenen Ambivalenzen emotional als eigene Lebensmöglichkeit erfahren. Durch eine Hinzuführung des großen Energiepotentials wird ein ebenso großer Zuwachs an Lebendigkeit freigesetzt, es entsteht ein neues Gefühl für Authentizität und Stimmigkeit. Wer den Schatten akzeptiert, erlebt sich selbstsicherer und identischer mit sich selbst, rechnet mit dem Schatten der anderen, ist weniger kränkbar und in seinem Selbstwertgefühl weniger in Frage gestellt. Durch Schattenakzeptanz wird Lebensangst reduziert, andere haben weniger Macht über den Einzelnen. Das bewusste Eingestehen von Schattenseiten fördert das Realitätsprinzip.[141] Nach Auffassung von Verena Kast muss das Selbstbild eines perfekten, idealen Menschen zugunsten eines realitätsgerechten, gewöhnlicheren Selbstverständnisses geopfert werden. Befreit von narzisstischer Größenfixierung wird das Selbsterleben lebendiger, bei Führungspersönlichkeiten wird durch Verzicht auf guruhafte Züge das Kreativitätspotential der Mitarbeiter aktiviert und die Eigenverantwortlichkeit dem Leben gegenüber gefördert. Eigene Begrenztheit und Abhängigkeit werden akzeptiert, man rechnet bei sich und bei anderen mit Unvorhergesehenem und bleibt gerade darin für den Wandel des Selbstbildes auf neue Lebensmöglichkeiten hin offen. Durch den Zuwachs an Selbstverantwortlichkeit wächst auch die Einsicht für den eigenen Anteil bei Konflikten, Letztere werden offensichtlicher und Beziehungen dadurch reicher.[142] Mit Einübung der Akzeptanz von Aggressionsschatten wächst die persönliche Kompetenz zur Entwicklung einer konstruktiven Streitkultur, Beziehungen gestalten sich offener und angstfreier.

Die Schattenakzeptanz entwickelt sich unter anderem im aggressiven Kampf zwischen sog. Schattenkollegen: Dabei verkörpert ein Mitmensch den eigenen Schatten, beide spüren, dass sie der jeweils Andere etwas angeht. Dabei läuft folgendes Ritual ab: Nach anfänglicher Irritation, verbunden mit Ablehnung, Vorwürfen und Änderungsaufforderungen kommt es im Kampf zwischen den beiden (bei hoffentlich konstruktivem Verlauf) zu einer Akzeptanz und Bestätigung der Stärke des Schattenkollegen. Es findet ein Lernen durch Kampf statt, wobei sich die Einsicht durchsetzt, dass das am Anderen Befremdliche eigene Persönlichkeitsanteile umfasst, die dort bekämpft werden. Nach der verbalen Auseinandersetzung respektieren sich die beiden in ihrer Stärke, sie akzeptieren

---

sich die Persönlichkeit zu entwickeln.
[139] Vgl. Kast, V., Der Schatten in uns, 161.
[140] Umgangssprachlich hat das „Schwarze Schaf" der Familie einen „Lebenswandel", d. h. es führt ein interessantes Leben. Bei der Schattenverschreibung wird auch Vitalität auf den Projektionsträger übertragen.
[141] Vgl. Kast, V., Der Schatten in uns, 28.
[142] Vgl. ebd., 167.

4.2. Ärgermotivierte Aggression – Die Ärger-Aggressionstheorie von Verena Kast

des Kampfpartners Werte, die den eigenen diametral entgegenstehen. Auf diese Weise kommt es zu einer Schattenakzeptanz ohne Abwertung des anderen.[143] Nach dem Kampf stellen sie füreinander keine Schattengestalten mehr dar. „Wer zunächst als Schattenträger erscheint, wird, kämpft man mit ihm und attestiert ihm Lebensberechtigung, oft zu einem Gefährten, dem man vertrauen kann, obwohl es eine schwierige Beziehung bleibt".[144] Aus dem Kampf mit Menschen, denen der alter-ego Schatten übertragen wird, ergeben sich Konfliktfreundschaften, durch die ständige Auseinandersetzung wird Schatten aneinander bearbeitet. Da im Aggressionsschatten oft starke Aspekte der Persönlichkeit gebunden sind, entwickeln Schattenbrüder bei Schattenakzeptanz eine große gemeinsame Energie und Lebendigkeit.[145] Bei unversöhnlichem destruktivem Kampf können die starken Energien umgekehrt eine sehr destruktive Wirkmacht entfalten. Der ständige Kampf führt dazu, dass Konflikte direkter angegangen werden und die Konfliktfähigkeit steigt. Das intrapsychische Geschehen findet eine interpersonelle Entsprechung und umgekehrt. Der Schattenkampf zwischen Schattenkollegen kann sich auf die Ebene zwischen Völkern verlagern, kollektive Projektionen des Schattens auf ganze Völker führen in die Konfrontation. Durch den im Schattenkampf eröffneten Dialog, unter Zubilligung der Existenzberechtigung des Feindes, käme man mit diesem und mit den abgespaltenen Seiten von sich selbst in Kontakt. Man müsste sich mit der eigenen Ambivalenz auseinandersetzen und sie akzeptieren.

Unter Anwendung des Konzepts der Schattenakzeptanz geht es bei der Konfliktbewältigung nicht mehr darum, „dass ein Wert einen anderen sozusagen besiegt oder dass es in einer Auseinandersetzung Siegerinnen und Verlierer gibt".[146] Neue Verhaltensformen werden möglich. „Ist Schatten grundsätzlich akzeptiert, so wissen wir darum, dass es unendlich viele Möglichkeiten gibt, das Ideal zu durchkreuzen.... .Wir werden viel offener für das, was auf uns zukommt, und auch dankbar für die vielen nicht destruktiven Lebensmöglichkeiten, für den Reichtum des Lebens".[147] Es bedarf stets neuer Überlegungen, wie relevant die zur Debatte stehenden Werte sind und wie sie integriert werden können, so dass beide Konfliktpartner in eine win-win-Situation geraten und als Gewinner aus dem Konflikt hervorgehen. Wenn jeder der Beteiligten etwas vom anderen übernimmt, lebt er etwas von der menschlich konstitutiven Dialektik, so dass das Leben für beide einfacher und farbiger wird.

Das Konzept der Integration von Schatten ist verschiedenen Missverständnissen ausgesetzt, die Kast zurückweist: Schattenakzeptanz bedeutet nicht, ihn hemmungslos auszuleben, sondern die Schattenqualität des eigenen Verhaltens zu erkennen, bewusstzuma-

---

[143] Vgl. ebd., 37.
[144] Ebd., 119.
[145] Vgl. Jacoby, M., Liebet eure Feinde – oder vom Umgang mit Feindbildern, in: Pflüger, P. M., (Hg.), Freund – und Feindbilder, Begegnung mit dem Osten, Olten 1986, 143f. Jacoby schreibt: „Tiefenpsycho-logische Erfahrung hat uns gezeigt, dass Feinde im tieferen Sinne oft Inhalte symbolisieren, die zugunsten unserer Reifung der bewussten Persönlichkeit integriert werden sollten. Daher würde ich vorschlagen, das „Liebet eure Feinde" zu interpretieren als „*Seht den Wert in euren Feinden*". Darunter verstehe ich eine Haltung, welche in einfühlender Weise die Absichten und Wertmaßstäbe der Feinde in ihrem eigenen Recht zu erkennen versucht, was die schwierige Einschätzung miteinschließt, welche Feinde wirklich gefährlich sind und in welchem Maße, so dass sie legitimerweise abgewehrt und bekämpft werden müssen. Dies beruht auf einem Differenzierungsprozeß, der auch die Bewusstwerdung eigener Projektionen beinhaltet".
[146] Ebd., 125.
[147] Ebd.

chen, dafür Verantwortung zu übernehmen und allenfalls das Verhalten zu korrigieren. Dabei soll sich der Einzelne fragen, welche Konsequenzen das Einbringen von Schattenaspekten in die Beziehung mit sich brächte. Kast geht es um Schattensensibilität, damit verbundene Selbsterkenntnis und Abnahme der Heuchelei. Schattenakzeptanz darf nach Auffassung von Kast auch nicht als Erklärung für menschliche Unzulänglichkeit oder als Entschuldigung für unethisches Verhalten missbraucht werden. Damit Schattenerfahrung weiterführt, bedarf es zuvor eines belastbaren Selbstwertgefühls und eines kohärenten Ich-Komplexes, um die Kränkung auszuhalten und neues Verhalten zu wagen. Wenn eine Konfrontation mit dem Schatten zu früh erfolgt, führt dies zu Entmutigung und Resignation statt Veränderung und Meliorisierung der Situation. Schließlich will Kast nicht dahingehend missverstanden werden, mit dem Konzept der Schattenakzeptanz jegliche Idealität verbannen zu wollen.[148] Ohne Ideale und Ziele fiele die Welt der Gleichgültigkeit anheim. Das Ideal fungiert als Zielpunkt einer Lebenshaltung. Doch soll diese Ausrichtung auf ein Ziel nicht zur intrapsychischen Absolutsetzung eines Wertes und zur Generierung von Siegern und Verlierern führen. Wenn der Projektionsträger mit der aggressiven Energie aufgeladen wird und der Projizierende sich selbst in der angstbesetzten Opferrolle belässt, entsteht eine Aggressor–Opfer–Dynamik, welche für den Umgang mit Aggression eine wichtige Rolle spielt.

Die Aggressor-Opfer-Dynamik

Das regressive, passiv-resignierte Opferverständnis
Bei der Aggressor-Opfer-Dynamik werden die für die eigene Entwicklung unabdingbaren aggressiven Anteile an andere delegiert. Diese werden umso aggressiver erlebt, der Opfertyp vermisst hingegen eine zur Gestaltung des eigenen Lebens unbedingt errforderliche, vitale Kraft. Er vermag sich nicht mehr weiterzuentwickeln und verfällt der Angst. Bei der Aggressor-Opfer-Verklammerung wird etwas delegiert, was zum jeweils eigenen psychischen System gehört. Der andere Mensch wird dazu gebracht, etwas psychisch zu erledigen, was in der eigenen Persönlichkeit einer Lösung zugeführt werden müsste und eigenverantwortlich zu leben wäre. Der Aggressor delegiert seine Angst, Hilflosigkeit und das Gefühl der Abhängigkeit auf das Opfer und verachtet und bekämpft dort diese Anteile.[149] Aggressoren sind oft auch kontraphobisch strukturiert: Die von anderen geäußerte Angst gefährdet sie in ihrer Abwehr, mittels derer sie die Angst an den ängstlichen Opfertyp delegieren. Das Opfer delegiert aggressive Basiskompetenzen wie Bestimmen- und Bewirkenwollen an den Aggressor, der, mit dieser Energie „aufgeladen", zum gefürchteten Objekt wird. Beide sind davon überzeugt, sich nach der Delegation mit den entsprechenden Anteilen nicht mehr beschäftigen zu müssen. Statt sich mit dem Problem auseinanderzusetzen, begegnet es ihnen in der Beziehung. Der Mensch, dem sie psychische Anteile delegierten, geht sie dann interpsychisch an, es entsteht eine Aggressor-Opfer-Kollusion: Die beiden spielen in ihrer Beziehung derart zusammen, dass das eine Spiel

---

[148] Vgl. ebd., 131.
[149] Es ist kein Zufall, dass radikale Schlägertrupps ihre Wut an Obdachlosen, Behinderten, Alten und Schwachen auslassen. Es ist nicht bekannt, dass eine Skin-Bande je einen durchtrainierten Sportler malträtiert hätte, der allein durch seine körperliche Konstitution Gegenwehr signalisiert. Das Opfer lebt gefährlich.

4.2. Ärgermotivierte Aggression – Die Ärger-Aggressionstheorie von Verena Kast

das Spiel des anderen bestimmt.[150] Einer lebt die Kindposition, der andere die Elternposition, beide zusammen leben die beiden Anteile in *einem* System.

In der Aggressor-Opfer-Kollusion leben beide miteinander, was jeweils in einer einzigen Person lebendige Gestalt annehmen müsste. Nach Kast lassen sich psychische Themen nicht delegieren, Opfer und Aggressor müssen lernen, sowohl zu ihrer Angst wie zu ihrer Aggression zu stehen. Beide haben jeweils in sich die menschlich konstitutive und unentrinnbare Dialektik von Autonomie und Abhängigkeit auszutarieren. Sie sollen weder in der Macht noch in der Ohnmacht verhaftet bleiben, sondern alles Gestaltbare gestalten. Es findet nur dann Entwicklung statt, wenn das Opfer die eigene Aggression verantwortlich lebt und dadurch zum Gestalter wird.[151] In der Haltung des Aggressors findet das Opfer die erforderliche Aggression, um sich aus der Opferrolle herauszuentwickeln. Die Aggressor-Opfer-Dynamik löst sich auf, wenn das Opfer nicht mehr mit dem Opferstatus identifiziert bleibt: Solange das Opfer Opfer bleibt, kann der Aggressor im Aggressorstatus verbleiben. Nach Beendigung des Opferseins muss der Aggressor sich zu seinem eigenen Opferanteil bekennen und verhalten. Obwohl Opfer verachtet und bekämpft werden und der Opferschatten aus Angst, selber Opfer zu werden, auf sie projiziert wird, ist es schwierig, die Stellung des grandiosen Opfers zu opfern.[152] Diese Position wird notgedrungen idealisiert, zumal mit ihr ein fragiler Selbstwert stabilisiert wird. Das großartige Opfer bleibt in der Opferposition unbeweglich sitzen und vermag sich daraus nicht zu befreien. Es lebt in der *regressiven, passiv-resignierten* Grundhaltung, nichts zu seiner Veränderung beitragen zu können.

Das regressive Opfer erlebt dieses Eingeschränkt- und Eingeschnürtsein als tragisch – es muss dann nicht agieren und hat Anspruch auf Hilfe von außen.[153] Idealisierende Opfertypen brauchen bei Kritik viel Kraft, um die Idealisierung aufrechtzuerhalten; sie nörgeln und jammern um des Jammerns willen und äußern viel Selbstmitleid. Das Selbstmitleid stabilisiert die Situation und verhindert Veränderung, es perpetuiert die Erwartung, jemand möge von außen hilfreich eingreifen und etwas verändern. Im Selbstmitleid ereignet sich eine Art verfehlter Empathie mit sich selbst: Es gilt stattdessen, echte Empathie einzuüben, sich mit sich selbst emotional zu befassen, die tiefsten Bedürfnisse und Schwierigkeiten wahrzunehmen, sich die Misere ohne Selbstvorwürfe einzugestehen und aus dieser Empathie heraus Veränderungsimpulse wahrzunehmen und sich ihnen entspre-

---

[150] Vgl. Kast, V., Abschied von der Opferrolle, 67.
[151] Vgl. ebd., 104.
[152] Vgl. ebd., 38.
[153] Vgl. Bruckner, P., Ich leide, also bin ich. Die Krankheit der Moderne, Berlin 1996. Bruckner spricht von zwei Strategien, vor den Schwierigkeiten des Lebens in die Verantwortungslosigkeit zu fliehen: Infantilismus und Victimisierung (13). Der Victimisierte möchte der Wohltat der Freiheit genießen, ohne die Folgen des eigenen Handelns zu übernehmen. „Die Victimisierung ist die Neigung des aus dem kapitalistischen Paradies vertriebenen Bürgers, sich selbst nach dem Muster verfolgter Völker zu begreifen..." (14). Bruckner konstatiert, niemand wolle als verantwortlich gelten, vielmehr als unglücklich angesehen werden, selbst wenn keine besonderen persönlichen Schwierigkeiten vorliegen. Victimisierung zeichnet sich durch das Paradox aus, dass Individuen bis zum äußersten auf ihre Unabhängigkeit pochen, zugleich aber Fürsorge und Hilfe beanspruchen, „das die Doppelgestalt des Dissidenten und des Kleinkindes miteinander verbinden möchte" (15). Bruckner beklagt, dass die Opferattitüde vorgespielt wird, um die unverdienten Vorteile des wirklich notleidenden Opfers zu ergattern und die anderen sich selbst gegenüber in den Zustand von Schuldnern zu versetzen. Dadurch werde den wirklich Armen und Notleidenden, die um ihr fundamentales Lebensrecht kämpfen, ihr Platz weggenommen. Eine Ideologie des Helfens schlägt in universale Victimisierung um, „wenn nur Bedrängte unserem wohltätigen Herzen dargeboten werden und niemals Schuldige" (16).

chend aus der Opferposition herauszubewegen.[154] Bei der grandiosen Idealisierung der Opferposition findet der Betroffene die aggressiven Ressourcen in sich nicht mehr, um ehrlich zu intervenieren. Es ist nicht genügend Aggression vorhanden, um sich kundig und unzufrieden um Veränderung zu bemühen. „Es geht nichts mehr und es darf auch nichts mehr gehen".[155] Alles, was auf Veränderung und Meliorisierung der Situation hin tendiert, wird als Bedrohung wahrgenommen und abgewehrt, nicht zuletzt auch um des Sekundärgewinnes der Immobilität wegen. Der Betroffene ist nicht bereit, mit der regressiven Opferhaltung verbundene Bequemlichkeiten zu opfern. „Er opfert sich lieber ganz, sich selber, als dass er ganz konkrete Verhaltensweisen und Haltungen opfern würde".[156] Damit wird auch das Lebensvolle blockiert und paralysiert; um Stillstand und Starre aufzubrechen, müsste die Opferposition geopfert werden. Bei der grandiosen Opferposition liegt keine Bereitschaft vor, das eigene Leben wirklich hinzugeben.

Sehr ängstliche Menschen halten Ausschau nach sog. *steuernden Objekten*.[157] An die steuernde Person wird ein großer Anteil der eigenen Aggression im Sinne von „an die Dinge herangehen, etwas bewirken und bewegen wollen, etwas initiieren" delegiert. Es kommt zu einer Identifikation mit dem Aggressor und Angreifer. Dann treffen sich nicht mehr zwei Systeme, man fühlt sich stattdessen in dieser Kollusion in einem System mit dieser Person verbunden. Das Problem muss nicht mehr eigenverantwortlich gelöst werden. Ideologien funktionieren nach diesem Muster: Zuerst werden Menschen durch Ängstigung in die regressiv-passive Opferposition gebracht, ihnen wird das Lebensgefühl vermittelt, nichts mehr aus eigener Kraft bewirken zu können. Dann wird ein erlösendes System versprochen, welches die Angst beseitigt und Sicherheit gewährleistet. Durch die Identifikation mit dem Angreifer begibt sich das Opfer in eine Pseudoautonomie und lebt eine Pseudoaggressivität.[158] Bei der Opfer-Aggressor-Problematik geht es elementar um das Erleben von Macht und Ohnmacht. Sich selbst bewertet man als wenig kompetent und wirksam und erhofft eine Verbesserung der Situation durch Identifikation mit der Macht eines anderen. Durch diese Identifikation mit der Macht des Aggressors gewinnt das Opfer zunächst eine vermeintliche Größe, aus Angst übernimmt es den fremden Standpunkt und identifiziert sich mit den vermeintlich attraktiveren Werten des Angreifers. Zudem stabilisiert es auf diese Weise vorübergehend das eigene Selbstwertgefühl. Die Identifikation verleiht eine vermeintliche Partizipation an der Macht und Stärke des Aggressors. Von der Welt der äußeren Bedeutung her gesehen findet ein Machtzuwachs statt, doch diese geliehene Kraft ist nicht im eigentlichen Sinne der eigenen Persönlichkeit zugehörig. In Bezug auf das wahre Selbst ist die eigentliche Lebens- und Selbstmacht gesunken, das Opfer verrät die eigenen Emotionen und damit sich selbst, es entfernt sich intrapsychisch von sich selbst und ist nicht mehr bei sich. Es verliert dadurch wirkliche Lebensmacht, „die man natürlicherweise hat und die man, wenn man mit sich selbst im Lot ist, auch nicht missbrauchen muss".[159] Je höher das Maß der Identifikation mit den Werten des Angreifers ausfällt, desto größer ist die intrapsychische Entfernung von sich selbst.

---

[154] Vgl. ebd., 91.
[155] Ebd., 94.
[156] Kast, V., Sich einlassen und loslassen, 148.
[157] Vgl. König, K., Angst und Persönlichkeit. Das Konzept und seine Anwendungen vom steuernden Objekt, Göttingen 1981.
[158] Vgl. Kast, V., Abschied von der Opferrolle, 98.
[159] Ebd., 21.

Bei der Verklammerung von Opfer und Aggressor wird Letzterem die Lebensmächtigkeit zugeschrieben, das Opfer verbleibt in der Ohnmacht. Daraus entwickelt sich eine hochambivalente Beziehung, zumal einerseits der verunsicherte Mensch einer steuernden Person bedarf, andererseits die lebensnotwendige Aggression durch Projektion für die eigene Entwicklung nicht mehr zur Verfügung steht und somit eine große Abhängigkeit entsteht. Soll die Kollusion an ihr Ende kommen, muss der ängstliche Partner die Aggression zur eigenverantwortlichen Entwicklung einsetzen. Das ehemalige Opfer findet zurück zu ureigensten Aspekten von sich selbst, es stößt wieder auf sein wahres Selbst und gründet seine Selbstsicherheit im eigenen Gefühl. Durch das Erleben der ursprünglichen Emotionen und dem damit verbundenen Zurückgewinnen der eigenen Lebensmacht wird Energie freigesetzt, die als echtes Vitalvermögen in das Beziehungsgeschehen befruchtend einfließen kann.[160] Aufgrund des regressiven Opferverständnisses ist es für Kast unabdingbar, das *Selbstverständnis von Helfern und wirklicher Hilfe* zu überprüfen. Es gilt zu differenzieren, wo direkte Hilfe vonnöten ist, wo Menschen zu wirklichen Opfern von Gewalt, Missbrauch und Unterdrückung werden und wo ein Helfer-Verständnis vorliegt, welches den regressiven Opferstatus lediglich perpetuiert. Wenn Menschen etwas abgenommen wird, was sie selbst lösen müssten, sind die Helfer auf den Opferstatus ihres Gegenübers angewiesen und erhält Hilfe einen Opferkreislauf am Leben.[161] Durch diese „Hilfe" werden die „Helfer" in die Opferdynamik der Stagnation mit hineingezogen und es kommt zu Entmündigung. Kast plädiert dafür, die Hilfsangebote zu überprüfen, wenn Nachfragende zu regressiven Opfern werden.

Um eine Dynamik der Entwicklung anzustoßen, gilt es im ganzen Beziehungssystem die aggressiven Seiten zu erfassen und anzusprechen. Kast ist davon überzeugt, dass in jedem Beziehungssystem diese Aggression zu finden ist, welche die Situation in Bewegung zu bringen vermag. Wird sie verschwiegen, ändert sich nichts, zumal in emotionaler Hinsicht keine Echtheit vorliegt.[162] Bei der vermeintlichen Hilfe soll an Stelle der abgespaltenen Aggression der Helfer wirken, der bei wirklicher Hilfe jedoch die abgespaltene Aggression integriert und somit Hilfe zur Selbsthilfe leistet.[163] Dem regressiven Opferstatus stellt Verena Kast das progressive Opfer gegenüber.

Die progressive Opferhaltung

Beim progressiven Opfer wird einem übergeordneten Wert (z.B. einer Gottheit) etwas geopfert und dadurch die Beziehung zu ihm/ihr erneuert. Durch den Versöhnungsakt mit Gott wird der Opfernde selber neu. Für Kast drückt sich beim progressiven Opfer eine

---
[160] Vgl. ebd., 30.
[161] Vgl. Kast, V., Sich einlassen und loslassen, 150.
[162] Vgl. Kast, V., Abschied von der Opferrolle, 97.
[163] In der Dialektik von Solidarität und Subsidiarität besteht die Herausforderung, beide Begriffe von ihrer Zerrform abzugrenzen: Die Subsidiarität von der Fehlform, den Einzelnen zu überfordern und unsolidarisch im Stich zu lassen, die Solidarität vom Missverständnis, dem Betroffenen die regressive Opferrolle zuzuweisen, ihn zu entmündigen und jegliche Eigenbewegung zu ersticken und zu lähmen (sog. „Vollkaskomentalität"). Vgl. Herkorr 58 (2004) 6, wo der argentinische Erzbischof Carmelo Giaquinta angesichts der Krise seines Landes befragt wird, wie lange die Kirche Argentiniens noch die Hilfe von außen brauche: „Mit dem Mut-als Gast einer Spendenkampagne zumal-missverstanden zu werden, womöglich als undankbar zu erscheinen, beschreibt er die Ambivalenz jeder Hilfe von außen, zeigt er sich vor allem besorgt, diese könne angesichts der besonderen Disposition seiner Landsleute zu neuen Abhängigkeiten führen und

Liebe zum Leben aus,[164] es ist dies ein aktives Opfern: „... etwas von meinem Leben wegzugeben, im Hinblick auf etwas, das den gegenwärtigen Moment übersteigt, auf meinen Entwicklungsweg hin, auf mein Leben als ganzes, wissend, dass das Opfer auf etwas Größeres hin Wandlung bewirkt, zumindest Wandlung in meinem Erleben von mir selbst".[165] Die Vorstellung des Sich-zum-Opfer-Bringens durchzieht die ganze Geschichte und erfährt laut Kast ihre deutlichste Ausprägung in der Gestalt Jesu Christi: Er bringt sich zum Opfer, damit sich eine Meliorisierung der Lebensqualität und eine wesentliche Wandlung für die gesamte Menschheit ereignen kann. Bei diesem progressiven, aktiven Opfer stellt sich jemand in Erwartung eines Neubeginns ganz in den Dienst einer Sache, berührt eine Grenzsituation des Lebens und ist dabei vom Gedanken des Absoluten durchdrungen. Entscheidend ist der Aspekt des ganzen Engagements und der totalen *Hingabe*, im Gegensatz zum regressiv-resignierten Opferverständnis, welches mit der totalen *Preisgabe* der Persönlichkeit zu identifizieren ist.

Beim progressiven Opfer sind sämtliche Aggressionen in die Verantwortung genommen und integriert, sie dienen als Motor für Veränderung. Jemand ist davon überzeugt, keine andere Wahl zu haben als alle (Über-) Lebenskräfte zu sammeln, einzusetzen und sich total hinzugeben. „Bei diesem aktiven Opfer ist die Aggression nicht abgespalten, sondern sie ist Bestandteil des Opfers, drückt aber auch aus, dass anders eine Veränderung nicht möglich ist".[166] Das progressive Opferverständnis artikuliert sich auch im Leben von Menschen, die wie Mahatma Ghandi ihre ganze Lebensaggression konzentrieren, sich opfern und dabei für die Welt ein Zeichen setzen. Sie vermögen die Welt allein durch das tiefe Betroffenheit auslösende Lebensopfer zu verändern. Der aktiv Opfernde übernimmt die Verantwortung für das gegenwärtige Geschehen voll und ganz, die aggressiven Seiten werden erfasst und fungieren als verwandelnde Aggression. Sie tragen als Lebens- und Antriebsenergie dazu bei, dass eine neue, verwandelte Situation zu entstehen vermag. Verena Kast geht davon aus, dass Menschen zwischen Opfer- und Angreifertyp oszillieren. Ihr Ziel ist es, den Gestalter als Gegenbild des regressiven Opfers zu entwickeln, der die Aspekte des Opfern-Müssens mit denen der Aggression vereint. Der Gestalter ist auf ein übergeordnetes Ziel bezogen und bearbeitet im Sinne des entschiedenen Dranbleibens trotzig die realiter sich immer noch ergebenden Möglichkeiten. „Auch der Gestalter ist

---

Eigeninitiative behindern. Mit einer solchen Antwort wird er vor allem die befremden, die Gäste aus der Weltkirche latent verdächtigen, hier in Deutschland nur Schecks einsammeln und Projektanträge abgeben zu wollen". Vgl. analog: Singerhoff, L., Merfert-Diete, C., Hüllinghorst, R., Was suchen Frauen in der Sucht?, DAK Hamburg 2001,22 bezüglich der Hilfe, die Partnerinnen von Suchtkranken leisten können: „Partnerinnen von Abhängigen werden bei der Beratung sehr bald mit der *Hilfe zur Nicht-Hilfe* konfrontiert. Bis heute ist dies der einzige Erfolg versprechende Weg, um das Suchtsystem zu knacken und die Entwicklung von Abhängigen und Co-Abhängigen wieder in Gang zu bringen. Helfen, so wie sie es bisher praktiziert hat, hilft dem süchtigen Partner nur, mit seiner Sucht zu leben, aber nicht, von ihr loszukommen. Er muss die unangenehmen Konsequenzen, die sein Verhalten verursacht hat, von nun an allein tragen. Diese Verhaltensänderung der co-abhängigen Partnerin führt unter Umständen zu neuen Konflikten. Das Aussteigen aus einer alten Rolle bringt Unsicherheiten mit sich. Und für den süchtigen Partner natürlich auch sehr viel Unbequemes. Das Leben muss nun neu gestaltet werden. Das ist keine leichte Aufgabe, aber wer einmal damit begonnen hat, weiß um den Gewinn".Vgl. Aßfalg, R., Die heimliche Unterstützung der Sucht: Co-Abhängigkeit, Hildesheim 1993.

[164] Vgl. Kast, V., Zum Opfer werden-eine latente Liebe zum Leben? In: Schleswig-Holsteinisches Ärzteblatt, Heft 10, 1982, 816-821.
[165] Kast, V., Sich einlassen und loslassen, 150.
[166] Kast, V., Abschied von der Opferrolle, 96.

bezogen auf ein übergeordnetes Ziel, vielleicht auf das Ziel, dieses Leben angesichts der Bedrohungen und angesichts der ständigen Begrenzung durch den Tod dennoch zu einem vollen Leben zu machen, soviel von diesem Leben zu verstehen, als möglich ist, soviel an Gefühlen, Gedanken, Taten zu erleben, als einem zusteht".[167] Gegenüber der konstitutionellen Resignation der Opfer-Mentalität setzt der Gestalter die Aggression im Dienste des Lebenswillens und der Lebenskräfte ein und integriert die abgespaltene Aggression als Aspekt von sich selbst.[168]

Die Aggressor-Opfer-Kollusion bildet auch das Fundament für viele sog. Komplexreaktionen, deren Psychodynamik im Folgenden rekonstruiert werden soll.

Aggressor-Opfer-Fixierung und Komplexreaktion

Bei einer Komplexreaktion findet eine Überreaktion statt, die von den Mitmenschen als starke Beeinträchtigung der Beziehung erlebt wird. Unter Komplexeinwirkung wird zwar auf die eine gegenwärtige Situation reagiert, jedoch auf dem Hintergrund der Erfahrung von vielen ähnlichen Situationen und mit einer emotionalen Reaktion, als ginge es um all die schon durchlebten Situationen. „Als Komplex bezeichnet man Inhalte des Unbewussten, generalisierte schwierige oder als traumatisch erlebte Beziehungsepisoden, die durch die gleiche Emotion und durch ein gemeinsames Thema mit den damit in Zusammenhang stehenden typischen Beziehungsthemen und Beziehungsepisoden verbunden sind und in Grenzen stellvertretend füreinander stehen können".[169] Kasts Konzept der Komplexe weist eine große Affinität zum Konzept der generalisierten Interaktionsrepräsentationen (Representations of Interactions that have been Generalized, kurz: RIG) des Säuglingsforschers Daniel Stern auf.[170] Sie stellt zwischen diesen RIGs und dem Konzept der Komplexe einen engen Zusammenhang her: Mittels der Theorie des Episodengedächtnisses ließe sich erklären, wie Komplexe als Repräsentationen im Gedächtnis gespeichert werden. Zudem gibt es eine Erklärung für den Sachverhalt, dass die Komplexe nur in bestimmten, diesen prägenden Episoden gleichenden Situationen konstelliert und reaktiviert werden. Die Komplexe können auch durch Emotionen, welche an die primären Episoden erinnern, evoziert werden.[171] Für das Konzept der Komplexe sind nur jene RIGs von Belang, in denen schwierige Situationen generalisiert wurden. Komplexe bilden sich selten

---

[167] Kast, V., Sich einlassen und loslassen, 152.
[168] Vgl. ebd., 153: „Sehen: Ich bin nicht einfach Opfer, ich mache mich auch zu einem Opfer".
[169] Kast, V., Vom Sinn des Ärgers, 27.
[170] Vgl. Stern, D. N., Die Lebenserfahrung des Säuglings, 142. Sterns Ausgangspunkt ist das Episodengedächtnis, verstanden als Erinnerung an reale Erlebnisse und Erfahrungen. Zu diesen Episoden zählen ganz banale Alltagsereignisse wie Essen oder Spielen des Kindes. Im Episodengedächtnis werden diese Handlungen und damit verbundene Wahrnehmungen und Emotionen als unteilbare Einheit gespeichert und somit als solche erinnert. Wenn vergleichbare Episoden, wie z. B. Brust und Sättigung, immer wieder auftreten, werden sie vom Kind generalisiert, d. h. es erwartet, dass sich auch künftig genau diese Episode in dieser Art einstellen wird. Die generalisierte Episode ist keine spezifische Erinnerung mehr: „Sie enthält vielfältige, spezifische Erinnerungen. Sie stellt eine Struktur des wahrscheinlichen Ereignisverlaufs dar, die auf durchschnittlichen Erwartungen beruht" (ebd.). Nach Stern entstehen diese RIGs aus allen Interaktionen zwischen dem kindlichen Selbst und einem bedeutenden Anderen, er sieht sie als Grundeinheiten der Repräsentation des Kern-Selbst, welche dem Säugling das Gefühl vermitteln, ein zusammenhängendes Kern-Selbst zu besitzen. Dies stellt die Grundlage des Identitätserlebens dar. Wenn künftig einzelne Aspekte der RIGs in der Erinnerung wachgerufen werden, kommt es auch zur Evozierung dieser „bedeutenden Anderen" im Sinne von inneren Gefährten.
[171] Vgl. Kast, V., Abschied von der Opferrolle, 109.

aus einer einzigen traumatischen Begegnung, vielmehr sind es generalisierte Erwartungen und generalisierte Episoden, welche sich durch eine schwierige Emotion auszeichnen.

Ein Komplex konstelliert sich, wenn sich immer wieder ähnliche, schwierige Interaktionen zwischen Bezugsperson und Kind ereignen. Er stellt die Generalisierung von konflikthaften Beziehungserfahrungen dar, die sich in erster Linie durch einen bestimmten Affekt auszeichnen. Kast greift die Entstehungshypothese von C. G. Jung auf, derzufolge der Komplex „aus dem Zusammenstoß einer Anpassungsforderung mit der besonderen und hinsichtlich der Forderung ungeeigneten Beschaffenheit des Individuums hervorgeht".[172] Sie fasst den Komplex noch stärker als Ergebnis eines interaktionellen Prozesses auf, zumal in den Beziehungserfahrungen immer „das Ich und der Andere" einander gegenüberstehen. Diese komplexgeprägte Beziehung gestaltet sich vielfach als *Aggressor-Opfer-Fixierung:* Zwischen dem in Entwicklung befindlichen Ich-Komplex des Kindes und den grenzsetzenden Bezugspersonen kommt es immer aufs neue zu gleichartigen Zusammenstößen, welche sich um ein bestimmtes Beziehungsthema formen, z.B. kleines ohnmächtiges Kind steht strengem, permanent kritisierendem Erwachsenem gegenüber. Diese Erfahrungen des Zusammenstoßens von Eigen- und Fremdwille werden als immer wieder erlebbare, generalisierte Episoden im Episodengedächtnis gespeichert und prägen in Zukunft die Erwartungshaltung: Man rechnet künftig mit ähnlichen Zusammenstößen. „Jedes vergleichbare Erlebnis wird in der Folge im Sinne des Komplexes gedeutet und verstärkt den Komplex, das heißt, die Emotion, die diesen Komplex auszeichnet, wird verstärkt".[173] Immer mehr Lebensereignisse werden in der Folge komplexhaft erlebt und in den eigenen Lebenshorizont eingebunden. Die jeweilige Situation wird durch die Komplexbrille verzerrt wahrgenommen und im Sinne des Komplexes gedeutet, so dass besagte emotionale Überreaktion entsteht.[174] In einer Lebenssituation mit einem ähnlichen Thema oder beim Erleben der mit dem Komplex verbundenen schwierigen Emotion kommt der Komplex emotional ins Gedächtnis. In der menschlichen Psyche ist immer die Komplexepisode als ganze repräsentiert, Kindpol und Elternpol. Wer sich mit dem Kindpol identifiziert, übernimmt auch den Opferanteil. Der Erwachsenenanteil, oft zugleich identisch mit dem Aggressoranteil, wird projiziert und anderen delegiert, so dass sie sich im Sinne des Komplexes verhalten. Man bleibt das Opfer des Aggressors. Wenn diese komplexhaft betonte Beziehungserfahrung als ganze in der menschlichen Psyche existiert, kann man sich mit der Opfer- und Aggressorseite identifizieren oder beide Seiten projizieren. Die Wahrnehmung einer bedrohlichen Situation hängt davon ab, welcher Pol des Komplexes projiziert wird: Durch Verlagerung des Aggressorpols wird (weil eine Komplexprägung mit einem angreifenden Elternpol vorliegt), auch das Vitale des Aggressionsvermögens hinausverlagert. Das Ich fühlt sich verfolgt und ängstigt sich.

Je mehr man mit dem Opferanteil des Komplexes identifiziert ist, desto mehr steht man im Kreuzfeuer der Kritik von Seiten des Angreiferanteiles. Auf diese als aggressiv erlebte Kritik wird mit Angst reagiert, d. h. Aggression kann nicht eingesetzt werden, um in der gefährlichen Situation Abhilfe zu schaffen. Die Identifikation mit der Opferposition bleibt aufrechterhalten, man muss für den eigenen Schatten keine Verantwortung

---

[172] Jung, C. G., Psychologische Typen, in: GW VI, Par. 991.
[173] Kast, V., Die Dynamik der Symbole, Olten 1990, 44ff.
[174] Vgl. Kast, V., Abschied von der Opferrolle, 134.

4.2. Ärgermotivierte Aggression – Die Ärger-Aggressionstheorie von Verena Kast 159

übernehmen.[175] Falls einer komplexgeprägten Person ein Mensch mit einer großen Ähnlichkeit mit dem ursprünglichen Angreifer begegnet, wird der Aggressorpol des Komplexes in der Regel auf den vermeintlichen „Angreifer" projiziert. Angereichert durch die projizierte Aggression wird dieser als viel machtvoller und gefährlicher erlebt.[176] Insofern kann oft nur schwer ausgemacht werden, ob ein Angriff überhaupt vorliegt bzw. wie hoch seine Intensität tatsächlich ausfällt. Fast alle Autoritätskomplexe beziehen ihre Macht aus der Tatsache, dass Zusammenstöße mit Autoritäten in der bisherigen Biografie gespeichert sind, alte Beziehungsmuster, wie sie ehedem zwischen Ich und grenzsetzenden Personen erlebt wurden, reaktiviert werden und bei Anspringen des Komplexes vergessen wird, dass man nicht mehr das Kind von damals ist.[177] Für Kast stellt die unbewusste Identifikation mit der Angreiferposition das größte Problem im Umgang mit Komplexen dar. Entwicklungspsychologisch stieß ein sich entwickelndes Kind auf grundsätzlich ablehnende Erwachsene, es blieb dem Kind keine andere Wahl, als sich unbewusst mit dem Angreifer zu identifizieren. Lediglich der angreifende Erwachsenenpol des Komplexes scheint internalisiert zu sein, der Ich-Pol fehlt gänzlich; er kann sich nicht als Gegenüber in einem Konflikt konstellieren. Um Komplexe zu wandeln, ist es erforderlich, sie wahrzunehmen, unbewusste Komplexe unterliegen einem Wiederholungszwang. „Wir erleben immer dasselbe, weil wir die Realität durch einen Komplex gefiltert erleben. Komplexbedingt suchen wir immer nach denselben Beurteilungen und Bestrafungen und bekommen diese auch. Und wir haben eine sich gleichbleibende Abwehr, die uns hilft, nicht von den Emotionen überschwemmt zu werden".[178] Dadurch wird das Problem nicht bearbeitet und der Konflikt nicht angegangen. Solange der Komplex unbewusst bleibt, erlebt sich das Ich als Opfer des Komplexes. Die kollusive Aufspaltung in Aggressor und Opfer wird dadurch aufrechterhalten und verhindert das Auffinden der entscheidenden Schlüsselsituation zur Komplexentstehung.

Durch Bewusstmachung und Zuwendung zum Komplex kann sich der Betroffene aus der Aggressor-Opfer-Fixierung herausentwickeln und die Identifikation mit der Angreiferposition aufgeben[179]. Dadurch werden neue Verhaltensmöglichkeiten generiert, ein erwachsener, mündiger Umgang wird möglich. Zur Wandlung von Komplexen bedarf es zweitens einer Identifikation mit beiden Komplex-Polen. Wer nur mit dem Kind-Pol identifiziert bleibt, bringt zwar Verständnis für sich selber auf, verbleibt aber im Opferstatus: Opfer der eigenen Biografie, Opfer von anderen Menschen, auf welche der Erwachsenenanteil des Komplexes projiziert wurde. Obwohl die Position des Opfers im gesellschaftlichen Kontext unattraktiv ist, vermag der Einzelne die Opferposition viel leichter zu akzeptieren als die Täterposition. Über viele Jahre hat er sich nur als Opfer gesehen, um sich gegenüber empathisch zu sein und von anderen verstanden zu werden – jetzt soll es möglich sein, auch die Angreiferteile als Anteile der eigenen Psyche zu identifizieren. Nach Kast zeugt es von menschlicher Größe, auch die eigene Aggressorposition zu

---

[175] Vgl. ebd., 150.
[176] Vgl. Kast, V., Vom Sinn des Ärgers, 129.
[177] Vgl. ebd., 130.
[178] Kast, V., Abschied von der Opferrolle, 135.
[179] Vgl. ebd., 113: „Man stellt sich eine Situation bildhaft vor, von der man den Eindruck hat, sie sei prägend gewesen, fragt nach den Gefühlen, die damit verbunden sind, danach, ob man etwas hört oder riecht. In der Erinnerung versucht man eine Episode so bewusst wie möglich wahrzunehmen, wobei alle Kanäle der Wahrnehmung genutzt werden".

sehen und die Täteranteile im Gesamtspektrum der Persönlichkeit wahrzunehmen. „Das Erschrecken darüber, dass wir uns so verhalten, wie wir uns auf gar keinen Fall verhalten wollen, hilft, auch diesen Komplexanteil ins Bewusstsein zu heben und lässt neues Verhalten zu".[180] Solange der Betroffene nur mit dem Opferanteil oder nur mit dem Täteranteil des Komplexes identifiziert ist, pendelt er komplexbestimmt zwischen den Polen und projiziert den Pol, mit dem er gerade nicht identifiziert ist: die anderen Menschen werden zu Opfern oder zu Aggressoren, die Komplexerfahrung wiederholt sich ständig und es ändert sich nichts. „Es gehört zum Erwachsenwerden, zu merken, dass man weiß und schwarz ist. Dafür muss man die Verantwortung übernehmen".[181] Wenn beim Bewusstwerden eines Komplexes eine Identifikation mit beiden Polen der Komplexepisode möglich ist und beide Anteile im Gefühl erlebbar sind, zeigt sich die Herausentwicklung aus der Aggressor-Opfer-Falle im Auftauchen neuer Themen und in der Konstellation neuer Schlüsselsituationen und Traumsymbole. Die Wandlung der intrapsychischen Dynamik von Opfer und Täter hat umgekehrt auch Auswirkungen auf der interaktionellen Ebene und wandelt diese entsprechend mit.

Um Komplexe zu wandeln, ist es drittens erforderlich, die Identifikation mit Angreifern aufzugeben. Diese Identifikation verleiht zwar eine vermeintliche Macht, die jedoch nicht auf eigener Stärke gründet. Der mit dem Aggressor Identifizierte übersieht den Opferanteil und wirkt wie die angreifende Person des konstellierten Komplexes. Unbewusst verhält er sich wie der als verfolgend erlebte Komplexpol. Komplexe sind nicht nur Ausdruck von Konflikten, sie gelten zugleich als Brennpunkte von Entwicklung.[182] Als Knotenpunkte, welche die krisenanfälligen Stellen im Individuum anzeigen, sind es zugleich Konfliktstellen mit einem hohen emotionellen Gehalt. Sie führen einerseits zu einer Blockierung und Hemmung des Lebens, sind zugleich jedoch Stellen größter Lebendigkeit, die zum Ausdruck kommt, wenn man sich über bestimmte Themen sehr erregt. Komplexe sind immer mit Emotion, v. a. Ärger und Wut, verbunden, deren Artikulation Vitalität freisetzt. Kast rekurriert auf die Jungsche Theorie von der Selbstregulierung der Psyche, derzufolge in der affektiven Störung auch die Energie aufzufinden ist, welche dem Leidenden hilft, sein Leben wieder effektiv zu gestalten.[183] Im Komplex ist die Energie fehlgeleitet, in ihm verbirgt sich die dem Ich-Bewusstsein für die Entwicklung fehlende Energie. Als ein um den affektbetonten Bedeutungskern aufgebautes Energiezentrum zieht der Komplex die zur eigenen Vitalität erforderliche Energie ab.

In der schwierigen Komplexepisode ist zugleich ein Entwicklungsthema mit Keimen neuer Lebensmöglichkeit latent vorhanden. Wenn die Verklammerung von Opfer und Aggressor sich auflöst und der Komplex sich wandelt, verlagert sich die Energie zum Ich-Komplex hin. Durch Bewusstmachung der Komplexe wird die gebundene Energie wieder ans Ich-Bewusstsein angeschlossen, das Selbstwertgefühl optimiert sich, die Grandiosität wird überflüssig, dem Betroffenen wachsen neue Aggressionskompetenzen zu. Es entwickelt sich eine schöpferische Lust, etwas bewirken zu können und Neues herzustellen. In einem selbstwertsteigernden Zirkel wird die Überzeugung genährt, aufgrund der aggres-

---

[180] Ebd., 130.
[181] Ebd., 150.
[182] Vgl. Kast, V., Die Dynamik der Symbole, 44ff.
[183] Vgl. Jung, C. G., Die transzendente Funktion. In: GW VIII, §159f.

siven Selbstmächtigkeit nicht nur ausgeliefert und viel weniger machtlos zu sein, als es die Opferattitüde suggeriert.

Der Hingabeaspekt ergänzt den Individuationsprozess um seine soziale Ausrichtung und vermag das gängige Vorurteil zu entkräften, es gehe lediglich um eine autonomistische Aufblähung des menschlichen Egos.

d. Aggression und Hingabe

Laut Kast bilden aggressionsinduzierte Selbstbehauptung und Hingabe notwendige, sich gegenseitig bedingende Pole menschlichen Beziehungsverhaltens. „Nur wer sich selbst behaupten kann, sich abgrenzen kann, seine Emotionen wahrnehmen und ausdrücken kann, auch wenn sie aggressiv sind oder zumindest auf andere aggressiv wirken, kann sich auch hingeben, sich geben, sich ergreifen lassen, mit einem anderen Menschen wirklich in Kontakt kommen, ihm wirklich begegnen".[184] Dabei distanziert sich Kast von Fehlformen der Selbstbehauptung, wenn z. B. Herrschaft als Selbstbehauptung missverstanden wird, Beziehung als Machtkampf und Angelegenheit des Eroberns und Besitzens oder als Ausdruck von Ungleichwertigkeit zwischen den Geschlechtern. Bei der destruktiven Selbstbehauptung wird lediglich die Vormacht-Stellung behauptet, es geht um Übermacht und Angst vor Kontakten. Von einem „Selbst" ist wenig zu spüren; der hinter der Behauptung stehende Mensch ist unwichtig und nicht fassbar.

Der lebensfördernde, gesunde Aspekt der Selbstbehauptung steht im Dienste der Aufgabe, eigenständiger und eigenverantwortlicher zu werden und zum echten Partner auf Augenhöhe heranzureifen. Letzterer ist in sich verwurzelt, vermag sich notfalls zu wehren und sich für sich selbst einzusetzen, er verliert sich beim Kontakt mit der Außenwelt nicht, weil er seinen Stand gefunden hat. Er hält das eigene „Selbst" für so schützenswert und kostbar, dass er es verteidigt und in Treue zu sich selbst steht.[185] Durch entschiedenes Neinsagen vermag er sich abzugrenzen, energisch zu verteidigen und das Nein als schöpferische Alternative zum Ja-Sagen zu verstehen.[186] Die konstruktive, lebensfördernde Selbstbehauptung regt dazu an, sich auf sich selbst zu konzentrieren und sich wichtig zu nehmen, ohne sich wichtig zu machen. Die korrelierende Aggression bezieht sich auf die Grenzziehung, nicht auf die Destruktion des Mitmenschen.[187] In Kasts Aggressionstheorie ist die zur Individuation führende Trennungsaggression erforderlich, um die eigenen Grenzen so zu festigen, dass der derart Stabilisierte sich auch hinzugeben vermag und es sich leisten kann, seine Grenzen zu verlieren. Das Erlebnis von sicheren Grenzen erlaubt es, sich auch zu entgrenzen und einen gewissen Ich-Verlust hinzunehmen, weil man weiß, sich wieder in den Binnenbereich der Umgrenzung zurück organisieren zu können. Die lebensfördernde Selbstvergessenheit gründet in großer Selbstgewißheit.[188]

---

[184] Kast, V, Selbstbehauptung und Hingabe. Begegnung zwischen Selbstbehauptung und Hingabe, in: Schleswig-Holsteinisches Ärzteblatt, 1982, H 6, 476.
[185] Vgl. ebd., 478.
[186] Der ungeübte Nein-Sager projiziert die eigene Wertung des Nein-Sagens in den anderen hinein: Als Mittel, den anderen Menschen zu kränken, statt als Alternative zum Ja-Sagen. Dann fühlt er sich selbst auch gekränkt, wenn der andere Mensch ein Nein artikuliert.
[187] Vgl. ebd., 479.
[188] Vgl. Kast, V., Freude – Inspiration – Hoffnung, Olten 1991, 52.

Kast beruft sich dabei auf ihren Lehrer C.G. Jung: „... denn die Beziehung zum Selbst ist zugleich die Beziehung zum Mitmenschen, und keiner hat einen Zusammenhang mit diesem, er habe ihn denn zuvor mit sich selbst".[189] Kast sieht das Aggressionsvermögen in der Doppelfunktion, einerseits Selbstbehauptung zu gewähren und zugleich das aggredi im Sinne des „Zugehens auf jemanden" zu ermöglichen. Ärgermotivierte Aggression tariert die beiden Grundtendenzen Selbstbehauptung und Hingabe aus: Bei übermäßiger Hingabe grenzt der Ärger ab und schafft Distanz, damit die wiederhergestellte Selbstbehauptung wieder zu erneuerter Hingabe zu führen vermag. „Wer Autonomie als Unbezogenheit versteht, wer nur seine Freiheit im Sinne hat, der missversteht, dass die eigene Freiheit meistens die Freiheit eines anderen tangiert, es darum geht, die gemeinsame Freiheit im Blickfeld zu haben, auch wenn man zunächst das eigene Freiheitsbedürfnis ausdrückt; wer nur Selbstbehauptung kennt und nicht erlebt, dass deren anderer Pol die Hingabe ist, der wird bald isoliert, autistisch und in großer Angst, die er vielleicht sogar als Unabhängigkeit deklariert, leben".[190] Menschliches Leben verläuft nach Kast in dem Rhythmus von Man-selbst-sein-Müssen und In-Beziehung-stehen-Wollen, von Autonomie und Bindung. Es braucht Zeiten der Selbstvergewisserung und Selbstbesinnung, um dann wieder neu in Kontakt treten zu können und den Beziehungs- bzw. Hingabeaspekt zu leben. Wichtig ist, beide Pole als Eckpfeiler einer konstitutiven Dialektik zu sehen, ihre Begrenztheit und wechselseitige Verwiesenheit anzuerkennen und somit beiden auch eine Existenzberechtigung zu geben.

Die Bewegung jeder menschlichen Entwicklung verläuft zwischen der Kultivierung des individuellen Selbst und des Beziehungsselbst, es gilt, an einem gemeinsamen Selbst zu arbeiten, aber auch um sein individuelles Selbst besorgt zu sein.[191] Im Spiel von Selbstbehauptung und Hingabe geschieht echtes Selbsterleben, erlebt sich der Einzelne immer wieder neu und erreicht eine Selbstentfaltung, für die der Beziehungsaspekt unabdingbar wichtig ist. Nach Kasts Dafürhalten vermag Hingabe eine schöpferische Potenz zu bilden, um den aggressiven Lebensfluss in die Beziehung einzubringen und ihre Form zu gestalten. Es ist dies ein echtes Selbsterleben im Modus der Hingabe, bei dem Alltägliches transzendiert und eine Situation verändert werden kann. Menschen mit wenig ausgeprägtem Identitätserleben ängstigen sich vor jeder Form von Hingabe, weil sie fürchten, mit dem spontanen Emotionsfluß auch die Selbstkontrolle und damit sich selbst zu verlieren.[192] Kast sieht das kraftvolle Verlieren in jeder Hingabe als Möglichkeit, im Verschmelzen mit einer Idee oder einem Menschen sein Selbst anders zu erleben. Bei diesem progressiven, kraftvollen Verschmelzen sind die aggressiven Lebenskräfte als Antriebsvermögen im Sinne des „Herangehens" integriert und vermögen eine neue Situation zu schaffen.[193] In der Hingabe wird Identität immer wieder verloren und aufs Spiel gesetzt, um flexibel neu gefunden zu werden. „In jeder Begegnung setze ich das, was ich zu sein meine, aufs Spiel, d. h. ich bin offen dafür, dass andere Aspekte meines Selbst wichtig werden. Die Deutung durch den anderen beeinflusst wesentlich mein Gefühl der Identität. In der Hingabe liegt die Chance, mich selbst immer wieder neu und auch anders zu erleben".[194]

---

[189] Jung, C. G., Praxis der Psychotherapie, GW XVI, Olten 1971, 248.
[190] Kast, V., Wege aus Angst und Symbiose, 298.
[191] Vgl. Kast, V., Paare. Oder wie Götter sich in Menschen spiegeln, Stuttgart 1984, 44.
[192] Vgl. Kast, V., Selbstbehauptung und Hingabe, 479.
[193] Vgl. ebd., 480.
[194] Ebd., 481.

Das Aggressionsvermögen in seiner ursprünglichen Bedeutung von „Herangehen" kann sich mit der Kraft der Hingabe verbinden und auf diese Weise als Kontaktvermögen zur Geltung kommen.

Aggression reguliert nicht nur die Beziehungsdynamik und –intensität, sondern entsteht auch, wenn Beziehungen bedroht sind und nicht gelingen.

5. Aggression im Dienste sozialer Beziehungen

Der Psychiater und Neurobiologe Joachim Bauer versteht die Aggression als Indikator und Movens im Dienste der Verteidigung sozialer Beziehungen.[1] Aggression komme immer dann ins Spiel, wenn Bindungen bedroht sind, nicht gelingen oder fehlen. Sie steht im Dienste des menschlichen Grundbedürfnisses und Strebens nach Anerkennung, Beziehung, Kooperation und sozialer Zugehörigkeit; die Akzeptanz durch andere stellt ein psychisches und biologisches Grundbedürfnis dar. „Wo Aggression stattfindet, geht es – direkt oder indirekt – immer um das Bemühen um gelingende Beziehung, um die Verteidigung einer Beziehung oder um eine Reaktion auf ihr Scheitern".[2] Neurobiologisch lasse sich der Zusammenhang zwischen Beziehungsgeschehen und Aggression nachweisen, indem es bei entgegengebrachtem Misstrauen zu einem Anstieg des Aggressionshormons Dihydrotestosteron im Blutspiegel komme. Laut Bauer reagiert der Mensch neurobiologisch auf soziale Isolation und den Verlust von Beziehungen fast identisch wie auf körperlichen Schmerz, das Gehirn mache zwischen sozialem und körperlichem Schmerz kaum einen Unterschied, so dass soziale Isolation vom Körper nicht nur psychisch, sondern auch neurobiologisch mit einer messbaren Stressreaktion beantwortet werde.[3] Bindung und soziale Akzeptanz sind somit für gelingendes Menschsein essentiell. Auch die Arbeiten von John Archer und Sarah Coyne zeigen, dass destruktive Aggression vor allem dann auftritt, wenn Personen bedeutsame Bindungen abhanden zu kommen drohen oder wenn eine Gemeinschaft sie nicht aufnehmen will oder ausstößt.[4]

Der US-Psychiater Marc Sageman analysierte die Lebensläufe von 400 islamistischen Terroristen und kam zu dem Ergebnis, dass die Betroffenen arabischer oder fernöstlicher Herkunft vor ihrem Anschluss an eine Terrorgruppe in westlichen Ländern keinen Anschluss gefunden hatten und ihnen daselbst die Gemeinschaft versagt blieb.[5] Wenn dem menschlichen Bindungsbedürdnis eine zentrale Bedeutung zukommt und bei Ausschluss und Ausgrenzung destruktive Aggression entsteht, ist bei der Bekämpfung fundamentalistischen Terrors viel mehr zu berücksichtigen, wie die aus der Gemeinschaft der wohlhabenden Nationen Exkludierten am Reichtum der Wenigen zu partizipieren vermögen. Während die Aggression zunächst einen konstruktiven Indikator dafür bildet, tragende Beziehungen zu bewahren und zu beschützen, transformiert sie sich in puren Hass und pure Zerstörungswut, wenn kein Leben in Beziehungen gelebt werden kann und Menschen mit ihrer extremen wirtschaftlichen Not und ihren zugestoßenen oder zugefügten

---

[1] Vgl. Bauer, J., Die Bedeutung der Aggression, In: ders., Prinzip Menschlichkeit. Warum wir von Natur aus kooperieren, Hamburg 2008, 75f.
[2] Ebd., 86.
[3] Vgl. die Arbeit des Hirnforschers und Psychiaters Jaak Panksepp, ders., Why does separation distress hurt? Comment on Mac-Donald and Leary. Psychological Bulletin 131 (2005), 224.
[4] Vgl. Archer, J., Coyne, S., An integrated review of indirect, relational and social aggression. Personality and Social Psychology Review 9 (2005), 212. Vgl. Leary, M. et al., Teasing, rejection and violence. Aggression and Behavior 29 (2003), 202.
[5] Vgl. Sageman, M., Understanding Terror Networks. University of Pennsylvania Press, Philadelphia 2004. Zusammenfassung in: www.fpri.org/enotes/20041101.middleeast.sageman .

Traumatisierungen allein gelassen werden. Dann ruft destruktive Aggression weitere Destruktivität hervor und es entstehen Kreisläufe der Gewalt.

Die Kommunikationspsychologie stellt sich der Frage, welche Funktion und Aufgabe der Aggression in der zwischenmenschlichen Kommunikation zukommt und wie die Aggression in das Kommunikationsgeschehen Beziehung stiftend eingebracht werden kann.

6. Aggression als Mittel der Kommunikation

Aggression spielt in der zwischenmenschlichen Kommunikation eine große Rolle. Der Beziehungstherapeut Stadter beschreibt die Folgen der Aggressions-Vermeidestrategie: „Nur ja nicht darüber sprechen! Nämlich über die zahlreichen Missempfindungen, die bis zum Ekel reichen können, über die Vorbehalte und Ambivalenzen, die Peinlichkeiten und Selbstzweifel. Dahinter steht die Befürchtung, durch den Austausch über solche Gegebenheiten würde man die schöne Welt der Liebe gefährden oder gar alles zerstören. Das Gegenteil ist der Fall. Hält man sich an die Verschweigungsregel, ist der (destruktive) Konflikt, ja unter Umständen der Kollaps der Beziehung einprogrammiert".[1] Nur wenn es zu einem Austausch der Ambivalenzen kommt, wenn das aggressive Nein, die eigenen Absichten und Wünsche in die Kommunikation eingebracht werden, vermag sich die Beziehung authentisch zu festigen. Es gilt, die Aggression zu formulieren, das Trennende anzusprechen und in die Beziehung zu integrieren, um dieselbe zu vertiefen und zu bereichern. Durch das aufrichtige Mitteilen aller Emotionen, gerade auch der aggressiven, werden Gleichgültigkeit und innere Entfremdung in einer Kommunikationsgemeinschaft zugunsten des Wachsens einer lebendigen Liebe überwunden.

Die beiden Aggressionsforscher George R. Bach und Peter Wyden sehen das Aggressionsvermögen als konstitutiv für eine Vertiefung von Kommunikation und Bindung an.[2] Sie plädieren für die aufrichtige, aggressive Aussprache und sehen im fairen Streit einen Akt der Liebe, zumal im aggressiven Austausch die Klarheit gefördert und das gegenseitige Verstehen melioriert wird. „Es ist nicht die reizvolle und liebenswerte Seite eines Partners, die die Bindung mit dem anderen bestimmt, sondern das Talent, ein Ventil für die Aggression zu finden, zählt weit stärker".[3] Nach Bach/Wyden ist der Austausch von Aggression notwendig, damit ein Austausch von Liebe möglich wird. Sie erkennen einen engen Zusammenhang zwischen Liebe und Aggression: Bei Unfähigkeit, sich auf aggressive Kommunikation und Auseinandersetzung einzulassen, entsteht ein Scheinfriede und das Unvermögen zu menschlicher Intimität. Zuneigung vertieft sich, wenn sie mit Aggression gemischt wird, reife, intime Beziehungen entstehen auf dem Hintergrund aggressiver Auseinandersetzungen: „Der Schmerz des Konflikts ist der Preis der wahren und beständigen Liebe. Die Menschen können ihre Liebesgefühle nicht ausleben, wenn sie nicht gelernt haben, mit ihrer Aggression fertig zu werden".[4] Für eine Beziehung ist es bedrohlicher, auf diese aggressive Auseinandersetzung zu verzichten als sie umgekehrt zu praktizieren. Bach/Wyden sehen das Aggressionsvermögen als menschlich konstitutiv an, sie plädieren für das Erlernen von Aggressionsbewältigung, um Beziehungen konstruktiv zu verändern. Ihnen ist es um den Erhalt der Spontaneität aggressiver Begegnung und die Gestaltung und Kultivierung von Aggression zu tun.

---

[1] Stadter, E. A., Wenn du wüßtest, was ich fühle. Einführung in die Beziehungstherapie. Freiburg i.Br. 1992, 126.
[2] Vgl. Bach, G. R., Wyden, P., Streiten verbindet, Köln 1982.
[3] Ebd.,18.
[4] Ebd.

Der Gegenbegriff zu Liebe ist für Bach/Wyden nicht Aggression, sondern Gleichgültigkeit: Unter dem Einfluss der Gleichgültigkeit ist das Beziehungsverhältnis tot. Aggressionsvermeidung ist mit Stagnation in der Beziehung gleichzusetzen, zumal die Streitpartner bei aggressiver Kommunikation und Auseinandersetzung um die verschiedenen Positionen wissen, sich aneinander reiben und so Wärme erzeugen. Es ist dies ein Streiten für die Intimität, für Anteilnahme und Vertrautheit, die Partner wachsen durch den Streit zusammen. Die gegenseitige Entfremdung schwindet, wenn die Ambivalenzen wie Feindseligkeit und Destruktivität im Kommunikationsgeschehen einen Platz und ein Ventil beanspruchen können. Im kommunikativen Austausch wandelt sich die Ambivalenz in Nähe, der authentische Austausch führt zu mehr Liebe und Verständnis. Die kluge aggressive Auseinandersetzung reguliert die Intensität der intimen Verbundenheit, indem sie gelegentlich eine Befreiung von ihr bewirkt.[5] Sie macht Intimität steuerbar und verschafft die optimale Distanz, um in der Beziehung weder verschlungen noch zurückgewiesen zu werden. Diese Distanz befreit von gefühlsmäßiger Abhängigkeit und von Illusionen bezüglich Partnerschaft; sie befreit zu einer realistischen Sichtweise, sich als wirkliche Menschen zu begegnen, sich als solche aufeinander verlassen zu können und einen Zustand lebenswerter Realität zu leben. Beide werden zu sich selbst befreit, um so einander entgegentreten und in klare Kommunikation eintreten zu können. Die Aggression in der Kommunikation sorgt dafür, dass Selbsttäuschung minimiert wird, keine Langeweile in der Beziehung aufkommt und ein tiefer Kontakt entsteht.

In seiner Kommunikationspsychologie widmet sich Friedemann Schulz von Thun u. a. der Bedeutung der Aggression für eine förderliche Kommunikationskultur.[6] Nach Schulz von Thun sind Persönlichkeitswerte und kommunikative Haltungen dialektisch strukturiert. „Um den dialektisch strukturierten Daseinsforderungen zu entsprechen, kann jeder Wert (jede Tugend, jedes Leitprinzip, jedes Persönlichkeitsmerkmal) nur dann zu einer konstruktiven Wirkung gelangen, wenn er sich in ausgehaltener Spannung zu einem positiven Gegenwert, einer Schwestertugend, befindet. Statt von ausgehaltener Spannung lässt sich auch von Balance sprechen. Ohne diese ausgehaltene Spannung verkommt ein Wert zu seiner Entartungsform-oder sagen wir lieber: zu seiner entwertenden Übertreibung".[7] Schulz von Thun bezieht das sog. Wertequadrat von Helwig in seine Kommunikationspsychologie mit ein, demzufolge ein Wert in ausgehaltener Spannung zu einem positiven Gegen-Wert stehen muss, um nicht zum Unwert zu degenerieren.[8] Folgende vier Begriffe lassen sich zu einem Wertequadrat formen:

Liebe	–	Kampf
:		:
Friedhöflichkeit	–	Feindseligkeit

---

[5] Vgl. ebd., 27.
[6] Vgl. Schulz von Thun, F., Miteinander reden. Stile, Werte und Persönlichkeitsentwicklung. Differentielle Psychologie der Kommunikation, Reinbek b. Hamburg 1989.
[7] Ebd., 38.
[8] Vgl. Helwig, P., Charakterologie. Freiburg i. Br. 1967.

Auf der oberen Linie zeichnet sich ein dialektischer Gegensatz ab, ein positives Spannungs-bzw. Ergänzungsverhältnis zwischen zwei positiven Gegenwerten. Die Diagonalen kennzeichnen konträre Gegensätze zwischen einem Wert und einem Unwert, die senkrechten Linien die entwertende Übertreibung. Auf der unteren Verbindung, zwischen den beiden Unwerten, wird der Weg ersichtlich, der beschritten wird, wenn aus Schwäche die Fluchtbewegung vom einen Unwert in den entgegengesetzten angetreten wird. Die werthaften Begriffe ordnen sich zu einer Vierheit von Werten bzw. Unwerten, jeder Wert impliziert eine Quaternität derselben, wobei jeder doppelt gegensätzlich präzisiert wird. Das Wertequadrat ersetzt die (aristotelische) Vorstellung eines optimalen Fixpunktes durch den Gedanken einer dynamischen Balance.[9] Die oberen Werte durchdringen sich gegenseitig und enthalten jeweils schon selbst ein Spurenelement des Gegenpols.[10] Als Entwicklungsquadrat richtet das Wertequadrat den Fokus auf das Faktum, dass sich in der Fehlform nichts substantiell „Schlechtes" manifestieren muss. Vielmehr ist darin immer ein positiver Kern auszumachen, dessen Existenz zu bejahen, dessen Überdosierung jedoch zu hinterfragen ist. Die Entwicklungsrichtung verläuft von unten links nach oben rechts (unter Beibehaltung von oben links), nicht etwa von unten links nach unten rechts. Mit dem Wertequadrat verknüpft sich die positive Erwartung, dass jeder Mensch mit einer bestimmten erkennbaren Eigenschaft immer auch einen schlummernden Gegenpol in sich trägt, den er zu wecken und zu entfalten vermag. Persönlichkeitsrückstände sind zu verstehen als einseitige, überwertig gelebte Pole – die Entwicklungsrichtung zielt nicht auf Tilgung, sondern Eroberung der jeweils anderen Hälfte. Das intendierte Ideal ist die dynamische Balance: Je nach Situation und ihrer Deutung kann das Pendel extrem hin- und herschlagen. Entscheidend ist, dass beide Haltungen als inneres Potential zur Verfügung stehen, wenn auch die eine leichter zugänglich sein mag als die andere. Jeder Kommunikationsstil realisiert bestimmte, für das Zusammenleben der Menschen unverzichtbare Qualitäten, welche durch die korrespondierenden Gegen-Qualitäten auszubalancieren sind. Es ist dies die Polarisierung einer zusammengehörenden Dialektik, deren Gegensätzlichkeit zeitlebens im Individuum zu vereinen ist.

Schulz von Thun behandelt in seiner Kommunikationspsychologie die Aggressionsproblematik im Zusammenhang mit dem Wertequadrat. Seines Erachtens wirkt sich die Fähigkeit, sein Gegenüber zu akzeptieren, auf Dauer nur dann konstruktiv für die Beziehung aus, wenn sie mit der Fähigkeit zu aggressiver Konfrontation gepaart ist. Akzeptation ohne Konfrontation hingegen degeneriert zu konfliktscheuer Harmonisierung und gefährdet die Beziehung ebenso wie eine fortwährende Konfrontation, die zu vernichtender Entwertung missrät.[11] Nach Karl Jaspers ist ein gelungener Dialog essentiell mit liebendem Kampf gleichzusetzen.[12] Das auf Verständnis und Versöhnung ausgerichtete Prinzip Liebe macht die eine Hälfte einer vollwertigen Beziehung aus, es steht für alles, was die Gegensätze überwindet und miteinander aussöhnt: Akzeptanz der Andersartigkeit, Empathie, Mut zu Vertrauen und Offenheit. Der anderen Hälfte, dem aggressiv-kämpferischen

---

[9] Vgl. Bollnow, O. F., Wesen und Wandel der Tugenden, Frankfurt a. M. 1958, der darauf hinweist, dass Aristoteles in seiner Nikomachischen Ethik die Vorstellung von Tugend als rechter Mitte zwischen zwei fehlerhaften Extremen entfaltet. Die Struktur des Wertequadrats ähnelt diesem Denken. Bei Aristoteles ist die anzustrebende Tugend jedoch als Fixpunkt gedacht, welcher sich verschieben lässt.
[10] Vgl. Schulz von Thun, F., Miteinander reden, 40.
[11] Vgl. ebd., 17.
[12] Vgl. Jaspers, K., Einführung in die Philosophie, München 1953, 27.

Element, kommt dieselbe Wichtigkeit zu: Die Bereitschaft und Fähigkeit, den Partner unter Umständen hart zu konfrontieren sowie Gegensätze und Konflikte mit ihm, falls erforderlich, mit unerbittlicher Härte auszufechten. Schulz von Thun übernimmt die Jasperssche Redeweise vom „liebenden Kampf" und weist auf die Einseitigkeit hin, immer nur die Gefahr ungebremster Eskalation von destruktiver Aggression zu sehen. „Zuviel Friedlichkeit und Höflichkeit ergibt Friedhöflichkeit – mit dieser Wortschöpfung möchte ich ausdrücken, dass diese Nur-Harmonie etwas Totes hat – dies gilt für Paare, aber auch für Gruppen, in denen alle außerordentlich nett zueinander sind, kein böses Wort die Eintracht zu gefährden scheint und jeder aufkommende Gegensatz sogleich mit sanften Beschwichtigungen ... erstickt wird". [13]

Entwicklung findet statt, wenn *Akzeptierung mit Konfrontation* verbunden wird. Durch das Wertequadrat ist eine versöhnliche Betrachtung der Unterschiedlichkeiten möglich. Bei der fruchtbaren Auseinandersetzung tritt jede Streitpartei für ein wertvolles Prinzip ein und verkörpert einen Zipfel der Wahrheit. Beide Parteien werden verstanden und rehabilitiert, es kommt zu keiner Spaltung, die auszuhaltende Spannung zwischen den Polen kommt der Wahrheit nahe. Schulz von Thun plädiert jedoch entschieden dafür, die Integration erst *nach* der Konfrontation vorzunehmen, nicht zu deren Verhinderung. Ansonsten werden die vorhandenen Gegensätze nicht zum Ausdruck und zur Austragung gebracht, die angepeilte Versöhnlichkeit entbehrt ihrer authentischen Tragfähigkeit. Schulz von Thun differenziert idealtypisch acht Kommunikationsstile: Obwohl jede Strömung in jedem Menschen vorzufinden ist, wird der von einem Stil Betroffene von dieser Strömung auffällig häufig und heftig erfasst. Sie stellt eines seiner typischen Kontaktmuster dar und enthält ganz bestimmte Vermeidungen und Einschränkungen, deren Überwindung heilsam und förderlich wäre. Im Folgenden werden nur die für die Aggressionsproblematik relevanten Kommunikationsstile vorgestellt:

Unter dem Einfluss des *bedürftig-abhängigen Kommunikationsstils* vermag der Betroffene nicht aggressiv für sich selbst einzustehen und erwachsen Verantwortung zu übernehmen. Seine latente Wut über die eigene Angewiesenheit trifft den übermächtigen „Helfer", der sein Selbstgefühl aus der grandiosen Überlegenheit speist und somit eine hochambivalente Beziehung aufrechterhält. Nach Schulz von Thun vermag nur der unter der Wirkung des Aggressionsvermögens innerlich Abgegrenzte den Notleidenden an sich heranzulassen, Kontakt entstehen zu lassen und dadurch wirklich zu helfen. [14] Nur wenn das Gegenüber greifbar ist, entsteht wirklicher Kontakt. Beim *selbstlosen Kommunikationsstil* ist der Selbstlose zu depressiver Aggression fähig, indem er Vorwürfe erhebt und Lebensend schuldgefühlgenerierend demonstriert. Hinter der Depression ist die Aggression verborgen. Im Wertequadrat muss der Selbstlose das Element des Kampfes ausbilden: Vital zu streiten, mit der Faust auf den Tisch zu hauen, unerbittlich für die eigenen Anliegen einzutreten. An der Seite von Akzeptanz gilt es die Konfrontation, neben Versöhnlichkeit die Unerbittlichkeit, neben Konsens die Fähigkeit zu Ablehnung und Konflikt einzuüben. Der *aggressiv-entwertende Kommunikationsstil* streicht eine Hälfte der Wirklichkeit und kommt dadurch zu einer eindeutigen, klaren Position, er befreit von der inneren Ambivalenz und führt zu Harmonie im Rudel. Eine Hälfte wird zur (Gruppen-) Identität, die verbotene Hälfte wird als nicht linientreu abgedrängt. Mit großer Energie

---

[13] Schulz von Thun, F., Miteinander reden, 47.
[14] Vgl. ebd., 90.

wird ein apodiktischer Diskussionsstil gepflegt, der sachliche Kritik als persönlichen Angriff identifiziert. Es kommt zu einer Verteufelung des Meinungsgegners, der als Projektionsträger aggressiv-entwertend bekämpft wird. Laut Schulz von Thun ist bei einem hohen Anspruch an Humanität auch die Ambivalenz-Spaltung entsprechend hoch.[15] Er stimmt mit Szczesny überein: „Das meiste Übel in dieser Welt ist nicht auf böse Absichten, sondern auf die bösen Folgen eines unbegrenzten Willens zum Guten zurückzuführen".[16]

Die humanistische Kommunikationspsychologie kritisiert den aggressiv-entwertenden Stil. Reinhard und Anne-Marie Tausch verweisen auf die chronische Geringschätzung, die Kinder, Untergebene und Angeklagte vor Gericht etc. erfahren.[17] Thomas Gordon weist in seiner „Familienkonferenz" u. a. das Beschuldigen, Herabsetzen und Belehren von oben herab als nachteilige Verhaltensweisen zurück.[18] In der Folge wurde empfohlen, den extrapunitiv ausgestreckten Zeigefinger der Du-Botschaft auf sich selbst zu richten und statt Beschuldigung des anderen eine Ich-Botschaft mit ehrlicher Selbstoffenbarung vorzubringen. So sollten Authentizität und Annehmbarkeit miteinander verbunden und auch aggressive und negative Botschaften ohne den Stachel der Du-Botschaft vermittelt werden. Für Schulz von Thun behält dieser humanistische Ansatz seine Gültigkeit, bedarf jedoch der Ergänzung. Er plädiert für eine Rehabilitierung der aggressiven Du-Botschaft, zumal die Innenwelt vielen Menschen in emotional schwierigen Situationen kaum zugänglich ist. „Die spontane Du-Botschaft, eingebettet in eine klärende Auseinandersetzung, kann geradezu ein Königsweg sein, um dahinterzukommen, was sich innerlich abspielt".[19] Zunächst muss das oftmals tief vergrabene Ich empfunden werden, bevor „ich" gesagt werden kann. Schulz von Thun möchte Ich-Empfindung ermöglichen und so die inneren Voraussetzungen für den Dialog erweitern. Die klärende Aussprache setzt die Selbstklärung voraus,[20] bei Streit werden die konfliktauslösenden Anteile zu stark bei sich selbst gesucht, so dass spontane Wut nicht zugelassen wird und in der Psychologisierung untergeht.

Aggressive Inhalte lassen sich in der Form der Du-Botschaft deutlicher und klarer vermitteln. Teilnehmer bei Erfahrungsaustauschen bringen ein, es gehe ihnen besser, wenn sie klare Du-Botschaften statt noch so perfekter Ich-Botschaften erhalten. In der Du-Botschaft wird der Ärger kraftvoll entladen, der Gesprächspartner kann den Ärger verstehen, so dass zwischen beiden sämtliche Barrieren ausgeräumt sind.[21] Bei Ärger ist die Du-Botschaft greifbarer und direkter, der Partner vermag besser darauf zu reagieren. Die Ich-Botschaft hingegen verschleiert den Ärger, subtil werden Schuldgefühle erzeugt und das Gegenüber kann sich nur schwer wehren. Für Thomas Gordon ist aufkommende Aggression ein Signal für Selbsterkundung nach dem Motto: Wenn dich am anderen etwas

---

[15] Vgl. ebd., 127.
[16] Szczesny, G., Das sogenannte Gute, Reinbek b. Hamburg, 1971, 43.
[17] Vgl. Tausch, R., Tausch, A., Erziehungspsychologie, Göttingen 1977.
[18] Vgl. Gordon, T., Familienkonferenz, Hamburg 1972.
[19] Schulz von Thun, F., Miteinander reden, 132.
[20] Vgl. Thomann, C., Schulz von Thun, F., Klärungshilfe – ein Handbuch für Therapeuten, Gesprächshelfer und Moderatoren in schwierigen Gesprächen, Reinbek b. Hamburg 1988, 54-97.
[21] Vgl. Schulz von Thun, F., Miteinander reden, 133, der einen Gesprächsteilnehmer zu Wort kommen lässt: „Sie erzählt, wie es ihr ergeht mit meinem Zuspätkommen, was das mit ihr macht, dass das sicherlich auch ein Schattenaspekt von ihr ist... Es kommt da alles Mögliche heraus, nur nicht ihr Ärger. Und ich habe den Eindruck, ein ganz böser Mensch zu sein, der ihr das angetan hat. Der Ärger, der sich dann bei mir einstellt, ist ein Indiz, wie es bei ihr wohl wirklich aussieht".

6. Aggression als Mittel der Kommunikation

aufregt, dann horch in dich hinein, was es mit dir selbst zu tun hat. Für ihn ist jede zornige Du-Botschaft eine abgeleitete Empfindung, hinter der eine unausgedrückte, primäre Empfindung steht. „Bei der Auseinandersetzung mit unserer Ausbildung lernen die Eltern, dass sie, wenn sie sich häufig durch zornige Du-Botschaften Luft machen, besser daran täten, sich einen Spiegel vorzuhalten und zu fragen: Worin bestehen meine eigenen primären Empfindungen"?[22] Schulz von Thun bezweifelt, dass Wut und Ärger immer Gefühle zweiter Klasse darstellen. Er konzediert, dass es immer einen inneren Anlass für die Aggression gibt, wie z. B. Verletzungen, Missbrauch oder Übergangensein. Daraus lässt sich jedoch nicht ableiten, diese Impulse seien von sekundärer *Bedeutung* und ihr Ausdruck komme einer seelischen Verwechslung gleich. Zum Zeitpunkt der unmittelbaren Betroffenheit, beim akuten Aneinandergeraten, werden die Emotionen freigesetzt. Zu einem späteren Zeitpunkt, wenn die ausgebrochenen Emotionen sich gelegt haben, hat die klärende Nachbearbeitung stattzufinden. Schulz von Thun erachtet es als nicht förderlich, wenn die Phase des Aneinandergeratens ausgelassen wird und stattdessen die Sprache der Reflexivität schon am Ort des Ausbruchs vorherrscht. Eine beschwichtigende Anfangsreaktion ließe den latenten Konflikt nicht ausbrechen, der Zorn wäre konserviert.

Diese Ausführungen stellen keinen Widerspruch zu diplomatischer Gesprächskunst dar, welche der Sachlichkeit zu dienen hat. Auch zeugt es von Souveränität, von der eigenen Befindlichkeit und der persönlichen Gefühlslage einmal absehen zu können. Schließlich bestreitet Schulz von Thun keineswegs die Sinnhaftigkeit der Ich-Botschaft. Doch zugleich stellt er fest: „Nach meiner Erfahrung sind es ... keineswegs immer die kultivierten, einfühlsam-dialogischen Gespräche ... , die etwas Konstruktives in Bewegung bringen; wenn im Augenblick des Aneinandergeratens vorübergehend gegen alle Regeln der Gesprächsführung verstoßen wird, kann das durchaus heilsam sein – vorausgesetzt, dass beide so zueinander stehen, dass eine klärende Nachbesprechung selbstverständlich ist und im Geiste heilsamer Beziehungspflege und sachlicher Lösungssuche erfolgt".[23] Schulz von Thun unterstreicht für die partnerschaftliche Kommunikation die Wichtigkeit von Schimpfen, Klagen, Jammern und Polemisieren. Stilelemente, welche durch ihre kränkende Wirkung die Kommunikation „unschön" gestalten, verdeutlichen Gegensätze, machen aggressive Emotionen greifbar und enthalten somit wichtige Bestandteile für eine zwischenmenschliche Beziehung. Die aggressive Konfrontationsbereitschaft und -fähigkeit schenkt ein waches Auge für das, was Menschen einander antun und zumuten; sie steht für die Fähigkeit, sich zu empören und in einem gesunden Misstrauen sich nicht alles bieten zu lassen, die Zähne zu zeigen, statt alles unverzüglich zu verstehen und zu verharmlosen. Wenn eine tragfähige Beziehung vorausgesetzt werden kann, ist es laut Schulz von Thun heilsamer, die Fetzen fliegen zu lassen, statt zu früh mit konstruktiver Sanftmut einzulenken. „Müssen wir dann nicht für diese zu frühe Konstruktivität den Preis zahlen, dass sich der Konflikt wie eine verschleppte Krankheit in unseren Stimmungen verewigt? Und ist nicht überhaupt eine Prise Polemik die Würze jedes Dialogs, zumindest wenn es darum geht, Unterschiede und Gegensätze herauszuarbeiten".[24]

Die Humanistische Kommunikationspsychologie legt bei zwischenmenschlichen Schwierigkeiten eine intrazeptive Einstellung nahe: Durch Hineinhorchen soll die eigene

---

[22] Gordon, T., Familienkonferenz, 127.
[23] Schulz von Thun, F., Miteinander reden, 138.
[24] Ebd., 131.

Innenwelt einen Ausdruck finden. Bevor die Partner aneinander geraten, wird der kommunikative Schongang eingelegt, so dass viel Aggression verschluckt und konserviert wird. Diese Ausrichtung ist für intrapunitive, aggressionsgehemmte und harmoniesüchtige Menschen entwicklungshemmend, während die zornige Du-Botschaft ihr Verhaltensrepertoire essentiell bereichern würde und sie das Schimpfen lehrte.

Schulz von Thun führt ein weiteres Wertequadrat an:

Fähigkeit, sich Respekt zu verschaffen	–	Fähigkeit, Respekt zu erweisen
:		:
arrogante Einschüchterung	–	Anbiederung aus Schwäche

Ohne die Kompetenz, sich Respekt zu verschaffen, ist das wertschätzende Beziehungsangebot nur als schwächliche Anbiederung aufzufassen. Es ist erforderlich, die zur nötigen Selbstachtung führende aggressive Durchsetzungsfähigkeit einzuüben und das Selbstwertgefühl zu stärken. Der Einsatz von Aggression ist gegenüber der höflich-oberflächlichen Art ein wichtiger Schritt in Richtung Beziehungswahrheit. Dies ist zugleich ein Beweis für das Vorhandensein von Vertrauen, dessen die Kommunikationspartner bedürfen, um ihre Gegensätze auszutragen und negativen Gefühlen Raum zu geben. Das Gruppen-Entwicklungsmodell von Argyle unterscheidet folgende Stadien der Gruppenfindung: 1. Zueinanderfinden (Forming); 2. Aneinandergeraten (Storming); 3. Sich auf Regeln einigen (Norming); 4. Etwas gemeinsam zustandebringen (Performing).[25] Diesem Modell zufolge gibt es keine konstruktive Gestaltungsphase, wenn nicht zuvor auch das aggressive Storming seinen Platz einnehmen durfte.

Dem aggressive Basiskompetenzen eignenden *bestimmend kontrollierenden Kommunikationsstil* kommt es zu, auf der Führungsebene mit Übersicht und Planung ordnungsstiftende Strukturen zu setzen und durchzusetzen. Die Führungskraft hat klare Weisungen zu erteilen und ihre Durchführung zu kontrollieren. Wird diese Leitungsrolle nicht wahrgenommen und ausgefüllt, kommt es zu einer Diffusität des Miteinanders. Im entsprechenden Wertequadrat stehen Kompetenzen wie Bestimmen, Leiten, Einflussnehmen, Kontrollieren, Korrigieren und Intervenieren in grundlegender Polarität zu Geschehenlassen:

Geschehen lassen können	–	Leitung wahrnehmen
:		:
Laissez-faire-Stil	–	Dirigismus

---

[25] Vgl. Argyle, M., Soziale Interaktion, Köln 1972, 215.

Schulz von Thun ist es darum zu tun, dass alle Kompetenzen, auch die aggressiven, innerlich bereit stehen und mutig eingesetzt werden. Der Verzicht auf Direktivität führt zu zwischenmenschlicher Verarmung. Die Führungspersönlichkeit muss sich durch klare strukturierende Anweisungen zu ihrer Leiterrolle bekennen und so situationsadäquat mit Durchsetzungsvermögen die anvertraute Gruppe führen, soll die Wahrheit der Situation nicht vernebelt werden. Sie muss sich dabei zu ihren eigenen Bedürfnissen bekennen, sich der Auseinandersetzung stellen, um so eine neue Art von Kontakt herzustellen. Das Aggressionsvermögen *überwindet auch hier die Kontaktlosigkeit.*[26] Das entsprechende Leitbild der Persönlichkeitsentwicklung ist jeweils dialektisch strukturiert, die beiden Werte stehen jeweils in einem ergänzenden Werteverhältnis. Das Ziel der Kommunikationspsychologie Schulz von Thuns besteht darin, beide Einstellungen innerlich bereitgestellt zu haben, so dass beide je nach Situation psychisch zur Verfügung stehen. Es gilt jeweils nach der Entwicklungsrichtung Ausschau zu halten, die zur Integration der Gegensätze zu führen vermag.

Die folgenden 3 Aggressionstheorien Lernpsychologie, Sozial-Konstruktionismus und Systemische Psychotherapie verbindet das gemeinsame Anliegen, den Blick vom Einzelnen und der Du-Beziehung auf das soziale Bezugssystem zu richten. Die Lernpsychologie identifiziert Aggressionslernen als reziproke Interaktion zwischen Individuum und sozialem Umfeld. Der Sozial-Konstruktionismus betont, dass die Entstehung von Emotionen wie Ärger durch individuelle und soziokulturelle, kognitive Faktoren mitbedingt ist und somit die Genese von Emotionen durch das System kultureller Setzungen (mit-) konstruiert ist. Die systemische Psychotherapie richtet den Fokus auf das soziale Bezugssystem, in dem das Individuum bzw. der Symptomträger lebt und interagiert.

---

[26] Vgl. Schulz von Thun, F., Miteinander reden, 183.

7. Die Lernpsychologische Theorie

Die verschiedenen Modifikationen der lernpsychologische Schule identifizieren Aggression als erlerntes Verhalten. Die Lernpsychologie kennt zwar keinen spezifischen Aggressionstrieb, unterscheidet jedoch hinsichtlich des Erlernens von Aggression drei Lernkonzepte: Das für die Aggressionsforschung eher unwichtig bleibende klassische Konditionieren dient als Erklärungsmodell für die Übertragung von Ärger auf ursprünglich neutrale Reize (z.B. kann schon die Nennung des Namens unsympathischer Menschen Verärgerung auslösen). Das operante Konditionieren geht davon aus, dass Verhalten, welches zu Erfolg und zu einer positiven Bekräftigung führt, beibehalten wird. Dem Lernen am Modell schließlich ist eine große Bedeutung für die Aggressionsentwicklung beizumessen. Basierend auf mannigfaltigen Experimenten konnte die Hypothese verifiziert werden, dass die Demonstration von Aggression, sei sie direkt, sei sie indirekt, zu einem Anstieg aggressiven Verhaltens führt.[1] Dabei wird nicht nur konkretes Verhalten nachgeahmt, es kommt zudem zu einer Übernahme von Lebensstrategien und den impliziten Werten. „In der Sicht der sozialen Lerntheorie ist der Mensch weder von inneren Kräften getrieben noch hilflos von Umwelteinflüssen bedrängt. Psychologisches Funktionieren lässt sich am besten verstehen als dauernde reziproke Interaktion zwischen Verhalten und seinen kontrollierenden Bedingungen... Verhalten schafft teilweise die Umwelt, und die entstehende Umwelt wiederum beeinflusst das Verhalten".[2] Bandura definiert Aggression als ein komplexes Ereignis, welches ein Verhalten mit verletzenden, destruktiven Wirkungen und soziale Prozesse der Festlegung inkludiert. Sowohl das verletzende Verhalten wie auch der soziale Prozess, der die verletzende Handlung als aggressiv klassifiziert, müssen zusammenkommen, um den Lernprozess bezüglich aggressiven Verhaltens zu initiieren. Für Bandura gibt es keinen zwingenden Zusammenhang zwischen Ärger und Aggression: „Menschen müssen nicht ärgerlich oder emotional erregt sein, um sich aggressiv zu verhalten. Eine Kultur kann hochaggressive Menschen hervorbringen – während gleichzeitig das Maß an Frustration gering ist, indem aggressiv erreichte Erfolge wertgeschätzt, erfolgreiche aggressive Modelle vorgeführt werden und auch in Zukunft aggressives Verhalten belohnt wird".[3]

Bei dieser Sichtweise kann aggressives Verhalten durch neue Modelle und korrespondierendes Verstärkungsverhalten reduziert werden. Die verschiedenen Modifikationen der Lernpsychologischen Theorie sehen Aggression einseitig als destruktives Verhalten. Zwar werden Aggression und Ärger unterschieden, der Ärger als Emotion wird jedoch nicht näher untersucht. Das Lernen gilt als reziproker Prozess, als permanente Interaktion zwi-

---

[1] Vgl. Bandura, A., Sozialkognitive Lerntheorie, Stuttgart 1979; vgl. Anderson, C., An update on the effects of playing violent video games. Journal of Adolescence 27 (2004), 113; vgl. Bartholow, B. D., et al., Interactive effects of life experiences and situational cues on aggression. The weapons priming effect in hunters and nonhunters. Journal of Experimental Social Psychology 41 (2005), 48. Neben selbst erlittenen Gewalterfahrungen spielt der Konsum von Gewaltvideos und so genannten Killerspielen eine entscheidende Rolle bei der Entstehung destruktiver Gewalt.
[2] Bandura, A., Aggression. A social learning analysis, Englewood Cliffs 1973, 43.
[3] Ebd., 59.

schen Individuum und Umwelt – dabei wird der Umwelt ein Übergewicht zugesprochen, als ob der Lernprozess hauptsächlich von der Umwelt mit ihren Verstärkungsmechanismen ausginge. In einer Gesellschaft, in der Dominanz als erstrebenswertes Ziel gilt, wird dieses Verhalten psychologischerweise gelernt. Der lernpsychologische Zugang kann dennoch als positiv eingestuft werden: Was gelernt wird, kann auch verlernt werden. Die folgende Theorie sieht die reziproke Interaktion zwischen Individuum und sozialem Umfeld auch bei der Genese von Emotionen am Werk.

8. Die Sozial-Konstruktionistische Theorie von Ärger und Aggression

Die sozial-konstruktionistische Theorie von Ärger und Aggression baut auf der kognitiven Ärger-und Aggressionstheorie auf, welche die individuelle Verantwortung bei der Entstehung von Emotionen wie z. B. Ärger unterstreicht. Entscheidend für das Zustandekommen einer distinkten Emotion ist die kognitive Einschätzung und Zuordnung: „... man benennt, interpretiert und identifiziert diesen aufgeregten Zustand je nach den Besonderheiten der voraufgehenden Situation und der eigenen Einstellung. Das bedeutet, dass ein emotionaler Zustand als der Zustand einer physiologischen Erregung in Verbindung mit einer entsprechenden kognitiven Einschätzung verstanden werden kann".[1] Nach dieser Theorie entsteht Ärger durch die Art und Weise, wie die Widerfahrnisse interpretiert werden. Ob ein Geschehen Ärger hervorruft, hängt wesentlich davon ab, welche Bedeutung dieses Geschehen für den Betroffenen hat: Was der jugendliche Musikfan als beglückend erlebt, weist der Freund klassischer Musik verärgert als Lärm zurück. Die die Interpretation der Erregung leitenden kognitiven Faktoren sind sowohl individueller als auch soziokultureller Natur. Letztere üben über Verhaltensregeln einen erheblichen Einfluss auf Wahrnehmung und Ausdruck von Ärger aus. Die Kognitionstheorie betont die kommunikative Funktion der Aggressionsäußerung: Durch das kognitive Element bei der Entstehung von Ärger wird deutlich, dass bei einer Ärgermitteilung nicht nur der innere Erregungszustand benannt wird, sondern in einer spezifischen Interaktion auch eine Selbstmitteilung stattfindet. Der kommunikative Aspekt von Ärger und konstruktiver Aggression expliziert das hohe Maß an Selbstreflexivität bei jeder Ärgermitteilung: letztere stellt demzufolge alles andere als einen blinden Reflex dar. Ärger und Aggression hängen nicht zwangsläufig zusammen, Aggression bildet nur eine mögliche Art des Ärgerumgangs.

Die sozial-konstruktionistische Aggressionstheorie greift das kognitive Element bei der Entstehung von Emotionen auf und betont mehr die Bedeutung des soziokulturellen Rahmens: Emotionen sind auch soziale Konstrukte, die in einem vorfindlichen soziokulturellen Rahmen erlernt werden und dort eine sinnvolle Funktion übernehmen. „Dem Konstruktionismus zufolge sind Emotionen charakterisiert durch Einstellungen wie z. B. Glaubenssätze, Urteile und Wünsche, deren Inhalt nicht einfach naturgegeben ist, sondern durch das System kultureller Setzungen, Werte und Normen einer spezifischen Gemeinschaft geprägt ist".[2] Durch das Aufspüren der in einer bestimmten Situation erwarteten Reaktionen werden diese emotionalen Einstellungen bereits von Kindern schnell erfasst, bei Anpassung an diese Erwartungen werden zugleich die gemeinschaftlichen Regeln verstärkt. Damit Ärger konstituiert wird, müssen drei Elemente zusammenkommen: Das biologisch-physiologische Fundament, die kognitiv-psychologische Deutung und die entsprechenden sozialen Rahmenbedingungen. Sowohl die Kognitionstheorie als auch die

---

[1] Schachter, S./Singer, J., Cognitive, Social and Physiological Determinants of Emotional State. Psychological Review 69 (1962), 380.
[2] Harre, R., (Hg.), The Social Construction of Emotions, Oxford 1988, 33.

sozial-konstruktionistische Aggressionstheorie unterscheiden zwischen Ärger und Aggression, beide untersuchen auch die Genese und Funktion von Ärger gründlich. Die Kognitionstheorie betont eher den individuellen Aspekt der kognitiven Einschätzung und der damit verbundenen Verantwortung; die sozial-konstruktionistische Theorie hebt den Stellenwert der vorgegebenen kulturellen und sozialen Regeln hervor. So lässt es sich erklären, warum z. B. die Aggressionsphänomenologie bei Christen des europäischen und des US-amerikanischen Kontextes bei aller Verschiedenheit analog ist: Die gemeinsamen geschichtlichen Wurzeln und die christliche Prägung bringen bestimmte Ähnlichkeiten und Kontinuitäten hervor.

Die systemische Psychotherapie betrachtet nicht nur den Symptomträger als Patienten, sondern auch sein soziales Bezugssystem, das nähere personale Umfeld, in welchem er lebt.

9. Aggression und systemorientierte Psychotherapie

Ein System ist „ein ganzheitlicher Zusammenhang von Teilen, deren Beziehungen untereinander quantitativ intensiver und qualitativ produktiver sind als ihre Beziehungen zu anderen Elementen. Die Unterschiedlichkeit der Beziehungen konstituiert eine Systemgrenze, die System und Umwelt des Systems trennt".[1] Dieses Ganze ist mehr und etwas anderes als die Summe seiner Elemente. Im Fall der Familie fokussiert die systemische Therapie das komplizierte Beziehungsnetz zwischen Eltern und Kindern, sie erhebt den Anspruch eines neuen Paradigmas für die Psychotherapie überhaupt.[2] Das Krankheitsverständnis unterliegt einem Bedeutungswandel: Im Verständnis der systemorientierten Familientherapie ist nicht nur der Symptomträger „krank", sondern das ganze System Familie, die Störung liegt im ganzen System. Ausschlaggebend für die Entfaltung dieses Systemdenkens war die Erkenntnis, dass Familien den Besserungsprozess eines Kindes untergruben oder unter keinen Umständen auf ein Sündenbock-Kind verzichten wollten (nach der Genesung des einen Kindes wurde einem anderen diese Rolle aufgezwungen). Vielfach zerbrach eine Ehe an der erfolgreichen Einzeltherapie eines der beiden Partner. Für solche und ähnliche Erfahrungen galt es ein Analyse- und Behandlungskonzept zu entwickeln.[3] Es bildete sich die Einsicht heraus, dass „unglückliche Leute aus Familien kamen, wo es eine Menge unglückliche Leute gab".[4] In der Art der Familienorganisation mit ihren Kommunikations- und Interaktionsstrukturen wurde evident, dass Schwierigkeiten grundsätzlich familienweise auftraten. Den Familientherapeuten begegneten massive Widerstände von Seiten der Familienmitglieder, wenn der Blick vom Symptomträger weg auf die Familie als Problem gerichtet wurde. „Es ist für die Familie stets eine bestürzende Einsicht, dass sie als Ganzes daran beteiligt ist und dass jeder einzelne in einem bestimmten Maß für die Probleme mitverantwortlich ist".[5] Die Systemische Psychologie richtet ihren Blick auf die Beziehungsdynamik, das Verhalten und Erleben des Menschen wird nicht aus seiner innerseelischen Dynamik verstanden, sondern aus den Gegebenheiten des sozialen Systems, innerhalb dessen er verortet ist. Der Systemischen Psychologie ist es darum zu tun, die Gesetzmäßigkeiten, mit denen die Elemente des Systems aufeinander reagieren und Einfluss nehmen, zu erkennen und einen adäquaten Umgang damit zu finden.

Die Systemtherapie geht davon aus, dass die Ursache für Schwierigkeiten in der Dysfunktionalität des ganzen Regelsystems zu suchen ist, alle spielen nach den geltenden Regeln mit, der Einzelne zeigt ein Symptom, das für die Erhaltung des Gesamtsystems auf verborgene Weise unentbehrlich ist. Die Fehlersuche richtet ihren Blick weg vom Einzelnen hin zum Regelkreis des miteinander Agierens und aufeinander Reagierens. Das

---

[1] Schlippe, A. v., Schweizer, J., Lehrbuch der systemischen Therapie und Beratung, Göttingen 1996, 55.
[2] Vgl. Stierlin, H., Rücker-Embden, P., Wetzel, N., Wirsching, M., Das erste Familiengespräch, Stuttgart 1977, 8.
[3] Vgl. Napier, A., Whitacker, C. A., Die Bergers. Beispiel einer erfolgreichen Familientherapie, Reinbek 1982, 65.
[4] Ebd.
[5] Ebd., 68.

systemische Denken zeichnet sich durch Zirkularität des Schemas aus: Es kennt keinen Anfang und keine lineare Ursächlichkeit, sondern nur eine zirkuläre Kausalität mit Wechselwirkungen. Die Teile eines Systems stehen in Beziehung und in Spannung zueinander, das heißt, die Veränderung eines Teils vermag das ganze System zu verändern, was dann wiederum auf die Teile zurückwirkt. Bezeichnend für systemisches Denken ist die Betonung der Homöostase: Jedes lebende System erhält sich eine interne Balance und grenzt sich gegen die Umwelt ab. Dieses Gleichgewicht wird durch Rückkopplungsschleifen zu halten versucht, indem bestimmte Verhaltensweisen immer wieder positiv verstärkt oder negativ sanktioniert werden. Zwischen den füreinander Umwelten bildenden, lebenden Systemen bestehen, was Energie- und Informationsfluss anbelangt, Wechselwirkungen. Auf diese Weise gelingt es ihnen, sich als Organisation zu erhalten und zu reproduzieren, auch wenn sich im Laufe des Lebens ihre Binnenstruktur bzw. ihre Umwelt ändert. An die Stelle einer linearen, sich am Überleben jeweils einer Art ausgerichteten Evolutionsperspektive sieht die systemische Perspektive in der Evolution des einen immer auch die Evolution des anderen. Eines wirkt auf das andere, jede Intervention in einem System hat Folgen für andere Systeme. In diesem wechselwirkenden, sich vorantreibenden und dialogischen Prozess ist die Entfaltung des einen immer auch Anstoß für die Entfaltung des anderen, beide sind in komplexer Weise miteinander verwoben und bringen sich gegenseitig hervor.[6] Je komplexer sich die Wechselwirkungen zwischen den sich entwickelnden und voneinander abhängigen Systemen gestalten, umso schwerer lassen sich die Konsequenzen der Intervention in einem System voraussagen.

Bestimmte erkenntnistheoretische Prämissen des Konstruktivismus sind entscheidend für die Art der individuellen und systemischen Wirklichkeitskonstruktion. Für die systemische Therapie existiert Wirklichkeit immer nur als sozial konstruierte. „Menschliche Wirklichkeit wird in Prozessen menschlicher Kommunikation gesellschaftlich konstruiert in einem jeweils spezifischen historischen Kontext".[7] Die Sache selbst verliert an Bedeutung, entscheidend ist vielmehr, wie ein Mensch oder eine Gruppe die eigene Wirklichkeit konstruiert, wie eine Sache gesehen, benannt und zugeordnet wird. Sprache ist Medium solcher Bedeutungsgebungsprozesse und Erzeugerin menschlicher Wirklichkeit.[8] Realität im Sinne von Bedeutungsgebung entsteht im dialogisch angestrebten Konsens darüber, wie Wirklichkeit zu sehen ist. Dieser ist an gesellschaftliche bzw. gruppenspezifische Übereinkünfte und Vorgaben gebunden. Die systemimmanenten Werte, Normen und Verhaltenscodices sind in hohem Maß von der umgebenden Kultur und ihren sozioökonomischen Bedingungen abhängig.[9] Dabei spielt der zeit- und ideengeschichtliche,

---

[6] Vgl. Stierlin, H., Haltsuche in Haltlosigkeit. Grundfragen der systemischen Therapie, Frankfurt a. M. 1997, 28.
[7] Schlippe, A. v., Schweizer, J., Lehrbuch der systemischen Therapie und Beratung, 78.
[8] Vgl. Derrida, J., Wie nicht sprechen. Verneinungen, Wien 1989; ders., Falschgeld. Zeit geben I, München 1993. Mit Dekonstruktion bezeichnet Derrida den Sachverhalt, dass wir nicht hinter die Sprache zurück können. Die Sprache steht in keiner direkten Beziehung zur äußeren Welt. Außerhalb und hinter der Sprache gibt es keine ein für alle Mal fixierten Bedeutungen. Die Zielsetzung der Dekonstruktion besteht darin, dass Texte, Traditionen, Institutionen, Überzeugungen etc. keine determinierten Bedeutungen haben, dass sie im- mer mehr sind als das einmal Festgelegte und die gegenwärtig bestehenden Grenzen überschreiten. Die Dekonstruktion umfasst auch die Megaerzählungen – sie haben ihre Legitimationskraft und Verbindlichkeit verloren.
[9] Vgl. Nichols, M. P., Schwartz, R. C., Family Therapy. Concepts and Methods, London 1995, 80 weisen nach, wie die gegenwärtige Leistungsgesellschaft mit ihrem konkurrenten Individualismus das Verständnis

räumliche und interaktionelle Kontext, in welchem etwas artikuliert wird, eine zentrale Rolle.[10] Hinsichtlich der Aggressionsproblematik zeigt sich insbesondere, dass über Generationen hinweg systemimmanent und intersystemisch wirksame, handlungsanleitende Grundannahmen zur Wirkung kommen, die Beteiligten in starre Entweder-Oder-Schemata zwängen und sie zu Mitspielern dysfunktionaler Basisannahmen machen.[11] Die handlungsanleitenden Grundannahmen und maßgeblichen Ideensysteme, die der jeweiligen Motivationsdynamik den Kompass liefern, bestätigen sich auch durch die selektive Wahrnehmung des Therapeuten: dessen Art und Weise, wie er den Kontext markiert und damit ein Problem erkennt, bewertet oder konstruiert, ist von großer Bedeutung. Damit stellt sich die Machtfrage, wer das Recht und die Macht hat, den Kontext so oder so zu definieren. Der Therapeut konstruiert den Kontext mit und schießt sich auf seinen Interventionsfokus ein, er bringt dabei seine eigenen Vorlieben und Vorerfahrungen ins Spiel, zieht die Grenzen zwischen einem System und seiner Umwelt und umreißt den Problemkreis. Die systemische Familientherapie reduziert durch Entscheidung des Therapeuten die oben angeführte Komplexität des Kontextes auf ein durch das Problem definiertes System. Dieses Problemsystem verweist auf das jeweils mit Blick auf die Problementstehung sowie Problemerhaltung relevante, im Hier und jetzt zur Wirkung kommende psychosoziale System, wie z. B. Paarsituation, Familie, Schule, Gleichaltrige, mehrere Generationen einer Familie, nicht anwesende Mitglieder des Problemsystems usw.[12] Dieses System generiert und erhält das Problem durch korrespondierende Beziehungsstrukturen, es ist jedoch auch für die Problemlösung relevant.[13]

Durch Reframing vermag der Therapeut den Kontext umzudeuten, zu erweitern oder neu zu markieren, er vermag den gezeigten Mustern, dem jeweiligen Spiel und den verhaltensanleitenden Grundannahmen und Motiven eine neue Bedeutung zu geben.[14] Durch Infragestellung der bisherigen handlungsanleitenden Annahmen werden neue Lernmöglichkeiten und neue Optionen eröffnet. Das korrespondierende „systemische Fragen" stellt sich Leitfragen wie: Welche Regeln gelten im System? Wer hat die Macht inne? Was bedeutet das Problem für das ganze System? Wozu braucht es die Störung? Ist das vorgebrachte Problem tatsächlich das eigentliche Problem oder gibt es dahinter ein ganz anderes? Was ist im System ursächlich passiert und wie geht es jetzt mit dem Problem um? Will das System den inneren Konflikt durch Spaltung loswerden? Will es ihn durch solidarische Verleugnung unterdrücken bzw. nach außen projizieren? Schon das Bewusstmachen verändert das System: Wenn häufig wiederkehrende Muster aufgedeckt werden, kommt es zu Entlastung und Veränderungsmöglichkeiten. Der Wandel der Betrachtung

---

von Eltern-Kind-Beziehungen beeinflusst.

[10] Vgl. Stierlin, H., Haltsuche in Haltlosigkeit, 218.
[11] Eine systemisch verständliche, intergenerationale Wechselwirkung besteht z. B. darin, dass ein Alkoholiker in der Großelterngeneration durch einen Prominenten in der Enkelgeneration kompensiert wird. Beide Generationen verbindet die dysfunktionale Grundannahme, nur eine bedingte Daseinsberechtigung zu haben; vgl. ebd., 165.
[12] Vgl. ebd., 146. Angehörige von helfenden Berufen können Teil eines Problemsystems werden, wenn sie durch Dauerbetreuung die Abhängigkeit des Klienten chronifizieren und Eigeninitiative verhindern.
[13] Vgl. ebd., 202.
[14] Vgl. Capps, D., Reframing. A new Method in Pastoral Care, Minneapolis 1990. Im Anschluss an Paul Watzlawick unterscheidet Capps Veränderungen erster und zweiter Ordnung. Eine Veränderung erster Ordnung findet im bestehenden System statt, eine Veränderung zweiter Ordnung will den seither als selbstverständlich erachteten Rahmen verändern. Durch einen radikalen Perspektivenwechsel soll einem Ereignis oder einer Beziehungsstruktur eine neue Bedeutung verliehen werden.

und die Bewusstseinsänderungen führen dann zu einem Verhaltenswandel auf der Ebene von Mikro-, Meso- und Makrokosmos. Die systemische Therapie arbeitet weniger problem- denn lösungsorientiert: sie stößt Suchprozesse an, aktiviert die eigenen Ressourcen, lässt eigene Antworten finden und eröffnet so neue Perspektiven. Sie richtet den Fokus auf Lösungspotentiale: Was muss oder kann geschehen, damit sich etwas ändert? Es gilt, die Ressourcen des Systems zu entdecken und zu aktivieren.

Ein System ist autopoietisch: Ihm kommt eine gewisse Autonomie zu, es erzeugt, erhält und reguliert sich selbst und ist von außen nicht einfach beeinflussbar. Es kann jedoch gestört und irritiert werden, so dass es beginnt, sich neu und verändert zu organisieren. Was die von den theoretischen Perspektiven hergeleiteten systemischen Interventionen anbelangt, so lassen sich die Therapeuten von der Annahme leiten, dass in komplexen lebenden und sozialen Systemen von außen angestoßene Störungen zu Selbstveränderung zu führen vermögen, die dann wieder auf verschiedenen Systemebenen Wirkungen erzeugen kann, welche die Selbstveränderung fördern, einschränken oder rückgängig machen können.[15] Die in das System eingebrachte Aggression kann ein Störpotential bilden, um durch die dadurch ansichtige Differenz und das korrespondierende Streiten hindurch eine transformierende Selbstveränderung anzustoßen. In komplex vernetzten Systemen lassen sich Selbstveränderung und solche Wirkungen niemals sicher voraussehen. Ziel der systemischen Intervention ist es, Unterschiede erlebbar zu machen, die hinsichtlich Lebensführung und Lebenserfüllung vom Einzelnen, den Mitgliedern des Problemsystems und von anderen Systemen außerhalb des Problemsystems als solche wahrgenommen werden können. Diese Veränderungsprozesse werden dadurch beeinträchtigt, dass jedes chronische symptomatische Verhalten für die Beteiligten auch positive Funktionen erfüllt (der Alkoholabusus des einen Partners kann zeitweilig das Selbstwertgefühl des anderen regulieren). Dabei muss zwischen Intentionalität und Funktionalität unterschieden werden: Der Sekundärgewinn ist nicht Ausdruck und Folge bewusster oder unbewusster Absichten der Partner, sondern lediglich systemisches Faktum.[16]

Im Folgenden beschränken wir uns auf einen exemplarischen Einblick in die systemische Familientherapie. Zwei der namhaftesten Vertreter der sog. psychodynamisch orientierten Familientherapie und ihr Zugang zur Aggressionsproblematik werden vorgestellt. In seiner Typologie familiärer Rollen befasst sich H. E. Richter mit den unbewussten Rollenaufträgen, die Eltern ihren Kindern übertragen.

9.1. Familiäre Rollenanalyse bei Horst Eberhard Richter

Richter versteht unter Rolle das „strukturierte Gesamt der unbewussten elterlichen Erwartungsphantasien... , sofern diese dem Kind die Erfüllung einer bestimmten Funktion zuweisen... ".[17] Mittels dieser Erwartungsphantasien und Projektionen versuchen die Eltern sich von eigenen mangelhaft bewältigten Konflikten zu entlasten. Innerhalb des familiären Beziehungsgeflechts diagnostiziert Richter das Kind häufig als „weinenden Dritten", dem als schwächstem Glied der Kette das Unbewältigte der Eltern aufgebürdet wird. Kindliche Symptome rühren daher, dass Eltern z. B. die Beziehung zu den ei-

---

[15] Vgl. Schlippe, A. v., Schweitzer, J., Lehrbuch der systemischen Therapie und Beratung, 108.
[16] Vgl. Simon, F. B., Die Kunst, nicht zu lernen, Heidelberg 1996.
[17] Richter, H. E., Eltern, Kind, Neurose. Die Rolle des Kindes in der Familie, Stuttgart 1967, 73.

genen Eltern nicht geklärt und aufgearbeitet haben, so dass ein symbiotisches, unfreies Verhältnis der gegenseitigen Manipulation entsteht, welches die Entwicklung des Kindes hemmt. Letzteres wird nicht in seinem originären Subjektsein anerkannt, sondern als Objekt elterlicher Konfliktbewältigung missbraucht. Dem Kind werden dabei verschiedene Rollensubstitutionen zugeschrieben, wie z. B. Elternersatz oder Geschwistersubstitution. Durch Einsatz narzisstischer Projektionen sehen die Eltern im Kind das ideale Selbst, das negative Selbst oder den umstrittenen Bundesgenossen. Bei der narzisstischen Projektion suchen Eltern ihre Kränkung aufgrund eigenen mangelhaften Lebenserfolgs stellvertretend über die Identifikation mit dem Kind aufzuwiegen. Wenn das elterliche Selbstbild narzisstisch von eigener Schwäche, Schuld oder unangenehmer Aggression freigehalten werden soll, wird das Kind in die Rolle des familiären Sündenbocks gedrängt.

Im Anschluss an seine familiäre Rollenanalyse entfaltet Richter eine Typologie von Familienneurosen und unterscheidet dabei zwischen familiären Symptomneurosen und familiären Charakterneurosen.[18] Bei der familiären Symptomneurose benennt das System Familie zur Entlastung von familiärem Konfliktdruck ein Familienmitglied als Symptomträger, welcher z. B. mit der unbewältigten Aggression beladen wird. Bei der zweiten Störung versucht das Gesamtsystem der Familie die Konflikte durch korrespondierende Familienstile zu bewältigen. In diesem Fall orientieren sich Familien an jeweils einheitlichen neurotischen Konzepten: Beim *angstneurotischen Konzept* erbaut ein phobischängstliches Familienmitglied die Familie als Schutzwall gegen die bedrohliche Außenwelt und –aggression. Nach anfänglichem Widerstand zieht sich die gesamte Familie in das aggressionsfreie Schonklima des Binnenraums zurück. Durch den äußerst eingeschränkten Aktions- und Lebensradius brechen die sozialen Kontakte nach außen ab, die Sozialkompetenz verkümmert. Der Realitätsbezug schwindet in jeglicher Hinsicht, im Binnensystem der Familie wird Aggressionsfreiheit mit Friede identifiziert.[19]

Beim *paranoiden Konzept* versuchen die Familienmitglieder ihre feindselig-aggressiven Impulse untereinander nach außen abzuleiten – die eigene Familie wird als Festung erlebt und die äußere Realität wahnartig umgedeutet. Die Familie wird zur Kampfgruppe gegen äußere Feindbilder. Diese Projektion unbewältigter Aggressionen aus dem Binnenraum der Familie auf einen äußeren Feind führt zu einem innerfamiliären Solidarisierungseffekt.[20] Laut Richter ist es für jedes Mitglied im System wichtig, den eigenen inneren Konflikt anzugehen und sich der eigenen Aggressionsproblematik zu stellen, statt dem anderen durch unbewusste Erwartungsphantasien und Aufbürden der eigenen Aggression die Erfüllung einer bestimmten Funktion zuzuweisen. Der andere hat sich dann entsprechend dieser Projektion zu verhalten. Nur durch den Zugang aller Systemmitglieder zum je eigenen Aggressionsvermögen wird der gegenseitige Missbrauch gestoppt und das originäre Subjektsein anerkannt. Für die Symptomfamilie ist es unabdingbar, die durch Spaltungsprozesse unterbrochene oder wahnhaft entleerte Kommunikation bezüglich aggressiver Inhalte in der Familie neu anzustiften.

Es gilt, die Aggression in den Binnenraum des Familiensystems zurückzuholen, um den Aktionsradius zu weiten, einen realitätsgerechten Kontakt zur Außenwelt herzustel-

---

[18] Vgl. Richter, H. E., Patient Familie. Entstehung, Struktur und Therapie von Konflikten in Ehe und Familie, Reinbek 1970.
[19] Vgl. Richter, H. E., Familientherapie, in: Psychotherapie und Psychosomatik 16, 1968, 73-90.
[20] Vgl. ebd., 90-107.

len und diese dadurch zu entfeinden. Nach Auffassung von Richter muss eine hilfreiche und kompetente Aggressionsbewältigung und eine entsprechende Aggressionskommunikation im Binnensystem eingeübt werden, um die vorhandene Aggression konstruktiv zu bewältigen und anzunehmen und die innerfamiliäre Solidarisierung durch einen innerfamiliären Aggressionsaustausch *hindurch* zu erreichen. Als weiterer namhafter Vertreter der psychodynamisch orientierten Familientherapie soll im Folgenden Helm Stierlin und seine psychologische Theorie vorgestellt werden.

9.2. Transaktionale Interaktionsmodi: Helm Stierlin

a. Dialektik von Liebe und Aggression

Stierlin stellt ins Zentrum seiner Familientheorie zentripetale und zentrifugale Familienkräfte, welche in sog. transaktionalen Interaktionsmodi, im Zusammenspiel aus „Kraft in die Familie hinein" und „Zug aus der Familie heraus" zusammenwirken. Er unterscheidet drei verschiedene Interaktionsmodi: Bindung, Ausstoßung und Delegation.[21] Diese Muster familiären Zusammenspiels werden ergänzt durch die Perspektiven der „bezogenen Individuation" und der „Mehrgenerationsperspektive von Verdienst und Vermächtnis". In diesem Zusammenspiel der Kräfte kommt der menschlichen Aggression eine originäre Aufgabe zu, nach Stierlin eignet ihr stets ein Doppelgesicht: Sie steht für Angriff, der auf Zerstörung ausgerichtet ist, wobei Hass und Feindseligkeit als Motivationsquelle fungieren. Aggression steht ebenso für Leistungswillen und –fähigkeit: „Ich greife nicht einen Feind, ich greife eine Aufgabe an. Dieselben Antriebskräfte, die sich in einem Falle destruktiv entladen, erscheinen im anderen Falle als Motor einer produktiven Expansion, immer neuen Lernens und damit einer erfolgreichen Lebensmeisterung".[22]

Die Aggression manifestiert sich in dieser Vieldeutigkeit als Element einer Dialektik, welche sich zwischen Individuum und seiner Sozietät abspielt. Diese Dialektik gilt es so zu gestalten, dass der Einzelne seine Aggression entsprechend lenkt, um die Menschen weder zu paralysieren noch zu zerstören. Es gilt, mit der Aggression konstruktiv leben zu lernen, so dass durch den aggressiven Umgang kein zwischenmenschliches Vakuum geschaffen wird. Die Dialektik ist zu verstehen als notwendige Versöhnung von Zentrierung und Offenheit. Stierlin identifiziert die Aggression als zentrales Moment der Zentrierung. „Der Einzelne erlebt eine Art physiologischer Geschlossenheit: Was in ihm an vitalen Energien in ungerichteter und lustloser Latenz schlummert, realisiert sich im aggressiven Akt. Er spürt einen Ich-stärkenden Elan. Sein Lebens- und Selbstwertgefühl wachsen. Er erlebt wohltuend eine Stauungsabfuhr, eine Befreiung und damit Befriedigung. Indem er aggressiv wird, ist er jemand. Er konstelliert sich gegen den anderen. Die Aggression wird zum Zement seiner Individuation".[23] In ihrer Einseitigkeit gefährdet diese Zentrierung die mitmenschliche Angewiesenheit, welche Offenheit und Rezeptivität erfordert. Es bedarf einer seelischen Gelöstheit, um auf den Empfang von Zuwendung und äußeren Anregungen eingestellt zu sein. Die Dialektik zwischen Zentrierung und Offenheit, Aggression

---
[21] Vgl. Stierlin, H., Eltern und Kinder. Das Drama von Trennung und Versöhnung im Jugendalter, Frankfurt a. M. 1980.
[22] Stierlin, H., Aggression in der menschlichen Beziehung, in: Mitscherlich, A. (Hg.), Aggression und Anpassung, München-Zürich 1992, 119-135, 122.
[23] Ebd., 123.

und Verbundenheit, muss sich in dem Maße akzentuieren, als derselbe Partner zugleich nährende Matrix und Aggressionsobjekt wird; beide Aspekte sind miteinander zu versöhnen. Aggression erweist sich als notwendige Kehrseite der Liebe: „Liebe und Aggression nähren und bedingen einander und jedesmal müssen die beiden Elemente dieser Dialektik in ein charakteristisches Gleichgewicht gebracht werden".[24]

Mit den Begriffen „Neutralisierung" und „Sublimierung" verbindet Stierlin die Vorstellung, dass jeder Mensch ein aggressives Potential mit auf den Weg bekommt, welches zu entschärfen und verschiebbar zu machen ist. Diese Entschärfungsmechanismen stellen komplexe Ich-Funktionen dar: „Je reicher und modulationsfähiger diese Entschärfungs- und Verschiebungsmöglichkeiten sind und je solider sie sich in der Persönlichkeitsstruktur verankern, um so größer die Aussicht, dass dem Einzelnen die Versöhnung von Aggression und Verbundenheit gelingt".[25] Der Mensch benötigt dieses Instrument der Aggressionsbewältigung, um eine breite und tiefe Ambivalenz durchstehen zu können und in diesem Sinne Ambivalenztoleranz aufzubringen, d. h. die Fähigkeit, starke Spannungen und widersprüchliche Gefühle aushalten zu können. „Er muss Hass und Liebe fühlen und gleichzeitig wissen, dass die Beziehung bestehen bleibt. Gegenüber ein und demselben Menschen muss er sich zentrieren und öffnen können. Je intensiver die widersprüchlichen Gefühle sind, um so mehr wird von ihm verlangt, dass er sie bändigen, voneinander abgrenzen, in Perspektive erleben kann; um so mehr muss er sich darauf verlassen können, dass sein Instrument der Aggressivitätsbewältigung wirksam bleibt. Von seinen Entschärfungs- und Verschiebungsmöglichkeiten wird es dann abhängen, ob er die Ambivalenz ertragen kann oder ob sie einen Aufruhr entfesselt, in welchem die strukturierenden Elemente seines Ich zusammenbrechen und er einer unerträglichen Angst ausgesetzt wird".[26]

Stierlin ist davon überzeugt, dass aus dem Ertragen und Nutzen von Ambivalenz und damit von Ungewissheit letztlich mehr selbstregulative Autonomie, mehr Freiheitsgrade und mehr Lebensfreude erwachsen als durch eine reduktionistische Eindeutigkeit. In der therapeutischen Praxis versteht er sich als Anwalt der Ambivalenz, indem er die Daseinsberechtigung unterschiedlicher Wirkkräfte und Antriebe anerkennt und aus dem Vertrauen lebt, dass sich die verschiedenen Fraktionen nach einem hinreichenden Zeitraum zu einer Art demokratischem Konsens bei gleichzeitiger Toleranz für Dissens „zusammenraufen" werden. Im Wechselspiel zwischen Aggression und Liebe soll es laut Stierlin zu einer Balance kommen, damit Individuation und Beziehung in einem produktiven Verhältnis zueinander stehen.

b. Bezogene Individuation: Individuation mit – Individuation gegen

Unter bezogener Individuation versteht Stierlin die Balance zwischen Aggression und Liebe, zwischen Überindividuation, bei der Eltern und Kind die Kommunikation abbrechen und sich abkapseln, und Unterindividuation, bei der die Familienmitglieder zugunsten einer symbiotischen Beziehung auf hinreichende aggressive Abgrenzung verzichten. Mit dem Entwicklungsziel der bezogenen Individuation soll die Familie den Lernschritt

---

[24] Ebd., 121.
[25] Ebd., 124.
[26] Ebd.

vollziehen, dass mit jedem Individuationsfortschritt neue Kommunikations- und Versöhnungsleistungen einhergehen müssen. „In bestimmten Zeiten und auf bestimmte Weise müssen sich die sonst festen und schützenden Grenzen öffnen und Getrenntheit sich mit Gemeinsamkeit, Individualität mit Solidarität, Autonomie mit Interdependenz versöhnen".[27] Ein höheres Niveau an Individuation verlangt und ermöglicht immer auch ein je höheres Niveau an Bezogenheit, Aggressionskompetenz und Sozialkompetenz sind einander proportional zugeordnet. Stierlin verfolgt die Intention, „der bourgeoisen Tendenz entgegen (sc. zu wirken, A.K.), Individualität und Selbstverwirklichung ohne einen Bezug zu Interdependenz und Solidarität zu verstehen und daher zu verklären".[28]

„Individuation mit" und „Individuation gegen" sind zu verstehen als sich jeweils dialektisch bedingende und ergänzende Momente im Prozess der bezogenen Individuation. „Individuation mit" integriert die soziale Komponente: „Meine Werkzeuge und Fähigkeiten zur Individuation entwickeln sich im innigen Austausch mit und im Lernen von den Menschen, denen ich verbunden und von denen ich auch abhängig bin, so wie dies etwa beim Spracherwerb geschieht, wenn ein Kind im innigen Kontakt mit der Mutter auch mühelos die Muttersprache erlernt, d. h. die Sprache, die ihm dann hilft, seine Gefühle und damit auch seine inneren Konflikte mehr oder weniger differenzierend zu beschreiben bzw. zu konstruieren".[29] „Individuation gegen" bringt den Beitrag des Aggressionsvermögens ein und bedeutet, fähig und willens zu sein, sich abzugrenzen und die eigene Gefühlswelt, Werte und Zielsetzungen notfalls auch gegen die Beschreibungsangebote, Werte, Erwartungen und Zielsetzungen der maßgeblichen Anderen durchzusetzen. Stierlin optiert für eine liebende Streitkultur, bei der Eltern ihren Kindern bei der Beschreibung und Lösung von deren Binnenkonflikten helfen, indem sie sowohl deren „Individuation mit" als auch deren „Individuation gegen" ermöglichen. Beide Momente ergänzen sich im Prozess der bezogenen Individuation, die Stierlin wie folgt charakterisiert: „Ich erlebe mich als ein Zentrum von Kraft und Eigeninitiative und bin auch bereit, Verantwortung für die Konsequenzen meines Handelns – und so auch für mein Gesundheitsverhalten, ja meine Symptome – zu übernehmen. Ich ertrage die Spannung der Ambivalenz, der sich widerstreitenden Seelen in meiner Brust. Das heißt: Ich bin willens, negativ zu bewertende Antriebe und Anteile in mir selbst zu erkennen und auszuhalten, anstatt diese von mir abzuspalten, auf andere zu projizieren und dann in diesen zu bekämpfen. Und dabei bleibe ich mir bewusst, dass meine Autonomie, meine Freiheit, sich vielerlei Abhängigkeiten verdankt. So der Abhängigkeit von einem funktionierenden Körper und Gehirn ... so der Abhängigkeit von einem demokratischen Gemeinwesen, dessen Rechtstaatlichkeit auch meine (relative) Autonomie mitverbürgt".[30] Nach Stierlin vermittelt sich auch der Beziehungsprozess, bei dem sich das Kleinkind zu einem partnerschaftlich eingestellten Erwachsenen entwickelt, in einer Dynamik, worin sich Beziehung und Aggression, Abhängigkeit und Autonomie gegenseitig bedingen und auseinander hervorgehen.

Im optimalen Fall kommt es zu einer familienweiten Koevolution, die ein immer höheres Maß an Individuation, d. h. Achtung für sich selbst, wie auch eine auf Achtung basierende Verbundenheit mit den anderen ermöglicht. Ohne diese durch Aggression her-

---

[27] Stierlin, H. et al., Das erste Familiengespräch, 18.
[28] Ebd., 10.
[29] Stierlin, H., Haltsuche in Haltlosigkeit, 51.
[30] Ebd., 141.

vorgerufene Achtung des Einzelnen sich selbst gegenüber wäre auch der auf Achtung basierenden zwischenmenschlichen Beziehungsrealität der Boden entzogen. Innerhalb dieses Prozesses kommt es wieder zu einer Verschränkung von „Individuation mit den Eltern" und „Individuation gegen die Eltern".[31] Das beschriebene Interaktionsgeschehen zwischen Eltern und Kindern kann scheitern, wenn es zu verstrickender Bindung oder Ausstoßung kommt: Die Begriffe „Bindung" und „Ausstoßung" beziehen sich auf den Intensitätsgrad der zentripetalen und zentrifugalen Kräfte in der Eltern-Kind-Beziehung und damit auf die Dosierung der Aggression: Unter der Vorherrschaft der zentripetalen Kräfte überwiegt der Bindungsmodus. „Eltern und Kinder verhalten sich so nach der unausgesprochenen Annahme, dass die wesentlichen Befriedigungen und Sicherheiten nur innerhalb der Familie erlangt werden können".[32]

Es laufen sich rekursiv verstärkende Prozesse ab, die dazu führen, dass das Kind zu lange im Familienghetto zurückgehalten wird. Bindungsorientierte Eltern tendieren zu übertriebenen Verwöhnungs- und Infantilisierungshaltungen dem Kind gegenüber. Der undifferenzierte Konsens zwischen Eltern und Kind beeinträchtigt die realitätsgerechte Selbstwahrnehmung des Kindes. Seine Loyalitätsbereitschaft wird ausgenutzt, so dass es schon den Gedanken an Trennung als schlimmes Vergehen empfindet. Der Binnenraum wird von Aggression freigehalten und als Schutz- und Trutzbündnis gegen die feindliche Umgebung erlebt, u. U. wird das Kind parentifiziert und um seine Kindheit gebracht. Für diese übermäßige Bindung des Kindes durch die Eltern führt Stierlin verschiedene unbewusste Motive an: Das abhängige Kind kann einem Elternteil die erforderliche Bestätigung verleihen, ein hingabebereiter und freigiebiger Mensch zu sein. Oder man erwartet vom Kind Dankbarkeit für erwiesene Dienste. Das Kind wird dadurch missbraucht, weil „es nicht die Gefühle und Motivationen seines Vaters bzw. seiner Mutter als das erfahren und benennen darf, was sie in Wirklichkeit sind, feindlich und abweisend".[33] Dies führt zu einer folgsamen Selbstbestimmung, welche eine realistische Selbst- und Fremdwahrnehmung erheblich beeinträchtigt und die authentische Lebenskonzeption vereitelt. Bei der Ausstoßung kommt es zu einer Überdosierung der Aggression: Ein Kind wird zu früh aus dem schützend-nährenden Familienverband in eine vermeintliche Selbständigkeit entlassen, welche nur als Überforderung erlebt werden kann. Wenn die zentripetale oder die zentrifugale Individuationsdynamik absolut gesetzt wird, fehlt eine liebende Streitkultur, welche den Nährboden für eine bezogene Individuation und eine demokratische Partnerschaftlichkeit abgibt. Beim Interaktionsmodus der familiären Delegation spielen zentripetale und zentrifugale Kräfte derart zusammen, dass das Kind einerseits eine starke Bindung an die Eltern aufweist, andererseits mit einem elterlichen Auftrag ausgesandt wird, um elterliche Befriedigung einzubringen. Dieser unbewussten Aussendung des Kindes liegen oftmals Enttäuschungen und Versäumnisse der Eltern zugrunde. Stierlin würdigt diesen Delegationsmodus auch „positiv als Leistung, ja möglicherweise Opferleistung des Delegierten für seine Familie".[34] Auf diese Weise entlastet er die Familie von unangenehmen Emotionen und ermöglicht das Überleben eines Elternteils oder der Gesamtfamilie: Delegierte Jugendliche bewahren die auf ihre Mutterrolle fixierte Mutter durch das Ein-

---

[31] Ebd., 142.
[32] Stierlin, H., Eltern und Kinder, 50.
[33] Ebd., 52.
[34] Stierlin, H., Dynamische Familientherapie, in: Bastine, R., et al. (Hg.), Grundbegriffe der Psychotherapie, Weinheim 1982, 98-103, 99.

bringen von Problemen vor der Leere-Nest-Depression und übertönen die elterliche Angst vor der Erkenntnis, sich gegenseitig fremd geworden zu sein.[35] Stierlin plädiert entschieden dafür, die konstruktive, persönlichkeitsfördernde Seite des Delegationsmechanismus in Rechnung zu stellen.

Durch die Delegation erfährt das Leben Richtung und Sinn, es verankert sich in einer die Generationen überspannenden Kette von Verpflichtungen. „Als Delegierte unserer Eltern haben wir die Möglichkeit, unsere Loyalität und Integrität zu beweisen und Aufträge zu erfüllen, die nicht nur eine unmittelbar persönliche, sondern auch eine überpersönliche Bedeutung haben".[36] Damit ein Kind seine Welt zu strukturieren vermag, ist es erforderlich, Delegationen in Form von Erwartungen und Aufträgen an das Kind heranzutragen. Stierlin weist darauf hin, dass die Eltern in der Verantwortung stehen, das Kind mit der Delegation nicht zu überfordern und mit ihm einen Dialog über die Angemessenheit zu eröffnen. Dann käme dem Aggressionsvermögen die Aufgabe zu, im Dienste der Angemessenheit der Delegation für die individuellen Anliegen und Begabungen des Kindes Partei zu ergreifen. Stierlin dehnt das Delegationsprinzip rückwirkend auf mehrere Generationen aus, welche seiner Auffassung nach durch ein unsichtbar wirkendes Band der Loyalität, der Verpflichtungen und Vermächtnisse miteinander verbunden sind. Aus früheren Generationen können Delegationen in die Familie transportiert werden und über die subjektive Verdienst- und Schuldbilanz ihrer Mitglieder entscheiden. Ein Familienmitglied vermag zum Beispiel die Aufgabe zu spüren, eine Familienschande zu büßen. Auch hier erweist sich die Aggression als dialektischer Gegenpol zur transgenerationalen Verbundenheit. Sie steht für die Eigenverantwortung und den Eigenbeitrag des Beteiligten und ermutigt ihn, durch Bewusstmachung der schicksalhaften mehrgenerationalen Verbundenheit persönliche Befreiung und Entlastung zu erleben, sich von Fremdverantwortung und vorgegebenen Zuschreibungen zu distanzieren und sich für den eigenen Lebensentwurf zu entscheiden.

Der psychologische Diskurs soll wie folgt zusammengefasst werden:

---

[35] Vgl. Stierlin, H., Der liebevolle Kampf zwischen Festhalten und Loslassen, in: Psychologie heute 10 (4/1982), 22-27, 24.
[36] Stierlin, H. et al., Das erste Familiengespräch, 25.

10. Ertrag des psychologischen Durchgangs

Die vorangegangenen psychologischen Darlegungen in ihrer Vielfalt zeigen auf, dass statt eines einlinig-monokausalen Aggressionsverständnisses auf die Vielfalt und Komplexität der in Frage stehenden subjektiven und sozialen menschlichen Erfahrungen und Verhaltensweisen bzw. Ausdrucksformen nur multifaktoriell und mit Hilfe von sich ergänzenden Aggressionstheorien eingegangen werden kann. Nur durch verschiedene Aggressionstheorien können die verschiedenen Aspekte des komplexen Phänomens „menschliche Aggression" beleuchtet und verstehbar gemacht werden, nur durch ihre Komplementarität vermag der Zugang zum Menschsein optimiert zu werden. Alle vorgestellten Theorien betonen die Unausweichlichkeit von Aggression und stimmen darin überein, dass das Aggressionsvermögen konstitutiv zum Menschsein gehört, mit ihm ist in jedem Fall zu rechnen. Die moderne Psychologie/Psychoanalyse sieht Aggression nicht mehr als irreduziblen Trieb. Weder ist der Mensch der Aggression ohnmächtig ausgeliefert, noch lässt sie sich durch geeignete Erziehungsmaßnahmen aus der Welt schaffen. Aggression ist weder als ausschließlich biologisch-psychologisches noch als rein sozial bedingtes Phänomen anzusehen, ihr eignet wesentlich ein multikausales und multifaktorielles Profil. Sie ist formbar, der gestalterischen Freiheit und Eigenverantwortung des Menschen überantwortet und so für verschiedene Zwecke einsetzbar. Alle vorgestellten Autoren lehnen Gewalt als Medium eines lösungsorientierten praktischen Vorgehens ab. Im Folgenden werden die erarbeiteten zentralen Merkmale und Funktionen des Aggressionsvermögens sowie die wichtigsten Kompetenzen, die im Umgang mit ihr erworben werden müssen, zusammengefasst und auf den Begriff gebracht:

Ambivalenz des Aggressionsvermögens
Das menschliche Aggressionsvermögen ist grundsätzlich ambivalent, mit ihm liegt ein komplexes Problem vor, der Umgang mit ihm gleicht einer Gratwanderung. Reduktionistische Aggressionstheorien lösen die in der Ambivalenz gründende Spannung nach einer Seite hin auf und rekonstruieren Aggression ausschließlich als Destruktivität und kommen zu einer negativen Bewertung aller in Frage stehenden Phänomene. Sie sehen folglich ihre Aufgabe ausschließlich in der Entwicklung von Konzepten zu Reduktion und Eliminierung von Aggression. Der ebenfalls reduktionistische, positive Gegenpol beschränkt Aggression auf das Vermögen zur biovitalen Gestaltung und Entfaltung des Lebens. Weder eine generelle Dämonisierung noch eine Idealisierung ist für einen kompetenten Umgang hilfreich. Aggression kann als Medium dienen, um rücksichtslos eigene Interessen durchzusetzen, Allmachtsphantasien expansiv zu befriedigen, durch imperialistische Eroberungskriege andere in feindlicher Absicht anzugreifen und zu überfallen oder durch Mobbing bzw. brachiale Gewalt anderes Leben zu zerstören. Insbesondere die Psychoanalyse nimmt menschliche Destruktivität, die sich in dieser Form im Tierreich nicht findet, ernst. Sie plädiert dafür, es sich mit dem Bösen nicht zu einfach zu machen, wenn es immer weitergehend pathologisiert werde. Sie geht davon aus, dass auch die reifen psychischen Strukturen ihr kognitives und affektives Potential in den Dienst destruk-

tiver Ziele zu stellen und mittels spezifischer Anpassungsprozesse in der Ichorganisation störende Schuldgefühle auszublenden vermögen.

Ebenso kann Aggression zum Einsatz kommen, um an Aufgaben entschlossen heranzugehen, sie in Angriff zu nehmen und eine durch Stillstand gekennzeichnete Situation voranzubringen. Aggression steht für die fundamentale Notwendigkeit der richtungs- und zielhaften intentionalen Bewegung des Lebens, für Berühren, Greifen, Ergreifen und Handeln als dessen Ausdruck. Sie stellt die Lebenskraft für Entwicklung bereit, sie bewirkt Wachstum und ist Anreiz zur Meisterung des eigenen Lebens Die potentiellen positiven und kreativen Funktionen von Aggression sind gleichermaßen zu verstehen, darzustellen und für die Praxis fruchtbar zu machen wie ihre destruktiven Wirkungen. Die Förderung eines konstruktiven Aggressionsumgangs kann deshalb nur als Gratwanderung angegangen werden. Die psychologische Anthropologie sieht die aufgewiesene Ambivalenz im Zusammenhang mit einer fundamentalen Ambivalenz und Ambiguität im menschlichen Selbsterleben und Selbstverständnis und geht davon aus, dass ein konstruktiver Selbstbezug und ein förderliches menschliches Sozialverhalten nur unter Anerkennung dieser Ambivalenz und der bewussten Auseinandersetzung mit ihr möglich sind.

Wahrnehmung und Annahme von Aggression
Angesichts des Vorhandenseins von Aggression ist mit der Realität von Abwehrmechanismen zu rechnen, welche bei ängstigenden Impulsen einen akzeptablen Kompromiss zu bilden suchen. Die Psychologie weiß darum, dass es dem Belieben der Betroffenen entzogen ist, seinen aggressiven Impulsen direkten Ausdruck zu verleihen. Auch ist es zu respektieren, wenn Menschen ihre Verdrängungen sich nicht bewusst machen wollen, falls sie nur so damit leben können. Dennoch legen die psychologischen Schulen durchgängig darauf wert, auf Wahrnehmung, Annahme und Verstehen von Aggression hinzuarbeiten. Es gilt, einen kulturellen Lernprozess zu fördern, mit dem Lernziel, mit Aggression bewusst und angstfrei umzugehen und mit einem großen Maß an innerer Toleranz Konflikte zwischen unausweichlichen inneren Drangerlebnissen und sozialen Erwartungen anzugehen. Nur wer mit den eigenen Impulsen empathisch in Kontakt ist, vermag auch zu anderen einen Kontakt herzustellen. In der therapeutischen Arbeitsbeziehung muss auch der Therapeut seine eigene Aggression wahrnehmen, soll er mit sich in Kontakt treten und die Therapie einen konstruktiven Verlauf nehmen. Inkompetenter Umgang mit Aggression neutralisiert dieses Wirkvermögen nicht; verdrängte Aggression löst sich nicht auf, sondern kommt durch die Hintertür als unumgängliche ungekonnte Aggression wieder herein und artikuliert sich in Form von Aggressionsdepravationen. Aggressive Impulse spielen dann mitunter subtil und perfide im Verborgenen ein falsches Spiel und entfalten ihre destruktive Wirkung durch Kommunikationsstörungen, Entwertungen und emotionale Heuchelei im zwischenmenschlichen Bereich. Dies führt zu individuellen und kollektiven Neurosen mit faktischer Doppelmoral.

Die moderne Aggressionsforschung sieht Aggression als exploratives Motivationssystem, welches Wahrnehmung und Entdeckerfreude motiviert und generiert. Das Aggressionsvermögen motiviert die Wahrnehmung und Erkundung von Welt und der eigenen Person. Es korreliert mit kritischer Fragefreude und menschlichem Forscherdrang, als Grundmuster humaner Entfaltung treibt es das Erkenntnisvermögen und die intellektuelle Entwicklung an. Die Wirkung der Aggressionskompetenz ist verbunden mit den positiven Affekten des Interesses und des Neuheitserlebens, d.h. die Wahrnehmung steht nicht mehr unter dem negativen, angstvollen Vorzeichen der Entlarvung von Peinlichem, sondern unter dem positiven Vorzeichen der aufregenden Entdeckung der eigenen und der anderen Persönlichkeit.

Jeder Mensch bildet ein ambivalentes psychisches System, das sich aus akzeptablen hellen und unannehmbar erscheinenden, dunklen Aspekten zusammensetzt. Im Ausgang von bestimmten Leitbildern kommt es zu einem inneren Zwiespalt, Aggression wird als intolerabel klassifiziert und in den Schatten verschoben. Der peinlich erlebte Aggressionsschatten wird auf Sündenböcke projiziert, die Schattenverschreibung verwandelt die Umwelt in das eigene, unheimliche Gesicht. Die verweigerte Wahrnehmung der Aggression im Inneren führt zu einer Wahrnehmungsverzerrung nach außen, der Projizierende fühlt sich von einer aggressiven Welt umgeben und bedroht. Der eigentlich innere Zwiespalt führt zu einer Spaltung nach außen, durch die Projektion wird die Auseinandersetzung mit dem inneren Konflikt verhindert. Dabei werden die die eigene Aggression als inakzeptabel erscheinen lassenden Leitideen nicht konfrontiert. Wenn der Aggressionsschatten wahr- und angenommen wird, findet eine Auseinandersetzung mit der eigenen Ambivalenz statt, die Gegensätze werden vereinigt und integriert. Durch Schattenannahme wird die menschliche Ambivalenz mit allen hellen und dunklen Seiten bei sich und anderen angenommen und auf Spaltung bzw. Absolutsetzung eines Aspekts der Persönlichkeit verzichtet.

Dadurch wird die dem Schatten inhärente Energie dem Einzelnen als Zuwachs an Lebens- und Selbstmächtigkeit zugeführt. Die Beziehung zum Mitmenschen wird entfeindet, eine realistischere und authentischere Selbst- und Fremdwahrnehmung geht einher mit einer unversehrteren Intersubjektivität. Dieselbe Wahrnehmungs- und Annahmeproblematik begegnet in der Aggressor-Opfer-Dynamik: Das regressive Opfer nimmt die eigene Aggression nicht wahr und an, es delegiert die dem eigenen psychischen System angehörende und in der eigenen Persönlichkeit verantwortlich zu lebende Aggression. Aufgrund des Aggressionsmangels bleibt es unbeweglich sitzen und erwartet alle Hilfe und Veränderung von außen. Dabei sollen sog. „steuernde Objekte" ihre aggressive Mächtigkeit quasi erlösend einsetzen, es kommt zu einer Selbstparalysierung. Wenn die eigene Aggression wahr- und angenommen wird, gewinnt das Opfer die eigene Lebensmacht zurück und kündigt die Abhängigkeit vom Aggressor auf. Wirkliche Hilfe geschieht, wenn die aggressiven Seiten integriert sind und so die Selbsthilfe/Eigenkompetenz aktiviert ist. Das progressive Opfer nimmt die eigene Aggression wahr und an, alle Aggressionskräfte werden in die Verantwortung genommen und in das Opfer integriert. Die aggressiven Seiten fungieren als verwandelnde Aggression, sie dienen als Motor, um in einer ausweglosen Situation doch noch zu gestalten und durch aktive Hingabe des eigenen Lebens eine neue, verwandelte Situation zu schaffen. Auch die Komplexe werden nur dann konstruktiv verwandelt, wenn es gelingt, die Komplexepisode als ganze wahrzunehmen und Opfer– sowie Aggressorpol anzunehmen und sich mit beiden zu identifizieren. Ambivalenztoleranz führt auch hier zu Entwicklung, zumal dann die im Komplex fehlgeleitete emotionale Energie dem Bewusstsein zugeführt wird.

Emotionale Kompetenz – emotionale Motivation

Den aversiven Emotionen Ärger, Wut und Zorn kommt bei der Entstehung von Aggression eine wichtige Funktion zu. Emotionale Kompetenz bildet eine Voraussetzung für Aggressionskompetenz, zumal die Motivation zum Aggressionshandeln aus den Emotionen stammt. Emotio und ratio bilden keine Gegensätze, vielmehr sind sie aufeinander verwiesen und stehen zueinander im Verhältnis der Koevolution. Ohne den Beitrag des Emotionsvermögens vermag der Mensch auch nicht seine rationale Kompetenz und sein Ordnungsvermögen zu entfalten. Die Vernunft fragt nach dem Wahrheitsgehalt der Werturteile und Einschätzungen, die bei der Genese von Emotionen Bestandteil sind. Emotionen eignet neben einer physiologischen Komponente immer auch dieses propositionale Element. Das wahre, eigene Selbst gründet im Zugang zu allen eigenen Emotionen, in seinen Gefühlsregungen erlebt der Mensch sich als identisch und authentisch. Auch die Emotionen „Ärger", „Wut" und „Zorn" müssen zugelassen werden, soll sich darin das Ursprünglichste und Eigentlichste einer Person manifestieren. Sowohl Selbstwertgefühl, Selbstachtung und innerer Halt als auch authentische Lebensmacht basieren auf dem Kontakt mit den authentisch erlebten Emotionen.

Wer Ärger, Wut und Zorn auf Dauer unterdrückt, schneidet einen Teil seiner menschlichen Lebendigkeit und Ausdrucksfähigkeit ab. Wenn die wichtigen Emotionen Ärger, Wut und Zorn nicht empfunden und ausgedrückt werden dürfen, reduziert sich die Fähigkeit, generell Emotionen wahrzunehmen. Ein Zustand unterdrückter Emotionalität artikuliert sich in Formen von Indifferenz, Apathie, Lustlosigkeit, Depression, Feindseligkeit, hinterhältigem Gerede und unauthentischer Freundlichkeit. Die genannten aversiven Emotionen sind ein wichtiger Bestandteil emotionaler Lebendigkeit. Um diese Lebendigkeit wachzuhalten, ist ein Klima zu schaffen, in dem sie situations- und beziehungsadäquat einen Ausdruck finden können, ohne von den Betroffenen als Katastrophe erlebt zu werden.

Wer in Übereinstimmung mit seinen wahren Gefühlen lebt, erfährt Autonomie, ist bei sich und erlebt gesteigerte Vitalität und Kreativität; Illusionen können dann zugunsten der Realität verabschiedet werden. Ohne den Zugang zu den starken, sperrigen Emotionen bleibt die Wurzel der Liebe abgeschnitten, zumal das Liebesvermögen auf den Zugang zur gesamten Realität angewiesen ist. Die Emotionen „Ärger", „Wut" und „Zorn" stellen in besonderer Weise den subjektiven Bezug zu einer Person oder einem Sachverhalt her, so dass diese eine persönliche Relevanz gewinnen. Dieser subjektive Bezug ist je einmalig und unverwechselbar, der Einzelne ist auf sein persönliches Erleben verwiesen. Die Emotionen erzeugen Selbstbetroffenheit: sie entstehen, wenn eigene Interessen, Ziele und Bedürfnisse tangiert sind. Der Einzelne fühlt sich angesprochen, es geht ihn etwas unmittelbar an. Emotionen sind als grundlegendste Bezogenheit des Menschen auf Wirklichkeit anzusehen. Insbesondere das aversiv-emotionelle Beteiligtsein an der Welt führt zu Kontakt und zu einem Verhältnis des Berührtseins und der menschlichen Betroffenheit, ansonsten wäre der Bezug zu Mitmensch und Welt neutralisiert.

Die emotionale Betroffenheit bildet das Gegenteil von Gleichgültigkeit, in welcher das Gegenüber absolut unerreichbar und ohne jede Bedeutung ist. Die das aversive Gefühlserlebnis begleitende innere körperliche Erregung verleiht diesem erst seine subjektive Bedeutung, die in der Vitalsphäre grundgelegte Beteiligung der leibseelischen Ganzheit sorgt dafür, dass Betroffenheit von Gleichgültigkeit unterschieden werden kann und das Gefühl des Lebendigseins auch leiblich rückgebunden ist. Es besteht ein enger Zusammenhang zwischen Emotionserleben und körperlichen Reaktionen: Unter dem Einfluss von „Ärger" wird der Körper auf „Angriff" vorbereitet. Bei Ärgerausdruck richtet sich die Energie zielbewusst nach außen und konstelliert den Körper, jemanden anzugehen und einen Konflikt einzugehen. Physiologische und körpersprachliche Reaktionen kommunizieren die hinter der Somatik liegenden Emotionen und das korrespondierende propositionale Element, d. h. die impliziten Werturteile, die zur Entstehung der Gefühle führten. Emotionen transportieren eine Botschaft und sind Anreiz zu bestimmtem Verhalten: Ärger gewährleistet emotionale Orientierung und dient dem Austragen von Konflikten, er ist Indikator für eine Beziehungsstörung bzw. einen Konflikt. Ärger entsteht, wenn die Selbsterhaltung und Selbstentfaltung gestört sind und Ansprüche des individuellen Selbstseins, der persönlichen Integrität und des Respekts für die eigenen Grenzen missachtet werden. Er fördert Klarheit und Eindeutigkeit, benennt einen eindeutigen Konflikt und verlangt einen effektiven Ausdruck, um durch Auseinandersetzung Veränderung zu ermöglichen. Der Ärgerausdruck impliziert den Glauben an das Wachstumspotential der Partner und ist Voraussetzung für Veränderung. Die Emotion Ärger bildet eine große Motivations-Energie, um die Bewegungshandlung der Aggression zu initiieren und Veränderungen anzugehen. Die Emotion „Wut" enthält mehr affektive Intensität als der Ärger. Als äußerster Pol des Ärgers ist ihr ein hohes Maß an Leidenschaft und energiereicher Spann- und Explosionskraft zu eigen. Auch die Wut dient als Motor, sich aus tiefen Verletzungen, der Erfahrung von Ohnmacht und Hilflosigkeit sowie ausweglosen Situationen bzw. destruktiven Zirkeln zu befreien. Der Zorn ist heftiger und archaischer als der Ärger, er regt sich im Konnex von Zurückweisung und erlittener Verletzung. Zorn ist distanzierter als Wut, er bezieht sich eher auf übergreifende Zusammenhänge und zeigt an, dass sozial akzeptierte Regeln verletzt werden. Der Zornige ist von explosiver Energie erfüllt, die ihn drängt und befähigt, verändernd aktiv zu werden. Ohne besagte emotionale Kompetenz ist die Konfliktfähigkeit nicht gewährleistet.

Die geschilderten Bestimmungsmerkmale haben eine Kehrseite: Unter dem Einfluss inneren Beteiligtseins und innerer Betroffenheit fällt es umso schwerer, sich abzugrenzen und zu distanzieren. Bei emotionalem Missbrauch werden die Emotionen des anderen benutzt, um Macht über ihn zu gewinnen und Eigeninteressen rücksichtslos durchzusetzen. Die Opfer werden in einen Nebel von Angst, Schuld und Pflichtgefühl getaucht und sind hin- und hergerissen zwischen den geweckten Emotionen und der Treue zur eigenen Stimmigkeit. Die Ambivalenz der emotionalen Kompetenz zeigt sich insbesondere in den gegenwärtigen Zornkollektiven, wo um strategischer Ziele willen aufrührerische Zornesenergien initiiert und gewaltige Racheenergien, Ressentiments bis hin zu Ausrottungswünschen freigesetzt werden.

Angemessener Aggressionsausdruck – adäquate Dosierung
Die Aggressionspsychologien lehnen ein affektiertes, unkontrolliertes, mechanisch-hydraulisches Ausagieren von aggressiver Energie und damit eine Reduktion des Menschen auf ein mechanisch-reflexartig agierendes Wesen ab. Die Unterscheidung von Emotion und emotionsmotivierter Aggressionshandlung ermöglicht das Einbauen einer Verantwortungskomponente: Aggression ist der gestalterischen Freiheit und Eigenverantwortung des Menschen überantwortet. Dieser entscheidet eigenverantwortlich, ob, in welchem Umfang und in welchem Modus er seine Aggression ausdrückt. Der Aggressionsausdruck ist dann rückgebunden an die Besonnenheit, rationale Kompetenz und gedankliche Klarheit der jeweiligen Persönlichkeit. Dem Aggressionsimpuls eignet eine ihm Maß und Ziel setzende Rationalisierungstendenz. Dieser Entscheidungsfreiraum ermöglicht es auch, Aggression für verschiedene Zwecke bzw. Sinnentwürfe einzusetzen. Aggression

bildet keinen Gegenbegriff zu Liebe, vielmehr ist das Aggressionsvermögen konstruktiv in den Dienst des Eros zu stellen bzw. die Liebe auf die Aggression angewiesen, um eine gute Lebensspannung zu erzeugen. Es geht um eine integrative Indienstnahme des Aggressionsimpulses durch andere Antriebsintentionen. In der Interdependenz dieser Kräfte dient die adäquate Dosierung und Beimengung von aggressiven Impulsen zum Liebesvermögen als vitalisierendes Antriebsvermögen. Isolierte Aggression fördert Destruktion, alle anderen Impulse hingegen blieben wirkungslos ohne die Assistenz der aggressiven Antriebswirklichkeit. Bei dieser Gratwanderung baut sich eine je eigentümliche Mischung von Antriebskonfigurationen auf, die Menschsein in seiner Wirkmacht disponieren und profilieren. Ohne Aggression gibt es keine Lebens-und Liebeskompetenz.

Aufbauend auf der Verantwortungskompetenz gilt es, Ausdrucksmöglichkeiten für Aggression zu schaffen. Wird Aggression nicht offen und eindeutig, klar und direkt ausgedrückt, sind die ursächlichen Störungen nicht angehbar. Mit der Aggressionsvermeidung ist eine Ideologie der Konfliktvermeidung verbunden. Ohne Aggressionsausdruck entsteht kein offener Konflikt, mit dem man mittels einer produktiven Auseinandersetzung konstruktiv umgehen und die konfliktive Beziehung voranbringen könnte. Der Konflikt bleibt zwar bestehen, es verändert sich jedoch nichts. Die Aggression wirkt unterschwellig weiter und artikuliert sich im Entwerten. Nicht ausgedrückte Aggression führt zu Autoaggression: Bei ihrer Introjektion und Wendung gegen das eigene Ich kommt es zu unaufhaltsamer Selbstbeschädigung, der Zirkel der Depression ist als Autoaggressionszirkel zu identifizieren. Autoaggressive Menschen können aggressive Basiskompetenzen wie Fordern, Eigenwillen äußern oder Zupacken in ihrer Stoßrichtung nach außen nicht ausbilden, sie lassen ihre Ärgerphantasien in keine Aggressionshandlung einmünden, sondern wenden sie gegen sich selbst. Durch die Identifikation von Selbstlosigkeit mit überwertiger Anpassung an die aggressiv fordernde Umwelt entsteht kein Kontakt zum eigenen Selbst, es wird mittels der Aggression nicht geschützt, sondern zerstört. Die Aggression müsste nach außen gerichtet werden, um etwas in Bewegung zu setzen und eine stabile Selbstmächtigkeit zu verleihen. Gehemmter Aggressionsausdruck führt zu Diffusionen im sozialen Bereich. Wenn eigene Aggressionsimpulse gegenüber Nahestehenden als intolerabel erscheinen und der Aggressionsausdruck in der Binnengruppe entfällt, wird der innere Konflikt mit der Aggressionsäußerung auf Außenstehende projiziert: Aversive Gefühle gegenüber Nahestehenden werden auf diese Weise auf die Gruppe der Fremden projiziert.

Selbstbehauptung (assertion) als aggressive Basiskompetenz
„Selbstbehauptung" wird vielfach mit Begriffen wie „Autarkismus", „Egoismus" und in religiöser Hinsicht mit prometheischer Selbstabgrenzung bzw. Selbstüberschätzung bezüglich der religiösen Bindung einseitig konnotiert. In psychologischer Hinsicht bildet Aggression als aktive Selbstbehauptung jedoch zunächst eine Grundbedingung des Lebens, um die biovital fundamentale Selbsterhaltung/Existenzsicherung und den eigenen Standort auf dieser Welt abzugrenzen und zu garantieren. Die aggressiven Basiskompetenzen des Habens, Forderns, Zugreifens, sich Nehmens, in Besitz Nehmens und Raum Nehmens befriedigen vitale Bedürfnisse, damit Leben und Zusammenleben überhaupt möglich sind. Die aggressionsgeleitete Positionierung und Auslotung des eigenen Lebensortes und der Besitz der eigenen Existenz und des eigenen Lebensraums sind Voraussetzung für ein produktives Sozialverhalten. Ohne eine absättigende Befriedigung dieser

Grundbedürfnisse steht auch die liebevolle Zuwendung zum Mitmenschen auf tönernen Füßen. Die Gestaltung der Welt in Selbstvergessenheit setzt den „Besitz" eines persönlichen Selbst voraus – der aggressionsgehemmte Depressive kreist nur um sich selbst.

Die genannten aggressiven Basiskompetenzen fördern die gesamte persönliche Konstitution *und* die soziale Ausrichtung. Bei der menschlichen Psychogenese ermöglicht Aggression Entwicklung. Mit dem aggressiven Auf-die-Welt-Zugehen ist die Entwicklung von Selbständigkeit verbunden. Die aggressive Abgrenzung artikuliert sich im Nein-Sagen-Können und ermöglicht Eigenständigkeit, Unabhängigkeit und Autonomiekompetenz. So entsteht ein Gefühl für die Würde und den Wert der eigenen Persönlichkeit. Aggression steht im Dienste der Individuation, der Ichwerdung und Ausbildung des einmaligen Individuums; Trennungsaggression und Separation stehen fundamental im Zusammenhang mit der Individuationskompetenz, zum Einzelwesen zu werden und die innerste, letzte und unvergleichbare Einzigartigkeit, Eigenart und unhintergehbare Originalität zu erfüllen und zu leben. Das Aggressionsvermögen ist unbedingt erforderlich zur Abgrenzung und Findung der unverwechselbar eigenen Persönlichkeit. Das Individuum gründet in der Beziehung zum eigenen Selbst und lebt in Übereinstimmung mit der entgegentretenden inneren Bestimmung das eigene Leben. So gilt es, das Ich-Sagen einzuüben, die eigene Meinung zu artikulieren, den eigenen Gefühlen zu trauen, eigenes Wünschen und Wollen ernstzunehmen und eigene Lösungen zu finden. Diese Unvertretbarkeit der eigenen Einmaligkeit ist nicht nur Chance, sondern auch Auftrag, sie zu leben und durch Ausübung der Entscheidungsfähigkeit und Selbstverantwortungskompetenz eigenverantwortlich in die Hand zu nehmen: Was ich will, muss (!) ich auch selber herausfinden. Aggression steht für das Vermögen, diese eigenen Interessen zu vertreten, für sie zu kämpfen und einzustehen und so widerstands- und durchsetzungsfähig zu werden.

Die Erfordernisse der Individuation stehen dabei in dialektischer Spannung zu sozialen/symbiotischen Bedürfnissen, das Leben oszilliert zwischen Trennungs- und Bindungsbedürfnissen. Die Aggression sorgt dafür, dass auch im Binnenraum einer Beziehung Trennungsprozesse und damit Individuationsschritte eingeübt werden können, um so die Beziehung zu bereichern. Aggressive Basiskompetenzen (interne Kritik, Benennung der Ambivalenzen, eigene Wünsche etc.) müssen in die Beziehung eingebracht werden, um durch aggressiven Austausch destruktive Trennungsprozesse, Entfremdung und Gleichgültigkeit zu überwinden und der beklemmenden symbiotischen Beziehung Weite und Weiterentwicklung zu verschaffen. Die Objektkonstanz garantiert, dass trotz Trennungsaggression die Beziehung zur Bezugsperson auf einem reiferen Niveau bestehen bleibt. Diese Ambivalenztoleranz bezüglich aggressiver Impulse führt zu Freiheit in der Beziehung.

Daraus leitet sich die Aufgabe ab, die eigene Entwicklung und den eigenen Lebensentwurf gestalterisch in die Hand zu nehmen und das Leben zu meistern. Aggression gilt in der modernen Psychologie als assertives Motivationssystem, unter ihrem Einfluss bildet sich die Kompetenz zu Selbstmächtigkeit, Selbstentfaltung und Gestaltung des eigenen Lebens aus. Die Sebstmächtigkeit ist Voraussetzung für die Wirkmächtigkeit eigenen Handelns. Aggression dient dem entschlossenen Herangehen an das eigene Leben und der schöpferischen Ausfaltung des eigenen Lebenspotentials im Sinne des „Werde, der du bist". Die lustvolle Ich-Aktivität des aktiven Gestaltens wird als schöpferische Lebenslust empfunden, sie verleiht ein gutes Selbstwertgefühl und mündet in einen wertsteigernden

Zirkel. Es kommt zu einer Steigerung der Ich-Kompetenz, am Geschehen beteiligt zu sein und das eigene Handeln als Quelle zur Gestaltung des Lebens einsetzen zu können. Wer sich selbst behauptet, kann auf eigene Fähigkeiten vertrauen und durch aktive Einflussnahme selber die Situation eigenständig verändern. Dieses Vermögen ist verbunden mit der affektiven Erfahrbarkeit von Effektivitäts-, Kompetenz- und Lebenslust. Die verhinderte Selbstbehauptung drückt die Stimmung und Lebensfreude und verhindert damit die biovitale Entfaltung. Destruktivität leitet sich aus der Verhinderung dieser schöpferischen Aggressionsentfaltung ab, sie bildet sich aus, wenn eine große Angst besteht, innerhalb eines engen Wirkungskreises nichts bewirken zu können.

Aggression ist nicht nur ein Ferment der Selbstbehauptung, sie steht in Dialektik dazu auch im Dienste von sozialen Beziehungen. Die Studien von Joachim Bauer brachten den Erweis, dass Aggression immer dann ins Spiel kommt, wenn Bindungen bedroht sind, nicht gelingen oder fehlen. Wo Aggression stattfindet, geht es um ein Bemühen um gelingende Beziehungen und ihre Verteidigung. Menschen, die ausgegrenzt werden und nicht mehr zur Gemeinschaft dazugehören, reagieren mit äußerst destruktiver Aggression.

In-Kontakt-Treten als aggressive Basiskompetenz
Die lateinische Etymologie korrespondiert mit der psychologischen Dynamik: Aggression als ad-gredi, als entschlossenes und zielgerichtetes Drauf–zu–Gehen auf Personen und Welt, mit der Intention, in Kontakt zu treten, sich zu berühren und dadurch Veränderung und Wandel zu erreichen. Die Emotionen Ärger, Wut und Zorn stellen den Motivationsschub bereit, um zielgerichtet heranzugehen, die eigenen Absichten und die persönliche Befindlichkeit offenzulegen, so Kontakt herzustellen und aus dem geknüpften Kontakt heraus Veränderungen anzugehen. *Aggression bildet essentiell dieses Kontaktvermögen.* Im Trauerprozess sorgt die aggressive Phase dafür, dass Kontakt zur Situation hergestellt wird, die Erstarrung aufbricht und der Lebensfluss wieder in Gang kommt. Während die Aggression mit dem eigenen Leben in Kontakt treten lässt und zu dessen kompetenter Gestaltung motiviert, führt die angstinduzierte Vermeidespirale zu lähmenden Rückzugstendenzen und Verlust des Selbstwertempfindens, sie evoziert das grundsätzliche Lebensgefühl von Inkompetenz und Selbstentfremdung.

Die Grundhaltung des ängstlichen Vermeidens vereitelt eine konfrontierende Durchdringung der Außenwelt. Wenn Menschen sich nicht nahetreten, berühren sie sich nicht, es bewegt sich buchstäblich nichts. Die passive Aggression verhindert den Kontakt zu sich selbst und zu anderen, sie berührt den anderen nicht. Durch Aggressionsvermeidung entsteht kein Wir-Gefühl, gerade die Herstellung und Aufrechterhaltung des aggressionsgewirkten Kontaktes macht die Mitte einer Konfliktfreundschaft aus. Durch aggressiven Kampf findet Lernen statt, es entsteht Kontakt zum Schattenbruder und zu sich selbst. Wenn beide Konfliktpartner sich anerkennen, entwickeln sie in der Konfliktfreundschaft eine große gemeinsame Energie. Wahrhaftige und tragfähige Einheit entsteht aus der gesunden Spannung ihrer Gegensätze, wobei die Aggression die beiden Komponenten „Autonomie" und „Beziehung" in einer konstitutiven Dialektik austariert. Echte Hingabe setzt Selbstbehauptung voraus, die produktive Selbstvergessenheit gründet in großer Selbstgewißheit. Die aggressiven Kräfte dienen als Antriebsvermögen, um sein Leben hinzugeben, darin die eigene Identität aufs Spiel zu setzen und sie im Kontakt mit dem anderen neu zu empfangen, bereichert durch die Perspektive des anderen. Das Aggressionsvermögen verleiht den Mut zum gestalterischen In-Angriff-Nehmen von Aufgaben und dem notwendig zielgerichteten Ergreifen von Initiative in der Welt. Ohne diese Kraft der Zuwendung zur Außenwelt vermag nichts in Angriff genommen zu werden. Aggression ist ausgerichtet auf das In-Kontakt-Treten mit der Welt und die lustvolle Durchdringung derselben. Diese vital-expansive Kompetenz ist äußerst ambivalent (vgl. Eroberungskriege, gewaltsame Missionsmethoden etc.), so dass Missbrauch Tür und Tor geöffnet sind. Umso mehr gilt es, durch Einübung eines konstruktiven Aggressionsumgangs die soziale Ausrichtung zu fördern und Aggression als Tatkraft zur kraftvollen, humanen Veränderung der Welt zur Geltung zu bringen. Das vital-expansive Aggressionsvermögen greift auch auf die Zukunft aus. Unter dem Einfluss dieser fundamentalen anthropologischen Potenz wird die Zukunft entschlossen angegangen, um mit ihren neuen Möglichkeiten in Kontakt zu treten. Der Trotzmacht „Hoffnung" eignen aggressive Züge, sie springt Widerstände buchstäblich an statt sich in resignative Stimmung zu ergeben. Die Aggression schenkt Mut und Entschlossenheit zu schwungvollem Einsatz, sie treibt an, Angelegenheiten voranzubringen und beim eingeschlagenen Weg beharrlich dranzubleiben und durchzuhalten. Schöpferisch-aggressive Menschen geben angesichts eines ungewissen Zieles den Willen zur Gestaltung nicht auf, sondern rechnen risikobereit und erwartungsvoll damit, dass sich ein neuer Wert und ein neues Ziel abzeichnen. Aggressionsgespeiste Hoffnung findet aus stagnierten Situationen heraus, sie ist Stimulans von Höherentwicklung und rechnet mit unerwartet neuen, unberechenbaren Möglichkeiten. Die Entwicklung des Lebens ist an diese Kompetenz gebunden.

Aggression als Medium der Kommunikation
Aggression spielt in der Kommunikation eine große Rolle. Eine Beziehung wird gefestigt, wenn die eigenen Wünsche und Absichten, das abgrenzende Nein und die Ambivalenzen eingebracht werden. Die Beziehung wird vertieft, wenn auch das Trennende und die Aggression in der Beziehung formuliert werden. Gegenseitige Entfremdung schwindet, wenn die Ambivalenzen wie Feindseligkeit und Destruktivität in der Kommunikation ein Ventil finden. Durch das aufrichtige Mitteilen auch der aggressiven Befindlichkeit werden Gleichgültigkeit und innere Entfremdung überwunden und das Wachsen einer tiefen und lebendigen Liebe gefördert. Bei der aufrichtigen, aggressiven Aussprache wird Klarheit hergestellt, die aggressive Auseinandersetzung macht Intimität steuerbar, sie tariert Nähe und Distanz aus und befreit von unrealistischen Erwartungen hin zu einer lebenswerten Realität. Nur so können die Partner einander entgegentreten, in klare Kommunikation eintreten und in Kontakt treten. Die Partner wissen um die verschiedenen Positionen, sie reiben sich aneinander und erzeugen so Wärme, es ist dies ein Streiten für Vertrautheit. Der Austausch von Aggression ist notwendig, damit ein Austausch von Liebe möglich wird. Im kommunikativen, authentischen Austausch wandelt sich die Ambivalenz in Nähe, die Partner wachsen durch den Streit zusammen. Die konfliktfrei imponierende Beziehung gewährt zwar einen Scheinfrieden, entbehrt aber auch der menschlichen Intimität und ist dadurch gefährdet. Aggressionsvermeidung ist mit Stagnation in der Beziehung gleichzusetzen, so dass der Gegenbegriff zu Liebe nicht Aggression, sondern Gleichgültigkeit darstellt.

Im Kommunikationsgeschehen sind aggressive Kompetenzen in ausgehaltener Spannung zu positiven Gegenwerten zu sehen. Das Leitbild der Persönlichkeitsentwicklung ist jeweils dialektisch strukturiert, ein Wert muss in ausgehaltener Spannung zu einem positiven Gegenwert stehen, um nicht zum Unwert zu degenerieren. Jeder Mensch trägt alle Spannungspole in sich, es gilt, den unterentwickelten zu fördern und so die eigene Balance zu finden. Bei dieser Polarisierung einer zusammengehörenden Dialektik ist es Ziel, dass jede Haltung als inneres Potential zur Verfügung steht, damit sie je nach Situation psychisch einsetzbar ist. Unterschiede sind so versöhnlich zu betrachten, es kommt zu keiner Spaltung. Es gilt, jeweils nach der Entwicklungsrichtung Ausschau zu halten, die zur Integration der Gegensätze führt. Der Wert „Akzeptierung" steht in Spannung zum aggressiven Gegenwert „Konfrontation", Entwicklung findet statt, wenn Akzeptierung und Konfrontation verbunden werden. Die vorhandenen Gegensätze sollen erst zum Ausdruck gebracht werden, erst nach der Konfrontation steht die Integration an (die ansonsten ihrer authentischen Tragfähigkeit entbehrt). In Arbeitsteams setzt die konstruktive Gestaltungsphase ein vorgängiges aggressives Storming voraus.

Der Wert „bedürftig sein" steht in Spannung zum aggressiven Gegenwert „sich selbst ver-schaffen", „selbstlos sein" in Spannung zu „fordern können". „Leitung wahrnehmen" ist der positive, aggressive Gegenpol zu „geschehen lassen können". Um eines fruchtbaren Streitens willen darf nicht zu früh mit konstruktiver Sanftmut reagiert werden, die Wahrheit der Situation darf nicht vernebelt werden. Aggressive Inhalte lassen sich in Form von Du-Botschaften klarer vermitteln um so zur Selbstklärung beizutragen. Was sich im Innenbereich des Einzelnen abspielt, ist mittels der Du-Botschaft greifbarer, der Partner kann besser darauf reagieren. Beim akuten Aneinandergeraten werden die Emotionen freigesetzt, der latente Konflikt bricht aus. Vor der klärenden Nachbesprechung werden so Gegensätze verdeutlicht, durch Schimpfen und Klagen werden aggressive Emotionen greifbar. Durch den in der Auseinandersetzung hergestellten Kontakt wird Vertrauen unter Beweis gestellt bzw. gefördert, zumal nur in einem Klima des Vertrauens diese Gegensätze ausgetragen und negative Gefühle benannt werden können.

Aggression im Beziehungsnetz

Aggression fungiert in systemischer Hinsicht als Element der Dialektik zwischen Individuum und Sozietät und sorgt dafür, dass sich die vitalen Energien zu einem ichstärkenden Elan konzentrieren und dem Individuum ermöglichen, sich um der eigenen Individuation willen gegen den Mitmenschen zu konstellieren. Bei der „Individuation gegen" dient Aggression der Entfaltung der Basiskompetenz, die eigene Gefühls- und Wertewelt gegen die Beschreibungsangebote der anderen abzugrenzen und durchzusetzen. Aggression steht für die Daseinsberechtigung und Notwendigkeit des je originär Eigenen, welche das Fundament für die zwischenmenschliche Achtung bildet. Diese aggressive Kompetenz zum originär Eigenen steht in einem dialektischen Verhältnis zur Verbundenheit. Aggression und Beziehung sind aufeinander verwiesen, sie nähren und bedingen einander, Autonomie und Interdependenz sind miteinander zu versöhnen. Die systemische Psychotherapie betrachtet das Verhalten und Erleben des Menschen nicht aus seiner innerseelischen Dynamik, sondern aus den Gegebenheiten des sozialen Bezugssystems, innerhalb dessen der Proband verortet ist. Das System wird als Ganzes verstanden, welches mehr und etwas anderes darstellt als die Summe seiner Elemente, die Systemelemente reagieren aufeinander und beeinflussen sich. Dieser Zirkel des miteinander Agierens und aufeinander Reagierens kennt nur Wechselwirkungen. Das System in der Art seiner Organisation und seiner Kommunikations- und Interaktionsstrukturen ist als Ganzes am Problem beteiligt, jeder Systemteilnehmer in einem bestimmten Maß dafür mitverantwortlich. Alle spielen nach den geltenden Regeln mit, das Symptom des Einzelnen ist für die Erhaltung des Gesamtsystems unentbehrlich. Das Problemsystem generiert und erhält den Problemkreislauf, ist jedoch auch für die Problemlösung relevant.

In diesem wechselseitigen Zirkel steht die „Individuation mit" gegen das individualistische Missverständnis und bringt zur Geltung, dass die Fähigkeit zur Individuation sich aus der durch sozialen Austausch ermöglichten Bindungssicherheit herleitet. Diese stellt das Fundament zur Verfügung, um in die Differenz zu gehen und das Eigene zu finden. Im Idealfall erweist sich die bezogene Individuation des einzelnen als Koevolution im ganzen System: Der Zuwachs an Individuation und auf Achtung basierender Verbundenheit wirkt sich in allen Systemteilen aus. In diesem wechselwirkenden, dialogischen Prozess ist die Individuation und Selbstentfaltung des einen immer auch Anstoß für die Koindividuation des anderen. Beide sind in komplexer Weise miteinander verbunden, treiben ihre Entwicklung wechselseitig voran und bringen sich in diesem Prozess gegenseitig hervor. Für den intersystemischen Bereich gilt analog, dass zwischen lebenden Systemen Wechselwirkungen bestehen. Systemisches Zusammenleben bedarf der Ambivalenztoleranz, um gegenüber derselben Person zentrierende Aggression und öffnende Liebe zu erleben und auszuhalten (und dies auch der anderen Person zu gestatten) und so um die Beständigkeit der Beziehung zu wissen. Die Integration der Ambivalenz ins systemische Beziehungsgeschehen befreit von harmonistischen Gemeinschaftsidealen und trägt zum Realitätsprinzip bei. Bei angemessener Dosierung der Aggression ist ein angemessener Intensitätsgrad der zentripetalen und zentrifugalen Kräfte im System gewährleistet. Sie garantiert, dass der Binnenraum weder zum hermetisch abgeriegelten Ghetto degeneriert noch umgekehrt die Individuationsbewegung zu Beziehungsabbruch führt.

Für die systemische Perspektive sind die handlungsanleitenden Grundannahmen und maßgeblichen Ideensysteme, die über Generationen hinweg zur Wirkung kommen und der Motivationsdynamik den Kompass liefern, entscheidend. Zur Debatte steht die Evaluation von „Aggression", ob sie im Gesamtsystem ausschließlich als therapiebedürftiges Übel eingestuft wird oder differenziertere Zugänge möglich sind. Diese Voreingenommenheit betrifft auch den Therapeuten. Durch systemisches Fragen vermag er seitherige Leitideen zum Thema „Aggression" zu hinterfragen und neue Suchprozesse zur Findung eigener Antworten anzustoßen. Die Bewusstseinsänderung vermag in einem beharrlichen Entwicklungsprozess zu Verhaltensänderungen zu führen. Wenn Aggression nur negativ gesehen wird, steigt die Wahrscheinlichkeit, sie abzuspalten bzw. einzelnen Mitgliedern in einem System unbewusste Rollenaufträge zu übertragen, um sich selbst von unbewältigter Aggression zu entlasten. Vielfach orientiert sich das Gesamtsystem an einheitlichen neurotischen Konzepten, um Aggression zu bewältigen. Das System wird zum Schutzwall gegen die bedrohliche Außenwelt aufgebaut, alle Mitglieder ziehen sich in das aggressionsfreie Binnenklima zurück. Für jedes Systemmitglied ist es wichtig, sich der eigenen Aggressionsproblematik zu stellen und einen Zugang zum eigenen Aggressionsvermögen und damit zur Ambivalenztoleranz zu finden. Die durch Spaltungsprozesse unterbrochene oder wahnhaft entleerte Kommunikation bezüglich aggressiver Inhalte ist im System neu anzustiften und die Aggression in den Binnenraum des Systems zurückzuholen, um den Aktionsradius zu weiten, einen realitätsgerechten Kontakt zur Außenwelt herzustellen und diese dadurch zu entfeinden. Es bedarf der Einübung kompetenter Aggressionsbewältigung und Aggressionskommunikation im Binnensystem, um die Aggression konstruktiv zu bewältigen, anzunehmen und die innersystemische Solidarisierung durch einen innersystemischen Aggressionsaustausch hindurch zu erreichen. Der aggressionsphänomenologische Teil dieses Diskurses hat aufgewiesen, dass Aggressionsinkompetenz essentiell mit einem *theologischen* Aggressionsverständnis zusammenhängt, demzufolge Aggression einseitig als Destruktivität und damit als Sünde konnotiert und als ablehnenswert deklariert wird. Der theologische Teil dieses Durchgangs versucht, *theologische Kriterien kompetenten Aggressionsumgangs in Kirche und Welt* zu erarbeiten, um durch ein vertieftes theologisches Verständnis neue Handlungsoptionen zu ermöglichen. Zunächst soll der norma normans non normata, der Heiligen Schrift in Gestalt des Alten Testaments, das Wort erteilt werden. Dabei richtet sich der Fokus insbesondere auf biblische Texte, welche dem Heterotopos der Aggression *in der Gottesbeziehung* einen wichtigen Platz einräumen.

3. Hauptteil

Annäherungen an eine Theologie der Aggression

1. Kapitel: Alttestamentlicher Zugang

Im Folgenden werden mit den vorgestellten Bibelstellen reale Heterotopoi benannt, wo die sperrige und peinliche Aggression im Gottesbild und in der Beziehung von Menschen zum „schwirigen" Gott ansichtig und in die entsprechenden existentiell-spirituellen Grundvollzüge (kämpfen, klagen) integriert wird. Es ist Grundüberzeugung des Alten Testaments, „dass Gott in der Geschichte und speziell an seinem Volk handelt".[1] Gott handelt nicht überzeitlich, unverändert, sondern kontingent. Das geschichtliche Handeln Gottes ist Herzstück der biblischen Theologie, wenn man sein Handeln in der Geschichte streicht, „verliert der Gott der Bibel seine Identität und auf die Bibel gegründeter Glaube sein Fundament".[2] Die folgenden Texte demonstrieren, auf welche Aporien man bei der Rede vom Handeln Gottes in der Geschichte gestoßen ist und wie sich die Frage nach Gott je neu und oft leidvoll entzündet. Aufgrund eigener geschichtlicher Erfahrungen kommt es zu einer aggressionshaltigen Radikalisierung des Gottesbilds. In Gen 32, 23-33 handelt Gott selbst, indem er Jakob auf aggressive Weise bei Nacht überfällt und mit ihm um die Gabe des Segens ringt. Der Kampf Jakobs am Jabbok führt den Kampf als Ort des Wandels und der Gottesbegegnung ein (Kap.1). Der Zorn Gottes steht einerseits für Gottes gerechtes, königliches Handeln, andererseits für den unbegreiflichen Gott, der seinem Zorn excessiv am eigenen Volk Geltung verschafft (Klgl 2) und den Psalmbeter (Ps 88) attackiert (Kap.2). Die aktuelle Debatte um den möglichen Zusammenhang von Monotheismus und Gewalt richtet den Blick auf die Entstehung und gewaltsame Durchsetzung des Monotheismus (Kap.3) und identifiziert ihn im Buch Ijob als Grundlage aggressiver Gottes-Anklage und aggressiven Einforderns des Tun-Ergehen-Zusammenhangs (Kap.4). Durch die Herausbildung des Monotheismus wird Gott zum Täter auch des Unheilvollen, erlebt Ijob Gott als Aggressor. Die vorgestellten Texte zeigen, dass die betroffenen Menschen ihre Situation als Auslöser für die Rück-Frage nach Gott verstehen und diesen herausfordernden Gott bis zur aggressiven Anklage belangen. Dabei spielt die direkte Gottesanrede in der Gebetsbeziehung eine wichtige Rolle: Das im Gebet aktualisierte Gottesverhältnis zeigt Tiefendimensionen, die durch Sünde-Strafe-Kategorien nur verharmlost würden. Extreme Aussagen finden sich nur in Reden zu Gott, nicht in Reden über Gott.

Laut Hentschel gehört Jakobs Kampf am Jabbok zu den dunkelsten Texten des Alten Testaments.[3] Er weiß sich damit in guter Gesellschaft mit Martin Luther, der in seiner Genesis-Vorlesung betont: „Dieser Text wird von jedermann dafür gehalten, dass er im Alten Testament der allerdunkelste und schwerste sei".[4]

---

[1] Groß, W., Das Handeln Gottes in der Geschichte nach dem Alten Testament. Vortrag Santiago de Chile 2003, 1.
[2] Ebd., 2.
[3] Vgl. Hentschel, G., Jakobs Kampf am Jabbok (Gen 32,23-33) – eine genuin israelitische Tradition?, in: Dienst der Vermittlung, hg. v. W. Ernst u. a., Leipzig 1977, 13-37, 13.
[4] WA 44, 93, zit. bei Schmitt, H. C., Der Kampf Jakobs mit Gott in Hos 12,3ff und in Gen 32,23ff. Zum Verständnis der Verborgenheit Gottes im Hoseabuch und im Elohistischen Geschichtswerk: FS Ruppert, L., (FzB 88), 397-430, 398.

1. Gottesbegegnung im Kampf – Jakobs Kampf am Jabbok

1.1. Zu Kontext und Eigenart

Gen 32, 23-33:
(23a) Und er stand in jener Nacht auf und nahm seine beiden Frauen und seine beiden Mägde und seine elf Kinder (23b) und durchschritt die Furt des Jabbok. (24a) Und er nahm sie und ließ sie den Fluss durchschreiten (24b) und alles, was ihm gehörte, ließ er durchziehen, (25a) und Jakob blieb übrig für sich allein. (25b) Da rang jemand (einer/ein Mann) mit ihm, bis zum Heraufziehen der Morgenröte. (26a) Und als er sah, dass er ihn nicht besiegen konnte, berührte er sein Hüftgelenk, (26b) und er renkte das Hüftgelenk Jakobs aus, als er mit ihm rang. (27a) Und er sagte: „Lass mich los, denn die Morgenröte zieht herauf"! (27b) Und er sagte: „Ich lasse dich nicht los, es sei denn, du segnest mich". (28a) Und er fragte ihn: „Was ist dein Name"? (28b) Und er sagte: „Jakob"! (29a) Und er sagte: „Nicht ‚Jakob' soll künftig dein Name lauten, sondern ‚Israel', (29b) denn: Du hast gekämpft mit Elohim (Gott) und mit Menschen, und du hast gesiegt („nicht unterlegen, den Kampf bestanden")". (30a) Und Jakob fragte und sagte: „Nenne doch deinen Namen"! Und er sagte: „Warum fragst du denn nach meinem Namen"? (30b) Und er segnete ihn dort. (31a) Und Jakob nannte den Namen des Ortes ‚Peniel' (Gottgesicht), (31b) denn: „Ich habe Elohim (Gott) gesehen von Angesicht zu Angesicht, und mein Leben wurde gerettet"! (32a) Und es ging ihm die Sonne auf, als er Penuel durchzog; (32b) und er hinkte an seiner Hüfte. (33a) Darum essen die Kinder Israels nicht die Sehne der Hüfte, die um das Hüftgelenk ist, bis auf den heutigen Tag, (33b) weil er das Hüftgelenk Jakobs berührt hatte an der Sehne der Hüfte.

Der Text ist in seiner Abgründigkeit nur schwer auszuloten, er schreckt und fasziniert zugleich, er strahlt eine Kraft aus, dem sich der Rezipient nur schwer zu entziehen vermag. Die Erzählung ist gekennzeichnet durch eine unaufhebbare Ambivalenz und Dialektik. Gen 32,23-33 ist uneindeutig und entzieht sich einer stringent-verbindlichen Auslegung.[1] Es gibt offenkundige Spannungen im Text, insbesondere die Doppelung V23/V24. Die Einheitsübersetzung setzt Subjekte und den Namen „Jakob" willkürlich da, wo ein unbestimmtes Personalpronomen steht (z.B. V 27). Der Text spricht jedoch nur von „der Mann", er verunklart – wer ist dieser Jemand? Wo kommt er her, warum greift er Jakob an? Wer behält die Oberhand im Kampf? Es ist nicht eindeutig, wer wen eigentlich besiegt. Die Erzählung vermeidet es, des Angreifers durch den Namen YHWH habhaft zu werden und ihn auch YHWH zu nennen (V 30). Auch El bzw. Elohim wird nur in andeutenden Kommentierungen (VV 29b.31) verwandt. Aufgrund dieser Uneindeutigkeit wird Gott eher geahnt als gewusst. Es gilt, dem Text seine ihm inhärenten Fragen und die gewollte Uneindeutigkeit als Spielraum zu belassen.

Sowohl Claus Westermann als auch Gerhard von Rad schreiben Gen 32, 23-33 dem Jahwisten zu.[2] Anders als in Gen 28,10-22 handelt es sich nach Westermanns Dafürhal-

---

[1] Zum Phänomen der Uneindeutigkeit in Gen 32,23-33 vgl. Utzschneider, H., Das hermeneutische Problem der Uneindeutigkeit biblischer Texte – dargestellt an Text und Rezeption der Erzählung von Jakob am Jabbok (Gen 32, 23-33): EvTh 48 (1988) 182-198; Taschner, J., Mit wem ringt Jakob in der Nacht? Oder: Der Versuch, mit Rembrandt eine Leerstelle auszuleuchten: Biblical Interpretation 6 (1998) 367-380.

[2] Vgl. Rad, G. v., Das erste Buch Mose/Genesis, 259; vgl. Westermann, C., Genesis 12-36 (BKI/2),

ten um keine Kultsage, da am Ende kein Steinmal errichtet wird. Er identifiziert eine Ortssage, zumal die Erzählung auf die Benennung des Ortes hinausläuft. „Im Rahmen des Itinerars V. 23-24.32a aber ist es ein Ereignis auf dem Wege Jakobs, das Erlebnis eines Wanderers (wie V. 2-3), der auf seinem Wege überfallen wird".[3] Laut Gerhard von Rad ist die Erzählung einem langen Gestaltungsprozess unterworfen: „Viele Generationen haben an ihm geformt und gedeutet; er war jahrhundertelang in Bewegung, bis er zu der endgültigen Gestalt erstarrt ist, in der er jetzt vorliegt".[4] Bei ihm verbinde sich eine enorme Stabilität in formaler Hinsicht mit einer inhaltlichen Weiträumigkeit. Viele Exegeten vermuten, dass der Text eine lange Überlieferungsgeschichte hinter sich hat, sie versuchen, diese zu rekonstruieren, zum Teil bis zu vorisraelitischen Stadien, da sie der Überzeugung sind, dass der vorliegende Text nur von seiner Vorgeschichte her verstehbar wird. Allerdings bleiben alle rekonstruierten Vorstadien sehr hypothetisch, divergierend und kontrovers und es besteht die Gefahr, dass die jeweils rekonstruierte Vorlage intensiver ausgelegt wird als der biblische Text in seiner Endfassung. Der Autor dieses Diskurses vermag somit nicht eindeutig die Frage zu beantworten, ob die Erzählung von vornherein von Israel selber geschrieben wurde oder ob eine vorgegebene weiterentwickelt wurde. Da im Rahmen der vorgestellten Fragestellung nur ausgewählte Positionen benannt werden können, sei auf die ausführliche Forschungsgeschichte von Heinz-Günther Schöttler verwiesen.[5]

Blum verweist auf den Ort der Jabboksgeschichte im Gesamtzyklus der Jakobsgeschichten:[6] Die Sagen um Jakob und Laban (Gen 29-31) bilden deren ältesten Überlieferungskern. Um dieses Zentrum herum wurde ein Rahmen von Jakob-Esau-Erzählungen gelegt (Gen 25; 27+33). An den Nahtstellen zwischen Esau- und Laban-Geschichten finden sich zwei Heiligtumslegenden. In der einen Legende entdeckt Jakob als junger, mittelloser Mann auf der Flucht vor Esau den heiligen Ort Bet-El (Gen 28). Hier offenbart sich ihm Gott als freundlicher Wegbegleiter, der ihm eine behütete Rückkehr verspricht. Die zweite Heiligtumslegende thematisiert Jakob als reichen Mann auf dem Rückweg in seine Heimat; er steht vor der Wiederbegegnung mit seinem Bruder Esau, vor dessen Rache er sich fürchtet. Bei Penuel (Gen 32) begegnet ihm derselbe Gott feindlich, er überfällt und verletzt ihn und verleiht seinen Segen erst nach einem lebensbedrohlichen Kampf.

Die Erzählung vom Gotteskampf kann nicht ohne die gesamte Jakobsüberlieferung verstanden werden,[7] die mit direkten und indirekten Bezügen zum Gotteskampftext gefüllt ist. Der unmittelbar vorhergehende Zusammenhang zeigt Gott als freundlichen Gott des Tages, der in seinen Engeln präsent ist. Von Anfang an ist die Jakobsüberlieferung mit der Thematik des umstrittenen Segens konfrontiert. „Von der Jabbokgeschichte her

---

Neukirchen-Vluyn 1981, 627. Nach Westermann eignet das Schema Flucht-Rückkehr der Darstellung des Jahwisten.

[3] Ebd.

[4] Rad, G. v., Das erste Buch Mose/Genesis, 259. Mit einem Wachsen des Textes rechnen auch Hermisson, H. J., Jakobs Kampf am Jabbok (Gen 32,23-33): ZThK 71 (1974) 239-261; De Pury, A., Jakob am Jabbok, Gen 32, 23-33 im Licht einer alt-iranischen Erzählung: ThZ 35 (1979) 18-34 und Westermann, C., Genesis 12-36, 626.

[5] Vgl. Schöttler, H.-G., Ein narrativer Tora-Text: Gen 32. Bibeltheologische Beobachtungen, in: ders., Christliche Predigt und Altes Testament, 208ff.

[6] Vgl. Blum, E., Die Komposition der Vätergeschichte, (WMANT 57), 1984.

[7] Vgl. ebd., 140-151.

erscheint der gesamte Jakob-Zyklus als eine Geschichte des Kampfes um Segen".[8] Weil Jakob seinen Bruder um Erstgeburt und Segen betrogen hat (Gen 25; 27), muss er ins Ausland fliehen. Dort kann er zwar eine große Familie gründen und großen Reichtum erwerben (Gen 29f), wird jedoch von seinem Onkel Laban schamlos ausgenutzt. Letzterer segnet beim Abschied die gesamte Familie, nur ihn nicht (Gen 32,1): so wird deutlich, dass für Jakobs Segnung Laban nicht der richtige Segensspender ist. Für den Jakobssegen ist Gott selbst zuständig, dessen Segenshandhabe vor der erneuten Begegnung zwischen Jakob und Esau eine offene Frage bleibt. Jakob steht zwischen Segensbetrug (Gen 27) und der Traumvision vom offenen Himmel mit der Verheißung der Rückkehr (28,10-22). Die Wiederbegegnung mit Esau droht ihm alles zu rauben, was er sich selbst an Segen erworben hatte. Das Motiv der eigenmächtigen Lebensverfügung wird schon vor Jakobs Kampf am Jabbok intoniert: Die Beteiligung von Lea am Betrug (29,26) erinnert an den Erstgeburts-Betrug in 25,29-34; auch wird man das Kämpfen (pātal im Nifal) der Rahel angesichts der Geburt des zweiten Sohnes ihrer Magd Bilha (Naphtali), durch welches sie ihre Schwester Lea besiegt zu haben glaubt (jākol, 30,8), als Vorverweis auf 32,26-29 sehen dürfen.

Auf dem Weg zur Begegnung mit Esau begegnet Jakob den Engeln Gottes (32,2; wie im Traum zu Bethel).[9] Bei ihrem Anblick meint er ein Lager Gottes vor sich zu haben und verleiht dem Ort den Namen Machanajim, wie er seinerzeit Bethel benannt hat. Doch Jakob versteht nichts, er ist in seiner Angst gefangen. Auch wenn er das Richtige tut (Erkennen des Gotteslagers), vermag er im Unterschied zum Bethel-Geschehen die verheißungsvolle Begegnung mit Gottes Engeln nicht auf seine eigene momentane Situation hin zu deuten.[10] Jakob baut ausschließlich auf seine eigene Vorsorge, er ist in ängstlicher Selbstbeschau gefangen. Es besteht die hintergründige Ironie, dass Jakob sich bei seiner Vorsorge unbewusst der Motive bedient, die die Begegnung mit den Engeln vorgegeben hat. Er sendet zu Esau Boten, die seine Rückkehr mit schwerem Besitz verkünden sollen. Seine Angst verstärkt sich noch, als ihm von den Boten mitgeteilt wird, Esau ziehe ihm mit 400 Mann entgegen. Er deutet dies als Zeichen für drohendes Unheil. Die Engel versteht er nicht, er traut ihnen nichts zu, ebenso wenig versteht er seinen Bruder, dem er nur Schlechtes zutraut. Der Name „Machanajim" = „zwei Lager" (32,3) signalisiert, dass das Lager Jakobs den Engeln begegnet, die er als Gottes Lager identifiziert. Auch wenn Jakob das Richtige sieht, versteht er nichts und handelt folglich unverständig: Aus besagter Angst heraus teilt er seinen Besitz in zwei Lager auf, um das zweite zu retten, falls Esau das erste überwältigt. (32,8b-9). Weil Rettung nach seinem Dafürhalten nur aus der menschlichen Eigenmacht heraus geschehen kann, bildet er aus dem Eigenbesitz seine eigenen beiden Lager, Gottes Lager mit den Engeln vergisst er. Sowohl Esau als auch Gott haben in Jakobs Berechnung einen bestimmten Stellenwert. Im Gebet der Angst (32,10-13) wird Gott von Jakob an seine Verheißung erinnert, deren Erfüllung (nach Jakobs Verständnis) in seinem Reichtum schon begonnen hat: „Denn nur mit meinem Stab habe ich

---

[8] Dietrich, W., Link, C., Die dunklen Seiten Gottes, Bd. 2 Allmacht und Ohnmacht, Neukirchen-Vluyn 2000, 68.
[9] Vgl. zu Gen 32,2f.: Westermann, C., Genesis 12-36, 612-617.
[10] Vgl. Seebaß, H., Art. Engel II. Altes Testament, in: TRE, Bd. 9, 1982, 583-586; Röttger, H./Lang, B., Art. Engel, in: NBL, Bd. 1, 1991, 537-539.

diesen Jordan überschritten, und nun bin ich zu zwei Lagern geworden (32,11)".[11] Jakob erinnert an die damalige Jordanüberquerung auf der Flucht. Damit vergegenwärtigt er die Tatsache, dass eine neue Flussüberquerung ansteht, wobei er dieses Mal zu einem ganz anderen werden muss, um über den Fluss zu kommen. Jakobs Fixierung auf seinen Besitz und sein bisheriges Sicherungsdenken sind auch für sein weiteres Vorgehen maßgeblich. 200 Ziegen, 20 Böcke, 200 Schafe etc – damit stellt er für seinen Bruder ein überreiches Geschenk zusammen und schickt es ihm Herde für Herde entgegen. Das hebräische Wort für „Gabe" = minchāh (32,14b.19.22) hat dieselben Konsonanten und einen ähnlichen Klang wie „machanaeh = „Lager". Aus den beiden Lagern bestimmt Jakob eines als Geschenk für Esau, welches Jakob vorausziehen muss (32,22), um Esau umzustimmen (wörtlich: „um das Angesicht Esaus zu bedecken").

In der Nacht der Auseinandersetzung bleibt Jakob zunächst in seinem ihm noch verbliebenen Lager (32,22b), um in deren Verlauf dann auch noch die restlichen Familienmitglieder und den verbliebenen Besitz über den Jabbok zu schicken (32,23f.). Er allein bleibt zurück. Auch diese letzte Anordnung Jakobs kann allein aus dem vorangegangenen Erzählverlauf als Sicherungsmaßnahme identifiziert werden. Das alleinige Zurückbleiben ist Jakobs letzter geschickter Schachzug, den zürnenden Bruder zu besänftigen und auf diese Weise das eigene Leben zu retten, falls Esau am nächsten Morgen mit seinen Männern rachgierig auf den wertvollsten Teil von Jakobs Eigentum stoßen sollte. Am Ende steht er ganz allein am Jabbokufer. Jakob will seinem Bruder schlussendlich, nach all den Versuchen, ihn umzustimmen, allein gegenüber treten, um seine eigene Haut zu retten. Spieckermann arbeitet diese feine Ironie der Erzählung treffend heraus: Ausgerechnet der Jakob, dem Besitzstandswahrung und Selbstsicherung so viel bedeuten, steht ohne jeden Besitz und ohne jeden Schutz da. Genau an dieser Stelle überfällt ihn Gott. „Mit feiner Ironie treffen in dieser Hinführung zu Jakobs Gotteskampf am Jabbok die eigene Absicht Jakobs und die gegenläufige Absicht Gottes aufeinander".[12] Jakob hat mit seinen listigen Plänen dem ganz anderen Plan Gottes zugearbeitet. Gott braucht Jakob allein, um den auf Besitz Fixierten in letzte Lebensgefahr zu bringen und für den Gotteskampf reif zu machen.

1.2. Der Gottes-Kampf am Jabbok

Der Jabbok als ein östlicher Nebenfluss des Jordan erhält im Folgenden eine besondere Bedeutung.[13] In theologischer Hinsicht ermöglicht der Flussname das Wortspiel mit Ja'aqob als Eigenname und dem hebräischen 'aqab im Nifal = ringen (V. 24.26). Die Bedeutung des Flusses liegt darin, dass er gleichsam die Trennungslinie zwischen Jakob und seinem Besitz und zwischen der Fremde und der Heimat markiert. Das Leitwort „durchziehen" ist konstitutives Element des szenischen Rahmens (32,23.24.32) und zieht sich durch den ganzen Kontext (32,4.11.17.22; 33,3.14). Der Fluss Jabbok markiert somit

---

[11] Blum vertritt die Auffassung, dass 32,10-13 einer Bearbeitungsschicht angehören, Blum, E., Die Komposition der Vätergeschichte, 152-164.
[12] Spieckermann, H., Dähn, S., Der Gotteskampf, Zürich 1997, 31.
[13] Vgl. Sauer, G., Art. Jabbok, in: BHH, Bd. 2, 1964, 790; Younker, R. W., Art. Jabbok, in: AncBD, Bd. 3, 1992, 593f.

mehr als eine geographische Grenze und sein Überschreiten stellt mehr als einen räumlichen Ortswechsel dar. Das Leitwort gibt dem Geschehen den Charakter eines Übergangs und einer Grenzüberschreitung.

Ein unbekanntes Wesen („jemand, einer, ein Mann") fällt Jakob unversehens an und ringt mit ihm bis zum Anbruch der Morgenröte. Es ist dies ein langer und zäher Kampf. Der wissende Kommentar V 29b („du hast gekämpft mit Elohim (Gott)...") ist als versteckter Hinweis auf die Identität oder zumindest Herkunft des Jemand zu verstehen. Gemäß V. 31b („ich habe Elohim (Gott) gesehen von Angesicht zu Angesicht") scheint Jakob genau zu wissen, dass er es mit Gott zu tun hatte. Der Kampf war ein Kampf auf Leben und Tod, Jakob ist ein Geretteter, d.h. ein Beinahe-Besiegter. Im Text bleibt Wesentliches in der Schwebe, das sprachliche Erfassen ist zugleich ein Entgleiten. Die Szene ist in ein mysteriös-erschreckendes Dunkel gehüllt, das zutage tretende Gottesbild mutet äußerst ambivalent und fremd an. Gott als Ringkämpfer hält sich an keine Regeln der Fairness, er lauert im Dunkeln (an einem schwer passierbaren Hindernis) seinem Opfer auf und fällt ohne Vorwarnung über das Opfer her. Gott ist der Angreifer in einem lebensbedrohlichen Überfall. „Die Tarnung Gottes in dem angreifenden Mann (V.25) ist bewusst notdürftig, weil die wahre Identität des Angreifers kein Thema für gelehrtes Gedankenspiel werden soll. Der Angreifer braucht für sein dunkles Geschäft die Verhüllung der Nacht".[14]

Alle Deuter können nicht verständlich machen, warum Gott unmotiviert gegen Jakob vorgeht, eine Attacke, für welche keine Begründung gegeben wird. In dieser Nacht der Anfechtung wird wirklich gefochten, es wird deutlich, „dass der Kampf ein Überfall ist, einem Raub- oder Mordüberfall darin gleichend, dass der Überfallene ahnungslos ist, überrascht wird. Dieser überraschende Ansprung eines Wehr- und Ahnungslosen ist Absicht, Taktik, die das Überwältigen erleichtern soll".[15] Der Angreifer lässt sich in diesem Kampf letztlich nicht fassen und erweist sich gerade darin und in der Nachträglichkeit des Erkennens als Gott. Dass Jakob selber stark ist, zeigt 29,1-10, wo er allein einen riesigen Stein von einer Zisterne wälzt, um die schöne Hirtin Rahel deren Schafe tränken zu lassen. Jakob leistet Widerstand, laut V. 26a berührt Gott ihn deshalb an der Hüfte. Laut Schmidt kann rein grammatikalisch in V. 26a nur der Unbekannte Subjekt sein, d. h. es wachsen Jakob ungeahnte Kräfte zu.[16] Dies lässt rückschließen, dass er mit einem ungemein Starken zu kämpfen hat. Jakob kämpft um sein Leben, so dass der Kampfpartner in Schwierigkeiten gerät. „Bald wird die Ahnung zur Gewißheit: Es ist Gott, mit dem Jakob kämpft".[17]

Die psychologische Schriftauslegung sieht den Kampf Jakobs als einen Prozess seelischer Integration, in welchem Jakob durch Schattenannahme in eine Dynamik der Selbstwerdung und Ganzheitlichkeit gelangt. Somit wäre der Zusammenstoß von zwei Wirklichkeiten auf einen internen Reifungsprozess reduziert.[18] Wollte man in der nächtlichen

---

[14] Spieckermann, H., Dähn, S, Der Gotteskampf, 19.
[15] Westermann, C., Genesis 12-36, 629.
[16] Vgl. Schmidt, L., Der Kampf Jakobs am Jabbok (Gen 32,23-33), in: ders., Gesammelte Aufsätze zum Pentateuch (BZAW 263), Berlin-New-York 1998, 56.
[17] Dietrich, W., Link, C., Die dunklen Seiten Gottes, Bd. 2, 66.
[18] Zur psychologischen Deutung des Textes vgl. u. a.: Niederland, W.G., Jakobs Kampf am Jabbok. Bemerkungen zur Flusssymbolik, in: Psychoanalytische Interpretationen biblischer Texte, hg. v. Spiegel, Y., München 1972, 128-138; Wiesel, E., Jakob oder der Kampf mit der Nacht, in: ders., Adam oder das Geheimnis des Anfangs. Legenden und Porträts, Freiburg i. Br. 1994, 106-138; Kassel, M., Biblische Urbilder. Tiefenpsychologische Auslegung nach C. G. Jung, Freiburg i. Br. 1992, 258-281, 273: „In dieser Lage, in der

1.2. Der Gottes-Kampf am Jabbok

Konfrontation reduktionistisch ausschließlich die Projektion der inneren Angst des Jakob nach außen bzw. die Auseinandersetzung mit seinem „Schatten" sehen, müsste man in der Konsequenz annehmen, dass Jakob seine projizierte Angst festhält und davon Segen fordert. Othmar Keel hat überzeugend nachgewiesen, wie sich im Alten Testament die Beter in seelischer und körperlicher Qual der Sprache der Projektion bedienen.[19] Die Schrift blendet die seelische Wirklichkeit mit ihren Gesetzmäßigkeiten somit keineswegs aus. Laut Dietrich ist die Jabbokgeschichte *auch* erzählter Ausdruck eines inneren Kampfes: „... schon die Alten verstanden etwas von der menschlichen Seele. Doch gerade die Vorgeschichte um den Gott von Penuel, die nichts mit Jakob und seiner speziellen Lebenssituation zu tun hat, schiebt einer flach innerpsychischen Erklärung einen Riegel vor. Die Geschichte vom Kampf am Jabbok spiegelt nicht das Ringen des Menschen mit sich selbst, sondern des Menschen mit Gott".[20] Diese Auffassung vertritt neben Karl Elliger[21] auch Gerhard von Rad: Den Späteren habe das aus der Vorzeit stammende Gerüst und Vorstellungsmaterial als geeignet erschienen, „ein Handeln YHWHs an dem Ahnherrn Israels darzustellen; denn dass in und hinter jenem ‚Mann', jenem nächtlichen Angreifer, YHWH selbst aufs unmittelbarste an Jakob gehandelt hat, das ist unter allen Umständen die Meinung des Erzählers".[22]

Von Rad bezweifelt, dass der Erzähler an Jakobs innerem Erleben Interesse wecken will: „Aller Nachdruck liegt auf dem Handeln Gottes, auf seinem vernichtenden Angriff und auf seiner Rechtfertigung".[23] Der mitten im zähen Kampf eröffnete Wortwechsel ist aufschlussreich: Gott spricht eine Forderung aus: „Lass mich los, denn die Morgenröte steigt auf"! (27a) Dieser Gott kann oder will Jakob nicht vollends niederringen. „Gott kämpft nicht ewig mit einem Menschen. Am Ende liegt ihm nur noch daran, wieder freizukommen. Darin nun liegt Jakobs Chance. Zwar hat er Gottes Stärke schmerzhaft zu spüren bekommen, doch jetzt spürt er, dass Gott mit ihm nicht fertig wird, ihn, der sich zäh und fest an ihn klammert, nicht abschütteln kann. Man beachte: Einen Gott, der mit einem kämpft, kann man festhalten".[24] Bei diesem Kampf gibt es keinen klaren Sieger(26a). Jakob antwortet mit einer Bedingung: „Ich lasse dich nicht los, es sei denn, du segnest mich"(V27). Es entsteht die paradoxe Situation, dass der Attackierte den attackierenden Gott, welcher von ihm loskommen will, hartnäckig und verbissen festhält. In dieser nächtlichen Stunde bleibt Jakob nichts mehr als sein mit ihm kämpfender Gott. Er will Gott erst loslassen, wenn er den vollen, ganzen göttlichen Segen erhalten hat.

Jakob sich nicht mehr entkommen kann, überfällt ihn der anonyme Kampfpartner: einer oder ein Mann. Die Anonymität kennzeichnet genau Jakobs bisherige Einstellung zu seinem Schatten: er wollte ihn nicht wahrhaben, deshalb kennt er ihn nicht. „Der Mann" ist der dem Jakob unbekannte Mann Jakob. Erst die radikale Infragestellung seines Lebenskonzepts ermöglicht es Jakob, seiner eigenen unbekannten Tiefe zu begegnen. Anders als kämpferisch kann in einem so einseitig bewußtseinsbetonten Leben der Schatten nicht zum Zuge kommen".

[19] Vgl. Keel, O., Feinde und Gottesleugner. Studien zum Image der Widersacher in den Individualpsalmen (SBM 7), Stuttgart 1969, 36-92.
[20] Dietrich, W., Link, C., Die dunklen Seiten Gottes, Bd. 2, 69.
[21] Vgl. Elliger, K., Der Jakobskampf am Jabbok. Gen 32,23ff. als hermeneutisches Problem, in: ders., Kleine Schriften zum Alten Testament (TB 32) hg. v. Gese, H., Kaiser, O., München 1966, 141-173.
[22] Rad, G. v., Das erste Buch Mose/Genesis, 263.
[23] Ebd., 264.
[24] Dietrich, W., Link, C., Die dunklen Seiten Gottes, Bd. 2, 69.

1.3. Kampf um Segen und neue Identität: Gotteskämpfer

Dieser verbale Schlagabtausch enthält die entscheidenden Worte „lassen" (schālach im Piel), sowohl in der Bitte Gottes als auch in der Antwort Jakobs, und „segnen" (bārak im Piel) als Jakobs Bedingung. In diesem Kampf hat Jakob innerlich alles loslassen müssen. Nun hält er fest, was er noch hat: den attackierenden Gott. „Er lässt ihn nicht los, weil er nicht von ihm ablassen will. Es sei denn, dieser Gott sagt ihm in Gestalt des Segens seine Nähe neu zu".[25] Im Gotteskampf hat Jakob gelernt, sich selbst und alles, was er stolz sein Eigen nennt, loszulassen, dadurch ist er ein anderer geworden. Im Lassen hat er gelernt, Gott festzuhalten und sich auf ihn einzulassen. In diesem Lernprozess vermag er um den Segen zu kämpfen. Nach W. Groß ist der Segen als theologisches Leitmotiv fest in den Jakobstraditionen verwurzelt, so dass er zum ursprünglichen Bestand der Jakobsüberlieferung gehört.[26] Laut Weimar nimmt die Segensforderung in Gen 32, 23-33 eine zentrale Stellung für die ganze Szene ein.[27] Jakob ist sich im Klaren darüber, dass er den Segen von einem Gott fordert, der attackieren und qualvoll berühren kann, diesem Gott kann man den Segen abringen. Aus der Tatsache, dass Jakob im Kampf ein anderer geworden ist, folgt die neue Namensgebung (V. 28f.). Das Recht zur Namensgebung kommt nur einem Mächtigen zu. In Gen 1 ist es Gott selbst, der die Schöpfungswerke benennt, in Gen 2,19f. ist dem Menschen des Anfangs die Herrschaft über die Tierwelt verliehen. Laut 2Kön 23,34; 24,17 stand es dem König zu, seinen Vasallen umzubenennen. Weil nur ein Mächtiger dieses Recht innehat, besitzt der Unbekannte in Gen 32,23-33 Autorität und Macht. Blum vertritt die Meinung, dass Segensbitte und Segenshandlung in V. 27.30 sehr eng mit der Umbenennung Jakobs in Israel (V.28f.) zusammenhängen und die Mitte der Erzählung bilden.[28]

Die Namensänderung manifestiert die Wesensänderung, die Jakob im Kampf widerfuhr. Es gilt, den Kampf auf seine metaphorisch-theologische Tiefe hin auszuloten und wahrzunehmen, dass im Kampf am Jabbok um die Machtfrage zwischen Gott und Mensch gerungen wird. Wenn diese Dimension ausgeblendet wird, kommt es zu einer Reduktion auf vordergründiger Ebene mit den Fragen nach physischer Stärke, Kunst des Ringens oder „Segen als magischer Kraftübertragung".[29] Eine analytische Reduktion überlieferungsgeschichtlicher Natur führt zu einer Banalisierung dieses theologisch anspruchsvollen Textes.[30] Es bleibt auch historisch fragwürdig, dass sich theologische Tiefe erst nachträglich mit relativ harmlosen Erzählungen verbunden haben soll.

Die Frage nach dem Namen ist erzählerisch insofern wichtig, als dem alten Namen Jakob der neue Name Israel entgegengestellt werden soll. Lothar Ruppert versteht die Umbenennung quasi als die göttliche Urkunde für Jakob als Stammvater Israels.[31] In den vorangehenden Erzählungen ist der Name Jakob schon theologisch gedeutet worden: „Fersenhalter" (von aqeb „Ferse") = jemand, der hintergeht, betrügt (vgl. 25,26), „Betrü-

---

[25] Spieckermann H., Dähn, S., Der Gotteskampf, 21.
[26] Vgl. Groß, W., Jakob, der Mann des Segens. Zu Traditionsgeschichte und Theologie der priesterlichen Jakobsüberlieferungen, in: Biblica 49 (1968), 321-344, 334.
[27] Vgl. Weimar, P., Beobachtungen zur Analyse von Gen 32, 23-33: BN 49 (1989) 53-81, 74f.
[28] Vgl. Blum, E., Die Komposition der Vätergeschichte, 145.
[29] Levin, C., Der Jahwist (FRLANT 157), Göttingen 1993, 252.
[30] Vgl. Hentschel, G., Jakobs Kampf am Jabbok, 23-28.
[31] Vgl. Ruppert, L., Genesis. Ein kritischer und theologischer Kommentar. 3. Teilband Gen 25,19-36,43 (FzB 106), Würzburg 2005, 379.

1.3. Kampf um Segen und neue Identität: Gotteskämpfer 211

ger" ('āqab „betrügen", 27,36).³² Nach dem Segensbetrug ruft Esau: „Heißt er nicht mit Recht Jakob? Hat er mich doch zweimal betrogen (27,36). Auch Hos 12,4 verwendet das gleiche, seltene Wort für „betrügen". G. von Rad betont, dass „Jakob mit der Auskunft über seinen Namen zugleich sein ganzes Wesen offenbaren" muss.³³ Bevor Jakob gesegnet werden kann, will Gott ihn seinen Namen sagen hören, zumal an diesem Namen von Geburt an das Odium des Betruges haftet. Mit der Nennung seines Namens legt Jakob seine Vergangenheit offen; hierauf streicht Gott diese Vergangenheit durch und verleiht ihm eine neue Identität. Der neue Name Israel erhält eine theologische Bedeutung: „Gotteskämpfer".³⁴ Aus der Erzählung heraus soll der Name Israel verstanden werden. Die Namensbegründung „denn: Du hast gekämpft mit Elohim (Gott) und mit Menschen, und du hast gesiegt" (V.29b) stellt bewusst nicht den Gotteskampf allein ins Zentrum. „Wahrscheinlich haben die in der Namensbegründung neben Gott genannten Menschen dieselbe Funktion wie der eine Unbekannte, der Jakob am Jabbok angreift: die wahre Identität des Attackierenden so weit wie möglich zu verhüllen. Es ist so, als ob der Vorhang nur einmal kurz geöffnet und sofort wieder geschlossen würde. Mehr ist nicht möglich, weder von Gott her statthaft noch für Menschen erträglich".³⁵

Im neuen Namen Israel soll das hebräische Wort für „kämpfen" ('sārāh) herausgehört und der „Gotteskämpfer" mitgehört werden. Damit das betreffende Wort für „kämpfen" wie zum ersten Mal aus dem Namen Israel heraus erklingen kann, wird es aus Gründen der Erzähldramatik erst an dieser Stelle eingesetzt. Hinzu kommt ein inhaltliches Kriterium: Weil der Name im Alten Testament für das innerste Wesen der Person selbst steht (vgl. 1 Sam 25,25), muss der neue Name Jakobs widerspiegeln, dass er im Kampf einen Wandel durchgemacht hat und ein anderer geworden ist. Das hier gebrauchte Wort für „kämpfen" ist dem Kampf Jakobs im Alten Testament vorbehalten und taucht nur noch in Hos 12,4f. auf.³⁶ Während des Kampfes wird Jakob von Gott selber der Sieg zugespro-

---

[32] Zur Etymologie des Namens Jakob vgl. Zobel, H.-J., Art. Ja qo(o)b, in: TWAT, Bd. 3, 1982, 752-777.
[33] Vgl. Rad, G. v., Das erste Buch Mose/Genesis, 261.
[34] Zur Etymologie des Namens Israel: Zobel, H.-J., Art. Jisra el, in: TWAT, Bd. 3, 1982, 986-1012.
[35] Spieckermann, H., Dähn, S., Der Gotteskampf, 23.
[36] Auch Hosea berichtet in Hos 12, 1-10 vom Jakobskampf, dessen Deutung durch Hosea jedoch vernichtend ausfällt. Wo nach der gut gehüteten Tradition Gott im nächtlichen Kampf Jakob mit seinem Segen geheimnisvoll zu Israel verwandelt hat, ist nichts als Betrug geschehen. Israel, Jakob, Ephraim, alle Namen erfassen denselben und dasselbe: den Betrüger, dessen Lebensmerkmal Betrug ist. Weil Israel sich in Jakob rückverwandelt, bringt der Name Israel keine Wandlung und keinen Segen. Israel hat in maßloser Selbstüberschätzung das Geheimnis Gottes zu fassen versucht. Nach Hosea macht sich Gott im Gotteskampf fasslich, um sich daselbst zu entziehen. Gott verbirgt sich in dem Engel, den Jakob-Israel besiegen darf, um im Moment des Sieges seine eigene wahre Situation zu erkennen. Im Gotteskampf vollzieht sich die Wandlung, dass Gott den versuchten Gottesbetrug zum Selbstbetrug wandelt. Die erkämpfte Siegesstrophäe ist die Erfassung des Selbstbetrugs. Gott hütet seinen Segen im Geheimnis seiner Entzogenheit, Jakob-Israel wird zeitlebens um sein Leben betrogen. Somit bestreitet Hosea die Deutung vom wandlungsmächtigen Segen jenes nächtlichen Kampfes, auch wenn er die Segnung Jakob-Israels in jener Nacht nach Gen 32 voraussetzt. Hosea wendet sich gegen die unfassliche Manipulation des göttlichen Geheimnisses im Sinne des Segensbesitzes und spricht Israel die Geburt zum neuen Gottesverhältnis im Gotteskampf ab, um zugleich Hoffnung auf ein neues Gottesverhältnis zu machen, nur aus Gottes Initiative, „von Ägyptenland her" und ganz im Zeichen des Geheimnisses Gottes stehend. Voraussetzung dafür ist die Wandlung Israels zur Schuldfähigkeit (Hos 12,9) und dann zu Hingabe, Recht und Hoffnung (12,7). Hosea streitet gegen eine selbstherrliche Gotteskampfmentalität mit der Selbstgewissheit des Segensbesitzes (Gottes Geheimnis ist das Geheimnis seines Segens), er streitet ebenso dafür, dass nur Gott Israel neu erfassen kann, indem sich zugleich Israel selbst von Gott erfassen lässt. Vgl. Diedrich, F., Die Anspielungen auf die Jakob-Tradition in Hosea 12,1-13,3. Ein literaturwissenschaftlicher Beitrag zur Exegese früher Prophetentexte (FzB 27), Würzburg 1977; vgl.

chen (V 29), er siegt, ohne zu gewinnen. Der Kämpfer Jakob wird von Gott ausgezeichnet, er, der in harter, von Elohim selbst bewirkter Anfechtung seine Familie, seine körperliche Unversehrtheit, seinen Besitz und sich selbst losgelassen hat. Nur Gott umklammert er verbissen, ihn und seinen Segen, zumal beide in ihrer Erfahrbarkeit identisch sind und Leben bedeuten.

Die Frage Jakobs nach dem Namen des Attackierenden (V.30a) gibt erzähltechnisch die Gelegenheit, sie unbeantwortet zu lassen. Sie zeigt Jakobs Dreistigkeit Gott gegenüber, mit der Gotteskraft dieses Namens eigenmächtig zu hantieren: „Besonders das Moment solcher Lüsternheit Gott gegenüber muss hier gesehen werden, und unsere Erzählung zeigt, dass es wohl keine Not gibt, die diesen urtümlichen Drang des Menschen, nach Gott zu greifen und ihn an sich zu binden, ersticken könnte... Jedoch der Unbekannte entzieht sich diesem Zugriff Jakobs; er verwehrt ihm diese Frage, zumal er sich sein Geheimnis und seine Freiheit nicht antasten lässt. Aber seine Freiheit erweist er darin, dass er Jakob trotzdem segnet".[37] Statt der Namensnennung wird der Segen gespendet – „und er segnete ihn dort" (V30b brk II Pi.). An der Stelle, wo Jakob in der Auseinandersetzung nach Elohims Namen gefragt hat, steht der Segen. Für Lothar Ruppert ist der Segen auch eine hinreichende Antwort auf Jakobs Frage, in der Art und Weise des Kraft vermittelnden Segens kann der Patriarch erkennen, Gott selbst begegnet zu sein.[38] Laut W. Groß erscheint Jakob auch in den priesterschriftlichen Jakobsüberlieferungen als Mann des Segens.[39] Was dieser Segen beinhaltet, dies zu wissen ist für Jakob in Gen 32 nicht wichtig, Jakob bzw. Israel gibt sich mit der Gewissheit des Segens zufrieden, wie auch immer er sich erweisen wird. Nachdem Jakob sich das eigenmächtige Hantieren mit dem Segen (vgl. Gen 27, Jakobs Segensbetrug an Isaak und Esau) unter Schmerzen von Elohim hat abringen lassen, sind seine Hände wieder frei, um Segen entgegenzunehmen, der Kampf findet in der Segnung sein Ende (V.30b). Nach dieser Segnung erhält der Ort des Kampfes durch Jakob einen Namen: Penuel oder Peniel (V.31a).[40] Im ganzen Alten Orient war es etwas Außergewöhnliches, eine Gottheit zu Gesicht zu bekommen.[41]

In dem Wort „Penuel" stecken die Komponenten ʾēl = Gott(heit) und pānîm = „Antlitz". G. Hentschel geht im Rahmen eines literarischen Wachstumsprozesses vom nach-

---

Jeremias, J., Der Prophet Hosea (ATD 24/1), Göttingen 1983; Gese, H., Jakob und Mose: Hosea 12,3-14 als einheitlicher Text, in: ders., Alttestamentliche Studien, Tübingen 1991, 84-93.

[37] Rad, G. v., Das erste Buch Mose/Genesis, 262.
[38] Vgl. Ruppert, L., Genesis 3. Teilband, 380.
[39] Vgl. Groß, W., Jakob, der Mann des Segens, 344, welcher der grundlegenden theologischen Aussage der priesterschriftlichen Jakobsgeschichte nachgeht. Seine Forschungen ergeben, dass Abraham und Jakob dieselbe eine Verheißung zuteil wurde, Abraham jedoch der Mann des Bundes, Jakob der Mann des Segens ist. In Jakob erfüllt sich das schon im Abrahamsbund enthaltene Segenselement; zudem kommen in ihm und seinen Nachkommen, dem Volk Israel, sowohl Schöpfungs- als auch Noahsegen an ihr Ziel. „Mit dem Volk Israel ist endlich die Gemeinschaft auf den Plan getreten, auf die hin der Abrahamsbund geschlossen war. In diesem Sinn bezeichnet Jakob eine Zwischenphase. Nun trägt das Volk Israel den Abrahamsbund mit den beiden wesentlichen und untrennbaren Verheißungen des Landes und des neuen Gottesverhältnisses weiter, und indem sich Gott dieses Bundes erinnert, beginnt mit der Offenbarung des YHWH-Namens die Phase der Verwirklichung dieser Verheißungen des Abrahamsbundes".
[40] Vgl. Liwak, R., Art. Penuel, in: TRE, Bd. 26, 1996, 209-211; Slayton, J.C., Art. Penuel, in: AncBD, Bd. 5, 1992, 223; Zwickel, W., Pnuel: BN 85 (1996) 38-43.
[41] Vgl. zum Sehen des Angesichts Gottes Nötscher, F., Das Angesicht Gottes schauen nach biblischer und babylonischer Auffassung, Wissenschaftliche Buchgesellschaft Darmstadt 1969; vgl. Dietrich, W., Link, C., Die dunklen Seiten Gottes, Bd. 2, 67.

träglichen Charakter von V. 31 aus.[42] Im hebräischen Namen klingt an, was Jakob als Begründung für die Benennung angibt: „Ich habe Elohim (Gott) gesehen von Angesicht zu Angesicht". Jakob versteht in V. 31 sein Erlebnis als eine Schau Gottes von Angesicht zu Angesicht. „Aus dem ‚Ringkampf' wird somit eine mit geistigem Auge wahrgenommene Erfahrung! Diese Erfahrung rührt an die Grenze dessen, was Menschen nach alttestamentlichem, ja überhaupt biblischem Zeugnis in dieser Welt möglich ist".[43] Wo an anderer Stelle im Alten Testament von Gottesschau berichtet wird, fehlt das in unserem Text konstitutive Element des göttlichen Angriffs. Weil Gottes sichtbare Nähe für den Menschen lebensbedrohlich ist, muss derjenige, der Gott unmittelbar sieht, sterben (vgl. Ex 19,21; 24,10; 33,20; Lev 16,2.13; Num 4,18-20; Ri 6,22f; 13,21f.; Jes 6,5), so dass Mose in Ex 33,22f. nur Gottes „Rücken" zu sehen vermag, wenn dessen Herrlichkeit an ihm vorüberzieht. Jakob erfährt im Gotteskampf Gott hautnah und vermag ihn „leibhaftig und zwar wachen Auges zu sehen, was selbst Mose später nicht vergönnt sein sollte! Und das Wunder ist: Jakob hatte dadurch sein Leben keineswegs verwirkt, es wurde vielmehr ‚gerettet' (V 31)".[44] Er kommt in höchster Lebensgefahr mit dem Leben davon. In Jakobs Gottesbegegnung als Gottesschau sind Lebensbedrohung und Lebensrettung nicht voneinander zu trennen. Die Morgenröte ist in der Bibel eine Metapher für das Ende einer Not und den Durchbruch zu neuem Leben. Dem im Gotteskampf verwandelten Jakob „geht die Sonne auf" (V.32a),[45] jedoch hinkt er, als er im Licht der aufgehenden Sonne den Ort des Kampfes verlässt (V.32b).

1.4. Bleibende Spuren der Versehrung im Kampf mit Gott

Die aufgehende Sonne bringt ans Licht, dass der im nächtlichen Kampf vom angreifenden Gott berührte Jakob zeitlebens ein Gezeichneter sein wird. „Da der Vorgang der Passage Penuels nach der plusquamperfektisch zu übersetzenden Verbform von ‚vorübergehen' (Suffixkonjugation) in V. 32a bereits beendet war, kann sich Jakobs Hinken zeitlich nicht auf die Dauer des Vorbeizugs an Penuel beziehen, sondern auf Jakobs körperliche Verfassung nach dem Ringkampf am Jabbok, die dadurch als andauernd angezeigt wird".[46] Jakob geht aus dem Kampf mit Gott nicht unversehrt hervor, er muss an Gottes Macht seinen Tribut entrichten. „Gerade das anhaltende Hinken wird Jakob stets im Bewusstsein daran festhalten lassen, dass all das, was er in jener kritischen Nacht erfuhr, kein bloßer Alptraum war, sondern Realität".[47] In dem Kampf ging es also tatsächlich um Leben und Tod. Neben dem seiner inneren Wandlung entsprechenden neuen Namen „Gotteskämpfer" erhält Jakob auch äußerlich das Zeichen des Gotteskampfes bleibend am eigenen Leib. Die Versehrung ist Zeichen des von Gott abgerungenen Verzichts auf eigenmächtige Verfügung über den Segen und Zeichen des Gott abgerungenen Segens.

Dieser erkämpfte Segen ist Jakobs einzige Lebenschance, es gibt ihn nicht ohne die Spuren des Kampfes. Wem von Gott das selbstherrliche Verfügen über den Segen ab-

---

[42] Vgl. Hentschel, G., Jakobs Kampf am Jabbok, 24-30.34.
[43] Ruppert, L., Genesis 3. Teilband, 381.
[44] Ebd.
[45] Dass es sich hierbei um mehr als nur eine Zeitangabe handelt vgl. Jacob, B., Das erste Buch der Tora. Genesis, Berlin 1934, 643.
[46] Ruppert, L., Das Buch Genesis, Teil II: Kap 25,19-50,26 (GeiS 1/2), Leipzig 1984, 458.
[47] Ebd., 128.

gerungen wird, bleibt ein Gezeichneter und zugleich Ausgezeichneter. Die körperlich sichtbare Entmachtung des Jakob ruft die Wende zum Gotteskämpfer herbei. Der gesegnete Gotteskämpfer zieht hinkend und doch getröstet der aufgehenden Sonne entgegen, er muss die Schwachheit des Fleisches nicht verstecken. In V. 33 wird die von den Israeliten praktizierte Speisesitte nachgetragen, in Erinnerung an Jakobs Versehrung im Gotteskampf das Muskelstück in der Gegend des tierischen Hüftgelenks nicht zu essen. Die Israeliten und gesetzestreue Juden verzichten bis heute beim Fleischgenuss voll Respekt auf das Muskelstück, das bei den Tieren in der Nähe des Hüftgelenks sitzt, welches Gott in jener besagten Nacht bei Jakob berührt hat. Es ist dies die durch einen Brauch in Erinnerung gehaltene Scheu, dem Geheimnis jener Nacht nicht zu nahe zu treten, es ist der in Erinnerung gehaltene Respekt vor dem Geheimnis, dass Gott mit Jakob gekämpft hat, einem Kampf, „von dem Israel weiß, dass es selbst in der Wandlung von Jakob zu Israel geboren und gesegnet worden ist".[48] Im Kampf ringt Gott Jakob die Selbstsicherung des eigenen Lebens ab. Weil sich dies kein Mensch ohne verbissene Gegenwehr nehmen lässt, kann das Geschehen am Jabbok nur als Kampf Ausdruck finden. Jakob konnte die Sicherungsmaßnahmen der Nacht loslassen, er – und mit ihm Israel – hat erfahren (müssen), dass Gott sich die Verwirklichung seiner Verheißungen von Menschen nicht diktieren lässt. Jakob hat seinen wachsenden Reichtum als anfängliche Einlösung der Verheißung von 28, 10-22, wo er den Himmel offen träumt und Gottes Verheißung der Rückkehr zugesprochen bekommt, missverstanden. Im Angesicht der vermeintlich gefährlichen Wiederbegegnung mit Esau verlangt er von Gott die endgültige Verwirklichung dieser Verheißung. Gott verfügt über seine Verheißung, doch nicht als Willkürakt, sondern als Eröffnung eines Weges, auf dem er seine Verheißung Realität werden lässt. Dieser Verheißungsweg führt Jakob an den Jabbok, in den Gotteskampf. Gott lässt sich bezwingen, wo aus dem Kampf gegen Gottes Anspruch auf den Menschen der *Kampf mit Gott um seinen lebenspendenden Segen* wird: „Ich lasse dich nicht los, es sei denn, du segnest mich ... Und er segnete ihn dort". Dieser Kampf um das recht verstandene Leben ist todernst für Mensch und für Gott, es steht die grundsätzliche Frage auf dem Spiel, ob zwischen Gott und Mensch eine Beziehung besteht, ob der Mensch ein von Gott Gesegneter und auf Gottes Segen schlechterdings Angewiesener ist.

Wer Gott von Angesicht zu Angesicht begegnet, weiß im ersten Moment nicht, ob es ein Freund oder ein Feind ist. Wer sich jedoch stellt und kämpft, obwohl er nicht um das Warum des Kampfes weiß, erfährt Gott und seinen Segen. Weder ist der Segen verdient, noch fällt er einfach in den Schoß. Auch Jakob hat ihn Gott in dunklen Stunden abringen müssen, doch durch den abgerungenen Segen ist er fähig gemacht worden, zwar hinkend, aber guten Mutes der aufgehenden Sonne und dem Bruder entgegenzuziehen. In der unmittelbaren Fortsetzung des Textes in 33,1-3 lässt sich ablesen, wie sehr Jakob im nächtlichen Kampf ein anderer geworden ist: Als er Esau von weitem sieht, geht er vor seinen Frauen und Kindern her (abar in 33,3 wie in 32,23f.). Körperlich versehrt, aber mit göttlichem Segen versehen, tritt Jakob an der Spitze des Zuges seinem Bruder Esau entgegen, hinkend, siebenmal sich zur Erde verneigend (33,1-3).[49] In Gen 18,2; 19,1; 42,6; 43,26 galt schon das einmalige Niederfallen als Ausdruck großer Ehrerbietung. Als Esau

---

[48] Hentschel, G., Jakobs Kampf am Jabbok, 28.
[49] Vgl. die Demutsbezeugungen der ägyptischen Vasallen aus Palästina in den keilschriftlichen „Amarna Briefen", Knudtzon, J. A., Die El-Amarna-Tafeln, Briefe 244, 254, 288, 298, 329, Leipzig 1910.

ihn erblickt, stürzt er Jakob entgegen, umarmt und küsst ihn (33,4). Das freundliche Gesicht Esaus ist Spiegelbild des freundlichen Gottes: „Ich habe dein Antlitz gesehen, wie ich das Antlitz Gottes gesehen habe, und du warst freundlich zu mir". (33,10) Der freundliche Gott ist derselbe, den Jakob im nächtlichen Kampf als lebensbedohlich erlebt hat. „Risse, Sprünge, Tiefenschichten im Bild Gottes; Gott in der Gestalt eines Dämons kämpfend und schlagend, und Gott, in Versöhnlichkeit und Brüderlichkeit Gestalt gewinnend – beides gehört zur Gotteserfahrung Israels (und nicht nur Israels)".[50]

1.5. Eine Gotteserfahrung in der Spannung

In der Kenntnis verschiedener Meinungen soll aufgrund des interdisziplinären Ansatzes der vorliegenden Arbeit, der schon um der Lesbarkeit willen eine Zuspitzung erfordert, eine Hauptlinie der Auslegung hervorgehoben werden. Laut Hermisson ist die ganze Erzählung „eine Israel höchst eigentümliche, dem YHWH-Glauben angemessene, und der Versuch, sie nur dem niedrigen Niveau früherer heidnischer Landesbewohner anzulasten, ist verfehlt".[51] Falls die Gotteskampfepisode als Ganze im Kontext des YHWH-Glaubens entstanden ist, müssen die dunklen Seiten des vorgestellten Gottesbildes in diesen YHWH-Glauben integriert werden. Auch die schwierigen, archaisch anmutenden Aspekte des Gottesbildes gehören dann zum YHWH-Glauben und stellen keine primitive Vorstufe des Religiösen dar. H.-G. Schöttler unterscheidet zwischen einem „archaischen" Text als einem alten Text und „archaisierender" Erzähltechnik, wo innerhalb eines relativ jüngeren Textes alte Formen, Wörter und Wendungen mit dem Ziel gebraucht werden, eine bestimmte Wirkung zu erzielen. „Das archaische Kolorit der Jabbok-Kampf-Erzählung, das die konventionellen Hörer- bzw. Lesererwartungen bis heute so nachhaltig stört und aufbricht, wäre dann... Ausdruck eines viel- und tiefenschichtigen theologischen Denkens, das seine Erzählabsichten mithilfe einer archaisierenden Erzähltechnik verfolgt".[52] Dieses narrative Stilmittel bewusster Hörerlenkung ist auf seine theologische Bedeutung hin zu befragen. Laut Schöttler gewinnt von daher die vorliegende Erzählung vor dem Hintergrund der fundamentalen politischen und religiösen Erschütterungen der ersten Hälfte des 7. Jahrhunderts ihr rhetorisch-narratives Profil. Die diesbezügliche Geschichtstheologie verarbeitet besagte Krisenerfahrung narrativ als Krisenstellen im Leben Abrahams, Isaaks Jakobs, des Mose und der Israeliten unter Verwendung des archaisierenden Kolorits. Im narrativen Aufriss wird der für diese Geschichtstheologie bezeichnende Spannungsbogen zwischen Leben und Tod immer wieder neu gebildet. Demgemäß spiegelt sich in Gen 32, 23-33 „die Erfahrung des zugleich zugewandten und fremden Gottes, des zugleich herausfordernden und schützenden Gottes, des zugleich bedrohlichen und segnenden Gottes wider".[53] Die Lebensbedrohung des YHWH-Volkes Israel durch Assur bildet deren realgeschichtlichen Hintergrund und kontextuelle Verortung. Vor diesem Hintergrund bricht der Erzähler gewohnte Gottesvorstellungen auf und wagt theologische Grenzaussagen hinsichtlich der Bewährung des Gottesverhältnsses angesichts

---

[50] Hentschel, G., Jakobs Kampf am Jabbok, 70.
[51] Hermisson, H. J., Jakobs Kampf am Jabbok (Gen 32,23-33), 258.
[52] Schöttler, H.-G., Christliche Predigt und Altes Testament, 243. Vgl. Utzschneider, H., Das hermeneutische Problem der Uneindeutigkeit biblischer Texte, 182f.
[53] Schöttler, H.-G., Christliche Predigt und Altes Testament, 243.

der Gefährdung der Zukunft Jakobs durch Gott selbst. Die archaisch-mythisch geprägten Motive dienen dazu, die erlittene Spannung zwischen dem rettend-bewahrenden Handeln YHWHs und seinem „dämonenhaft"-überfallartigen Eingreifen in das Leben der Menschen darzustellen.

Einmal evoziert und narrativ kontextualisiert in die theologische Anfangsgeschichte des YHWH-Volkes, erhält die Jabbokerzählung „eine über ihre zeitgeschichtliche Verortung hinausgehende grundsätzliche Dimension": Sie wird zur „Spiegelgeschichte", zur Glaubens-Krisen-Geschichte grundsätzlicher Art, in der das YHWH-Volk „seine polare Erfahrung mit Gott in dem einen YHWH ausdrückt".[54] Die Geschichte des Jahwevolkes „(ist)... immer auch (und wesentlich) eine gefährdete Geschichte, nicht nur (und vielleicht nicht einmal primär) im Sinne einer Gefährdung durch feindliche Mächte (Assyrien), sondern vor allem im Sinne einer von YHWH selbst herkommenden, inneren Gefährdung... Bestanden werden können derartige Situationen nur in der Bedingungslosigkeit eines Sicheinlassens auf YHWH allein".[55] Das archaisierende Sprachgewand bringt ein komplexes theologisches Denken zum Ausdruck, gespeist aus leidvoller Gotteserfahrung, darin wird für Israels Gotteserfahrung Wesentliches ausgedrückt. Ein solches Gott-Denken stellt eine bleibende Provokation dar, eine anstößige Gotteserfahrung, die der gängigen religiösen Ästhetik äußerst widerspricht. Durch die Archaik kommt es zu einer gewollten Störung des Hörers. Nach G. von Rad schien auch und gerade den Späteren das uralte, aus roher heidnischer Vorzeit stammende Gerüst und Vorstellungsmaterial als durchaus geeignet, ein Handeln YHWHs an dem Ahnherrn Israels darzustellen.[56] Laut Seebaß wird für den Text erst spannend, dass das Unheimliche von Gott selbst auszugehen vermag, ja Gott selbst ist, so dass es regelrecht über Menschen herfällt.[57] Gerhard von Rad plädiert für Ambivalenztoleranz im Gottesbild: „Ist es nicht im Grunde überall das gleiche: Denkt und erwartet der Mensch Gott, dann muß es licht werden und heilig zugehen, dann muß die Wirrnis des Irdischen im Wunder der Gottheit überstiegen werden. Dort hingegen, wo Gott Israel nahesteht, da zerbrach er alle vom Menschen erdachten Vorstellungen und Leitbilder und stieß ihn oft genug in neue Anfechtung hinaus... , mehr Dunkel als Licht... ".[58] Hier wird kein abschließendes und hinreichendes Gottesbild vermittelt, doch es treten wesentliche Züge des alttestamentlichen Gottesbildes zutage. „Das ist kein Gott, der allmächtig und unwandelbar als letzter Urgrund des Seins im Transzendenten verharrt, es ist ein Gott, der dem Menschen spürbar begegnet, ihm sogar feindlich gegenübertritt und ihm Wunden beibringt".[59]

Zwischen Jakobs nächtlicher Gotteserfahrung und dem überkommenen Gottesverständnis bleibt eine unauflösliche Spannung bestehen. Das Geschehen der Nacht steht unter dem Vorzeichen der Fremdheit, die Frage bleibt bestehen, welcher Gott hier entgegentritt, der angreifen und verletzen muss, sich selbst in Bedrängnis bringen und schlussendlich den Segen abringen lässt? In dieser Nacht musste auch Jakobs überkommenes

---

[54] Ebd., 244.
[55] Weimar, P., „O Israel, Erstling im Morgengrauenkampf" (Nelly Sachs). Zu Funktion und Theologie der Gotteskampfepisode Gen 32, 23-33, in: MThZ 40 (1989) 79-113, 100.
[56] Vgl. Rad, G. v., Das erste Buch Mose/Genesis, 263.
[57] Vgl. Seebaß, H., Genesis II/2: Vätergeschichte II (23,1-36,43), Neukirchen-Vluyn 1999, 403.
[58] Rad, G. v., Vom Lesen des Alten Testaments (1970), in: ders., Gottes Wirken in Israel, hg. v. O. H. Steck, Neukirchen-Vluyn 1974, 11-21, 19.
[59] Boecker, H. J., 1. Mose 25, 12-37,1 (Isaak und Jakob), Zürich 1992 (ZBK.AT 1,3), 104f.

Gottesverständnis zerbrechen, damit er ein anderer, ein wirklich Gesegneter werden konnte. Im Zentrum des Geschehens steht der Kampf Jakobs mit Gott, doch die näheren Umstände des Kampfes bleiben im Dunkel. Jakob hat, um Israel zu werden, die dunkle Seite Gottes zu bestehen, „also bis zum Äußersten festzuhalten gegen einen Feind, in dem er Gott selbst nicht vermutete, sondern Gott auf seiner Seite annahm. Erst im Nachhinein wurde ihm klar, dass er guten Glaubens an Gott festgehalten hatte und das Unheimliche überstand".[60] Wie Jakob ein wahrhaft Gesegneter wurde, ein anderer, dem Gott das eigenmächtige Verfügen-Wollen über Leben und Segen abgerungen hat, bleibt uns entzogen, das Dunkel der Nacht verwehrt den Einblick. Nach von Rad „wird jeder Ausleger irgendwo in dieser Erzählung auch auf einen Rest des nicht mehr Deutbaren stoßen".[61] Erfasst werden kann nur das „Ergebnis", welches die aufgehende Sonne ans Licht bringt: Jakob ist im Gotteskampf zu Israel gewandelt worden. In dieser nächtlichen Konfrontation wurden ihm die Augen für die Engel geöffnet, welche seinen Lebensweg schon immer begleiteten. Jakob gewann diese Erkenntnis in einem lebensbedrohlichen Kampf, er musste von Gott lebensbedrohlich angefasst werden, damit er Israel werden und sein Lebensziel erfassen konnte. In diesem Kampf wurde Jakob ausgezeichnet und gesegnet, darin soll und will Israel sich bleibend erkennen. Es befremdet, dass dieser Gott zugleich auch der Gott der Nacht und der Lebensbedrohung ist. „Wie in Gen 32 Erfassung und Geheimnis des Geschehens spannungsvoll zusammengehalten sind, sollen es auch künftig die Hörer und Leser des Textes halten: Gott sein Werk der stets notwendigen Wandlung von Jakob zu Israel tun zu lassen. Wie er es will, nicht, wie wir es wollen".[62] Segen und Wandlung Jakobs zu Israel ereignen sich nur in einem lebensbedrohlichen Kampf mit Gott.

Gen 32 versucht darauf zu antworten, indem es die „Fasslichkeit" Gottes im abgerungenen Segen und seine Unfasslichkeit im lebensbedrohlichen Angriff der Nacht zusammenzuhalten versucht. Die Bibel hat eine eigene, von Gott her in das menschliche Leben hineinwirkende Botschaft, welche oft als sperrige die Menschen mit Gott konfrontiert. Gott darf nicht nur mit der lichten Seite des Lebens in Verbindung gebracht werden. Es macht die Anstößigkeit und die spirituelle Tiefe der Erzählung vom Jakobskampf aus, dass Gott auch in das Dunkel involviert ist. Gott ist auch der fremde Gott, die schwirige, sperrige Seite Gottes wird unverblümt zur Sprache gebracht, es bleibt ein gewaltiger Rest an Unverfügbarkeit und Fremdheit. Die Erfahrung des Dunklen, Schweren, Widrigen und Zerstörenden wird im Alten Testament nicht aus dem Glauben ausgegrenzt, dies kann auch Teil von Glaubenserfahrung sein. Gerade in dieser Ambivalenz im Unheil und in der Gottferne wird Gottesbeziehung erahnt. Wenn die Ambivalenz zur hellen oder dunklen Seite Gottes hin aufgelöst wird, verlieren die schwirigen Texte ihre notwendige Kraft. Ohne das kritische Potential bleibt auch der Trost des biblischen Textes verborgen.

Der vorgestellte Gott ist der eine *und* der andere, es gibt ein Ineinander von Gottes dunklem und lichtem Tun (er ist der eine in dem anderen und der andere in dem einen). Es gilt zu beherzigen, dass die Unvereinbarkeit sprachlicher Gottesbilder die Einzigkeit und Unverfügbarkeit Gottes schützt, dass es somit gilt, sich vorbehaltlos und ungeteilt auf das dunkle Gottesbild des aggressiv kämpfenden Gottes einzulassen, weil es ganz von Gott spricht, aber nicht Gott in seiner Gänze auszusagen beansprucht. Durch die Gegenüber-

---

[60] Seebass, H, Genesis II/2, 404.
[61] Rad, G. v., Das erste Buch Mose/Genesis, 263.
[62] Spieckermann, H., Dähn, S., Der Gotteskampf, 92.

stellung zum versöhnlichen und segnenden Gott werden beide Gottesbilder zerbrochen auf das Geheimnis des einen und einzigen Gottes hin, den kein Bild zu fassen vermag.[63] Um des Wirklichkeitsbezugs Gottes und der Welthaltigkeit des Glaubens willen muss auch das dunkle Gottesbild bewahrt und wachgerufen werden: Menschen haben die Gotteserfahrung gemacht, dass Gott sich *auch* hart und grausam geben kann und sie sich folglich von ihm bedrohlich angegriffen wissen. Auch darin handelt er geschichtswirksam. Gerhard von Rad resümiert: In dieser Erzählung sprechen sich „Glaubenserfahrungen aus, die von der ältesten Zeit bis in die Gegenwart des Erzählers reichen; es ist in ihr etwas von dem Ertrag der ganzen Gottesgeschichte verrechnet, in die Israel hineingezogen worden ist. Dies Ereignis hatte nicht nur seinen Ort an einer bestimmten biographischen Stelle des Lebens Jakobs; es hat, so wie es jetzt erzählt ist, eine deutliche Transparenz nach dem Typischen hin, nach dem hin, was Israel je und je von Gott widerfahren ist. Israel hat hier fast prophetisch seine ganze Geschichte mit Gott als einen solchen Kampf bis zum Anbruch der Morgenröte dargestellt".[64]

In diesem im Kampf gekrümmten, den Segen fordernden, sich im Loslassen verbissen an Gott festklammernden Jakob hat Israel sich bleibend wiedererkennen wollen und ihn deshalb zu seinem Stammvater gemacht, ausgezeichnet mit seinem eigenen Namen Israel. „Das dürfte die tiefste Gründungserzählung sein, die sich je ein Volk gegeben hat. Tief im Sinne von abgründig und nachdenklich. Diese Gründungserzählung hat nicht der Hochmut diktiert, der sich ungebrochen und keck zum eigenen Ruhm auch an Gott heranmacht. Diese Gründungserzählung hat sich Israel in Demut und unter Schmerzen abgerungen". Der von Gott attackierte Jakob, der im Loslassen zu Israel wird, weil er nur Gott nicht loslässt, weiß, dass es jenseits des qualvoll abgetrotzten Segens kein Leben gibt. „Das ist das Bild, das Israel von sich hat und sich stets – gewiss auch gegen den ständig drohenden Hochmut – vor Augen halten will".[65]

Im folgenden Abschnitt wenden wir uns dem Zorn Gottes zu, der in der Heiligen Schrift ein wichtiges Interpretament des geschichtsmächtigen Wirkens Gottes darstellt. Gottes Zorn wird auch als unbegreiflich und exzessiv erlitten. Zunächst soll ein Beispiel für den „verständlichen" Zorn Gottes vorgestellt werden, der entbrennt, wenn der heilige Gott dem Bösen in der Geschichte begegnet. In seiner königlichen Funktion ist Gott gerecht, der Zorn ist Ausfluss von Gottes Gerechtigkeit.

---

[63] Vgl. Groß, W., „Ich schaffe Finsternis und Unheil" (Jes 45,7) – Die dunkle Seite Gottes, in: Annen, F. (Hg.), Gottesbilder. Herausforderungen und Geheimnis, Fribourg 2002, 62-102, 63.100.
[64] Rad, G. v., Das erste Buch Mose/Genesis, 264.
[65] Spieckermann, H., Dähn, S., Der Gotteskampf, 24.

2. Der Zorn Gottes

2.1. Zorn Gottes als Handeln des geschichtsmächtigen, gerechten Gottes

Die oben angeführten neuzeitlichen Bedenken gegen einen zornigen Gott führen nicht selten zu Vorverurteilungen und einer Hermeneutik des Verdachts. Um des Realitätsbezugs des biblischen Gottesbildes willen und um differenzierte biblische Aussagen zu erheben, kann eine neuzeitlich adäquate Hermeneutik erst dann ansetzen, wenn die Ursprungsbotschaft des Textes inmitten seines kontextuellen Argumentations- und Beziehungsgeflechts erhoben ist. Es gilt, unvoreingenommen zu beobachen und nicht biblische Aussagen vom Zorn Gottes harmonisierend zu verharmlosen und zu banalisieren. „Vom Zorn Gottes wird im Alten Testament häufig gesprochen, in vielen verschiedenen Zusammenhängen. Nomina für Zorn Gottes begegnen etwa 375mal, für den Zorn von Menschen nur 80mal ... ".[1]

Nach Walter Groß ist der Zorn Gottes in den breiten Strom altorientalischer und alttestamentlicher politischer Theologie und Geschichtstheologie einzuordnen. Seit den sumerisch-akkadischen Anfängen im 3. Jahrtausend hatte die Rede vom Götterzorn und seit ihren altägyptischen Anfängen die Rede vom königlichen Zorn eine wichtige Funktion in der politischen Theologie übernommen.[2] „Zorn ist nicht eine emotionale Entgleisung, sondern die unerlässliche Tugend des göttlichen und des irdischen Herrschers angesichts Unrecht und Gewalt; dieser Zorn ist ein wichtiger Motor, er treibt Gott und König an, den Gewalttätern zu widerstreiten".[3] In der gesamten Heiligen Schrift ist der Zorn Gottes ein sehr wichtiges Interpretament des innergeschichtlichen und des endzeitlichen Wirkens Gottes. Zorn ist eine Aktions- und Reaktionsweise Gottes, keine Eigenschaft. In der Bibel wird der Zorn Gottes seiner Gerechtigkeit zugeordnet: „Er ist in seinem Zorn gerecht, bzw. sein Zorn ist ein Ausfluss seiner Gerechtigkeit bzw., soweit seine Gerechtigkeit als gerechtmachendes Heilswirken gefasst wird, die Schattenseite seiner Gerechtigkeit. Gerechtigkeit kommt Gott in seiner königlichen Funktion zu, insofern er die Geschicke der Völker, speziell seines Volkes lenkt. Sein Zorn entbrennt dann, wenn sein gerechtes, Leben förderndes Welt- oder Israel-Regiment auf Widerstand stößt, und er zielt auf Vernichtung dieses Widerstandes".[4] Somit steht Zorn Gottes in engstem Zusammenhang mit Gottes Geschichtslenkung und seiner Lenkung der Geschicke des Einzelnen. In seinem Zorn ist der gerechte Gott Herr der Geschichte, im Zorn wird reale Geschichte interpretiert. Groß weist einen ethischen Reduktionismus bzgl. „Zorn Gottes" zurück, die

---

[1] Westermann, C., Boten des Zorns. Der Begriff des Zorns in der Prophetie: Jeremias, J., Perlitt, L.(Hg.), Die Botschaft und die Boten (FS H.W. Wolff), Neukirchen-Vluyn 1981, 147-156, 148.

[2] Vgl. Lactantius, L. C. F., De ira Dei. Vom Zorne Gottes. Lateinisch und deutsch von Kraft, H, Wlosok, A, Darmstadt 1957, 23.14: „Wo es keinen Zorn gibt, gibt es auch keine Herrschaft. Gott hat aber die Herrschaft inne. Also muss er auch Zorn, durch den Herrschaft besteht, haben ... ". 5,9: „Wenn nämlich Gott den Gottlosen und Verbrechern nicht zürnt, dann freilich liebt er auch nicht die Frommen und Gerechten".

[3] Groß, W., „Ich schaffe Finsternis und Unheil" (Jes 45,7) – Die dunkle Seite Gottes, 73.

[4] Groß, W., Zorn Gottes – ein biblisches Theologumenon, in: ders., Studien zur Priesterschrift und zu alttestamentlichen Gottesbildern (SBA 30), Stuttgart 1999, 199-239, 233.

Gottesgegnerschaft reiche tiefer. Häufig entbrenne Gottes Zorn im AT gegen die Völker, „weil sie seinem Zion, seinem König oder seinem Volk nicht die Position einräumen wollen, die er ihnen zugedacht hat, oder weil sie seinem Geschichtsplan, selbst wenn er sie als seine Instrumente einsetzt, widerstreben".[5] Überwiegend wird das Theologumenon vom Zorn Gottes verwendet, um Gottes Wirken als rational rekonstruierbar und verständlich erscheinen zu lassen.

In Klgl 1,5 ist die Schuld explizit kausal mit YHWHs Handeln verbunden, das Zorngericht ist ein Strafgericht. YHWH selber ist gerecht: „Denn YHWH hat sie gepeinigt wegen der Menge ihrer Verfehlungen… 1,8: Schwer gesündigt hat Jerusalem, deswegen ist sie zum Kopfschütteln (Gespött) geworden… ". Klgl 1,18: „ Gerecht – das ist YHWH, denn gegen seinen Mund (Befehl) war ich widerspenstig". Laut Groß kann deshalb hier von Anklage YHWHs nicht mehr die Rede sein. „Einen gerechten Gott kann man in der Hinsicht, unter der er gerecht ist, nicht anklagen; im glühenden Zorn vollzieht der gerechte YHWH wohlbegründete Strafe".[6] Dieses jüngere Lied dient als Interpretationsschlüssel für Klgl 2. Im Mittelteil von Klgl 3 kommen zusätzlich zum Schuldeingeständnis folgende Vertrauens- und Hoffnungsaussagen zu Wort: 3,22: „YHWHs Gnadenerweise sind fürwahr nicht zu Ende, sein Erbarmen hat nicht aufgehört! 3,26: Gut ist es, schweigend zu harren auf die Rettungstat YHWHs. 3,31: Denn nicht verwirft für immer der Herr".

In Klgl 5 kommt es zu einer Absetzbewegung der sprechenden Generation von der Vorgängergeneration, welche die Katastrophe verschuldet hat (5,14).[7] Folgende Bitte wird an YHWH gerichtet: Klgl 5,21: „Kehre uns um, YHWH, zu dir, damit wir umkehren können! Erneuere unsere Tage wie einst! 5,22: Oder hast du uns tatsächlich verworfen, zürnst du uns zu sehr?" Nach Groß fügt sich die Sammlung der Klagelieder als ganze auf diese Weise in den Hauptstrom alttestamentlicher Rede vom Zorn Gottes gegen sein eigenes Volk ein. „Der Zorn YHWHs ist ein festes Element theologischer Geschichtserklärung: Das Volk versündigt sich und verschuldet damit innergeschichtliche Strafe; es reizt YHWH zum Zorn. YHWH verhängt entsprechend seinen vielfältigen Drohungen die Strafe; er vollzieht sie im Modus des Zorns".[8] Auf diese Weise wird der Zorn Bestandteil eines rationalen Zusammenhangs: Wenn auch das Moment des Unheimlichen und Unkalkulierbaren bewahrt bleibt, so wird der Zorn doch angekündigt, motiviert und erwartet. Auch gegen den tobenden Zorn sind noch Bitten um Rettung zu YHWH möglich und notwendig. Zorn bezeichnet weder eine ständige Eigenschaft noch eine Haltung, sondern je neu eine Tat YHWHs. Obgleich die Zornestat durch die Schuld des Volkes motiviert wird, wird weder der Umfang der im Zorn durchgeführten Strafe noch die Existenz des göttlichen Zorns durch sie begründet. Der Zorn YHWHs kann letztlich nur als geschichtliches Widerfahrnis konstatiert werden, außer in Klgl 1 und in Hos 11,9 ist laut Groß im AT nie versucht worden, diesen Zorn explizit und systematisch zu anderen Verhaltensweisen wie z. B. „lieben" oder Eigenschaften YHWHs wie „heilig" in Beziehung zu setzen. „Alttestamentliche Rede von YHWH als dem Herrn der Geschicke seines Volkes bzw. auch der übrigen Völker ist angesichts der häufigen Katastrophen, die in diesem Zeitraum über diese Region hereinbrachen, ohne die Kategorie des göttlichen Zorns undenkbar. In

---

[5] Ebd.
[6] Ebd., 216.
[7] Zur Verwendung des Generationenschemas im AT vgl. Groß, W., Zukunft für Israel. Alttestamentliche Bundeskonzepte und die aktuelle Debatte um den Neuen Bund (SBS 176), Stuttgart 1998, 104ff.
[8] Groß, W., Zorn Gottes, 217.

all diesen Fällen ist der Zorn YHWHs durch Israels Schuld de facto ausgelöst und inhaltlich motiviert". [9] Im folgenden Text ereilt YHWHs Zorn nicht mörderische Feinde seines Volkes oder überhebliche Verbrecher, sondern sein eigenes Volk. Der Zorn YHWHs wird durch die Schuld des Volkes weder explizit begründet noch gerechtfertigt.

2.2. Klagelied 2: YHWH handelt im Zorn an seinem Volk

Klgl 2 irritiert das Gottesbild außerordentlich, zumal es das Bild des zornig handelnden YHWH auch für die Verhältnisse des AT auf extreme Weise entfaltet. [10] Das nicht von Jeremia stammende zweite Klagelied, eine akrostichisch-alphabetische Dichtung, gilt als ältestes der fünf sog. Klagelieder des Jeremia. In zeitlicher Hinsicht steht es der Katastrophe von 587 v. Chr. sehr nahe. Als Vasall des neubabylonischen Großkönigs Nebukadnezzar hatte der letzte König Jerusalems im Dauerkonflikt zwischen der ägyptischen und der mesopotamischen Großmacht auf die (falsche) ägyptische Karte gesetzt und wurde von Ägypten im Stich gelassen. In Klgl 2 wird als unmittelbar eigene Erfahrung geschildert, wie furchtbar der Zorn Nebukadnezzars den aufrührerischen Vasallen traf. Obwohl die Soldateska plündert und mordet, werden allein YHWH die Kriegsgräuel zugeordnet.

Das Lied gliedert sich in drei Teile: (1) 2,1-12 berichtet von der Verheerung der Tochter Juda und der Tochter Zion und fließt ein in eine Schilderung seiner Trauer darüber und insbesondere über das Verschmachten der Kinder und Säuglinge; (2) in 2,13-19 wendet sich der Sprecher an die Tochter Jerusalem, mit der Aufforderung endend, sie solle zu YHWH rufen. In (3) 2,20-22 ruft die Tochter Zion tatsächlich zu YHWH, indem sie ihn anklagt. Für die Teile 1 und 3 ist „Zorn YHWHs" das Leitwort. Alle drei Teile erstellen die trostlose Diagnose, dass YHWH „schonungslos" gehandelt habe (2,2.17.21). Im großen ersten Teil ist YHWH in fast allen Sätzen Subjekt. Er persönlich hat mittels der Feinde Land, Stadt, Palast und Tempel vernichtet. [11] Es ist dies weder Feind- noch Untergangsklage, sondern Gottesklage:

> 2,1 Wie umwölkt mit seinem Zorn der Herr die Tochter Zion!
> Er hat vom Himmel zur Erde geschleudert die Pracht Israels.
> Und nicht hat er gedacht des Schemels seiner Füße am Tag seines Zorns.
> 2,2 Schonungslos hat der Herr vernichtet alle Fluren Jakobs;
> niedergerissen hat er in seinem Grimm die Burgen der Tochter Juda,
> zu Boden gestreckt, entweiht das Königtum und seine Fürsten.
> 2,3 Zerschlagen hat er in der Glut seines Zorns jedes Horn Israels.
> Er hat seine Rechte zurückgezogen angesichts des Feindes
> und brannte in Jakob wie flammendes Feuer, ringsum alles verzehrend.
> 2,4 Er hat seinen Bogen gespannt wie ein Feind,
> stand da, erhoben die Rechte.
> Wie ein Gegner erschlug er alles, was das Auge erfreut.

---

[9] Ebd., 218.
[10] Vgl. ebd., 211ff.
[11] Vgl. Groß, W., Das Handeln Gottes in der Geschichte nach dem Alten Testament, 8: „Da YHWH und seine menschlichen Instrumente auf verschiedenen Ebenen handeln und YHWH die entscheidende Gewalt besitzt, kann ein Israelit auch die menschlichen Instrumente übergehen und YHWH allein als Handelnden benennen".

Im Zelt der Tochter Zion hat er wie Feuer seine Wut ausgegossen.
2,6 Er hat verschmäht in der Verwünschung seines Zorns König und Priester.

Nur im Zorn kann YHWH darauf verfallen sein, seinen Zion und seinen Tempel, die Priester und den ihm gewidmeten Kult zu zerstören. Diese Erfahrung des Zorns wird lediglich konstatiert. Zwar verweist 2,14 auf die Falschprophetie, derzufolge die von YHWH nicht gesandten Heilspropheten es versäumten, Jerusalem rechtzeitig seine Schuld aufzudecken, so dass der Sprecher indirekt auch von der Schuld der Jerusalemer sprechen kann. Letztere bildet einen Teilauslöser des göttlichen Zorns, ohne ihn explizit damit zu begründen. Gemäß 2,17 realisiert YHWH einen längst ersonnenen und seinem Volk auch seit Vorzeiten mitgeteilten Plan in höchstem Zorn – Mitursache dieses Zorns ist auch die jüngste Schuld des Volkes. Im dritten Teil wendet sich die Tochter Zion an den Gott, der sie in seinem Zorn vernichtet hat. Dabei greift sie weder YHWHs seit Urzeiten bekannten Plan noch die eigene, anerkannte Schuld auf. Vielmehr verschärft sie den ersten Teil und klagt YHWH wegen des Exzesses seines Zornes an. Die massive Anklage Gottes artikuliert sich wie folgt:

2,20 Sieh, YHWH, und schau her! An wem hast du so gehandelt? Dürfen Frauen ihre Frucht essen, die liebevoll gehegten Kinder? Dürfen Priester und Prophet im Heiligtum des Herrn getötet werden? 2,21 Es liegen auf dem Boden der Straßen Knabe und Greis. Meine Jungfrauen und jungen Männer sind durch das Schwert gefallen. Du hast am Tag deines Zorns getötet. Du hast geschlachtet, schonungslos. 2,22 Du hast wie zum Festtag meine Schrecken von ringsher gerufen, und nicht gab es am Tag des Zorns YHWHs einen Geretteten oder Entronnenen. Die, die ich gepflegt und großgezogen hatte, – mein Feind hat sie vernichtet.

Zu den fundamentalen religiösen Äußerungen der Israeliten im Alten Testament gehört die Gottes-Anklage: Der Beter adressiert seine Not an den, „der letztlich dafür verantwortlich ist und sie, wenn überhaupt, noch zu wenden vermag. In den Klagen und Anklagen ringen die Kläger um Änderung ihrer Situation zum Guten".[12] Anklage Gottes ist „die an Gott gerichtete, zu ihm hin erhobene Klage, nicht aber eine Beschuldigung oder Anschuldigung Gottes, weil Beschuldigung ein Vorgang vor einem Forum (etwa einem Gericht) wäre, was hier ausgeschlossen ist... Eine Anklage Gottes begegnet in den Texten des Alten Testaments dort, wo ein Mensch oder eine Gemeinschaft von Menschen das Leid, das sie betroffen hat, nicht mehr begreifen, d.h. wo sie es nicht als Wirken Gottes begreifen können, wo es ihnen als Wirken ihres Gottes unbegreiflich geworden ist... Damit, dass es (das Unbegreifliche) vor Gott zur Sprache kommt, bleibt es doch innerhalb der Gottesbeziehung des Leidenden, wenn auch nur so, dass er es Gott vorwirft".[13] Klgl 2 ist in diesem Sinne Klage vor und Anklage gegen YHWH wegen seines unverhältnismäßig grausamen Vorgehens gegen die Stadt Jerusalem. Laut Groß finden sich solche extremen Aussagen nur in Reden zu Gott, nicht in Reden über Gott. Er mahnt an, die Aussage von Klgl 2

---

[12] Groß, W., Gott als Feind des einzelnen? Psalm 88, in: ders., Studien zur Priesterschrift und zu alttestamentlichen Gottesbildern, 167. Vgl. Berges, Ulrich, Schweigen ist Silber-Klagen ist Gold. Das Drama der Gottesbeziehung aus alttestamentlicher Sicht mit einer Auslegung zu Ps 88, Münster 2003.

[13] Westermann, C., Die Klagelieder. Forschungsgeschichte und Auslegung, Neukirchen-Vluyn 1990.

2.2. Klagelied 2: YHWH handelt im Zorn an seinem Volk

nicht zu verharmlosen und sich nicht vorschnell mit scheinbar plausiblen Motivationen zufrieden zu geben, zumal dieser Text „in das Zentrum der Gottesbeziehung Israels zu führen scheint".[14] Nach seinem Dafürhalten zählt auch Klgl 2 zur religiösen Linie, die schlussendlich den Durchbruch zum Monotheismus bewirkt hat. Demzufolge ist YHWH der Herr der Geschichte und Geschicke seines Volkes. Bei Verstoß gegen YHWHs Weisungen erregt das Volk und/oder seine Führung den Zorn YHWHs. Es ist dies der Zorn des Herrschers über die Störung seiner Herrschaft und der dadurch gewährten Ordnung. Folglich bleibt YHWH nur dann Herr des Schicksals seines Volkes, wenn der Untergang Jerusalems seine Hauptursache im Zorn YHWHs und nicht in der Machtpolitik Nebukadnezzars findet. Das Leid ist, weil auf den Zorn YHWHs zurückgeführt, so sehr YHWHs Tat, dass die wirklichen militärischen Feinde ganz dahinter verschwinden. „Hier nun ereignet sich in diesem Klgl 2 das für Israels Gottesverhältnis Typische. Der Autor bezweifelt nicht dieses dunkle Gottesbild. Er hellt seine Schatten auch nicht dadurch auf, dass er alle Schuld beim Volk versammelt oder die Schrecken abmildert oder gar verdrängt. Er bittet auch nicht einfach um Hilfe trotz allem. Sondern er klagt Gott an. Er klagt Gott an, dass er maßlos seinen Zorn toben ließ".[15]

Die Anklage gestaltet sich weder als Monolog noch als Rede gegenüber Dritten, sondern richtet sich im Gebet direkt gegen diesen selben Gott. „Die nahezu inakzeptabel grausame Realität erzeugt, weil Gott nicht von dieser Realität abgekoppelt wird, ein nahezu inakzeptabel verdüstertes Gottesbild, und dieses wiederum ruft als Reaktion Israels ein nahezu inakzeptables Gebet, die Gottesanklage, hervor".[16] Im Unterschied zum Buch Ijob nimmt die Klage hier eine besonders intensive Gestalt der Bitte an: Auch im Zorn Gottes sind Bitten um Rettung zu ihm möglich und erforderlich. Gott soll seinen Zorn zurücknehmen, weil er unangemessen und seiner nicht würdig ist. Das ist der Preis des Glaubens, dass YHWH der einzige Herr der ganzen Geschichte ist. YHWH bezahlt den Preis, dass ihn seine Verehrer anklagen. Israels erlittene Geschichte ist ganz durchsichtig auf den handelnden Gott. Angesichts der Härte des Leids droht sie als Wirken Gottes unbegreiflich zu werden.[17] Dabei besteht die Gefahr, dass Gott ebenso dunkel, ambivalent, gefährlich und irrational wird wie die von ihm gewirkte Geschichte. Dies gilt es zu bedenken bei allen Versuchen, vom Handeln Gottes in Geschichte zu sprechen. Im Umkehrschluss kann der Herr der Geschichte auch nicht aus den geschichtlichen Widerfahrnissen herausgehalten werden. „Israel hat viele Erklärungen für seine Katastrophen durchgespielt, es hat aber nie darauf verzichtet, in großer Härte auch den handelnden Gott selbst mit der Verantwortung für die von ihm gewirkte Geschichte zu behaften".[18]

---

[14] Groß, W., Klagelieder 2: YHWH handelt im Zorn an seinem Volk, in: Annen, F. (Hg.), Gottesbilder. Herausforderungen und Geheimnis, 83.
[15] Ebd., 85.
[16] Ebd., 86.
[17] Vgl. Groß, W., Jes 64,4: „Siehe, du hast gezürnt, und dann haben wir gesündigt". Zu 2000 Jahren problematischer Rezeption zweier brisanter Sätze: Kratz, R. G., Krüger, T., Schmid, K. (Hg.), Schriftauslegung in der Schrift (FS Odil Hannes Steck) (BZAW 300), Berlin-New-York 2000, 163-173. Im Volksklagelied Jes 63,7-64,11 ist das Extrem solcher Gottesrede erreicht, wo das Volk die doch die katastrophalen Widerfahrnisse verständlich machen sollende, eigene Schuld, ihrem Gott vorwirft und diesen zur Umkehr aufruft: 63,17: „Warum lässt du uns abirren, YHWH, von deinen Wegen, verhärtest du unser Herz so, dass wir dich nicht fürchten? Kehre um, deiner Knechte wegen, der Stämme wegen, die dein Eigentum sind"! 64,4: „Siehe, du hast gezürnt, und *dann* haben wir gesündigt".
[18] Groß, W., Das Handeln Gottes in der Geschichte nach dem Alten Testament, 9.

Aus der eigenen geschichtlichen Erfahrung heraus wird das Gottesbild radikalisiert, und „das dennoch im Gebet aktualisierte Gottesverhältnis zeigt Tiefendimensionen, die durch Sünde-Strafe-Theorien nach deuteronomistischen Schemata nur verdeckt und verharmlost werden könnten".[19]

In Psalm 88 ist der Zorn Gottes nicht rational einsichtig, er bleibt unmotiviert. Der Psalmist entlastet Gott nicht durch das Eingeständnis eigener Schuld. YHWH spielt eine eigene Rolle, in manchem rätselhaft und dunkel. Dafür macht ihn der Psalmist verantwortlich, er denkt streng theologisch, indem er Gott als aktiv Handelnden sieht. Der Psalmist klagt freimütig und in schonungsloser Offenheit vor seinem Gott das nach seinen Gründen undurchschaute Übermaß erlebten göttlichen Zorns und vernichtender Gewaltsamkeit an und erleidet Gottes Fremdheit und seine alle Kategorien sprengende Anstößigkeit.

2.3. Psalm 88 – YHWHs Zorn gegen einen einzelnen seiner Verehrer

In dem kunstvoll gestalteten, hochpoetischen Psalm 88 wird die Rede vom Zorn YHWHs bis zu einem Extrem gesteigert. Ein YHWH-Gläubiger kämpft in extremer Notlage durch ein extremes Gebet anklagend um seinen Gott, den er betend schonungslos verantwortlich macht für sein eigenes, unverschuldetes Leiden. Ps 88 ist „ein kunstvolles Gedicht, das sich als wohl reflektiertes Gebet denen anbietet, die in eine entsprechend extreme Krankheitssituation geraten sollten. Es ist ein Formular bzw. eine Meditationsvorlage für solche Fälle".[20] Der Psalm ist deshalb einem starken Formwillen unterworfen. Dreimal erwähnt der Psalmist sein klagendes Schreien zu YHWH und ruft dabei den Gottesnamen YHWH aus: 88,2-3; 88,10bc und 88,14. Besagte Verse führen je einen der folgenden Abschnitte ein: 88,4-10a; 11-13; 15-19. Der sich inhaltlich abhebende Abschnitt 11-13 bildet die Sinnachse des Psalms. Nur hier werden YHWH hilfreiche Handlungen und positive Eigenschaften zugesprochen: Wunder, Huld, Treue, Gerechtigkeit.[21] Laut Zenger geht es um die Hoffnung auf den rettenden Gott, die von den rhetorischen Fragen dieses Mittelteils wachgehalten wird. Von dieser Hoffnung „will er (sc. der Beter) nicht lassen. Auch wenn alles dagegen spricht".[22]

Der Psalmist formt aus der YHWH-Ferne der Scheol und ihrer Bewohner ein „argumentum ad deum":[23] Der Beter geht in seiner Anklage YHWHs als des Verursachers seiner Leiden bis an die äußerste Grenze und macht in Form einer „unverschämten" Grenzaussage deutlich, „dass Gott auf diejenigen angewiesen ist, denen in ihrem Leben seine Gnade widerfährt und die als Antwort darauf sein Heilshandeln öffentlich bezeugen. In ihrer Zukunft geht es auch um Gottes Zukunft und in ihrem Tod um seine Niederlage".[24] YHWHs Eigeninteresse müsste es ihm verbieten, einen seiner Verehrer verfrüht an die Scheol zu verlieren. Nach Janowski ist diese radikale Form von Theologie eine in den Glaubenstraditionen Israels verwurzelte Theologie, zumal sie die Frage nach Gott gerade angesichts des Todes nicht aufgibt. Doch dieser Appell des Beters bleibt kraftlos: Ein

---

[19] Ebd., 10.
[20] Groß, W., „Ich schaffe Finsternis und Unheil" (Jes 45,7) – Die dunkle Seite Gottes, 92.
[21] Vgl. Janowski, B., Konfliktgespräche mit Gott. Eine Anthropologie der Psalmen, Neukirchen-Vluyn 2003, 250.
[22] Zenger, E., Dein Angesicht suche ich. Neue Psalmenauslegungen, Freiburg i. Br. 1998, 73.
[23] Vgl. Kraus, H.-J., Theologie der Psalmen (BK 15/3), Neukirchen-Vluyn 1989, 775.
[24] Janowski, B., Konfliktgespräche mit Gott, 249.

2.3. Psalm 88 – YHWHs Zorn gegen einen einzelnen seiner Verehrer

Blick auf den Psalm verrät unschwer, dass es um diese Hoffnung nicht gut bestellt ist; der Psalmist deutet keinerlei Erhörungsgewissheit an.

Um diese Sinnachse sind die beiden äußeren Abschnitte 4-10a und 15-19 angeordnet. Beide Abschnitte stehen in enger Beziehung zueinander, zumal sie fast identisch enden. Darin spricht der Psalmist klagend und anklagend allein von sich, insofern er passives Objekt schädigender Handlungen YHWHs ist. 88,9: „Du hast entfernt von mir meine Vertrauten. Du hast mich ihnen zum Abscheu gemacht. Ich bin gefangen! Und kann nicht heraus! 88,19: „Du hast entfernt von mir Freund und Gefährten, meine Vertrauten (das ist nur noch die) – Finsternis"! Der Beter von Ps 88 ist von Jugend an todkrank (88,16a), er hat von seinem Gott nur Übles erfahren (88,4a). Seine Umwelt zählt ihn bereits zu den Toten (88,5a). Obwohl der Psalmbeter jede Nacht zu YHWH um Hilfe geschrien hat (88,2.10b) und dabei den Gebetsgestus vollzog (88,10c), hat YHWH sich nicht erbitten lassen (88,15). Der Beter ist schließlich verstummt (88,17b) und wird alsbald völlig erstarren (88,16c). Von seinen Gefährten wie von seinem Gott gleichermaßen verlassen (88,9a.19a), empfindet er sein Leben als unentrinnbaren Kerker (88,9cd), nur noch die Isolation ist sein Vertrauter (88,19b). Für ihn das Schlimmste: YHWH persönlich hat das alles über ihn verhängt, der einzige, der ihm helfen könnte. „Ps 88 hat die für Israel typische Konzentration auf YHWHs Verhalten gegenüber dem Kranken konsequent auf die Spitze getrieben und nimmt dabei nur den negativen Aspekt – YHWH hat die Krankheit verursacht – in den Blick".[25] Gott ist ausschließlich sein Feind. Es ist unverständlich, warum der Zorn Gottes auf ihm lastet, der doch durch menschliche Verfehlungen erregt wird: 88,8: „Auf mir hat gelastet dein Grimm, und mit all deinen Brechern hast du mich überwältigt".

Unerklärlich und unprovoziert hat YHWH seinen ganzen Grimm und seine Zornesgluten wie eine Feuersbrunst über ihn fahren lassen. 88,17: „Über mich dahingefahren sind deine Zornesgluten, deine Schrecken haben mich zum Verstummen gebracht". Der Zorn Gottes wird sprachlich sogar zum handelnden Subjekt. Statt dämonischer Mächte hat YHWHs Schrecken ihn umzingelt, so dass er nicht entkommen konnte (88,18b). Der Beter hat schließlich das Gebet abgebrochen, weil YHWH den Kontakt verweigert hat, sein Schrecken hat ihn zum Verstummen gebracht. YHWH hat sein Gesicht vor ihm verborgen (88,15b) und ihn verstoßen (88,15a).[26] YHWH selbst hat die Vertrauten vom Psalmisten entfernt (88,9a.19a), er hat ihn für sie zum Abscheu gemacht (88,9b). Sonstige Klagekomponenten wie Vertrauensaussage, Erhörungsgewissheit, Bitte um Heilung, ein Hilfeschrei und das Versprechen künftigen Lobes fehlen.

Durch die Du-Aussagen in V 7-9 und V. 15.17-19 wird eindeutig klar, dass das Leid des Beters von YHWH verursacht ist. Gott ist Subjekt von schädigender Aggression. Der

---
[25] Groß, W., Gott als Feind des einzelnen?, 165.
[26] Vgl. Groß, W., Das verborgene Gesicht Gottes – eine alttestamentliche Grunderfahrung und die heutige religiöse Krise, in: Hünermann, P. (Hg.), Gott ein Fremder in unserem Haus? Die Zukunft des Glaubens in Europa (QD 165), Freiburg-Basel-Wien 1996, 65-77, 77. Groß empfiehlt, die heutige Glaubenskrise nicht nur auf menschliche Verursachung hin zu untersuchen, sondern im strengen Sinn theologisch zu verstehen. Israel hat die Erfahrung des verborgenen Gesichtes Gottes nicht nur als Reaktion auf menschliches Fehlverhalten dargestellt: „YHWH spielt seine eigene, durch die menschliche Schuld allein nicht erklärbare, in manchem rätselhafte und dunkle Rolle, so sehr auch die Hoffnung auf ihm ruht" (77). Die alttestamentliche Glaubenserfahrung vom verborgenen Gesicht YHWHs könne gegenwärtig helfen, Gott nicht aus der Verantwortung dafür zu entlassen, ihn dabei vielmehr als aktiv Handelnden ernst zu nehmen und „nicht nur als Chiffre für das Ergebnis rein innermenschlicher Vorgänge zu missbrauchen"(77).

Beter „lässt sich keine Schuld aufreden".[27] YHWH ist Träger aller Aktivität und aller Verantwortung. Der Beter lässt sich seine Eigenwahrnehmung nicht zugunsten eines konfliktfreien Gottesverhältnisses ausreden. Auch ist kein für Klagepsalmen typischer Feind in Sicht, wie z.B. in Ps 13,5, wo das Todesgeschick des Beters durch das deklarative Wort des Feindes „Ich habe ihn überwältigt"! definitiv gemacht wird. Eine über den Tod hinaus führende Auferstehungshoffnung kommt theologiegeschichtlich noch nicht in Frage. Es bleibt eine tiefe Kluft zwischen seinem YHWH-Glauben und seiner Erfahrungswelt: Dieser Beter kann die Einheit zwischen jenem Gott seines Glaubens und diesem Gott seiner Leiderfahrung „nicht mehr positiv durch sonstige inhaltliche Aussagen"[28] herstellen. Im Ps 88 ringt der Beter nicht nur um sein Leben, sondern zugleich auch um das Gottsein seines Gottes. Der Beter macht YHWH hartnäckig und sehr konkret für sein gesamtes Schicksal verantwortlich. Er sucht die Ursache für sein Unglück weder bei sich selbst noch, diese Anfechtung von seinem Gott fernhaltend, bei anderen Kräften außer YHWH. Um der uneingeschränkten Bindung an YHWH allein willen leugnet die offizielle YHWH-Theologie die Existenz von Dämonen auch da, wo sie im altorientalischen Weltbild fixiert waren. „Dieser Beter hat seinen Psalm als konsequente und geschlossene Anklage Gottes gestaltet und seinem Gott die alleinige Verantwortung für sein Schicksal zugewiesen: Alles, was er erleidet, ist nur YHWHs Werk. Alles, was an andere Menschen, an die Reaktionen der Umwelt erinnern könnte, hat der Psalmist getilgt: der Psalm ist eine einsame und aussichtslose Konfrontation zwischen dem Schwerkranken und YHWH, der das alles gewirkt hat".[29]

Walter Groß konstatiert: „YHWH ist zwar nicht schlechterdings zornig, es gibt immer auch noch einen YHWH jenseits seines Zorns, Zorn ist nur eine Seite an ihm, die jetzt von ihm dem Sprecher zugewandte und von diesem erfahrene. Der Beter wendet sich ja zugleich um Abhilfe an ihn und appelliert an seine Hilfsbereitschaft. Aber im Augenblick bzw. in der Vergangenheit, auf die er zurück blickt, erlebt der Beter allein die Wucht dieses Zorns".[30] Zwar kann der Beter durch eigene Handlungsänderung nichts dazu beitragen, dass dieser Zorn vergeht. „... er kann nur YHWH anrufen, in der Hoffnung, dass dieser ebenso unerklärlich (wenn auch u.U. in Übereinstimmung mit früherem Rettungshandeln am einzelnen oder am Volk) wieder Gnade walten lässt, wie jetzt noch sein Zorn brennt".[31] Die Einheit zwischen dem geglaubten und erfahrenen Gott wird nur noch durch den Akt des Gebets als solchen hergestellt, indem der Psalmist das, was ihm von YHWH her widerfährt, kompromisslos anklagend auf den geglaubten YHWH hin ausspricht. Dadurch, dass er das Unbegreifliche vor Gott zur Sprache bringt, bleibt es doch innerhalb seiner Gottesbeziehung, wenn auch nur in dem Modus, dass er es YHWH vorwirft. Ausschließlich durch den Sprechakt der Gottesklage besteht noch eine Beziehung zu YHWH, in der Anklage spricht der Psalmist überhaupt noch zu Gott, auch wenn er am Ende keine Kraft zur Hoffnung mehr aufbringt.

Der Beter kann sein Leid nicht mehr als Wirken seines Gottes begreifen – darum

---

[27] Groß, W., Ein Schwerkranker betet. Psalm 88 als Paradigma, in: Fuchs, G., (Hg.), Angesichts des Leids an Gott glauben? Zur Theologie der Klage, Frankfurt a. M. 1996, 101-118, 107.
[28] Groß, W., Ein Schwerkranker betet, 111.
[29] Groß, W., Gott als Feind des einzelnen?, 169.
[30] Groß, W., Zorn Gottes, 226.
[31] Ebd.

2.3. Psalm 88 – YHWHs Zorn gegen einen einzelnen seiner Verehrer

richtet er seine Anklage an ihn.[32] Auch wenn der Psalmist dem endgültigen Kommunikationsabbruch nahe kommt und in Gottes- und Menschenferne und Verzweiflung verstummt, nennt er diesen YHWH in 88,2 „Gott meines Heils", gibt er seinen Gott (noch) nicht auf. Der Psalm endet unversöhnlich, einen Gott anklagend, der den Beter schädigt. Walter Groß weist darauf hin, dass Ps 88 nicht als isolierter Text, sondern als Gebet unter den 150 Psalmen überliefert ist, so dass seine Aussage um andere ergänzt und durch gegenläufige Aussagen relativiert wurde, z. B. Ps 71, 5.17: YHWH als Hoffnung des Beters von Jugend auf. Ps 88 ist Glied der zwölf Korachpsalmen (42.43-49.84-85.87-88), deren letztes Paar er abschließt. Ps 87 und 88 sind sich paarweise zugeordnet, wobei Ps 87 den größtmöglichen Kontrast zu Ps 88 darstellt: Er enthält durchweg lebensbejahende Aussagen und Bilder: Ein Loblied auf die Mutter Zion. „Ps 88 wird durch Ps 87 konterkariert, aber Ps 88 in Endstellung trägt den stärkeren Akzent".[33] Laut Zenger bestreitet eine spätere Redaktion die äußerst „negative" Theologie des Ps 88, indem sie zwischen die Korachitenpsalmen 84+85 und 87+88 den versprengten David-Psalm 86 einfügt, um mit seiner Autorität in einer ähnlichen Situation die von Ps 88 negierten Gotteserfahrungen zu behaupten.[34] Auch wenn dem Redaktor Ps 88 zu einseitig-negativ war, entfernt er ihn nicht aus der Sammlung, sondern stellt den hellen Ps 86 dazu (ähnlich dem in Kontaktstellung gebrachten, hell gestimmten Ps 87). Ps 88 wird weder zensiert noch entfernt oder bestritten. W. Groß betont diese Dignität als Einzelpsalm, wenn er anregt, jeden Psalm als Einheit für sich auf die ihm eigene Aussage hin zu befragen.[35]

Das Gottesbild von Ps 88 wird in die Vielfalt nebeneinander gültiger und doch nicht miteinander vereinbarer Gottesbilder der umliegenden Psalmen eingefügt und so durch Letztere relativiert. „Da tritt wieder das Bilderverbot in spezfischer Wirkung hervor: Das dunkle Gottesbild wird nicht zugunsten eines hellen, sondern beide werden durch ihre Gegenüberstellung zerbrochen auf das Geheimnis des einen und einzigen Gottes hin, den kein Bild fassen kann".[36] In Ps 88 führt die Weigerung, in einer ausweglosen Leidsituation YHWH aus diesem Bereich der Realität zu entfernen, zu einem dunklen Gottesbild. Gott ist der zornige Feind und Schädiger des Beters. Aus dem dunklen Gottesbild ergibt sich seitens des Psalmisten jedoch keine Selbstbeschuldigung oder Unterwerfung, sondern Gottesanklage. Indem das nachexilische Judentum diesen Psalm in seine Gebetssammlung aufgenommen hat, weist es ihn als empfehlenswertes Gebet aus. So muss ein Mensch zu Gott sprechen, dem anderes zu ungebrochen und zu hell ist, ein Mensch, der in einer ähnlichen Situation dem Tod entgegen geht. „Dunkle Gottesbilder müssen wir bewahren und in uns wachrufen um der Leiderfahrungen vieler Menschen willen, die wir nicht einfach triumphalistisch oder realitätsfern in Ergebung und Gotteslob ummünzen dürfen. Dunkle Gottesbilder müssen wir bewahren und in uns wachrufen um des Wirklichkeitsbezugs unseres Gottes willen, um der Welthaltigkeit unseres Glaubens willen".[37] Groß hebt hervor, wie stark in dieser durch äußerste Grenzerfahrung bedingten An-Klage die Gottesfrage und damit das theologische Zentrum selbst berührt ist: „Ein

---

[32] Vgl. Westermann, C., Die Klagelieder. Forschungsgeschichte und Auslegung, Neukirchen-Vluyn 1990.
[33] Groß, W., „Ich schaffe Finsternis und Unheil" (Jes 45,7) – Die dunkle Seite Gottes, 98.
[34] Vgl. Zenger, E., Zur redaktionsgeschichtlichen Bedeutung der Korachpsalmen. Ders., Seybold, K. (Hg.), Neue Wege der Psalmenforschung (FS W.Beyerlin) (HBS 1), Freiburg-Basel-Wien 1994, 175-198, 186ff.
[35] Vgl. Groß, W., Gott als Feind des Einzelnen?, 171.
[36] Groß, W., „Ich schaffe Finsternis und Unheil" (Jes 45,7) – Die dunkle Seite Gottes, 100.
[37] Ebd.

solcher Gebetsakt und die offizielle Tradierung eines solchen Gebetstextes sagen mehr über das Gottesbild (und das Menschenbild), den Glauben einer Gemeinschaft, aus als ein ganzer dogmatischer Traktat".[38] Die wachgerufenen Gottesbilder sind zugleich zu zerbrechen, „damit diese negativen wie die positiven Gottesbilder nicht zwischen uns und Gott treten, sondern damit sie uns helfen, dass wir uns dem Geheimnis Gottes öffnen, den kein Bild zu fassen vermag".[39]

Spätestens seit den religiös motivierten Selbstmordattentaten richtet sich von außen und von innen an die Theologie die bedrängende Anfrage, welches Gewaltpotential dem monotheistischen biblischen Gottesbild selbst inhärent ist bzw. wie diese Gewaltproblematik theologisch bewältigt werden kann. Ist mit dem biblischen Monotheismus per se destruktive Aggressivität verbunden?

---

[38] Groß, W., Ein Schwerkranker betet, 115.
[39] Groß, W., „Ich schaffe Finsternis und Unheil" (Jes 45,7) – Die dunkle Seite Gottes, 100.

3. Das Gewaltpotential des Monotheismus?

In seiner 1998 erschienenen Monographie „Moses der Ägypter"[1] erweckte der Heidelberger Ägyptologe Jan Assmann noch den Eindruck, den modischen Lobgesang auf den angeblich weniger gewalttätigen Polytheismus oder auf einen friedensstiftenden Atheismus anzustimmen. Im Jahre 2002 konnte er folgende Behauptung aufstellen: „Wenn man die monotheistische Idee retten will, dann muss man sie ihrer inhärenten Gewalttätigkeit entkleiden".[2] Die Frage nach dem wahren Gott, die mosaische Unterscheidung zwischen wahr und falsch, gebe es erst im Monotheismus. Sie habe überhaupt erst die Intoleranz generiert und mit ihr die Gewalttätigkeit. In seinem Beitrag „Die mosaische Unterscheidung"[3] und in dem Referat „Monotheismus und die Sprache der Gewalt",[4] mit dem sich Assmann der Diskussion auf der Zweijahrestagung 2004 der Arbeitsgemeinschaft der katholischen Dogmatiker und Fundamentaltheologen des deutschen Sprachraums stellte, hat Assmann seine früher vorgelegten Thesen bezüglich des dem biblischen Monotheismus offensichtlich inhärenten Gewaltpotentials präzisiert und teilweise revidiert. Für Assmann gewinnt die Frage nach einem möglichen Zusammenhang zwischen Monotheismus und Gewalt ihre brennende Aktualität aus der Tatsache, dass die Wiederkehr von Religion in beängstigender Weise mit Gewalt, Hass, Bedrohungsbewusstsein, Angst und der Produktion von Feindbildern verbunden ist und dass Gewalttäter sich auf Gott und die heiligen Schriften berufen. Er präzisiert sein Anliegen wie folgt: „Meine Frage ist also, welche Funktion das Thema Gewalt in den Texten erfüllt, in denen der biblische Monotheismus seine Entstehung und Durchsetzung erzählt und erinnert. Wohlgemerkt: ich frage nicht „Warum wurde der Monotheismus so gewaltsam durchgesetzt?", sondern „Warum wurde seine Durchsetzung in der Sprache der Gewalt dargestellt und erinnert?" Das Problem, von dem ich ausgehe, ist nicht die Gewalt als solche, sondern die Sprache der Gewalt, die Szenen von Massakern, Strafaktionen, Blutvergießen, Vertreibungen, Zwangsscheidungen von Mischehen und so weiter, in denen der Monotheismus in der hebräischen Bibel die Geschichte seiner Entstehung und Durchsetzung schildert".[5]

Assmann fragt also nicht nach der Historizität des Erzählten, sondern nach der Bedeutung dieser Bilder: Welche Bedeutung haben sie für das Selbstbild der Gruppe, die damals mit und in ihnen lebte? Warum werden solche Geschichten erzählt? Nach Assmann ging der exklusive Monotheismus Israels nicht als Resultat eines evolutiven Prozesses aus dem Polytheismus hervor, sondern wurde als revolutionäres Gegenbild zum polytheistischen Gotteskonzept durchgesetzt. Dieser als der einzig wahre Gott propagierte Gott Israels fordere eine eindeutige Entscheidung der umfassenden Treue zu ihm allein. Für den Fall der

---

[1] Vgl. Assmann, J., Moses der Ägypter. Entzifferung einer Gedächtnisspur, München-Wien 1998.
[2] Assmann, J., Monotheismus als theologisch-politisches Problem, in: Jahrbuch Politische Theologie 4 (2002) 122-132, 132. Ebenso lautet der Schlusssatz in: ders., Monotheismus und Ikonoklasmus als politische Theologie, in: Otto, E. (Hg.), Mose. Ägypten und das Alte Testament (SBS 189), Stuttgart 2000, 139.
[3] Vgl. Assmann, J., Die mosaische Unterscheidung. Oder der Preis des Monotheismus, München-Wien 2003.
[4] Vgl. Assmann, J., Monotheismus und die Sprache der Gewalt, in: Walter, P. (Hg.), Das Gewaltpotential des Monotheismus und der dreieine Gott (QD 216), Freiburg i. Br. 2005, 18-39.
[5] Assmann, J., Monotheismus und die Sprache der Gewalt, 19.

Untreue drohe er entsprechende Strafsanktionen an. Deshalb arbeite die monotheistische Semantik mit Bildern der Eifersucht dieses Gottes, der Angst vor Verführung durch die falschen „Götter" und der Diffamierung Letzterer. Assmann sieht im Motiv des eifernden bzw. eifersüchtigen Gottes [6] denn auch die Wurzeln für die in den biblischen Texten begegnende Sprache der Gewalt. Seiner Auffassung nach bringt dieses Gottesbild auf der Seite der Anhänger dieser Religion den Gedanken des Eiferns für Gott und damit eines der Grundmotive von Gewalt hervor, die sich mehr gegen die Abweichler im Binnenraum denn gegen die Leugner dieses Gottes außerhalb des Volkes richten. Gewalt wende sich oftmals nicht nach außen, gegen Fremde oder „Heiden", sondern nach innen und zerschneide engste zwischenmenschliche Bindungen in der Binnengruppe. Im Folgenden entwickelt Assmann seine ursprünglichen, enorm monotheismuskritischen Aussagen im Dialog mit der Exegese und Rechtsgeschichtsforschung weiter. Aus der Komplexität der Thematik „Monotheismus und Gewalt" soll ein Beispiel heraus gestellt werden, an welchem die Genese von innerbiblischer Gewaltsprache ansichtig werden kann.

3.1. Historisch-politische Situierung von Gewaltsprache

Besagte Gewaltsprache findet sich nach Assmann in Dtn 13, 7-11: „Wenn dein Bruder (...) oder dein Freund, den du liebst wie dich selbst, dich heimlich verführen will und sagt: Gehen wir und dienen wir anderen Göttern, (...) dann sollst du nicht nachgeben und nicht auf ihn hören. Du sollst in dir kein Mitleid mit ihm aufsteigen lassen (...) und die Sache nicht vertuschen. Sondern du sollst ihn anzeigen. Wenn er hingerichtet wird, sollst du als Erster deine Hand gegen ihn erheben, dann erst das ganze Volk. Du sollst ihn steinigen und er soll sterben; denn er hat versucht, dich vom Herrn, deinem Gott, abzubringen, der dich aus Ägypten geführt hat, aus dem Sklavenhaus." Othmar Keel stellt sich die Frage, wie Gott in eine solche Sprache gerate bzw. wie Menschen dazu kommen, sich Gott so vorzustellen, dass es sein Wille ist, die persönlich Nächsten zu verraten und zu Tode zu bringen? „Die Forschung hat in letzter Zeit immer deutlicher gezeigt, dass dieser beunruhigende Text teilweise wörtlich assyrische Texte kopiert – nicht religiöse, sondern politische. Das im nördlichen Irak beheimatete, expansive Assyrerreich hat die von ihm unterworfenen Könige eidlich verpflichtet, nur dem assyrischen Großkönig zu dienen und jeden und jede unverzüglich zu denunzieren, die sie dazu überreden wollten, vom Großkönig von Assur abzufallen".[7] Besagte Vasallitätsverpflichtungen mussten eine Zeitlang auch die judäischen Könige in Jerusalem übernehmen.

Otto konnte den Nachweis erbringen, dass verschiedene Formulierungen des Deuteronomiums gleichsam Übersetzungen einer assyrischen Vorlage darstellen, der Treueidverpflichtung auf den Thronfolger Assurbanipal, die Assarhaddon allen Untertanen auferlegte. Dies kommt für Otto einer subversiven politischen Theologie gleich.[8] Die Sprache der Gewalt kommt in diesem Kontext aus dem assyrischen Königsrecht, welches von den

---

[6] Vgl. Der eifersüchtige Gott, in: Dietrich, W., Link, C., Die dunklen Seiten Gottes. Bd. 1: Willkür und Gewalt, Neukirchen-Vluyn 1995, 84-106.

[7] Keel, O., „Monotheismus – ein göttlicher Makel? Über eine allzu bequeme Anklage", in: Neue Zürcher Zeitung 30./31. 10. 2004, 68.

[8] Vgl. Otto, E., Das Deuteronomium, Berlin 1999.

3.1. Historisch-politische Situierung von Gewaltsprache

Vasallen besagte absolute Loyalität fordert. Von gewalttätiger Sprache im Falle des Abfalls macht auch 1 Kön 9, 6-7 Gebrauch: „Doch wenn ihr und eure Söhne euch von mir abwendet und die Gebote und Gesetze, die ich euch gegeben habe, übertretet, wenn ihr euch anschickt, andere Götter zu verehren und anzubeten, dann werde ich Israel in dem Land ausrotten, das ich ihm gegeben habe. Das Haus, das ich meinem Namen geweiht habe, werde ich aus meinem Angesicht wegschaffen, und Israel soll zum Gespött und zum Hohn unter allen Völkern werden".

Drohformeln wie diese zählen zum Repertoire politischer Verträge. Die Assyrer haben ihre Vasallenverträge mit ähnlichen Verwünschungen für den Fall des Abfalls abgeschlossen.[9] Diese Sprache der Gewalt ist in der altorientalischen Welt in den Königsinschriften zuhause und erfüllt dort eine klar bestimmbare Funktion, die Luhmann wie folgt chrakterisiert: „... dass Politik und Recht nur möglich sind, wenn sie zu ihrer Durchsetzung auf physische Gewalt zurückgreifen und Gegengewalt wirksam ausschließen können".[10] Die Assyrer forderten von ihren Vasallen absolute Loyalität und bestraften (zumindest in der Form ihrer Selbstdarstellung und Erinnerung) jeglichen Abfall mit äußerster Grausamkeit. Der geforderte Gehorsam übersteigt auch die engsten verwandschaftlichen Bindungen. Es stellt sich die Frage, warum Israel, welches aus dem repressiven Sklavenhaus Ägypten ausgezogen ist, diese politischen Gewaltmotive adaptiert? Israel nahm für die Formulierung seiner eigenen Königstheologie sowohl Bildwelt als auch Programmatik altorientalischer Textzeugnisse auf. Gleichzeitig hatte es an der realpolitischen und militärischen Verwirklichung z. B. der assyrischen Königspropaganda zu leiden. Der militärisch durchgesetzte Aufstieg des assyrischen Weltreichs wurde von den assyrischen Königen jeweils als Auftrag wechselnder Kriegs-Gottheiten legitimiert und als Aktualisierung des urzeitlich-mythischen Götterkampfes gegen das Chaos und als Unterwerfung der gesamten Welt unter die Weltherrschaft des assyrischen Reichsgottes zelebriert.

Mit seiner Thronbesteigung wird der assyrische König Repräsentant des Gottes Assur und übernimmt seine Weltherrschaft,[11] d. h. der König übt eigentlich die Königsherrschaft des Gottes Assur aus. Wer sich dem göttlichen Herrschaftsanspruch des assyrischen Königs nicht unterwirft, macht sich schuldig gegen den Gott Assur, worauf die Todesstrafe steht. Diese „Sünde" kann innenpolitisch durch Konspiration gegen den König oder außenpolitisch durch offene Rebellion oder Tributverweigerung „begangen" werden. Otto fasst die polytheistisch begründete Gewalttätigkeit der assyrischen Könige wie folgt zusammen: „Die triumphale Gotteskonzeption des assyrischen Nationalgottes Assur, verbunden mit den Gotteskonzeptionen anderer Götter des assyrischen Pantheons (...) schlagen auf die als politische Theologie konzipierte politische Staatstheorie des neuassyrischen Reiches durch: Eine Friedensordnung ist nur als eine pax assyrica denkbar. Es ist die Aufgabe des assyrischen Großkönigs, das Chaos in Gestalt der noch nicht unterworfenen und in einem Vertragsverhältnis mit dem assyrischen König stehenden Völker zurück zu drängen und also um des Friedens willen eine expansive Militärpolitik

---

[9] Vgl. Steymans, H.U., Deuteronomium 28 und die adê zur Thronfolgeregelung Asarhaddons. Segen und Fluch im Alten Orient und in Israel (OBO 145), Fribourg – Göttingen 1995.

[10] Luhmann, N., „Rechtszwang und politische Gewalt", in: Ausdifferenzierung des Rechts. Beiträge zur Rechtssoziologie und Rechtstheorie, Frankfurt a. M. 1990, 154-172.

[11] Vgl. Otto, E., Krieg und Frieden in der Hebräischen Bibel und im Alten Orient. Aspekte für eine Friedensordnung in der Moderne (Theologie und Frieden 18), Stuttgart 1999, 43.

zu treiben".[12] Die Frage nach dem gerechten Krieg ist laut Otto assyrisch so beantwortet, dass jeder Krieg, den der assyrische Staat führt, ein gerechter ist, da der Gegner sich nicht freiwillig dem assyrischen König unterwirft.

Mit der Realität und Ideologie dieses Weltherrschaftsanspruchs wurden das Nordreich Israel und das Südreich Juda im 8. und 7. Jh. konfrontiert: Das Nordreich Israel wurde als Provinz in das assyrische Weltreich integriert, Juda behielt gegen Entrichtung hoher Tributleistungen und in vertraglich gebundener Vasallität seine Eigenstaatlichkeit. „Am Ende des 7. Jahrhunderts v. Chr. brach das Assyrerreich zusammen. Es entstand ein Machtvakuum. Judäische Theologen hatten die originelle Idee, das Vakuum auszufüllen, indem sie die Forderungen, die der assyrische Grosskönig gestellt hatte, vom Gott Israels, von YHWH, ausgehen ließen. Damit haben sie das Machtvakuum gefüllt, damit haben sie Israel innerlich von allen Despoten unabhängig gemacht, dem Gott Israels aber gleichzeitig Eigenschaften eines Despoten härtester Sorte zugeschrieben".[13] In der Transposition des assyrischen Despotismus auf YHWH und die neue Form einer exklusiven Gottesbindung artikuliert sich somit ein geistiger Widerstand, der Israel innerlich unabhängig gemacht hat von äußeren Despoten.

Innerhalb der Bibel dienten solche Texte somit der Stabilisierung der Gruppe. Die monotheistische Bewegung greift die für die Durchsetzung der politischen Macht sowohl nach innen als auch gegenüber „Feindvölkern" verwendeten assyrischen Sprachmuster der Gewalt auf und überträgt sie auf das Verhältnis YHWH-Israel bzw. YHWH-Völkerwelt. Auf diese Weise erhält die Gewalt eine neue Dimension: Während im polytheistischen Umfeld die Gewalt der Götter und die göttlich legitimierte Gewalt mit dem politischen Prinzip der Herrschaft zusammenhängen, wird in Israel die Gewalt mit der Gottesfrage selbst verbunden. Gewalt steht hier nicht nur im Dienste der Macht des Staates bei der Verteidigung der politischen Ordnung: Sie wird bei der Durchsetzung des als einzig wahr proklamierten monotheistischen Gotteskonzepts eingesetzt. Die Genese der biblischen Gewaltsprache ist in historischer Hinsicht mit dem vorgestellten politischen Druck verbunden. Die monotheistische Bewegung wollte davon befreien, indem sie die politische Bedrohung als einen Religionskonflikt darstellte und mit ihren gewalttätigen Gegenbildern ein starkes Widerstands- und Reformpotential generierte.

Der Dialog mit der biblischen Exegese führt Assmann zu folgendem Resümee:

3.2. Monotheismus in der Diskussion

Laut Assmann ist es wichtig klar zu machen, dass die Gewalt dem Monotheismus nicht als eine notwendige Konsequenz eingeschrieben ist. „Warum sollte die Unterscheidung zwischen wahr und falsch gewalttätig sein? Die Sprache der Gewalt entstammt dem politischen Druck, aus dem der Monotheismus gerade befreien will".[14] Die biblische Sprache der Gewalt gehört in die revolutionäre Rhetorik der radikalen Abgrenzung gegenüber der als feindlich empfundenen oder erfahrenen Umwelt. Dieses „semantische Dynamit" zünde weniger in den Händen der Gläubigen als vielmehr in denen fundamentalistischer

---

[12] Ebd., 59.
[13] Keel, O., „Monotheismus – ein göttlicher Makel?...", 68.
[14] Assmann, J., Monotheismus und die Sprache der Gewalt, 38.

Eiferer, welche die religiösen Gewaltmotive in (macht-) politischer Absicht missbrauchten. Deshalb sei es gerade in der gegenwärtigen Situation wichtig, den historisch und politisch bedingten, aber nicht essentiell konstitutiven Zusammenhang von biblischer Gewaltsprache und Monotheismus zu benennen und bewusst zu machen, um sich von einem fundamentalistischen Missbrauch der Gewaltbilder dezidiert zu distanzieren. A. Angenendt formuliert die insbesondere wirkungsgeschichtlich zutage tretende Ambivalenz des Monotheismus: „Die dem Monotheismus entsprechende Religionsform hat ihre besonderen, ja einmaligen Möglichkeiten für Menschenwürde und Toleranz, freilich auch – das ist nicht zu verschweigen – ihre abgründigen Terrormöglichkeiten. Die tatsächlich abgelaufene Geschichte spiegelt alle denkbaren Möglichkeiten".[15]

Auch W. Groß konzediert, dass der biblische Monotheismus in Christentum und Islam Aggressivität, Intoleranz und eine Kreuzzugsmentalität erzeugte, welche diesen Religionen bis heute eignet. „Dieser Punkt hat uns die gegenwärtige, die Theologie schwer belastende Frage nach dem Zusammenhang zwischen Gottesbild und Gewalt, Monotheismus und kriegerischer Aggressivität eingetragen".[16] Diese Wunden gehören zur Geschichte des biblischen Monotheismus und können nicht durch aufklärerische Willensakte beseitigt werden. Gegen den Vorwurf des fundamental gewaltorientierten Monotheismus merkt Klaus Bieberstein beim Internationalen Bibelsymposion in Graz 2004 an, dass es ein hohes gegenseitiges Interesse und wechselseitig eine Faszination zwischen Frühhellenismus und frühjüdischem Monotheismus gegeben habe – nach Assmann müsste gerade in den Anfängen des Monotheismus im Frühjudentum das gewaltsame Absetzen von den Anderen stehen. Anikonismus und Monotheismus enthielten einen zum Dialog führenden dialogorientierten Impetus.[17] U. Bechmann mahnt an, dass Gewaltentwicklung ohne den politisch-religiösen Kontext nicht analysiert werden kann: „Gerade weil es so wichtig wäre, Gewaltstrukturen und ihren Ursachen in den so wirksam gewordenen Weltreligionen auf die Spur zu kommen, dürfen Analysen nicht ohne ihre Subjekte, ihre sozialen Beziehungsgefüge und ohne ihre politischen Kontexte erfolgen".[18] Assmann selber argumentiert im Nachgang zu „Moses der Ägypter" mit dem Übersteig von der Primär- zur Sekundärreligion (i. e. die Herauslösung des Göttlichen aus der symbiotischen Eingebundenheit in Kosmos, Schicksal und Gesellschaft und sein Hervortritt als eigenständige Größe gegenüber Welt und Mensch) im Monotheismus:[19] Dabei verändere sich der Mensch selber und bringe „Innerlichkeit" hervor, die Vorbedingung für Menschenwürde und Toleranz.

Wenn vor Gott allein zählt, was innerlich gedacht und gewollt ist, wenn Gott nur innerliche Gefolgschaft will, wird jegliche erzwungene Gefolgschaft sinnlos. Die vom vorgeblich intoleranten Monotheismus bewirkte Innerlichkeit schafft mit dem Wert persönlicher Selbsterfahrung und eigener Entscheidungsfreiheit die Voraussetzung für die tolerante Gewährung der Freiheit anderer. Trotz ambivalenter Wirkungsgeschichte ist der Monotheismus laut Groß „die wertvollste theologische Gabe Israels an die anderen beiden

---

[15] Angenendt, A., Toleranz und Gewalt, Münster 2007, 90.
[16] Groß, W., Das Handeln Gottes in der Geschichte nach dem Alten Testament, 1.
[17] Vgl. Bechmann, U., Monotheismus in der Kritik, in: Kügler, J. (Hg.), Prekäre Zeitgenossenschaft. Mit dem Alten Testament in Konflikten der Zeit. Internationales Bibel-Symposium Graz 2004, Berlin 2006, 9-22, 14.
[18] Ebd., 16.
[19] Vgl. Assmann, J., Die Mosaische Unterscheidung oder der Preis des Monotheismus, 145ff.

monotheistischen Religionen, das Christentum und den Islam". [20] Der AT- Monotheismus hat als einziges der antiken Gottesbilder bis heute überlebt. Der biblische Monotheismus ist eine theologische und philosophische Schwelle, die mit Hilfe des AT überschritten wurde. Der Weg zurück in den Polytheismus steht uns heute nicht mehr offen, und damit bleibt die einzige Alternative zum Monotheismus der Atheismus.

Aus der Sicht Israels hat das Hauptgebot „Du sollst nicht andere Götter haben mir ins Angesicht!" als Höhepunkt des Dekalogs zentrale Bedeutung für den Monotheismus. Für das Judentum besteht der unlösbare Zusammenhang zwischen der Einzigkeit seines Gottes und der Einzigkeit seines auserwählten Volkes Israel. Im Hauptgebot wird die eifersüchtige Liebe YHWHs zu Israel als Kern der Religion des AT thematisiert. Für dieses ausschließliche und persönliche Gottesverhältnis gibt es im Alten Orient sonst keine Parallele. In der Folgezeit blieb dieses Gottesverhältnis das Kennzeichen der israelitischen Religion und führte konsequent von der praktischen Monolatrie zum theoretischen Monotheismus.

3.3. Der einzige Gott – verantwortlich für die Totalität der Wirklichkeit

Laut Groß kam gegen Ende des 6. Jahrhunderts der Monotheismus auf. Er speiste sich aus der aggressiven und intoleranten YHWH Monolatrie und wurde im entstehenden nachexilischen Judentum zur Volksreligion,[21] d. h. einer an das Volk Israel gebundenen Religion. Erst im Gefolge des Bilderverbots trat auch der Alleinverehrungsanspruch YHWHs hervor. In der von Götterbildern überfluteten polytheistischen Kultur war die Bildlosigkeit des Kultes die wirksamste Verteidigung des Monotheismus und damit dessen deutlichster Ausdruck. Weil in Israel, im Kraftfeld des einen und einzigen YHWH, eine antagonistisch durchzogene Götterwelt unmöglich war, musste laut Groß eine neue Herausforderung bestanden werden: „Der Ausweg über dämonologische Erklärungsversuche war ebenso verbaut, denn das Alte Testament ignoriert Dämonen nach Kräften... Je konsequenter man für YHWH auch die Erschaffung der Welt beanspruchte, desto stärker musste die Frage nach YHWHs Verantwortung für die schlechten Seiten der Welt hervor treten".[22]

Die altorientalische Umwelt Israels verdrängt die negativen, zerstörerischen und bedrohlichen Aspekte der Wirklichkeit nicht, stellt sie vielmehr dar und reflektiert sie im Kontext der Schöpfungsvorstellungen. In Mesopotamien wird die Welt nicht nur ständig von der Unterwelt bedroht – die gegenwärtige labile Schöpfungsordnung ist auch aus einem Kampf des Schöpfergottes gegen göttliche Chaosmächte hervor gegangen. Am Neujahrsfest mussten die Menschen diesen urzeitlichen Chaoskampf regelmäßig vergegenwärtigen, um auch in der Gegenwart die göttlichen Kräfte gegen die zerstörerischen Mächte aufzurufen. Auch wenn es in Israel keine vergleichbaren mythischen Erzählungen von der Erschaffung der Welt durch YHWH gab, spitzte sich das zugrunde liegende Problem, der Ursprung der Leben bedrohenden und zerstörenden Gewalten in der Welt, zu.

---

[20] Groß, W., Vorlesung „Dekalog" Sommersemester Tübingen 2006, Kap.9.
[21] Vgl. ebd., Kap. 9.8.
[22] Groß, W., Das Negative in Schöpfung und Geschichte: YHWH hat auch Finsternis und Unheil erschaffen (Jes 45,7), in: ders., Studien zur Priesterschrift und zu alttestamentlichen Gottesbildern, 35.

3.3. Der einzige Gott – verantwortlich für die Totalität der Wirklichkeit 235

Im polytheistischen Bezugsrahmen des alten Orients konnten gute und schlechte Elemente und Wirkungen auf unterschiedliche, für verschiedene Ressorts zuständige Gottheiten, die sich u. U. feindlich gegenüber standen, rückbezogen werden. Herbert Niehr wendet sich gegen eine Schwarz-Weiß-Malerei bei der Beurteilung des „primitiven" Polytheismus als bloßer Summierung von unterschiedlichen Göttinen und Göttern: „Vielmehr stellt der Polytheismus eine denkerische Leistung von hoher integrativer Kraft dar. Denn jegliche gesellschaftliche Differenzierung kann in dieses religiöse System eingetragen werden; Göttinen und Götter werden den unterschiedlichen Bereichen der Wirklichkeit zugeordnet. Jeder Gott hat seinen Zuständigkeitsbereich und insofern ergibt sich hieraus eine sinnvolle Ordnung des gesamten Kosmos.

Erst auf dem Hintergrund des Polytheismus wird auch verständlich, dass die Grundlagen des Monotheismus im Polytheismus liegen und zwischen Polytheismus und Monotheismus nicht einfach ein radikaler Bruch wie zwischen zwei unvereinbaren Richtungen vorliegt".[23] Der Wirklichkeit mit all ihren widersprüchlichen Aspekten entsprach eine von Antagonismen durchzogene Götterwelt, in welcher erste verankert war. Zirker sieht diese antagonistische Wirklichkeitsstruktur kritisch und identifiziert die Vorzüge und den Sinn des biblischen Monotheismus nicht nur darin, dass es nur einen Gott gibt statt vieler Götter, „sondern in seiner Bestimmung der menschlichen Welt: dass sie nicht gespalten sein soll im Widerstreit göttlicher Mächte und in der Verteilung unterschiedlicher Herrschaftsregionen, nicht zerrissen in einem unüberwindbaren Dualismus von Licht und Finsternis, von gutem und bösem Sein, nicht endgültig pluralisiert in der antagonistischen Selbstbehauptung der Völker".[24] Bei Deuterojesaja trägt YHWH die Verantwortung für die gesamte Wirklichkeit unter allen ihren Aspekten, hat er auch den unheimlichen und negativen Aspekt von Welt und Geschichte geschaffen. „Ich (bin) YHWH und keiner sonst, der gebildet hat (gebildet habend) das Licht und erschaffen hat die Finsternis, der gemacht hat das Heil (salom) und erschaffen hat Unheil (ra'). Ich (bin) YHWH, der gemacht hat all dies" (Jes 45, 6c-7e). YHWH behauptet, die gesamte Wirklichkeit unter spezieller Betonung ihrer negativen Aspekte sei durch seine Hand geschaffen worden.

Gott übernimmt die Verantwortung für die Wirklichkeit in all ihren Facetten, für Leben und Tod in der Natur, für die gesamte Weltgeschichte mit Gelingen und Katastrophen. „Licht und Finsternis, Heil und Unheil sind polare Gegensätze und umschreiben als solche durch die Extrempunkte jeweils die gesamte Wirklichkeit; das betont der abschließende Satz 7e: Ich bin YHWH, der gemacht hat all dies".[25] Infolge der Totalität bleibt für keinen anderen Gott mehr ein Zuständigkeitsbereich übrig. An dieser Stelle bricht sich bei Deuterojesaja der Monotheismus Bahn: es gibt keinen, der YHWH vergleichbar wäre, YHWH ist der einzige YHWH und zugleich auch der einzige Gott. Hier wandelt sich der Alleinverehrungsanspruch YHWHs zum Einzigkeitsanspruch. „Einzigkeit und Totalität bedingen sich gegenseitig; der einzige Gott YHWH steht als einziger Schöpfer und als

---

[23] Niehr, H., Kontextualität von Religion als Thema von Alttestamentlicher Wissenschaft und Praktischer Theologie, in: Nauer, D. et al., Praktische Theologie, 414-417, 416. Ders., Religionen in Israels Umwelt (Neue Echter Bibel. Ergänzungsband 5), Würzburg 1998.
[24] Zirker, H., Monotheismus und Intoleranz, in: Hilpert, K., Werbick, J. (Hg.), Mit den anderen leben. Wege zur Toleranz. Düsseldorf 1995, 95f.
[25] Ebd.

einziger Geschichtslenker der Welt und der Geschichte Israels und aller Völker insgesamt gegenüber".[26]

Indem Deuterojesaja die alleinige Welt-Geschichtswirksamkeit YHWHs betont, negiert er Existenz und Macht anderer Gottheiten. „Bei II-Jes wird erstmals aus der Monolatrie, der Alleinverehrung YHWHs, dem Alleinverehrungsanspruch YHWHs der Monotheismus, die theoretische Bestreitung der Existenz anderer Götter. Der Gedanke ist noch ungewohnt, schwierig zu fassen, in einer durch und durch von polytheistischer Weltdeutung durchdrungenen Sprache kaum ausdrückbar".[27] Deuterojesaja denkt seine Überhöhung YHWHs konsequent zu Ende: Falls YHWH der alleinige und unumschränkte Herr der gesamten Schöpfung ist, trägt er die Verantwortung für die gesamte Wirklichkeit unter allen ihren Aspekten, hat er auch Finsternis und Unheil erschaffen. Seine monotheistischen Aussagen finden ihren Grund in der Hoffnung auf den Gott Israels, der sein Volk in Analogie zum Exodus aus Ägypten (Jes 43, 16-21) aus dem Exil befreien wird. Weil YHWHs Macht unbegrenzt ist, besitzt er die Macht, seinem Volk eine Zukunft mit ihm zu schenken. In Kyros sieht Deuterojesaja das Werkzeug YHWHs, mit welchem dieser den babylonischen Unterdrückern geschichtsmächtig entgegentritt und Israels Befreiung aus dem Exil ermöglicht (Jes 45, 1.4-6).

YHWH als einziger Gott und Lenker der Weltgeschichte manifestiert seine Macht aktuell im Aufstieg des persischen Königs. 45,7 schließt das sog. Kyros-Orakel Jes 45,1-7 höchst wirkungsvoll ab: Deuterojesaja kündigt dem Vertreter der achaimenidischen Dynastie und Gründer des persischen Weltreichs kurz vor dem Einmarsch seiner persischen Truppen in der feindlichen Hauptstadt im Jahr 539/8 die Einnahme des feindlichen Babylon an und deutet sie: Gemäß 45,1 ernennt YHWH Kyros zu seinem Gesalbten und damit zum Nachfolger der Jerusalemer Davididen in der Königswürde über Israel und zum Repräsentanten des auf dem Zion thronenden Königs YHWH. Fortan kämpft Kyros in YHWHs Auftrag und mit seiner tatkräftigen Hilfe gegen Israels Erzfeind Babylon. Nach der Befreiung Israels wird Kyros persönlich und dann alle Welt aus diesen geschichtlichen Ereignissen heraus YHWH als einzigen Gott erkennen.

Das Buch Ijob setzt diesen alleinigen und unumschränkten Herrn der gesamten Wirklichkeit voraus. Ijob nimmt das monotheistische Bekenntnis ernst und klagt auf massive, aggressive Art und Weise die Geltung des Tun-Ergehen-Zusammenhangs vor dem einzigen Gott ein.

---

[26] Groß, W., Das Negative in Schöpfung und Geschichte: YHWH hat auch Finsternis und Unheil erschaffen (Jes 45,7), 156.
[27] Groß, W., „Ich schaffe Finsternis und Unheil" (Jes 45,7) – Die dunkle Seite Gottes, 67.

4. Aggressive Gottesanklage als praktizierter Monotheismus

4.1. Zu Kontext und Eigenart

Im Folgenden handelt es sich um einen fragmentarischen Versuch. Zentrale Probleme des Ijobbuches (wie die schon öfter thematisierte Theodizeefrage) bleiben unberücksichtigt oder werden allenfalls gestreift. Aus dem komplexen Zusammenhang des Buches soll ein Aspekt heraus gegriffen werden: In 42,7b wirft Gott den drei Freunden Ijobs vor, nicht „richtig" von ihm geredet zu haben (dibbartæm = ihr habt gesprochen) wie sein „Knecht Ijob". Damit wird Ijobs *direkte Gottesanrede* in 13,3 bestätigt: 'adabber = ich werde sprechen (zum Allmächtigen). „Das Gottesverhältnis des einzelnen entscheidet sich, alttestamentlich betrachtet, nicht in der Rede von Gott, sondern in der Rede zu Gott, nicht monologisch, sondern dialogisch".[1] Zwischen Ijob und seinen drei Freunden Elifas, Bildad und Zofar steht die Frage im Raum, worin die „richtige" Gottes-Rede besteht, wie sie mit dem Tun-Ergehen-Zusammenhang verknüpft ist und welche Konsequenzen sich daraus jeweils für Gottesbeziehung und Gottesbild ergeben.

Der jetzt vorliegenden Form des Buches Ijob gingen Vorstufen und ältere Fassungen voran. Es ist in einen parallel aufgebauten Rahmen gefasst, der das Gesamtwerk zusammen hält: 1,1-2,10; 2,11-13; 42,7-10; 42,10-17. Das Buch beginnt mit einem erzählenden Prosateil (1,1-2,13), welcher erst wieder am Ende des Buches aufgenommen und zu Ende geführt wird (42,7-17). Klaudia Englljähringer weist in ihrer Studie zur Dynamik der Dialoge des Buches Ijob darauf hin, dass sich Ijob, der Dulder, und Ijob, der Rebell, näher stehen, „als es zunächst den Anschein hat", zumal am Ende des Buches „die Gestalt Ijobs, wie sie der Redeteil profiliert, genau dort ankommt, wo der Ijob der Rahmenerzählung zu finden ist: Er ist mit Gott und mit seiner schrecklichen Lage versöhnt".[2] Diese Erzählung veranlasste einen großen Dichter, über Gottes Weltherrschaft grundsätzlich nachzudenken, zumal der Glaube daran Risse aufwies: Sein Denken begegnet uns in der großen Ijobdichtung (3,1-31,40 + 38,1-42,6),[3] deren Reden sich in poetischem Sprachstil gestalten. Im Dialogteil kommt es zu einem Wechsel zwischen Reden Ijobs und denen von zunächst drei Freunden: Dabei ist nicht nur relevant, was gesagt wird, sondern auch, wer etwas sagt, in welcher Lage er es sagt, zu wem in welcher Lage er es sagt und wann er es sagt. Wenn Ijob und seine Freunde das gleiche sagen, muss es nicht das gleiche bedeuten und wenn die Freunde Richtiges sagen, muss es für den betroffenen Leidenden in seiner Lage nicht wahr sein. Der Dialog „Ijob-Freunde" (3-27) im Redeteil entspricht dem Dialog „YHWH-Ijob"(38-42,6), wobei beim ersten Dialog Ijob, beim zweiten YHWH die Initiative ergreift. Auf zwei Gottesreden folgen zwei kurze Antworten Ijobs, das große Gedicht über die Weisheit (28) steht dazwischen und lässt nach Art

---

[1] Groß, W., Gott als Feind des einzelnen?, 159.
[2] Englljähringer, K., Theologie im Streitgespräch. Studien zur Dynamik der Dialoge des Buches Ijob (SBS 198), Stuttgart 2003, 195.
[3] Vgl. Dietrich, W., Link, C., Schreckensbilder des biblischen Gottes: Gott als Tyrann, in: dies., Die dunklen Seiten Gottes, Bd. 2., 85ff.

einer Ouvertüre Grundmotive der YHWH-Reden anklingen. Die Schlussreden des Ijob (29-31) fassen die Antwort auf die Freunde zusammen und bilden vorausschauend eine Aufforderung zu den YHWH-Reden, welche in den Antworten Ijobs ihren Abschluss finden. In einer letzten Phase dürften die Reden des Elihu (32-37) hinzugefügt worden sein, die ohne eine Antwort Ijobs bleiben. Man geht davon aus, dass der Ijobdichter auch in die Rolle des Erzählers schlüpft, um die für den großen Dialogteil nötigen Freunde Ijobs ein- und auszuführen (2,11-13; 42,7-10).

Das im Buch Ijob vorgestellte Ringen um neue Lösungen lässt einen Hintergrund erkennen, in dem politische, soziale und religiöse Strukturen ins Wanken gerieten. Müller arbeitet in seiner Darstellung der Forschungsgeschichte drei Horizonte des Verstehens heraus: Eine *weisheitliche*, eine *psalmistische* und eine *juridische* Interpretation.[4] Als Dokument der Weisheitsliteratur geht es dem Buch Ijob v.a. um Geltung und Krise des Tun-Ergehen-Zusammenhangs. Die Lehre, dass dem guten Tun des Menschen gutes Ergehen folge und der Übeltäter sich sein böses Geschick selber bereite, wird kritisiert und relativiert. Die psalmistische Tradition betont mittels des Sprechakts der Klage die existentielle Seite des „Falles Ijob" und bringt zum Ausdruck, dass Ijob von einer tiefen Beziehungskrise in der Beziehung zu Gott in ihren erfahrbaren und dunklen Seiten betroffen ist. Die juridische Sicht behandelt den verhandelten Rechtsfall: Ijob klagt YHWH in einem juridischen Sinne an. Das Problem wird dadurch verschäft, dass YHWH dabei als Adressat der Klage und als deren Grund erscheint, als Richter und Angeklagter. Insbesondere in den Redeteilen des Buches werden mit je verschiedenem Schwerpunkt das weisheitliche Problem des Tun-Ergehen-Zusammenhangs, die Sprach- und Denkwelt der Psalmen (v.a. Hymnus und Klagelied) und die Rechtsfragen herausgearbeitet. Diese Verstehenslinien durchdringen und ergänzen einander. Laut Schmid setzt die Grundschicht des Ijob-Buches die um die Väter-Geschichte erweiterte, nachpriesterliche Thora voraus und wurde dann wohl im frühen 4. Jh. v. Chr. geschrieben.[5] 29,6 zeigt, dass die arabische Lokalisation des Dramas eine Fiktion darstellt: Die Kombination von Großherdenhaltung und Olivenanbau ist typisch judäisch, zumal der Ölbaum in Arabien nicht wächst.[6] Der armentheologische Diskurs, ob nicht jeder Reiche per se ein Ausbeuter, Unterdrücker oder Frevler sei (so sehen es Ijobs Freunde in 5,11-16; 15,27) führt in das Jerusalem der Perserzeit mit sozialen Problemen, die zuvor in diesem Ausmaß nicht existierten.[7] Der Autor weiß mehr über Arabien und über den Rest der persischen Welt als viele andere biblische Schriftsteller: Die Schilderung von Behemoth-Nilpferd und Leviathan-Krokodil in 40,15-24; 40,25-41,26 verrät gute Kenntnisse der ägyptischen Fauna, Herrschaftssymbolik und Ikonographie.[8] Während die priesterliche Grundschrift der Thora mehr den ordnenden Aspekt des Himmelsgottes unterstreicht, ergänzt das Buch Ijob dieses friedliche Bild um dessen kämpferischen Anteil. Der Gott, der in Kap. 40 und 41 als einziger die Chaoswe-

---

[4] Vgl. Müller, H. P., Das Hiobproblem. Seine Stellung und Entstehung im Alten Orient und Alten Testament, München 1978, 73ff.191ff.

[5] Vgl. Schmid, K., Erzväter und Exodus. Untersuchungen zur doppelten Begründung der Ursprünge Israels innerhalb der Geschichtsbücher des Alten Testaments (WMANT 81, 1999).

[6] Zur Ökologie der persischen Provinz Yehud vgl. Carter, C. E., The Emergence of Yehud in the Persian Period. A Social and Demographic Study, Journal for the Study of the Old Testament. Supplement Series 294, 1999.

[7] Vgl. Levin, C., Das Amosbuch der Anawim: ZThK 94 (1997), 407-436.

[8] Vgl. Keel, O., Schroer, S., Schöpfung. Biblische Theologien im Kontext altorientalischer Religionen, Göttingen 2002, 198-211.

sen Leviathan und Behemoth im Zaum halten kann und damit die Schöpfung erhält, ist für Wiesehöfer ein Gott nach dem Typ des persischen Reichsgottes Ahuramazda.[9] Das spricht für die Welt des Perserreichs als Hintergrund des Ijobautors.

Ebach sieht das Buch Ijob als Gleichnis, als fiktionale Literatur, deren Realitätsgehalt sich daran misst, ob und inwieweit so Wirklichkeit erfasst, beschrieben und gedeutet wird. In diesem Sinne ist die Geschichte Ijobs wirklich.[10] Die Ijobdichtung fasst ihren Verhandlungsgegenstand in die Gestalt einer alten Geschichte, deren Protagonist Ijob arabischer Scheich und Stadtaristokrat in der nomadischen Frühzeit der Erzväter Israels ist. Gemäß der biblischen Chronologie trennen viele Jahrhunderte die erzählte Zeit von der Erzählzeit. Im Gewand dieser alten Geschichte thematisiert das Buch Ijob Probleme der nachexilischen Zeit, in welcher Israel zur Provinz des persischen Reiches geworden war. Ijob ist ein wohlhabender Herdenbesitzer und Bauer; obwohl Nichtisraelit, wird er nach dem Vorbild der Patriarchen Israels gezeichnet. Seine arabische Heimat Uz erscheint in den Genealogien als Erstgeborener des Abrahambruders Nahor (Gen 22,20f.), als Sohn Arams (Gen 10,23), als Enkel Seirs (Gen 36,28). Durch diese Querverbindungen zu anderen biblischen Überlieferungen wird Ijob als arabischer, jüngerer Verwandter Abrahams, als reicher Herdenbesitzer und Weiser der Urzeit vorgestellt. Die Kinder des Landes Uz und Israels Kinder sind demnach miteinander verwandt. Für die ersten Adressaten bilden diese Zusammenhänge einen selbstverständlichen Verstehensrahmen: 1,3 versetzt Ijob in die „Urheimat der Patriarchen".[11] Ijob ist rundum glücklich, sein Wohlstand erweist sich an der Zahl der Kinder, an den großen Herden, der Größe des Herdenlandes und des dazugehörigen Gesindes. An diesem Vetter der eigenen Vätergestalten weist die israelitische Ijobdichtung ein Problem der eigenen Theologie als Menschheitsproblem aus.[12] Das Buch Ijob bildet nicht nur Erzählung, sondern auch Diskurs. In den breiten Raum einnehmenden Reden wird Ijobs persönliches Ergehen thematisiert, aber auch das kognitiv-lehrhaft anzugehende Menschheitsproblem, dass mit und nach Ijob Menschen wie er unschuldig leiden. Der Name Ijob (hebr. 'ijjōb) bedeutet gemäß dem Muster akkadischer Parallelen „Wo ist mein Vater?" Mit dieser Konnotation wird der Name zum Schrei, zur Klage und Anklage angesichts des abwesenden, sich entziehenden und verborgenen Vater(gott)s. Im Sprachspiel von 13,24 wird der Name ijjōb mit dem hebr. Wort für „Feind" ('ōjeb) verbunden, so dass Ijob als „der Angefeindete/Angefochtene" konnotiert werden kann. Als Dokument der Weisheitsliteratur geht es dem Buch Ijob um Geltung und Krise des Tun-Ergehen-Zusammenhangs. In seiner persönlichen Krise klagt Ijob vor Gott die Geltung des weisheitlichen Tun-Ergehen- Zusammenhangs ein, der selbst in die Krise geraten ist.

4.2. Die Krise des Tun-Ergehen-Zusammenhangs

Gemäß dem weisheitlichen Tun-Ergehen-Zusammenhang besteht eine Gewissheit des Zusammenhangs zwischen menschlichem Tun und Ergehen.[13] Demzufolge bestimmt der Mensch mit seinem Tun sein und seiner Nachfahren Geschick selbst: Wer Gutes tut, kann

---

[9] Vgl. Wiesehöfer, J., Ancient Persia from 550 BC to 650 AD, London 1996, 94-101.
[10] Vgl. Ebach, J., Streiten mit Gott: Hiob. Teil 1, Neukirchen –Vluyn 1995, X.
[11] Maag, V., Hiob, FRLANT 128, 1982, 15.
[12] Vgl. Ebach, J., Streiten mit Gott. Hiob. Teil 1, XI.
[13] Vgl. Rad, G. v., Weisheit in Israel, Neukirchen-Vluyn 1970, 260ff.

die Folgen seiner guten Taten genießen, der Übeltäter wird von den Konsequenzen seiner bösen Taten eingeholt. Diese Vorstellung gründet zunächst in der Erfahrung: Doch nicht jeder, der Anderen eine Grube gräbt (vgl. Spr 26,27), fällt selbst in diese Grube, das Ergebnis lässt sich nicht sichern. Die Vorstellung vom Tun-Ergehen-Zusammenhang enthält somit eine Hoffnungskomponente: Es möge so sein, dass der Täter des Guten die Früchte seiner guten Tat genießen möge. Auf Gott richtet sich die Hoffnung, er möge den Zusammenhang von Tat und Tatfolge „vollständig machen" (hebr. „šillem", mit „vergelten" nur missverständlich wiedergegeben). Der Mensch ist für sein Geschick verantwortlich, weil und insofern Gott das den menschlichen Taten innewohnende Ergehen verwirklicht. Wo das den Taten korrespondierende Ergehen Untergang und Tod bedeutet, möge derselbe Gott den Kreislauf von Tat und Tatfolge rettend unterbrechen. Im Buch Ijob steht die Geltung des Tun-Ergehen-Zusammenhangs zur Debatte. „Das Buch, das mit einer geradezu idealtypischen Schilderung einer realisierten Entsprechung von Lebenspraxis und Geschick einsetzt, wird am Zerbrechen dieser Relation auf radikale Weise die Geltung der Gerechtigkeit und der auf ihr beruhenden Weltordnung in Frage stellen und destruieren".[14] Ijob wird wie folgt vorgestellt: „Im Lande Uz lebte ein Mann mit Namen Ijob. Dieser Mann war untadelig und rechtschaffen; er fürchtete Gott und mied das Böse (1,1)".[15] Ein Mann, der dem Tun-Ergehen-Zusammenhang gemäß auch reich gesegnet war mit einer großen Familie, vitaler Gesundheit, reichen Herden und vielen Gütern (1,2f.). Ijob ergeht es so gut, wie es seinen guten Taten entspricht, Tun und Ergehen sind bei ihm zur Deckung gebracht.

Die Rahmenerzählung des Ijobbuches (1,1-2,10 + 42,11-17) schildert, wie Ijob das Objekt eines göttlichen Versuches wird. Die Figur des Satans äußert vor Gott den Verdacht, Ijob sei ausschließlich wegen seines guten Ergehens gut. Fortan nimmt das Unglück seinen Lauf, der geäußerte Verdacht verletzt Gott in seiner Ehre, zumal der auf Ijob nachgerade stolz ist. Um den Verdacht widerlegt zu sehen, gibt Gott dem Satan freie Hand, Ijob allen Besitz zu nehmen (und damit auch die Kinder, die im Zeitverständnis zum Besitz des Mannes gehören). Obwohl Ijob alles verliert, wendet er sich von Gott nicht ab (1,6-22). Der Satan gibt sich indes noch nicht geschlagen: Er wolle Ijob selbst in schweres Leid bringen. Kurze Zeit später widerfährt Ijob schwerstes körperliches Leid. Plötzlich ist sein Körper mit Geschwüren bedeckt (die meisten Ausleger vermuten Lepra), als Unreiner wird er deshalb aus der Gemeinschaft ausgeschlossen. Er sitzt auf einem Abfallhaufen, inmitten der Asche und verliert seine Kraft und Identität. Er wechselt kein Wort über die Schmerzen und die Verzweiflung, wiederum hält er trotzdem stand. „In alledem sündigte Ijob nicht" (2,10). Auch unter schwerster Belastung bleibt Ijob ein vorbildlicher Mensch, er hat nichts getan, was die göttlichen bzw. teuflischen Angriffe gegen ihn rechtfertigen könnte. „Die Ijob-Figur wird so konzipiert, dass auch nicht der Schatten einer Schuld auf ihn fällt. So wird er zum Exempel des leidenden Gerechten".[16] Dies ist aufschlussreich im Zusammenhang mit den Anfragen der Freunde Ijobs, die ihm unterstellen, am eigenen Unglück selber schuld zu sein. Das Buch Ijob stellt sich der Frage, wie Gott es zulassen kann, dass Menschen gänzlich unverschuldet und unverdient leiden müssen.[17]

---

[14] Ebach, J., Streiten mit Gott. Hiob. Teil 1, 6.
[15] Der hebräische Satz verwendet eine durative Form, die Ijobs Haltung im Allgemeinen charakterisiert.
[16] Dietrich, W., Link, C., Die dunklen Seiten Gottes, Bd. 2, 80.
[17] Vgl. Babylonische Theodizee, in: TUAT III/1, 110-134, die Erzählung vom leidenden Gerechten im alten Mesopotamien. Die Problematik ist seit Urzeiten ein Menschheitsthema.

4.2. Die Krise des Tun-Ergehen-Zusammenhangs

Es besteht der Zweifel, ob Ijobs Praxis allein das Gleichgewicht eines Tauschgeschäfts sichere. Gemäß den religionssoziologischen und ethnologischen Untersuchungen von Mauss und Leach ist das Opfer als Fortsetzung des Warentauschs in die Sphäre des Göttlichen zu verstehen.[18] Ijob will die Stimmigkeit von Tun und Ergehen vorsorglich sichern, diese Tausch-und Versicherungsethik steht fortan zur Debatte. Es stellt sich die Frage, wie Ijobs Frömmigkeit und Ehrlichkeit mit seinem Wohlstand und Glück (theo-)logisch verknüpft sind. Widerfährt ihm Glück, weil er fromm und gottesfürchtig ist? Oder ist er gottesfürchtig, weil es ihm gut geht? Dies ist die Frage des Satans. Oder gibt es keinen Zusammenhang zwischen Ijobs Tun und seinem Ergehen? Wie steht es dann um die Gerechtigkeit der Welt und des Herrn der Welt? Diese Frage steht zur Debatte in den Reden zwischen Ijob und seinen Freunden und zwischen Ijob und Gott.

Die Frage des Satan lautet: „Ist Ijob denn umsonst gottesfürchtig"? (1,9) Das Wort „umsonst"= „ohne Äquivalent" ist ursprünglich in der Sprache der Ökonomie verortet, ihm kommt eine Schlüsselfunktion zu und es ist mehrdeutig. Ebach plädiert dafür, die Polyvalenz und Problemkomplexität nicht zugunsten schlichter und schlechter Eindeutigkeit zu reduzieren.[19] „Umsonst" steht in Zusammenhang mit dem Wort „ḥen"= Anmut, Gunst, Gnade und hat die Bedeutung von „unentgeltlich". Eine zweite Bedeutung taucht in 2,3 auf: Gott selbst bezichtigt sich und den Satan, durch das Experiment an Ijob ḥinnām = umsonst, sinnlos und damit zerstörerisch an Ijob gehandelt zu haben. Die Aktion hatte keinen Anhalt an Ijobs Verhalten, sie war ebenso „grundlos" wie „vergeblich". Eine dritte Nuance lässt sich einer weiteren Dimension des Buches zuordnen: Ohne Grund, ohne Anhalt handelt der Mächtige inadäquat, der recht Handelnde erfährt keine entsprechende Behandlung (9,17). Es steht nicht nur die Frage zur Debatte, ob sich Ijobs Frömmigkeit als „Lohnfrömmigkeit" erweisen werde,[20] sondern auch die, ob ein weder an Lohn- noch an Sicherungsgedanken ausgerichtetes Festhalten an Gott sich schließlich als „umsonst" im Sinne von „vergeblich, sinnlos" erweisen müsste. Kann es eine gerechte Ordnung und Stimmigkeit geben, die außerhalb der Logik des Tausches steht? Der Satan behauptet, Ijobs Frömmigkeit entspreche den Regeln des Tauschgeschäfts. Er wirft Gott vor, mit seinem Segen über Ijob seinen Beitrag zum Tauschgeschäft geleistet zu haben. Wenn Ijobs Verhalten nur die eine Seite eines Geschäftsvertrages ist, so zeigte Gottes Wort über Ijob in 1,8, dass Gott selbst einer Täuschung erlegen wäre. Mit der Frage des Satans nach dem Grund von Ijobs Frömmigkeit steht zugleich Gottes Urteil in Frage. JHWH nimmt die Herausforderung an und gestattet, dass des Satans Verdacht überprüft wird. Othmar Keel hat im Blick auf die Gottesreden und ihren Zusammenhang mit Ijobs Fragen heraus gearbeitet, dass es bei der Äquivalenzfrage nicht allein um die auf das Geschick eines Einzelnen bezogene Frage nach der Entsprechung von Tun und Ergehen, sondern um die Stimmigkeit der Welt im Ganzen geht.[21] Obwohl Ijob Nichtisraelit, ist der Gott in den erzählenden Abschnitten der monotheistische Gott Israels mit seinem Eigennamen YHWH (in den Dialogteilen tauchen die Gottesbezeichnungen El und Schaddaj auf). Der Gott des

---

[18] Vgl. Mauss, M., Die Gabe, 2.Aufl., Stuttgart 1984; Leach, E., Die Logik des Opfers, in: ders., Kultur und Kommunikation, Stuttgart 1978, 101ff.
[19] Vgl. Ebach, J., „Ist es ‚umsonst', dass Hiob gottesfürchtig ist?", in: Hiobs Post, Neukirchen-Vluyn 1995, 30.
[20] Zur Vorstellung von göttlicher Vergeltung als quid pro quo vgl. Van Wolde, E. J., Der Gott Jakobs und der Gott Ijobs. Unterschiedliche Perspektiven zu Glaube und Gerechtigkeit, in: Concilium 38 (2002/1), 10-17.
[21] Vgl. Keel, O., Jahwes Entgegnung an Ijob, FRLANT 121, 1978.

Buches Ijob ist zum Gott der ganzen Schöpfung geworden, Ijobs Problem ist somit ein Menschheitsproblem. Dass Ijobs Gott der Gott Israels ist, weist darauf hin, dass dieses Menschheitsproblem als Frage an die Theologie Israels verstanden und behandelt wird. Weil Ijob sich wegen seines unbegreiflichen Leidens an keine anderen Gottheiten wenden kann, wird sein Monotheismus zum Problem und zur Grundlage seiner Klage.

4.3. Gottes-Anklage als praktizierter Monotheismus

In 1,6 wird der Leser Zeuge einer himmlischen Ratsversammlung: „Söhne Gottes kommen, um vor YHWH hinzutreten". In polytheistisch geprägten Hochreligionen übt ein oberster Gott (Königsgott) seine Weltherrschaft im Verbund mit ihm zu- und untergeordneten Göttern aus. Bei den im Rahmen der Herrschaftsausübung regelmäßig stattfindenden Sitzungen werden Beratungen angestellt sowie Beschlüsse gefasst, verkündet und ausgeführt (in Ugarit zum Beispiel trifft allein der „Vorsitzende" der Götterversammlung, El, die Entscheidung). Im Kontext des Alten Testaments sind die Göttersöhne keine wirklichen Götter mehr, vielmehr sind sie entmachtet (vgl. Ps 82) und als Diener und Boten des einen Gottes YHWH tätig. Unter diesen bei YHWH zur Ratsversammlung eintreffenden Göttersöhnen tritt der Satan (vgl. *satan* bzw. *satam* „anfeinden, feindlich gesinnt sein, sich jemandem entgegenstellen") als Ankläger auf. Seine Funktion ist zu vergleichen mit der eines königlichen Inspektors im persischen Reich.[22] Der Satan im Buch Ijob ist somit nicht der Rivale Gottes, sondern eine Gestalt seines Hofstaates, die im Auftrag Gottes in begrenzter Selbständigkeit handeln darf. Oben wurde ersichtlich, dass es auf Grund des mühsam erstrittenen Monotheismus unmöglich war, das Unheil einem anderen als YHWH zuzuschreiben. Wie kann der eine Gott „zugleich ein lebenfordernder und ein lebenrettender Gott" sein, wie kann er Adressat der Klage Ijobs und zugleich deren bitterer Grund sein, „ohne an seinem Herr-Sein oder an seiner Güte oder an beidem Schaden zu nehmen"?[23] Die Radikalität des Buches Ijob besteht darin, dass Gott in ein Experiment mit hinein gezogen wird: der Satan übernimmt den Part der Vernichtung Ijobs, seiner Kinder und seines Besitzes. Gott gibt Ijob in die Hand des Satans (1,11f; 2,5), der keinen Schritt weiter zu gehen vermag als Gott erlaubt. Ijob reagiert konsequent auf die Prüfungen, indem er ausschließlich Gott als den Urheber seines Geschickes benennt und die Rückfrage an ihn richtet.[24] Gott handelt in der Maske des Satans, das theologische Experiment ist auf die Spitze getrieben. Schon in den einleitenden Kapiteln entlässt Ijob Gott nicht aus der Verantwortung für die ganze Wirklichkeit und reduziert ihn nicht auf die Rolle des „lieben Gottes". Letztlich ist es Gott selber, der Ijob ins Unglück stürzen lässt. Im Verlauf des Buches richten sich die Klagen und Anklagen Ijobs konsequenter Weise immer mehr ausschließlich an Gott.

---

[22] Der Herrscher des Achämenidenreichs wohnt aus dem Blickwinkel der fernen Provinzen (zu denen auch Israel zur Zeit der vermutlichen Abfassung des Buches gehört) weit weg und bedarf seiner Inspektoren, um Informationen über seine Untertanen zu beziehen.

[23] Ebach, J., Theodizee: Fragen gegen die Antworten. Anmerkungen zur biblischen Erzählung von der „Bindung Isaaks" (1. Mose 22); vgl. ders., Gott im Wort. Drei Studien zur biblischen Exegese und Hermeneutik, Neukirchen 1997, 8.

[24] Vgl. Spieckermann, H., Die Satanisierung Gottes. Zur inneren Konkordanz von Novelle, Dialog und Gottesreden im Hiobbuch: „Wer ist wie du, Herr, unter den Göttern?": FS Kaiser, O., Göttingen 1994, 431-444, 435.

Angesichts der „Ijobsbotschaften"[25] identifiziert Ijob Gott als Subjekt aller Geschehnisse: „Der Herr hat gegeben, der Herr hat genommen; gelobt sei der Name des Herrn"(1, 21cd). Nachdem Ijob die zweite Prüfung bestanden hat, benennt sich Gott selbst als Urheber des Unheils über ihn: „... und du (sc. Satan) hast mich gegen ihn gereizt, ihn umsonst zu verderben (2,3)". Dieses Urteil Gottes kommt einer wagemutigen Selbstkritik Gottes gleich. Auf die Vorhaltungen seiner Frau, angesichts seines Leids Gott zu fluchen und zu sterben (2,9),[26] antwortet Ijob beharrlich: „Das Gute nehmen wir ja auch an von Gott, und das Böse sollten wir nicht annehmen (2,10)"? Ijobs Antwort ist zu lesen als Hinweis auf die ungeteilte Wirklichkeit und ihren einen Herrn, der dann aber auch als Urheber des Bösen ge- und benannt wird. „Dadurch, dass Ijob alles, was er erlebt und erleidet, auf Gott beziehen muss, werden seine Leiden nur noch größer und abgründiger. Denn das Schlimmste sind für Ijob ja gar nicht seine juckenden Schwären, seine geschäftlichen Verluste und seine Familientragödie (...) Das Aufwühlende und Quälende bei ihm kommt erst dadurch zustande, dass er Gott nicht mehr begreift, dass er irre an ihm wird und dadurch ins Leere und in die Sinnlosigkeit stürzt...".[27] Der Glaube verschärft seine Probleme noch. Die psalmistische Komponente des Buches Ijob betont mit dem Sprechakt der Klage bzw. Anklage die existentielle Seite eines Einzelschicksals. Weil Ijob die Zuständigkeit für das Zerbrechen des Tun-Ergehen-Zusammenhangs nur dem einen Gott zuschreiben kann, ist die Klage für ihn die einzig stimmige Gottes(an)rede.

4.4. Ijobs aggressive Gottes-Anklage

Obwohl die Figur des Satans darauf hinweist, dass Gott nicht sich selber, sondern andere, dunkle Kräfte überzeugen muss, geht es im Buch Ijob nicht um den Machtkampf zwischen Gott und dunklen Mächten. Die Frage, welche der Satan stellt, wird nicht zwischen Gott und dem Satan entschieden, sondern *zwischen Gott und Ijob*, die Frage nämlich, wie es um Ijobs Frömmigkeit und Gottes Gerechtigkeit bestellt ist und nicht, ob Gott oder der Satan sich durchsetzen wird. „So ist von Anfang an die Frage nach dem „umsonst" eine Frage an Gott".[28] Diese Rückfrage an Gott artikuliert sich in einer radikalen, aggressiven Gottes-Anklage. In 3,1 „öffnet Ijob seinen Mund und verflucht den Tag seiner Geburt". Damit beginnt die Grund-Anklage Ijobs, welche wiederum die Wechselreden mit den Freunden einleitet.[29] „Vernichtet sei der Tag, an dem ich geboren wurde und die Nacht, die sprach: Geboren ist ein Knabe... (3,3)". Mit dem Wunsch nach Beseitigung des Geburtstages steht die Schöpfungsordnung auf dem Spiel, der gewünschte Eingriff in die Abfolge der Tage stellt einen Angriff auf den der Welt eingestifteten Zeitablauf dar. „Es

---

[25] Vgl. zur Zahlensymbolik im Buch Ijob: Maag, V., Hiob, 42. In der Vierzahl der „Ijobsbotschaften" drückt sich die Vollständigkeit der Katastrophe aus.

[26] Im hebräischen Text ist diese spannungsreiche Veränderung noch deutlicher, da der Akt des Fluchens mit demselben Wort bezeichnet wird wie zuvor der Akt des Segnens; vgl. Hoffman, Y., A Blemished Perfection. The Book of Job in Context, Sheffield 1996, 47.

[27] Thielicke, H., Wie die Welt begann, Stuttgart 1960, 116.

[28] Ebach, J., „Ist es ‚umsonst', dass Hiob gottesfürchtig ist"?, 30.

[29] Im Buch Kohelet ist es zwecklos und unproduktiv, sich gegen das Unvermeidliche aufzubäumen. „Was geschieht, ist längst schon mit Namen genannt, und es ist bekannt, was ein Mensch ist. Nicht kann er rechten mit dem, der stärker ist als er. Ja, es gibt viele Worte, die die Sinnlosigkeit vermehren – was für einen Nutzen bringen sie dem Menschen" (Koh 6,10f.)? Weil Gott in absoluter Machtfülle tut, was er will, ist Ijobs aufwändiges Ringen nutzlos. Vgl. Michel, D., Qohelet, (EdF 258), Darmstadt 1988, 125ff.

ist, als wolle Ijob einen Stein aus der Wand der Zeit ziehen – in der Erwartung, dass diese daraufhin einstürzt. Sie ist nach seiner Überzeugung durch und durch schief".[30] Wenn ein Tag einen leidenden Menschen und damit etwas absolut Widersinniges hervor gebracht hat, können auch die anderen Tage nicht sinnvoller sein. Die scheinbar harmonische und vollkommene Ordnung der Zeit ist durch das sinnlose Leid gestört, sie enthält lauter Chaos und Schrecken. Der Weltlauf ist aus dem Ruder gelaufen, deshalb richtet sich Ijobs Attacke auf die Schöpfungsordnung gegen ihren Schöpfer selbst, ihn persönlich treffend.

Die Grund-Anklage Ijobs richtet sich gegen das Durcheinander in der Schöpfung und gegen das Durcheinander im Zusammenleben der Menschen: Mit dem Tod hört die schreckliche Ungerechtigkeit auf: „Die Gefangenen ruhen allesamt aus, hören nicht das Geschrei des Treibers. Klein und Groß: dort finden sie sich, der Sklave freigelassen, ohne Herrn (3,18f)". Im Tod kommen die Reichen mit den Fehlgeburten zusammen, die klassenlose Gesellschaft wird in das Leben nach dem Tod verlagert. Angesichts des Glaubens an ein freudlos-ödes Schattendasein der Toten in der Unterwelt ist die Erfüllung dieses Traumes wenig verheißungsvoll, jetzt müsste es deshalb gerechtes Leben geben. Die Faktizität gegenwärtigen Elends erweist Gottes Versagen. Ijob fühlt sich solidarisch mit „denen, die sich nach dem Tod sehnen, und er kommt nicht (3,21)". Er versteht sein Schicksal als Indikator für eine zerrüttete Weltordnung, in der es viele ähnlich schwere Schicksale gibt. Laut Albertz artikulieren sich in den sozialen Anklagen des Buches Ijob soziale und politische Umwälzungen der Exils- und Nachexilszeit, in deren Folge viele Menschen ins Elend stürzten. Auch Angehörige der Oberschicht bzw. Intellektuelle wie der Ijobdichter waren davon betroffen.[31] In 24,1-12 taucht die soziale Grundklage wieder auf, dort werden die Begünstigten und die Opfer ungerechter gesellschaftlicher Verhältnisse einander gegenübergestellt. Ijob beklagt, dass Gott für soziales Unrecht keine Gerichtstermine setzt. (24,1) Es herrscht eine geradezu widernatürliche Not,[32] wenn Menschen wie Wildesel in der Steppe zu ihrer Lohnarbeit ziehen. „Auf dem Feld, das ihnen nicht gehört, ernten sie, im Weinberg des Ungerechten schuften sie. Nackt bringen sie die Nacht zu ohne Bekleidung, ohne Decke in der Kälte ... Vor Schrecken schreien Sterbende, und um Hilfe rufen Verwundete – doch Gott beachtet Gebete nicht (24,5-12)"![33]

Im Gegensatz zu Gott hat Ijob Mitleid mit „dem Sklaven, der nach Schatten lechzt, dem Tagelöhner, der auf den Lohn hofft"(7,2f). Aufgrund seiner Hilfsbereitschaft war Ijob bei den Armen und Waisen anerkannt, er, der den Blinden und Lahmen half und vor Gericht zog für Mittellose (29,12-16). Durch den Gott, dem das Schicksal der Elenden gleichgültig ist (30,20), ist Ijob jetzt selber in tiefstes Elend gestürzt. Er erfährt Gott als Feind (30,21), ja, Gott führt zum Tod (30,23). Ijob ist kein um das eigene Leid kreisender Egomane, vielmehr ist er aus der eigenen Erfahrung heraus für alles Leid sensibel geworden. Was ihm persönlich widerfährt, ist ein Beispiel für den Zustand der gesamten Welt, die Unordnung der Welt zeigt sich in Gestalt unerträglicher Lebensschicksale. Aus dieser Sensibilität heraus wirft Ijob Gott vor, teilnahmslos und hartherzig seiner Schöpfung gegenüber zu sein. Die in der Grundklage erhobenen Vorwürfe tauchen im weiteren Verlauf immer wieder auf und spitzen sich zu: In unmissverständlichen Kriegs- und Jagd-

---

[30] Dietrich, W., Link, C., Die dunklen Seiten Gottes, Bd. 2, 85.
[31] Vgl. Albertz, R., Der sozialgeschichtliche Hintergrund des Hiobbuches und der „Babylonischen Theodizee", in: FS Wolff, H. W., Neukirchen-Vluyn 1981, 349-372.
[32] Vgl. Strauß, H., Hiob, Teilband II (Kap. 19-42): Biblischer Kommentar XVI/2, Neukirchen-Vluyn 2000, 93.
[33] Ebd., 84.

4.4. Ijobs aggressive Gottes-Anklage

metaphern bringt Ijob seine Überzeugung zum Ausdruck, dass Gott selbst seine Leiden verursacht hat: „Die Pfeile des Allmächtigen stecken in mir, mein Geist hat ihr Gift getrunken, Gottes Schrecken stellen sich gegen mich (6,4)". In 7, 11-21 empfindet Ijob Gottes Nähe als unerträgliche Zumutung. „Was ist der Mensch, dass du groß ihn achtest und deinen Sinn auf ihn richtest, dass du ihn musterst jeden Morgen und jeden Augenblick ihn prüfst? Wie lange schon schaust du nicht weg von mir, lässt mich nicht los, so dass ich den Speichel schlucke (7,17-19)"?[34] Ijob klagt: „Warum stellst du mich vor dich als Zielscheibe hin (7,20)"? Gott wird zum Quäler: „... so quälst du mich mit Träumen und mit Gesichtern jagst du mich in Angst (7,14)". Gottes Aufmerksamkeit verwirklicht sich als permanente Musterung, seine Zuwendung als Erdrückung.[35]

Ijob fragt, warum Gott ihm die angeblich begangenen Sünden nicht vergibt (7,17-21). Gott versetzt und verkehrt Berge, er bringt die Erde zum Beben (9,5). Ijob wird über seine angebliche Verfehlung nicht einmal aufgeklärt (10,2). Gott wendet sich gegen Ijob statt gegen die Chaosmächte, welche die göttliche Schöpfung bedrohen.[36] Er erscheint ihm wie ein Feind, der mit militärischen Mitteln seine Vernichtung plant und bewirkt. Als übermächtiger Gegner scheint Gott das Recht nicht zu brauchen, er hat die Macht. Gott lässt in der Welt die Verbrecher herrschen; er beharrt gnadenlos auf dem Recht des Stärkeren, das Recht Ijobs ist für ihn belanglos (9,2.12). Gott unterscheidet nicht zwischen schuldig und unschuldig: „Mit dem Vollkommenen wie mit dem Frevler macht er ein Ende. Wenn die Geißel plötzlich tötet, lacht er über die Verzweiflung der Unschuldigen (9,22f)". Daraus folgt für Ijob: „Die Erde ist gegeben in die Hand eines Frevlers (9,24)". Damit trifft Gott das abschätzigste Prädikat, das Weise zu vergeben haben. „Der Frevler ist der Widerpart des Weisen, Gottesfürchtigen, Anständigen, einer, der sich an die göttliche Ordnung der Welt nicht hält. Gott also fällt sich selbst in den Rücken! Er destruiert eigenhändig seine Schöpfung".[37] In 12,14 kommt dies zum Ausdruck: „Er reißt nieder – und es wird nicht mehr aufgebaut. Er schließt einen Menschen ein – und es wird nicht mehr aufgeschlossen. Er hält die Wasser zurück – und (alles) vertrocknet; er schickt sie los – und sie verwüsten die Erde". Gottes Handeln wirkt tödlich (13,15).

16,7-14 enthält eine gewisse Analogie mit dem Gottesbild von Ps 88: Gott knirscht mit den Zähnen gegen Ijob (16,9), wie es ansonsten in den Feindpsalmen die Feinde gegen den Beter praktizieren. Gott liefert Ijob dem Spott feindseliger Mitmenschen aus (16,10), er hat ihn inmitten seines ruhigen Lebens durchgerüttelt und zerstückelt (16,12) und rennt gegen Ijob an wie ein feindlicher Kriegsheld (16,14). Ab Kap.16 schildert Ijob nicht mehr den rätselhaften Gott, sondern den dämonischen, zu dem Ijob jede Beziehung verloren hat und der umgekehrt auch keine Beziehung zur Welt mehr hat, so dass Ijobs ganzes Gottes-

---

[34] Vgl. Groß, W., Von YHWH belagert. Zu Ps 139, 1-12, in: Paul, E., Stock, A. (Hg.), Glauben ermöglichen (FS Günter Stachel), Mainz 1987, 149-159, 159. Groß zeigt auf, dass Gott den Beter ohne Möglichkeit des Selbstschutzes durchschaut hat und er ihm nicht zu entrinnen vermag. Dies sehe der Psalmist in V. 1-12 negativ. Auch wenn die Aussage von Ps 139 aus der Gewichtung und Zuordnung aller seiner Teile zu erheben sei und der Psalmist nicht in Verzweiflung versinke und in V 14 dankbar YHWHs Zuwendung begrüße, gelte: „Der Psalmist schildert aussichtslose Fluchtabsichten und misslungene Fluchtversuche vor YHWH, er spricht in V. 7-12 ausschließlich davon; YHWH ist ihm schrecklich in seiner bloßen, erdrückenden Gegenwart und selbst in seiner fürsorglichen Leitung"(159). Die gewisse Analogie zu Ijob 7 ist ersichtlich.
[35] Vgl. Ebach, J., Streiten mit Gott, Teil 1, 83.
[36] Vgl. Klopfenstein, M.A., Wenn der Schöpfer Chaosmächte „anherrscht" und so das Leben schützt, in: ThZ 53 (1997), 33-43.
[37] Dietrich, W., Link, C., Die dunklen Seiten Gottes, Bd. 2, 88.

bild auf den gnadenlosen Kämpfer reduziert ist.³⁸ Gott hat Ijob die ihm einst verliehene Menschenwürde wieder entzogen: „Meiner Ehre hat er mich entkleidet, hat mir die Krone vom Haupt genommen (19,9)". Ijobs Anklage Gottes als Menschenfeind ist laut van Oorschot kein Ausdruck faktischer Gottlosigkeit, ihr kommt vielmehr eine Appellfunktion zu. Gott soll im Sinn von 16,18-22 und 19,25-27 zum Eingreifen bewegt werden.³⁹ Gott soll als Rechtshelfer zum Eingreifen gegen sich selbst bewegt werden. „Gott zeigt sich in diesen trostlosen Redegängen von seiner fremdesten, dunkelsten Seite: weltüberlegen, transzendent, dem Menschen unerreichbar. Ijob steht nicht vor einer Sinnverweigerung der Welt, er steht vor der Sinnverschlossenheit seines Gottes".⁴⁰ Gerhard von Rad schließt sich dieser Einschätzung an: „Ijob sieht einen Gott, der ganz persönlich und mit allen seinen Machtmitteln in das Leiden hinein steigt und sich darin austobt".⁴¹

Für all diese Missstände macht Ijob in der aggressiven Anklage Gott selbst verantwortlich, Gottes Macht hat dies bewirkt. Bezeichnenderweise zeigt sich Gott in den Gottesreden dem entschieden gegen ihn Anrennenden – nicht zuerst den drei Freunden, die ihn unaufhörlich verteidigen. In den Gottesreden wendet sich YHWH auch an die drei Freunde Ijobs: „Entbrannt ist mein Wutschnauben über dich (sc. Elifas) und deine beiden Freunde. Ihr habt nicht recht zu mir gesprochen wie mein Knecht Ijob (42,7b)". Im Folgenden soll der Ursache für das göttliche Wutschnauben bzw. der Frage nach dem Unterschied zwischen Ijobs „rechter" und der Freunde „falscher" Gottesrede nachgegangen werden. Um der Begrenzung willen muss der Blick auf den später hinzu kommenden vierten Freund, Elihu, entfallen – bei seinen Reden (32-37) stellen sich die Probleme neu und anders.

4.5. Gottesvermeidung durch Anklagevermeidung: Ijobs drei Freunde

Bezüglich der Beurteilung der drei Freunde Ijobs, Elifas von Teman, Bildad von Schuach und Zofar von Naama, gewinnt Ebach folgenden Eindruck: „Ausleger des Ijobbuches überbieten einander in ihrer Charakterisierung als seichte Schwätzer, engstirnige Dogmatiker, Nachplapperer starrer Doktrinen, uneinsichtige Buchhalterseelen. Gegen Ijobs authentische Klage aus dem Leiden haben sie, so das allemeine Urteil, nichts zu setzen als Theorien von Nichtbetroffenen".⁴² Zwar enthalten diese Charakteristika Richtiges, doch wäre es ungerecht, die drei Freunde nicht auch positiv zu würdigen, zumal sie sich einfühlsam verhalten und Ijobs Leid mit ihm teilen und ihn trösten. Nach 2,11-13 kommen sie von weither und sitzen sieben Tage und Nächte lang schweigend und mitleidend neben dem Gequälten auf der Erde. In Kap. 3 reden sie taktvoll erst auf die Klagen Ijobs hin. Weil Ijob zu reden und zu klagen beginnt, wäre die Fortsetzung des Schweigens kein solidarisches Schweigen mit, sondern ein Schweigen gegen Ijob. Sie müssen antworten

---

[38] Vgl. Köhlmoos, M., Das Auge Gottes. Textstrategie im Hiobbuch (FAT 25), Tübingen 1999, 238. Zu dieser „Satanisierung" Gottes vgl. Spieckermann, H., Die Satanisierung Gottes, 431; vgl. Oorschot, J. v., Menschenbild, Gottesbild und Menschenwürde – ein Beitrag des Hiobbuches, in: Herms, E. (Hg.), Menschenbild und Menschenwürde (VWGTh 17), Gütersloh 2001, 320-343, 326ff.
[39] Vgl. Oorschot, J. v., Menschenbild, Gottesbild und Menschenwürde, 328.
[40] Dietrich, W., Link, C., Die dunklen Seiten Gottes, Bd. 2, 104.
[41] Rad, G. v., Weisheit in Israel, 281.
[42] Ebach, J., Gott und die Normativität des Faktischen. Plädoyer für die Freunde Hiobs, in: Hiobs Post, 55.

4.5. Gottesvermeidung durch Anklagevermeidung: Ijobs drei Freunde 247

und sind sich darüber im Klaren, wie unangemessen das Reden des Unbetroffenen ist: „Darf man ein Wort an dich richten – du bist schwach, doch Worte zurück halten – wer kann das"? So zögernd beginnt Elifas als erster der Freunde (4,2f). Diese sagen, was sie denken, auch wenn es unangemessen ist; sie stimmen dem Betroffenen nicht einfach zu; sie harren im Reden aus, solange geredet werden kann und anerkennen am Ende, auf die Fürbitte des Leidenden selbst angewiesen zu sein. Die Freunde schlagen Ijob auch vor, seine Sache vor Gott zu bringen, in der Gewissheit, dass Gott ihm zu seinem gerechten Ergehen verhelfen werde. In 5,8f beginnt Elifas mit den Worten: „Ich an deiner Stelle würde mich an die Gottheit wenden, würde meine Sache vor Gott bringen...". Am Ende des Buches trifft genau ein, was die Freunde vorher gesagt haben: Ijob wendet sich tatsächlich an Gott, er hat wirklich von Gott eine Antwort gefordert, Gott hat Ijob geantwortet. Durch ihre Mahnungen, durch ihre Reden, die seine Lage nicht treffen (konnten), brachten sie Ijob dazu, nicht vom Diskurs mit ihnen, sondern allein von Gott selbst Antwort und Lösung zu erwarten. Das Buch Ijob sieht die drei Freunde durchaus auch kritisch: Sie reden mit und gegen Ijob in immer schärfer werdendem Ton an ihm vorbei, so dass Ijob sie zur Diskussion herausfordert. Wie lässt sich trotz des Leidens eines Unschuldigen der Glaube an Gottes gerechte Weltherrschaft festhalten? Aus Mitleid wird zunehmend Aggression, aus Aggression Denunziation. Die Freunde vergessen, dass sie nicht in Ijobs Situation sind und verschlimmern dadurch sein Leiden. Elifas spricht von Vergeltung und der Verantwortlichkeit des Menschen und bestätigt damit den Tun-Ergehen-Zusammenhang: „Bedenk doch! Wer geht ohne Schuld zugrunde? Wo werden Redliche im Stich gelassen? Wohin ich schaue: Wer Unrecht pflügt, wer Unheil sät, der erntet es auch (4,7-8)". Gegen Ijobs Vorwurf, Gott handle an ihm ungerecht, indem er ihm die Kinder genommen habe, bringt Bildad das Gesetz der Vergeltung ins Spiel: „Beugt etwa Gott das Recht, oder beugt der Allmächtige die Gerechtigkeit? Haben deine Kinder gefehlt gegen ihn, gab er sie der Gewalt ihres Frevels preis (8,3-4)". Zofar empfiehlt Ijob, die Selbstachtung, sich keiner Schuld bewusst zu sein, aufzugeben, die eigene Schuld zu bekennen und sich der Vergebung zu erfreuen: „Wenn du selbst dein Herz in Ordnung bringst und deine Hände zu ihm ausbreitest – wenn Unrecht klebt an deiner Hand, entfern es, und lass nicht Schlechtigkeit in deinem Zelte wohnen! Dann kannst du makellos deine Augen erheben... (11,13-15a)".

Bei den weiteren Rederunden steigert sich das Streitthema zu persönlichen Angriffen. In 22,5-9 wirft Elifas Ijob unverholen schwerste Vergehen vor. Weil Ijob ein Frevler sei, bestehe für ihn die Aussicht der Umkehr: „Kehrst du zum Allmächtigen um, so wirst du aufgerichtet (22,23)". Mit Kap. 26 weist der Autor die Dialoge zwischen Ijob und den Freunden als erschöpft aus, es kommt zu Störung bis Auflösung der Kommunikation, die Gespräche enden in Verwirrung und Ratlosigkeit. Die Diskussionsredner im Ijobdialog wissen nichts von Gottes Beweggründen für sein Handeln: dass er Verdächtigungen gegen Ijob und gegen sich selbst aus dem Weg zu räumen gedenkt. Der Leser weiß, dass die Vorwürfe der Freunde völlig deplaziert sind, zumal Gott selber vor dem Satan den Vorbildcharakter von Ijob rühmt, mit denselben Worten, mit denen Ijob zu Beginn vom Erzähler vorgestellt wird: Er sei untadelig und aufrecht, gottesfürchtig und dem Bösen abgewandt (1,8; 2,3). In 4,7-8 benennt Elifas von Teman die gemeinsame Grundüberzeugung: Ijob und seine Freunde stimmen darin überein, dass es so sein soll: Wer Unheil sät, der erntet es auch. Elifas formuliert gemeinsame Überzeugungen und seitherig gemeinsame Erfahrungen.

Lacoque hat herausgearbeitet, dass Ijob und seine Freunde von *derselben gedanklichen Ebene* des Tun-Ergehen-Zusammenhangs aus denken und nur zu gegensätzlichen Schlüssen kommen:[43] Zusammen gehen sie davon aus, dass des Menschen Tun sich in seinem Ergehen zeigen müsse, wer gut handelt, dem müsse es gut ergehen. Die drei Freunde fordern den Tun-Ergehen-Zusammenhang ein, nach ihrem Verständnis kann Ijobs Unglück in einer von Gott gehaltenen Welt keinen Unschuldigen treffen. Deshalb bestehen sie zunehmend auf seiner Schuld (vgl. 8,3). Ijob denkt in derselben Logik des Tun-Ergehen-Zusammenhangs und klagt ihn vor den Freunden und vor Gott ein – er besteht auf seiner Unschuld und spricht deshalb Gott schuldig. Für ihn ist dies der einzige Weg, sowohl den Tun-Ergehen-Zusammenhang als auch seine eigene Unschuld zu retten.[44] Am Ende der Dialoge besteht für Ijob die einzig mögliche Schlussfolgerung, dass Gott ihm das Recht entzogen hat (27,2). Dies geht den Freunden entschieden zu weit.

In Kap. 21 empfiehlt Ijob den 3 Freunden, ihre Doktrin bezüglich deren Realitätsgehalt an der Empirie zu überprüfen: Hält das behauptete Wissen, dem Frevler sei auf Dauer sein durch sein böses Tun bedingtes böses Ergehen gewiss, der Überprüfung anhand der Erfahrung stand? Durch die Wahrnehmung von Ijobs Lage müsste ihr Lehrgebäude zum Einsturz kommen. Die folgende Grundfrage hat eigentlich Gott zum Adressaten: „Warum bleiben die Frevler am Leben, werden alt und stark an Vermögen (21,7)"? Die Frevler sind umgeben von Nachwuchs, ihre Häuser stehen fest, ihre Herden sind kraftstrotzend. Nicht einmal im Tod gibt es eine ausgleichende Gerechtigkeit (vgl 21,8-13). Die wirkliche Wahrnehmung des Weltlaufs müsste Ijob vom Vorwurf der Freunde befreien, es gehe ihm aufgrund seines Frevlerstatus schlecht. Eigentlich müsste dann umgekehrt gelten: Weil es ihm schlecht geht, ist er gerade kein Frevler.

Wird die Frage zugelassen und der Fall, dass es Bösen gut und Guten schlecht ergeht, als empirische Möglichkeit anerkannt, so folgen daraus weitere Fragen, Fragen an die Gerechtigkeit Gottes als Herrn der Welt und Fragen an die Einrichtung der Welt. Wird sie als gottlos und kurzschlüssig abgewiesen, so taucht die Frage nach dem Verhältnis von Wahrnehmung und Deutung, Empirie und Theorie, Realität und Glaube bzw. Wahrnehmungsverboten und Deutungen halbierter Wirklichkeit auf. Sie steht zwischen Ijob und seinen Freunden zur Debatte. Ijob geht von seinem Leiden aus und kann auf Grund seiner Wahrnehmung nicht mehr an der Stimmigkeit von Tun und Ergehen festhalten, einer Doktrin, die seiner Erfahrung widerspricht. Die Freunde leugnen Ijobs Leiden als Leiden eines Unschuldigen. Um ihre Doktrin zu retten, geben sie Realität preis und immunisieren sich gegen den Einspruch des Faktischen. In ihren Augen gibt es keine Erfahrung oder Tatsache, welche die unbezweifelbare Ordnung der von Gottes Gerechtigkeit durchwalteten Welt in Frage stellen könnte. Die entsprechende Logik, es kann nicht sein, was nicht sein darf, führt zu zunehmendem Wahrnehmungsverlust. Diese Faktizität des Normativen, wenn alles nur so sein kann, wie es sein soll, ist ebenso fragwürdig und bedenklich wie die Normativität des Faktischen. Ijob und die Freunde unterscheiden sich fundamental in der Art und Weise, wie aufgrund des Widerspruchs von Wahrnehmung und Doktrin jeweils Gott in die Reden mit einbezogen wird: Die Freunde beschränken Gottes Glaub-

---

[43] Vgl. Lacoque, A., Job and Religion at Its Best, Biblical Interpretation 4 (1996), 131-153.
[44] Vgl. Rad, G. v., Weisheit in Israel, 173.

4.5. Gottesvermeidung durch Anklagevermeidung: Ijobs drei Freunde 249

würdigkeit auf die eines Garanten der moralischen Ordnung. Auch wenn Gott für Ijob kein glaubwürdiger Garant des Vergeltungsprinzips mehr ist, versucht er, „seine (sc. Gottes) Glaubwürdigkeit als Partner zu retten, indem er Möglichkeiten der Kommunikation und Beziehung offen hält und neu schafft... ".[45] Während die Dialoge mit den Freunden sich erschöpfen und im Kreise drehen, wächst Ijobs feste Entschlossenheit, mit Gott selbst zu sprechen. Die Freunde richten kein einziges Wort an Gott, sondern reden viel über ihn und in seinem Namen. Jan Assmann verweist auf den sprachlichen Dualismus im ägyptischen religiösen Schrifttum zwischen „Dinge auf dem Herzen tragen" und „mir erscheint etwas im Gesicht".[46] „Auf dem Herzen" tragen wir die Meinung anderer von uns, was sie über uns denken und sagen. Dabei geht es um keine direkte Erfahrung, sondern um die Beurteilung des Handelns. Die ganze Auseinandersetzung mit den drei Freunden Ijobs spielt sich auf dieser Wortebene ab, doch führt die Diskussion über Verantwortung und Schuld in Abwesenheit Gottes lediglich zur Auflösung der Freundesgespräche.

Bei der Dimension des „Erscheinens im Gesicht" ist eine Wirklichkeit unmittelbar gegenwärtig. Dabei geht es um eine direkte, zunächst unreflektierte Wahrnehmung, die allen Überlegungen vorangeht. In diesen Erfahrungsraum gehört das unmittelbare Gefühl der Scham, der Hoffnung auf Ehre, der Furcht vor der Schande. Dieses ungeschützte Stehen vor Gott in seiner überwältigenden Gegenwart lässt keine immunisierende Reflexion mehr zu, Ijob sucht den *direkten Kontakt* mit dieser unmittelbaren Wirklichkeit: „Ich aber will zum Allmächtigen reden, mit Gott zu rechten ist mein Wunsch. Ihr aber seid Lügentüncher, untaugliche Ärzte alle (13,3-4)". Die hebräische Präposition *ael* ist laut Manfred Oeming in 42, 7 mit „zu" wiederzugeben (vgl. 1,7; 2,10).[47] „...ihr habt nicht Recht *zu mir* gesprochen wie mein Knecht Ijob". So ist die entscheidende Differenz zwischen Ijobs und seiner Freunde Gott-Rede evident: Während Ijob in unmittelbarer und unvermittelter Weise mit Gott sprechen und Gott selbst für sich sprechen lassen will, vertreten die drei Freunde Gottes Sache und sprechen unrechtmäßigerweise an seiner Stelle. Ijob bringt die Folgerung aus dieser Annahme auf den theologischen Begriff, indem er im Ton der Anklage fragt: „Wollt ihr für Gott Verkehrtes reden und zu seinen Gunsten Trug vorbringen? Wollt ihr sein Gesicht heben oder an Gottes Stelle den Prozess führen (13,7f.)"? Das hebräische Wort *nekonah* bringt zum Ausdruck, dass der Freunde Form der Gottesrede der Wirklichkeit Gottes nicht standhält. Es entstammt dem Wort *kun*, „gründen", im Passivstamm „fest stehen", „gegründet sein". Die Freunde haben „nicht fest Gefügtes", „Grundloses" gesprochen und sie haben nicht *zu* Gott gesprochen. Nach anfänglichem Sprechen über Gott (Kap. 3; 6) wendet sich Ijob indessen sehr bald an Gott (Kap. 7). Ijobs Sprechen zu Gott, mit allem was ihn innerlich bewegt und aufwühlt und bei aller Unvollkommenheit hinsichtlich manchem, was sich im Nachhinein als ein Sprechen „im Unverstand" erweist (vgl.42, 3) ist gleichwohl begründet.

In 42, 7-9 wird Ijobs Vorwurf von 13, 7 von göttlicher Seite bestätigt: „Entbrannt ist mein Wutschnauben über dich und deine beiden Freunde, denn ihr habt nicht recht zu mir gesprochen wie mein Knecht Ijob (42,7b)". Die Formulierung des göttlichen Tadels an die drei Freunde, nicht so gesprochen zu haben wie Ijob, ist exakt dieselbe *direkte Rede*

---

[45] Hecke, P. v., „Ich aber will zum Allmächtigen reden" (Ijob 13,3), in: Concilium 40 (2004/4), 383-391, 386.
[46] Vgl. Assmann, J., Herrschaft und Heil. Politische Theologie in Altägypten, Israel und Europa, München 2000, 133-137.
[47] Vgl. Oeming, M., Schmid, K., Hiobs Weg. Stationen von Menschen im Leid, Neukirchen-Vluyn 2001, 121f.

wie die in dem entscheidenden V.13,3 ('adabber = ich werde sprechen). Gottes Urteil bezieht sich ausdrücklich auf der Freunde falsche Gottes-Rede, sowohl hinsichtlich des Inhalts als auch der eingenommenen Haltung. Ijob hat in doppelter Hinsicht stets „recht" zu Gott geredet: zum einen benennt er den Widerspruch zwischen Glaube und Empirie, betreibt also keinen Wahrnehmungs-Trug; zudem richtet er seine Klage zu Gott. „Gott lobt nicht irgendeine einzelne Äußerung Ijobs... Nicht eine bestimmte Lehre von Gott wird ins Recht gesetzt. Gott lobt vielmehr die Sprechrichtung Ijobs... Ijob hat zwar gegen Gott geredet und darin hat er sich verrannt und geirrt, aber er hat auf Gott hin gesprochen, und dafür empfängt er das Lob Gottes".[48] Während Ijob in seinem Ausgangspunkt, in der Wahrnehmung dessen, was ist, von Gott Recht bekommt, haben die Freunde von Gott nicht recht geredet, weil sie über Ijob und die Welt nicht recht geredet haben.

Die Gottesreden widersprechen ihrer Auffassung einer widerspruchsfreien, stimmigen Wirklichkeit und eines funktionierenden Tun-Ergehen-Zusammenhangs als Regelmechanismus. Die drei halten „um Gottes willen" an der Richtigkeit ihrer Lehre fest, sie wollen Gott selbst vor dem Vorwurf der Machtlosigkeit oder mangelnder Gerechtigkeit schützen und müssen somit eine Stimmigkeit behaupten, in der auch Ijobs Ergehen stimmig sein muss. Auf diese Weise distanzieren sie sich von Ijob und machen ihm den Prozess. Ihnen eignet die falsche Grundhaltung, für Gott sprechen zu müssen und der Auffassung zu sein, Gott bedürfe ihrer als Anwalt, um ins Recht gesetzt zu werden. Sobald die Freunde Gottes Prozess führen und ihn gegen die Einwände der Empirie schützen wollen, erheben sie sich letztlich über Gott. In dieser doppelten Grenzverletzung zwingen die Freunde Gott und Ijob ihr Weltbild auf, sie meinen, Gottes und Ijobs Standort einnehmen zu können. Im Leugnen dessen, was gegen Gott sprechen könnte, meinen sie Gottes Partei zu ergreifen, statt Gott selber sprechen zu lassen, wie Ijob es klagend und anklagend einfordert. „Im Konflikt zwischen Ijob und Gott leugnen sie Ijob, um Gott zu bekennen".[49] Mit dieser Intention bringen sie „Trug gegen Gott" vor. Die Freunde sind auf Ijob aggressiv, weil er sich herausnimmt, den erlebten Widerspruch anklagend auszudrücken und Gott den Prozess zu machen. Ihr Glaube gestattet es nicht, den Widerspruch zwischen Gottes Gerechtigkeit und dem Zustand der Welt in der Klage auszudrücken. Dieser Klageverzicht zeugt statt eines umso größeren Gottvertrauens von angstvoller Reduktion der Erwartung an Gott, zumal Gottes Gerechtigkeit mit dem Jetzt-Stand des Zustands der Welt schlechthin identifiziert wird. Ihre Aggressions- und Anklagevermeidung Gott gegenüber ist letztlich Ausdruck ihrer Gottvermeidung, deshalb bedürfen sie der Fürbitte Ijobs.

Ijob hingegen fordert eine Antwort von Gott, statt sie für Gott zu geben. Obwohl auch sein Reden zu Gott nicht wahr ist, redet er immer authentisch. Ijob bekommt recht in seinem Ziel, alle Klagen und Anklagen an Gott zu adressieren, von dem allein er Antwort fordert und erwartet. „Selbst dort, wo Ijob maßlos klagt und anklagt, bleibt er wahrhaftig. Er stellt sich damit gegen und unter Gott. Darin bekommt er Recht gegen die Freunde, die sich – in bester Absicht – zu und über Gott stellen".[50] Gott lobt Ijob dafür, dass er das Gespräch mit ihm gesucht hat, statt wie die Freunde über ihn oder für ihn zu spre-

---

[48] Oeming, M., „Ihr habt nicht recht von mir geredet wie mein Knecht Hiob". Gottes Schlusswort als Schlüssel zur Interpretation des Hiobbuchs und als kritische Anfrage an die moderne Theologie, in: EvTh 60 (2000) 103-116, 114.
[49] Ebach, J., Gott und die Normativität des Faktischen, 63.
[50] Ebach, J., Streiten mit Gott, Teil 2, 164.

chen.⁵¹ Es stellt sich die Frage, ob sich das „recht wie Ijob" (42,7) nur auf Ijobs Widerruf (42,1-6) bezieht oder nicht vielmehr auch auf sein grundsätzliches Aufbegehren und Aufschreien gegen Gott? Die Freunde haben Ijob wegen seines Revoltierens scharf kritisiert und verurteilt. Dass Ijob mit Gott aufs Schärfste gerechtet hat, war recht so! Auch wo Ijob anklagt und rebelliert, bleibt er „Gottes Knecht". „Der biblische Gott favorisiert nicht die ergebenen Jasager und frommen Besserwisser, sondern die unbequemen Querdenker und unerbittlichen Nachfrager. Die Realität darf nicht zurechtgebogen werden, denn in ihr ist Gott! Es gilt, ihr und ihm standzuhalten, selbst wenn die mitgebrachte Weltanschauung darüber zu zerbrechen droht".⁵² Ijobs Gottesverhältnis ist essentiell gekennzeichnet durch den vorgestellten Sprechakt der An-Klage Gottes. Um dieses Gottesverhältnis jedoch angemessen zu deuten, müssen auch 19,23-27 und 42,1-5 interpretiert werden. Es wird sich zeigen, dass an diesen beiden Stellen Ijob die gesamte Problematik seiner Debatte mit den Freunden transzendiert und sich für das nicht mehr sprachlich fassbare Geheimnis Gottes öffnet. Im Buch Ijob besteht ein *dialektisches Spannungsverhältnis* zwischen aggressiver (An-)Klage Gottes und transzendierender Gotteserfahrung: Mittels des Sprechakts der aggressiven Klage öffnet sich Ijob für das größere Geheimnis Gottes, welches größer als sein eigenes Leid ist. Auf dieser neuen, doxologischen Ebene kommt die Aggression schlussendlich zur Ruhe. Einerseits führt der Prozess des Klagens, Rechtens und Ringens mit Gott zur Gottesschau, andererseits bleibt letztere auf die aggressive Auseinandersetzung rückverwiesen. Diese Dialektik ist nicht auflösbar.

4.6. Im Spannungsfeld von aggressiver Anklage und transzendierender Gottes-Erfahrung

a. Ijobs Gewissheit, den „Löser" zu schauen: Ijob 19,23-27

Die Klage Ijobs ist Ausdruck der tiefen Beziehungskrise zu Gott und zugleich Vollzug des Ringens um einen besseren Gott. Gerhard von Rad hat darauf hingewiesen, dass nicht so sehr das Leiden als vielmehr die Glaubwürdigkeit Gottes die Problematik des Buches Ijob ausmache.⁵³ Clines konstatiert, dass Ijobs Leid bzw. das Leid der Menschheit in den Gottesreden an Ijob (38-41) und an seine Freunde (42,7-8) an keiner Stelle erwähnt werden.⁵⁴ Dies ist zu bedenken, wenn der Blick ausschließlich auf Ijobs Leiden und die korrespondierende Theodizeefrage fokussiert wird. Ijob beendet die Beziehung zu Gott nicht, weil Letzterer der einzige ist, der sein Leben wieder ins Gleichgewicht zu bringen vermag. Inmitten der heftigen Anklagen findet sich ein sehr persönliches Bekenntnis zu Gott als seinem Schöpfer (10, 8-12), darin erkennt Ijob Gott als seinen persönlichen Schöpfer an. Diese Vertrautheit mit Gott vergrößert seine Betroffenheit und radikalisiert sein Befremden und seine Anklage: Ijob leidet nicht nur wegen, sondern v.a. *an Gott*,⁵⁵

---

⁵¹ Vgl. Hecke, P. v., From Conversation about God to Conversation with God. The Case of Job, in: Haers, J., De Mey, P. (Hg.), Theology and Conversation: Towards a Relational Theology, Leuven 2004, 115-124.
⁵² Dietrich, W., Link, C., Die dunklen Seiten Gottes, Bd. 2, 82.
⁵³ Vgl. Rad, G. v., Weisheit in Israel, 286.
⁵⁴ Vgl. Clines, D. J. A., Does the Book of Job Suggest that Suffering is Not a Problem?, in: ders., Lichtenberger, H., Müller, H. P. (Hg.), Weisheit in Israel. Beiträge des Symposiums „Das Alte Testament und die Kultur der Moderne" anlässlich des 100. Geburtstags Gerhards von Rad (1901-1971), Münster 2003.
⁵⁵ Vgl. Mies, F., Le livre de Job. De l'excès du mal à l'altérité du mal?, in: NreTh 121 (1999), 192-194.

dass er Gottes Feind geworden ist bzw. geworden zu sein glaubt. Für Ijob spaltet sich deshalb das Gottesbild auf: Er hat keine andere Wahl, als den Gott, den er wegen nicht garantierten Tun-Ergehen-Zusammenhangs als Feind erfährt, zugleich als seinen Verteidiger und Rechtshelfer anzurufen. Im Ijobbuch findet sich der gegenläufige Prozess, dass auf dem Hintergrund der Dämonisierung, der „Satanisierung" Gottes,[56] sich zunehmend der Ruf nach einem Schiedsmann, Fürsprecher, Zeugen, einem Helfer und Löser für Ijob profiliert. Erstaunlich ist, dass immer in Redekontexten, in denen sich Ijobs Vorwurf an einen Gott komprimiert, der ihn wie eine dämonische Macht verfolgt und ihn willkürlich trifft, der Ruf nach einem Schiedsmann bzw. nach dem anderen Gott verlautet. Für Hubert Irsigler drängt die Argumentationslogik zunehmend auf Gott selbst als Löser hin: „Es ist *der gegenüber dem Feind-Gott andere Gott*, der in den Tiefen der Klage so schmerzlich vermisste und dann auch ausdrücklich erhoffte und eigentliche Gott: der Gott, der Ijob Bestand gibt und der Gott, der letzten Endes selbst allein Bestand haben kann".[57] Laut Irsigler greift Kap. 19 mit der „Löser" Metapher in sachlicher Hinsicht auf den „Schiedsmann" von 9,33 zurück und zudem auf Ijobs Herausforderung zum Rechtstreit mit Gott in Kap. 13 sowie auf den Appell an den Zeugen und Anwalt im Himmel als „Vermittler" in Kap.16,18-22. Schon in der dritten Rede Ijobs (9,1-10,22) stellt sich der willkürliche Gott Ijob als Frevler dar, so dass Ijobs Vorwurf einen aus der Erfahrung von Rechtlosigkeit und Ohn-macht gespeisten Höhepunkt erreicht (vgl. 9,24).

Um seine Unschuld bestätigt zu sehen, ruft Ijob in 9,33 nach der Möglichkeit, einen *Gerichtsentscheid durch einen Schlichter* herbeizuführen: „Gäbe es doch einen Schlichter/Schiedsmann zwischen uns, er soll seine Hand auf beide legen!" Im zwischenmenschlichen Rechtsstreit vermag der Schlichter in einer rechtssymbolischen Handlung seine Hand auf beide Parteien zu legen und so einen Entscheid verbindlich aufzuerlegen. Weil der Schlichter eine übergeordnete Instanz bildet, kann Gott keinem Schlichtungsverfahren unterworfen werden. Folglich kann nur Gott selbst Ijob letzten Endes Recht verschaffen und sein Geschick wenden, so dass 9,34 und 9,35 eindeutig Gott zum Subjekt des Wunsches haben, er möge mit seinem Schrecken von Ijob ablassen. Analog begegnet Gott als schlimmster Feind Ijobs *und* Hoffnung auf gerade diesen Gott in der vierten Rede Ijobs (12,1-6.12-14,22) in Kap. 13. In 13,15 konzentriert sich Ijobs Erwartung allein auf den ihn schlagenden Gott als Erwartung einer direkten Begegnung mit ihm: „Wenn er mich auch töten will, ich will auf ihn warten. Doch meine Wege verfechte ich ihm ins Angesicht". Entsprechend wendet sich der Beter der Klagelieder in Ps 13 und Ps 22 nur an den Gott, von dem er sich verlassen weiß. „Diese theozentrische Sicht von Klage und Hilferuf legt sich dann auch für das Verständnis des Zeugen im Himmel in Ijob 16,19 und des Lösers auf Erden in 19,25 nahe".[58] Hoffend beruft sich Ijob auf Gott gegen Gott: „Seht, im Himmel ist mein Zeuge, mein Bürge in den Höhen" (16,19). Wird ein „Löser" für Ijob eintreten (19,25f)? Indem Ijob seine Unschuld gegenüber dem ihn als seinen Feind ansehenden Gott verteidigen will, fordert er Letzteren zum *Rechtsstreit* heraus. Aus seiner Unschuldsgewissheit heraus wartet Ijob trotzig auf eine Begegnung mit Gott im Rechtsstreit. Weil Gott sich Ijobs Klagen und Fragen, Bohren und Fordern entzieht, lädt er ihn vor

---

[56] Vgl. Spieckermann, H., Die Satanisierung Gottes, Anm. 721.
[57] Irsigler, H., Ijobs letzte Hoffnung. 16,18-22 und 19,23-27 im Kontext der Ijobdichtung, in: Dyma, O., Michel, A.(Hg.), Sprachliche Tiefe-Theologische Weite, FS für Walter Groß zur Erlangung des 65. Lebensjahres (Biblisch-Theologische Studien 91), Neukirchen-Vluyn 2008, 143-190, 147.
[58] Ebd., 149.

4.6. Im Spannungsfeld von aggressiver Anklage und transzendierender Gottes-Erfahrung 253

Gericht. Ijob ist entschlossen, eine Aussprache mit Gott zu erzwingen, er besteht darauf, mit Gott in einem juristischen Kontext zu sprechen. Nach Newsom ist eine Gerichtsverhandlung die am besten geeignete Form, in der dieses Gespräch stattfinden kann.[59] In der gerichtlichen Auseinandersetzung soll das Gott-Ansprechen im Grunde formalisiert und radikalisiert werden. Da Ijob sich von Gott ungerecht behandelt fühlt, erhebt er formelle Klage gegen ihn (13,18) und sucht mittels einer Gerichtsverhandlung neben persönlicher Rechtfertigung ein aufrichtiges Gespräch: Auch Gott soll seine Glaubwürdigkeit als Kommunikationspartner wieder herstellen können. Im engsten sprachlichen Kontext ist für das *goel*-Verständnis zunächst die prozessrechtliche Konnotation bedeutsam, welche den Löser an den Zeugen im Himmel 16,19 funktional anschließt. Im Rechtsstreit Ijobs tritt der Löser rechtsentscheidend „als Letzter" wie ein Helfer, Entlastungszeuge und Richter auf.[60]

Ijob bittet Gott nach der Entscheidung für den Prozess, die formalen Prozessbedingungen festzulegen und ihn nicht zu überwältigen. Ansonsten überlässt er Gott die Freiheit, entweder eigene Fragen zu stellen oder die seinen zu beantworten. Ijob verlangt nicht weniger, als Abraham, Mose, Josua und David zuteil wurde. Akzeptiert Gott die Vorladung durch einen Menschen (9,15-19)? Wird er einen Schiedsspruch anerkennen (9,32f)? Wird Gott seinerseits den Kläger anklagen (13,22f)? Ijob verlangt eine unmittelbare Garantie: „Leg doch die Bürgschaft für mich bei dir nieder (17,3)". In 23,3 artikuliert Ijob den gesteigerten Wunsch, Gott um jeden Preis zu finden, um mit ihm direkt in eine Rechtsauseinandersetzung einzutreten. In 31,35-37 mündet der Redeprozess in die letzte „siegesgewisse Herausforderung Gottes".[61] In 31,35 umreißt der Wunschsatz den nachdrücklichen Wunsch Ijobs, bei Schaddai endlich Gehör zu finden und Antwort zu erhalten. Ijob will mit der Streitschrift seines Prozessgegners als Kopfschmuck diesem entgegentreten.[62] Durch diese letzte Herausforderung einer Antwort Gottes wird in der primären Dichtung die ersehnte Gottesrede ausgelöst. Eine wichtige Voraussetzung für die Hoffnungstexte in Kap. 16 und 19 ist die progressive Entfremdung zwischen Ijob und seinen Freunden: Deren Dialog degeneriert zunehmend zum kommunikationslosen, parallel laufenden Monologisieren. Weil Ijob in Elifas' Augen wie ein Verkehrtes wie Wasser trinkender Schuldiger dasteht (15,16b), wird in 15,17-35 die Hoffnungslosigkeit des Frevlers breit geschildert. Auf diesem Hintergrund wird Ijob durch den in 16,9-17 beschriebenen maßlosen dämonischen Angriff Gottes umso mehr in eine verzweifelte Enge getrieben. Mittels seines in 16,18-22 als Ausdruck der Gewissheit in appellativischer Funktion formulierten Rufs nach einem Zeugen im Himmel versucht Ijob *daraus auszubrechen*. Die sich in Kap. 19 den Weg bahnende Hoffnung auf den „Löser auf Erden" ist quasi ein *Gegengewicht* gegen die äußerste Klage des völlig vereinsamten Ijob zu verstehen, dem in der zweiten Rede des Bildad in 18,5-21 noch bedrohlicher als in Elifas' Vorhaltungen in einer Lehrrede das böse Geschick des Frevlers warnend vor Augen gehalten wird.

Ijob ist so sehr von Gott verlassen, dass dieser für ihn nicht einmal mehr als Feind und Streitgegner in direkter Anrede ansprechbar ist. In Kap. 19 ist ein noch abgründigerer Tiefpunkt der Klage erreicht, zumal Ijob auch von seiner Familie, den Verwandten und

---
[59] Vgl. Newsom, C. A., The Book of Job. A Contest of Moral Imaginations, Oxford 2003, 150-161.
[60] Vgl. Fohrer, G., Das Buch Hiob (KAT XVI), 2. Aufl., Gütersloh 1989, 321f.
[61] Ebd., 443.
[62] Vgl. Lévêque, J., Job et son Dieu, Bd. I und II: Études Bibliques, Paris 1970, 489-493.

Bekannten des Hauses (19,13-20) völlig verlassen, verachtet und befeindet ist. „Kontrapunktisch dazu scheint der Wunsch von 19,23-24 nach einer Inschrift für die Nachwelt und insbesondere die Gewissheit vom ‚Löser' für Ijob und von der erwarteten Gottesschau in 19,25-27 geradezu notwendig".[63] In dieser schwierigen Situation wünscht sich Ijob, dass seine Worte nicht nur auf einer Schriftrolle aufgeschrieben würden (19,23), sondern vielmehr als eine unzerstörbare, mit Blei ausgegossene, weithin sichtbare Inschrift in einen Felsen eingehauen würden (19,24). Es stellt sich die Frage, was Ijobs Wunsch in 19,23-24 bewirken will bzw. wie er sprechaktbezogen und wirkfunktional zu verstehen ist? „Die Worte, die aufgeschrieben werden sollen, sind im Grunde eine Zusammenfassung dessen, was Ijob bisher gesagt hatte: seine Klage und seine Anklage und vor allem wohl seine Unschuldsbeteuerung".[64] Felix Gradl vermutet, dass sich Ijobs „Worte" in 19,23b sowohl auf das in 19,25-27 Folgende als auch auf seine ins Wort gebrachte Situation insgesamt beziehen, da das eine ohne das andere nicht zu denken ist.[65] Die in Felsen gehauene, für die Nachwelt bestimmte Inschrift soll quasi die Quintessenz der An-Klagen und Unschuldsbeteuerungen Ijobs bilden. Die Wunschbitte in 19,23a hat zum Ziel, dass sich Ijobs Unschuld und Recht vor der Mitwelt spätestens in der näheren oder weiteren Zukunft erweisen wird. Die Metaphorik vom „Felsen" aufgreifend, kommt der authentische Wunsch zum Ausdruck, Ijobs Behauptung von Recht und Unschuld soll „felsenfest" bewahrt und festgehalten werden, bis schlussendlich Ijobs Unschuld und Recht gegenüber den Anfeindungen des Ijob niederdrückenden Gottes und der Freunde erwiesen ist. „Ijob hält auch und gerade mit diesem Wunsch unbedingt an seiner Unschuldsbehauptung fest. So verstanden, hängen V. 23-24 und V. 25-27 eng zusammen".[66]

Es stellt sich die Frage, wie sich der innere syntaktisch-semantische und textfunktionale Zusammenhang in 19,23-27 deuten lässt, das Verhältnis von Wunschbekundung 19,23-24 und Gewissheitsbekundung in 19,25-27. Laut Irsigler gibt in der Argumentationsstrategie auf *textfunktionaler* Ebene die Tatsachenfeststellung der Gewissheit von 19,25 die *Motivation* für die *Intention* der Wunschbitte 19,23-24 an, zumal die Wunschbitte darauf abzielt, dass sich das Recht und die Unschuld Ijobs doch noch letztendlich vor der Mitwelt erweisen wird.[67] Mag der Löser sich auch „als Letzter auf dem Staub erheben", so vermag nur er von 19,25 die Unschuld und das Recht Ijobs in dessen Augen gültig zu bestätigen und Ijobs Integrität zu restituieren. Dieses Recht wird der für Ijob schon jetzt, in der Gegenwart, bereitstehende und Ijobs Erwartung begründende Löser herstellen. „*Er,* dessen ist sich Ijob gewiss, wird seine Sache in die Hand nehmen".[68] Wenn Ijob seinen Löser schauen wird, kommt es zu einem definitiven Erweis der Wahrheit von Ijobs in der Inschrift festgehaltenen Worten für die Mit- und Nachwelt Ijobs.

Die Deutung von 19,25-27 als textfunktionale Motivation für V. 23-24 wird auch syntaktisch plausibel, wenn 25a tiefenfunktional im Sinne eines nachgestellten adversativen und zugleich sachlich motivierenden Umstandsatzes verstanden wird: „wo ich selber doch weiß...". Laut Hermisson prägt die Gewissheitsbekundung von 25a semantisch die

---

[63] Irsigler, H., Ijobs letzte Hoffnung, 150.
[64] Schwienhorst-Schönberger, L., Das Buch Ijob, Freiburg i. Br. 2007, 111.
[65] Vgl. Gradl, F., Das Buch Ijob: NSK-AT 12, Stuttgart 2001, 189.
[66] Irsigler, H., Ijobs, letzte Hoffnung, 169.
[67] Vgl. ebd., 170.
[68] Schwienhorst-Schönberger, L., Das Buch Ijob, 111.

4.6. Im Spannungsfeld von aggressiver Anklage und transzendierender Gottes-Erfahrung 255

Gesamtheit von V. 25-27:[69] Die Sätze 25b-c schließen funktional als Objektssätze des regierenden Verbs YD' (25a) an 25a an (das konzessive Gefüge von 25c ist 25b untergeordnet). Auch die Sätze 26a-b können als Inhalt des regierenden Verbs von 25a angesehen werden. Es besteht die Frage, worin die Er-Lösung besteht? Das hebräische Wort *goel* entstammt dem alttestamentlichen Familien- und Sippenrecht.[70] Dem „Löser" als Verwandtem kommen dort das Recht und die Pflicht zu, in Schuldknechtschaft geratene Familienangehörige oder verlorengegangenen Familienbesitz freizukaufen. Gemäß Lev 25,25 gilt: „Wenn dein Bruder verarmt und etwas von seinem Grundbesitz verkauft, soll sein Verwandter als *goel* für ihn eintreten und den verkauften Boden seines Bruders auslösen". Bei der Auslösung zahlt der Verwandte einen Preis, um das verkaufte Stück Land zurückzuerwerben und es dem ursprünglichen Besitzer zurückzugeben. Laut Lev 25,48 gibt es das Loskaufrecht auch für in Schuldknechtschaft geratene Familienmitglieder: „Einer seiner Brüder soll ihn auslösen".[71] In den späten Texten des Alten Testaments wird der Begriff *goel* auf Gott übertragen, so in Deuterojesaja, wo Gott sein Volk aus dem Exil „auslöst", befreit und heimführt (vgl. Jes 43,1; 44,6). Im Folgenden sollen die kontextsemantischen Bezüge des Lösers in 19,15 beachtet und daraus die textuelle Bedeutung und Funktion des *goel* rekonstruiert werden.

Im Kontrast zur Klage in 19,7 gibt der *goel* auf den Zeterschrei „Gewalt" Antwort, er stellt das Recht des hilflosen Bedrängten wieder her. Entgegen 19,9 restituiert der „Löser" die Würde und Ehre Ijobs, indem er Letzterem das Insignium der Würde, die „Krone" oder den „Kranz" wieder aufs Haupt setzt. Der *goel* ist der Gott, der Ijob „nicht mehr als ein Fremder" begegnen wird (19,27c), wenn Ijob ihn schauen wird (19,26b.27a). Kontrastiv dazu hat Ijob bisher Gott als den im zornwütigen Angriff Willkürlichen (V. 7-12), äußerst Fremdartigen erfahren, der Ijob seine eigenen Brüder entfremdet hat. So wie Ijobs Vertraute sich von ihm abwandten (V.15), Ijobs Atem seiner Frau „fremd" (V.17) ist, ja selbst Ijobs Mägde ihn für einen „Fremden" und „Ausländer" (V.13-17) halten, so war auch Gott für Ijob bisher ein äußerst „Fremder". Wenn Ijob Gott als den „Löser", den helfend eintretenden, Ijobs verlorenes Recht und seine Würde wiederherstellenden Gott schauen wird, wird diese Fremdheit ganz überwunden sein. Entscheidend ist die Begegnung mit dem *schon gegenwärtigen* Löser in der erwarteten Gottesschau.

Die Behauptung Ijobs „mein Löser ist lebendig" erinnert als Formulierung an die Rede vom „lebendigen Gott" in Jos 3,10; Hos 2,1; Ps 42,3. „Ijobs Überzeugung von V.25, ‚hier und jetzt ist mein Löser lebendig', korreliert mit den assertiven Ankündigungen von V. 26 und 27: Ich werde Gott schauen, wenn auch am äußersten Rand meines hinfälli-

---

[69] Vgl. Hermisson, H. J., „Ich weiß, dass mein Erlöser lebt" (Hiob 19,23-27), in: Witte, M. (Hg.), Gott und Mensch im Dialog. FS Otto Kaiser (BZAW 345/II), Berlin-New York 2004, 667-688, 684.
[70] Vgl. Stamm, J. J., Art. g'l erlösen: THAT I (1971) 384-387; vgl. Ringgren, H., Art. g'l: ThWAT 1 (1972) 884-890.
[71] Bei der Blutrache war ein „Löser" als *goel haddam* tätig. Die durch einen Mord gestörte Rechtsordnung wurde durch die Praxis der Blutrache wieder hergestellt und zugleich das menschliche Leben durch Androhung derselben geschützt (vgl. Dtn 19,11-13). Ein Anklang an den *goel haddam* ist in 19,25 nicht zu überhören, insofern auf Ijobs Appell von 16,18 „O Erde, deck mein Blut nicht zu..." und den damit zunächst evozierten Ruf nach dem „Bluträcher" zurückgeblickt wird. 16,18-22 nimmt jedoch gerade diese Funktionsdeutung nicht auf, sondern präsentiert eine himmlische Gerichtsszenerie mit „Zeugen" und „Bürgen" oder „Anwalt". Wenn Ijob in 19,25 das Auftreten des *goel* erwartet, wirkt eben dieser juridische Vorstellungskontext von 16,18-22 noch nach. Vgl. zum „Bluträcher" Kessler, R., „Ich weiß, dass mein Erlöser lebt". Sozialgeschichtlicher Hintergrund und theologische Bedeutung der Löser-Vorstellung in Hiob 19,25: ZThK 89 (1992), 139-158, 141.

gen Lebens: Die Gewissheit Ijobs, dass sein Löser lebt, ist kontextuell identisch mit der gewissen Hoffnung, Gott schauen zu dürfen".[72] Die Verse 26 und 27 sind ebenso Gewissheitsbekundung wie V. 25. Unter Betrachtung dieses Zusammenhangs in sprechaktbezogener/wirkfunktionaler Hinsicht korrespondieren auch die propositionalen Mitteilungsgehalte und ist der „Löser" von V.25 bzw. seine Funktion mit dem „Gott" von 26b, den Ijob schauen will und wird, identisch. Nach H. Strauss begegnet Ijob hier keinem anderen als dem einen Gott.[73] Auch für L. Schwienhorst-Schönberger ist der Erlöser, „von dem Ijob weiß, dass er lebt, und der sich ‚als letzter über dem Staub erheben wird', der Gott, den Ijob schauen wird (V 26), mit eigenen Augen, ‚nicht mehr fremd' (V 27)".[74] Für Friedrich Horst und Hans Strauss bilden der „Zeuge im Himmel" in 16,19[75] und der „Löser" in 19,25[76] als Gestalten der Hoffnung und Erhörungsgewissheit Ijobs den notwendigen und entscheidenden Gegenpol gegen die „Satanisierung" Gottes in der Dichtung, von der Hermann Spieckermann auch hinsichtlich der Ijob-Novelle spricht.

Thematisiert Ijob in 19,25-27 eine die Todesgrenze überschreitende Hoffnung? Tritt der „Löser" erst nach Ijobs Tod auf?[77] Dass die Gottesbegegnung Ijob im Zustand schlimmsten äußeren und inneren Verfalls vorfinden wird, unterstreichen die Sätze 26a-b und 27d (als Konzessivsatz verstanden). Wenn die Suffixkonjugation in 26a als Perfekt der Gegenwart interpretiert wird, kann in 26a eine einheitliche Aussage über den schon *gegenwärtigen* elenden Zustand Ijobs gesehen werden. Hermisson weist darauf hin, „Staub" (25c) signalisiere, dass dies geschehen wird, wenn Ijob im Zustand äußerster Todverfallenheit angelangt ist.[78] 19,26b steigert den Hinweis auf Ijobs gegenwärtig vorliegenden körperlichen Verfall noch: Nicht ein leibloser oder bereits toter Ijob schaut gemäß 19,26 Gott, sondern ein bis auf die Knochen abgemagerter, „ohne Fleisch", nur noch aus „geschundener/zerfetzter" Haut und Knochen bestehender Ijob.[79] Gese und Hermisson vertreten in Bezug auf den sprachlich nicht eindeutig festlegbaren V. 27 ein Verständnis, das dem äußeren den inneren Verfall Ijobs hinzufügt. Wenn V.27, mit Relativpronomen an das vorausgehende direkte Objekt „Gott" von 26b angeschlossen, als Fügung erläuternder und inhaltlich das Schauen Ijobs steigernder Relativsätze 27a-c gedeutet wird, dann bildet 27d einen nicht das schon in 27a-c ausgedrückte sichere Hoffen auf den geschauten Gott unterstreichenden, sondern Ijobs Gewissheit, Gott selbst im völligen, bis ins innerste Mark reichenden Verfall zu schauen, festhaltenden Konzessivsatz: „...mögen auch die Nieren mir im Schoß (Leib) verschmachtet/dahingeschwunden sein".[80] Ijob schaut Gott nicht erst *nach* seinem Tod, seine Hoffnung besteht darin, dass er noch in diesem Le-

---

[72] Irsigler, H., Ijobs letzte Hoffnung, 175.
[73] Vgl. Strauss, H., Hiob: 17; vgl. ebenso Léveque, J., Job et son Dieu, 478f.
[74] Schwienhorst-Schönberger, L., Das Buch Ijob, 113.
[75] Vgl. Horst, F., Hiob. Teilband I (Kap. 1-19): Biblischer Kommentar XVI/I,2, Neukirchen-Vluyn 1969, 256.
[76] Vgl. Strauss, H., Hiob. Teilband II (Kap. 19-42), 16f.
[77] Melanie Köhlmoos kommt denn auch zu der Folgerung: „Den *goel* kann Hiob jedoch nur ‚ohne sein Fleisch' schauen, d. h. jenseits des Todes, also gar nicht. So ist die Gewissheit des *goel* paradoxerweise keine Hoffnungsaussage"; vgl. dies., Das Auge Gottes, 277.
[78] Vgl. Hermisson, H.J., „Ich weiß, dass mein Erlöser lebt" (Hiob 19,23-27), 681f.
[79] Vgl. Fohrer. G., Das Buch Hiob, 320.322. Gemäß alttestamentlicher Anthropologie besteht der Mensch aus Haut, Fleisch und Knochen; vgl. Wolff, H. W., Anthropologie des Alten Testaments, 7. Aufl., München 2002.
[80] Gese, H., Die Frage nach dem Lebenssinn: Hiob und die Folgen, in: ders., Alttestamentliche Studien, Tübingen 1991, 170-188, 178; vgl. Hermisson, H. J., „Ich weiß, dass mein Erlöser lebt" (Hiob 19,23-27), 683f.

ben, bevor er „fortgeht ohne Wiederkehr, ins Land des Dunkels und des Todesschattens" (10,21), Gott schauen wird, selbst wenn die Nieren ihm im Leib dahingeschwunden sind. Die Bekundung von Ijobs letzter Hoffnungsgewissheit in 19,25-27, am äußersten Rand seines Lebens, schafft ein pointiertes Gegengewicht gegen die hoffnungslose Klage von 19,10: „...Er (Gott) riss wie einen Baum meine Hoffnung aus". Laut Irsigler zielt Ijobs Hoffnung de facto nicht schon auf ein Jenseits der Todesgrenze, „sondern bleibt Gewissheit am äußersten Rand des verfallenden irdischen Daseins Ijobs".[81]

Am Tiefpunkt seiner Not, am äußersten Rand seines Lebens, kommt Ijob zu der inneren Gewissheit und vermag sie als seine letzte Hoffnung auszudrücken: „Mein Löser lebt"! Am Tiefpunkt seines Lebens bekundet er in 19,25-27 in einem einzigartigen Vertrauensbekenntnis als Hoffnung und innere Gewissheit zugleich, Gott zu schauen. Aus der inneren Dynamik des alttestamentlichen Gottesglaubens heraus, am Tiefpunkt der Gott- und Menschenverlassenheit, zeigt sich eine Unterscheidung, bei welcher ein *goel* einen Betroffenen aus seiner Gottverlassenheit und subjektiv erfahrenen Gottes-Verfolgung löst und sich in diesem rettenden Handeln zugleich als der eine, wahre Gott selbst erweist. Zwar hat sich dieser Gott auf der Ebene des erzählten Geschehens noch nicht gezeigt – Ijob weiß indessen zutiefst, dass er sich zeigen wird und Ijob ihn schauen wird (19,27). In 19,26-27 heißt es noch: „Ich *werde* Gott schauen, meine Augen *werden* ihn sehen". Erst in 42,5 verlautet: „Mein Auge *hat* dich geschaut".

b. Ijobs das Anklagefundament transzendierende Gottesschau: Ijob 42, 1-5

Ijobs fester Wunsch und Gewissheit, Gott als den für ihn schon gegenwärtigen wirksamen Löser zu schauen, wird in 42,5 „auf einer neuen Erkenntnisebene"[82] eingelöst. Durch die Gottesreden ist Ijob zu der neuen Erkenntnis geführt worden. Im ersten Teil von Ijobs Antwort 42, 1-5 spielt das Wortfeld „erkennen" eine große Rolle, Worte mit der Bedeutung „erkennen, einsehen, verstehen" tauchen viermal auf. „Ich habe erkannt (jad'ati), dass du alles vermagst, kein Vorhaben ist dir verwehrt" (42,2). Ijob anerkennt, dass es *nifla'ot* gibt, wunderbare, erstaunliche, ungeheuerliche und unberechenbare Phänomene (42,3). Das erste „ich habe erkannt" (V.2) kommt durch das abschließende „nicht erkennen kann" (V.3) an sein Ende. „Erkennen" und „Nichterkennen" bilden inhaltlich wie formal die literarische Klammer (Inklusion) der beiden Verse. Laut Gradl ist damit eine grundsätzliche Grenze markiert und damit die condition humaine analog zum sokratischen „ich weiß, dass ich nichts weiß" profiliert.[83] Ijob hat „begriffen", ein Mensch zu sein und als solcher in jeder Hinsicht begrenzt. Durch die Gottes-Reden ist Ijob zu dieser neuen Erkenntnis geführt worden. Durch das Stellen von Fragen führt Gott Ijobs Wahrnehmung über dessen seitherigen Horizont hinaus, so dass er selbst zur wahren Erkenntnis gelangt. Die beiden Gottesreden enthalten eine Leerstelle: nirgends sagt Gott selber, dass er es sei, der die Chaosmächte beherrscht und in Grenzen hält. Ijob spricht offen aus, dass er es selbst erkannt hat: „*Ich* habe erkannt, dass du alles vermagst, kein Vorhaben ist dir verwehrt" (42,2). Worin besteht das Neue dieser Erkenntnis?

---

[81] Irsigler, H., Ijobs letzte Hoffnung, 180. Hermisson verweist auf ein weiteres, in den Psalmen auftretendes Todesverständnis, demzufolge der Ijob der Dichtung schon im Tod existiert; vgl. ders., „Ich weiß, dass mein Erlöser lebt", 684f.
[82] Irsigler, H., Ijobs letzte Hoffnung, 183.
[83] Vgl. Gradl, F., Das Buch Ijob, 337.

In 10,2 und 13,3 hatte Ijob von Gott eingeklagt, ihm Rede und Antwort zu stehen. Mit dem Auftakt der Gottesreden wird Ijobs Forderung ge- und erhört: Gott nimmt Ijobs Herausforderung in einem militärisch-sportlichen Sinne an, er zeigt sich im Ringkampf. Die Aufforderung „Auf, gürte deine Lenden wie ein Mann (38,3a)" entstammt der Sprache der Ringer vor dem Kampf; dem entspricht die Anrede Ijobs als „gäbär", als Mann/Held. In 38,1 erscheint Gott selbst aus dem Wettersturm, er ist somit in seiner allumfassenden Macht gegenwärtig. Gott ist nicht mehr Objekt, sondern Subjekt des Sprechens, er allein bestimmt die Thematik, er selbst redet in Hoheit und Überlegenheit. Gott und Ijob bekommen es persönlich miteinander zu tun.[84] Gott stellt 40 rhetorische Fragen zu 10 kosmischen Themen und weitere Fragen über 10 Tiere. Der Blick wird auf die Wirklichkeit dieser Welt gelenkt, so wie sie wirklich ist, Gott zwingt Ijob zur direkten Wahrnehmung seiner Schöpfung.[85] Mit beißender Ironie weist ihn Gott in seine Schranken, gleich am Beginn der Gottesrede steht eine schroffe und quasi maßregelnde Reaktion auf Ijob: „Wer ist es, der den Plan verdunkelt mit Worten ohne Wissen (38,2)"? Hier wird *nicht die Klage (!)* Ijobs in seinem Leiden kritisiert, sondern der zentrale Vorwurf aus Kap. 3 aufgegriffen, in welchem Ijob sein Geschick zum Maßstab des Zustands der Welt erhebt und behauptet, die Welt entbehre eines sinnvollen Planes, wenn ein Schicksal wie seines möglich sei.

Die Herausforderung durch Gott in 38, 3b „Ich will dich fragen – lehre mich"! ist die unmittelbare Reaktion auf Ijobs Antrag in 13,22: „Ruf, so will ich Rede stehen oder – ich rede, du entgegne"! Wenn Ijob sich derart ein Urteil über Gottes Plan und Weltschöpfung anmaßt, muss er sich Gottes Fragen gefallen lassen und sich als kundiger Lehrer erweisen. Vor dem Ringkampf ist zu überprüfen, ob Ijob für diesen Streit die richtige Gewichtsklasse mitbringt. Im zweiten Teil der ersten Gottesrede werden 10 Tiere (u.a. Löwe, Rabe, Steinziege, Wildesel...) erwähnt, die eine Art Gegenwelt zur Menschenwelt darstellen. Für Keel repräsentieren sie je auf ihre Weise eine den menschlichen Interessen und Bedürfnissen sich nicht fügende Welt. Zudem sind es allesamt Jagdtiere. Laut Keel zählen sie zu den Tieren, die in der altorientalischen Bildkunst mit dem Motiv des „Herrn der Tiere" verknüpft sind.[86] YHWH präsentiert sich ab 39,39 als Hüter und Begrenzer auch der Tiere, deren Lebensweise menschlichen Interessen entgegensteht. Die erste Gottesrede widerspricht Ijob ebenso wie seinen drei Freunden: Während Ijob nur Chaos zu sehen vermag, behaupten jene eine ihrer Weisheit zugängliche, geordnete heile Welt. „Mit dem Bilderbogen vom Herrn der Tiere korrigiert YHWH beide Auffassungen. Es fehlt in der Welt nicht an chaotischen Mächten von eindrücklicher Wildheit und gewaltiger zerstöre-

---

[84] Gott ist der erste, der Ijob eine persönliche Antwort gibt: „Gott antwortete Ijob... ". Bei den Freunden heißt es stereotyp: „X antwortete und sagte ...

[85] Vgl. Fischer, G., Spuren des Schöpfers. Zur Rolle der Natur im Ijobbuch, in: Fischer, I., u.a. (Hg.), Auf den Spuren der schriftgelehrten Weisen. FS für J. Marböck, Berlin 2003, 157-166. Vgl. Ritter-Müller, P., Kennst du die Welt?-Gottes Antwort an Ijob, Münster 2000.

[86] Vgl. Keel, O., Jahwes Entgegnung an Ijob, 37. Keel schreibt den in Ijob 38,39-39,30 aufgelisteten Tieren chaotische Konnotationen zu und charakterisiert das hier gezeichnete Gottesbild als das in der Ikonografie geläufige des „Herrn der Tiere". Im Gegensatz zur Darstellung des Herrscherlich-Dominanten in der Ikonografie begegnet in Ijob 38-41 ein Gott, der sich an seiner Schöpfung freut und sie gewähren lässt. Vgl. Oeming, M., „Kannst du der Löwin ihren Raub zu jagen geben"? (Ijob 38,39). Das Motiv des „Herrn der Tiere" und seine Bedeutung für die Theologie der Gottesreden Ijob 38-42, in: Augustin, M.,/ Schunck, K.-D.(Hg.), „Dort ziehen Schiffe dahin... ". Collected Communications. BEAT 28, Frankfurt a. M. 1996, 147-163.

rischer Kraft. Aber diese Welt ist doch nicht ohne Plan, ohne Ordnung. YHWH hält das Chaos im Zaum, ohne es in eine langweilige, starre Ordnung zu verwandeln".[87]

Die erste Gottesrede antwortet auf Ijobs anthropozentrische Sicht mit dem Verweis auf die Elemente der Welt, die von Gott in je ihrer Art gewollt und erhalten sind, obwohl sie sich menschlichen Interessen nicht fügen oder ihnen entgegenstehen. Die von Gott geschaffene, reale Welt ist eine bunte und deshalb keine heile, sondern notwendig eine widersprüchliche Welt. Gott als Herr dieser Welt kann darum nicht allein der „liebe" Gott sein. Ijob wollte die unmittelbare Auseinandersetzung im Angesicht Gottes und mit Gott, er hat den Rechtsstreit bekommen. In 40,3-5 kapituliert er vor Gottes Übermacht als einem überlegenen Gegner: „Schau, ich bin zu leicht. Was kann ich erwidern? Ich lege meine Hand an meinen Mund". Ijob gesteht ein, für das Ringen mit Gott eine zu leichte Gewichtsklasse auf die Waage zu bringen, er begreift, dass nicht an seinem Maßstab die gesamte Weltordnung zu bemessen ist und Gottes machtvolles Wirken in der Gestaltung und Erhaltung der Welt seinem Zugriff entzogen ist.

Die zweite Gottesrede thematisiert Ijobs in Kap. 9 erhobenen Vorwurf, Gott lasse die Frevler in der Welt herrschen und er herrsche selbst als Frevler (9,24). 40,8 formuliert die entscheidende Frage: „Willst du wirklich mein Recht zerbrechen, mich zum Frevler machen, auf dass du im Recht bist"?[88] Gottes Gottsein steht auf dem Prüfstand: Stürzt oder stützt er die Frevler? Wie erweist Gott sein Gottsein gegenüber den Mächtigen und Frevlern? In der zweiten Gottesrede tritt YHWH in der Rolle des ägyptischen Horus auf, der gegen Nilpferd (Behemoth) und Krokodil (Leviathan) die Ordnung der Welt erhält.[89] Beide Tiere leben im besonders unbeherrschbaren Element Wasser und versinnbildlichen die Chaosmächte, welche immer noch und immer aufs Neue die Schöpfung bedrohen. Der Leviathan als Chaosmacht ist noch viel aggressiver als der Behemoth, laut Ps 104,26 vermag nur YHWH mit ihm zu spielen. Wenn Ijob dem Leviathan, dem König aller Hohen (41,26), nicht standhalten kann, vermag er nicht den Anspruch zu erheben, er vertilge die Frevler von der Erde. Allein Gott hat die Macht, den Chaosmächten und den Frevlern zu widerstehen bzw sie zu begrenzen. Nur Gott allein sorgt dafür, dass die von ihm geschaffene Welt nicht den Chaosmächten anheimfällt. Mit Ijob sind auch Behemoth und Leviathan Geschöpfe Gottes.[90] Wenn beide, Mensch und Chaosmacht, zu Gottes Welt gehören, dann auch der zwischen beiden bestehende Gegensatz. „Auch die Elemente, die die Schöpfung in Frage stellen, sie bedrohen, ihr feindlich sind, sind Bestandteile der Schöpfung. Der Widerspruch zwischen Chaos und Weltordnung wird damit in die Schöpfung

---

[87] Keel, O., Jahwes Entgegnung an Ijob, 125.
[88] Vgl. Knauf, E.-A., Ijobs multikulturelle Heimat, in: BuK (2004/2), 67, der in 40,8-14 die Verteidigung des altorientalischen Gerechtigkeitsbegriffs gegen den hellenischen erkennt: Gerecht ist, wer oder was die Weltordnung verteidigt oder erhält (also nicht primär eine Relation zwischen 2 Parteien).
[89] Im Laufe der ägyptischen Geschichte bekommt der welterhaltende Vorgang der Nilpferdjagd eine immer größere Bedeutung. Die Tötung des roten Nilpferds durch den König ist ein ritueller Akt der Sicherung der Weltordnung gegen die Chaosmächte, welche die Welt ins Chaos stürzen, würden sie nicht auf diese Weise besiegt. Weil ihre Bedrohung in der Spätzeit immer größer wurde, vermochte nur der Gott Horus sie zu erle- gen. Ijob 40 übernimmt diese Konzeption der ägyptischen Spätzeit. Vgl. Ebach, J., Leviathan und Behemoth, Neukirchen-Vluyn 1984, 21-25.
[90] Im akkadischen Schöpfungsmythos „Enuma Elisch" ermöglicht gerade die Besiegung der Göttin der Urflut und des Chaos, Tiamat, die Schöpfung. Der Gott Marduk formt aus ihrem zweigeteilten Leib den Himmel und die Erde, darauf achtend, dass daraus niemals die Chaoswasser wieder hervordringen können. Im Buch Ijob hingegen sagt Gott über Behemoth: „Ich habe ihn gemacht neben dir!" (Ijob 40,15); vgl. Enuma Elisch, Tafel IV, 129-140.

verlegt".[91] Behemoth und Leviathan sind Gottes Feind und Gottes Geschöpf zugleich, Gott hat freilich Tod und Chaos im Griff. „... everything created is under check, and everything responds to its specific vocation given by the Creator".[92] Leviathan darf laut Kap. 41 seine Kraft entfalten und sich dagegen wehren, beherrscht zu werden, in seiner Kraft flößt er Respekt und Furcht ein. Gott will auch den chaotischen Komponenten seiner Schöpfung nicht alle Freiheit nehmen, er sieht dadurch seine eigene Allgewalt nicht in Frage gestellt. Zwar weiß er zu verhindern, dass die Chaosmächte überhand nehmen und die göttliche Schöpfung zerstören, doch hält er aus ihr nicht Störungen und Zerstörungen unter allen Umständen fern. In dieser Schöpfung haben unbegreiflich-schreckliche Dinge wie das Wüten Leviathans oder das Schicksal Ijobs ihren Platz, Gott will sie nicht abschaffen.

Ijob weiß jetzt, dass eine seinen Bedürfnissen sich fügende Welt weder existiert noch herstellbar oder zu sichern wäre. Gott hat ihm bescheinigt, dass er den weisheitlichen Tun-Ergehen-Zusammenhang, dem er wie seine Freunde gefolgt war und in dem Gott eine ganz bestimmte Funktion und Rolle zugewiesen wird, mit Recht in Frage stellt. Er ist davon „geheilt", das Weltgeschehen mit seinem privaten Ergehen zu verwechseln. Ijobs Glaube ist nicht die Erfüllung eines Parts in einem Vertrag mit Gott, die Frage nach dem leidvollen Ergehen ist von der Kosten-Nutzen-Rechnung abgelöst. In den Gottesreden „nimmt Gott die Funktion des ‚Zeugen' und ‚Lösers' auf eine fundamental neue, andersartige Weise auf".[93] Da von der Referenzidentität von *goel* und *Gott* in 19,25-27 auszugehen ist, hat der Ijob von 42,5 auch den Löser in Gott geschaut. Die Erwartungshaltung ist jedoch eine andere, zumal die Gottesreden mit keiner Silbe Ijobs Erwartung und Forderung nach Bestätigung seiner Unschuld und nach einem Rechtserweis für ihn durch Gott einlösen. „Ijob hat, so signalisiert es seine Antwort (in 40,3-5+42,2.3b-d.5-6) im Anschluss an die Gottesrede, eine innere Wandlung in seiner Gottesbeziehung erfahren. Daher musste sich auch die Einlösung seines Wunsches nach Gottesschau und wirksamer Erfahrung des ‚Lösers' wandeln".[94] Ijobs Gottesbild wandelt sich: Durch die Gottesreden wird sowohl der gute und gerechte Gott, dessen Freundschaft über Ijobs Zelt vor dessen Leid stand (vgl. 29,4), als auch der in Ijobs Leid begegnende „böse" Gott, der „grausame Feind" (vgl. 30,21), zu einer die beiden noch unter dem Einfluss des Tun-Ergehen-Zusammenhangs stehenden Größen transzendierenden Gotteswirklichkeit. Gott befreit Ijob von dem im Tun-Ergehen-Zusammenhang gründenden Rechtfertigungsdruck, er zeigt ihm die Sinnhaftigkeit einer alles menschliche Begreifen transzendierenden Schöpfungs- und Weltordnung auf und weist Ijob in seine menschengemäßen Grenzen des Verstehens Gott gegenüber. Der begrenzte Mensch erlebt die Souveränität und Freiheit Gottes als dessen Unbegreiflichkeit und Verborgenheit. Nach den Gottesreden wird die gesamte Problematik von Ijobs Debatte mit den Freunden transzendiert und für das nicht mehr sprachlich fassbare Geheimnis Gottes geöffnet.

Der zweite Teil von Ijobs zweiter Antwort (42, 4-6) wird mit einem Satz vom Anfang der ersten Gottesrede eingeleitet: „Höre doch, ich will nun reden, ich will dich fragen, du belehre mich!" In 38,3 hatte Gott seine erste Rede so eingeleitet: „Ich will dich fra-

---

[91] Ebach, J., Streiten mit Gott. Teil 2, 148.
[92] Lacoque, A., Job and Religion at Its Best, 140.
[93] Irsigler, H., Ijobs letzte Hoffnung, 186.
[94] Ebd., 184.

4.6. Im Spannungsfeld von aggressiver Anklage und transzendierender Gottes-Erfahrung

gen, du belehre mich!" Mit dem Zusatz „Höre doch" leitet Ijob zur unmittelbar folgenden Aussage über: „Vom Hörensagen nur hatte ich von dir gehört, jetzt aber hat mein Auge dich geschaut" (42,5). Für Ludger Schwienhorst-Schönberger ist diese Aussage im Munde Ijobs der Schlüssel zum Verständnis des gesamten Buches.[95] Es fällt die Gegenüberstellung von „hören" und „schauen" auf.[96] Mit dem „Hören des Ohres" hat Ijob das ihm durch Tradition übermittelte „Gotteswissen" vernommen, die Geschichten über Gott und das imponierende theologische Wissen seiner Freunde, dies vernahm er „gemäß dem Hören des Ohres". In 13,1-2 hatte er zu seinen Freunden gesagt: „Seht, all das hat mein Auge gesehen, mein Ohr gehört und wohl gemerkt. Was ihr wisst, weiß ich auch; ich falle nicht ab im Vergleich mit euch". Zwar bedarf der Glaube des Erzählens und Hörens, der Tradition und der Weitergabe „religiöser Wahrheit(en)", die religiösen Wahrheiten verweisen jedoch auf den existentiell bedeutsamen Weg in die Erfahrung der Wirklichkeit Gottes.

Dass Gott „Wunderbares und Ungeheuerliches" tut, kannte Ijob bisher nur vom Hörensagen, jetzt ging sein sehnlichster Wunsch (19,25ff.) in Erfüllung. „Diesem äußeren Bereich (sc. ‚des Hörens', A.K.) steht der des ‚Sehens' als innerer gegenüber. Er betrifft die Existenz Ijobs (eines Menschen). Er hat Gott in seiner personalen Beziehung auf existentieller Ebene erfahren. Diese innere Erfahrung ist in jedem Falle evident und (für Ijob) gültig".[97] Ijob geht den Weg des Rechtens und der aggressiven Anklage als einen Glaubensweg und wird zum Schauenden, am Tiefpunkt seiner Not ist er zutiefst davon überzeugt, dass dieser Weg ihn zum „Gott schauen" führen wird. Er wollte mit Gott selbst in Kontakt kommen und nicht nur mit dem, was über ihn gesagt wird (vgl. 13,3). Laut Ps 42,3 ist das „Gott schauen wollen" innerstes Verlangen der menschlichen Seele, der Beter fragt voll Sehnsucht: „Wann darf ich kommen und Gottes Antlitz schauen?" Diese ursprüngliche Sehnsucht wird durch den Klageprozess hindurch freigelegt, Ijob gibt der inneren Dynamik seines Verlangens nach und wird auf eine neue Ebene gehoben: vom Glauben zum Schauen.

Da es in Israel aufgrund des Bilderverbots (Ex 20,4-6) offiziell keine Kultstatuen von YHWH gab, konnte der Ausdruck „Gott schauen" nicht mehr das im altorientalisch-religiösen Kontext übliche äußerliche Sehen eines Gottesbildes bezeichnen. „Gottes Antlitz schauen" wird in 42,5 zur Metapher für den inneren Vorgang einer Gotteserfahrung. In der vorangehenden YHWH-Rede hatte derselbe gesprochen, Ijob hingegen „hat geschaut", d. h. Ijob hat keine göttliche Gestalt gesehen, deren Aussehen er beschreiben könnte. In 42,5 wird kein Tempelbesuch oder ein anderer äußerer Vorgang verbalisiert, vielmehr kommt eine *innere Erfahrung* zur Sprache.[98] Es ist dies eine bildlose Gottesschau, der im Zusammenhang mit dem Aufkommen des Monotheismus thematisierte innere Mensch gerät in den Blick. Laut Lang wird durch die Metapher des „Schauens Gottes" die intensivste Form der Begegnung mit der Gottheit angedeutet, die dem biblischen Menschen möglich ist.[99] Am Ende geht Ijobs Hoffnung in Erfüllung, hundertvierzig Jahre

---

[95] Vgl. Schwienhorst-Schönberger, L., Das Buch Ijob, 261.
[96] Die Septuaginta verstärkt diese Gegenüberstellung dadurch, dass sie in 42,5a die Zeitangabe *to proteron* „einst" hinzufügt.
[97] Gradl, F., Das Buch Ijob, 338.
[98] Vgl. Schwienhorst-Schönberger, L., Ijob: Vier Modelle der Interpretation, in: Seidl, T., Ernst, S. (Hg.), Das Buch Ijob. Gesamtdeutungen-Einzeltexte-Zentrale Themen, Frankfurt a. M. 2007, 21f.
[99] Vgl. Lang, B., Theologie der Weisheitsliteratur. In: Sitarz, E. (Hg.), Höre, Israel! Jahwe ist einzig. Bau-

vor seinem leiblichen Tod (42,16-17) schaut Ijob YHWH mit eigenen Augen (42,5). „Gott zu schauen vor dem Tod und vor der Wiedererlangung der Gesundheit und der Lebenskraft – das ist die Lösung, die das Ijobbuch anzubieten hat und wohl zugleich auch die Provokation, die es für uns enthält".[100] Im Schauen Gottes ereignet sich eine die das Leid wahrnehmende Ebene durchbrechende und transzendierende Form der Wahrnehmung.

Auch wenn sich in der äußeren Realität noch nichts ändert und Ijob in seinem Leid buchstäblich stecken bleibt, stößt er in seiner Wahrnehmung („schauen") bereits in eine andere Dimension vor. Der Bewusstseinszustand ändert sich, nicht der äußere Zustand. „Nach biblischem Verständnis ist dieser veränderte, erweiterte Bewusstseinszustand keine Einbildung... sondern eine tiefere Form der Wahrnehmung. Was dort geschaut wird, wer dort geschaut wird, ist Wirklichkeit; Gott, der Erlöser".[101] Gott kann geschaut werden, weil „er lebt", weil „er sich erhebt" (V 25), weil er sich zeigt, weil er „spricht", weil er „Antwort gibt" (38,1).

Die unmittelbare Gotteserfahrung in der Begegnung mit Gott führt zu einer Transformation von Ijobs Denkweise. „Darum verwerfe ich und ändere meine Einstellung – auf Staub und Asche (42,6)". Ijob ändert seine Einstellung, während er noch in Staub und Asche sitzt; äußerlich betrachtet hat sich für ihn noch nichts geändert, innerlich ist er jedoch ein anderer geworden. Ijob ändert seine Sicht auf sein Problem hin nicht, weil sich seine Lage änderte und er gesund worden wäre, vielmehr verwirft er, was ihm durch die Gottesreden als falsche Auffassung bewusst wurde. In 42,3 anerkennt Ijob, dass er Gottes Plan verdunkelt hat, jetzt anerkennt er nicht nur Gottes überlegene Macht, sondern auch dessen überlegene Einsicht, indem er sein bisheriges Reden als Ausdruck des Nicht-Wissens kennzeichnet. Im Buch Ijob besteht ein *dialektisches Spannungsverhältnis* zwischen aggressiver (An-)Klage Gottes und transzendierender Gotteserfahrung: Mittels des Sprechakts der aggressiven Klage öffnet sich Ijob für das größere Geheimnis Gottes, welches größer als sein eigenes Leid ist bzw. sein darf. Laut Ottmar Fuchs nimmt Ijob sich nicht wichtiger als Gott, die Doxologie ermöglicht es ihm, von Gott her auf sich zu schauen und sich darin aufzurichten. In der Doxologie traut Ijob Gott zu, „dass er nicht im Elend des Menschen aufgeht, sondern mit seinem unendlichen Geheimnis unendlich mehr ist als was Menschen ermessen und erfahren".[102] Auf dieser neuen, doxologischen Ebene kommt die Aggression schlussendlich zur Ruhe. Einerseits führt der Prozess des Klagens, Rechtens und Ringens mit Gott zur Gottesschau, andererseits bleibt letztere auf die aggressive Auseinandersetzung rückverwiesen. Diese Dialektik ist nicht auflösbar.

---

steine für eine Theologie des Alten Testaments, Stuttgart-Kevelaer 1987 (BiBa 5), 221-238, 231. Auch der jüdische Theologe Oliver Leaman sieht entsprechend dem Vorschlag von Rabbi Nissim Gaon die eigentlich überzeugende Antwort für Ijob in der Begegnung, dem „Schauen" Gottes; vgl. Leaman, O., Hiob und das Leid. Ursprung des Bösen, Leiden Gottes und Überwindung des Bösen im talmudischen und kabbalistischen Judentum. In: Koslowski, P. (Hg.), Ursprung und Überwindung des Bösen und des Leidens in den Weltreligionen (Diskurs der Weltreligionen 2), München 2001, 103-128, 116: „Was er an dieser Begegnung wertvoll findet, ist das Gefühl, dass Gott mit ihm ist, im Leiden wie in glücklicheren Zeiten... Das Wichtige bei der Begegnung ist aber nicht, Ijob irgendetwas zu beweisen, sondern ihm zu helfen, die Gegenwart des Allmächtigen zu fühlen, und ihm dabei helfen zu verstehen, dass der Allmächtige weiß, was geschehen ist und warum".

[100] Schwienhorst-Schönberger, L., Das Buch Ijob, 115.
[101] Ebd.
[102] Fuchs, O., Gott in Dunkelheit erahnen. Die biblische Verbindung von Lob und Klage, in: BuK 63 (1/2008) 22-27, 24.

4.6. Im Spannungsfeld von aggressiver Anklage und transzendierender Gottes-Erfahrung 263

Worin besteht nun der *Trost des Ijobbuches*, wenn vorausgesetzt werden kann, dass dessen Selbstanspruch nicht darin besteht, eine komplexe Theologie zu generieren und zu etablieren, vielmehr jedoch *einen* wichtigen Beitrag innerhalb der Religion zu leisten? Es führt den von unermesslichem Leid gezeichneten Menschen vor Augen, der von einem melancholisch-traurigen Grundgefühl bestimmt ist. Dabei vertröstet das Buch Ijob weder auf ein gutes Ende à la: Alles wird gut! noch auf ein besseres Jenseits, zumal der Auferstehungsglaube noch nicht in den Blick gerät. Das Buch Ijob ist auf das Diesseits und den Monotheismus verwiesen und bezieht von daher sein radikales, extremes Denken und seine paradoxale Struktur. Es führt vor den schwierigen, unbegreiflichen Gott, der in kein plausibles, nach vorher einsehbaren Regeln funktionierendes Gott-System eingefangen werden kann: was Gott heißt, wissen wir letztlich nicht. Das korrespondierende Gottesverhältnis befreit dazu, keinem Wahrnehmungstrug zu erliegen, vielmehr die Realität illusionslos wahrzunehmen. Umgekehrt redet das Buch Ijob keiner nihilistischen oder fatalistischen Resignation das Wort, es steht weder für den völligen Zusammenbruch noch für das Ergehen in Zynismus und Verhärtung ob unbegreiflichen Leids. Es ermutigt, in einer radikalen Theozentrik inmitten der ambivalenten Gotteserfahrung den „Feind-Gott" direkt anzugehen, in der Anklage die eigene Aggression in direkter Anrede vor ihm zuzulassen und mit ihm um Authentizität und die eigene Würde zu rechten und zu ringen. Dabei besteht das Paradox, dass am äußersten Rand der äußersten Todverfallenheit, wo das Empfinden des eigenen Würdeverlustes am größten ist, die Gewissheit am größten ist, der Löser in Gestalt des lebendigen Gottes werde für den Betroffenen in der Gottesschau eintreten.

Dieses durch nichts herleitbare Vertrauen, diese unergründliche größte Gewissheit im größten Elend dürfte das Letzte und Tiefste und damit der größte Trost des Ijobbuches sein, zumal so der Weg zur „Gottesschau" eröffnet ist. Das Buch Ijob ermutigt zu der inneren Erfahrung, inmitten der geschilderten Auseinandersetzung für „das Sehen Gottes" offen zu sein und die seitherige Wahrnehmungs- und Deutungsebene und damit die Sicht auf das persönliche Schicksal in der persönlichen Begegnung mit dem sprachlich nicht mehr fassbaren Geheimnis Gottes transzendieren und transformieren zu lassen. Ein derart Betroffener vermag nicht mehr an den „lieben" Gott zu glauben, jedoch Augenblick für Augenblick aus dem Geheimnis des Gottes zu leben, der größer als das eigene Leid sein darf. Der Tiefgang eines solchen Menschen resultiert nicht nur aus dem Abschreiten der eigenen Untiefen, sondern auch aus der Erfahrung/Ahnung der unendlichen Abgündigkeit und Tiefe Gottes. *In der Doxologie kommt dann auch die Klage-Aggression zur Ruhe.*

Im Folgenden soll unter der Prämisse, dass jeder Schriftstelle eine originär eigene Aussage eignet und somit die Pluralität nicht verkürzt werden darf, eine Zusammenschau des alttestamentlichen Diskurses vorgelegt werden.

5. Zusammenfassung des alttestamentlichen Zugangs

Der *Kampf am Jabbok* offenbart einen Gott mit unbegreiflichen aggressiven Anteilen, es ist Gott, der Jakob in lebensbedrohlicher und beängstigender Weise angreift. Der angreifende Gott gesteht dem Menschen aggressiven Widerstand und Selbstbehauptung zu, er lässt sich von der Gegenwehr Jakobs beeinflussen und bezwingen. Dieses Ringen und Kämpfen ist eine Form des Glaubens, zumal durch den Kampf ein enger Kontakt zwischen Gott und Israel entsteht: beide berühren sich. Durch den Kampf sieht Jakob Gott von Angesicht zu Angesicht, erlebt er Gott hautnah und gerät dabei dennoch in höchste Lebensgefahr. Aus dem Kampf gegen Gottes Anspruch wird ein Kampf mit Gott um Segen. Im zähen, schmerzlichen Kampf ringt Gott Jakob die Erkenntnis ab, dass es alles eigenmächtige Hantieren mit Segen loszulassen gilt, um nur noch an Gott festzuhalten. Auch wenn der Segen unableitbares Geschenk bleibt, ist er ohne das aggressive Kampfgeschehen nicht gewährt. Durch den aggressiven Kampf wird Jakob für immer mit den Spuren des Kampfes behaftet bleiben. Der von Gott berührte Jakob bleibt zeitlebens gezeichnet, er trägt die Zeichen des von Gott abgerungenen Verzichts auf selbstherrliches Verfügen über den Segen und des Gott abgerungenen Segens bleibend am Leib. Der erkämpfte Segen ist nicht ohne die Spuren des Kampfes zu haben. Gott tritt über den versehrten Leib mit Jakob in Kontakt, es gibt keine Berührung ohne besagte aggressionsgenerierte Verletzung.

Hier zeigt sich die Aggression Gottes in ihrer Ambivalenz: Um der Echtheit der Beziehung willen ist das Zufügen der Verletzung erforderlich, zumal Jakob nicht freiwillig seine Sicherungsmaßnahmen aufgibt. Die körperlich sichtbare Entmachtung ruft die Wende zum Gotteskämpfer herbei; im aggressiven Kampf verwandelt sich Jakobs Gottesbild, so dass die Geburt zu einem neuen Gottesverhältnis stattfindet. Indem Jakob seinen Namen nennt, gibt er sich der unbekannten Segens-Macht preis, wirft sich in die Abgründigkeit und Unbegreiflichkeit Gottes und empfängt Segen. Im Kampf wird Jakob durch Gottes wandlungsmächtiges Segensgeheimnisverwandelt, sein neuer Name steht für dieses neue Leben: Gotteskämpfer. In Gen 32,23-33 erfährt der Kampf eine konstitutive Bedeutung für Israels Identität. Israel versteht sich bleibend als Gotteskämpfer, es ist geboren und gesegnet in der Wandlung von Jakob zu Israel. Zur Gotteserfahrung Israels gehören die dialektisch aufeinander verwiesenen Aspekte des lichten und des dunklen Tuns Gottes. Gott ist fasslich im abgerungenen Segen, seine Unfassbarkeit, das verborgene, menschlicher Verfügbarkeit entzogene göttliche Geheimnis, zeigt sich im lebensbedrohlichen Angriff der Nacht. Die Aggression schützt Gottes Unverfügbarkeit davor, dass der Mensch in maßloser Selbstüberschätzung die Fremdheit Gottes zu fassen sucht.

Als Aktions- und Reaktionsweise Gottes ist der *Zorn Gottes* ein wichtiges Interpretament des innergeschichtlichen und endzeitlichen Wirkens Gottes. Gottes Zorn steht in engstem Zusammenhang mit seiner Geschichtslenkung und seiner Lenkung der Geschicke des Einzelnen. Aufgrund der vielen geschichtlichen Katastrophen ist alttestamentliche Rede von YHWH als Herrn der Geschicke seines Volkes und der übrigen Völker ohne die Kategorie seines Zornes undenkbar. Zorn ist keine ständige Eigenschaft YHWHs, sondern je neu seine geschichtlich erfahrbare Tat, Gottes Zorn kann letztlich nur als geschichtliches Widerfahrnis konstatiert werden. In seinem Zorn ist der gerechte Gott Herr der Geschichte, im Zorn wird tatsächliche Geschichte interpretiert. Die Bibel ordnet den göttlichen Zorn seiner Gerechtigkeit zu: Gottes Zorn ist ein Ausfluss dieser Gerechtigkeit. Letztere kommt Gott in seiner Funktion als König zu, insofern er die Geschicke der Völker und insbesondere seines Volkes lenkt. Sein Zorn entbrennt, wenn seine gerechte, Leben fördernde Welt- oder Israelherrschaft auf Widerstand stößt – das Volk Gottes versündigt sich und verschuldet damit innergeschichtliche Strafe. Durch den Zorn soll dieser Widerstand vernichtet werden, YHWH vollzieht die gerechte Strafe im Modus des Zorns. Überwiegend wird dieses Theologoumenon verwandt, um Gottes Wirken rational rekonstruierbar und verständlich zu identifizieren, so z. B. in Klgl 1,5, wo der gerechte YHWH sein Volk wegen der Menge seiner Verfehlungen peinigt.

In Klgl 2 wird diese „Logik" extrem verunsichert: Das Volk klagt YHWH wegen des Exzesses seines Zornes an. Klgl 2 ist Klage vor und Anklage gegen YHWH wegen seines unverhältnismäßig grausamen Vorgehens gegen die Stadt Jerusalem. Der Text führt in das Zentrum der Gottesbeziehung Israels: Das Volk hat gegen die Weisungen des Herrn seiner Geschichte verstoßen und erfährt nun wegen der Störung seiner Herrschaftsordnung den Zorn des Herrschers. YHWH bleibt nur Herr seines Volkes, wenn Jerusalems Untergang seine Hauptursache im Zorn YHWHs findet. In der Klage wird das dunkle Gottesbild bestätigt: Die Schrecken werden nicht abgemildert, die Schuld nicht ausschließlich beim Volk versammelt, Gott wird mit der Verantwortung für die von ihm gewirkte Geschichte im direkten Gebet behaftet. Weil Gott von der Realität nicht getrennt werden kann, droht das Gottesbild korrespondierend dunkel, ambivalent und irrational zu werden, was dazu führt, dass die dadurch evozierte, aggresive Gottesanklage nahezu inakzeptabel in der Diktion erscheint. Diese extremen Aussagen finden sich nur in Reden *zu* Gott, in denen das Gottesbild radikalisiert wird und sich Tiefendimensionen jenseits des Schuld-Strafe-Zusammenhangs auftun.

In Ps 88 wird die für Israel typische Konzentration auf YHWHs Verhalten gegenüber dem Kranken zugespitzt: YHWH ist ausschließlich sein Feind, er hat die Krankheit verursacht. Der Beter versteht nicht, warum Gottes Zorn auf ihm lastet, er lässt sich keine Schuld einreden. Weder menschliche Feinde noch Dämonen, sondern YHWHs Schrecken hat ihn umzingelt. Der Zorn Gottes wird sprachlich zum handelnden Subjekt, Gott ist Subjekt von schädigender Aggression. Inmitten seines Lebenskampfes ringt der Beter um das Gottsein seines Gottes. Ps 88 ist eine aussichtslose Konfrontation zwischen dem Schwerkranken und YHWH, der dies alles gewirkt hat. Ausschließlich durch den Sprechakt der Gottesklage besteht noch eine Beziehung zu YHWH. Die Einheit zwischen dem geglaubten und dem erfahrenen Gott wird nur durch das Klagegebet hergestellt, indem der Beter das ihm von YHWH Widerfahrene kompromisslos anklagend auf den geglaubten YHWH hin ausspricht und so das Unbegreifliche innerhalb der Gottesbeziehung belässt.

Dem *biblischen Monotheismus* eignet de facto in Christentum und Islam eine ambivalente Wirkungsgeschichte mit destruktiver Aggression, Intoleranz und einer Kreuzzugsmentalität, so dass gegenwärtig die die Theologie schwer belastende Frage nach dem Zusammenhang zwischen Gottesbild und Gewalt gestellt wird. Dabei gilt es den historisch und politisch bedingten, aber nicht essentiell konstitutiven Zusammenhang von biblischer Gewaltsprache und Monotheismus zu benennen und bewusst zu machen. Die biblische

Sprache der Gewalt und destruktiven Aggression gehört in die revolutionäre Rhetorik der radikalen Abgrenzung gegenüber der als feindlich empfundenen oder erfahrenen Umwelt. Der biblische Kampfbegriff ist gegen die Vielgötterei (getreu dem Motto: Alles, was echt göttlich ist, ist unser Gott), nicht gegen andere Menschen gerichtet. Der biblische Monotheismus hat aus sich heraus keine Kriege generiert, die Diktion vom „Heiligen Krieg" entstammt der Rhetorik Napoleons. Im Übrigen waren die größten Polytheisten im alttestamentlichen Kontext, Mesopotamien und Ägypten, zugleich die gewalttätigsten Imperialisten der damaligen Zeit. Der israelitische Monotheismus findet seine Basis im eigenen Volk: im eigenen Bereich gilt nur YHWH, dies gilt es im Binnenbereich streng einzuhalten, darüber hinaus wird dieser Ein-Gott-Glaube den anderen nicht missionarisch aufgezwungen.

Der AT-Monotheismus hat als einziges der antiken Gottesbilder bis heute überlebt, mit Hilfe des AT wurde im Monotheismus eine theologische und philosophische Schwelle überschritten, als deren einzige Alternative der Atheismus verbliebe. Dass kein Kampf nach außen stattfand, zeigt sich schon allein daran, dass es ein hohes gegenseitiges Interesse und wechselseitig eine Faszination zwischen Frühhellenismus und frühjüdischem Monotheismus gab. Zudem vermag die Entwicklung von Gewalt nicht ohne den politisch-religiösen Kontext analysiert zu werden, nicht ohne die Subjekte, ihre sozialen Beziehungsgefüge und ihre politischen Kontexte. Auch ist die Unterscheidung von wahr und falsch nicht per se als gewalttätig einzustufen. Mit dem Überstieg von der Primär- zur Sekundärreligion im Monotheismus bringt der Mensch Innerlichkeit hervor, eine essentielle Vorbedingung für Menschenwürde und Toleranz. Wenn vor Gott allein die innere Gefolgschaft zählt, wird die erzwungene sinnlos. Die Klageaggression des Ijob im *Buch Ijob* entsteht, weil dieser den starken Eindruck gewinnt, dass der Tun-Ergehen-Zusammenhang in seinem eigenen Leben nicht gilt, obwohl er nach seinem Dafürhalten gelten soll. Deshalb spricht er Gott schuldig und behaftet ihn in streng monotheistischem Denken mit allem ihm und seiner Mitwelt widerfahrenen Leid. Ijob identifiziert Gott immer mehr als den destruktiv-aggressiv und feindselig gegen ihn geschichtlich Vorgehenden und Handelnden, so dass dessen Nähe für ihn immer unerträglicher wird. Wie die Feinde in den Feindpsalmen knirscht Gott gegen Ijob mit den Zähnen, er trägt für Ijob immer mehr dämonische Züge. Der Widerspruch zwischen Wahrnehmung und Doktrin und die monotheistische Vorgabe, die gesamte Wirklichkeit auf den einen Gott beziehen zu müssen, führen Ijob in die Klage: damit nimmt er Gott als souveränen, alleinigen Herrn des Geschehens ernst, er praktiziert seinen Monotheismus. Ijob belangt Gott direkt, nimmt ihn in Verantwortung und macht ihn zuständig. Sein Unheil wird für ihn zur theologischen Frage, zur Rückfrage an Gott, den er mit hineinzieht. Weil Ijob aufrecht bei seiner Unschuldsbeteuerung bleibt, der Satan im Ijobbuch keine göttliche Gegenmacht darstellt und auch die Sabäer (1,15) und die Chaldäer (1,17) letztlich nur als Instrumente im göttlichen Experiment fungieren (in 1,12 und 2,6 wird der Satan direkt von Gott zum Unheil beauftragt), gestaltet sich diese Rückfrage an Gott als radikale, aggressive Gottes-Anklage.

Weil Ijob an einer durch das unbegreifliche Leid generierten Gottesentfremdung leidet, vermag nur der in direkter Rede an Gott adressierte, aggressive Sprechakt der Klage, Gottes Glaubwürdigkeit zu restituieren und die Gottesbeziehung neu zu stiften. Während die drei Freunde Ijobs an Gottes Stelle und über ihn reden, vermeiden sie mit der Gott vorenthaltenen Klageaggression letztlich Gott selber. Ijob hingegen bezeugt ein umso größeres Gottvertrauen, indem er in aller Offenheit und Deutlichkeit Gott authentisch den erlebten Widerspruch und die korrespondierende Aggression zumutet und ihm die heftigsten Vorwürfe ins Gesicht schleudert. Die Gottesreden bestätigen Ijob, richtig von Gott geredet zu haben, indem er den erlebten Widerspruch anklagend vor Gott in direkter Rede ausdrückt, ihm den Prozess macht und eine Antwort von ihm persönlich fordert. Durch die aggressive Klage redet er direkt *zu* Gott und tritt mit ihm (adgredi) in Kontakt. Mittels dieser aggressiven Auseinandersetzung würdigt er Gott, dass ihm genug an ihm liegt, sich über ihn aufzuregen. Die Aggression des „Trotzdem" bewahrt Ijob vom Abbruch der Gottesbeziehung: Als Klagender hat er ein Gegenüber, auch wenn es schweigt, Ijob hat einen zuständigen Adressaten, eine Instanz, an die er sich halten kann. Die neuzeitliche Alternative, angesichts unbegreiflichen Leids die Existenz Gottes zu negieren oder seine Geschichtsmächtigkeit zu schwächen, besteht für ihn nicht.

Im Ijobbuch besteht ein konstitutives, nicht auflösbares dialektisches Spannungsverhältnis zwischen dem Prozess des aggressiven Klagens, Rechtens und Ringens und In-Kontakt-Tretens mit Gott einerseits und dessen Zur-Ruhe-Kommen in der Doxologie andererseits. Am Tiefpunkt seiner Gottes- und Menschenverlassenheit in Kap. 19 kommt Ijob zu der inneren Gewissheit, dass sein Löser lebt. Diese Gewissheit ist kontextuell identisch mit der gewissen Hoffnung, Gott schauen zu dürfen. Der Löser als Gestalt der Erhörungsgewissheit Ijobs ist der notwendige und entscheidende Gegenpol gegen die „Satanisierung" Gottes. Ijob ist sich gewiss, noch in diesem Leben, im Zustand äußerster Todverfallenheit, am Tiefpunkt seiner Not, Gott zu schauen; er ist von der tiefen Gewissheit vom lebendigen, schon hier und jetzt gegenwärtigen Löser erfüllt, dem helfend eintretenden, Ijobs verlorenes Recht und seine Würde wiederherstellenden Gott, der nicht mehr fremd ist. Diese Gewissheit und dieser Wunsch wird in 42, 5 auf einer neuen Erkenntnisebene eingelöst, zu welcher Ijob durch die Gottesreden geführt worden ist. Nach den Gottesreden wird die um die Problematik des Tun-Ergehen-Zusammenhangs kreisende Debatte Ijobs mit seinen drei Freunden transzendiert und für das nicht mehr sprachlich fassbare Geheimnis Gottes geöffnet.

In den Gottesreden nimmt Gott die Funktion des Lösers auf eine fundamental neue, andersartige Weise auf, zumal mit keinem Wort Ijobs Erwartung und Forderung nach Bestätigung seiner Unschuld durch Gott eingelöst wird. Gott zeigt Ijob die Sinnhaftigkeit einer alles menschliche Begreifen transzendierenden, widersprüchlichen Schöpfungs- und Weltordnung auf, die keine heile Welt darstellt; er weist Ijob in seine menschengemäßen Grenzen des Verstehens Gott gegenüber und befreit ihn so von dem im Tun-Ergehen-Zusammenhang gründenden Rechtfertigungsdruck. Um Gott ist eine Aura der Unverfügbarkeit und Unbefragbarkeit, die kein gedankliches Bemühen zu durchdringen vermag, sein Handeln bleibt unbegreiflich. Die Einlösung von Ijobs Wunsch wandelt sich, weil Ijob eine innere Wandlung in seiner Gottesbeziehung erfahren hat. Durch den Klageprozess wird die ursprüngliche Sehnsucht nach dem „Gott schauen" freigelegt und auf eine neue Ebene gehoben. Es ist dies eine innere Erfahrung auf existentieller Ebene, die intensivste Form der menschlichen Begegnung mit Gott. Ijob schaut Gott vor dem Tod und vor der Wiedererlangung der Gesundheit und Vitalität, noch während er in Staub und Asche sitzt. Innerlich ist er ein anderer geworden, deshalb ändert er seine Sicht auf sein Problem hin. In der Gottesschau durchbricht und transzendiert Ijob die Ebene der eigenen Leidwahrnehmung, er stößt in seiner Wahrnehmung inmitten des Leids bereits in die doxologische Dimension vor. Die Doxologie ermöglicht es Ijob, von Gott her auf sich zu schauen und sich darin aufzurichten. In der Doxologie traut Ijob Gott zu, dass er nicht im Elend des Menschen aufgeht, sondern mit seinem unendlichen Geheimnis unendlich mehr ist als was Menschen ermessen und erfahren. Auf dieser neuen, doxologischen Ebene kommt die Aggression schlussendlich zur Ruhe.

Im Folgenden soll eine konzeptionell-theologische Reflexion bezüglich der Frage nach einer Theologie der Aggression durchgeführt werden. Da in Anschlag zu bringen ist, dass Gottes Wort die erste Norm ist, welche die Systematik als Gültigkeitsmaßstab allen Redens von Gott geltend zu machen hat, sollen die exegetischen Erkenntnisse zu den Einzelthemen gebührend berücksichtigt werden. Der vorliegende Diskurs gestaltet sich deshalb als ein reißverschlussartiges Ineinandergreifen und sich gegenseitiges Erschließen von biblisch-exegetischen, systematischen und ersten gegenwartsrelevanten Erkenntnissen und Fragestellungen. Der folgende schöpfungstheologische Zugang versucht die Grundlagen dafür zu schaffen, dass das ambivalente Aggressionsvermögen in seiner konstruktiven Entfaltung als Teil der guten Schöpfungsordnung profiliert werden kann.

2. Kapitel: Konzeptionell-theologischer Zugang

A) Schöpfungstheologische Perspektive: Die Ur-Rechtfertigung

Für den Umgang mit Aggression ist es unabdingbar, dass die schöpfungsgemäßen Vorausbedingungen und Voraussetzungen für Leben überhaupt wahr- und als göttlicher Gestaltungsauftrag entgegengenommen werden, soll menschliches Leben sich im Sinne des Schöpfers unter Ausschaltung krankheitsgenerierender Reduktionismen entfalten. Nach Hermann Stengers Dafürhalten bedarf es auch zur Ausbildung menschlicher Glaubensfähigkeit einer profunden Kenntnis der schöpfungsgemäßen Voraussetzungen, zumal die gnadenhafte Berufung Gottes die Natur voraussetzt. Theologische Voraussetzung für die Entwicklung einer gläubigen Identität ist die fundamentale Erwählung zum Leben und die schöpfungsgemäße Ermächtigung zum Leben. Damit dies kein bloßer moralischer Appell ist, gilt es, sich mit den Voraussetzungen für die Realisierung dieser Ermächtigung auseinanderzusetzen. Ohne Ausbildung der fundamentalen biovitalen und biophilen Lebensbedingungen im Sinne eines Unterbaus werden ideologische Persönlichkeiten herangebildet, die zu einem gelingenden vitalen Leben nicht die erforderlichen Voraussetzungen wie Lebenszuversicht, Werdewillen, und Pluralitätstoleranz mitbringen.[1] Die schöpfungstheologischen Aussagen beider biblischen Testamente benennen die Tiefendimension allen Wirkens Gottes in dieser Welt. Während die evangelische Systematik den Fokus stärker auf die Sündigkeit des Menschen lenkt(e) und „im einseitigen Bedenken der menschlichen Kreatürlichkeit die Gefahr einer zu positiven Sicht der menschlichen Möglichkeiten zum Guten erblickte",[2] hat die Schöpfungslehre im Gesamt der katholischen Systematik einen stabilen Ort. „Unsere Welt ist im Ganzen und in allen Einzelheiten aus der Beziehung zum schöpferisch handelnden Gott zu verstehen, der ihr Existenz und Sinn verleiht. Das ist das Fundament, das alle anderen Aussagen des Glaubens über Gott und die Welt trägt".[3] Die Schöpfung ist bleibender Ursprung des Heils und grundlegende Erstlingsgabe Gottes. Das I. Vaticanum betont denn auch die Einheit des göttlichen Schöpfungsprinzips (DH 3001-03). Im Selbstzeugnis der Schöpfung steht die Ur-Rechtfertigung des Lebens vor der Rechtfertigung des Sünders.

Inmitten seiner Ambivalenz muss das menschliche Aggressionsvermögen auch an der schöpfungstheologischen Grundbestimmung der Güte und Urbejahung der geschaffenen Wirklichkeit partizipieren, zumal es an der schöpfungsgemäßen Entfaltung des Lebens mitwirkt. Wenn das Aggressionsphänomen theologisch samt und sonders unter den Vorbehalt des rein Bösen gestellt würde, entstünde der Verdacht, einen Teil der vorfindli-

---

[1] Vgl. Stenger, H., Im Zeichen des Hirten und des Lammes. In: Römelt, J., Hidber, B. (Hg.), In Christus zum Leben befreit. FS für Bernhard Häring, Freiburg i. Br. 1992, 72.
[2] Sattler, D., Schneider, T., Schöpfungslehre, in: Schneider, T. (Hg.), Handbuch Dogmatik, Düsseldorf 1992, 120-240, 125.
[3] Kehl, M., Und Gott sah, dass es gut war. Eine Theologie der Schöpfung, Freiburg i. Br. 2006, 23.

chen Realität dualistisch-manichäisch zu entwerten und abzuspalten. In der Konziliengeschichte wandte man sich permanent gegen auftauchende gnostisch-spiritualisierende Tendenzen, um umgekehrt zu betonen, dass die ganze Schöpfung, also auch die materielle Wirklichkeit, der menschliche Leib mit Sexualität und Aggression, von Gott geschaffen und darum zutiefst gut ist (vgl. auf dem IV. Laterankonzil die Zurückweisung dualistisch-manichäischer, extrem leib- und materiefeindlicher Bewegungen (DH 800), ebenso auf dem Konzil von Florenz (DH 1333-1336)). Auch wenn sich in den Texten des II. Vaticanums keine systematische Schöpfungstheologie findet, spricht aus vielen Texten ein großes Vertrauen in die von Gott geschenkten, guten schöpferischen Kräfte des Menschen (GS 34). In GS 36 wird der geschaffenen Realität eine gewisse Autonomie zugesprochen, insofern diese „ihren festen Eigenstand, ihre eigene Wahrheit, ihre *eigene Gutheit* sowie ihre Eigengesetzlichkeit und ihre eigenen Ordnungen" hat.

Im Folgenden sollen die priesterschriftlichen Theologumena von der Bonität der Schöpfung und vom Menschen als Bild Gottes vorgestellt werden. Für die Priesterschrift (P) hängt das heile Leben von einem der ursprünglichen Schöpfungsordnung gemäßen Leben ab. Der biblische Gott wirkt kein Heil an der Schöpfung vorbei. Es gibt keine Erlösung bei gleichzeitiger Vernichtung der Schöpfung. „Es gibt keine Heilsgeschichte neben der Schöpfungsgeschichte oder gar gegen sie... Die Zerstörung der Schöpfung ist eine Absage an den Schöpfergott und eine Absage an das von ihm in der Schöpfung gewollte Heil. Nicht nur der einzelne Mensch ist eingebettet in den Biotop Erde, sondern die Heilsgeschichte insgesamt ist eingebunden in die Erdgeschichte".[4] Bei der Konvergenzargumentation im 4. Hauptteil dieses Diskurses soll das Theologumenon vom Menschen als Bild Gottes in einen kritischen Dialog mit Inhalten der Aggressionspsychologie wie „Aggression als Kompetenz zu Wahrnehmung und Erkundung von Welt; als fundamentales Bezogensein auf Wirklichkeit versus Gleichgültigkeit; Aggression als Motor für das gestalterische Drauf-zu-Gehen auf die Außenwelt" treten, ohne den biblischen Aussagen in eisegetischer Manier Züge des sich neuzeitlich herauskristallisierenden Menschenbildes unterstellen zu wollen.

---

[4] Zenger, E., Gottes Bogen in den Wolken. Untersuchungen zu Komposition und Theologie der priesterlichen Urgeschichte, Stuttgart 1983, 179f.

1. Vollendung der schöpfungstheologischen Güte

Die Schöpfungstheologie der Priesterschrift (P) erinnert die Erschaffung von Welt und Mensch als von Anfang an guten, förderlichen Lebenszusammenhang mit Gott als dem Schöpfer und König der Welt. In P artikuliert sich kein Phantast: Seine Generation erlebte gewaltsame weltpolitische Umbrüche und hatte sich der schwierigen Frage einer eventuellen Rückwanderung in das ärmliche Juda mit Jerusalem zu stellen. Laut Lohfink gilt als Grundaussage von P: „Und wenn die Adressaten der Priesterschrift, obwohl sie Israeliten sind, sich de facto nicht mehr im Land Kanaan befinden, dann ist das eine vorübergehende Störung, die von Gott möglichst bald behoben werden soll, wenn nicht menschliche Weigerung störend dazwischenkommt. Im Ganzen ist unsere Welt als eine stabile gedacht, und Gottes ewige Bundesaussagen drücken das aus".[1] Angesichts katastrophischer Lebenserfahrungen antwortet die biblische Schöpfungstheologie auf die korrespondierende Angst und Resignation und integriert sie heilvoll in die am guten Anfang gottgestiftete Welt- und Lebensordnung.

Im Mythos kehrt der Mensch an den „Anfang" als einer „paradiesischen" Gegen-Welt zu der als vielfach gestört und bedroht erfahrenen realen Welt zurück. Der Schöpfungsmythos steht nicht im Dienste der Realitätsverweigerung bzw. Flucht in die Illusion, sondern erzählt von den guten Anfängen der Welt im Sinne des Gründens, des Grundgebens und des Grundfesthaltens. Er gibt dem Einzelnen Grund und Sinn und vermittelt, was immer schon und überall gültig ist und sein soll. „Der Schöpfungsmythos „fabelt also nicht über Anfänge, bei denen keiner dabei war. Hier blicken vielmehr Menschen aus ihrer Zeit zurück und nehmen die Grundlagen der eigenen Lebenswelt, das in Welt grundsätzlich Gegebene, das immer Geltende wahr als stiftende Geschehnisse des Anfangs, in denen fortan Gültiges für alle Folgezeit gesetzt wurde".[2] Diese fundamentalen Grundbestimmungen der Welt im Ganzen müssen immer gelten, so die Welt existieren will. Vor dem Hintergrund einer als bedroht erfahrenen realen Welt formuliert P die damals so wenig selbstverständliche und vielen Erfahrungen seiner Adressaten zuwider laufende (und deshalb mehrfach zu betonende) Hauptthese: So, wie die Welt aus den Händen Gottes hervorgegangen ist, war sie gut. Die priesterschriftliche Schöpfungserzählung Gen 1-2,4a darf nicht von den anderen Teilen der priesterschriftlichen Urgeschichte (Gen 5,1-32; 6,9-9,29; 10, 1-32; 11,10-26) und vom gesamten priesterschriftlichen Entwurf isoliert werden.

Auch P ist der Auffassung, dass die Menschheit nicht in der ursprünglichen, sondern in der nachsintflutlichen Ordnung lebt, durchzogen von Kompromissen bezüglich der Anwendung von Gewalt (Vgl. Gen 9,1-7, wo nach der Sintflut das Verhältnis des Menschen zu den Tieren neubestimmt und die Grenzen legitimer Gewalttat festgesetzt werden: Der Mensch darf Tiere zwar zu Nahrungszwecken töten, doch weder Tier noch Mensch sind berechtigt, Menschen zu töten). Auch P weiß um den „baldigen" Einbruch

---

[1] Lohfink, N., Der Schöpfergott und der Bestand von Himmel und Erde, in: ders., Studien zum Pentateuch Stuttgart 1988, 191-211, 200.
[2] Steck, O. H., Welt und Umwelt, Stuttgart 1978, 71; vgl. Müller, H.-P., Mythos – Kerygma – Wahrheit (BZAW 200), Berlin – New York 1991.

des Bösen in die Welt. „Aber die fundamentale Gutheit der erschaffenen Welt, kraft derer sie fruchtbares, gesegnetes Leben ermöglicht, hält sich durch. An jedem Tag der sechs Schöpfungstage beurteilt Elohim sein(e) Schöpfungswerk(e): Elohim sah, dass es gut war. Nach Vollendung seines letzten Schöpfungswerks, des Menschen, urteilt Elohim zusammenfassend: Gen 1,31: Elohim sah alles, was er gemacht hatte, und siehe, es war sehr gut".[3] Das Schöpfungsbewusstsein inkludiert ein Wissen um die Zustimmungswürdigkeit des eigenen und fremden Lebens und ermutigt trotz aller Widrigkeiten zu einem vertrauensvoll hoffenden Leben gegen jede Art von Selbst- und Fremdablehnung. Das zusammenfassende Urteil Elohims ermöglicht ein Ja zum Sosein und Dasein in Dankbarkeit, zur Annahme seiner selbst als endliches Geschöpf. Das nur von Gott ausgesagte „bara" meint Lebendiges schaffen als Befähigung zum Leben durch Anteilgabe am Leben Gottes selbst. Der Schöpfergott ist der Gott, dessen Lebensmächtigkeit lebendig macht. „Der Erzähler wird nicht müde, das Thema ‚Leben' zu betonen: Viermal sagt er ausdrücklich, dass der Schöpfergott ‚lebendige Wesen' auf der Erde will, also lebenshungrige und lebensfähige Wesen, die sich danach ausstrecken, Leben zu empfangen als eine Gabe, die sie sich nicht selbst geben können, die sie aber in der Schöpfung vorfinden".[4]

Für P ist die Erde Lebenshaus für alle Lebendigen, als essentiell lebendige und lebenermöglichende Erde ist sie der gedeckte Tisch für alle Lebewesen. Gottes Schöpfung gestaltet sich als „Aufbau und Erhalt von Interdependenzzusammenhängen..., die der Gestaltung des Menschen zugänglich und unzugänglich sind".[5] Laut W. Groß liegt die bedeutsamste Aussage von P darin, dass Gott die Schöpfungsordnung vollendet, sehr gut macht, „indem er den Menschen zu seinem Bild erschafft, d.h. indem er dem Menschen als Repräsentanten Gottes die verantwortliche und friedliche Herrschaft über alle Lebewesen anvertraut".[6] In Gen 1,26-27 „und Elohim schuf den Menschen als sein Bild: als Bild Elohims schuf er ihn, als Mann und Frau schuf er sie" liegt eine Funktionsaussage vor, die die gottgewollte Beziehung des Menschen zu den anderen Lebewesen und zur Erde insgesamt ausdrückt.[7] In P erfährt die Gottebenbildlichkeit eine inhaltliche Füllung: Der Mensch ist Bild Gottes, „insofern er ermächtigt ist, über die Tiere zu herrschen".[8] Der Mensch ist Repräsentant und Statthalter Gottes für das Lebendige neben ihm im irdisch-horizontalen Schöpfungsbereich. „Der Mensch ist Bild Gottes, insofern er sich verantwortlich handelnd zu seinem Lebensraum samt den Lebewesen darin, nicht, indem er sich zu Gott verhält".[9]

Dieser Auftrag bleibt gleichwohl rückgebunden an den Schöpfergott. Gemäß dem hebräischen saelaem sollen die Menschen wie eine lebendige Götterstatue in der Welt wirken. Nach altorientalischer Vorstellung repräsentiert das Götterbild die abgebildete Gottheit und ist Träger ihrer Macht. Das Götterbild ist wie ein Leib, in den die lebendige

---

[3] Groß, W., Das Negative in Schöpfung und Geschichte, in: ders., Studien zur Priesterschrift und zu alttestamentlichen Gottesbildern, 145-158, 147.
[4] Löning, K., Zenger, E., Als Anfang schuf Gott. Biblische Schöpfungstheologien, Düsseldorf 1997, 144.
[5] Welker, M., Schöpfung und Wirklichkeit (NBST 13), Neukirchen 1995, 29.
[6] Groß, W., Die Gottebenbildlichkeit des Menschen im Kontext der Priesterschrift, in: ders., Studien zur Priesterschrift und zu alttestamentlichen Gottesbildern, 11-37, 32.
[7] Vgl. Groß, W., Die Gottebenbildlichkeit des Menschen nach Gen 1,26.27 in der Diskussion des letzten Jahrzehnts: BN 68, 1993, 33-48.
[8] Groß, W., Die Gottebenbildlichkeit des Menschen im Kontext der Priesterschrift, 31.
[9] Groß, W., Die Erschaffung des Menschen als Bild Gottes, in: Koltermann, R. (Hg.), Universum-Mensch-Gott: der Mensch vor den Fragen der Zeit, Graz 1997, 161.

Gottheit eintritt, um durch ihn in der Welt wirkmächtig gegenwärtig zu sein. Während in Ägypten der König aufgrund seines Königsamtes „Bild Gottes" ist, sind in der biblischen Schöpfungserzählung alle Menschen qua Menschsein königliche Bilder Gottes. Die Menschen sollen als lebendige Bilder und Statuen des Schöpfergottes Medien göttlicher Lebenskraft auf der Erde sein. Im Unterschied zu altorientalischen Kosmogonien, in denen die Menschen geschaffen werden, um zuerst für die Götter die Erde zu bearbeiten, übereignet der Schöpfergott die Erde den Lebewesen als ihr Lebenshaus. Dabei werden den Menschen und Tieren unterschiedliche Lebensräume zugewiesen. Die Priesterschrift lässt zuerst den Lebensraum und die Nahrung der Menschen entstehen, bevor sie von der Erschaffung der Letzteren berichtet. Das Einhalten der den einzelnen Lebewesen zukommenden Lebensräume sichert am besten die dem Schöpfungsgeschehen entsprechende Lebensfülle. Kein Lebewesen soll auf Kosten der anderen leben. Gott ermächtigt den Menschen, das Lebenshaus zu betreten, es in Besitz zu nehmen, es zu schützen und gegen die Chaosmächte zum Wohle aller Lebewesen, für welche die Erde als Lebensraum bestimmt ist, zu verteidigen. Das hebräische radah (herrschen) hängt sprachgeschichtlich mit dem akkadischen redu „lenken, leiten, kommandieren" zusammen und charakterisiert in neuassyrischen Königsinschriften die Königsherrschaft, insofern der König die Geschicke seines Landes und der Lebewesen mit Recht und Gerechtigkeit leitet. Zu dieser richterlich ordnenden Funktion bedarf er der Autorität und Gewalt. In P geht es um diese universale Ordnungsfunktion des Menschen, die Herrschaft um des Fortbestehens der ganzen Schöpfung willen anzutreten, darin Sachwalter für das Ganze der Schöpfung zu sein und Verantwortung für das Lebenshaus zu übernehmen. Bild Gottes „bezeichnet seinen Auftrag für die Welt, im Rahmen der ihm zukommenden Leitungsfunktionen das Maximum zu leisten, um in Gottes Schöpfung zu regulieren, zu bessern, zu verändern, zu vervollkommnen, wo immer das erforderlich ist".[10]

Der Mensch soll darin sorgender und verfügender, schützender und ordnender Repräsentant des Schöpfers selbst sein. Herrschend soll er Gottes friedliche Lebensordnung unter allen Lebewesen erhalten. „Der in Gen 1,28 verwendete Imperativ ‚setzt bzw. haltet euren Fuß auf die Erde als Lebensraum' meint in seinem Kontext also keineswegs einen Kampf gegen die Erde, sondern höchstens einen Kampf um die Erde und für die Erde: gegen alles, was die Erde als Lebenshaus bedroht und zerstört".[11] Der Schöpfungsauftrag ist der gottgegebene Auftrag zur Gestaltung der Welt, nicht zur schrankenlosen Herrschaft über die Geschöpfe.

In dem metaphysischen Denken der Scholastik ist das Gutsein der Schöpfung eine grundlegende Eigenschaft aller Seienden, weil und insofern sie am Sein teilhaben. Laut Thomas von Aquin partizipiert auch die aggressio an dieser Güte.

---

[10] Herrmann, S., „Gottebenbildlichkeit", der Begriff und seine Funktion im Rahmen biblischer Theologie: IMis 59 (1969) 280-287, 287.
[11] Löning, K., Zenger, E., Als Anfang schuf Gott, 152.

2. Die an der Schöpfungsgüte partizipierende Aggression nach Thomas von Aquin

J. Pieper sieht im Schöpfungsbegriff den „verborgenen Notenschlüssel"[1] für das gesamte philosophische und theologische Werk des Thomas von Aquin. Die Geschöpflichkeit ist die innere Bauform alles endlichen Seienden, der Schöpfungsglaube vermittelt Vernunft und Glaube. Thomas wendet sich Aristoteles mit dessen ausgesprochen positiver Bewertung der sichtbaren, materiellen Welt zu und identifiziert in seiner Metaphysik alles Seiende als gut und wahr. Das kontingente Sein ist verstehbar als von Gott gewährte Partizipation am Sein. „Creare aber bedeutet, dem Geschöpf Sein zu geben (dare esse)".[2] Laut Pöltner enthält dieser Satz den hermeneutischen Schlüssel der thomanischen Schöpfungstheologie. „Die Rede von Geschöpflichkeit und von Gott dem Schöpfer spricht vom Gabe- und Geschenkcharakter des Seins. Die von Thomas im Zusammenhang von Schöpfung gebrauchten Ausdrücke wie Teilhabe, Verursachen, sogar Emanation (vgl. STh I 45,1) sind deshalb allesamt vom Grundwort der Gabe her und auf dieses hin auszulegen".[3] Die der Schöpfung eigene Würde besteht in der von Gott gewollten, von ihm verschiedenen, eigenständigen und eigenwertigen Realität. Sie ist deshalb vom menschlichen Willen als Gutes anzustreben und vom Verstand als wahr zu erkennen.[4]

Die thomanische Schöpfungslehre findet sich in den 76 quaestiones innerhalb des ersten Buches seiner Summa Theologiae. Zu Beginn derselben stellt Thomas einen sein ganzes System kennzeichnenden Grund-Satz auf: „Der Glaube setzt die natürliche Erkenntnis in der gleichen Weise voraus, wie die Gnade die Natur und die Vollkommenheit ein Wesen voraussetzt, das vollkommen werden kann".[5] Die Scholastik sieht die geschaffene Realität unter einem positiven Vorzeichen, indem sie das Axiom „gratia non destruit, sed supponit et perficit naturam" prägt. Das Gnadengeschehen setzt die Natur voraus, würdigt sie in ihrer Vorfindlichkeit und vollendet sie. Thomas sieht die gesamte Realität von ihrem bleibend wirksamen Ursprung und von ihrem Ziel her als gute Schöpfung Gottes.[6] Die

---

[1] Pieper, J. Werke in 8 Bänden (hg. v. B. Wald), Bd. 2, Hamburg 2001, 114f.
[2] Super Ev. S. Joannis lect. V, nr. 133.
[3] Pöltner, G., Thomas von Aquin über Sein als Geschaffensein, in: Schmetterer, E. (Hg.), Variationen zur Schöpfung der Welt (FS R. Schulte), Innsbruck 1995, 40-64, 40.
[4] Vgl. Kluxen, W., Lex naturalis bei Thomas von Aquin, in: Nordrhein-Westfälische Akademie der Wissenschaften (Hg.), Vorträge G 378, Wiesbaden 2001, 27-29.
[5] STh I 2,2 ad 1
[6] Vgl. Bouillard, H., Conversion et grace chez S. Thomas d'Aquin. Étude historique, Paris 1941. Seckler, M., Instinkt und Glaubenswille nach Thomas von Aquin, Mainz 1961. Sowohl Bouillard als auch Seckler zeigen auf, wie Thomas den aristotelischen Naturbegriff in die große Bewegung alles Seienden von Gott her (processio a Deo bzw. egressus) und zu Gott hin (motio in Deum bzw. regressus) einfügt. Natura sein bedeutet für jedes Seiende die ihm eigentümliche Art und Weise des Unterwegsseins zu Gott. Jedes Geschöpf ist in dem Maße von Gott bewegt, als es seiner ihm immer schon geschenkten Natur entspricht. Die Natur des Menschen ist keine abgerundete Wirklichkeit, sondern Ruf in eine die eigenen Möglichkeiten unendlich übersteigende Seinsweise. Die menschliche Natur streckt sich schon immer nach dem Geschenk der göttlichen Gnade aus. Die Hilfe Gottes zur Vorbereitung auf den Empfang der heilig machenden Gnade „ist kein aktueller Impuls..., sondern jene Bewegung Gottes, die dem Menschen die innere Dimension der Rückkehr erstellt" (Seckler, M., Instinkt und Glaubenswille, 178).

2. Die an der Schöpfungsgüte partizipierende Aggression nach Thomas von Aquin

Gutheit des Geschöpfes liegt in der Erfüllung seines jeweiligen Telos bzw. seiner Bestimmung. Das Tier erfüllt seine Bestimmung als vollendetes Endliches im Unterschied zum unvollendeten Endlichen des Menschen, dessen Willen nicht durch ein bonum particulare, sondern durch das universale bonorum principium bestimmt ist. Im thomanischen Denken partizipiert die Aggression an besagter Schöpfungsgüte. Der Aquinate unterstreicht in seiner Summa Theologiae die positive Bedeutung der Aggression als fundamentaler anthropologischer Grundpotenz.[7] Thomas differenziert zwischen den aufeinander bezogenen und sich wechselseitig auslegenden Polen „begehrendem" (vis concupiscibilis) und „kämpferischem" Seelenteil (vis irascibilis). Gemäß der thomanischen Tugendlehre besteht Tugend nicht in stoischer Leidenschaftslosigkeit, sondern im rechten Maß zwischen zwei extremen Haltungen. Der Einsatz von Aggression gewinnt seine Qualität erst aus der Übereinstimmung mit der „recta ratio".[8]

In dieser Perspektive muss Aggression nicht vor allem erlöst, sondern gemäß der ratio in den Gesamtzusammenhang menschlicher Strebungen eingeordnet werden. Diese mitlaufende, dem Aggressionsimpuls Maß und Ziel setzende Rationalisierungstendenz ermöglicht einen integrativen Aggressionsumgang: Die zielorientierte Einordnung aggressiver Bestrebungen in die menschliche Antriebswirklichkeit. ermöglicht eine produktive Mischung von Aggression und (theologalen) Tugenden.[9] Die Aggression ist als naturale Potenz ein unverzichtbares Aufbaumoment menschlichen Selbstvollzugs, welcher erst durch die Aggression seine emotionale Profilierung und authentisch-potente Stoßkraft erhält. Die integrative Indienstnahme des Aggressionsimpulses beruht auf einer Interdependenz: Alle Impulse bleiben wirkungslos ohne die Assistenz der aggressiven Antriebswirklichkeit; umgekehrt verfehlt isolierte Aggression ihre Sinnhaftigkeit. Diese Legierung von Antriebskonfigurationen disponiert und profiliert menschliches Seinkönnen in seiner Wirkmacht bis in die theologalen Tugenden hinein. Thomas sieht die aggressio in Verbindung mit den theologalen Tugenden der Hoffnung und der Liebe und der Kardinaltugend der Tapferkeit. Während sich beim Verzweifelten das Fehlen des Aggressiven darin zeigt, dass dieser jeden Kraftaufwand, jeden appetitus, aufgibt, wird bei der Tugend der Hoffnung das aggressive Moment darin ansichtig, dass ihr Träger zu intensiver Tätigkeit gebracht wird, zumal der auf den Sieg Hoffende erbitterter kämpft und dem Feind gefährlich wird.[10] Damit wird das aggressive Moment an der Hoffnung zum christlichen Existential. Die Tugend der Hoffnung wehrt die Verzweiflung ab und besitzt ihrem Wesen nach aggressiven Charakter. Der Aquinate verbindet mit der Hoffnung die Kühnheit und Tapferkeit: Der Tapfere verfügt über den langen Atem des Durchhaltens, der Kühne ist schneller im Zu – und Angriff. Thomas bringt die Verzweiflung in direkten Zusammenhang mit der acedia, der Trägheit, Faulheit und Bequemlichkeit. Beide, desperatio und acedia, ersticken jeden Anflug schwungvollen Einsatzes.

---

[7] Zu den folgenden Ausführungen vgl. den Artikel von Rock, M., Aggression einmal anders. Zum Stellenwert der aggressio bei Thomas von Aquin, in: Trierer theolog. Zeitschrift 82, 1973, 367-373; Zitate aus der Summa werden diesem Artikel entnommen.

[8] Vgl. Schockenhoff, E. in: Neues Lexikon der christlichen Moral, hg. v. Rotter, H., Virt, G., Innsbruck-Wien 1990, 888f.; ders., Bonum hominis. Die anthropologischen und theologischen Grundlagen der Tugendethik des Thomas von Aquin, Tübingen 1987.

[9] Vgl. Bollnow, O. F., Einfache Sittlichkeit, Göttingen 1957. Nach Bollnow manifestiert sich die Aggression in einer Reihe von tugendhaften Haltungen wie z. B. Mut, Entschlossenheit, Tapferkeit, Durchhaltewillen, Geduld, Beharrlichkeit und dem Wagnis einer Hoffnung wider alle Hoffnung.

[10] Vgl. STh II-II,qu. 20, art. 3+4.

Die Kardinaltugend der Tapferkeit treibt den Menschen an und bringt ihn vorwärts.[11] Die fortitudo schenkt die Fähigkeit, Schwierigkeiten auszuhalten, Gefahren zu trotzen und Hindernisse auszuräumen; sie bewahrt den Menschen davor, sich in bloßer Furchtsamkeit auf sich selbst zurückzuziehen und verleiht ihm aggressiven Mut.[12] Thomas verwendet das Verb „aggredi" wie folgt: „Opportet... . rerum difficilium impulsum non solum firmiter tolerare cohibendo timorem, sed etiam moderate aggredi".[13] Seiner Meinung nach unterstützt die ira den Aggressionsakt, der Zornmut stärkt den Starkmütigen gegen ein Versagen mitten im Werk, damit er besser den Widerstand „anspringen" (insilire) kann: Der Zornmut kooperiert direkt „fortitudini in aggrediendo".[14]

Das aggressive Moment gehört also wesentlich zur Tapferkeit. Auch die Liebe ist auf aggressive Energien angewiesen. Im thomanischen Tugendsystem hat die Liebe ihren Sitz im Willen, der sich vom Guten ergreifen und innerlich in Bewegung setzen lässt. In der „intentio" streckt sich der Wille aus, um das Geliebte zu erstreben. Je heftiger die Liebe auf das Gut lostürmt, umso vehementer stößt sie beiseite, was der Erfüllung der Liebe entgegenstehen könnte. Der Liebe ist ein aggressiver Untergrund zu eigen, sie ist um ihrer selbst willen auf diese aggressive Note angewiesen. Zusammenfassend kann festgehalten werden: Bei Thomas von Aquin bildet die Aggression ein fundamentales Potential, aus dem der Mensch die Kraft der Zuwendung zur Außenwelt schöpft, ohne dessen Einwirkung er nichts in Angriff nehmen könnte. Im dargestellten Zusammenhang von Hoffnung, Tapferkeit und Liebe erweist sich die Aggression als Grundmuster humaner Entfaltung. Thomas weist der Aggression somit eine konstruktiv-förderliche Funktion zu – ohne die aufgezeigte vitalisierende Aggressionskompetenz gäbe es aus seiner Sicht keine Lebens- und Liebeskompetenz.

Der schöpfungstheologische Zugang wird wie folgt zusammengefasst:

---

[11] Vgl. „propellendo", STh II-II, qu. 123, art.1c.
[12] Vgl. ebd., art. 3 responsio.
[13] Ebd.
[14] STh II-II. qu. 128, art. 1c und ad 3.

3. Zusammenfassung

Dem Grundanliegen der vorliegenden Studie korrespondierend, das Aggressionsvermögen ambivalent zu sehen, muss der konstruktive Anteil auch an der schöpfungstheologischen Grundbestimmung der Güte der geschaffenen Wirklichkeit partizipieren, zumal er an der biovitalen Entfaltung des Lebens mitwirkt. Aggressionskompetenz versteht sich gemäß der Schöpfungstheologie als Ermöglichung der Ausbildung von fundamentalen biophilen Lebensbedingungen im Sinne einer fundamentalen Erwählung und Ermächtigung zum Leben. Soll menschliches Leben sich unter Ausschaltung krankheitsgenerierender Reduktionismen entwickeln, sind die schöpfungsgemäßen aggressiven Vorausbedingungen und Voraussetzungen für Leben überhaupt als göttlicher Gestaltungsauftrag entgegenzunehmen. Die Priesterschrift stellt den Menschen als Repräsentanten Gottes in seiner universalen Ordnungsfunktion als Sachwalter für das Ganze der Schöpfung vor und bietet sich als kritischer Dialogpartner für das psychologische Verständnis von „ad-gredi" als schöpferisches und entschiedenes Auf-die-Welt-Zugehen an. Thomas von Aquin weist der Aggression eine konstruktiv-förderliche Funktion zu, ohne deren Mitwirken und integrative Indienstnahme es keine Lebens- und Liebeskompetenz gäbe. Nach seinem Dafürhalten bildet die Aggression als Vermögen des „In-Angriff-Nehmens" ein Grundmuster humaner Entfaltung.

Die gute Schöpfungsordnung steht in Spannung zur sündigen Verstrickung. „Keiner steht in jenem unversehrten Anfangszustand, in dem er nur frei sich auszuwirken und sein Gutes zu entwerfen brauchte; jeder lebt in einer Verstrickung, die ein Teil seiner Existenz selbst ist".[1] Biblischer Schöpfungs- und Erlösungsglaube bilden deshalb die zwei Seiten einer Medaille: Ihre jeweiligen Eigenaussagen sind je für sich ganz stehen zu lassen und in ihrer spannungsreichen Dialektik und reziproken Verwiesenheit zur Sprache zu bringen. Im folgenden zweiten Teil der konzeptionell-theologischen Überlegungen soll entlang der Staurologie verschiedenen semantischen Strängen von Aggression nachgegangen werden. Es geht u. a. auch um die Frage, welcher Umgang mit *der destruktiven* Aggression möglich ist, die nicht an der Schöpfungsbonität teilhat und sich nicht schöpfungsgemäß in Dienst nehmen lässt.

---

[1] Ratzinger, J., Einführung in das Christentum, München 1971, 179.

B) Theologie der Aggression angesichts des Kreuzes Jesu Christi

1. Die vom Kreuz ausgehenden, verschiedenen semantischen Linien von Aggression

Am Beginn des Konflikts um die Anbringung von Kreuzen in öffentlichen bayerischen Schulen im Jahre 1995 stand die gerichtliche Klage eines Lehrers, der seinen Schülern die Gewaltdarstellung am Kreuz nicht mehr zumuten wollte. In der Tat war der Tod Jesu ein blutiger, grausamer Mord, an dem nichts zu beschönigen ist. Eine Theologie der Aggression hat diesen Verdacht der Gewaltverherrlichung am Kreuz aufzugreifen und sich dem Heterotopos des äußerst aggressiven Kreuzigungsereignisses Jesu Christi zu stellen, soll das Kreuz im gegenwärtigen Kontext als Zeichen der Erlösung und Befreiung fungieren. Das Kreuz steht unter doppeltem Ideologieverdacht: Unter dem Motto „in hoc signo vinces" wurde das christliche Identitätszeichen ausgerechnet bei der Ausbreitung des Glaubens an den friedenstiftenden Gekreuzigten machtpolitisch missbraucht. Die kriegerische Geschichte des Christentums in Europa wurde zu oft vom Kreuz Jesu her inspiriert und motiviert. Andererseits steht das Kreuz unter dem Verdacht einer Ideologie der Schwäche und Lebensverneinung:

Für Friedrich Nietzsche ist das Kreuz ein „Fluch auf das Leben", eine „Verschwörung gegen das Leben".[1] Aufgrund des Kreuzes stellt das Christentum den „ingrimmigen rachsüchtigen Widerwillen gegen das Leben selbst" dar, weshalb es von Anfang an „Ekel und Überdruss des Lebens am Leben" ist, „welcher sich unter dem Glauben an ein ‚anderes' und ‚besseres' Leben nur verkleidete, nur versteckte, nur aufputzte".[2] Im Folgenden sollen verschiedene semantische Linien entlang des staurologischen Aggressionsphänomens aufgezeigt werden: Bei Jesus zeigt sich um des Reiches Gottes willen eine *konstruktive Konfliktaggression,* welche schlussendlich die äußerst *destruktive Aggression am Kreuz* zur Folge hat und diese offenbart. Nachdem er mit seiner konstruktiven Aggression keine äußere Wirklichkeit mehr zu gestalten vermag, durchdringt er in einer *bewussten Selbstaggression* die destruktive Aggression der Sündenmacht und transformiert sie in die neue Schöpfung. Im Vollzug dieses Werkes der Erlösung tritt Jesus in den Zustand äußerster Gottverlassenheit, welche er nur noch im *aggressiven Schrei* zum himmlischen Vater zu überbrücken vermag. Eine letzte, vom Kreuz ausgehende, semantische Linie von Aggression setzt mit dem Osterereignis die Inkarnationsbewegung fort und initiiert einen *konstruktiv-aggressiven Aufstand für das Leben.*

---

[1] Nietzsche, F., Der Wille zur Macht. Versuch einer Umwertung aller Werte (KTA 78), 12. Aufl, Stuttgart 1980, 688.
[2] Nietzsche, F., Die Geburt der Tragödie, in: Werke in zwei Bänden, München 1967.

1. Die vom Kreuz ausgehenden, verschiedenen semantischen Linien von Aggression

Diese Vielfalt von Aggressionsverständnissen soll in einem reißverschlussartigen Ineinandergreifen von NT-Exegese, systematischem Bezug und gegenwärtigen Fragestellungen erhoben werden.

Da die systematisch-theologische Reflexion auf dem Zeugnis der Heiligen Schrift aufbaut, sollen die exegetischen Erkenntnisse zu den Einzelthemen gebührend berücksichtigt werden.[3] Es ist in Anschlag zu bringen, dass Gottes Wort die erste Norm ist, welche die Dogmatik als Gültigkeitsmaßstab allen Redens von Gott geltend zu machen hat. Indem Gott sich den Menschen mitteilt, macht er sich zur Norm menschlichen Gott-Verstehens.[4] Im Folgenden soll der streitbare Jesus thematisiert werden. Für was, mit wem und wie hat Jesus gestritten? Wie hängen die eingegangenen Konflikte mit seiner Reich-Gottes-Botschaft, wie mit seinem Kreuzestod zusammen? Elisabeth Moltmann-Wendel optiert für ein Einbeziehen des Lebens Jesu in sein Kreuzesschicksal, sie vermisst ein Jesusbild, in dem die Farbigkeit und Vielfalt seines Lebens vorkommt.[5] Gegenüber einer staurozentrischen, „eine 33-jährige Jesulogie auf eine 3-tägige Christologie schrumpfen lassende"[6] Engführung der Soteriologie ist zu betonen, dass das Kreuz eine Vorgeschichte hat, in welcher schon die proexistente Haltung und die Konfliktfähigkeit Jesu erschlossen werden, mittels derer er seinen Tod auf sich genommen hat.[7] Kreuz und Erlösungsgeschehen sind nur im Sinnganzen von Botschaft und Leben Jesu Christi zu verstehen. In seiner Lebensgeschichte ist die Dramatik seines Kreuzestodes bereits enthalten, von ihr her ist der Kreuzestod als Konsequenz seines befreienden Handelns und seiner Verkündigung des nahegekommenen Reiches Gottes zu verstehen.[8] Gemäß der markinischen Streitgespräche Mk 2,1-3,6 bilden die Konflikte des zornigen Jesus den Vorlauf, der schließlich zum Kreuz führt.

---

[3] Vgl. Werbick, J., Die Voraussetzungen der Dogmatik, in: Schneider, T. (Hg.), Handbuch der Dogmatik, 1-50, 11f.

[4] Vgl. Barth, K., Dogmatik 1/1, 164. Gottes Selbstgabe ist sein Wort, da „es sich selbst gibt und zu verstehen gibt".

[5] Vgl. Moltmann-Wendel, E., Art. Kreuz, in: Wörterbuch der Feministischen Theologie (WFT), hg. v. E. Gössmann et al., Gütersloh 1991, 469.

[6] Lapide, P., Pannenberg, W., Judentum und Christentum. Einheit und Unterschied. Ein Gespräch (KT 60), München 1981, 32.

[7] Vgl. Kessler, H., Erlösung als Befreiung (ppb), Düsseldorf 1972, 43f.

[8] Dies unterstreicht die Habilitationsschrift des Linzer Neutestamentlers Christoph Niemand, Jesus und sein Weg zum Kreuz. Ein historisch-rekonstruktives und theologisches Modellbild, Stuttgart 2007, die im Folgenden besonders berücksichtigt werden soll.

2. Das streitbare Leben Jesu Christi nach Markus – ein Weg zum Kreuz

2.1. Verortung von Mk 2,1-3,6 im passionstheologischen Spannungsbogen des Evangeliums

Der Streit ist ein unverzichtbares Merkmal jesuanischer Authentizität. Das Markusevangelium gießt die Traditionen über den streitbaren Jesus in die Form von Streitgesprächen. Rudolf Bultmann charakterisierte die Streitgespräche als „ideale Szenen, die einen Grundsatz, den die Gemeinde auf Jesus zurückführt, in einem konkreten Fall veranschaulichen".[1] Die Streitgespräche haben ihren „Sitz im Leben" in der innergemeindlichen Diskussion über diverse Fragen christlichen Lebens und der Auseinandersetzung mit der jüdischen Religionsgemeinschaft. In den Evangelien kommt es zu einer Horizontverschmelzung zwischen der erzählten Konflikterfahrung Jesu und diesen aktuell-nachösterlichen Konflikterfahrungen der erzählenden Gemeinde. Die nachösterlichen Überformungen und zum Teil Neubildungen setzen in ihrer konvergierenden Fluchtlinie einen thematischen Anhalt bei Jesus voraus. Für Markus ist Jesus von Nazareth der messianische Gottessohn, Bote, Vorkämpfer und Garant des erfüllten Kairos der herangenahten Gottesherrschaft: „Die Zeit ist erfüllt, das Reich Gottes ist euch nahe" (1,14f.). Laut Merklein ist dies die entscheidende Aussage der Verkündigung Jesu, die Gottesherrschaft bezeichnet den zentralen Inhalt seiner Verkündigung.[2] Jesu Auftreten markiert die verheißene eschatologische Heilszeit, die Fülle der Zeit in der herangenahten Gottesherrschaft.[3] In den öffentlichen Machttaten Jesu geschieht die Einlösung der von Jesus zugesagten heilvollen Nähe der Gottesherrschaft exemplarisch, darin bricht die eschatologische Heilszeit schon an. In ihnen erweist sich zeichenhaft real die Wirksamkeit der schon jetzt die Gegenwart heil- und machtvoll verändernden Gottesherrschaft. Der messianische Gottessohn (Mk 1,9-11) vollbringt Akte erlösender Befreiung und darin konkreter Antizipation der vollendeten Gottesherrschaft.

Dieses Reich-Gottes-Ereignis hat essentiell mit dem Boten zu tun: „Wer im Hören und Erfahren der Botschaft Jesu in ein Verhältnis zur basileia tritt, der tritt unweigerlich auch in ein Verhältnis zu Jesus....Insofern ist ihre Ansage durch Jesus auch ihr Geschehen und Einbrechen selbst".[4] Jesu Anspruch ist zunächst ein Selbstanspruch: Als erster hat er sich in die Realität der Gottesherrschaft hineinzustellen, sie zu leben und zu zeigen, ob sie auch als Heilserfahrung lebbar ist. Jesu Botschaft und sein Leben sind eins, an ihm ist das Ereignis des Gottesreiches hier und jetzt ablesbar. Sein Handeln hat sein Fundament in der ihm von Gott zukommenden Exousia. Gemäß Mk 1,1-15.16-45 ist die Exousia Jesu Befähigung zur vergegenwärtigenden Vermittlung der herangenahten Gottesherrschaft, nicht

---
[1] Bultmann, R., Die Geschichte der synoptischen Tradition, 10. Aufl., (FRLANT 29), Göttingen 1995, 41.
[2] Vgl. Merklein, H., Jesus, Künder des Reiches Gottes, in: Kern, W., Pottmeyer, H. J., Seckler, M. (Hg.), Handbuch der Fundamentaltheologie, Bd. 2, Freiburg i. Br. 1985, 145-174, 146.
[3] Vgl. Scholtissek, K., Die Vollmacht Jesu. Traditions- und redaktionsgeschichtliche Analysen zu einem Leitmotiv markinischer Christologie, Münster 1992, 136.
[4] Niemand, C., Jesus und sein Weg zum Kreuz, 92.

nur zu deren Verkündigung. Mk qualifiziert Jesu prophetisch-charismatische Vollmacht als seine messianische Exousia zur Inkraftsetzung der endzeitlich-nahen Gottesherrschaft in Wort und Tat. Scholtissek charakterisiert die markinische Vollmacht Jesu als grundlegende Bestimmung seiner Sendung im Sinne einer vollmächtigen Proexistenz, eines vollmächtigen Wirkens für die herangenahte Gottesherrschaft. „In diesem Sinn ist seine Exousia die Eigenschaft, die ihn als Mittler der Kräfte der Gottesherrschaft auszeichnet".[5] Die Exousia Jesu ist nicht als apologetischer Erweis der Messianität Jesu, sondern als deren sich wirkmächtig entfaltende materiale Gestalt zu interpreteren. Jesus kündet und praktiziert die Gottesherrschaft in der unmittelbaren Begegnung mit seiner Person: Heilsvermittelnd, heilszusagend und heilszuwendend. Der Botschaftsinhalt bestimmt seinen Weg – so ist er selbst die Probe aufs Exempel, das gefährliche Experiment am eigenen Leib. Die Exousia-Christologie baut auf der nach 1,9-11 eindeutig messianisch zu interpretierenden besonderen Geistbegabung Jesu auf. Ausgehend von Mk 1,9ff identifiziert Michael Theobald im Markusevangelium Ansätze einer pneumatischen Christologie: In Jesu Wirken ist die Macht des Gottesgeistes zu erkennen. In Mk 1,24 spielt der Titel „der Heilige Gottes" auf die pneumatische Exousia Jesu (vgl. 1,22.27) an, in Mk 3,20-30 wird Jesus als Träger des Heiligen Geistes dargestellt, in dessen Kraft er die Dämonenaustreibungen vollbringt.[6] Dieser vollmächtige Anspruch Jesu stößt schon zu Beginn des Mk-Evangeliums auf schlussendlich zum Kreuz führenden Widerspruch. Die markinische Komposition benennt als Grundkonflikt das unvereinbare Gegenüber von Jesu vollmächtigem Wirken und der aus Unglauben erwachsenden Opposition der religiösenen Autoritäten gegen Jesus.[7] Von Beginn an eignet dem Markusevangelium ein passionstheologisches Gefälle,[8] welchem das sog. Messias- bzw. Gottessohngeheimnis korrespondiert, demzufolge Jesus zwar von Beginn an immer schon der wahre Gottessohn ist, die umfassend-abschließende Offenbarung der Sohneswürde jedoch erst in Passion, Tod und Auferstehung geschieht.[9]

Laut Kiilunen bildet schon die Auslieferung Johannes des Täufers einen Vorverweis auf Jesu Geschick.[10] Schon in Mk 1,22b und 1,44 („ihnen zum Zeugnis" – Mose wird hier indirekt als Zeuge für Jesu Auftreten in Wort und Tat beansprucht) wird die Konfrontation zwischen Jesus und seinen Gegnern ansatzweise in den Blick genommen.[11] Nach Scholtissek ist die abschließende Notiz vom Tötungsbeschluss der Pharisäer und Herodianer (3,6) die folgerichtige Reaktion der Gegner Jesu auf den aus der Sündenvergebungspraxis Jesu ableitbaren blasphemischen Vollmachtsanspruch.[12] Zum Verständnis dessen richten wir im Folgenden den Fokus auf den ersten Zyklus der markinischen Streitgespräche Mk

---

[5] Scholtissek, K., Die Vollmacht Jesu, 137.
[6] Vgl. Theobald, M., Gottessohn und Menschensohn. Zur polaren Struktur der Christologie des Markusevangeliums: SNTU 13 (1988) 37-80, 56-66.
[7] Vgl. Kingsbury, J. D., Conflict in Mark. Jesus, Authorities, Disciples, Minneapolis 1989.
[8] Vgl. Steichele, H. J., Der leidende Sohn Gottes. Eine Untersuchung einiger alttestamentlicher Motive in der Christologie des Markusevangeliums (BU 14), München 1980, 41ff.; vgl. Delling, G., Der Kreuzestod Jesu in der urchristlichen Verkündigung, Göttingen 1972, 58.
[9] Vgl. Räisänen, H., Das „Messiasgeheimnis" im Markusevangelium (SFEG 28), Helsinki 1976.
[10] Vgl. Kiilunen, J., Die Vollmacht Jesu im Widerstreit. Untersuchungen zum Werdegang von Mk 2,1-3,6 (AASF.DHL 40), Helsinki 1985, 41f.229-231.
[11] Vgl. Scholtissek, K., Die Vollmacht Jesu, 143.
[12] Vgl. ebd., 145.

2.1. Verortung von Mk 2,1-3,6 im passionstheologischen Spannungsbogen des Evangeliums 283

2,1-3,6.¹³ Laut Gnilka hat ein vormarkinischer Redaktor die drei Streitgesprächsszenen 2,15-28 (die Mahlgemeinschaft mit Sündern Mk 2,15-17, die Auseinandersetzung um das Fasten Mk 2,18-20 und den Streit um das Ährenrupfen am Sabbat in Mk 2,23-28) zu einem Triptychon zusammengefasst.¹⁴ Der nachösterliche Sitz im Leben spiegelt sich in der Auseinandersetzung um die Tischgemeinschaft mit Sündern, die Fastenpraxis und die Sabbatobservanz.¹⁵ Die Tradenten der vormarkinischen Überlieferung berufen sich vornehmlich auf die Exousia des irdischen Jesus.¹⁶ Allen drei Streitgesprächen eignet der Überstieg von einer Kontroverse, die sich am konkreten Verhalten der Jünger bzw. Jesu entzündet hin zu einem den Einzelfall übersteigenden Jesuslogion. Auch wenn Jesus nicht angesprochen (vgl. 2,15-17) bzw. nicht unmittelbar beteiligt ist (vgl. 2,18.23), spricht er die entscheidenden Worte: Es sind dies christologische Einsichten über seine Sendung zu den Sündern, über die Zeit mit dem Bräutigam und über die Vollmacht des Menschensohnes über den Sabbat. Nach Thissen hat ein zweiter Redaktor die ursprünglich selbständigen Überlieferungseinheiten 2,1-12 (die Heilung eines Gelähmten und den sich anschließenden Streit um die Sündenvergebung Jesu) und 3,1-6 (den Streit um die Heilung am Sabbat) an den bereits vorliegenden Textzusammenhang 2,15-28 angefügt.¹⁷

Die ersten beiden Streitgespräche dieser so entstandenen Reihe mit fünf Perikopen thematisieren die Sendung Jesu zu den Sündern, die letzten beiden die rechte Sabbatordnung. Durch die Rahmung mittels der beiden Flügelperikopen 2,1-12 und 3,1-6 wird die vormarkinische Streitgesprächssammlung 2,15-28 in ein neues christologisches und passionstheologisches Bezugssystem gestellt. „Die entscheidende theologische Intention der markinischen Redaktion ergibt sich aus der Verknüpfung von Christologie und Passionstheologie".¹⁸ In einem feinen Spannungsaufbau von Mk 1,44b über 2,6ff.16.24 bis hin zu 3,2.6, wo die Tötung erstmals in den Blick kommt, werden einzelne Konfliktereignisse in eine perspektivische Linie zusammengefasst, so dass eine Folgerichtigkeit bis hin zur Kreuzigung entsteht. Der Redaktor trägt in die Streitgesprächssammlung ein passionstheologisches Gefälle ein: „Die Hinweise 2,7.20; 3,2.6 fügen sich vorzüglich in die passionstheologische Linienführung des Markusevangeliums ein".¹⁹

Der von Mk in 3,6 am Ende der Streitgesprächsreihe aufgerichtete Spannungsbogen durchzieht das gesamte Evangelium. Im weiteren Verlauf wird diese Linienführung „Wirkung – Jünger – Gegner" konsequent fortgesetzt, der Vorausblick auf die Tötung Jesu immer drängender. Die durch Jesu Wirken provozierten Motive der Ablehnung, des Unverständnisses und der Spaltung begleiten nach Kiilunen den gesamten Erzählverlauf des ersten Hauptteiles des Markusevangeliums: „Damit lässt sich der erste Hauptteil des Mk-Ev in gewissem Sinn als eine Erzählung der dreifachen Verwerfung Jesu bezeichnen: Die Reaktion des Establishments (3,6), die Reaktion der Mitbürger (6,3), die Reaktion der

---

¹³ Vgl. Hecht, A., „Der Sabbat ist um des Menschen willen da". Die galliläischen Streitgespräche, in: Katholisches Bibelwerk (Hg.), Markus entdecken. Lese- und Arbeitsbuch zum Markusevangelium, Stuttgart 1996, 36-53; vgl. Sanders, E. P., Sohn Gottes. Eine historische Biografie Jesu, Stuttgart 1996, 313-321.
¹⁴ Vgl. Gnilka, J., Das Evangelium nach Markus (Mk 1-8,26), 5. Aufl., München 1998, 132.
¹⁵ Vgl. Scholtissek, K., Die Vollmacht Jesu, 141.
¹⁶ Vgl. Müller, U. B., Zur Rezeption gesetzeskritischer Jesusüberlieferung im frühen Christentum (NTS 27) (1981) 158-188, 179f.
¹⁷ Vgl. Thissen, W., Erzählung als Befreiung. Exegetische Untersuchungen zu Mk 2,1-3,6 (FzB 21), Würzburg 1976, 214-223.
¹⁸ Scholtissek, K., Die Vollmacht Jesu, 180.
¹⁹ Ebd., 143.

Jünger (8,16) ist Ablehnung, Unglauben und Verhärtung".[20] Erst im Blick auf den redaktionellen Kontext und den impliziten passionstheologischen Spannungsbogen gewinnen die Perikopen in 2,1-3,6 ihr volles inhaltliches Gewicht. Mk interessiert in seiner Passionsgeschichte die Kooperation zwischen religiös und politisch Mächtigen als Gegnern Jesu. Markus ist an den den Kontroversen zugrunde liegenden Konfliktsituationen nicht mehr en détail interessiert. Für ihn stehen stärker der Ursprung und die Konsequenz dieser Konflikte im Blickfeld.[21] Im Folgenden soll manifestiert werden, wie die inhaltliche Entfaltung der Exousia Jesu einen das ganze Evangelium durchziehenden Grundkonflikt erzeugt.

2.2. Der im inhaltlichen Erweis der Exousia gründende Grundkonflikt Jesu

In Mk 2,1-12 offenbart sich Jesu messianische Sendung in Heilung und vollmächtiger Sündenvergebung. In der vertrauensvollen Hinwendung zu ihm erhält seine heilende und versöhnende Zuwendung einen Raum zum Wirken. Der Anbruch der Heilszeit impliziert die Befreiung des ganzen Menschen: Der Geist wird von der Sünde, der Leib von der Krankheit erlöst. „Für den Glaubenden erweist sich Jesus schon in seinem irdischen Wirken als der eschatologische Menschensohn, der in seiner versöhnenden und heilenden Zuwendung zu den Menschen mit göttlicher Souveränität handelt".[22] Die im Wunderwirken sich offenbarende Vollmacht Jesu schließt auch die Sündenvergebung mit ein. Die Schriftgelehrten konstatieren in Übereinstimmung mit der jüdischen Lehre, dass die Sündenvergebung alleiniges Privileg Gottes ist (vgl. Ex 34,7; Jes 43,25; 44,22) „Einige Schriftgelehrte aber saßen dort und dachten in ihren Herzen: Was redet dieser so? Er lästert!"(2,6). Der erhobene Vorwurf der Gotteslästerung, auf den nach Num 15,30f. und Lev 24,11ff die Todesstrafe steht, besteht zu recht. Die in 1,22 begonnene Linie wird weitergezogen, gleich zu Beginn der Streitgespräche wird der mit 3,6 in Verbindung zu sehende, schwerste Vorwurf der Gotteslästerung erhoben. Damit ist der passionstheologische Spannungsbogen zum Evangelienende hin aufgerichtet. Durch den einsetzenden massiven Widerstand in 2,6 ist garantiert, dass die Offenbarung der Vollmacht des Menschensohnes am Beginn des Markusevangeliums auf das Kreuz ausgerichtet ist.[23] Markus markiert schon bei der ersten direkten Begegnung zwischen Jesus und den Schriftgelehrten den Ernst der Konfrontation. An dem sich in Jesu heilendem und versöhnendem Handeln offenbarenden Vollmachtsanspruch scheiden sich die Geister. Der sich diesem Anspruch des vollmächtigen Auftretens entziehende Unglaube führt zur Anklage der Gotteslästerung. Laut Mk 10,45 weiß sich die Gemeinde im Tode Jesu von ihren Sünden befreit. Nach Ostern erkannte sie, dass Gott in diesem Tod sein Gnadenangebot durchgehalten hat. Die Sündenvergebung hat jedoch auch mit dem irdischen Jesus zu tun, der das Reich Gottes ankündet und in seiner Gemeinschaft mit Sündern die Vergebung Gottes dokumentiert.[24]

---

[20] Kiilunen, J., Die Vollmacht Jesu im Widerstreit, 52.
[21] Vgl. Scholtissek, K., Die Vollmacht Jesu, 181f.
[22] Ebd., 172.
[23] Vgl. Gnilka, J., Das Evangelium nach Markus (Mk 1-8,26), 102.
[24] Vgl. Kertelge, K., Die Wunder Jesu im Markusevangelium (StANT 23) 1970, 210.

2.2. Der im inhaltlichen Erweis der Exousia gründende Grundkonflikt Jesu 285

Im Mahl Jesu mit Zöllnern und Sündern (Mk 2,13-17) findet die Erzählung von der Sündenvergebungsvollmacht eine treffliche Fortsetzung: [25] Jesus nimmt Sünder in seine Gemeinschaft auf. „Im dramatischen Aufbau des Evangeliums wächst sowohl die Schar der Jünger als auch der Widerstand der Gegner. Ihnen zum Trotz setzt sich die Botschaft durch". [26] In 2,18-22 steht die Fastenfrage zur Debatte: Der Wein veranschaulicht die inhaltliche Seite der vollmächtigen Lehre: Er ist das Symbol der Heilszeit, [27] deren Freude durch das Wirken des irdischen Jesus ausgelöst wird. [28] Im Zusammenhang mit der Frage nach dem Fasten unterstreicht das Bildwort die zur Liebe befreiende menschenfreundliche Freiheit, die Jesus seinen Jüngern geschenkt hat. Die Kräfte des Reiches Gottes beginnen schon jetzt heilvoll zu wirken.

Mk 2,23-28 bringt eine Steigerung des sich an Jesu Exousia entzündenden Konflikts. Das Gebot der Sabbatruhe ist im Dekalog verankert. Laut Jubiläenbuch ist der Sabbat ein Tag der Ruhe und Freude, an dem „sie essen und trinken und den Allschöpfer segnen" (Jub 2,21). Das Verhalten der Jünger steht hierzu in Kontrast. Nicht der gemäß Dtn 23,26 ausdrücklich gestattete Mundraub ist nach Auffassung der anwesenden Pharisäer verwerflich, sondern der Bruch der Sabbatruhe – das Rupfen der Ähren wurde als Erntearbeit gewertet. In Gestalt einer Gegenfrage verweist Jesus auf die Davidsgeschichte: In 1 Sam 21,1-10 kommt David allein nach Nobe, um den Priester Abimelech um fünf Brote zu bitten. Weil dieser nur die Schaubrote bei sich hat, gibt er sie ihm. Gemäß Lev 24,5-9 wurden die Schaubrote jeweils für eine Woche auf dem korrespondierenden Tisch vor dem Allerheiligsten aufgestellt und mussten dann von den Priestern an dem heiligen Ort verzehrt werden. Markus verleiht dem Geschehen eine andere Nuancierung, indem er den Akzent eindeutig auf Davids Tun verlegt, der sich die Freiheit zum Essen nimmt und sie seinen Freunden gewährt. David selbst dringt in das Haus Gottes ein, isst selbst von den Schaubroten und teilt davon seinen Gefährten mit. Sowohl David und seinen Gefährten als auch Jesus und seinen Jüngern wird eine das Gesetz durchbrechende Freiheit ermöglicht. Roloff betont, dass die Davidsgeschichte nicht um des Nachweises, dass Not den Sabbat verdrängt, hätte bemüht werden müssen. [29] Vielmehr liegt die Pointe auf Davids und Jesu Verhaltensweise: „Wie David als Mann Gottes zu diesem freien Handeln autorisiert war, so kann Jesus die Freiheit geben, die sich im Essen der Jünger ausdrückt". [30]

Jesu vollmächtiges Wirken, die Gegenwart des hochzeitlichen Kairos, die Ausrichtung des Sabbat am Menschen: alles zusammen führt zur christologischen Bilanz in 2,28: „Also ist der Menschensohn auch Herr des Sabbats". In seinem vollmächtigen Wirken offenbart sich Jesus als der endzeitliche Menschensohn, der die endzeitliche Heilsgemeinde

---

[25] Vgl. Theobald, M., Berufung des Levi und Zöllnermahl: Mt 9,9-13; Mk 2,13-17, in: Zimmermann, H. Neutestamentliche Methodenlehre, neubearbeitet v. K. Kliesch, Stuttgart 1982, 285-307; Becker, J., Jesus von Nazareth (GLB), Berlin-New-York 1996, 207f.; Gnilka, J., Jesus von Nazareth. Botschaft und Geschichte (HThK.S3), Freiburg i. Br. 1990, 110-112; Schweizer, E., Jesus, das Gleichnis Gottes. Was wissen wir wirklich vom Leben Jesu? (KVR 1572), Göttingen 1995, 52f.; Theißen, G., Merz, A., Der historische Jesus. Ein Lehrbuch, Göttingen 1996, 349.

[26] Gnilka, J., Das Evangelium nach Markus Bd. II/1, 110.

[27] Vgl. Jeremias, J., Die Gleichnisse Jesu, Göttingen 1965, 118.

[28] Vgl. Hahn, F., Die Bildworte vom neuen Flicken und vom jungen Wein (Mk 2,21f parr), EvTh31 (1971) 357-375; Steinhauser, G., Neuer Wein braucht neue Schläuche, in: BR (Schüler-FS R. Schnackenburg), Würzburg 1974, 113-123.

[29] Vgl. Roloff, J., Das Kerygma und der irdische Jesus. Historische Motive in den Jesus-Erzählungen der Evangelien, Göttingen 1970, 57.

[30] Gnilka, J., Das Evangelium nach Markus Bd. II/1, 122.

zusammenruft. Diese orientiert sich an seinem irdischen Vollmachtswirken. Gnilka betont, dass das Menschensohnlogion 2,28 in der Sicht des Mk auf das vollmächtige Wirken des irdischen Jesus bezogen ist.[31] Die Menschensohnwürde war schon vorösterlich der maßgebliche Grund der Todfeindschaft, zumal Jesus laut Mk (wie bei der Sündenvergebung in 2,10) auch in der Sabbatfrage[32] mit einer sonst nur Gott verbehaltenen Autorität ausgerüstet ist: Gemäß Lev 23,3 ist allein YHWH Herr des Sabbats.[33] In der passionstheologischen Linienführung von 2,1-3,6 kommt es im Todesbeschluss von 3,6 zu einem ersten dramatischen Höhepunkt, einem gezielten Vorausblick auf die Passion Jesu.[34] Dessen Sündenvergebungszusage begründet einen Konflikt, der jetzt nicht mehr wie in 2,15-28 auf dem Niveau der besseren Argumente entschieden wird: Die in 2,7 erhobene Anklage der Gotteslästerung macht konsequent den Todesbeschluss erforderlich (vgl. 3,2.6). Mk ergänzt die vormarkinische Sabbatheilungserzählung 3,1-5 um den Ausblick auf Jesu Passion (3,2fin.6) und das Motiv des Unglaubens der Gegner. Diese Eintragungen korrelieren mit der von Mk vorangestellten Perikope 2,1-12, wo die Ausrichtung des Konflikts zwischen Jesus und den Schriftgelehrten auf das Kreuz (2,7) in den Blick gerät und der sich in Jesu Ablehnung artikulierende Unglaube der Schriftgelehrten manifest wird.[35] Kiilunen plädiert für eine markinische Verfasserschaft von 3,6, zumal der Tötungsbeschluss der Pharisäer und Herodianer auch an dieser Stelle sich bestens in die passionstheologische Linienführung des Markusevangeliums einfügt (vgl. 11,18; 12,12; 14,1f).[36]

In 3,1-6 wird Jesu Heilungstätigkeit am Sabbat von Beginn an (3,2) unter das Vorzeichen der feindlichen Initiative der Gegner Jesu gestellt. „Die Pharisäer suchen nicht mehr eigentlich den Grund für ihre Anklage, sondern nur noch den geeigneten Anlass dazu. Der Grund für ihre Todfeindschaft ist in den vorausgehenden Konfliktszenen ausführlich vorgestellt worden: Jesu Vollmachtsanspruch (2,5b.10)".[37] Nachdem Jesus den Mann mit der verdorrten Hand auffordert, aufzustehen und in die Mitte zu treten (3,3), richtet sich die Aufmerksamkeit aller Betroffenen auf diesen Mittelpunkt. Jesus widerlegt seine Gegner, deren Gedanken er kardiognostisch durchschaut, mit einer Doppelfrage: Die Antithese „Gutes tun oder Böses tun" steht parallel zu „Leben retten oder töten" (3,4). Auch die Gegner hätten die Lebensrettung am Sabbat erlaubt. „Jesus geht rigoros über ihre Auffassung hinaus, wenn er nicht bloß die gute, helfende Tat dem Lebenretten gleichstellt und damit für den Sabbat erlaubt, sondern auch ihre Unterlassung wie das Lebentöten als böse ansieht".[38] Hinter dieser energischen Hinwendung zum Menschen verbergen sich seine

---

[31] Vgl. ebd., 124.
[32] Vgl. Grundmann, W., Das Evangelium nach Markus (ThHKNT II) 9. Aufl., Berlin 1984, 93. Grundmann sieht Mk 2,10.28 als „Präludium" der Menschensohnchristologie im zweiten Hauptteil des Markusevangeliums. Seiner Auffassung nach deuten Mk 2,10.28 schon die „proexistente Vollmacht Jesu" an, welche sich im Leidensweg des Menschensohnes vollenden wird (vgl. 10,45).
[33] Vgl. Colpe, C., ThWNT VIII, 455, Anm 371.
[34] Zur Auslegung von 3,1-6 vgl. Hultgren, A. J., Jesus and his Adversaries. The Form and Function of the Conflict Stories in the Synoptic Tradition, Minneapolis 1979, 82ff; Sauer, J., Traditionsgeschichtliche Überlegungen zu Mk 3,1-6: ZNW 73 (1982) 183-203; Trautmann, M., Zeichenhafte Handlungen Jesu. Ein Beitrag zur Frage nach dem geschichtlichen Jesus (FzB 37), Würzburg 1980, 278-318; Weiss, W., „Eine neue Lehre in Vollmacht". Die Streit- und Schulgespräche des Markus-Evangeliums (BZNW 52), Berlin New-York 1988, 106-126.
[35] Vgl. Scholtissek, K., Die Vollmacht Jesu, 147.
[36] Vgl. Kiilunen, J., Die Vollmacht Jesu im Widerstreit, 225f.
[37] Scholtissek, K., Die Vollmacht Jesu, 181.
[38] Gnilka, J., Das Evangelium nach Markus Bd. II/1, 127.

befreiende Einstellung zum Sabbat und sein Kampf gegen dessen legalistische Überfremdung.

Im Kontext des von Mk eingebrachten Anklage- und Tötungsmotivs gewinnt der apoftegmatische Satz eine neue Färbung: „Die die Heilung eines Menschen am Sabbat verbieten wollen, erlauben sich selbst das Böse, da sie am Sabbat den Entschluss fassen, Jesus umzubringen".[39] Jesu vollmächtiges Wirken im Heilungswunder stößt auf die diametrale Verkehrung des Glaubens: die Verstocktheit des Herzens. Mk stimmt in die prophetische Klage über das abgestumpfte, versteinerte Herz (vgl. Jer 3,17; 7,24; 9,13...) ein. In der Verstocktheit des zum Glauben befähigenden Organes artikuliert sich ein Höchstmaß an Unglauben. Jesu Zorn ist Reaktion auf diese Herzenshärte. Die Zeugen des vollmächtigen Wirkens sind vor die Entscheidung gestellt, Jesu Vollmachtsanspruch entweder im Glauben als göttliche Exousia anzuerkennen oder im Unglauben als Blasphemie zurückzuweisen. „Wer angesichts des Vollmachtsanspruchs Jesu in Unglaube und Herzensverhärtung verharrt, wer also darin zuletzt die Menschensohnwürde Jesu zurückweist, dem bleibt nur die Flucht in die Offensive: die Anklage der Gotteslästerung (2,7) und der Beschluss, einen solchen Lästerer aus dem Weg zu räumen (3,6)".[40] Vollmachtsoffenbarung und Todfeindschaft greifen ineinander, Jesu Auftreten in Vollmacht ruft bei den Nicht-Glaubenden Widerstand hervor, der fortan sein öffentliches Auftreten begleiten wird. „Der durch Jesu Vollmachtswirken auf den Plan gerufene und sich formierende Widerstand gehört für Markus geradezu zur Gestalt und Struktur seiner Menschensohnchristologie hinzu".[41]

Gerade wegen seines vollmächtigen Dienstes für die herangenahte Gottesherrschaft führt der Weg des Menschensohns mit innerer Notwendigkeit in die Passion (8,31; 9,12.31; 10,45; 14,21.41). In Mk 14 und 15 vollzieht sich das in 2,1-3,6 androhende Geschick. Die Frage nach der Sinnhaftigkeit der im Folgenden vorgestellten Tempelaktion Jesu lässt sich nur im vorgestellten Horizont seiner gesamten Basileia-Verkündigung beantworten. Nach Mk bezieht die Prophetie Jesu ihr Pathos aus dem Kommen der Basileia, welche als der entscheidende Orientierungspunkt seines Wirkens in allernächster Zukunft vollendet sein wird und jetzt eine eindeutige, letztverbindliche Entscheidung für Gott fordert.

2.3. Jesus als Störenfried (Mk 11, 15-19)

a. Die Tempelaktion in Kontinuität zur Basileia-Botschaft

Mk 11, 15-19 (par Mt 21,12-17; Lk 19,45-48; Joh 2,13-22) berichtet von einer Störaktion Jesu im Jerusalemer Tempel. Jesus treibt die Verkäufer und Käufer im Tempel hinaus und wirft die Tische der Geldwechsler und die Stände der Taubenverkäufer um. Der drastischen Aktion folgt ein Deutewort in 11,17: „Steht nicht geschrieben: ‚Mein Haus soll ein Haus des Gebetes für alle Völker sein' (Jes 56,7)? Ihr aber habt es zu einer ‚Räuberhöhle' (Jer 7,11) gemacht". Jesus stört mit seiner Protestaktion symbolisch die laufenden Op-

---

[39] Ebd., 128.
[40] Scholtissek, K., Die Vollmacht Jesu, 172.
[41] Ebd., 182.

ferriten, die Steuereintreibung und den gesamten Tempelbetrieb.[42] Thomas Söding geht davon aus, dass Jesus bei seinem Jerusalemaufenthalt im Tempel eine Aktion durchgeführt hat, in der er manifest kritisch dem vorfindlichen Kultgeschehen entgegentrat und Beteiligte in eine Auseinandersetzung hineinzog.[43] Aufgrund der Übereinstimmung zwischen der ältesten vormarkinischen und der vorjohanneischen Tradition ging Jesus im Vorhof der Heiden gegen die Taubenhändler und die Geldwechsler vor. Die Historizität einer Aktion Jesu im Tempelbezirk am Ende seiner Wirksamkeit wird vielfach angenommen.[44]. Die synoptischen und johanneischen Überlieferungen knüpfen an eine Aktion Jesu an und transformieren nachösterlich genuin jesuanische Intentionen.

Jesu Verkündigung im Tempel ist auf die Akzeptanz seiner Proklamation der Königsherrschaft Gottes ausgerichtet. Gräßer und Oberlinner gehen davon aus, dass er nach Jerusalem hinaufzog, um dort ganz bewusst die Entscheidung zu suchen.[45] Dem Anspruch seiner Botschaft auf ganz Israel korrespondierend, musste er diese auch in dessen religiösem Zentrum ausrichten. Der Jerusalemzug erklärt sich dann als logische Konsequenz des bisherigen Verkündens, als Weitertragen der Grund-Haltung Jesu ins Zentrum Israels. Er geht nach Jerusalem, um auch und gerade im Zentrum des Gottesvolkes, am Tempel, wo die Gottesherrschaft seit alters her kultisch gefeiert und erwartet wird, seine Botschaft zu verkünden und eine diesbezügliche Glaubensentscheidung einzufordern.[46] Auszuschließen wäre dann eine Art „Kamikaze-Aktion", bei der Jesus unter dem Vorsatz nach Jerusalem geht, dort eine für ihn lebensgefährliche Situation zu provozieren, um Gott zum rettenden Eingreifen zu zwingen und dann seine Herrschaft durchzusetzen. „Jesus hätte dann ganz bewusst die Krise herbeigeführt – im Vertrauen darauf, dass Gott seinen Gesandten nicht im Stich lassen würde". Gräßer beurteilt eine solche „eschatologische Demonstration" als abwegig,[47] zumal Jesus anhand des inhaltlichen Kriteriums „Gottesherrschaft" inhaltliche Ansprüche erhebt. Auch in der harten Auseinandersetzung predigt und streitet er bis zum Schluss auf positive Annahme hin. „Auch Gerichtsdrohungen, Streitreden und Konfliktgleichnisse haben, wo ihre Authentie sicherzustellen ist, immer im Grund einen positiven

---

[42] Die Taubenverkäufer halten die kultisch reinen Opfertiere bereit, die Geldwechsler sorgen für kultisch unbedenkliche, bilderlose Münzen. Sie betreiben den Geldumtausch beim Einkauf der Opfertiere im Tempelbezirk und nehmen Spenden entgegen, die neben dem Kultbetrieb auch für den Unterhalt der Priesterschaft und die Tempelarbeiten verwendet werden.

[43] Vgl. Söding, T., Die Tempelaktion Jesu. Redaktionskritik-Überlieferungsgeschichte-historische Rückfrage, in: TThZ 101 (1992) 36-64, 50.

[44] Für die Historizität der Tempelaktion plädieren: Trautmann, M., Zeichenhafte Handlungen Jesu. Ein Beitrag zur Frage nach dem geschichtlichen Jesus, 114-119; Sanders, E.P., Sohn Gottes. Eine historische Biografie, Stuttgart 1996, 27f.372-384; Paesler, K, Das Tempelwort Jesu. Die Traditionen von Tempelzerstörung und Tempelerneuerung im Neuen Testament (FRLANT 184), Göttingen 1999, 233.241f; Adna, J., Jesu Stellung zum Tempel. Die Tempelaktion und das Tempelwort als Ausdruck seiner messianischen Sendung (WUNT II/119), Tübingen 2000, 300-333; Luz, U., Warum zog Jesus nach Jerusalem? in: Schröter, J., Brucker, R. (Hg.), Der historische Jesus. Tendenzen und Perspektiven der gegenwärtigen Forschung (BZNW 114), Berlin 2002, 419-421.

[45] Vgl. Gräßer, E., Die Naherwartung Jesu (SBS 61) Stuttgart 1973; Oberlinner, L., Todeserwartung und Todesgewissheit Jesu. Zum Problem einer historischen Begründung (SBB 10), Stuttgart 1980, 127-130.

[46] Vgl. Bornkamm, G., Jesus von Nazareth (UrbanTb 19), Stuttgart 1971, 142f; Conzelmann, H., Lindemann, A., Arbeitsbuch zum Neuen Testament (UTB 52), Tübingen 1991, 424; Merklein, H., Jesu Botschaft von der Gottesherrschaft. Eine Skizze (SBS 111), Stuttgart 1983, 134f; Roloff, J., Jesus, München 2000, 105; Niemand, C., Jesus und sein Weg zum Kreuz, 188.

[47] Gräßer, E., Die Naherwartung Jesu, 97. Die Markuspassion Mk 15,20f. widerspricht der Eingreifthese, zumal der Vater den Sohn gerade nicht vom Kreuz befreit.

Sinn auf Umkehr und Annahme hin, auch wenn aufgrund des konflikthaften Umfeldes und der verwendeten Gattungen diese Seite oft nicht mehr so ausdrücklich thematisiert ist. Wenn dies aber zutrifft, erledigen sich einlinige Motivannahmen, denen zufolge Jesus jetzt nur mehr eines im Sinn hätte: Getötet zu werden, um die basileia-Vollendung herbeizuzwingen".[48]

Auch in der zugespitzten Situation in Jerusalem wollte Jesus den Glauben provozieren, nicht seine Hinrichtung,[49] durch seinen sinnenfälligen, aggressiven Protest wollte er einen inhaltlichen Ein- und Widerspruch anmelden und eine inhaltliche Auseinandersetzung in Gang setzen. Die durchgängige inhaltliche Ausrichtung an der Basileia manifestiert sich auch in der erzähldramaturgischen Gestaltung und erzählerischen Disposition des Mk: Trotz Ablehnung zieht sich Jesus nach der Tempelaktion nicht zurück, sondern sucht immer wieder den Tempel auf. Er stellt sich der Herausforderung und will weiter Menschen für die Basileia gewinnen. Bis zum Schluss stößt er neben der Ablehnung auch auf basileia-gerechtes Verhalten bei Einzelnen aus der Elite (12,34) und dem niederen Volk (12,41-44). In 11,17 stellt Mk ein Deutewort zum Verständnis der Aktion bereit. Schnider und Stenger erwägen, dass die Tempelaktion nicht unbedingt eines deutenden Wortes bedurfte, sondern aufgrund ihrer besonderen Umstände und ihres gezielten Ablaufs aus sich heraus verständlich wäre.[50] Das metaphorische Motiv der „Räuberhöhle" (spelaion leston) in Mk 11,17 spielt auf Jer 7,11 und den dortigen größeren Kontext der Tempelrede an (Jer 7,1-15; 26,1-24).[51]

b. Die Tempelaktion als prophetisch-kritische Zeichenhandlung

Jeremia warnt vor einem trügerischen Vertrauen auf eine quasi automatisch gewährte Sicherheit des Volkes und der Stadt durch die Gegenwart Gottes im Tempel. Dieser Schutz ist indessen nur bei glaubwürdiger Bundestreue in Gestalt der alleinigen Bindung an YHWH und sozialer Rechtschaffenheit gewährt. Die tatsächlichen Verhältnisse sind dazu völlig konträr: „Wie? Stehlen, morden, die Ehe brechen, falsch schwören, dem Baal opfern und anderen Göttern nachlaufen, die ihr nicht kennt, und dabei kommt ihr und tretet vor mein Angesicht in diesem Haus, über dem mein Name ausgerufen ist, und sagt: Wir sind geborgen!, um dann weiter alle jene Gräuel zu treiben. Ist denn in euren Augen dieses Haus, über dem mein Name ausgerufen ist, eine Räuberhöhle geworden? Gut, dann betrachte auch ich es so – Spruch des Herrn" (Jer 7, 9-11). Anschließend wird auf das zerstörte Heiligtum von Schilo und das Drohorakel verwiesen: Dem Jerusalemer Tempel ergehe es genauso, wenn die Umkehrunwilligen darin Schutz zu finden meinen.[52] Für die markinische Zitation des Bildwortes ist entscheidend, dass in den Augen Jeremias der Tempel seinen Adressaten gerade dazu dient, ihr un(ge)rechtes Verhalten nicht zu ändern. So wie Räuber in ihren Verstecken Zuflucht finden, um hernach erneut zu Raubzügen aufzubrechen, so verwenden die Adressaten Jeremias den Tempel als Rückzugsort mit der faktischen Funktion, das bundesbrecherische Verhalten gerade beizubehalten. Ein solcher

---

[48] Niemand, C., Jesus und sein Weg zum Kreuz, 190.
[49] Vgl. Oberlinner, L., Todeserwartung und Todesgewissheit Jesu, 129.
[50] Vgl. Schnider, F., Stenger, W., Johannes und die Synoptiker (BiH 9), München 1971, 43f. Das Deutewort kann bei einer prophetischen Zeichenhandlung durchaus auch einmal fehlen (vgl. Jer 16, 1-9; Ez 4,1-5,4).
[51] Vgl. Schreiner, J., Jer I (NEB.AT), Würzburg 1982, 57.
[52] Vgl. Fischer, G., Jeremia Bd. 1 (HThKAT), Freiburg i. Br. 2005, 87f.

Tempel hat als Ort der Gegenwart Gottes ausgedient. Die Drastik des Bildes will schockieren und damit überzeugen, die Adressaten sollen in ihrer verfehlten Tempelpraxis getroffen werden. Letztere verhindert, dass sie sich dem Aufruf zu echter Umkehr und YHWH-Treue stellen.

Christoph Niemand ist der Auffassung, dass eine im Rahmen des Gesamtwirkens Jesu verankerte Deutung der Tempelaktion sich gut mit der Argumentationsstruktur von Jer 7 verknüpfen lässt und diese Bibelstelle in einen aktualisierenden Sinnzusammenhang stellt.[53] Bei dieser Lesart fügen sich die markinische Handlung, Deutemotiv und Kommunikationsform stimmig zusammen: Durch ihr Verhalten machen die die basileia Ablehnenden aus dem Tempel eine Räuberhöhle, ein vermeintlich sicheres Rückzugsgebiet, um sich so der Herausforderung zu Umkehr und Neuausrichtung nicht stellen zu müssen, im Glauben, der Tempel gewähre Schutz und Heil. Faktisch verführt die Tempelfrömmigkeit dazu, nicht umzukehren – deshalb schreitet Jesus provozierend ein.[54] „In dem Maße, wie der Tempel zum Ort und dann geradezu zum Symbol der Taubheit gegenüber der Basileia-Verkündigung wird, erweist sich, wie sehr er in seiner gegenwärtigen Gestalt faktisch dem widerspricht, was Gott als seinen eschatologischen Heilswillen durch Jesus proklamiert, und wie verfänglich es wäre, auf ihn sein Vertrauen zu setzen, Jesus aber nicht zu hören".[55] Söding vertritt die Auffassung, die Tempelaktion sei ein in Handlung umgesetzter Metanoia- und Glaubensruf, der sich im Kontext der Reich-Gottes-Botschaft verstehe.[56] Aufgrund ihrer paränetischen Pointe ruft die Tempelaktion Jesu zu Umkehr auf. Jesu Kritik wendet sich gegen eine trügerische, auf den Tempel fixierte Heilssicherheit, die übersehen lässt, was Gott seinem in Sünde verstrickten Volk als Rettung zukommen lassen will. Mit der Tempelaustreibung versucht Jesus seinem Sendungsauftrag dadurch zu entsprechen, „dass er Jerusalem und Israel per viam negativam die Wirklichkeit der Herrschaft Gottes aufgehen lässt. Gerade dadurch, dass Jesus in seiner symbolischen Aktion den Kindern Jerusalems nimmt, was nach alter Überlieferung ihren Wandel vor Jahwe ermöglicht, sollen sie Augen für das gewinnen, was Gott zum Heil Israels – und der Heidenvölker (Mt 8,11f. par Lk) – zu tun sich entschlossen hat und jetzt durch Jesus in Wort und Tat verkündet".[57]

Auch Merklein vermutet, dass Jesu prophetische Worte eines eschatologischen Gerichts über den Tempel Ausdruck des äußersten Versuchs sind, die Israeliten, welche sich auf Grund ihrer Tempelbindung gegen Jesus stellen, zur Umkehr zu bewegen.[58] Sie sollen zur Besinnung kommen, indem ihnen die Konsequenzen ihrer Ablehnung vor Augen geführt werden.[59] Die Unterbrechung deckt auf, dass der Tempel gerade jener Ort ist, an dem sich die Ablehnung der mit Jesus nahe kommenden Basileia geradezu institutionell formiert. Jesu Aktion ist nicht gezielt gegen den Opferkult gerichtet (zumal sie sich einreiht in die inneralttestamentlich-prophetische Tempel- und Kultkritik), sondern gegen das falsche Heilsvertrauen, das er begründet. Luz belegt anhand von Mt 5, 23f., dass Je-

---

[53] Vgl. Niemand, C., Jesus und sein Weg zum Kreuz, 225.
[54] Vgl. ebd., 243.
[55] Söding, T., Die Tempelaktion Jesu, 59.
[56] Vgl. ebd., 61.
[57] Ebd., 62.
[58] Vgl. Merklein, H., Die Gottesherrschaft als Handlungsprinzip (FzB 34), Würzburg 1978, 118. Ebenso Reiser, M., Die Gerichtspredigt Jesu (NTA 23), Münster 1989, 269f.
[59] Vgl. Merklein, H., Jesu Botschaft von der Gottesherrschaft. Eine Skizze (SBS 111), Stuttgart 1983.

2.3. Jesus als Störenfried (Mk 11, 15-19)

sus zunächst den Jerusalemer Tempelkult nicht problematisiert.[60] Dies ändert sich mit der Erfahrung der Ablehnung seiner Basileia-Botschaft durch „Jerusalem". Für C. Niemand erschließt sich der Sinn der Tempelaktion weder als „abstrakte Forderung nach Kultreform noch symbolisierte Abschaffung des Tempelkultes überhaupt".[61] Dies unterstreicht Mk 12, 41-44, die Tradition der armen Witwe mit ihrer Weihegabe für den Tempel, wo Jesus einen konkreten, typischerweise armen Menschen basileiakonform mit dem Tempel umgehen sieht. Jesus attackiert nicht den Kult als solchen an der Vollzugsstätte, sondern stört konkrete Kultwillige in ihrem vorbereitenden Tun. „Weil er wahrnimmt, dass diese konkreten Menschen in diesem ihrem Tun an der ihnen jetzt zugemuteten Basileia-Proklamation vorbeigehen. Weil er unterstellt, dass für diese Menschen ihr kultisches Tun und das, was sie von diesem Tun erwarten, geradezu als Grund und Vorwand dient, sich der Einladungsbotschaft von der Gottesherrschaft nicht ernstlich auszusetzen. Wohlgemerkt: Jesus unterstellt wohl nicht, dass Kult und Tempel *notwendigerweise* die Basileia-Annahme hintertreiben. Er konstatiert aber, dass dies *konkret vorfindlich* und wohl auch *notorisch* geschieht!"[62] Die von Jesus in dieser Situation unternommenen Akte der Störung und Unterbindung hinsichtlich des Kultes sind als *prophetisch-kritische Zeichenhandlung,* als ein letztes Ringen um Zustimmung zu werten. Jesus nimmt den Kult weg, um drastisch zu bedeuten, dass jetzt unvertretbar eine Entscheidung zur Proklamation der basileia ansteht. Es ist dies die Zuspitzung der Entscheidungspflichtigkeit angesichts einer von ihm geäußerten Herausforderungssituation bzw. als symbolische Gerichtshandlung bei einer negativen Reaktion der Herausgeforderten zu sehen.[63]

Die Radikalität der Herausforderung Jesu nimmt auch den Kultvollzug nicht aus der jetzigen Entscheidungssituation aus bzw. nimmt deswegen einen ärgerlichen Skandal in Kauf. Die symbolische Inszenierung des Abbruchs der Kulthandlungen bringt zum Ausdruck, dass ein faktisch die Ablehnung der basileia-Botschaft implizierender Kult für Jesus ohne Zukunft ist. Nach Kuhn ist die Umrahmung der Tempelaktion von der Verfluchung des Feigenbaumes (11,12-14.20f.) markinisch.[64] Markus deutet die Verfluchung des Feigenbaums als Zeichen des Gerichts über ein Israel, welches Jesus die erwarteten Früchte verweigert. Das Verdorren des Baumes steht symbolisch in enger Verbindung mit dem in Jesu Protestaktion angekündigten Ende des Heiligtums. Die Schriftzeugnisse sind durch die Auseinandersetzung mit der Katastrophe des Jüdischen Krieges geprägt, welche im Jahre 70 n. Chr. zur Zerstörung Jerusalems und des Tempels durch die römischen Truppen führte.[65] Dennoch bleibt festzuhalten, dass die Gerichtsdrohung im Dienste der Umkehr und positiven Annahme steht. Die positive Seite des Deutewortes Mk 11,17 lässt dem Tempel die Funktion als „Haus des Gebetes für alle Völker" zukommen. Mk zitiert das Schlusskolon Jes 56,7 wörtlich. Die vornehmlich schriftgelehrten prophetischen Fortschreibungen des 6.-4. Jahrhunderts v. Chr. in Tritojesaja, die in engem Zusammenhang

---

[60] Vgl. Luz, U., Mt (EKK 1) I, Neukirchen-Vluyn 1985, 252.259.
[61] Niemand, C., Jesus und sein Weg zum Kreuz, 244.
[62] Ebd., 242.
[63] Vgl. ebd., 219.
[64] Vgl. Kuhn, H.-W., Ältere Sammlungen im Markusevangelium (StUNT 8), Göttingen 1971, 200f.
[65] Vgl. Schwier, H., Tempel und Tempelzerstörung (NTOA 11), Göttingen 1989, 27-40, der diese Ereignisse rekonstruiert.

mit der Entstehung des Jesajabuches als Ganzem stehen, geben einen Einblick in die Hoffnungen, Sehnsüchte und Probleme der nachexilischen Tempelgemeinde in Jerusalem.[66]

c. Die Störaktion im Dienste der Konstituierung des eschatologischen Gottesvolkes

Vermutlich ist Jes 56,1-8 in der Situation einer nachexilischen kultischen Restauration entstanden, welche zu einer strengen Separation nichtjüdischer und mit kultischem Makel behafteter Menschen (Verschnittene) vom Tempelvollzug geführt haben muss. Der prophetische Einspruch in Tritojesaja richtet sich gegen diese Separation: Proselyten wird der theologische Status als vollberechtigter Mitglieder des Bundesvolkes zugesprochen, sie dürfen deshalb am Tempelkult vollgültig und selbständig teilnehmen. Eunuchen gehören zur vitalen Gemeinschaft des Bundesvolkes, so dass ihnen eine zukunftsfähige Bedeutung und Erinnerbarkeit zukommt. Hier klingt das Thema von der eschatologischen Wallfahrt der Heidenvölker zum Zion an: „... sie bringe ich zu meinem heiligen Berg und erfülle sie in meinem Bethaus mit Freude"(56,7a). Die Proselyten sind also die gegenwärtige Vorhut der künftigen Völkerwallfahrt. Zudem wird die Berechtigung der gegenwärtigen Vollteilnahme der Proselyten am Kult mit Verweis auf die künftig-eschatologische Präsenz der Heiden insgesamt im Tempel begründet: „Ihre (sc. „der Proselyten", A.K.) Brandopfer und Schlachtopfer finden Gefallen auf meinem Altar, denn mein Haus wird ein Haus des Gebets für alle Völker genannt werden"(56,7b).

Das Maßnehmen an eschatologischen Zuständen und Funktionen des Tempels legitimiert das gegenwärtige Einschreiten gegen Tendenzen, die sich in der Tempelpraxis eingebürgert haben. Jes 56 betont die Erwählungssouveränität Gottes, welche jegliche Einschränkungen verabschiedet. Dadurch wird die kultische Gottesbegegnung nicht abgewiesen, die Kulttreibenden müssen ihr Tun jedoch an der Unverrechenbarkeit des die Versprengten sammelnden Gottes messen. Mk stellt in 11,17 diese im größeren Kontext des tritojesajanischen nichtseparationistischen Gottesvolkverständnisses zitierte und in der Heilszeit den Normalfall bildende positive Tempelpraxis der verfehlten gegenüber. Auch hier besteht somit ein Kontrast zwischen gegenwärtigem Missbrauch und eschatologischer Bestimmung, auch hier ist die endzeitliche Funktion Maßgabe für die aktuelle Kritik. C. Niemand schließt nicht aus, dass Jesus seine Tempelaktion verstanden hat „in der Linie eschatologischer Heilserwartungen für den Zionstempel und daraus abzuleitender Ansprüche an den jetzigen Kult nach Jes 56 (und damit verbundener tritojesajanischer Traditionen)".[67] Mit dem Motiv der eschatologischen Völkerwallfahrtstradition weist Jesus jene, die sich dem Anspruch seiner eschatologischen Proklamation der Basileia im hier und heute verweigern, darauf hin, dass ihr Verhalten in krassem Gegensatz zum Herbeiströmen vieler Heiden aus allen Himmelsrichtungen steht. In Mt 8,11f und Lk 13,28f setzt Jesus die Ablehnung der Basileia-Einladung in Israel mit dem freudigen Herbeiströmen der Heiden aus allen Richtungen in Kontrast. Das an Israel adressierte Gerichtswort will letztlich die Annahme nahelegen. C. Niemand sieht die Situation in Mk 11,17 analog: Die Anwesenden sind eingeladen, die eschatologische Basileia hier und jetzt anzunehmen, zumal dieses Königtum gemäß der Erwartung vom Tempel ausgehend sichtbar werden und selbst auf die Heidenvölker eine hohe Attraktion ausüben soll.

---

[66] Vgl. Zapff, B., Jesaja 56-66 (NEB.AT), Würzburg 2006, 12ff.
[67] Niemand, C., Jesus und sein Weg zum Kreuz, 228.

„Wenn Jesus nun Desinteresse und Ablehnung sieht, kann er durchaus den Hinweis auf die zum Zion und seiner königlichen Herrlichkeit herbeiströmenden Völker bringen und so den unverständlichen Selbstausschluss jener Israeliten konterkarieren, die jetzt die Einladung versäumen oder ausschlagen... Das Kommunikationsziel der Motivverwendung wäre dann also... ganz im aktuellen Geschehen der Verkündigung Jesu im Tempel fassbar".[68] Die Tempelaktion dient der Konstituierung des eschatologischen Gottesvolkes, welches im Vorgriff auf die künftige Vollendung die Heilserfahrung rettender Nähe der Gottesherrschaft machen kann und durch Jesus Christus in eine authentische Gottesbeziehung hineingeführt wird. Schon Mk 2,1-3,6 brachte den Erweis, dass Jesu Tötung mit seiner spezifischen Verkündigung selbst zu tun hat.[69] Laut Mk 11,18 provozierte Jesus mit der Tempelaktion seinen eigenen Tod.

d. Die prophetische Zeichenhandlung als Auslöser für den Tötungsbeschluss

Jesus kam nicht als zufälliges Opfer blinder Machtkonstellationen unter die Räder. „Sein Tod resultiert vielmehr aus einem Konflikt, den er selbst mit seiner Botschaft auslöste und dessen Gefährlichkeit er sich, wenigstens mit zunehmendem Verlauf der Dinge, auch durchaus bewusst war".[70] Jesus „riskierte sein Leben. Aber er wollte kaum seinen Tod. Er wollte Israels Glauben".[71] Sein Tod liegt in der Konsequenz seiner Reich-Gottes-Verkündigung,[72] er ist nicht Finalsinn: In 11,18 stellt Mk die prophetische Zeichenhandlung als Auslöser des endgültigen Tötungsbeschlusses seitens der Tempelführung dar. Jesus ist dieser Möglichkeit nicht ausgewichen, zumal sie sich in unmittelbarer Konsequenz seiner Botschaft von der Gottesherrschaft auftat.[73] Ohne historisch Präzises über das Zustandekommen eines Haftbefehls zu wissen, besteht ein unmittelbarer Zusammenhang zwischen dem Vorgehen gegen Jesus und seiner Tempelaktion.[74] Nach der Störaktion musste er mit der Verhaftung und mit akuter Lebensbedrohung rechnen. Die Tempelhändler und Geldwechsler erstatteten sicher eine Meldung bei der priesterlichen Aufsichtsbehörde (Tempelhauptmann). Zumindest die für den Tempel verantwortlich zeichnende sadduzäische Priesteraristokratie musste in diesem provokanten Tun einen prinzipiellen Affront gegen die Sinnhaftigkeit des kultischen Vollzugs erkennen.

Aus Sicht der Hochpriesterschaft musste Jesu Aktion einen Angriff auf das Zentrum der religiösen Identität Israels dargestellt haben, zumal der Tempelkult durch seine

---

[68] Ebd., 244.
[69] Dazu konträr: Vgl. Bultmann, R., Das Verhältnis der urchristlichen Christusbotschaft zum historischen Jesus (SHAW.PH,1960/3), Heidelberg 1965, 12: „Schwerlich kann diese Hinrichtung als die innerlich notwendige Konsequenz seines Wirkens verstanden werden; sie geschah vielmehr aufgrund eines Missverständnisses seines Wirkens als eines politischen. Sie wäre dann – historisch gesprochen – ein sinnloses Schicksal".
[70] Niemand, C., Jesus und sein Weg zum Kreuz, 100.
[71] Kessler, H., Die theologische Bedeutung des Todes Jesu. Eine traditionsgeschichtliche Untersuchung, Düsseldorf 1970, 233.
[72] Vgl. Schürmann, H., Jesu ureigener Tod. Exegetische Besinnungen und Ausblick, Freiburg i. Br. 1975, 16-65, der zeigt, dass dies auch der inneren Einstellung entspricht, die Jesus zu dem ihm drohenden Tod gefunden hat.
[73] Vgl. Merklein, H., Jesus, Künder des Reiches Gottes, 166.
[74] Vgl. Schnider, F., Stenger, W., Johannes und die Synoptiker, München 1971, 26-53. Roloff, J., Das Kerygma und der historische Jesus, Göttingen 1970, 89-110; Trautmann, M., Zeichenhafte Handlungen Jesu, 76-131; Niemand, C., Jesus und sein Weg zum Kreuz, 248f.

Sühnewirkung eine wichtige Heilsgarantie für Israel bildete. Als Gebetshaus, Kultstätte, Wallfahrtsort, Verwaltungs- und Wirtschaftszentrum stellte der Tempel den religiösen und politischen Mittelpunkt des Judentums in Palästina und in der Diaspora dar.[75] Als Integrationsfaktor der jüdischen Gemeinschaft und sichtbares Zeichen jüdischer Identität wird seine Integrität zudem von der römischen Besatzungsmacht respektiert und garantiert. Im politischen Kontext der römischen Prokuratur, wo Hohepriester und Synedrium die von Rom installierten Autonomiebehörden der partiellen jüdischen Selbstverwaltung darstellen und wo realpolitisch ein reibungsloses Funktionieren des Tempelbetriebs und die Unterbindung aller Unruhen wichtig war, musste ein notorisch in Auseinandersetzung stehender und in den Geruch tätiger Tempelfeindlichkeit kommender Störenfried „unschädlich" gemacht werden. Die Tempelaktion ist außerdem ein Angriff auf die Hochpriesterschaft selbst, zumal der Tempelkult und seine unangefochtene Akzeptanz im Volk das Fundament des hochpriesterlichen Einflusses bilden.[76] Die Einleitung eines Verfahrens gegen Jesus wäre von daher nachvollziehbar.

Anhand des markinischen passionstheologischen Spannungsbogens wurde ansichtig, wie sich entlang der proexistenten Praxis Jesu immer mehr eine Welle der Ablehnung aufbaut. Das Kreuz lässt sich als äußerste Offenbarung der gnadenlosen Wirklichkeit unter den Menschen begreifen. Es hält einen Spiegel vor Augen, zu welcher Gewalt Menschen unter- und gegeneinander fähig sind. An der radikalisierten Proexistenz Jesu radikalisiert sich auch der Abgrund der destruktiven Aggression. Im Folgenden soll die Macht der Sünde als universaler Unheilszusammenhang rekonstruiert werden.

---

[75] Vgl. Philo LegGai 212. Ein Überblick über das Tempelwesen verschafft Maier, J., Tempel und Tempelkult, in: ders., Schreiner, J. (Hg.), Literatur und Religion des Frühjudentums, Würzburg 1971, 371-390.
[76] Vgl. Baumbach, G., Jesus von Nazareth im Lichte der jüdischen Gruppenbildung, Berlin 1971, 65-68.

3. In Kontakt treten mit der Sünde und deren Verwandlung in schöpferische Versöhnung

3.1. Die Macht der Sünde als universaler Unheilszusammenhang

Die Thematik des Bösen hat im außertheologischen Kontext der vergangenen Jahre neue Aufmerksamkeit gefunden.[1] Insbesondere seit der allgegenwärtigen Bedrohung durch al-kaida-Terror und deren netzwerkartiger weltweiter Verflechtung ist die Annahme der durch die Säkularisierung bewirkten irreversiblen Entdämonisierung der Realität falsifiziert. Der französische Philosoph André Glucksmann, der selber im Kontext der Studentenrevolten der 2. Hälfte des letzten Jahrhunderts davon ausging, durch immer größeren Fortschritt die Rede vom Bösen obsolet zu machen, kritisiert jetzt die Kirchen, durch Verzicht auf die Benennung des Bösen den Menschen auch den Weg zu dessen Überwindung vorzuenthalten.[2] Durch Missbrauch der Gestalt des Teufels in der Kirchengeschichte,[3] durch ein satanisches Verdächtigungs-, Verteufelungs- und Tötungssystem bei den Hexenprozessen und durch die Entlarvung der Rede von bösen Mächten und Gewalten seitens des wissenschaftlichen Weltbildes als mythologisches Relikt gelangte die Theologie in eine Sprachlosigkeit angesichts des Bösen.[4]

Für Gotthard Fuchs gehört es zur Ambivalenz des neuzeitlichen Theodizee-Denkens, „dass es Gott vor den Richterstuhl seiner Vernunft ruft und Gottes (Selbst-)Rechtfertigung einfordert, dass es aber nicht mit derselben Entschiedenheit der Frage nachgeht, ob denn nicht Gott selbst den Menschen fragt und in Frage stellt, wo er sei und was er mit Gottes Schöpfung und mit sich selbst bösartig anstelle".[5] Während das Leiden überhaupt eine offene Frage an Gott darstellt, ist das Leiden des Sohnes „Gottes offene Frage nach dem Menschen, dem Schöpfer von Auschwitz".[6] Nach wie vor stellt sich die Frage, wie diese schrecklichste aller Katastrophen, diese erdrückende Manifestation des Bösen, im bisher aufgeklärtesten 20. Jahrhundert stattfinden konnte.[7] Es ist diesem Diskurs nicht um eine

---

[1] Vgl. Colpe, C., Schmidt-Biggemann, W. (Hg.), Das Böse. Eine historische Phänomenologie des Unerklärlichen, Frankfurt a. M. 1993; Safranski, R., Das Böse oder: Das Drama der Freiheit, München 1997.

[2] Vgl. Glucksmann, A., Hass. Die Rückkehr einer elementaren Gewalt, Zürich 2005.

[3] Vgl. Haag, H., Abschied vom Teufel, Einsiedeln 1969, der sich der Frage stellte, inwiefern der Teufel als Projektionsfläche für eigene verdrängte Inhalte, insbesondere Aggression und Sexualität, herhalten musste.

[4] Vgl. Berger, K., Niemann, U., Wagner, M. (Hg.), Das Böse und die Sprachlosigkeit der Theologie, Regensburg 2007. Vgl. Leimgruber, U., Kein Abschied vom Teufel. Eine Untersuchung zur gegenwärtigen Rede vom Teufel im Volk Gottes, Münster 2004. Leimgruber plädiert dafür, mit der Rede vom „Teufel" das abgrundtief Böse aufzudecken und zu entlarven: Das Böse hat Realität. „Der Begriff Teufel vermag es vermittels seiner metaphorischen Kraft, das jedem Menschen begegnende Böse in seiner individuellen, personalen und subjektiven wie auch in seiner überindividuellen, überpersonalen und objektiven Form zu identifizieren" (338). In diesem Sinne dürfe eine Praktische Theologie, welche die Trauer und Angst der Menschen ernst nimmt und integriert, nicht auf die Rede vom Teufel verzichten.

[5] Fuchs, G., Einführung, in: ders. (Hg.), Angesichts des Leidens an Gott glauben. Zur Theologie der Klage, Frankfurt a. M. 1996, 7-14, 9.

[6] Miskotte, H. H., Das Leiden ist in Gott, in: Welker, M. (Hg.), Diskussion über Jürgen Moltmanns Buch „Der gekreuzigte Gott", München 1979, 74-93, 92f.

[7] Vgl. Adorno, T., Horkheimer, M., Dialektik der Aufklärung, Frankfurt a. M. 1971.

Wiederbelebung des Manichäismus zu tun, welcher das Böse durch Rekurs auf ein Prinzip des Bösen erklärt. Vielmehr ist in Anschlag zu bringen, dass durch die Eliminierung der Kategorie des Bösen die Konstruktion eines grandiosen Entschuldigungsmechanismus gefördert wird. Wenn das Böse nicht im Kontext der menschlichen Freiheit behandelt wird, kommt es zu dessen Delegation an anonyme Sachzwänge oder gesellschaftliche Makrostrukturen.[8] Mit Verständnis dafür, dass Menschen inmitten äußerer Zwänge sich mit ihrer Freiheit schwer tun, gilt es, diese Freiheit nicht als ein Abstraktum über den Sachzwängen zu verstehen, sondern im Spannungsgefüge inmitten der Sachzwänge zu erobern, um die konstruktive Aggression zu wecken.

Die paulinische Hamartologie sieht als Wurzel allen Unheils die äußerst wirkmächtige universale Macht der Sünde.[9] Im paulinischen Denken ist der eigentliche Gegner von Gottes Gnade nicht das „heilige" und „geistliche Gesetz" (Röm 7,12.14), sondern die Macht des Bösen, die in der Sünde und dem aus ihr resultierenden Tod von der Menschheit insgesamt Besitz ergriffen hat.[10] Gemäß Röm 1,21 ist die Sünde essentiell eine Absage an Gott in der Weise des Sich-ihm-nicht-verdanken-Wollens, der selbstbezogenen Begierde (Röm 6,12; 7,7) oder des Sich-Rühmens vor Gott (1Kor 4,7). Der von Gott geschenkte Selbstand wird vom Sünder de facto in die Verselbständigung gegenüber Gott pervertiert.[11] In der Sünde besetzt der Mensch den Platz, der allein dem wahren beziehungshaften Gott zukommen kann.[12] Indem er alles in den eigenen selbstreflexiven Vollzug hineinreißt und sich selbst nicht mehr von Gott und der Mitschöpfung unterscheidet, leugnet er die Andersheit und Unterschiedenheit, welche gerade wahres Leben bedeutet.[13] Augustinus' Wort vom „cor incurvatum in seipsum" bringt das Wesen der Sünde auf treffende Weise zur Sprache: Der Sünder zentriert sich auf sich selbst, klammert sich an das eigene selbstbezogene Ich und lehnt es ab, im exzentrischen Selbstvollzug das Leben zu gewinnen. Letzteres versucht er sich selbst zu verschaffen.

Die Sünde, welche in ihrer Grundstruktur Gott und die Mitmenschen nur als Instrument der eigenen Selbstbehauptung gelten lässt, kam laut Paulus durch das Sündigen in die Welt: „Durch einen einzigen Menschen kam die Sünde in die Welt und durch die Sünde der Tod, und auf diese Weise gelangte der Tod zu allen Menschen, weil alle sündigten" (vgl. Röm 5,12). In der theologischen Anthropologie des Paulus wohnt die Sünde somit nicht dem leiblich konstituierten menschlichen Wesen als solchem inne, sondern wird in der Tat des Menschen Wirklichkeit. Seit dem peccatum originale manifestiert sich die Sünde im Todesverhängnis als Symptom des ewigen Todes und wirkt sich in den Verfehlungen der einzelnen aus, ohne dadurch deren persönliche Verantwortlichkeit aufzuheben (Röm 1,20).[14] Abseits der entscheidenden Heilstat Gottes in Jesus Christus sind alle Menschen der tyrannischen Herrschaft der Sünde ohnmächtig ausgeliefert (vgl. Röm 3,9). Das ganze Ausmaß des menschlichen Verfallenseins an die Sünde wird erst in Christus offen-

---

[8] Vgl. Schockenhoff, E., Theologie der Freiheit, Freiburg i. Br. 2007.
[9] Zur exegetischen Erschließung der paulinischen Aussagen vgl. Theobald, M., Römerbrief (SKK-NT,6,1), Stuttgart 1992, 153-176; vgl. Schlier, H., Der Römerbrief (HThKNT, VI), 2. Aufl., Freiburg i. Br. 1976, 158-189.
[10] Vgl. Theobald, M., Art. „Gnade", 770.
[11] Vgl. Pannenberg, W., Systematische Theologie Bd. I, Göttingen 1988, 454.
[12] Albert Görres sieht als tiefste Wurzel der Sünde „die neidische Unwilligkeit, unendliche Überlegenheit zu ertragen". Vgl. ders., Rahner, K., Das Böse, Freiburg i. Br. 1982, 40.
[13] Dieser Gedanke ist W. Pannenberg wichtig: Vgl. ders., Systematische Theologie Bd. 2, Göttingen 1991, 299.
[14] Vgl. Theobald, M., Art. „Sünde" Neues Testament, in: LThK IX, 1120-1123, 1122.

bar, die Sündenmacht als solche wird erst im Glauben aufgedeckt, „als Verweigerung und Todesmacht, die aus der Sünde stammt und zur Sünde führt, eine Macht, die nicht zum Leben, sondern zum Tode in seinen unterschiedlichsten Formen von Lebensnegation drängt".[15] Erst vom versöhnenden Gott her erschließt sich der schonungslose, nichts verschleiernde Einblick in die menschliche Abgründigkeit.

In Kreuz und Auferstehung Jesu Christi ist diese Sündenmacht endgültig und gänzlich aufgedeckt, darin bietet der unendlich versöhnungsbereite Gott aber auch die Möglichkeit zum Zerreißen des Schleiers des Bösen in der Geschichte an. Weder Gesetz (Röm 5,13) noch Gewissen (Röm 2,15) vermögen den Menschen aus seiner Verfallenheit an die Sünde zu befreien. Durch die fleischliche Konstitution des Menschen wird sogar das Gesetz gegen seine ureigene Intention (Röm 7, 10.12) „zum Handlanger der Sündenmacht degradiert".[16] Die durch die Sünde generierte Entfremdung des Menschen von sich selbst ist nach Röm 6,6 derart massiv, „dass ihre Aufhebung nur mit dem Symbol des Todes des alten Menschen und eines neuen Lebens ‚in Christus' sachgemäß erfasst werden kann".[17] Die Metapher des „unter die Sünde Verkauftseins" in Röm 7,14 bringt zum Ausdruck, dass der Mensch Sünder ist, nicht nur ihm als Person äußerlich bleibende Sünden tut.

Für Paulus errichtet die Sünde ein eigenes Herrschaftssystem, einen zwanghaften, äußerst wirkmächtigen Unheilszusammenhang, der im Römerbrief als Konnex zwischen Sünder und Sündenmacht, als den menschlichen Freiheitsraum negativ in ihren Bann ziehende wirkmächtige Dynamik, aufgewiesen wird. Einerseits wird Sünde als eine überpersönliche Macht verstanden, der sich der einzelne Mensch nicht zu entziehen vermag, andererseits trägt er zu dieser Sündenmacht durch sein Tun selbst bei und ist daher mitverantwortlich.[18] Die Widersprüche und Konflikte im Einzelnen wie im zwischenmenschlichen Bereich zeigen, dass der Einzelne zugleich Ursache und Opfer des Bösen, „simul causa et victima" (GS 8) ist. Teil unserer Existenz ist diese subjektive und objektive Verstrickung ins Böse als kollektive Verflechtung.[19] Für Peter Hünermann legt sich für dieses Kommerzium der Freiheiten der Ausdruck einer aus der Sünde stammenden und zur Sünde führenden „geschichtlichen Sündenmacht" nahe: „Sie prägt die Geschichte und das Verhalten der Menschen, das Verstehen ihrer selbst und der Wirklichkeit. Diese geschichtliche Sündenmacht ist ein Verstrickungszusammenhang. Es ist das offene Umfeld, das in unsere Freiheit hinein reicht und in dem unsere Freiheit und die persönlichen Freiheitsentscheidungen reifen".[20] In der persönlichen Sünde wird diese Macht immer wieder bejaht und bekräftigt.

---

[15] Hünermann, P., Erfahrung der „Erbsünde"? in: Concilium 40 (2004), 87-92, 92. Zu Hünermanns Position, „dass das Böse als Verweigerung die transzendentalgeschichtliche Zuwendung der vollendeten Freiheit Gottes zur ‚Voraussetzung' hat" vgl. ders., Peccatum originale – ein komplexer, mehrdimensionaler Sachverhalt, in: ThQ 184 (2004) 92-107, 106.
[16] Theobald, M., Art. „Sünde" Neues Testament, 1122.
[17] Ebd.
[18] Vgl. Theobald, M., Art. „Erbsünde" in: LThK III, 743-744.
[19] Diese kollektive Verflechtung im Wechselspiel zwischen verantwortlicher Einzeltat und wirkmächtigem Unheilszusammenhang wird in der deutschen NS-Zeit besonders evident: Die pseudoreligiösen Riten und Symbole, die Idolverfallenheit der Massen, der ideologische Fanatismus bei Judenhass und Denunzierungen, die den brutalen Machenschaften verschleiernden Euphemismen, der Konformismus, die kollektive Projektion auf Unschuldige, das Verdrehen dessen, was gut und böse ist – sie alle verweisen auf eine äußerst destruktive Atmosphäre, einen Un-Geist. Vgl. Schlier, H., Mächte und Gewalten, Freiburg i. Br. 1957.
[20] Hünermann, P., Erfahrung der „Erbsünde"?, 91.

298　3. In Kontakt treten mit der Sünde und deren Verwandlung in schöpferische Versöhnung

Es gilt, das Böse realistisch wahrzunehmen als Tat des freien, verantwortlichen Subjekts und als dem Einzelnen in menschheitsgeschichtlicher Vermittlung existential vorgegebene und ihn innerlich prägende beherrschende Sündenmacht.[21] Diese Vorstellung dient nicht als Alibi oder Exkulpation, sondern als nüchterne Einschätzung des Menschenmöglichen.[22] Sie kritisiert alle Theorien, die eine immanente Vollendbarkeit der Geschichte behaupten oder gar mit Gewalt durchsetzen wollen. Durch die menschliche Sünde bleibt die Geschichte bis zu ihrer Vollendung im Reich Gottes missgestaltet, jede noch so gute Weltgestaltung ambivalent. Wo totalitäre Positionen dem Menschen suggerieren, über das Geheimnis einer das Böse eliminierenden Gesellschaftsordnung zu verfügen, kommt es historisch erwiesenermaßen zu einem Übermaß an Gewalt. Die den aktuellen Sünden vorausliegende Solidarität in der Sünde begegnet auch in den „Strukturen der Sünde".[23] Der systemische Charakter der Sünde bezieht sich auf die sozialen Ordnungen und Strukturen und die von Menschen weitgehend selbst geschaffenen institutionelle Gegebenheiten: Soziale Institutionen, Regeln und Normen im rechtlichen Bereich, Befriedigung der Grundbedürfnisse in der Wirtschaft und kulturelle Ausgestaltungen.[24] Im pekkaminösen Wechselspiel zwischen Einzelnem und Strukturen kommt es zur „Objektivierung der Sünde im wirtschaftlichen, sozialen, politischen und ideologisch-kulturellen Bereich".[25] Es geht um die Einsicht, dass die „objektiven Verhältnisse selbst (ordo rerum) von den Auswirkungen der Sünde betroffen sind" und der „mit Neigung zum Bösen geborene Mensch wieder neue Antriebe zur Sünde" findet (GS 25).

Als Jesu Christi Außenaggression scheitert, tritt er in seinem Leiden und Sterben mit einer *Selbstaggression* der destruktiven Aggressivität dieser Sündenmacht entgegen, um mit ihr in Kontakt zu treten und sie von innen heraus zu verwandeln.

3.2. Jesu Selbstaggression leibhaftigen der Sünde Entgegentretens

Jesus geht auch nach der Tempelaktion den unvermeidlich werdenden, dunklen Weg konsequent weiter, der gefährliche Inhalt seiner Botschaft bestimmt auch weiterhin seinen Weg. H.-J. Sander identifiziert in Jesu bewusster Fluchtverweigerung eine befremdliche Verhaltensweise des Opfers: „Jesus kommt nicht einfach unter die Räder der Gewalt, sondern stellt sich selbst vor den auf ihn zurollenden Zug".[26] Das Machtspiel aus Anklage, Aburteilung und Abführung verliert Jesus als *ein aktives Opfer,* das alle befremdet.[27] Er

---

[21] Vgl. Sievernich, M., Die gute Schöpfung und die Macht der Sünde: Zur Erbsündenlehre, in: Kehl, M., Und Gott sah, dass es gut war, 292; vgl. den Überblick: Wiedenhofer, S., Hauptformen gegenwärtiger Erbsündentheologie, in: IKaZ (1991) 315-328.

[22] Vgl. Luhmann, N., Ökologische Kommunikation. Kann die moderne Gesellschaft sich auf ökologische Gefährdungen einstellen?, Opladen 1990, 231: „Ein traditionelles, bisher kaum erreichtes, geschweige denn übertroffenes Schema der Selbstbeobachtung war das Dogma von der Erbsünde gewesen. Es hatte, wenn nicht auf psychologischer, so doch auf kommunikativer Ebene zur moralischen Selbstverurteilung gezwungen und damit zur Mäßigung moralischer Kritik".

[23] Sekr. d. Deutschen Bischofskonferenz (Hg.), Verlautbarungen des Apostolischen Stuhls 82, Enzyklika „Sollicitudo rei socialis" von Papst Johannes Paul II. (1987), Nr. 36f.

[24] Vgl. Sievernich, M., Soziale Sünde und soziale Bekehrung, in: ThdG 36 (1993) 30-44.

[25] Sekr. d. Deutschen Bischofskonferenz (Hg.), Stimmen der Weltkirche 8: Die Evangelisierung in der Gegenwart und in der Zukunft Lateinamerikas. Dokument der III. Generalkonferenz des lateinamerikanischen Episkopats in Puebla (1979), Nr. 1113.

[26] Sander, H.-J., nicht verleugnen, Die befremdende Ohnmacht Jesu, Würzburg 2001, 71.

[27] Vgl. ebd., 70.

verteidigt sich nicht und verweigert sich der Begnadigung. Markus zeigt die krampfhaften Versuche des Hohen Rats auf, „um ihn zum Tod verurteilen zu können; sie fanden aber nichts" (14,55bf.). Jesu Schweigen entlarvt die Ankläger. Damit ist er den Feinden schon durch die Hände geschlüpft. Kurz darauf verlässt der Angeklagte die Verweigerungshaltung und gibt den Anklägern auf die Frage, ob er „der Sohn des Hochgelobten" (14,61) sei, was sie benötigen: „Jesus sagte: Ich bin es. Und ihr werdet den Menschensohn zur Rechten der Macht sitzen und mit den Wolken des Himmels kommen sehen"(14,62). Damit setzt er sich auf Gottes Platz und bestätigt die Argwöhnischen – er ist rettungslos verloren. Auch bei Mt hat Jesus vor dem Hohen Rat sein Leben mit *eigenem Mitwirken* verloren: „Jesus antwortete: Du hast es gesagt. Doch ich erkläre euch: Von nun an werdet ihr den Menschensohn zur Rechten der Macht sitzen und auf den Wolken des Himmels kommen sehen" (Mt 26,64). Er bleibt Opfer, ist also nicht moralisch schuldig. Aber er „ist *strategisch schuldig,* weil er der ungerechten Macht des Hohen Rates regelrecht in die Hände gespielt hat".[28] Jesus nimmt die Gottesidentität auf sich und stellt damit Gott selbst in das Zeichen seines kommenden Todes. Auch gegenüber Pilatus ist Jesus ein entscheidender Faktor seiner eigenen Ermordung. Nur er selbst könnte den Knoten lösen, in den sich die beiden anderen Machtfäden verstrickt haben. Die religiöse Autorität will ihn unter allen Umständen ums Leben bringen, die staatliche Autorität will diese Hinrichtung verhindern. Religion und Politik blockieren sich gegenseitig. Stellte sich Jesus auf die Seite der staatlichen Gewalt, hätte die religiöse Autorität das Nachsehen. Falls Jesus den Verdacht des Pilatus bestätigte, die jüdischen Autoritäten wollten ihn zum bloßen Vollstrecker ihres Willens machen, entschiede er sich gegen den Hohen Rat. „Jesus könnte dann sogar eine alternative religiöse Karriere starten, die Voraussetzungen dazu hätte er ... Die Bühne ist gezimmert, sie wartet nur auf den Hauptdarsteller. Doch dieser verweigert sich, obwohl es um sein Leben geht".[29]

Inmitten der äußeren Ohnmacht erweist sich eine befremdliche Macht, die schlussendlich an Ostern neue Verhältnisse schafft.[30] Jesus stellt sich *leibhaft* vor den auf ihn zurollenden Zug der Ablehnung. Die moderne Anthropologie setzt Leiblichkeit nicht einfach mit Körperlichkeit und Materialität gleich. Zwar unterliegt der Mensch als leibhaftiges Dasein physikalischen und chemischen Gesetzmäßigkeiten ebenso wie den allgemeinen organischen und animalischen Strukturen. Der Leib kann jedoch nicht einfach als das aufgefasst werden, was den Mensch mit dem Tier verbindet. Ebenso wenig bildet er die Summe der körperlichen Funktionen des Menschen. Der Mensch ist sich vermittels seines Leibes seines Körpers inne. Plessner spricht von einer „vermittelten Unmittelbarkeit":[31] Die körperliche Unmittelbarkeit ist auf die Vermittlung durch die leibhaftige Personalität angelegt. Die leibhaftige Vermittlung führt wieder in die Unmittelbarkeit zurück, sie verändert jedoch Letztere. Durch seinen Leib ist der Mensch so auf sich selbst hin konzentriert, dass er sich grundsätzlich allem leibhaft stellen muss. In dieser Mächtigkeit des Sich-verhalten-Könnens richtet sich der Mensch in seinem Leibe auf und gewinnt zu al-

---

[28] Ebd., 72.
[29] Ebd., 75.
[30] Vgl. ebd., 133.
[31] Plessner, H., Philosophische Anthropologie, Frankfurt a. M. 1970; 49-55.

lem Distanz.[32] Weil er sich leibhaft zu allem verhält und so aus einer jeweiligen Distanz heraus an alles herantritt, ist ihm eine fundamentale Exzentrizität zueigen.[33]

Der leibhaftige Mensch zeichnet sich durch eine unabgeschlossene Offenheit aus. Durch und in seinem Leib steht er im Bezug zum Ganzen, der Leib ist das „Zwischen", welches Mensch und Welt verbindet. Er ist der ganze Mensch hinsichtlich seiner Möglichkeit und Wirklichkeit der Kommunikation. Der Leib ist die Gegenwart der Welt im Menschen und des Menschen in der Welt. „Leiblichkeit bedeutet... das Hineinverflochtensein des Menschen in die Welt; sie besagt, dass der Mensch so sehr bei der Welt ist und dass die Welt so sehr beim Menschen ist, dass der Mensch in seinem Leib ein Stück Welt geradezu sein eigen nennt, ja dass er selbst ein Stück Welt ist".[34] Das leibhaftige Bei-der-Welt-Sein des Menschen und das Beim-Menschen-Sein der Welt ist für beide so konstitutiv, dass es den Menschen ohne dieses reale In-der-Welt-Sein nicht gäbe, wie umgekehrt die Welt als solche nicht ohne diesen Bezug auf den Menschen hin existierte. „Es ist gerade nicht so, dass der Mensch zuerst Mensch (Geist, Selbst usw.) wäre und dann noch einen Bezug zur Welt hätte. Vielmehr ist der Mensch als Mensch erst durch seinen Weltbezug, und d. h. durch seinen Leib er selbst. Eine vom Leib gelöste Existenz ist deshalb für den Menschen ein Ding der Unmöglichkeit".[35] Matthias Krieg identifiziert die Bedeutung von „Leib-Sein" im hebräischen Denken als Relation zum Mitmenschen und zu Gott: „Die Relationalität des Lebens kommt in einer unendlichen Vielfalt sozialer Identifikationen zum Ausdruck, die den einzelnen Menschen heilsam in einem Gefüge aufheben, das seinerseits als ein ganzheitlicher Körper in relationalen Beziehungen zu seinem Gott steht".[36] Jesus lebt seine leibhaftige Exzentrizität in einer doppelten Bewegungsrichtung: Als Einheit mit dem Vater[37] und in seinem Sterben als Hingabe des eigenen leibhaftigen Wesens in unbedingter Identifikation mit den Sündern.[38] Er macht von seiner Mächtigkeit des Sich-verhalten-Könnens Gebrauch, indem er aus freiem Willen in seine aktive Passion hineingeht.[39] Weder widersetzt er sich seiner Auslieferung mit den probaten Mitteln der Gewalt und Anbiederung noch entzieht er sich eskapistisch. Jesus ist darin nicht nur passiv-leidendes Opfer der Gewalt (victima), sondern zugleich oblatio: Als aktives Opfer gibt er sich in das konsequent-unvermeidbare Leiden hinein und stellt sich ihm leibhaft.[40] Die Bewegungsnotwendigkeit der Erlösung wird darin ansichtig, dass

---

[32] Vgl. Hünermann, P., Anthropologische Dimensionen der Kirche, in: Ders., Ekklesiologie im Präsens. Perspektiven, Münster 1995, 15. Vgl. Rahner, K., Geist in Welt. Zur Metaphysik der endlichen Erkenntnis bei Thomas von Aquin, München 1957, 129-242.

[33] Vgl. Plessner, H., Die Stufen des Organischen und der Mensch, Berlin 1965; Hammer, F., Die exzentrische Position des Menschen. Methode und Grundlinien der philosophischen Anthropologie H. Plessners, Bonn 1976.

[34] Kasper, W., Jesus der Christus, Mainz 1974, 178.

[35] Kasper, W., Jesus der Christus, 178.

[36] Krieg, M., Leiblichkeit im Alten Testament, in: Leiblichkeit, hg. v. M. Krieg und H. Weder (ThSt 128), Zürich 1983, 19

[37] Vgl. Rahner, K., Vorgrimmler, H., Kleines Konzilskompendium, Freiburg i. Br. 1966, 460f.: „Durch seine Leiblichkeit vereint der Mensch die Elemente der stofflichen Welt in sich: Durch ihn erreichen diese die Höhe ihrer Bestimmung und erheben ihre Stimme zum freien Lob des Schöpfers".

[38] Vgl. Hünermann, P., Anthropologische Dimension der Kirche, 16.

[39] Der französische Text des Einsetzungsberichts im II.eucharistischen Hochgebet übersetzt „... und sich aus freiem Willen dem Leiden unterwarf" mit: „... quand il entra librement dans sa passion" und verdeutlicht so das aktive Entgegen- und Eintreten Jesu in seine Passion.

[40] Zur terminologischen Unterscheidung zwischen „victima" und „oblatio" vgl. Kreinecker, C. M., Das Leben bejahen: Jesu Tod, ein Opfer, in: ZKTh 128 (2006) 31-52, 38.

Jesus in einer *Dynamik des „ad-gredi"*, der Selbstaggression, dem sich auftuenden Abgrund entschieden entgegentritt, um ihn mit dem Reich-Gottes-Inhalt zu konfrontieren und zu verwandeln. Im Leib geht er aktiv auf die Sündenmacht zu, stemmt den Leib geradezu gegen sie und tritt mit ihr in Kontakt. Am Leib Jesu tobt sich das abgrundtiefe Potential der destruktiven Aggression der Sündenmacht aus. Jesus überwindet die Sünde, indem er sie konfrontierend auf sich nimmt. Die sich im Leiden und Sterben des Herrn erweisende höchste Proexistenz durchdringt die Sünde, holt die sündige Welt in sich herein und begibt sich in demselben Vollzug in die Welt der Sünde. So vermag er sie von innen aufzubrechen, dem Neuen des Reiches Gottes Raum zu schaffen und den Sünder in Kontakt mit der wandlungsmächtigen Gnade zu bringen. Indem Jesus Christus mit der Sündenmacht in Kontakt tritt, tritt er an die Stelle des Sünders und tritt an dieser Stelle stellvertretend für ihn ein.

3.3. Stellvertretung als identitäre Repräsentation

Seit der Epoche der Aufklärung wird die Rede vom stellvertretenden Sühnetod Jesu gerne entschärft oder für überholt erklärt. Nachdem, unter dem maßgeblichen Einfluss von Immanuel Kant, der subjektorientierte Ansatz vom Primat des unvertretbar, für sich selbst verantwortlichen Individuums ausgeht,[41] ist nur schwer zu vermitteln, dass die biblische Schulderfahrung den Konflikt nicht auf den Binnenraum einer „autonomen Persönlichkeit" reduziert, sondern die tiefe Not benennt, „Gottesbeziehung, Selbstbeziehung und Sozialbeziehung nicht mehr integrieren und deshalb aus eigener Kraft nicht mehr weiter zu können".[42] Stellvertretung meint ein Geschehen, welches dem sündig gewordenen Menschen dort geschenkt wird, wo seine eigenen Möglichkeiten zu Ende sind. Das Treten an die Stelle eines anderen ersetzt Letzteren nicht in seiner unverwechselbaren Personwürde. Stellvertretung spricht nicht frei von der unvertretbaren Verantwortung, zumal dadurch die Personwürde zerstört würde.[43] Es ist dies keine Substitution: Vielmehr sucht sie den Schuldigen und Ohnmächtigen an der Stelle auf, wo es um ihn selbst geht, um dort für ihn zu sein und ihm durch Mitleben zu helfen, wo er am Ende ist.[44] Jesus Christus tritt an die Stelle des Sünders mit seiner destruktiven Aggression und tritt an dieser Stelle für ihn ein, damit er das Leben hat. Er nimmt denjenigen Platz ein, den aus eigener Kraft einzunehmen er selber nicht in der Lage ist. „Christologisch verstanden bedeutet diese lokale oder besser: situativ-existentielle Dimension von Stellvertretung: Jesus Christus trat mit seinem Sterben für uns an unsere Stelle, d. h. an den Ort auswegloser Gottesferne und Todesverfallenheit. Dass er an diese Stelle geriet, ist eine *Konsequenz* – und nicht der Finalsinn – *seines Lebens* und d. h.: die äußerste Form seiner Hingabe".[45]

---

[41] Zur Geschichte des Unvertretbarkeitsarguments vgl. Böttigheimer, C., Der Verantwortungsbegriff Levinas' und der Stellvertretungstod Jesu, in: Fischer, N., Sirovátka, J. (Hg.), „Für das Unsichtbare sterben". Zum 100. Geburtstag von Emmanuel Levinas, Paderborn 2006, 43-59., 52ff.

[42] Janowski, B., Ecce homo. Stellvertretung und Lebenshingabe als Themen Biblischer Theologie, BTS 84, Neukirchen-Vluyn 2007, 90.

[43] Vgl. Hoping, H., Stellvertretung. Zum Gebrauch einer theologischen Kategorie, ZKTh 118 (1996) 345-360; vgl. Menke, K.-H., Stellvertretung. Schlüsselbegriff christlichen Lebens und theologische Grundkategorie, 2. Aufl., Einsiedeln-Freiburg 1997.

[44] Vgl. Breuning, W., Wie kann man heute von „Sühne" reden?, BuK 41 (1986) 76-82, 81.

[45] Janowski, B., Ecce homo. Stellvertretung und Lebenshingabe als Themen Biblischer Theologie, 53.

Mit Jesus Christus ist einer da, der sich in dieser Situation mit dem Schuldigen identifiziert und an seine Stelle tritt.[46] Er hat sich in seinem Tod „als der letzten Konsequenz seines Lebens... in Solidarität mit den Sündern radikal der von der Macht der Sünde verwundeten Wirklichkeit ausgesetzt und sie durchlitten. Solidarität mit den Sündern war das deswegen, weil er damit als Sohn Gottes an den Ort getreten ist, welcher eigentlich der ihrige war und ist: ‚den Ort auswegloser Gottesferne und Todesverfallenheit'".[47] In einer identitären Repräsentation tritt Christus an die Stelle des Betroffenen und partizipiert an der sich in ihrer Abgründigkeit manifestierenden menschlichen Existenz, wie sich diese vor Gott darstellt. Bei diesem Identitätstausch teilt Jesus Christus mit den Menschen, was faktisch ihre menschliche Identität ausmacht: Die sich in der destruktiven Aggression manifestierende sündige Realität.[48] Jesu sühnende Tat war nicht eine Ersatzleistung, damit der himmlische Vater verzeihe, sondern ein Tun an Stelle jener, die die Gottesherrschaft hätten annehmen sollen, sie aber abgelehnt haben. Die österliche Bestätigung des Sohnes offenbart seine Ankläger als die eigentlichen Gotteslästerer und Sünder, es kommt zu einem Platztausch zwischen dem Schuldlosen und den Schuldigen: So zeigt sich, dass Jesus zuerst für seine Richter und an ihrer Stelle gestorben ist, nämlich für das Verbrechen der Gotteslästerung, das seine Richter durch ihr Urteil über Jesus auf sich geladen hatten. Jesu Richter agierten dabei nicht nur als Repräsentanten ihres Volkes, sondern als Vertreter der ganzen Menschheit, zumal alle Menschen von jenem in Jesu Verurteilung wirksam gewordenen Widerspruch gegen Gott infiziert sind.[49] In seinem stellvertretenden Einstehen für den Sünder durchleidet Jesus am Kreuz die Tat-Folgen einer pervertierten geschöpflichen Freiheitsgeschichte und erwirkt so Sühne.

3.4. Sühne als von Gott ermöglichte Aufhebung des Sünde-Unheil-Zusammenhangs

Im Neuen Testament gibt es eine irreduzible Vielfalt der Todesdeutungen Jesu, die miteinander in Wechselwirkung stehen und in ihrer Pluralität die fundamentale Offenheit christologischen Denkens aufweisen.[50] Allein im MkEv findet sich eine Vielzahl unterschiedlicher, miteinander vernetzter Deutungsmodelle des Todes Jesu, die „je nach ihrer spezifischen Gestalt und inhaltlichen Prägung stärker die christologische, theologische oder soteriologische Bedeutung des Leidens und Sterbens Jesu ausleuchten".[51] Innerhalb dieser Pluralität wendet sich Helmut Merklein gegen Tendenzen, sperrige Aussagen über den Sühnetod Jesu abzuflachen, um ausschließlich dem Leben Jesu Heilsbedeutung zuzumessen. Das Ersetzen der Sühnekategorie durch den ausschließlichen Gedanken der Hingabe reduziere das biblische Verständnis von Sünde und Sühne, zumal in der paulinischen

---

[46] Vgl. Fuchs, O., „Stellvertretung" – eine christliche Möglichkeit! (ThQ 2/2005) 95-126, 102f.
[47] Theobald, M., Der Römerbrief (EF 294), Darmstadt 2000, 182.
[48] Vgl. Merklein, H., Der Sühnegedanke in der Jesustradition und bei Paulus, in: Gerhards, A., Richter, K. (Hg.), Das Opfer – biblischer Anspruch und liturgische Gestalt (QD 186), Freiburg i. Br. 2000, 59-91, 71f.
[49] Vgl. Pannenberg, W., Systematische Theologie, Bd. 2, 471, der von der „durch das Ostergeschehen begründeten Sinnumkehrung der Ereignisse, die zu Jesu Kreuzigung geführt hatten", spricht.
[50] Zur Vielfalt der Deutungen des Todes Jesu im Neuen Testament vgl. Feldmeier, R., Deutungen des Todes Jesu im Neuen Testament, in: Ritter, W.H. (Hg.), Erlösung ohne Opfer?, Göttingen 2003, 17-55, 20ff.
[51] Weihs, A., Jesus und das Schicksal der Propheten. Das Winzergleichnis (Mk 12,1-12) im Horizont des Markusevangeliums (BThSt 61), Neukirchen-Vluyn 2003, 177f.

3.4. Sühne als von Gott ermöglichte Aufhebung des Sünde-Unheil-Zusammenhangs

Rechtfertigungslehre die sühnetheologische Deutung des Todes Jesu begegne: „Den Glauben an den stellvertretenden Sühnetod Christi aufzugeben, wäre für Paulus wohl dasselbe wie die Aufgabe der christlichen Identität".[52] Die Bibel wertet die destruktive Aggression der Sünde als bewusste oder unbewusste Fehltat des Einzelnen, die als gesetzte eine fortbestehende und sich auswirkende Realität schafft, eine die von Gott gesetzte Schöpfungsordnung störende, objektive Tat-Wirklichkeit, aus welcher der Mensch aus eigener Kraft nicht mehr herauskommt.[53] Bernd Janowski und Ina Willi-Plein haben erhoben, dass der biblische Sühnegedanke nicht im Sinne eines kompensatorischen Sühnopfers für eine erzürnte Gottheit zu verstehen ist; Sühne ist vielmehr eine von Gott selbst gewährte Möglichkeit der Begegnung mit dem Heiligen.[54] In der Sühne ermöglicht Gott eine dem Menschen zugute kommende Aufhebung des Sünde-Unheil-Zusammenhangs. Für Bernhard Welte nimmt Jesus Christus den Menschen gerade in dem tiefsten Wurzelpunkt seiner Not, in der nie ganz von ihm zu bewältigenden Verantwortlichkeit und Schuld, seiner ihn immer wieder an sich selbst zerbrechen lassenden äußersten Wirklichkeit, an: „Jesus macht sich anheischig, die Schuld durch den Tod zu sühnen. Ernster kann die letzte Fragwürdigkeit des Menschen nicht angenommen und bewältigt werden. Und nur über diesen sühnenden Tod, über dieses äußerste Ernstnehmen und Austragen aller Schuld und Fragwürdigkeit des Menschen ist die Gnade zu erreichen und wird der Zugang zum Vater offen".[55] Wenn der Weg Jesu zum Vater als inkarnatorischer immer durch die Realität führt, muss er auch die äußerste Realität von Tod, Sünde und Angst durchdringen und durchleiden, soll die unheilvolle objektive Tat-Wirklichkeit der Sünde den Zugang zu Gott nicht verschlossen halten.

Jesus benützt gerade die Ablehnung der destruktiven Aggression, um unter ihrem „Deckmantel" in jenes dunkle Reich vorzudringen, wo die Menschen sich selber richten. „Indem er zuließ, dass die Sünder ihr Tun auf ihn abschoben, ließ er sich in ihre dunkle Welt hineinziehen, um diese von innen her nochmals zum Vater hin zu öffnen".[56] Jesus gerät durch seine konsequente Praxis der Proexistenz an den Ort des menschlichen Sünde-Unheil-Zusammenhangs, nimmt diesen aktiv ein und stellt sich dem unvermeidlich Gewordenen in der seitherigen Grundhaltung der bedingungslosen Proexistenz den Sündern gegenüber. Laut Werbick legt der Osterglaube in das als Konsequenz von Jesu Leben verstandene Kreuz nicht eine der Reich-Gottes-Praxis Jesu fremde Intention hinein. Diese Intention steht für die christliche Soteriologie keineswegs beziehungslos neben einer anderen göttlichen Heilsintention am Kreuz. „Es ist vielmehr die Intention der Sendung Jesu, die am Kreuz entweder noch einmal – und zwar definitiv, weil von Gott als seine eigene geoffenbart – zur Geltung kommt oder ebenso definitiv durchkreuzt wird".[57]

---

[52] Merklein, H., Der Sühnegedanke in der Jesustradition und bei Paulus, 91.
[53] Vgl. ebd., 80-84.
[54] Vgl. Janowski, B., Sühne als Heilsgeschehen. Traditions- und religionsgeschichtliche Studien zur priesterschriftlichen Sühnetheologie, 2. Aufl., Neukirchen-Vluyn 2000; vgl. Willi-Plein, I., Opfer und Kult im alttestamentlichen Israel. Textbefragungen und Zwischenergebnisse, Stuttgart 1993.
[55] Welte, B., Gesammelte Schriften IV/1 Hermeneutik des Christlichen, Freiburg i. Br. 2006, 227.
[56] Schwager, R., Jesus im Heilsdrama. Entwurf einer biblischen Erlösungslehre (IThS 29), Innsbruck 1990, 153.
[57] Werbick, J., Den Glauben verantworten. Eine Fundamentaltheologie, Freiburg i. Br. 2000, 505f. Vgl. Berger, K., Wozu ist Jesus am Kreuz gestorben?, Stuttgart 1998, 228f. „Das ganze Leben Jesu ist Gehorsam und Bestehen in der Versuchung, ist Sühne für unsere Sünden und Ausgleich für unsere Schuld. Jesu Tod ist nur die Spitze, an der das sichtbar wird".

Wenn Jesu ganzes irdisches Wirken unter dem Vorzeichen der Proexistenz stand, dann ist auch der Kreuzestod Ausdruck seiner Hingabe für andere. Was sein ganzes Leben auszeichnet, gilt gerade auch für seinen Tod.[58] Jesu Lebensabschluss als Lebenshingabe lässt sein gesamtes Leben als Hingabe bis zum Tod am Kreuz aufleuchten.[59]

Den neutestamentlichen Sühneaussagen eignet ein soteriologischer Skopus: Indem Jesus Christus an die Stelle der destruktiven Aggression des Sünders und damit in seinen Sünde-Unheil-Zusammenhang hineintritt, sich der von der Macht der Sünde verwundeten Wirklichkeit aussetzt und sie mit seiner radikalisierten, proexistenten Liebe durchleidet, wirkt sich am Gekreuzigten alle Tat-Wirklichkeit der Sünde aus und wird der Unheilszusammenhang heilschaffend überwunden. Durch die Hingabe Jesu an den Vater und an die Menschen ist Erlösung bewirkt. Die von Gott her bewirkte Sühne zeigt sich in Jesu Selbstentäußerung und seinem Gewaltverzicht. Indem Gott an seinem Sohn die Gewalt zulässt und mit Liebe beantwortet, wird Jesu Christi Kreuzestod zum Sühnetod. Der Gekreuzigte gibt die erlittene Gewalt als Liebe zurück: „Weil Jesus die lügnerischen und tötenden Schläge seiner Feinde im Gehorsam ertrug, litt er sie um und unterwanderte sie. Er verwandelte die ihn treffende Untat von seiner Seite her in eine Tat der höchsten Liebe, und in dieser Verwandlung fällt sie nun auf die Täter zurück. Das Blut, das auf sie kommt, ist das Blut der Erlösung, und die Waffe, die gegen Jesus gerichtet war, kehrt sich in dem Sinne gegen sie selber, dass aus der geöffneten Seite des Getöteten die Quellen des lebenspendenden Geistes entspringen".[60]

Gott geht dem Verlorenen konsequent nach bis in die tiefsten Abgründe, er lässt davon nicht ab, wenn die bösen Kräfte voll entbrennen und ihn selber treffen. So kam es zu einem wunderbaren Tausch. Auf menschliche Verblendung, Hass und destruktive Aggression antwortet er, indem er sich selbst und den Heiligen Geist als Gabe des wahren Lebens und des vollendeten Friedens zurückschenkte.[61] Jesu Tod am Kreuz geschieht aus einer unerklärlichen Liebe heraus, seine Ablehnung ist die letzte Tat der Liebe Gottes, die auch bei dem ist, der aus Hass ins Leiden kommt. „Er (sc. Jesus Christus, A.K.) ist für uns zur Sünde gemacht... er ist selbst Räuber, Mörder, Ehebrecher wie wir, weil er unsere Sünde trägt. Aber zugleich ist er der Sündlose, der Heilige, der Ewige, der Herr, der Sohn seines Vaters".[62] Der Gekreuzigte macht sich aus grenzenloser Liebe zum Täter und hält ihn in Liebe aus. Laut 2 Kor 5,21 ist er für uns zur „Sünde" geworden, bis zur letzten Konsequenz im Tod. Das Kreuz ist Ausdruck und Summe sowohl der menschlichen Grausamkeit als auch der Feindesliebe Gottes. „Den wir unverständig hingemordet haben, diesen hat Gott gerade angesichts dieses Geschehens als den Grund angesehen, uns zu vergeben. Das ist wirklich um des Sohnes willen: Denn Gott hat seinen Tod gewertet als die Bereitschaft, alles für uns zu geben".[63] Am Kreuz erweist sich Gott als der

---

[58] Vgl. Hahn, F., Theologie des Neuen Testaments, Bd. II: Die Einheit des Neuen Testaments, Tübingen 2002, 411.
[59] Vgl. Thiede, W., Der gekreuzigte Sinn. Eine trinitarische Theodizee, Gütersloh 2007, 179.
[60] Schwager, R., Der wunderbare Tausch. Zur Geschichte und Deutung der Erlösungslehre, München 1986, 309.
[61] Vgl. ebd., 317.
[62] Bonhoeffer, D., Christologie-Vorlesung DBW 12, 345.
[63] Kessler, H., Das Kreuz und die Auferstehung, in: Schmidinger, H. (Hg.), Jesus von Nazaret. Salzburger Hochschulwochen 1994, Graz 1995, 149-184, 62.

Lebendige, der auf die Steigerung der Bosheit mit einer Steigerung seiner unendlichen Liebe reagiert.

In der äußersten Liebe des sich sterbend hingebenden Jesus ereignet sich die äußerste Selbstinvestition der Feindesliebe Gottes in die ihm entfremdete Menschheit hinein. In diesem neuen Sinne ist am Kreuz endgültige Sühne von Gott her geschehen.[64] Gott bedarf nicht der von Menschen an Jesus ausgeübten Gewalt, um dadurch besänftigt zu werden. Der Tod Jesu betrifft die göttliche Identität nicht wie einen Souverän, der zur Genugtuung eines Menschenopfers bedürfte. Dies wäre in der Tat ein Gott der Gewalt, der keinen Glauben verdiente. „Der Sühnetod Jesu richtet keine zusätzliche Bedingung für seine Zuwendung zum Menschen auf, sondern ist der Erweis der unbedingt entschiedenen Liebe Gottes zum Sünder im stellvertretenden Sterben des Gerechten".[65] Nur so kann das in Jesu Wirklichkeit vom Reich Gottes aufscheinende Angebot von Gottes unbedingter Liebe auch im permanenten Zerstörungsprozess der Sündenmacht aufrechterhalten und wirksam werden.[66] Aus der Initiative der göttlichen Liebesmacht heraus wird das gestörte Recht wieder hergestellt, indem Gott durch sein schöpferisches Erbarmen den ungerechten Menschen gerecht macht: „Seine Gerechtigkeit ist Gnade; sie ist aktive Gerechtigkeit, die den verkrümmten Menschen richtet, das heißt zurechtbiegt, richtig macht. Das Neue Testament sagt nicht, dass die Menschen Gott versöhnen, wie wir es eigentlich erwarten müssten, da ja sie gefehlt haben, nicht Gott. Es sagt vielmehr, dass ‚Gott in Christus die Welt mit sich versöhnt hat' (2 Kor 5,19). Das ist etwas Unerhörtes, Neues – der Ausgangspunkt der christlichen Existenz und die Mitte neutestamentlicher Kreuzestheologie: Gott wartet nicht, bis die Schuldigen kommen und sich versöhnen, er geht ihnen zuerst entgegen und versöhnt sie. Darin zeigt sich die wahre Bewegungsrichtung der Menschwerdung, des Kreuzes".[67] Die in Jesu Tod erwirkte Sühne ist ein von Gott ausgehendes Heilswirken am Menschen, eine von Gott ausgehende, geschenkte Möglichkeit der Versöhnung. Sie rettet aus der mit dem Bruch mit Gott resultierenden Verfallenheit an den Tod.[68] In Jesu Person und Werk ist *Gott selbst* für den destruktiv aggressiven, sündigen Menschen eingetreten, um ihn in seiner schöpferischen Allmacht von der Sünde zu befreien und so zu einer „neuen Kreatur" (2Kor 5,17) zu machen.[69]

Die Heilsbedeutung von Jesu Tod lässt sich nicht ohne Rückgriff auf die Opfersprache aussagen, zumal zur Mitte des christlichen Glaubens das eine Opfer der Erlösung und sein rituelles Gedächtnis in der Feier der Eucharistie gehört.[70]

3.5. Theologische Unverzichtbarkeit der Opfersprache

Um an der Heilsbedeutung des Todes Jesu festhalten zu können, muss der Gerechte Gottes laut Hoping mehr sein als das passive Opfer (victim) eines religiös-politischen Konflikts, an dessen stellvertretender Viktimisierung sich der latente Zusammenhang von Gewalt

---

[64] Vgl. ebd., 167.
[65] Hoping, H., Gottes äußerste Gabe. Die theologische Unverzichtbarkeit der Opfersprache, in: HerKorr 56 (2002) 247-251, 249.
[66] Vgl. Fuchs, O., „Stellvertretung" – eine christliche Möglichkeit!, 110.
[67] Ratzinger, J., Einführung in das Christentum, 232.
[68] Vgl. Schenker, A., Art. Sühne, NBL 3 (2001) 720-727, 726.
[69] Vgl. Hofius, O., Art. Sühne IV, TRE 32 (2001) 342-447, 346.
[70] Vgl. Hoping, H., Gottes äußerste Gabe, 247.

und Opfer offenbart.⁷¹ Zur Deutung des Todes Jesu reicht weder die mit der Gewaltlosigkeit einen wichtigen Aspekt von Jesu Leben und Botschaft benennende, ausschließliche Rede von seiner ohnmächtigen Solidarität noch die Diktion von der „Hingabe" aus, um die harte Realität seines Sterbens zu erfassen. Bezüglich des Sterbens Jesu gelte es, nicht nur die Treue zu seiner Sendung, sondern auch das Gewaltsame und die destruktive Aggression seines ihm das Leben raubenden Todes in den Blick zu nehmen. „Ohne das Gewaltsame und Schändliche seines Todes (vgl. Dtn 21,23) wäre auch nicht verständlich, warum die Schrift von ihm als stellvertretendem Sühnetod spricht".⁷²

Jesu Sterben ist auch „Vergabe" von Leben, nicht nur dessen „Hingabe".⁷³ In diesem Sterben zeigt sich das Verhältnis Gott – Mensch in seiner heilsdramatischen Dimension. Zum Opfer gehören nicht nur Tötung und Gewalt, sondern auch die Gabe und die durch das Opfer symbolisch hergestellte Identität der am Opfer Beteiligten. Beim Opfertod Jesu und seiner Vergegenwärtigung in der Feier der Eucharistie wird dieser Zusammenhang hergestellt. Im Gekreuzigten ereignet sich „von Gott her die Einheit von Tod und Leben zugunsten des Lebens".⁷⁴ So macht der Opfertod Jesu Christi dessen Leben und Sterben „über seine beispielhafte Bedeutung hinaus zum sacramentum".⁷⁵ Der Kern des Kreuzesopfers besteht nicht in Jesu Viktimisierung, sondern in der den Menschen von Gott im Sterben Jesu Christi geschenkten äußersten Gabe, einem göttlichen Opfer jenseits der Gewalt.⁷⁶ Das eine Opfer der Erlösung ist die ‚äußerste Gabe' einer gott-menschlichen Liebe, über die hinaus Größeres nicht gedacht werden kann.⁷⁷

Es ist dies ein radikal gewendetes Opfer in einer Umkehrung seiner bisherigen Sinnrichtung.⁷⁸ Das Kreuzesopfer ist ein „verkehrtes" Opfer (sacrificium): Nicht ein von Menschen für Gott dargebrachtes Menschenopfer, sondern ein Opfer, bei dem Gott es ist, der gibt. Bei diesem Opfer empfängt der Mensch Gottes äußerste Gabe.⁷⁹ Dabei richtet sich Gottes Opfer an die Menschen, um Versöhnung zu schenken.⁸⁰ Am Kreuz ereignet sich

---

71 Vgl. ebd., 248. Vgl. Schwager, R., Brauchen wir einen Sündenbock? Gewalt und Erlösung in den biblischen Schriften, 3. Aufl., Thaur 1994. Schwager rezipiert die Opfertheorie René Girards, derzufolge Gewalt, um nicht zu eskalieren, sich gegen ein stellvertretendes Opfer richtet, in dessen Tötung sie gleichsam eine Katharsis erfährt. Das Wesen des sakralisierten Opfers besteht für Girard darin, dass einer für den anderen bezahlt. Diese Sündenbocktheorie hat die Rede vom Opfer fast komplett auf den Aspekt des Gewaltopfers reduziert. Während sie im Tod Jesu die Entmystifizierung des sakralen Gewaltsystems erkennt, fällt es ihr schwer, den Tod Jesu selbst als Opfer (sacrificium) zu verstehen. Vgl. Girard, R., Mimetische Theorie und Theologie, in: Niewiadomski, J., Palaver, W. (Hg.), Vom Fluch und Segen der Sündenböcke, Thaur 1995, 15-29.
72 Hoping, H., Gottes äußerste Gabe, 249.
73 Welker, M., Was geschieht beim Abendmahl?, Stuttgart 1999, 124.
74 Jüngel, E., Gott als Geheimnis der Welt. Zur Begründung der Theologie des Gekreuzigten im Streit zwischen Theismus und Atheismus, 6.Aufl. 1992, Tübingen 1992, 409.
75 Jüngel, E., Das Opfer Jesu Christi als sacramentum und exemplum, in: ders., Wertlose Wahrheit, München 1990, 268.
76 Vgl. Wohlmuth, J., Opfer – Verdrängung und Wiederkehr eines schwierigen Begriffs, in: Gerhards, A., Richter, K. (Hg.), Das Opfer, 125.
77 Vgl. Hoping, H., Gottes äußerste Gabe, 249.
78 Vgl. Gestrich, C., Opfer in systematisch-theologischer Perspektive. Gesichtspunkte einer evangelischen Lehre vom Opfer, in: Janowski, B., Welker, M. (Hg.), Opfer. Theologische und kulturelle Kontexte, Frankfurt a. M. 2000, 283.293.
79 Vgl. Brandt, S., Opfer als Gedächtnis. Auf dem Weg zu einer befreienden theologischen Rede von Opfer, Münster 2001.
80 Vgl. Mühling, M., Versöhnendes Handeln – Handeln in Versöhnung. Gottes Opfer an die Menschen (FsöTh 107), Göttingen 2005.

Gottes eigene liebend-vergebend-annehmende Selbst-Darbietung an die unter destruktiver Aggression leidende, ihm entfremdete Menschheit, die ein für allemal (Hebr. 10,10) und universal allen Menschen gilt. In Röm 8,32 wird der Sohn „für uns alle hingegeben" – im Sohn gibt sich der Vater hin. Ostern bringt zur Erscheinung, dass der Vater die ganze Zeit auf der Seite des Sohnes steht. „Nicht mit dem mörderischen Tun der Hinrichtenden, sondern mit dem Hingerichteten identifiziert sich Gott und macht sich so in der Tat im Sohne Gottes selbst zum Opfer. In diesem Sinn gibt die nachösterliche Deutekategorie ‚Opfer' diesem Tode eine Sprache, die er auf der Ebene menschlicher Opferpraktiken gar nicht gewinnen kann".[81] Die katholische Kirche hat den biblischen Opfergedanken liturgisch rezipiert und bezeichnet den Vollzug ihres Gottesdienstes als „Messopfer". Gemäß dem Tridentinum handelt es sich bei der Eucharistie zwar nicht um ein „eigenständiges, in sich beruhendes Opfer" (DH 1740), wohl aber um die darstellende Vergegenwärtigung (repraesentatio) des einen Opfers der Erlösung. Das Zweite Vatikanum hat die Lehre vom eucharistischen Opfer des Tridentinums bestätigt: In der das Pascha-Mysterium feiernden Gemeinde wird das einmalige Kreuzesopfer gegenwärtig gesetzt (SC 6b). Dieses Opfer wird von den Gläubigen nicht nur „durch" den Priester, sondern auch „gemeinsam mit ihm" dargebracht (SC 7; 48; LG 10). Christi Opfer löst die Tieropfer des homo necans ab,[82] die Eucharistie ist die vergegenwärtigende Gedächtnisfeier des *einen und einmaligen* Kreuzesopfers Jesu Christi.[83] Somit wird nicht unzählige Male ein Menschenopfer wiederholt.

Die Eucharistie ist auch als Ritual der Darstellung der sich in Jesu Tod und seinem Opfer zeigenden destruktiven Aggression und Gewaltbereitschaft zu verstehen.[84] Durch den gewaltsamen Tod Jesu wird das Kreuz zum Symbolzeichen konflikthaften Lebens. Die vergegenwärtigende Darstellung des Kreuzesopfers in der Eucharistie nimmt die menschliche Gewaltdimension ernst und ist so mit der grundlegenden menschlichen Konfliktstruktur und deren archaischem Erbe verbunden. Das Ritual stellt auch immer das Negative dar, das Leid und das Fragment. Die Opferkategorie vermag deutlich zu machen, dass der Glaube es mit der destruktiven Aggression und den Grundkonflikten des Lebens zu tun hat. In den Einsetzungsworten wird der Leib Christi als der für uns hingegebene, das Blut Christi als das für uns am Kreuz vergossene, deklariert. „So wird *rituell* Gewalt inszeniert, der Mensch wird als gewalttätiger und somit auch schuldiger entlarvt. Die Gewalt des unrechtmäßigen Todes Jesu macht die Gewalt menschlicher Aggressivität deutlich".[85] Das „heilige Essen" bleibt mit der ambivalenten menschlichen Aggressivität verbunden; im Mahl wird die Ebene der Gewalt weiterhin dargestellt, inszeniert und überwunden.[86]

---

[81] Krötke, W., Gottes Klarheiten. Eine Neuinterpretation der Lehre von Gottes „Eigenschaften", Tübingen 2001, 179. Vgl. Heymel, M., Sühnopfer Christi – kann man das heute noch predigen?, BThZ 20 (2003) 196, 207f.

[82] Vgl. Burkert, W., Homo necans. Interpretation altgriechischer Opferriten und Mythen, Berlin-New-York 1997.

[83] Vgl. Lehmann, K., Schlink, E. (Hg.), Das Opfer Jesu Christi und seine Gegenwart in der Kirche. Klärungen zum Opfercharakter des Herrenmahls, Freiburg i. Br. 1983.

[84] Vgl. Odenthal, A., Liturgie als Ritual. Theologische und psychoanalytische Überlegungen zu einer praktisch-theologischen Theorie des Gottesdienstes als Symbolgeschehen, Stuttgart 2002, 232f.

[85] Ebd., 235.

[86] Vgl. Josuttis, M., Der Weg in das Leben. Eine Einführung in den Gottesdienst auf verhaltenswissenschaftlicher Grundlage, 3. Aufl., Gütersloh 2000, 279-284.

Durch das vorgestellte Werk der Erlösung im stellvertretenden Sühne-Opfer Jesu Christi stellt Gott ein neues Verhältnis zum destruktiv-aggressiven Täter her. In einem göttlichen Rechtsakt spricht Gott den Sünder gerecht.

3.6. Rechtfertigung des Sünders als verwandelndes Handeln Gottes

Rechtfertigung ist möglich, weil Gott im Tod Jesu den Menschen Sühne für ihre Sünden erwirkt hat (Röm 3,25; 5,9); das Werk des Erlösers hat die unheilvolle Verstrickung unendlich überboten. Laut Röm 5,12-21 erweist gerade das Übermaß der Sünde e contrario die Übermacht der Gnade Gottes in Christus. Gott allein vermag in seiner in Christus gewährten Gnade die Situation des ihm und sich selbst entfremdeten Menschen von Grund auf zu heilen. Paulus denkt die Rechtfertigung nicht nur als Vergebung der Sünden, sondern als Befreiung von der Sündenmacht selbst (Röm 6,7), „verknüpft also den rechtfertigenden Freispruch des Gottlosen (Röm 4,5; 5,6) mit der ontischen Vorstellung, dass in Christus der alte Mensch aus dem Herrschaftsbereich von Sünde und Tod herausstirbt, um als neue Schöpfung... ganz für Gott zu leben (Röm 6-8)".[87] Die Rechtfertigungslehre radikalisiert die gnädige Zuwendung Gottes in Jesus Christus in forensischer Absicht im Hinblick auf den Täter der Sünde und dessen Erlösung.[88] Durch die redemptive göttliche Identifikation mit den Tätern ist die Macht der Sünde über den Menschen gebrochen, ist der Täter aus dem zwanghaften Unheilszusammenhang gelöst und befreit.

Der Akt der Rechtfertigung des Sünders ist kein Willkür-, sondern ein göttlicher Rechtsakt: Gott spricht den Sünder gerecht. „Gottes Gnade ist weder Laune noch Herablassung, sondern ein Rechtstitel. Gott setzt sein Geschöpf ins Recht, auch sich selbst gegenüber. Was wir Menschen gegenüber nie haben könnten, haben wir Gott gegenüber: Ein von ihm selbst verbrieftes Recht darauf, von ihm geliebt zu werden".[89] Das Heilsereignis in Christus reißt die Glaubenden in die Heilssphäre der Versöhnung Gottes hinein, es schafft sie im Geist neu, verwandelt sie und spricht sie dem Leben Gottes zu. In dem wunderbaren Tausch hat Jesus Christus die erfahrene destruktive Aggression verwandelt und sich selbst und den Heiligen Geist als Gabe der Versöhnung zurückgeschenkt. Entscheidend ist, dass diese Gerechtigkeit Gottes tatsächlich *die „Gottlosen" im Vollzug des Glaubens erreicht* und aus den „Feinden" Gottes Versöhnte generiert. Gegenüber dem judenchristlichen Verdacht, die Rechtfertigungsbotschaft entleere den ethischen Ernst der Tora, hebt Paulus den durchgreifenden, wirklichkeitsverändernden Charakter der Rechtfertigung hervor. Die Kraft des Geistes lässt die Glaubenden der rettenden Macht Gottes in Christus innewerden, der geschenkte Geist ist die sie von innen her verwandelnde Wirklichkeit Gottes.[90] „In der Neuschöpfung des Menschen durch den Geist Christi (wird) dieser nun erst eigentlich dazu instand gesetzt, die ‚Rechtsforderung des Gesetzes' in der Kraft des Geistes zu erfüllen".[91] Erst im Zusammenhang mit der Rechtfertigung allein

---

[87] Theobald, M., Art. „Rechtfertigung" in: LThK VIII, 888.
[88] Vgl. BSLK 520, 29f.: „Wo Vergebung der Sünde ist, da ist auch Leben und Seligkeit". Im protestantischen Sinne stellt die Sündenvergebung die Mitte des Gnadengeschehens dar, die alles andere einschließt. Es geht um das Gericht über die Sünde, ihre Vergebung und das neue richtige Verhältnis zu Gott. Der Rechtfertigungsartikel hat seine Sinnspitze in der Sündenvergebung.
[89] Fuchs, O., Das Jüngste Gericht. Hoffnung auf Gerechtigkeit, Regensburg 2007, 141.
[90] Vgl. Theobald, M., Der Römerbrief (EdF 294), Darmstadt 2000, 245.
[91] Theobald, M., Concupiscentia im Römerbrief, in: ders., Studien zum Römerbrief, Tübingen 2003, 265.

3.6. Rechtfertigung des Sünders als verwandelndes Handeln Gottes

aus Glauben an den gekreuzigten und auferstandenen Jesus Christus kommt die Tora zum Zug, bricht sich der in ihr dokumentierte heilige und gute Wille Gottes im neugeschaffenen Herzen des Menschen Bahn. Für Paulus ist ein Sein ohne Wirksam-Sein, ein Sein ohne verwandelnde Kraft im Tun undenkbar. „Die Freiheit von der Sündenmacht (Röm 6,22) will als Freiheit zur Liebe im Tun bewahrheitet werden".[92]

Die Gnade ist nicht wirkungslos, sondern befähigt zu erhöhtem menschlichem Einsatz. Röm 6-8 insgesamt erweisen, dass das im Raum der Gnade von Entfremdung durch Sünde und Tod geheilte und am Kriterium des Liebesgebots (vgl. Röm 13,10: Liebe als Erfüllung der Tora) orientierte Leben auch ethisch zu gelingen vermag. Im Geist kommt die wirklichkeitsverändernde Kraft dessen zur Geltung, was im Tod Jesu schon Ereignis geworden ist: Die Wirklichkeit des Gerechtseins ist eine Wirklichkeit im seinsmäßig unter der Wirkmacht der Gnade neugeschaffenen Menschen. Deshalb hält Paulus jeden Anschein eines inneren Zwiespalts im Sinne von Gal 5,17 vom Getauften in Röm 8 (das Leben der Christen im Geist) fern. Röm 8 ist von der Absicht getragen, die Position des Gerechtfertigten als ein Befreitsein zum Tun des Guten, zum Tun der Liebe als der Erfüllung des Gesetzes hinzustellen. „Der Gerechtfertigte ist wirklich kein Sünder mehr, lebt nicht mehr als Feind Gottes, sondern darf sich als von Gott Versöhnter begreifen (vgl. Röm 5,6-8.10a)".[93] Gemäß Theobald und Wilckens ist der ganze Abschnitt Röm 7,7-25 als Rückblick des erlösten Christen auf seine unselig-widersprüchliche Situation vor seiner Rechtfertigung zu verstehen.[94] Röm 7,25 „Es ergibt sich also, dass ich mit meiner Vernunft dem Gesetz Gottes diene, mit dem Fleisch aber dem Gesetz der Sünde" stellt eine Glosse dar. Die Erinnerung der Getauften an ihre durch die Taufe überwundene unheilvolle Vergangenheit spielt für Paulus im Römerbrief für das christliche Selbstverständnis als von Gott in Christus Gerechtfertigter eine große Rolle. Die Erinnerung war ein konstitutives Charakteristikum jeglicher Taufkatechese.[95] Vom Standort des Taufgeschehens her lässt erst die reflektierte Erinnerung der aporetischen Existenz ohne Christus ermessen, was Gott in Jesus Christus an den Getauften gewirkt und was durch seinen Geist jetzt überwunden ist.

In Röm 7,25 wie in Röm 6,17 wird der Dank betont: „ihm sei Dank!". Der Vollzug des Dankes für die Befreiung und die Erinnerung an den jetzt überwundenen Unheilszustand sind miteinander verbunden. Die Vergegenwärtigung des einstigen, jetzt freilich überwundenen Unheilszustandes des Sünders ist für diesen als Gerechtfertigten die conditio sine qua non, um den neu gewonnenen Stand als ein „Stehen in der Gnade" zu begreifen und als solchen auch festzuhalten. „Nur so kann er der Versuchung wehren, sein „Glück" nun wieder selbst in die Hand nehmen zu wollen, verführt von der Illusion, sich von seiner Vergangenheit eigenmächtig emanzipieren zu können".[96] Das simul iustus et peccator verwandelt sich nach Theobald in ein *simul der Erinnerung*, in ein Zugleich im Modus der Vergegenwärtigung dessen, was aufgrund der Rechtfertigung Gottes nun auf

---

[92] Theobald, M., Art. „Rechtfertigung" LThK VIII, 888.
[93] Theobald, M., Concupiscentia im Römerbrief, 267. In GE 30 wird hervorgehoben, dass die in der Taufe verliehene Gnade Jesu Christi alles, was „wirklich" Sünde, was „verdammungswürdig" ist, tilgt (Röm 8,1).
[94] Vgl. Theobald, M., Der Römerbrief (EdF 294), 248-250; Wilckens, U., Der Brief an die Römer (Röm 6-11) (EKK VI/2), Einsiedeln 1980, 48.
[95] Vgl. Dahl, N. A., Anamnesis. Mémoire et Commémoration dans le christianisme primitif: StTh 1 (1948), 69-95.
[96] Theobald, M., Concupiscentia im Römerbrief, 267.

sich beruhen bleiben darf und kann. Paulus „interessiert, wie der Sünde zu begegnen sei, damit sie nicht gleichzeitig zur machtvoll verwandelnden Gerechtigkeit auftrete. Darum gleitet er stärker zu einem iustus contra peccatum (gerecht gegen die Sünde) als zu einem ‚simul iustus et peccator'". [97] Laut Paulus ereignet sich in der Rechtfertigung ein Handeln Gottes, das im Heiligen Geist den Sünder erreicht und ihn geschichtsmächtig verwandeln und neuzuschaffen vermag.

Die 1999 in Augsburg promulgierte „Gemeinsame Erklärung zur Rechtfertigungslehre"(GE) rezipiert das paulinische Denken, indem sie bekennt, „dass der Heilige Geist in der Taufe den Menschen mit Christus vereint, rechtfertigt und ihn wirklich erneuert" (GE 28). Im Folgenden steht eine pneumatologische Reformulierung der Rechtfertigungsbotschaft an: Das Bekenntnis zu dem Geist, „der Herr ist und deshalb allein derjenige ist, der neues Leben auch aus dem Tod heraus schaffen kann", schließt die Erfahrung ein, dass wir schon immer erlöst sind und Gott „sein Werk im Geist, den er als erste Gabe für alle, die glauben, und alle darüber hinaus gesendet hat, vollenden wird". [98] Der am Kreuz freiwerdende Geist der Versöhnung wird das Werk des Sohnes auf Erden weiterführen und alle Heilung vollenden, indem er neues Leben auch aus der Verstrickung in die zum Tod führende Sündenmacht schaffen kann. Das durch die Taufe zugeeignete Heil „muss das ganze Leben hindurch vom Getauften angeeignet werden, und das geschieht durch den Glauben". [99]

Die den Menschen (Juden wie Heiden) im Evangelium die Rettung erschließende Gerechtigkeit Gottes ist an den Glauben als das Alpha und Omega menschlicher Antwort gebunden. [100] Der paulinische Glaubensbegriff als Vertrauen auf Gottes Verheißung redet von Glaube in personalen Kategorien, er ist Grundlage für ein interpersonal-relationales Wirklichkeitsverständnis: In Röm 4 ist Abraham die grundlegende biblische Identifikationsfigur für alle Glaubenden in der Kirche, zumal „er Gott glaubte, und das wurde ihm zur Gerechtigkeit angerechnet"(Röm 4,3; Gen 15,6). Als aus der Völkerwelt Herausgerufener ist Abraham Urbild des durch Glauben gerechtfertigten „Gottlosen" (4,5), der die Beschneidung zum „Siegel seiner Glaubensgerechtigkeit" empfangen hat (4,11). In Röm 3,21-31, der „architektonischen Mitte" des Briefs, [101] bindet Paulus den Glauben in das ihn definierende theo- und christologische Beziehungsgeflecht ein. Der Glaube ist „Glaube an Jesus Christus (Röm 3,22.26; 4,24f; Gal 2,16.20), kraft dessen Sühnetod Gottes sündentilgende Rechtfertigung den Glaubenden zukommt (Röm 3,24-26). Inmitten der situationsbedingten Pluralität der Theologien im Neuen Testament gilt es, gegen die Verdunkelung dieses solus Christus „die Stringenz der paulinischen Rechtfertigungslehre als konsequenter Explikation des solus Christus durchzuhalten". [102]

---

[97] Karrer, M., Rechtfertigung bei Paulus. Eine Reflexion angesichts der aktuellen Diskussion: KuD 46 (2000), 126-155, 152.
[98] Hilberath, B. J., Die Gemeinsame Erklärung zur Rechtfertigung aus römisch-katholischer Sicht, in: ders., Pannenberg, W. (Hg.), Zur Zukunft der Ökumene. Die „Gemeinsame Erklärung zur Rechtfertigungslehre", Regensburg 1999, 79-100, 97.
[99] Pannenberg, W., Die Gemeinsame Erklärung zur Rechtfertigungslehre aus evangelischer Sicht, 73.
[100] Vgl. Theobald, M., Rechtfertigung und Ekklesiologie nach Paulus. Anmerkungen zur „Gemeinsamen Erklärung zur Rechtfertigungslehre", in: ZThK 95 (1998) 103-117, 107.
[101] Kuss, O., Der Römerbrief. Erste Lieferung (Röm 1,1-6,11) (RNT), 1963, 177.
[102] Theobald, M., Rechtfertigung und Ekklesiologie nach Paulus, 114. Vgl. Kertelge, K., Rechtfertigung bei Paulus. Studien zur Struktur und zum Bedeutungsgehalt des paulinische Rechtfertigungsbegriffs (NTA.NF 3), 1967, 299.

3.6. Rechtfertigung des Sünders als verwandelndes Handeln Gottes

Bezüglich Abrahams verweist Paulus in Röm 4 auf den Beginn des Glaubensweges, um so die Bedingungslosigkeit des Eintritts des von Gott vorbehaltlos geliebten Sünders in die Heilsgemeinde biblisch untermauern zu können. In Röm 5,8 betont Paulus, dass Gott die Menschen inmitten ihrer destruktiven Aggression als Sünderinnen und Sünder gerecht spricht: „Gott aber erweist seine Liebe zu uns darin, dass, als wir noch Sünder waren, Christus für uns gestorben ist". Gott liebt in seiner unausdenklichen Gnade in Christus den Sünder/Feind grenzen- und bedingungslos, *während er noch Sünder ist, d.h. noch bevor er umkehrt*. Gott liebt schlechthin bedingungslos, die Menschen müssen nicht erst in Eigenleistung das Sünder-Sein aufgeben. „Das Geselligkeitsprinzip des Gekreuzigten ist aber die Gesellung zu den Anderen und die Solidarität mit denen, die zu Fremden wurden... Ihre Kraft ist nicht die Freundesliebe zum Gleichen und Schönen (philia), sondern die schöpferische Liebe zum Anderen, Fremden und Hässlichen (agape). Ihr Rechtsgrundsatz ist nicht Gleichheit, sondern die Rechtfertigung des Anderen...".[103] Die Feindesliebe Gottes am Kreuz bejaht eine erst entstehende, noch erwartete Integrität des anderen in unbedingter Weise und setzt dabei in Anerkennung der Freiheit des anderen auf ein sich herausbildendes Einverständnis, ohne es durch Überspringen der Freiheit verursachen zu wollen. „Man soll die Feinde lieben, nicht weil sie schon Brüder wären, sondern damit sie Brüder werden".[104] Die schöpferische Feindesliebe Gottes liebt den wirklichen Menschen mit seiner destruktiven Aggression: Sie liebt im Menschen, was noch nicht ist und vermag gerade so über sich hinauswachsen zu lassen zu dem Menschen, zu dem er fähig ist. Diese verwandelnde, schöpferische Feindesliebe nimmt eher den eigenen Tod in Kauf als die Freiheit des anderen zu verletzen. Das neue personale Verhältnis zu Gott gründet ganz und gar in der Gnädigkeit Gottes und bleibt stets von dessen heilsschöpferischem Wirken abhängig, „der sich selbst treu bleibt und auf den der Mensch sich darum verlassen kann"(GE 27). Die Aktivität des Menschen ist die des reinen Empfangens: „... da, wo es um das Heil des Menschen geht, (hängt) alles von Gottes Initiative und seiner bleibenden Aktivität ab".[105]

Die rettende Tat Jesu Christi erreicht nur durch Bewahrheitung in einem neuen Leben für Gott immer wieder neu die Zeit der Glaubenden. Auch wenn die Christen durch die Taufe kraft des neugeschenkten Ursprungs ‚ursprünglich' neu geworden sind, so muss dieses neue Sein in seiner Neuheit jeden Augenblick existentiell ergriffen und durchgehalten werden.[106] Für Paulus ist die im Leben der Getauften zu waltende Entschiedenheit für Gott wichtig, soll die Rechtfertigung beim Einzelnen fruchtbar-neuschaffend ankommen. Die Getauften sollen in ihrer „Heiligung" wachsen und zunehmen (1Thess 4,1), ihr „Untadeligsein" soll alle Fasern ihres Seins durchdringen (1Thess 5,23). Augustinus benennt den diesbezüglichen menschlichen Part wie folgt: „Der dich ohne dich erschaffen hat, rechtfertigt dich nicht ohne dich".[107] Die sich in Jesus Christus ereignende historisch einmalige kenotische Konfrontation sowie inkarnatorische Durchdringung und Verwandlung der Sündenmacht will in der Versöhnungsmacht des das Heilswerk vergegenwärtigenden Geistes in einem Prozess der persönlichen Aneignung und Heiligung die destruktivaggressiven Untiefen der heutigen menschlichen, blutigen Gewaltbereitschaft aus Hass,

---

[103] Moltmann, J., Der gekreuzigte Gott, München 1972, 33.
[104] Augustinus, Predigt zu 1 Joh.
[105] Hilberath, B. J., Die Gemeinsame Erklärung zur Rechtfertigung aus römisch-katholischer Sicht, 84.
[106] Vgl. Schlier, H., Der Römerbrief (HThK), Freiburg 1977, 202.
[107] Augustinus, serm. 169, 11, 13.

Groll und Feindschaft erreichen und neuschaffen. Die Gnade ist darin teuer, dass sie sich bis in das Herz der Adressaten hindurch bricht. [108]

Im Lukasevangelium steht das ganze Projekt der Inkarnation unter dem Vorzeichen des Heiligen Geistes. Die lebenschaffende Kraft des Pneuma „überschattet" in Maria die irdisch-menschliche Realität, so dass der aus dieser Kraft Gottes Gezeugte Mensch wird (vgl. Lk 1,35). [109] Dieses Zusammenspiel von Inkarnationstheologie und Pneumatologie besteht auch nachösterlich fort: Die neuschaffende Kraft des Geistes der Versöhnung will sich in die Realität „einfleischen", um sie österlich zu verwandeln und zu versöhnen. Wenn am Kreuz die Inkarnation eine Radikalisierung erfahren hat, indem der Gekreuzigte auch den tiefsten Abgrund von Angst und Sünde verwandelnd unterfängt, vermag auch der Geist des Gekreuzigt-Auferstandenen die menschlichen Untiefen destruktiver Aggression zu erreichen und das Ereignis der radikalsten Inkarnation *darin* wirkmächtig gegenwärtig zu setzen. Die Heiligenverehrung ist Ausdruck dafür, dass die Gnade tatsächlich (in den Untiefen und Abgründen der „begnadeten Sünder") mächtig gewirkt *hat*, sich wirklich durchgesetzt *hat*, an uns wirklich und offenbar *geworden ist*. „Gott hat wirklich erlöst, er hat wirklich seinen Geist ausgegossen, hat wirklich Machttaten an den Sündern getan, hat in der Finsternis sein Licht aufleuchten lassen: es brennt, es ist zu sehen; es sind diejenigen greifbar versammelt, die er herausgerufen hat aus dem Reich der Finsternis und versetzt in das Reich des Sohnes seiner Liebe". [110]

Der gnostische Doketismus hat diese Verbindung zwischen Pneuma und Inkarnation nachgerade geleugnet, indem er die durch das erlösende Wissen generierte Erlösung nur auf den Pneumateil des Menschen, nicht auf die volle Leiblichkeit und das wahre Menschsein Jesu bezog. [111] Gegen den Doketismus brachte Ignatius von Antiochien die fleischlich-leibliche Realität des Gottessohnes in Anschlag: Christus ist wahrhaftig und wirklich Fleisch geworden, leidend, gekreuzigt, gestorben (IgnTrall 9,1f; IgnEph 19,3 etc.). Nur so ist er Offenbarer des ganzen Ausmaßes der Liebe Gottes und zugleich reale Erlösung des ganzen Menschen, zumal nur das Angenommene erlöst ist. „Einer ist euer Arzt, fleischlich sowohl wie geistig (pneumatisch), geboren und ungeboren, ins Fleisch gekommener Gott, in den Tod das wahre Leben, sowohl aus Maria wie aus Gott, zuerst leidend und dann leidlos, Jesus Christus unser Herr" (IgnEph 7,2). Wenn die Rechtfertigungsgnade das Herz seinsmäßig neu schafft und von der Sündenmacht befreit, vermag der in den tiefen Unheilsschichten angekommene Geist dort den wunderbaren Tausch am Kreuz zu vergegenwärtigen und sündige Destruktivität in konstruktive Aggression zu verwandeln.

Im verwandelnden Neuschaffen wird der von der Sünde verwundeten, erlösungsbedürftigen Schöpfung auch ihre Erlösungswürdigkeit und -fähigkeit zugestanden. Die im aggressionsphänomenologischen Teil dieses Diskurses rekonstruierten Formen inkompetenten Aggressionsumgangs vermögen so einer Verwandlung unterzogen zu werden: Die im zwanghaften Kampf gegen sich selbst sich artikulierende Autoaggression des Rigoristen vermag sich in ein ad-gredi der entschiedenen Kontaktaufnahme und des Stehens zu

---

[108] Vgl. Kallen, W., Vom Preis der Gnade in der Kirchenkrise, in: Bucher, R., Krockauer, R. (Hg.), Macht und Gnade. Untersuchungen zu einem konstitutiven Spannungsfeld der Pastoral, Münster 2005, 238-250, 241.
[109] Vgl. Hilberath, B.-J., Art. „Pneumatologie", in: Schneider, T. (Hg.), Handbuch der Dogmatik, 477.
[110] Rahner, K., Die Heiligen, in: Lehmann, K., Raffelt, A. (Hg.), Karl Rahner – Praxis des Glaubens, Freiburg i. Br. 1982, 233.
[111] Vgl. Kessler, H., Christologie, 328.

3.6. Rechtfertigung des Sünders als verwandelndes Handeln Gottes 313

sich selbst in der Selbstannahme zu verwandeln: Wenn die Sünder mit ihrer sündigen Seite gerecht gesprochen sind und als solche ein Lebens- und Überlebensrecht haben, dient das Heilswerk Jesu Christi zunächst der Versöhnung mit sich selbst: „Die Selbstannahme als Versöhnung mit sich selbst macht den gespaltenen Menschen ganz, macht ihn heil". [112] Der Heilige Geist der Versöhnung vermag zu wirken, „dass ich die haarschmale und doch so tief trennende Ferne durchmesse, die zwischen mir und mir selbst liegt". [113] Die rechtfertigende Feindesliebe Gottes richtet sich auf das Nicht-Liebenswerte und macht es in diesem Lieben liebenswert. Der Glaubende darf sich selbst als den annehmen, der er durch Gott ist. Er darf das Rechtfertigungsereignis in einem expliziten Selbstverhältnis der Annahme zur Geltung bringen. [114] Das Heilige Pneuma vermag die „incurvatio in seipsum" in ein dynamisches Wechselspiel von Abgrenzung und Hingabe zu verwandeln. Die verwandelte Aggression ermutigt, zum Eigenen zu stehen, weil es dem Einzelnen von Gott als unendliche Originalität übereignet ist. Der Heilige Geist individuiert, er trennt, macht unendlich originär und hält diese Verschiedenheit in unendlicher Einheit zusammen. Aus der egozentrischen Selbstbehauptung wird die Behauptung der existenzsichernden und Sozialverhalten ermöglichenden Selbstfürsorge. Der Geist ermöglicht ein profiliertes Stehen zum eigenen Standpunkt und zur eigenen Überzeugung um der Würde der Anderen, der Schwächeren, willen. Aus Fanatismus wird ein eigenes, profiliertes Stehen zum eigenen Standpunkt, um als profiliertes Gegenüber überhaupt dialog- und toleranzfähig zu sein. Aus Gewalt wird Widerstand, aus dem Stehen das Wider-Stehen um des Lebens willen.

Auf einem haarschmalen Grat vermag der Heilige Geist den blinden Hass des Fanatikers in die konstruktiv-aggressive Basiskompetenz des Hinsehens und Stehenlassens als Gegenüber zu verwandeln, getreu dem Motto: Ich sehe, du bist anders, das akzeptiere ich. Dieses bewusste Hinsehen befreit von der durch Projektion des eigenen unheilen Anteils auf äußere Feinde generierten Polarisierung in Gut-und-Böse-Schemata ebenso wie von einer die Unterschiede verwischenden Harmonisierung. Auch die „Kampf"-Terminologie bedarf einer österlich-pfingstlichen Läuterung: Während der „Gotteskämpfer" gegen eine böse Welt kämpft und das von ihm klassifizierte „Unkraut" meint beseitigen zu müssen, ermutigt die Rechtfertigungsbotschaft, gegen die Todeskräfte der Sündenmacht für das Leben einzustehen und dafür zu kämpfen. Im Heiligen Geist vermag auch das integralistische Missverständnis transformiert zu werden, demzufolge die Gnade „auf dem Umweg über weltliche Machtpositionen angeblich christliche Wirkungen hervorbringt". [115] Macht als ein Weg, das Kreuz aufzurichten, war der verheerende Weg der Kolonisatoren, die ihr Tun nicht *als Mitvollzug* der gekreuzigten, nichts erzwingenden Liebe Christi zu den sog. letzten Brüdern und Schwestern verstanden, sondern in der expansiven Eroberung sich mit dem Handeln Gottes *identifizierten*. [116] Der Heilige Geist ermöglicht ein ad-gredi auf die Welt, um sie mit der österlichen Kraft und den impliziten Werten wie Gerechtigkeit, Barmherzigkeit und Wahrhaftigkeit zu durchdringen und der neuen Schöpfung entgegenzuführen.

---

[112] Kraus, G., Jesus Christus – Der Heilsmittler. Lehrbuch zur Christologie, Frankfurt a. M. 2005, 534.
[113] Guardini, R., Die Annahme seiner selbst, 2. Aufl., Würzburg 1960, 57.
[114] Vgl. Tietz, C., Freiheit zu sich selbst. Entfaltung eines christlichen Begriffs von Selbstannahme (FSöTh 111), Göttingen 2005, 212.
[115] Balthasar, H. U. v., Integralismus heute, in: Diakonia 19 (1988) 221-229, 225.
[116] Vgl. Menke, K.-H., Das Kriterium des Christseins. Grundriss der Gnadenlehre, Regensburg 2003, 197f.

Angesichts dieser wirkmächtigen Neuschöpfung stellt sich umso mehr die Frage, wie auch nach der Taufe unter Getauften die sich in destruktiver Aggression artikulierende Macht der Sünde (wieder) herrschen kann. Pannenberg formuliert bezüglich des ökumenischen Rechtfertigungsschreibens von 1999 folgende Kritik: „Warum konnten sich nicht beide Seiten darauf verständigen, dass der Getaufte und an Jesus Christus Glaubende in der Tat ‚in Christus' frei von der Sünde ist, dass das aber nicht zu verwechseln ist mit der empirischen Lebenssituation des Christen im ‚Fleisch' der Sünde, in der die Christen angefochten bleiben durch die Macht der Sünde und ihrer Begierden, obwohl sie dazu berufen sind, die Sünde nicht wiederum über sich herrschen zu lassen"?[117]

3.7. Anachronistische Wiederzulassung der Sündenherrschaft

Nach Eckstein negiert Paulus keineswegs die Möglichkeit, als Christ auch nach der Taufe zu sündigen und destruktiv aggressiv zu sein: „Würde er bereits für die gegenwärtige christliche Existenz das non posse peccare, die Unmöglichkeit zu sündigen, postulieren, dann würde sich sein Ringen um die angefochtenen, zerstrittenen und verunsicherten Gemeinden erübrigen, dann wäre auch die vorliegende theologische Erörterung mit ihrer Erinnerung und Belehrung, mit ihrer Ermunterung und der anschließenden Paränese überflüssig".[118] Das tatsächlich gegebene menschliche Wesen wird auch durch die Taufe nicht einfach negiert und aufgehoben, bedarf vielmehr weiterhin der Orientierung gebenden Weisung. Die Paränese Röm 6,11 wächst aus der Überzeugung vom neugeschaffenen Sein der Glaubenden in der Taufe hervor: „So sollt auch ihr euch einschätzen: als tot für die Sünde, aber lebendig für Gott in Christus Jesus"! – die Getauften sollen diese sich aus dem Tauftod ergebende neue Sicht der eigenen Existenz ganz zu Eigen machen. Die Macht der Sünde soll nicht mehr derart über sie herrschen, dass sie, willfährig gegenüber den eigenen Begierden, der Sünde erneut zu ihrer Herrschaft verhelfen. Zwar ist der Glaubende in Christus der Sündenmacht „gestorben": Die Begierden als gleichsam noch verbliebene Agenten der Sünde versuchen jedoch, sich die Christen wiederum hörig zu machen.[119] „In den Begierden meldet sich sozusagen die Vergangenheit des Getauften wieder zu Wort – sie also sind in der Taufe nicht gestorben".[120] Sie haben ihren Ort im Herzen des Menschen, gehören zum „sterblichen Leib", kennzeichnen dessen Sterblichkeit, insofern Sterblichkeit „Schwachheit" bedeutet (vgl. 1 Kor 15,43), „Schwachheit" aber Zugänglichkeit für die Sünde inkludiert.[121]

Die Begierden beinhalten alles fehlgerichtete Streben, in dem der Mensch auf Kosten seiner Nächsten zu sich selbst zu kommen sucht.[122] In ihnen manifestiert sich ein „ungeordnetes Haben-Wollen, das sich durch Objekte das Leben sichern will".[123] Nur wenn der Getaufte den Begierden des sterblichen Leibes gehorcht und ihnen willfährig wird, richtet die Sündenmacht ihre Herrschaft erneut über ihm auf.[124] In Röm 6,12 drückt sich der

---

[117] Pannenberg, W., Die Gemeinsame Erklärung zur Rechtfertigungslehre aus evangelischer Sicht, 76.
[118] Eckstein, H.-J., Auferstehung und gegenwärtiges Leben nach Röm 6, 1-11: ThBeitr 28 (1997) 8-23, 17.
[119] Vgl. Wilckens, U., Der Brief an die Römer (Röm 6-11), 20.
[120] Schlier, H., Der Römerbrief, 202.
[121] Vgl. Wilckens, U., Der Brief an die Römer (Röm 6-11), 20.
[122] Vgl. ebd., 108.
[123] Zeller, D., Der Brief an die Römer (RNT 6), Regensburg 1985, 140.
[124] Vgl. Theobald, M., Concupiscentia im Römerbrief, 272.

3.7. Anachronistische Wiederzulassung der Sündenherrschaft

Unterschied zwischen den leiblichen Begierden des Menschen, die als solche noch keine Sünde darstellen, und der tätigen Hörigkeit ihnen gegenüber als anachronistische Wiederzulassung der Sündenherrschaft über den Getauften aus: „Also herrsche die Sünde nicht (mehr) in eurem sterblichen Leib, dass ihr seinen Begierden gehorcht". Die kirchliche Lehre von der concupiscentia knüpft an diese Stelle des Römerbriefs an.[125] Im tridentinischen „Dekret über die Ursünde" heißt es: „... dass diese Begehrlichkeit – die der Apostel bisweilen ‚Sünde' nennt – Sünde genannt wird, hat die katholische Kirche, so erklärt das heilige Konzil, niemals (dahingehend) verstanden, dass sie in den Wiedergeborenen wahrhaft und eigentlich (vere et proprie) Sünde wäre, sondern dass sie aus der Sünde ist und zur Sünde geneigt macht" (DH 1515).

Für das Tridentinum ist entscheidend, ob der Mensch der concupiscentia willentlich zustimmt oder nicht: „dass... in den Getauften die Begehrlichkeit bzw. der Zündstoff bleibt, bekennt und verspürt dieses heilige Konzil; da sie (s.c. die concupiscentia, A.K.) für den Kampf zurückgelassen ist, kann sie denen, die (ihr) nicht zustimmen (non consentientibus) und mit Hilfe der Gnade Christi (per Christi Jesu gratiam) mannhaft widerstehen nicht schaden". Die Gemeinsame Erklärung zur Rechtfertigungslehre hat diesen Gedanken aufgegriffen und ihm für den gegenwärtigen Kontext normative Geltung zugesprochen: Insofern zum Zustandekommen menschlicher Sünden ein personales Element gehöre, werde bei dessen Fehlen die gottwidrige Neigung nicht als Sünde im eigentlichen Sinne angesehen. „Damit wollen sie nicht leugnen, dass diese Neigung nicht dem ursprünglichen Plan Gottes vom Menschen entspricht, noch, dass sie objektiv Gottwidrigkeit und Gegenstand lebenslangen Kampfes ist; in Dankbarkeit für die Erlösung durch Christus wollen sie heraus stellen, dass die gottwidrige Neigung nicht die Strafe des ewigen Todes verdient (vgl. DH 1515) und den Gerechtfertigten nicht von Gott trennt"(GE 30).

Der Mensch ist nach Paulus ein Kampfplatz zwischen Sarx und Pneuma, so dass alles davon abhängt, dass er sich entscheidet, bzw. sachgemäßer formuliert: die Entscheidung, die Gott über ihn bei seiner Taufe in Kraft gesetzt hat, nun auch selbst ratifiziert und wahr macht.[126] Dieser Kampf steht aufgrund der Befreiungstat Gottes in Christi Tod und Auferstehung unter der Gewissheit, dass der hier freiwerdende, den Glaubenden verwandelnde und neuschaffende Geist Gottes den Sieg davon tragen wird. Auch der Gerechtfertigte bleibt zeitlebens auf die bedingungslos rechtfertigende Gnade Gottes angewiesen: „Auch der Gerechtfertigte muss wie im Vaterunser täglich Gott um Vergebung bitten (Mt 6,12; 1Joh 1,9), er ist immer wieder zu Umkehr und Buße gerufen, und ihm wird immer wieder die Vergebung gewährt" (GE 28). Allein in der Kraft des Geistes ist es möglich, die Begierden zu „töten", ihnen also keine Chance mehr im Leben des Getauften einzuräumen. (Vgl. Röm 8,13b: „Wenn ihr durch den Geist die Taten des Leibes tötet, werdet ihr leben"). Unter der Voraussetzung, dass kein Widerspruch zur geistgenerierten Erneuerung des Menschen durch Glaube und Taufe behauptet wird und die Berufung auf Röm 7,25 als Schriftbeweis entfällt, hält Helmut Hoping Luthers anthropologisch-soteriologischen Realismus des *simul iustus et peccator* für angemessen,[127] zumal Luther mit Augustinus

---

[125] Vgl. Peterson, E., Der Brief an die Römer (Ausgewählte Schriften Bd. 6), Würzburg 1997, 197.
[126] Vgl. Theobald, M., Concupiscentia im Römerbrief, 274.
[127] Vgl. Wilckens, U., „Simul iustus et peccator" in 1 Joh 1,5-2,2, in: Schneider, T., Wenz, G., Gerecht und Sünder zugleich? Ökumenische Klärungen (Dialog der Kirchen 11), Freiburg-Göttingen 2001,82-91; vgl. Lutherischer Weltbund – Katholische Kirche, Gemeinsame Offizielle Feststellung zur Rechtfertigungserklä-

auf das menschheitlich eminent wichtige Sachproblem hinweist, dass der Christ, welcher den Geist der Freiheit empfangen hat, im Begehren des Fleisches weiterhin den Ansturm der Sünde spürt und immer wieder sündigt.[128]

Die folgenden Ausführungen gedenken darzulegen, wie der Vollzug der soteriologischen Sendung Jesu Christi dessen eigenes Gottesbild bis hin zur Vorwurfsklage in Mk 15,34 irritiert und massiv in Frage stellt. Der Gekreuzigte begegnet dem Heterotopos des ganz anderen, dunklen Gottes. „Er hat Gott als den erfahren, der sich gerade in seiner Nähe entzieht, der der ganz Andere ist. Er hat das unergründliche Geheimnis Gottes und seines Willens erfahren".[129] Das Kreuz enthüllt und verhüllt Gott in einer paradoxen Einheit gleichermaßen. Am Kreuz begegnet auch ein Gott, der seinen Sohn buchstäblich „hängen lässt" (vgl. Mk 15, 30: Der Vater greift nicht ein) und zulässt, dass der Sohn ein Verfluchter ist. Gerhard von Rad wendet sich gegen die einseitige Zuweisung dunkler Gottesbilder an das Alte Testament und spricht von der Zumutung des Neuen Testaments, „dass Gott im Kreuz Christi den Menschen ganz nahe gekommen sei und sich darin doch zugleich tiefer verborgen habe, als es jemals vom Menschen für tragbar gehalten wurde"?[130] Weil Jesus Christus wirklich gelitten hat, wird ihm nicht nur der Prozess des eigenen Ringens und des Durchstehens der persönlichen Not nicht erspart, sondern auch der Heterotopos der Klageaggression im tiefsten Schrei zugestanden.

---

rung, Annex Nr. 2 A.
[128] Vgl. Hoping, H., Gottes Ebenbild. Theologische Anthropologie und säkulare Vernunft, in ThQ 185 (2005) 127-149, 145; vgl. Söding, T., Die Rechtfertigung der Sünder und die Sünden der Gerechtfertigten. Anmerkungen zum „simul iustus et peccator" im Licht paulinischer Theologie, in: Gerecht und Sünder zugleich?, 30-81, 66. Thomas von Aquin spricht von der Konkupiszenz als der Materie des peccatu originale, die selbst Sünde genannt werden könne, da sich in ihr manifestiere, was es mit der Ursünde auf sich hat; vgl. De malo q. 4, a. 2.
[129] Kasper, W., Jesus der Christus, 140.
[130] Rad, G. v., Vom Lesen des Alten Testaments, in: Ders., Gottes Wirken in Israel, hg. v. O. H. Steck, Neukirchen-Vluyn 1974, 11-21, 19.

4. In-Kontakt-Treten mit dem unbegreiflichen Gott in der Gottverlassenheit

Frettlöh macht darauf aufmerksam, dass Gott nicht als bloßer Zuschauer der Passion Jesu verstanden werden (kann); dem widerspriche nicht zuletzt die biblische Tradition von der Preisgabe Jesu in die Hände der Gewalttäter (vgl. Röm 8,32): Das Kreuz Christi sei – auch im Licht der Auferstehung – nicht ohne die *dunklen Seiten Gottes*, ohne den Schrei der Gottverlassenheit zu haben. „Wo wir Gottes Teilnahme an *diesem* Tod ausklammern, wird es uns auch nicht gelingen, *unsere* Lebenswirklichkeit mit Gott zusammenzubringen. Das wäre aber der Verzicht darauf, überhaupt davon zu sprechen, dass *Gott* die Welt regiert".[1] Auch wenn Gott in der äußersten Selbst-Gabe in Jesus Christus sich der Menschheit schenkt, führt das Kreuz vor den dunklen Gott. Haben die obigen Ausführungen den Erweis gebracht, dass für ein sadistisches Gottesbild kein Anhalt besteht, so ist der den Sohn in die Hände der gewalttätigen Menschen ausliefernde Vater auch kein (sit venia verbo!) „Softiegott". Der Erweis der äußersten Liebe Gottes ist verknüpft mit der äußersten Zumutung des Vaters dem Sohn gegenüber. Es besteht geradezu eine göttliche Notwendigkeit (vgl. Mk 8,31) für das Leiden des Menschensohnes.[2] Mehrfach belehrt Jesus seine Jünger, der Menschensohn müsse vieles erleiden: In Mk 8,31; 9,31 und 10,33f wird eine spezifische Aktivität Gottes benannt, der Jesus nach seinem Gebetskampf zustimmt, die ihn ohne Schutz vor der Gewalt der Menschen mit allen Konsequenzen in die Welt sendet. Gott überlässt Jesus den Menschen und unternimmt nichts dagegen, wenn sie ihn misshandeln.[3] Laut Mk 8,31 hat der Tod Jesu eine theozentrische Dimension: Der Menschensohn muss viel leiden, verworfen, getötet werden und nach drei Tagen auferstehen, „weil Gott es so will, weil es so das göttliche Planen und Wollen vorsieht".[4] Im Motiv der Notwendigkeit kommt die für das Gesamtereignis grundlegende, hintergründige Anwesenheit Gottes in der Passion Jesu zum Ausdruck.[5] Auch wenn das Verwerfungsmotiv von Mk 8,31 durch den Rückbezug auf Ps 118,22f einen schrifttheologischen Zuschnitt und so eine heilsgeschichtliche Bedeutung erhält, bleibt das Anstößige bestehen: Gott ist am notwendigen Leiden und Sterben seines Sohnes beteiligt, dieser Tod ist das Resultat eines planvollen Handelns Gottes. Im Kontext von Mk 8,31 wird nicht klar, wie, wodurch, auf welche Art und Weise und für wen das Sterben Jesu eine Heilswirkung entwickeln soll.[6]

Für Dreher liegt der Sinn des göttlichen „Muss" nicht in einer schrecklichen Verfügung Gottes zur Auslieferung seines Sohnes, „dass Gott es unbedingt wollte, dass es *so*

---

[1] Frettlöh, M., Wider die Halbierung des Wortes vom Kreuz, in: GlLern 11 (1996) 107-112, 112.
[2] Vgl. Scholtissek, K., Die Vollmacht Jesu, 223. Vgl. Kasper, W., Jesus der Christus, 196f.
[3] Vgl. Berger, K., Wozu ist Jesus am Kreuz gestorben?, Stuttgart 1998, 161.
[4] Weihs, Die Deutung des Todes Jesu im Markusevangelium. Eine exegetische Studie zu den Leidens- und Auferstehungsansagen (fzb 99), Würzburg 2003, 395. Laut Weihs tritt auf der Ebene des Markusevangeliums der soteriologische Aspekt des göttlichen „muss" in ein dichtes Verknüpfungsverhältnis zu den übrigen soteriologischen Aussagen des Mk, von denen her ihm auch eine spezifische Relevanz für „die stellvertretungs-soteriologischen Kernaussagen" zuwächst.
[5] Vgl. ebd., 397.
[6] Vgl. ebd., 403.

kommt, sondern dass die Macht der Zerstörung sich faktisch nicht anders überwinden ließ als durch die Inkaufnahme des Todes durch Jesus, dem aber Gott einen Akt der neuen Schöpfung folgen ließ an Ostern".[7] In Jesu Tod geht es nicht um eine Gott gegenüber notwendige Tat, sondern um die Solidarität mit den Menschen, von der auch Leiden und Sterben nicht ausgeschlossen sind.[8] Ohne den Tod Jesu hätte die göttliche Offenbarung des Reiches Gottes den gewalttätigsten Tod und damit den absoluten Tiefpunkt nicht einbezogen und österlich überboten.[9] Jesu Gehorsam realisiert diesen Auftrag göttlicher Befreiung. Durch die Diskontinuität der Erfahrung des kreuzigenden Hasses hindurch wird die Kontinuität der Heilsbotschaft vom kommenden Reich Gottes aufrechterhalten, der Kreuzestod radikalisiert das unbedingte Heilshandeln Gottes in der aufgenötigten Unterbrechung der Ablehnung.[10] Jesu Weg ins Leiden ist Ausdruck dieses Befreiungsauftrags innerhalb seiner ganz eigenen und einmaligen Gottesbeziehung. Indem er der lebendige Ausdruck von Gottes Willen ist, wird in seinem Tun Gott selbst gegenwärtig.

In Mk 1,11 und 9,7 benennt Gott selbst diese besondere Beziehung als Sohnschaft. Durch die Abba-Anrede im Garten Getsemani Mk 14,34 zeigt sich die unmittelbare Gottesbeziehung in einer besonderen Dichte. Jesus nennt Gott oft exklusiv „meinen Vater". Das drückt eine nicht mehr durch Bund, Volk und Tradition vermittelte, sondern unmittelbar zu nennende Gottesgemeinschaft aus, die zu dem unerhörten Anspruch Jesu gehört, mit dem göttlichen Gnadenrecht Sünden schon hier zu vergeben. Jesus Christus ist „nicht apathisches Werkzeug oder bloßes Objekt des göttlichen Willens, sondern er stimmt mit dem göttlichen Handeln und mit dem göttlichen Heilsplan, nach dem sich sein (Leidens-)Schicksal vollzieht, überein".[11]

Jesu Gehorsam ist nicht der fremdbestimmte Gehorsam des Sklaven, sondern Ausdruck der freien Übereinstimmung mit dem Vater.[12] Er resultiert aus der Einmaligkeit seiner Beziehung zum Vater, welche in der Affirmation einer Gehaltlichkeit gründet, der sich eröffnenden Freiheit des Vaters. Jesu Freiheit lässt sich aus der bedingungslosen Zuwendung des Vaters bestimmen und kann deshalb der Weg des Gehorsams genannt werden, weil Jesus sich selbst in uneingeschränktem und bedingungslosem Vertrauen dem Willen des Vaters überlassen hat.[13] Sein Gehorsam besteht „in der die eigene Freiheitsentscheidung herausfordernden Zustimmung, an der restlosen Anerkennung und Befreiung anderer Freiheit, die ... als ... Wille des Vaters konkretisiert wurde, auch dort noch festzuhalten, wo die Freiheit des anderen in ihrem missglückten und unerfüllten Dasein zerstörerisch wirkt".[14] Diese Befreiungsrelation ist als Annäherung zum sohnschaftlichen Willensverhältnis zu verstehen, eine Approximation, die in Jesus Christus in die personale

---

[7] Dreher, S., Der Fuchs und die Henne – eine Selbstdarstellung Jesu in seinem Tod, DtPfrBl 98 (1998) 119-121, 120.
[8] Vgl. Hahn, F., Theologie des Neuen Testaments, Bd. II: Die Einheit des Neuen Testaments, Tübingen 2002, 410.
[9] Vgl. Fuchs, O., „Stellvertretung" – eine christliche Möglichkeit!, 108f.
[10] Vgl. Pröpper, T., Erlösungsglaube und Freiheitsgeschichte. Eine Skizze zur Soteriologie, München 1991, 97f.
[11] Ebd., 409.
[12] Vgl. Pannenberg, W., Systematische Theologie Bd. II, 356f.
[13] Vgl. Essen, G., Die Freiheit Jesu. Der neuchalcedonische Enhypostasiebegriff im Horizont neuzeitlicher Subjekt- und Personphilosophie (ratio fidei 5), Regensburg 2001, 308
[14] Lockmann, U., Dialog zweier Freiheiten. Studien zur Verhältnisbestimmung von göttlichem Handeln und menschlichem Gebet (ITS 66), Innsbruck 2004, 412.

Einheit mit dem innertrinitarischen Urbild eingeht.[15] Die Dramatik des Schreis Jesu wird erst vor diesem Hintergrund seines rückhaltlosen Gottvertrauens deutlich. Seine Klagefrömmigkeit steht im dankbar zu erinnernden Horizont der Wirklichkeit Gottes selbst.[16] Die Klage ist folglich nicht mit Doxologie- bzw. Daseinsverweigerung im Sinne einer monologischen Revolte gegen Gott zu verwechseln. Der Konflikt mit Gott verbleibt in der Doxologie, weil die eigene Situation auf ihn bezogen wird und Gott als Gott ernstgenommen wird.

Aus der Darlegung des Gehorsams Jesu als eines freien Entschlusses seiner menschlichen Freiheit dürfen die anthropologischen Vollzüge nicht ausgeblendet werden, zumal Jesus hinsichtlich seines Menschseins den kreatürlichen Konditionen aller Menschen unterliegt. Indem er den Auftrag des Vaters erfüllt und den sich daraus ergebenden Leidensweg geht, gerät er an unsere Lebensorte. Oben wurde dargestellt, wie er in einer identitären Repräsentation stellvertretend an den Orte der Sünde tritt und ihn in seiner proexistenten Grundhaltung verwandelnd durchleidet. Die folgenden Ausführungen versuchen aufzuzeigen, dass Jesus Christus in derselben identitären Repräsentation stellvertretend auch an den Ort der menschlichen Angst und der korrespondierenden menschlichen Tendenz zu Vermeidung und Flucht tritt, um diese abgründige Realität mit den Menschen solidarisch zu teilen und in der Haltung der Proexistenz durchzustehen. Jesu „Gebetskampf"[17] im Garten Gethsemani expliziert dessen Ringen mit der Angst und erweist die rückhaltlose Offenheit der menschlichen Freiheit Jesu, auch angesichts von Angst und Todesqual die Freiheit des Vaters als Bestimmung anzunehmen, als mühsam erkämpfte Lebensform. Erst am Ende des Gebetskampfes ist die volle Bereitschaft neu errungen.[18] Diesen Kampf gilt es im Folgenden zu rekonstruieren:

4.1. Der Gebetskampf Jesu in Gethsemani

Die lebensgeschichtlichen Vollzüge Jesu sind in die zentrale Relation seiner Sohnschaft (welcher als Freiheit und Wollen eine Geschichte eignet) integriert. Jesus lebt seine Einheit mit Gott geschichtlich, indem er den Willen des Vaters, die Tora, immer wieder neu fragend, suchend, nächtelang betend, am Ölberg Blut schwitzend vor Angst, in sein Tun übersetzt.[19] Die existentielle Verwirklichung des Wollens Jesu muss von der geschichtlichen Auslegung seiner Sohnschaft in menschlicher Geschichte her bedacht werden, zumal wenn „schon die Sohnschaft als ontische Wirklichkeit in menschlich-geschichtlicher Erstreckung ein echtes Werden kennt, dann kann daran die freiheitliche Ergreifung und gehorsame Bejahung dieses Verhältnisses nicht unbeteiligt sein".[20] Der wirklichen Geschichte des Gottesverhältnisses Jesu und seiner Sohnschaft korrespondiert der Werdegang des die menschliche Freiheit Jesu auszeichnenden Gehorsams gegenüber der Freiheit des Vaters. In der menschlichen Freiheit Jesu geschieht zugleich sein sohnschaftli-

---

[15] Vgl. Wiederkehr, D., Entwurf einer sytematischen Christologie, in: MySal 3/1 (1970) 477-648, 239.
[16] Vgl. Reikerstorfer, J., (ThRv 96) (2000) 53-54.
[17] Balthasar, H. U. v., Theologie der drei Tage, Einsiedeln 1990, 100.
[18] Vgl. ebd., 112.
[19] Vgl. Menke, K.-H., Der Gott, der jetzt schon Zukunft schenkt. Plädoyer für eine christologische Theodizee, in: Wagner, H. (Hg.), Mit Gott streiten. Neue Zugänge zum Theodizee-Problem, Freiburg i. Br. 1998, 90-130, 112.
[20] Wiederkehr, D., Entwurf einer systematischen Christologie, 239f.

cher Gehorsam, wie durch diese Auslegung des sohnschaftlichen Gehorsams der Wille des Menschen Jesus zu seiner wahren Freiheit befreit wird.[21] Diesem Werdegang eignen entsprechend aller menschlichen Freiheit Entfaltung und Wachstum. „Weil Wissen und Wollen, Erkenntnis und Freiheit nicht äußere Begleitphänomene der Existenzverwirklichung, sondern ihre vornehmlichste eigene Gestalt sind, deshalb können sie von der geschichtlichen Erstreckung nicht unberührt bleiben, sondern haben eine eigene Geschichte: die Geschichte der erkenntnismäßigen und freiheitlichen Sohnschaft Christi".[22]

Derselbe Jesus Christus, der sich so auf den Vater bezieht, dass in ihm der göttliche Wille gegenwärtig ist, bittet den Vater, an ihm den Kelch vorüber gehen zu lassen. Somit artikuliert sich hier sein Menschsein in äußerster und höchster Gestalt. Als radikal menschliche Freiheit ist Jesu Freiheit demnach auch mit menschlichen Affekten und Bedürfnissen ausgestattet, mit dem Bestreben, das eigene Leben gegen den Tod zu sichern. Die Gewissheit, am Kreuz qualvoll zu sterben, stürzt Jesus in Angst und Betrübtsein bis zum Tod. In Mk 14, 33b werden mit „sich entsetzen" und „in Angst geraten" zwei Verben gebraucht, die dem Wortfeld der emotionalen Erschütterung zuzuordnen sind.[23] Das Gebet Jesu im Garten Getsemani „Abba, Vater, alles ist dir möglich. Nimm diesen Kelch von mir" (Mk 14,34) gehört in die memoria mortis et ressurectionis hinein und ist im Kreuz als eine Phase des Prozesses von Jesu Auseinandersetzung und Hineinfinden in den göttlichen Willen präsent. „Es ist das Gebet eines Menschen wie wir: auch für ihn ist der Schmerz eine Wirklichkeit, der ins Gesicht zu schauen man sich weigert, die zu akzeptieren der Mensch nicht ohne Mühe in der Lage ist und deren Widerhall in allen Schichten der Persönlichkeit zu spüren ist".[24]

Die Tradition der Ölbergbetrachtung am Gründonnerstag dient der liturgischen Vergegenwärtigung dieses Ringens und der korrespondierenden Emotionen. Auch der Hebräerbrief nimmt nichts von der Dramatik der Passion: „Als Christus auf Erden lebte, hat er mit lautem Schreien und unter Tränen Gebete und Bitten vor den gebracht, der ihn aus dem Tod retten konnte, und er ist erhört und aus seiner Angst befreit worden" (Hebr 5,7). Die wahre Menschheit Jesu darf nicht monophysitistisch aufgehoben werden. Auch wenn Mk das theologische Anliegen der Offenbarung des Sohnes Gottes am Kreuz im Blick hat und ihm keine psychologischen Mutmaßungen über Jesu psychische Verfassung im Moment der Kreuzigung unterstellt werden können, wäre es verfehlt, die Härte der Inkarnation der zweiten göttlichen Person zu übergehen. In seiner Menschwerdung hat der Sohn Gottes sich auf die menschliche Realität restlos eingelassen und sie unendlich bejaht. Für Bonhoeffer betet der Psalmenbeter „im Glauben das ganze Christusgebet, das Gebet dessen, der wahrer Mensch war und allein das volle Maß der Erfahrungen dieser Gebete hat".[25] Christus allein hat das Menschsein in all seinen Dimensionen erfahren und erlitten. Gegen den Doketismus brachte schon die frühe Kirche in Anschlag, dass der menschgewordene Sohn Gottes in einem wirklichen Leib wirklich gelitten hat, somatisch und psychisch. Die alexandrinische Distinktion, dass es sich beim Leiden des Sohnes nur um das Leiden von dessen menschlicher Natur handle, ist reduktionistisch. Bei einer derartigen para-

---

[21] Vgl. ebd., 638.
[22] Ebd., 635.
[23] Vgl. FELDMEIER, R., Die Krisis des Gottessohnes. Die Gethsemaneerzählung als Schlüssel der Markuspassion (WUNT II/21), Tübingen 1987, 146ff.
[24] CROUZEL, H., Das Gebet Jesu, in: IKaZ 2 (1973) 1-15, 4f.
[25] Bonhoeffer, D., Gemeinsames Leben. Das Gebetbuch der Bibel (DBW 5), München 1987, 40.

taktischen Einheit von Menschlichem und Göttlichem wird der Inkarnation die Spitze abgebrochen: Es gerät außer Betracht, dass der Gottessohn (bei aller Unvermischtheit) in einer wahren Vereinigung von Mensch und Gott seine göttliche Existenz nunmehr im Modus einer wirklichen menschlichen Existenz lebt, welche durch und durch in Solidarität mit der gottfernen Menschheit lebt. „Alle Theologie, die ... Christus am Kreuz nur in seinem ‚unteren Seelenteil' leiden lässt, während seine Geisthöhe in himmlischer, seliger Schau verweilt, bricht dem Erlösungsdrama die Spitze ab; sie sieht nicht, dass der Sohn als ganzer die Situation der gottabgewendeten, sündigen Welt auf sich nimmt, ja durch seinen absoluten Gehorsam ‚unterwandert' und damit entmächtigt".[26] In Gethsemani ist Jesu Einverständnis mit dem Tod schwer erkämpft. Das Ja geht durch den Gebetskampf hindurch.

In der Gebetsbeziehung ringt Jesus sich durch, auch über den menschlichen Selbsterhaltungswillen hinweg sich preiszugeben, um seine Liebe auch angesichts des kreuzigenden Hasses durchzutragen. Dem Gebetskampf entspricht eine Weg-Christologie: Weil Jesus Christus ganz Mensch ist und sich mit den Menschen in jeder Phase identifiziert, vermag er nicht sofort Ja zu sagen. Auch er muss einen inneren Weg gehen und sich durchkämpfen. In seiner Nachfolge, unter dem Kreuz, ist somit Raum für alle menschlichen Emotionen und Trauerphasen auf dem Wege. Im Gebetskampf hat sich Jesus zum „Abba, Vater... nicht, was ich will, sondern was du willst soll geschehen" (14,36) durchgerungen. Der Schrei in Mk 15,34 muss von diesem Wort Jesu in Getsemani her verstanden werden. „... das Einverstandensein mit einer Über-Forderung, wie sie nur diesem Einen zugemutet werden kann".[27]

Die nachstehenden Ausführungen legen dar, dass die im Gebetskampf mühsam errungene Willenseinheit keinen simplen, selbstverständlichen Vollzug des Willensinhalts zur Folge hat. So wie Jesus Christus in seiner Kenosis mit der letzten sündigen Verlorenheit des Menschen in Kontakt tritt,[28] so tritt er in einer identitären Repräsentation stellvertretend auch an den menschlichen Ort der absoluten Gottverlassenheit und durchleidet sie solidarisch in der Haltung der Proexistenz. Die ihm darin zugemutete Über-Forderung vermag er nur noch im Sprechakt des klagenden Schreies zu artikulieren.

4.2. Jesu Abstieg in die Gottverlassenheit als Grund für den aggressiven Schrei

Die ersten Christen hatten große Mühe, das Ärgernis des Kreuzes angesichts Dtn 21,23 „ein Gehenkter ist ein von Gott Verfluchter" theologisch anzugehen. Um die Bedeutung dieses Todes zu erklären, hat die frühe Kirche seine Passion in den alttestamentlichen Kontext der spirituell und theologisch wichtigen Vorstellung der passio iusti hineingestellt.[29] Der Bezug auf Ps 22 zeigt, dass es sich im Geschick Jesu um die Erfahrung des

---

[26] Balthasar, H. U. v., Ist der Gekreuzigte „selig"? in: IkaZ 16 (1987) 108.
[27] Balthasar, H. U. v., Theodramatik, 4 Bde., Einsiedeln 1973-1983, Bd. III, 218.
[28] Vgl. Balthasar, H. U. v., Mysterium Paschale, in: MySal III/2, 133-326, 200.
[29] Vgl. Ruppert, L., Jesus als der leidende Gerechte? Der Weg Jesu im Lichte eines alt- und zwischentestamentlichen Motivs (SBS 59), Stuttgart 1972, 42ff; vgl. Dormeyer, D., Die Passion Jesu als Verhaltensmodell. Literarische und theologische Analyse der Traditions- und Redaktionsgeschichte der Markuspassion (NTA NF 11), Münster 1974, 248ff.; vgl. Pesch, R., Das Markusevangelium (HThK II/1.2), Bd. 2, Freiburg i. Br. 1977, 13ff.25.

Bedrängtseins durch die Macht des Todes als Schicksal der Gerechten und Frommen, erlitten als Gewalt durch Menschenhände und als Hohn der Frevler, handelt.[30] Der leidende Gerechte muss wegen seiner Treue zu YHWH leiden und fühlt sich in seiner Not von Gott verlassen. Dieses Schweigen Gottes ist sein schlimmstes Leiden. Trotz Erfahrung der Abwesenheit Gottes erweist er sich als treu und vertraut auf den rettenden Gott. In der markinischen Leidensgeschichte wird das Motiv des leidenden Gerechten mit dem des messianischen Königtums verbunden: Auch dem Messias widerfährt als Gerechtem das Schicksal der Gerechten. Das schreckliche Ende Jesu ist keine Widerlegung, sondern eine Bestätigung seines messianischen Anspruchs. Bestand Gottes Wille darin, den Gerechten leiden zu lassen, bevor er ihn erhob und verherrlichte, dann konnte dieser Gotteswille auch den Gerechten vor allen Gerechten betreffen, den Messias. Dann sprach das erfolglose Scheitern Jesu am Kreuz und seine Gottverlassenheit nicht dagegen, dass gerade er der Messias war.[31] Durch den Bezug auf das AT konnte der Tod des Messias in die Heilsgeschichte eingefügt werden. Die Markuspassion ist dadurch charakterisiert, dass die alttestamentlichen Texte nie als Teiltexte gekennzeichnet und nie wie Texte anderer Herkunft behandelt werden, sondern stets als integrale Elemente des von Markus gebotenen Textes fungieren, welche die Erzählung im Horizont der religiösen Erfahrungen Israels deuten.[32] Unter Rückgriff auf die Psalmen Israels vermochte die markinische Gemeinde sprachlich zu „fassen", was an Jesu Leben und Tod unfassbar war, so dass die erste Deutereaktion auf das Schicksal Jesu von jener jüdischen Klage-Spiritualität evoziert, welche der Sterbende wie auch die Hinterbliebenen aus ihrer jüdischen Tradition her kannten und lebten.[33] Die Referenz auf die Psalmen stellt die Rahmenbedingung für die Formulierung des Auferweckungsglaubens dar, so dass „die neutestamentliche Christologie... weithin ,Psalmen-Christologie' (ist)".[34] Die Bedeutung der alttestamentlichen Klagespiritualität für das christliche Verständnis von Tod und Auferweckung Jesu bildet die Grundlage dafür, dass die Klagepsalmen ein integraler Bestandteil des christlichen Gebets sind.[35]

Für Schenke ist die Verknüpfung mit Ps 22 ein Indiz dafür, dass der Schrei von Anfang an in der Überlieferung präsent ist.[36] Auch für Gese ist „die älteste Darstellung des zentralen Ereignisses des Todes Jesu ... verborgen unter dem Schleier von Ps 22. Damit werden wir hier nicht nur eine alte Interpretation des Todes Jesu vor uns haben, sondern, wie mir scheint, das älteste Verständnis des Golgothageschehens".[37] Mk zeichnet die Passion Jesu als einen Weg in eine immer größere Einsamkeit: Die Jünger lassen ihn im Stich, Petrus verleugnet ihn, die religiöse Autorität lehnt ihn ab, die Menge wendet sich von ihm ab, auch die Mitgekreuzigten gehen auf Distanz. In dieser Erzählfolge bildet der

---

[30] Vgl. Löning, K., Die Funktion des Psalters im Neuen Testament, in: Zenger, E. (Hg.), Der Psalter in Judentum und Christentum (HBS 18), Freiburg i. Br. 1998, 269-295, 271.
[31] Vgl. Schenke, L., Der gekreuzigte Christus, 106f. Versuch einer literarkritischen und traditionsgeschichtlichen Bestimmung der vormarkinischen Passionsgeschichte (SBS 69), Stuttgart 1974, 106f.
[32] Vgl. Löning, K., Die Funktion des Psalters im Neuen Testament, 271.
[33] Vgl. Fuchs, O., Art. Klage, NBL 2 (1995) 489-493, 492.
[34] Zenger, E., Das Buch der Psalmen, in: ders. u.a., Einleitung in das Alte Testament (Studienbücher Theologie 1,1), 4. Aufl., Stuttgart 2001, 309-326, 326.
[35] Vgl. Janowski, B., Konfliktgespräche mit Gott. Eine Anthropologie der Psalmen, Neukirchen-Vluyn 2003, 365.
[36] Vgl. Schenke, L., Der gekreuzigte Christus, 96.
[37] Gese, H., Ps 22 und das Neue Testament, in: ZThK 68 (1968), 17.

4.2. Jesu Abstieg in die Gottverlassenheit als Grund für den aggressiven Schrei

vom Gekreuzigten artikulierte Schrei den Kulminationspunkt, zumal auch Gott schweigt. Während Gese die Meinung vertritt, nicht nur Ps 22,2, sondern der ganze Psalm bilde den Anknüpfungspunkt für den Bericht vom Tod Jesu,[38] sprechen laut Rossé folgende Indizien gegen diese Auffassung:[39] Die Einführung „Jesus rief mit lauter Stimme" richtet die Aufmerksamkeit auf den Inhalt des Verses Ps 22,2, nicht auf den ganzen Psalm. Dieser Vers wird nicht in der offiziellen Psalmensprache Hebräisch, sondern auf Aramäisch, der Muttersprache Jesu, überliefert. Dies schließt aus, dass Mk den ganzen Psalm im Blick hatte. Zudem fügt er wie bei anderen aramäischen Worten Jesu (z. B. in Mk 5,41 „talitha kum") die Übersetzung hinzu. Bei der Erinnerung an einen alttestamentlichen Text hätte Mk wie in 14,27 „wie geschrieben steht" oder dergleichen addiert.

Auch nach Gut hat Jesus nur Ps 22,2 zitiert, so dass nur der Schrei der Gottverlassenheit bleibt.[40] Für Gnilka ist evident: „Angelpunkt der Psalmreflexion ist der Eingangsvers, der vom Gekreuzigten zitiert werden wird".[41] Der Schrei Mk 15,34 kann nicht von anderen Bezügen auf Ps 22 im Passionsbericht getrennt werden: Das Verteilen der Kleider 15,24 bezieht sich auf Ps 22,9, das Kopfschütteln der Passanten und die Verspottung von 15,29-32 auf Ps 22, 7-9. Diese Elemente werden in umgekehrter Reihenfolge erwähnt, von hinten her aufgerollt.[42] Während beim Psalm die Klage des Beters der die Klage auslösenden Situationsbeschreibung vorausgeht, ist beim Kreuzigungsbericht das Schema umgekehrt: Voraus geht die Beschreibung der Qualen des Gekreuzigten (vgl. Ps 22,19, dann 7-9), welche den Verlassenheitsschrei provozieren (Ps 22,2). Die umgekehrte Anordnung der Elemente von Ps 22 in Mk/Mt schließt aus, dass der Schrei Jesu als einfache Überschrift oder als Hinweis darauf verstanden wird, dass er den gesamten Psalm beten und mit dem Lobpreis schließen wollte. „Die Frage Jesu, die am Ende der Schmähungen steht..., ist durch eben diese verursacht; sie bleibt eine Frage und muss es bleiben".[43] Diese Gründe optieren dafür, dass Mk mit dem Schrei des Gekreuzigten dessen Verlassenheit zum Ausdruck bringen wollte. Jesu Tod passt sich nicht dem inneren Duktus der Klagepsalmen an, die mit einem Vertrauensgebet und dem Lobpreis enden. Sterbend schreit Jesus Gott die Warumfrage entgegen. Dieses Schreien ist kein Schrei um Hilfe oder um Rache, sondern der Schrei nach Gott selbst.[44]

Im Schrei der Gottverlassenheit Mk 15,34 „Eloi, Eloi, lema sabachtani? das heißt übersetzt: Mein Gott, mein Gott, warum hast du mich verlassen"? artikuliert sich in einer *Vorwurfs-Frage* die letzte Steigerung seiner Einsamkeit, wobei die Finsternis Mk 15,33 den Hintergrund dafür bildet. In Jesus kommt eine Empfindung abgrundtiefer Verlassenheit zum Ausdruck, so dass die nicht zu steigernde Einsamkeit in seine Frage an Gott mündet, in das Warum dieser Verlassenheit.[45] Folgende Indikatoren erhöhen das Gewicht des der aramäischen Fassung von Ps 22,2 entsprechenden Schreis: „Mit lauter Stimme rufen" ist oft Auftakt für ein besonders intensives Gebet.[46] Nach Mk (und dem ihm darin

---

[38] Vgl. Gese, H., Psalm 22 und das Neue Testament. Der älteste Bericht vom Tode Jesu und die Entstehung des Herrenmahles, in: ders., Vom Sinai zum Zion (BEvTh 64), 3. Aufl., München 1989, 180-201, 193ff.
[39] Vgl. Rossé, G., Verzweiflung, Vertrauen, Verlassenheit? Jesu Schrei am Kreuz, München 2007, 72ff.
[40] Vgl. Gut, T., Der Schrei der Gottverlassenheit. Fragen an die Theologie (ThStB. 140), Zürich 1994, 25f.
[41] Gnilka, J., Das Evangelium nach Markus (Mk 8,27-16,20) 5. Aufl., Neukirchen-Vluyn 1999, 317.
[42] Vgl. Ebner, M., Klage und Auferweckungshoffnung im Neuen Testament, JBTh 16 (2001) 73-87, 77.
[43] Aletti, J.-N., Mort de Jésus et théorie du récit, in: RSR 73 (1985), 150f.
[44] Vgl. Stauffer, E., Art. „boao", in: ThWNT Bd. I, Stuttgart 1933, Sp. 626,14.
[45] Vgl. Focant, C., L'Evangile selon Marc (Commentaire biblique: Nouveau Testament 2), Paris 2004, 573.
[46] Vgl. Dormeyer, D., Die Passion Jesu als Verhaltensmodell, 200.

folgenden Mt) ist dies das einzige von Jesus am Kreuz ausgesprochene Wort. Zudem ist es in griechischer Lautschrift wiedergegeben und dann ins Griechische übersetzt worden. Markus transkribiert das aramäische Wort „Elahi" in „Eloi". In den Manuskripten kommt es zu einer Schwankung zwischen lama (hebräisch) und lema (aramäisch). Die griechische Übersetzung des Mk entspricht dem aramäischen Text. Während die Septuaginta eine kausale Bedeutung vertritt „warum (hinati) hast du mich verlassen?", kommt es bei Mk zu einer Verschiebung mit finaler Bedeutung: „zu welchem Ziel?" Christoph Dohmen optiert für die Übersetzung mit „wozu", welches eine von Gott erhoffte und als rettende ihm zugetraute Zukunft eröffnet und die Sinnfrage provoziert.[47] Walter Groß plädiert für die Übersetzung mit „warum", zumal es Jesu Gottverlassenheit und seinem völligen Unverständnis angesichts solcher Verlassenheit Ausdruck verleihe und weniger Jesu Wunsch artikuliere, um das „wozu" dieser Verlassenheit zu wissen.[48]

Wolfgang Fritzen sieht in Jesu Schrei semantisch und pragmatisch eine Beziehungsaussage: „Du bist doch mein Gott! Wie kann es da sein, dass du mich verlassen hast"?[49] Jesu Worte stellen eine Beziehungsaussage in direkter Gott-Anrede im Gebet dar, so dass auch die Antwortsuche auf der Beziehungsebene zu suchen ist. Sein völliges Unverständnis ist umso verständlicher, als er als „geliebter Sohn" (Mk 9,7) in einer besonderen Beziehung zum Vater lebt. Wenn er so in der Nähe Gottes, seines Reiches und seiner Gnade lebte und die Glaubensentscheidung an seine Person band, konnte er seine Auslieferung zum Fluchtod am Kreuz nicht als bloßes Missgeschick oder als menschliches Missverständnis verstehen, sondern musste sie als Verlassenheit von eben dem Gott erfahren, den er „meinen Vater" zu nennen gewagt hatte. Die intensive Beziehung zum Vater ermöglicht erst die tiefe Enttäuschung.[50] Deshalb genügt es nicht, Ps 22,2 im Licht des AT als Schrei des leidenden Gerechten im Klagepsalm zu deuten.

Das Kreuz ist der äußerste Ausdruck der Solidarisierung und Identifizierung Jesu mit den sich „ganz unten" befindenden, gottverlassen sich empfindenden Menschen und den Opfern im Sinne von passiv leidenden Gewaltopfern (victimae). Im Kreuzestod Jesu radikalisiert sich die Solidarität und Identifikation Gottes mit den Armen und Unterdrückten. Jesus tritt stellvertretend an deren Lebensort und verleiht dem ohnmächtigen Opferstatus seine unableitbar originäre Dignität. Sein Opferstatus bildet die letzte, akzeptierte Konsequenz seiner unzweideutigen solidarischen Praxis, seines radikalen Eintretens für gerechte Beziehungen zugunsten der an den Rand Gedrängten, seiner Parteinahme für die Seite der Leidenden und Geschlagenen. Indem Jesus an seiner Praxis der Solidarität mit den Bedrängten und Ausgestoßenen festhält, wird er zum Gewaltopfer. Das Kreuz ist auch Konsequenz des Kampfes Jesu gegen das menschliche Leid.[51] Es legt Zeugnis davon ab, dass er den gewalttätigen Tod ohne Gegengewalt als letzte Konsequenz dieses Lebens annimmt.[52]

---

[47] Vgl. Dohmen, C., Wozu, Gott? Biblische Klage gegen die Warum-Frage im Leid, in: Steins, G. (Hg.), Schweigen wäre gotteslästerlich. Die heilende Kraft der Klage, Würzburg 2000, 113-125.

[48] Diese Einschätzung entstammt einem mündlichen Austausch mit Walter Groß am 10.4. 2007.

[49] Fritzen, W., Von Gott verlassen? Das Markusevangelium als Kommunikationsangebot für bedrängte Christen, Stuttgart 2008, 347.

[50] Vgl. Gut, T., Der Schrei der Gottverlassenheit, 33.

[51] Vgl. Koch, K., Durch-kreuz-ter Glaube. Das Kreuz Jesu Christi als Kerngeheimnis christlicher Theologie, in: Mödl, L. (Hg.), Ein sperriges Zeichen. Praktisch-theologische Überlegungen zur Theologie des Kreuzes, München 1997, 12-52, 19.

[52] Vgl. Kreinecker, C. M., Das Leben bejahen: Jesu Tod, ein Opfer, 39ff.

Indem Jesus den Befreiungsauftrag erfüllt und sich in die äußerste Verlassenheit begibt, ist er mehr denn je eins mit dem Willen Gottes. Im Kreuz sind Jesus und sein Gott und Vater sowohl durch die Verlassenheit aufs Tiefste getrennt als auch aufs Innigste eins in der Hingabe. „Denn aus dem Kreuzesgeschehen zwischen dem verlassenden Vater und dem verlassenen Sohn geht die Hingabe selbst hervor, das heißt der Geist".[53] Der Schrei der Verlassenheit ist paradoxerweise der Gipfel der Einheit zwischen Jesus und seinem Gott. Der äußerste Gehorsam Jesu im Schrei zeigt auf, dass es ihm nicht um Revolte oder letztes Aufbegehren gegen Gott zu tun ist, sehr wohl jedoch um Protest propter nostram salutem. Indem Jesus bis in die äußerste Konsequenz hinein in freier Bindung an dem Willen seines Vaters festhält und darin seine messianische Sendung erfüllt, geht er zugleich seiner Identität als Sohn bis auf den Grund: eines Sohnes, der bis ins Letzte in der Erwartung lebt, von Gott (seinem Vater) das Leben und die Bestätigung seines Sohnseins zu empfangen. In der völligen Offenheit für den Vater und Abhängigkeit von ihm bzw. persönlichen Übergabe an ihn im Schrei lebt und zeigt der sterbende Jesus in seinem Menschsein das, was er von jeher ist: der eingeborene Sohn. „Ja man könnte sagen, dass er auf diese Weise am Kreuz in seinem Mensch-Sein an der göttlichen Zeugung als Sohn teilnimmt".[54] Indem Jesus Christus im Kreuzesgeschehen ganz und gar vom Vater her und auf ihn hin existiert, erweist er sich als Sohn des Vaters.[55] In dieser äußersten Leere ist er zur Hohlform für Gottes Fülle geworden. Deshalb führt der Gebetsschrei den zusehenden Centurio zu dem umfassenden Glaubensbekenntnis. „Wahrlich, dieser Mensch war Gottes Sohn (15,39)".[56] Erst von Tod und Auferstehung her wird die Messianität Jesu eindeutig; Jesu Passion ist gleichsam der Ort der vollendeten und dichtesten Offenbarung seiner messianischen Gottessohnschaft.[57] Die sich in den Wundern und Machttaten ereignende Offenbarung des Sohnes Gottes erfährt ihre notwendige Ergänzung und Aufgipfelung im Kreuz.[58] Im Tod unter dem Vorzeichen der Verlassenheit verkörpert Jesus paradoxerweise seine Gottessohnschaft in höchstem Maße und offenbart diese.

Am Schluss ist Jesus mit seinem Gott als einzigem Gesprächspartner allein. Die Verlassenheitserfahrung betrifft unmittelbar seine persönliche Gottesbeziehung, aus der er ganz lebt. Durch den Klageschrei tritt Jesus mit dem Vater in Kontakt und nimmt die menschliche Abgründigkeit in seine Beziehung zu demselben hinein.

4.3. Der Schrei im Kontext einer trinitarischen Christologie

Damit Gott die leere Verlassenheit nicht nur tautologisch perpetuiert, ist es erforderlich, dass Jesus mit dem Vater in Beziehung bleibt. In völligem Nichtverstehen klammert er

---

[53] Moltmann, J., Concilium 8 (1972) 409.
[54] Rossé, G., Verzweiflung, Vertrauen, Verlassenheit? Jesu Schrei am Kreuz, 88.
[55] Vgl. Hünermann, P., Jesus Christus – Gottes Wort in der Zeit. Eine sytematische Christologie, Münster 1997, 122.
[56] Die Interpretation von Mk 15,39 als vollgültiges Glaubensbekenntnis vertreten: Gnilka, J., Neutestamentliche Theologie. Ein Überblick (NEB Erg. 1), Würzburg 1989, 35; Söding, T., Glaube bei Markus. Glaube an das Evangelium, Gebetsglaube und Wunderglaube im Kontext der markinischen Basileiatheologie und Christologie (SBB 12), Stuttgart 1987, 251f.
[57] Vgl. Scholtissek, K., Die Vollmacht Jesu, 223.
[58] Vgl. Gnilka, J., Das Evangelium nach Markus (Mk 8,27-16,20), 325.

sich weiter an ihn, wirft er sich im Schrei ihm entgegen. Der Schrei ist keine Manifestation des Unglaubens, sondern sucht auch dort die Beziehung zum Vater, wo dieser zu schweigen scheint. Jesus stirbt mit einer direkten und offenen Frage an das Schweigen Gottes. Diese Warum-Frage richtet sich auch in der Todesstunde an Gottes Adresse, zumal er allein ihn retten kann.[59] Auch für Jesus selbst gilt, was E. Jüngel auf die Theologie bezieht: Sie hat sich „des Schreis nach Gott nicht zu schämen...Denn als Theologie des Kreuzes lenkt sie den angefochtenen Glauben auf seinen Ursprung...zurück".[60] Der Schrei drückt inmitten aller Fremdheit auch eine Weise des Naheseins aus. „Er ist Ausdruck dafür, dass Gott mir gerade in seiner Göttlichkeit, d. h. in seiner Unfasslichkeit und Unaussprechlichkeit, so nahe gekommen, so nahe gegangen ist, dass ich dies nur im Schrei ausdrücken kann, dass ich nur nach ihm schreien kann...In diesem Schrei, und gerade in ihm, ist Gott ‚da', ereignet sich Dasein Gottes".[61] Laut Metz ist der Schrei die Art, wie Gott in seiner Transzendenz, in seiner Abwesenheit und Ferne, nahe ist. Im Schrei sucht er Menschen in seiner unbegreiflichen Göttlichkeit heim.

Die Härte des Schreis der Gottverlassenheit und mit ihm die Härte der Inkarnation darf nicht abgeschwächt werden.[62] Bei einer Überblendung mit Lk 23,46 wäre der Schrei theologisch entschärft und entradikalisiert. Die Worte Jesu erfahren nur im jeweiligen Evangelium ihren adäquaten Stellenwert, sie können nur im Kontext des jeweiligen Evangeliums angemessen interpretiert werden. Bei Lk gehört das letzte Wort Jesu in einen anderen Kontext: In Lk 23,46 dominiert eine Atmosphäre des Vertrauens und Friedens, die bis zum Tod Jesu anhält. Jesus liefert sich als Sohn vertrauensvoll in die Hände des Vaters aus: „Vater, in deine Hände lege ich meinen Geist". Der Schrei wird durch das Gebet aus Ps 31,6, einem Psalmvers aus dem jüdischen Abendgebet, ersetzt. Duquoc optiert dafür, nicht nur auf eine Harmonisierung der Erzählungen zu verzichten. „Ebenso falsch wäre es, den Gesichtspunkt des einen oder anderen Evangelisten vorzuziehen. Die Theologie der Verlassenheit Jesu am Kreuz kann daher nicht die lukanische Perspektive auslassen, in der die Hoffnung Jesu auf Gott, seinen Vater, hervorgehoben wird".[63] Zwar gilt es, sich jeder Todes-Erfahrung jeweils ungeteilt zuzuwenden und sie stehen zu lassen. Mk 15,34 und Lk 23, 46 stehen jedoch auch in einem Spannungs- und Ergänzungsverhältnis, so dass die eine Bibelstelle auf die andere verweist, sie auslegt und ergänzt.

In Mk 15, 38 („und der Vorhang zerriss in zwei Teile von oben bis unten") ist die Entfernung des Vorhangs als Eröffnung des Zugangs zu Gott für die Nichtpriester und Heiden bzw. als Offenbarung von Gottes Majestät zu verstehen.[64] Im Tod Jesu geschieht Eröffnung des Zugangs und Offenbarung Gottes. Das Zerreißen des Vorhangs bringt etwas Neues ein, Gott enthüllt sich im Kreuz seines Sohnes und wird für alle zugänglich.

---

[59] Vgl. Berger, K., Historische Psychologie des Neuen Testaments (SBS 146/47), Stuttgart 1991, 149.
[60] Jüngel, E., „Meine Theologie" – kurz gefasst, in: Ders., Wertlose Wahrheit. Zur Identität und Relevanz christlichen Glaubens. Theologische Erörterungen III, München 1990, 1-15, 14.
[61] Metz, J. B., Memoria Passionis. Ein provozierendes Gedächtnis in pluralistischer Gesellschaft, Freiburg i. Br. 2006, 100.
[62] Vgl. die Abschwächung des apokryphen (pseudepigraphen) Petrusevangeliums EvPt 19 zu Beginn des 2. Jahrhunderts: „Der Herr schrie: Meine Kraft, meine Kraft, du hast mich verlassen!" Jesus beklagt das Schwinden seiner körperlichen Kräfte.
[63] Duquoc, C., Christologie. Essai dogmatique, II, Paris 1972, 44.
[64] Vgl. Lohse, E., Märtyrer und Gottesknecht. Untersuchungen zur urchristlichen Verkündigung vom Sühnetod Jesu Christi (FRLANT 46), Göttingen 1955, 38.

4.3. Der Schrei im Kontext einer trinitarischen Christologie

„Offenbarung und Zugang ereignen sich schon jetzt".[65] Laut H.-J. Klauck versinnbildlicht das Zerreißen des Tempelvorhangs in zwei Stücke „von oben nach unten" in Entsprechung zur Spaltung des Himmels und zum Herabsteigen des Geistes bei der Taufe Jesu (Mk 1,10) den Zugang zu Gott.[66] Gott selbst legt den Zugang zum Ort seiner Anwesenheit frei. Nach Paul Claudel bohrt sich der Lanzenstich „hinab bis in den Knoten der Trinität".[67] Jesus Christus ist inmitten dieses Äons, inmitten der Passion und inmitten des physischen Sterbens Beziehung zu Gott.[68] Mit dem Schrei Mk 15,34 bricht in Jesus die ganze Leidensgeschichte Israels durch und (darin fokussiert) ist die Leidensgeschichte der gesamten Menschheit gegenwärtig.[69] Wenn der Mensch Jesus wahrer Gott ist, dann ist Gott an sich selbst vom Mysterium des Leidens eingeholt, ist er leidensfähig. Aufgrund seiner Menschwerdung bestimmt die menschliche Erfahrungswelt Gott nun deshalb in einer durch die Geschichte vermittelten Weise, weil Gott selbst in sie eingegangen ist und in der Person des Sohnes menschliche Entwürdigung und Todesangst an sich selbst erfahren hat, sodass nun auch der eine Gott nicht mehr ohne diese Geschichte zu denken ist.[70]

Durch die Inkarnation der zweiten göttlichen Person ist die menschliche Erfahrungswelt in Gott hineinnehmbar und wird innergöttlich vom erhöhten Herrn vertreten, der auch als zum Vater Heimgekehrter der menschgewordene Gottessohn bleibt, „der mit den Leidmalen auch den menschlichen Widerspruch in Gott hinein trägt".[71] Jesu menschliche Erfahrungen reichen generativ in die göttlichen Erfahrungen hinein. Mit seinen Wundmalen (vgl. Lk 24, 39-40) holt der Auferstandene das Leiden der ganzen Menschheit in Gott hinein. Der zurückgekehrte Sohn hat ein substantielles Bewusstsein für das menschliche Leiden und bringt es in die innertrinitarischen Beziehungen ein.[72] Das Innerste Gottes lässt sich von den menschlichen Erfahrungen berühren, auch wenn es ihnen gegenüber immer je unähnlicher und größer ist. Wenn auch die ökonomische Trinität die immanente ist und umgekehrt,[73] ist die strikte Analogie zu wahren, die unterscheidende Grenze zwischen heilsökonomischer und immanenter Trinität: Um an der Eigenwürde menschlichen Leidens festhalten zu können, ist an der bleibenden Differenz von Gott und Mensch festzuhalten, „so dass gelten muss: Nicht darf dieses Leid in einer Weise in Gott hinein genommen werden, dass es nun nicht mehr in seiner diesen klagend-anklagenden Fraglichkeit vor Gott stünde".[74] K. Rahner verwahrt sich entschieden gegen eine Mitleidenssemantik, die Gott tautologisch im Leiden versinken lässt: „Um –einmal primitiv gesagt –

---

[65] Gnilka, J., Das Evangelium nach Markus (8,27-16,20), 324.
[66] Vgl. Klauck, H.-J., Vorspiel im Himmel? Erzähltechnik und Theologie im Markusprolog (BThSt 32), Neukirchen-Vluyn 1997, 91f.
[67] Claudel, P., Hymne an das Heiligste Herz, zit. n. Hoffmann, N., Herz-Jesu Frömmigkeit und Sühne, in: Scheffczyk, L. (Hg.), Christusglaube und Christusverehrung, Aschaffenburg 1982, 203.
[68] Vgl. Menke, K. H., Die Einzigkeit Jesu Christi im Horizont der Sinnfrage, Einsiedeln 1995, 169.
[69] Vgl. Marquard, F.-W., Die Gegenwart des Auferstandenen bei seinem Volk Israel, München 1983, 18.
[70] Vgl. Striet, M., Konkreter Monotheismus als trinitarische Fortbestimmung des Gottes Israels, in: Ders. (Hg.), Monotheismus Israels und christlicher Trinitätsglaube, 155-198, 195.
[71] Fuchs, O., Gottes trinitarischer „Offenbarungseid" vor dem „Tribunal" menschlicher Klage und Anklage, in: Striet, M. (Hg.), Monotheismus Israels und christlicher Trinitätsglaube, 271-295, 275.
[72] Vgl. Striet, M., Konkreter Monotheismus, 180.
[73] Vgl. Rahner, K., der dreifaltige Gott als transzendenter Urgrund der Heilsgeschichte, in: Feiner, J., Löhrer, M. (Hg.), Mysterium Salutis. Grundriss heilsgeschichtlicher Dogmatik, Bd. 2, Einsiedeln 1967, 317-401, 328. Dazu Hilberath, B. J., Der Personbegriff der Trinitätstheologie in Rückfrage von Karl Rahner zu Tertullians „Adversus Praxean" (ITS 17), Innsbruck 1986, 30-40, 45-54.
[74] Striet, M., Konkreter Monotheismus, 162.

aus meinem Dreck und Schlamassel und meiner Verzweiflung herauszukommen, nützt es mir doch nichts, wenn es Gott – um es einmal grob zu sagen – genau so dreckig geht".[75] Die Welt in ihrer Geschichtlichkeit wird nicht so in Gott hineingenommen, dass sie in hegelscher Manier als ein aufgehobenes Moment in dem einen innergöttlichen Prozess der Selbstwerdung Gottes zu verstehen ist. Das Individuelle in seiner vor Gott unveräußerbaren Eigenwürde wird auch von Gott selbst behauptet und darf nicht um der Theodizee des Ganzen willen der „Vorstellung einer durch ihre Antagonismen hindurch harmonischen Totalität" geopfert werden.[76]

Gott ist auf freiwillige, göttliche Weise in die menschliche Unheilsgeschichte eingestiegen, um mit dem äußersten Tiefpunkt in Kontakt zu treten. Wenn Gott leidet, dann leidet er auf göttliche Weise, das heißt, sein Leiden ist Ausdruck seiner Freiheit; er lässt sich in Freiheit davon treffen.[77] Er ist über seine Leidempfindlichkeit hinaus unendlich mehr und anders. Nur die Souveränität Gottes vermag als solche eschatologisch zu retten: „Gott ist von seinem Wesen her nicht leidend, dem souveränen Gott kann kein Leid zugefügt werden; jedoch bestimmt sich Gott selbst – also aktiv – zum Mit-Leiden;... so macht er sich leidensfähig und anthropodizee-empfindlich".[78] Die Klage respektiert das Gottsein Gottes, seine Souveränität und Freiheit, und das Menschsein der Menschen, die Würde der Geschundenen: Sie lässt Gott als Gegenüber des Menschen bestehen, um aus der menschlichen Selbstachtung heraus den Widerspruch anzumelden und die widerständige Differenz zwischen Mensch und Gott zur Sprache zu bringen.[79] In seiner äußersten Erniedrigung und in der Annahme des Sterbens nahm Jesus die äußerste Konsequenz seiner Selbstunterscheidung vom Vater auf sich und bewährte sich gerade darin als der Sohn

---

[75] Rahner, K., Im Gespräch, Bd. I (1964-1977), hg. v. Imhoff, P., Bialowons, U. H., München 1982, 245.
[76] Adorno, T., Minima moralia. Reflexionen aus dem beschädigten Leben, GS 4, Darmstadt 1998, 15.
[77] Vgl. Kasper, W., Der Gott Jesu Christi, Mainz 1982, 242.
[78] Hilberath, B. J., Was würde ich einem Christen vorschlagen, wenn er in der säkularen Welt von Gott sprechen will, in: Henrich, D. u. a., Die Gottrede von Juden und Christen unter den Herausforderungen der säkularen Welt, Münster 1997, 51-71, 65.
[79] Albert Camus' Protestatheismus sieht im christlichen Glauben den raffinierten Versuch, die Grundfragen des revoltierenden Menschen (Leid und Tod) einer Scheinlösung zuzuführen. Wenn Gott selbst, unschuldig an allem Leid und Tod in der Welt, durch sein Leiden und seinen Tod die abgrundtiefe Verzweiflung des Men- schen erlebt und teilt, kann er nicht mehr zur Verantwortung gezogen werden. Weil der unschuldige Gott selbst das Leid erlitten hat, ist kein Leiden mehr ungerecht. Die erlösende Versöhnung zwingt dann zur Resignation angesichts des Leids und der universellen Ungerechtigkeit; vgl. ders., Actuelles, Paris 1950, 46: „Das Christentum ist in seinem Wesen... eine Lehre der Ungerechtigkeit. Sie gründet sich auf das Opfer eines Unschuldigen und die Annahme dieses Opfers. Die Gerechtigkeit dagegen... ist nicht ohne Revolte zu erwirken". Der einzige Wert besteht in der Revolte des Menschen gegen sein Schicksal. Der Kerngedanke Camus' findet sich in: Ders., La Peste, Berlin 1961, 233: „Kann man ohne ein Heiliger sein? Das ist das einzig wirkliche Problem, das ich heute kenne". Die absurde Welt mit ihrem Leid ist unvereinbar mit der Existenz eines Gottes der Liebe. In „La Peste" sagt Dr. Rieux zu Pater Paneloux: „... ich werde mich bis in den Tod hinein weigern, die Schöpfung zu lieben, in der Kinder gemartert werden" (199). Camus Revolte gegen Gott ist primär kein Atheismus, sondern fordernder Protest. Vgl. ders., L'homme révolté, Hamburg 1961, 29: „Zu gleicher Zeit, da der Revoltierende sich gegen seine Sterblichkeit verwahrt, weigert er sich, die Macht anzuerkennen, die ihn darin leben lässt. Wer metaphysisch revoltiert, ist also nicht unweigerlich ein Gottesleugner, wie man glauben könnte, aber er ist notwendigerweise ein Gotteslästerer. Nur lästert er zuerst im Namen der Ordnung, indem er in Gott den Vater des Todes und den größten Skandal entdeckt". Angesichts der Tatsache, dass Camus sich der ganzen Tragik unbegreiflichen Leids auf äußerst redliche Weise stellt, stellt sich die Frage, warum er seinen Protest nicht auch im Sprechakt der direkten Gottesanklage verbalisiert und somit der Protest nicht zwingend den Atheismus zur Folge hätte, sondern eine „schwierige" Gottesbeziehung, in welcher die Anklage gerade ernst genommen würde.

4.3. Der Schrei im Kontext einer trinitarischen Christologie

des Vaters.[80] Der Sohn Gottes vertritt in Gott das Leiden und klagt „gegen" Gott.[81] Die Widersprüchlichkeit von Jesu Gotteserfahrung zwischen Geborgenheit und und Verlassenheit ist auch ein innerster Bestandteil der innertrinitarischen Vater-Sohn-Beziehung.

Auch die innertrinitarischen Beziehungen sind davon nunmehr ins eigene „Mark" betroffen. Alle menschlichen Klagen werden vom gemarterten Gekreuzigten in Gott selbst gegen sein eigenes Herz ausgesprochen.[82] Christus bringt die der Liebe Gottes entgegenstehende Wirklichkeit des Leidens zum Widerspruch. In den menschlichen Schreien schreit Christus innergeschichtlich und zugleich als der in Gott existierende Gottessohn, so dass das menschliche Leid in Gott selbst erhört und erlitten wird und die Rückfragen den jenseitigen Gott im Zentrum seiner selbst treffen. Für von Balthasar ist evident, dass der Gekreuzigte mit uns nach oben schaut, „dass er mit uns zusammen schreien will zu ihm, der entschwand".[83] Christus vertritt auf der Seite der Opfer auch die unabgegoltenen Klagen der Menschen gegenüber dem Vater;[84] Jesu Klage macht die stumme menschliche Not beredt. Die Sprachnot, das stumme Entsetzen, die vielen unbeantworteten Klagen der Verzweifelten und Verzagten werden vom Gekreuzigten mit hinein genommen in die Bewegung zum Vater, „der den Schrei auf Golgotha nicht ungehört verhallen ließ, sondern den Gekreuzigten aus dem Tod erweckte".[85]

Die von Jesus Christus zum Widerspruch gebrachte Realität des Leids baut um der Solidarisierung willen innertrinitarisch eine Distanz auf: Soll die unveräußerbare Eigenwürde des Einzelnen vor Gott vertreten werden, muss die Realdifferenz menschlicher Freiheit zur göttlichen Freiheit pneumatologisch gedacht werden.[86] Der Geist erhält in der äußersten Verlassenheit Jesu am Kreuz die Verbindung mit dem Vater. Im Akt der Selbstentäußerung ist der Geist als der beide nur noch in der Ausdrucksform der Trennung Einigende.[87] Die Trennung zwischen Gott und Gott wird vom Geist als dem subsistierenden „Wir" überbrückt.[88] Er hält während der Passion die innergöttliche Diastase zwischen Vater und Sohn in ihrer ökonomischen Gestalt aufrecht, so dass Anzeichen der höchsten Einigung ist, was als Anzeichen der Trennung von Vater und Sohn erscheint.[89] Der „für uns mit unaussprechlichem Seufzern" (Röm 8,26) eintretende Geist lässt Gott die Schreie von innen hören. Das Band der Liebe ist nicht auf eine oberflächliche Harmonie angewiesen, sondern vermag im Geist des Widerspruchs gegen das Leid auch widersprüchlich gedacht zu werden.[90]

Was tritheistisch anmutet, ist Ausdruck der je größeren, den Widerspruch aus- und zusammenhaltenden, unendlichen Liebeskraft des Geistes. Das vinculum amoris des

---

[80] Vgl. Pannenberg, W., Systematische Theologie Bd. I, 341.
[81] Vgl. Fuchs, O., Gottes trinitarischer „Offenbarungseid", 278.
[82] Vgl. ebd., 276.
[83] Balthasar, H. U. v., Der Kreuzweg der St. Hedwigs-Kathedrale in Berlin, XII Station, Einsiedeln-Trier 1989.
[84] Vgl. Fuchs, O., Unerhörte Klage über den Tod hinaus!, in: JBTh Band 16 (Klage), Neukirchen-Vluyn 2001, 347-379.
[85] Tück, J. H., Mit dem Rücken zu den Opfern der Geschichte? Zur trinitarischen Kreuzestheologie Hans Urs von Balthasars, in: Striet, M. (Hg.), Monotheismus Israels und christlicher Trinitätsglaube (QD 210), Freiburg i. Br. 2004, 199-235, 233.
[86] Vgl. Striet, M., Konkreter Monotheismus, 162.
[87] Vgl. Balthasar, H. U. v., Herrlichkeit. Eine theologische Ästhetik, III/2, Theologie, 2. Teilband, Neuer Bund, Einsiedeln 1969, 198.
[88] Vgl. Balthasar, H. U. v., Theodramatik III, 301.
[89] Vgl. ders., Theodramatik IV, 237.
[90] Vgl. Fuchs, O., Gottes trinitarischer „Offenbarungseid", 275.

Heiligen Geistes hat die Kraft, die in Gott hineingetragene Solidarität mit dem „Außen" der Menschheit innertrinitarisch zusammenzuhalten.[91] Die einzigartige Sohn-Vater-Beziehung nimmt die Fremdheit in sich auf, die unendliche Bindungsmacht des Heiligen Geistes muss umso mehr die Einheit in der Differenz stiften und Letztere umfassen. Diese Einheit in Gott ist so stark, dass sie die Diskontinuität und Widersprüche verkraftet und umgreift – der am Leid des Menschen orientierte Dissens bleibt in der Einheit. Wenn der Geist die Beziehung Jesu mit dem Vater in tiefster Gottverlassenheit erhält, ist auch der Schrei des Gekreuzigten pneumatologisch zu unterfassen. Im Schrei wirkt der Geist als Klagender und als Hoffnung wider alle Hoffnung. Bultmann schloss nicht aus, dass Jesus am Kreuz zusammengebrochen und in Verzweiflung gestorben ist.[92] Für Zizek hat Christus am Kreuz für einen Augenblick seinen Glauben verloren. Die wahre Kommunion mit ihm bestehe darin, „an seinen Zweifeln und seinem Unglauben zu partizipieren".[93] Indem der auferstandene Gekreuzigte sich als Stellvertreter an die menschlichen Tiefpunkte stellt, nimmt er die von Bultmann benannte Verzweiflung und den von Zizek angeführten Unglauben tatsächlich an und bringt sie im Schrei zum Vater nochmals in Bewegung. Unsere Vorüberlegungen haben zu dem paradoxen Ergebnis geführt, dass Jesus im Zustand seines größten Abstandes zu Gott mit diesem zugleich im Gehorsam und in der Hingabe am höchsten geeint ist. Die tiefste Hingabe korrespondiert paradoxerweise auch mit dem höchsten Protest und der tiefsten Anklage (mit ihrer aggressiven Färbung) um der Leidenden willen. Der tiefsten Einsamkeit entspricht der tiefste und nackteste Glaube, der tiefsten Verzweiflung korrespondiert eine tiefste Hoffnung wider alle Hoffnung, die im Römerbrief im Kontext der Bedingungslosigkeit des Glaubens (Röm 4,18f.) und der pneumatologischen Klagetheologie (vgl. Röm 8,26) thematisiert wird. Wo Jesus weder mit dem Friedensgefühl von Lk 23,46 zu entschlafen vermag noch mit einem tröstenden Eingreifen des angerufenen Gottes rechnen kann, artikuliert sich im Schrei der Trotzdem-Glaube und der letzte Hoffnungstrotz dessen, der mittels des dünnen Gesprächsfadens im Gebetsakt der Klage in einer abgründigen Bedingungslosigkeit (die mindestens ebenso abgründig ist wie die Gottesfinsternis) sich dem Vater entgegen wirft (vgl. *ad-gredi*) und so mit ihm in Kontakt tritt. Im Augenblick des Schreis ist sein ganzer Selbstvollzug (als Beziehung des Sohnes zum Vater) auf den Sprech- und Gebetsakt der Klage konzentriert und reduziert.

Es ist dies das Tiefste, Existentiellste, was einem Menschen in seiner Gottesbeziehung an Glaubenserkenntnis zuteil werden kann (und in Jesus Christus den einmaligen Höchstfall bildet), eine Glaubenserfahrung des *aggressiven Trotzdem* inmitten der Gottesnacht. An der äußersten Grenzerfahrung radikalisieren sich noch einmal das Gottesbild und die Gottesbeziehung auf ihre Tragfähigkeit hin, weiß der je größere Gott „dem Äußersten, das geschehen kann, durch ein anderes Äußerstes zu begegnen".[94] Der tiefste Abgrund wird unterfasst durch den Geist, der im Gekreuzigten in dreifacher Hinsicht wirkt: Als tiefste Hingabe, als letztes Sprachvermögen angesichts des Verstummens und als abgründige Trotzmacht der Hoffnung. Der Grundsignatur der Klage eignet die temporale

---

[91] Vgl. ebd., 282.
[92] Vgl. Bultmann, R., Das Verhältnis der urchristlichen Christusbotschaft zum historischen Jesus (SAH 1960), 3. Aufl., Heidelberg 1962, 12.
[93] Zizek, S., Die Puppe und der Zwerg. Das Christentum zwischen Perversion und Subversion, Frankfurt a. M. 2003, 103f.
[94] Schelling, F. W. J., Philosophie der Offenbarung, 2 Bde., Darmstadt 1966, Bd. 2, 10.

Spannung zwischen „schon" und „noch nicht". Sowohl jetzt als auch in der Vollendung sind Kreuz und Ostern relevant: Obgleich Ostern schon jetzt keimhaft erfahrbar ist, hebt es die jetzige Klage (des Gekreuzigten) nicht auf. Eschatologisch ermöglicht die Auferstehung von den Toten die endzeitliche Klage vor Gott,[95] zugleich entfaltet der österliche Lebensreichtum (durch das Gericht hindurch) seine ganze Wirkmacht, so dass auch gilt: „An jenem Tag werdet ihr mich nichts mehr fragen"(Joh 16,23). Diese Dynamik soll im Folgenden rekonstruiert werden:

4.4. Die Klage des Gekreuzigten im Spannungsfeld von „schon" und „noch nicht"

Viele Klagelieder des einzelnen enthalten am Schluss einen Lob- und Dankteil, welcher der bereits erfolgten Erhörung seitens Gottes Ausdruck verleiht. Dem Gesamttext eignet ein Aussagegefälle von der Klage hin zum Umschwung ins Lob Gottes. Von da an tritt für den Beter eine Verwandlung ein.[96] Bei Mk endet das Klagegebet Jesu als Schrei und offene Frage: Der Gebetsfluss wird durch den Tod Jesu unterbrochen. Erst in Jesu Auferweckung in Mk 16,1-8, wo Mk die Frauen die Auferstehungsbotschaft des Engels vernehmen lässt, tritt der Stimmungsumschwung ein: Gott antwortet auf den Schrei der Verlassenheit und erweist sich verlässlich als Vater, der den Klagenden erhört und aus der Not errettet, zunächst gegen jeglichen Augenschein.[97] Der Gekreuzigte als der von Gott Verfluchte ist der in der Auferweckung Bestätigte und gehört als solcher untrennbar zur Osterbotschaft, er ist gleichsam das theologische Antlitz des Auferstandenen. Gott erhebt sich in seiner reinen Göttlichkeit, „um den Schrei des Sterbenden, anstatt mit der erhofften Hilfe, mit dem Erweis seiner Wirklichkeit zu beantworten".[98]

Auch wenn Gott in Jesus Christus seine unbedingt für die Menschen entschiedene Liebe schon endgültig gezeigt hat, steht die eschatologische Vollendung der Geschichte noch aus.[99] Die Auferweckungshoffnung schwächt den Schrei, dem eine soteriologische Bedeutung zukommt, nicht ab und hebt ihn nicht auf. Um der Betroffenen willen stellt er kein bedeutungsschwaches Durchgangsphänomen zur Rettungsgewissheit dar. Jesu Schrei darf nicht von Ostern her triumphalistisch übertönt werden, zumal an diesem Ort der Schrei der unschuldig Leidenden nach Gerechtigkeit einen christologischen Ort zugewiesen bekommt. „Wer z. B. die theologische Rede von der Auferweckung des Christus so hört, dass in ihr der Schrei des Gekreuzigten unhörbar geworden ist, der hört nicht Theologie, sondern Mythologie, nicht das Evangelium, sondern einen Siegermythos".[100] Die Auferstehung macht den *logos tou staurou* nicht rückgängig, sondern bringt ihn zur

---

[95] Vgl. Fuchs, O., Das Jüngste Gericht. Hoffnung auf Gerechtigkeit, Regensburg 2007, 78. Durch die Auferstehung setzt Gott selbst die Menschen imstande, die Klage zu erheben. In seiner Klage am Kreuz antizipiert Jesus die eschatologische Solidarisierung des Richters mit den Opfern gegenüber Gott selbst.
[96] Vgl. zu „Stimmungsumschwung" Becker, J., Wege der Psalmenexegese (SBS 78), Stuttgart 1975, 59ff.
[97] Vgl. Fuchs, O., Art. Klage, 492.
[98] Biser, E., Der Verlust der Attribute, 121.
[99] Vgl. Pröpper, T., „Dass nichts uns scheiden kann von Gottes Liebe...". Ein Beitrag zum Verständnis der „Endgültigkeit" der Erlösung, in: ders., Evangelium und freie Vernunft. Konturen einer theologischen Hermeneutik, Freiburg i. Br. 2001, 40f.
[100] Metz, J. B., Theodizee-empfindliche Gottesrede, in: ders. (Hg.), „Landschaft aus Schreien", Mainz 1995, 84.

Geltung.¹⁰¹ Bezüglich der göttlichen Wesensbestimmung als Liebe ist zu unterstreichen, dass sie die Leidenswahrnehmung verschärft und die Klage zu Gott ermutigt und trägt statt sie zu suspendieren.¹⁰² Am Kreuz steht am Ende die offene Frage: Die endgültige, rettende Zuwendung unterliegt einem Verheißungsvermerk, so dass die Rückfrage nach Gott freigesetzt wird: Warum so viel Leid nach Ostern? Auch die äußerste Menschenzuwendung Gottes in Jesu Wirken, Tod und Auferweckung, legt die letzte Rückfrage nicht still, sondern treibt sie verschärfend hervor.¹⁰³ Der eschatologische Index zeigt an, dass die Erhörung und Verifikation der Klagen noch aussteht.¹⁰⁴ K. J. Kuschel plädiert für eine Eschatologisierung der Antwort Gottes: Der Theologie eigne die Aufgabe, Gott in die Verantwortung zu nehmen „... in der – letztlich – ungebrochenen Hoffnung, dass, wenn überhaupt, Gott selbst sich an ‚seinem Tag' angesichts aller Übel rechtfertigen wird". ¹⁰⁵

Kreuz und Auferstehung gehen ein unlösbares Wechselverhältnis ein, welches einen Kreuzes-Masochismus ebenso unterbindet wie einen Auferstehungs-Triumphalismus. Kreuz und Auferstehung fordern und fördern sich gegenseitig.¹⁰⁶ Die Auferstehungstheologie darf das Kreuz ebenso wenig absorbieren wie eine christliche Staurologie die Auferstehung auflösen darf. Der Gekreuzigte vermag nur deshalb die Gottverlassenheit der Menschen zu teilen, weil er als Auferstandener jeder Zeit, jedem Ort und jeder Situation gleich unmittelbar gegenwärtig ist.¹⁰⁷ Der Osterglaube ist nicht nur ein Teil des gesamten Heilswerkes Jesu Christi, sondern durchgängige Perspektive, unter welcher das Gesamt des neutestamentlichen Zeugnisses und seiner theologischen Ausformung steht. Im Folgenden gilt es zu verifizieren, inwiefern davon die Rede sein kann, dass der Gekreuzigt-Auferstandene mit Geschichte und Welt neu in Kontakt tritt (*ad-gredi*) und einen Aufstand für das Leben initiiert.

---

[101] Vgl. Jüngel, E., Vom Tod des lebendigen Gottes, in: ZThK 65 (1968) 95-116, 112.
[102] Vgl. Pröpper, T., Striet, M., Art. Theodizee, in: LThK IX, 1396ff.
[103] Vgl. Pröpper, T., Wegmarken zu einer Christologie nach Auschwitz, in: Manemann, J., Metz, J. B., Christologie nach Auschwitz, Münster 1999, 136.
[104] Vgl. Fuchs, O., Neue Wege einer eschatologischen Pastoral, in: ThQ 179 (1999) 260-288.
[105] Kuschel, K. J., Theologische Perspektiven heute, in: „Ich schaffe Finsternis und Unheil!" Ist Gott verantwortlich für das Übel?, hg. v. Groß, W., Kuschel, K. J., Mainz 1995, 170-213, 212f.
[106] Vgl. Koch, K., Durch-kreuz-ter Glaube., 50.
[107] Vgl. Pannenberg, W., Systematische Theologie, Bd. 2, 458.

5. Der Aufstand des Auferstandenen für das Leben

5.1. Auferstanden zum Vater – auferstanden in die Geschichte

Die Auferstehung Jesu ist „die innere Einheit eines geschichtlichen und eines eschatologisch-theologischen Geschehens".[1] Als Initialgeschehen einer ungeheuren Wirkungsgeschichte können die Osterwiderfahrnisse durchaus als geschichtliche Ereignisse bezeichnet werden, „die allerdings nicht in ihrem inneren Gehalt durch ‚Spurensicherung' historisch überprüfbar sind".[2] Zurückzuweisen ist ein Historizitätsverständnis im Sinne eines allgemein, objektiv-neutral nachprüfbaren Oster-Faktums, zumal die Auferstehung die alleinige und analogielose Tat Gottes ist, die als solche kein Faktum unter anderen Fakten darstellt.[3] Sie findet ihre geschichtliche Dimension darin, dass sie sich am gekreuzigten Jesus von Nazareth ereignet: Die größte Schmach am Kreuz ist zugleich Gottes machtvoller Neuanfang. Diese Tat Gottes spielt sich nicht in einer Art „Übergeschichte" ab, sondern an dem zuvor historisch erwiesenermaßen Gekreuzigten. Auferstehung heißt, dass Gott in einer realen geschichtlichen Situation letzter Auswegslosigkeit wirksam eingegriffen hat.[4] Somit ist sie kein ausschließliches Ereignis des Glaubens.

Die Kontinuität und Identität zwischen dem Gekreuzigten und Auferstandenen ist allein in der Schöpfer- und Bundestreue Gottes begründet. Somit ist die Auferweckung Jesu aus aller Korrelation und Analogie mit sonstigem Geschehen herausgehoben und bedeutet, dass in der Geschichte der neue Äon angebrochen ist.[5] Die Auferstehung ist gleichsam die göttliche Tiefendimension des Kreuzes, sie ist Ereignis der im Tod Jesu zutiefst praktizierten und erlittenen Übergabe des einen leibhaftigen Menschen an Gott und die liebende Annahme dieser Hingabe durch Gott. Darin kommt Gott endgültig beim Menschen und der Mensch endgültig bei Gott an.[6] „Von der inneren Richtung seines Lebens und Sterbens her ist Jesu Weg der Weg zum Vater, der Weg der Hingabe, der durch die Schranke des Todes durchbricht, bei ihm ankommt, in ihm sich für ganz und immer festmacht".[7] Die Selbstübergabe Jesu an den Vater ist zugleich ein Hinübergehen zum Vater (Joh 13,1) und das Eingehen in die ewige Herrlichkeit (Joh 17,5.23f.). Das eine Pascha Domini von Karfreitag bis Pfingsten ist ein einziger Durchgang durch Sünde und Tod hin zum Leben und als solcher ein Durchdringen zum Vater. Indem Jesus Christus Sünde und Tod in seiner Liebe siegreich durchbrochen hat, erfährt die vorösterliche Reich-Gottes-Verkündigung eine Radikalisierung: Die Macht der basileia umfasst fortan selbst Sünde und Tod und verwandelt sie in österliches Leben. Durch die Auferstehung

---

[1] Kasper, W., Jesus der Christus, 175.
[2] Hünermann, P., Jesus Christus – Gottes Wort in der Zeit, 112.
[3] Vgl. Kasper, W., Jesus der Christus, 172.
[4] Vgl. ebd.
[5] Vgl. ebd. Historisch überprüfbar ist das Osterzeugnis derer, die nach der Katastrophe des Karfreitags den Lebenden und damit den Anbruch des neuen Äons bezeugen.
[6] Vgl. ebd., 176; vgl. Rahner, K., Dogmatische Fragen zur Osterfrömmigkeit, in: ders., SzTh IV (1960) 157-172.
[7] Hemmerle, K., Auferstanden zum Vater – auferstanden zu uns, in: ders., Glauben, wie geht das?, Freiburg i. Br. 1978, 102.

und Erhöhung Jesu ist ein „Stück Welt" endgültig bei Gott angekommen und von Gott endgültig angenommen.

Darin ist die gesamte Wirklichkeit in ihrer Spitze bereits bei Gott als neue Schöpfung angekommen; im Auferstandenen ist die Vollendung der Geschichte angebrochen und das erfüllende Ziel erreicht. Was in Jesu Geschick endgültig angebrochen ist, drängt auf universale Ausweitung und vermag die gesamte Wirklichkeit in die neue geschichtliche Dynamik hineinzunehmen, die ihre Vollendung findet, wenn Gott „alles in allem" ist (1 Kor 15,28). Solange Jesu Christi neues Leben nicht alle Welt erreicht hat, ist seine Auferstehung noch unvollendet.[8] In der universalen österlichen Perspektive gehören Auferstehung Jesu und befreiende Umwandlung der leidenden Schöpfung (Röm 8,19-24) sowie universale Gottesherrschaft untrennbar zusammen. Das vom Osterglauben motivierte Engagement für gerechtere Verhältnisse in der Welt ist Teil der den gesamten Kosmos seiner letzten Bestimmung im göttlichen Leben zuführenden Bewegung der Liebe. In 1 Kor 15 ist vom pneumatischen Leib des Auferstandenen die Rede, dem Ganzen des Menschen (also nicht nur die Seele), das endgültig in der Dimension Gottes ist und ganz und gar in die Herrschaft Gottes eingegangen ist.[9] In seinem ganz von Gottes Geist bestimmten Leib ist der Auferstandene jedoch weiterhin im Bezug zur Welt und zu uns, „und zwar als derjenige, der nun bei Gott ist; er ist also auf göttliche Weise bei uns und das heißt auf völlig neue Weise".[10] Deshalb ist laut 1 Kor 11,24 der Leib des Herrn der Leib für uns in einem neuen Für-uns und Mit-uns-Sein. Am deutlichsten kommt die Leiblichkeit der Auferstehung in der Feier der Eucharistie zum Ausdruck, wo Christus sich hingibt und selber mitteilt. Jesus ist „auferstanden zum Vater und auferstanden zu uns: Aber die Auferstehung zu uns läuft über den Vater, ist auch im Jetzt der Gemeinde....Geschenk aus der Höhe".[11] Aus der Erhöhung zum Vater resultiert, dass sich das im Durchbruch der Liebe durch den Tod generierte, neue österliche Leben in der Geschichte bezeugt hat und bezeugen musste, weil es ja für sie da ist.[12] In der johanneischen Theologie ist der Abschied zum Vater als solcher zugleich ein neuer Weg zur Gemeinde, ein neues Eintreffen vom Vater her (vgl. Joh 14,4-9.18-20; 14,28; 16,4b-28). Die Auferweckung Jesu erweist sich als „universales Mächtigwerden Jesu Christi, des Gekreuzigten, der, im Geheimnis Gottes lebend, durch den Geist herrscht".[13] Laut Joh 20,22 spendet der Auferstandene schon am Osterabend den Jüngern den Heiligen Geist, durch den er sie an seiner österlichen Lebensmacht teilnehmen lässt. Als lebenspendendes Pneuma (vgl. 2 Kor 3,17: „Der Herr aber ist der Geist") wirkt Jesus Christus in einer Sünde und Tod überwindenden Mächtigkeit in die Geschichte hinein.[14] Die Gegenwarts- und Zuwendungsweise des erhöhten Christus ist das Pneuma, die Erfahrung seiner Präsenz eine Erfahrung im Pneuma.[15]

In 1 Kor 15,3-8 stehen die Verben im Aorist: Das Osterereignis dauert heute fort, der Auferstandene lebt gegenwärtig und ist präsent. Mit dem Perfekt der Auferweckung Christi wird ein Ereignis der Vergangenheit im Geist wirkmächtig und gegenwartsbe-

---

[8] Vgl. Kessler, H., Christologie, in:Schneider, T. (Hg.), Handbuch der Dogmatik, 241-444, 432.
[9] Vgl. Kasper, W., Jesus der Christus, 177.
[10] Ebd.
[11] Hemmerle, K., Auferstanden zum Vater – auferstanden zu uns, 102.
[12] Vgl. Ratzinger, J., Einführung in das Christentum, 254.
[13] Hünermann, P., Jesus Christus – Gottes Wort in der Zeit, 111.
[14] Vgl. ebd.
[15] Vgl. Kessler, H., Christologie, 430.

stimmend, weil es die Zukunft des Lebens eröffnet.[16] Die präsentische, befreiende Geist-Erfahrung findet ihr Fundament im Perfekt der Auferstehung Christi, so dass der Auferstandene in den gegenwärtigen Kräften des Geistes erkannt und durch sie wahrgenommen wird. Der österliche Glaube „gibt uns schon jetzt etwas von der erwarteten Wirklichkeit, und diese gegenwärtige Wirklichkeit ist es, die uns ein ‚Beweis' für das noch nicht zu Sehende wird. Er zieht Zukunft in Gegenwart herein, so dass sie nicht mehr das reine Noch-nicht ist".[17] Die Auferstehung ist kein vertröstendes „Opium des Jenseits", sondern Trost „aus dem Jenseits" der österlichen neuen Welt Gottes, Kraft zur Neugeburt unserer Welt. Diese absolute Transzendenz von Gott her ist das kritische Potential für die Verwandlung der Gegenwart und die geschichtliche Umgestaltung der Welt in das Reich Gottes.

Die innere Einheit von eschatologisch-theologischem Geschehen und Geschichte verbietet monistische Tendenzen, sei es ein supranaturalistischer Dualismus von Transzendenz und Geschichte, sei es ein historizistischer Immanentismus unter Ausklammerung des eschatologischen Vorbehalts. Die wirkmächtige Präsenz des Auferstandenen in der Geschichte stellt die Geschichte in ihrer sakramentalen Dimension dar, in ihrer Fähigkeit, Gottes Willen in realen geschichtlichen Ereignissen zu verwirklichen und schon jetzt in kleinen Zeichen der Hoffnung Anfang und Keimzelle der neuen österlichen Welt zu sein. Die vorgestellte Einheit von Kreuz und Auferstehung verhindert einerseits die *Weltflucht* des urchristlichen Enthusiasmus, welcher das schon jetzt verwirklichte Sein in Christus im neuen Äon so sehr betont, dass die konkret vorfindliche Realität dieser Welt gleichgültig wird. Die Osterhoffnung führt indessen in die leibhaft-konkrete tägliche Kreuzesnachfolge, sie bleibt in tätigen Zeichen der Erde schöpferisch treu und allem Lebendigen diakonisch zugewandt. Der zweite Reduktionismus sucht die österliche Hoffnung in ein allgemeines *geschichtstheologisches Fortschrittsprinzip* einzufangen und aus Ostern buchstäblich gnadenlos eine progressive, evolutionäre und revolutionäre Geschichtsideologie herzuleiten. Die neue geschichtliche Präsenz des Auferstandenen im Sinne des „auferstanden zu uns" soll im Folgenden als aktiver geschichtlicher Aufstand des Auferstandenen für das Leben rekonstruiert werden, damit das neue Leben alle Welt verwandelnd erreicht und so die Auferstehung vollendet wird.

5.2. Die Auferstehung Jesu Christi als geschichtlicher Aufstand

Zunächst gilt es zu überprüfen, ob die dem „Aufstand" zugrunde liegende Auferstehungs-Terminologie neben dem Sprachgebrauch von der Auferweckung theologisch statthaft ist. Laut Tödt beschreiben die markinischen Leidensankündigungen in 8,31; 9,31 und 10,34 die Auferstehung des Menschensohnes als selbständigen Akt aus eigener Vollmacht.[18] Tödt verweist auf die markinische Unterscheidung zwischen dem intransitiven Gebrauch von ἀναστῆναι (8,31) bzw. ἀναστήσεται (9,31; 10,34) und dem passivum divinum ἐγερθῆναι (14,28) bzw. ἠγέρθη (16,6). In Anlehnung an LXX Hos 6,2

---

[16] Vgl. Moltmann, J., Der geschichtliche Prozess der Auferstehung, in: ders., Der Weg Jesu Christi. Christologie in messianischen Dimensionen, München 1989, 264.
[17] Sekr. d. Deutschen Bischofskonferenz (Hg.), Verlautbarungen des Apostolischen Stuhls 179, Enzyklika „Spe Salvi" von Papst Benedikt XVI. (2007), 14.
[18] Vgl. Tödt, H. E., Der Menschensohn in der synoptischen Überlieferung, Gütersloh 1963, 167-172.198.

(ἀναστησόμεθα) sei die Auferstehung des Menschensohnes bewusst durchgehend mit ἀναστῆναι beschrieben. Tödt kommt zu folgender diesbezüglicher Schlussfolgerung: „In den Leidensvorhersagen ist also nicht davon die Rede, dass Gott den Menschensohn auferweckt; es ist vielmehr gesagt, dass er selbst aufersteht". [19]

Trotz des energischen Widerspruchs von J. Jeremias [20] halten F. Hahn [21] und J. Gnilka an der aktivischen Interpretation von ‚ἀναστῆναι' fest: Die Auferstehung „ist nicht als Tat Gottes an Jesus – wie in den Auferweckungsaussagen –, sondern als Vollmachtstat des Menschensohnes aufzufassen. Der Menschensohn überwindet kraft eigener Macht den Tod". [22]

Auch Scholtissek nimmt diese Interpretation auf der synchronen Ebene des Mk-Evangeliums ernst: So sehr Markus betone, dass Gott selbst das eigentliche Subjekt im Auferweckungsgeschehen sei (vgl. 14,28; 16,7), so könne er doch auch zugleich bedeuten, dass die dem irdischen Menschensohn zukommende, vollmächtige Souveränität, durch seinen Leidensweg gerade nicht aufgehoben oder eingeschränkt ist, sondern sich gerade hier (übereinstimmend mit dem Willen Gottes) sicher behaupten werde. [23] Die Vorstellung der Selbstaufstehung Jesu aus eigener göttlicher Kraft begegnet neutestamentlich auch in 1Thess 4,14; Lk 24,7; Joh 20,9, in der Patristik bei Ignatius von Antiochien (IgnSm 2) und Athanasius (De Inc. 31) und auf der Synode von Toledo 675 (DH 539). Die Auferstehung Jesu ist als Tat auch des Sohnes selbst zu verstehen, aber wiederum durch die Kraft des Geistes. [24]

In Jesu menschlichem Handeln, seiner Selbstüberschreitung auf die Anderen hin, vermittelt sich Gottes Kommen und Handeln (Selbsterniedrigung und –mitteilung) so unüberbietbar, „dass es letztlich nur als Menschwerdung (des Sohnes) Gottes begriffen werden kann. Gott selbst kann im Dasein Jesu für die Anderen (bis zum Äußersten der Lebenshingabe) ganz für die Andern wirksam (annehmend, versöhnend, befreiend) dasein und handeln (neues Leben der Agape schaffen)". [25] Karl-Heinz Menke plädiert für ein durch menschliche Aktivität vermitteltes Handeln Gottes an dem Gekreuzigten, indem Gott sich mit Letzterem an Ostern identifiziert. Nach seinem Dafürhalten gibt es kein Handeln Gottes ohne Jesus an Jesus, sondern ein vom Vater her und auf den Vater hin erfolgtes (ermöglichtes) Handeln Jesu selbst. Nicht nur Gottes Liebe war stärker als der Tod, sondern auch Jesu Liebe war stärker als der Tod. [26] In dem Maß, in dem Jesus sich für den Willen seines Vaters geöffnet hat, wurde er zum „Täter" der Kreuz und Tod verwandelnden Zukunft. Ostern bedeutet dann, „dass ein zu Tode gemarterter Unschuldiger im Leiden und Sterben befähigt wurde, das Nicht-sein-Sollende, das Böse und seine Folgen, durch das Hineinlassen Gottes in die Nacht äußerster Sinnferne zu unterfassen, zu verwandeln, zu besiegen". [27]

---

[19] Ebd., 172.
[20] Vgl. Jeremias, J., Neutestamentliche Theologie. Erster Teil: Die Verkündigung Jesu, Gütersloh 1971, 164.
[21] Vgl. Hahn, F., Christologische Hoheitstitel. Ihre Geschichte im frühen Christentum (FRLANT 63), Göttingen 1963, 49.
[22] Gnilka, J., Das Evangelium nach Markus (Mk 8,27-16,20), 16.
[23] Vgl. Scholtissek, K., Die Vollmacht Jesu, 247.
[24] Vgl. Pannenberg, W., Systematische Theologie Bd. 1, 342.
[25] Kessler, H., Sucht den Lebenden nicht bei den Toten, 295.
[26] Vgl. Menke, K. H., Der Gott, der jetzt schon Zukunft schenkt, 111.
[27] Ebd., 114.

Für Menke ist deshalb das Auferweckungshandeln keine exklusiv göttliche Tat an dem toten Jesus, vielmehr geschieht der österliche Sieg über Kreuz und Tod durch den Menschen Jesus, nicht nur an ihm. So wie Gott durch die Vermittlung der menschlichen Selbsthingabe Jesu die Erlösung als umfassende Heilstatsache verwirklicht hat, hat er auch das entscheidende redemptive Ereignis der Auferstehung bewirkt. Die Auferstehung Jesu bildet einerseits einen ganz und gar schöpferischen Akt Gottes, ein reines Gnadengeschenk, andererseits aber das Ergebnis der Entscheidung der menschlichen Freiheit Jesu zur Selbsthingabe bis zum Tod.[28] Jesu Auferstehung ist somit *auch (!)* bewirkt durch die menschliche Gottes- und Nächstenliebe Jesu bis zum Äußersten. Jesus wird also nicht nur vom Vater aufgerichtet, sondern steht in dessen ermöglichender Liebe selber auf und besiegt so die Mächte der Sünde und des Todes. Das Osterereignis kann folglich auch als geschichtlicher Aufstand des Auferstandenen für das Leben bezeichnet werden.

Im Hymnus der Laudes in der Osterzeit klingen die aggressiven Konnotationen dieses Aufstands an: „...Der starke, königliche Held *zerbrach* des Todes schweren Bann. Sein Fuß *zertrat* der Hölle Macht: Aus harter Fron sind wir befreit".[29] Der Hymnus der Ostervesper betont die österliche „Sprengkraft": „Den Kerker hast du *aufgesprengt*, zu neuem Leben uns befreit"![30] Der Aufstand für das Leben beginnt mit der *unverstellten Wahrnehmung* dessen, was ist.

5.3. Österliche Radikalisierung der Wahrnehmung: Hinsehen statt Wegsehen

Gemäß den echten Paulusbriefen ist Glaube immer Glaube an die Auferstehung *des Gekreuzigten*. Für Paulus bleibt Jesus auch nach seiner Auferstehung der Gekreuzigte (Partizip Perfekt: 1 Kor 1,23; 2,2; Gal 3,1...).[31] Venantius Fortunatus kleidet diese Herrschaft des Gekreuzigten denn auch in die Worte: „Das Kreuz ist des Erlösers Thron, vom Kreuz herab herrscht Gottes Sohn".[32] Kreuz und Auferstehung bilden eine unlösbare theologische Einheit, eine „differenzierte Einheit, so nämlich, dass sie eine unumkehrbare Sequenz bilden. Der Weg geht durch mühevollen Einsatz, durch Leiden und Kreuz, aber er geht zur Herrlichkeit".[33] Beide werden vom eschatologischen Ausblick zusammen gehalten: Erst in der eschatologischen Vollendung sind von Gott her alle Kreuze der Menschen und der ganzen Schöpfung überwunden. Das Kreuz bringt die Osterbotschaft und die unter der Sündenmacht stehende real existierende Weltwirklichkeit zusammen,[34] es verweist zeichenhaft auf die schmerzhafte Realität. Die Sündenmacht geht wie ein Riss durch die gesamte Realität und bildet das Fundament für die konfliktive Wirklichkeit. Die

---

[28] Vgl. Weissmahr, B., Kann Gott die Auferstehung Jesu durch innerweltliche Kräfte bewirkt haben, in: ZKTh 100 (1978) 441-469, 456.
[29] Die Feier des Stundengebetes. Zweiter Band: Fastenzeit und Osterzeit, Einsiedeln 1988, 244.
[30] Ebd., 256.
[31] Vgl. Kuhn, H.-W., Art. „Kreuz.II. Neues Testament und frühe Kirche (bis vor Justin)", in: TRE 19, Berlin 1990, 713-725, 720.
[32] Venantius Fortunatus „Vexilla regis prodeunt", in: Gotteslob. Katholisches Gebet- und Gesangbuch, Stuttgart 1975, 908.
[33] Kessler, H., Das Kreuz und die Auferstehung, 182.
[34] Vgl. Fleinert-Jensen, F., Das Kreuz und die Einheit der Kirche. Skizzen zu einer Kreuzestheologie in ökumenischer Perspektive, Leipzig 1994, passim.

Osterbotschaft, dass die Liebe sich stärker erwiesen hat als der Tod, kann in der Welt nur glaubwürdig sein, wenn das Destruktive und Dunkle in ihr nicht weggeredet wird. Wenn der Gekreuzigte seine Inkarnation dadurch radikalisiert, dass er sogar mit den tiefsten menschlichen Abgründen in Kontakt tritt, ermöglicht sein Geist, die Realität als solche unverblümt wahrzunehmen, *hinzuschauen statt wegzuschauen*, zu sehen was ist. Das Kreuz ist ein Medium gegen die Leid- und Todesverdrängung, der Gekreuzigte schenkt die Kraft, dem Menschsein in seinem konkreten Sosein standzuhalten statt zu flüchten. Weil die Geschichte in der Perspektive der Auferstehung Hoffnung gegen den Tod vermittelt, radikalisiert sie auch die Wahrnehmung der Geschichte des Todes.[35] Alle Opfer werden als solche sichtbar. Der Osterglaube ermöglicht mit denselben österlich verwandelten Augen ein Hinsehen und *Tiefersehen*. Die österliche Hoffnung muss „sowohl die Wirklichkeit, in der der Mensch handelt, glaubt und leidet, als auch die Hoffnung auf Gottes Zukunft gleicherweise zur Sprache bringen. Exemplarisch bildet sich das Ineinander von Anfechtung und Hoffnung in der Zweieinheit von Kreuz und Auferstehung ab".[36]

In Röm 4,18-22 bringt Paulus anhand Abrahams die Todesverfallenheit und die Auferstehungshoffnung zusammen: „Und ohne schwach zu werden im Glauben, fasste er seinen eigenen Leib als (schon) erstorbenen ins Auge – er war an die hundert Jahre alt – und den erstorbenen Mutterschoß der Sara (4,19a-d)". Die österliche Hoffnung übergeht die „nékrosis" nicht: Wie Abraham sieht Paulus zunächst hin, er nimmt die Wirklichkeit illusionslos wahr, durchwandert sie, ohne ihre Grenzen zu leugnen.[37] Durch die wahrhaftige Wahrnehmung und Bejahung des eigenen Unvermögens wird in das inwendige Verhalten keine Spaltung hineingetragen.[38] Die consideratio der „nékrosis" gehört in die Mitte seines Glaubensverständnisses. „Nur so gibt er ‚Gott allein die Ehre' – ‚erfüllt davon, dass dieser auch die Macht besitzt, zu verwirklichen, was er verheißen hat' (Röm 4,20c-21c)".[39] Der Glaube an Gottes Verheißung „gegen Hoffnung auf Hoffnung hin" (Röm 4, 18a) führt zu einer der Unermesslichkeit dieser Verheißung korrespondierenden Vertiefung des Hinsehens: „Es ist mehr möglich!".[40] Ostern nimmt deshalb die unter der Sündenmacht stehende konfliktive Wirklichkeit parteilich wahr: Auch nach Ostern lebt Jesus Christus in alle Ewigkeit, wofür er gelebt hat und gestorben ist: Für den Vater und für die Menschen. Die im Durchgang durch Kreuz und Auferstehung eine letzte Tiefendimension und Radikalisierung gewinnende, vorösterliche Botschaft von der Gottesherrschaft und die österliche Botschaft gehören zusammen. Wer wissen will, was Herrschaft Gottes sagt, der muss sie aufs Kreuz hin und von Ostern her lesen. Wer wissen will, was es bedeutet: Jesus ist der Herr! der muss im Licht von Kreuz und Auferstehung das Evangelium lesen; „denn der jetzt lebt, ist jener, der einmal gelebt hat, damals in Jerusalem und Galiläa".[41]

---

[35] Vgl. Moltmann, J., Der geschichtliche Prozess der Auferstehung, 266.
[36] Wintzer, F., Art. „Auferstehung III. Praktisch-theologisch", in: TRE 4, Berlin 1979, 529-547, 544.
[37] Theobald, M., „Abraham sah hin...". Realitätssinn als Gütesiegel des Glaubens (Röm 4,18-22), in: Frühwald König, J., Prostmeier, F. R., Zwick, R. (Hg.), „Steht nicht geschrieben?" Studien zur Bibel und ihrer Wirkungsgeschichte (FS G. Schmuttermayr), Regensburg 2001, 283-301, 301.
[38] Vgl. Schlatter, A., Gottes Gerechtigkeit. Ein Kommentar zum Römerbrief, 6. Aufl, Stuttgart 1991, 170.
[39] Theobald, M., „Abraham sah hin...", 301.
[40] Jüngel, E., Metaphorische Wahrheit. Erwägungen zur theologischen Relevanz der Metapher als Beitrag zur Hermeneutik einer narrativen Theologie, in: ders., Entsprechungen: Gott-Wahrheit-Mensch. Theologische Erörterungen (BEvTh 88), München 1980, 103-157, 103.
[41] Hemmerle, K., Auferstanden zum Vater-auferstanden zu uns, 91.

5.4. Österliche Radikalisierung der Parteilichkeit Gottes: Kampf für das Leben

Gemäß Mk 16,7 geht der Auferstandene den Seinen voraus nach Galiläa, den Ort seines im Markusevangelium überlieferten öffentlichen Auftretens: „Nun aber geht und sagt seinen Jüngern, vor allem Petrus: Er geht euch voraus nach Galiläa; dort werdet ihr ihn sehen, wie er es euch gesagt hat". Galiläa ist für Mk der Schwerpunkt des Wirkens des irdischen Jesus, die Heimat des Evangeliums. Erst im Land seiner irdischen Tätigkeit kann Jesus Christus voll begriffen werden. „Voll verstanden ist er nur in seiner Identität als Irdischer, Gekreuzigter und Auferstandener".[42] Nach Söding eignet Mk die spezifische Vorstellung der Transparenz des irdischen Wirkens Jesu auf den Auferstandenen hin. Für Markus ist Jesus nicht nur eine Figur der eschatologischen Vergangenheit (Basileia-Wirken, Leiden und Tod) und der eschatologischen Zukunft (Parusie), sondern auch der (eschatologischen) Gegenwart, in der er sich der nachösterlichen Jüngergemeinde als Auferweckter erfahrbar macht.[43] Im Wirken des Irdischen werden die Intentionen des Auferstandenen erfahrbar. In seiner Auferweckungstheologie betont Mk die Identität des Auferstandenen mit dem irdischen Jesus in personaler Hinsicht wie auch hinsichtlich seines Wirkens.[44] Was Jesus damals sagte und tat, wird erzählt von einem, der jetzt lebt und jetzt geschichtlich handelt. Nach Ostern bleiben die Inhalte von Jesu Reich-Gottes-Botschaft nicht nur identisch, sondern erfahren eine Radikalisierung: Bei dem österlichen Aufstand für das Leben kommt die in Jesu Tod sich radikalisierende Proexistenz wirkmächtig zur Geltung. Im Kreuz wird ein Höchstmaß an Klarheit und Eindeutigkeit evident. An Ostern bestärkt Gott selbst diese Eindeutigkeit der Option Jesu für das Leben, so dass der Auferstandene auch bleibend dafür einsteht. Durch Tod und Auferstehung hindurch wird die göttliche Option für das Leben radikalisiert, der den absoluten Tod unterfangende Gekreuzigt-Auferstandene ist in seiner Auferstehung personifizierte äußerste Behauptung des Lebens gegen den Sieg des Todes, unermessliche Hoffnung wider alle Gewalt und Resignation. Der österliche Aufstand, der Kampf des Auferstandenen, ist in diametraler Entgegensetzung zu den sog. „Gotteskämpfern" immer ein Aufstand/Kampf „für", er merzt kein Leben um irgendeines vermeintlich bedeutungsvollen Inhalts willen aus.

Die Form „he'emin", der Hifil des Verbes „aman", wird im Alten Testament zu folgender Aussage verwandt: er glaubte, er hielt sich an, *er stand fest*, er vertraute auf u.ä.[45] Der biblische Glaube verleiht als Feststehen in Gott Standvermögen. Wer glaubt, steht für jemanden und für korrespondierende Inhalte. Das Hinstehen und Eintreten „für" als affirmative Grundhaltung nimmt in Gottes realgeschichtlicher Offenbarung faktisch notwendig auch kontrafaktische und protestative Struktur an, soll die Bejahung nicht zur options- bzw. spannungslosen Hinnahme alles Bestehenden führen und der Glaube nicht als Opiat oder ästhetische Inszenierung fungieren. Der Widerstand ist jedoch Ausdruck einer Zustimmungs- und bejahenden Hoffnungskraft, in der konkreten Gestalt des Nein wird das grundsätzliche Ja evident.

Dabei sind Ja und Nein nicht auf derselben Ebene in eine antithetische Dialektik oder formale Paradoxie zu bringen, zumal laut markinischem Spannungsbogen Gottes eindeu-

---
[42] Gnilka, J., Das Evangelium nach Markus EKK II/2, 343.
[43] Vgl. Söding, T., Glaube bei Markus, 116f.
[44] Vgl. ebd., 113-120.
[45] Vgl. Wildberger, H., 'mn, in: THAT 1, 177-209; Haacker, K., Art. „Glaube. II/2.AT", in: TRE 13, 277-289.

tiges Ja zum Kreuz führt.[46] Die Option des Auferstandenen für das Leben verleiht Standhaftigkeit gegenüber jeder Gewalt. Ihm ist es weder um eine Aufforderung zu Gewalt noch zu Anpassung, sondern um Widerstand im Sinne eines „Eintretens für" zu tun. Bonhoeffers Kritik an der „billigen Gnade" fordert gerade dieses Eintreten als konkrete Konsequenz der göttlichen Begnadung im konkret vorfindlichen historischen Kontext ein.[47] Der Osterglaube muss den Todesmächten trotzen, er hat bisweilen ein entschiedenes „Nein" auszusprechen und gegen anmaßende Autorität Ungehorsam zu üben. Er konfrontiert die Sündenmacht und weicht um des Lebens willen dem korrespondierenden Konflikt nicht aus. Die Zeit zwischen der österlichen Prolepse und der eschatologischen Verifikation ist „die Zeit der Sendung zum österlichen Lebensdienst gegen Not, Gewalt, Unterdrückung und die verschiedenen Todesformen".[48]

Der Gott des Lebens ist Sieger über die Götter des Todes, die Auferstehung andauernder Protest gegen den vermeintlichen Sieg der Götzen des Todes. Christen verstehen die Auferstehung Jesu als *Protest Gottes gegen das Unrecht*, das an ihm geschah und als Appell an sich, seine Option zu vertreten.[49] Der Osterglaube führt aufgrund seiner parteilichen Wahrnehmung der unter der Sündenmacht stehenden Wirklichkeit zu korrespondierender Ideologiekritik und subversiver Außerkraftsetzung der Mächte. Er befreit von der durch die incurvatio in seipsum generierten Selbstbefangenheit und gotteskomplexgleichen Selbstidolisierung: Jesu Christi Tod schafft für die, deren Stelle er vertreten hat, eine neue Situation; „sie gehören nicht mehr sich selbst (und damit einer Welt des Todes), sondern dem Gekreuzigten und Auferstandenen (und damit der Welt des wahren Lebens)".[50] Fridolin Stier übersetzt das „ekenosen heauton" (Phil 2,7) aus dem Philipperhymnus wie folgt: „Nicht als Beute für sich dachte er das Sein wie Gott. Nein: *Ausgeleert hat er sich selbst*, Knechtsgestalt hat er genommen...".[51] In der Kulmination dieses „Sich Ausleerens" am Kreuz verkörpert Jesus das diametrale Gegenteil des das Leben als Beute für sich festhaltenden homo incurvatus in seipsum. Das paradoxe Lebensgesetz des Weizenkorns (vgl. Joh12,24) verbindet äußerste Selbstentäußerung mit äußerster Proexistenz und größter Fruchtbarkeit. In seinem Tod hat der Gekreuzigt-Auferstandene den Zusammenhang von Angst und Selbstzentrierung aufgesprengt, er hat die Todesangst stellvertretend angenommen und österlich verwandelnd um ihre Wirkmacht gebracht. Der Gekreuzigte hat das stahlharte Gehäuse reiner Innerirdischkeit, den in sich gekrümmten, egozentrischen Menschen von innen her in die österliche Weite hinein aufgebrochen. In

---

[46] Vgl. Fuchs, G. (Hg.), Glaube als Widerstandskraft, Frankfurt a. M. 1986, 23: „Die Botschaft von Gottes definitivem Ja ist keine double-bind-Botschaft, wo im selben Akt das Zugesagte wieder annulliert würde".
[47] Vgl. Bonhoeffer, D., Nachfolge, DBW 4 (1937): „Billige Gnade heißt Gnade als Schleuderware...Gnade ohne Preis, ohne Kosten (29)...Aus der teuren Gnade wurde die billige Gnade ohne Nachfolge (36)...Ist der Preis, den wir heute mit dem Zusammenbruch der organisierten Kirchen zu zahlen haben, etwas anderes als eine notwendige Folge der zu billig erworbenen Gnade? (40)". „Billig" bezieht sich somit nicht auf die Beziehung Gott-Mensch im Sinne einer Einschränkung der Gratuität der Gnade: Vielmehr muss die teure Gnade in der Nachfolge konkret werden. Vgl. Peters, T. R., Die Dimension des Politischen in der Theologie Dietrich Bonhoeffers, München 1976, 202: „Losgelöst von einer kompromisslos engagierten Basis ist D. Bonhoeffers kämpferische Theologie, deren Identität aus dem gelebten Experiment Kirche resultiert...nicht zu rezipieren. Unpolitisch und folgenlos folgt die Rezeption jedenfalls nicht Bonhoeffer".
[48] Woschitz, K. M., Ostererscheinungen-Grundlage des Glaubens, in: Diakonia 22 (1991) 6-27, 16.
[49] Vgl. Gubler, M.-L., Nun aber ist Christus von den Toten auferweckt worden als Erster der Entschlafenen (1Kor 15,20), in: Diakonia 22 (1991), 4.
[50] Kremer, J., Das Evangelium von Jesu Tod und Auferstehung, 66. Vgl. ebenso Joh 7,30.32.44; 8,20.59; 10,31.
[51] Das Neue Testament. Übersetzt von Fridolin Stier, München 1989.

5.4. Österliche Radikalisierung der Parteilichkeit Gottes: Kampf für das Leben

seiner Nachfolge gilt das Paradox: „Nicht Selbstbewahrung, sondern Selbsthingabe ist ihr (sc. „der Kreuzesnachfolge", A.K.) Gesetz... Die Tendenz zur Selbstbewahrung führt zum Verlust des Selbst; nur durch Selbsthingabe wird das Selbst, das wahre Leben, gewonnen".[52] Das unten rekonstruierte, prophetische Bezeugen, ist nur in der neuen Freiheit dessen ermöglicht, der die Todesangst besiegt und dadurch den *Erpressungskreislauf unterlaufen* hat. Der Gott des Lebens demaskiert die Lüge des Götzendienstes, der entsteht, wenn ein Stück Welt oder Leben die Stelle des Ganzen und Letzten okkupiert.[53] Hinter der Sünde werden die Götzen sichtbar, die von Menschen geschaffenen Mächte dieser Welt:[54] Strukturen und Mechanismen, die sich als Gottersatz verselbständigen, verabsolutieren und so über alles verfügen. Sie versuchen, auch den Osterglauben seines prophetisch-kritischen Potentials zu berauben und ihn zur Verschleierung und Rechtfertigung von Ungerechtigkeit zu domestizieren. Aufgrund dieser radikalen Parteinahme für das Leben gibt es fortan keine unschuldige Neutralität und Gleichgültigkeit. „Wer dem Auferstandenen begegnet, stirbt als Zuschauer Gottes, um als dessen Zeuge und Akteur aufzuerstehen".[55] Jeder Versuch, den neutralen Standpunkt des Zuschauers beizubehalten, sich im Konflikt neutral zu verhalten und sich der solidarischen Parteinahme zu entziehen, verlängert das Unrecht. Der sich am Kreuz mit den Opfern identifiziert und solidarisiert, stellt sich auch nachösterlich an die Seite der Opfer und tritt stellvertretend für ihr fundamentales Lebensrecht in Würde ein. Das Kreuz erinnert daran, dass die Kreuzigung Christi heute weitergeht.

Laut Blaise Pascal liegt Christus mitten in unserer Welt bis zum Ende der Zeit im Todeskampf. Solange die Geschichte von Leid und Schuld geprägt ist, kommt auch Jesus nicht zur Ruhe, hält seine Agonie an. „Jésus sera en agonie jusqu'à la fin du monde: il ne faut pas dormir pendant ce temps là".[56] Er mutet dabei den Christen zu, während dieser Zeit nicht zu schlafen. Der Gekreuzigt-Auferstandene verbirgt sich in die „Geringsten" dieser Erde hinein und wartet in ihnen inkognito auf die Tat der Barmherzigkeit und Gerechtigkeit.[57] In ihren Gesichtern sollen wir deshalb „das Leidensantlitz Christi, unseres Herrn, erkennen, der uns fragend und fordernd anspricht" (Puebla, Nr. 31).

Wo ein Mensch entstellt und missachtet wird, wird Gott selbst berührt, jeder Angriff auf geschöpfliches Leben ist ein Attentat auf Gott. Der Gekreuzigte gibt sich auch heute in den Wunden ausgebeuteter Menschen und im Leiden der an den Rand des gesellschaftlichen Lebens Gedrängten zu erkennen. Der arme, verfolgte und unterdrückte Mensch ist der privilegierte Zugangsort zur Gegenwart des auferweckten und erhöhten

---

[52] Pannenberg, W., Gegenwart Gottes, München 1973, 177.
[53] Vgl. Kern, W., Der Gekreuzigte: Krisis der Ideologien, in: Kern, W., Pottmeyer, H. J., Seckler, M., Handbuch der Fundamentaltheologie Bd. 2, Freiburg i. Br. 1985, 197-223, 207.
[54] Vgl. Bucher, R., Hitlers Theologie, Würzburg 2008. Bucher analysiert Hitlers Texte auf ihre theologischen Bezüge hin und trifft dabei auf einen genuin theologischen Diskurs als „Rede von Gott": Hitlers Gott eignen die Züge eines numinosen Monsters ohne Gnade, Barmherzigkeit und Frieden. Vgl. Schirrmacher, T., Hitlers Kriegsreligion – Die Verankerung der Weltanschauung Hitlers in seiner religiösen Begrifflichkeit und seinem Gottesbild, 2 Bände, Bonn 2007. Laut S. kann man die vielen tausend Belege für Anrufungen Gottes nicht einfach als Rhetorik abtun. Es sei bedrückend, dass Christen nicht erkannten, dass Hitlers Gott ein völlig anderer als der christliche Gott war. Hitler habe viel von dem das Naturgesetz des Rassenkampfes kreierenden Schöpfer gesprochen, nie aber vom Gott der Liebe, der Barmherzigkeit und Gerechtigkeit.
[55] Marti, K., zit. nach: Gubler, M.-L., Nun aber ist Christus von den Toten auferweckt worden als Erster der Entschlafenen (1Kor 15,20), 1.
[56] Pascal, B., Pensées, Fragment, Nr. 553.
[57] Vgl. Kessler, H., Christologie, 430.

Christus, seine wirkliche Epiphanie. Die Option für die Armen ist darum eine Option für den Gott Jesu Christi, der das ‚Leben in Fülle' will (Joh 10,10) und in besonderer Weise den Schwachen und Elenden zugetan bleibt. Diese Option hat also ihren letzten Grund in Gott, der sie zuerst erwählt und sich mit ihnen identifiziert hat.[58] An den victimae soll der neue Äon in der Geschichte anbrechen, sie sollen das österliche „fieri" erleben, den pneumatologischen Prozess des Aufgerichtetwerdens bzw. des Selberaufstehens und so ermächtigt werden, den Mächten der Destruktion und des Todes selber entgegenzutreten. Dem österlichen Aufstand ist es darum zu tun, den Opferkreislauf zu durchbrechen und zum Subjektsein zu ermächtigen.

5.5. Österliches Empowerment der Opfer

Von feministisch-theologischer Seite wird das traditionelle Kreuzesverständnis als Instrument der Vermeidung gekonnter Aggression kritisiert. Die Kritik erwächst aus den spezifischen Erfahrungen von Frauen: „Das Kreuz, wie es oft gepredigt wurde, hat ... gerade für Frauen oft fatale Folgen gehabt. ‚Das Kreuz auf sich nehmen' konnte heißen, den prügelnden Ehemann, das gesellschaftliche Unrecht und andere – zu ändernde – Unbill geduldig zu ertragen".[59] Mit einer bestimmten Kreuzeshermeneutik wurden Frauen zur „Aufopferung" ihrer selbst, zur Erduldung unterdrückerischer Strukturen genötigt. Mit der Leidensideologie ist eine Ideologie des „Opferseins" verbunden: „Erlösung geschieht durch Opfer und verstärkt damit die gesellschaftliche Forderung an Frauen, sich für die Familie zu opfern".[60] Jesu Gehorsam, seine Hingabe und Erniedrigung „... haben zur Folge gehabt, dass Sichopfern, Gehorsamsein, das Kreuzaufsichnehmen, Erniedrigung als Tugenden, insbesondere als Tugenden der Frauen gegolten haben und dazu geführt haben, dass zu veränderndes Unrecht und Unterdrückung als hinzunehmendes gepredigt worden ist".[61] Eine derartige Kreuzeshermeneutik steht im Dienste einer Ideologie der Aggressionsvermeidung, indem sie die soziale Konditionierung von Frauen prolongiert und Passivität, Selbstaufopferung sowie Machtverzicht in sadomasochistischer Manier fördert. Bei dieser Zerrform werden die für Veränderung ungerechter Verhältnisse notwendigen, schöpferischen und lebensspendenden Kräfte der Frauen zerstört. Die Einladung zur Kreuzesnachfolge kann zur ideologischen Unterstützung von Unrechtsverhältnissen führen, wenn sich die Aufforderung zur Aufgabe des eigenen Selbst ausschließlich an die Opfer richtet. Dann müssen Einzelne geopfert werden, damit der Status quo der anderen nicht gefährdet wird bzw. damit, wie im Marxismus geschehen, der Fortschritt der klassenlosen Gesellschaft ermöglicht wird. In der Kodependenz wird das Opfer zum Komplizen des Täters. Die soteriologische Sicht des Kreuzes kann zur Rechtfertigung

---

[58] Vgl. Collet, G., „Den Bedürftigsten solidarisch verpflichtet". Implikationen einer authentischen Rede von der Option für die Armen, in: Furger, F. (Hg.), Jahrbuch für christliche Sozialwissenschaften 33, Münster 1992, 67f.
[59] Moltmann-Wendel, E., Art. Kreuz, in: Wörterbuch der Feministischen Theologie (WFT), hg. von E. Gössmann et al., Gütersloh 1991, 226.
[60] Schottroff, L., Art. Kreuz I. Feministische Kritik an Kreuzestheologien, in: WFT, 226-231, 226.
[61] Schwinge, M., Das Ziel verfehlt. Der Gekreuzigte als Problem feministischer Theologie, in: EK 28 (1995) 161-164, 163.

bestehenden Leids missbraucht werden und einer „Versöhnung Gottes mit dem Elend"[62] Vorschub leisten. Es soll nicht in Abrede gestellt werden, dass es auch ein unvermeidliches Leid gibt, welches in der Kreuzesnachfolge nur angenommen und getragen werden kann.[63]

Es bedarf des österlich-pfingstlichen Geistes zur Unterscheidung der Geister, um im Sinne des dem amerikanischen Theologen Reinhold Niebuhr zugeschriebenen Serenity Prayers zu unterscheiden: Niebuhr bittet um die Kraft, Dinge, die er zu ändern vermag, tatsächlich zu ändern, er bittet um die Gelassenheit, Dinge zu ertragen, die er nicht ändern kann und die Weisheit, beides voneinander zu unterscheiden. Simone Weil benennt die korrespondierende Gratwanderung wie folgt: „Ich glaube an den Wert des Leidens in dem Maße, in dem man alles (was anständig ist) getan hat, um es zu vermeiden".[64] Kreuzesnachfolge ereignet sich je nach Situation als Annahme des Leidens oder als Widerstand dagegen, jedoch nie als Leidensideologie, wenn unsinniges, von Menschen gemachtes Leid, als demütig zu tragendes Kreuz gedeutet wird, statt zur Auflehnung zu ermutigen.

An den Opfern (victimae), mit denen sich der Gekreuzigte identifiziert, soll sich die Auferstehung als österliches Empowerment für das Leben geschichtsmächtig ereignen. Der Auferstandene hat auch den *Opferkreislauf durchbrochen*. Dies ist eine Ermutigung für die echten Opfer, nach einer oftmals langen Periode des Trauerns (mit einer aggressiven Phase der Klage) und der menschlichen Begleitung wieder auf die eigenen Kräfte, auf das eigene buchstäbliche „Stehen in der Gnade" zu bauen. Die in der eigenen Viktimisierung gefangenen, regressiven Opfer werden hingegen ermächtigt und aufgefordert, den Selbstand einzunehmen und für sich einzustehen. Das österliche Empowerment der echten Opfer und der unter Viktimisierung Leidenden ermutigt, selber Subjekt der Veränderung zu sein, selber aufzustehen und als wahre Subjekte in symmetrischen, gleichberechtigten Beziehungen zu leben. Gemäß Röm 8,11 partizipieren die an die Auferstehung Glaubenden an diesem schöpferischen Akt Gottes, sie nehmen im Geist am Prozeß der Auferstehung teil.[65] Paulus expliziert diese Geistes-Verwandtschaft wie folgt: „So nun der Geist dessen, der Jesus von den Toten auferweckt hat, in euch wohnt, so wird auch derselbe, der Christus von den Toten auferweckt hat, eure sterblichen Leiber lebendig machen durch die Kraft seines Geistes, der in euch wohnt".

Der Geist ist nicht nur Prinzip eines Gott wohlgefälligen Lebenswandels, sondern auch der Neuschöpfung des Lebens aus dem Tod.[66] Ostern ereignet sich am historischen Gekreuzigten, der neue Äon bricht als machtvoller göttlicher Neubeginn in einer historisch ausweglosen Situation in der Geschichte an. Bei der Rede vom Geist kommt es zu einem Ineinander von präsentischen und futurischen Aspekten (vgl. Röm 8, 23: „Erstlingsfrucht", welche die Verheißung der ganzen Ernte in sich birgt). Folglich ermöglicht das Heilige Pneuma schon jetzt die Teilnahme am schöpferisch-geistvollen Akt Gottes. Im

---

[62] Hedinger, U., Wider die Versöhnung Gottes mit dem Elend. Eine Kritik des christlichen Theismus und Atheismus (BSHST 60), Zürich 1972.
[63] In der Mystik ist das Leiden ein unvermeidlicher Bestandteil der inneren „Transformation in Gott", so bei Johannes vom Kreuz vgl. ders., Aufstieg zum Berg Karmel; Die dunkle Nacht, Darmstadt 1987 und, ihm folgend, Edith Stein, vgl. dies., Kreuzeswissenschaft, Edith Stein Gesamtausgabe Bd. 18, Freiburg i. Br. 2000.
[64] Weil, S., Oeuvres Complètes, Bd. 6/1, Paris 1994, 139.
[65] Vgl. Moltmann, J., Der geschichtliche Prozess der Auferstehung, 263.
[66] Vgl. Theobald, M., Der Römerbrief, (EdF 294), 247.

Geist findet ein Prozess der Auferstehung statt, ein „fieri" im Sinne eines Übergangs vom Tod zum Leben. Wenn Gott den ohnmächtigen Gekreuzigten auferweckt, dann ist er „die lebendigmachende Kraft, die die Armen reich macht, die Niedrigen erhebt und die Toten auferweckt. Auferstehungsglaube ist selbst eine lebendige Kraft, die Menschen aufrichtet und im Blick auf die Zukunft des Lebens von den tödlichen Illusionen der Macht und des Habens befreit".[67] Der neue Äon vermag mitten im Opferkreislauf als machtvoller göttlicher Neubeginn (den alten Zirkel unterbrechend) anzubrechen.

Neben diesem österlichen Subsidiaritätsprinzip steht gleichrangig das Solidaritätsprinzip: Der Auferstandene tritt für all diejenigen, die für ihre eigene Würde nicht einzutreten vermögen, stellvertretend kämpferisch ein.

5.6. Kämpferisches Eintreten für das Leben

Im Heiligen Pneuma führt Christus einen Kampf für eine gerechte Welt: Die gesamte Geschichte nach Kreuz und Auferstehung ist auch als eine Geschichte des Kampfes des Erhöhten gegen das Elend in der Schöpfung zu begreifen.[68] Die Aktivität des erhöhten Herrn besteht gerade darin, dass er im Kampf liegt mit den gott- und lebenswidrigen Mächten, die das Geschäft des Todes betreiben. Es ist dies kein „Kampf gegen außerirdische Mächte, der sich weit weg von unserer Geschichte über unseren Köpfen abspielt".[69] In der alten lateinischen Ostersequenz „Victimae paschali laudes" wird das auf die Kurzformel gebracht: „mors et vita duello" – „Tod und Leben im Zweikampf". Dieser Kampf ist weder spiritualistisch noch gnostisch, sondern in ganz realen geschichtlichen Vorgängen, in die die heutigen Menschen verwickelt sind: „Fleisch" (Selbstsucht) und „Geist" (Liebe), Tod und Leben, Entzweiung und Versöhnung, Zerstörung und fürsorgliche Bewahrung liegen miteinander im Zweikampf. Es ist dies ein „*Kämpfen für*": Durch Jesu äußerste Proexistenz am Kreuz und die Sendung des neuschaffenden Geistes vermag auch die für den Kampf erforderliche Aggression verwandelt zu werden; Proexistenz und konstruktive Aggression gehen eine heilsstiftende Verbindung ein. Zwar wird der Sündenmacht der Kampf angesagt und die Herrschaft streitig gemacht, es ist dies jedoch ein Ringen um das je größere Zur-Geltung-Kommen des Lebens.

Dieser Kampf für das Leben impliziert das Gericht und die prophetische Anklage: Der durch sein Pneuma in der Welt wirkende Erhöhte überführt sie gemäß johanneischer Theologie der Sünde (vgl. Joh 16, 8-11). Der durch die Realität der Sündenmacht generierte, grundsätzliche Konflikt wird angenommen, angeklagt und auf die Tagesordnung gebracht. Bevor das Kreuz zum Zeichen des Heiles wird, ist es ein Zeichen des Gerichts.[70] Das befreiende Gericht über die Verfallenheit der Existenz an die Welt der Sünde ist der Anfang für den Aufstand zum wahren Leben.[71] Im Kreuzestod Jesu schreit Gott selber mit den Unterdrückten und Verfolgten gegen die Täter dieser Welt und klagt sie ihres Unrechts wegen an. Vom Kreuz herab ergeht der Protest und die Anklage dessen, was dem Reich Gottes entgegensteht. Im Gekreuzigten stellt sich Gott selbst der Konfrontation mit

---

[67] Moltmann, J., Der geschichtliche Prozess der Auferstehung, 263.
[68] Vgl. Kessler, H., Christologie, 431.
[69] Kessler, H., Sucht den Lebenden nicht bei den Toten, 392.
[70] Vgl. Delling, G., Der Kreuzestod Jesu in der urchristlichen Verkündigung, Göttingen 1972, 13.
[71] Vgl. Moltmann, J., Der geschichtliche Prozess der Auferstehung, 265.

dem herrschenden Unrecht und den Vergötzungen. Durch die prophetische Anklage wird die Sünde gezwungen, sich offen zu zeigen, die Anonymität und Verschleierung aufzugeben und ihre Interessen und Mechanismen aufzudecken. So wird der *geregelte Ablauf des Unrechtsapparats gestört.*

Der Auferstandene wendet sich mit seinem Auferstehungsleib der Gemeinde zu und geht in den Leibern der an ihn Glaubenden selber auf die Welt zu. Jesus Christus lebt den Aufstand für das Leben in den Glaubenden, indem sie für das Leben aufstehen und die Opfer Auferstehung erfahren lassen.

5.7. Österlicher Mitvollzug des Kampfes des Auferstandenen für das Leben

Da Gott sich in Jesus Christus ganz auf die Welt eingelassen hat, gibt es keine Menschen- und Weltlosigkeit Gottes.[72] Dies muss auch nach Ostern Geltung beanspruchen, soll die Inkarnation kein flüchtiges Interim und der Osterglaube keinen eskapistischen Sprung aus der Geschichte darstellen. Aufgrund des Geistwirkens nimmt der Erhöhte zu allen Zeiten, an allen Orten am Leben der Menschen teil. Auch nach Ostern ist Gott der Immanuel mit den konkret menschlichen Zügen dessen, der sich für uns dahingegeben hat.[73] Ansonsten stellte sich die Frage, ob mit dem Auferstehungsglauben die Zukunftshoffnungen an den Himmel „veruntreut" (R.M. Rilke) werden, um sich mit der konkret vorfindlichen Erde abzufinden. Der Auferstandene befähigt die an ihn Glaubenden, Subjekte zu sein, die „durch Gottes Urheberschaft und Kraft zu einer Wirkung erhoben werden, welche ihre eigenen Fähigkeiten übersteigt und doch ihre eigene Wirkung ist".[74] In der Kraft des Hl. Pneumas sind die ihm Nachfolgenden berufen, Mitstreiter des Auferstandenen[75] zu werden und als Schwestern und Brüder der Leidenden für ein Leben in Frieden und Gerechtigkeit einzutreten. Von der Auferstehung her leben heißt, die Spannung zwischen Himmel und Erde im unermüdlichen Einsatz für die Armen und Schwachen auszuhalten. Menschen leihen dem Auferstandenen ihr Gesicht, ihre Augen und Ohren, ihre Hände und Füße, damit seine Inkarnation auch nachösterlich zur Geltung kommt. In ihnen geht der Auferstandene die optionsgeleiteten Konflikte ein, in ihnen führt er prophetische Zeichenhandlungen durch, um die die Annahme der Reich Gottes Botschaft vereitelnden, ersatzreligiösen Systeme, zu unterbrechen. In den Gläubigen schaut er hin, nimmt die Not wahr, klagt sie prophetisch an, leistet Widerstand und kämpft für die Würde der Opfer.

Die Gnade, welche Christus ist, kann in der Kraft des Heiligen Geistes durch jedes Geschöpf und jedes Ereignis der Geschichte vermittelt werden, zumal jedes Geschöpf durch denselben Logos entstanden ist, der in Christus geschichtlich greifbare Person war.[76] In der Kraft des Geistes des Auferstandenen vermag der Mensch, der sich für das Aufleben der Opfer einsetzt, in diesem Engagement die dem Opfer zugedachte Gnade wirkmächtig

---

[72] Vgl. Kessler, H., Christologie, 439.
[73] Vgl. Greshake, G., Der dreieinige Gott. Eine trinitarische Theologie, Freiburg i. Br. 1997, 375.
[74] Kessler, H., Sucht den Lebenden nicht bei den Toten, 294.
[75] Vgl. Kurt Marti, zit. nach Gubler, M.-L., Nun aber ist Christus von den Toten auferweckt worden als Erster der Entschlafenen (1Kor 15,20), 5.
[76] Zur Entfaltung dieser These in Karl Rahners Werk vgl. Schwerdtfeger, N., Gnade und Welt. Zum Grundgefüge von Karl Rahners Theorie der „anonymen Christen", Freiburg 1982, 277-296.

zu vermitteln und an der inkarnatorischen Bewegung der leidenschaftlichen Liebe Gottes teilzunehmen. Der Auferstandene sendet den Geist, um *sich* jeden Menschen zuzugesellen. „Diese Zugesellung ist kein geschichtsflüchtiger Aufstieg des Einzelnen in die private Communio mit einem transpersonal verstandenen Gott, sondern Teilgabe an dem Weg Christi in Welt und Geschichte hinein, Teilgabe an dem Weg von oben nach unten, an der fußwaschenden Proexistenz dessen, der mit dem Vater eins ist, indem er herabsteigt bis in die Hölle des Sünders. Wo jemand im Sinne des hl. Paulus Christus anzieht, da vollzieht er den geschichtlichen Weg der Verleiblichung und Fleischwerdung mit". [77] Ostern stellt keine monophysitistische Aufhebung der Inkarnation dar, christlicher Glaube keine Flucht in eine höhere Ebene und erst recht keine vertröstende Verschleierung der Wirklichkeit, sondern den oft mit Leid verbundenen Versuch des Hineinlassens Gottes in die stets ganz konkrete Wirklichkeit (Mitvollzug der Inkarnation!). [78]

In dem Maße, in dem Menschen aus dem Geist heraus sich für die Lebensmöglichkeiten der Opfer einsetzen, sind sie schon aus dem Tod ins Leben hinübergeschritten. (1 Joh 3,14-18). In diesem Sinne ist das gesamte christliche Leben ein einziges Hinübergehen von der Sünde zur Gnade, vom Tod zum Leben, von der Ungerechtigkeit zur Gerechtigkeit. [79] Die Stellvertretung des Erlösers (die Gnade) ist inklusiv, weil sie stets auch Sendung und Berufung in die konkrete Verantwortung ist. [80] Nur im Mitvollzug seines stellvertretenden Für-Seins kann die Christusbeziehung gelebt werden, indem es in der österlichen Dynamik der compassion zu einem *stellvertretend kämpferischen Eintreten für* die Würde derer, die sich nicht wehren können, kommt. „Stellvertretung als Struktur der Einheit mit Christus ist ohne Stellvertretung als Struktur der Gemeinschaft mit den Brüdern und Schwestern gar nicht möglich". [81] Dieses stellvertretende Eintreten für die Schwachen impliziert den Widerstand gegen die Todesvorbereitungen in der heutigen Welt und bringt „das Grundgeheimnis des christlichen Glaubens zur Geltung, dass Menschen zeit ihres Lebens gegen Leiden und Tod nie genug Widerstand leisten können". [82] Es

---

[77] Menke, K. H., Das Kriterium des Christseins. Grundriss der Gnadenlehre, Regensburg 2003, 18.
[78] Vgl. Menke, K. H., Der Gott, der jetzt schon Zukunft schenkt, 118.
[79] Vgl. Kessler H., Christologie, 431.
[80] Vgl. Menke, K.-H., Das Kriterium des Christseins, 214.
[81] Menke, K.-H., Die Frage nach dem Wesen des Christentums. Eine theologiegeschichtliche Analyse, in: Nordrhein-Westfälische Akademie der Wissenschaften, Vorträge G 395, Paderborn 2005, 60.
[82] Koch, K., Durch-kreuz-ter Glaube, 39. In Mt 5,38-42 heißt es jedoch: „Ich aber sage euch: Leistet dem Bösen *keinen Widerstand*, sondern wer dich auf deine rechte Backe schlägt, biete ihm auch die andere. Und dem, der mit dir prozessieren und dein Untergewand nehmen will, lass ihm auch den Mantel!" Laut Luz geht es hier um einen bewussten provokativen, normales Verhalten umdrehenden Kontrast gegen die die Welt beherrschende Gewalt, um Verfremdung, und Schockierung, um einen symbolischen Protest gegen den Regelkreis der Gewalt. Es ist dies „Ausdruck eines Protests gegen jegliche Art der den Menschen entmenschlichenden Spirale der Gewalt und der Hoffnung auf ein anderes Verhalten des Menschen, als es im Alltag erfahren werden kann". Vgl. Luz, U., Das Evangelium nach Matthäus (Mt 1-7), EKK I/1 5. Aufl., Neukirchen-Vluyn 2002, 389. Die Worte sind nicht einfach wörtlich zu befolgen, sie sind in der 2. Person Singular formuliert, reden also den Hörer direkt an, fordern ihn persönlich heraus und appellieren laut Vögtle an seine persönliche Entscheidung. Vgl. Vögtle, A., Das Evangelium und die Evangelien (KBANT) 1971, 65. Walter Wink hat diesen Gedanken überzeugend herausgearbeitet, vgl. ders., Der Dritte Weg Jesu in Südafrika und anderswo, München 1988, 33ff. Diese Gebote Jesu „break the circle of humiliation with humour and even ridicule, exposing the injustice of the System. They recover for the poor a modicum of initiative that can force the oppressor to see them in a new light". Wenn Jesus dem gedemütigten Menschen empfiehlt, auch noch die andere Backe hinzuhalten, wird dadurch der Unterdrücker seiner Möglichkeit beraubt, ihn zu demütigen. Der zu Demütigende sagt damit: „Versuch es noch einmal, dein erster Schlag hat

ist dies ein von der Liebe geprägter, stellvertretender Kampf, ein entschlossenes Eintreten in die Solidarität der Kreuzesnachfolge, damit die Gottesherrschaft anfanghaft geschichtlich erfahrbar wird.

Wenn die Sünde jedoch bedrängt wird, schlägt sie zurück und verfolgt den Ankläger. Die Gnade berührt das Verweigerungspotential und legt das sich ihr Entgegenstemmende offen, so dass sie nicht selbstverständlich willkommen ist.[83] Das prophetische führt zum pathischen Bezeugen. Wer die Sünde überwinden will, kann sich nicht in die Konfliktvermeidung flüchten, wie Jesus muss er konfrontativ mit ihr in Kontakt treten und sie auf sich nehmen. Dies anzunehmende Kreuz liegt in den Konsequenzen und Risiken des Christseins, das Kreuz resultiert aus dem tödlichen Konflikt mit der herrschenden Sünde. Das pathische Bezeugen im Martyrium ist letzte Konsequenz des österlichen Mitvollzugs des Aufstands für das Leben. In scharfer Abgrenzung zu fundamentalistischem Missbrauch des „Märtyrer"-Begriffs ist dem vorliegenden Diskurs sehr daran gelegen, das Martyrium mit der österlichen Lebensdynamik zu verbinden.

5.8. Pathisches Bezeugen im Martyrium als letzte Konsequenz des Aufstands für das Leben

Kann aus heutiger Sicht, angesichts fundamentalistischer Selbstmordanschläge, dem Diktum Karl Rahners noch zugestimmt werden, nach dessen Dafürhalten „der Märtyrertod der christliche Tod schlechthin (ist). Was der christliche Tod überhaupt sein soll, das ist dieser Tod"?[84] Das Martyrium taucht bewusst erst am Ende des systematischen Diskurses auf. Der seitherige Ertrag der Untersuchung soll zur Profilierung eines zeitdiagnostisch verantwortbaren Martyriumsbegriffs verwandt werden, um massive Missverständnisse zu vermeiden. Das Martyrium in christlicher Hinsicht ist von einer schöpfungstheologischen Option für das Leben und der Ehrfurcht vor dem Leben geprägt. Es bezeugt den Glauben an Gott als den Freund des Lebens, der „sah, dass es gut war" (siehe oben). Das Martyrium ist Konsequenz des im Geist des Auferstandenen praktizierten Aufstands für das Leben,

---

sein eigentliches Ziel verfehlt. Ich verweigere dir das Recht, mich zu demütigen". Dem Angreifer ist die Macht genommen, sein Opfer zu entwürdigen. Wenn jemand beim Gerichtsprozess neben dem Untergewand auch der Mantel genommen werden soll, leitet Jesus dazu an, den Narren zu spielen. Nur die Ärmsten hatten nichts als ihr Obergewand, um es dem Prozessgegner als Pfand zu überlassen. Weil die Armen sonst keinerlei Zudecke für die Nacht hatten, verlangte das jüdische Gesetz die allabendliche Rückgabe des Mantels bei Sonnenuntergang. Dadurch erfährt der Arme täglich mindestens zweimal auf existentielle Weise seine Minderwertigkeit. Der verarmte Schuldner gerät in einen Verschuldungszirkel, der Gläubiger zerrt ihn vor Gericht und versucht die Zahlung mit allen Rechtsmitteln zu erzwingen. Der Arme nimmt die Gesetze zunächst hin, wie sie sind, übererfüllt sie bis an jenen Punkt, wo sie sich selbst ad absurdum führen und offenbart so, wie es um sie steht. „Du willst mein Gewand? Hier, nimm gleich alles! Jetzt hast du alles, was ich habe, bis auf mein nacktes Leben. Willst du das als Nächstes haben?" Durch die Veralberung weigern sich die Machtlosen, vor der Macht der Herrschenden zu kuschen, vielmehr übernehmen sie damit die Initiative, auch wenn es noch zu keinen strukturellen Veränderungen kommt. Es sind dies gewaltfreie Formen insgeheim aggressiven Widerstands.

[83] Vgl. Kallen, W., Vom Preis der Gnade in der Kirchenkrise, 241.
[84] Rahner, K., Zur Theologie des Todes. Mit einem Exkurs über das Martyrium, Freiburg 1958, 91.

des entschiedenen Eintretens für die Reich-Gottes-Option Jesu.[85] Das christliche Martyrium ist von der Überzeugung geleitet, dass *Gleichgültigkeit und Neutralität* etwas zutiefst Totes bzw. Lebenverachtendes anhaftet, so dass um der Option für das Leben willen in bestimmten Situationen der Tod als unvermeidliche Konsequenz christlicher Konsequenz in Kauf genommen wird. Das Martyrium ist von der Nachfolge als Gleichgestaltung und Vollendung in der Lebensgemeinschaft mit Jesus Christus her qualifiziert. Der Märtyrer stirbt deshalb auch *wie* Jesus Christus für die Sache des Reiches Gottes.[86] Wie bei Jesus Christus führt die konsequente Praxis der Gerechtigkeit, Liebe und des Erbarmens zum Kreuz. Bei Thomas von Aquin leidet als Christ nicht bloß, „wer für das Bekenntnis des Glaubens leidet, das durch Worte geschieht, sondern auch jeglicher, der für *irgendein gutes Werk leidet* (Hervorhebung A.K.), das von ihm geschehen soll, oder für irgendwelche Sündenvermeidung um Christi willen: denn alles das fällt in den Bereich der öffentlichen Glaubensbekenntung".[87]

Die Märtyrer klagen wider einen Eskapismus in gnostische und esoterische Refugien und gegen die Metamorphosen des christlichen Glaubens in bloße Theorie die Inkarnation ein, die Einfleischung in die geschichtliche Konkretion und die Kreuzestheologie, zumal christliche Hoffnung nicht leidensimmun, abstrakt und geschichtslos ist. Sie verweigern sich einem Eskapismus in Spiritualisierung und Interiorisierung der Reich-Gottes-Botschaft zu Gunsten eines welt-, leib- und geschichtsbezogenen Erlösungsverständnisses: Nach ihrem Dafürhalten kann das Reich Gottes nicht isoliert von den konkret erfahrbaren Machtstrukturen einer von der Sündenmacht durchwalteten Weltordnung identifiziert werden. Die Hoffnung muss sich öffentlich bewähren angesichts der Abgründigkeit des Menschen, „des unmenschlichen, gewalttätigen, schrecklichen Gesichtes".[88] Der Märtyrertod ist Konsequenz der Solidarität bis zum maximalen Zeugnis der Liebe, er ist rückgebunden an das Lebenszeugnis und die durch die Sündenmacht hervorgerufenen tödlichen Konflikte.

Die Macht der Sünde ist Wurzel für die strukturell-sündhaften Ausgestaltungen des Bösen, denen der Einzelne ausgeliefert ist. Jeder Märtyrer klagt mit seinem Tod und seinem Zeugnis die herrschende Sündenmacht an. Mit ihren radikalen und weitsichtigen Analysen entlarven Märtyrer die menschen- und gottverachtenden Systeme, die Ideologien, Staatsvergottung, Rassenwahn, Kriegsideologie als solche. Mit ihrer Reich-Gottes-Praxis offenbaren sie das Destruktionspotential der Sündenmacht. Für sie ist der Glaube an Gott mit einer radikalen Ideologie- und Götzenkritik verbunden, sie stellen vor die Alternative: Gott oder Götze. Es gibt Situationen, in denen es nur ein Entweder-Oder gibt, darin käme ein Kompromiss der Leugnung von Gottes rettender Macht gleich. Der Märtyrer lässt in Zeiten des Hasses und der Menschenverachtung die Wahrheit Gottes und die Würde des Menschen aufleuchten. Um Gottes und um des Menschen willen gilt es, die prophetische Stimme zu erheben und totalitäre Systeme (der Nation, Herrenrasse, des

---

[85] Vgl. Valentini, N., Le lettere dal lager di Padre Pavel Florenskij, in: L'autunno della Santa Russia, hg. v. A.Mainardi, Magnano 1999, 264-265. Pavel Florenskij wurde 1937 in dem großen sowjetischen Lager auf den Solov'etskij-Inseln erschossen. In seinen Briefen aus der Gefangenschaft schreibt er: „Je selbstloser die Hingabe ist, umso grausamer werden die Verfolgungen und umso quälender die Leiden sein".

[86] Vgl. Weckel, L., Um des Lebens willen. Zu einer Theologie des Martyriums aus befreiungstheologischer Sicht, Mainz 1998. W. betont, dass die Märtyrer *wie* Jesus für das Reich Gottes sterben.

[87] Thomas von Aquin, Summa Theologiae II-II, q. 124, a.5.

[88] Richard, G., L´Histoire inhumaine, Paris 1992.

5.8. Pathisches Bezeugen im Martyrium als letzte Konsequenz des Aufstands für das Leben 349

Geldes, des Konsums, der Erfolgs- und Siegergesellschaft) zu unterbrechen, die Unwahrheit und Verblendung bestehender Verhältnisse aufzuzeigen und lebendige Alternativen vorzuleben. Nach ihrem Dafürhalten impliziert das „Feststehen im Glauben" ein der Sündenmacht „Wider-Stehen". In ihrem Widerstand gegen die Herrschaft der Sündenmacht und des Todes sind sie Zeugen für den Gott des Lebens und seine Lebensmöglichkeiten.

Das Bekenntnis zum Gott Jesu Christi ist verbunden mit tiefster Selbstkongruenz im Sinne der Treue zur eigenen Gewissensstimme. Für die Märtyrer gibt es Situationen, in denen es um der eigenen Integrität willen wichtiger ist, sich, anderen und Gott treu zu bleiben als zu überleben. „Sie fanden in einem bestimmten Augenblick nichts Besseres als den Tod... Auch Jesus hätte wohl noch mehr Menschen von ihren Sünden befreien und von ihren Krankheiten heilen können, wenn er nicht vorzeitig den Kreuzestod auf sich genommen hätte. Aber für Jesus war das Kreuz Besiegelung seiner Integrität, nämlich dass er in seinem Leben und Sterben mit dem übereinstimmt, was er verkündet hat. Und damit bezeugt er, dass er sich, den Menschen und Gott gerade angesichts des Todes treu bleibt und diese Treue auch nicht durch ein längeres Leben verletzen will".[89]

Märtyrer fallen um dieser Integrität willen aus der Rolle, verweigern sich dem Mitläufertum und finden den Mut zur einsamen Entscheidung. Ihr Gottesglaube schenkt ihnen den Mut zur Selbstbehauptung im Sinne eines standhaften Stehens zur eigenen Überzeugung und zum korrespondierenden, konfliktbereiten Stellung-Beziehen. Einerseits ist der Märtyrertod das Zeugnis für die Übernahme „der tiefsten inneren und äußeren Machtlosigkeit, die der Mensch duldend annimmt".[90] In der Erfahrung seines äußeren Scheiterns durchleidet er als victima die Macht des Bösen und seine eigene Ohnmacht. Andererseits bezeugt der „martys" (= Zeuge) die österlich-pfingstliche Kraft des Auferstandenen. Im Leben der Märtyrer offenbart sich trotz äußerster Schwäche eine eigentümliche geistige und seelische Kraft, sanftmütig-gewaltlos und stark zugleich. Martin Luther King umschreibt sie wie folgt: „Mitten in den Gefahren, die mich umgeben, habe ich den inneren Frieden gespürt und Kraftreserven kennengelernt, die allein Gott geben kann. In vielen Fällen habe ich wahrgenommen, wie die Kraft Gottes die Mühe der Verzweiflung in die Freude der Hoffnung verwandelte".[91] Sander identifiziert Kings Sprachfähigkeit, die Verletzung menschlicher Würde zu benennen und darin der Ohnmacht eine Macht zu geben, als Modus der Gnade. „Der Widerstand in der Sprache der Ohnmacht ist ein Geschenk, das in der Erfahrung der Ohnmacht verborgen liegt. Gott ist in ihr präsent, aber nicht im Modus eines jubelnden gloria, sondern im Modus eines leisen passivum divinum".[92] Diese Macht aus der Ohnmacht widersteht der Gewalt der Menschenrechtsverbrechen. Sie ermöglicht es gnadentheologisch, in die Passion Christi einzutreten und das Böse zu konfrontieren und verwandelnd anzugehen. Das Christentum ist folglich nicht ins Scheitern

---

[89] Fuchs, O., Solidarisierung bis zum Äußersten!? Wenn die Entscheidung für das Leben das Leben kostet, in: Weber, F. (Hg.), Frischer Wind aus dem Süden. Impulse aus den Basisgemeinden, Innsbruck 1998, 119-136, 122.
[90] Rahner, K., Dimensionen des Martyriums. Plädoyer für die Erweiterung eines klassischen Begriffs, in: Concilium 3 (1983), 175.
[91] King, M. L., „Pilgerreise zur Gewaltlosigkeit", in: Branch, T., Parting the Waters: America in the King Years 1954-63, New York 1989, 695f.
[92] Sander, H.-J., Macht in der Ohnmacht. Eine Theologie der Menschenrechte (QD 178), Freiburg i. Br. 1999, 168.

verliebt, auch wenn der Gekreuzigte von außen betrachtet zu den Verlierern der Geschichte zählt.[93]

In der Kraft des Auferstandenen sterben die Märtyrer nicht nur wie Jesus Christus, sondern nehmen auch Teil an dessen redemptiver Durchquerung der Sündenmacht. Das Martyrium *vergegenwärtigt* wirkmächtig dessen historisch-einmalige Selbstaggression im Martyrium. Die Märtyrer sterben mit jemandem, der vorweg schon *für sie* gestorben ist. Mit dem Auferstandenen treten sie in einer Selbstaggression an die Stelle der Sünder und treten an dieser Stelle stellvertretend für sie ein. Durch die Ermächtigung des erhöhten Herrn vermögen sie aus freiem Willen in seine aktive Passion hineinzugehen. Weder widersetzen sie sich ihrer Auslieferung mit den probaten Mitteln der Gewalt und Anbiederung noch entziehen sie sich eskapistisch. Wie Jesus sind sie darin nicht nur passiv-leidendes Opfer der Gewalt (victima), sondern zugleich oblatio: Als aktive Opfer geben sie sich in das konsequent-unvermeidbare Leiden hinein und stellen sich der Sündenmacht leibhaft. Sie vollziehen Jesu Christi Dynamik des „ad-gredi" mit, indem sie dem sich auftuenden Abgrund trotzig und entschieden entgegentreten, um ihn mit dem Reich-Gottes-Inhalt zu konfrontieren und zu verwandeln. Im Leib geht der Märtyrer aktiv auf die Sündenmacht zu, stemmt den Leib geradezu gegen sie und tritt mit ihr in Kontakt. Wie Jesus Christus lässt auch der Märtyrer sich von der Gewalt treffen und verwunden, an seinem Leib tobt sich das abgrundtiefe Destruktionspotential der Sündenmacht aus. Wie Jesus Christus und zugleich ermächtigt durch sein Heiliges Pneuma überwindet er die Sünde, indem er sie konfrontierend auf sich nimmt. In der Gnade Christi muss auch er die Last der herrschenden Sünde auf sich nehmen, um sie zu überwinden. In seinem Leiden trägt er das Verwandlungspotential der sich im Leiden und Sterben des Herrn erweisenden höchsten Proexistenz in die sündige Welt hinein und holt letztere in seine leibliche Gestalt herein (indem sein Leib attackiert wird). Durch dieses „In-Kontakt-Treten" vermag er sie von innen aufzubrechen, dem Neuen des Reiches Gottes Raum zu schaffen und den Sünder in Kontakt mit der wandlungsmächtigen Gnade zu bringen. Bleibt die Konfrontation mit der Sündenmacht aus, vermag die im Martyrium enthaltene, schöpferische Lebensdynamik nicht zur Geltung zu kommen.

---

[93] In der Offenbarung des Johannes setzt sich das am Kreuz geschlachtete, schwache Opferlamm schlussendlich eschatologisch machtvoll durch. Offb. 4-5 erschließt den Sinn des Kreuzigungs- und Auferweckungsereignisses: Der „Löwe aus dem Stamm Juda" (vgl. Gen 49,9) und „Wurzelspross aus David" (vgl. Jes 11,10) wird in Offb. 5,6 mit dem siegreichen, geschächteten Lamm identifiziert. Durch eine Art Überblendungstechnik kommen die beiden Symbolfiguren zusammen – dem Lamm eignen Mut und Kraft des Löwen. Laut Roloff wird die Bedeutungsbreite des Wortes „arnion" bewusst gewählt, um „beiden sich im Bilde des Lammes vereinigenden Aspekten, Opfer und Herrschaft, gleichermaßen Raum zu geben"; vgl. Roloff, J., Die Offenbarung des Johannes (Zürcher Bibelkommentare: NT 18), Zürich 1984, 75. Das Paradox des Glaubens besteht darin, dass just dieses Lamm zum apokalyptischen Kriegshelden wird, so dass die Erfahrungen gegenwärtiger Wehrlosigkeit mit der Hoffnung auf die künftige Richtergewalt vermittelt werden. Aufgrund seiner Selbsthingabe in das Sterben ist das Lamm berufen, Gottes Geschichtsplan für das Ende der Geschichte machtvoll zu vollstrecken. Das Lamm wird als eschatologischer Herr der Welt in seiner Herrschaft eingesetzt, indem es von der siebenfach versiegelten Rolle Besitz nimmt. So vermag es die sieben Plagen zur Befreiung des neuen Exodusvolkes Gottes in drei Serien selbst auszuführen. In Offb. 6,1-8 vollzieht sich nach Öffnen eines jeden der ersten vier Siegel das gleiche unheimliche Geschehen. Jedesmal setzt sich ein die jeweilige Plage symbolisierender Reiter in Bewegung. Der erste Reiter verkörpert von außen kommende kriegerische Eroberung (V. 2f.), der zweite weckt mit seiner Aggression die die Bürger eines Gemeinwesens untereinander entzweienden Wirren (V. 3f.). Der dritte Reiter bringt Teuerung und Hungersnot auf die Erde (V.5f.), der vierte ist die Verkörperung des Todes (V.7f.). Vgl. Schüssler Fiorenza, E., Das Buch der Offenbarung, Stuttgart 1991, 84f.

5.8. Pathisches Bezeugen im Martyrium als letzte Konsequenz des Aufstands für das Leben 351

In kritischer Abgrenzung zu fundamentalistischen Selbstmordattentätern gilt es zu unterstreichen, dass es der gnadentheologisch ermöglichten, inneren Verwandlung durch den am Kreuz freigesetzten Geist der Versöhnung bedarf, soll garantiert sein, dass die Motivation für die Tat nicht fanatisierter Verblendung entstammt. Indem der christliche Märtyrertod gnadentheologisch vom Paschamysterium Jesu Christi ermöglicht und motiviert ist, ist er menschlichem Zugriff und menschlicher Kosten-Nutzen-Kalkulation entzogen und vermag allein im Geheimnis der persönlichen Berufung im Angesichte des göttlichen Geheimnisses gewählt zu werden. „Christliches ‚Martyrium' gibt es immer nur in eschatologischer Relativität".[94] Die Proexistenz Jesu Christi bis in den Tod und die Erfahrung dieser Liebe Gottes bis zum Äußersten ist Mitte des christlichen Verständnisses von Martyrium. Mit Augustinus sah die kirchliche Tradition (gegen die Donatisten) nicht schon im Getötetwerden das Martyrium. Nicht der Tod an sich, sondern der innere Grund und die Gesinnung machen den Märtyrer Christi aus: „Christi martyrem non facit poena sed causa".[95] Seitdem gilt jede Todessehnsucht bei einem potentiellen Märtyrer als Infragestellung des Martyriums. Gemäß Lumen Gentium 42 ist die Liebe als praktizierte Einheit von Gottes- und Nächstenliebe das Kriterium für alle Formen des Martyriums: Das christliche Märtyrium ist Mitvollzug von Jesu Christi Liebe bis zum Extrem.

Im Martyrium vollzieht sich eine *Höchstform an Biophilie*, zumal darin Jesu Christi Radikalisierung der Inkarnation in dessen Annahme der tiefsten Abgründe wirkmächtig gegenwärtig gesetzt und inkarnatorisch mitvollzogen wird. Das Martyrium vergegenwärtigt den Gipfel von Jesu Christi Feindesliebe und den wunderbaren Tausch am Kreuz, bei dem sich der wahre Gott zu erkennen gibt: „Der falsche Gott verwandelt das Leiden in Gewaltsamkeit. Der wahre Gott verwandelt die Gewaltsamkeit in Leiden".[96] Der Tod des Märtyrers hat am Opfercharakter und dem erlösenden Wirken des Todes Jesu Christi teil. Durch seine schöpferische Feindesliebe vollzieht er Jesu Christi äußerste Feindesliebe mit und vergegenwärtigt den am Kreuz erwirkten Sühneüberschuss. Der Märtyrer erfährt Anteil an Jesu Christi fruchtbarstem Lebensdienst in dessen Überwindung von Sünde und Tod: Diese Fruchtbarkeit lässt neues Glaubensleben erblühen.[97] Durch sein Lebenszeugnis trägt er die neue Wirklichkeit der Versöhnung an den Ort des Hasses und der Lüge und verwandelt letztere. Das Martyrium ist ein Ort der Gnade und neuer Lebensermöglichung. In „Tertio Millenio Adveniente" erinnert Papst Johannes Paul II daran, dass das Blut der Märtyrer eine Quelle der Gnade für die Kirche ist und dass diese aus dem Blut der Märtyrer hervorgegangen ist.[98] In ihrem Sterben durchbrechen die Märtyrer die bestehenden engen Grenzen von Raum und Zeit und eröffnen den Horizont auf das österliche „Mehr"

---

[94] Fuchs, O., Die Pastoral im Horizont der „unverbrauchbaren Transzendenz Gottes" (Karl Rahner), in: ThQ 185 (2005) 268-285, 271; ders., Wege zur Kraft der Toleranz, in: Schmidinger, H. (Hg.), Identität und Toleranz, Innsbruck 2003, 101-106.
[95] Augustinus, Contra Cresconium Donatistam 3, 47, in: Patrologia Latina Bd. 43, Sp. 525.
[96] Weil, S., Schwerkraft und Gnade, München 1952, 104.
[97] Vgl. den Abschiedsbrief des NS-Widerstandskämpfers Helmuth James von Moltke an seine Kinder: „Ich bin wie ein stiller Sämann übers Feld gegangen, und das eben will man nicht. Der Samen aber, den ich gesät habe, wird nicht umkommen, sondern wird eines Tages seine Frucht bringen, ohne dass irgendjemand wissen wird, woher der Same kommt und wer ihn gesät hat. Des bin ich auch zufrieden und kann mir nichts Besseres wünschen... Vielleicht ist *mein Tod nützlicher*, als mein Leben hätte sein können. Wir müssen es dem Herrn überlassen". Vgl. Brakelmann, G., „Helmuth James von Moltke". 1907-1945. Eine Biografie. Mit dem Brief aus der Gestapo-Haft an seine Kinder „Wie alles war, als ich klein war", München 2007.
[98] Vgl. Tertio Millenio Adveniente Nr. 37.

an Möglichkeiten hin. Sie verweisen mit ihrer ganzen Existenz auf das kritische Potential des unbedingten Reich-Gottes-Anspruchs, ihr Lebenszeugnis beinhaltet, was das Reich Gottes gegenüber der gegenwärtigen Situation an „mehr" beinhaltet. „Die Märtyrer sind in Situationen der Resignation vor der Unausweichlichkeit der Gewalt Zeugen der Hoffnung, dass Gewalt auch innergeschichtlich nicht das letzte Wort hat".[99] In ihrem Sterben wird das Reich Gottes in der Geschichte gegenwärtig und greift Gott in die Geschichte ein. Im Martyrium geht es letztlich um die Bezeugung des Heils von Gott her als die Zukunft der ganzen Welt und der Menschheit.[100]

Im Folgenden soll der Ertrag des kreuzestheologischen Zugangs rekapituliert werden:

---

[99] Scheurer, M., Zum Begriff des Martyriums, in: Salz der Erde, Licht der Welt. Glaubenszeugnis und Christenverfolgung im 20. Jahrhundert, Freiburg 2002, 11.
[100] Vgl. ebd., 13.

6. Zusammenfassung

Im passionstheologischen Spannungsbogen des Mk-Evangeliums ist der Heterotopos des Kreuzes Jesu Christi als Ort äußerster destruktiver Aggression im Leben und Sinnganzen seiner Botschaft verankert. Das Kreuz ist die Konsequenz seiner konsequenten Verkündigung und Praxis der Reich-Gottes-Botschaft. Mk sieht Jesus zur vergegenwärtigenden Vermittlung der herangenahten Gottesherrschaft; zur Vollmacht in Bezug auf die Inkraftsetzung der endzeitlich nahen Gottesherrschaft, befähigt. Dieser Vollmachtsanspruch Jesu stellt vor die Entscheidung, an ihm scheiden sich die Geister. Um dieses mit dem christologischen Vollmachtsanspruch verbundenen Reich-Gottes-Inhalts willen geht Jesus *Konflikte* ein, *konfrontiert* und *streitet* er. Seine energische Hinwendung zum Menschen lässt ihm ob menschlicher Herzensverhärtung die *Zornesröte* ins Gesicht steigen. Der aus Unglauben generierte *massive Widerstand* gegen Jesus führt zu dessen *Anklage* und schlussendlicher *Tötung*.

Jesu drastische Störaktion im Tempel (Mk 11,15-19) ist als *sinnenfälliger aggressiver Protest* im Sinne eines inhaltlichen Ein- und Widerspruchs zu verstehen. Die Aktion ist nicht gezielt gegen den Opferkult gerichtet, vielmehr spitzt Jesus in einer *prophetisch-kritischen Zeichenhandlung* die Entscheidungspflichtigkeit angesichts der Basileia zu. Er unterbricht ein konkret-vorfindliches kultisches Tun, das als Vorwand dient, die Basileia gerade nicht anzunehmen. Jesus schreitet aggressiv provozierend ein und nimmt einen ärgerlichen Skandal in Kauf, um eine religiöse Praxis zu entlarven, die de facto als trügerische Ersatzsicherheit vor dem Basileia-Anspruch schützt und sich der Herausforderung zur Metanoia nicht stellt, so dass der Tempel zum Symbol der Taubheit gegenüber der Basileia degeneriert. Die drastische Störaktion findet ihre paränetische Pointe in dem in Handlung umgesetzten Metanoiaruf. Die Tempelaktion musste als prinzipieller Affront gegen die Sinnhaftigkeit des kultischen Vollzugs interpretiert werden und somit den endgültigen *Tötungsbeschluss* seitens der Tempelführung *provozieren*.

Entlang des markinischen passionstheologischen Spannungsbogens wurde ansichtig, wie sich korrespondierend zu Jesu proexistenter Praxis immer mehr eine *Welle destruktiver Aggression* aufbaut. Das Kreuz lässt sich als äußerste Offenbarung der gnadenlosen Wirklichkeit unter den Menschen begreifen. An der radikalisierten Proexistenz Jesu radikalisiert sich auch der Abgrund der Destruktivität. In der paulinischen Hamartologie bildet die äußerst wirkmächtige, *universale Macht der Sünde* die Wurzel aller destruktiven Aggression. Für den vorliegenden Diskurs bildet die Sündenmacht den *Gegenbegriff zu Liebe*, nicht eo ipso das Aggressionsvermögen. Wenn sich am Kreuz die Inkarnation zuspitzt, muss der davon ausgehende Geist der Versöhnung auch die dunklen Persönlichkeitsschichten der destruktiven Aggression, des Hasses und der Gewalt, kenotisch konfrontieren und verwandelnd neuschaffen. Deshalb tritt Jesus in einer konstruktiven *Dynamik des „ad-gredi"* als aktives Opfer freiwillig der Macht der Sünde mit Entschiedenheit entgegen, um mit ihr leibhaft in Kontakt zu treten und sie von innen heraus zu verwandeln. Bei dieser bewussten Selbstaggression tobt sich das Destruktionspotential der Sündenmacht an Jesu Christi Leib aus, um daselbst in einem heiligen Tausch in eine

Tat der höchsten Liebe und in neue Versöhnung transformiert zu werden. Dabei tritt Jesus in einer identitären Repräsentation an den Ort auswegloser Gottesferne und Todesverfallenheit, um dort an der faktischen menschlichen Identität in Sünde zu partizipieren und stellvertretend für den Sünder einzutreten. Am Ort des Sünde-Unheil-Zusammenhangs setzt sich Jesus der sündengenerierten Verwundung der Wirklichkeit aus und durchleidet sie mit einer Radikalisierung seiner Lebens-Grundhaltung proexistenter Liebe. Im Geschenk der Sühne ereignet sich eine von Gott ausgehende, versöhnende Neuschöpfung des Sünders.

Die vergebend-annehmende Selbst-Darbietung Gottes am Kreuz ist zugleich Gottes Opfer an die Menschheit im Sinne der äußersten Gabe einer gott-menschlichen Liebe. Bei der Vergegenwärtigung des einmaligen Kreuzesopfers in der Feier der Eucharistie wird auch die sich in Jesu Tod manifestierende destruktive Aggression rituell dargestellt. Die *rituelle Gewaltinszenierung* nimmt die menschliche Gewaltdimension ernst und verbindet mit der grundlegenden menschlichen Konfliktstruktur. Die vergegenwärtigende Darstellung des Kreuzesopfers repräsentiert zugleich den wunderbaren Tausch am Kreuz: Destruktive Aggression vermag in das konstruktive „ad-gredi" des „*Ite*, missa est!" verwandelt zu werden.

Im göttlichen Rechtsakt der Rechtfertigung des Sünders erreicht das im Tode Jesu schon Ereignis gewordene Werk der Versöhnung die „Gottlosen" auch persönlich. Die Versöhnungsmacht des Heiligen Geistes schafft das Herz des Rezipienten seinsmäßig neu und bringt die wirklichkeitsverändernde Kraft der äußersten Selbstinvestition der Feindesliebe Gottes als geschichtsmächtiges Handeln Gottes am Sünder zur Geltung. Im Vollzug des Glaubens an diese schöpferisch-bedingungslose Feindesliebe Jesu Christi und in einer Entschiedenheit für Gott, bei der das neue Sein in Christus auch existentiell ergriffen wird, bricht sich das Heilige Pneuma der Rechtfertigungsgnade in die unerlösten, destruktiv-aggressiven Tiefenschichten des Sünders durch und setzt darin das Ereignis der radikalsten Inkarnation am Kreuz wirkmächtig gegenwärtig, so dass sich *destruktive Aggression in konstruktive Aggression zu verwandeln vermag*. In der paulinischen Theologie sind die empirisch vorfindlichen Sünden der Getauften auch nach Empfang der Rechtfertigungsgnade auf eine anachronistische *Wiederzulassung der Sündenherrschaft* zurückzuführen, wenn sie gegenüber den eigenen Begierden willfährig werden.

Der Vollzug der soteriologischen Sendung Jesu Christi zur Befreiung aus der Macht der Sünde führt zu einer göttlichen Notwendigkeit zum Leiden, lässt der Vater seinen Sohn „hängen" und lässt zu, dass der Sohn ein von Gott Verfluchter ist. Jesu *Gebetskampf* in Gethsemani zeugt in antidoketischer Manier von der ganzen Härte der Inkarnation, das Menschsein auch in seinen Untiefen erfahren und durchleiden zu müssen. Die Annahme der Bestimmung des Vaters ist mühsam erkämpft, das Ja geht durch den Gebetskampf hindurch. Die Dramatik der *vorwurfsvollen Frage und Klage* in Jesu Schrei Mk 15,34 ist nur vor dem Hintergrund der exklusiven und unmittelbaren Abba-Beziehung Jesu zu verstehen, die vom Gehorsam des Sohnes im Sinne einer freien Übereinstimmung mit Affirmation einer Beziehungs-Inhaltlichkeit geprägt ist. Jesu Christi *Konflikt mit Gott* verbleibt deshalb innerhalb der Doxologie und ist als *Protest propter nostram salutem* zu identifizieren. Im Klageschrei kommt die *Aggression als Kontaktvermögen und Trotzmacht* zur Geltung: Darin trotzt Jesus der letzten Verzweiflung und wirft sich mittels des Sprechakts der aggressiven Klage über das Dunkel der Unbegreiflichkeit hinweg dem Vater entgegen, tritt mit ihm in Kontakt und nimmt die menschliche Abgründigkeit in die Gottesbeziehung auf. Auf diese Weise wird das Individuelle in seiner unveräußerbaren Eigenwürde auch von Gott selbst behauptet und das Leid in seiner klagend-anklagenden Fraglichkeit und *bleibenden Differenz auch innergöttlich* vom erhöhten Herrn im Gegenüber zum Vater antagonistisch als menschlicher Widerspruch vertreten. Der Heilige Geist hält innergöttlich den aufgrund der Orientierung am menschlichen Leid entstandenen Dissens aus. Der Widerspruch bleibt als solcher in der Einheit, das vinculum amoris stiftet umso mehr die Einheit in der Differenz. Auch nach Ostern bleibt das Kreuz der christologische Ort für die klagende Rückfrage nach Gott.

Der Gekreuzigt-Auferstandene tritt mit Geschichte und Welt neu in Kontakt und initiiert einen *Aufstand für das Leben*. Die in der Auferstehung beginnende Vollendung der Geschichte drängt auf universale Ausweitung, so dass sie auf den menschlichen Mitvollzug eines entschiedenen „Auf-die-Welt-Zugehens" (ad-gredi) angewiesen ist. Teil dieses Aufstands ist die unverstellte Wahrnehmung dessen, was in der unter der Sündenmacht stehenden realen Weltwirklichkeit tatsächlich stattfindet. Der Auferstandene nimmt die Realität aus der Perspektive der am Kreuz sich radikalisierenden Proexistenz für die Opfer optionsgeleitet wahr und zeigt sich als personifizierte, äußerste Behauptung des Lebens gegen den Sieg des Todes. Im Unterschied zu den sog. „Gotteskämpfern" stellt sein Engagement stets einen Kampf *„für"(!)* dar.

Dieses „Einstehen für" nimmt *protestative Struktur* an, zumal der Osterglaube *keine unschuldige Neutralität* zulässt. Er unterläuft den Erpressungskreislauf, unterbricht den Opferkreislauf und stört den geregelten Ablauf des Unrechtsapparats. Das österliche Subsidiaritätsprinzip ermächtigt die Opfer, im Geist des Auferstandenen selber am Prozess der Auferstehung teilzunehmen und in dessen Kraft *Selbstand* und Widerstand auszubilden. Das österliche Solidaritätsprinzip manifestiert sich im *geistgeleiteten Kampf des Auferstandenen* für all diejenigen, die für die eigene Würde nicht einzutreten vermögen. Der Auferstandene tritt deshalb in Konflikt mit der Sündenmacht und trotzt den Todesmächten. Dieser Kampf impliziert Gericht und prophetische Anklage: Der Geist überführt der Sünde und bringt den sündengenerierten Konflikt aus der Anonymität heraus auf die Tagesordnung. Vom Kreuz herab erhebt der Gekreuzigt-Auferstandene zusammen mit den Opfern den *Schrei gegen die Täter*, stellt sich der Konfrontation mit dem Unrecht und klagt es prophetisch an. Der Auferstandene befähigt die an ihn Glaubenden zu seinen *Mitstreitern* und lässt sie durch eine integrative Indienstnahme der besagten konstruktiven Aggressionskompetenzen sein stellvertretend kämpferisches Eintreten für die Würde derer, die sich nicht wehren können, mitvollziehen.

Wie bei Jesus Christus führt das prophetische zum pathischen Bezeugen. In scharfer Abgrenzung zum fundamentalistischen Martyriumsbegriff sieht der vorliegende Diskurs das Martyrium als Konsequenz des Mitvollzugs des österlichen Aufstands für das Leben. Indem die Märtyrer das Paschamysterium Jesu Christi vergegenwärtigen, repräsentieren sie auch dessen bewusste Selbstaggression im Sinne eines entschiedenen und neuschaffenden Zugehens auf die destruktive Aggression der Sündenmacht. Indem die Märtyrer die Sündenmacht konfrontieren, vollziehen sie Jesu Christi äußerste Feindesliebe mit und vergegenwärtigen den am Kreuz erwirkten Sühneüberschuss als fruchtbarsten Lebensdienst.

Im Folgenden soll das Ergebnis des von der Wahrnehmung inkompetenten Umgangs mit Aggression ausgehenden kritischen Dialogs zwischen Psychologie und Theologie der Aggression in einer Konvergenzargumentation gesichert und korrespondierende Basisdimensionen einer praktisch-theologischen Aggressionstheorie im kirchlichen Kontext formuliert werden. Der in die Binnenvollzüge integrierte Heterotopos der Aggression erzeugt für die Pastoral konstitutive Spannungen.

4. Hauptteil

Spannung statt Spaltung: Basisdimensionen eines förderlichen Umgangs mit Aggression in der Kirche und praktische Implikationen für eine Aggressionspastoral

Die vorliegende praktisch-theologische Reflexion will im gegenwärtigen pastoralen Kontext in Deutschland für einen förderlichen Umgang mit Aggression Impulse zu neuen Perspektiven und Handlungsmöglichkeiten geben, sowohl in individueller als auch in gesellschaftlich-strukturell-systemischer Hinsicht. Die formulierten Basisdimensionen verstehen sich nicht als rezepthafter, pragmatistischer Anwendungsteil, sondern als Rahmenbestimmungen, innerhalb derer eigene Lösungen vor Ort gesucht werden. Die praktisch-theologische Zurüstung für eigenes Ausprobieren vor Ort will vor allem die aus psychologischen und theologischen Kriterien erhobene, erweiterte und *neue Sicht auf Aggression* ermöglichen, welche Aggressionstoleranz gestattet und zu einer theologisch und psychologisch reflektierten und verantworteten Handlungskompetenz und zu hilfreichen Optionen und Konkretionen zu führen vermag. Im Mittelpunkt steht diese Befähigung zur eigenständigen analytischen, kriteriologischen wie auch konzeptionellen Reflexion des eigenen Handelns, im Sinne einer Hilfe zur Selbsthilfe eigene Lösungen zu finden.

Alle Basisdimensionen verweisen aufeinander und stehen in einem wechselseitigen Ergänzungs- und dialektischen Spannungsverhältnis, wobei Dialektik nicht im Sinne von Hegel mit der Aufhebung von These und Antithese in der Synthese, sondern im Sinne der negativen Dialektik von Adorno zu verstehen ist:[1] Die Widersprüche können nicht auf einer neuen Ebene aufgehoben werden, so dass der Widerspruch des Menschen im tiefsten Leid gegenüber Gott und der Widerspruch Gottes gegenüber dem tiefsten Bösen im Menschen in dieser Beziehung selbst eingeklagt werden müssen. Auch wenn Binnendiskurse zueinander in Kontakt gebracht werden, sollen Differenzen klar benannt werden. Widersprüche und Brüche sollen nicht zugunsten einer falschen Eindeutigkeit aufgehoben bzw. geglättet werden. Überhaupt ist es diesem Ertrag darum zu tun, dialektische Spannungsbögen als Voraussetzung für ein spannendes Kirchesein auszumachen: Die funktionale Sicht von Aggression bei der Humangenese steht in Spannung zur Nichtverwertbarkeit des Zornes Gottes. Die aggressionsinduzierte Individuation ist in dialektischer Spannung zur Autoaggression der bis zum Tod gehenden, äußersten Selbstentäußerung in der Martyria zu sehen, das Sich-Finden in Spannung zum Sich-Verlieren.

Weil die Kirche universales Heilssakrament ist, soll im Folgenden nicht nur der Frage nachgegangen werden, was die Kirche z. B. von der Psychologie bezüglich kompetenten Aggressionsumgangs lernen kann, sondern auch, was die Theologie bzw. Praktische Theologie in den öffentlichen Aggressionsdiskurs diesen radikalisierend einzubringen vermag. Wo befruchtet sie mit ihrem originären Beitrag den öffentlichen Diskurs? Wo trägt ihr theologales und humanes Potential zur Humanisierung der Welt bei? Das Schlusskapitel dieser Studie versucht aufzuzeigen, dass die durch die Unvereinbarkeit der theologischen und psychologischen Sprachspiele vorhandene, offene Stelle, etwas Neues als Tertium zu generieren vermag. Dieses Dritte wird gerade aus dem Kontrast und der Differenz der unterschiedlichen Disziplinen hervorgetrieben und errichtet um des unendlichen Geheimnisses Gottes und des Menschen willen Spannungsbögen, welche Theologie und Psychologie verändert aus dem kritischen Dialog hervorgehen lassen.

Eine erste Basisdimension förderlichen Umgangs mit Aggression in der Kirche zeigt Wege auf, die Aggression pastoralpraktisch in den Binnenraum der gelebten Gottesbeziehung aufzunehmen.

---

[1] Vgl. Adorno, Th. W., Negative Dialektik, Frankfurt a. M. 1966, 60.

1. Aggression im Binnenraum der gelebten Gottesbeziehung

1.1. Klagekompetenz als Aggressionskompetenz

Der vorliegende praktisch-theologische Diskurs empfiehlt die Klage als theologisch legitimes Gebet, als eine notwendige und legitime Ausdrucksform des Glaubens. Für die pastorale Praxis ist es wichtig, das Recht auf Klagen und Fragen vor Gott als theologische Kategorie zu stärken und Menschen zu ermutigen, mit Gott als Du den Konflikt zu riskieren, ihm in heftiger (An-)Klage entgegen zu treten und ihm dabei die eigene Aggression zuzumuten. Der alttestamentliche Diskurs empfiehlt das direkte Angehen Gottes in der massiven Gottesklage als legitime biblische Ausdrucksform der Spiritualität. Die Klagespiritualität benennt bezüglich des Umgangs mit Aggression 3 Heterotopien, 3 Anders-Orte, die einem reduktionistisch-affirmativen Gottesverhältnis komplementär gegenüberstehen: Die schwierige Lebenserfahrung, das korrespondierende schwierige Gottesbild und den korrespondierenden schwierigen Sprechakt der Gottesklage. Durch die Hereinnahme dieser Heterotopien in den Gebetsakt wird auf die lebenspraktische „Exkommunizierung" und Abspaltung derer verzichtet, die unter Gottesferne leiden und denen eine subjektivistische Verlieblichung Gottes, eine „God-light Religion", nicht weiterhilft.

a. Die praktisch-theologische Würdigung der schwierigen Lebenserfahrung als pastoralem Ort

Die Topologie der Pastoral muss auch die radikalen Grenzerfahrungen von Menschen aufgreifen und theologisch-spirituell durchdringen, zumal sich die Frage nach der Tragfähigkeit der ganzen Botschaft von den Rändern her dort stellt, wo das Ganze infrage gestellt ist. Hier im Bruch muss die Theologie den schwierigen Erfahrungen standhalten und sich von ihnen her neu generieren und existentiell durchbuchstabieren. Die Klagespiritualität formuliert um der Betroffenen willen radikale Grenzaussagen in radikalen Grenzerfahrungen; es ist dies eine radikale Form von Theologie, welche die Frage nach Gott nicht aufgibt. Zur Disposition steht die eminent pastoralpraktische Herausforderung, dass manche Menschen sich nur deshalb in der Bibel wiederfinden und es darin aushalten, weil die aggressionshaltigen Stellen den Stachel der Negativität ertragen, den Ernst der Lage über die Ferne Gottes annehmen und den Weg mit Gott in seiner Schwere würdigen; alles andere wäre für sie in ihrer momentanen Situation nichtssagend. Die Klagespiritualität impliziert eine hohe Wertschätzung und radikale Ernstnahme der unverstellten Wahrnehmung der gesamten Realität und der korrespondierenden schwierigen Lebenserfahrungen, die direkte Wahrnehmung geht allen theologischen Überlegungen voran. Die (An-)Klage verzichtet auf die Spaltung der Wahrnehmung aufgrund eines bestimmten Gottes- und Weltbildes bzw. um einer Faktizität des Normativen willen; Katastrophen dürfen als solche wahrgenommen und benannt werden und vor dem Gott ausgesprochen werden, der in der Realität anzutreffen ist. Die Option für die Krisenheterotopoi der Betroffenen lässt eher liebgewonnene Gottesbilder zerbrechen und theologische Paradigmen aufgeben als einem Wahrnehmungstrug zu erliegen. Die Realität darf nicht zurechtgebogen werden, denn in ihr ist Gott; wo die Theologie von ihr keinen Ausgang nimmt, wird nicht recht von Gott geredet.

Der Sprechakt der (An-)Klage rettet die eigenständige Qualität des Menschen, sich und seine eigene Situation Gott gegenüber als Partner fragwürdig ernst zu nehmen und vor Gott und seiner Verheißung einzuklagen. Er verzichtet darauf, Gott auf Kosten der Würde des leidenden Menschen zu rechtfertigen und die Heimsuchung als Teil einer göttlichen Pädagogik bzw. menschlicher Schuldgeschichte abzuschwächen und zu plausibilisieren.[1] Der schwierigen Lebenserfahrung korrespondiert ein schwieriges Gottesbild. Weil Gott nicht von der Realität abgekoppelt werden kann, erzeugt die inakzeptabel schwierige Realität ein nahezu inakzeptabel verdüstertes Gottesbild.

b. Das der schwierigen Erfahrung korrespondierende schwierige Gottesbild vom Zorn Gottes

Die biblische Klagespiritualität würdigt die Selbsterfahrung Betroffener, das eigene Leid *strictissime theologisch* zu verstehen: den einen Gott auch mit ihrem schweren Leid zu behaften, ihn nicht aus der Verantwortung dafür zu entlassen, ihn für zuständig zu erklären und monotheistisch als Handelnden ernst zu nehmen. Der Soziologe Amitai Etzioni verlor nach dem frühen Tod seiner Ehefrau auch noch seinen 38-jährigen Sohn auf tragische Weise.[2] Sein Gottesbild von einem der Welt Sinn gebenden Gott sei zerbrochen, sein Glaube auf eine sehr harte Probe gestellt worden. Etzioni *vermisst das heilvolle Handeln* eines Gottes, der „zu beschäftigt" ist, um sich „zu zeigen", der „sein Angesicht nicht leuchten lässt", er leidet unter dem *unbegreiflichen Handeln* eines Gottes, der es „erlaubt", dass dem Vater der Sohn weggenommen wird, der es „geschehen lässt", dass ein liebender Mensch „aus den Armen seiner liebenden Frau gerissen" wird, der es dem zweijährigen Sohn „verwehrt", den Vater zu finden. Etzioni ist zornig, weil er „absolut ungerecht" und „über alle Maßen grausam" *behandelt* worden ist, er weigert sich, mit rationalistischen „Auskünften" abgespeist zu werden.[3] Etzioni erlebt Gott, auf welchen er konsequent die gesamte Wirklichkeit bezieht, als willkürlich, feindselig, schlagend, verwundend und unbarmherzig Handelnden und vermisst zugleich dessen geschichtsmächtig-rettendes Handeln.

Das Schicksal der jüdischen Schriftstellerin Hilde Domin ist ein einziges Zeugnis für die Ambivalenz der Gotteserfahrung und für Gottes Behaftung mit dem Unbegreiflichen in der klagenden Rückfrage. In der Schicksalsgemeinschaft mit ihrem Volk hat sich Domin der dunklen Gotteserfahrung gestellt und ist durch sie hindurchgegangen. Das folgende Gedicht bringt zum Ausdruck, dass sie Gott für ihr Schicksal haftbar macht: „Tage

---

[1] Angesichts einer allzu moralisierenden, immer nur auf die Schuld des Menschen rekurrierenden Kirche gibt Karl Rahner die Frage an Gott zurück, ob nicht die Beobachtung, wonach „der Mensch sich nicht so sehr vor Gott schuldig empfindet, sondern eher verlangt, Gott müsse sich wegen seiner von ihm bewirkten schrecklichen Welt verantworten,... zu sehr bedeutsamen Akzentverschiebungen in der amtlichen Verkündigung führen (könnte), ohne dass die Kirche ein bisher verkündetes Dogma leugnen müsste". Vgl. Rahner, K., Schriften zur Theologie XVI, Einsiedeln-Zürich-Köln 1984, 228.

[2] Vgl. Etzioni, A., Mein Recht auf Zorn – Erlebnisse eines Mannes, der gerade Anlass hat, an Gott zu verzweifeln, in: Süddeutsche Zeitung 25./26.11. 2006, 2.

[3] Ebd.

der Heimsuchung: Wie man ein Kind zum Knien zwingt auf dem großen Reibeisen und ihm einen Stein auf den Kopf legt damit der Schmerz ganz nahe sei oder es an den Balken der Hütte bindet und ein Feuer aus Maisblättern macht und ihm die kleinen Füße versengt, so *strafst du mich grausam* (Hervorhebung A.K.) als der Tisch schon zum Feste gedeckt war...".[4] Die Klagespiritualität stellt sich der äußerst schwierigen Frage nach dem geschichtlichen Handeln Gottes: Während evangelikale Gruppierungen und charismatische Gruppen unter Ausblendung kritischer Rückfragen Gottes Handeln für die Gegenwart in Anspruch nehmen, ohne auf die Infragestellungen dieser Rede im Zuge von Neuzeit und Moderne einzugehen, hat die theologische Basiskategorie der Rede von der Gegenwart des wirkmächtigen Gottes spätestens seit Auschwitz, dem „präzedenzlosen Verbrechen",[5] ihre Unschuld verloren und ist in eine schwere Krise geraten. Angesichts dieser existentiellen Infragestellung stellt sich die Frage nach Gottes Geschichtsbezogenheit als entscheidendem Spezifikum israelitisch-christlicher Gotteserfahrung[6] unter erschwerten Umständen. Die Rede vom Handeln Gottes in der Geschichte stellt einen zentralen Bestandteil des jüdisch-christlichen Bekenntnisses zur Geschichtsmächtigkeit YHWHs dar. „Wenn wir das Handeln Gottes mitten in unserer Geschichte, die Geschichtslenkung Gottes aus unserem Gottesbild verdrängen..., berauben wir die biblische Religion ihres Kraftzentrums, ihres Herzens".[7] Die Erfahrung des geschichtlich handelnden Gottes ist Wurzelerfahrung jüdischer Identität und jüdischen Glaubenszeugnisses.[8] Im vorliegenden kritischen wechselseitigen Dialog zwischen Theologie und Psychologie ist gegenüber der Psychologie das geschichtliche Handeln Gottes als kritisches Potential dezidiert zu behaupten.

Wenn die Würdigung der gesamten Wirklichkeit und die Welthaltigkeit des Glaubens essentielle Konsequenz des sich nach einem langen theologischen Ringen entwickelnden biblischen Monotheismus ist, ist der Herr der gesamten Wirklichkeit für die in ihrer ganzen Ambivalenz wahrzunehmende, gesamte Realität zuständig und anrufbar. Der Religionsbegriff kann die menschlich ambivalente Erfahrungsebene nicht überspringen. Israel hat deshalb nie darauf verzichtet, in großer Härte auch den handelnden Gott selbst mit der Verantwortung für die von ihm gewirkte Geschichte zu behaften. In den vorgestellten biblischen Texten begegnen den unter Gottesentfremdung Leidenden unserer Tage wesentliche Züge des theologisch provozierenden Gottesbildes: ein Gott, der als Heimsuchung widerfährt, der dem Menschen sogar feindlich gegenübertritt und ihm Wunden beibringt. Diese Texte bringen Befremdliches, den Menschen Anfeindendes in der Gotteserfahrung Israels und aller, die sich diese Texte angesichts ihrer eigenen Erfahrungen

---

[4] Domin, H., Gesammelte Gedichte, 10. Aufl., Frankfurt a. M. 2004, 74.
[5] Johannes Paul II, Ansprache bei der Begegnung mit der jüdischen Gemeinschaft Polens am 9. Juni 1991, in: HerKorr 49 (1995), 133.
[6] Vgl. Werbick, J., Art. Geschichte/Handeln Gottes. In: NHThG 2 (1991), 185-205, 185.
[7] Groß, W., Das Handeln Gottes in der Geschichte nach dem Alten Testament, 12. Vgl. Stosch, K. v., Gott-Macht-Geschichte. Versuch einer theodizeesensiblen Rede vom Handeln Gottes in der Welt, Freiburg i. Br. 2006, 12.
[8] Vgl. Fackenheim, E., God's presence in history. Jewish affirmations and philosophical reflections, New-York-London 1970, 25f.; vgl. Fackenheim, E., Die gebietende Stimme von Auschwitz. In: Brocke, M., Jochum H. (Hg.), Wolkensäule und Feuerschein, 89: „Wenn heute aller Zugang zu dem Gott der Geschichte gänzlich verloren gegangen ist, dann ist der Gott der Geschichte selbst verloren gegangen. Mit dieser Schlussfolgerung sehen wir uns unmittelbar der zu Beginn erwähnten entsetzlichen Möglichkeit gegenüber, dass es Hitler gelungen ist, nicht nur ein Drittel des jüdischen Volkes, sondern auch den jüdischen Glauben zu morden".

1.1. Klagekompetenz als Aggressionskompetenz

aneignen, zur Sprache.⁹ Nach der Tsunamikatastrophe in Südostasien im Dezember 2004 titelte das Massenboulevardblatt „Bild": „Wo war Gott?"¹⁰ Angesichts unbegreiflichen Leids stellte sich die theologische Rück-Frage nach einer letzten Zuständigkeit. Die Klage benennt Gottes Zuständigkeit: Hans Jonas verkleinert Gott auf die Ebene der Menschen und nimmt den allmächtigen Gott im Gegenüber zu seiner Schöpfung nicht ernst, so dass dieser in der Klage auch nicht angegangen werden kann. Um der Betroffenen willen gilt es, die Sperrigkeit der Gottesvorstellung nicht domestizierend zu überspielen und Gott nicht zu depotenzieren.¹¹ Wenn kein Handeln Gottes benannt wird, kann sich nicht die in der menschlichen Tiefe tatsächlich vorhandene, trauerbedingte Verwirrung und korrespondierende Aggression als solche konstituieren, um mittels ihrer Artikulation in den Klageprozess einzugehen und Gott direkt anzugehen. Wenn Gott depotenziert wird, vermag der vom unbegreiflichen Leid Betroffene von seinen ihn schlussendlich selbst zerstörenden Aggressionen in der Klage nicht freizukommen.

Die Klage ist vom richtungslosen Gejammer und um sich selbst zirkulierenden Selbstmitleid zu unterscheiden, sie benennt einen Adressaten, der ständig und aus jeder Situation heraus anrufbar ist und bleibt und mit der gesamten Wirklichkeit direkt angegangen und behaftet werden kann.¹² Wer Gott anspricht und als Adressaten anklagend beim Wort nimmt, hat ein Gegenüber, das letztlich ansprechbar und verantwortlich ist. Wer ihn in die Verantwortung nimmt und zuständig macht, gehört zu Gott. Mit der Klagespiritualität ist pastoral zur Geltung zu bringen, dass die Gottesfrage kein Privateigentum der Kirche bildet, sondern ein Menschheitsthema darstellt.¹³ Alle Menschen stehen gemäß Gaudium et Spes in Gottes Beziehungswillen. Indem die Klagespiritualität mit Gott einen letzten Adressaten benennt, dem die eigenen Aggressionen zugemutet werden dürfen, befruchtet die Theologie den öffentlichen Aggressionsdiskurs und bringt bezüglich der Frage, wie Menschen mit ihren leidverursachten Aggressionen förderlich umgehen können, ein originäres Potential für die ganze Welt ein.

Auch die Psychologie soll sich von der Theologie heilsam irritieren lassen: Die Benennung eines letzten Adressaten macht das kritische Potential der Klage gegenüber der Psychologie aus, welche auf die zwischenmenschliche Ebene der therapeutischen Bearbeitung im Gespräch verwiesen und begrenzt bleibt oder Gefahr läuft, die religiöse Leer-

---

⁹ Vgl. Fuchs, O., Gotteserfahrung und Gottesfinsternis, in: PthI 16 (1996), Heft 1, 13-35.
¹⁰ So die Überschrift auf der Titelseite der „Bild-Zeitung" vom 28. Dez. 2004.
¹¹ Vgl. Jonas, H., Der Gottesbegriff nach Auschwitz. Eine jüdische Stimme, Frankfurt a. M. 1987, 7-51. Hans Jonas' Gott entkleidet sich eskapistisch seiner Gottheit, indem er sich in die bedingungslose Immanenz begibt und sich in der Schöpfung verlauft, um von der Zufallsernte der Zeit seine Gottheit dereinst zurückzuempfangen. Bis dahin berühren ihn keine Klage und kein Schrei aus der Tiefe. Jonas' Gott unterliegt dem Schicksal, um dessentwillen zu ihm geschrien wird, sein Gott hört auf, Fluchtpunkt der menschlichen Hoffnung zu sein. K.J. Kuschel fragt kritisch an, ob man „den Protest, die Klage und Anklage gegen den Schöpfergott dadurch abbiegen (kann), dass man Gott dem Leiden unterstellt?" vgl. Kuschel, K.J., in: Groß, W., ders., „Ich schaffe Finsternis und Unheil". Ist Gott verantwortlich für das Übel?, Mainz 1992, 184.
¹² Vgl. Kafka, F., Der Proceß. Roman in der Fassung der Handschrift, Frankfurt a. M. 1990. Darin beschreibt Franz Kafka folgende beklemmende Erfahrung: Der, dem der Prozess gemacht wird, weiß nicht, wer seinen Fall behandelt. Er trifft stets nur auf kleine, nachgeordnete Schreiberlinge, die sich hinter Bergen von Akten verschanzen. Keiner vermag ihm beim Irren durch die langen Gänge Auskunft zu geben, *keiner ist für ihn zuständig*. Niemand nimmt seinen Einspruch an, das Urteil wird in seiner Abwesenheit gesprochen – eine Welt ohne Ansprechpartner.
¹³ Vgl. Rahner, K., Schriften zur Theologie Bd. 10, Einsiedeln-Zürich-Köln 1972, 75f. Rahner schätzt am I. Vatikanischen Konzil die Erklärung der natürlichen Erkennbarkeit Gottes durch das Licht der bloßen Vernunft (DH 3026), so dass die Gottesfrage zum Menschheitsthema erklärt wird.

stelle durch quasireligiöse Metatheorien auszufüllen.[14] Im positivistisch-agnostischen Wissenschaftsparadigma vermag die Psychologie die Fragen und das Leid nicht als existentielle Rückfrage an den transzendenten Grund des Lebens zu formulieren und abzugeben. C.G. Jungs positivistisch-agnostischer Verzicht auf gläubige Selbstüberschreitung blendet die Benennung dieses letzten Adressaten aus. Laut Tenzler öffnet Jung das verriegelte Tor seiner Eigenstruktur nicht dem personalen Glauben, indem er im geschlossenen System verbleibt und den creditiven Überstieg real vertrauender Selbsttranszendenz radikal ausschaltet.[15] Weil der Glaube in der Klage zum höchst realen Übergabedialog auffordert, übersteigt er den Naturprozess der Jungschen Individuation um eine ganze Dimension. Die biblische Selbstüberschreitung ringt nicht zuerst um eine coniunctio oppositorum in sich selber, sondern hat den Blick von vornherein auf das ewige Du gerichtet.

Um der Leiderfahrung vieler Menschen willen, die nicht triumphalistisch oder realitätsfern in Ergebung und Gotteslob umgemünzt werden darf, und um des Wirklichkeitsbezugs Gottes und der Welthaltigkeit des Glaubens willen müssen dunkle Gottesbilder bewahrt werden. Laut Andreas Michel muss um des Erfahrungsbezugs theologischer Aussagen willen die „Wiedergewinnung biblischer, auch dunkler... Gottesbilder" möglich sein, „ohne dass dieser ‚Rückschritt' als archaisierend gebrandmarkt werden" darf.[16] Die Gottesverdüsterung wird von den Betroffenen so erlebt, das schwierige Gottesbild ist für Letztere momentan das einzige, welches ihrem schwierigen Lebensbild korrespondiert. So muss ein Mensch zu Gott sprechen, dem anderes zu ungebrochen und zu hell ist, ein Mensch, der in einer ähnlichen Situation ist. Es vermag im gegenwärtigen pastoralen Kontext die Lebens- und Glaubensnot von Menschen im Unheil zu wenden, wenn von der „schwierigen" Seite Gottes, von seinem Zorn, die Rede ist. So wie es in der Depression wichtig ist, deren Schwere anzuerkennen, nichts zu verharmlosen oder sachlich widerlegen zu wollen,[17] muss auch die negative Gotteserfahrung benannt werden, um von Betroffenen als hilfreich empfunden zu werden. Die unbegreifliche Erfahrung trifft die Gottesfrage und damit das theologische Zentrum selbst, das dunkle Gottesbild vom Zorn Gottes führt in das Zentrum der Gottesbeziehung Israels, es ist der Preis des Monotheismus. Durch das Benennen von Gottes All-Zuständigkeit verzichtet der biblische Monotheismus auf Spaltungen, mittels derer die Verantwortung in paranoider Manier auf äußere Feinde oder anonyme Mächte abgewälzt würde. Weil Gott aus den geschichtlichen Widerfahrnissen nicht herausgehalten werden darf, wird er so dunkel und unbegreiflich wie diese Geschichte selbst, Betroffene erleiden in Gottes Zorn seine Fremdheit und seine alle Kategorien sprengende Anstößigkeit. Die Bibel deutet die Erfahrung der Gottesferne und des Glaubensverlustes als Teil der Erfahrung mit Gott, der biblische Mensch kennt neben dem fürsorglichen auch den fremden Gott. Es ist erforderlich, diesem Leid eine Sprache zu geben, weil Negativität eine Erfahrungsdimension an der Gotteserfahrung bleiben muss. Wenn diese Ambivalenz aufgelöst wird, verlieren provozierend-störende Texte ihre

---

[14] Zu den „messianischen Aufladungen" und „Erlösungsversprechen" in der Psychotherapie vgl. Bopp, J., Kopf oder Bauch. Psychotherapie im Konflikt zwischen Aufklärung und Verblendung, in: EK 22 (1989) Heft 9, 31-34.
[15] Vgl. Tenzler, J., Selbstfindung und Gotteserfahrung. Die Persönlichkeit C. G. Jungs und ihr zentraler Niederschlag in seiner „Komplexen Psychologie", Paderborn 1975, 25-148.
[16] Michel, A., Gott und Gewalt gegen Kinder im Alten Testament, Tübingen 2003, 350.
[17] Vgl. Wolfersdorf, M.G., Hilfreicher Umgang mit Depressiven. Zum Verstehen und Behandeln von depressiv Kranken. Beobachtungen, Erfahrungen, Empfehlungen, Göttingen 1992.

Lebensnot wendende Kraft und spirituelle Tiefe. In ihrer literarisch-narrativen Fiktionalität laden sie zu Partizipation und Antizipation ein, sie werden zu religiösen „Spiegelgeschichten" für die je auch immer ambivalenten Erfahrungen mit Gott.

Bei der Überarbeitung des Messbuchs und der liturgischen Leseordnung ist es deshalb wichtig, dass diese sperrigen Bibelstellen weder entstellend gekürzt noch weggelassen werden. Damit deren kritisches Potential auch heute zum direkten „In – Kontakt – Treten" mit dem schwierigen Gott ermächtigt, sollten sie homiletisch, in der Bildungsarbeit oder in kommentierenden Erklärungen für die gegenwärtigen Lebenskontexte hermeneutisch erschlossen werden. Der vorliegende Diskurs plädiert in pastoralpraktischer Verantwortung für die existentiell-theologische, praktisch-theologische Zulassung bzw. Neuentdeckung des Bildes vom Zorn Gottes. Das alttestamentliche Bilderverbot bezieht sich ursprünglich nicht auf beliebige, visuell wahrnehmbare Bilder YHWHs, sondern auf Kultstatuen. Auch bei seiner Ausweitung wurde es nicht mit Gottes Geistigkeit oder Unsichtbarkeit begründet, vielmehr sollte es Gottes Einzigkeit, Einzigartigkeit und Unverfügbarkeit schützen. Die Verwendung sprachlicher Gottesbilder trägt dem Umstand Rechnung, dass jegliche menschliche Gottesrede in ihren Kategorien unentrinnbar der erschaffenen Gegenstandswelt entnommen ist. Menschliche Gottesaussagen sind stets perspektivisch und partiell, „weil sie nicht Gott selbst, sondern von Menschen je und je gemachte Gotteserfahrungen formulieren, allerdings in der Überzeugung, Gott nicht ganz zu verfehlen".[18]

Das Alte Testament enthält auch eine Fülle heller Gottesbilder, wie z. B. Zef 3,17: „Der Herr, dein Gott, ist in deiner Mitte, ein Held, der Rettung bringt. Er freut sich und jubelt über dich, er erneuert seine Liebe zu dir, er jubelt über dich und frohlockt, wie man frohlockt an einem Festtag". Es kommt darauf an, „sich dem jeweiligen Bild auszuliefern und nicht ständig mit anderen Bildern dazwischenzureden".[19] Es gilt, sich auch auf das sperrige Bild vom Zorn Gottes vorbehaltlos und ungeteilt einzulassen, in der Gewissheit, dass es ganz von Gott spricht, ihn aber nicht in seiner Gänze auszusagen beansprucht. Kein Sprachbild ist umfassend gemeint, keines beansprucht, Gott in seiner Gänze auszusagen. Das Bilderverbot kommt zur Geltung, indem beide durch ihre Gegenüberstellung auf das Geheimnis des einen und einzigen Gottes hin zerbrochen werden, den kein Bild fassen kann.[20] Alle Gottesbilder sind zu zerbrechen, damit die positiven wie negativen nicht als Götzen im Sinne des eigenen Ebenbilds zwischen uns und Gott treten, sondern uns helfen, dass wir auf dem Weg in das Geheimnis des lebendigen Gottes hinein fortschreiten, den kein Bild zu fassen vermag.[21] Die Gottesbilder erheben somit keinen Anspruch auf einen Zugriff auf das göttliche Geheimnis, sie legen Gott nicht fest und bleiben angesichts der Unergründlichkeit und Unverfügbarkeit Gottes unangemessen. Erkenntnistheoretisch realisieren sie nur einen Zugang zur conditio humana coram Deo, zu den von Menschen je und je gemachten (Gottes-) Erfahrungen.

---

[18] Groß, W., „Ich schaffe Finsternis und Unheil" (Jes 45,7) – Die dunkle Seite Gottes, in: Annen, F. (Hg.), Gottesbilder, 63.
[19] Ebd., 64.
[20] Vgl. den Hinweis von Andreas Benk, der eine erstaunliche Nähe zwischen der Negativen Theologie und den Problemen der modernen Physik wahrnimmt. Letztere sehe sich in der Situation, die Wirklichkeit nur noch in Bildern und Annäherungen ausdrücken zu können, von denen sie zugleich wisse, dass sie falsch seien oder nur die Hälfte der Wahrheit ausdrückten. Vgl. Benk, A., Gott ist nicht gut und nicht gerecht. Zum Gottesbild der Gegenwart, Düsseldorf 2008.
[21] Vgl. Groß, W., Die dunkle Seite Gottes, 65.

In epistemologischer Hinsicht nehmen sie implizit das Analogieprinzip des 4. Laterankonzils ernst, demzufolge der Mensch zwischen dem Schöpfer und dem Geschöpf keine so große Ähnlichkeit feststellen kann, dass nicht zwischen ihnen eine „maior dissimilitudo" festzustellen wäre.[22] Die sprachlichen Gottesbilder nähern sich der letzten Grenze sprachlicher Aussagbarkeit strukturanalog der Gottesrede von Karl Rahner, demzufolge Gott das letzte Wort vor dem Verstummen ist.[23] In Hos 11, 8-9 wird deutlich, dass Gottes Zorn und Gottes Erbarmen nicht auf derselben Ebene anzusiedeln sind bzw. Letzteres das letzte Wort hat. Daselbst kommt es zu einem Umsturz in Gott, dessen Herz sich *gegen sich kehrt* und den glühenden Zorn nicht vollstrecken will. Dieser innergöttliche Umsturz entstammt keiner zwanghaften theoretischen Konsequenz, sondern Gottes Freiheit in sich zum Erbarmen. Die Rede vom Zorn Gottes rückt Gott somit nicht in die Nähe einer zweideutigen Amoralität oder Wankelmütigkeit, als hätte er sich in seiner Geschichte mit den Menschen nicht vereindeutigt und selbst bestimmt.

Der Heterotopos vom Zorn Gottes irritiert und verstört den Topos eines gegenwärtig vielfach vorfindlichen, verharmlosenden Gottesbildes, wenn menschlich-maßgeschneidertes Wunschdenken in Gott hinein projiziert und mit der Gottes-Wahrheit identifiziert wird, wenn das unendliche Geheimnis Gottes banalisiert bzw. trivialisiert wird und in die menschlichen Bedürfnisse hinein verkleinert und fugenlos verkleistert wird. Die Metapher vom Zorn Gottes irritiert heutige Banalisierungstendenzen eines neuen Religionspositivismus, der in esoterischen Formen und Wellnessreduktionen, in psychologisch-ästhetischen Seelenverzauberungen gegenwärtig ist und dem der Hang zur unmittelbaren Affirmation eignet. Gemäß dieser Hermeneutik dienen Religionsfragmente zur Bewältigung der Restrisiken des Lebens, so dass die regressiven Momente bzw. illusionär-wunschhaften Strebungen evident sind. Ludwig Feuerbachs Religionskritik, derzufolge alle Aussagen über Gott auf Projektionen des Menschen beruhen, der in ihnen Trost für sein eigenes Mängelwesen findet („was der Mensch nicht wirklich ist aber zu sein wünscht, das macht er zu seinem Gott"[24]), widerfährt darin neue Aktualität. Paul Ricoeur fragt die Kirche kritisch an, ob sie sich das kathartische Potential des Durchgangs durch das Purgatorium atheistischer Anfragen überhaupt aneigne und die Realität Gottes nicht mit den eigenen Projektionen verwechsle.[25] Der Freudianismus habe zwar den Glauben der Ungläubigen bereits gestärkt, jedoch kaum begonnen, den Glauben der Gläubigen zu läutern.[26] Die Psychoanalyse richtet an die Theologie den kritischen Impuls, den latenten Regressionsvorwurf und den Verdacht der Kompensation und Kontingenzbewältigung durch Religion je neu zu überprüfen.[27]

---

[22] Vgl. Denzinger, H., Hünermann, P., Kompendium der Glaubensbekenntnisse und kirchlichen Lehrentscheidungen, Freiburg i. Br. 1991, 361f.

[23] Rahner, K., Grundkurs des Glaubens. Einführung in den Begriff des Christentums, Freiburg i. Br. 1976, 56. Vgl. Keul, H., Wo die Sprache zerbricht. Die schöpferische Macht der Gottesrede, Mainz 2004.

[24] Feuerbach, L., Vorlesungen über das Wesen der Religion. 25. Vorlesung: Gott als Wunscherfüller, in: Sämtliche Werke hg. v. W. Bolin und F. Jodl, Bd. 8, 2. Aufl., Stuttgart 1960, 293.

[25] Vgl. MacIntyre, A., Ricoeur, P., Die religiöse Kraft des Atheismus, Freiburg i. Br. 2002.

[26] Vgl.Ricoeur, P., Der Atheismus der Psychoanalyse Freuds, in: Nase, E., Scharfenberg, J. (Hg.), Psychoanalyse und Religion, Darmstadt 1977, 206-218, 217.

[27] Vgl. Freud, S., Studienausgabe IX, 206. Sigmund Freuds verschiedene Verstehensansätze zu Religion konvergieren im Regressionsvorwurf. Menschliche Hilflosigkeit reaktiviert laut Freud die frühkindliche Vatersehnsucht, menschliche Gottesbilder sind ein Produkt dieser Sehnsucht. Die Vorstellung von Gott als übergroßem Vater bewirkt auf menschlicher Seite den Rückgang in die kindliche Position. Freud betont, sich

1.1. Klagekompetenz als Aggressionskompetenz

Inmitten des inflationären Gebrauchs der „Spiritualitäts"-Terminologie stellt sich die pastorale Frage, ob in der (inner-kirchlichen!) Spiritualität tatsächlich bis zum wirklichen, unbegreiflichen Gott vorgedrungen wird. Das Sprachbild vom Zorn Gottes artikuliert den Bruch mit den menschlichen Erwartungen und Projektionen, es benennt den real vorfindlichen tiefen Graben zwischen Gott und Mensch: Die Doxa des plausiblen Gottesglaubens als System von Gottesbeziehung und persönlichem Wohlergehen begegnet in der Erfahrung realen Leids dem „Para-Dox, dem Skandalon des von diesem Gottessystem her Unwahrscheinlichen und Antiplausiblen und gerät so gründlich in die Krisis, in die Unterscheidung von verfügbar gemachtem und unverfügbarem Gott und damit in die Entscheidung für den einen oder anderen".[28] Gott kann nicht mehr in einer Kosten-Nutzen-Kalkulation in menschliche Modelle und Kategorien gepresst werden, um darin anthropozentrisch eine ganz bestimmte Rolle zugewiesen zu bekommen und für die eigenen primären Bedürfnisse funktionalisiert zu werden. Die Praktische Theologie hat den Gott zur Geltung zu bringen, der keinen Besitzstand und keine Habe bildet, vielmehr ein Fremder im eigenen Haus ist und dem Menschen auch in seiner Fremdheit begegnen kann, so dass er durch die Unterbrechungen hindurch neu zu suchen und auf seine Andersartigkeit immer neu zu hören ist.

Der Heterotopos vom Zorn Gottes bestimmt „Religion als Weltabstand"[29] und profiliert Gott in seiner Transzendenz, Unbegreiflichkeit, Weltüberlegenheit und Souveränität, welche alle Konditionierungen und Funktionalisierungen auf das unabgegoltene Geheimnis aufsprengt und weitet. In seiner Souveränität ist Gott nicht kalkulierbar, nicht verfügbar, er schweigt, wendet sich ab und entzieht sich in die Verborgenheit. Die irreduzible Alterität Gottes sprengt jede menschlich gedachte Kategorie; indem die Gotteserfahrung auch in ihrer Negation noch als Transzendenzerfahrung identifiziert wird, darf Gott auch der Verborgene und Unbegreifbare sein. Auch wo eine Meliorisierung des ekklesiologischen Selbstvollzugs bezüglich Aggressionsumgangs fokussiert wird, darf Gott nicht funktionalisiert werden. Die Aggression in der Gottesbeziehung ist nicht verwert- und funktionalisierbar, die aggressiv-zornigen, sperrigen und fremden Seiten im Gottesbild konturieren und profilieren eine Semantik der Gottesfurcht, die pastoral neu zu entdecken wäre.[30] Die Gottesfurcht ist dezidiert von einer Dämonisierung Gottes zu unterscheiden: Auch dämonische Gottesbilder wissen zu viel von Gott, auch sie lassen sich durch die Erfahrung der Alterität Gottes nicht unterbrechen, sondern stellen eine Projektion und Prolongation menschlicher Ängste und Destruktivität in Gott hinein dar und erniedrigen Gott zur Fratze.[31]

Wenn der vorliegende Diskurs für einen kritischen Dialog mit der psychologischen Anthropologie plädiert, darf die *theo*-logische Deutung des Lebens um der Selbstwer-

---

nur mit der „Religion des kleinen Mannes" zu befassen, also Religion nur in ihrer popularisierten Gestalt, in ihrer Funktion als Kompensation und Kontingenzbewältigung, in den Blick zu nehmen; dennoch gilt es, seine Kritik im Hinblick auf religiöse Zerrbilder ernst zu nehmen.

[28] Fuchs, O., Klage als Gebet. Eine theologische Besinnung am Beispiel des Psalms 22, München 1982, 334.
[29] Luther, H., Religion als Weltabstand, in: ders., Religion und Alltag. Bausteine zu einer Praktischen Theologie des Subjekts, Stuttgart 1992, 22-29, 22f.
[30] Vgl. Michel, A., Gott und Gewalt gegen Kinder im Alten Testament, 338. Vgl. Eckhart, M., Werke I und II, hg. v. N. Largier, Frankfurt a. M. 1993, Bd. 1, 681. In einer theologischen Radikalisierung formuliert Meister Eckhart: „Wenn wir Gott um etwas anderes als um Gott bitten, so ist das unrecht und ist Unglaube...".
[31] Vgl. Frielingsdorf, K., Dämonische Gottesbilder. Ihre Entstehung, Entlarvung und Überwindung, Düsseldorf 1992; Jaschke, H., Dunkle Gottesbilder. Therapeutische Wege der Heilung, Freiburg i. Br. 1992.

tigkeit des göttlichen Geheimnisses willen nicht zugunsten von „Psychoallegoresen"[32] oder anderen Funktionalisierungen aufgegeben werden und theologische Deutungsmuster nicht durch psychologische ersetzt werden, so dass Gott als eine nachträgliche Deutungskategorie funktionalisiert würde. Die Heterotopie Gottes erweist diesen auch als Zumutung, sie schützt das semper maior der Gotteserfahrung vor Götzendienst und bewahrt davor, Gott auf menschliche Maßstäbe zu reduzieren und ihn mit den eigenen Machtansprüchen zu identifizieren und totalitär-fundamentalistisch zu missbrauchen. Die Praktische Theologie nimmt die Gefahr eines totalitären Zugriffs auf Transzendenz ernst und streitet mit dem Heterotopos des Zorns Gottes für die Unverfügbarkeit Gottes, für seine Verborgenheit im Offenbargewordensein.

Das Bild vom Zorn Gottes ruft als Reaktion das nahezu inakzeptable Gebet der Klage hervor.

c. Das Gebet der Klage

Die Aggression steht letztlich für eine Gottesleidenschaft, zumal erst die intensive Gottesbeziehung die tiefe Enttäuschung an ihm ermöglicht. Die Vertrautheit mit Gott vergrößert die Betroffenheit und radikalisiert das Befremden und Leiden an ihm. Weil dem Beter Gott wichtig ist, regt er sich über ihn auf und ärgert sich über ihn. Thomas Assheuer spricht in diesem Zusammenhang zeitdiagnostisch von der „Normalisierungsmoderne":[33] Eine der Erwartung Gottes verlustig gehende Moderne benenne auch nicht mehr den Bruch und Widerspruch zwischen der Verheißung Gottes und der vorfindlichen schwierigen Realität und begehre gegen die Negativität nicht mehr auf. Die Normalisierungsmoderne reagiere auf Dissonanzen und verstörende Unruhe mit Problembeseitigung; sie verhindere die Unruhe, indem sie alles für normal erkläre und das Aufbegehren gegen die Negativität pathologisiere. Der Heterotopos der Klage fragt die Theologie an, inwiefern sie sich von der Leidenschaft für den Gott betreffen lässt, dessen Name die Normalisierung dessen, mit dem man sich nicht abfinden kann, verhindert, die Sensibilität für das Ungetröstete und Nichtidentische bewahrt und demzufolge Erwartungen an sein geschichtliches Handeln wach hält.

Die Klagespiritualität geht die durch die Aggression indizierte Beziehungskrise zwischen Mensch und Gott an und ringt um Authentizität in der Gottesbeziehung bis zum Äußersten. In der Klage will der Beter die Beziehung zum momentan unbegreiflichen Gott nicht aufgeben, sondern vertiefen. Die (An-)Klage beschreibt den Weg der existentiell-persönlichen Rückfrage als Gebetsbegegnung mit Gott im Sinne eines Konflikt- und Krisengespräches, indem der Widerspruch durchgesprochen und durchgekämpft wird. Die Klage redet somit weder einer nihilistischen oder fatalistischen Resignation das Wort, noch steht sie für den völligen Zusammenbruch oder das Ergehen in Zynismus und Verhärtung ob unbegreiflichen Leids. Sie ist nicht mit einer sprachlosen Verzweiflung zu verwechseln, zumal sie die Erfahrung der Nichterfahrbarkeit Gottes semantisch fassbar macht. Im Insistieren auf das absolute Geheimnis des je tieferen und unverfügbaren

---

[32] Bucher, A., Bibel-Psychologie. Psychologische Zugänge zu biblischen Texten, Stuttgart-Berlin-Köln 1992, 68.

[33] Assheuer, T., Diskrete Religion, in: Peters, T. R., Urban, C., Über den Trost. Für Johann Baptist Metz, Ost-fildern 2008, 19-22, 20.

Gottes stellt die Klage eine inhaltlich kriteriologisch ausgewiesene Rede von Gott dar. Indem der betroffene Beter inmitten seiner tiefen Not Gott anredet, bringt er damit schon ein unbegründbares Urvertrauen zum auch dunklen Gott zum Ausdruck. Er vertraut YHWH derart, dass in einem Krisengespräch auch eine aggressive Aussprache riskiert werden kann. Die Tatsache, dass massiv aggressive Anklagen im Alten Testament nur in direkter Gottesrede vorgebracht werden, zeugt von diesem Urvertrauen, welches einen weiten (Gottes-)Raum für höchste (emotionale) Authentizität eröffnet, wo man auch zugeben kann, verärgert zu sein, wenn man es nur Gott zu sagen versucht. Auch der Nähe des Unnahbaren eignet eine notwendig anthropomorphe Struktur; um dem unbegreiflichen Gott vertrauen zu können, bedarf es auch einer anthropologisch-erfahrbaren Vertrauensgrundlage. Folglich darf negative Theologie nicht als generelle Aufhebung von Gotteserfahrung zugunsten eines bloß negativen Geheimnisses ohne geschichtliche Rückbindung missverstanden werden.[34]

In der (An-)Klage wird dieses radikalisierte Gottvertrauen spannungsvoll mit dem erlebten Widerspruch zwischen seitherigem Glauben und jetziger Noterfahrung zusammengehalten und in das Herz der Gottesbeziehung hineingenommen. Die Klage verzichtet auf Spaltung; sie nimmt den Heterotopos der schwierigen Lebens- und Gotteserfahrung von Betroffenen ernst und zeigt einen Weg auf, durch Versprachlichung den Widerspruch und die korrespondierende Spannung auszuhalten und zu gestalten. Das Paradox des Glaubens an einen letztlich vertrauenswürdigen Gott angesichts eigener Leiderfahrung kann nur theologisch-dialogisch durch die aktuelle personale Klagebegegnung mit ihm bewältigt werden. Der sprachliche Ausdruck führt zum prozesshaften Zusammendenken von Antithesen: Die Einheit zwischen dem geglaubten und dem schmerzlich erfahrenen Gott wird nur noch durch den Akt des Gebetes als solchen hergestellt, indem der Beter das ihm Widerfahrende kompromisslos anklagend auf den geglaubten Gott hin ausspricht. Ausschließlich durch den Sprechakt der Gottesklage besteht noch eine Beziehung zu YHWH.

Es ist zu konzedieren, dass der Monotheismus wirkungsgeschichtlich seine abgründigen Terrormöglichkeiten in der tatsächlich abgelaufenen Geschichte hatte und hat. Der gegenwärtige Vorwurf, der Monotheismus per se generiere Gewalt, ist jedoch zurückzuweisen. Es stellt eine große Leistung der schlussendlich zum Monotheismus führenden theozentrischen Sicht von Wirklichkeit dar, wenn das Widersprüchliche nicht abgespalten und weder auf anonyme Mächte noch äußere Feinde projiziert wird, sondern in eine dem Bersten nahe, äußerst spannungsreiche und konfliktträchtige, jedoch zutiefst authentische Beziehung zu Gott eingebracht wird. Wo die Realität in ihrer Ambivalenz im Konfliktgespräch der Klage auf den einen Gott bezogen wird, wird mit dem Verzicht auf spaltende, zur Bekämpfung des je anderen Flügels führende Schwarz-Weiß-Schemata auch Gewalt verhindert. Das in den vorgestellten „schwierigen" biblischen Texten auftretende radikale, extreme Denken und die paradoxale Struktur sind Ausdruck und Preis dieser großen Integrationsleistung.

Im Prozess dieser Versprachlichung kommt der Aggression im Sinne von „Drauf-zu-Gehen" eine wichtige Funktion zu, indem sie als vitales Antriebsvermögen der Resignation und dem Beziehungsabbruch ein kämpfendes „Trotzdem" entgegensetzt und den „Treib-Stoff" bereitstellt, um in einer radikalen, konfliktuösen Theozentrik die ambivalen-

---

[34] Zur Kritik an einer radikalen negativen Theologie vgl. Striet, M., Offenbares Geheimnis. Zur Kritik der negativen Theologie, Regensburg 2003, 27-31.

te Gotteserfahrung zu durchschreiten und den unbegreiflichen Gott sprachlich direkt anzugehen. In der Gottesbeziehung von Leidenden geht es vielfach buchstäblich nur durch die Aggressionskommunikation hindurch weiter, indem sie mittels ihrer Aggression mit dem fremden Gott direkt in Kontakt treten. In dieser Situation käme die Aggressionsvermeidung einer Gottesvermeidung gleich. Die Aggression im Sinne von „Drauf zu Gehen" nimmt den Bruch in der Gottesvorstellung auf und transformiert ihn zu einem Theologie generierenden Ort; der hier generierte Glaube geht durch den Zusammenbruch der Projektionen hindurch und findet dadurch zu einer Radikalisierung, Bedingungslosigkeit und neuen Freiheit. Die Klagespiritualität durchbricht die Aporie; durch die Aggressionskommunikation im Sinne eines aufrichtigen Gesprächs mit dem als schwierig empfundenen Kommunikationspartner Gott entsteht eine schwierige, spannungsvolle und spannende Gottesbeziehung. Indem der Beter sich dem fremden Gott aussetzt, wird sein Glaube bedingungslos und unableitbar, er gewinnt eine neue Freiheit.

Der Heterotopos der Klage irritiert und provoziert die Theologie auf fruchtbare Weise, indem er das Theologieverständnis grundsätzlich anfragt, inwiefern die theologische Reflexion im Horizont der sprachlichen Interaktion, der Theo-Logie als der im Gebet realisierten Anrede Gottes stattfindet. Die Spiritualität des Konfliktgesprächs verweist auf die essentielle Bedeutung des Gebetsprozesses als „Ernstfall des Glaubens",[35] indem sie damit ernstmacht, dass die lex orandi zugleich lex credendi ist, dass die Rede über Gott aus der Rede zu Gott stammt und demgemäß Theologie einen den primären religiösen Lebensvollzug argumentativ und reflexiv ausleuchtenden, actus secundus reflexiver Gebetssprache darstellt. Bezeichnenderweise trägt Anselm von Canterbury seine Gottes-„Definition" (id quo maius cogitari nequit) im Rahmen eines großen Gebets (Proslogion 15) vor, Augustinus wagte in seinen Confessiones noch wichtige Glaubensaussagen in direkter Rede zu Gott zu formulieren.

Bezüglich der Frage nach Gottes Handeln im Kontext von Trauer, Leid und Klage vermag der Autor des vorliegenden Diskurses für eine heutige pastorale Aneignung aus einem tiefen Respekt vor den Betroffenen nur in einer verhaltenen, tastenden Suchbewegung den biblisch vorgezeichneten Weg nachzuzeichnen. Mit den Worten aus Ijob 40,3f. soll diese Selbstbescheidung eine biblische Legitimierung erhalten: „Schau, ich bin zu leicht!" Es käme einer Schmähung der Opfer und einer Gotteslästerung gleich, Auschwitz Gott mit Verweis auf dessen Unbegreiflichkeit in die Schuhe schieben zu wollen. Der im konzeptionell-theologischen Zugang aufgewiesene Unheilszusammenhang der universalen Sündenmacht benennt eindeutig die menschliche Verantwortung für die Gräueltaten. Die Klagespiritualität steht in einem Ergänzungsverhältnis zur martyrialen Hermeneutik, welche die Zuständigkeit des Menschen für die Katastrophe von Auschwitz benennt und Gott eindeutig auf der Seite der mutigen Zeugen positioniert.[36] Dennoch steht den *vom unsäglichen Leid Betroffenen* der Sprechakt der Klage zu, in *direkter Rede* Gott in massiven Aussagen anzugehen: Wo warst *Du*? Warum hast *Du* nicht eingegriffen?

---

[35] Groß, W., Der doppelte Ausgang der Bibel Israels und die doppelte Leseweise des christlichen Alten Testaments, 9.
[36] Vgl. Köhler, J., Die Unfähigkeit der Katholiken, mit der jüdischen Frage umzugehen, in: Groß, W. (Hg.), Das Judentum. Eine bleibende Herausforderung christlicher Identität, 149-173, 161: „Es gibt nur wenige Menschen, die so klar wie Edith Stein erkannt haben, wie die ‚Katastrophe' des Jahres 1933 *von Menschen bewirkt* (Hervorhebung A.K.) wurde und wie sie aus unscheinbaren Anfängen entstehen konnte".

1.1. Klagekompetenz als Aggressionskompetenz

Bezüglich der Hermeneutik irritiert und provoziert der Heterotopos der Klage die gängigen theologischen Topoi auf förderliche Weise. Eine sich nur durch den (An-)Klage-Gebetsprozess erschließende Hermeneutik ist unabdingbar, wenn sich die Frage stellt, wie die Theologie sich unter der Prämisse der „fides quaerens intellectum" in Erfahrungen hinein entäußert, in denen das Verstehen selbst außer Kraft gesetzt ist, weil Menschen das ihnen Widerfahrende nicht mehr als Wirken ihres Gottes begreifen können und die Tiefe der Klagereaktion auch nur annähernd die Radikalität an Unverständlichkeit zum Ausdruck bringt.[37] Angesichts des pastoralen Orts der Betroffenen muss die Praktische Theologie diese Fremdheit und Ambivalenz wahrnehmen und *von da her* die eigenen Erkenntnisinteressen definieren und sich im Zentrum ihres theologischen Denkens betreffen lassen. Es steht zur Debatte, inwiefern die theologische Reflexion sich durch das Unbegreifliche verunsichern, irritieren, verletzen und verblüffen lässt. Die Gottesrede muss sich verstören und beeindrucken lassen vom unbegreiflichen Leid. Es stellt sich die Frage, inwiefern sich der theologische Diskurs dem Widerfahrnis der Nähe Gottes in seiner Unverfüg- und Unbegreifbarkeit aussetzt und sich als von ihm her abkünftig erweist.[38] An die Systematische Theologie richtet sich diesbezüglich die Anfrage, ob sich dieser Unbegreifbarkeit aussetzt und sich von der Begegnungsbeziehung des Menschen zu Gott in der (An-)Klage provozieren lässt, „damit das, was hier prozesshaft auf dem Boden biblischer Botschaft eruiert wird, auch im Horizont ... angemessener Theoreme (besonders in der Gotteslehre und Gnadenlehre) eingeholt werden kann".[39]

Karl Rahner verweist darauf, dass dem gelebten Akt des sich Gott Anvertrauens eine Unbedingtheit eignet, welche die hermeneutisch einsehbaren Gründe dafür gar nicht ganz hergeben können. Beim Sich-Einlassen auf Gott wagt man trotz vorausgehender Prüfungen von Sinnhaftigkeit und Legitimation dieses Akts mehr und muss mehr wagen als diese Gründe herzugeben scheinen. Das vertrauende Verhältnis hat ein unaufhebbares Plus an Entschiedenheit und Tiefendimension über die reflektierende Überlegung der Berechtigung eines solchen Wagnisses hinaus.[40] Das Gebet zerredet nicht, es lässt das Geheimnis stehen, ohne es begreifen zu wollen. Für die praktisch-theologische Hermeneutik kommt dem Sprechakt der Klage das kritische Potential zu, auf einen kognitiven Zugriff auf Gott ebenso wie auf eine anmaßende Verstehenswut zu verzichten. Die Klage bietet ein Widerstandspotential gegen überzogene Antwortversuche und eine Überschätzung der menschlichen Vernunft, sie bildet eine Warnung vor arrogantem theologischem Bescheidwissen und verfestigten Begriffssystemen. Der Vollzug des Gebetsakts der Klage sagt viel mehr über das Gottes- und Menschenbild aus als die reflektierende Überlegung. Das im Gebet aktualisierte Gottesverhältnis zeigt eine Radikalisierung und Tiefendimension, die durch keine Verstehensbemühung eingeholt werden kann, so dass es im pastoralen Alltag

---

[37] Vgl. de Pury, A., Le Dieu qui vient en adversaire. De quelques différences à propos de la perception de Dieu dans l'Ancien Testament, in: Kutzmann, R. (Hg.), Ce Dieu qui vient. Etudes sur l'Ancien et le Nouveau Testament offertes au Bernard Renaud à l'occasion de son soixante-cinquième anniversaire (LeDiv 159), Paris 1995, 45-67. A. de Pury streicht heraus, dass Jakob in Gen 32, Mose in Ex 4,24-26 sowie Ijob ohne den Grund einer schweren Verfehlung von Gott angefeindet werden.
[38] Vgl. Freyer, T., Das jüdische Gegenüber – eine Herausforderung für die christliche Theologie? 118f. Vgl. ders., Alterität und Transzendenz. Theologische Anmerkungen zur Hermeneutik, in: BThZ 13 (1996), 84-110.
[39] Fuchs, O., Klage als Gebet, 331.
[40] Vgl. Rahner, K., Praxis des Glaubens, Freiburg i. Br. 1982, 212f.

vielfach förderlicher ist, statt mit Betroffenen unbegreifliches Leid verstehen zu wollen, den Sprechakt der Klage zu vollziehen.

Der Sprechakt der aggressiven Anklage Gottes mündet im Buch Ijob in die Doxologie.

d. Dialektik zwischen aggressiver (An)Klage und Doxologie

Die aggressive Klage steht in einem dialektischen Wechselverhältnis zur transzendierenden Gotteserfahrung, so dass die zugelassene Aggression auf der doxologischen Ebene schlussendlich zur Ruhe kommen kann. Die Klage ist deshalb nicht mit Doxologieverweigerung bzw. Gotteslästerung zu verwechseln; sie bildet keinen prometheischen Aufstand gegen Gott, der Konflikt mit Gott verbleibt in der Doxologie, zumal die eigene Situation auf ihn bezogen wird und Gott als Gott ernstgenommen wird. Die in der direkten Anrede Gottes in der Klage zugelassene Aggression öffnet Betroffene für das größere Geheimnis Gottes, welches größer als das eigene Leid sein darf. Die doxologische Horizonterweiterung wird im Buch Ijob durch Gottes persönliche Antwort in den Gottesreden möglich, durch welche Ijob zu der neuen Erkenntnis geführt wird. Der direkten Anrede Gottes in der Klage korrespondiert die persönliche Anrede Ijobs seitens Gottes. Der Heterotopos der Klage irritiert die Theologie in produktiver Weise, wenn sie meint, Gottes Standort einnehmen und die Antwort an Gottes Stelle geben zu können, um ihn vor dem Vorwurf der Machtlosigkeit oder mangelnder Gerechtigkeit zu schützen.[41] Um der Betroffenen willen wäre es angebrachter, in der Pastoral *spirituelle Räume zu schaffen*, wo Betroffene nach ihrer Klage mit einer persönlichen Antwort Gottes zu rechnen und diese von Gott persönlich entgegenzunehmen vermögen, eine je persönliche Antwort, die sie mit offenen Fragen leben ließe. Diese pastorale Grundhaltung beachtete die „Perspektivendifferenz",[42] als nichtbetroffene professionell Handelnde nicht den Lebensort und die dazu ganz unterschiedlichen Wahrnehmungen und Bewertungen derselben Situation durch Betroffene ein- bzw. vornehmen zu können.

Die persönliche Gottesrede zum Menschen als persönliche Begegnung mit dem sprachlich nicht mehr fassbaren Geheimnis Gottes kann auch in der heutigen Pastoral den menschlichen Innenraum vergrößern und die Wahrnehmungs- sowie Deutungsebene und damit die Sicht auf das persönliche Schicksal von Betroffenen transformieren und transzendieren. Die persönliche Antwort Gottes führt zu einer inneren Gotteserfahrung auf existentieller Ebene, wo jemand vor dem Tod und vor Wiedererlangung der Gesundheit in eine andere Dimension vordringt und innerlich ein anderer wird. In kritischer Abgrenzung zu dem der systemischen Therapie inhärenten Konstruktivismus ist von Seiten der Heiligen Schrift geltend zu machen, dass diese transformierende, innere Erfahrung in jedem Fall evident und für den Betroffenen ein gültig-geschichtliches Handeln Gottes darstellt. Der erweiterte Bewusstseinszustand ist nach biblischem Verständnis kein menschliches Konstrukt, sondern eine tiefere Form der Wahrnehmung: Was und wer dort geschaut wird, ist Wirklichkeit; Gott kann geschaut werden, weil er lebt, sich erhebt, weil er sich zeigt und spricht. Hilde Domin bezeugt in ihren Gedichten nicht nur den Gott,

---

[41] Vgl. Bachl, G., Der schwierige Jesus, Innsbruck 2005, 92. „Wo ist das Recht zu solcher Belauschung der göttlichen Intimität hinterlegt? Sie überschreitet leichtfüßig die Grenzen der Erkenntnis".
[42] Fuchs, B., Haslinger, H., Die Perspektive der Betroffenen, in: Haslinger, H. (Hg.), Praktische Theologie. Grundlegungen, 220-230, 227.

den sie in ihrer Klage als den im Leid unbegreiflich Handelnden angeht. Die große Ausstrahlung, der unermessliche Tiefgang und die außerordentliche Hoffnungsdynamik der hochbetagten, am 22.2. 2006 in Heidelberg verstorbenen Schriftstellerin zeugten von einer Persönlichkeit, der es schlussendlich die Doxologie ermöglichte, von Gott her auf sich zu schauen, Gott mit seinem unendlichen Geheimnis unendlich mehr sein zu lassen als was Menschen ermessen und erleiden und so zum Ort der geheimnisvollen Präsenz jenes ganz Anderen zu werden.[43]

Pastoralpraktisch bedarf es der Orte, wo eine Klagespiritualität möglich ist und eingeübt werden kann.

e. Gegenwärtige Pastoral-Orte einer Klagespiritualität

Die vorliegenden Darlegungen verstehen sich als Ermutigung, im Rückbezug auf die biblisch vorgegebenen Klagegebete situations- und personadäquat auch eigene Klagegebete und Rituale zu kreieren. Es vermag an dieser Stelle nur gemutmaßt zu werden, wie sich Albert Camus' Protestatheismus verwandelt hätte, wäre ihm der Sprechakt der Klage Gottes angesichts unbegreiflichen Leids lebenspraktisch erschlossen worden? Die unterschiedlichen Reaktionen von zwei Opfern der NS-Schreckensherrschaft erweisen die Lebensrelevanz der Klagekompetenz: Während Marcel Reich-Ranicki auf das direkte Angehen Gottes in der Klage und damit auf seinen Gottesglauben verzichtet,[44] schreit Elie Wiesel klagend zu seinem Gott und bleibt in einer schwierigen Beziehung mit ihm verbunden.[45] Wenn sogenannte „Thomasgottesdienste" zweifelnd-suchenden Zeitgenossen eine niederschwellige Möglichkeit des sich vorsichtigen Herantastens an Glaubensthemen bieten, wäre es analog angebracht, zeitgenössischen Protestatheisten „Ijobsgottesdienste"

---

[43] Vgl. Scheidgen, I., Hilde Domin. Dichterin des Dennoch, Lahr 2006. Obwohl das „Judesein" Hilde Domin 22 Jahre Exil einbrachte, bejaht sie das ihr aufgezwungene Schicksal, verdankt sie ihm doch Erfahrungen, die ihr sonst fremd geblieben wären, ohne die sie nicht die Dichterin des „Trotzdem" geworden wäre. Der an der Tübinger Berufsgenossenschaftlichen Unfallklinik tätige Seelsorger Georg Gebhard hat dort eine halsabwärts querschnittsgelähmte Frau begleitet, die er wie folgt charakterisiert: Frau X hat mit ihrem Schicksal schwer gehadert, sie hat ihr ganzes Unverständnis, ihre maßlose Enttäuschung an Gott Letzterem anklagend entgegengeschleudert. Diese aggressive Phase ist zur Ruhe gekommen: Auch wenn die Trauer und das unsägliche Leid bleiben, lebt Frau X ganz im Augenblick, sie strahlt eine hohe Präsenz und einen unbeschreiblichen inneren Tiefgang aus.

[44] Vgl. Reich-Ranicki, M., in: Koelbl, H., Jüdische Portraits. Photographien und Interviews, Frankfurt a. M. 1989, 200: „Als man sechs Millionen Menschen ermordet hat, habe ich keinen Gott gesehen. Oder doch gesehen: Er war auf Seiten Hitlers. Lassen sie mich in Frieden mit Gott".

[45] Vgl. Boschki, R., Der Schrei. Gott und Mensch im Werk von Elie Wiesel, Mainz 1994, 218f.: „Wiesel (...) wendet sich gegen Gott und kann doch niemals von Gott lassen, den er in seinem Kindertagen vom Volk des Gottesbundes ererbt hatte. Wie einfach hätte es Ijob gehabt, hätte er seinen Gott verworfen, hätte er eben so wie seinen Freunden seinem Gott widersagt. Wie einfach hätte es Wiesel gehabt, hätte er sich im Nachkriegsfrankreich etwa den atheistischen Varianten des Existenzialismus verschrieben. Das Problem der Gottesrede hätte ihn dann zumindest nicht mehr gepeinigt. Der schwerere Weg, so Wiesel an vielen Stellen seines Wegs, ist der Weg *mit* Gott. Dann nämlich beginnen die Fragen, dann beginnt das Ringen". Vgl. „Trotz allem die Hoffnung" in: Wiesel, E., Spiritualität nach Auschwitz. „Ich glaube", Auszug aus dem Gesang „Ani maa nin" von Elie Wiesel, in: „Jude heute", Wien 1987, 233f: „(...) Ich glaube, Abraham, trotz Treblinka. Ich glaube Belsen zuliebe. Ich glaube, Jakob, ungeachtet Majdanek. Tote sind vergebens gestorben. Ich glaube. Bitte, ihr Menschen, bittet Gott gegen Gott Gott zuliebe: Ich glaube. Auch wenn er zögert: Ich glaube. Ob Gott schweigt oder weint: Ich glaube. Ich glaube ihm zuliebe und ihm zum Trotz. Ich glaube an dich. Selbst wenn du dich dann widersetzt, selbst wenn du mich dafür bestrafst. Gesegnet seien die Toten, die *es hinausschreien* (Hervorhebung A. K.) (...)".

anzubieten, bei denen sie Gott in der Klage für all das, was gegen ihn spricht, praktisch-liturgisch belangen könnten. Bei ökumenischen Gedenkgottesdiensten angesichts schwerer Unglücksfälle wäre es für die Betroffenen förderlich, nicht nur die Ohnmacht, sondern auch das Unverständnis und die Aggression im Sprechakt des Gebets an Gott zu richten und ein situationsadäquates Klagegebet zu formulieren.

Die innigste Vereinigung mit Gott im vertikalen Gesprächsprozess findet laut LG 1 ihre Entsprechung auch in der Vereinigung der Menschen untereinander auf der horizontalen Beziehungsebene. Wenn der Mensch nicht Gott als Adressaten seiner Klage und damit als Verantwortlichen anzusprechen wagt, verklagt er umso mehr Menschen und macht sie für Missstände kurzschlüssig verantwortlich. Wo die Spiritualität Widersprüche nicht mehr aushält, werden letztere mit der Folge von Entzweiung und Spaltung in die Umwelt hineinverlagert.[46] Weil das Gottesbild dem Kirchenbild entspricht, wandert in systemischer Hinsicht mit dem Auswandern der aggressionshaltigen Konfliktbeziehung aus der Gottesbeziehung das konfliktuöse Verhältnis auch aus der horizontalen Kirchenbeziehung aus. Aus der Beziehung mit Gott herausverdrängte Konflikte und Krisen lassen auch die Gläubigen konflikt- und krisenunfähig werden. Die Klage-Kompetenz trägt dazu bei, Gegensätze auszuhalten und zu integrieren, so dass sie nicht konfliktscheu geflohen werden oder die zum Einzelnen gegensätzlichen Pole diffamiert und in die Gegengruppe projiziert werden. Die Spiritualität der Klage ist Bedingung der Möglichkeit zum Aushalten zwischenmenschlicher Spannungen und Krisen und zur Verhinderung vorschnell emotional entlastender, sündenbockartiger Schwarzweißzeichnungen. Indem die Aggression in der Klage vor den einen und einzigen Gott gebracht werden kann, muss sie sich nicht mehr destruktiv am Sündenbock austoben.

Aus pastoraler Sicht ist es sehr zu bedauern, dass in Deutschland der Kirchenaustritt ausschließlich bei der staatlichen Behörde vollzogen wird: Bei einem seelsorglichen Gespräch im Pfarramt könnten die Gründe für diesen Schritt thematisiert bzw. geklärt werden und z.B. die Wunden einer unheilen religiösen Sozialisation auch in der Klage vor Gott gebracht werden, um so einen transformierenden Trauerprozess zu initiieren. Bei einem Wiedereintritt in die Kirche rückt die Thematik „Sünde-Versöhnung" derart in den Vordergrund, dass die primären, zum Austritt führenden Aggressionen, weder für das Gespräch noch für den Gebetsakt zugänglich sind. Vielfach wird die eigene Verletzungsgeschichte dadurch perpetuiert, dass gegenabhängig das schiere Gegenteil des seither vorherrschenden Pols ausgelebt und darin unter umgekehrtem Vorzeichen das alte Unheil verewigt wird, ohne jemals Befreiung oder gar die Erschließung eines neuen Gottes- und Menschenverhältnisses zu erleben.[47] Die Praxis und Einübung des Sprechakts der Klage wird insbesondere denen empfohlen, die in der Klinik- oder Gemeindeseelsorge Leidende und Trauernde und ihre Angehörigen (die den Trauerprozess in gleicher Weise durchzustehen

---

[46] Bei den liturgischen Gedenkfeiern für die Opfer der Terroranschläge auf das World-Trade-Center am 11.9.2001 wurden keine Klagegebete gesprochen, Gott wurde nicht behaftet. Die ganze Aggression wurde auf die zwischenmenschliche Ebene durch Projektion auf die sogenannte „Achse des Bösen" (Irak, Iran, Nordkorea) verlagert.

[47] Karlheinz Deschner hat bis dato den 9. Teilband seiner sog. „Kriminalgeschichte des Christentums" veröffentlicht. Die übertreibende, einseitige Benennung von Negativem lässt vermuten, dass Deschner gegenabhängig einen solchen circulus vitiosus aufrechterhält, der das Unheil verlängert statt es zu transformieren. Vgl. Deschner, K., Kriminalgeschichte des Christentums Bd. 9: Mitte des 16. bis Anfang des 18. Jahrhunderts. Vom Völkermord in der Neuen Welt bis zum Beginn der Aufklärung, Reinbek b. Hamburg 2008.

haben) begleiten. In der pastoralen Praxis begegnen dem Autor des vorliegenden Diskurses immer wieder Menschen, deren Kontakt zu Gott inmitten unbegreiflichen Leids abbricht bzw. an Authentizität einbüßt. Dabei gilt es, sowohl die Gottesentfremdung als auch die tatsächlich vorhandenen Aggressionen wahr- und anzunehmen und (falls dies personadäquat möglich ist) Letztere in ein Konfliktgespräch mit Gott einmünden zu lassen.

In der gegenwärtigen kirchlichen Umbruchsituation in Deutschland bildet der alttestamentliche Zugang eine große Bereicherung, zumal der geschichtlich handelnde, welthaltige und realitätsverbundene eine Gott (auch in der negativen Dialektik seiner Abwesenheit) *in der vorfindlichen Realität* anzutreffen ist. Deshalb ist es in pastoraler Hinsicht wichtig, bei der tatsächlich-vorfindlichen Realität anzusetzen und nicht durch eine voreilige Betonung neuer Chancen über den Bruch mit der seitherigen Kirchengestalt hinwegzuvertrösten. Um Gottes und der Menschen willen ist zunächst die Perspektive der betroffenen Menschen einzunehmen und deren Situation in ihrer realen Vorfindlichkeit, in ihrem Abschiedsschmerz und ihrer Trauer mit den korrespondierenden Aggressionen wahr- und anzunehmen, auch wenn darüber gängige pastorale Leitlinien und Gottesbilder zu zerbrechen drohen. Die trauerbedingte Aggression stellt durch den Kontakt zur eigenen Befindlichkeit und damit zur eigenen Identität auch den Kontakt zu der vorfindlichen Realität her. Es gilt, diesem pastoralen Lebensort eine theologiegenerierende Dignität zuzusprechen und Gott in dieser schwierigen Realität zu vermuten, nicht nur im visionären Entwurf.

Im gegenwärtigen kirchlichen Kontext in Deutschland ist es deshalb erforderlich, neben organisatorischer Bemühungen und strategischer Planungen auch eine Klagespiritualität des Umbruchs einzuüben, welche die vorfindlichen, unterschiedlichsten Emotionen und Aggressionen ernstnimmt und sie in der direkten Anrede des Konfliktgesprächs an Gott adressiert. Diese Klage darf nicht als Jammern verunglimpft werden, zumal mittels dieses Sprechakts die Krise im strengen Sinn *theologisch* verstanden und Gott nicht aus der Verantwortung dafür entlassen wird. Wenn Gott als aktiv Handelnder ernstgenommen wird, vermag er in den direkten Rückfragen: Was hast *du* vor? Warum bist *du* so fern? dafür belangt und haftbar gemacht zu werden, so dass darauf verzichtet werden kann, ihn als Chiffre für das Ergebnis rein innermenschlicher Vorgänge zu missbrauchen. Deshalb sollten in den Gemeinden und Kirchenräumen „Klagemauern" eingerichtet werden, wo die Menschen vor Gott allen vorfindlichen Emotionen und Eindrücken Ausdruck zu verleihen und den Umbruch ins Klagegebet zu nehmen vermögen. In der Klage wird der Bruch mit dem Seitherigen zugelassen und spannungsvoll mit der Hoffnung auf den Gott zusammengehalten, der an der Bruchstelle geschichtlich unableitbar neu handeln kann. Dieselbe Aggression ist auch Motor, der stagnationsüberwindend eine Entwicklung anstößt, so dass sich eine neue Kirchengestalt zu zeigen vermag. Veränderungen brauchen Prozesse, wobei durch aggressive Akte Entwicklungen angestoßen werden.

Weil die Klage das Herz vor Gott ausspricht, bewahrt sie vor der innerkirchlichen Autoaggression, die im depressionsaffinen Jammern über die Misere nur um sich selbst kreist und trostlos bei sich selber verbleibt. Sie bewahrt zugleich vor Projektionen der Aggression auf Personen im binnenkirchlichen wie im außerkirchlichen Raum: In binnenkirchlicher Hinsicht richtet sich die nicht ins Gebet genommene, trauerbedingte Aggression in Form eines riesigen Erwartungsdrucks und quasi schuldgefühlgenerierend vornehmlich auf die hauptamtlichen Dienste in den Gemeinden, die in der Bringschuld stehen, durch immer attraktivere Zielgruppenangebote Um- und Abbrüche und damit verwandelnde Sterbeprozesse zu verhindern.[48] Bezüglich des Innen-Außen-Verhältnisses der Kirche wird nicht angenommene Aggression auf die „böse" Welt projiziert und abgespalten; die eigene Ohnmachtserfahrung soll mit Verachtung kompensiert und so die Gegenwartssituation abgewertet werden. Letztere zeichnet vermeintlich für die eigene Misere verantwortlich und verleitet zum pastoralen Aufruf, endlich zu einer umso entschiedeneren Kerngemeinde zu „schrumpfen".[49]

Im direkten Anschluss an eine alttestamentliche Klagespiritualität soll das Kreuz Jesu Christi als pastoraler Ort einer gegenwärtigen Klagespiritualität ausgewiesen werden.

f. Jesu Schrei am Kreuz als christologischer Ort einer Klagespiritualität

Bei der Bearbeitung des Themas „Leid und die Frage nach Gott" machten die beiden Religionspädagoginnen Mirjam Schambeck und Eva Stögbauer eine bestürzende Erfahrung: In den Texten von Jugendlichen über die Leidfrage ist Jesus Christus „kein Thema",[50] so dass der Erfahrungsbezug und die notwendige Kontextbezogenheit des Kreuzes zugunsten einer Irrelevanz der Kreuzesbotschaft ausbleiben. Auch wenn Mk die Kreuzigung mit erdenklicher Knappheit schildert und die Prozedur nicht ausmalt, kennt die Kunstgeschichte Ausgestaltungen, die um des Erfahrungsbezugs des Kreuzes willen kontextbezogene Konkretisierungen zulassen: Matthias Grünewald zeichnet den Gekreuzigten auf dem Isenheimer Altar als Pestkranken, um den Kranken im Hospiz zu signalisieren, dass er auch ihre Krankheit angenommen hat und sich mit ihrer gegenwärtigen Not restlos identifiziert und solidarisiert.[51] Eine am Kreuz lokalisierte Klagespiritualität geht von der fundamentalen christologischen Anschlussfähigkeit aus, dass Jesus Christus wahrer Mensch geworden ist und die Härte der Inkarnation am eigenen Leib erlitten hat, indem er sich restlos auf die menschliche Realität eingelassen hat. Jesus Christus ist „der Weg" (vgl. Joh 14,6) nicht zuletzt deshalb, weil er selber den menschlichen Weg mit all seinen Prozessphasen und der kenotischen Zumutung gehen muss. Deshalb vermag er in einer identitären Repräsentation die heutigen Anders-Orte, die Lebensorte, wo Menschen sich von Gott und den Mitmenschen verlassen fühlen und wo ihnen nur noch „zum Schreien" ist, aufzusuchen und sie mit den Betroffenen solidarisch zu teilen und durchzustehen. In der Pastoral ist zu betonen, dass auch der Osterglaube die klagende Rückfrage nach Gott nicht zum Verstummen bringt und sie somit eine legitime spirituelle Möglichkeit darstellt.

Der Schrei des sterbenden Jesus, „dieser zweifelnde und verzweifelte Warum-Schrei"[52], ist der christologische Ort einer neutestamentlichen (An-)Klagetheologie.

---

[48] Diese Tendenz sehe ich bei Michael N. Ebertz, vgl. ders., Aufbruch in der Kirche, Freiburg i. Br. 2003.

[49] Mit Blick auf die medizinische Pathologie, insbesondere auf das Krankheitsbild der Anorexie, eignet der Metapher vom „Gesundschrumpfen" etwas äußerst Autoaggressives.

[50] Dies., in: Böhnke, M., Söding, T. (Hg.), Leid erfahren – Sinn suchen, Freiburg i. Br. 2007, 141f.

[51] Grünewald zeichnet das Leiden Christi in seiner Schonungslosigkeit und Grausamkeit: Die Hände des Gekreuzigten verkrampfen sich schmerzgekrümmt;der die Füße anheftende Nagel ist ebenso von überdimensionierter Größe wie die Dornenkrone; die Lippen Jesu sind blau verfärbt, der ganze Leib erscheint in einem gelblich-grünen Ton und ist mit Striemen und Pestbeulen übersät; das Blut tropft auf den Kreuzessockel. Vgl. Bibel heute 43 (1/2007) 4 mit dem Schwerpunkt „Johannes der Täufer" und den Ausführungen zum Isenheimer Altar.

[52] Kuschel, K. J., Ist Gott verantwortlich für das Übel? Überlegungen zu einer Theologie der Anklage, in:

1.1. Klagekompetenz als Aggressionskompetenz 377

Das Kruzifix „Jesus vor dem Tod" des Tübinger Künstlers Manfred Martin stellt Jesus kurz vor dem qualvollen Erstickungstod dar. Martin ist es um eine möglichst realistische Darstellung des Todeskampfes Jesu zu tun, so dass dem schmerzgezeichneten Gesicht auch aggressive Züge eignen. Beim „Rechberghäuser Kunstsommer 1999" war diese Kreuzesdarstellung Grundlage und Inhalt einer wochenlangen öffentlichen Diskussion in der Presse: Während die eine Seite eine Gotteslästerung vermutete, hob die andere Seite das hohe Identifikationspotential für gegenwärtige Situationen, die zum Schreien sind, hervor.

Praktisch-theologisch gilt es sich dafür zu verausgaben, dass mit dem Kreuz Jesu Christi auch das Neue Testament eine „Klagemauer" aufweist, einen gleichermaßen therapeutischen wie spirituellen Ort, wo Menschen ihre Gottverlassenheit, ihren trauerbedingten Zorn, ihre aggressive (An-)Klage Gott in direkter Weise entgegenschreien können bzw. wo der Gekreuzigte stellvertretend für sie vor Gott Klage führt. Die am Karfreitag in vielen Gemeinden stattfindende Karmette wäre liturgisch daraufhin zu erschließen, dass Jesus Christus mit den Abgründen der Leidenden und der sprachlosen Opfer in Kontakt tritt und sie in seinen Schrei zum Vater aufnimmt. Die Aggression Betroffener erfährt im Gekreuzigten einen Raum, wo sie ganz zugelassen und in direkter Rede unverblümt vor

---

Fuchs, G. (Hg.), Angesichts des Leids an Gott glauben. Zu einer Theologie der Klage, Frankfurt a. M. 1995, 227-261, 229.

Gott geäußert werden darf. Der Schrei des Gekreuzigten nimmt die menschliche Aggression auf in seine Gebetsbeziehung zum Vater und schreit sie ihm anklagend entgegen, so dass der aggressive Schrei als äußerstes Medium dient, um mit Gott in Kontakt zu treten bzw. zu bleiben. Der verhallte Schrei der Opfer reicht in das trinitarische Leben Gottes selbst hinein, indem der erhöhte Herr für sie Klage führt und den Widerspruch in die innertrinitarische Beziehung hineinträgt.

Für die oben erwähnten Jugendlichen mit ihren Spannungen zwischen leidvollen Lebenserfahrungen einerseits und der Suche nach einer tragfähigen Gottesbeziehung andererseits wäre es hilfreich, sich in die Spannung des Gekreuzigten zwischen seiner Gottverlassenheit und dem Festhalten am dunklen Gott hineinzubegeben und mit ihm zum unbegreiflichen Gott zu schreien. Den Jugendlichen, welche ausschließlich ein überaffirmatives Gottesbild kennengelernt haben, welches in leidvollen Situationen jedoch keine existentielle Anschlussmöglichkeit mehr bietet, müsste pastoralpraktisch und -liturgisch auch das Bild vom dunklen, fremden Gott erschlossen werden, zu dem selbst der eigene Sohn schlussendlich nur noch schreien kann. Der Schrei Jesu am Kreuz ist an (s)einen unbegreiflichen Gott gerichtet, so dass die Offenbarungskritik von Karl Jaspers, der positive christliche Offenbarungsglaube in Jesus Christus sei als prinzipiell objektivistisch und damit als transzendenzauflösend einzustufen, nicht haltbar ist.[53] Auch die Christologie beinhaltet keine Frageverbote und löst den ganz anderen Gott nicht auf, Jesus Christus selbst lädt dazu im gegenwärtigen pastoralen Kontext ein, die Rückfrage an den unbegreiflichen Gott zu stellen.

Die Spiritualität des Kampfes setzt die in der Klage erlittene, dunkle Gotteserfahrung mit der korrespondierenden Gottes-Entfremdung voraus.

1.2. Spiritualität des Kampfes

Um Menschen in Krisensituationen hilfreich zur Seite zu stehen, bedarf es in Anlehnung an Gen 32, 23-33 einer zweiten Aggressionskompetenz: der kirchlichen Ermutigung und Befähigung, mit dem dunklen, unbegreiflichen Gott in Lebenskrisen zu kämpfen. Eine Spiritualität des Kampfes setzt analog zur Klagespiritualität eine schwierige Lebenssituation und ein korrespondierendes dunkles Gottesbild voraus. Der Gotteskampf drückt auch im gegenwärtigen pastoralen Kontext die polare Erfahrung mit Gott zwischen dessen rettend-bewahrendem und dem „dämonenhaft"-überfallartigen Eingreifen in das Leben der Menschen aus und hält beide zusammen. Die Bibel gestattet und empfiehlt, mit Gott zu kämpfen, wenn er den Menschen in Gestalt einer Krankheit, eines schweren Schicksals oder in Gestalt des Todes in den Weg tritt. Deshalb plädiert die vorliegende Studie dafür, im Rahmen der Revision der sonntäglichen liturgischen Leseordnung Gen 32,23-33 von Dienstag 14. Woche im Jahreskreis, Lesejahr I, in die Sonntagsleseordnung aufzunehmen, um den realen Anders-Ort des Gotteskampfes biblisch zu benennen, mit der Autorität der Heiligen Schrift zu legitimieren und so zu einer heutigen pastoralpraktischen Aneignung der Spiritualität des Kampfes zu ermutigen. Die homiletische Erschließung des Textes

---

[53] Vgl. Jaspers, K., Der philosophische Glaube angesichts der Offenbarung, München 1962. Jaspers philosophischer Glaube ist der Akt der Existenz, in der Transzendenz in ihrer Wirklichkeit bewusst wird. Der Mensch ist in der Transzendenz verwurzelt und aus ihr herkünftig.

1.2. Spiritualität des Kampfes

vermag dann konkrete Schritte zur Einübung einer Spiritualität des Kampfes aufzuzeigen.

Es gilt, verzweifelte, mit Gott kämpfende Menschen darin zu bestätigen, dass sie in ihrem Widerstreben, das Geschick einfach „demütig" hinzunehmen, vor Gott in Ordnung sind. Mit Gott zu kämpfen und zu ringen kann in schwierigen Situationen der einzige Weg sein, um mit dem unbegreiflichen Gott in Kontakt zu treten und den Kontakt mit ihm nicht gänzlich abzubrechen.[54] Umgekehrt gibt es von Seiten Gottes einen Segen, den er nur im Kampf mit ihm gewährt und sich abringen lässt. Es gibt Situationen, in denen die gläubige Identitätsvergewisserung nur über das Kampfgeschehen realisiert werden kann. Die Spiritualität des Kampfes ist Ausdruck einer Spiritualität der Leiblichkeit, der Kontakt zu Gott entsteht über die leibliche Berührung, welche auf menschlicher Seite Spuren der Versehrung zurücklässt. Der Heterotopos des Gotteskampfes irritiert somit in produktiver Weise eine nur auf Heilung fixierte Pastoral: Bisweilen vermag nur durch die leibliche Verletzung ein Kontakt zu Gott zu entstehen.

Die „Dichterin jüdischen Schicksals", Nelly Sachs (1891-1970), erste und bisher einzige deutsche Literatur-Nobelpreisträgerin (1966), stellt sich in ihren Gedichten der Herausforderung zum Gotteskampf.[55] In der zweiten Fassung ihres Gedichts „Jakob" benennt Sachs die Ambivalenz des Gotteskampfes:„Und aus der dunklen Glut ward Jakob angeschlagen/und so verrenkt; so war's am ersten Abend eingezeichnet./Was im Gebiss der Mitternacht geschah,/ist so mit schwarzem Rätselmoos verflochten – / es kehrt auch niemand heil zu seinem Gott zurück – / Doch die entgleisten Sterne ruhen aus im Anfangswort/ und die verzogene Sehnsucht hinkt an ihrem Ort".[56] Angesichts ihres eigenen Leids

---

[54] Der Regisseur Christoph Schlingensief hat angesichts der persönlichen Konfrontation mit der Diagnose Lungenkrebs seine Beziehung zu Gott als „Kampfsituation" beschrieben. In einem der Krankheitsbewältigung dienenden Oratorium kreisen seine Gedanken stets um die Fragen: „Was ist jetzt mit Gott? Wie bekomme ich Kontakt?" Die Frage nach Gott lässt ihn nicht los: „Bevor ich gehe, möchte ich erfahren, was mit Gott los ist". Vgl. CiG 38/2008, 416. Das Motiv des Gotteskampfes wurde in der Kunstgeschichte mit unterschiedlichen Akzentuierungen rezipiert: vgl. das Gemälde „Jakob ringt mit dem Engel" von Rembrandt van Rijn (1606-1669), welches zu den Alterswerken des Künstlers zählt. Rembrandt verwandelt den Kampf in eine Umarmung. Der Kampf bleibt Kampf und ist zugleich eine liebevolle *Umarmung,* die den Kämpfer Jakob verwandelt. Gemäldegalerie Berlin. Staatliche Museen Preußischer Kulturbesitz. Katalog der ausgestellten Gemälde des 13.-18. Jahrhunderts, Berlin-Dahlem 1975, 345 Nr. 828; Vgl. die Darstellung von Marc Chagall: Indem Jakob den Engel berührt und der Engel ihn, tritt erster in ein neues Licht. Jakob widerfährt *im Kampf Berührung,* so dass er aus den dunklen Farben der Nacht heraus tritt. Beide Kampfpartner bilden jetzt eine Einheit, die als Segenswirklichkeit in das Bild ausstrahlt. Musée National Message Biblique Marc Chagall Nice. Catalogue des collections, hg. von Forestier, S., Paris 1990, 45. Die Wandmalerei „Jakobs Kampf mit dem Engel" von Eugène Delacroix zeigt hingegen einen Jakob, der den Engel verbissen von seinem Ein und Alles, dem fortwährend vorüberziehenden Besitz, fernhalten will. Für diesen Besitz, den er für seinen Lebensinhalt hält und deshalb um den Preis seines eigenen Lebens loszulassen gedenkt, kämpft er blind. Der Engel erscheint ihm als dessen Bedrohung. Dieser fängt Jakobs wütende Bewegungen tänzerisch leicht auf und macht aus dem Kampf einen *Tanz.* Der Engel vermag dies, weil er weiß, dass wahres Leben gesegnetes Leben ist. Daguerre de Hureaux, A., Delacroix. Das Gesamtwerk, Stuttgart/Zürich 1994, Abb. S. 237.242f.

[55] Nelly Sachs wäre (wie ihre engsten Freundinnen) von den Nazis beinahe ermordet worden, zumal sie am Tag des Visumerhalts für die Ausreise nach Schweden auch den Befehl für den Abtransport ins Vernichtungslager erhielt. Neben der harten Arbeit als Wäscherin und der anstrengenden Pflege der kranken Mutter kam als weitere Belastung hinzu, dass die Schrecken der Vergangenheit die fast Siebzigjährige noch einmal heimsuchten.

[56] Berendsohn, W.A., Nelly Sachs. Einführung in das Werk der Dichterin jüdischen Schicksals, Darmstadt 1974; Lermen, B., Braun, M., Nelly Sachs. „an letzter Atemspitze des Lebens", Bonn 1998.

wird Sachs in die Ambivalenz des Gotteskampfes involviert: „es kehrt auch niemand heil zu seinem Gott zurück". Menschen können verwundet zu ihrem Gott zurückkehren und letztlich nur in der Verwundung erfahren, dass das letzte Wort Gottes dennoch ein Wort der Verheißung ist, dass es Segen heißt. Das kritische Potential mit dem Überschuss der Segensverheißung kommt nur durch die Konfrontation mit der dunklen Seite Gottes zur Geltung, wenn man sich der dunklen Gotteserfahrung ganz stellt, kämpfend durch sie hindurchgeht und dabei trotzdem am Gott der Verheißung festhält.

Dem Gotteskampf ist es darum zu tun, die Gottesbeziehung gerade in den Krisen und Brüchen des Lebens zu erschließen.[57] Wer seine Krise mit Gott durchkämpft, kann wie Jakob den Übergang vom einen Ufer zum anderen bewerkstelligen und am Ende zu neuem Leben, neuer Selbst- und Gotteserfahrung, durchbrechen. Die Pastoral hat das kritische Potential der biblischen Verheißung wachzuhalten, derzufolge im Gotteskampf die Nähe Gottes auf neue Weise zugesagt ist und vielfach erst im Nachhinein klar ist, dass jemand an Gott festgehalten hat. Der Kampf vermag auch im gegenwärtigen pastoralen Kontext Ausdruck einer ganz persönlichen Beziehung zu dem schweren Gott zu sein. Die Spiritualität des Gotteskampfes stellt die Zumutung dar, Gott nicht nur in eindeutig affirmativen Erfahrungen zu vermuten, sondern in paradoxen Zusammenhängen: Auch der Mensch in der (Gottes-)Nacht ist ein Gesegneter. Das Paradoxale in der (An-)Klage wird im Gotteskampf noch gesteigert: Der lebensbedrohliche Überfall – der zugesprochene Segen/ die massive Verletzung – die Berührung (Jakobs und (!)Gottes) und der Anstoß zur Neuwerdung/ das Geschehen in dunkler Nacht – das Sehen Gottes von Angesicht zu Angesicht/ der fremde Gott – der hautnahe Kontakt mit ihm/ der machtvolle Auftritt Gottes – der Angreifer muss im Kampf nicht siegen/ der Segen als unableitbares Gottesgeschenk – der erkämpfte Segen.

Sowohl in der Klagespiritualität als auch in der Spiritualität des Kampfes wird der den menschlichen Vorstellungen gegenüber ganz andere Gott angegangen. Im Folgenden soll, inspiriert vom Sprachspiel und Denken der Philosophie von Emmanuel Levinas, der Frage nachgegangen werden, inwiefern der andere Gott selbst in den Anderen mit ihrem fremden Anspruch auf die Lebensorte heutiger Pastoral zukommt und die dabei zugelassenen Irritationen, Spannungen und Störaggressionen in der Insidergruppe im Dienste der geheimnisvollen Vergegenwärtigung des ganz Anderen zu stehen vermögen.

1.3. Der Andere als Ort der geheimnisvollen Gegenwart des ganz Anderen

Während im Hauptwerk der Existenzphilosophie Jean-Paul Sartres, „L'être et le néant", mir der Andere als Gewalt begegnet, indem er durch seinen bösen Blick auf mich meine Welt bedroht und sie mir entzieht,[58] unterbricht der Blick des Anderen laut Emmanuel

---

[57] Vgl. Biesinger, A., Schmitt, C., Gottesbeziehung. Hoffnungsversuche für Schule und Gemeinde, Freiburg i. Br.1998.
[58] Vgl. Sartre, J.-P., L'être et le néant, Gesammelte Werke in Einzelausgaben, Philosophische Schriften Bd. 3, Reinbek b. Hamburg. Als mitten im II. Weltkrieg alles Vertrauen in eine friedliche Verständigung verloren ging, betont Sartre, dass das Ego in seiner „ontologischen Trennung" (séparation ontologique) (441) einsam sei, aber darunter nicht leide. Das Ego genießt die Welt als seine Welt, bis es erfahren muss, dass Andere dieselbe Welt auf ihre Weise genießen, so dass auf beiden Seiten die jeweils Anderen zu Objekten der eige-

1.3. Der Andere als Ort der geheimnisvollen Gegenwart des ganz Anderen

Levinas die Gewalt des zur Gewalt bereiten Menschen. Beim Anblick des nackten Gesichts des Anderen sieht der Gewaltbereite zuerst das Erschrecken dieses Gesichts vor seiner Gewalt und die Wehrlosigkeit, die ihm sagt: „Du wirst nicht töten".[59] Indem das nackte Gesicht des Anderen die Gewalt auf einen Augenblick sich ihrer selbst bewusst werden lässt und sie auf die eigene Verantwortung für den Anderen aufmerksam macht, unterbricht es die Gewalt. Das Antlitz des Anderen zerstört und überflutet in jedem Augenblick mein Bild von ihm. Das Gesicht des Anderen unterbricht eine Bemächtigungsaggression, welche den Anderen unter die eigenen Vorstellungen unterwerfen will.[60] Laut Levinas sind auch die Begriffe, denen der Andere unterworfen wird, und die sie tragenden Ontologien und Ideologien Gewalt. Ihm ist es darum zu tun, des Anderen sich bemächtigende Begriffe in Begriffe der Heimsuchung umzukehren. Wo mich das Antlitz eines Menschen anblickt und somit das Unbedingte unbedingt angeht, werde ich „ôtage pour autrui-Geisel für den Anderen".[61] Der Vorstellung vom Anderen als Geiselnehmer eignet etwas Fordernd-Aggressives und Vereinnahmendes: Im Anderen begegnet ein unbedingter Anspruch an das Ich, wird es herausgefordert und in Frage gestellt. Das verletzliche Gesicht des Anderen lädt mir eine Verantwortung auf, für die ich mich nicht aus freiem Willen entscheiden kann, die mich heimsucht, von mir Besitz ergreift und zu seiner Geisel macht. Indem das Ich von außen kommend angegangen wird, werden Erkennen in Anerkennen sowie Begreifen- und Habenwollen in Verantwortung umgekehrt. Das Ich erwacht zu sich selbst als zu jenem, der von dem in Frage gestellt und angegangen wird, was sich schlechthin außerhalb seiner selbst findet. Für Levinas ist die konstitutive Struktur von Subjektivität heteronom verfasst, die wahre Autonomie die Heteronomie. Der Synchronie des transzendentalen Subjekts stellt Levinas die Diachronie der unterbrechenden Vorladung des Augenblicks gegenüber.[62]

In der Anerkennung des Anderen als Anderer erweist sich der Andere als Einfallstor des ganz Anderen. Levinas redet vom „Einfallen" Gottes in die Verantwortung für den Anderen.[63] Wenn Gott der Unendliche und der gegenüber allem Endlichen ganz Andere ist, vermag der Mensch laut Emmanuel Levinas Gott nur zu begegnen, wenn es im Raum der Endlichkeit ein Medium der unbedingten Andersheit gibt. Levinas erweist phänomenologisch, dass das Antlitz des mich anschauenden Anderen dieses Medium ist.[64] Der ganz andere, unbedingte Gott begegnet mir im Antlitz des Anderen und blickt mich darin an. Weil Gott als Geheimnis unendlich anders ist, ist auch der Andere in seinem Geheimnis

---

nen Welt werden. Der Blick des Anderen lässt das Ego dessen gewahr werden. Anonyme Andere zerstören die Welt des Ich als seine Welt, unter ihrem Blick fließt dem Ich seine Welt in anonyme andere Welten ab. Das Ego erfährt die Anderen nur an der Störung seiner eigenen Welt.

[59] Levinas, E., Die Philosophie und die Idee des Unendlichen, in: ders., Die Spur des Anderen. Untersuchungen zur Phänomenologie und Sozialphilosophie, hg. v. W. N. Krewani, Freiburg-München 1983, 185-208, 198.

[60] Levinas, E., Totalität und Unendlichkeit. Versuch über die Exteriorität, hg. v. W. N. Krewani, Freiburg/München 1987 63.

[61] Levinas, E., Die Spur des Anderen, 295f.

[62] Vgl. Casper, B., Illéité. Zu einem Schlüsselbegriff im Werk von Emmanuel Levinas, in: PhJb 91 (1984) 273-288, 278.

[63] Levinas, E., Wenn Gott ins Denken einfällt. Diskurse über die Betroffenheit von Transzendenz, eingel. v. B. Casper, Freiburg/München 1985, 13-21.

[64] Vgl. Levinas, E., Totalität und Unendlichkeit., 339-442.

unendlich anders, d. h. unendlich einmalig.[65] Eine biblisch orientierte, den Geheimnischarakter des Menschen hervorhebende theologische Anthropologie setzt folglich einen Pluralismus an humanwissenschaftlichen/psychologischen Schulrichtungen frei: Weil das Totum menschlichem Zugriff entzogen bleibt, erfasst jede Schulrichtung zwar etwas vom Ganzen, ist jedoch zugleich komplementär auf die anderen verwiesen.[66] Es verbieten sich Selbstansprüche schulpsychologischer Richtungen, die als Metapsychologien den originären wissenschaftstheoretischen Standort verlassen und, mit einem messianischen Selbstanspruch auftretend, sich totalitäre Aussagen über den Menschen anmaßen, die dessen Geheimnis verkürzen. Die der unendlichen Geheimnishaftigkeit Gottes korrespondierende Geheimnishaftigkeit des Menschen vermag auch durch die Summe aller anthropologischen Zugänge nicht total ergründet zu werden.

Bezüglich einer kirchlichen Streitkultur stellt sich die Frage nach dem Umgang mit dem und den Anderen: Ob der Andere im Sinne Sartres als Gefährdung der eigenen Identität erlebt wird, indem er mit seinem bösen Blick meine Welt bedroht und sie mir entzieht, oder als Heimsuchung, die letztlich mit dem ganz anderen Gott konfrontiert. Das Element der Fremdheit löst in vertrauten Beziehungen eher Befremden, Angst und Ärger denn Neugier und Interesse aus. An 3 pastoralen Lebensorten soll die Relevanz des vorliegenden Gedankengangs rekonstruiert werden: Das vielzitierte Erkalten der Liebe in *Partnerschaften* wird vielfach mit der Begründung „wir haben uns auseinandergelebt" nach außen hin transparent gemacht. Ohne an dieser Stelle die Rolle des Ratgebers oder Richters einnehmen zu wollen, sei die Frage gestattet, ob Partner vielleicht deshalb ihr gegenseitiges „Fremdsein" mit „Entfremdung" identifizieren, weil sie die Andersartigkeit und Fremdheit am Partner nicht mehr wahrnehmen und folglich sich damit nicht mehr auseinanderzusetzen vermögen, so dass die gegenseitige Herausforderung und Entwicklung zum Stillstand kommen.[67] Die Gegenwart Gottes in der Partnerschaft wird dann fast ausschließlich mit Harmonie und Glück assoziiert. Dabei wird übersehen, dass der Rede von der Paaridentität im Sinne der Erwartung radikalen gegenseitigen Verstehens und äußerster Empathiekompetenz die von Levinas beschriebene Bemächtigungsaggression eignet. Der Andere wird am eigenen Maßstab gemessen und den eigenen Vorstellungen unterworfen.

Der vorliegende Diskurs empfiehlt für die Ehepastoral die Einübung einer Streitkultur, welche zunächst einmal von der Nichtkommunizierbarkeit des Individuums und der bestehenden (großen) Fremdheit zwischen beiden Partnern ausgeht und um der Beziehung

---

[65] Vgl. Levinas, E., Wenn Gott ins Denken einfällt, 103-105.116-120; ders., Humanismus des anderen Menschen, hg. v. L. Wenzler, Hamburg 1984, 82f.

[66] Vgl. Lyotard, J. F., La condition postmoderne, Paris 1979: Lyotard kritisiert „les grands récits", die „großen Erzählungen", Sinnsysteme, die den Sinn der Welt und des Lebens aller Menschen zu deuten beanspruchen. Aufgrund der blutigen Spur des totalitären Anspruchs dieser Sinnsysteme stellt die Postmoderne gegen diese leidvolle Erfahrungsgeschichte die Idee, dass eine Vielfalt verschiedener Vernünfte der Vielfalt der Menschen und unterschiedlichen Perspektiven viel eher gerecht wird. Bezüglich des biblischen Erzählzusammenhangs ist jedoch gegenüber Lyotard zu betonen, dass die der unendlichen Alterität und Geheimnishaftigkeit Gottes korrespondierende Alterität und Geheimnishaftigkeit des Menschen eine Pluralität von Verstehenszugängen bezüglich des Menschseins freisetzt, die allesamt das menschliche Geheimnis niemals in Gänze auszuloten vermögen.

[67] Vgl. Schellenbaum, P. Das Nein in der Liebe, 17. Der Paartherapeut Schellenbaum spricht von der gegenseitigen Leitbildspiegelung in einer Beziehung: „der Mensch, den ich liebe, wird mir zum Leitbild, das eigene, mir bisher unbekannte Lebensmöglichkeiten spiegelt" (17). Vgl. ders., Aggression zwischen Liebenden, Hamburg 1994.

willen im Dienste des Einander-fremd-bleiben-Dürfens steht. Dabei geht es um eine neue Sicht der Aggression: Die Fremdheit und das Anderssein des Partners werden zum Einfallstor des ganz anderen Gottes, darin tritt Letzterer in seinem unbedingten Anspruch von Außen dem zweiten Partner entgegen, irritiert seine gängigen Bilder und Vorstellungen, fordert ihn heraus und stellt ihn in Frage. Die dabei evozierte Aggression ist ein Zeichen dafür, dass die Irritation angekommen ist, die Partner ihre Fremdheit wahrnehmen, sich daran reiben und sich gegenseitig herausfordern. Die Aggression dient als Medium der aktiven Auseinandersetzung mit dem, was am Anderen fremd und unverständlich ist und bleiben darf (!). Sie befreit von einer destruktiven Verstehens-Wut, so dass die Partner unendlich verschieden sein dürfen und sich nicht verstehen müssen (erst so entsteht der Freiraum für Verstehensbemühungen). Analog zur Gottesfurcht wäre die gegenseitige Ehrfurcht neu zu entdecken (im Trauversprechen heißt es: „ich will dich lieben, achten und *ehren*"), die im Anderen seine Fremdheit und damit sein Geheimnis achtet. In der Störaggression und dem diesbezüglichen Ringen vermag sich das Geheimnis des ganz anderen Gottes zu vergegenwärtigen und die Beziehung neue Impulse zu Wachstum und Entwicklung zu gewinnen, zumal die fremden Seiten als gemeinsames Beziehungspotential veranschlagt werden können.

In *Kirchengemeinden* beklagen sich Neuzugezogene immer wieder, dass sie von den ortsansässigen Gruppen nicht aufgenommen werden. Das Fremde wird als Beeinträchtigung und Gefährdung des vertrauten, dyadisch gebundenen Gruppenzusammenhalts erlebt. Analog zur Ehepastoral stellt sich auch diesbezüglich die Frage, wie pastoral eine Grundhaltung eingeübt werden kann, die dem Recht des Fremden eine theologische Qualität zuspricht und ihn als Einfallstor des ganz anderen Gottes sieht, welcher mit seinem fremden Anspruch von außen auf die Insidergruppe zukommt, gängige Vorstellungen stört und in Frage stellt und Orientierung vom Anderen her einfordert.[68] Wird der Fremde aufgenommen und die Spannung im Binnenbereich zugelassen, vermag die durch die Irritation generierte Aggression und Auseinandersetzung etwas von der geheimnisvollen Gegenwart des ganz anderen Gottes erahnen zu lassen, der mit den enggeführten gemeindeinhärenten, Idealvorstellungen und Fixierungen nicht deckungsgleich ist. Die das sperrige Gottesbild repräsentierenden sperrigen Menschen bringen vielfach das Neue, Spannende und Weiterführende in die Gemeinden ein, die Differenz bringt alle weiter.

Der *Umgang mit Dissidenten* soll als dritter Pastoralort angeführt werden. Im Folgenden wird kein Blankoscheck ausgestellt, der jedwedes Andersdenken als Herausforderung und Bereicherung gläubiger Identität ausgibt. Am Beispiel der Gnosis konnte im systematischen Teil aufgewiesen werden, dass nur eine scharfe diesbezügliche Abgrenzung der frühen Kirche den jüdisch-christlichen Identitätskern sicherte. Vielmehr geht es um *eine* Wahrnehmungsrichtung inmitten eines komplexen Sondierungsgeschehens. Dabei gilt es zu prüfen, ob nicht der dem gängigen theologischen Denken konträr gegenüberstehende Andere mit seiner fremden Botschaft zum Einfallstor für den ganz anderen Gott zu werden vermag. Ein diesbezügliches Zulassen von Aggression in der Auseinandersetzung würde dann nicht die vermeintliche Identitätsbedrohung zurückweisen und den Anderen dem eigenen Denken unterwerfen, sondern eigene Hermeneutiken irritieren und

---

[68] Vgl. Fuchs, O., Dialog und Pluralismus in der Kirche. Die Kirche als Lernort nicht-hegemonialer, existentiell bezeugter Geltungsansprüche, in: Fürst, G. (Hg.), Dialog als Selbstvollzug der Kirche, Freiburg i. Br. 1997, 229.

vom Anderen her eigene Begriffe in Frage stellen lassen sowie den Unbedingtheitsanspruch von außen vom anderen Gott und dessen Geheimnis her entgegen nehmen. Es ist dies ein Streiten um die Anerkennung des je größeren und unableitbareren Gottesgeheimnisses. Auch Theologie lebt von dieser eigenartigen Asymetrie, die Entscheidendes vom Anderen her erwartet und darin etwas von dem unbegreiflichen Geheimnis Gottes an sich heranlässt, das in kein plausibles, nach vorher einsehbaren Regeln funktionierendes Gott-System eingefangen werden kann. Die Causa Antonio Rosmini zeigt, dass es in temporaler und topischer Hinsicht der Räume bedarf, um sich dem Fremden in Gestalt der fremden Position in aller Offenheit auszusetzen und in der Irritation seitheriger Hermeneutiken und dem korrespondierenden Streiten zumindest potentiell ein Einfallen des fremden Gottes zu vermuten.[69]

Gemäß der theologischen Grundlinie, dass Aggression auch an der Bonität der Schöpfungsordnung partizipiert, sollen im Folgenden Dimensionen einer praktischen Schöpfungstheologie hinsichtlich eines förderlichen pastoralen Umgangs mit Aggression skizziert werden.

---

[69] Am 18.11. 2007 wurde Antonio Rosmini, dessen Schriften im 19. Jahrhundert vom Heiligen Offizium verurteilt worden waren, in Novara von Kardinal José Saraiva Martins, Präfekt der Kongregation für die Selig- und Heiligsprechungsprozesse, selig gesprochen. Mit dem Dekret „Post Obitum" aus dem Jahr 1887 wurden 40 seiner Lehrsätze verurteilt. Am 1. Juli 2001 erließ die Kongregation für die Glaubenslehre eine Notifikation, in der geklärt wurde, dass das rosminische Denksystem nur im Licht des allgemeinen Kontextes des Werkes des Autors geklärt werden könne.

2. Aggression im Kontext einer praktischen Schöpfungstheologie

2.1. Fundamentale Bejahung der schöpfungsgemäßen Begabung mit Aggression

Zwar sollen sich in der Kirche die Grundzüge des Menschseins jeweils in eine eschatologische Vollendung hinein entfalten. Doch es gilt auch die erste Hälfte von Dietrich Bonhoeffers Diktion: „Wir leben im Vorletzten und glauben das Letzte".[1] Die eschatologische Spannung darf das „Leben im Vorletzten", die anthropologischen Grunddaten und mit ihnen das Menschsein in seiner ganzen Breite und Fülle nicht abspalten, soll die Kirche ein authentisches Zeichen des angebrochenen Reiches Gottes, Anbruch erfüllten menschlichen Miteinanderseins, sein.[2] Wo der reale Mensch abgespalten wird, kommt auch dessen Schöpfergott nicht vor. Während die Demutsideologie die Aggression abspaltet und Letztere in pervertierter Form als Demutsgewalt in Erscheinung treten lässt, setzt die authentische humilitas mit dem humus, mit der menschlichen Erdhaftigkeit in all ihren Facetten und Teilaspekten, in Berührung.[3] Der Schöpfer hat einen großen Respekt vor dieser erdhaften Niedrigkeit (vgl. Lk 1, 47: „Quia *respexit humilitatem* ancillae suae"), so dass es auch seitens des Menschen gilt, die eigene Geschöpflichkeit und Menschlichkeit in der Haltung authentischer Demut anzunehmen.

Die Praktische Theologie hat den konstruktiven Anteil von Aggression in die Pastoral zu integrieren, um krankheits- und ideologiegenerierende Reduktionismen zu verhindern und die schöpfungsgemäßen Vorausbedingungen und Voraussetzungen für Leben anzuerkennen und als göttlichen Gestaltungsauftrag entgegenzunehmen. In der ersten Schriftlesung (Gen 1,1-2,2) der ekklesial konstitutiven Feier der Osternacht bekennt sich die Kirche praktisch-liturgisch zur Schöpfungstheologie der Priesterschrift. Die Pastoral hat folglich für ein der ursprünglichen, guten Schöpfungsordnung gemäßes Leben einzutreten, soll es heiles Leben sein. Ein praktisch-theologisches Schöpfungsbewusstsein inkludiert ein Wissen um die Zustimmungswürdigkeit des eigenen und fremden Lebens, es ermutigt zum Leben gegen jede Art von Selbstdestruktivität und ermöglicht ein Ja zum Sosein und Dasein in Dankbarkeit und zur Annahme seiner selbst als endliches Geschöpf. Auch die an der schöpfungsgemäßen Entfaltung beteiligte Aggression ist Teil dieser guten göttlichen Schöpfungsordnung, sie ist somit nicht einseitig als erlösungsbedürftig zu qualifizieren. Jeder Mensch wird vom Schöpfergott mit einem Aggressionspotential ausgestattet, welches essentiell notwendig ist, damit sich die Schöpfung im Sinne des Schöpfers entfaltet. Soll das Theologumenon von der fundamentalen Erwählung und Ermächtigung zum Leben seitens des Schöpfers kein bloßer moralischer Appell sein, gilt es, sich mit

---

[1] Bonhoeffer, D., Widerstand und Ergebung, 88.
[2] Vgl. Hünermann, P., Anthropologische Dimensionen der Kirche, in: ders., Ekklesiologie im Präsens. Perspektiven, Münster 1995, 13.
[3] Vgl. zur Etymologie: Georges, K. E. Ausführliches lateinisch-deutsches Handwörterbuch, 8. Aufl. Bd. 1, Darmstadt 1998, Sp. 3094.

den anthropologischen Voraussetzungen für die Realisierung dieser Ermächtigung auseinanderzusetzen. Weil sich der Mensch nur mittels der biopsychisch-sozialen Strukturgesetzlichkeiten entfaltet, hat sich die praktische Schöpfungstheologie den fundamentalen biovitalen und biophilen Lebensbedingungen im Sinne eines auch psychischen Unterbaus zuzuwenden.

Vor allem in der Schöpfungstheologie besteht bei allen bleibenden Differenzen zwischen Theologie und Psychologie eine große Konvergenz hinsichtlich der gemeinsamen Option, menschliches Leben zur Entfaltung zu bringen. Der Beitrag der psychologischen Anthropologie weist auf, dass Aggression nicht auf Destruktivität reduziert werden darf, ihr vielmehr ein wesentlicher Anteil bei der biovitalen Entfaltung und Entwicklung des Lebens zukommt. Um der Humangenese willen gilt es, die psychologischen Einsichten auch schöpfungstheologisch zu würdigen und in der Konvergenzargumentation die verschiedenen Sprachspiele und Wirklichkeitszugänge miteinander kritisch ins Gespräch zu bringen. Für den Dialog mit der psychologischen Anthropologie ist grundlegend, dass die Schöpfungstheologie der biblischen Botschaft eine universale Dimension verleiht, zumal alle Realität mit ihren Gesetzmäßigkeiten und Funktionen vom Schöpfer geschaffen ist. Ansonsten vermag die Theologie nicht mehr den Schöpfergott als die alle zu sich selbst eröffnende Wirklichkeit zu sehen. Wenn radikal von dem einen Gott als dem Schöpfergott auszugehen ist, muss auch die Naturgeschichte der Menschheit aus dieser Perspektive begriffen werden.[4] Die Praktische Theologie soll sich deshalb auch von der Psychologie heilsam und fremdprophetisch irritieren und befragen lassen, was darin von der gemeinsamen Schöpfungsrealität ausgesagt wird, um zu einem schöpfungsgemäßeren Selbstvollzug beizutragen. Auf dem Fundament der gemeinsamen Schöpfung muss die Praktische Theologie den anthropologischen Beitrag der Psychologie rezipieren, will sie nicht zu krassen Fehlaussagen über den Menschen kommen. Aggression gehört laut Psychologie unausweichlich zum Wesen und zur Grundausstattung des Menschen; die Psychologie erachtet aggressive Impulse für konstitutiv menschlich, so dass unter Ausschaltung dieser Antriebenergetik nicht mehr von einem Menschen gesprochen werden könnte. Die Aggression als vitalisierendes Humanvermögen und als fundamentale anthropologische Potenz trägt essentiell zur Entfaltung des Menschen in individueller und sozialer Hinsicht bei, so dass sie nicht folgenlos ausgeschaltet werden kann, sondern verantwortlich gesteuert und geformt werden muss. Pastoral ist fruchtbar zu machen, dass verdrängte und verhinderte lebensförderliche Aggression als Destruktivität durch die Hintertüre wieder hereinkommt und zu einer kollektiven Neurotisierung mit faktischer Doppelmoral bzw. zu Selbstbeschädigung und Projektion auf eine Fremdgruppe führt.

In der psychologischen Anthropologie bilden aggressive Zwischenstufen wichtige Komponenten auf dem Weg menschlicher Entwicklung: Die Wegstruktur zeigt sich beim Trauerprozess, wo eine aggressive Zwischenstufe wichtig ist, um das Unabwendbare schlussendlich annehmen und sich versöhnen zu können. Ohne die durch Einsatz des Aggressionsvermögens generierte Individuation entbehren das soziale Engagement und der Aspekt der Hingabe einer Grundierung und Bereicherung mit der eigenen Wirklich-

---

[4] Vgl. Striet, M., Verdankte Autonomie. Theologische Möglichkeiten einer Interpretation humanwissenschaftlicher Forschung, in: Autiero, A., Goertz, S., Striet, M. (Hg.): Endliche Autonomie. Interdisziplinäre Perspektiven auf ein theologisch-ethisches Programmwort (Studien der Moraltheologie 25), Münster 2004, 123-141.

keit. Auch in einer praktischen Schöpfungstheologie ist Aggression nichts Letztes, sondern ein wichtiges Antriebsvermögen auf dem Weg zum Eschaton. Ohne dieses Vorletzte fehlt jedoch etwas am Letzten, welches um seiner eigenen Authentizität und Gewichtigkeit willen auch mit den aggressiven Zwischenstufen und Wegetappen hin zum Ziel angereichert sein muss. Der christliche Glaube gibt „die Wahrheit als *Weg*, und erst indem sie zum Weg wird, ist sie des *Menschen* Wahrheit geworden". [5] Wenn der Schöpfer seinem Geschöpf Mensch konstitutiv eine prozesshafte psychische Struktur mit Wegcharakter eingezeichnet hat, darf die Kirche nicht nur Zielvorstellungen normativ benennen und einfordern, sondern muss mit den Menschen die zum Ziel führenden menschlichen Wege gehen, ohne einzelne Entwicklungsschritte zu überspringen. Mit der Integration des Heterotopos „Aggression" in die pastoralen Selbstvollzüge werden auch die korrespondierenden Spannungen mit herein geholt. Die Beimengung von Aggression generiert eine gute, Leben erhaltende und fördernde Spannung, die für eine schöpfergemäße Entfaltung konstitutiv ist.

Die psychologische Antropologie weist auf, dass der „Mensch unterwegs" der Ausbildung eines durch Einsatz des Aggressionsvermögen generierten „Selbst-Habens" bedarf, um dann auch den Selbstreichtum an den Mitmenschen weiterschenken zu können.

2.2. Aggressionsgenerierte Selbst-Habe als Voraussetzung für produktive Beziehungen

Bezüglich des Amoklaufs von Winnenden und Wendlingen vom 11. März 2009 konstatierte der Kinder- und Jugendpsychiater Jörg Fegert, eine solche Tat gleiche einem Bilanzsuizid, nachdem jemand sein Scheitern, seine Kränkung und Wut immer wieder durchgekaut habe, mit dem Ergebnis: „Denen werde ich es einmal noch richtig zeigen". [6] Durch Scheitern und die vielfache narzisstische Kränkung baut sich im Täter eine irrsinnige Wut auf, so dass die Spirale der Gewalt zur Herstellung der Identität und zum Wiederaufbau des Selbstwerts gebraucht wird. Schlussendlich werden Unschuldige in die unermessliche, autoaggressive Selbstablehnung mit hineingezogen. Es entsteht der folgende, mörderische circulus vitiosus: Durch mangelndes Selbstwertempfinden kommt es zu einer grandiosen Selbstaufblähung, die bei Kränkung in depressive Autoaggression umschlägt und in der Fremdaggression die eigene Selbstablehnung weitergibt. Die Praktische Theologie hat sich dafür zu verausgaben, dass der mittels einer integrativen Indienstnahme des Aggressionsvermögens hergestellte, stabile Selbstwert aufgebaut wird, soll sowohl der durch Wendung der Aggression gegen sich selbst konstituierte depressive Zirkel als

---

[5] Ratzinger, J., Einführung in das Christentum, 90.
[6] Fegert, J., Geplanter Abgang. Ursachen von Amokläufen durch Jugendliche, in: Südwest Presse 12. 3. 2009, 3. Vgl. die Typologie des Jugendpsychiaters Joseph Freisleder, der als Gerichtsgutachter mit gewalttätigen Jugendlichen zu tun hat. Der ruhige, unauffällige, introvertierte Junge sei häufig sozial isoliert, vielfach aufgrund einer schweren Kränkung. Bei diesen Jungen spiele sich die Gewalt zunächst nur in der Phantasie ab. Aufgrund mangelnden Selbstwertempfindens fliehen viele (potentielle) Täter in einen übersteigerten Narzissmus („sie haben hohe Wunschvorstellungen, was sie Tolles werden wollen, aber es klappt alles nicht so richtig"), der sich bei Kränkungen in depressive Autoaggression verwandeln könne. „Der Amoklauf ist eine besondere Form des Suizids, bei dem der Selbstmörder vor dem Abgang noch ein Fanal setzen will". Andere werden schlussendlich in die unermessliche, autoaggressive Selbstablehnung, mit hineingezogen; vgl. „113 Kugeln kalte Wut", in: Der Spiegel Nr. 12, 16.3. 2009, 33.

auch eine letzte destruktive Aggression verhindert werden. Ohne gewagte konstruktive Aggression entsteht kein Gefühl für die Würde und das Selbstwertgefühl. Dieses Postulat ist im größeren Zusammenhang des Bemühens um die Generierung eines theologischen Verständnisses von „Selbstliebe"[7] bzw. des Aufbaus einer Kultur der Anerkennung und Wertschätzung in den Kirchengemeinden und kirchlichen Einrichtungen (wo vielfach die praktizierte passive Aggression des „Sich-gegenseitig-Entwertens-und-Richtens" ihr destruktives Wirkvermögen entfaltet) zu sehen. Gegen die reduktionistische Identifizierung von „Selbstwertschätzung" mit Ego-Kult ist praktisch-theologisch in Anschlag zu bringen, dass der Schöpfer sein definitives und dezidiertes Ja zum Sosein und Dasein der Lebenden und zur Annahme seiner selbst als endliches Geschöpf gesprochen hat. Sowohl die autoaggressive Selbstablehnung als auch die Gewalt nach außen stehen dem diametral entgegen. Es gilt eine pastorale Sensibilität für die Orte der Genese von Autoaggression zu entwickeln, seien es rigoristisch-selbstablehnende Formen der Spiritualität, seien es überhöhte Erwartungen an andere, denen kein Mensch zu entsprechen vermag. Das Ja des Schöpfers zu seinem Geschöpf und die korrespondierende Seinsermächtigung sind durch die Gesetzmäßigkeiten der psychologischen Anthropologie zu vermitteln. Die Fremdprophetie der Psychobiologie erinnert die Praktische Theologie daran, dass wir Menschen die Evolution in uns tragen und im pastoralen Alltag diese biovitale Vernetzung und Verwandschaft aller Lebewesen innerhalb einer evolutiven Schöpfungsordnung mit ihren Gesetzmäßigkeiten anzuerkennen ist.

Das Aggressionsvermögen befriedigt vitale Basalbedürfnisse, die für das Über- und Zusammenleben funktional-sinnvoll und wichtig sind. Es ist dies zunächst das elementare „Existenz-Haben": Wer um „Hab und Gut" gebracht wird, ist in seiner Existenz gefährdet, die „Habseligkeiten"[8] gewähren ein Existenzminimum. Die Aggression steht im Dienste dieser elementaren Selbst-Behauptung, sie wendet Bedrohungen der psychischen und physischen Integrität des Selbst ab, setzt Grenzen, weist in die Schranken und verteidigt den eigenen vom Schöpfer zugewiesenen Lebensstandort und Lebensraum. Die Katholische Soziallehre entspricht mit der Formulierung des Rechts auf Privateigentum dieser anthropologischen Situierung.[9] Pastoralpraktisch lässt sich davon ableiten, dass entsprechend diesen Basalbedürfnissen Mitarbeiter eines eigenen „Raumes", im buchstäblichen Sinne eines Stückchens Erde bedürfen, soll keine destruktive Aggression das Arbeitsklima vergiften: eines eigenen pastoralen Feldes mit eigenem Büro-Raum und einer klar formulierten Arbeitsumschreibung.

Es geht um die Ausbildung (überlebens-) notwendiger, aggressiver Basiskompetenzen: In einer vitalen Expansivität aus- und zugreifen zu können, mit Durchsetzungsvermögen sich nehmen und so eigenen Lebensraum einnehmen zu können, im Lebenskampf

---

[7] Vgl. Rahner, K., Worte gläubiger Erfahrung, Freiburg i. Br. 2009, 43f.: „Die große Tat unseres Lebens: uns selbst annehmen; vgl. Augustinus, De moribus ecclesiae catholicae, 1,26, 48; MPL 32, 1331: „Denn es kann nicht sein, dass jemand, der Gott liebt, sich selbst nicht liebt".

[8] „Habseligkeiten" wurde 2004 vom Deutschen Buchhandelsverband zum „Wort des Jahres" gewählt. Während „habselig" ursprünglich „mit Habe reich gesegnet sein" bedeutet, wird es ab dem 18. Jahrhundert ironisch verwendet bzw. verweist auf das Existenzminimum: „seine paar Habseligkeiten zusammennehmen". Vgl. Digitales Wörterbuch der deutschen Sprache „Habseligkeit" www.dwds.de

[9] Vgl. Papst Johannes XXIII Enzyklika „Mater et Magistra" (1961), Kap. 109: „Das Recht auf Privateigentum gilt für jede Zeit. (...) Wo das politische Regime dem Einzelnen das Privateigentum nicht gestattet, dort wird auch die Ausübung der menschlichen Freiheit in wesentlichen Dingen eingeschränkt oder ganz aufgehoben". Ohne das je eigene „Besitz haben" gibt es auch kein produktives menschliches Miteinander.

2.2. Aggressionsgenerierte Selbst-Habe als Voraussetzung für produktive Beziehungen 389

eigene Ansprüche formulieren und so Selbstsicherheit und Selbstvertrauen gewinnen zu können. Daraus leitet sich die praktisch-theologische Pflicht ab, eine Kultur der Selbst-Fürsorge zu pflegen, wo jeder auch nach sich selbst und den eigenen Grundbedürfnissen schauen darf. Gott hat mich mir als Aufgabe gegeben, er hat mich mir aufgegeben, ich bin verantwortlich für mich. Die in sozialdarwinistischer Manier nur dem Starken und Gesunden ein Lebensrecht zusprechende und den Lebenskampf als Recht des Stärkeren pervertierende nationalsozialistische Ideologie zeigt die hohe Ambivalenz und Anfälligkeit dieser Selbstbehauptung, zumal der Unheilszusammenhang der Sündenmacht die schöpfungsgemäße Aggression äußerst wirkmächtig zu pervertieren vermag; dieser kritische Blick dispensiert jedoch nicht davon, jene elementaren Gesetzmäßigkeiten auf unideologische Weise neu zu entdecken.

Die Brücke des Lebensganges schwingt in einer Grundspannung zwischen Systole und Diastole, zwischen Selbstbehauptung und sozialer Hingabe, Individuation und Bindung, Haben und Loslassen, Sich Finden und mit dem gefundenen Leben Sich Verlieren. Diese dialektische Struktur menschlichen Lebens lässt sich nicht auflösen, die gegensätzlichen Pole sind reziprok komplementär aufeinander verwiesen, einer trägt zum Verständnis des anderen bei und erklärt ihn. Das dialektische Spannungsverhältnis zwischen „Haben" und „Loslassen" darf pastoral-praktisch nicht derart aufgelöst werden, dass das „Ich" irgendwann zum Verschwinden gebracht und ausgelöscht wird. Die Grund-Spannungen sind pastoral als konstitutive, Leben generierende Grunddynamiken des gelebten ekklesialen Selbstvollzugs zur Geltung zu bringen. Der langjährige Spiritual und Lebensbegleiter Johannes Bours betont die sich wandelnde, wechselseitig vorantreibende und sich durchdringende Spannung zwischen Selbstfindung und Loslassen mit den korrespondierenden Reifungsphasen. Das Leben verlieren wie das Weizenkorn (vgl. Joh 12,24) kann man nur, wenn man sich zuvor gesammelt hat.[10] Weil die Wegetappen bei der geistlichen Begleitung im Blick sein müssen, darf die Pastoral nicht nur die Abkehr von der Egozentrik und die Hinkehr zur Transformation fokussieren. Es bedarf vorgängig einer diese Entwicklung psychisch ermöglichenden Stärke. Das spirituelle Wachstum setzt psychisches Wohlbefinden und eine gesunde Selbstwertschätzung voraus, um das höhere Selbst wertschätzen zu können. Vom stabilen Selbstwert mitsamt seinen Überlebenskräften ausgehend vermag das Ego ganz bewusst seine zentrale Stellung im Menschen und seinen allumfassenden Kontrollanspruch aufzugeben und das „Lassen" einzuüben.[11]

Auch der in den evangelischen Räten angestrebte, bewusste Verzicht setzt die Elementarsättigung voraus. Die gesunde Anspruchslosigkeit geht auch diesbezüglich von der biovitalen Zufriedenheit aus und entfaltet von daher ihre Reifungsmöglichkeiten. Die Fähigkeit, auf fruchtbare Weise auf persönlichen Besitz verzichten zu können und dem monastischen Armutsideal zu entsprechen, setzt das bewusste Erleben von Besitz voraus.[12] In der Praktischen Diakonie kommt es nur durch eine absättigende Selbstbehaup-

---

[10] Vgl. ders., „Identitätsfindung in Jesus Christus", in: Deselaers, P., Und doch ist Hoffnung. Gedanken zu und von Johannes Bours, Freiburg i. Br. 1992, 126.
[11] Vgl. Monbourquette, J., Psychologie und Spiritualität. Warum Selbstwertschätzung beides braucht, München 2008, 112.
[12] Vgl. Lies, L., Ignatius v. Loyola. Die Exerzitien. Theologie-Struktur-Dynamik, Innsbruck 1983, 65: „es kann nur der frei und freiwillig Armut wählen, der *zunächst die Möglichkeit hat, besitzen zu können*. Er muss überhaupt Besitz erleben können. Die innere Motorik des Besitzerlebens ist die emotionale Fähigkeit, 1. in Besitz nehmen zu können, also haben wollen zu können, 2. die emotionale Fähigkeit, Besitz selbst

tung und Anreicherung mit dem Fundament der eigenen Realität zu einem produktiven Sozialbezug. Die depressive „Bedürfnislosigkeit", welche zu den eigenen Basalbedürfnissen keinen Kontakt herzustellen vermag, erreicht auch den Mitmenschen nicht; sie nimmt im selbstmitleidvollen Jammern indessen viel Raum ein und entpuppt sich als vereinnahmender denn die biovitale Sättigung. Insbesondere in der Diakonie besteht die Gefahr, dass Selbstverleugnung als ideologische Maskierung von depressiver Selbst- und Lebensverneinung fungiert.[13] Im pastoralen Umgang mit Ehrenamtlichen, denen vielfach viele Aufgaben aufgebürdet werden, ist zu beachten, dass Hingabe nicht mit der das liebende Element auslöschenden *Preisgabe* der eigenen Persönlichkeit verwechselt wird. Die Aggression sorgt für die Abgrenzung und den Selbst-Kontakt, so dass der eigene Selbst-Reichtum zunächst einmal erlebt und für schützenswert erachtet werden kann. Ohne diesen fundamentalen Selbstbesitz kann der Selbstreichtum in einer diakonischen Beziehung und lebensfördernden Selbstvergessenheit nicht weitergegeben werden. In der Berufsbegleitung von diakonisch Engagierten ist der Aspekt der Achtsamkeit für deren jeweiligen Selbst-Reichtum als entscheidender Faktor zu gewichten.

Es stellt sich die Frage, welche systemisch-theologischen Bedingungen erfüllt sein müssen, damit ein konstruktiver Einsatz von Abgrenzungsaggression möglich ist. Die systemische Perspektive schützt den Einzelnen und schiebt seine Symptomatik nicht allein ihm zu, sondern fragt, was im gesamten System falsch läuft. Angesichts der permanenten Überforderung von Haupt- und Ehrenamtlichen in den großen Seelsorgeeinheiten muss systemisch von gesamtdiözesaner Seite Einzelnen geholfen werden, Ja zum begrenzten Menschsein und Nein zu den Überforderungen zu sagen. Weil Theologen erwiesenermaßen größere Probleme haben, ihre Abgrenzungsaggression für die Selbstfürsorge einzusetzen, muss das größere System Diözese die überlebenswichtige Aggression ins System holen und *alle(!)* ermutigen und befähigen, angesichts der Fülle vieler Pflichtaufgaben diese menschengemäß zu begrenzen. Umgekehrt müssen alle Beteiligten auch beim neuen Handeln der Selbstfürsorge mitmachen, soll es auf systemischer Ebene eine Entwicklung geben. Das systemische Faktum, dass Menschen mit Aggressionshemmungen pflegeleichter sind, weil sie sich gegen Überforderungen nicht oder erst später (zu spät?) wehren, ist teuer erkauft, zumal die Zahl der Krankheitsfälle bis hin zu Totalausfällen steigen wird.

Die aggressionsgenerierte Selbst-Habe führt zur Selbst-*Mächtigkeit*, einer fundamentalen sthenischen Vitalität im Sinne einer Aktionsspannung, einem Empfinden von Kraft und Antriebsstärke, ohne die nichts bewegt und gestaltet werden kann. Ohne Selbst-Mächtigkeit ist der Einzelne weder zur Lebenstüchtigkeit noch zur Lebensmeisterung befähigt.

---

erwerben und behalten zu können, und 3. die Fähigkeit, Besitz herausgeben zu können. Freiwillige Armut ist also ein Fall, mit Besitz umgehen zu können".

[13] Vgl. Frick, E., Jesuit und Therapeut, in: Publik-Forum (7/2006), Oberursel: „Gott zu bestechen, ist das neurotische Missverständnis des Satzes im Evangelium ‚Wer sich selbst erniedrigt, wird erhöht werden'. Die geheime Größenfantasie lautet: Je größer meine Erniedrigung ist, desto größer komme ich raus. Das geschieht oft unbewusst. Doch das ist in der Tiefe etwas völlig anderes als die freie Hingabe und das Opfer, das vorbehaltlos geschieht. Dazu bin ich nur in der Lage, *wenn ich mich selbst erst einmal habe*. Woraus folgt, dass ich von niemandem ein solches Opfer verlangen darf. Die Opferideologien sind deshalb so gefährlich, weil sie unfrei machen. Nur der freie Mensch kann opfern. Nicht derjenige, der von anderen zum Opfer gemacht wird".

2.3. Selbst-Mächtigkeit als Lebensmächtigkeit

In der Kirche wird die Machtfrage als solche viel zu selten thematisiert, es kursiert vielfach die Rede von exklusiv „selbstlosem Dienst", von „Voll-Macht" und „potenziertem Dienst", ohne auch deren Ambivalenz zu bedenken. Weil die unreflektierte Machtfrage im Verborgenen umso subtilere und wirkmächtigere Machtentfaltungen generiert, gilt es, die Macht-Thematik offen zu benennen, ohne sie moralisierend als unanständig zu denunzieren. Weder eine Machtversessenheit noch eine Machtvergessenheit ist weiterführend; als Pfarrer bin ich Dienstvorgesetzter und damit auch „Macht-Haber", einer, der eine gewisse Macht hat. Michel Foucault fragt die Kirche fremdprophetisch an, wo das Pastorat als Praxis unheilvoller Macht und als Technik der Unterwerfung der Seele entfaltet wird. Er widerspricht einer der Möglichkeit von Begegnung und Gemeinschaft widerstrebenden Konzentration und Perversion von Macht im Sinne einer umfassenden Macht, die Fürsorge und Beaufsichtigung im Dienste des Heils der Untergebenen gleichermaßen impliziert.[14] Seine Kritik setzt da an, wo bestimmte Herrschaftsverhältnisse es bestimmten Individuen und Gruppen nicht ermöglichen, ihre eigenen Mächte zu entfalten. Macht ist für Foucault zunächst positiv konnotiert, sie ist im menschlichen Zusammenleben die notwendige Bedingung von Subjektivität in konkreten Verhältnissen. Für ihn gibt es keine Gesellschaft ohne Machtbeziehung, „sofern man darunter Strategien begreift, mit denen die Individuen das Verhalten der Anderen zu lenken und zu bestimmen suchen".[15] Es geht um Praktiken, welche „Werkzeuge" (re)konstruieren, die den Subjekten Widerstandspotentiale gegen die Dispositive der Macht erschließen.[16]

Die integrierte Aggression verleiht eine stabile Selbstmächtigkeit als schöpferische und schöpfergemäße Lebensmächtigkeit, eine subjektiv vermeinte Mächtigkeit gegenüber den Anforderungen und Anfechtungen des Lebenskampfes. Binnenkirchlich sollte zunächst positiv formuliert werden, dass alle Menschen „Macht-Träger" im Sinne des schöpfergemäßen Empowerments sind und sein sollen, dass folglich die Machtverhältnisse transparent gemacht werden müssen, um diese Macht dann auch im Dienst an den anderen fruchtbar einzusetzen.[17] Aufgrund der manifesten Probleme von Theologen bezüglich konstruktiven Umgangs mit Aggression ist neben dem Machtmissbrauch auch ein Eskapismus vor der Machtfrage im kirchlichen Bereich kritisch zu hinterfragen. Verantwortliche müssen sich offen zu ihrer Leitungsrolle bekennen und Leitung wahrnehmen; eine falsch verstandene Geschwisterlichkeit erzeugt Diffusion und Chaos und schafft nicht selten anonyme „Ersatzmächte", die das Machtvakuum im Verborgenen ausfüllen.

Bei aller Verschiedenheit der Theoreme und Menschenbilder darf sich die Praktische Theologie von Verena Kasts Konzeption des Aggressionsschattens kritisch anregen las-

---

[14] Vgl. Mette, N., „Pastoralmacht". Praktisch-theologische Anmerkungen zu einem Theorem M. Foucaults, in: WzM 47 (1995), 76-83. Vgl. Erdmann, E., Die Macht unserer Kirchenväter. Über „Geständnisse des Fleisches", in: WzM 47 (1995), 53-60.

[15] Foucault, M., Freiheit und Selbstsorge, Frankfurt a. M. 1985, 25.

[16] Vgl. Hoff, J., Spiritualität und Sprachverlust. Theologie nach Foucault und Derrida, Paderborn 1999, 251.

[17] Vgl. Wischmeyer, O., Herrschen als Dienen – Mk 10,41-45, in: ZNW 90 (1999) 28-44. Die Mächtigen lassen sich „bedienen", indem sie Völker unterdrücken und gewaltsam gegen sie vorgehen. Dazu völlig konträr gestaltet sich Jesu Dienst für die Unterdrückten und Opfer der Gewalt. Im Sinne des Menschensohnes Jesus kommt allein dem wahre Größe und wahrer Vorrang zu, der sich als Diener/Sklave aller erweist. Letzterer übt die Autorität in der Weise des Dienens aus und setzt damit den Maßstab für die Wahrnehmung von Autorität unter seinen Jüngern.

sen. Der Opferkreislauf mit seiner Aggressor-Opfer-Kollusion wird nur durchbrochen, wenn das Opfer den Aggressionsschatten in die eigene Persönlichkeit integriert.[18] Das Vitalvermögen schenkt die eigene Selbst- und Lebensmacht, um sich aus der Identifikation mit dem Aggressor und der Delegation der eigenen Verantwortung an steuernde Objekte zu befreien und sich zu wehren. Auch hier gibt es keine Entwicklung ohne Aufnahme des Heterotopos der spannunggenerierenden peinlichen Aggression. Bei der Bekämpfung von Mobbing wäre es zynisch und ideologieverdächtig, mit Verweis auf Mt 5,39 dem Mobbingopfer anzuraten, dem schlagenden Täter „auch die andere Wange hinzuhalten". Ohne ein Empowerment gegen die Opfermentalität im Sinne einer Integration der eigenen Aggression und Selbstmacht seitens des Opfers verspürt der Täter eine dranghafte Verlockung zur Invasion. Mit der die Selbstmächtigkeit generierenden Aggression gilt es das eigene Leben und die eigene Selbsterhaltung zu schützen, zumal der Sünder die Andersheit und Unterschiedenheit des Anderen leugnet und zerstörerisch alles in die eigene incurvatio hineinreißt. Pastoralpraktisch ist insbesondere mobbinggefährdeten Kindern und Jugendlichen anzuraten, z. B. durch Selbstverteidigungskurse das eigene Aggressionspotential zu entdecken und zum Schutz der eigenen Integrität einzusetzen.

Das pastorale Miteinander ist vielfach von Komplexen mit einer Aggressor-Opfer-Fixierung bestimmt, wo Einzelne sich permanent im Opferstatus sehen und die Aggression auf Personen projizieren, die sie an aus der eigenen Lebensgeschichte bekannte Aggressoren erinnern. Die Integration der eigenen Aggression schenkt die Lebensmacht, sich aus der Komplexepisode zu befreien, um mit anderen realistischer umzugehen, zumal man in sich selbst die Spannung von Macht und Ohnmacht ausbalancieren und leben muss. Beim Austragen von Konflikten muss der Selbst-Macht jedes Beteiligten eine Existenzberechtigung zugesprochen werden, weil damit zu rechnen ist, dass der sich ohne Macht erlebende und dominierte Verlierer destruktive Aggressionen der Rache entwickeln wird. Je mehr Selbstsicherheit ein Mensch durch die Wanderung zu sich selbst bekommt, je mehr Anschluss er an seine eigene Stärke findet, desto geringer fällt die Angstintensität aus und desto mehr erübrigen sich Schwarz-Weiß-Schemata und Feindbilder.

Die durch die Integration des Aggressionsvermögens generierte Selbst-Habe und Selbstmächtigkeit tragen zur Entwicklung und Entfaltung der Fülle menschlicher Existenz und der ganzen Schöpfung bei. Bei einem optimierten Selbstwertgefühl wächst die schöpferische Lust, etwas zu bewirken und eine Aufgabe entschlossen anzupacken. Die Aggression ist ein schöpferisches Potential, um das eigenständige Schöpfertum und die Gestaltungsfähigkeit zu steigern. Einer praktischen Schöpfungstheologie ist es um eine hermeneutische Aneignung und Verheutigung der priesterschriftlichen Grundaussage vom Menschen als Bild Gottes zu tun. Diese Verantwortung für das Ganze der Schöpfung gilt es im gegenwärtigen pastoralen Kontext zu übernehmen und auszugestalten. Die vorliegende praktische Schöpfungstheologie versucht mittels der Methode der konvergierenden Optionen die beiden unabhängig und eigenständig bleibenden Disziplinen „Biblische Schöpfungstheologie" und „Psychologie" um der konvergierenden Option „verantwortlichen Schöpfertums" willen in einen Dialog zu bringen. Weil bei dieser Methode ein

---

[18] Die Tübinger Rechtsanwältin Susanne Hoppe-Willmann macht in der Rechtsberatung von durch Gewalteinwirkung missbrauchten Frauen die Erfahrung, dass nur durch deren Einübung von aggressiven Basiskompetenzen wie „sich wehren, entschieden für sich einstehen, klar die Grenzen benennen" die Möglichkeit besteht, dass sich die Aggressor-Opfer-Kollusion in eine Beziehung auf Augenhöhe wandelt.

letzter Konsens entfällt, kann auf Vereinnahmungstendenzen verzichtet werden, welche in eisegetischer Manier den biblischen Text auf das Prokrustesbett neuzeitlichen Denkens spannten und ihm eine Terminologie unterstellten, die in seinem Entstehungskontext noch gar nicht vorhanden ist. In dieser bleibenden Differenz lässt sich die praktische Schöpfungstheologie von der psychologischen Perspektive der Aggression als exploratorisch-assertives Motivationssystem kritisch inspirieren. Der pastoral angeeignete Schöpfungsauftrag als gottgegebener Auftrag zur schöpferischen Gestaltung der Welt nimmt die Aggression integrativ in Dienst, um in einer Atmosphäre der Exploration und der Freude an Entdeckung die eigene Initiative und Gestaltungskompetenz schöpferisch einzusetzen und dabei die Affekte von Effektivitäts- und Kompetenzlust sowie Lebendigkeit zu erleben. Dem Aggressionsvermögen kommt die konstruktive Aufgabe zu, mittels seiner als wichtiger Lebensenergie sich auf Themen zu konzentrieren, Ziele anzupeilen, Widerstände zu überwinden und so Welt zu gestalten.

Es stellt sich die pastoralpraktische Frage, wo und wie eine Grundausbildung „Förderlicher Umgang mit Aggression" im Sinne einer Persönlichkeitsentwicklung im kirchlichen Bereich stattfinden kann.[19]

2.4. Förderlicher Umgang mit Aggression als Lernprojekt

Da sich die Aggressionsproblematik bei Theologinnen und Theologen in Gestalt inkompetenten Umgangs mit Aggression in besonderer Weise manifestiert, sollen diese als verhaltensprägende Multiplikatoren der vorherrschenden Theologie besonders in den Blick genommen werden. Sowohl in der Ausbildung, in den theologischen Bewerberkreisen, den Diakonatskreisen und Priesterseminaren, als auch in der berufsbegleitenden Fortbildung bedarf es schon im Vorfeld der Befähigung zu einem förderlichen Umgang mit Aggression und der Einübung von inneren Haltungen und hilfreichen Praktiken, statt hernach bei destruktivem Aggressionsumgang nur zu reparieren. Da ohne Gefühlskontakt zur eigenen Person auch kein Kontakt zum Mitmenschen entstehen kann, geht es um die Ausbildung einer pastoralen Grundkompetenz. Es ist ein Lernprozess zu starten, der die eigene Aggression bewusst und angstfrei wahr- und annehmen lässt, soll die sonst unumgänglich destruktive Aggression verhindert werden. Bei dieser produktiven Auseinandersetzung mit der Aggression soll das eigene Erleben befragt werden, wie es wirklich ist. Die inneren Spannungen und die eigenen inneren Konflikte dürfen als ein Teil von sich selbst bewusst angenommen werden. Wer die eigene Aggression grundsätzlich toleriert und als zu sich gehörig sehen kann, vermag auch die Gemeindemitglieder besser zu verstehen und ihnen innerlich näher zu sein; wer die eigenen inneren Konflikte toleriert, wird im Umgang mit den Mitmenschen umso konfliktfähiger und darin für den eigenen Anteil am Konflikt verantwortlich zeichnen.

Es bedarf der Entwicklung von Aggressionsritualen, die der selektiven Reduzierung von Komplexität und dem sozialen, nach vorher einsehbaren Regeln stattfindenden Ag-

---

[19] Die Fortbildungseinrichtung „Odenwald-Institut" vgl. info@odenwaldinstitut.de bietet Kurse an, in denen Interessenten dem eigenen Aggressionsvermögen nachspüren und ihm in förderlichen Kanalisierungen Ausdruck verleihen können.

gressionsausdruck und der Aggressionskontrolle dienen.[20] Durch die Reduzierung von Verhaltensmöglichkeiten reduzieren die Aggressionsrituale auch die Unsicherheit und Angst und erleichtern die Interaktion. Es geht um abgesprochene Rituale, so dass die Regeln am Beginn gemeinsam abgeklärt und akzeptiert werden müssen und jederzeit die Möglichkeit zur Beendigung der Prozedur bestehen muss. Es bedarf auch der Aggressionskontrolle, so dass auf explosive Ausdrucksformen verzichtet werden muss. Der Respekt voreinander soll durch den Verzicht auf Entwertungen und durch körperliche Gesten vor einer Auseinandersetzung (z. B. Verneigung vor dem Kampfpartner) zum Ausdruck gebracht werden. Vielfach ist nach einem Aggressionsritual ein klärendes Gespräch erforderlich. Im geschützten Rahmen von Ausbildungswochen können die diesbezüglichen Übungen je nach Gruppe und Situation durchgeführt werden: In einer ersten Übung sind 2 Teilnehmer bewusst indirekt aggressiv, die weiteren Gruppenmitglieder benennen die indirekten Aggressionen. In einer Gruppenarbeit können die bevorzugten Autoaggressionen verbalisiert werden. Bei einer weiteren Übung formuliert ein Proband 5 Sätze, die bei ihm Ärger auslösen. Dann versammeln sich 5 weitere Gruppenmitglieder hinter ihm und sprechen abwechselnd und wiederholt jeweils einen der ärgerauslösenden Sätze laut aus. Der Proband spürt seinen aversiven Emotionen nach und lässt sie hochkommen. Erst dann, wenn er die Mitbeteiligten mit der Aufforderung „Ruhe!" anschreit, stoppen sie ihr provozierendes Tun. Der Proband soll bei dieser Übung die Kraft seiner Wut spüren und die Selbstmächtigkeit zum Stopp der Demütigung ausbilden. Die sog. Vesuv-Übung sieht vor, sich unumwunden gegenseitig alles mitzuteilen, es nicht zu zerreden, so dass das Formulierte zwischen den Beteiligten steht und als legitime Differenz stehen darf. Bei den Aggressionsübungen ist der Einbezug der Körperlichkeit wichtig, zumal die Aggression auch körperlich fließen will. Die sog. Körper-Gefühl-Wunsch-Übung lädt dazu ein, sich folgenden Fragen zu stellen: Was empfinde ich in meinem Körper? Wieviel Wut ist da? Was wünsche ich mir? Die aversiven Emotionen sollen körperlich als solche gespürt und artikuliert werden.

Wenn die Vertrautheit zwischen 2 Teilnehmern gewachsen ist, vermag ein Bataca-Kampf ausgetragen zu werden: Bei diesem Ritual soll der eigene Ärger mit Hilfe der mit weichem Stoff überzogenen Bataca-Schläger auf körperlichem Wege losgelassen werden. Der Bataca-Kampf kann situationsadäquat auch mit Stellvertretern (Gegenständen) ausgeführt werden. Dabei kommen nicht nur die angestauten, versteckten Aversionen und Aggressionen, sondern auch die zurückgehaltenen Lebenspotentiale ans Licht. Wo eine körperbetonte Auseinandersetzung nicht möglich ist, kann die letzte Auseinandersetzung gemalt und im Zwiegespräch analysiert werden. Auch wenn viele Aggressionsrituale im offenen Rahmen von Kirchengemeinden oder kirchlichen Institutionen nicht praktiziert werden können, stellt sich die pastoralpraktische Frage, wie die Vertrautheit mit Aggression in ritualisierter Form und im körperlichen bzw. sprachlichen Erleben gefördert werden kann, so dass auch Konflikte frühzeitig erkannt werden und schöpferische, deeskalierend sozialintegrative Lösungen gefunden werden.

Das Aggressionsvermögen ist essentiell daran beteiligt, dass der Mensch zum Einzelwesen wird und seine innerste, letzte und unvergleichbare Einzigartigkeit lebt, indem er

---

[20] Zu den Aggressionsritualen vgl. Bach, G. R., Goldberg, H., Keine Angst vor Aggression. Frankfurt a. M. 1981, 93f.

in Übereinstimmung mit der ihm entgegentretenden inneren Bestimmung lebt und dem einmaligen, eingeborenen Lebensgesetz folgt.

2.5. Der durch Wirkung des Aggressionsvermögens vermittelte Selbstand vor Gott

In Verena Kasts Psychologie kommt die Aggression in der Separations-Individuationsphase als essentielles Entwicklungspotential zur Geltung. Mit dem aggressiven Auf-die-Welt-Zugehen entwickelt sich Selbständigkeit und bildet sich die Individuation aus. Die depressive Struktur ist als Ausdruck der Angst vor dieser Ich-Werdung zu verstehen. Wer fest in der Beziehung zum eigenen Selbst gründet, lebt nicht mehr in Abhängigkeit von den Werturteilen anderer. Die Ausbildung der Basiskompetenzen „Ich sagen" und „Ich sein" ist nicht mit einem egoistisch-individualistischen Denken gleichzusetzen. Es geht um das In-Angriff-Nehmen des eigenen Lebens und die Entwicklung der eigenen Einmaligkeit, das Einüben von Selbständigkeit und die Ausbildung der eigenen Meinung und der eigenen Interessen, um mit einem spürbar eigenen Profil in eine Begegnung eintreten zu können. Die praktisch-theologisch zu stellende Frage nach der Subjektwerdung des Menschen bildet die konvergierende Option innerhalb des zu führenden Dialogs zwischen dem psychologischen Individuationsverständnis und einem theologischen Verständnis des Individuums. Die Intention der Aufklärung, den Wert und die Würde des Individuums gegen seine Verzweckung durch Funktionen zu verteidigen, gilt es auch praktisch-theologisch einzuholen und zu realisieren.[21] Unter Wahrung des bleibenden Widerspruchs stellt sich für die Praktische Theologie die Frage der Moderne nach der fundamentalen Thematik der Subjektivität und des Selbst. Die Neuzeit ist nicht per se mit einem prometheischen Aufstand des Subjekts gegen Gott gleichzusetzen. Die neuzeitliche Subjektivität ist etwas grundlegend anderes als ein Subjektivismus der Beliebigkeit, so dass ein Pluralismus der Beliebigkeit sich nicht einfach nur auf das Denken der Neuzeit berufen kann. Die pastoralen Verhältnisse sind so anzulegen, dass sie dem Einzelnen helfen, zum mündigen und verantwortlichen Gestalter seiner Geschichte und der Gesellschaft zu werden.[22]

Eine Vermittlung des Evangeliums in den gegenwärtigen Kontext kann aus hermeneutischen Gründen die Vorstellungen von Subjekt und Individuum nicht ausblenden. Wenn allzu schnell vor den Gefahren eines egozentrischen Autonomismus gewarnt wird, sollte nicht vergessen werden, wie viel Unheil durch ein totalitäres Hingabe-Verständnis unter Ausblendung der Selbstaktualisierungskompetenz in den Ideologien des 20. Jahrhunderts angerichtet wurde.[23] Zudem setzt die Kirche den menschlichen Selbstand bei essentiellen Selbstvollzügen voraus: Beim Sakrament der Buße und eschatologisch beim persönlichen

---

[21] Vgl. Kant, I., Grundlegung zur Metaphysik der Sitten, Philosophische Bibliothek 41, 429. Das Autonomiebestreben soll gegenüber vereinnahmenden Einflüssen geschützt werden, um so das Fundament für ein neues soziales Miteinander zu schaffen. Indem der andere niemals zum Mittel degradiert, ist bei Kant sichergestellt, dass die Selbstbestimmung nicht zum Solipsismus verkehrt wird, vielmehr auf ein gutes Zusammenleben ausgerichtet bleibt. Subjektwerden bedeutet in diesem Sinn, so handeln und sich verhalten zu lernen, dass sowohl der andere als auch man selbst je freier wird, das Gute zu verwirklichen.
[22] Vgl. Mette, N., Religiöse Bildung zwischen Subjekten und Strukturen, in: NHRPG 31-35, 33.
[23] Vgl. Fromm, E., Die Furcht vor der Freiheit, 11. Aufl., München 1998. In seiner Psychoanalyse des Faschismus zeigt Erich Fromm auf, wie in der bürgerlichen Gesellschaft die Angst, aus der Rolle zu fallen und Stellung zu beziehen, noch größer ist als die Angst vor dem Tod.

Gericht des Einzelnen als Bedingung persönlicher Verantwortung und Schuld sowie im Rückbezug auf das persönliche Gewissen und bei der Religionsfreiheit. Es ist in Anschlag zu bringen, dass die Sünde keine Individuation, sondern die Entfremdung des Menschen von sich selbst generiert. Unter ihrer Wirkmacht wird der von Gott geschenkte Selbststand vom Sünder de facto in die Verselbständigung gegenüber Gott pervertiert. Das cor incurvatum in seipsum klammert sich an das eigene selbstbezogene Ich und lässt Gott und die Mitmenschen nur als Instrument der eigenen Selbstbehauptung gelten. In Kap. 4 dieses Hauptteils wird dargestellt, dass das cor incurvatum in einer felix culpa von Gottes bedingungsloser Gnade nochmals umfasst ist, so dass der Selbstand vor Gott in einer Tiefe begründet ist, noch bevor die gute Korrelation hergestellt wird.

Ein praktisch-theologisches Verständnis vom Individuum betont dessen verdankte Autonomie. Das Ich ist, so Karl Jaspers, darauf angewiesen, „dass ich mir geschenkt werde aus anderem Ursprung: in Liebenkönnen, in der Vernunft, in einem unbegründbaren Vertrauen".[24] Aus theologischer Perspektive handelt es sich um eine verdankte Autonomie und eine geschenkte Identität. Das Verdanktsein findet auch psychogenetisch seinen Ausdruck, indem die Individuation Frucht einer sozialen Bindung ist und wiederum in eine bezogene Individuation führen soll. Gott schenkt den menschlichen Selbstand und will, dass das Ich seine schöpfungsgemäße Originalität entfaltet.[25] Dieses elementare Subsidiaritätsprinzip impliziert die Zumutung, sich von Gott in die eigenen Hände gegeben zu sein und eigenverantwortlich durch eine integrative Indienstnahme aggressiver Basiskompetenzen das eigene Leben in Angriff zu nehmen. Es gibt nicht nur eine Flucht vor der Bindung hinein in einen egoistischen, solipsistischen Autonomismus, sondern auch mannigfaltige Formen der Flucht vor dem Bestehen und Aushalten der Herausforderung und Zumutung des gottgewollten Selbstandes.[26] Im Abwehrmechanismus der projektiven Unterwerfung wurde dieser Eskapismus ansichtig, indem die konfliktträchtige Eigenständigkeit verleugnet wird, die Verselbständigungsangst abgewehrt und das Selbstsein delegiert wird, um den mit der Verselbständigung verbundenen Ärger zu vermeiden. Die Praktische Theologie hat nicht nur die diakonische Dimension der Pastoral anzumahnen, sondern auch das Bestehen des Selbstandes vor Gott begleitend zu unterstützen.

Die ignatianische Spiritualität betont die Individualität und Einzigartigkeit des Geschöpfs und charakterisiert seinen Selbstvollzug als sinnliche Darstellung des von Gott geschenkten einmaligen und unverwechselbaren Selbst.[27] In Prinzip und Fundament der ignatianischen Exerzitien (EB 23) wird der zentrale Gedanke von der Einmaligkeit und Unableitbarkeit jeden Geschöpfs in Bezug auf das eigene Ich entwickelt: Letzteres wird in die Tiefe des Geheimnisses der Erwählung Gottes geführt und öffnet im Exerzitienprozess den Raum für die Erfahrung der Einmaligkeit des eigenen Ichs, des Selbst, und der Kostbarkeit und Würde, die aus der Gotteserwählung hervorgeht. Die in der Erwäh-

---

[24] Jaspers, K., Der philosophische Glaube angesichts der Offenbarung, 155.
[25] Vgl. Kierkegaard, S., Die Krankheit zum Tode, in: Gesammelte Werke 24. und 25. Abt., Düsseldorf 1954, 16: „Verzweifelt sich selber los sein wollen, ist die Formel für alle Verzweiflung".
[26] Vgl. Demmer, K., Entscheidung und Verhängnis, Paderborn 1976, 108: „Sünde ist letztlich nichts anderes als kaschierte Flucht vor der Herausforderung personaler Einmaligkeit, die als Einsamkeit erfahren und nur in Hoffnung bestanden werden kann".
[27] Vgl. Bujko, P., Gott finden in der Einzigartigkeit des Geschöpfs, in: Gertler, T., Kessler, S. C., Lambert, W. (Hg.), Zur größeren Ehre Gottes. Ignatius von Loyola neu entdeckt für die Theologie der Gegenwart, Freiburg i. Br. 2006, 330-348, 331.

2.5. Der durch Wirkung des Aggressionsvermögens vermittelte Selbstand vor Gott   397

lung Gottes geschenkte Unvertretbarkeit wird in der „Wahl" der Exerzitien von der Seite des Selbst aktualisiert und in der getroffenen Entscheidung realisiert. Die Einmaligkeit des eigenen Selbst als der unvertauschbaren Konkretheit stellt eine einmalige Welt von Erfahrungen, Eigenschaften und Fähigkeiten dar, welche in der Einmaligkeit von Gottes Entscheidung für jedes Sein verankert ist. Das Geheimnis des einmaligen menschlichen Ichs und der Ursprung der unaustauschbaren Identität jedes Selbst ist das Gerufenwerden beim eigenen Namen. „Aus der unberechenbaren Menge der Möglichkeiten hat Gott gerade diesen Geschmack des persönlichen Ichs erwählt. Nicht nur weil Gott immer ein neues Original des Selbst schafft, sondern in dem schöpferischen Akt selbst ist seine persönliche Beziehung der Liebe zum geschaffenen Wesen ausgedrückt".[28]

Weil Gott jedes Seiende seiner Eigenheit nach als Individuum erschafft, wirkt er auf individuell verschiedene und deshalb auf jeweils besondere Weise. Wenn Gott aufgeht, wird das Subjekt zur subjekthaft höchsten Eigenständigkeit geführt. Der transzendente Gott gewährt eine verdankte Autonomie und ermöglicht den relativen Selbstand der Geschöpfe. In der creatio continua ermöglicht Gott schöpferisch das je Neue durch eine Aktivierung der geschöpflichen Eigenkräfte, Eigendynamik und Selbständigkeit. Der Schöpfer macht den Menschen zur eigenständigen, selbsttätigen Ursache seines Mehrwerdens; der Mensch beteiligt sich aktiv an seiner Entwicklung und gibt der sich selbst mitteilenden Primärursache eine durch seine Eigenaktivität vermittelte Ausdrucksgestalt. Das gründende Tragen Gottes lässt den Menschen frei in die eigenverantwortliche Übernahme des eigenen Lebens. Je mehr er Gott durchscheinen lässt, desto mehr wächst seine Freiheit und Eigenständigkeit.[29] Je eigenständiger die geschaffenen Kräfte selbst wirken, umso mächtiger ist Gott durch sie handelnd in der Welt gegenwärtig. Wenn die Praktische Theologie der Psychologie zugesteht, dass sie mit ihrer Perspektive auf die conditio humana auch etwas von der gemeinsamen Schöpfungsrealität und deren Gesetzmäßigkeiten zum Ausdruck bringt, ist zu veranschlagen, dass der von Gott geschenkte Selbstand auch durch die sog. Separations- Individuationsphase hindurch vermittelt wird. Der jeweilige Selbstand muss auch psychosozial vermittelt werden, das Theologumenon von der göttlich ermöglichten Eigenständigkeit bedarf der psychologisch-anthropologischen Vermittlung und muss in der Humangenese auch durch die Integration des Aggressionsvermögens psychologisch-prozesshaft eingeholt werden. Das psychologische Sprachspiel von der aggressionsgeleiteten Separations-Individuationsphase vermag somit das die menschliche Eigendynamik generierende göttliche Handeln anthropologisch darzustellen. Die Praktische Theologie hat inmitten des kritischen Dialogs zwischen Theologie und Psychologie bezüglich der Aggressionsthematik die konvergierenden Linien zu benennen und die Aggression als Motor zur Geltung zu bringen, welcher das eigene Leben als von Gott geschenkten Selbstand entdecken und in Angriff nehmen lässt, die eigenen Kompetenzen aktiviert, Entscheidungsfähigkeit ermöglicht, den eigenen Impulsen trauen und das eigene Leben selbstverantwortlich gestalten lässt, um den gewonnenen Selbstand in einer menschlich konstitutiven und unentrinnbaren Dialektik von Autonomie und Beziehung in eine bezogene Individuation einmünden zu lassen.

---

[28] Ebd., 333.
[29] Vgl. Rahner, K., Grundkurs des Glaubens, Einführung in den Begriff des Christentums, Freiburg i. Br. 1982, 86f.

In der seelsorgerlichen Begleitung erlebt der Autor der vorliegenden Studie nicht wenige Ratsuchende, die schon zur Altersgruppe der 35-45-Jährigen zählen und sich sehr schwer tun, das eigene Leben verantwortlich in Angriff und die eigene Zukunft planerisch in die Hand zu nehmen und dem Eigenen eine verbindliche Gestalt zu geben. Sie erleben die dem Subsidiaritätsprinzip gemäße Herausforderung zu personaler Einmaligkeit als große Zumutung und wissen aufgrund eines mangelnden Kontakts zum Eigenen vielfach nicht, was sie im Leben letztlich wollen. Die pastorale Begleitung darf sich keiner Ideologie des Helfens verschreiben, welche die Viktimisierung der regressiven, passiv-resignierten Opfer nur perpetuierte. Vielmehr hat sie bei aller Empathie auch die aggressiven Basiskompetenzen zu integrieren und ins Gespräch zu bringen, das Selber-Bestimmen- und Bewirkenwollen und so in einer Hilfe zur Selbsthilfe die Eigenkompetenz zu aktivieren, soll es zu einer persönlichen Weiterentwicklung kommen. Eine menschenwürdige Diakonie darf Hilfesuchenden nichts abnehmen, was sie selbst lösen müssen, sonst mündet die entmündigende Geste der Zuwendung in Stagnation und Lebenserstarrung.

Die Pastoral muss sich immer wieder von der Tatsache irritieren und verunsichern lassen, dass die 18-30-Jährigen in den Gottesdiensten und im sonstigen Gemeindeleben weitgehend fehlen. Hängt dieser Umstand damit zusammen, dass die kritisch-aggressive Phase der Adoleszenten binnenkirchlich als Bedrohung der Harmonie und vermeintlichen Einheit empfunden wird, so dass die kritischen jungen Erwachsenen in den Gemeinden keinen Ort finden, wo sie sich ernst genommen und verstanden fühlten? Wenn der Schöpfergott auch die Abgrenzungsaggression und die Selbstfindungsphase der Pubertät und Adoleszenz erschaffen hat, ist die kritische Phase auch praktisch-theologisch zu durchdringen, in ihrer Eigenwertigkeit zu würdigen und mit Kritikbedürfnissen und Abgrenzungsaggressionen ein konstruktiver Umgang zu finden.[30] Die Praktische Theologie hat junge Erwachsene zu ermutigen, der Abgrenzungsaggression in Bezug auf den Glauben der Eltern zu trauen, sich der kritischen Phase zu stellen und den Schritt von der Glaubensvormundschaft zu einem selbst ergriffenen Glauben zu wagen. Der Glaube ist nicht mehr von anderen getragen, er ist individuierend, der junge Mensch muss sich seinen eigenen Sinn- und Werterahmen konstruieren. Jugendliche und junge Erwachsene müssen „die Last der Verantwortung für die eigenen Bindungen, Lebensstile, Glaubensinhalte und Einstellungen ernst nehmen".[31] Die Jugendlichen und jungen Erwachsenen sind auf der Suche nach einem eigenen Glauben, den sie vor dem Hintergrund ihrer eigenen Erfahrungen und Beziehungen verantworten können. Sie wollen über ihre religiöse Orientierung selbst entscheiden und reagieren allergisch bis ablehnend, wenn sie Vereinnahmung spüren. Pastoral ist in Anschlag zu bringen, dass sich die jungen Menschen vielfach nicht sicher sind, ob sie religiös sind, an Gott glauben und auf welche Weise sie das tun.[32] Dieser persönlich erlittenen Diffusion ist in pastoraler Hinsicht mit einer Ambiguitäts- und Ambivalenztoleranz zu entsprechen. Es bedarf der pastoralen Begleitung von jungen Erwachsenen und der kirchenamtlichen Bereitstellung des erforderlichen personalen Angebots, damit sie den krisenhaften Übergang zum individuell-reflektierenden Glauben

---

[30] Vgl. Biesinger, A., Tzscheetzsch, W., Wenn der Glaube in die Pubertät kommt. Ein Ratgeber für Eltern, Freiburg i. Br. 2005.
[31] Bucher, A., Aufwärts in Stufen? Abwärts im Sinkflug? Konstant wie eine Gerade? In: Lebendige Katechese 22 (2000) Heft 2, 68-76, 71.
[32] Vgl. Boschki, R., Einführung in die Religionspädagogik, Darmstadt 2008, 71.

wagen und einen persönlich angeeigneten, belastbaren eigenen Erwachsenenglauben mit authentisch eigener Überzeugung gewinnen können. Auch die liturgischen Feiern sollten die Abgrenzungs- und Selbstfindungsthematik aufgreifen, um so zu zeigen, dass es eine Spiritualität der Abgrenzung und des Zugehens auf einen im Eigenen gründenden Glauben gibt.

Weil es am Ende der Konstantinischen Epoche kaum mehr stabilisierende Glaubensmilieus gibt, gilt es, in einer guten Selbstbehauptung den eigenen Glauben zu leben und ihm eine je eigene Gestalt zu geben.[33] Im vorigen Schlusskapitel bezüglich des Sprechakts der Gottesklage wurde ansichtig, dass das Geheimnis Gottes in seiner Alterität und Fremdheit um seiner selbst willen nicht auf die eigenen, menschlichen Maßstäbe reduziert werden darf. Insofern geht es bei der Suche nach dem eigenen Gott nicht um eine Projektion eigener Wunschvorstellungen, sondern um die Verankerung des ganz anderen Gottes in der eigenen Biografie und im eigenen Selbstentwurf als eigenes Projekt, zu dem der Glaubende selbstbewusst und selbstbehauptend-„aggressiv" steht.[34] Diesbezüglich besteht eine pastorale Anschlussfähigkeit zu den sog. „Modernen Performern", welche sich laut Sinusstudie selbst modellieren und optimieren, „so dass es passt" und den sog. „Experimentalisten", welche fremde Welten erkunden wollen, ohne den Bezug zum Eigenen zu verlieren.[35] Diesem spannenden Dialog ist es nicht darum zu tun, christlich-jüdische Wahrheitsansprüche und sperrige Sprachbilder bezüglich Gottes aufzugeben, sondern das Einlassen auf den ganz Anderen mit der Gestaltung des eigenen Lebensentwurfs zu vermitteln.

Bei der pastoralen Begleitung von Hauptamtlichen, welche ein kirchliches Gehorsamsversprechen abgegeben haben, ist darauf zu achten, dass der Gehorsam auf dem Boden der guten Schöpfungsordnung aufbaut, soll er theologisch und anthropologisch fruchtbar sein. Bisweilen trifft man auf die Konstellation, dass ein „Kadavergehorsam" in eine Gegenabhängigkeit umschlägt, wobei Letztere unter umgekehrten Vorzeichen die alte Unfreiheit perpetuiert und beide Formen keinen Kontakt zum Eigenen (und zu Gott!) herstellen. Auch nach getroffenen Grundentscheidungen bedarf es des Nachreifens, so dass Betroffene in einer „zweiten Entscheidung" die erste Entscheidung, angereichert mit der Dimension des „Eigenen", ratifizieren und umso tiefer persönlich bestätigen können.[36] Deshalb ist die Errichtung von pastoralen Schon- und Lernräumen erforderlich, wo der Heterotopos der die Individuation ermöglichenden Aggression hereingeholt und die korrespondierenden Spannungen ausgehalten werden, um mit dem Eigenen in Berührung zu kommen und ein bewusstes Verhältnis zu ihm zu finden. Ein reifes und fruchtbares Gehorsamsverständnis ist mit dem von Gott geschenkten Selbstand ebenso verbunden wie mit der ekklesialen Gemeinschaft und ihren Erfordernissen, so dass es zu einer gegenseitigen

---

[33] Vgl. Beck, U., Auf der Suche nach dem eigenen Gott. Universitas-Gespräch mit Ulrich Beck, in: Universitas 63 (2008/11).
[34] Diese aggressionsgenerierte Selbstbehauptung schafft mit der Positionierung des eigenen Standpunkts erst die Voraussetzung, um Toleranz anderen gegenüber üben zu können.
[35] Vgl. Sinus-Milieus, Sinus Sociovision Heidelberg, http://www.sinus-milieus.de. Die Zielgruppenbestimmung von Sinus Sociovision orientiert sich an der Lebensweltanalyse der deutschen Gesellschaft des 1. Jahrzehnts im 21. Jahrhundert. Die Sinus-Milieus gruppieren Menschen, die sich in ihrer Lebensauffassung und Lebensweise ähneln. Die Analyse berücksichtigt grundlegende Wertorientierungen ebenso wie die Alltagseinstellungen zu Arbeit, Familie, Freizeit, Geld und Konsum.
[36] Vgl. Eckmann, D., Zweite Entscheidung. Das Zurückkommen auf eine Lebensentscheidung im Lebenslauf, EThSt 84, Erfurt 2002.

Hörbereitschaft und einem gemeinsamen Mitschwingen bezüglich dessen, was der Geist den Gemeinden sagt, zu führen vermag.

Der von Gott geschenkte Selbstand ist auch kirchensystemisch einzuholen. In den pastoralen Konzepten kommt die Würdigung des Individuums zu kurz; wer sich haupt- oder ehrenamtlich engagiert, muss in die vorgegebenen Schemata passen. Weil es ohne persönliche Entwicklung des Individuums keine Entwicklung des „Unternehmens Kirche" gibt, muss dem Einzelnen systemisch geholfen werden, das Eigene zu entdecken und einzubringen. Durch den Zugang aller Systemmitglieder zum Heterotopos des je eigenen Aggressionsvermögens wird der gegenseitige Missbrauch gestoppt und das originäre Subjektsein anerkannt. Die Kirche hat in systemischer Hinsicht die Individuation ihrer Mitarbeiter zu fördern und die korrespondierenden Spannungen und aggressiven Auseinandersetzungen zu bejahen, nicht zuletzt deshalb, weil (wie die Untersuchungen von Christof Jacobs ergeben haben) Menschen mit einem inneren Zugang zum eigenen Selbstand gesünder und vitaler sind. Unter dem Druck des pastoralen Notstands ist die Versuchung groß, möglichst alle Priester als Gemeindeleiter in die Kirchengemeinden zu entsenden – sollte nicht die persönliche Neigung und Begabung des Bewerbers bei der Entscheidungsfindung einen vorrangigen Stellenwert einnehmen? Nach den Kirchengemeinderatswahlen werden die Neugewählten vielfach in schon vorhandene und vorgeformte Ausschüsse zur Mitarbeit gebeten – sollte nicht eine erste Phase der Gremienarbeit dazu verwandt werden, das je Eigene zu entdecken, es als pastoralen Auftrag zu würdigen und als Teil der gemeinsamen Agenda zu operationalisieren?

Das kritische Potential der systemischen Psychologie von Helm Stierlin weist pastoralpraktisch auf die Dialektik zwischen Aggression und Liebe, Zentrierung und Verbundenheit, hin. In einer bezogenen Individuation geht jeder Individuationsschritt mit neuen Kommunikationsleistungen einher. Es kommt zu einer Koevolution,[37] wenn die systemisch ermöglichte Individuation und Entwicklung des Einzelnen auch das seelische Wachstum der Vielen fördert. Die Koevolution durchbricht den Teufelskreis der Kollusionen, welche die depressive Opferung des eigenen Selbst belohnen. Wo wird die depressive Opferung des Pfarrers oder anderer hauptamtlicher Dienste in der Gemeinde kollusiv verstärkt durch die Bestätigung bei der Erfüllung unrealistischer Erwartungen? Beim Aufbrechen von Kollusionen sind auch die Gemeinden gefordert: Der Seelsorger muss bei seinen Wachstumsbemühungen ein heilendes kirchlich-gemeindliches Umfeld vorfinden, welches ihn zur aggressionsgeleiteten Progression ermutigt und ihn nicht regressiv behindert. Sein durch Integration konstruktiver, aggressiver Basiskompetenzen generiertes, seelisches Wachstum, korrespondiert umgekehrt unmittelbar mit der Subjektwerdung der Christen, die jetzt ihre Selbstbehauptungs-Aggression einbringen und ihre eigene originäre Berufung leben können

In Theologie und Pastoral bedarf es nicht nur einer intellektuellen Redlichkeit, sondern gleichermaßen einer vom Schöpfer verliehenen, emotionalen Kompetenz, welche auch die aversiven Emotionen Ärger, Wut und Zorn integriert.

---

[37] Vgl. Willi, J., Koevolution. Die Kunst gemeinsamen Wachsens, Reinbek 1985. Im Zusammenhang der Ehetherapie spricht Jürg Willi von „Koevolution" als Komplementärbegriff zu „Kollusion". Es geht um eine gemeinsame Entwicklung, so dass beide Partner die Entwicklung des jeweiligen Partners und die gemeinsame Entwicklung der Beziehung im Blick haben.

2.6. Emotionale Kompetenz contra verdrängungsaszetische Paralysierung

Das kritische Potential der Emotionsforschung besteht darin, dass alle Emotionen, die affirmativen und die sperrigen, an- und ernstzunehmen sind, soll der menschliche Selbstvollzug gelingen. Der ekklesiale Selbstvollzug ist um seiner missionarischen Attraktivität willen auf das Vitalvermögen aller Emotionen angewiesen. Mit der verdrängungsaszetischen Paralyse der aversiven Emotionen Ärger, Wut und Zorn ist eine entleerende und neurotisierende Glaubensparalyse sowie eine Ideologisierung der Persönlichkeit verbunden, zumal ohne Zulassung aller Emotionen die Wurzeln der Liebe und der Vitalität abgeschnitten sind, so dass keine Lebensenergie überfließen kann. Wunnibald Müller nennt Defizite im Bereich der Fähigkeit zur Intimität und zu innigen Beziehungen als einen Risikofaktor, der bei Minderjährige sexuell missbrauchenden Priestern nachweisbar ist. Das eigentliche Problem sei eine emotionale Unreife, die sich dann auch in der Unfähigkeit zu echten Beziehungen und zu echter Intimität zeige. Die Fähigkeit zur Intimität beinhalte die Kompetenz, zu allen eigenen Emotionen einen Zugang zu finden und sich auf gefühlvolle persönliche, von Vertrauen getragene Beziehungen zueinander einzulassen.[38]

Der durch inkompetenten Umgang mit aversiven Emotionen generierte autoaggressive Zirkel der Depressivität mit der korrespondierenden gedrückten Stimmung stellt eine immense Gefährdung und Paralysierung der Kirche dar, wenn von ihr kein (neues) Leben mehr ausgeht. Wenn Ärger, Wut und Zorn keinen Raum in der Pastoral finden, vermag sich auch die essentielle, ansteckende Freude der Frohen Botschaft nicht einzustellen. Wo in Kirchengemeinden offen und emotional-ehrlich gestritten wird, strahlt etwas von dieser Lebendigkeit auf das Umfeld aus. Im Gegensatz zu pietistischen Engführungen ist zu betonen, dass die persönliche Heiligung auch die starken Emotionen umfasst und als Motivatoren zu Lebenslust, Lebensdrang und Lebenskraft integriert. Ohne die Gefühle stocken die auf emotionalen Austausch angewiesenen Kommunikations- und Beziehungsprozesse mit dem vorfindlichen soziokulturellen Kontext. Je mehr man Gefühle zurückhält, desto weniger kann in und zwischen den Menschen strömen, desto weniger vermag die Kirche die große biblische Erzählgemeinschaft mit persönlichen Erfahrungen anzureichern und fortzusetzen.

Aus den genannten Gründen heraus ist es wichtig, in den pastoralen Ausbildungsstätten emotionale Kompetenz einzuüben. Das kritische Potential der Emotionspsychologie ist zudem in eine ekklesiale Konfliktkultur einzubringen. Das Concretissimum der eigenen Emotionen steht für die Unvertretbarkeit und Originalität individuellen Soseins als Konfliktpartner, zumal die Emotionen je einmalig und unverwechselbar, unableitbar je nur persönlich erlebt und durch ihre Mitteilung als solche definiert werden können. Jeder Konfliktpartner ist von Gott mit dieser auch emotionalen Einzigartigkeit ausgestattet, so dass er nur selbst zu artikulieren vermag, was in ihm emotional vor sich geht. Wird diese Verschiedenheit bejaht, kann die Existenz von Konflikten fundamental akzeptiert und die komplementäre Verwiesenheit auf das emotional vermittelte Wahrheitsgeschehen der Konfliktpartner bejaht werden. Einen Konflikt förderlich gestalten heißt dann: Ich habe

---

[38] Vgl. Müller, W., Keine falsche Stärke vortäuschen. Die neuen Fälle von sexuellem Missbrauch werfen Fragen auf, in: Herkorr 64 (2010) 120f.

nur meine Gefühle und meine Stimmigkeit, deshalb erkläre ich dir meine Wahrheit und du erklärst mir deine Wahrheit – dann lasst uns Brücken bauen.

Die Frage von Gotthard Fuchs hat nichts von ihrer Aktualität eingebüßt: „Warum bleiben ‚gestandene' Mannsbilder ‚in den besten Jahren' der ‚Mutter Kirche' signifikant so fern und erklären Religion für ‚Weibersache'?"[39] Warum sind so wenige Männer in Gottesdienst und Gemeindealltag anzutreffen? Hängt dieser Tatbestand auch mit der pastoralspirituellen Ausblendung von Aggression zusammen? Die Skizzen eines Aggressionsdiskurses in der Männerpastoral sollen die Ausführungen zu einer praktischen Schöpfungstheologie abrunden.

2.7. Kirche – ein Ort für Männer? Aggression und Männerpastoral

Männliche Aggression wird vielfach einseitig mit Destruktivität konnotiert. Margarete Mitscherlich hat sich gegen das Vorurteil gewandt, Frauen seien qua Natur das friedfertigere Geschlecht. In ihrer Theorie weiblicher Aggression werden Aggressivität und Gewalt nicht mehr geschlechtsstereotyp als männlich, Friedfertigkeit und Gewaltlosigkeit als weiblich qualifiziert. Ihrer Auffassung nach sind Frauen potentiell genauso aggressiv und brutal wie Männer, dies aufgrund ihrer geschlechtsspezifischen Sozialisation de facto jedoch seltener. Wegen der Geschlechterstereotypen werde weibliche Gewalt in der Gesellschaft anders bewertet als bei Männern.[40] In den gesellschaftlichen Vorstellungen bleibe Gewalt ein zwar nicht der Norm entsprechender, jedoch tolerierter Teil des männlichen Sozialcharakters, während innerhalb des Vorstellungsraums vom weiblichen Sozialcharakter Gewalt als unweiblich gelte.[41] Im Test mit Versuchspersonen desselben Alters entkräftet Sabrina Sanfilippo das Vorurteil, Frauen seien eher passiv aggressiv und reagierten mit verdeckter oder verschobener Aggression, Männer hingegen eher mit offener Aggression.[42] Alle Formen kommen bei beiden Geschlechtern vor. Laut Befragung unterscheiden sie sich lediglich darin, dass die Probandinnen im Gegensatz zu den Männern auf körperliche Ausdrucksformen der Aggression verzichten.

Im Gegensatz zur bedenklichen Aggressionsabstinenz der Waldorfpädagogik[43] versteht der Kinder- und Jugendpsychologe Allan Guggenbühl Kämpfe unter Jungen als ein Lebenselexier.[44] Dabei bedarf es einer Differenzierung zwischen gewalttätigem Verhalten und gesunder Aggression: Raufereien haben für Jungen eine andere Bedeutung als für

---

[39] Fuchs, G., 1996, Auf der Suche nach dem neuen Adam, in: KatBl 1996, 268-272, 271.
[40] Vgl. Mitscherlich, M., Die friedfertige Frau, Frankfurt a. M. 1987, VII.
[41] Vgl. Schmerl, C., Wann werden Weiber zu Hyänen? Weibliche Aggressionen aus psychologisch-feministischer Sicht, in: Dausien, B. u.a. (Hg.), Erkenntnisprojekt Geschlecht. Feministische Perspektiven verwandeln Wissenschaft, Geschlecht und Gesellschaft 17, Opladen 1999, 197-215, 210: „Nur krankhaft ehrgeizige, biologisch vermännlichte Frauen sind angeblich zu massiver Aggression fähig, Männer sind dagegen logischerweise aggressiv (…)".
[42] Vgl. Sanfilippo, S., Der Umgang mit Konflikten. Geschlechtsspezifische Unterschiede. Lizenziatsarbeit an der Universität Zürich, Zürich 1996.
[43] Durch die massive Ausblendung von Aggression in der Waldorfpädagogik werden Kinder und Jugendliche nur unzureichend auf das kämpferische Element des Lebens vorbereitet bzw. von der Welt ferngehalten, vgl. Die Zeit 8/2007 Das sind Fossilien. Wie viel Erneuerungskraft und wie viel Dogmatismus stecken in der Waldorfschule? Ein Gespräch mit dem Lehrerausbilder Wenzel Götte. Vgl. Anthroposophie – eine esoterische Weltanschauung. Evangelische Zentralstelle für Weltanschauungsfragen Information Nr. 119, Stuttgart 1992.
[44] Vgl. Guggenbühl, A., Kleine Machos in der Krise. Wie Eltern und Lehrer Jungen besser verstehen, Freiburg

Mädchen. Unter Einsatz des eigenen Bewegungsdrangs und des ganzen Körpers nehmen sie mittels aggressiver Auseinandersetzungen mit Gleichaltrigen Kontakt auf, sie grenzen sich durch körperliche Auseinandersetzung vom anderen ab und messen sich mit ihm, um die eigene Position in der Gruppe zu definieren. Während die Mädchen ihre Beziehungen eher verbaliter ausdrücken, wollen die Jungen körperlich-emotional erleben und sich körperlich-emotional auseinandersetzen.[45] Bevor man mit dem Klassenkameraden Freundschaft schließt, will man sich so mit dem Thema „Freundschaft" auseinandersetzen, dass er auch als Gegner erlebt werden kann. Dabei sind männliche Vorbilder wichtig, welche generelle Codes und Grenzen im Zusammenhang mit Aggression vertreten, so dass die Jungen lernen, respektvoll und ritualisiert zu kämpfen und Aggressionen zu kanalisieren, ohne nach den richtigen Worten suchen zu müssen. Guggenbühl plädiert dafür, dieses natürliche Bedürfnis in den Schulen zu integrieren statt im vermeintlichen Dienste der Gewaltfreiheit zu pathologisieren. Wenn dafür in der Schule kein Platz ist, fühlen sich Jungen fremd, ausgegrenzt und sind für ideologische Verzerrungen mit äußerst fraglichen, gewalttätigen Vorstellungen von „Mannsein" verfügbarer.[46]

Der vorliegende Diskurs geht davon aus, dass die gegenwärtig stattfindende Suche vieler Männer nach männlicher Identität und männlicher Spiritualität mit der Suche nach einem konstruktiven Umgang mit Aggression zu verknüpfen ist. Um den Dialog auf Augenhöhe zu führen und selbstbewussten Frauen wirkliche Partnerschaft nicht schuldig zu bleiben, genügt es nicht, wenn nur die Frauen ein neues Selbstbewusstsein entwickeln. Zugleich müssen sich die Männer mitentwickeln, so dass es einer emanzipatorischen Männerbildung bedarf.[47] Die Schöpfungstheologie untersagt eine Geschlechtslosigkeit der Praktischen Theologie, den Menschen gibt es laut Gen 1,27 nur als Mann und Frau. „Und Gott schuf den Menschen, als Mann und Frau erschuf er ihn". In der Schöpfung Gottes ist ein bipolares System grundgelegt, welches das Leben spannend und konfliktreich macht. Im lebendigen Austausch der Geschlechterpolaritäten vermag ein kreatives und fruchtbares Spannungsmuster zu entstehen. Die schöpfungstheologische Grundlegung bedeutet in der Pastoral eine Entlastung, zumal Männer und Frauen verschieden sein dürfen und somit ihr jeweiliges Anderssein zu achten und zuzulassen statt einander vorzuwerfen haben.[48] Männer glauben anders, haben andere Zugänge zu ihrer Religiosität und wollen sich im eigenen Glauben auch als Mann wiederfinden und in dessen Praktiken als solche ausdrücken. Angesichts des vorliegenden Befunds, dass viele Theologen nachweislich Probleme im Umgang mit und Ausdruck von Aggression aufweisen

---

i. Br. 2006, 126f. Vgl. Bernhard Weltes Deutung des Kampfspiels als Lebenssymbol: Ders., Kampfspiel als Lebenssymbol. Philosophisch-theologische Gedanken über das Fußballspiel, in: Herkorr 32 (1978), 252-256.

[45] Guggenbühl, A., Kleine Machos in der Krise, 128.

[46] Am Tag des Amoklaufs von Winnenden 11.3. 2009 äußerte sich der Direktor des Kriminologischen Forschungsinstituts Niedersachsen e. V., Prof. Christian Pfeiffer, und stellt fest, dass in Ländern des Mittelmeerraums wie Italien, Spanien und Griechenland, die von einer eher extrovertierten Mentalität mit direktem Aggressionsausdruck geprägt sind, keine vergleichbaren Amokläufe wie in den eher introvertierten nördlichen Ländern bekannt sind. Die Amokläufer sind eher introvertiert und zeigen nach außen wenig Aggression. Die verhinderte Aggression verhindert die notwendige Kontaktaufnahme nach außen und fördert die (selbst-)mörderische Isolierung mit destruktivem Aggressionsausbruch.

[47] Vgl. Prömper, H., Emanzipatorische Männerbildung, Glaubenskommunikation Reihe Zeitzeichen Bd. 12, Ostfildern 2003.

[48] Vgl. Weiß-Flache, M., Befreiende Männerpastoral. Männer in Deutschland auf befreienden Wegen der Umkehr aus dem Patriarchat: Gegenwartsanalyse-theologische Optionen-Handlungsansätze, Münster 2001.

und nur defizient konfliktfähig sind, mangelt es in der Kirche an männlichen Identifikationsfiguren und Vorbildern kompetenten Aggressionsumgangs. Zudem ist der auf kitschigen Andachtsbildchen mit langen Haaren und Bart abgebildete Jesus für Männer ebenso wenig männlich greifbar wie der Prototyp des Softies und Namensgeber für die sog. Jesuslatschen. Und wenn Jesus unbestritten auch seine zärtlichen und einfühlsamen Seiten äußerst wirkmächtig zulassen konnte (vgl. Mk, 13-16: Die Segnung der Kinder), genügt es nicht, ihn ausschließlich als neuen Mann mit dem weiblichen Kern zu profilieren, dem das Männliche nur noch als Negativfolie dient.[49] Es gilt, Jesus auch als Mann in den Blick zu bekommen, damit er für Männer greifbar bleibt. Dies bildet keinen Widerspruch zu Mt 25, 31-46, wo sich der Weltenrichter mit jedem und jeder Hungrigen und Kranken, männlich *und* weiblich, identifiziert. Die Menschwerdung Gottes in Jesus verbietet sowohl eine sexistische Färbung wie auch „einen gleichsam exkarnatorisch sublimierenden Idealismus",[50] wo verschwiegen wird, dass der wahre Gott *und wahre Mensch* in seiner Inkarnation einen geschlechtlich geprägten Leib angenommen hat.

Wären nicht viele Männer dafür empfänglich, wenn in der Verkündigung der Mut aufgebracht würde, auch den prophetischen Jesus zur Geltung zu bringen, der nicht nur die Füße, sondern auch den Kopf wäscht, der in einer klaren Sprache hart konfrontiert, herausfordert, nicht zu allem Ja und Amen sagt und eine persönliche Entscheidung einfordert? Der Leiter des Männerbüros der Diözese Feldkirch, Markus Hofer, kommt im Prozess langjähriger Begleitung von Männern in der Kirche zu dem Schluss, dass in der heutigen kirchlichen Praxis vieles den Männern zu heil und schön, harmonisch und frömmelnd erscheint. Ihre Lebensrealität kommt darin nicht vor und damit sie selbst nicht. Wenn alles nur glatt und glücklich ist, wirkt das auf Männer verlogen, weil die harte Wirklichkeit ausgeklammert wird, der sie täglich begegnen. Laut Hofer stehen Männer eher auf der Seite des Tremendum. „Männliche Kraft und Aggressivität weiß um die schreckliche Gratwanderungen und Abgründe, um die Schatten des Lebens. Reife Männlichkeit ist sich aber auch bewusst, dass diese Elemente nicht verdrängt oder abgespalten werden dürfen. In der Kirche aber finden Männer selten ‚ordentliche' Kanäle, um einen Überdruck abzulassen. Die alttestamentlichen Psalmisten durften noch fluchen und klagen, den heutigen Männern ist das kaum mehr gestattet oder es wird zur männlichen Unart degradiert".[51] Besteht hier nicht eine existentielle Anschlussfähigkeit an die Klagespiritualität, welche die schrecklichen Gratwanderungen und Abgründe des Lebens vor Gott ungeschönt ausspricht und gerade in ihrer Sperrigkeit in der Männerpastoral neu zu entdecken wäre?

Der Schweizer Männerforscher Allan Guggenbühl betont, dass Männer sich eher an numinosen, archaischen Erklärungsgeschichten orientieren, an denen sie teilhaben können und die ihnen damit auch das Gefühl von Sinn vermitteln. Die Mythen kommen von

---

[49] Vgl. Alt, F., Jesus – der erste neue Mann, München 1989. Für Franz Alt ist Jesus der Traum von einem Mann, weil er „in die Schule der Frauen gegangen ist" und einen „mütterlichen Vater" hatte. Das Männliche dient nur noch als Negativfolie. Analog Hanna Wolf in: dies., Jesus als Psychotherapeut. Jesu Menschenbehandlung als Modell moderner Psychotherapie, Stuttgart 1993. Laut Wolf sind es vor allem Jesu gut entwickelte, weibliche Anteile, die seine Besonderheit ausmachen, so dass seine „hoch entwickelte Anima" sein wahres Mannsein profiliert.

[50] Fuchs, G., „Das Fleisch ist der Angelpunkt des Heils". Statt eines Nachworts, in: Ders. (Hg.), Männer. Auf der Suche nach einer neuen Identität, Düsseldorf 1988, 155.

[51] Hofer, M., Männer glauben anders, Innsbruck 2003, 46; vgl. Arnold, P., Männliche Spiritualität. Der Weg zur Stärke, München 1994, 112f.

2.7. Kirche – ein Ort für Männer? Aggression und Männerpastoral

außen, sie ziehen und lenken und geben eine Richtung vor.[52] Laut Guggenbühl wird „der Mann grandios durch den Mythos, der sich seiner als Werkzeug bedient".[53] Demzufolge wird es als Herausforderung angesehen, auf ein numinoses „großes Ganzes" zu schauen und die eigene Kraft für diese große Aufgabe zu investieren. Spätestens die nationalsozialistische Ideologie mit ihrem Führerkult und der Verführung v. a. der Männer brachte den Erweis, dass dieser Verstehenszugang hochambivalent ist, so dass es nur um eine Irritation gängiger Topoi gehen kann. Der US-amerikanische Männerforscher Richard Rohr bemängelt, dass die Kirche ständig mit sich selbst beschäftigt sei, „sehr oft fehlt ihr jeder Sinn für einen Auftrag und eine Sendung, jeder Blick für ein größeres Ganzes. Vielleicht ist das einer der Gründe dafür, dass viele Männer von der Kirche nicht angezogen werden. Da ist zu viel mütterliche Nestwärme und zu wenig phallische Energie".[54] Es stellt sich die Frage, wo die vom Schöpfergott verliehene phallische Kraft, das eindringliche, vordrängende und damit für Entwicklung sorgende Element männlicher Identität im gegenwärtigen kirchlichen Kontext sich zu entfalten vermag oder gar gefragt ist.

Wenn in der Kirche Aggression automatisch mit Destruktivität identifiziert und damit kirchlich desavouiert wird, ist verständlich, warum der phallische Mann mit seiner aggressiven Kraft nicht erwünscht ist und nicht vordringt. Für eine gegenwärtige Männerpastoral ist die Perspektive des Reiches Gottes neu zu aktualisieren und kontextualisieren. Es gilt in Anschlag zu bringen, dass am Ende der Evangelien jeweils die Sendung in die Welt als Pointe zu finden ist, der Blick für das „große Ganze" des universalen Reiches Gottes, welches im Geist des Auferstandenen in konkreten Taten „anzupacken" ist. Die Dimension des Reiches Gottes zieht, lenkt und motiviert von außen (nicht im extrinsezistischen Sinne), in ihrer Universalität übersteigt sie das Vermögen des Einzelnen, so dass sie als große Aufgabe und Herausforderung erlebt werden kann.[55] Der Einzelne ist mit einer persönlichen Sendung beauftragt, in das große Ganze der Welt vorzudringen und das große Ganze des Reiches Gottes schon jetzt spurenhaft zu realisieren. R. Juchem bedauert, dass der Archetyp des Kriegers der Kirche verloren gegangen sei.[56] Im Sinne der integrativen Indienstnahme des Aggressionsvermögens durch die Kraft der Liebe gilt es die „kriegerischen Energien" der Männer neu zu entdecken, die imstande und befähigt sind, für den Lebensanspruch der arm Gemachten in den reichen Gesellschaften stellvertretend kämpferisch einzutreten und den die Sündenmacht repräsentierenden ungerechten Strukturen konfrontierend entgegen zu treten.[57]

---

[52] Vgl. Guggenbühl, A., Männer, Mythen, Mächte. Was ist männliche Identität?, Stuttgart 1994, 40.
[53] Ebd., 148.
[54] Rohr, R., Masken des Maskulinen. Neue Reden zur Männerbefreiung, München 1993, 144. „Der Mann ahnt, dass beide (sc. Mann und Frau, A.K.) in dieselbe Richtung schauen müssen, auf etwas Größeres" (147).
[55] Diese Herausforderung erleben Männer in Organisationen wie Feuerwehr oder Technisches Hilfswerk. Im gemeinsamen, handfesten Tun, vermögen sie angesichts der Herausforderung der Rettung fremden Lebens unter Einsatz des eigenen Lebens ihre Tatkraft, ihr Geschick und ihre Erfahrung einzusetzen. Gibt es in den Kirchengemeinden eine analoge „Spiritualität der starken Hände?"
[56] Juchem, R., Sag mir wo die Männer sind, in: Juchem, R. (Hg.), Die Männer und die Kirche. Themenhefte Gemeindearbeit 22, Aachen 1995, 9.
[57] Vgl. Engelbrecht, M., Was Männern Sinn gibt. Leitmotiv „Leben als Kampf", in: ders., Rosowski, M. (Hg.), Was Männern Sinn gibt – Leben zwischen Welt und Gegenwelt, Stuttgart 2007, 43-149, 103f.

Im Folgenden soll in einer praktisch-theologischen Hermeneutik des *Sakramentes der Firmung* dieses als besondere Befähigung der Getauften profiliert werden, im Heiligen Pneuma Mitstreiter des Auferstandenen zu sein und dessen Aufstand für das Leben der arm Gemachten im gegenwärtigen deutschen pastoralen Kontext als leibliche Bewegungshandlung des ad-gredi in die Welt hinein mitzuvollziehen.

3. Aggression als Ferment des ekklesialen Selbstvollzugs

Für viele Jugendliche ist die Kirche schlichtweg langweilig, ohne Herausforderung und Spannung, so dass die Firmvorbereitung unter großem Aufwand mit einer Event-Kultur mitzuhalten versucht, um hernach ernüchtert festzustellen, dass Firmbewerber im jugendlichen Alter mit dem Firmgottesdienst ihren feierlichen Kirchenauszug dokumentieren und zelebrieren.[1] Vermissen sie die mangelnde Konsequenz (das Verb „sequi" taucht auch in der Nach*folge*-Terminologie auf: Gnade zeitigt Folgen!) im Umgang mit dem bedingungslos zuteil werdenden Geschenk der Gnade Gottes? Fehlt ihnen in den Gemeinden vor Ort die Zumutung des Glaubens, die als Konsequenz des Gnadenhandelns Gottes auch Anforderungen an die menschliche Antwortbereitschaft stellt, ohne davon die bedingungslose Zuwendung abhängig zu machen? Zur Debatte steht also nicht eine Einschränkung der Bedingungslosigkeit der Gnade, sondern ein altersgemäßes Eingehen auf das Bedürfnis der Jugendlichen, mit der Gewissheit um bedingungsloses Angenommensein auch durch Herausforderungen gefordert zu sein.

Die Firmung kann nur in Verbindung mit der Taufe verstanden werden, sie schließt die gesamte Taufhandlung als deren Besiegelung, Ratifizierung und Vollendung ab. Die 3 Taufinhalte sind auch Inhalt des Firmsakramentes: Die Aufnahme in die Gemeinschaft der Kirche; das Leben in der Nachfolge Jesu Christi und das dem Bösen Widersagen. Der Glaube zeitigt somit Konsequenzen, er stellt vor die Herausforderung, Desintegrierte und Marginalisierte in die Gemeinschaft zu integrieren, Jesus Christus nachzufolgen und dabei den Götzen und allem Lebenswidrigen zu widersagen. Auch in der Firmung ist die gnädige Zuwendung Gottes zum Menschen das Entscheidende. Gegenüber der Taufe gilt es jetzt jedoch, ad robur, zur „Mannesstärke" heranzureifen und die innere Gnade in die Welt hineinzutragen. Bei der Firmung geht es um ein Martyriaverständnis im Sinne einer nicht harmlosen, spannenden geistlichen Zeugenidentität: Die Firmung beruft und würdigt in der Nachfolge Jesu Christi, Mitverantwortung dafür zu übernehmen, dass Gottes Heilswillen in der Welt greifbar und sichtbar zu werden und das Aussehen dieser Welt zu verändern vermag.[2] Damit auf diese Weise der Auferstandene in seinem Aufstand für das Leben bezeugt werden kann, bedarf es der Stärkung durch die Gabe des Heiligen Geistes.[3] Diese geistliche Berufung des getauft-Gefirmten betrifft ihn in seiner polaren Verflochtenheit in Kirche und Welt; in seiner Person durchdringen sich geistlicher Einsatz und weltliche Aufgabe, so dass seine ganze Existenz in dieser polaren Spannung steht.[4]

Eine praktisch-theologische Hermeneutik des Sakramentes der Firmung hat dieses als ein „engagierendes Zeichen" zu entfalten,[5] welches zum Dienst an der Welt beauftragt

---

[1] Vgl. Hilberath, B. J., Scharer, M., Firmung – Wider den feierlichen Kirchenaustritt. Theologisch-praktische Orientierungshilfen, Mainz 1998.
[2] Vgl. Werbick, J., Kirche. Ein ekklesiologischer Entwurf für Studium und Praxis, Freiburg i. Br. 1994, 237.
[3] Vgl. Nocke, F.-J., Spezielle Sakramentenlehre: Firmung, in: Schneider, T. (Hg.), Handbuch der Dogmatik Bd. 2, 259-267, 265.
[4] Vgl. Klinger, E., Armut. Eine Herausforderung Gottes, 111.
[5] Vgl. Faber, E.-M., Kirche – Gottes Weg und die Träume der Menschen, Würzburg 1994, 84f.

und befähigt, um so auf je einmalige Weise die inkarnatorische Bewegung des Sohnes Gottes mitzuvollziehen und den Geist dort zur Geltung zu bringen, wo heute Un-Geist herrscht.[6] Die Firmung bringt in besonderer Weise zum Ausdruck, dass der kirchliche Selbstanspruch, universales Heilssakrament zu sein, sich in der geistgeleiteten Proexistenz für die Welt praktisch zu bewahrheiten hat. Das Aggressionsvermögen ist in diesen konstitutiven ekklesialen Selbstvollzug der Transzendenz auf die Welt hin integriert, darin kommt es in seiner ursprünglichen Bedeutung als „ad-gredi", als entschiedenes leibliches „Auf-die-Welt-Zugehen", zur Geltung. Peter Hünermann formuliert zeitdiagnostisch: „Wie die Kirche in der Vergangenheit den Gnostizismus und Manichäismus abwehren musste, so den heutigen Spiritualismus in der Form der Weltjenseitigkeit, in dem Kirche säuberlich aus den Dimensionen der leibhaftigen Welt und ihrer Geschichte, aus Politik und Wirtschaft, aus den Interessen und Machtkämpfen herausdividiert wird".[7] Die göttliche Gnade ist nicht esoterisch, sondern durchdringt verwandelnd die Welt. Durch eine integrative Indienstnahme des Aggressionsimpulses verzichtet die Kirche auf die Spaltung in einen sich im weltjenseitigen Spiritualismus artikulierenden, weltlosen Gott einerseits und eine nach der Auferstehung Jesu Christi wieder gottlose Welt andererseits.[8] Der Weg zu Gott führt auch nach Ostern über den „Umweg" der Weltverantwortung. Das Aggressionsvermögen trägt dazu bei, dass die Kirche Jesu Christi Sendung in die Welt fortsetzt, indem sie sich in die Spannungen dieser auch unheilen Welt verwickeln lässt und sie in sich aufnimmt. Um das Liebesgebot zu erfüllen und destruktive Aggression zu minimieren, bedarf es der konstruktiven Aggression, welche zur Vergegenwärtigung eines bleibend mit der Welt verbundenen Gottes beiträgt, so dass weder die Opfer noch die Täter dieser Welt der Gleichgültigkeit überlassen werden. Durch eine integrative Indienstnahme der Aggression wird verhindert, dass auf himmelschreiendes Unrecht mit der ebenso himmelschreienden Grundhaltung der *Gleichgültigkeit* reagiert wird.

Der politische Aspekt gehört essentiell zur Pastoral, weil die Personen in all ihren Lebensbezügen ernstgenommen werden wollen. Im Folgenden soll im Kontext der deutschen Kirche und Pastoral eine zeitdiagnostisch brisante und politisch relevante Gegenwartsproblematik vorgestellt werden, welche den zunehmenden Riss zwischen Reich und Arm dokumentiert: Der die Bundesrepublik Deutschland fokussierende „3. Armuts- und Reichtumsbericht 2008 der Bundesregierung"[9] konstatiert summa summarum eine zunehmende Spaltung des Landes in Arme und Reiche. Die sozialen Unterschiede in Deutschland haben sich weiter verschärft. Während laut Armutsbericht 2003 13,9% der Familien unterhalb der Armutsgrenze leben mussten, fallen 2008 26% aller Familien, also doppelt so viel, unter die Armutsgrenze. Kinder sind vor allem dann von einem Armutsrisiko betroffen, wenn sie in Alleinerziehendenhaushalten, in Haushalten mit geringer Erwerbsbeteiligung oder mit mehreren Kindern aufwachsen. Das Armutsrisiko von Kindern ist deutlich höher als in der Gesamtbevölkerung und in den letzten Jahren stark gestiegen. Ein im EU-Vergleich hoher Anteil von Kindern lebt in Erwerbslosenhaushalten, von denen 49% über ein Nettoäquivalenzeinkommen unterhalb der Armutsrisikoschwel-

---

[6] Vgl. Menke, K.-H., Die Einzigkeit Jesu Christi im Horizont der Sinnfrage, Freiburg i. Br. 1995, 172f.
[7] Hünermann, P., Ekklesiologie im Präsens, 16f.
[8] Diese Spaltung ist gegenwärtig besonders in Lateinamerika ansichtig, wo evangelikale Freikirchen die Armen in eine weltentrückte, vermeintlich geistgeleitete Seelenverzauberung „hineinsingen" lassen, um den trostlosen Alltag und damit konkrete (politische) Schritte der Meliorisierung vergessen zu machen.
[9] Vgl. 3. Armutsbericht 2008 Bundesregierung, in: www.Kinder-Armut.de

le verfügen. Das Armutsrisiko in den Familien beschränkt sich nicht auf unzureichende finanzielle Mittel. Die Verwirklichungschancen der Kinder aus bildungsfernen Familien bleiben schon in der Grundschule hinter denen anderer zurück. Diese Kinder weisen Entwicklungsdefizite sowie Unterversorgung mit der Folge gesundheitlicher Probleme und sozialer Benachteiligungen auf. Eltern schweigen verschämt, wenn sie die Klassenfahrten ihrer Kinder nicht mehr bezahlen können, es kommt zu massiver sozialer Ausgrenzung und Stigmatisierung, das soziokulturelle Existenzminimum ist nicht mehr garantiert. „Arme Menschen erleben... an vielen, auch versteckten Stellen, dass für sie das Schild ‚Eintritt verboten¡ gilt. Das reicht von einer starken eingeschränkten Mobilität über mangelnde Hilfeleistung und Beratung von Behörden, bis hin zu diskriminierender Medienberichterstattung".[10]

Gemäß der pastoralen Fragestellung gilt es, von den Erfahrungen der Marginalisierten auszugehen und ihre gelebte Enttäuschungs-Aggression aufgrund der Exklusion und ihre erlittene destruktive Aggression in Gestalt der Begegnung mit der Sündenmacht des Egoismus als theologiegenerative Orte zu würdigen und die Betroffenen als Subjekte eigener Bewusstseinsbildung und Reflexion ernst zu nehmen. Der zunehmende Riss zwischen Arm und Reich und die korrespondierende Armut der Kinder sind praktisch-theologisch als Zeichen der Zeit zu würdigen, an dem der Gerechtigkeitsbegriff unablösbar mit dem Gottesbegriff zu verbinden ist und sich das Evangelium heute im bundesdeutschen Kontext darstellen und sein kritisches inhaltliches Deutungspotential zur Geltung bringen will. Alle getauft Gefirmten mit ihrem Aggressionspotential sind in der jetzigen Situation in ihren verschiedenen Lebensfeldern mit ihrer Erfahrungs- und Handlungsseite berufen, in Martyria, Diakonie und im Dialog beim Gesamtvorgang der Verbindung des Evangeliums mit der vorgestellten konkreten Armutssituation nach Kräften mitzuwirken. Die praktisch-theologische Hermeneutik des Firmsakramentes versteht sich im Dienste der Herstellung dieser Verbindung, so dass durch eine integrative Indienstnahme des Aggressionsimpulses Jesu Christi Sendung in die vielfach unheile Welt fortgesetzt wird, die Spannungen der Ungerechtigkeit in den binnenkirchlichen Diskurs aufgenommen werden und dort den Einsatz kontruktiver aggressiver Basiskompetenzen wie prophetische Anklage und solidarisches Kämpfen für die Marginalisierten provozieren, damit Gottes Heilswille in der Welt greifbar und sichtbar wird.

Die pastorale Gesamtbewegung der Verbindung des Evangeliums mit der Armutssituation der Kinder hat ein Verhältnis zur Gesamtheit der Wirklichkeiten im systemischen Konnex der Ausgrenzungssituation herzustellen: Nicht nur die Betroffenen sind in den Blick zu nehmen, vielmehr auch die (ungerechte?) Politik, die Wirtschaft und die globale Gesamtsituation. Die Integration des Heterotopos der Aggression führt mit den damit erzeugten Spannungen zugleich zu einer Integration des Heterotopos des Prekariats der Marginalisierten. Dieses Verständnis des Firmsakramentes steht im Gegensatz zu der bereits im Kontext der Gottesklage erwähnten „Normalisierungsmoderne", welche sich auch auf die zwischenmenschliche Ebene bezieht: Eine unaufgeregte, unpathetische Welt verhindert auch zwischenmenschlich jegliche Unruhe, indem sie die Ungerechtigkeit als normal erklärt und das Aufbegehren gegen die Negativität pathologisiert. Die moderne Tröstungsindustrie mit ihren symbolischen Anästhesien bringt die aufbegehrenden Fragen

---

[10] Ebd., 5.

zum Schweigen, das Leiden der Marginalisierten wird beschwichtigt.[11] Religionskonsumistische Tendenzen tragen ihren Teil dazu bei, sich meditativ aus den geschichtlichen Auseinandersetzungen zu verabschieden und so den Gott preiszugeben, der nachgerade optional in die geschichtlichen Kämpfe um Recht und Unrecht involviert ist.[12]

Es gilt kirchlich in Anschlag und zur Geltung zu bringen, dass der Name Gottes die Normalisierung dessen, mit dem man sich nicht abfinden kann, verhindert, die Sensibilität für das Nichtidentische und Ungetröstete bewahrt, Erwartungen wach hält und Raum lässt für prophetisches Erschrecken.[13] Wenn sich die kirchliche Pastoral nicht dem Vorwurf des Erhöhten an die Gemeinde in Laodizea aussetzen will („Wärest du doch kalt oder warm. Weil du lau bist und weder warm noch kalt, bin ich daran, dich aus meinem Mund auszuspeien (Offb. 3,15-16))", hat sie das Aggressionsvermögen und die aversiven Emotionen Ärger, Wut und Zorn in die pastoralen Vollzüge zu integrieren, um zur vorherrschenden Gleichgültigkeit ein Gegengewicht zu bilden und prophetisch-kritisch in ein engagiertes Verhältnis zu den Betroffenen zu treten. Das kritische Potential der „Sozial-Konstruktionistischen Theorie von Ärger und Aggression" bereichert die Pastoral um die Erkenntnis, dass bei der Konstitution der Emotionen Ärger, Wut und Zorn die Einstellungen, Glaubenssätze und Urteile beteiligt sind, welche durch das System kultureller Setzungen, Werte und Normen einer spezifischen Gemeinschaft geprägt sind. Auch bezüglich der wirkmächtigen Vergegenwärtigung des Reiches Gottes gibt es einen schöpferischen Ärger, der in der Selbstbetroffenheit die eigene Option für den Reich-Gottes-Inhalt emotional artikuliert, so dass Ärger und Zorn keine blinden, inhaltslosen Affekte bilden, sondern sowohl die eigene Wertoption als auch das davon differierende Unrecht mitteilen. Die exegetische Analyse der markinischen Streitgespräche und der Tempelaktion hat ergeben, dass Jesu Zorn einen emotionalen Ausdruck seiner inhaltlichen Option für die Reich-Gottes-Botschaft bildet. Diese emotional gefärbte Entschiedenheit Jesu Christi für die Marginalisierten damals soll im Folgenden als kritisches Potential für die wirkmächtige Begegnung mit den arm Gemachten Kindern und Familien von heute dargestellt werden.

3.1. Nachfolge des zornigen Christus als Norm pastoralen Handelns

Als Kirche gilt es an Jesus Christus Maß zu nehmen und die Pastoral als konkrete Nachfolge Christi im Sinne des Ernstfalls des Glaubens zu gestalten.[14] Die ekklesiale Nachfolgeidentität hat sich auch vom Heterotopos eines aggressiven Jesus normativ leiten zu lassen, der selbst ein normatives Praxisvorbild für den Einsatz des Aggressionsvermögens zugunsten der Benachteiligten ist. Die bezüglich einer Streitkultur im Gemeinde-

---

[11] Vgl. Assheuer, T., Diskrete Religion, 21.
[12] Vgl. Buchholz, R., Religion als Ware. Über religionskonsumistische Tendenzen der späten Moderne, in: Rißse, G., Wege der Theologie an der Schwelle zum dritten Jahrtausend. FS Hans Waldenfels zur Vollendung des 65. Lebensjahres, Paderborn 1996, 124-138, 135.
[13] Vgl. Striet, M., Gott vermissen. Ist die Politische Theologie ein Projekt der Zukunft?, in: Herkorr 62 (2008), 455-460, 457.
[14] Vgl. Bonhoeffer, D., Nachfolge, DBW 4 (1937). Für Bonhoeffer bildet der Begriff der „Nachfolge Christi" bei der Frage des konkreten kirchlichen Umgangs mit der nationalsozialistischen Ideologie den Ernstfall des Glaubens, Nachfolge ist alles andere als privatisiert.

leben vorfindliche „Fried-Höflichkeit" findet sich auch im Jesusbild wieder.[15] Der Heterotopos des aggressiven Jesus führt mit der eingebrachten Spannung einen spannend-herausfordernden Jesus vor Augen, der immer beides in sich vereint: Akzeptanz und Konfrontation, Sicherheit und Verstörung, Versöhnung und Streit, Auffangen und Anstoß, Affirmation und Widerstand. In seiner Christologie-Vorlesung von 1933 hält D. Bonhoeffer fest, „dass die Gestalt der Ärgerlichkeit die Gestalt ist, in der Christus allein Glauben ermöglicht".[16] Wenn in der heutigen Pastoral die Orientierung an Jesus Christus kein Ärgernis darstellt, welches die Kirche selbst bisweilen stört und auch vom Umfeld als irritierend und ärgergenerierend-provozierend empfunden wird, stellt sich die Frage der Domestizierung bzw. Verwässerung des Nachfolgeanspruchs. Die Anliegen des ärgerlichen Jesus sind immer wieder ins Spiel zu bringen, wenn er den normalen Gang der Dinge stört, „unsere Pläne durchkreuzt und wir uns selbst damit Ärger einhandeln".[17]

Die Vergegenwärtigung von Jesu Christi Anstößigkeit vermag im gegenwärtigen pastoralen Kontext Anstoß für heilvolle Entwicklungen zu geben. Im seelsorglichen Gespräch ist neben dem verständnisvollen auch der konfrontative Jesus darzustellen, sollen die circuli vitiosi der Selbstfixierung und Selbstbemitleidung durchbrochen und Entwicklungen angestoßen werden. Es gilt, den Anstoß in der Anstößigkeit wahrzunehmen, die Aggression hereinzuholen und mir Jesus Christus auch zum Ärgernis werden zu lassen bzw. in seinem Namen auch zu konfrontieren, zu provozieren und herauszufordern. Die Pastoral hat auch den Jesus zur Geltung zu bringen, der irritiert und verstört, der nicht fugenlos in die Koordinaten menschlicher Vorstellungen und Bedürfnisse passt, um sich von ihm produktiv herausfordern zu lassen. „Die Geschichte seiner Wirkungen ist auch die Geschichte der Schwierigkeiten, die er macht".[18] In Lk 20,18, Röm 9,32-33 und 1 Petr 2,8 wird er der Stein genannt,[19] der zum Stein des Anstoßes wird.

Dem vorliegenden Diskurs ist es nicht um die Zeichnung eines Psychogramms Jesu zu tun; vielmehr soll dessen kritisches Potential für eine Nachfolgeidentität in den heutigen deutschen pastoralen Kontext eingebracht und dessen Leidenschaft für den Menschen angesichts großer Ungerechtigkeit vergegenwärtigt werden. Es gilt Jesu im Dienste dieser Leidenschaft für den inhaltlichen Anspruch der Gottesherrschaft stehenden Zorn und Ärger pastoral zu vergegenwärtigen, seine aus dem kritischen Potential der Reich-Gottes-Botschaft sich speisende energische Hinwendung zum Menschen und seinen Kampf gegen Ungerechtigkeit. Sein Zorn und Ärger bilden Indikatoren für die Differenzerfahrung zwischen dem, was in dieser bereits angebrochenen Basileia schon möglich ist, und der tatsächlich vorfindlichen depravierten und korrumpierten Realität, sie bilden zugleich Energien zur je besseren Realisierung des Reiches Gottes. Jesu Zorn steht im Dienste der Option für die Opfer und die Armen, er gilt auch heute der Herzenshärte, dem abgestumpften, versteinerten Herzen; sein Streiten für die Basileia und damit für die Menschen

---

[15] Der Religionspädagoge Werner Tzscheetzsch stößt bei der Befragung von Jugendlichen bezüglich ihrer Religiosität auf die bemerkenswerte Rückmeldung, dass die Befragten einen „Zuckerwatte-Jesus", der nicht konturiert greifbar ist, als lebensirrelevant ablehnen. Vgl. ders., Kinder und Jugendliche – ihre Kulturen und ihre Religiosität, Würzburg 1998.
[16] Bonhoeffer, D., Christologie-Vorlesung DBW 12, aus: Dietrich Bonhoeffer Werke (DBW), 16 Bände, München-Gütersloh 1986-1998, 291.
[17] Kosch, D., Wir brauchen „den ärgerlichen Jesus"!, in: BuK 3/2003, 194-195.
[18] Bachl. G., Der schwierige Jesus, Innsbruck-Wien 2005, 12.
[19] Vgl. ThWNT 4, 272-283; 6, 94-99.

3. Aggression als Ferment des ekklesialen Selbstvollzugs

The angry Christ. Plakat einer philippinischen Zuckerarbeitergewerkschaft

gehört auch im gegenwärtigen pastoralen Kontext unverzichtbar zu seiner Authentizität. Die gegenwärtige Pastoral hat an Jesu Christi bis zum Kreuz gehender Identifizierung und Solidarisierung mit den Armen und den Opfern und seiner äußersten Behauptung des Lebens gegen den Sieg des Todes theologal zwingend Maß zu nehmen, so dass es seitens der Kirche diesbezüglich *keine unschuldige Neutralität* und Gleichgültigkeit gibt. Die Eindeutigkeit der Option Jesu begründet eine ekklesiale Parteilichkeit; eine von der Nachfolgeidentität bestimmte Pastoral nimmt die unter der Sündenmacht stehende konfliktive Wirklichkeit parteilich wahr, alle Opfer werden als solche sichtbar und gewürdigt. Es gilt, in einer theologalen Parteinahme der sich in Jesus Christus als parteilich erweisenden Liebe Gottes nachzufolgen. Diese Parteinahme ermutigt zum Hinschauen statt Wegschauen. Das Zweite Vatikanum hat schon im ersten Satz der Pastoralkonstitution diese fundamentale biblische Positionierung als Option „insbesondere für die Armen" aufgegriffen und die korrespondierende Solidarität eingefordert.[20] Die Kirche ist davon geleitet, „unter Führung des Geistes, des Trösters, das Werk Christi selbst weiterzuführen" (GS 3). Gemäß der Sakramentalität der Kirche gilt es, Jesu Christi Leidenschaft für den Menschen und seinen Aufstand für das Leben im gegenwärtigen Kontext der Armut von Kindern in Deutschland pneumatisch zu vergegenwärtigen und zu verleiblichen, wobei die Verleiblichung der inneren Gnade angemessen sein muss, soll sie im umfassenden Sinn sakramentales Zeichen sein.[21] Im Folgenden soll diese ekklesiale Sakramentalität begrifflich umrissen werden.

3.2. Sakramentale ekklesiale Verleiblichung der Option Jesu Christi

Der ekklesiale Sakramentsbegriff des II. Vatikanums vermittelt Jesu Christi entschiedene und herausfordernde Option für die Armen mit der Aggressionskompetenz der Menschen von heute, so dass als „res mixtum" (LG 8) das entschiedene, stellvertretende Eintreten und Kämpfen des Auferstandenen für die Opfer ekklesial vergegenwärtigt und verleiblicht werden kann. Der ekklesiale Sakramentsbegriff begründet eine *Theologie der Leiblichkeit,* welche die originäre Bedeutung von Aggression als leibliche Bewegungshandlung auf den Anderen und auf die Welt hin zur Geltung bringt. Er setzt den göttlichen Geist und Menschliches zueinander in Beziehung und begreift die äußere Dimension als Darstellung und Vermittlung der inneren pneumatischen Gegenwart der göttlichen Gnade. Die sichtbare Versammlung und die geistliche Gemeinschaft der Kirche „bilden eine einzige komplexe Wirklichkeit, die aus menschlichem und göttlichem Element zusammenwächst" (LG 8). Die Alleinwirksamkeit Gottes ist inklusiv im Sinne der Allwirksamkeit, die den Menschen mit seinen Möglichkeiten und Fähigkeiten in ihren Dienst nimmt.[22]

---

[20] Vgl. Steinkamp, H., Die Bedeutung der Konstitution Gaudium et Spes für Praxis und Theologie christlichkirchlicher Diakonie, in: Richter, K. (Hg.), Das Konzil war erst der Anfang. Die Bedeutung des II. Vatikanums für Theologie und Kirche, Mainz 1991, 169-185, 174: „Dieser Satz drückt in kaum zu überbietender Weise die pastorale und diakonische Grundhaltung, die der Solidarität, aus".

[21] Vgl. Hilberath, B.-J., Vorgaben für die Ausarbeitung der Communio-Ekklesiologie, in: ders. (Hg.), Communio – Ideal oder Zerrbild von Kommunikation?, 279f.

[22] Vgl. Pottmeyer, H. J., Kontinuität und Innovation in der Ekklesiologie des II. Vaticanums, in: Alberigo, G., Congar, Y., Pottmeyer, H. J., Kirche im Wandel. Eine kritische Zwischenbilanz nach dem 2. Vaticanum, Düsseldorf 1982, 101-110.

Gott bringt sich in der und durch die Welt bzw. das Menschliche zur Erscheinung, dem Heil eignet eine leibhaftige, greifbare, geschichtliche, inkarnatorische und gesellschaftliche Struktur.[23] Das sakramentale Handeln der Kirche ist nicht auf Effizienz ausgerichtet, sondern Verleiblichung und realsymbolische Darstellung der vorgegebenen Wirklichkeit, die dadurch erst zur Entfaltung gelangt.[24] Die ekklesiale Sakramentalität erhält ihre Bestimmung vom Ursakrament Jesus Christus, in dem Gott selbst auf unüberbietbare Weise sichtbar-leibliche Gestalt angenommen hat und sich das Sakramentale in größter Dichte konkretisiert.[25] Das Zweite Vatikanische Konzil unterstreicht, dass die Kirche „gleichsam" (veluti), in einem übertragenen Sinn, Sakrament ist. „Deshalb ist sie (die Kirche) in einer nicht unbedeutenden Analogie (non mediocrem analogiam) dem Mysterium des fleischgewordenen Wortes ähnlich" (LG 8). Diese Analogie bildet eine „strukturfunktionalistische Aussage"[26] über das Wirken der Kirche. Christus ist mit der Kirche nicht wie der göttliche Logos mit der menschlichen Natur, in der Weise der hypostatischen Union, verbunden, welche einen einzigartigen Fall der Einigung des Menschen mit Gott darstellt, sie bildet somit nicht einfach die Fortsetzung der Inkarnation, „sondern des in ihm begonnenen und durch ihn allein fürderhin ermöglichten Heilshandelns Gottes in der Welt".[27] Das Konzil hat die Analogie zur Inkarnation um die pneumatologische Dimension erweitert.[28] Der erhöhte Jesus Christus ist mit der Kirche im Geist und damit in der Weise der Relation verbunden. Wie dem göttlichen Wort die menschliche Natur Jesu als Heilsorgan dient, so dient in nicht völlig verschiedener Weise („non dissimili modo") das gesellschaftliche Gefüge der Kirche dem *Geist Christi* zum Aufbau seines Leibes.

Gemäß LG 48 hat Christus durch seinen lebendigmachenden Geist „seinen Leib, die Kirche, zum allumfassenden Sakrament des Heils gemacht". Christi Gegenwart in der Kirche ist eine geistige, seine Vereinigung mit der Kirche ist eine der Liebe, der Zusage und Verheißung,[29] alle Formen der Teilhabe sind nur kraft des Geistes möglich.[30] LG 8,1 mit seinen Aussagen zur ekklesialen Sakramentalität ist laut Bernd Jochen Hilberath auf LG 8,3 inhaltlich ausgerichtet und finden darin seine Pointe, d. h. der im existentiellen Vollzug des Sakramentes Kirche zur Geltung kommende, Hand und Fuß, Augen und Ohren in Dienst nehmende Geist des Erhöhten erinnert die Kirche selbst daran, den gleichen Weg einzuschlagen wie Christus, der das Werk der Erlösung „in Armut und Verfolgung

---

[23] Vgl. Pesch, O. H., Dogmatik im Fragment. Gesammelte Studien, Mainz 1987, 355.
[24] Vgl. Schleiermacher, F., Die praktische Theologie nach den Grundsätzen der evangelischen Kirche im Zusammenhang dargestellt. Literarischer Nachlass VIII, hg. v. G. Reimer, Berlin 1850, 71f., der zwischen dem wirksamen Handeln, das auf einen außerhalb der betreffenden Tätigkeit liegenden Effekt ausgerichtet ist, und dem darstellenden Handeln unterscheidet, das zum Ziel hat, eine Wirklichkeit in Erscheinung treten zu lassen.
[25] Vgl. Schillebeeckx, E., Christus, Sakrament der Gottesbegegnung, Mainz 1965.
[26] Döring, H., Grundriss der Ekklesiologie. Zentrale Aspekte des katholischen Selbstverständnisses und ihre ökumenische Relevanz (Grundrisse 6), Darmstadt 1986, 106.
[27] Beinert, W., Die Sakramentalität der Kirche im theologischen Gespräch, in: Pfammatter, J., Furger, F. (Hg.), Theologische Berichte IX: Kirche und Sakrament, Zürich 1980, 13-66, 59.
[28] Vgl. Chenu, M. D., Die Neubelebung der trinitarischen Grundstruktur der Kirche, in: Concilium 17 (1981) 453-460.
[29] Vgl. Congar, Y., Die christologischen und pneumatologischen Implikationen der Ekklesiologie des II. Vatikanums, in: Alberigo, G., Congar, Y., Pottmeyer, H. (Hg.), Kirche im Wandel, Düsseldorf 1982, 111-123.
[30] Vgl. Nitsche, B., Die Analogie zwischen dem trinitarischen Gottesbild und der communialen Struktur von Kirche, in: Hilberath, B.-J. (Hg.), Communio – Ideal oder Zerrbild von Kommunikation? (QD 176), Freiburg i. Br. 1999, 81-114, 83. Mühlen, H., Das Verhältnis zwischen Inkarnation und Kirche in den Aussagen des Vaticanum II, in: ThGl 55 (1965) 171-190, 188.

3.2. Sakramentale ekklesiale Verleiblichung der Option Jesu Christi

vollbrachte", und in den Armen von heute das Bild dessen zu erkennen, der die Kirche gegründet hat und selbst ein Armer und Leidender war (LG 8,3). Die ekklesiale Sakramentalität ist also auf die Option für die Armen ausgerichtet. Die Martyria im Sinne des Zeugnisses für den Geist des Erhöhten und die Diakonia erklären, motivieren und eröffnen sich wechselseitig.[31]

Papst Paul VI stellte eine enge Verbindung zwischen der Präsenz Christi in der Eucharistie und in den Armen her, indem er dazu aufrief, die Armen als ein „Sakrament Christi" zu erkennen.[32] Laut Würzburger Synode kann es sich die Kirche in der Nachfolge Jesu um dieser Nachfolge willen „nicht leisten, von den ‚Armen und Kleinen' verachtet zu werden, von denen, die ‚keinen Menschen haben' (vgl. Joh 5,7). Sie nämlich sind die Privilegierten bei Jesus, sie müssen auch die Privilegierten in seiner Kirche sein. Sie vor allem müssen sich von uns vertreten wissen".[33] Bei dieser Verleiblichung der Option für die Armen soll das kritische Potential der Emotionspsychologie integrativ in Dienst genommen werden. Der vorliegende Diskurs versteht sich als Plädoyer für eine *Spiritualität des Unterleibs*, welche das emotionale „Grummeln im Bauch" als potentielle Verleiblichung der geistgewirkten inneren Gnade ernstnimmt. Der Geist des für die Armen stellvertretend eintretenden Erhöhten ermöglicht gnadentheologisch die inklusive Stellvertretung, welche Ärger, Zorn und Wut als Ferment integrativ in Dienst nimmt, um für die in reichen Gesellschaften überflüssig zu werden drohenden arm Gemachten stellvertretend einzustehen und zu kämpfen.[34] Diese Emotionen bilden eine Gegendynamik zu Gleichgültigkeit und vermeintlich unschuldiger Neutralität.[35]

Die Emotionen Ärger, Wut und Zorn tragen essentiell zur „Erleidenskompetenz"[36] bei, der Fähigkeit, dass zu den arm Gemachten ein Verhältnis des Berührtseins, der Selbstbetroffenheit und des Kontaktes entsteht. Die aversiven Emotionen sind integrativ beteiligt, wenn es darum geht, den pastoralen Grundvollzug der Identifikation der „Trauer und Angst" der Marginalisierten mit der „Trauer und Angst" der Jünger Christi und damit ein Verhältnis der Solidarität und der Compassion herzustellen. Die das Gefühlserlebnis begleitende körperliche innere Erregung als in der Vitalsphäre grundgelegte Beteili-

---

[31] Vgl. Fuchs, O., Für eine neue Einheit von Sozial- und Glaubenspastoral, in: PthI 18 (1998) 231-247.
[32] Vgl. die Rede von Papst Paul VI vor 200000 Campesinos in Kolumbien, wo er nach seinem Besuch des Eucharistischen Weltkongresses am 22. 8. 1968 eine enge Verbindung zwischen der Gegenwart Christi in der Eucharistie und in den Armen herstellt: „Ihr seid ein Zeichen, ein Abbild, ein Mysterium der Präsenz Christi. Das Sakrament der Eucharistie bietet uns seine verborgene Gegenwart an, lebendig und real; Ihr seid auch ein Sakrament, d.h. ein heiliges Abbild des Herrn in der Welt, eine Widerspiegelung, die eine Vertretung ist und die nicht sein humanes und göttliches Gesicht verbirgt... Die gesamte Tradition der Kirche erkennt in den Armen das Sakrament Christi, das gewiss nicht einfach gleichzusetzen ist mit der Wirklichkeit der Eucharistie, aber in vollkommen analoger und mystischer Entsprechung damit steht". Zit. n. Bleyer, B., Die Armen als Sakrament Christi. Die Predigt Pauls VI in San José de Mosquera (1968), in: SdZ 11/2008, 734-746, 740.
[33] Synodendokument „Unsere Hoffnung", Teil III, Kap. 2.
[34] Vgl. Enzensberger, H. M., Die große Wanderung: 33 Markierungen; mit einer Fußnote „Über einige Besonderheiten bei der Menschenjagd", Frankfurt a. M. 1992: „Selbst in reichen Gesellschaften kann morgen jeder von uns überflüssig werden. Wohin mit ihm?"
[35] Piero Ferrucci verweist auf kreative Persönlichkeiten verschiedener Epochen, die zur Entfaltung ihrer schöpferischen Kraft ihre Aggressivität eingesetzt haben. Die Entrüstung über äußere Umstände wurde in schöpferische Handlungen umgewandelt, welche ihrerseits dieselben Umstände veränderten. Florence Nightingale soll durch ihren Zorn dazu angespornt worden sein, ihr enormes soziales Engagement aufzubringen; vgl. Ferrucci, P., Werde, was du bist – Selbstverwirklichung durch Psychosynthese, 115.
[36] Vgl. Böhme, G., Ethik im Kontext, Frankfurt a. M. 1997.

gung der leib-seelischen Ganzheit verleiht diesem erst seine subjektive Bedeutung und ermöglicht die Erfahrung von Betroffenheit. Der stellvertretende Ärger schützt die Selbsterhaltung und Selbstentfaltung der Marginalisierten und bringt die psychobiologische Erkenntnis zur Geltung, dass jeder Mensch eines Existenzminimums an Lebens- und Entfaltungsraum bedarf, soll er nicht destruktiv-aggressiv werden. Der stellvertretende Ärger schützt die fundamentalen biovitalen Grenzen und damit die persönliche Integrität vor Missbrauch und dem Ausnützen der eigenen Ressourcen. Die Jesu Christi Stellvertretung für die Armen darstellenden Emotionen Ärger und Zorn sind Indikatoren für die tiefe gesamtgesellschaftliche Beziehungsstörung der Ungerechtigkeit, dass Arme immer ärmer und Reiche immer reicher werden. Die stellvertretenden aversiven Emotionen mobilisieren die zielgerichtete Energie, sich prophetisch-kritisch auf eine Auseinandersetzung einzulassen, Unrecht klar beim Namen zu nennen, Widerstände zu überwinden und Veränderungen zu reklamieren.

Die stellvertretend für die Armen eingesetzten aversiven Emotionen sollen eine letzte Destruktivität gerade verhindern, zumal laut den Studien von Joachim Bauer derjenige, der jetzt von der Gemeinschaft der Wohl-Habenden ausgegrenzt wird, schlussendlich auf destruktive Weise um sein fundamentales Lebensrecht kämpfen und die Wohlstandsbastionen angreifen wird. Umgekehrt wird derjenige, welcher jetzt nicht mit ihnen solidarisch teilt, irgendwann töten, um den eigenen Besitzanspruch gegen die Eindringlinge zu verteidigen.[37]

Bei der verleiblichenden Darstellung der inneren Gnade als Mitvollzug der zu nichts zwingenden, selbstlosen Liebe des Gekreuzigt-Auferstandenen zu den Armen wird auch die natürliche Lebens-Macht integrativ beteiligt: Diese Macht vermag die österliche Lebensmacht des Erhöhten zur Darstellung zu bringen. Nach Martin Luther Kings Dafürhalten ist diese Macht für heilvolle Veränderungen unentbehrlich: „Die Plantage und das Ghetto wurden von denjenigen geschaffen, die Macht hatten, diejenigen, die keine Macht hatten, in Schranken zu halten und ihre Ohnmacht zu verewigen. Das Problem der Umwandlung des Ghettos ist daher ein Machtproblem – eine Konfrontation der Kräfte, die Veränderung verlangen, und der Macht, die die bestehende Ordnung erhalten will. Macht, richtig verstanden, ist die Möglichkeit etwas zu erreichen. Es ist die Stärke, die man braucht, um soziale, politische oder wirtschaftliche Veränderungen herbeizuführen".[38] Zwar begibt sich Gott im Gekreuzigten in die Ohnmacht, um die Gewalttätigkeit der Menschen durch Liebe zu unterlaufen, die Kirche kann sich jedoch auch aus Mutlosigkeit und mangelnder Zivilcourage hinter einer einseitigen Kreuzeshermeneutik verschanzen. Dann verweigert sie ihren Beitrag, dass Gottes Macht in der Geschichte wirkmächtig zur Geltung und den Schwachen und Opfern der Gewalt von heute zugute kommt. Die Frage nach Gottes Macht allein mit seiner Ohnmacht in der Geschichte beantworten zu wollen, verfehlt laut Ottmar Fuchs „sowohl die Fragestellung wie auch die mit Gottes Wirkmacht in

---

[37] Vgl. Welzer, H. Klima-Kriege. Wofür im 21. Jahrhundert getötet wird, Frankfurt a. M. 2008. Der Sozialpsychologe Harald Welzer vertritt die These, dass die Erderwärmung neben der Verschiebung der Klimazonen auch zu massiven sozialen Umwälzungen führen wird. Der Kampf um immer knappere Ressourcen, riesige Völkerwanderungen und eine sich weiter beschleunigende Globalisierung lassen neue Dimensionen der Gewalt entstehen. Die Massaker in Ruanda und die Flüchtlingsdramen im sudanesischen Darfur bilden für Welzer einen „ersten Klimakrieg".
[38] King, M. L., Wohin führt unser Weg. Chaos – oder Gemeinschaft, Wien-Düsseldorf 1968, 50f.

3.2. Sakramentale ekklesiale Verleiblichung der Option Jesu Christi

der Geschichte rechnende Glaubensgeschichte".[39] Die Pastoral ist auf die Pastoral des Gottes angewiesen, dem Kraft und Macht als Widerstandsaggression zum Erhalt von Identitäten zukommen und der der Destruktivität entgegentritt. Die Macht Gottes ermächtigt die an ihn Glaubenden, durch ihre Handlung seine Befreiungs- und Widerstandsmacht auch gegenwärtig im entschiedenen Eintreten für die Schwachen und Identitätsgefährdeten zur Geltung zu bringen. Die Praktische Theologie als Handlungswissenschaft hat in Anschlag zu bringen, dass auch heute dieses kirchliche Handeln durch eigene Initiative und aktiven Widerstand zu bewerkstelligen ist, dass darin aber Gott geschichtlich handelt.

Das durch die menschliche Selbst-Macht vermittelte österliche Empowerment des Erhöhten gilt zunächst der eigenen Ermächtigung, aus dem Opferstatus herauszuwachsen und die eigene Sache selbst in die Hand zu nehmen. Gemäß Röm 8,11 werden die in der eigenen Viktimisierung gefangenen, regressiven Opfer ermächtigt und aufgefordert, im Heiligen Pneuma am Prozess der Auferstehung teilzunehmen, den pneumatisch-ermöglichten Selbstand einzunehmen, für sich einzustehen und selber als Subjekte der Veränderung aufzustehen, den Mächten des Todes selber entgegenzutreten und den Opferkreislauf zu durchbrechen. Jesu Christi Stellvertretung für die Armen heute wird pastoral auch durch die integrative Indienstnahme der aggressiven Basiskompetenz der Selbstbehauptung dargestellt. Die Option des Erhöhten für die Armen im Sinne eines „Einstehens für" wird im Heiligen Geist durch das menschliche Stehvermögen leiblich vermittelt, die Firmung ist als „Salbung mit Standhaftigkeit" zu verstehen.[40] Das Sakrament der Firmung befähigt als Sakrament der Mündigkeit zu einer Unbeugsamkeit und einem aufrechten Gang. Das „Einstehen für" führt dazu, unter Umständen plötzlich allein dazustehn und aufgrund des erlittenen Widerstands der Salbung und Stärkung mit Standhaftigkeit zu bedürfen.[41] Der Geist der Stärke nimmt den Glaubensakt als „Feststehen in Gott" ernst und verleiblicht ihn als Standvermögen. Dabei besteht ein enger Zusammenhang zwischen dem Standnehmen und Standhalten, zwischen Stehen und Wider-Stehen. Sicher hat die Strategie des provozierenden Verzichts auf Gegengewalt ihre eigene Rationalität und wird oft sinnvoll eingesetzt, so dass gemäß Mt 5,38-42 bewusst auf Widerstand verzichtet wird, um in einer Symbolhandlung auf provozierende und verfremdende Art und Weise gegen den Regelkreis der Gewalt zu protestieren. Das „Hinstehen und Eintreten für" als affirmative Grundhaltung nimmt jedoch faktisch notwendig auch protestative Struktur an, soll die Bejahung nicht zur options- bzw. spannungslosen Hinnahme alles Bestehenden führen.

---

[39] Fuchs, O., Macht und Gewalt in biblischen Texten, in: ders., Praktische Hermeneutik der Heiligen Schrift, 439.
[40] Vgl. Gotteslob. Katholisches Gebet- und Gesangbuch. Ausgabe des Bistums Rottenburg-Stuttgart, Ostfildern 1975, Nr. 827 „Beistand, Tröster, Heilger Geist" Strophe 4: „Stärke gib in Leid und Streit, *salb uns mit Standhaftigkeit*. Komm, du Kraft von oben".
[41] Vgl. die Geisterfahrung des NS-Widerstandskämpfers und Jesuiten Alfred Delp in der Haft in Berlin-Tegel: Aufgrund seines mutigen Mitwirkens in der Widerstandsbewegung des sog. Kreisauer Kreises wurde Delp vom sog. Volksgerichtshof zum Tode verurteilt. Angesichts des bevorstehenden Todes bezeugt Delp in einem bewegenden Beitrag zur Pfingstsequenz „Veni, Sancte Spiritus" das Wirken des Geistes, der ihm die Stärke verleiht, den einsamen Weg aufrecht gehen zu können. Vgl. ders., Im Angesicht des Todes. Geschrieben zwischen Verhaftung und Hinrichtung 1944-1945, 5. Aufl., Frankfurt a. M. 1956, 167f. Vgl. Ringshausen, G., Widerstand und christlicher Glaube angesichts des Nationalsozialismus, Lüneburger Theologische Beiträge Bd. 3, Berlin 2007. Brakelmann, G., Widerstand im Glauben. Alfred Delp zum 100. Geburtstag, in: Die politische Meinung (2007) Nr. 454, 57-59, 58.

3.3. Dem Bösen widerstehen als aggressive Basiskompetenz

Die Inkulturation des Evangeliums nimmt zwar den jeweiligen Kontext an, bildet jedoch nicht dessen reine Bestätigung, knüpft vielmehr im Widerspruch an. Das Sakrament der Firmung erneuert das dreifache Widersagen bei der Taufe, welches dem dreifach bekannten Glauben und der Hinwendung zum trinitarischen Gott entspricht. Bei der Spendung des Sakramentes der Firmung wird dem Firmbewerber die Stirn mit Chrisam gesalbt, damit er jeglicher Ungeist-Dynamik die Stirn bieten kann – dem Widersagen muss das Widerstehen folgen. Würde das Sakrament der Firmung insbesondere für Jugendliche nicht stärker als spannende Herausforderung erlebt, wenn dieses con-sequi im Widerstehen stärker betont würde? Wenn das Taufbekenntnis nur in seiner Bejahungsseite rezipiert würde, ginge seine prophetische und eschatologische Dimension verloren. Dann ließen Christologie und Christopraxie nicht mit den heutigen Ersatzgöttern in Auseinandersetzung treten und die Pneumatologie vermöchte nicht konkret situationsbezogen aller Ungeist-Verblendung entgegenzutreten. Das ekklesiale Widerstandspotential steht im Dienste der Ideologiekritik des Gottes, der in der Auferstehung Jesu Christi die Götzen des Todes besiegt hat und dessen Aufstand für das Leben der arm Gemachten auch im heutigen pastoralen Kontext als permanenter Protest gegen den Sieg dieser menschenverachtenden Mächte zu vergegenwärtigen ist. Dem Ja zum dreifaltig-einen Gott korrespondiert das Nein zu den Götzen dieser Welt, der bejahende Teil des Taufbekenntnisses impliziert den Widerstand und Widerspruch gegen jede Selbstdivinisierung wirtschaftlicher, politischer und religiöser Macht und gegen jede Widerlegung des Lebens in Gestalt des Bösen in der psychischen, intellektuellen, politischen und metaphysischen Grundausrichtung.[42] Kinder werden in Deutschland auch deshalb immer ärmer, weil der Riss zwischen den arm Gemachten einerseits und der Geld- und Machtkonzentration andererseits immer größer wird und die Anhäufung insbesondere des Geldes quasigöttliche Züge annimmt. Die Finanz- und Wirtschaftskrise im Jahre 2009 macht offensichtlich, dass die Eindimensionalität eines Denkens und Lebens in Finanzkategorien und grenzenlose Raffgier dazu führen, dass weltweit Menschen den „menschenverachtenden Gebilden"[43] der Götzen „geopfert" werden und mit den verheerenden Folgen dieses Götzendienstes nun allein gelassen werden. Die deutsche Armut von Kindern ist letztlich auch ein Symptom dafür, dass unter dem Einfluss des Unheils- und Verstrickungszusammenhangs der Sündenmacht im systemischen Bereich soziale Ordnungen und Strukturen sich als Gottersatz verabsolutieren und die Sünde sich im wirtschaftlichen, sozialen, politischen und ideologisch-kulturellen Bereich in Gestalt einer ungerechten Politik lokalisiert und kon-

---

[42] Vgl. Markschies, C., Der tote Gott und seine totalitären Idole, in: „Die Welt" 20.7.2007. Angesichts der Veröffentlichung der „Fröhlichen Wissenschaft" Friedrich Nietzsches vor 125 Jahren betont der Präsident der Humboldt-Universität Berlin, dass Atheisten nach Nietzsche das Wagnis eingehen müssten, sich in das reine Nichts fallen zu lassen. Doch „insbesondere die zwei totalitären Systeme des zwanzigsten Jahrhunderts waren ja in Wahrheit pseudoreligiöse Systeme mit Ersatzgöttern. Atheisten im Sinne Nietzsches waren weder die Nationalsozialisten noch die Staatssozialisten, weil beide an die Stelle der fundamentalen Unsicherheit nach dem Tode Gottes die vorgeblichen Sicherheiten neuer, unumstößlicher Heilslehren setzen. Nach einer anfänglichen Phase der Nähe zu Christentum und Kirchen unmittelbar nach den Machtergreifungen 1933 und 1945 forderte man in beiden Diktaturen die Parteigänger zum Kirchenaustritt auf, um ihnen dann mit Sonnwendfeiern oder der Jugendweihe religiöse Ersatzrituale anzubieten und mit Hitler und Stalin Ersatzgötter zur Verehrung".
[43] Brückner, P., Freiheit, Gleichheit, Sicherheit. Von den Widersprüchen des Wohlstands, Frankfurt a.M. 1966, 138f.

kretisiert.[44] Der Praktischen Theologie kommt mehr denn je die religionskritische Aufgabe zu, in der Kirche selbst und in der Gesellschaft zwischen Gott und Götzen, Anbetung und Magie zu unterscheiden und diesem kritischen Potential nach innen wie nach außen Bedeutsamkeit zu verschaffen.

Wenn laut J. B. Metz die kürzeste Definition von Religion „Unterbrechung"[45] lautet, stellt sich inmitten der Finanzkrise von 2009 pastoral die Frage, wie die provokatorische, prophetische Zeichenhandlung der Tempelaustreibung (Mk 11,15-19) als Störpotential für die herrschenden Verhältnisse vergegenwärtigt werden kann, um mit der Krise kreativ umzugehen. Eine praktisch-theologische Hermeneutik der Tempelaktion ist sensibel für gegenwärtige, quasigöttlich sich gerierende, vor dem Anspruch der Basileia-Botschaft schützende Ersatzsicherheiten. Wo haben wir eine Drastik, die auf die verfehlte Praxis des Adressaten nicht moralisierend mit dem Finger zeigt, nicht pelagianistisch ein anderes Handeln einfordert, sondern ihn in seiner verfehlten Praxis schockierend trifft? Gibt es kreative, sinnenfällige und überraschende symbolische Inszenierungen, die den laufenden Betrieb und Zirkel der Gier aggressiv unterbrechen und stören, dem Rad in die Speichen fallen,[46] und einen ärgerlichen Skandal provozieren? Warum nicht als Kirchengemeinde beim nächsten verkaufsoffenen Sonntag zum Boykott aufrufen und stattdessen ein Gemeindefest feiern, bei dem die Beteiligten sich zweckfreiem Spiel und absichtsloser Geselligkeit hingeben und ein lebendiges Zeugnis für die Alternative des lebensfreundlichen und befreienden Gottes geben können? Der durch die Unterbrechung geschaffene Freiraum vermag die darüber verärgerten Beteiligten in eine inhaltliche Auseinandersetzung zu ziehen, die Streitaggression etwas anzustoßen und buchstäblich Raum für den wahren Gott des Lebens zu schaffen.

Die Verleiblichung der Gnade impliziert eine fundamentale Exzentrizität und unabgeschlossene Offenheit, so dass der Leib Zeichen und Werkzeug ist, um mit der Welt in Kontakt zu treten. Dabei kommt die primäre, friedliche Bedeutung von ad-gredi zur Geltung, mit der Welt der arm Gemachten auch einen *physischen Kontakt* herzustellen und dadurch etwas in Bewegung zu bringen. Dieser physische, leibliche Kontakt entspricht der integrativen Praxis Jesu, der die Ausgestoßenen mit *leiblichen Berührungen* in die Gemeinschaft reintegriert.

---

[44] Vertreter der Kirchen- und Familienverbände haben 2008 die im Familienleistungsgesetz (16/10809) geplante Erhöhung des Kindergeldes als zu gering kritisiert. Evangelische und Katholische Kirche betonten, dass das Kindergeld und der Kinderfreibetrag für das sächliche Existenzminimum für Kinder seit 2002 nicht erhöht worden seien, obwohl die Preise seitdem besonders für Lebensmittel und Energie stark angestiegen seien. Notwendig wäre eine Erhöhung des Kindergeldes um 18%, stattdessen wurden 4 – 5% gewährt. Dieser Umstand ist umso skandalöser, als 2009 den krisengeschüttelten Banken sofort Milliarden und Abermilliarden von Euro staatlicherseits überwiesen wurden und die Allgemeinheit die Risiken der waghalsigen Bankgeschäfte auch da auffangen musste, wo keine „systemrelevanten" Institute betroffen waren.

[45] Metz, J. B., Glaube in Geschichte und Gesellschaft. Studien zu einer praktischen Fundamentaltheologie, 5. Aufl., Mainz 1992, 166.

[46] Vgl. Bonhoeffer, D., Die Kirche vor der Judenfrage (1933), DBW 12, 353. „Die Kirche ist den Opfern jeder Gesellschaftsordnung in unbedingter Weise verpflichtet, auch wenn sie nicht der christlichen Gemeinde zugehören (…) es gilt, nicht nur die Opfer unter dem Rad zu verbinden, sondern dem Rad selbst in die Speichen zu fallen".

„Die Stirn bieten"- Alfred-Delp-Büste des Künstlers Karlheinz Oswald in der Jesuitenkirche in Mannheim

3.4. Die leibliche Bewegungshandlung des ad-gredi als Zugehen auf die unheile Welt

Der Depressive ist in seiner Autoaggression gefangen und geht nicht auf die Welt zu; in Ermangelung zugelassener Aggression vermag er sich weder von der Außenwelt abzugrenzen noch Kontakt und Nähe zu ihr herzustellen, die Welt ist lediglich Prolongat seines Ich. Die Aggression ist nicht für konstruktive Konfrontationen und Auseinandersetzungen zuhanden, vielmehr richtet sie sich gegen die eigene Person.[47] In der gegenwärtigen kirchlichen Umbruchsituation mit der Suche nach einer neuen ekklesialen Identität ist die Gefahr groß, aufgrund von Finanz- und Personalnöten depressionsaffin um sich selbst zu kreisen, in einer unfruchtbaren Ekklesiozentrik ständig um das eigene Überleben besorgt zu sein[48] und die konstitutive Sendung zu vergessen. Die Fixierung auf das binnenkirchliche Milieu weist eine hohe strukturanaloge Affinität zur Dynamik des autoaggressiven Zirkels auf. Die Aggression bewegt sich dann als Autoaggression ausschließlich im kirchlichen Binnenraum, indem die Mitarbeiterinnen und Mitarbeiter in den Gemeinden unter einem hochnormativen Gemeindebegriff die Autoaggression spiritualisieren und sich gegenseitig mit unrealistischen Erwartungen bezüglich des Gemeindelebens überfordern. Dann bringt der verminderte oder unterlassene ekklesiale Weltbezug das Aggressionsvermögen als Autodestruktion zur Geltung. Das Aggressionsvermögen bricht die depressive Selbstbefangenheit des Ekklesiozentrismus auf, der gesellschaftliche Bezug bewahrt die Kirche vor depressiver Selbstbezüglichkeit und Binnenfixierung. Die Aggression steht im Dienste des pastoralen Grundauftrags der Kirche an der Welt von heute: Während Lumen Gentium betont, dass die Kirche in Jesus Christus gründet, thematisiert Gaudium et Spes das Sein der Kirche von Christus her im Blick auf die geschichtliche Welt von heute als ihren Lebensraum. Seit dem Zweiten Vatikanischen Konzil wurde der Begriff „Leib Christi" durch die in sich konstitutive Metapher „Volk Gottes" weitgehend verdrängt. Doch der Leib-Christi-Gedanke bleibt unverzichtbar. Die Teilhabe der einzelnen Kirchenglieder als Mit-Subjekte kirchlicher Sendung ist mit dem Leib-Christi-Gedanken in Zusammenhang zu bringen.[49] Der Leib Christi bildet mit der Bewegungshandlung des ad-gredi die „Gemeinschaft in gemeinschaftlich-werkzeuglicher Sendung zur Welt",[50] so dass alle getauften Glieder dieses Leibes durch ihr Handeln mit dafür verantwortlich sind, wie Christus in der Welt sichtbar wird.

In der Pastoral geht es um die Gewinnung einer Theologie der Leiblichkeit als Erlebnis dieser Leiblichkeit im Sinne eines leiblichen Selbstvollzugs der Kirche, welcher in antidepressiver Manier Lust auf das ad-gredi zur Welt macht, nicht um eigenen Expansionsbestrebungen zu entsprechen, sondern um im lebendigen Sich-Einmischen in die Lebensprozesse die leiblich vermittelte Option Jesu Christi für die Armen auch in ihrer

---

[47] Der Tübinger Arzt und Neurowissenschaftler Ludger Schöls berichtet aus seiner Praxis, dass die Aggression des Depressiven erst dann ansichtig und erlebbar wird, wenn der Therapeut den Verkrümmungskreis aufbrechen will.

[48] Vgl. „Festvortrag von Dr. Peter Frey aus Anlass des 50. Jahrestages der Gründung der Katholischen Akademie Freiburg 23. September 2006", Katholische Akademie Freiburg 2006, 13: „Wir dürfen uns als Christen nicht noch mehr nach Innen verkriechen". Der ZDF-Redakteur warnte vor einer depressions-affinen Selbstbezüglichkeit der Kirche, welche jegliche Attraktivität und öffentliche Gestaltungskraft eingebüßt habe.

[49] Vgl. Mirbach, S., „Ihr aber seid Leib Christi". Zur Aktualität des Leib-Christi-Gedankens für eine heutige Pastoral, Regensburg 1998.

[50] Greshake, G., Der dreieinige Gott: eine trinitarische Theologie, 408.

vitalen Leiblichkeit zu erfahren. Die sakramentale Qualität des Leibes Christi hängt auch von der Qualität seiner leibhaftigen Erfahrung ab. Ohne diese leibliche Grunderfahrung mutet das Einfordern einer missionarischen Kirche vielfach als Pflichtübung an und verbleibt im kognitiven Bereich. Die Leiblichkeit will als solche zur Geltung kommen, die durch die inklusive Stellvertretung für die arm Gemachten freigesetzte Emotionen wollen als solche nach außen auf die Welt zu fließen und den ganzen Leib mobilisieren. Der vitalisierende Energiestrom will auch leiblich-energetisch abgeführt werden, soll es zu einer dezidierten, gerichteten Konfrontation mit Wirklichkeit kommen und diese berührt werden. Aufgrund einer unheilvollen Missionsgeschichte fällt es in der gegenwärtigen Pastoral schwer, das Auf-die-Welt-Zugehen nicht mit Expansionismus zu identifizieren. Die österliche „Expansion" geht jedoch durch die Kenose und Proexistenz Jesu Christi bis zum Kreuz hindurch, die selbstlose Liebe Jesu Christi zur ganzen Welt ist der Motor für den Kontakt zur Welt. Paulus nennt Jesus Christus in seiner vollendeten Proexistenz selbst „Leib Christi";[51] der Leib Christi kann nur ein Leib für andere sein, dass sie das Leben haben. Als Leib Christi darf die Kirche nicht auf Selbsterhaltung und eigenes Wohlergehen fixiert sein, vielmehr ist sie „Zeichen und Werkzeug" (LG 1) der radikal sich hingebenden Liebe Gottes zur Welt. Die Existenz der Kirche als Proexistenz steht im Dienste der Transparenz Jesu Christi, dessen ganzes Leben ein Dasein für andere war.[52] Wenn die Kirche in der Selbstverausgabung für die Welt sich verliert, findet sie darin ihre Identität. Die getauft Gefirmten haben diesen geschichtlichen Weg der Verleiblichung und Fleischwerdung als inklusive Stellvertretung Christi im Sinne eines stellvertretenden Für-Seins und einer konkreten Übernahme von Verantwortung für die „Lieblinge" Jesu im Hier und Heute pastoral mitzuvollziehen.

Mit dem leiblichen Auf-die-Welt-Zugehen und der korrespondierenden Weltverantwortung orientieren sich die binnenkirchlichen Probleme neu, wenn sie in den Horizont der Reich Gottes Verantwortung für die Welt gestellt werden. Vieles, was binnenkirchlich eine hohe Aufmerksamkeit beansprucht, vergleichgültigt sich, wenn die Armut der Kinder in den Blick gerät, dann kommt es innerkirchlich zu Konflikten, die wirklich notwendig sind. Das in den kirchlichen Raum hinein aufgenommene Gespräch mit von Ungerechtigkeit und Unterdrückung betroffenen armen Familien und Kindern gibt der innerkirchlichen Kommunikation ihre Dynamik, Relevanz und die vorherrschenden Themen, zumal alles, was irgendwie mit dem Reich Gottes inhaltlich zu tun hat (Gerechtigkeit, Barmherzigkeit, Schöpfung, Gottesbeziehung), zu dem Bereich gehört, der mit der Kirche inhaltlich zu tun hat und mit dem die Kirche zu tun haben sollte.[53] In ihrem Außenbezug entdeckt die Kirche schon jetzt ansatzhaft das Reich Gottes in der Geschichte und baut es bei ihrem Engagement für arme Kinder mit allen Menschen guten Willens in gemeinsamer Verantwortung auf. Die in der Taufe bereits stattfindende und durch die Firmung besiegelte geistgenerierte, gnadentheologische Ermächtigung zum Propheten verpflichtet zu diesem Außenbezug im Sinne einer prophetisch-kritischen Einmischung.[54] LG 12

---

[51] Vgl. Mirbach, S., „Ihr aber seid Leib Christi", 202.
[52] Vgl. Fries, H., Der Sinn von Kirche im Verständnis des heutigen Christentums, in: Handbuch der Fundamentaltheologie Bd. 3 Traktat Kirche, 17-29, 28.
[53] Vgl. Fuchs, O., Art. Kirche, in: Haslinger, H. (Hg.), Praktische Theologie. Grundlegungen, 369.
[54] Vgl. Rikhof, H., Die Kompetenz von Priestern, Propheten und Königen. Ekklesiologische Erwägungen zur Macht und Autorität der Christgläubigen, in: Concilium 3/1988, 203-208; vgl. Kehl, M., Die Kirche. Eine katholische Ekklesiologie, Würzburg 1992, 365.

3.4. Die leibliche Bewegungshandlung des ad-gredi als Zugehen auf die unheile Welt 423

hebt die essentielle Berufung zum Prophetenamt hervor: Durch sein prophetisches Handeln soll der getauft Gefirmte den prophetischen Jesus Christus darstellen und so an der prophetisch-kritischen Gesamtausrichtung der Kirche und einer „christlichen Praxis als prophetischer Kritik"[55] mitwirken. Der durch Personen, Gruppen und Strukturen getragene prophetische Vorgang ist „das theologisch gültige Unterscheidungskriterium zwischen einer auf sich schauenden und nur sich selber reduplizierenden Vereinskirche und einer kirchlichen Gemeinschaft, die das Außen eines auch zu ihr universal gnädigen und zugleich geheimnisvollen, unzugriffenen Gottes... so in die eigene Identität aufnimmt, dass sie selbst zur Manifestation dieser ,Außenliebe' Gottes in dieser Welt wird".[56]

Das prophetische Bezeugen als pastorale Handlungsform im Sinne einer Anklage und eines Einspruchs gegen geschehendes politisches, soziales, ökonomisches und religiöses Unrecht und des Einklagens einer gerechten und menschenfreundlichen Lebensordnung ist im gegenwärtigen pastoralen Kontext nur gering ausgebildet.[57] Vielfach sorgt eine Änderung des Liturgieplanes in den Gemeinden für mehr Aufsehen und Aufregung als das soziale Elend vor Ort. Eine an der sog. Sinusstudie ausgerichtete Pastoral mit deren besonderer Fokussierung ästhetisch orientierter gesellschaftlicher Leitmilieus scheint vollends die prophetische Dimension der Kirche aufzugeben. Die moderne Tröstungsindustrie mit ihren symbolischen Anästhesien sowie eine marktgesteuerte, massenmediale Überflutung der Bevölkerung mit Informationen und Illusionen, die in ihren Auswirkungen auf die Bewusstseinsformen der breiten Massen als Opium des Volkes einzuschätzen sind, stehen einer prophetischen Aufklärung über die weltweiten Unheils-Zusammenhänge im Wege.

Die prophetische Dimension der Kirche integriert den Heterotopos aggressiver Basiskompetenzen und nimmt die korrespondierenden Spannungen in Kauf. Durch die prophetische Anklage muss die Sünde ihre Verschleierung aufgeben und sich offen zeigen; indem sie auf die Tagesordnung gebracht wird, kommt es zu einer Störung des geregelten Ablaufs des Unrechtsapparats. Zwar soll laut Röm 12,19 („Rächt euch nicht selbst, sondern gebt Raum dem Zorngericht Gottes") das Gericht der Prärogative Gottes überlassen bleiben: Wer sich nicht rächt, sammelt auf das Haupt des Feindes feurige Kohlen, d. h. die Aggression wird als solche wahrgenommen und dann zum Tun des Guten gewendet. Die prophetische Anklage impliziert jedoch das Gericht, zumal der Gnadenbegriff auch die Dimension des Gerichts beinhaltet.[58] Der durch das Heilige Pneuma in den getauft Gefirmten wirkende Erhöhte überführt die Welt der Sünde. Im Gericht werden die Täter und die Untaten wahr- und ernstgenommen, die Sünde, die das Elend bedingenden Verhältnisse und die Ursachen des Unrechts werden als solche benannt und prophetisch angeklagt. In den Getauften protestiert der einen österlichen Aufstand für das Leben anzettelnde Gott leidenschaftlich gegen das Unrecht und stellt sich der Konfrontation mit Unrecht und den Ersatzgöttern von heute. Während die Fanatiker immer gegen etwas oder jemanden kämpfen müssen, nimmt die inklusive Stellvertretung die Form des aggressiven Kampfes „für" an, um für die Würde derer einzutreten, die sich nicht wehren können. Die prophetische Dimension der Kirche ist auch durch institutionelle Abläufe zu ermöglichen, so dass es

---

[55] Steinkamp, H., Solidarität und Parteilichkeit, Mainz 1994, 85f.
[56] Fuchs, O., Das christliche Pro-Testimonium zwischen Kontinuität und Differenz, in: Bucher, R., Krockauer, R. (Hg.), Prophetie in einer etablierten Kirche? Aktuelle Reflexionen über ein Prinzip kirchlicher Identität, Münster 2004, 301-320, 309.
[57] Vgl. Arens, E., Christopraxis. Grundzüge theologischer Handlungstheorie, Freiburg i. Br. 1992, 133f.
[58] Vgl. Fuchs, O., Neue Wege einer eschatologischen Pastoral, in: ThQ 179 (1999) 4, 260-288.

z. B. dem kirchlichen Betriebsseelsorger möglich sein muss, sich vor Ort kritisch zu äußern und für Arbeitnehmerrechte zu streiten, weil die Kirchenleitung auch dann noch hinter ihm steht, wenn der Bund katholischer Unternehmer mit Konsequenzen droht.

Der prophetisch-kritischen Dimension der Kirche eignet eine gesellschaftlich-politische Dimension, zumal die Verleiblichung der Stellvertretung Jesu Christi für die Armen auch die Politik und Wirtschaft umfasst. In der Pastoralkonstitution Gaudium et Spes zählen zur Pastoral auch Wirtschaft, Kultur und Politik. Diese politische Dimension des Evangeliums ist nicht mit der Propagierung einer bestimmten politischen Partei oder der militanten Herbeiführung eines bestimmten politischen Systems gleichzusetzen. Die Pastoral bewahrt zu jeder politischen Richtung eine Äquidistanz, um den prophetisch-kritischen Blick nicht zu verlieren. Zudem gilt es ehrlicherweise zu konzedieren, dass die Praktische Theologie keine unmittelbaren Handlungsanweisungen oder gar einfachen Lösungen kennt. Wie die Politik die Rechte der Marginalisierten innovativ stützt, muss je neu austariert und erkundet werden. Da die deutsche Kirche durch das Kirchensteuersystem auch mit dem vorherrschenden Finanzsystem eng verknüpft ist und als Arbeitgeber dessen Spielregeln mehr oder weniger übernimmt, wirken moralische Ermahnungen seitens der Kirche an die Wirtschaftswelt nur begrenzt glaubwürdig. Wenn die Kirche in Deutschland ihren gesellschaftlichen Ort jedoch im Kontext der deutschen Kultur und Gesellschaftsordnung vorfindet und die Pastoral sich als Dienst an der deutschen Gesellschaft als Ganzer versteht, erfordert die ekklesiale Nachfolgeidentität ein konkretes Zur-Sprache-Bringen Jesu Christi dort, wo das Geld verteilt und Politik gestaltet wird. Auch bei vermeintlicher gesellschaftspolitischer Neutralität wirkt sich die Pastoral dennoch politisch aus, weil unpolitisches Handeln automatisch bestehende Verhältnisse stabilisiert. Es gilt, die Gestaltungskraft des Glaubens in die immer komplexer und differenzierter werdende gesellschaftliche Wirklichkeit hineinzutragen und sich an der Lösung der großen Probleme wirkungsvoll zu beteiligen.

Das gesellschaftskritische Korrektiv des biblischen Ein-Gott-Glaubens ist dort zur Geltung zu bringen, wo politische und ökonomische Prozesse den Menschen das Leben peu-à-peu abdrücken und sie in den Ruin treiben. Inmitten eines beängstigenden Ausmaßes der Politikverdrossenheit insbesondere bei der jungen Generation versteht sich die Praktische Theologie als Kritik und Inspiration gesellschaftlicher Praxis der Kirche und benennt umso mehr die Notwendigkeit einer politisch-prophetischen Praxis der Kirche, die sich gesellschaftlich in die Politik einmischt, das Unrecht anklagt und an gerechten Lösungen mitwirkt, damit die Armen unserer Tage am öffentlichen, sozialen und kulturellen Leben voll teilhaben können. Die Pastoral versucht zunächst das Selbsthilfepotential der Betroffenen zu aktivieren und sie in einem Empowerment zu ihrer eigenen Handlungsfähigkeit zu ermutigen. Sie sollen eigenverantwortlich sozial und politisch handeln, sich selbst zur Wehr setzen, die Verursacher ihrer Not anklagen, sich eine Lobby suchen und ihre Interessen in den öffentlichen Diskurs einbringen.

Schaffen Betroffene dies nicht, gilt es im prophetischen Bezeugen die Stellvertretung Jesu Christi für die Armen in einer politisch-konkreten Option und *Parteilichkeit der Kirche* für die Armen und Benachteiligten darzustellen. In dieser Anwaltsfunktion werden die Interessen der Marginalisierten stellvertretend vertreten, es wird Einspruch eingelegt und öffentlichkeitswirksam angeklagt. Die individuelle ist um die politische Anwaltschaft zu ergänzen, zumal es nicht nur um die Abwendung persönlicher Not, sondern längerfristig auch um deren politische Verhinderung geht. Weil der Verarmung und Ausgrenzung strukturell-gesellschaftliche Ursachen zugrunde liegen, ist eine Veränderung der gesellschaftlichen Mechanismen, Strukturen und der Sozialpolitik erforderlich: Eine Pastoral, welche ihre ausschließliche Aufgabe in der Zuwendung zum Einzelnen sähe, würde dessen Notlagen und Krisen ausschließlich als dessen persönliches Versagen und Scheitern begreifen. Das pastorale Handeln hat vielmehr den systemischen Zusammenhang des gesamten gesellschaftlichen Lebenskontextes prophetisch-kritisch zu beleuchten, den politischen und sozialen Kontext, der ein individuelles Schicksal (mit)verursacht. Die Armut von Kindern in Deutschland ist auch das Produkt einer bestimmten Sozialpolitik, so dass es auch der Analyse und Benennung der Ursachen des Unrechts bedarf.

Die politisch-prophetische Dimension des Evangeliums gilt es durch die Übernahme konkreter Verantwortung vor Ort einzubringen: In den Gemeinde- und Kreisräten sowie Parlamenten, indem die kirchlichen Gremien schon im Vorfeld mit den staatlichen Räten Kontakt aufnehmen, wenn die Verteilung der Sozialgelder ansteht. Es wäre auch wichtig, dass die diözesanen Fachstellen „Kirche und Gesellschaft" sich mit den jeweiligen Diözesancaritasverbänden noch mehr abstimmten, um den Dekanen und Dekanatsräten sachthematische Reader bis hin zu Beschlussempfehlungen bereitzustellen, welche ein sachorientiertes, entschiedenes Handeln vor Ort förderten. Auch im Umgang mit der Wirtschaft ist die prophetisch-kritische Dimension von Kirche nicht mit einem allgemeinen Herummäkeln zu identifizieren; es gilt vielmehr, auf der inhaltlichen Ebene Gesprächsrunden einzurichten, der Wirtschaftswelt auch zuzuhören, damit beide Partner voneinander erfahren, wie der jeweils andere „tickt".[59] Die von GS 4 aufgegebene Auseinandersetzung mit den gesellschaftspolitischen Entwicklungstendenzen erfordert zudem einen akademischen christlich-gesellschaftsethischen Diskurs mit den Themen Finanzmärkte, Weltwirtschaft, Arbeitsmarkt und Sozialstaat.[60]

Wer das Unrecht prophetisch benennt und aufdeckt, wird u. U. Opfer der destruktiven Aggression. Zum martyrium fidei gehört das martyrium caritatis. Diesbezüglich kommt auch der Autoaggression eine wichtige Bedeutung zu, ob jemand die Konsequenzen seiner prophetischen Kritik zu übernehmen bereit ist und im pathischen Bezeugen den eigenen geschundenen Leib sprechen lässt.

3.5. Die martyriale Konsequenz konsequenter Nach-Folge

Nachdem bei Jesus die Außenaggression scheiterte, vermochte er um seiner Identität und Authentizität willen in einer nicht mit Depression gleichzusetzenden, sich opfernden Selbstaggression Sünde und Tod zu verwandeln. Während Christen im Sudan und Iran (vor allem dann, wenn sie zum Christentum übergetreten sind) wegen ihres Glaubens Verfolgung, Gefängnis, Folter und Tod widerfährt, wird das pathische Bezeugen in Form eines Märtyrertodes im gegenwärtigen deutschen Kontext auf Grund der verfassungsrechtlich geschützten Persönlichkeitsrechte („Recht auf Leben und körperliche

---

[59] Vgl. das Projekt „Kirche und Wirtschaft (KIWI)" der Diözese Rottenburg-Stuttgart: Die Kirche begibt sich auf das Gelände der Neuen Messe in Stuttgart und bietet in Kooperation mit der Wirtschaft Seminare für Wirtschaftskräfte an, um wirtschaftliches Denken zu verstehen und in den wechselseitigen Dialog christliche Wertvorstellungen einzubringen. Vgl. http://www.kiwi-netz.de.

[60] Vgl. Emunds, B., Risiken, die niemand im Griff hat. Sozialethische Anmerkungen zur aktuellen Finanzmarktkrise, in: Herkorr 62 (2008) 460-465.

Unversehrtheit" GG Art. 2,2 oder „Recht auf Religionsfreiheit Art. 4,1) niemandem zugemutet. Dennoch gilt Ad Gentes 5, wonach die Kirche die Sendung Christi „bis zum Selbstopfer" fortzusetzen hat. Die Würzburger Synode betont, dass sich die Kirche auch unter den Verhältnissen der modernen demokratischen Gesellschaft dem pathischen Zeugnis nicht verweigern darf. Wenn die Kirche konsequent den „Weg in den Gehorsam des Kreuzes"[61] geht, muss sie auch in der modernen Gesellschaft den korrespondierenden Preis bezahlen. „Der Preis für dieses Zeugnis ist hoch, ... es führt in ein Leben zwischen vielen Fronten. Jesus war weder ein Narr noch ein Rebell; aber offensichtlich beiden zum Verwechseln ähnlich... Wer ihm nachfolgt, wer die Armut seines Gehorsams nicht scheut, wer den Kelch nicht von sich weist, muss damit rechnen, dieser Verwechslung zum Opfer zu fallen und zwischen alle Fronten zu geraten – immer neu, immer mehr".[62]

In deren äußerster Perversion des Lebens durch fundamentalistische Selbstmordattentate findet sich eine versteckte Anfrage an die westeuropäische(n) Kultur(en) und an das dort praktizierte Christentum, ob es auf der *Ebene der Leiblichkeit* eine Alternative anzubieten hat, welche auf demselben Energieniveau, bezüglich derselben Leidenschaft und hinsichtlich derselben leiblichen Leidensbereitschaft sich mit denen auf Augenhöhe befindet, die ihren Leib, ihren Kampfgeist und die überwundene Todesfurcht einbringen. Um kein Missverständnis aufkommen zu lassen, sei betont, dass in der christlichen Tradition das bewusst gesuchte Martyrium immer abgelehnt wurde. Es darf jedoch auch nicht außer Acht gelassen werden, dass der in Westeuropa vorfindlichen Gleichgültigkeit etwas höchst Destruktives und Morbides eignet. Die Bereitschaft zur Autoaggression des pathischen Bezeugens vermag im Sinne einer bis zum stellvertretenden Leiden reichenden Passion für den Menschen eine biophile Gegendynamik zur vorherrschenden Gleichgültigkeit zu bilden.[63] Die Gefährlichkeit der Kreuzesnachfolge vergegenwärtigt wirkmächtig die „gefährliche Erinnerung" an Jesus Christus und damit die Brisanz, Virulenz und Dynamik seiner Botschaft. Wo die kirchliche Praxis auf keinerlei Widerstand mehr stieße, müsste sie sich fragen, ob sie eine authentische Nachfolgeidentität nicht schon aufgegeben hätte. Für eine gegenwartsbezogene, deutsche Hermeneutik des Martyriums hieße dies, die Konsequenzen des prophetischen Eintretens für die Armen, die Autoaggression der zugefügten Nadelstiche, der Häme und sozialen Ausgrenzung, des Karriereknicks bewusst in Kauf zu nehmen und so „sich zu sterben". Die Kirche hat sich um der Vergegenwärtigung der kenotischen und diakonischen Liebe Christi willen zugunsten der Menschen selber aufs Spiel zu setzen und gerade in der Selbstentäußerung als Kirche zu gewinnen.[64] Weil Jesus Christus in seinem „Für-andere-dasein" bis zum Tod den Zirkel

---

[61] Synodendokument „Unsere Hoffnung", Teil III, Kap. 1.
[62] Ebd.
[63] Im Zusammenhang mit der Stigmatisation des Heiligen Franziskus weist der Kirchenhistoriker Andreas Holzem darauf hin, dass die mittelalterliche Autoaggression in Form von Selbstgeißelung zur Verhinderung von größerem Übel führte, so dass ihr eine (aus heutiger psychologischer Perspektive befremdliche) schöpferische Komponente eignet. Durch berechenbares Leid konnte unberechenbares Leid abgewandt werden. Vgl. Trexler, R. C., The Stigmatized Body of Francis of Assisi. Conceived, Processed, Disappeared, in: Schreiner, K. (Hg.), Frömmigkeit im Mittelalter. Politisch-soziale Kontexte, visuelle Praxis, körperliche Ausdrucksformen, München 2002, 463-497. Die Theologie lässt sich von der Psychologie den Gesundheitsbegriff nicht vorschreiben, nicht nur das Gesunde ist heilig. Im gesamten Unwert der Autoaggression liegt noch ein Wert.
[64] Vgl. Fuchs, O., Heilen und befreien. Der Dienst am Nächsten als Ernstfall von Kirche und Pastoral, Düsseldorf 1990, 229.

3.5. Die martyriale Konsequenz konsequenter Nach-Folge

von Selbstzentrierung und (Todes-)Angst aufgesprengt hat, vermag er auch heute die innere Freiheit zu schenken, um den Erpressungskreislauf der Angst zu unterlaufen und aus Liebe dem Unrecht prophetisch entgegenzutreten, auch wenn persönliches Leid droht.[65] Im vorliegenden Diskurs ist dieses Sich-selber-Sterben-Können der dialektische Gegenpol zu dem von Gott geschenkten Selbstand mit Selbstfindung und Individuation, d. h. es gibt eine Selbstbehauptung im Sinne des Stehens zur eigenen Überzeugung, die aus Liebe zu den Marginalisierten in den physischen Selbstverlust führt.

Die bisherigen Überlegungen weisen die Aggression in ihrer Ambivalenz auch als destruktives Vermögen aus. Dem vorliegenden Diskurs ist es darum zu tun, den Heterotopos der Feindseligkeit und Destruktivität vom kirchlichen Binnenraum nicht abzuspalten, sondern in einer praktischen Soteriologie mit der korrespondierenden Spannung ekklesial förderlich umzugehen.

---

[65] Der Münchner Kardinal Michael Faulhaber warnte im April 1933 vor einer Intervention gegen die antisemitischen Exzesse der Nationalsozialisten gegen die Juden. Am 10. April schrieb er an Kardinalstaatssekretär Eugenio Pacelli: „Uns Bischöfen wird zurzeit die Frage vorgelegt, warum die katholische Kirche nicht... für die Juden eintrete. Das ist zurzeit nicht möglich, weil der Kampf gegen die Juden zugleich ein *Kampf gegen die Katholiken werden würde.*" Die ekklesiale Selbsterhaltung verhindert ein prophetisch-kritisches Einschreiten zugunsten der Juden. Vgl. die Recherchen des Kirchengeschichtlers Dominik Burkard, in: ders., Texte, die nie erschienen. CiG 61 (2009) 33.

4. Verantwortlicher Umgang mit destruktiver Aggression

4.1. Heilige Kirche – sündige Kirche

Auch für die Kirche stellt sich die Frage nach einem authentischen Umgang mit der eigenen Destruktivität und Gefährlichkeit im Binnenbereich. Für den vorliegenden Diskurs bildet die den menschlichen Freiheitsraum negativ in ihren Bann ziehende, äußerst wirkmächtige *Sündenmacht den Gegenbegriff zu Liebe, nicht die Aggression per se*. Die Macht der Sünde degradiert auch das Aggressionsvermögen zu ihrem Handlanger. Gemäß LG 8 kennt die Kirche die eigene Gefährlichkeit und Anfälligkeit für Destruktivität, zumal sie „zugleich heilig und stets der Reinigung bedürftig, immerfort den Weg der Buße und Erneuerung geht". Kirche als Kirche ist gerecht und sündig,[1] sie ist die erste Adressatin der Evangelisierung (vgl. EN 15) und muss sich die rechtfertigende Gnade immer wieder neu von Gott schenken lassen und umkehren.[2] Diese kirchenkonstitutive Umkehr setzt das Eingeständnis der eigenen Sünde voraus. Zwischen Sakrament Kirche und den Einzelsakramenten besteht ein grundlegender Unterschied bezüglich der Gewähr der unverstellten Darstellung und der Weitergabe der Gnade. Karl Rahner spricht vom „Höchstfall"[3] der göttlichen Gnadenmitteilung in der amtlich-sakramentalen Heilsvermittlung, wo die Gnade als wirklich irreversibel siegreich angekommene geschichtlich in Erscheinung tritt, unverfälscht in den sieben Sahramenten dargestellt wird und die Sündigkeit des Spenders im Sinne des opus operatum das Gnadenereignis nicht beeinträchtigt.

Wenn bezüglich der ekklesialen Sakramentalität gilt, dass „in dem Maße, wie sich das Innesein Gottes in der menschlichen Leiblichkeit, Geschichtlichkeit, Mitmenschlichkeit verdichtet und intensiviert, in dem Maße sich auch die ´Sakramentalität' verdichtet", dann ist im umgekehrten Fall von deren Minderung auszugehen.[4] Die pneumatologische Dimension von Kirche verbietet eine Sakralisierung bzw. Glorifizierung ihrer selbst: Die vielen Personen bleiben der Sünde grundsätzlich unterworfen und können aus der Verbindung mit dem Heiligen Geist ausbrechen, das Sozialgefüge der Kirche kann sich dem Geist und der Transparenz auf ihn hin verweigern. Aufgrund der menschlichen Sündigkeit gibt es keine Garantie, dass das kirchliche Tun tatsächlich als Ereignis der Gnade ankommt. Als menschliches Werk bleibt alle verleiblichende Darstellung ambivalent, fragmentarisch und gebrochen, die Kirche kann vom Heils- zum Unheilszeichen werden.[5] Insbesondere die Psychoanalyse teilt mit der Theologie die gemeinsame Op-

---

[1] Vgl. Rahner, K., Sündige Kirche nach den Dekreten des Zweiten Vatikanischen Konzils, in: Ders., Schriften zur Theologie, Bd. 6, Einsiedeln-Zürich-Köln 1965, 321-347.
[2] Vgl. Meyer, H., Sündige Kirche?, in: ÖR 38 (1989) 397-410.
[3] Vgl. Köhnlein, M., Was bringt das Sakrament? Disputation mit Karl Rahner, Göttingen 1971, 96; vgl. ders., Schriften zur Theologie, Bd. 4, 334.
[4] Schneider, T., Zeichen der Nähe Gottes. Grundriss der Sakramententheologie, Mainz 1982, 31.
[5] Vgl. Congar, Y., Un peuple messianique. L'Église, sacrement du salut. Salut et libération, Paris 1975. Vgl. die Worte des Pariser Bischofs Wilhelm von Auvergne, der sich angesichts kirchlicher Verwilderung im 13. Jahrhundert zu der Bemerkung hinreißen ließ: „Braut ist das nicht mehr, sondern ein Untier von furchtbarer Ungestalt und Wildheit (...)", in: Balthasar, H. U. v., Casta meretrix, in: ders., Sponsa Verbi, Einsiedeln 1961, 203f.

tion, Destruktivität wahr- und ernstzunehmen, so dass sie eine hohe Anschlussfähigkeit an den theologischen Diskurs bezüglich der Gewichtung von Destruktivität aufweist. Sie geht davon aus, dass auch die reifen psychischen Strukturen ihr kognitives und affektives Potential in den Dienst äußerst destruktiver Ziele zu stellen und durch spezifische Anpassungsprozesse in der Ich-Organisation den störenden Einfluss von Schuldgefühlen außer Kraft zu setzen vermögen. Freuds Hermeneutik des Verdachts sieht den Menschen als einen, der sich notwendig über die seine Mitmenschen rücksichtslos und destruktiv instrumentalisierenden und verobjektivierenden, unbewussten Motive selbst täuscht.[6] Die Psychoanalyse stellt den naiv-optimistischen Glauben an eine abstrakte Philanthropie in Frage,[7] sie erinnert die christliche Theologie daran, den Heterotopos der abgründigen und dämonischen Strukturen im Menschen in den Binnendiskurs aufzunehmen und sich davon im theologischen Zentrum treffen zu lassen.

Der sich angesichts weltweiten Terrorismus auftuende Abgrund an Bosheit führt die gegenwärtige Pastoral vor das Problem, durch einen vermeintlich philanthropen Verzicht auf die Sündenkategorie in der Verkündigung und in der Gebetssprache der Unheil benennenden Sprachfähigkeit verlustig gegangen zu sein. Die Irritation der Psychoanalyse regt dazu an, diese Sprachkompetenz neu zu erwerben und sich binnenkirchlich zu prüfen, wo pastoralpraktisch autosoterische Tendenzen Einzug gehalten haben. Diese konvergierende Option verschweigt nicht die Verschiedenheit der Menschenbilder und das Entfallen eines letzten Konsenses im kritischen wechselseitigen Dialog zwischen Theologie und Psychoanalyse: Die Theologie radikalisiert den Begriff der Destruktivität als Sündenmacht, wenn nach ihrem Dafürhalten das Böse als geschöpfliche Verweigerung die transzendentalgeschichtliche Zuwendung der vollendeten Freiheit Gottes zur Voraussetzung hat.

Wie vermag die Kirche in der Spannung, einerseits „Keim und Anfang des Reiches Gottes" (LG 5) zu sein und andererseits sich als sündig vorzufinden, Glaubwürdigkeit zu gewinnen? Stellt nicht die eigene Unzulänglichkeit einen Gegensatz zu ihrer Heiligkeit dar? Die Heiligkeit der Kirche als einer nota ecclesiae besteht nicht in einer hohen Idealität, welche die ekklesiale Gemeinschaft als tadelsfreies und makelloses heile Welt mit der Folge der Abspaltung und Zuweisung des Negativen in Schwarz-Weiß-Schemata auswiese. Die im soteriologischen Teil dieser Studie vorgestellte Heiligkeit versteht sich nicht als Absonderung des Heiligen von den Sündern, sondern als deren *Vermischung*. Die Heiligkeit der sündigen Kirche besteht in der ihr gnadenhaft zukommenden Verwandlungs- und Rechtfertigungsmacht des Heiligen Geistes, die Gott trotz der menschlichen Sündigkeit schenkt, um so den Sünder immer neu anzunehmen und zu heiligen.[8] Laut Röm 5,8 ist Christus für uns gestorben, *als* wir noch Sünder waren. In seiner unausdenklichen Gnade in Christus liebt Gott den Sünder/Feind grenzen- und bedingungslos, *während er noch Sünder ist, d.h. noch bevor er umkehrt*. Das Höchstmaß der Liebe Gottes offenbart sich paradoxerweise am Ort der äußersten Destruktivität, am Kreuz. Daselbst wurde der Gekreuzigte in einer identitären Repräsentation selbst „zur Sünde" gemacht und hat Letztere in die äußerste Nähe zu sich gezogen und zu seinem Anteil gemacht (vgl. 2 Kor 5,21). Am Kreuz besteht die größtmögliche Spannung und die äußerste Ambivalenztoleranz, zumal

---

[6] Vgl. Winkler, K., Was hat die Theologie von Freud gelernt?, in: Herrenalber Protokolle, Bd. 64, 1989, 37-52.
[7] Vgl. Tillich, P., Der Einfluss der Psychotherapie auf die Theologie. Ges. Werke VIII, Stuttgart 1970, 314.
[8] Vgl. Werbick, J., Heilige Kirche? – Sündige Kirche?, in: ders., Kirche. Ein ekklesiologischer Entwurf für Studium und Praxis, Freiburg i. Br. 1994, 232f.

an diesem Ort die äußerste Feindesliebe Gottes auf das Höchstmaß an Destruktivität stößt und es annehmend in die neue Schöpfung verwandelt. Gottes Heiligkeit impliziert nicht Absonderung und Spaltung, sondern Vereinigung, nicht Urteil, sondern erlösende Liebe. Die Pastoral hat diese göttliche Vermischung mit der Not der Sünde im Hier und Heute zu vergegenwärtigen. Gott liebt schlechthin bedingungslos, die Menschen müssen nicht erst in Eigenleistung das Sünder-Sein aufgeben. Die bedingungslose Annahme durch Gott ist als Annahme des Unannehmbaren durch ein „Trotzdem"[9] Gottes gekennzeichnet, der Mensch darf bejahen, von Gott trotzdem bejaht zu sein.

Die gegenwärtige Pastoral hat dem heutigen Menschen inmitten seiner Zerrissenheit diesen „Mut zum Sein"[10] zuzusprechen, dass er sich angesichts eigener destruktiver Aggression trotzdem auch selber annehmen darf. Der von Ottmar Fuchs im Bereich der Diakonie postulierte „Indikativ der Gnade"[11] ist auch für die Frage nach der praktischen Hermeneutik der Rechtfertigungsbotschaft in Anschlag zu bringen: Das Neuwerden kann nicht als Imperativ eingefordert werden, erforderlich ist der vorgängige Indikativ der am eigenen Leib erfahrenen Liebe, die das Weiterschenken dieser Liebe ermöglicht. Ein einen Leistungsdruck aufbauendes, die Liebe nur als Postulat des Sollens erhebendes Verständnis von Zuwendung „ist selber Bestandstück der Ideologie, welche die Kälte verewigt. Ihm eignet das Zwanghafte, Unterdrückende, das der Liebesfähigkeit entgegen wirkt".[12]

Die schöpferische Feindesliebe Gottes liebt den wirklichen Menschen mit seinen negativen und hässlichen Seiten. Es ist dies keine dualistische Religion, in der ein gutes und ein böses Prinzip gleichstufig einander gegenüber stünden und der Mensch zu wählen hätte. Gemäß Röm 5, 20: „Wo jedoch die Sünde mächtig wurde, da ist die Gnade *übergroß* geworden" ist Gottes Liebe unendlich größer als die Sünde. Der in Jesu Christi Sühne sich erweisende unendliche Überschuss göttlicher Zuwendung ist als unendliches Versöhnungspotential Fundament für einen förderlichen Umgang mit destruktiver Aggression. Die Integration und das Eingeständnis von Destruktivität und Sünde im ekklesialen Binnenbereich verändern und radikalisieren den Liebesbegriff: Die Liebe Gottes ist nicht mit der Verniedlichung vom „lieben Gott" im Sinne einer menschlicher Projektion zu verwechseln, bringt sie doch die Andersheit des Gottes zum Ausdruck, der mit Gewalt und Sünde so anders umgeht und seinen Feind liebt. Das ekklesiale Gemeinschaftsgefühl darf somit Christi grausamen Tod am Kreuz nicht überspielen, zumal seine Liebe erst in der Konfrontation mit dem Bösen in ihrer Radikalität und Tiefendimension voll zur Erscheinung kommt. In der pastoralen Vergegenwärtigung dieser radikalisierten Liebe wird sowohl die heutige Abgründigkeit ansichtig als auch die göttliche Mächtigkeit, die sich mit dem Hass und der Gewalt transformierend auseinandersetzt.

Der liturgische Selbstvollzug der Kirche in der Feier der Eucharistie hat deshalb immer auch mit der grausamen Wirklichkeit menschlicher Gewalttätigkeit von heute zu konfrontieren. Pastoralpraktisch wäre zu erschließen, dass die rituelle bzw. sakramentale Form der Eucharistie die Mitfeiernden mit der gegenwärtigen Gewalt in existientielle, innere Berührung kommen lässt, wobei die Erfahrung symbolischer Differenz im Ritual zugleich vor tatsächlicher Gewalt bewahrt.[13] Auch in der Liturgie geht es um die Dra-

---

[9] Tillich, P., Systematische Theologie, Bd. 2, 191.
[10] Tillich, P., Der Mut zum Sein, in: ders., Gesammelte Werke, Bd. 11, 13-139.
[11] Fuchs, O., Heilen und befreien, 170.
[12] Adorno, T. W., Stichworte, Frankfurt a. M. 1969, 99.
[13] Vgl. Kamphaus, F., Religion und Gewalt, in: Frankfurter Allgemeine Zeitung Nr. 243, 19. Oktober 2006, 8.

matik von Leben und Tod, die legitime Rede von der österlichen Festesfreude darf nicht unterschlagen, „dass die Eucharistie zutiefst in die Konfliktstruktur der Lebenswelt hineingehört".[14] Im Gedächtnis des Leidens und Sterbens Jesu als Feier in Lob und Dank (eucharistia) wird zugleich ein aus der destruktiven Aggression und Gewalt herausführender Weg aufgewiesen. Lob und Dank beziehen sich auf die äußerste Selbst-Gabe Gottes im Kreuzesopfer, durch die der Mensch mit Gott versöhnt wird. „Jesu Kreuz als Ort der Gewalt und des Scheiterns wird zugleich zum Ort des Sieges von Gott her".[15] Wenn Christi Blut zur Vergebung der Sünden vergossen ist, wird in der Darstellung von menschlicher Aggression Versöhnung gestiftet.

Gerade in ihrer Sündigkeit ist die Kirche Verleiblichungsgestalt der Gnade, ist sie „ein Zeichen des Erbarmens Gottes, der auch zur Gemeinschaft mit sündigen Menschen steht".[16] An der Sündigkeit der Kirche gehen die Bedingungslosigkeit der Gnade und die absolute Annahme des Sünders durch Gott auf. Die soteriologische Beziehung in vertikaler Hinsicht findet laut Röm 15,7 ihren konkreten, zwischenmenschlichen Ausdruck in einem redemptiven ekklesiologischen Milieu: „Nehmt einander an, wie auch Christus euch angenommen hat zur Verherrlichung Gottes!". Die vertikale Rechtfertigung mit der schöpferischen Feindesliebe Gottes findet ihre Übersetzung in die ekklesiale Horizontalität und hält in der Tiefe die füreinander Hass und Ablehnung empfindenden Menschen zusammen. Die bedingungslose Zuwendung Jesu Christi zum Sünder, sein Hinabsteigen bis in dessen äußerste Abgründe, begründet auch in sozialer Hinsicht eine Tiefendimension, eine Einheit im Sinne einer gnadentheologisch ermöglichten, bedingungslosen Stabilität in der Beziehung zwischen Sünder und Sünder. Der den Sünder in der Tiefe schöpferisch neuschaffende Heilige Geist ist zugleich das vinculum amoris in Gestalt einer bedingungslosen Feindesliebe.

4.2. Ambivalenztoleranz im redemptiven Milieu ekklesialer Einheit

Der ursprüngliche, theologiegenerierende Lebens-Ort für die paulinische Rechtfertigungslehre des Römerbriefs ist die praktische Ekklesiologie, zumal Paulus angesichts der Frage nach der Beschneidung der aus der heidnischen Welt zur Heilsgemeinde Jesu hinzutretenden Konvertiten betont, dass alles am Christus-Glauben als dem bedingungslosen Geschenk Gottes hängt (vgl. Apg 15; Gal 2), so dass auch der hinzukommende Heide bedingungslos anzunehmen ist.[17] Paulus geht also von der ekklesialen Horizontalität aus und qualifiziert die bedingungslose Bindung zwischen Sünder und Sünder, Feind und Feind, als Ausdruck der bedingungslosen Christusbindung. Die in Röm 12,3-8 („wir, die vielen, sind ein Leib in Christus") entfaltete Ekklesiologie ist denn auch angewandte Rechtfer-

---

„Der Sohn Gottes hat sich geopfert, indem er sich der von Menschen ausgeübten tödlichen Gewalt ausgesetzt und ‚überliefert' hat".

[14] Wohlmuth, J., Jesu Weg – unser Weg. Kleine mystagogische Christologie, Würzburg 1992, 130.
[15] Odenthal, A., Liturgie als Ritual, 236.
[16] Greshake, G., Erlöst in einer unerlösten Welt?, Mainz 1987, 137.
[17] Vgl. Theobald, M., Rechtfertigung und Ekklesiologie nach Paulus. Anmerkungen zur „Gemeinsamen Erklärung zur Rechtfertigungslehre", in: ZThK 95 (1998) 103-117, 108.

tigungslehre.[18] Diese Einheit ist für Paulus „in Christus" strictissime geschenkhaft vorgegeben und wird in der Feier der Eucharistie leibhaft erfahrbar (Röm 12,5); sie gründet somit nicht in kirchlichen Institutionen und Strukturen, so dass diesen nicht die Aufgabe ihrer Bewerkstellung aufgebürdet werden kann. Eine „kriteriologisch-applikative"[19] Anwendung des Rechtfertigungsartikels bzw. eine praktisch-theologische Übersetzung der Tiefenstruktur dieses Theologumenons in den gegenwärtigen pastoralen Kontext hat wachsam im Auge zu behalten, dass das theologische Niveau der Bedingungslosigkeit der Gnade auch im ekklesialen Miteinander inhaltlich nicht zugunsten vergesetzlichender Tendenzen unterschritten wird.[20] Die Rechtfertigung soll auch gegenwärtig das Zentrum der Kirche treffen und ihre horizontale Darstellung und Übersetzung in konkrete ekklesiale Vollzüge und Gestalten hinein finden, so dass es zu einer praktisch-theologischen Hermeneutik der Rechtfertigung im Dienste eines förderlichen Umgangs mit Destruktivität und Sünde in der Kirche kommt.[21] Das Hereinnehmen der Destruktivität radikalisiert auch die Pneumatologie: Während in Johann Adam Möhlers romantischer Sicht der Kirche die Einheit des Geistes im Gefühl von „Liebe, Freude und Frieden" gefunden wird, indem dieser Geist die aus der Individualität entspringenden Gegensätze gleich der Harmonie eines vielstimmigen Chores in die Einheit vermittelt,[22] eignet dem Geist der Feindes-Liebe eine größere Tiefe und Radikalität, zumal er auch den Täteranteil ernstnimmt.

Das Gnadenprinzip der Rechtfertigungslehre durchformt nur dann die Ekklesiologie, wenn die Kirche unter dem Anruf des Heiligen Pneumas „um einer stets adäquateren Darstellung der in Christus bereits vorgegebenen Einheit willen notwendigerweise auch reformabel" bleibt.[23] Damit es zu keiner spiritualisierenden, ideologischen Überhöhung ohne Realitätsgehalt kommt, muss sich das Sein in Christus als Sein in der vorgegebenen Einheit in menschlich-konkrete, empirisch erfahrbare, glaubwürdige Gestaltungen hinein stets adäquater vermitteln. Durch die ekklesial-horizontal vermittelte Rechtfertigungsgnade entstehen eine bedingungslose Tiefenbindung und ein stabiler Unterbau, so dass die Angst vor Liebesverlust und Beziehungsabbruch bei Artikulation der (destruktiven) Aggression beseitigt ist und Letztere sich zeigen darf.

Die *Ambivalenztoleranz* bildet eine Möglichkeit, in der gnadenhaft ermöglichten Tiefenbindung zwischen Sünder und Sünder die vorgegebene Einheit in der wechselseitigen Annahme möglichst adäquat Gestalt werden zu lassen. Freuds kritisches Potential für die Theologie und die pastorale Praxis besteht in einer Sensibilisierung für Spannungen, Ambivalenzen, Differenzen und Ungleichzeitigkeiten. Es gilt, den Blick entschiedener auf

---

[18] Vgl. Klaiber, W., Rechtfertigung und Gemeinde. Eine Untersuchung zum paulinischen Kirchenverständnis (FRLANT 127), 1982. Vgl. Cullmann, O., Einheit durch Vielfalt. Grundlegung und Beitrag zur Diskussion über die Möglichkeiten ihrer Verwirklichung, Stuttgart 1990.

[19] Meyer, H., Gaßmann, G. (Hg.), Rechtfertigung im ökumenischen Dialog, Frankfurt a.M. 1987, 64.72; vgl. Pesch, O. H., Rechtfertigung und Kirche, in: ÖR 37 (1988) 22-46.

[20] Vgl. Pemsel-Maier, S., Rechtfertigung durch Kirche?, Das Verhältnis von Kirche und Rechtfertigung in Entwürfen der neueren katholischen und evangelischen Theologie, Würzburg 1991, 332.

[21] Vgl. Hilberath, B.-J., Die Gemeinsame Erklärung zur Rechtfertigung aus römisch-katholischer Sicht, 88, der dafür plädiert, aus dem Konsens in der Rechtfertigungslehre die entsprechenden Konsequenzen für das Verständnis von Communio-Ekklesiologie und Ekklesiopraxis zu ziehen.

[22] Vgl. Möhler, J. A., Die Einheit in der Kirche oder das Prinzip des Katholizismus. Dargestellt im Geiste der Kirchenväter der drei ersten Jahrhunderte, hg. v. J. R. Geiselmann, Darmstadt 1957, 150.

[23] Theobald, M., Rechtfertigung und Ekklesiologie nach Paulus, 112.

4.2. Ambivalenztoleranz im redemptiven Milieu ekklesialer Einheit

das Ungelöste, Unabgeschlossene zu richten, „deutlicher die Differenzen und Konflikte zwischen Wünschen, Absichten auf der einen Seite und der tatsächlichen Realität auf der anderen Seite (zu) betonen".[24] Nach Freud gehört Ambivalenz unabdingbar zum Menschsein; sie bildet ein „Grundmuster der Seele",[25] welches sich hauptsächlich in nahen Beziehungen einstellt. In Bezug auf ein und dieselbe Person können zwei einander widersprechende Impulse, Wünsche oder Gefühle nebeneinander und gleichzeitig bestehen: Liebe und Hass, Zuneigung und Abneigung. Zum reifen Erwachsensein gehört nach psychoanalytischem Verständnis Ambivalenztoleranz, i. e. die Kompetenz, starke Spannungen und widersprüchliche Gefühle gleichzeitig aushalten zu können, sich davon anregen zu lassen und darum zu wissen, dass die Beziehung bestehen bleibt.[26] Umgekehrt eignet der regressiven Infantilität die Tendenz, Ambivalenzen unbedingt auflösen und damit die Komplexität der Realität und der korrespondierenden Wahrnehmung entdifferenzieren zu müssen.

Der phänomenologische 1. Hauptteil führte u. a. zu dem Ergebnis, dass aufgrund eines bestimmten theologischen Aggressionsverständnisses aufkommende destruktiv-feindselige Gedanken und Gefühle anderer gegenüber im binnenkirchlichen Raum nicht oder nur erschwert eingestanden werden können, mit der Folge von Autoaggression, Beziehungsstörungen oder Projektion auf eine Fremdgruppe. Das kritische Potential der systemischen Therapie irritiert die Praktische Theologie auf fruchtbare Weise, wenn sie betont, dass die systemimmanent und intersystemisch wirksamen, Aggression einseitig als Nicht-sein-Sollende konnotierende, handlungsanleitende Grundannahmen die Beteiligten in starre Entweder-Oder-Schemata zwängen und sie zu Mitspielern dysfunktionaler Basisannahmen machen. Eine existentiell vollzogene Rechtfertigung ermöglicht als befreiende, handlungsanleitende Basisannahme im ekklesialen Binnenraum eine neue Selbstwahrnehmung und ein neues Verhalten. Die Rechtfertigungsbotschaft befreit dazu, die Ambivalenz von Aggression und aversiven Gefühlen gegenüber nächsten Bezugspersonen eingestehen zu dürfen und trotzdem nicht die Selbstachtung zu verlieren.

Im Licht der Gnade dürfen Feindseligkeit und Feind als solche ansichtig werden, es muss nicht verklärt und beschönigt werden. Das Licht der Rechtfertigungsgnade bringt die versteckte Sündenmacht buchstäblich ans Licht, die destruktive Aggression im Binnenbereich wird bewusst gemacht. Indem der Sünder im Rechtstitel der Rechtfertigung seine Daseinsberechtigung neu zugesprochen bekommt, vermag er auf die Projektion und Verdrängung der Sünde zu verzichten, ohne die eigene Selbstachtung und Würde verlieren zu müssen. Es macht das Proprium der Kirche aus, dass sie mit der eigenen Gefährlichkeit *gnadentheologisch anders umgehen kann*, indem sie diese wahrnehmen und zugeben darf und so Glaubwürdigkeit erlangen kann. Bei dem im Jahre 2010 zutage tretenden Missbrauchsskandal in der deutschen Kirche wurde evident, dass ein diesbezügliches Unvermögen zu einem jahrzehntelangen systematischen Wegsehen und Verschweigen bei offensichtlichem Vorliegen von durch pädophil Erkrankten begangenen Straftaten unsägliches Leid über Kinder und Jugendliche brachte und den Tätern die notwendigen Therapien vorenthielt. Nur wenn es der Kirche gelingt, das große Leid der Opfer in den

---

[24] Klessmann, M., Pastoralpsychologie. Ein Lehrbuch, Neukirchen-Vluyn 2004, 138.
[25] Winkler, K., Ambivalenz als Grundmuster der Seele, in: Stollberg, D. u. a. (Hg.), Identität im Wandel in Kirche und Gesellschaft. FS f. Richard Riess, Göttingen 1998, 110f.
[26] Vgl. Freud, S., Studienausgabe I, 511f.

Blick zu bekommen und deren menschliches Wohlergehen in die Mitte zu stellen, kann sie durch die Art des transparenten Umgangs mit destruktiver Aggression hilfreiche Impulse in die gesellschaftliche Öffentlichkeit einbringen, welche sich der Missbrauchsproblematik ebenso klar und entschieden stellen müsste. Die Vorbildfunktion speiste sich aus der offenen Kommunikation bezüglich des Umgangs mit der eigenen Gefährlichkeit.[27]

Das Extrembeispiel der Therapie mit traumatisierten Menschen zeigt, dass die Opfer von Gewalt erst dann *versöhnungsfähig* werden können, wenn sie einen Zugang zu und einen Umgang mit ihrem Hass gefunden haben. Durch das Zulassen aller verdrängten Emotionen entsteht erst das Bewusstsein eigener Integrität als Voraussetzung für die Versöhnung. Der kanadische Pastoralpsychologe Jean Monbourquette diagnostiziert in seiner pastoralen Praxis viel verdrängte Aggressivität hinter der falschen Vergebung.[28] Nach seinem Dafürhalten gibt es Vergebung nur unter der vorherigen Annahme der negativen Gefühle, der Wut und der Rachsucht, zumal die nichteingestandene Wut zu Verbitterung und Hass führt und im Innern gärt. Die Destruktivität vermag sich in neue Lebensenergie zu transformieren, wenn mit der unterdrückten Wut und dem Hass ein innerer Kontakt hergestellt wird und adäquate Ausdrucksformen gefunden werden. Diese Annahme ist von dem willentlichen und gepflegten Gefühl des Hasses oder der Verbitterung zu unterscheiden. In der eigenen seelsorglichen Begleitungspraxis fällt dem Autor der vorliegenden Studie auf, dass Betroffene die von Gott objektiv zugesprochene Vergebung erst dann auch subjektiv anzunehmen vermögen, wenn sie z. B. die den eigenen engsten Angehörigen gegenüber empfundenen Ambivalenzen sehen und ausdrücken können. Eine ekklesiale Ambivalenztoleranz bezüglich destruktiver Aggression ermöglicht, sich mit der Ambivalenz von Menschen auszusöhnen und anzuerkennen, dass selbst in den intimsten Beziehungen Menschen mit hellen und dunklen Seiten einander fördern *und* belasten. Es ist dies keine Exkulpation für unethisches Verhalten bzw. einen ethischen Indifferentismus, den schon Paulus zurückweist (vgl Röm 6,1f.: „Heißt das nun, dass wir an der Sünde festhalten sollen, damit die Gnade mächtiger werde? Keineswegs!"). Ein bloßes Ausleben der verschütteten Aversionen würde den Teufelskreis von Gewalt und Gegengewalt nicht durchbrechen, sondern lediglich perpetuieren. Nur durch ein Stehen zur eigenen Destruktivität kann indessen ein Umgang mit ihr gefunden werden und vermag der Teufelskreis der Gewalt unterbrochen zu werden.

Bei aller Verschiedenheit der Menschenbilder verbindet die Theologie und die Schattentheorie der Analytischen Psychologie von Verena Kast die konvergierende Option, bei sich selbst den verpönten Teil anzunehmen und zu konfrontieren. Das Licht der Rechtfertigungsgnade ermöglicht den Verzicht auf die Projektion des eigenen Schattens, die eigene Destruktivität darf wahr- und angenommen sowie konfrontativ bearbeitet werden. Weil der Schattenträger als solcher bedingungslos angenommen und geachtet ist, kann er die unakzeptablen feindlichen Tendenzen bei sich selbst bewusst in die Verantwortung nehmen und auf die Spaltung in Schwarz-Weiß-Schemata verzichten. Der innere Konflikt mit den korrespondierenden Spannungen wird am Ort seines Entstehens bearbeitet. Die Rücknahme der eigenen Destruktivität aus der Schattenverschreibung in die eigene

---

[27] Als Beispiel für einen transparenten Umgang mit sexuellem Missbrauch in der Kirche vgl. die Schrift von Bischof Dr. Gebhard Fürst, „Unser Schatz in zerbrechlichen Gefäßen" (2 Kor 4,6). Auferstehungsglaube unter dem Schatten des Missbrauchs, Rottenburg am Neckar 2010.
[28] Vgl. Monbourquette, J., Vergeben lernen in zwölf Schritten, Mainz 2003, 105f.

Verantwortung ist für die Generierung einer förderlichen Konfliktkultur unumgänglich. Durch die Integration des feindseligen Schattens wird „der Balken im eigenen Auge gesehen" (vgl. Mt 7,3) und Verantwortung für den eigenen Anteil beim Konflikt übernommen. Die gnadentheologische Akzeptanz von Aggressionsschatten ermöglicht das Wachstum der persönlichen Kompetenz zur Entwicklung einer konstruktiven Streitkultur.

In einer Welt, die im beruflichen Alltag ein aalglattes Funktionieren verlangt und die Aufarbeitung beruflicher Frustrationen der (familiären) Privatsphäre überlässt, hat die Kirche Anwalt der menschlichen Ambivalenz zu sein und mit „Destruktivität" einen konstruktiven Umgang zu pflegen, soll diese nicht in eine letzte, amoklaufanaloge Destruktivität einmünden. Dies gilt erst recht in wirtschaftlich schwierigen Zeiten, in denen aufgrund von erhöhter Frustration auch ein höheres Maß an destruktiver Aggression entsteht. Bei aller Einseitigkeit in der Gesamtaussage ist die wichtige Erkenntnis der Frustrations-Aggressions-Hypothese in der Pastoral ernstzunehmen, dass Frustrationen zu destruktiver Aggression führen. Es stellt sich die pastoralpraktische Frage, wo es Orte gibt, an denen sich die angestaute Destruktivität entladen darf, ohne dass Menschen Schaden nehmen? In der therapeutischen Arbeit mit Traumatisierten werden Ersatzsymbole zur Verfügung gestellt, an denen der Zirkel der Autoaggression aufbrechen kann und Aggression nach außen hin kanalisiert wird. Wichtig ist ein körperlicher Ausdruck, die Aggression muss abfließen können, die reine Kognition befreit nicht. Viele Menschen reagieren bei sportlichen Übungen ihre Destruktivität ab, der Boxsack im eigenen Hobbyraum verhindert bisweilen Magengeschwüre. Zugleich bedarf es auch einer Begrenzung der Aggression, wo man zu weit geht: In der hyperbolisch zugespitzten exemplarischen Forderung der Bergpredigt: „Ich aber sage euch: Jeder, der seinem Bruder zürnt, soll dem Gericht verfallen sein" (Mt 5,22) wird das destruktive Potential des Zornes benannt und radikal ernst genommen. Weil die Wurzel von Zornestaten im menschlichen Herzen liegt, weil jedes geringfügige Schimpfwort einen Mitmenschen „erledigen" kann, kommt eine scheinbar geringfügige Äußerung des Zorns dem Mord gleich.[29] Die Diskussion um das Ausleben von Aggression muss immer im Zusammenhang mit Werten und Ethik gesehen werden. Ein differenzierter Zugang zum Aggressionsphänomen lässt sich vom situativen Kontext und der Einschätzung der Lage bestimmen und übersieht nicht, dass Emotionen auch geordnet sein wollen. Die Toleranzgrenze wäre immer dann überschritten, wenn willentlich verletzt wird.

Die an sich schon verwandlunggenerierende Annahme des Unakzeptablen steht in einer dynamischen Spannung zum Neuwerden. In der Kraft des neuschaffenden Geistes beginnt das österliche Leben schon mitten unter den Bedingungen des schiefen, falschen, tödlichen Lebens.

4.3. Die die affektiven Untiefen erreichende, wandlungsmächtige Rechtfertigungsgnade

Angesichts der bedauernwerten Tatsache, dass auch in Europa jahrhundertelang Christen gegen Christen Kriege geführt[30] und getaufte Christen den millionenfachen Massenmord

---

[29] Vgl. Luz, U., Das Evangelium nach Matthäus, EKK I/1 Mt 1-7, 5. Aufl., Neukirchen-Vluyn 2002, 336f.
[30] „Es ist tragisch, dass hier Christen gegen Christen kämpfen" – mit diesen Worten beklagte der katholische

in Auschwitz mitgeplant und mitvollzogen haben, stellt sich umso mehr die praktisch-hermeneutische Frage, wie das wirkmächtige Gnadenhandeln Gottes als „heilende Zuwendung Gottes zum Menschen"[31] sich auch in die unheilen Tiefenschichten des Grolls und Hasses inkarniert und dort verwandlungsmächtig ankommt als „Wirkung dieser Zuneigung, in der Gott sich dem Menschen selber mitteilt".[32] Da nur Verwandelte verwandeln können, bedarf es einer kenotischen Konfrontation der dunklen Schichten des Hasses und der Ablehnung. Gemäß EN 29-31 will das Evangelium alle Existenzbereiche, somit auch die menschlichen Untiefen und Abgründe mit seinem Befreiungspotential transformierend erreichen. Der schöpferische und erneuernde Charakter der Feindesliebe Gottes bejaht eine erst entstehende, noch erwartete Integrität des anderen in unbedingter Weise und liebt im Menschen, was noch nicht ist. Diese schöpferische Erwartungshaltung ist das redemtive Milieu, in dem der Sünder über seinen begrenzten Horizont hinauszuwachsen vermag.

Im Dialog mit der Psychologie und angesichts einer in Gewalt versinkenden Welt bringt die Rechtfertigungstheologie das nur ihr zukommende, soterische kritische Potential der Versöhnungsmächtigkeit Gottes ein.[33] Nur eine religiöse Verwandlung vermag Menschen zu befähigen, sich auf dem haarscharfen Grat zu bewegen, der die Bereitschaft zur Selbsthingabe von der Bereitschaft trennt, andere mit in den Tod zu reißen. Es bedarf einer religiösen Verwandlung, um die Motive zu klären, zu läutern und destruktive Aggression an der Wurzel zu bekämpfen.[34] Gegen Gewalt in der Religion hilft nur authentisch gelebte Religion. Die Zivilreligion sagt im besten Fall den Bürgern eines Staates, was sie tun oder lassen sollen, um das Gemeinwohl zu fördern. Sie enthält sich bezüglich der Frage, wie die Bürger die Fähigkeit erlangen, den destruktiven Leidenschaften zu widerstehen.[35]

Das Projekt Weltethos versucht die Gemeinsamkeiten der Weltreligionen zu beschreiben und ein knappes Regelwerk aus wenigen Grundforderungen aufzustellen, welches von allen akzeptiert ist. Es ist dies das beachtliche Unterfangen, die für ein gemeinsa-

---

Bischof Cornelius Arap Korir aus dem westkenianischen Eldoret das Versagen kirchlicher Erziehung und religiöser Bildung angesichts der Stammesrivalitäten nach einer manipulierten Wahl an der Jahreswende 2007/08 in dem ostafrikanischen Land; vgl. CiG 60 (2008) 38.

[31] Hilberath, B.-J., Gnadentheologie, in: Schneider, T. (Hg.), Handbuch der Dogmatik, Bd. 2, 4.

[32] Art. „Gnade" in: Vorgrimler, H., NThW, Freiburg i. Br. 2000, 239-243, 239.

[33] Ottmar Fuchs berichtete am 17.11. 2008 bei der Dekanatskonferenz des Dekanats Rottenburg von seiner Teilnahme an einem Kongress in Heidelberg, bei welchem die anwesenden Psychologen den Theologen ins Stammbuch schrieben, die nur theologisch ableitbare Versöhnungsmächtigkeit neu zu entdecken und pastoral zu erschließen, zumal die Psychologie das Unheil lediglich aufdecken, nicht jedoch vergeben könne.

[34] Auch die Kampf-Terminologie ist auf die Soteriologie verwiesen, der „Kampf für" schafft per se noch keine neuen Menschen. Dies ist insbesondere an den Biografien von Jean-Bertrand Aristide, Haiti, und Robert Mugabe, Simbabwe, ersichtlich: Beide starteten als Kämpfer für Gerechtigkeit und Befreiung der Armen, beide endeten als totalitär herrschende Diktatoren.

[35] Maximilian de Robespierre griff die Idee einer Zivilreligion von Jean-Jacques Rousseau aus dessen „Contrat Social" auf. In seiner Rede am 7. Mai 1794 plädierte Robespierre für den Kult eines „Höchsten Wesens" mit folgender Begründung: „In den Augen des Gesetzgebers ist alles wahr, was der Welt nützlich und in der Praxis gut ist. Der Gedanke des Höchsten Wesens und der Unsterblichkeit der Seele ist eine Mahnung zur Gerechtigkeit, er ist somit sozial und republikanisch". Vgl. Fayard, J.-F., Les 100 jours de Robespierre – les complots de la fin, Paris 2005, 144. Nach der Erfahrung mit den Konfessionskriegen sollte der politische Einfluss der Religion eingeschränkt bzw. ausgeschaltet werden. Nach Robespierre muss die Religion, die der Staat braucht, „nützlich" und „in der Praxis gut" sein. Allein ihre Funktion steht zur Debatte, nicht ihre Wahrheit.

4.3. Die die affektiven Untiefen erreichende, wandlungsmächtige Rechtfertigungsgnade

mes (Über-)Leben der Menschheit konstitutiven verbindenden und verbindlichen Normen, Werte, Ideale und Ziele handlungsleitend zu normieren.[36] Es stellt sich jedoch die Frage, ob die auf hochnormativer Ebene formulierten Ideale auch den unerlösten Unterbau erreichen, zumal die Konfliktparteien wider besseres Wissen um die die Menschheit verbindenden Werte und Ideale ihrer Destruktivität freien Lauf lassen. Weil Jesus Christus am Kreuz für *alle* Menschen gestorben ist, eignet der Soteriologie eine Tiefendimension für die *gesamte* Menschheit.[37] In der Tiefe verbindet der Gekreuzigte alle (auch verfeindeten) Menschen. Dies ist das kritische Potential der praktischen Soteriologie für eine unter Gewalt leidende Welt, welches die Kirche als Zeichen der Einheit *der Menschen untereinander* (vgl. LG 1) pastoral im Sinne einer kulturellen Diakonie zur Geltung zu bringen hat. Es ist auch pastoral in Anschlag zu bringen, dass das Christentum antignostisch und inkarnatorisch verfasst ist: Die Wirklichkeit der Charis erreicht die unerlösten Tiefenschichten des Grolls und des Hasses und schafft Versöhnung

Das theologische Heil impliziert eine psychische Heilung und Verwandlung der „sperrigen" Emotionen und Aversionen, d. h. auch der neue Mensch ist nicht von der Aggression, sondern von der Sündenmacht befreit und vermag somit die transformierte Aggression konstruktiv-integrativ in die kirchliche Sendung einzubringen. Es geht nicht um eine psychologische Auflösung des Realitätsgehaltes der Soteriologie, sondern um die Ermöglichung von Umkehr, indem die Erlösungsbotschaft und der Kreuzestod an psychische Erfahrungskategorien des Menschen angebunden werden, welche das göttlich unableitbare Heil darzustellen vermögen.[38] Die Inkulturation und Inkarnation des theologischen Heils impliziert gemäß der Sakramentalität von Kirche eine Übersetzbarkeit auch in psychologisch erfahrbare Befreiungsprozesse, so dass das Freiheitspotential bei den real vorfindlichen, heutigen Menschen als solches anzukommen und Umkehrprozesse anzustoßen vermag.

Eine im Dienste der praktischen Soteriologie stehende Pastoral darf den Menschen vermitteln, dass nicht alles von ihnen selbst gelöst werden muss: Im Angesicht des Er-Lösers darf die eigene Biografie mit ihren Wunden und ambivalenten Beziehungserfahrungen zunächst „stehen gelassen" werden. Im seelsorgerlichen Gespräch soll deshalb nicht nur die Ambivalenz ansichtig werden, sondern auch das Versöhnungspotential des Gekreuzigten zur Geltung kommen. So wird deutlich, dass zwischenmenschliche Lösungen von Beziehungsproblematiken in Form von klärenden Gesprächen letztlich immer auf den Er-Löser verweisen. Es bedarf folglich nicht nur der Rituale, welche destruktive Aggression kanalisierend abführen, sondern auch der Versöhnungsrituale. Am Ende von seelsorglichen Gesprächen ist es oftmals hilfreich, den Hilfesuchenden ein Ritual anzubieten, mittels dessen die Ambivalenz eigenen Unheilseins dem Gekreuzigten abgegeben und seiner je größeren Versöhnungsmacht übergeben werden kann. In diesem Zusammenhang wäre auch das durch eine vielfach unheilvolle Praxis in Misskredit geratene Sakrament der Versöhnung pastoral neu zu erschließen.

Eine *förderliche ekklesiale Streitkultur* bildet eine weitere Möglichkeit, die theolo-

---

[36] Vgl. Küng, H., Wozu Weltethos? Religion und Ethik in Zeiten der Globalisierung, Freiburg i. Br. 2002.
[37] Vgl. Drittes Eucharistisches Hochgebet: „Barmherziger Gott, wir bitten dich: Dieses Opfer unserer Versöhnung bringe der *ganzen Welt* Frieden und Heil".
[38] Vgl. Drewermann, E., Art. Psychologie und Theologie, in: NHThG Bd. 4 (1991) 312-330, wo der Realitätsgehalt von Theologumena zugunsten des psychologischen Sprachspiels gänzlich aufgelöst wird.

gal vorgegebene Einheit durch Integration der verpönten Aggression möglichst adäquat Gestalt werden zu lassen.

4.4. Umrisse einer mit destruktiver Aggression förderlich umgehenden Streitkultur

Es gilt, die im kirchlichen Kontext vielfach anzutreffenden und „um des lieben Friedens willen" praktizierten, in hohem Maße Lebensenergie verschleudernden Konfliktvermeidestrategien in Konfliktlösungsstrategien zu transformieren. Im 1. Hauptteil wurde ersichtlich, dass sich das vielfach binnenkirchlich anzutreffende Harmonieideal zwischen den im Sprachspiel des Wertequadrats der Kommunikationspsychologie Friedemann Schulz von Thuns formulierten Spannungspolen „Friedhöflichkeit" und „Destruktivität" bewegt, d. h. es gibt kirchlicherseits zu viel Angst vor Aggression und zugleich zu viel destruktive Feindseligkeit, so dass die einander auf der bewussten, kommunikativen Ebene nicht zugemuteten Aggressionen unterschwellig und subtil ihr destruktives Wirkvermögen entfalten. Sicherlich ist die Vermeidung differenziert zu sehen: es kann Zeiten geben, wo Konflikte vermieden und bewusst zurückgestellt werden, weil momentan kein Erfolg erzielt würde. Zudem besteht angesichts vielfacher Polarisierungen in der Kirche die berechtigte Sorge um das tatsächlich vorhandene Integrationspotential, so dass die Sehnsucht nach Zusammenhalt und Einheit nicht als Konfliktscheu oder falsche Harmoniesucht pauschal abgetan werden darf.

Es ist dem vorliegenden Diskurs jedoch ein großes Anliegen, das Harmonieideal und die korrespondierenden Vermeidestrategien als etwas sehr Destruktives zu entlarven, zumal die Friedhöflichkeit die Aggression „unter den Teppich kehrt", ohne sie zu lösen oder zu erlösen. Der Geist der Einheit darf nicht auf ein hochaffirmatives Communio-Ideal im Sinne einer harmonistischen Familienideologie von Kirche und Gemeinde reduziert werden. Einerseits bergen diesbezüglich überhöhte, unerfüllbare Erwartungen in sich ein vorprogrammiertes Frustrationspotential, andererseits führt die Abspaltung der Aggression von der Communio zu deren lebenspraktischer Spaltung: Die sich harmlos gebenden, harmonistischen Vermeidestrategien sind Ausdruck der Verweigerung von Bindung und Beziehung, sie artikulieren den Bruch mit dem Mitmenschen, dem kein Vertrauen entgegengebracht und der keiner Auseinandersetzung für würdig erachtet wird. Man lässt es auslaufen, ohne sich in einer klärenden Auseinandersetzung je zu treffen. Das Gesprächsvakuum bietet Raum für destruktive Phantasien, Verdächtigungen und Mutmaßungen. Der konfliktfrei imponierenden Friedfertigkeit eignet vielfach etwas Kaltes, sie ist unvital und lieblos und entfaltet oft im Verborgenen ihr wirkmächtiges und perfides Destruktionspotential als Spiel mit falschen Karten. Die nicht bewältigte Aggression manifestiert sich spaltunggenerierend auf eine uneindeutige, subtile und verzerrte Art und Weise, um derart die Kommunikation erst recht zu vergiften und den Selbstwert des Gesprächspartners durch Entwertungen zu verletzen. Bedenkliche symbiotische Beziehungskonstellationen führen zu Ja-Sagern, die in einer falsch verstandenen Loyalität durch Tabuisierung der Aggression im Binnenbereich daselbst den Aspekt der Wahrhaftigkeit und aufrichtigen Kritikfähigkeit ausblenden und die ausgesparte Aggression entweder einem äußeren Feindbild aufbürden oder durch innerliche, destruktive Entfremdungs- und Spaltungsprozesse mittels subtiler Sticheleien und Zynismus der Aggression in verletzender Form Aus-

4.4. Umrisse einer mit destruktiver Aggression förderlich umgehenden Streitkultur 439

druck verleihen und das Beziehungsklima erst recht vergiften bzw. Beziehungsabbrüche begünstigen.

Wenn Christen miteinander streiten, feiern sie in der gemeinsamen Eucharistie die vorgängige, fundamentale gegenseitige Annahme, welche den Streitpartner eines Streites für würdig erachtet. Im Verwandlungsgeschehen der Eucharistie wird die sündige Destruktivität in ein neues „ad-gredi" verwandelt: Ite, missa est! In der eucharistischen Sendung soll die Welt mit Versöhnung durchdrungen werden: Es gilt, Konflikte anzugehen, Konfliktpartner in ihrem Anderssein stehenzulassen, auf sie zuzugehen und mit ihnen in Kontakt zu treten. Weil die durch die ekklesial-horizontal vermittelte Rechtfertigungsgnade entstehende bedingungslose Tiefenbindung die Angst vor Liebesverlust und Beziehungsabbruch bei Artikulation der Aggression minimiert, vermag sich die unterschwellige, konstruktive und destruktive Aggression an der Oberfläche zu zeigen. Wenn Paulus zu Beginn des 1. Briefes an die Korinther seine Adressaten mit „die Geheiligten in Christus Jesus" anredet (vgl. 1 Kor 1,2), bringt er zum Ausdruck, dass der bedingungslose, göttliche Vertrauensvorschuss die Voraussetzung bildet, um auch den aggressiven Widerspruch formulieren und den Konflikt wagen zu können (vgl. 1 Kor 3f.); die Gnade setzt die Konfliktaggression frei. Das geschenkte Vertrauen zwischen Feind und Feind ermöglicht den Abbau von Feindbildern, die letztlich immer Ausdruck einer angstvollen Beziehungsstörung sind.

Gemäß der lateinischen Rechtsregel „communio est mater rixarum" ist die Rechtsgemeinschaft die Mutter von Streitigkeiten: „Aus einer Rechtsgemeinschaft entsteht regelmäßig Streit".[39] Auch die Rechts- und Gnadengemeinschaft der kirchlichen Communio Sanctorum führt als Gütergemeinschaft der Gläubigen in der gemeinsamen Teilhabe und Teilgabe des Erbarmens Gottes in ihrer tatsächlichen Umsetzung zu Streit bzw. ermöglicht eine durch die bewusste und möglichst förderliche Integration der ansichtigen und zuhandenen Aggression förderliche Streitkultur. Wenn die unterschwellige Aggression an die bewusste Oberfläche kommt, kann der Heterotopos der verpönten Aggression in die Beziehung eingebracht werden und das Communioideal spannungsvoll irritieren. Anstelle einer Abspaltung wird das vorhandene Aggressionspotential gelenkt, damit der Konflikt auf den Tisch kommt und die eingebrachte Aggression den Anstoß für eine Weiterentwicklung aus der stagnierten Situation heraus zu geben vermag. Auch wenn die Aggression fremd, sperrig, kantig und verletzend bleibt, stellt sich pastoral die Frage, wie die tatsächlich vorhandene, versteckte Aggression ansichtig werden kann, um etwas in Bewegung zu bringen. Im Konflikt zeigt der Mensch sein wahres Gesicht, er mutet sich dem Anderen zu und wird mit den unangenehmen Persönlichkeitsanteilen konfrontiert. Der Störenfried benennt den verpönten Teil, den Schatten, die unbequeme, peinliche Wahrheit, das verdrängte Tabu, die Differenz, das Sperrige, Widerständige und nicht Kompatible. Mit der verpönten Aggression wird somit auch peinliche Wahrheit integriert und auf den Tisch gelegt, darin eignet dem Streit Offenbarungscharakter. Es kommt zur Selbstoffenbarung: Ich öffne mich authentisch und gebe meine (emotionale) Wahrheit zu. Der die Sünder bedingungslos untereinander verbindende Geist der Einheit ist zugleich der Geist der Wahrheit, welcher folglich auch im Einbringen der verpönten, ärgerlichen (Teil-) Wahrheit am Werk ist. Er initiiert durch Differenzierung ein Streiten um Wahrheit,

---

[39] Liebs, D., Lateinische Rechtsregeln und Rechtssprichwörter, 7. Aufl., München 2007, C 44, 47.

um als Geist der Einheit die verschiedenen Pole wieder zusammenzuführen und spannungsvoll zusammenzuhalten.

In Analogie zum innertrinitarischen Leben, wo der Heilige Geist für die unendliche Einheit *und die unendliche Differenzierung* der göttlichen Personen gleichermaßen sorgt,[40] führt auch der ekklesial gegenwärtige Geist der Einheit die Glieder der Kirche zunächst in die Differenzierung, um nach der Würdigung der differenten Standpunkte ein „sich Zusammenraufen" zu ermöglichen. Die Unterschiede und Gegensätze sind genauso wichtig wie die Gemeinsamkeiten, die gnadenhaft ermöglichte Einheit ist so stark, dass sie den Freiraum für Dissens und für die Abgrenzung der eigenen Lebenskonzeption und der eigenen Wahrheit bietet, ohne die Beziehung in der Differenz aufzukündigen. Der Heilige Geist ist also nicht erst bei der Versöhnung am Werk, sondern vermag in der Dynamik eines Streits von Anfang an anwesend zu sein. Die Harmonie wird aufgebrochen in die Differenz: Der Geist der Einheit provoziert den Streit, um die verlogene, tote Harmonie in die lebengenerierende Differenz aufzubrechen und auszuweiten. Es kommt zu einer wahrnehmenden Konfrontation mit der Realität, die differenten und feindseligen Anteile des Gegenübers werden ansichtig (in der Realität liegt immer eine Mischung vor). Eine förderliche Ärger-Aggressionskultur als unabdingbare Voraussetzung für eine förderliche Streitkultur steht im Dienste dieser Differenzierung.

Im Gegensatz zum Abwehrmechanismus der passiven Aggression wird darin die *eigene* Aggression wahrgenommen und im Stehen zu ihr gewürdigt und respektiert. In der Differenzierung wird offen, direkt und eindeutig Verantwortung für die eigene Aggression und den eigenen Ärger in ihrer ganzen Schärfe übernommen, die Störung wird ansichtig. Die für Abgrenzung sorgende Aggression trägt zur Selbstvergewisserung bezüglich der Ansprüche des individuellen Selbstseins (eigene Absichten, Wünsche, Grenzen) bei. Erst die klare eigene Position und die Möglichkeit ihrer Modifizierung schaffen die Voraussetzung für Kommunikations- und Beziehungsfähigkeit. Die Abgrenzungsaggression macht die Konfliktpartner füreinander fassbar und (an-)greifbar, sie sind füreinander ein konturiertes Gegenüber, welches jeweils auch durch die eigene Sprachfähigkeit Selbstverantwortung übernehmen muss und nicht davon ausgehen darf, wortlos verstanden zu werden (ich muss für mein Anliegen selber einstehen und mitteilen, was ich will). Die Differenzierung lässt auch die jedem Menschen von seinem Schöpfer verliehene Selbst- und Lebensmächtigkeit selbstvergewissernd ansichtig werden: In dem Geflecht miteinander konkurrierender Machtfaktoren darf bei der Austragung des Konflikts auch die eigene Lebensmacht eingesetzt werden.

Aufgrund der bestehenden Differenzen zwischen den Menschen gehören Konflikte zu den *unvermeidbaren Grundelementen kirchlichen Lebens,* ihre Nichtakzeptanz ist mit der Nichtakzeptanz von Verschiedenheit identisch und führt zu einem hohen Maß an Destruktivität (siehe Religionskriege). Die vorliegende Studie spricht deshalb Konflikten in der Kirche eine fundamentale Existenzberechtigung zu! Da das Miteinander der Einzelpersonen ein Ensemble endlicher, gegenläufiger Machtfaktoren darstellt, kommt es zu einer fundamentalen Konfliktivität von endlichen und begrenzten Gegensätzen. Es gibt folglich

---

[40] Vgl. Pannenberg, W., Systematische Theologie Bd. 1, 350f.; vgl. die Ausführungen zur neutestamentlichen, christologischen Klagetheologie, wo der Heilige Geist den durch die Solidarität des Erhöhten mit den Klagenden generierten Widerspruch zwischen Sohn und Vater nicht nur zusammenhält, sondern auch ermöglicht.

4.4. Umrisse einer mit destruktiver Aggression förderlich umgehenden Streitkultur 441

auch in der Kirche keine konfliktfreien Zonen; Konflikte können höchstens durch Verdrängung in die Latenz verwiesen werden, wo sie ein umso destruktiveres Wirkvermögen entfalten. Die klare Benennung und Bejahung von offenen Konflikten ist Voraussetzung für deren konstruktive Bewältigung. Es kommt nur dann zu Entfaltung und Entwicklung des Lebens, wenn Konflikte aus der Latenz heraustreten können und ausgetragen werden. Konflikte an sich sind ebenso ambivalent wie das Aggressionsvermögen, sie führen nur unter bestimmten Bedingungen der Begrenzung in ihrer Gewaltsamkeit und Intensität zu langfristig fruchtbarer Kommunikation. Das Chaos der Konflikte ist auch binnenkirchlich auf die wesentlichen Konflikte zu konzentrieren; durch Scheinkonflikte werden die dahinterliegenden wesentlichen Konflikte vielfach überdeckt. Es ist pastoralpraktisch je nach Situation zu prüfen, wo Aggression abgedämpft werden muss, damit die wesentliche Aggression dahinter bzw. darunter zum Vorschein kommen kann, welche an der entscheidenden Stelle eingesetzt werden muss, soll der wahre Konflikt ansichtig und bearbeitet werden.

Eine Konfliktspiritualität impliziert das Gebet um die Gaben des Heiligen Geistes, der allein eine allgemeine kirchliche Grundstimmung und Atmosphäre für den ehrlichen und disziplinierten Streit zu generieren vermag. Mit dem Heiligen Geist wird der bedingungslose göttliche Vertrauensvorschuss vergegenwärtigt, der den Konfliktpartner einer Auseinandersetzung für würdig befindet, ihm eine Änderung zutraut und deshalb den ersten Schritt auf ihn zugehen lässt. Indem die Kampfgegner sich vor Beginn einer Kampfhandlung des Aikido voreinander verneigen, bringen sie ihren Respekt voreinander zum Ausdruck. Analog trägt der Heilige Geist in radikalisierter Weise dazu bei, sich im Geiste der Feindesliebe selbst vor dem persönlichen Feind respektvoll zu verneigen, zumal Jesus Christus sich in seinem Sterben restlos mit ihm identifiziert hat. Nur in der Kraft des Heiligen Geistes ist die neue Sichtweise möglich, die im persönlichen Feind Christus selbst auf den Einzelnen zukommen sieht. Wer den Feind vermeidet, geht Christus aus dem Weg, so dass gilt: „Denen wir lieber aus dem Weg gehen sind dein Weg. Die wir lieber nicht sehen möchten sind dein Blick. Die wir lieber nicht hören möchten sind deine Stimme".[41] Diese essentiell notwendige Konfliktspiritualität darf nicht mit der binnenkirchlich vielfach anzutreffenden *Spiritualisierung der Probleme* verwechselt werden, wenn zwischenmenschliche Probleme nicht als solche angegangen werden, sondern religiös überhöht und theologisch verbrämt werden.[42] Die Spiritualisierung nimmt die Verleiblichung der Gnade mittels anthropologischer Grunddaten nicht ernst und überspringt eine zwischenmenschliche Konfliktbearbeitung zugunsten eines eskapistischen, ausschließlichen Angehens des Heiligen Geistes (dann wird im Angesicht Gottes „um den heißen Brei herum geredet"). Zur Spiritualität gehört auch die Handlungsebene dazu, der Heilige Geist schwebt nicht supranaturalistisch über der konkret vorfindlichen konfliktuösen Realität. Der Geist der Feindesliebe Gottes führt auf die konkrete Handlungsebene, er nimmt den menschlichen Ärger, die Wut und den Zorn unvermischt und ungetrennt integrativ in Dienst und motiviert die leibliche Bewegungshandlung des entschiedenen Angehens der konfliktiven Situation, um einen inneren Kontakt herzustellen und dadurch die Bezie-

---

[41] Marti, K., Denen wir lieber, in: ders., O Gott! Lachen, Weinen, Lieben. Ermutigungen zum Leben, Stuttgart 1995.
[42] Eine an einem evangelischen Gymnasium in Bayern tätige Religionslehrerin machte die Erfahrung, von den Fachschafts-Kollegen just dann umarmt zu werden, wenn ein klärendes Konfliktgespräch angestanden hätte–die Umarmung sollte die Auseinandersetzung ersetzen, wurde jedoch als unauthentisch erlebt.

hung zu transformieren. Dieses „adgredi" ist Teil der Kreuzesnachfolge Jesu Christi, der in seiner Passion aktiv-leiblich auf den Konflikt zugeht und ihn konfrontiert.

Der kirchliche Anspruch, reales Zeichen der Einheit und der Versöhnung zwischen den Menschen zu sein, bewahrheitet sich auch an der Qualität des Streitens, zumal die anthropologische Vermittlung die innere Gnade möglichst adäquat darstellen soll. Die konkrete Einheit der Kirche ist durch Konfliktbegrenzung und -austragung jeweils geschichtlich zu bewahrheiten und im Hindurchgang durch die Auseinandersetzung zu finden. Weil eine förderliche Aggressionskultur viel mit Technik zu tun hat, bedarf es bei diesem Vermittlungsgeschehen der Gesprächstechniken, der vorherigen Absprachen, der Regeln und der entlastenden Rituale, welche die persönliche Integrität auf beiden Seiten schützen. Zur Sakramentalität der Kirche gehören die institutionellen Ausgestaltungen, Strukturen und Konfliktregelungsmechanismen, welche die Gegensätzlichkeiten in die Einheit vermitteln und die Kirche zu einem glaubwürdigen Zeichen der Erlösung in der gegenwärtigen Epoche machen. Die Vermittlung von zwei endlichen Sachverhalten bedarf des dritten Moments als des eingeführten Neuen. Die Mediation als vermittelnde, dritte Instanz mindert die Spannungen und bindet die Gegensätzlichkeit in produktive Prozesse ein.[43] Die Einheit der Kirche wird durch eine konstruktive Aggressionskommunikation hindurch konkret vermittelt. Nicht nur die Grundhaltungen der Affirmation, der Empathie und des Zuhörens knüpfen das die vorgegebene Einheit darstellende Band der zwischenmenschlichen Einheit und Liebe. Wenn die Einheit in einer Beziehung groß ist, vermögen die Partner authentisch-offenherzig miteinander umzugehen und sich viel „an den Kopf zu werfen", ohne sich zu entwerten und in der Würde zu verletzen. Die Tiefe und Bedingungslosigkeit der gnadentheologisch ermöglichten Einheit der Kirche ermöglicht eine Vertiefung des Gesprächs, es darf mehr riskiert werden, ohne um den Kommunikations- und Beziehungsabbruch fürchten zu müssen. Pastoral gilt es, das kritische Potential der Kommunikationspsychologie fruchtbar zu machen, nach deren Dafürhalten nicht die Aggression, sondern das gleichgültige Verschweigen und Einander-in-Ruhe-Lassen die Liebe am meisten gefährdet. Selbstverständlich ist zu überprüfen, ob ein aggressiver Ausdruck der momentanen Situation und dem Fassungsvermögen des Gegenübers entspricht, soll der bestehende Graben sich nicht noch vertiefen. Die affirmative Artikulation bewirkt jedoch nur dann eine Entwicklung in der konfliktuösen Beziehung, wenn sie in ausgehaltener Spannung zum Gegenwert „Konfrontation" steht. Um der Authentizität in der Beziehung willen ist auch das Trennende anzusprechen, der Ärger klar zu formulieren und die peinliche Ambivalenz mit den Missempfindungen, Vorbehalten und feindseligen Gedanken auszudrücken.

Die vorgegebene Einheit bildet einen gnadentheologischen Ermöglichungsraum, der auch nicht gelingende Kommunikation unter Verzicht auf Zuschreibung von Schuld annimmt und zuzugeben vermag, statt vor der Realität in die Idealität einer universalen Kommunikationsgemeinschaft zu fliehen.[44] Der Ausdruck von Aggression dient dem in-

---

[43] Das Bistum Rottenburg-Stuttgart hat eine eigene Mediationskontaktstelle: e-mail: Sandic.institut-fwb@bo.drs.de

[44] Vgl. Kappenberg, B., Kommunikationstheorie und Kirche. Grundlagen einer kommunikations-theoretischen Ekklesiologie, Frankfurt a. M. 1981, 18. Die von B. Kappenberg eingeforderte, normativ aufgeladene hohe Idealität bezüglicher kirchlicher Kommunikationskompetenz, derzufolge der Kirche "aus dem Jesus-Ereignis der Anspruch auf eine gelingende, befreiende und herrschaftsfreie Kommunikation bzw. Kommunikationsgemeinschaft" erwächst und der Kirche „*das Recht auf gelingende Kommunikation und auch die Verpflich-*

4.4. Umrisse einer mit destruktiver Aggression förderlich umgehenden Streitkultur 443

karnatorischen Realitätsprinzip, welches in der Realität steht und um der Liebe willen die Realität als etwas Gemeinsames und Haltgebendes in das Kommunikationsgeschehen aufnimmt (vgl 1 Kor 13,6: „die Liebe freut sich an der Wahrheit"). Die Integration der vorfindlichen Aggression ins Gespräch befreit zu einer realistischen Sichtweise, sich als wirkliche Menschen zu begegnen, sich als solche aufeinander verlassen zu können und einen Zustand lebenswerter Realität zu leben. Vielfach sind zuerst die vorhandenen Gegensätze konfrontativ zum Ausdruck und zur Austragung zu bringen, soll die Versöhnlichkeit nicht ihrer authentischen Tragfähigkeit entbehren. Ein zu früher Verweis auf die „konstruktiv-sachliche Ebene" und die Sprache der Reflexivität kann verhindern, dass die Streitpartner sich berühren, das Band der Einheit neu knüpfen und eine Dynamik der Weiterentwicklung initiieren. Ekklesialpastoral ist zu vergegenwärtigen, dass unter Umständen mittels aggressiver Du-Botschaften, die den eigenen Ärger greifbar machen, hart konfrontieren, die Zähne zeigen und Konflikte hart ausfechten lassen, mehr vom Sinngehalt der gnädig vorgegebenen Einheit und dem göttlichen Wahrheitsgeschehen dargestellt wird als durch ein verstehendes Hinnehmen des Unzumutbaren. Im Aneinandergeraten entsteht vielfach erstmalig ein Kontakt, durch den Aggressionskontakt entstehen Reibung und Wärme, so dass der Austausch der Aggressionen zu Nähe und tieferer Verbundenheit und damit zu Ekklesiogenese führen kann. Konflikte schweißen zusammen, im fairen, respektvollen Streit kann sich die Ambivalenz in Nähe, Anteilnahme und Vertrautheit verwandeln, die Partner wachsen durch den Streit zusammen und erleben ihre Beziehung als vitaler und authentischer.

In der Pastoral können sog. Schattenkollegen zum gemeinsamen aggressiven Kampf und zur korrespondierenden Akzeptanz der Stärke des Schattenkollegen ermutigt werden. Durch die ständige Auseinandersetzung wird der Schatten aneinander bearbeitet und es entsteht in einer Konfliktfreundschaft Kontakt und eine große gemeinsame Energie zur Bewältigung gemeinsamer Vorhaben. Dieser Aggressionskontakt stellt die vorgegebene Einheit eher dar als ein „friedvolles" Sich-Vermeiden.

Gegen eine aufgeblähte Gemeindeideologie bringt Rainer Bucher zu Recht in Anschlag, die Kirche als ganze müsste ein „Gewebe aufeinander verweisender und sich wechselseitig relativierender Erfahrungsorte des Christlichen" sein, wobei den Gemeinden die wesentliche Aufgabe zukomme, inmitten eines „Netzwerks pastoraler Orte durchlässige Transferstationen zu sein".[45] Zugleich ist vor einer Unterbestimmung der Gemeinde zu warnen, welche als vornehmlich „durchlässige Transferstation" de facto die Grundhaltung der Vermeidung förderte. Man kann sich aus dem Wege gehen, wenn man stets dem jeweils entsprechenden Zielgruppenangebot auf der größeren Ebene nachgeht; dann bedarf es vor Ort keiner Auseinandersetzungen um den gemeinsamen Weg mehr. Dann entfällt ebenso die Reibung des leiblichen Ringens, der Aggressionskontakt, der einen Zusammenhalt und ein stabiles Netz an Verbundenheit stiftete und die gemeinsame Energie zum Erreichen gemeinsamer Ziele bereitstellte.[46] Die Vermeidestrategien sind

---

tung (Hervorhebung, A. K.) dazu" eignet, entpuppt auf den zweiten Blick hin ihre buchstäbliche Gnadenlosigkeit und Realitätsferne.

[45] Bucher, R., Die Neuerfindung der Gemeinde und des Pfarrgemeinderats, in: Lebendige Seelsorge 55 (2004), 18-22, 19f.

[46] Vgl. Naisbitt, J., High-Tech – High-Touch, Wien-Hamburg 1999. John Naisbitt ist der Überzeugung, dass es im Zeitalter der immer schneller werdenden Technik für den modernen Menschen immer wesentlicher wird, die Balance zwischen der distanzierten Technik und dem Bedürfnis nach Berührtwerden zu halten:

auch *kirchensystemisch* anzugehen und zu überwinden. Die kritische Rezeption systemischen Denkens bezüglich einer förderlichen ekklesialen Konfliktkultur setzt die verfügbaren Strukturen ein und befreit von einer Fixierung auf die Personalisierung von Konflikten. Konflikte dürfen systemisch nicht verdrängt, wegstrukturiert und unsichtbar gemacht werden, so dass die Handlungsfähigkeit und Entwicklung des Systems gefährdet ist. Verdrängte Konflikte erhalten ein System in seinen unheilvollen Aspekten; bei Abdrängung und Vermeidung konfliktiver Themen und Situationen bleiben diese inhaltlich ungelöst und systemisch nicht bearbeitet. Dies führt auch binnenkirchlich zu Stagnation von Systemen und dem Abbrechen ganzer Systemteile. Die Aggression ist systemisch „aus dem Keller" zu holen und in die offizielle Ebene der kirchlichen Räte und Institutionen einzubringen. Wenn die durch Spaltungsprozesse unterbrochene oder entleerte Kommunikation bezüglich aggressiver Inhalte im Binnenraum neu angestiftet wird, die gespaltenen Räume aufeinander bezogen werden und in einem Dialog auch Ärger, Wut und Enttäuschung eingebracht werden dürfen, vermag die innere Solidarisierung durch einen binnensystemischen Aggressionsaustausch hindurch erreicht zu werden; dieser Aggressionskontakt kann neue Impulse und Bewegung in den Austauschprozess bringen. Wenn der gemeinsame Konflikt bewusst wird, haben alle ein Problem, welches dann auch alle lösen können. Der Austausch der destruktiven und konstruktiven Aggression im Binnenbereich verhindert deren quasiparanoide Projektion auf das äußere Feindbild der „bösen Welt".

Der zunächst in die Differenzierung führende und danach die Aggressionskommunikation im Dienste des „Sich Zusammenraufens" ermöglichende Geist der Einheit ermöglicht Letztere als spannungsvolle Einheit von Gegensätzen. Die Kirche bildet eine complexio oppositorum, ein Gebilde hochgradig spannungsreicher Vielfalt, so dass die Konfliktlösung nicht in der Auflösung von Spannungen besteht. Im Unterschied zu einer Sekte, welche „der Zwang zur Homogenität im Innern" kennzeichnet,[47] hält der die Kirche zum Sakrament machende Heilige Geist die Spannung zwischen den Streitpolen ekklesial zusammen. Eine geistgemäße ekklesiale Konfliktspiritualität sieht die Spannung zwischen den Polen als Ausdruck von geistlichem Leben. Für Romano Guardini besteht das Leben aus den Gegensatzverhältnissen, den korrespondierenden dialektischen Spannungen und den entsprechenden Auseinandersetzungen. Es oszilliert zwischen den Polen und erfährt vom Spannungsbogen her seine Dynamik und Spannkraft. Das Leben trägt die Gegensätze, die Gegensätze verwirklichen sich am Leben und sind die Weise, wie das Leben lebendig ist.[48] Durch die permanenten Auseinandersetzungen und die aggressionsgenerierten und vom Geist zusammengehaltenen, produktiven Spannungsverhältnisse wird nicht nur die konkrete Einheit der Kirche aufgebaut, sondern auch das „Schon" einer präsentischen Eschatologie im Sinne einer jetzigen Teilhabe an der Fülle des Lebens gelebt. Die Kirche ist immer auch so lebendig und missionarisch attraktiv, als in ihr die zugelassenen Konflikte die produktiven Grundspannungen zwischen den Konfliktpolen ermöglichen, diese sich gegenseitig als Momente der einen Einheit im Geiste anerken-

---

High-Touch als Gegentrend zum High-Tech.

[47] Theißen, G., Die Entstehung des Neuen Testaments als literaturgeschichtliches Problem (SHAW.PH 40), Heidelberg 2007, 296. In Adv Haer III 1,1 erklärt Irenäus von Lyon zu den apostolischen Teilkirchen: „Sie haben das Evangelium Gottes alle gemeinsam und jeder für sich (omnes pariter et singuli eorum)".

[48] Vgl. Guardini, R., Der Gegensatz. Versuche zu einer Philosophie des Lebendig-Konkreten, 3. Aufl., Mainz 1985, 145.162. Bei Guardini ist die Mitte das Geheimnis des Lebens, wo die Gegensätze zusammen sind, von wo sie ausgehen, wohin sie zurückkehren.

4.4. Umrisse einer mit destruktiver Aggression förderlich umgehenden Streitkultur 445

nen und die Auseinandersetzungen ob der Verschiedenheit, der Gegensätze, Brüche und Widersprüche als spannend und lebengenerierend empfunden werden.

Die Pastoraltheologie des Volkes Gottes gewinnt in einer zerrissenen Welt an Überzeugungskraft, wenn es ihr gelingt, in der Formulierung des Widerspruchs und Dissenses ins Angesicht des Konfliktpartners das gnadentheologische „Trotzdem" zur Geltung zu bringen und die Spannung im Aneinander-Festhalten auszuhalten.[49] Eine derart auf einer Kultur ermöglichter, konstruktiver Aggression aufgebaute schöpferische Konfliktkultur führt zu einer Weiterentwicklung kirchlichen Lebens im Sinne einer je größeren Adäquatio an die gnädig vorgegebene Einheit.[50] Die zueinander in Beziehung gesetzten Widersprüche vermögen zu Entwicklung zu führen, aus den Konflikten kann Neues entstehen.[51]

Die Lernpsychologie zeigt, dass neues Verhalten durch neue Modelle und korrespondierendes Verstärkungsverhalten gelernt wird, wenn das neue Verhalten belohnt wird. Wo gibt es Lernorte kirchlichen Streitens, denen Modellcharakter eignet, exemplarische Streit-Orte, Übungsstätten kirchlichen Streites, wo in offenen Auseinandersetzungen auch mit der eigenen Aggression Erfahrungen gemacht werden dürfen, ohne Sanktionen, Diskreditierung und Ausgrenzung befürchten zu müssen? Wo wird das offene und ehrliche Wort in Form der Dankbarkeit für die kritische Rückmeldung „belohnt"? Wenn der Kirche auf den verschiedenen Ebenen ein konstruktiver Umgang mit internen Meinungsverschiedenheiten, internen Spannungen und unterschiedlichen Positionen gelingt, gewinnt sie öffentlich an Glaubwürdigkeit und kann selbst zu einer höheren Gesprächs- und Streitkultur in der Gesellschaft beitragen. Durch gekonntes Austragen von Binnenkonflikten darf sie dann sogar „ins Gerede kommen".

Dabei sind nicht nur die Kirchlichen Akademien und die Kirchliche Erwachsenenbildung gefragt, sondern auch die Institutionen und Gremien vor Ort. Bei den Züricher Zünften ist es Tradition, sich einmal im Jahr gegenseitig einzuladen und in aller Deutlichkeit und mit Respekt, ohne ein Blatt vor den Mund zu nehmen, alles aufzutischen, was an Ärger und Gerüchten im Laufe des Jahres in der Stadt entstanden ist. Unter Ausschluss der Öffentlichkeit werden einander die extremsten Dinge rückgemeldet, um so einen Ort für ein Ritual entstehen zu lassen, welches erlaubt, Emotionen und gegenseitige Verbundenheit gleichermaßen auszudrücken.[52] Würde es nicht auf das innergemeindliche Konfliktverhalten positiv ausstrahlen und Jugendlichen zum Vorbild gereichen, wenn z.B. ein Kirchengemeinderat ein ähnliches (jährliches?) Ritual entwickelte, bei dem nach der verbindlichen vorherigen Übereinkunft aller Beteiligten bezüglich der Streitregeln (Ablauf des Rituals, keine Entwertungen, konkrete Anlässe für Ärger formulieren statt Generali-

---

[49] Vgl. Fuchs, O., Zwischen Wahrhaftigkeit und Macht. Pluralismus in der Kirche?, Frankfurt a. M. 1990.
[50] Vgl. Füssel, K., Art. Konflikt, in: KThW hg. v. K. Rahner und H. Vorgrimler, 10. Aufl., Freiburg i. Br. 1976, 239f.
[51] Anlässlich des Auffindens der weltweit ältesten Menschenfigur in Süddeutschland vermutet der Tübinger Urgeschichtler Nicholas Conard, dass der menschliche Entwicklungsschub hin zu einem Selbstbildnis auch aus dem Konflikt zwischen dem Aurignacien und dem Neandertaler rühre: In der Konkurrenzsituation, bedroht von Frost und Hungertod, ersann der Aurignacien Jagdtechniken, knüpfte soziale Netze und erkundete Handelsrouten. Der Konflikt führte zu Höherentwicklung und zur korrespondierenden Fertigung von Selbstbildnissen. Vgl. Conard, N. J., A female figurine from the basal Aurignacian of Hohle Fels Cave in Southwestern Germany, in: Nature. International weekly Journal of Science Nr. 459, 14.5. 2009, 248-252, 248.
[52] Vgl. Guggenbühl, A., Aggressionen leben – Gewalt vermeiden, in: Männernetzwerk. Impulse zur Männerarbeit in den Diözesen Mainz und Rottenburg-Stuttgart, Stuttgart 2002, 20.

sierungen etc.) der Raum eröffnet würde, um die reinigende Wirkung der Artikulation von Aggression und Ärger zu erfahren und hernach umso entspannter aufeinander zuzugehen und eine neue Verbundenheit zu spüren?

Jede sakramentale Darstellung der vorgegebenen Einheit weist über sich hinaus auf deren eschatologische Ausständigkeit, der Repräsentationsgedanke ist mit der Kategorie der Verheißung zu vermitteln. [53]

4.5. Aggression im Dienste des eschatologischen Vorbehalts als Verhinderung letzter Destruktivität

Es mutet paradox an, dass zur Verhinderung eines Höchstmaßes an destruktiver Aggression just Aggression in ihrer Ambivalenz zuzulassen ist. Der geschichtliche Rückblick weist auf, dass alle Versuche, unter Leugnung des eschatologischen Vorbehalts im Diesseits die jenseitige Vollendung totalitär-autosoterisch zu immanentisieren und über das Geheimnis einer das Böse eliminierenden Ordnung zu verfügen, nur zu einem Übermaß an Gewalt und Terror führten. [54] Dieser eschatologischen Ungeduld haftet etwas sehr Gewalttätiges und Totalitäres an, zumal sie mit Gewalt eine immanente Vollendbarkeit der Geschichte durchsetzen und alle anderen Menschen nach dem eigenen Bild umformen will. [55] Und dabei ist Gott erst in der eschatologischen Vollendung der Einheit „alles in allem" (1 Kor 15,28) und fallen laut Nikolaus von Kues erst in der göttlichen Einheit die Gegensätze und Widersprüche in einer coincidentia oppositorum zusammen. [56] In LG 48-50 bekennt sich die Kirche zu ihrem eschatologisch-endzeitlichen Charakter, demgemäß sie als pilgerndes Gottesvolk zur Vollendung unterwegs ist. Auch die Kirche bleibt bis zur Vollendung im Reich Gottes in ihren Gestaltungen ambivalent, auch in der Kirche ist

---

[53] Vgl. Schneider, T., Die dogmatische Begründung der Ekklesiologie nach dem Zweiten Vatikanischen Konzil. Dargestellt am Beispiel der Rede von der Kirche als dem Sakrament des Heils für die Welt, in: Althaus, H. (Hg.), Kirche. Ursprung und Gegenwart, Freiburg 1984, 79-118, 111.

[54] Vgl Pascal, B., Schriften zur Religion, übers. v. H. U. v. Balthasar, Einsiedeln 1982, 218: „Der Mensch ist weder Engel noch Tier und das Unglück will es, dass, wer den Engel spielen will, das Tier spielt". 30 Jahre nach Ende der Schreckensherrschaft Pol Pots in Kambodscha findet im Jahre 2009 daselbst ein Prozess statt, der den Versuch unternimmt, den Tod von zwei Millionen Opfern dieses Regimes juristisch aufzuarbeiten. Vgl. die Aussage des ehemaligen Pol-Pot-Anhängers Bizot, der vom eigenen Regime gefoltert wurde und nach seiner Inhaftierung einen Lehrstuhl an der Sorbonne innehatte: „Ich verabscheue diese Vorstellung von einer *neuen Morgendämmerung*, die es dem Homo Sapiens erlauben könnte, in Harmonie zu leben – mit solchen Utopien wurden die schlimmsten Blutbäder der Geschichte gerechtfertigt". Vgl. Follath, E., Die Kinder der Killing Fields. Kambodschas Weg vom Terrorland zum Touristenparadies, München 2009, 54.

[55] Vgl. Gross, P., Jenseits der Erlösung. Die Wiederkehr der Religion und die Zukunft des Christentums, Bielefeld 2007. Der Soziologe Peter Gross konstatiert in seinem Eschatologie-Diskurs, dass die großen totalitären Sozialutopien der Moderne, die immer neuen Versuche, im Diesseits die Glücksträume eines vollkommen erfüllten Lebens zu realisieren, nur apokalyptischen Terror und Unbedingtheitswahn bewirkten. Wo das Jenseits immanentisiert werde, schlage Erlösung in Endlösung um. Gross plädiert für die Wahrnehmung von unaufhebbaren Brüchen und Widersprüchen endlichen Lebens, er opponiert gegen alle „Differenzminderungsprogramme", um so eine heilsame Entlastung von allen immer auf definitiven Abschluss der Geschichte zielenden, apokalyptischen Heilshandlungszwängen zu gewinnen. Die Stelle des Definitiven soll durch das Provisorische besetzt werden und das Bewusstsein der Unabschliessbarkeit es dem Menschen erlauben, eine notorisch unvollkommene Welt zu akzeptieren.

[56] Vgl. Kues, N. v., Nachwort des 3. Buches De docta ignorantia, in: Flasch, K., „Nikolaus von Kues: Die Idee der Koinzidenz", in: Speck, J. (Hg.), Grundprobleme der großen Philosophen. Philosophie des Altertums und des Mittelalters, Göttingen 1992, 221-261.

4.5. Aggression im Dienste des eschatologischen Vorbehalts

es eine totalitäre Position, das Böse selber ausrotten zu können, dann kommt es zu Gewalt. Gemäß Mt 13, 24-30 gilt es, Unkraut und Weizen bis zur Ernte wachsen zu lassen, „sonst reißt ihr zusammen mit dem Unkraut auch den Weizen aus". Erst am Ende vermag Gott die Unterscheidung und das Gericht vorzunehmen. Unter dem eschatologischen Vorbehalt kann die Kirche ihren eigenen Zustand als „wilde Ruhe" (quietitude violente)[57] begreifen, ihr obliegt es, auf eine endzeitliche Vollkommenheit zu verweisen, die unter irdischen Bedingungen nur gebrochen zu realisieren ist. Das von eschatologischen Heilshandlungszwängen befreite ekklesiale Handeln lädt die Gegenwart nicht mit Phantasmen der Einheit und Vollkommenheit auf, sondern ruft die Unvollkommenheit und Vorläufigkeit der eigenen irdischen Existenz und der eigenen Erwartungen immer neu im Namen der Verheißung von Vollkommenheit ins Gedächtnis. „Gott ‚kommt', erwartet bis zum letzten Tag, immerzu jene Sehnsüchte umwerfend, die ihn ankündigen".[58]

Diese „wilde Ruhe" artikuliert sich auch im Zulassen von Aggression und einer Streitkultur und verzichtet so auf eine vorschnelle Überwindung aller unaufhebbaren Brüche, Widersprüche und tief greifenden Differenzen schon vor der Vollendung von Gottes Reich. Wo Gott das Unmögliche zugetraut wird, darf sich der Mensch auf das Mögliche begrenzen. Das Aggressionsvermögen trägt deshalb zur Realisierung der Kardinaltugend des Maßes bei:[59] Durch das Zulassen von Aggression in der Auseinandersetzung und im Streit bringt die Pastoral im Hinblick auf die eschatologische Vollendung den Mut zum Fragment auf;[60] die daran Beteiligten dokumentieren, dass sie „nur" Menschen sind und als solche noch unterwegs, so dass sie miteinander Geduld haben und sich peu-à-peu zu immer je neuen Konfliktlösungen durchringen müssen, die im Gegensatz zu den endgültigen Bereinigungen im Stile des Pol-Pot-Regimes in Kambodscha jeweils nur meliorativer Natur sein können. Das Zulassen von Aggression fördert das Realitätsprinzip mit menschlichem Antlitz und verhindert mit der Befreiung von totalitären Projektionen und Idealisierungen eine letzte Destruktivität. Jegliche Aggression unterliegt dem starken Gegenüber des eschatologischen Richterspruchs Gottes und damit dem eschatologischen Vorbehalt, sie gewinnt erst von der Vollendung her ihre eschatologische Eindeutigkeit und Klarheit, vorher ist sie immer ambivalent. Dies setzt eine spezifische ekklesiale Aggressionstoleranz frei: D.h. wir können jetzt noch gar nicht eindeutig unterscheiden, welche Aggression als destruktive auch als Sünde zu deklarieren ist und welche eine Situation voranbringt. Es macht einen Unterschied aus, ob jemand vorsätzlich verletzt wird oder ob sich aus einer höchst authentischen, aggressiven Auseinandersetzung eine Verletzung ergibt, welche den anderen zum ersten Mal innerlich trifft, so dass in eine stagnierte Situation erstmals Bewegung hineingebracht wird.

---

[57] Certeau, M. de, L'étranger ou l'union dans la difference, Paris 1991, 8.
[58] Ebd., 6.
[59] Vgl. Pieper, J., Das Viergespann. Klugheit-Gerechtigkeit-Tapferkeit-Maß, München 1964, 199f.
[60] Vgl. Schupp, F., Vermittlung im Fragment, hg. v. Raberger, W., Sauer, H., Regensburg 2003, 120-159.

5. Ausblick

Im vorliegenden Durchgang sollte ein Thema eröffnet werden; vieles konnte lediglich fragmentarisch angedeutet werden und harrt der Weiterentwicklung und Ergänzung. Weil die Diskurse und Ergebnisse der vorliegenden Praktischen Theologie wirklich geschichtlich und kontextualisiert sind, bleiben sie von daher auch ergänzungsbedürftig sowie falsifizierbar und verzichten auf „erschlichene Ganzheit" (Henning Luther) oder universale Geltung. Nachdem dieser Diskurs seinen Schwerpunkt auf die praktisch-theologische *Kriteriologie* förderlichen ekklesialen Umgangs mit Aggression gelegt hat, sehe ich weiteren Forschungsbedarf vor allem in der Art und Weise der Operationalisierung und praktischen Realisierung der Basisdimensionen. Die Erarbeitung konkreter liturgischer Hilfen zur pastoralliturgischen Gestaltung der Gottesklage und des Gotteskampfes ermutigte zu einer diesbezüglichen Praxis. Die nur angedeuteten Übungen und Rituale zwecks kompetenten Aggressionsumgangs bedürften einer Erweiterung und näheren Beschreibung, insbesondere was die pastoralpraktische Verbindung von Aggression und biblischen Grundhaltungen anbelangt. Angesichts der Ausbrüche von Gewalt und destruktiver Aggression wäre es zeitdiagnostisch sinnvoll, ein praktisch-theologisches Präventionsprogramm zur Verhinderung von Gewalt (an Schulen) auszuarbeiten und sich dabei auch von einer praktischen Soteriologie leiten zu lassen. Wichtig wäre auch eine konsequente Weiterführung und konkrete Ausgestaltung kirchlich-prophetischer Praxis im gesellschaftlichen Kontext von Deutschland, entlang der Frage, wie die prophetische Anklage um der Menschen willen einzubringen wäre.

Der vorliegende Entwurf möge dazu ermutigen, die eigene Aggression ins Spiel zu bringen, sich authentisch einzubringen und zu riskieren und dabei die Erfahrung der Verbesserung und Vertiefung von Beziehungen zu machen. Die 2000-jährige Geschichte der Kirche ist nicht zuletzt deshalb auch eine Geschichte der Spaltungen, weil mit Aggression nicht förderlich umgegangen werden konnte. Eine Menschheit, die sich mit ihrem Atomwaffenarsenal täglich selbst das Ende bereiten könnte, wartet inmitten der Konflikte des 21. Jahrhunderts auf das authentische Zeugnis einer mit dem Heterotopos der Aggression förderlich umgehenden, spannungsreichen und spannenden Kirche mit Spann-Kraft:

Spannung statt Spaltung!

Abkürzungsverzeichnis

BEvTh	Beiträge zur Evangelischen Theologie, München 1940ff.
BHH	Biblisch-historisches Handwörterbuch, hg. v. B. Reicke, L. Rost, Göttingen 1962
BN	Biblische Nozizen. Aktuelle Beiträge zur Exegese der Bibel und ihrer Welt, Salzburg 1973ff.
BSLK	Die Bekenntnisschriften der evangelisch-lutherischen Kirche, Göttingen 1956.
BThZ	Berliner Theologische Zeitschrift, Berlin 1984ff.
BuK	Bibel und Kirche, Stuttgart 1945ff.
CiG	Christ in der Gegenwart, Freiburg i. Br. 1948ff.
DtPfrBl	Deutsches Pfarrerblatt, Altenkunstadt 1956ff.
EvTh	Evangelische Theologie, München 1934ff.
EK	Evangelische Kommentare zu Religion und Gesellschaft
FZPhTh	Freiburger Zeitschrift für Philosophie und Theologie, Fribourg 1955ff.
GlLern	Glaube und Lernen, Göttingen 1986ff
HerKorr	Herderkorrespondenz, Freiburg i. Br. 1946ff.
IKaZ	Internationale kath. Zeitschrift „Communio", Freiburg i. Br. 1972ff.
IMis	Die Innere Mission, 1906ff.
JBTh	Jahrbuch für Biblische Theologie, Neukirchen-Vluyn 1986ff
JK	Junge Kirche, Dortmund 1933ff.
KatBl	Katechetische Blätter, München 1875ff.
KThW	Kleines Theologisches Wörterbuch, Freiburg i. Br. 1961.
KuD	Kerygma und Dogma, Göttingen 1955ff.
KuI	Kirche und Israel, Neukirchen-Vluyn 1986ff.
LThK	Lexikon für Theologie und Kirche, 3. Aufl., hg. v. Walter Kasper et al., Freiburg i. Br. 1993ff.
MThZ	Münchner Theologische Zeitschrift, München 1950ff.
MySal	Mysterium Salutis. Grundriss heilsgeschichtlicher Dogmatik, Bd. 1-5, Einsiedeln 1969
NBL	Norsk Biografisk Leksikon, Kristiania 1923ff.
NThW	Neues Theologisches Wörterbuch, 4. Aufl., Freiburg i. Br. 2008
ÖR	Ökumenische Rundschau, Stuttgart 1952ff.
PhJb	Philosophisches Jahrbuch der Görres-Gesellschaft, Freiburg-München 1888ff.
PR	Psychologische Rundschau, Göttingen
PThI	Pastoraltheologische Informationen, Passau 1968ff.
RSR	Recherches de science religieuse, Paris 1910ff.
SdZ	Stimmen der Zeit, Freiburg i. Br. 1915ff.
SNTU	Studien zum Neuen Testament und seiner Umwelt, Linz 1976ff
STh	Summa Theologiae des Thomas von Aquin
THAT	Theologisches Handwörterbuch zum Alten Testament, Gütersloh 1995
ThBeitr	Theologische Beiträge, Wuppertal 1970ff.
ThdG	Theologie der Gegenwart, Kevelaer 1967ff.
ThGl	Theologie und Glaube, Paderborn 1909ff.
ThPQ	Theologisch-Praktische Quartalschrift, Linz 1848ff.
ThQ	Theologische Quartalschrift, Tübingen 1819ff.
ThRv	Theologische Revue, Münster 1902ff.

ThWAT	Theologisches Wörterbuch zum Alten Testament, Stuttgart 1984
ThWNT	Theologisches Wörterbuch zum Neuen Testament, Stuttgart 1985
ThZ	Theologische Zeitschrift, Basel 1945ff.
TRE	Theologische Realenzyklopädie, Berlin-New-York 1976
TthZ	Trierer theologische Zeitschrift, Trier 1889ff.
WzM	Wege zum Menschen, Göttingen 1954ff.
ZNW	Zeitschrift für die neutestamentliche Wissenschaft und die Kunde der älteren Kirche, Gießen 1900ff.
ZThK	Zeischrift für Theologie und Kirche, Tübingen 1891ff.

Literaturverzeichnis

Adna, J., Jesu Stellung zum Tempel. Die Tempelaktion und das Tempelwort als Ausdruck seiner messianischen Sendung (WUNT II/119), Tübingen 2000.
Adorno, T. W., Negative Dialektik, Frankfurt a. M. 1966.
Adorno, T. W., Stichworte, Frankfurt a. M. 1969.
Adorno, T., Horkheimer, M., Dialektik der Aufklärung, Frankfurt a. M. 1971.
Adorno, T., Minima moralia. Reflexionen aus dem beschädigten Leben, GS 4, Darmstadt 1998.
Alberigo, G., Aggiornamento, in: LThK III, 1. Aufl.
Albertz, R., Der sozialgeschichtliche Hintergrund des Hiobbuches und der „Babylonischen Theodizee", in: FS Wolff, H. W., Neukirchen-Vluyn 1981, 349-372.
Aletti, J.-N., Mort de Jésus et théorie du récit, in: RSR 73 (1985).
Alt, F., Jesus – der erste neue Mann, München 1989.
Anderson, C., An update on the effects of playing violent video games. Journal of Adolescence 27 (2004).
Angenendt, A., Toleranz und Gewalt, Münster 2007.
Anthroposophie – eine esoterische Weltanschauung. Evangelische Zentralstelle für Weltanschauungsfragen Information Nr. 119, Stuttgart 1992.
Archer, J., Coyne, S., An integrated review of indirect, relational and social aggression. Personality and Social Psychology Review 9 (2005).
Arendt, H., Eichmann in Jerusalem, Leipzig 1990.
Arens, E., Christopraxis. Grundzüge theologischer Handlungstheorie, Freiburg i. Br. 1992.
Argyle, M., Soziale Interaktion, Köln 1972.
3. Armutsbericht 2008 Bundesregierung, in: www.Kinder-Armut.de
Arnold, P., Männliche Spiritualität. Der Weg zur Stärke, München 1994.
Assagioli, R., Per l'armonia della vita – la psicosintesi, Florenz 1966.
Aßfalg, R., Die heimliche Unterstützung der Sucht: Co- Abhängigkeit, Hildesheim 1993.
Assheuer, T., Diskrete Religion, in: Peters, T. R., Urban, C., Über den Trost. Für Johann Baptist Metz, Ostfildern 2008, 19-22.
Assmann, J., Die mosaische Unterscheidung. Oder der Preis des Monotheismus, München-Wien 2003.
Assmann, J., Herrschaft und Heil. Politische Theologie in Altägypten, Israel und Europa, München 2000, 133-137.
Assmann, J., Monotheismus als theologisch-politisches Problem, in: Jahrbuch Politische Theologie 4 (2002) 122-132.
Assmann, J., Monotheismus und die Sprache der Gewalt, in: Walter, P. (Hg.), Das Gewaltpotential des Monotheismus und der dreieine Gott (QD 216), Freiburg i. Br. 2005, 18-39.
Assmann, J., Monotheismus und Ikonoklasmus als politische Theologie, in: Otto, E. (Hg.), Mose. Ägypten und das Alte Testament (SBS 189), Stuttgart 2000.
Assmann, J., Moses der Ägypter. Entzifferung einer Gedächtnisspur, München-Wien 1998.
Auchter, T., Schlagheck, M. (Hg.), Theologie und Psychologie im Dialog über den Wahn der Machbarkeit und die Kraft der Leidensfähigkeit, Paderborn 2007.
Augsburger, D. W., Anger and Assertiveness in Pastoral Care, Philadelphia 1979.
Augustinus v. Hippo, Contra Cresconium Donatistam 3, 47, in: Patrologia Latina Bd. 43, Sp. 525.
Augustinus v. Hippo, De moribus ecclesiae catholicae, 1,26, 48; MPL 32.
Augustinus v. Hippo, Predigt zu 1 Joh.

Augustinus v. Hippo, serm. 169, 11, 13.

Ausführungen zum Berufsbild der Gemeindepfarrerinnen und Gemeindepfarrer und Umsetzung der Dienstrechtsreform in das Dienst- und Besoldungsrecht der Pfarrerinnen und Pfarrer. Ergebnisse der Beratungen der Landessynode der Evangelischen Kirche im Rheinland, Düsseldorf 1999.

Außerleitner, W., In Ihm leben wir. Eine beziehungstheologische und beziehungsdynamische Sicht religiöser Entwicklung, Bern 1994.

Averill, J. R., Anger and Aggression, New York 1982.

Babylonische Theodizee, in: TUAT III/1, 110-134.

Bach, G. R., Goldberg, H., Keine Angst vor Aggression. Frankfurt a. M. 1981.

Bach, G. R., Wyden, P., Streiten verbindet, Köln 1982.

Bachl. G., Der schwierige Jesus, Innsbruck-Wien 2005.

Backhaus, B., Lösepreis für viele (Mk 10,45), in Söding, T. (Hg.), Der Evangelist als Theologe. Studien zum Markusevangelium (SBS 163), Stuttgart 1995.

Balthasar, H. U. v., Casta meretrix, in: ders., Sponsa Verbi, Einsiedeln 1961.

Balthasar, H. U. v., Der Kreuzweg der St. Hedwigs-Kathedrale in Berlin, XII Station, Einsiedeln-Trier 1989.

Balthasar, H. U. v., Integralismus heute, in: Diakonia 19 (1988) 221-229.

Balthasar, H. U. v., Ist der Gekreuzigte „selig"? in: IkaZ 16 (1987) 108ff.

Bandura, A., Aggression. A social learning analysis, Englewood Cliffs 1973.

Bandura, A., Sozialkognitive Lerntheorie, Stuttgart 1979.

Bartholow, B. D., et al., Interactive effects of life experiences and situational cues on aggression. The weapons priming effect in hunters and nonhunters. Journal of Experimental Social Psychology 41 (2005).

Bataille, G., La part maudite, in: ders., Die Aufhebung der Ökonomie, dt. von T. König, H. Abosch, G. Bergfleth, München 1985.

Bauer, C., Kritik der Pastoraltheologie. Nicht-Orte und Anders-Räume nach Michel Foucault und Michel de Certeau, in: ders., Hölzl, M.(Hg.), Gottes und des Menschen Tod? Die Theologie vor der Herausforderung Michel Foucaults, Mainz 2003.

Bauer, J., Die Bedeutung der Aggression, In: ders., Prinzip Menschlichkeit. Warum wir von Natur aus kooperieren, Hamburg 2008.

Bauer, J., Lob der Schule. Sieben Perspektiven für Schüler, Lehrer und Eltern, Hamburg 2007.

Baumbach, G., Jesus von Nazareth im Lichte der jüdischen Gruppenbildung, Berlin 1971.

Baumgartner, I. (Hg.), Handbuch der Pastoralpsychologie, Regensburg 1990.

Baumgartner, I., Seelsorgliche Kompetenz als pastoralpsychologisches Bildungsziel. Ein theoretischer und empirischer Beitrag zur pastoralpsychologischen Ausbildung von Seelsorgern, Passau 1982.

Bauriedl, T., Wege aus der Gewalt. Analyse von Beziehungen, Freiburg i. Br. 1993.

Bechmann, U., Monotheismus in der Kritik, in: Kügler, J. (Hg.), Prekäre Zeitgenossenschaft. Mit dem Alten Testament in Konflikten der Zeit. Internationales Bibel-Symposium Graz 2004, Berlin 2006, 9-22.

Beck, U., Auf der Suche nach dem eigenen Gott. Universitas-Gespräch mit Ulrich Beck, in: Universitas 63 (2008/11).

Becker, D., Ohne Hass keine Versöhnung. Das Trauma der Verfolgten, Freiburg 1992. Foitzig, K., Ohne Hass keine Versöhnung? Impuls für kirchliches Handeln aus therapeutischer Erkenntnis. In: Riess, R. (Hg.), Abschied von der Schuld? Zur Anthropologie und Theologie von Schuldbewusstsein, Opfer und Versöhnung. Stuttgart-Berlin-Köln 1996.

Becker, J., Wege der Psalmenexegese (SBS 78), Stuttgart 1975.

Becker, P., Der Trierer Persönlichkeitsfragebogen TPF, Göttingen-Toronto-Zürich 1989.

Beckermann, A., Das Leib-Seele-Problem, Paderborn 2008.

Beinert, W., Die Sakramentalität der Kirche im theologischen Gespräch, in: Pfammatter, J., Furger, F. (Hg.), Theologische Berichte IX: Kirche und Sakrament, Zürich 1980, 13-66.
Benk, A., Gott ist nicht gut und nicht gerecht. Zum Gottesbild der Gegenwart, Düsseldorf 2008.
Berendsohn, W.A., Nelly Sachs. Einführung in das Werk der Dichterin jüdischen Schicksals, Darmstadt 1974; Lermen, B., Braun, M., Nelly Sachs. „an letzter Atemspitze des Lebens", Bonn 1998.
Berger, K., Historische Psychologie des Neuen Testaments (SBS 146/47), Stuttgart 1991.
Berger, K., Niemann, U., Wagner, M. (Hg.), Das Böse und die Sprachlosigkeit der Theologie, Regensburg 2007.
Berger, K., Wozu ist Jesus am Kreuz gestorben?, Stuttgart 1998.
Berges, U., Schweigen ist Silber-Klagen ist Gold. Das Drama der Gottesbeziehung aus alttestamentlicher Sicht mit einer Auslegung zu Ps 88, Münster 2003.
Bieri, P., Was macht das Bewusstsein zu einem Rätsel? Spektrum der Wissenschaft, Oktober 1992, 48-56.
Biesinger, A., Schmitt, C., Gottesbeziehung. Hoffnungsversuche für Schule und Gemeinde, Freiburg i. Br.1998.
Biesinger, A., Tzscheetzsch, W., Wenn der Glaube in die Pubertät kommt. Ein Ratgeber für Eltern, Freiburg i. Br. 2005.
Biser, E., Der obdachlose Gott. Für eine Neubegegnung mit dem Unglauben, Freiburg i. Br. 2005.
Bitter, G., Evangelisation und Inkulturation, in: Erzbistum Freiburg. Informationen-Berichte-Kommentare Anregungen, Januar-März 1987, Nr. 1-3, 5-31.
Bitter, G., Was soll werden? Marginale Wünsche an die Praktische Theologie, in: Nauer, D. et al. (Hg.), Praktische Theologie, 35-44.
Bittler, A., Copray, N. (Hg.), Mobbing und Missbrauch in der Kirche. Zur Schadenserkennung und Schadensbegrenzung, Oberursel 1999.
Bleyer, B., Die Armen als Sakrament Christi. Die Predigt Pauls VI in San José de Mosquera (1968), in: SdZ 11/2008. 734-746.
Bloch, E., Atheismus im Christentum. Zur Religion des Exodus und des Reichs. Ges.ausg. Bd. 14, Frankfurt a. M. 1968.
Blomeyer, R., Aspekte der Persona, in: ANAPC 4 5/1, 1974.
Blum, E., Die Komposition der Vätergeschichte, (WMANT 57), 1984.
Boecker, H. J., 1. Mose 25, 12-37,1 (Isaak und Jakob), (ZBK.AT 1,3), Zürich 1992.
Böhme, G., Ethik im Kontext, Frankfurt a. M. 1997.
Böhnke, M., Söding, T. (Hg.), Leid erfahren – Sinn suchen, Freiburg i. Br. 2007.
Bollnow, O. F., Einfache Sittlichkeit, Göttingen 1957.
Bollnow, O. F., Wesen und Wandel der Tugenden, Frankfurt a. M. 1958.
Bonhoeffer, D., Werke (DBW), 16 Bände, München-Gütersloh 1986-1998.
Bonhoeffer, D., Nachfolge, DBW 4.
Bonhoeffer, D., Gemeinsames Leben. Das Gebetbuch der Bibel DBW 5.
Bonhoeffer, D., Christologie-Vorlesung DBW 12.
Bonhoeffer, D., Die Kirche vor der Judenfrage DBW 12.
Bopp, J., Kopf oder Bauch. Psychotherapie im Konflikt zwischen Aufklärung und Verblendung, in: EK 22 (1989) Heft 9, 31-34.
Bornkamm, G., Jesus von Nazareth (UrbanTb 19), Stuttgart 1971.
Bortz, J., Döring, N., Forschungs- und Evaluationsmethoden für Sozialwissenschaftler, Berlin 1995;
Boschki, R., Der Schrei. Gott und Mensch im Werk von Elie Wiesel, Mainz 1994.
Boschki, R., Einführung in die Religionspädagogik, Darmstadt 2008…
Böttigheimer, C., Der Verantwortungsbegriff Levinas' und der Stellvertretungstod Jesu, in: Fischer,

N., Sirovátka, J. (Hg.), „Für das Unsichtbare sterben". Zum 100. Geburtstag von Emmanuel Levinas, Paderborn 2006, 43-59.
Bouillard, H., Conversion et grace chez S. Thomas d'Aquin. Étude historique, Paris 1941.
Bours, J., „Identitätsfindung in Jesus Christus", in: Deselaers, P., Und doch ist Hoffnung. Gedanken zu und von Johannes Bours, Freiburg i. Br. 1992.
Brakelmann, G., „Helmuth James von Moltke". 1907-1945. Eine Biografie. Mit dem Brief aus der Gestapo-Haft an seine Kinder „Wie alles war, als ich klein war", München 2007.
Brakelmann, G., Widerstand im Glauben. Alfred Delp zum 100. Geburtstag, in: Die politische Meinung (2007) Nr. 454, 57-59.
Brandt, S., Opfer als Gedächtnis. Auf dem Weg zu einer befreienden theologischen Rede von Opfer, Münster 2001.
Brekke, M. L., Strommen, M. P., Williams, D. L., Ten Faces of Ministry, Minneapolis 1979.
Breuning, W., Wie kann man heute von „Sühne" reden?, BuK 41 (1986) 76-82.
Brosseder, J., Das Priesterbild in der Predigt, München 1978.
Browning, D., Auf dem Weg zu einer Fundamentalen und Strategischen Praktischen Theologie, in: Nipkow, K. E., Rössler, D., Schweitzer, F. (Hg.), Praktische Theologie und Kultur der Gegenwart. Ein internationaler Dialog, Gütersloh 1991, 21-42.
Brückner, P., Freiheit, Gleichheit, Sicherheit. Von den Widersprüchen des Wohlstands, Frankfurt a.M. 1966.
Bruckner, P., Ich leide, also bin ich. Die Krankheit der Moderne, Berlin 1996.
Bucher, A., Aufwärts in Stufen? Abwärts im Sinkflug? Konstant wie eine Gerade? In: Lebendige Katechese 22 (2000) Heft 2, 68-76.
Bucher, A., Bibel-Psychologie. Psychologische Zugänge zu biblischen Texten, Stuttgart-Berlin-Köln 1992.
Bucher, A., Kinder als Ko-Konstrukteure ihrer Wirklichkeit, in: Diakonia 29, (1998), 311-318.
Bucher, R.(Hg.), Die Provokation der Krise. Zwölf Fragen und Antworten zur Lage der Kirche, Würzburg 2004.
Bucher, R., Die Neuerfindung der Gemeinde und des Pfarrgemeinderats, in: Lebendige Seelsorge 55 (2004), 18-22.
Bucher, R., Hitlers Theologie, Würzburg 2008.
Buchholz, R., Religion als Ware. Über religionskonsumistische Tendenzen der späten Moderne, in: Riße, G., Wege der Theologie an der Schwelle zum dritten Jahrtausend. FS Hans Waldenfels zur Vollendung des 65. Lebensjahres, Paderborn 1996, 124-138.
Buehler, C., Das Seelenleben des Jugendlichen, Stuttgart 1967.
Buggle, F., Denn sie wissen nicht, was sie glauben. Oder warum man redlicherweise nicht mehr Christ sein kann. Eine Streitschrift, Hamburg 1997.
Bujko, P., Gott finden in der Einzigartigkeit des Geschöpfs, in: Gertler, T., Kessler, S. C., Lambert, W. (Hg.), Zur größeren Ehre Gottes. Ignatius von Loyola neu entdeckt für die Theologie der Gegenwart, Freiburg i. Br. 2006, 330-348.
Bultmann, R., Das Verhältnis der urchristlichen Christusbotschaft zum historischen Jesus (SHAW.PH, 1960/3), Heidelberg 1965.
Bultmann, R., Die Geschichte der synoptischen Tradition, 10. Aufl., (FRLANT 29), Göttingen 1995.
Burkard, D., Texte, die nie erschienen, in: CiG 61 (2009) 33.
Burkert, W., Homo necans. Interpretation altgriechischer Opferriten und Mythen, Berlin-New York 1997.
Camus, A., Actuelles, Paris 1950.
Camus, A., L'homme révolté, Hamburg 1961.
Camus, A., La Peste, Berlin 1961.

Canzler, P., "Wir sind der Hammer!" – Psychoanalytische Betrachtungen zum politischen Radikalismus. In: Seidler, G. H. (Hg.), Das Ich und das Fremde, Opladen 1994.
Capps, D., Reframing. A new Method in Pastoral Care, Minneapolis 1990.
Capps, D., The Religious Personality, Belmont 1987.
Carter, C. E., The Emergence of Yehud in the Persian Period. A Social and Demographic Study, Journal for the Study of the Old Testament. Supplement Series 294, 1999.
Casper, B., Illéité. Zu einem Schlüsselbegriff im Werk von Emmanuel Levinas, in: PhJb 91 (1984) 273-288.
Certeau, M. de, L'étranger ou l'union dans la difference, Paris 1991.
Chenu, M. D., Die Neubelebung der trinitarischen Grundstruktur der Kirche, in: Conc 17 (1981) 453-460.
Chenu, M.D., Ein prophetisches Konzil, in: Klinger, E., Wittstadt, K.(Hg.), Glaube im Prozess. Christsein nach dem II. Vatikanum, Freiburg 1984.
Chénu, M.-D., Volk Gottes in der Welt, Paderborn 1968.
Claudel, P., Hymne an das Heiligste Herz, zit. n. Hoffmann, N., Herz-Jesu Frömmigkeit und Sühne, in: Scheffczyk, L. (Hg.), Christusglaube und Christusverehrung, Aschaffenburg 1982.
Clines, D. J. A., Does the Book of Job Suggest that Suffering is Not a Problem?, in: ders., Lichtenberger, H., Müller, H. P. (Hg.), Weisheit in Israel. Beiträge des Symposiums „Das Alte Testament und die Kultur der Moderne" anlässlich des 100. Geburtstags Gerhard von Rads (1901-1971), Münster 2003.
Collet, G., „Den Bedürftigsten solidarisch verpflichtet". Implikationen einen authentischen Rede von der Option für die Armen, in: Furger, F.(Hg.), Jahrbuch für christliche Sozialwissenschaften 33, Münster 1992, 67ff.
Colpe, C., Schmidt-Biggemann, W. (Hg.), Das Böse. Eine historische Phänomenologie des Unerklärlichen, Frankfurt a. M. 1993.
Colpe, C., ThWNT VIII, 455, Anm. 371.
Conard, N. J., A female figurine from the basal Aurignacian of Hohle Fels Cave in Southwestern Germany, in: Nature. International weekly Journal of Science Nr. 459, 14.5. 2009, 248-252.
Congar, Y., Die christologischen und pneumatologischen Implikationen der Ekklesiologie des II. Vatikanums, in: Alberigo, G., Congar, Y., Pottmeyer, H. (Hg.), Kirche im Wandel, Düsseldorf 1982, 111-123.
Congar, Y., Un peuple messianique. L'Église, sacrement du salut. Salut et libération, Paris 1975.
Conzelmann, H., Lindemann, A., Arbeitsbuch zum Neuen Testament (UTB 52), Tübingen 1991.
Crouzel, H., Das Gebet Jesu, in: IKaZ 2 (1973) 1-15.
Cullmann, O., Einheit durch Vielfalt. Grundlegung und Beitrag zur Diskussion über die Möglichkeiten ihrer Verwirklichung, Stuttgart 1990.
Dahl, N. A., Anamnesis. Mémoire et Commémoration dans le christianisme primitif: StTh 1 (1948), 69-95.
Damasio, A. R., Descartes' Irrtum, Fühlen, Denken und das menschliche Gehirn, München 1997.
Damasio, A. R., Ich fühle, also bin ich. Die Entschlüsselung des Bewusstseins, München 1999.
Dawkins, R., Der Gotteswahn, Berlin 2007.
Dekaneordner. Zusammengestellt in der HA IVb-Pastorales Personal-der Diözese Rottenburg-Stuttgart, Stand April 2003, Kap.3.11.
Delling, G., Der Kreuzestod Jesu in der urchristlichen Verkündigung, Göttingen 1972.
Delp, A., Im Angesicht des Todes. Geschrieben zwischen Verhaftung und Hinrichtung 1944-1945, 5. Aufl., Frankfurt a. M. 1956.
Demmer, K., Entscheidung und Verhängnis, Paderborn 1976.
Denzinger, H., Hünermann, P., Kompendium der Glaubensbekenntnisse und kirchlichen Lehrentscheidungen, Freiburg i. Br. 1991.

Der eifersüchtige Gott, in: Dietrich, W., Link, C., Die dunklen Seiten Gottes. Bd. 1: Willkür und Gewalt, Neukirchen-Vluyn 1995, 84-106.

Derrida, J., Wie nicht sprechen. Verneinungen, Wien 1989; ders., Falschgeld. Zeit geben I, München 1993.

Deschner, K., Kriminalgeschichte des Christentums Bd. 9: Mitte des 16. bis Anfang des 18. Jahrhunderts. Vom Völkermord in der Neuen Welt bis zum Beginn der Aufklärung, Reinbek b. Hamburg 2008.

Devereux, G., Angst und Methode in den Verhaltenswissenschaften, Frankfurt a. M. 1984.

Die Feier des Stundengebetes. Zweiter Band: Fastenzeit und Osterzeit, Einsiedeln 1988.

Die Sinus-Milieus, Sinus Sociovision Heidelberg, http://www.sinus-milieus.de.

Diedrich, F., Die Anspielungen auf die Jakob-Tradition in Hosea 12,1-13,3. Ein literaturwissenschaftlicher Beitrag zur Exegese früher Prophetentexte (FzB 27), Würzburg 1977.

Dietrich, W., Link, C., Die dunklen Seiten Gottes, Bd. 2 Allmacht und Ohnmacht, Neukirchen-Vluyn 2000.

Dittes, J., Bias and the Pious, Minneapolis 1973.

Dohmen, C., Wozu, Gott? Biblische Klage gegen die Warum-Frage im Leid, in: Steins, G. (Hg.), Schweigen wäre gotteslästerlich. Die heilende Kraft der Klage, Würzburg 2000, 113-125.

Dollard, J. et al., Frustration und Aggression, Deutsch v. W. Dammschneider/E. Mader in: Pädagogisches Zentrum: Veröffentlichungen, hg. v. C.-L. Furck, Reihe C, Berichte, Bd. 18, Weinheim 1971.

Domin, H., Gesammelte Gedichte, 10. Aufl., Frankfurt a. M. 2004.

Döring, H., Grundriss der Ekklesiologie. Zentrale Aspekte des katholischen Selbstverständnisses und ihre ökumenische Relevanz (Grundrisse 6), Darmstadt 1986.

Dormeyer, D., Die Passion Jesu als Verhaltensmodell. Literarische und theologische Analyse der Traditions- und Redaktionsgeschichte der Markuspassion (NTA NF 11), Münster 1974.

Dornes, M., Der kompetente Säugling. Die präverbale Entwicklung des Menschen, Frankfurt a. M. 1993.

Dornes, M., Die frühe Kindheit, Frankfurt a. M. 1997.

Dörr, A., Religiosität und Depression. Eine empirisch-psychologische Untersuchung, Weinheim 1987.

Dreher, S., Der Fuchs und die Henne – eine Selbstdarstellung Jesu in seinem Tod, DtPfrBl 98 (1998) 119-121.

Drewermann, E., Art. Psychologie und Theologie, in: NHThG Bd. 4 (1991) 312-330.

Drewermann, E., Kleriker. Psychogramm eines Ideals, Olten 1989.

Duquoc, C., Christologie. Essai dogmatique, II, Paris 1972.

Ebach, J., Ist es „umsonst", dass Hiob gottesfürchtig ist?", in: Hiobs Post, Neukirchen-Vluyn 1995.

Ebach, J., Leviathan und Behemoth, Neukirchen-Vluyn 1984, 21-25.

Ebach, J., Streiten mit Gott: Hiob. Teil 1, Neukirchen –Vluyn 1995.

Ebach, J., Theodizee: Fragen gegen die Antworten. Anmerkungen zur biblischen Erzählung von der „Bindung Isaaks" (1. Mose 22): ders., Gott im Wort. Drei Studien zur biblischen Exegese und Hermeneutik, Neukirchen-Vluyn 1997.

Ebertz, M. N., Aufbruch in der Kirche, Freiburg i. Br. 2003.

Ebner, M., Klage und Auferweckungshoffnung im Neuen Testament, JBTh 16 (2001) 73-87.

Eckhart, M., Werke I und II, hg. v. N. Largier, Frankfurt a. M. 1993.

Eckmann, D., Zweite Entscheidung. Das Zurückkommen auf eine Lebensentscheidung im Lebenslauf, EThSt 84, Erfurt 2002.

Eckstein, H.-J., Auferstehung und gegenwärtiges Leben nach Röm 6, 1-11: ThBeitr 28 (1997) 8-23.

Eco, U., Lector in fabula. Die Mitarbeit der Interpretation in erzählenden Texten, München 1979.

Ehlert, M., Lorke, B., Zur Psychodynamik der traumatischen Reaktion, Psyche 42, 1989, 502-532.

Eibl-Eibelsfeld, I., Liebe und Hass, München 1970.

Eicher, P., Gottesfurcht und Menschenverachtung, in: Angst und Gewalt. Ihre Präsenz und ihre Bewältigung in den Religionen, hg. v. H. v. Stietencron, Düsseldorf 1979, 111-136. Hinkelammert, F.J., Der Glaube Abrahams und der Ödipus des Westens. Opfermythen im christlichen Abendland, Münster 1989.

Eichinger, M., Zur Sakramentalität von Welt und Menschheit nach dem Zweiten Vatikanum. Anmerkungen zu einer postkonziliar vergessenen Thematik, in: Geerlings, W., Seckler, M. (Hg.), Kirche sein. FS H.J. Pottmeyer, Freiburg i. Br. 1994, 181-198.

Elliger, K., Der Jakobskampf am Jabbok. Gen 32,23ff. als hermeneutisches Problem, in: ders., Kleine Schriften zum Alten Testament (TB 32) hg. v. Gese, H., Kaiser, O., München 1966, 141-173.

Emde, R. N., Die endliche und die unendliche Entwicklung. In: Psyche 45, 9, 1991.

Emunds, B., Risiken, die niemand im Griff hat. Sozialethische Anmerkungen zur aktuellen Finanzmarktkrise, in: Herkorr 62 (2008) 460-465.

Engelbrecht, M., Was Männern Sinn gibt. Leitmotiv „Leben als Kampf", in: ders., Rosowski, M. (Hg.), Was Männern Sinn gibt – Leben zwischen Welt und Gegenwelt, Stuttgart 2007, 43-149.

Engljähringer, K., Theologie im Streitgespräch. Studien zur Dynamik der Dialoge des Buches Ijob (SBS 198), Stuttgart 2003.

Enuma Elisch, Tafel IV, 129-140.

Enzensberger, H. M., Die große Wanderung: 33 Markierungen; mit einer Fußnote „Über einige Besonderheiten bei der Menschenjagd", Frankfurt a. M. 1992.

Erdmann, E., Die Macht unserer Kirchenväter. Über „Geständnisse des Fleisches", in: WzM 47 (1995), 53-60.

Ermann, M., Aggression und Destruktion in der psychoanalytischen Behandlung, München 2003...

Ermann, M., Die Persönlichkeit bei psychovegetativen Störungen. Klinische und empirische Ergebnisse, Berlin-Heidelberg-New York 1987.

Ermann, M., Übertragungsdeutungen als Beziehungsarbeit, in: Ders., Die hilfreiche Beziehung in der Psychoanalyse, Göttingen 1993.

Essen, G., Die Freiheit Jesu. Der neuchalcedonische Enhypostasiebegriff im Horizont neuzeitlicher Subjekt- und Personphilosophie (ratio fidei 5), Regensburg 2001.

Faber, E.-M., Kirche – Gottes Weg und die Träume der Menschen, Würzburg 1994.

Fackenheim, E., Die gebietende Stimme von Auschwitz. In: Brocke, M., Jochum H. (Hg.), Wolkensäule und Feuerschein, 89ff.

Fackenheim, E., God's presence in history. Jewish affirmations and philosophical reflections, New-York- London 1970.

Fahrenberg, J., Selg, H., Hampel, R., Das Freiburger Persönlichkeitsinventar, Göttingen 1973.

Fayard, J.-F., Les 100 jours de Robespierre – les complots de la fin, Paris 2005.

Feldmeier, R., Deutungen des Todes Jesu im Neuen Testament, in: Ritter, W. H. (Hg.), Erlösung ohne Opfer?, Göttingen 2003, 17-55.

Feldmeier, R., Die Krisis des Gottessohnes. Die Gethsemaneerzählung als Schlüssel der Markuspassion (WUNT II/21), Tübingen 1987.

Fenichel, O., The psychoanalytic theory of neurosis. Norton, New York, 1945.

Ferrucci, P., Werde was du bist – Selbstverwirklichung durch Psychosynthese, Reinbek 1986.

Feuerbach, L., Vorlesungen über das Wesen der Religion. 25. Vorlesung: Gott als Wunscherfüller, in: Sämtliche Werke hg. v. W. Bolin und F. Jodl, Bd. 8, 2. Aufl., Stuttgart 1960.

Fischer, G., Jeremia Bd. 1 (HThKAT), Freiburg i. Br. 2005.

Fischer, G., Spuren des Schöpfers. Zur Rolle der Natur im Ijobbuch, in: Fischer, I., u. a. (Hg.), Auf den Spuren der schriftgelehrten Weisen. FS für J. Marböck, Berlin 2003, 157-166.

Fischle-Carl, H., Fühlen was Leben ist, Stuttgart 1977.

Fleinert-Jensen, F., Das Kreuz und die Einheit der Kirche. Skizzen zu einer Kreuzestheologie in ökumenischer Perspektive, Leipzig 1994.

Fletcher, B. C., Mac Pherson, D. A. J., Stressors and strains in Church of England prochial clergy. Presented to the British Psychological Society, London 1989.

Fletcher, B.C., Clergy under Stress. A study of homosexual and heterosexual clergy, London 1990.

Focant, C., L'Evangile selon Marc (Commentaire biblique: Nouveau Testament 2), Paris 2004.

Fohrer, G., Das Buch Hiob (KAT XVI) 2. Aufl. Gütersloh 1989.

Follath, E., Die Kinder der Killing Fields. Kambodschas Weg vom Terrorland zum Touristenparadies, München 2009.

Forschner, M., Gewalt und politische Gesellschaft, in: Aggression und Gewalt. Anthropologische-sozialwissenschaftliche Beiträge, hg. v. A. Schöpf, Würzburg 1985.

Forward, S., Emotionaler Missbrauch. Wenn andere mit Gefühlen drohen, München 1998.

Foucault, M., Andere Räume, in: ders., Botschaften der Macht. Der Foucault-Reader Diskurs und Medien, Berlin 1999, 145-157.

Foucault, M., Freiheit und Selbstsorge, Frankfurt a. M. 1985.

Frankl, V. E.,, Sinnfrage in der Psychotherapie, München 1978.

Frankl, V. E., Ärztliche Seelsorge, München 1975.

Frankl, V. E., Logotherapie und Existenzanalyse, München 1987.

Frettlöh, M., Wider die Halbierung des Wortes vom Kreuz, in: GlLern 11 (1996) 107-112.

Freud, A., Comments on aggression. Int J Psychoanal 53, 163-171, 1972.

Freud, A., Das Ich und die Abwehrmechanismen, New York 1936; Frankfurt a. M. 1984.

Freud, A., Sandler, J., The Analysis of Defense. The Ego and the Mechanisms of Defense Revisited, New York 1985.

Freud, S., Abhandlungen zur Sexualtheorie, Studienausgabe V, Frankfurt a.M. 1972.

Freud, S., Collected Papers, Volumnes I-V, London 1924-1950.

Freud, S., Vorlesungen zur Einführung in die Psychoanalyse, Studienausgabe I, Frankfurt a. M. 1971.

Freud, S., Einige Bemerkungen über den Begriff des Unbewussten in der Psychoanalyse, Studienausgabe III, Frankfurt a. M.1972.

Freud, S., Triebe und Triebschicksale, Studienausgabe III, Frankfurt a. M. 1972.

Freud, S., Das Unbehagen in der Kultur, Studienausgabe IX, Frankfurt a. M. 1974.

Freud, S., Zeitgemäßes über Krieg und Tod, Studienausgabe IX, Frankfurt a. M. 1972.

Freud, S., Studienausgabe X, Frankfurt a. M. 1972.

Freud, S., Studienausgabe XIII, Frankfurt a. M. 1972.

Freud, S., Selbstdarstellung, Studienausgabe XIV, Frankfurt a. M. 1972.

Freud, S., Studien über Hysterien, in: Gesammelte Werke Band 1, Frankfurt a. M. 1941 – 1987.

Freyer, T., Alterität und Transzendenz. Theologische Anmerkungen zur Hermeneutik, in: BThZ 13 (1996), 84-110.

Freyer, T., Das jüdische Gegenüber – eine Herausforderung für die christliche Theologie?, in: Groß, W. (Hg.), Das Judentum, 102-122.

Frick, E., Jesuit und Therapeut, in: Publik-Forum (7/2006)

Frick, E., Lautenschlager, B., Auf Unendliches bezogen. Spirituelle Entdeckungen bei C.G. Jung, München 2008.

Frielingsdorf, K., Aggression stiftet Beziehung, Mainz 1999.

Frielingsdorf, K., Dämonische Gottesbilder. Ihre Entstehung, Entlarvung und Überwindung, Düsseldorf 1992.

Frielingsdorf, K., Vom Überleben zum Leben, Mainz 1996.

Fries, H., Der Sinn von Kirche im Verständnis des heutigen Christentums, in: Handbuch der Fundamentaltheologie 3 Traktat Kirche, 17-29.

Fritzen, W., Von Gott verlassen? Das Markusevangelium als Kommunikationsangebot für bedrängte Christen, Stuttgart 2008.
Fromm, E., Anatomie der menschlichen Destruktivität, Reinbek 1977.
Fromm, E., Die Furcht vor der Freiheit, 11. Aufl., München 1998.
Fuchs, B., Haslinger, H., Die Perspektive der Betroffenen, in: Haslinger, H. (Hg.), Praktische Theologie. Grundlegungen, 220-230.
Fuchs, G., 1996, Auf der Suche nach dem neuen Adam, in: KatBl 1996, 268-272.
Fuchs, G., „Das Fleisch ist der Angelpunkt des Heils". Statt eines Nachworts, in: Ders. (Hg.), Männer. Auf der Suche nach einer neuen Identität, Düsseldorf 1988.
Fuchs, G., Einführung, in: ders. (Hg.), Angesichts des Leidens an Gott glauben. Zur Theologie der Klage, Frankfurt a. M. 1996, 7-14.
Fuchs, G. (Hg.), Glaube als Widerstandskraft, Frankfurt a. M. 1986.
Fuchs, O., Das christliche Pro-Testimonium zwischen Kontinuität und Differenz, in: Bucher, R., Krockauer, R. (Hg.), Prophetie in einer etablierten Kirche? Aktuelle Reflexionen über ein Prinzip kirchlicher Identität, Münster 2004, 301-320.
Fuchs, O., Das Jüngste Gericht. Hoffnung auf Gerechtigkeit, Regensburg 2007.
Fuchs, O., Dialog und Pluralismus in der Kirche. Die Kirche als Lernort nicht-hegemonialer, existentiell bezeugter Geltungsansprüche, in: Fürst, G. (Hg.), Dialog als Selbstvollzug der Kirche, Freiburg i. Br. 1997.
Fuchs, O., Die Kirchen: In eigener Identität bleibend angewiesen auf das Judentum, in: Groß, W. (Hg.), Das Judentum, 234-254.
Fuchs, O., Die Pastoral im Horizont der „unverbrauchbaren Transzendenz Gottes" (Karl Rahner), in: ThQ 185 (2005) 268-285.
Fuchs, O., Die pragmatische Relevanz semantischer Beweglichkeit von Bibelübersetzungen, in: Groß, W. (Hg.), Bibelübersetzung heute, 235-264.
Fuchs, O., Einige Richtungsanzeigen für die Pastoral der Zukunft, in: ThPQ 153 (2005) Heft 3, 227-240.
Fuchs, O., Für eine neue Einheit von Sozial- und Glaubenspastoral, in: PthI 18 (1998) 231-247.
Fuchs, O., Gott in Dunkelheit erahnen. Die biblische Verbindung von Lob und Klage, in: BuK 63 (1/2008) 22-27.
Fuchs, O., Gott ist kein Hampelmann, in: ThPQ 4, 2000, 379-386.
Fuchs, O., Gottes trinitarischer „Offenbarungseid" vor dem „Tribunal" menschlicher Klage und Anklage, in: Striet, M. (Hg.), Monotheismus Israels und christlicher Trinitätsglaube, 271-295.
Fuchs, O., Gotteserfahrung und Gottesfinsternis, in: PthI 16 (1996), Heft 1, 13-35.
Fuchs, O., Heilen und befreien. Der Dienst am Nächsten als Ernstfall von Kirche und Pastoral, Düsseldorf 1990.
Fuchs, O., Kirche, in: Haslinger, H. (Hg.), Praktische Theologie. Grundlegungen, 363-375.
Fuchs, O., Art. Klage, NBL 2 (1995) 489-493.
Fuchs, O., Klage als Gebet. Eine theologische Besinnung am Beispiel des Psalms 22, München 1982.
Fuchs, O, „Komparative Empirie" in theologischer Absicht, in: ThQ 182 (2002) 167-188.
Fuchs, O., Neue Wege einer eschatologischen Pastoral, in: ThQ 179 (1999) 4, 260-288.
Fuchs, O., Praktische Hermeneutik der Heiligen Schrift, Stuttgart 2004.
Fuchs, O., Praktische Theologie als kontextuelle Wissenschaft, in: Kraus, G. (Hg.), Theologie in Universität. Wissenschaft – Kirche – Gesellschaft, Frankfurt a. M. 1998, 151-181.
Fuchs, O., Solidarisierung bis zum Äußersten!? Wenn die Entscheidung für das Leben das Leben kostet, in: Weber, Franz (Hg.), Frischer Wind aus dem Süden. Impulse aus den Basisgemeinden, Innsbruck 1998, 119-136.
Fuchs, O., „Stellvertretung" – eine christliche Möglichkeit! (ThQ 2/2005) 95-126.

Fuchs, O., Unerhörte Klage über den Tod hinaus!, in: JBTh Band 16 (Klage), Neukirchen-Vluyn 2001, 347-379.

Fuchs, O., Wege zur Kraft der Toleranz, in: Schmidinger, H. (Hg.), Identität und Toleranz, Innsbruck 2003, 101-106.

Fuchs, O., Wie funktioniert die Theologie in empirischen Untersuchungen?, in: ThQ 182 (2002) 167-210.

Fuchs, O., Wie verändert sich universitäre Praktische Theologie, wenn sie kontextuell wird, in: PThI 18. 1998, 115-150.

Fuchs, O., Zwischen Wahrhaftigkeit und Macht. Pluralismus in der Kirche?, Frankfurt a. M. 1990.

Fürst, G. (Hg.), Dialog als Selbstvollzug der Kirche? (QD 166), Freiburg i. Br. 1997.

Fürst, G., „Unser Schatz in zerbrechlichen Gefäßen" (2 Kor 4,6). Auferstehungsglaube unter dem Schatten des Missbrauchs, Rottenburg am Neckar 2010.

Fürst, W., Wahrheit im Interesse der Freiheit. Das Theologieverständnis Hirschers, in: Fürst, G. (Hg.), Glaube als Lebensform. Der Beitrag Joh. Baptist Hirschers zur Neugestaltung christlich-kirchlicher Lebenspraxis und lebensbezogener Theologie, Mainz 1989, 89-113

Füssel, K., Art. Konflikt, in: Kleines Theologisches Wörterbuch, 239ff.

Füssel, K., Die „Zeichen der Zeit" als locus theologicus. Ein Beitrag zur theologischen Erkenntnislehre, in: FZPhTh30 (1983), 259-275.

Gay, P., Freud. Eine Biografie für unsere Zeit, Frankfurt a. M. 1989.

Georges, K. E. Ausführliches lateinisch-deutsches Handwörterbuch, 8. Aufl. Bd. 1, Darmstadt 1998.

Gerhards, A., Richter, K. (Hg.), Das Opfer. Biblischer Anspruch und liturgische Gestalt (QD 186), Freiburg i. Br. 2000.

Gertler, T., Mysterium hominis in luce Christi. Genese und Intention der Pastoralkonstitution, in: Fuchs, G., Lienkamp, A. (Hg.), Visionen des Konzils, 51-71.

Gese, H., Die Frage nach dem Lebenssinn: Hiob und die Folgen, in: ders., Alttestamentliche Studien, Tübingen 1991, 170-188.

Gese, H., Jakob und Mose: Hosea 12,3-14 als einheitlicher Text, in: ders., Alttestamentliche Studien, Tübingen 1991, 84-93.

Gese, H., Ps 22 und das Neue Testament, in: ZThK 68 (1968), 17ff.

Gese, H., Psalm 22 und das Neue Testament. Der älteste Bericht vom Tode Jesu und die Entstehung des Herrenmahles, in: ders., Vom Sinai zum Zion (BEvTh 64), 3. Aufl., München 1989, 180-201.

Gestrich, C., Opfer in systematisch-theologischer Perspektive. Gesichtspunkte einer evangelischen Lehre vom Opfer, in: Janowski, B., Welker, M. (Hg.), Opfer. Theologische und kulturelle Kontexte, Frankfurt a. M. 2000.

Giegerich, W., Tötungen. Gewalt aus der Seele, Frankfurt a. M. 1994.

Girard, R., Mimetische Theorie und Theologie, in: Niewiadomski, J., Palaver, W.(Hg.), Vom Fluch und Segen der Sündenböcke, Thaur 1995, 15-29.

Glucksmann, A., Hass. Die Rückkehr einer elementaren Gewalt, Zürich 2005.

Gnilka, J., Das Evangelium nach Markus (Mk 1-8,26), 5. Aufl., München 1998.

Gnilka, J., Das Evangelium nach Markus (Mk 8,27-16,20), 5. Aufl., Neukirchen-Vluyn 1999.

Gnilka, J., Jesus von Nazareth. Botschaft und Geschichte (HThK.S3), Freiburg i. Br. 1990.

Gnilka, J., Neutestamentliche Theologie. Ein Überblick (NEB Erg. 1), Würzburg 1989.

Goller, H., Das Rätsel von Körper und Geist, Darmstadt 2003.

Gordon, T., Familienkonferenz, Hamburg 1972.

Görres, A., Grenzen der Psychoanalyse, München 1968.

Görres, A., Pathologie des katholischen Christentums, in: Handbuch der Pastoraltheologie, hg. v. F. X. Kaufmann, Bd. II/1, Freiburg i. Br. 1971, 277 – 343.

Görres, A., Rahner, K., Das Böse, Freiburg-Basel-Wien 1982.

Gradl, F., Das Buch Ijob: NSK-AT 12, Stuttgart 2001.
Gräßer, E., Die Naherwartung Jesu (SBS 61) Stuttgart 1973.
Greshake, G., Der dreieinige Gott. Eine trinitarische Theologie, Freiburg i. Br. 1997.
Greshake, G., Erlöst in einer unerlösten Welt?, Mainz 1987.
Grom, B., Spiritualität ohne Grenzen, in: SdZ, Heft 3, März 2009, 145-146.
Gross, P., Jenseits der Erlösung. Die Wiederkehr der Religion und die Zukunft des Christentums, Bielefeld 2007.
Groß, W. (Hg.), Bibelübersetzung heute. Geschichtliche Entwicklungen und aktuelle Herausforderungen. Stuttgarter Symposion 2000, Stuttgart 2000,
Groß, W. (Hg.), Das Judentum. Eine bleibende Herausforderung christlicher Identität, Mainz 2001.
Groß, W., „Ich schaffe Finsternis und Unheil" (Jes 45,7) – Die dunkle Seite Gottes, in: Annen, F. (Hg.), Gottesbilder. Herausforderungen und Geheimnis, Fribourg 2002, 62-102.
Groß, W., Das Handeln Gottes in der Geschichte nach dem Alten Testament. Vortrag Santiago de Chile 2003.
Groß, W., Das Negative in Schöpfung und Geschichte: YHWH hat auch Finsternis und Unheil erschaffen (Jes 45,7), in: ders., Studien zur Priesterschrift und zu alttestamentlichen Gottesbildern, 145-158.
Groß, W., Das verborgene Gesicht Gottes – eine alttestamentliche Grunderfahrung und die heutige religiöse Krise, in: Hünermann, P. (Hg.), Gott ein Fremder in unserem Haus? Die Zukunft des Glaubens in Europa (QD 165), Freiburg-Basel-Wien 1996, 65-77.
Groß, W., Der doppelte Ausgang der Bibel Israels und die doppelte Leseweise des christlichen Alten Testaments, in: Ders. (Hg.), Das Judentum, 9-25.
Groß, W., Die Erschaffung des Menschen als Bild Gottes, in: Koltermann, R. (Hg.), Universum-Mensch-Gott: der Mensch vor den Fragen der Zeit, Graz 1997, 161ff.
Groß, W., Die Gottebenbildlichkeit des Menschen im Kontext der Priesterschrift, in: ders., Studien zur Priesterschrift und zu alttestamentlichen Gottesbildern (SBA 30), Stuttgart 1999, 11-37.
Groß, W., Die Gottebenbildlichkeit des Menschen nach Gen 1,26.27 in der Diskussion des letzten Jahrzehnts: BN 68, 1993, 33-48.
Groß, W., Ein Schwerkranker betet. Psalm 88 als Paradigma, in: Fuchs, G., (Hg.), Angesichts des Leids an Gott glauben? Zur Theologie der Klage, Frankfurt a. M. 1996, 101-118.
Groß, W., Erwartungen an eine moderne Praktische Theologie? Ein Gespräch mit Ottmar Fuchs, in: Nauer, D., Bucher, R., Weber, F. (Hg.), Praktische Theologie, 375-382.
Groß, W., Gott als Feind des einzelnen? Psalm 88, in: ders., Studien zur Priesterschrift und zu alttestamentlichen Gottesbildern, 64-78.
Groß, W., Jakob, der Mann des Segens. Zu Traditionsgeschichte und Theologie der priesterlichen Jakobsüberlieferungen, in: Biblica 49 (1968), 321-344.
Groß, W., Jes 64,4: „Siehe, du hast gezürnt, und dann haben wir gesündigt". Zu 2000 Jahren problematischer Rezeption zweier brisanter Sätze: Kratz, R.G., Krüger, T., Schmid, K. (Hg.), Schriftauslegung in der Schrift (FS Odil Hannes Steck) (BZAW 300), Berlin-New-York 2000, 163-173.
Groß, W., Keine Gerechtigkeit Gottes ohne Zorn Gottes, unveröffentlichtes Manuskript, Tübingen 2004.
Groß, W., Klagelieder 2: YHWH handelt im Zorn an seinem Volk, in: Annen, F. (Hg.), Gottesbilder. Herausforderungen und Geheimnis, 32-44.
Groß, W., Studien zur Priesterschrift und zu alttestamentlichen Gottesbildern (SBA 30), Stuttgart 1999.
Groß, W., Von YHWH belagert. Zu Ps 139, 1-12, in: Paul, E., Stock, A. (Hg.), Glauben ermöglichen (FS Günter Stachel), Mainz 1987, 149-159.
Groß, W., Vorlesung „Dekalog" Sommersemester Tübingen 2006, Kap.9.

Groß, W., Zorn Gottes – ein biblisches Theologumenon, in: ders., Studien zur Priesterschrift und zu alttestamentlichen Gottesbildern, 199-239.

Groß, W., Zukunft für Israel. Alttestamentliche Bundeskonzepte und die aktuelle Debatte um den Neuen Bund (SBS 176), Stuttgart 1998.

Groß, W., Kuschel, K. J., „Ich schaffe Finsternis und Unheil". Ist Gott verantwortlich für das Übel?, Mainz 1992.

Gruen, A., Der Verrat am Selbst. Die Angst vor Autonomie bei Mann und Frau, München 1986.

Grün, A., Rigorismus und Selbstaggressivität, in: Lebendige Seelsorge 1993, 153–158.

Grundmann, W., Das Evangelium nach Markus (ThHKNT II) 9. Aufl., Berlin 1984.

Guardini, R., Der Gegensatz. Versuche zu einer Philosophie des Lebendig-Konkreten, 3. Aufl., Mainz 1985.

Guardini, R., Die Annahme seiner selbst, 2.Aufl., Würzburg 1960.

Gubler, M.-L., Nun aber ist Christus von den Toten auferweckt worden als Erster der Entschlafenen (1Kor 15,20), in: Diakonia 22 (1991).

Guggenbühl, A., Aggressionen leben – Gewalt vermeiden, in: Männernetzwerk. Impulse zur Männerarbeit in den Diözesen Mainz und Rottenburg-Stuttgart, Stuttgart 2002.

Guggenbühl, A., Kleine Machos in der Krise. Wie Eltern und Lehrer Jungen besser verstehen, Freiburg i. Br. 2006.

Guggenbühl, A., Männer, Mythen, Mächte. Was ist männliche Identität?, Stuttgart 1994.

Gut, T., Der Schrei der Gottverlassenheit. Fragen an die Theologie (ThStB. 140), Zürich 1994.

Haacker, K., Art. Glaube. II/2.AT, in: TRE 13, 277-289.

Haag, H., Abschied vom Teufel, Einsiedeln 1969.

Habermas, J., Erkenntnis und Interesse, Frankfurt a. M. 1973.

Habermas, J., Vergangenheit als Zukunft, Zürich 1990.

Hahn, F., Die Bildworte vom neuen Flicken und vom jungen Wein (Mk 2,21f parr), EvTh31 (1971) 357-375.

Hahn, F., Theologie des Neuen Testaments, Bd. II: Die Einheit des Neuen Testaments, Tübingen 2002.

Hammer, F., Die exzentrische Position des Menschen. Methode und Grundlinien der philosophischen Anthropologie H. Plessners, Bonn 1976.

Handbuch psychologischer Grundbegriffe, hg. v. T. Hermann et al., München 1977.

Hardt, P., Stosch, K.v.(Hg.), Für eine schwache Vernunft? Beiträge zu einer Theologie nach der Postmoderne, Ostfildern 2007.

Harre, R., (Hg.), The Social Construction of Emotions, Oxford 1988.

Hartmann, H., Ich-Psychologie und das Anpassungsproblem. Psyche 14: 81-164, 1960.

Hartmann, H., Ich-Psychologie. Studien zur psychoanalytischen Theorie, Stuttgart 1972.

Haslinger, H. (Hg.), Praktische Theologie. Grundlegungen, Mainz 1999.

Hebb, D. O., Thompson, W. R., The social significance of animal studies, in: Lindzey, G., Aronson, E. (Eds.), The Handbook of social psychology Bd 1, Reading, Mass., Addison-Wesley, 729-774.

Hecht, A., „Der Sabbat ist um des Menschen willen da". Die galliläischen Streitgespräche, in: Katholisches Bibelwerk (Hg.), Markus entdecken. Lese- und Arbeitsbuch zum Markusevangelium, Stuttgart 1996.

Hecke, P. v., „Ich aber will zum Allmächtigen reden" (Ijob 13,3), in: Concilium 40 (2004/4), 383-391.

Hecke, P. v., From Conversation about God to Conversation with God. The Case of Job, in: Haers, J., De Mey, P. (Hg.), Theology and Conversation: Towards a Relational Theology, Leuven 2004, 115-124.

Hedinger, U., Wider die Versöhnung Gottes mit dem Elend. Eine Kritik des christlichen Theismus und Atheismus (BSHST 60), Zürich 1972.
Heidegger, M., Sein und Zeit, 16. Aufl., Tübingen 1986.
Heidelberger Katechismus. Mit Sprüchen und Psalmen, Erlangen 1928.
Heigl-Evers, A., Die Gruppe als Medium im Unterricht und in der Psychotherapie, in: Gruppenpsychotherapie und Gruppendynamik, Bd. 8, H. 3, Göttingen 1974.
Helwig, P., Charakterologie. Freiburg i. Br. 1967.
Hemmerle, K., Auferstanden zum Vater – auferstanden zu uns, in: ders., Glauben, wie geht das?, Freiburg i. Br. 1978, 102.
Hennersperger, A., Zulehner, P. M., Sie gehen und werden nicht matt – Priester in heutiger Kultur. Ergebnisse der Studie Priester 2000, Ostfildern 2001.
Henseler, H., Narzisstische Krisen-zur Psychodynamik des Selbstmords, Reinbek 1974.
Henseler, H., Probleme bei der Behandlung chronisch suizidaler Patienten, in: Henseler, H./Reimer, Ch. (Hg.): Selbstmordgefährdung, Stuttgart-Bad-Canstatt 1981.
Hentschel, G., Jakobs Kampf am Jabbok (Gen 32,23-33) – eine genuin israelitische Tradition?, in: Dienst der Vermittlung, hg. v. W. Ernst u. a., Leipzig 1977, 13-37.
Hermann, J.L., Die Narben der Gewalt, München 1994.
Hermisson, H. J. Jakobs Kampf am Jabbok (Gen 32,23-33): ZThK 71 (1974) 239-261.
Hermisson, H. J., „Ich weiß, dass mein Erlöser lebt" (Hiob 19,23-27), in: Witte, M. (Hg.), Gott und Mensch im Dialog. FS Otto Kaiser (BZAW 345/II), Berlin-New-York 2004, 667-688.
Herms, E., Was haben wir an der Bibel? Versuch einer Theologie des christlichen Kanons: JBTh 12 (1998) 99-152.
Herrmann, S., „Gottebenbildlichkeit", der Begriff und seine Funktion im Rahmen biblischer Theologie: IMis 59 (1969) 280-287.
Heymel, M., Sühnopfer Christi – kann man das heute noch predigen?, BThZ 20 (2003) 196 219.
Hilberath, B. J. (Hg.), Communio – Ideal oder Zerrbild von Kommunikation? (QD 176), Freiburg i. Br. 1999.
Hilberath, B. J., Artikel Gnadenlehre, in: Schneider, T. (Hg.), Handbuch der Dogmatik, Bd. 2, 3-46.
Hilberath, B. J., Der Personbegriff der Trinitätstheologie in Rückfrage von Karl Rahner zu Tertullians „Adversus Praxean" (ITS 17), Innsbruck 1986.
Hilberath, B. J., Scharer, M., Firmung – Wider den feierlichen Kirchenaustritt. Theologischpraktische Orientierungshilfen, Mainz 1998.
Hilberath, B. J., Vorgaben für die Ausarbeitung der Communio-Ekklesiologie, in: ders. (Hg.), Communio – Ideal oder Zerrbild von Kommunikation?, 279ff.
Hilberath, B. J., Was würde ich einem Christen vorschlagen, wenn er in der säkularen Welt von Gott sprechen will, in: Henrich, D. u. a., Die Gottrede von Juden und Christen unter den Herausforderungen der säkularen Welt, Münster 1997, 51-71.
Hilberath, B. J., Art. „Pneumatologie", in: Schneider, T. (Hg.), Handbuch der Dogmatik, Düsseldorf 1992, 445-554.
Hilberath, B. J., Die Gemeinsame Erklärung zur Rechtfertigung aus römisch-katholischer Sicht, in: ders., Pannenberg, W. (Hg.), Zur Zukunft der Ökumene. Die „Gemeinsame Erklärung zur Rechtfertigungslehre", Regensburg 1999, 79-100.
Hofer, M., Männer glauben anders, Innsbruck 2003.
Hoff, J., Spiritualität und Sprachverlust. Theologie nach Foucault und Derrida, Paderborn 1999.
Hoffman, Y., A Blemished Perfection. The Book of Job in Context, Sheffield 1996.
Hofius, O., Art. Sühne IV, TRE 32 (2001) 342-447.
Hoping, H. (Hg.), Universität ohne Gott? Theologie im Haus der Wissenschaften, Freiburg i. Br. 2007.

Hoping, H., Gottes äußerste Gabe. Die theologische Unverzichtbarkeit der Opfersprache, in: Her-Korr 56 (2002) 247-251.
Hoping, H., Gottes Ebenbild. Theologische Anthropologie und säkulare Vernunft, in ThQ 185 (2005) 127-149.
Hoping, H., Stellvertretung. Zum Gebrauch einer theologischen Kategorie, ZKTh 118 (1996) 345-360.
Hörmann, H., Moog, W., Der Rosenzweig P–F–Test, Form für Erwachsene, Göttingen 1957.
Horst, F., Hiob. Teilband I (Kap. 1-19): Biblischer Kommentar XVI/I,2, Neukirchen-Vluyn 1969.
Hull, D.B./Schroeder, H.E., Some Interpersonal Effects of Assertion, Nonassertion and Aggression. Behavior Therapy 10, 1979, 20-28.
Hultgren, A.J., Jesus and his Adversaries. The Form and Function of the Conflict Stories in the Synoptic Tradition, Minneapolis 1979.
Hünermann, P., Anthropologische Dimensionen der Kirche, in: ders., Ekklesiologie im Präsens. Perspektiven, Münster 1995.
Hünermann, P., Erfahrung der „Erbsünde"? in: Concilium 40 (2004), 87-92.
Hünermann, P., Jesus Christus – Gottes Wort in der Zeit. Eine sytematische Christologie, Münster 1997.
Hünermann, P., Peccatum originale – ein komplexer, mehrdimensionaler Sachverhalt, in: ThQ 184 (2004) 92-107.
Hunze, G., Feeser, U., Von der Normativität zur Generativität des „Faktischen", in: Religionspädagogische Beiträge 45, 59-68.
Huonder, V., Die Psalmen in der Liturgia Horarum, Fribourg 1991.
Hüther, G., Bedienungsanleitung für ein menschliches Gehirn, Göttingen 2006.
Hüther, G., Biologie der Angst, Göttingen 1997.
Illies, J., Mit der Aggression leben, in: Illies, Joachim/Meves, Christa, Liebe und Aggression, Gräfelfing 1996.
Irenäus von Lyon, Adv Haer III 1,1
Irsigler, H., Ijobs letzte Hoffnung. 16,18-22 und 19,23-27 im Kontext der Ijobdichtung, in: Dyma, O., Michel, A. (Hg.), Sprachliche Tiefe-Theologische Weite, FS für Walter Groß zur Erlangung des 65. Lebensjahres (Biblisch-Theologische Studien 91), Neukirchen-Vluyn 2008, 143-190.
Iser, W., Die Appellstruktur der Texte. Unbestimmtheit als Wirkungsbedingung literarischer Prosa, in: Warning, R., Rezeptionsästhetik. Theorie und Praxis, München 1979, 228-252.
Ivancic, T., Aggressivität und Vertrauen, Zagreb 2001.
Ivancic, T., Hagiotherapie, Zagreb 1995.
Izard, C. E., Die Emotionen des Menschen, Weinheim 1981.
Jacob, B., Das erste Buch der Tora. Genesis, Berlin 1934.
Jacobi, J., Der Weg zur Individuation, Olten 1971.
Jacobi, J., Die Psychologie von C.G. Jung. Eine Einführung in das Gesamtwerk, mit einem Geleitwort von C.G. Jung, Frankfurt a. M. 1977.
Jacobs, C., Salutogenese. Eine pastoralpsychologische Studie zu seelischer Gesundheit, Ressourcen und Umgang mit Belastungen bei Seelsorgern, Würzburg 2000.
Jacoby, M., Das Leiden an Gefühlen von Ohnmacht in der Psychotherapie, in: Egner, H. (Hg.), Macht, Ohnmacht, Vollmacht, Zürich und Düsseldorf, 1996.
Jacoby, M., Liebet eure Feinde – oder vom Umgang mit Feindbildern, in: Pflüger, P. M. (Hg.), Freund- und Feindbilder, Begegnung mit dem Osten, Olten 1986.
Jacoby, M., Scham-Angst und Selbstwertgefühl, Olten 1991.
Janowski, B., Ecce homo. Stellvertretung und Lebenshingabe als Themen Biblischer Theologie, BTS 84, Neukirchen-Vluyn 2007.

Janowski, B., Konfliktgespräche mit Gott. Eine Anthropologie der Psalmen, Neukirchen-Vluyn 2003.
Janowski, B., Sühne als Heilsgeschehen. Traditions- und religionsgeschichtliche Studien zur priesterschriftlichen Sühnetheologie, 2. Aufl., Neukirchen-Vluyn 2000.
Janssen, J. P., Gabler, H., Sind Psychologiestudenten unter Studienanfängern eine Negativauslese? in: PR 25 (1974), 275–293.
Jaschke, H., Dunkle Gottesbilder. Therapeutische Wege der Heilung, Freiburg i. Br. 1992.
Jaspers, K., Der philosophische Glaube angesichts der Offenbarung, München 1962.
Jaspers, K., Einführung in die Philosophie, München 1953.
Jeremias, J., Das Buch Amos (ATD 24/2), Göttingen 1995.
Jeremias, J., Der Prophet Hosea (ATD 24/1), Göttingen 1983.
Jeremias, J., Die Gleichnisse Jesu, Göttingen 1965.
Jeremias, J., Neutestamentliche Theologie. Erster Teil: Die Verkündigung Jesu, Gütersloh 1971.
Johannes Paul II, Ansprache bei der Begegnung mit der jüdischen Gemeinschaft Polens am 9. Juni 1991, in: HerKorr 49 (1995), 133ff.
Johannes Paul II: Ansprache beim Besuch der Großen Synagoge Roms vom 13.4. 1986.
Johannes Paul II, Redemptor hominis, Cita del Vaticano 1979.
Johannes Paul II, Tertio Millenio Adveniente Nr. 37.
Johannes Paul II, Wir fürchten die Wahrheit nicht. Der Papst über die Schuld der Kirche und der Menschen, Graz 1997.
Johannes vom Kreuz, Aufstieg zum Berg Karmel; Die dunkle Nacht, Darmstadt 1987.
Jonas, H., Der Gottesbegriff nach Auschwitz. Eine jüdische Stimme, Frankfurt a. M. 1987.
Josuttis, M., Der Weg in das Leben. Eine Einführung in den Gottesdienst auf verhaltenswissenschaftlicher Grundlage, 3. Aufl., Gütersloh 2000.
Jung, C. G., Aion, GW IX/2; zit. nach: ders., Welt der Psyche, München 1973.
Jung, C.G., Briefe II, Olten 1971
Jung, C.G., Die Beziehungen zwischen dem Ich und dem Unbewussten, Olten-Freiburg 1978.
Jung, C.G., Die transzendente Funktion. In: GW VIII, Olten 1971
Jung, C. G., Praxis der Psychotherapie, GW XVI, Olten 1971.
Jung, C.G., Psychologie und Alchemie, GW XII, Olten 1971
Jung, C.G., Psychologische Typen, GW VI, Olten 1971
Jüngel, E., „Meine Theologie" – kurz gefasst, in: Ders., Wertlose Wahrheit. Zur Identität und Relevanz christlichen Glaubens. Theologische Erörterungen III, München 1990, 1-15.
Jüngel, E., Das Opfer Jesu Christi als sacramentum und exemplum, in: ders., Wertlose Wahrheit, München 1990.
Jüngel, E., Gott als Geheimnis der Welt. Zur Begründung der Theologie des Gekreuzigten im Streit zwischen Theismus und Atheismus, 6.Aufl. 1992, Tübingen 1992.
Jüngel, E., Metaphorische Wahrheit. Erwägungen zur theologischen Relevanz der Metapher als Beitrag zur Hermeneutik einer narrativen Theologie, in: ders., Entsprechungen: Gott-Wahrheit-Mensch. Theologische Erörterungen (BEvTh 88), München 1980, 103-157.
Jüngel, E., Vom Tod des lebendigen Gottes, in: ZThK 65 (1968) 95-116.
Kafka, F., Der Prozess. Roman in der Fassung der Handschrift, Frankfurt a. M. 1990.
Kallen, W., Vom Preis der Gnade in der Kirchenkrise, in:Bucher, R., Krockauer, R. (Hg.), Macht und Gnade. Untersuchungen zu einem konstitutiven Spannungsfeld der Pastoral, Münster 2005, 238-250.
Kant, I., Grundlegung zur Metaphysik der Sitten, Philosophische Bibliothek 41.
Kappenberg, B., Kommunikationstheorie und Kirche. Grundlagen einer kommunikationstheoretischen Ekklesiologie, Frankfurt a. M. 1981.

Karrer, M., Rechtfertigung bei Paulus. Eine Reflexion angesichts der aktuellen Diskussion: KuD 46 (2000), 126-155.

Kasper, W., Der Gott Jesu Christi, Mainz 1982.

Kasper, W., Die Sache Gottes und die Sache des Menschen, Bischöfliches Ordinariat, Rottenburg 1999.

Kasper, W. (Hg.), Gegenwart des Geistes. Aspekte der Pneumatologie (QD 85), Freiburg i. Br. 1979.

Kasper, W., Jesus der Christus, Mainz 1974.

Kassel, M., Biblische Urbilder. Tiefenpsychologische Auslegung nach C.G. Jung, Freiburg i. Br. 1992, 258-281.

Kast, V., Abschied von der Opferrolle. Das eigene Leben leben, Freiburg i. Br. 1998.

Kast, V., Der Schatten in uns. Die subversive Lebenskraft. Zürich-Düsseldorf 1999.

Kast, V., Der schöpferische Sprung. Vom therapeutischen Umgang mit Krisen, München 1989.

Kast, V., Die Dynamik der Symbole, Olten 1990.

Kast, V., Freude – Inspiration – Hoffnung, Olten 1991.

Kast, V., Paare. Oder wie Götter sich in Menschen spiegeln, Stuttgart 1984.

Kast, V., Selbstbehauptung und Hingabe. Begegnung zwischen Selbstbehauptung und Hingabe, in: Schleswig-Holsteinisches Ärzteblatt H 6, 1982.

Kast, V., Sich einlassen und loslassen. Neue Lebensmöglichkeiten bei Trauer und Trennung, Freiburg 1994.

Kast, V., Trauern. Phasen und Chancen des psychischen Prozesses, Stuttgart 1982.

Kast, V., Vom Sinn der Angst, Freiburg i. Br. 1996.

Kast, V., Vom Sinn des Ärgers. Anreiz zu Selbstbehauptung und Selbstentfaltung, Stuttgart 1998.

Kast, V., Von der Schwierigkeit, eine neue Identität zu finden. In: dies., Loslassen und sich selber neu finden. Die Ablösung von den Kindern, Freiburg i. Br. 1991.

Kast, V., Wandlung mit Schmerzen. Die Angst vor der Trennung, in: Rudolf, W. (Hg.), Lebenskraft Angst. Wandlung und Befreiung, Freiburg i. Br. 1987.

Kast, V., Wege aus Angst und Symbiose, in: Praxis der Psychotherapie und Psychosomatik 29, 1984.

Kast, V., Zum Opfer werden – eine latente Liebe zum Leben? In: Schleswig-Holsteinisches Ärzteblatt, Heft 10, 1982, 816-821.

Keel, O., „Monotheismus – ein göttlicher Makel? Über eine allzu bequeme Anklage", in: Neue Zürcher Zeitung 30./31. 10. 2004, 68.

Keel, O., Feinde und Gottesleugner. Studien zum Image der Widersacher in den Individualpsalmen (SBM 7), Stuttgart 1969.

Keel, O., Jahwes Entgegnung an Ijob, FRLANT 121, 1978.

Keel, O., Schroer, S., Schöpfung. Biblische Theologien im Kontext altorientalischer Religionen, Göttingen 2002.

Kehl, M., Und Gott sah, dass es gut war. Eine Theologie der Schöpfung, Freiburg i. Br. 2006.

Keil, S., Aggression und Mitmenschlichkeit, Stuttgart 1970.

Kern, W., Der Gekreuzigte: Krisis der Ideologien, in: Kern, W., Pottmeyer, H. J., Seckler, M., Handbuch der Fundamentaltheologie Bd. 2, Freiburg i. Br. 1985, 197-223.

Kernberg, O., Zur Psychopathologie des Hasses. Forum Psychoanal 7: 1991, 251-270.

Kertelge, K., Die Wunder Jesu im Markusevangelium (StANT 23) 1970.

Kertelge, K., Rechtfertigung bei Paulus. Studien zur Struktur und zum Bedeutungsgehalt des paulinische Rechtfertigungsbegriffs (NTA.NF 3), 1967.

Kertesz, I., Meine Rede über das Jahrhundert, Hamburg 1995.

Kessler, H., Art. Christologie, in: Schneider, T. (Hg.), Handbuch der Dogmatik, Bd. 1, 241-444.

Kessler, H., Das Kreuz und die Auferstehung, in: Schmidinger, H. (Hg.), Jesus von Nazaret. Salzburger Hochschulwochen 1994, Graz 1995, 149-184.

Kessler, H., Die theologische Bedeutung des Todes Jesu. Eine traditionsgeschichtliche Untersuchung, Düsseldorf 1970.
Kessler, H., Erlösung als Befreiung (ppb), Düsseldorf 1972.
Kessler, H., Sucht den Lebenden nicht bei den Toten. Die Auferstehung Jesu Christi in biblischer, fundamentaltheologischer und systematischer Sicht, Neuausgabe mit ausführlicher Erörterung der aktuellen Fragen, Würzburg 1995.
Kessler, R., „Ich weiß, dass mein Erlöser lebt". Sozialgeschichtlicher Hintergrund und theologische Bedeutung der Löser-Vorstellung in Hiob 19,25: ZThK 89 (1992), 139-158.
Keul, H., Befragbar sein – sprachfähig werden. Das Anderswort der Offenbarung in postsäkularer Kultur, in: Franz, T., Sauer, H.(Hg.), Glaube in der Welt von heute. Theologie und Kirche nach dem Zweiten Vatikanum. Bd. II: Diskursfelder, Würzburg 2006.
Keul, H., Wo die Sprache zerbricht. Die schöpferische Macht der Gottesrede, Mainz 2004.
Kierkegaard, S., Die Krankheit zum Tode, in: Gesammelte Werke 24. und 25. Abt., Düsseldorf 1954.
Kiilunen, J., Die Vollmacht Jesu im Widerstreit. Untersuchungen zum Werdegang von Mk 2,1-3,6 (AASF.DHL 40), Helsinki 1985.
King, M. L., „Pilgerreise zur Gewaltlosigkeit", in: Branch, T., Parting the Waters: America in the King Years 1954-63, New York 1989.
King, M. L., Wohin führt unser Weg. Chaos – oder Gemeinschaft, Wien-Düsseldorf 1968.
Kingsbury, J. D., Conflict in Mark. Jesus, Authorities, Disciples, Minneapolis 1989.
Kirchmayr, A., Zur psychischen Situation von Theologiestudenten, in: Diakonia 13 (1982).
Klaiber, W., Rechtfertigung und Gemeinde. Eine Untersuchung zum paulinischen Kirchenverständnis (FRLANT 127), 1982.
Klauck, H.-J., Vorspiel im Himmel? Erzähltechnik und Theologie im Markusprolog (BThSt 32), Neukirchen-Vluyn 1997.
Klein, M., Das Seelenleben des Kleinkindes, Stuttgart 1983.
Klein, S., Der Alltag als Entstehungsort praktisch-theologischer Fragen, in: dies., Subjekte und Orte der Praktischen Theologie, in: Haslinger, H. (Hg.), Praktische Theologie. Grundlegungen, 60-74.
Klein, S., Erkenntnis und Methode in der Praktischen Theologie, Stuttgart 2005.
Klessmann, M., Ärger und Aggression in der Kirche, Göttingen 1992.
Klessmann, M., Pastoralpsychologie. Ein Lehrbuch, Neukirchen-Vluyn 2004.
Klinger, E., Armut. Eine Herausforderung Gottes. Der Glaube des Konzils und die Befreiung des Menschen, Zürich 1990.
Klinger, E., Der Glaube an den Menschen – eine dogmatische Aufgabe. Karl Rahner als ein Wegbegleiter des Zweiten Vatikanischen Konzils, in: ThGl 78/1985, 229-238.
Klinger, E., Der Glaube des Konzils. Ein dogmatischer Fortschritt, in: ders., Wittstadt, K. (Hg.), Glaube im Prozess FS für Karl Rahner, Freiburg i. Br. 1984, 615-626.
Klopfenstein, M. A., Wenn der Schöpfer Chaosmächte „anherrscht" und so das Leben schützt, in: ThZ 53 (1997), 33-43.
Klosinski, G., Ecclesiogenic Neuroses and Psychoses in Adolescence, in Acta Paedopsychiatrica (1990) 53, 71-77.
Klosinski, G., Psychologische und psychodynamische Aspekte religiöser Konversion zu neureligiösen Bewegungen am Beispiel der Neo-Sannyas-Bewegung, Habil.-Schrift Med. Fak. (klinische Medizin) Universität Tübingen 1983.
Kluxen, W., Lex naturalis bei Thomas von Aquin, in: Nordrhein-Westfälische Akademie der Wissenschaften (Hg.), Vorträge G 378, Wiesbaden 2001.
Knauf, E.-A., Ijobs multikulturelle Heimat, in: BuK (2004/2), 67ff.
Knobloch, S., Was ist Praktische Theologie? Fribourg 1995.

Knudtzon, J. A., Die El-Amarna-Tafeln, Briefe 244, 254, 288, 298, 329, Leipzig 1910.

Koch, K., Durch-kreuz-ter Glaube. Das Kreuz Jesu Christi als Kerngeheimnis christlicher Theologie, in: Mödl, L.(Hg.), Ein sperriges Zeichen. Praktisch-theologische Überlegungen zur Theologie des Kreuzes, München 1997, 12-52.

Koch, T., Freuds Entdeckung und ihre Bedeutung für die gegenwärtige Theologie, in: Bodenheimer, A. R. (Hg.), Freuds Gegenwärtigkeit, Stuttgart 1989.

Kochanek, H. (Hg.), Die verdrängte Freiheit. Fundamentalismus in den Kirchen, Freiburg i. Br. 1991.

Köhler, J., Die Unfähigkeit der Katholiken, mit der jüdischen Frage umzugehen, in: Groß, W. (Hg.), Das Judentum. Eine bleibende Herausforderung christlicher Identität, 149-173.

Köhlmoos, M., Das Auge Gottes. Textstrategie im Hiobbuch (FAT 25), Tübingen 1999.

Köhnlein, M., Was bringt das Sakrament? Disputation mit Karl Rahner, Göttingen 1971. König, K., Angst und Persönlichkeit. Das Konzept und seine Anwendungen vom steuernden Objekt, Göttingen 1981.

Körner, M., Vom Erklären zum Verstehen in der Psychoanalyse, Stuttgart 1985.

Kosch, D., Wir brauchen „den ärgerlichen Jesus"!, in: BuK 3/2003, 194-195.

Kraus, G., Jesus Christus – Der Heilsmittler. Lehrbuch zur Christologie, Frankfurt a. M. 2005.

Kraus, H.-J., Theologie der Psalmen (BK 15/3), Neukirchen-Vluyn 1989.

Kreinecker, C. M., Das Leben bejahen: Jesu Tod, ein Opfer, in: ZKTh 128 (2006) 31-52.

Kreplin, M., Das Selbstverständnis Jesu. Hermeneutische und christologische Reflexion. Historisch-kritische Analyse (WUNT, II/141), Tübingen 2001.

Krieg, M., Leiblichkeit im Alten Testament, in: Leiblichkeit, hg. v. M. Krieg und H. Weder (ThSt 128), Zürich 1983.

Kristeva, J., Fremde sind wir uns selbst, Frankfurt a. M. 1990.

Krötke, W., Gottes Klarheiten. Eine Neuinterpretation der Lehre von Gottes „Eigenschaften", Tübingen 2001.

Kruse, O., Emotionsdynamik und Psychotherapie. Grundlagen zum Verständnis menschlicher Emotionen und ihrer psychotherapeutischen Beeinflussung, Weinheim 1985.

Kruse, O., Emotionstheoretische Erklärungsansätze in der Psychotherapie. Verhaltenstherapie und psychosoziale Praxis, 4, 1986, 454-475.

Kruse,O., Emotionsentwicklung und Neurosenentstehung. Perspektiven einer klinischen Entwicklungspsychologie, Stuttgart 1991.

Kues, N. v., Nachwort des 3. Buches De docta ignorantia, in: Flasch, K., „Nikolaus von Kues: Die Idee der Koinzidenz", in: Speck, J. (Hg.), Grundprobleme der großen Philosophen. Philosophie des Altertums und des Mittelalters, Göttingen 1992, 221-261.

Kuhn, H.-W., Ältere Sammlungen im Markusevangelium (StUNT 8), Göttingen 1971.

Kuhn, H.-W., Art. „Kreuz.II. Neues Testament und frühe Kirche (bis vor Justin)", in: TRE 19, Berlin 1990, 713-725.

Küng, H., Wozu Weltetos? Religion und Ethik in Zeiten der Globalisierung, Freiburg i. Br. 2002.

Kuschel, K. J., Ist Gott verantwortlich für das Übel? Überlegungen zu einer Theologie der Anklage, in: Fuchs, G. (Hg.), Angesichts des Leids an Gott glauben. Zu einer Theologie der Klage, Frankfurt a. M. 1995, 227-261.

Kuschel, K. J., Theologische Perspektiven heute, in: „Ich schaffe Finsternis und Unheil!" Ist Gott verantwortlich für das Übel?, hg. v. Groß, W., Kuschel, K. J., Mainz 1995, 170-213.

Kuschel, K. J., Ist das Christentum inhuman? Kritische Anmerkungen zu einer Streitschrift, in: HerKorr 46 (1992) 222-226.

Kuss, O., Der Römerbrief. Erste Lieferung (Röm 1,1-6,11) (RNT), 1963.

Lacoque, A., Job and Religion at Its Best. Biblical Interpretation 4 (1996).

Lactantius, L. C. F., De ira Dei. Vom Zorne Gottes. Lateinisch und deutsch von Kraft, H, Wlosok, A, Darmstadt 1957.
Ladenhauf, K. H., Integrative Therapie und Seelsorge-Lernen, in: Baumgartner, I. (Hg.), Handbuch der Pastoralpsychologie, 181-194.
Laing, R. D., Das geteilte Selbst, Köln 1972.
Lapide, P., Pannenberg, W., Judentum und Christentum. Einheit und Unterschied. Ein Gespräch (KT 60), München 1981.
Leach, E., Die Logik des Opfers, in: ders., Kultur und Kommunikation, Stuttgart 1978.
Leaman, O., Hiob und das Leid. Ursprung des Bösen, Leiden Gottes und Überwindung des Bösen im talmudischen und kabbalistischen Judentum. In: Koslowski, P. (Hg.), Ursprung und Überwindung des Bösen und des Leidens in den Weltreligionen (Diskurs der Weltreligionen 2), München 2001, 103-128.
Leary, M. et al., Teasing, rejection and violence. Aggression and Behavior 29 (2003).
Lehmann, K., Schlink, E. (Hg.), Das Opfer Jesu Christi und seine Gegenwart in der Kirche. Klärungen zum Opfercharakter des Herrenmahls, Freiburg i. Br. 1983.
Leimgruber, U., Kein Abschied vom Teufel. Eine Untersuchung zur gegenwärtigen Rede vom Teufel im Volk Gottes, Münster 2004.
Lersch, P., Aufbau der Person, München 1970.
Lesmeister, R., Destruktivität und die psychoanalytischen Konzepte moralischer Regulation, München 2003, 55.
Lévêque, J., Job et son Dieu, Bd. I und II: Études Bibliques, Paris 1970, 489-493.
Levin, C., Das Amosbuch der Anawim: ZThK 94 (1997), 407-436.
Levin, C., Der Jahwist (FRLANT 157), Göttingen 1993.
Levinas, E., Die Philosophie und die Idee des Unendlichen, in: ders., Die Spur des Anderen. Untersuchungen zur Phänomenologie und Sozialphilosophie, hg. v. W. N. Krewani, Freiburg-München 1983, 185-208.
Levinas, E., Humanismus des anderen Menschen, hg. v. L. Wenzler, Hamburg 1984.
Levinas, E., Totalität und Unendlichkeit. Versuch über die Exteriorität, hg. v. W. N. Krewani, Freiburg/München 1987.
Levinas, E., Wenn Gott ins Denken einfällt. Diskurse über die Betroffenheit von Transzendenz, eingel. v. B. Casper, Freiburg/München 1985.
Lichtenberg, J. D., Lachmann, F. M., Fosshage, J. L., Das Selbst und die motivationalen Systeme. Frankfurt a. M. 2000.
Lichtenberg, J. D., Psychoanalyse und Säuglingsforschung, Berlin 1991.
Liebs, D., Lateinische Rechtsregeln und Rechtssprichwörter, 7. Aufl., München 2007.
Lies, L., Ignatius v. Loyola. Die Exerzitien. Theologie-Struktur-Dynamik, Innsbruck 1983.
Lindinger, H. C., Die Theologie und die Abwehrmechanismen, in: WzM 18 (1966), 161–178.
Lindner, W. V., Seelsorger und Aggression, in: Wissenschaft und Praxis in Kirche und Gesellschaft 65 (1/1976), 34–47.
Liwak, R., Art. Penuel, in: TRE, Bd. 26, 1996, 209-211.
Lockmann, U., Dialog zweier Freiheiten. Studien zur Verhältnisbestimmung von göttlichem Handeln und menschlichem Gebet (ITS 66), Innsbruck 2004.
Lohfink, N., Der Schöpfergott und der Bestand von Himmel und Erde, in: ders., Studien zum Pentateuch, Stuttgart 1988, 191-211.
Lohse, E., Märtyrer und Gottesknecht. Untersuchungen zur urchristlichen Verkündigung vom Sühnetod Jesu Christi (FRLANT 46), Göttingen 1955.
Löning, K., Die Funktion des Psalters im Neuen Testament, in: Zenger, E. (Hg.), Der Psalter in Judentum und Christentum (HBS 18), Freiburg i. Br. 1998, 269-295.
Löning, K., Zenger, E., Als Anfang schuf Gott. Biblische Schöpfungstheologien, Düsseldorf 1997.

Luhmann, N., „Rechtszwang und politische Gewalt", in: Ausdifferenzierung des Rechts. Beiträge zur Rechtssoziologie und Rechtstheorie, Frankfurt a. M. 1990, 154-172.

Luhmann, N., Ökologische Kommunikation. Kann die moderne Gesellschaft sich auf ökologische Gefährdungen einstellen?, Opladen 1990.

Luther, H., Religion als Weltabstand, in: ders., Religion und Alltag. Bausteine zu einer Praktischen Theologie des Subjekts, Stuttgart 1992, 22-29.

Lutherischer Weltbund – Katholische Kirche, Gemeinsame Offizielle Feststellung zur Rechtfertigungserklärung, Annex Nr. 2 A.

Luz, U., Das Evangelium nach Matthäus (Mt 1-7), EKK I/1 5. Aufl., Neukirchen-Vluyn 2002.

Luz, U., Warum zog Jesus nach Jerusalem?, in: Schröter, J., Brucker, R. (Hg.), Der historische Jesus. Tendenzen und Perspektiven der gegenwärtigen Forschung (BZNW 114), Berlin 2002, 419-421.

Lyotard, J. F., La condition postmoderne, Paris 1979.

Maag, V., Hiob, FRLANT 128, Gütersloh 1982.

MacIntyre, A., Ricoeur, P., Die religiöse Kraft des Atheismus, Freiburg i. Br. 2002.

Mahler, M. S., Symbiose und Individuation, Stuttgart 1972.

Mahler, M., Pine, F., Bergman, A., Die psychische Geburt des Menschen. Symbiose und Individuation, Frankfurt a. M. 1978.

Maier, J., Tempel und Tempelkult, in: ders., Schreiner, J. (Hg.), Literatur und Religion des Frühjudentums, Würzburg 1971, 371-390.

Mantell, D. M., Familie und Aggression. Zur Einübung der Gewalt und Gewaltlosigkeit, Frankfurt a.M.1983.

Markschies, C., Der tote Gott und seine totalitären Idole, in: „Die Welt" 20.7.2007.

Marquard, F.-W., Die Gegenwart des Auferstandenen bei seinem Volk Israel, München 1983.

Marti, K., Denen wir lieber, in: ders., O Gott! Lachen, Weinen, Lieben. Ermutigungen zum Leben, Stuttgart 1995.

Maslow, A., Motivation and Personality, New York 1970.

Mauss, M., Die Gabe, 2.Aufl., Stuttgart 1984.

Menke, K.-H., Das Kriterium des Christseins. Grundriss der Gnadenlehre, Regensburg 2003.

Menke, K.-H., Der Gott, der jetzt schon Zukunft schenkt. Plädoyer für eine christologische Theodizee, in: Wagner, H. (Hg.), Mit Gott streiten. Neue Zugänge zum Theodizee-Problem, Freiburg i. Br. 1998, 90-130.

Menke, K. H., Die Einzigkeit Jesu Christi im Horizont der Sinnfrage, Einsiedeln 1995.

Menke, K.-H., Die Frage nach dem Wesen des Christentums. Eine theologiegeschichtliche Analyse, in: Nordrhein-Westfälische Akademie der Wissenschaften, Vorträge G 395, Paderborn 2005.

Menke, K.-H., Stellvertretung. Schlüsselbegriff christlichen Lebens und theologische Grundkategorie, 2.Aufl., Einsiedeln-Freiburg 1997.

Mentzos, S., Neurotische Konfliktbearbeitung, Frankfurt a. M. 1982.

Merklein, H., Der Sühnegedanke in der Jesustradition und bei Paulus, in: Gerhards, A., Richter, K. (Hg.), Das Opfer – biblischer Anspruch und liturgische Gestalt (QD 186), Freiburg i. Br. 2000, 59-91.

Merklein, H., Der Sühnetod Jesu nach dem Zeugnis des Neuen Testaments, in: ders., Studien zu Jesus und Paulus II (WUNT 105), Tübingen 1998, 31-59.

Merklein, H., Die Gottesherrschaft als Handlungsprinzip (FzB 34), Würzburg 1978.

Merklein, H., Jesu Botschaft von der Gottesherrschaft. Eine Skizze (SBS 111), Stuttgart 1983. Merklein, H., Jesus, Künder des Reiches Gottes, in: Kern, W., Pottmeyer, H. J., Seckler, M. (Hg.), Handbuch der Fundamentaltheologie, Bd. 2, Freiburg i. Br. 1985, 145-174.

Merklein, H., Studien zu Jesus und Paulus (WUNT 43), Tübingen 1987.

Mette, N., „Pastoralmacht". Praktisch-theologische Anmerkungen zu einem Theorem M. Foucaults, in: WzM 47 (1995), 76-83.
Mette, N., Art. Fremdprophetie, in: LThK IV, 3. Aufl., Sp. 127-128.
Mette, N., Art. Interdisziplinarität, in: LThK V, 3. Aufl., Sp. 557-558.
Mette, N., Religiöse Bildung zwischen Subjekten und Strukturen, in: NHRPG 31-35.
Mette, N., Sehen – Urteilen – Handeln. Zur Methodik pastoraler Praxis, in: Diakonia 20 (1989) 23-29.
Mette, N., Steinkamp, H., Sozialwissenschaften und Praktische Theologie (Leitfaden Theologie 11), Düsseldorf 1993.
Metz, J. B., Glaube in Geschichte und Gesellschaft. Studien zu einer praktischen Fundamentaltheologie, 5. Aufl., Mainz 1992.
Metz, J. B., Memoria Passionis. Ein provozierendes Gedächtnis in pluralistischer Gesellschaft, Freiburg i. Br. 2006.
Metz, J. B., Theodizee-empfindliche Gottesrede, in: ders. (Hg.), „Landschaft aus Schreien", Mainz 1995.
Meyer, H., Gaßmann, G. (Hg.), Rechtfertigung im ökumenischen Dialog, Frankfurt a. M. 1987.
Meyer, H., Sündige Kirche?, in: ÖR 38 (1989) 397-410.
Meyer, W. U., Schützwohl, A., Reisenzein, R., Einführung in die Emotionspsychologie, Bd. I, Bern-Göttingen 1993.
Michel, A., Gott und Gewalt gegen Kinder im Alten Testament, Tübingen 2003.
Michel, D., Qohelet, (EdF 258), Darmstadt 1988.
Mies, F., Le livre de Job. De l'excès du mal à l'altérité du mal?, in: NreTh 121 (1999), 192-194.
Miller, A., Das Drama des begabten Kindes. Eine Um- und Fortschreibung, Frankfurt a. M. 1996.
Mirbach, S., „Ihr aber seid Leib Christi". Zur Aktualität des Leib-Christi-Gedankens für eine heutige Pastoral, Regensburg 1998.
Miskotte, H. H., Das Leiden ist in Gott, in: Welker, M. (Hg.), Diskussion über Jürgen Moltmanns Buch „Der gekreuzigte Gott", München 1979, 74-93.
Mitscherlich, A. u. M., Aggression als individuelles und gesellschaftliches Schicksal, in: Aggression und Autorität, hg. v. F. Lorenz, Stuttgart 1974.
Mitscherlich, A., Aggression-Spontaneität-Gehorsam, in: ders. (Hg.), Aggression und Anpassung, München 1969, 82ff.
Mitscherlich, A., Auf dem Weg zur vaterlosen Gesellschaft, München 1963.
Mitscherlich, M., Die friedfertige Frau, Frankfurt a. M. 1987.
Möhler, J. A., Die Einheit in der Kirche oder das Prinzip des Katholizismus. Dargestellt im Geiste der Kirchenväter der drei ersten Jahrhunderte, hg. v. J. R. Geiselmann, Darmstadt 1957.
Mohr, T., Spannungen tolerieren. Beobachtungen zur Organisationskultur der kath. Kirche, in: HerKorr 53 (1999) 362-368.
Moltmann, J., Concilium 8 (1972) 409ff.
Moltmann, J., Der gekreuzigte Gott, München 1973.
Moltmann, J., Der geschichtliche Prozess der Auferstehung, in: ders., Der Weg Jesu Christi. Christologie in messianischen Dimensionen, München 1989.
Moltmann-Wendel, E., Art. Kreuz, in: Wörterbuch der Feministischen Theologie (WFT), hg. von E. Gössmann et al., Gütersloh 1991.
Moltmann-Wendel, E., Art. Kreuz, in: Wörterbuch der Feministischen Theologie (WFT), 22-27.
Monbourquette, J., Psychologie und Spiritualität. Warum Selbstwertschätzung beides braucht, München 2008.
Monbourquette, J., Vergeben lernen in zwölf Schritten, Mainz 2003.
Morgenthaler, C., Systemische Seelsorge. Impulse der Familien- und Systemtherapie für die kirchliche Praxis, 4. Aufl., Stuttgart 2005.

Moser, T., Gottesvergiftung, Frankfurt a. M. 1976.
Moser, T., Stufen der Nähe, Frankfurt a. M. 1984.
Moser, T., Von der Gottesvergiftung zu einem erträglichen Gott. Psychoanalytische Überlegungen zur Religion, Stuttgart 2003.
Mühlen, H., Das Verhältnis zwischen Inkarnation und Kirche in den Aussagen des Vaticanum II, in: ThGl 55 (1965) 171-190.
Mühling, M., Versöhnendes Handeln – Handeln in Versöhnung. Gottes Opfer an die Menschen (FsöTh 107), Göttingen 2005.
Müller, H. P., Das Hiobproblem. Seine Stellung und Entstehung im Alten Orient und Alten Testament, München 1978.
Müller, H.-P., Mythos–Kerygma–Wahrheit (BZAW 200), Berlin – New York 1991.
Müller, U. B., Zur Rezeption gesetzeskritischer Jesusüberlieferung im frühen Christentum (NTS 27) (1981).
Müller, W., Liebe und Zölibat. Wie eheloses Leben gelingen kann, Münsterschwarzach 2000.
Naisbitt, J., High-Tech – High-Touch, Wien-Hamburg 1999.
Napier, A., Whitacker, C.A., Die Bergers. Beispiel einer erfolgreichen Familientherapie, Reinbek 1982.
Nauer, D., Bucher, R., Weber, F. (Hg.), Praktische Theologie. Bestandsaufnahme und Zukunftsperspektiven. Ottmar Fuchs zum 60. Geburtstag, Stuttgart 2005,
Neidhardt, W., Aggressivität und Gewalt in unserer Gesellschaft, München 1974.
Neubeck, K, Die Atemmembran, in: www.atemphilosophie.de/AufsatzMembran.htm.
Newsom, C. A., The Book of Job. A Contest of Moral Imaginations, Oxford 2003, 150-161.
Nichols, M. P., Schwartz, R. C., Family Therapy. Concepts and Methods, London 1995.
Nidetzky, W., Mensch werden im Glauben. Dimensionen einer christlich geformten Selbstverwirklichung als kritische Perspektive seelsorglicher Begleitung, Würzburg 1986.
Niederland, W.G., Jakobs Kampf am Jabbok. Bemerkungen zur Flusssymbolik, in: Psychoanalytische Interpretationen biblischer Texte, hg. v. Spiegel, Y., München 1972, 128-138;
Niehr, H., Kontextualität von Religion als Thema von Alttestamentlicher Wissenschaft und Praktischer Theologie, in: Nauer, D. et al., Praktische Theologie, 414-417.
Niehr, H., Religionen in Israels Umwelt (Neue Echter Bibel. Ergänzungsband 5), Würzburg 1998.
Niemand, C. Jesus und sein Weg zum Kreuz. Ein historisch-rekonstruktives und theologisches Modellbild, Stuttgart 2007.
Nietzsche, F., Der Wille zur Macht. Versuch einer Umwertung aller Werte (KTA 78), 12. Aufl, Stuttgart 1980.
Nietzsche, F., Die Geburt der Tragödie, in: Werke in zwei Bänden, München 1967.
Nietzsche, F., Menschliches, Allzumenschliches. Werke I, 1973.
Nitsche, B., Die Analogie zwischen dem trinitarischen Gottesbild und der communialen Struktur von Kirche, in: Hilberath, B. J. (Hg.), Communio – Ideal oder Zerrbild von Kommunikation, 81-114.
Nocke, F.-J., Spezielle Sakramentenlehre: Firmung, in: Schneider, T. (Hg.), Handbuch der Dogmatik Bd. 2, 259-267.
Nötscher, F., Das Angesicht Gottes schauen nach biblischer und babylonischer Auffassung, Wissenschaftliche Buchgesellschaft Darmstadt 1969.
Oberlinner, L., Todeserwartung und Todesgewissheit Jesu. Zum Problem einer historischen Begründung (SBB 10), Stuttgart 1980.
Ochs, R., Verschwendung. Die Theologie im Gespräch mit Georges Bataille (BTS 2), Frankfurt a. M. 1995.
Odenthal, A., Liturgie als Ritual. Theologische und psychoanalytische Überlegungen zu einer praktisch-theologischen Theorie des Gottesdienstes als Symbolgeschehen, Stuttgart 2002.

Oeming, M., „Ihr habt nicht recht von mir geredet wie mein Knecht Hiob". Gottes Schlusswort als Schlüssel zur Interpretation des Hiobbuchs und als kritische Anfrage an die moderne Theologie, in: EvTh 60 (2000) 103-116.
Oeming, M., „Kannst du der Löwin ihren Raub zu jagen geben"? (Ijob 38,39). Das Motiv des „Herrn der Tiere" und seine Bedeutung für die Theologie der Gottesreden Ijob 38-42, in: Augustin, M.,/ Schunck, K.-D.(Hg.), „Dort ziehen Schiffe dahin...". Collected Communications..., BEAT 28, Frankfurt a. M. 1996, 147-163.
Oeming, M., Schmid, K., Hiobs Weg. Stationen von Menschen im Leid, Neukirchen-Vluyn 2001.
Oorschot, J. v., Menschenbild, Gottesbild und Menschenwürde – ein Beitrag des Hiobbuches, in: Herms, E. (Hg.), Menschenbild und Menschenwürde (VWGTh 17), Gütersloh 2001, 320-343.
Otto, E., Das Deuteronomium, Berlin 1999.
Otto, E., Krieg und Frieden in der Hebräischen Bibel und im Alten Orient. Aspekte für eine Friedensordnung in der Moderne (Theologie und Frieden 18), Stuttgart 1999.
Overbeck, G., Krankheit als Anpassung, Frankfurt a. M. 1984.
Paesler, K, Das Tempelwort Jesu. Die Traditionen von Tempelzerstörung und Tempelerneuerung im Neuen Testament (FRLANT 184), Göttingen 1999.
Pahl, J., Regression, Progression und Psychische Gesundheit. Die Begriffe und ihre Phänomenologie innerhalb des psychotherapeutischen Prozesses. Imagination 16 (3), 1994, 5-22.
Panksepp, J., Why does separation distress hurt? Comment on Mac-Donald and Leary. Psychological Bulletin 131 (2005).
Pannenberg, W., Die Gemeinsame Erklärung zur Rechtfertigungslehre aus evangelischer Sicht, in: ders. (Hg.), Zur Zukunft der Ökumene, 73ff.
Pannenberg, W., Gegenwart Gottes, München 1973.
Pannenberg, W., Systematische Theologie Bd. I, Göttingen 1988.
Pannenberg, W., Systematische Theologie Bd. II, Göttingen 1991.
Papousek H. u. M., Cognitive aspects of preverbal social interaction between human infant and adults. In: Parent-Infant-Interaction. New York, Associated Scientific Publishers, 1975.
Papst Johannes XXIII Enzyklika „Mater et Magistra" (1961), Kap. 109.
Parens, H., A view of the development of hostility in early life. J Am Psychoanal Assn (suppl.) 39: 1991, 75-108.
Parens, H., Neuformulierungen der psychoanalytischen Aggressionstheorie und Folgerungen für die klinische Situation. Forum Psychoanal 9, 1993, 107-121.
Pascal, B., Pensées, Fragment, Nr. 553.
Pascal, B., Schriften zur Religion, übers. v. H. U. v. Balthasar, Einsiedeln 1982.
Pemsel-Maier, S., Rechtfertigung durch Kirche?, Das Verhältnis von Kirche und Rechtfertigung in Entwürfen der neueren katholischen und evangelischen Theologie, Würzburg 1991.
Pesch, O. H., Rechtfertigung und Kirche, in: ÖR 37 (1988) 22-46.
Pesch, O.H., Dogmatik im Fragment. Gesammelte Studien, Mainz 1987.
Pesch, R., Das Markusevangelium (HThK II/1.2), Bd. 2, Freiburg i. Br. 1977.
Peters, T. R., Die Dimension des Politischen in der Theologie Dietrich Bonhoeffers, München 1976.
Peterson, E., Der Brief an die Römer (Ausgewählte Schriften Bd. 6), Würzburg 1997.
Pieper, J. Werke in 8 Bänden (hg. v. B. Wald), Bd. 2, Hamburg 2001.
Pieper, J., Das Viergespann. Klugheit-Gerechtigkeit-Tapferkeit-Maß, München 1964.
Pine, F., Drive, Ego, Object and Self, New York 1990.
Plessner, H., Die Stufen des Organischen und der Mensch, Berlin 1965.
Plessner, H., Philosophische Anthropologie, Frankfurt a. M. 1970.
Pöltner, G., Thomas von Aquin über Sein als Geschaffensein, in: Schmetterer, E. (Hg.), Variationen zur Schöpfung der Welt (FS R. Schulte), Innsbruck 1995, 40-64.

Pompey, H., Zur Geschichte der Pastoralpsychologie, in: Baumgartner, I., Handbuch der Pastoralpsychologie, 23-40.

Pöppel, E., Grenzen des Bewusstseins. Über Wirklichkeit und Welterfahrung, Stuttgart 1988.

Pottmeyer, H.J., Kontinuität und Innovation in der Ekklesiologie des II. Vaticanums, in: Alberigo, G., Congar, Y., Pottmeyer, H. J., Kirche im Wandel. Eine kritische Zwischenbilanz nach dem 2. Vaticanum, Düsseldorf 1982, 101-110.

Prömper, H., Emanzipatorische Männerbildung, Glaubenskommunikation Reihe Zeitzeichen Bd. 12, Ostfildern 2003.

Pröpper, T., „Dass nichts uns scheiden kann von Gottes Liebe..." Ein Beitrag zum Verständnis der „Endgültigkeit" der Erlösung, in: ders., Evangelium und freie Vernunft. Konturen einer theologischen Hermeneutik, Freiburg i. Br. 2001.

Pröpper, T., Erlösungsglaube und Freiheitsgeschichte. Eine Skizze zur Soteriologie, München 1991.

Pröpper, T., Striet, M., Art. Theodizee, in: LThK IX, 3. Auflage, 1396ff.

Pröpper, T., Wegmarken zu einer Christologie nach Auschwitz, in: Manemann, J., Metz, J. B., Christologie nach Auschwitz, Münster 1999.

Pruyser, P. W., A Dynamic Psychology of Religion, New York 1968.

Psychoanalyse. Ein Handbuch in Schlüsselbegriffen, hg. v. W. Mertens, München-Baltimore-Wien 1983.

Pury, A. de, Jakob am Jabbok, Gen 32, 23-33 im Licht einer alt-iranischen Erzählung: ThZ 35 (1979) 18-34.

Pury, A. de, Le Dieu qui vient en adversaire. De quelques différences à propos de la perception de Dieu dans l Ancien Testament, in: Kutzmann, R. (Hg.), Ce Dieu qui vient. Etudes sur l'Ancien et le Nouveau Testament offertes au Bernard Renaud à l'occasion de son soixante-cinquième anniversaire (LeDiv 159), Paris 1995, 45-67.

Rad, G. v., Das erste Buch Mose/Genesis (ATD 2-4), 11. Aufl., Göttingen 1981.

Rad, G. v., Vom Lesen des Alten Testaments (1970), in: ders., Gottes Wirken in Israel, hg. v. O. H. Steck, Neukirchen-Vluyn 1974, 11-21.

Rad, G. v., Weisheit in Israel, Neukirchen-Vluyn 1970.

Rahner, K., Der dreifaltige Gott als transzendenter Urgrund der Heilsgeschichte, in: Feiner, J., Löhrer, M. (Hg.), Mysterium Salutis. Grundriss heilsgeschichtlicher Dogmatik, Bd. 2, Einsiedeln 1967, 317-401.

Rahner, K., Die Heiligen, in: Lehmann, K., Raffelt, A.(Hg.), Karl Rahner – Praxis des Glaubens, Freiburg i. Br. 1982.

Rahner, K., Die Herausforderungen der Theologie durch das Zweite Vatikanische Konzil, in: ders., Schriften zur Theologie, Bd. 8, Einsiedeln u. a. 1967, 13-42.

Rahner, K., Die praktische Theologie im Ganzen der theologischen Disziplinen, in: ders., Schriften zur Theologie Bd. 8, Einsiedeln 1967, 133-149.

Rahner, K., Die theologische Dimension der Frage nach dem Menschen, in: ders., Schriften zur Theologie Bd. 12, Zürich-Einsiedeln-Köln 1975, 387-406.

Rahner, K., Dimensionen des Martyriums. Plädoyer für die Erweiterung eines klassischen Begriffs, in: Concilium 3 (1983), 175ff.

Rahner, K., Dogmatische Fragen zur Osterfrömmigkeit, in: ders., Schriften zur Theologie Bd. 4, Einsiedeln 1960, 157-172.

Rahner, K., Geist in Welt. Zur Metaphysik der endlichen Erkenntnis bei Thomas von Aquin, München 1957.

Rahner, K., Grundkurs des Glaubens. Einführung in den Begriff des Christentums, Freiburg i. Br. 1976.

Rahner, K., Im Gespräch, Bd. I (1964-1977), hg. v. Imhoff, P., Bialowons, U. H., München 1982.

Rahner, K., Praxis des Glaubens, Freiburg i. Br. 1982.

Rahner, K., Schriften zur Theologie Bd. 10, Einsiedeln-Zürich-Köln 1972.
Rahner, K., Schriften zur Theologie Bd. 16, Einsiedeln-Zürich-Köln 1984.
Rahner, K., Sündige Kirche nach den Dekreten des Zweiten Vatikanischen Konzils, in: ders., Schriften zur Theologie, Bd. 6, Einsiedeln-Zürich-Köln 1965, 321-347.
Rahner, K., Vorgrimmler, H., Kleines Konzilskompendium, Freiburg i. Br. 1966.
Rahner, K., Worte gläubiger Erfahrung, Freiburg i. Br. 2009.
Räisänen, H., Das „Messiasgeheimnis" im Markusevangelium (SFEG 28), Helsinki 1976.
Ratzinger, J., Einführung in das Christentum, München 1971.
Ratzinger, J., Kommentar zum I. Kapitel, in: LThK 2. Aufl., Ergänzungsband III, 313-354.
Reddemann, L., Sachsse, U., Imaginative Psychotherapieverfahren zur Behandlung in der Kindheit traumatisierter PatientInnen. Psychotherapeut 41, 1996.
Reich-Ranicki, M., in: Koelbl, H., Jüdische Portraits. Photographien und Interviews, Frankfurt a. M. 1989.
Reikerstorfer, J., (ThRv 96) (2000) 53-54.
Reiser, M., Die Gerichtspredigt Jesu (NTA 23), Münster 1989.
Richard, G., L´ Histoire inhumaine, Paris 1992.
Richter, H. E., Eltern, Kind, Neurose. Die Rolle des Kindes in der Familie, Stuttgart 1967.
Richter, H. E., Patient Familie. Entstehung, Struktur und Therapie von Konflikten in Ehe und Familie, Reinbek 1970.
Richter, H.E., Familientherapie, in: Psychotherapie und Psychosomatik 16, 1968, 73-90.
Ricoeur, P., Der Atheismus der Psychoanalyse Freuds, in: Nase, E., Scharfenberg, J.(Hg.), Psychoanalyse und Religion, Darmstadt 1977, 206-218.
Ricoeur, P., Die Interpretation. Ein Versuch über Freund, Frankfurt a. M. 1993.
Riemann, F., Grundformen der Angst. Eine tiefenpsychologische Studie, München 1985.
Rikhof, H., Die Kompetenz von Priestern, Propheten und Königen. Ekklesiologische Erwägungen zur Macht und Autorität der Christgläubigen, in: Concilium 3/1988, 203-208. Kehl, M., Die Kirche. Eine katholische Ekklesiologie, Würzburg 1992.
Ringel, E., Kirchmayr, A., Religionsverlust durch religiöse Erziehung, Wien-Freiburg-Basel 1975.
Ringel, E., Selbstmordverhütung, Bern 1969.
Ringgren, H., Art. gʻl: ThWAT 1 (1972) 884-890.
Ringshausen, G., Widerstand und christlicher Glaube angesichts des Nationalsozialismus, Lüneburger Theologische Beiträge Bd. 3, Berlin 2007.
Ritter-Müller, P., Kennst du die Welt?-Gottes Antwort an Ijob, Münster 2000.
Rock, M., Aggression einmal anders. Zum Stellenwert der aggressio bei Thomas von Aquin, in: TthZ 82, 1973, 367-373.
Rohr, R., Masken des Maskulinen. Neue Reden zur Männerbefreiung, München 1993. Juchem, R., Sag mir wo die Männer sind, in: Juchem, R. (Hg.), Die Männer und die Kirche. Themenhefte Gemeindearbeit 22, Aachen 1995.
Roloff, J., Das Kerygma und der irdische Jesus. Historische Motive in den Jesus-Erzählungen der Evangelien, Göttingen 1970.
Roloff, J., Die Offenbarung des Johannes (Zürcher Bibelkommentare: NT 18), Zürich 1984.
Rossé, G., Verzweiflung, Vertrauen, Verlassenheit? Jesu Schrei am Kreuz, München 2007.
Rothenberg, A., On Anger. American Journal of Psychiatry 128 (1971), 86-92.
Röttger, H./Lang, B., Art. Engel, in: NBL, Bd. 1, 1991, 537-539.
Ruppert, L., Das Buch Genesis, Teil II: Kap 25,19-50,26 (GeiS 1/2), Leipzig 1984.
Ruppert, L., Genesis. Ein kritischer und theologischer Kommentar. 3. Teilband Gen 25,19-36,43 (FzB 106), Würzburg 2005.
Ruppert, L., Jesus als der leidende Gerechte? Der Weg Jesu im Lichte eines alt- und zwischentestamentlichen Motivs (SBS 59), Stuttgart 1972.

Safranski, R., Das Böse oder: Das Drama der Freiheit, München 1997.
Sageman, M., Understanding Terror Networks. University of Pennsylvania Press, Philadelphia 2004. Zusammenfassung in: www.fpri.org/enotes/20041101.middleeast.sageman Stadter, E. A., Wenn du wüsstest, was ich fühle. Einführung in die Beziehungstherapie. Freiburg i.Br. 1992.
Sander, H.-J., Die Zeichen der Zeit erkennen und Gott benennen. Der semiotische Charakter von Theologie, in: THQ 182 (2002), 27-40.
Sander, H.-J., Die Zeichen der Zeit. Die Entdeckung des Evangeliums in den Konflikten der Gegenwart, in: Fuchs, G., Lienkamp, A.(Hg.), Visionen des Konzils. 30 Jahre Pastoralkonstitution „Die Kirche in der Welt von heute", ICS 36, Münster 1997, 85-102.
Sander, H.-J., Heterotopien – Orte der Macht und Orte für Theologie. Michel Foucault, in:
Sander, H.-J., Macht in der Ohnmacht. Eine Theologie der Menschenrechte (QD 178), Freiburg i. Br. 1999.
Sander, H.-J., Nicht ausweichen. Die prekäre Lage der Kirche, Würzburg 2002.
Sander, H.-J., Nicht verleugnen, Die befremdende Ohnmacht Jesu, Würzburg 2001.
Sander, L., Infant and caretaking environment: Inverstigation and conceptualization of adaptive behavior in a system of increasing complexity. In: Explorations in Child Psychiatry, hg. v. E. J. Anthony, New York 1975, 129-166.
Sander, L., The inner experience of the infant: A framework for inference relevant to development of the sense of self. Vortrag beim Mahler-Symposion in Paris, 1986.
Sander, L., To begin with – Reflections of ontogeny. In: Reflections of Self Psychologie, hg. v. Lichtenberg, J. D. et Kaplan, S., Hillsdale, NJ, The Analytic Press, 1983, 85-104.
Sanders, E. P., Sohn Gottes. Eine historische Biografie Jesu, Stuttgart 1996.
Sanfilippo, S., Der Umgang mit Konflikten. Geschlechtsspezifische Unterschiede. Lizenziatsarbeit an der Universität Zürich, Zürich 1996.
Sartre, J.-P., L'être et le néant, Gesammelte Werke in Einzelausgaben, Philosophische Schriften Bd. 3, Reinbek b. Hamburg.
Sattler, D., Schneider, T., Schöpfungslehre, in: Schneider, T. (Hg.), Handbuch Dogmatik Bd. 1, 120-240.
Sauer, G., Art. Jabbok, in: BHH, Bd. 2, 1964.
Sauer, J., Traditionsgeschichtliche Überlegungen zu Mk 3,1-6: ZNW 73 (1982) 183-203. Trautmann, M., Zeichenhafte Handlungen Jesu. Ein Beitrag zur Frage nach dem geschichtlichen Jesus (FzB 37), Würzburg 1980.
Schachter, S./Singer, J., Cognitive, Social and Physiological Determinants of Emotional State. Psychological Review 69 (1962).
Scharfenberg, J., Sigmund Freund und seine Religionskritik als Herausforderung für den christlichen Glauben, Göttingen 1971.
Schätzing, E., Die ekklesiogenen Neurosen, in: WzM 7 (1955), 97–108.
Scheidgen, I., Hilde Domin. Dichterin des Dennoch, Lahr 2006.
Schellenbaum, P., Aggression zwischen Liebenden, Hamburg 1994.
Schellenbaum, P., Das Nein in der Liebe. Abgrenzung und Hingabe in der erotischen Beziehung. München 1986.
Schelling, F. W. J., Philosophie der Offenbarung, 2 Bde., Darmstadt 1966.
Schenke, L., Der gekreuzigte Christus, 106f. Versuch einer literarkritischen und traditionsgeschichtlichen Bestimmung der vormarkinischen Passionsgeschichte (SBS 69), Stuttgart 1974.
Schenker, A., Art. Sühne, NBL 3 (2001) 720-727.
Scheurer, M., Zum Begriff des Martyriums, in: Salz der Erde, Licht der Welt. Glaubenszeugnis und Christenverfolgung im 20. Jahrhundert, Freiburg 2002.

Schirrmacher, T., Hitlers Kriegsreligion – Die Verankerung der Weltanschauung Hitlers in seiner religiösen Begrifflichkeit und seinem Gottesbild, 2 Bände, Bonn 2007.
Schlatter, A., Gottes Gerechtigkeit. Ein Kommentar zum Römerbrief, 6. Aufl, Stuttgart 1990.
Schlegel, L., Die Psychodynamik der Polarität in der Psychologie von Jung, in: Psychologie des 20.Jh., Bd. III, 775-786.
Schleiermacher, F., Die praktische Theologie nach den Grundsätzen der evangelischen Kirche im Zusammenhang dargestellt. Literarischer Nachlass VIII, hg. von G. Reimer, Berlin 1850. Schillebeeckx, E., Christus, Sakrament der Gottesbegegnung, Mainz 1965.
Schlier, H., Der Römerbrief (HThKNT, VI), 2. Aufl., Freiburg i. Br. 1976.
Schlier, H., Mächte und Gewalten, Freiburg i. Br. 1957.
Schlippe, A. von, Schweizer, J., Lehrbuch der systemischen Therapie und Beratung, Göttingen 1996.
Schmerl, C., Wann werden Weiber zu Hyänen? Weibliche Aggressionen aus psychologisch-feministischer Sicht, in: Dausien, B. u.a. (Hg.), Erkenntnisprojekt Geschlecht. Feministische Perspektiven verwandeln Wissenschaft, Geschlecht und Gesellschaft 17, Opladen 1999, 197-215.
Schmid, K., Erzväter und Exodus. Untersuchungen zur doppelten Begründung der Ursprünge Israels innerhalb der Geschichtsbücher des Alten Testament (WMANT 81, 1999).
Schmidbauer, W., Die hilflosen Helfer. Über die seelische Problematik der helfenden Berufe, Hamburg 1977.
Schmidbauer, W., Die so genannte Aggression, Hamburg 1972.
Schmidt, L., Der Kampf Jakobs am Jabbok (Gen 32,23-33), in: ders., Gesammelte Aufsätze zum Pentateuch (BZAW 263), Berlin-New-York 1998.
Schmidt, M., Jannasch, W., Das Zeitalter des Pietismus. Klassiker des Protestantismus, hg. v. C. M. Schröder, Wuppertal 1988.
Schmidt, T. H. et al., Arterielle Verschlusskrankheiten: Koronare Herzkrankheit, Apoplexie und Claudicatio intermittens, in: Uexküll, T. v., Psychosomatische Medizin, 650-690.
Schmidt-Atzert, L., Die Entstehung von Gefühlen. Vom Auslöser zur Mitteilung, Berlin-Heidelberg 1993.
Schmitt, H. C., Der Kampf Jakobs mit Gott in Hos 12,3ff und in Gen 32,23ff. Zum Verständnis der Verborgenheit Gottes im Hoseabuch und im Elohistischen Geschichtswerk: FS Ruppert, L., (FzB 88), Würzburg 1998, 397-430.
Schnädelbach, H., Der Fluch des Christentums, in: Die Zeit, 11. Mai 2000, 41f.
Schneider, T. (Hg.), Handbuch Dogmatik, Bd 1, Düsseldorf 1992.
Schneider, T. (Hg.), Handbuch Dogmatik, Bd. 2, Düsseldorf 1995.
Schneider, T., Die dogmatische Begründung der Ekklesiologie nach dem Zweiten Vatikanischen Konzil. Dargestellt am Beispiel der Rede von der Kirche als dem Sakrament des Heils für die Welt, in: Althaus, H. (Hg.), Kirche. Ursprung und Gegenwart, Freiburg 1984, 79-118.
Schneider, T., Zeichen der Nähe Gottes. Grundriss der Sakramententheologie, Mainz 1982.
Schnider, F., Stenger, W., Johannes und die Synoptiker (BiH 9), München 1971.
Schockenhoff, E. Art. Aggression, in: Neues Lexikon der christlichen Moral, hg. v. Rotter, H., Virt, G., Innsbruck-Wien 1990, 888f.
Schockenhoff, E., Bonum hominis. Die anthropologischen und theologischen Grundlagen der Tugendethik des Thomas von Aquin, Tübingen 1987.
Schockenhoff, E., Theologie der Freiheit, Freiburg i. Br. 2007.
Scholtissek, K., Die Vollmacht Jesu. Traditions- und redaktionsgeschichtliche Analysen zu einem Leitmotiv markinischer Christologie, Münster 1992.
Schöttler, H.-G., Christliche Predigt und Altes Testament, Ostfildern 2001.
Schottroff, L., Art. Kreuz I. Feministische Kritik an Kreuzestheologien, in: WFT, 226-231.

Schreiner, J., Jer I (NEB.AT), Würzburg 1982.
Schultz-Hencke, H., Der gehemmte Mensch, Stuttgart 1940.
Schulz von Thun, F., Miteinander reden. Stile, Werte und Persönlichkeitsentwicklung. Differentielle Psychologie der Kommunikation, Reinbek b. Hamburg 1989.
Schupp, F., Vermittlung im Fragment, hg. v. Raberger, W., Sauer, H., Regensburg 2003, 120-159.
Schüssler Fiorenza, E., Das Buch der Offenbarung, Stuttgart 1991.
Schwager, R., Brauchen wir einen Sündenbock? Gewalt und Erlösung in den biblischen Schriften, 3. Aufl., Thaur 1994.
Schwager, R., Der wunderbare Tausch. Zur Geschichte und Deutung der Erlösungslehre, München 1986.
Schwager, R., Erlösung durch das Blut-Inhumanität eines gewalttätigen Gottes? Zu einem Buch von Franz Buggle, in: SdZ 211 (1993) 168-176.
Schwager, R., Jesus im Heilsdrama. Entwurf einer biblischen Erlösungslehre (IThS 29), Innsbruck 1990.
Schweizer, E., Jesus, das Gleichnis Gottes. Was wissen wir wirklich vom Leben Jesu? (KVR 1572), Göttingen 1995.
Schwerdtfeger, N., Gnade und Welt. Zum Grundgefüge von Karl Rahners Theorie der „anonymen Christen", Freiburg 1982.
Schwienhorst-Schönberger, L., Das Buch Ijob, Freiburg i. Br. 2007.
Schwienhorst-Schönberger, L., Ijob: Vier Modelle der Interpretation, in: Seidl, T., Ernst, S.(Hg.), Das Buch Ijob. Gesamtdeutungen-Einzeltexte-Zentrale Themen, Frankfurt a. M. 2007.
Schwier, H., Tempel und Tempelzerstörung (NTOA 11), Göttingen 1989.
Schwillus, H. (Hg.), Liebesmystik als Chance und Herausforderung. Wirkungen von Person und Spiritualität Bernhards von Clairvaux, Berlin 2007.
Schwinge, M., Das Ziel verfehlt. Der Gekreuzigte als Problem feministischer Theologie, in: EK 28 (1995) 161-164.
Seckler, M., Instinkt und Glaubenswille nach Thomas von Aquin, Mainz 1961.
Seebaß, H., Art. Engel II. Altes Testament, in: TRE, Bd. 9, 1982, 583-586.
Seebaß, H., Genesis II/2: Vätergeschichte II (23,1-36,43), Neukirchen-Vluyn 1999.
Segal, H., Melanie Klein. Eine Einführung in ihr Werk, München 1974.
Seidmann, P., Begriff und Phänomen der Aggression, in: Studia Philosophica. Jahrbuch der Schweizerischen Philosophischen Gesellschaft, Bd. 26, 1966, 238-266.
Seifert, T., Schöpfung, Erhaltung, Zerstörung – archetypische Aspekte der Aggression, in: Pflüger, P. M. (Hg.), Die Notwendigkeit des Bösen. Aggression und Depression in der Gesellschaft, Bern 1991, 76-106.
Sekr. d. Deutschen Bischofskonferenz (Hg.), Stimmen der Weltkirche 8: Die Evangelisierung in der Gegenwart und in der Zukunft Lateinamerikas. Dokument der III. Generalkonferenz des lateinamerikanischen Episkopats in Puebla (1979).
Sekr. d. Deutschen Bischofskonferenz (Hg.), Verlautbarungen des Apostolischen Stuhls 82, Enzyklika „Sollicitudo rei socialis" von Papst Johannes Paul II. (1987).
Sekr. d. Deutschen Bischofskonferenz (Hg.), Verlautbarungen des Apostolischen Stuhls 179, Enzyklika „Spe Salvi" von Papst Benedikt XVI. (2007).
Sievernich, M., Die gute Schöpfung und die Macht der Sünde: Zur Erbsündenlehre, in: Kehl, M., Und Gott sah, dass es gut war. Eine Theologie der Schöpfung, 292ff.
Sievernich, M., Soziale Sünde und soziale Bekehrung, in: Theologie der Gegenwart 36 (1993) 30-44.
Simon, F. B., Die Kunst, nicht zu lernen, Heidelberg 1996.
Singerhoff, L., Merfert-Diete, C., Hüllinghorst, R., Was suchen Frauen in der Sucht?, DAK Hamburg 2001.

Slayton, J. C., Art. Penuel, in: AncBD, Bd. 5, 1992.
Sloterdijk, P., „Zorn und Zeit", Frankfurt a. M. 2007.
Söding, T., Das Jüdische im Christentum – Verlust oder Gewinn christlicher Identität, in: TThZ 109 (2000) 54-76.
Söding, T., Die Rechtfertigung der Sünder und die Sünden der Gerechtfertigten. Anmerkungen zum „simul iustus et peccator" im Licht paulinischer Theologie, in: Gerecht und Sünder zugleich? Ökumenische Klärungen, hg. v. Th. Schneider und Gunther Wenz (Dialog der Kirchen 11), Freiburg i. Br.–Göttingen 2001, 30-81.
Söding, T., Die Tempelaktion Jesu. Redaktionskritik-Überlieferungsgeschichte-historische Rückfrage, in: TThZ 101 (1992) 36-64.
Söding, T., Glaube bei Markus. Glaube an das Evangelium, Gebetsglaube und Wunderglaube im Kontext der markinischen Basileiatheologie und Christologie (SBB 12), Stuttgart 1987.
Spieckermann, H., Dähn, S., Der Gotteskampf, Zürich 1997.
Spieckermann, H., Die Satanisierung Gottes. Zur inneren Konkordanz von Novelle, Dialog und Gottesreden im Hiobbuch: „Wer ist wie du, Herr, unter den Göttern?": FS Kaiser, O., Göttingen 1994, 431-444.
Spiegel, E., Art. „Konflikt" in: LThK VI, 3. Aufl., 1140ff.
Spitz, R., The first Year of Life, New York 1965.
Stamm, J. J., Art. g'l erlösen: THAT I (1971) 384-387.
Stauffer, E., Art. „boao", in: ThWNT, Bd. I, Stuttgart 1933, Sp. 626.
Steck, O. H., Welt und Umwelt, Stuttgart 1978.
Steichele, H. J., Der leidende Sohn Gottes. Eine Untersuchung einiger alttestamentlicher Motive in der Christologie des Markusevangeliums (BU 14), München 1980.
Stein, E., Kreuzeswissenschaft, Edith Stein Gesamtausgabe Bd. 18, Freiburg i. Br. 2000.
Stein, E., Selbstbildnis in Briefen I (1916-1933) ESG 2, Freiburg i. Br. 2000.
Steinhauser, G., Neuer Wein braucht neue Schläuche, in: BR (Schüler-FS R. Schnackenburg), Würzburg 1974, 113-123.
Steinkamp, H., Die Bedeutung der Konstitution Gaudium et Spes für Praxis und Theologie christlich-kirchlicher Diakonie, in: Richter, K. (Hg.), Das Konzil war erst der Anfang. Die Bedeutung des II. Vatikanums für Theologie und Kirche, Mainz 1991, 169-185.
Steinkamp, H., Solidarität und Parteilichkeit, Mainz 1994.
Stenger, H., Im Zeichen des Hirten und des Lammes. In: Römelt, J., Hidber, B. (Hg.), In Christus zum Leben befreit. FS für Bernhard Häring, Freiburg i. Br. 1992.
Stern, D. N., Die Lebenserfahrung des Säuglings, Stuttgart 1992.
Steymans, H. U., Deuteronomium 28 und die adê zur Thronfolgeregelung Asarhaddons. Segen und Fluch im Alten Orient und in Israel (OBO 145), Fribourg–Göttingen 1995.
Stiemerling, D., 10 Formen der Depression, Stuttgart 1995.
Stier, F., Das Neue Testament, München 1989.
Stierlin, H., Aggression in der menschlichen Beziehung, in: Mitscherlich, A. (Hg.), Aggression und Anpassung, München 1969.
Stierlin, H., Der liebevolle Kampf zwischen Festhalten und Loslassen, in: Psychologie heute 10 (4/1982), 22-27.
Stierlin, H., Dynamische Familientherapie, in: Bastine, R., et al. (Hrsg.), Grundbegriffe der Psychotherapie, Weinheim 1982, 98-103.
Stierlin, H., Eltern und Kinder. Das Drama von Trennung und Versöhnung im Jugendalter, Frankfurt a. M. 1980.
Stierlin, H., Haltsuche in Haltlosigkeit. Grundfragen der systemischen Therapie, Frankfurt a. M. 1997.

Stierlin, H., Rücker-Embden, P., Wetzel, N., Wirsching, M., Das erste Familiengespräch, Stuttgart 1977.
Stone, L., Reflections on the psychoanalytik concept of aggression. Psychoanal Q 40: 195-244, 1971.
Storr, A., Lob der Aggression. Erkenntnisse der Verhaltensforschung, Düsseldorf 1970.
Stosch, K. v., Gott- Macht-Geschichte. Versuch einer theodizeesensiblen Rede vom Handeln Gottes in der Welt, Freiburg i. Br. 2006.
Strauss, H., Hiob: Teilband II (Kap. 19-42): Biblischer Kommentar XVI/2, Neukirchen-Vluyn 2000.
Striet, M. (Hg.), Monotheismus Israels und christlicher Trinitätsglaube (QD 210), Freiburg i. Br. 2004.
Striet, M., „Hierarchisierung"- oder: Unzeitgemäße Betrachtungen gegen positivistische Selbstaufhebungstendenzen der Theologie, in: Nauer, D., Bucher, R., Weber, F. (Hg.), Praktische Theologie, 418-425.
Striet, M., Gott vermissen. Ist die Politische Theologie ein Projekt der Zukunft?, in: Herkorr 62 (2008), 455-460.
Striet, M., Konkreter Monotheismus als trinitarische Fortbestimmung des Gottes Israels, in: ders. (Hg.), Monotheismus Israels und christlicher Trinitätsglaube, 155-198.
Striet, M., Offenbares Geheimnis. Zur Kritik der negativen Theologie, Regensburg 2003.
Striet, M., Verdankte Autonomie. Theologische Möglichkeiten einer Interpretation humanwissenschaftlicher Forschung, in: Autiero, A., Goertz, St., Striet, Magnus (Hg.): Endliche Autonomie. Interdisziplinäre Perspektiven auf ein theologisch-ethisches Programmwort (Studien der Moraltheologie 25), Münster 2004, 123-141.
Synodendokument „Unsere Hoffnung" Teil III, Kap. 2.
Szczesny, G., Das sogenannte Gute, Reinbek b. Hamburg, 1971.
Taschner, J., Mit wem ringt Jakob in der Nacht? Oder: Der Versuch, mit Rembrandt eine Leerstelle auszuleuchten: Biblical Interpretation 6 (1998) 367-380.
Tausch, R., Tausch, A., Erziehungspsychologie, Göttingen 1977.
Tenzler, J., Selbstfindung und Gotteserfahrung. Die Persönlichkeit C. G. Jungs und ihr zentraler Niederschlag in seiner „Komplexen Psychologie!, Paderborn 1975.
Theißen, G., Die Entstehung des Neuen Testaments als literaturgeschichtliches Problem (SHAW.PH 40), Heidelberg 2007.
Theißen, G., Jesus im Judentum. Drei Versuche einer Ortsbestimmung: KuI 14 (1999) 93-109.
Theißen, G., Merz, A., Der historische Jesus. Ein Lehrbuch, Göttingen 1996.
Theobald, M., „Abraham sah hin...". Realitätssinn als Gütesiegel des Glaubens (Röm 4,18-22), in: Frühwald König, J., Prostmeier, F. R., Zwick, R. (Hg.), „Steht nicht geschrieben?" Studien zur Bibel und ihrer Wirkungsgeschichte (FS G. Schmuttermayr), Regensburg 2001, 283-301.
Theobald, M., Art. „Erbsünde" in: LThK III, 3. Aufl., 743-744.
Theobald, M., Art. „Gnade" in LThK IV, 3. Aufl., Freiburg i. Br. 2000, 770ff.
Theobald, M., Art. „Rechtfertigung" in: LThK VIII, 3. Aufl., 888ff.
Theobald, M., Art. „Sünde" Neues Testament, in: LThK IX, 3. Aufl., 1120-1123.
Theobald, M., Berufung des Levi und Zöllnermahl: Mt 9,9-13; Mk 2,13-17, in: Zimmermann, H., Neutestamentliche Methodenlehre, neubearbeitet v. K. Kliesch, Stuttgart 1982, 285-307. Becker, J., Jesus von Nazareth (GLB), Berlin-New-York 1996.
Theobald, M., Concupiscentia im Römerbrief, in: ders., Studien zum Römerbrief, Tübingen 2003.
Theobald, M., Der Römerbrief (EdF 294), Darmstadt 2000.
Theobald, M., Gottessohn und Menschensohn. Zur polaren Struktur der Christologie des Markusevangeliums: SNTU 13 (1988) 37-80.
Theobald, M., Offen-dialogisch-(selbst-)kritisch. Die grundlegende Bedeutung historisch-

kritischen Arbeitens für die theologische Auslegung des Neuen Testaments, in: BuK 63 (2008) 4, 240-245.
Theobald, M., Rechtfertigung und Ekklesiologie nach Paulus. Anmerkungen zur „Gemeinsamen Erklärung zur Rechtfertigungslehre", in: ZThK 95 (1998) 103-117.
Theobald, M., Römerbrief, Bd. 1 (SKK.NT 6/1), Stuttgart 1992.
Thiede, W., Der gekreuzigte Sinn. Eine trinitarische Theodizee, Gütersloh 2007.
Thielicke, H., Wie die Welt begann, Stuttgart 1960.
Thissen, W., Erzählung als Befreiung. Exegetische Untersuchungen zu Mk 2,1-3,6 (FzB 21), Würzburg 1976.
Thomä, H., Aggression und Destruktion jenseits der Triebmythologie. In: Buchheim, P., Seifert, Th., (Hg.), Zur Psychodynamik und Psychotherapie von Aggression und Destruktion, Berlin-Heidelberg 1990, 29-42.
Thomann, C., Schulz von Thun, F., Klärungshilfe – ein Handbuch für Therapeuten, Gesprächshelfer und Moderatoren in schwierigen Gesprächen, Reinbek b. Hamburg 1988.
Thomas v. Aquin, Super Ev. S. Joannis lect. V.
Thomas von Aquin, De veritate.
Thompson, C. M., Interpersonal Psychoanalysis. The selected papers, ed. by M. R. Green, New York/London 1964.
Tietz, C., Freiheit zu sich selbst. Entfaltung eines christlichen Begriffs von Selbstannahme (FsöTh 111), Göttingen 2005.
Tillich, P., Der Einfluss der Psychotherapie auf die Theologie. Ges. Werke VIII, Stuttgart 1970.
Tillich, P., Der Mut zum Sein, in: ders., Ges. Werke XI, Stuttgart 1970, 13-139.
Tillich, P., Systematische Theologie, Bd. 2, Stuttgart 1975.
Tödt, H. E., Der Menschensohn in der synoptischen Überlieferung, Gütersloh 1963.
Trexler, R. C., The Stigmatized Body of Francis of Assisi. Conceived, Processed, Disappeared, in: Schreiner, K. (Hg.), Frömmigkeit im Mittelalter. Politisch-soziale Kontexte, visuelle Praxis, körperliche Ausdrucksformen, München 2002, 463-497.
Tück, J. H., Mit dem Rücken zu den Opfern der Geschichte? Zur trinitarischen Kreuzestheologie Hans Urs von Balthasars, in: Striet, M. (Hg.), Monotheismus Israels und christlicher Trinitätsglaube, 199-235.
Tzscheetzsch, W., Kinder und Jugendliche – ihre Kulturen und ihre Religiosität, Würzburg 1998.
Uexküll, T. v., Adler, A. et al. (Hg.), Psychosomatische Medizin, München 1986.
Ulich, D., Das Gefühl. Eine Einführung in die Emotionspsychologie, München 1982.
Ullrich, R., Ullrich, R., Der Unsicherheitsfragebogen, München 1977.
Utzschneider, H., Das hermeneutische Problem der Uneindeutigkeit biblischer Texte – dargestellt an Text und Rezeption der Erzählung von Jakob am Jabbok (Gen 32, 23-33): EvTh 48 (1988) 182-198.
Valentini, N., Le lettere dal lager di Padre Pavel Florenskij, in: L'autunno della Santa Russia, hrsg. von A.Mainardi, Magnano 1999.
Valzelli, L., Psychobiology of Aggression and Violence, New York 1981.
Vorgrimler, H., Artikel Gnade, in: NThW, 239-243.
Wahl, H., Empathie als diakonische Praxis. Ein selbstpsychologischer Beitrag zur praktischen Ekklesiologie und Theorie der Seelsorge, in: Schulz, E., Brosseder, H., Wahl, H.(Hg.), Den Menschen nachgehen. Offene Seelsorge als Diakonie in der Gesellschaft, St. Ottilien 1987, 79-100.
Wahl, H., Glaube und symbolische Erfahrung. Eine praktisch-theologische Symboltheorie, Freiburg i. Br. 1994.
Wahl, H., Pastoralpsychologie – Teilgebiet und Grunddimension Praktischer Theologie, in: Baumgartner, I. (Hg.), Handbuch der Pastoralpsychologie, 41-61.
Wahl, H., Priesterbild und Priesterkirche in psychologischer Sicht. Psychoanalytische und pastoral-

psychologische Anmerkungen zu einem aktuellen Problem, in: Hoffmann, P. (Hg.), Priesterkirche, Düsseldorf 1987, 174-194.

Weckel, L., Um des Lebens willen. Zu einer Theologie des Martyriums aus befreiungstheologischer Sicht, Mainz 1998.

Weihs, A., Jesus und das Schicksal der Propheten. Das Winzergleichnis (Mk 12,1-12) im Horizont des Markusevangeliums (BThSt 61), Neukirchen-Vluyn 2003.

Weihs, Die Deutung des Todes Jesu im Markusevangelium. Eine exegetische Studie zu den Leidens- und Auferstehungsansagen (fzb 99), Würzburg 2003.

Weil, S. zit. n. Büchel-Sladkovic, A., Warten auf Gott – Simone Weil zwischen Rationalismus, Politik und Mystik, Münster 2004.

Weil, S., Oeuvres Complètes, Bd. 6/1, Paris 1994.

Weil, S., Schwerkraft und Gnade, München 1952.

Weimar, P., „O Israel, Erstling im Morgengrauenkampf" (Nelly Sachs). Zu Funktion und Theologie der Gotteskampfepisode Gen 32, 23-33, in: MThZ 40 (1989) 79-113.

Weimar, P., Beobachtungen zur Analyse von Gen 32, 23-33: BN 49 (1989) 53-81.

Weiss, W., „Eine neue Lehre in Vollmacht". Die Streit- und Schulgespräche des Markus-Evangeliums (BZNW 52), Berlin-New-York 1988.

Weissmahr, B., Der Mensch als Person und seine Erschaffung, in: Koltermann, R. (Hg.), Universum, Mensch, Gott. Der Mensch vor den Fragen der Zeit. Graz-Wien-Köln 1997, 137-156.

Weissmahr, B., Kann Gott die Auferstehung Jesu durch innerweltliche Kräfte bewirkt haben, in: ZKTh 100 (1978) 441-469.

Weiß-Flache, M., Befreiende Männerpastoral, Münster 2001.

Welker, M., Schöpfung und Wirklichkeit (NBST 13), Neukirchen-Vluyn 1995.

Welker, M., Was geschieht beim Abendmahl?, Stuttgart 1999.

Welte, B., Gesammelte Schriften IV/1 Hermeneutik des Christlichen, Freiburg i. Br. 2006.

Welte, B., Kampfspiel als Lebenssymbol. Philosophisch-theologische Gedanken über das Fußballspiel, in: Herkorr 32 (1978), 252-256.

Welzer, H. Klima-Kriege. Wofür im 21. Jahrhundert getötet wird, Frankfurt a. M. 2008.

Werbick, J., Art. Geschichte/Handeln Gottes. In: NHThG 2 (1991), 185-205.

Werbick, J., Den Glauben verantworten. Eine Fundamentaltheologie, Freiburg i. Br. 2000.

Werbick, J., Die Voraussetzungen der Dogmatik, in: Schneider, T. (Hg.), Handbuch der Dogmatik Bd. 1, 1-50.

Werbick, J., Kirche. Ein ekklesiologischer Entwurf für Studium und Praxis, Freiburg i. Br. 1994.

Westermann, C., Boten des Zorns. Der Begriff des Zorns in der Prophetie: Jeremias, J., Perlitt, L.(Hg.), Die Botschaft und die Boten (FS H.W. Wolff), Neukirchen-Vluyn 1981, 147-156.

Westermann, C., Die Klagelieder. Forschungsgeschichte und Auslegung, Neukirchen-Vluyn 1990.

Westermann, C., Genesis 12-36 (BKI/2), Neukirchen-Vluyn 1981.

Westmeyer, H., Wissenschaftstheoretische Grundbegriffe für Klassifikation, Ätiologie und Diagnostik, in: Baumann, U., Perrez, M.(Hg.), Klinische Psychologie. Bd. 1: Grundlagen, Diagnostik, Ätiologie, Bern 1990.

Wiedenhofer, S., Hauptformen gegenwärtiger Erbsündentheologie, in: IKaZ (1991) 315-328.

Wiederkehr, D., Entwurf einer sytematischen Christologie, in: MySal 3/1 (1970) 477-648.

Wiesehöfer, J., Ancient Persia from 550BC to 650AD, London 1996, 94-101.

Wiesel, E., Jakob oder der Kampf mit der Nacht, in: ders., Adam oder das Geheimnis des Anfangs. Legenden und Porträts, Freiburg i. Br. 1994, 106-138.

Wiesel, E., Spiritualität nach Auschwitz. „Ich glaube", Auszug aus dem Gesang „Ani maa nin" von Elie Wiesel, in: „Jude heute", Wien 1987.

Wiesel, E., Worte wie Licht in der Nacht, Freiburg i. Br. 1991.

Wilckens, U., „Simul iustus et peccator" in 1 Joh 1,5-2, 2, in: Schneider, T., Wenz, G., Gerecht und Sünder zugleich? Ökumenische Klärungen, 82-91.
Wilckens, U., Der Brief an die Römer (Röm 6-11) (EKK VI/2), Einsiedeln 1980.
Wildberger, H., 'mn, in: THAT 1, 177-209.
Willi, J., Die Zweierbeziehung, Reinbek 1975.
Willi, J., Koevolution. Die Kunst gemeinsamen Wachsens, Reinbek 1985.
Williams, H.A., Psychologische Einwände, in: Einwände gegen das Christentum. Vier Cambridger Diskussionsvorträge, hg. v. A. R. Vidler, München 1964.
Willi-Plein, I., Opfer und Kult im alttestamentlichen Israel. Textbefragungen und Zwischenergebnisse, Stuttgart 1993.
Wink, W., Der Dritte Weg Jesu in Südafrika und anderswo, München 1988.
Winkler, K., Ambivalenz als Grundmuster der Seele, in: Stollberg, D. u. a. (Hg.), Identität im Wandel in Kirche und Gesellschaft. FS f. Richard Riess, Göttingen 1998.
Winkler, K., Was hat die Theologie von Freud gelernt?, in: Herrenalber Protokolle, Bd. 64, 1989, 37-52.
Wintzer, F., Art. „Auferstehung III. Praktisch-theologisch", in: TRE 4, Berlin 1979, 529-547.
Wischmeyer, O., Herrschen als Dienen – Mk 10,41-45, in: ZNW 90 (1999) 28-44.
Wittrahm, A., Seelsorge, Pastoralpsychologie und Postmoderne. Eine pastoralpsychologische Grundlegung Leben fördernder Begegnungen angesichts radikaler postmoderner Pluralität (Praktische Theologie heute 53), Stuttgart 2001.
Wohlmuth, J., Im Geheimnis einander nahe. Theologische Aufsätze zum Verhältnis von Judentum und Christentum, Paderborn/München/Wien/Zürich 1996.
Wohlmuth, J., Jesu Weg – unser Weg. Kleine mystagogische Christologie, Würzburg 1992.
Wohlmuth, J., Opfer – Verdrängung und Wiederkehr eines schwierigen Begriffs, in: Gerhards, A., Richter, K. (Hg.), Das Opfer, 125ff.
Wolde, E. J. v., Der Gott Jakobs und der Gott Ijobs. Unterschiedliche Perspektiven zu Glaube und Gerechtigkeit, in: Concilium 38 (2002/1), 10-17.
Wolf, H., Jesus als Psychotherapeut. Jesu Menschenbehandlung als Modell moderner Psychotherapie, Stuttgart 1993.
Wolfersdorf, M. G., Hilfreicher Umgang mit Depressiven. Zum Verstehen und Behandeln von depressiv Kranken. Beobachtungen, Erfahrungen, Empfehlungen, Göttingen 1992.
Wolff, H. W., Anthropologie des Alten Testaments, 7. Aufl., München 2002.
Wörterbuch der pädagogischen Psychologie, hg. v. Willmann-Institut, München-Wien-Freiburg 1974.
Woschitz, K. M., Ostererscheinungen-Grundlage des Glaubens, in: Diakonia 22 (1991) 6-27.
Wyss, D., Die tiefenpsychologischen Schulen von den Anfängen bis zur Gegenwart. Entwicklung, Probleme, Krisen, Göttingen 1977.
Younker, R. W., Art. Jabbok, in: AncBD, Bd. 3, 1992.
Zapff, B., Jesaja 56-66 (NEB.AT), Würzburg 2006.
Zeller, D., Der Brief an die Römer (RNT 6), Regensburg 1985.
Zenger, E., Das Buch der Psalmen, in: ders. u.a., Einleitung in das Alte Testament (Studienbücher Theologie 1,1), 4. Aufl., Stuttgart 2001, 309-326.
Zenger, E., Dein Angesicht suche ich. Neue Psalmenauslegungen, Freiburg i. Br. 1998.
Zenger, E., Gottes Bogen in den Wolken. Untersuchungen zu Komposition und Theologie der priesterlichen Urgeschichte, Stuttgart 1983.
Zenger, E., Zur redaktionsgeschichtlichen Bedeutung der Korachpsalmen. Ders., Seybold, K. (Hg.), Neue Wege der Psalmenforschung (FS W.Beyerlin) (HBS 1), Freiburg-Basel-Wien 1994, 175-198.

Zerfaß, R., Art. Pastoraltheologie I. Begriff; III. Gegenwärtige Tendenzen, in: LThK III, 1. Aufl., 1446, 1447-1449.

Zirker, H., Monotheismus und Intoleranz, in: Hilpert, K., Werbick, J. (Hg.), Mit den anderen leben. Wege zur Toleranz. Düsseldorf 1995.

Zizek, S., Die Puppe und der Zwerg. Das Christentum zwischen Perversion und Subversion, Frankfurt a. M. 2003.

Zobel, H.-J., Art. Ja qo(o)b, in: TWAT, Bd. 3, 1982, 752-777.

Zobel, H.-J., Art. Jisra el, in: TWAT, Bd. 3, 1982, 986-1012.

Zwickel, W., Pnuel: BN 85 (1996) 38-43.